LE LIVRE DE
L'ASTUCIEUX

LE LIVRE DE L'ASTUCIEUX

1000 solutions pratiques aux problèmes quotidiens

Sélection du Reader's Digest

PARIS • BRUXELLES • MONTRÉAL • ZURICH

LE LIVRE DE L'ASTUCIEUX

Cet ouvrage est l'adaptation française de PRACTICAL PROBLEM SOLVER,
publié par The Reader's Digest Association Inc.,
Pleasantville, New York, © 1991.

Nous remercions tous ceux qui ont contribué
à la mise au point de cet ouvrage

Pour les textes :
Frédéric AIMÉ, Françoise BOTKINE, Marie-Hélène BRILLAUD,
Guy DELUCHEY, Louise DESPRAT, Henry EYNARD, Marie-Thérèse HERRY,
Bernard LAYGUES, Michel MARIN, Nicole RISCH, Élisabeth SCOTTO,
Dominique CARLIER (correction).

Pour la traduction :
Marie-Thérèse BLANC GASPARI, Hélène VARNOUX.

Pour les illustrations :
Liliane BLONDEL, DUCHESSE/LE BOBINNEC, Stephen GARDNER,
John GIST, Linda GIST, Ed LIPINSKI, Michel LOPPÉ, Marianne E. MARKEY,
Sandrine PINCHON, Ray SKIBINSKI, Sandra SMITH, Mario STASOLLA,
Victoria VEBELL, Mary WILSHIRE.

Pour l'index :
John TUTTLE

Consultant général :
Michel MARIN

Équipe éditoriale de SÉLECTION DU READER'S DIGEST

Direction éditoriale : Gérard CHENUET

Responsable du projet : Servane WATTEL

Direction artistique : Claude RAMADIER

Responsable de la maquette : Didier PAVOIS

Lecture-correction : Catherine DECAYEUX,
Emmanuelle DUNOYER, Béatrice OMER

Couverture : Dominique ARDURÉ, Françoise BOISMAL

Fabrication : Gilbert BÉCHARD

PREMIÈRE ÉDITION

ISBN 2-7098-0394-1

SOMMAIRE

AVANT-PROPOS

Le LIVRE DE L'ASTUCIEUX a été conçu pour vous aider à affronter avec bon sens et ingéniosité les difficultés de la vie quotidienne.

Il vous donne des idées pour remplacer un ustensile, un outil ou un ingrédient que vous n'avez pas sous la main, mais vous conseille aussi sur la manière de traiter votre mal de tête. Il vous apprend comment transformer un bureau encombrant en établi de bricolage et vous dit ce qu'il faut faire lorsqu'un feu se déclare. Il vous aide à gérer votre budget aussi bien qu'à confectionner des produits de soin.

Vous voulez rénover du bois ? Organiser une réception ? Faire passer votre hoquet ? Consultez le LIVRE DE L'ASTUCIEUX. Divisé en cinq chapitres, il contient à chaque page une solution à tous les problèmes, du plus sérieux au plus anodin.

Le DICTIONNAIRE DES SOLUTIONS vous aide à résoudre ou à éviter les problèmes liés à près de 1 000 sujets aussi divers que les allergies, les bagages perdus, le démarchage par téléphone, les huiles alimentaires ou le marteau qui manque.

Présenté par ordre alphabétique, ce chapitre se consulte comme un dictionnaire. Si vous ne trouvez pas immédiatement le sujet qui vous préoccupe, reportez-vous à l'index : la réponse y est probablement fournie sous un autre mot de signification proche ou dans le cadre d'une autre rubrique. Par ailleurs, de nombreux renvois dans les textes vous dirigent vers un complément d'information.

LISTES ET TABLEAUX est constitué de rubriques courtes réunissant plusieurs aspects d'un même sujet tout en fournissant le maximum d'informations. Vous trouverez dans cet ensemble de listes, de tableaux et de petits questionnaires toutes sortes de conseils pratiques sur la maison, la vie familiale, la santé, l'argent, la voiture, etc.

UTILISATION INHABITUELLE D'OBJETS COURANTS montre comment se servir autrement de tout ce qu'il y a dans la maison. Vous découvrirez que les balles de tennis, les cravates, les gobelets en carton, le bicarbonate de soude et la bière, par exemple, peuvent avoir une utilisation bien différente de celle que vous leur connaissez.

RECYCLER ET RÉNOVER vous permet d'éviter le gaspillage en remettant à neuf des objets usagés ou en les transformant en d'autres objets utiles. D'autre part, vous trouverez dans ce chapitre des instructions méthodiquement illustrées pour vous familiariser avec des techniques de décoration, comme la marbrure ou la peinture à l'éponge.

FORMULES ET RECETTES, enfin, vous livre des recettes de bons petits plats, bien sûr, mais aussi des formules nouvelles pour lutter contre les cafards, vous débarrasser des fourmis ou faire pousser vos légumes. Vous apprendrez à bien nourrir votre chien et votre chat et à parfumer agréablement votre maison. Vous fabriquerez vous-même vos lotions et crèmes de soin avec des produits naturels et n'hésiterez plus à préparer vos propres liqueurs...

1. DICTIONNAIRE DES SOLUTIONS

Vous découvrirez dans ce chapitre toutes sortes de moyens faciles pour venir à bout des petits et gros problèmes qui perturbent votre vie quotidienne. En voici quelques exemples : Qu'utiliser à la place d'un tournevis ? Qui appeler en cas d'urgence ? Comment faire participer les enfants aux tâches ménagères ?...

A

Abat-jour

Voici comment les rajeunir :

1. Avec une brosse à dents, appliquez des touches de peinture acrylique en tube. Faites un essai sur un carton.

2. Plus rustique : collez dessus des feuilles ou des fleurs séchées. Pulvérisez ensuite un vernis satiné.

3. Créez des silhouettes reconnaissables ou des motifs libres en collant du riz, des pâtes ou des étoiles de papier à l'intérieur de l'abat-jour. Attention, ces objets ne doivent pas toucher l'ampoule (de 60 W au maximum).

4. Personnalisez votre abat-jour avec des pochoirs.

5. Brodez des motifs directement sur un abat-jour en tissu avec du fil épais. Faites des nœuds doubles.

6. Replissez un abat-jour en regroupant régulièrement 2 ou 3 plis par des points décoratifs.

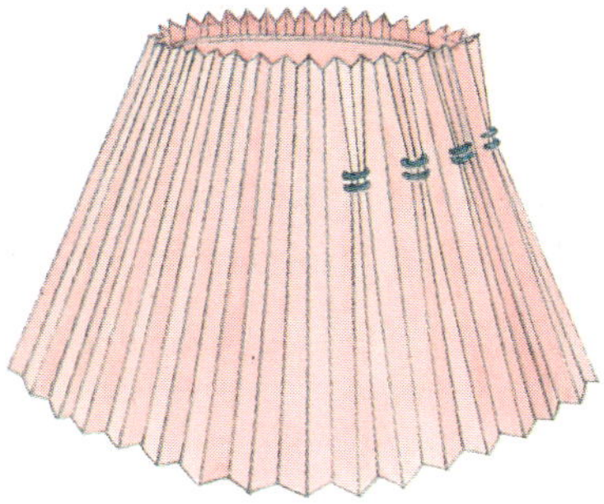

7. Pour ôter les taches d'un abat-jour en papier, utilisez une gomme à crayon. Les abat-jour en plastique ou en Nylon peuvent se laver dans une cuvette avec un détergent liquide léger et de l'eau. Séchez tout de suite pour ne pas faire rouiller l'armature. Confiez les abat-jour en soie ou en autre tissu délicat au teinturier.

Abdominaux

1. Pratiquez les mouvements suivants : allongez-vous sur le dos, comme l'indique le dessin ci-après, et

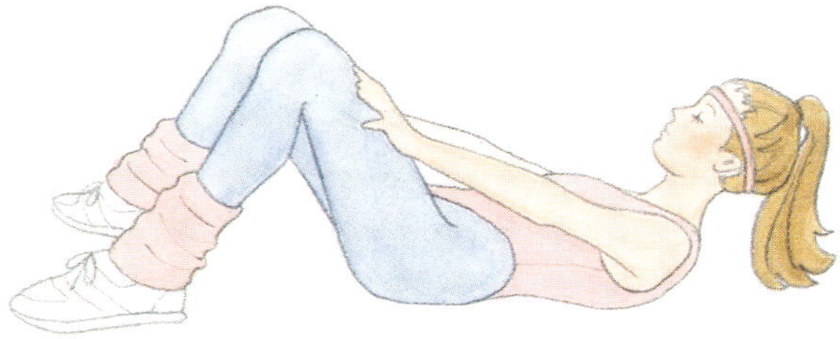

Allongez-vous sur le dos et recourbez lentement la tête et les épaules vers le haut en faisant glisser vos mains le long des cuisses.

recourbez lentement la tête et les épaules vers le haut, en faisant glisser vos mains le long des cuisses en direction des genoux. Lorsque vous êtes arrivé à la limite du « confortable », inspirez, puis déroulez-vous lentement jusqu'à une position de repos, tout en gardant la tête levée. Expirez et recommencez 10 fois.

2. Chaque fois que vous faites un exercice, quel qu'il soit, contractez les muscles abdominaux pour être bien droit. Lorsque vous faites un exercice abdominal en position allongée, gardez le bas du dos sur le sol, sinon ce seront les muscles fléchisseurs de la cuisse qui feront le travail à la place de l'abdomen.

3. Une posture correcte peut faire des merveilles sur votre silhouette. Tenez-vous droit, les épaules en arrière, et rentrez le ventre et les fesses.

4. Respirez profondément à partir du diaphragme.

5. Contractez les muscles abdominaux pendant plusieurs secondes. Prenez l'habitude de faire cet exercice systématiquement : pendant que vous vous brossez les dents, quand vous êtes assis à votre bureau, quand vous êtes bloqué dans un embouteillage, dans l'autobus...

6. Si vous n'avez pas de bicyclette, essayez cet exercice : allongé sur le dos, les bras tendus le long du corps et les genoux pliés sur la poitrine, étendez une jambe et, tandis que vous la pliez, tendez l'autre. Recommencez de 10 à 20 fois.

Abonnement

1. Vous n'avez pas reçu le dernier numéro du magazine auquel vous êtes abonné, bien que votre abonnement ne soit pas arrivé à son terme. Signalez-le par écrit au service des abonnements du journal, en joignant votre dernière étiquette d'envoi. L'ordinateur apportera une réponse précise : service suspendu, erreur d'adresse... Réclamez le numéro manquant ou son remboursement.

2. Un ami vous offre un abonnement à un journal que vous recevez déjà. Écrivez au service des abonnements pour suspendre votre propre abonnement, le temps que dure le cadeau.

3. Vous déménagez : signalez sans tarder votre changement d'adresse.

Accélérateur de voiture

1. Si vous lâchez l'accélérateur mais que le moteur continue à tourner rapidement, passez immédiatement au point mort, puis en première, et freinez doucement jusqu'à ce que vous trouviez un endroit pour vous arrêter. Coupez le contact. Appuyez sur la pédale, puis lâchez-la. Si elle reste au plancher, n'allez pas plus loin. Soulevez le capot et vérifiez que le câble n'est pas rompu. Sinon, regardez si rien n'entrave le mécanisme au pied du carburateur. Vérifiez ensuite le ressort de rappel. S'il est cassé, attachez-le provisoirement à un crochet.

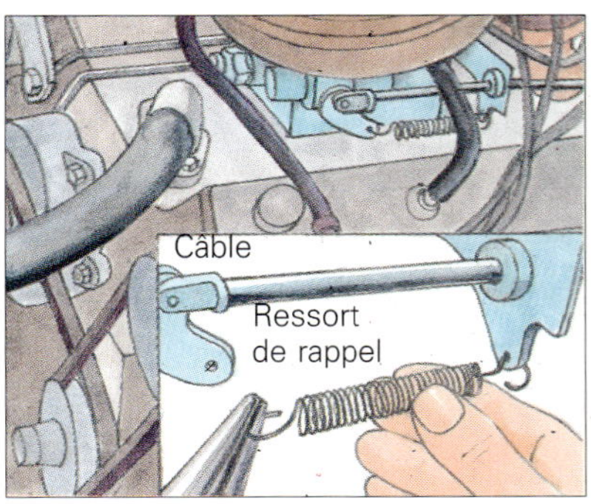

Accident de baignade

Si vous vous sentez tout à coup fatigué alors que vous vous trouvez loin d'une rive :

1. Laissez-vous flotter sur le dos. S'il y a des gens à proximité, agitez lentement un bras d'un côté à l'autre pour attirer l'attention. Dirigez-vous vers la rive quand vous avez repris des forces, mais doucement, et faites la planche autant qu'il est besoin.

2. En mer, laissez les grosses vagues vous aider à revenir vers le rivage. Lorsqu'une vague approche, présentez-lui votre corps de côté, de façon à pouvoir suivre son avancée des yeux pendant que vous nagez. Laissez-la vous soulever. Si la vague se brise sur vous, retenez votre respiration jusqu'à ce qu'elle soit passée, puis faites la planche. Ou bien profitez de l'élan pour nager vers la rive.

3. Laissez-vous porter par les vagues les plus petites. Commencez à nager lorsqu'une vague s'approche ; dès qu'elle vous rattrape, contractez vos muscles, lancez les bras hors de l'eau en rentrant le menton. Restez sur la vague en battant des pieds. Reposez-vous lorsque la crête est passée. (Voir dessin ci-dessous.)

DANGERS PARTICULIERS

1. Si vous êtes pris dans une vague « à contre-courant », laissez-la vous entraîner vers le large mais, dès qu'elle ralentit, nagez en biais (ces vagues n'ont généralement que 5 à 7 m de large). Rejoignez le rivage en restant à bonne distance du danger. (Voir aussi Crampes, p. 70 ; Piqûres d'animaux marins, p. 173.)

2. Si vous êtes pris dans des algues, détendez-vous, agitez doucement les jambes et dégagez-vous lentement en suivant le courant. Si vous n'y parvenez pas, repoussez les algues le long de vos bras et de vos jambes, comme une chaussette, un membre après l'autre, sans vous débattre.

3. Si vous êtes happé par une lame de fond, inspirez profondément, ne vous débattez pas : vous allez être entraîné vers le fond, mais vous remonterez à temps en surface pour reprendre votre respiration.

SAUVETAGE

1. Ne vous placez jamais trop près d'un nageur qui panique (danger pour vous). De la rive, tendez-lui un grand bâton ou votre jambe, tout en restant fermement accroché à un point solide ; si possible, envoyez-lui une corde ou un objet qui flotte. Mieux : une bouée de sauvetage.

2. Si vous ne pouvez ni attraper la victime ni lui lancer une bouée, ou un autre objet, essayez d'aller vers elle sur un pédalo, ou une planche de surf ou, mieux, une barque à rames. Lorsque vous approchez de la victime, faites tourner l'embarcation et abordez la personne par la poupe. Laissez-la s'y accrocher et progressez vers le rivage.

3. Ne tentez le sauvetage direct que si vous êtes un excellent nageur. Emportez (entre les dents) une chemise ou une serviette. Lorsque vous êtes assez près de la victime, mais hors d'atteinte, tenez la chemise d'une main, lancez-lui l'autre bout et remorquez-la jusqu'au rivage. Si vous n'avez même pas cette possibilité, saisissez-lui, par derrière, les cheveux, le cou ou le menton. Si la personne s'agrippe à vous, inspirez profondément et laissez-vous couler : elle lâchera prise. Dégagez-vous avant de recommencer.

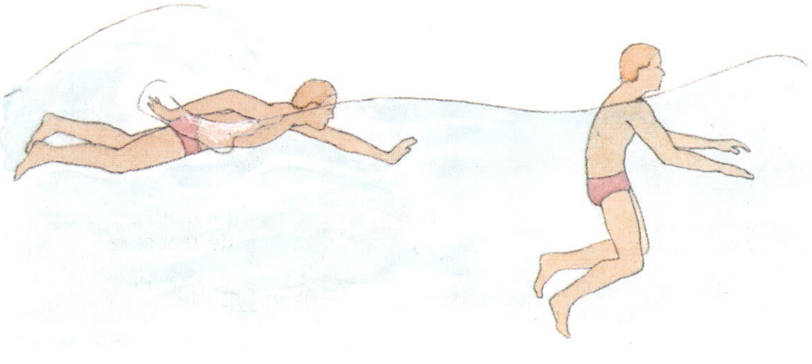

Achat

Choisissez le modèle d'appareil adapté à l'usage prévu ou la qualité correspondant à vos espérances. Un jouet d'enfant ne peut remplir les mêmes fonctions qu'un véritable outil de travail.

1. Étudiez les notices d'emploi et les possibilités de l'objet convoité. Vérifiez les garanties offertes ainsi que la facilité de fonctionnement. N'attendez pas du vendeur qu'il vous change un appareil qui remplit les fonctions pour lesquelles il a été construit, même si vous en espériez davantage.

2. Si, véritablement, l'appareil ne remplit pas les fonctions annoncées, informez-en le magasin. S'il est d'accord avec vous, rapportez l'appareil pour examen. Sinon, faites jouer la garantie du constructeur : précisez par écrit au fabricant les raisons de votre mécontentement. Joignez une photocopie de la facture d'achat, notez le numéro de votre carte de garantie (remplie et renvoyée au moment de l'achat). Demandez la visite d'un technicien pour effectuer la réparation.

3. Si cela reste sans résultat, évoquez la garantie légale en précisant que, par le même courrier, vous informez une association de consommateurs. (Voir aussi Garantie, p. 112 ; Plainte, p. 175.)

Achat par correspondance

Pratique pour choisir et réfléchir chez soi, cette forme d'achat a aussi ses inconvénients : délai de livraison, non-conformité à la commande ou à la description...

1. Ne commandez pas à n'importe qui, au risque de ne plus revoir votre argent, surtout si vous payez votre achat d'avance. Certaines sociétés apparaissent et disparaissent aussi vite. Vérifiez son adhésion au SEVPCD (Syndicat des entreprises de vente par correspondance et à distance).

2. Lisez attentivement les descriptifs des articles : coloris, tailles, compositions doivent y être clairement énoncés, ainsi que les prix exacts (souvent annoncés « à partir de... »).

3. Vérifiez les conditions de vente : modes et délais de livraison, d'échange ou de remboursement.

4. Remplissez soigneusement votre bon de commande en revérifiant tailles (voyez grand) et quantités commandées. En signant, vous vous engagez à en régler le montant, tel un contrat. Conservez-en une copie ainsi que le catalogue de référence.

5. En commandant par téléphone, la livraison est plus rapide. Faites-vous confirmer la commande par écrit, c'est utile en cas de litige.

6. Préférez, si possible, le paiement contre remboursement au chèque ou à la carte bancaire (même si c'est un peu plus cher) : vous ne paierez que ce que vous recevrez et votre argent ne travaillera pas pour la société de vente par correspondance.

7. Si vous devez échanger ou vous faire rembourser, faites-le vite : le délai est fréquemment de 15 jours.

8. En cas de retard de livraison important, vous pouvez annuler votre commande.

Acné

1. Pour soigner des éruptions importantes, lavez-vous le visage à l'eau tiède et au savon doux. Rincez abondamment et séchez en tapotant. Appliquez du gel de péroxyde de benzoyl 1 fois par jour. Commencez avec un gel à 2,5 % et si, après 2 semaines, vous ne voyez pas d'amélioration, appliquez le gel 2 fois par jour ou utilisez une concentration à 5 %.

2. Un truc pour dissimuler un bouton unique : utilisez un peu d'ombre à paupières verte pour neutraliser la rougeur, puis recouvrez avec du fond de teint.

3. Lorsque vous achetez des produits pour la peau (qu'il s'agisse de crème hydratante, de crème solaire ou de fond de teint), choisissez-les à base d'eau et de glycérine : ils ne boucheront pas les pores de la peau. Bannissez tout produit à base de lanoline ou de mysristate d'isopropyl. Si vous avez un doute, essayez le produit en en mettant sur un morceau de papier propre ; attendez 24 h et regardez si une auréole grasse s'est formée.

PRÉVENTION

Si vous avez la peau fragile, voici quelques trucs :

1. Évitez de vous toucher le visage.

2. Ne consommez pas d'aliments riches en iode (asperges et coquillages, par exemple) ou en hormones (foie, rognons).

3. Pour empêcher les grosses éruptions, relaxez-vous. (Voir aussi Stress, p. 208.) Pratiquez une activité physique et prenez une douche immédiatement après l'entraînement.

Acompte

Il est bon de payer ses achats comptant. Certains, pourtant, demandent réflexion ou l'avis d'un proche avant de s'engager.

Le vendeur qui vous propose de vous garder l'article contre un document signé (un bon de commande) vous réclame aussi une somme d'argent. Ne versez jamais plus de 10 % du prix. Ne confondez pas arrhes et acompte.

Un acompte vous engage à acheter l'article réservé et engage le vendeur à vous le fournir. Si vous vous rétractez, vous devrez le payer en totalité avec peut-être des dommages et intérêts. Si le vendeur ne peut vous le procurer, il doit vous rembourser l'acompte, avec parfois des dommages et intérêts.

Des arrhes offrent la possibilité de changer d'avis ou d'annuler la commande. Vous ne perdrez que la somme versée. Si c'est le vendeur qui se rétracte, il devra vous rembourser le double des arrhes.

Adoption

Adopter un enfant est une entreprise longue et difficile. En France, la législation est très stricte et, sur le territoire français, peu d'enfants sont véritablement adoptables (il faut pour cela qu'ils aient été légalement abandonnés par leurs parents, qu'ils soient pupilles de l'État ou que les père et mère aient valablement consenti à l'adoption). C'est auprès des services de la DDASS (Direction départementale des affaires sanitaires et sociales) dont le siège est à la préfecture de chaque département que l'on pose sa candidature.

Les adoptions pourraient être plus nombreuses si les parents adoptifs acceptaient des enfants déjà grands. Ceux-ci posent évidemment davantage de problèmes d'adaptation que les bébés ou que les tout jeunes enfants mais, souvent ballottés de foyer en foyer, ils ont besoin plus que d'autres d'amour et de stabilité.

Certaines familles souhaitent adopter un enfant né à l'étranger. Là aussi, les procédures sont longues et de plus en plus difficiles. Un organisme peut être une aide dans tous les domaines : la Fédération nationale des associations de foyers adoptifs. Adressez-vous à : Enfance et familles d'adoption, 3, rue Gérando, 75009 Paris, tél. : (1) 45 26 90 73.

Adoucisseur d'eau

1. Les adoucisseurs d'eau à résines intégrées ne conviennent pas à tout le monde car ils ajoutent du sodium à l'eau (ils remplacent les sels de calcium par des sels de sodium). Si vous suivez un régime sans sel, ne consommez pas d'eau adoucie.

2. Les lave-vaisselle sont équipés d'un adoucisseur d'eau qui ne peut fonctionner que si la réserve de sel n'est pas vide. Si vous avez utilisé le vôtre plusieurs fois sans sel, faites un cycle à vide avec une dose de produit spécial nettoyant-détartrant pour lave-vaisselle avant de recharger la réserve de sel.

3. Les adoucisseurs d'eau électroniques ne suppriment pas le calcaire, ils le transforment pour éviter qu'il ne forme des croûtes en se déposant. Prenez quand même la précaution d'essuyer le calcaire poudreux qui s'est déposé dans une casserole après y avoir fait chauffer de l'eau et continuez à détartrer les mousseurs des nez de vos robinets.

Agence de voyages

Avant de vous décider pour une formule de vacances ou pour une autre, informez-vous sur les possibilités offertes par les agences de voyages et comparez-les.

1. Commencez par vérifier que l'agence que vous contactez possède un numéro de licence affiché sur la vitrine, ce qui est une garantie financière, et assurez-vous de son appartenance au SNAV (Syndicat national des agences de voyages).

2. Consultez toutes les brochures et faites-vous une idée des prix sans obligation d'achat. Lorsque vous êtes pratiquement décidé pour une destination, emportez chez vous les brochures des différents organismes qui peuvent vous y emmener et étudiez-les tranquillement. Comparez longuement en observant bien les photos et le nom des hôtels. Vous retrouverez parfois le même hôtel au même endroit à un prix inférieur, cela dépendant du quota de chambres qu'a pu y retenir le tour-opérateur (l'agence n'étant qu'un intermédiaire). Soyez toujours très pointilleux.

3. Sachez que les agences ne proposent pas seulement des voyages de groupe. Vous pouvez parfaitement acheter un voyage individuel, un vol « sec » (sans hébergement à la clé) ou un simple billet de train.

4. Lisez attentivement le contrat qui vous sera remis, surtout en ce qui concerne la clause d'annulation. Cette assurance spéciale, peu onéreuse, vous permettra d'être remboursé si vous devez renoncer à votre projet pour raisons graves (décès d'un proche, accident, maladie...).

5. Enfin, en cas de litige à l'issue du voyage, c'est l'agence émettrice qui doit prendre en compte votre réclamation. Si elle fait la sourde oreille, adressez-vous au Syndicat national des agences de voyages.

Agence d'intérim

N'attendez pas d'une agence d'intérim qu'elle vous conseille dans votre carrière. Son rôle se limite à remplacer rapidement et temporairement les personnels des entreprises.

1. Méfiez-vous d'une évaluation rapide de vos capacités par une agence. Ce peut être une tactique pour combler un poste inintéressant.

2. Présentez-vous sous des auspices favorables de façon à donner une impression positive.

3. Notez vos objectifs de travail, les secteurs de vos compétences, le type, la taille des entreprises préférées, vos prétentions, les zones géographiques, vos dates de disponibilité.

4. Mentionnez quelques réussites obtenues et les avantages engendrés pour l'entreprise.

5. Décrivez rapidement votre personnalité : traits de caractère marquants, esprit de décision, sens de l'organisation, du travail en équipe, des responsabilités...

6. Remplissez le formulaire d'embauche et laissez votre curriculum vitæ.

7. Lors d'une proposition de travail, négociez vous-même votre salaire, n'en laissez pas le soin à l'agence. Refusez nettement un travail qui ne vous plaît pas ou qui ne correspond pas à vos compétences. Vous donneriez de vous une image négative. L'agence s'empressera de vous faire d'autres propositions. (Voir aussi Chasseur de têtes, p. 53 ; Investigations professionnelles, p. 127 ; Entretien d'embauche, p. 92.)

Agent de change

Devenez votre propre agent de change. Vous économiserez commissions et frais, à condition de savoir mener votre barque et de faire le bon choix. Vous passerez vous-même vos ordres à la banque ou à la société de Bourse qui détient vos titres. Ce service sans conseil est à un seul risque : celui de vous tromper.

Les cotations en continu assistées par ordinateur (CAO), apparemment simples et séduisantes, sont parfois déroutantes. Il est difficile de suivre le cours réel et de vérifier si les ordres sont passés à l'instant favorable.

LES MARCHÉS

1. La cote officielle regroupe les marchés à règlement mensuel et au comptant. Accessible surtout aux grands groupes.

2. Le second marché est ouvert à l'actionnariat familial.

3. Le hors-cote, dont l'accès est simple, compte peu de valeurs de qualité.

Téléphonez, utilisez le Minitel ou déplacez-vous à la banque pour passer votre ordre.

LES ORDRES

Précisez clairement :

1. la nature de l'ordre : achat ou vente ;

2. la quantité des titres, sans confusion possible. Pour 100 titres, par exemple, dire 2 fois 50 ;

3. la nature du titre : actions ou certificats d'investissement, et son code ;

4. le choix du marché de cotation : second marché, hors-cote, comptant ;

5. le cours souhaité de la transaction. La cotation en continu permet de passer des « ordres à cours limité », qui devront être exécutés au plus près de votre demande ;

6. le temps ou la durée de validité de l'ordre : le jour même, la semaine, à révocation (c'est-à-dire jusqu'à la fin du mois), jusqu'à liquidation pour les valeurs cotées. Sans précision de durée, les valeurs sont considérées comme ordre à révocation.

Agrafes

1. Si vous ne possédez pas d'agrafeuse, attachez les feuilles de papier dans les coins avec un point de colle

transparente ou du ruban adhésif double face.
2. Retirez des agrafes d'un mur ou d'un panneau d'affichage avec des pinces à bouts minces, une pince à épiler ou un coupe-ongles.
3. Pour vous réapprovisionner, emportez quelques agrafes ou prenez les références de votre agrafeuse pour être sûr d'avoir le bon modèle.

Agression

1. Si vous avez l'impression que vous êtes sur le point de vous faire attaquer, restez aussi calme que possible et examinez quelles sont vos possibilités, compte tenu de votre force physique : vous laisser faire, gagner du temps, vous en tirer en parlant, ou encore crier (plutôt « Au feu ! » que « Au secours ! »), éventuellement résister.
2. Vous choisissez la résistance ? Alors, allez-y carrément : tentez de provoquer une douleur maximale chez votre agresseur de toutes les façons possibles. Donnez-lui des coups de pied dans les parties sexuelles ou écrasez-lui les orteils, griffez-lui les yeux (des clés ou un peigne peuvent causer pas mal de dégâts) ; mordez-le ou cherchez à lui faire mal aux mains (le pouce et le petit doigt sont les plus vulnérables), mais ne vous laissez pas emporter dans la bagarre : l'essentiel reste de vous échapper.

PRÉVENTION

1. Vous êtes une femme et vous habitez dans un immeuble ? Ne faites figurer, tant sur l'interphone que sur votre boîte aux lettres ou sur votre sonnette, que l'initiale de votre prénom devant votre nom. Si un inconnu vous suit indûment dans l'entrée de l'immeuble, appuyez énergiquement sur toutes les sonnettes pour alerter les voisins.
2. Tenez fermées fenêtres et porte d'entrée. Installez un judas optique (voir p. 133). Demandez aux releveurs de compteurs et aux techniciens prétendant effectuer des réparations de justifier de leur intervention avant de les laisser entrer. Si vous avez encore des doutes, appelez leur employeur pour vérification.
3. La nuit, dans un quartier désert, marchez avec assurance et d'un pas régulier sur le trottoir de gauche. Si vous avez l'impression qu'on vous suit, traversez la rue. Si l'inconnu fait de même, marchez rapidement et dirigez-vous vers une zone plus animée et éclairée ; ou sonnez à la porte d'une maison occupée et appelez-y la police.
4. En voiture, si vous vous sentez en insécurité, conduisez portières verrouillées. En cas de panne dans un endroit désert, ou dans une zone réputée peu sûre, restez au volant, portes verrouillées, allumez vos feux de détresse, faites de fréquents appels de phares et klaxonnez longtemps de temps à autre. Si des passants à l'air rassurant s'approchent, baissez légèrement votre vitre et demandez-leur d'appeler l'assistance dépannage. Attendez son arrivée sans sortir de votre voiture.
5. Garez plutôt votre véhicule dans des emplacements bien éclairés. Regardez autour de vous avant d'en sortir et à l'intérieur avant d'y entrer. (Voir aussi Viol, p. 230.)

Aide maternelle

Si vous avez besoin de quelqu'un pour garder votre bébé ou votre tout jeune enfant à domicile — que ce soit à temps complet, quelques heures par jour ou seulement de temps en temps quand vous sortez le soir —, ne négligez aucun des points qui suivent :
1. Expliquez clairement à la candidate ou au candidat ce que vous attendez comme services. Précisez dans quelle ambiance et de quelle façon vous souhaitez que l'on s'occupe de votre enfant durant votre absence. La manière dont on vous écoutera et les réponses reçues vous permettront de voir si « le courant passe ».
2. Fixez clairement les tâches à accomplir, les horaires, le niveau de responsabilités et n'hésitez pas à mettre tout cela par écrit.
3. Vérifiez soigneusement les références que l'on vous aura données. Aucune personne sérieuse ne peut s'en froisser.
4. Faites un essai pour quelques heures, un après-midi ou un week-end pendant lesquels vous serez présent mais où vous vaquerez à d'autres occupations. Vous jugerez ainsi de l'entente entre votre enfant et son baby-sitter. Si bébé est grognon, agressif, stressé ou, au contraire, apathique, il vaut mieux chercher quelqu'un d'autre.
5. Vous hésitez ? Ce n'est pas bon signe. La première impression est souvent la bonne...

Aides et subventions

Isoler le grenier, changer la chaudière ou retaper une maison pour vos vieux jours... coûte cher. Une panoplie de prêts et de subventions peuvent vous aider. Frappez à la bonne porte.
1. Les prêts personnels « non affectés » sont facilement octroyés par les banques. Faites le tour des « popotes » et comparez les meilleures offres. La banque vous demandera sans doute de domicilier votre compte chez elle. De 84 mois au maximum, leur taux d'intérêt peut atteindre 18 %.
2. Les prêts conventionnés, consentis par le Crédit foncier et quelques banques, peuvent aider au financement d'un achat de logement ou à son amélioration — jusqu'à 90 % du coût des travaux faits par une entreprise listée à la DDE (Direction départementale de l'équipement) et pour un maximum de 25 000 F —, à un taux de 10 % environ.
3. Les prêts épargne-logement, à taux intéressant, financent un achat ou des travaux d'amélioration et d'économie d'énergie. Le même prêt ne peut être utilisé pour votre habitation principale et pour une résidence secondaire, il faut choisir. En revanche, plusieurs prêts peuvent trouver la même affectation. Économisez d'abord sur un plan ou un compte d'épargne. Les avantages fiscaux sur

les emprunts liées au PEL peuvent atteindre 25 % les 5 premières années.
4. Vous pouvez demander des prêts « travaux et transformations » de courte durée, à condition que vos dettes n'atteignent pas 30 % de vos revenus. Le montant va de 10 000 à 100 000 F, pour un taux allant jusqu'à... 20 %.
5. Les prêts Allocations familiales (à 1 %), le 1 % patronal, des prêts spéciaux et des subventions « économie d'énergie », l'allocation logement, des subventions ANAH (Association nationale de l'aide à l'habitat), des primes à l'habitat (PAH) ou spéciales EDF, Promotelec, GDF... peuvent aider à refaire l'installation électrique, changer le chauffage ou équiper la salle de bain.
6. Des déductions fiscales sont souvent liées à une amélioration du confort qui permet de réduire sa consommation d'énergie. Renseignez-vous.

Ail

1. Pour peler une gousse d'ail, posez à plat dessus la lame d'un couteau ou des ciseaux et donnez un coup sec : la peau se brisera et vous pourrez la retirer aisément.

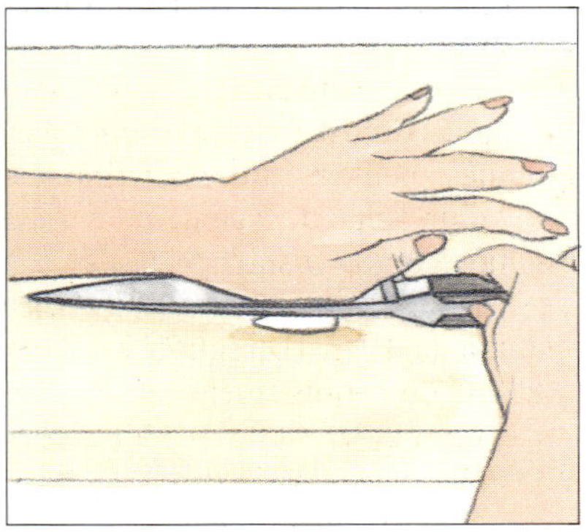

2. L'ail nouveau doit être consommé rapidement mais les tresses d'ail de conservation peuvent être gardées toute l'année dans un endroit sombre, frais et ventilé.
3. Si vous désirez un goût d'ail subtil, hachez-le au couteau. Le presse-ail ou la moulinette électrique broient l'ail, ce qui lui confère une saveur très forte.
4. Pour débarrasser l'haleine de l'odeur d'ail, mâchez quelques brins de persil après le repas.

Alcool

Si votre boisson est trop forte en alcool et votre verre trop plein pour la diluer, plongez-y une fine tranche de concombre : celle-ci atténuera le goût agressif de l'alcool. De même, de longues lanières de concombre dans une jatte de punch l'adouciront.

Allaitement

S'il vous est impossible d'allaiter votre enfant complètement au sein pour des raisons physiologiques, la meilleure façon de procéder est de tirer votre lait et de le donner au biberon. La deuxième solution est le lait en poudre vendu en pharmacie. Il vaut mieux attendre que le bébé ait atteint l'âge de 4 à 6 semaines pour le passer au biberon. Certains nourrissons peuvent mettre 2 semaines ou davantage à s'y habituer.
1. Exercez-vous à tirer votre lait, à la main ou avec un tire-lait, avant de reprendre votre travail ou d'autres occupations en dehors de chez vous. Pour obtenir la bonne quantité, il vous faudra le tirer 2 ou 3 fois dans la journée.
2. Si vous n'êtes pas chez vous, emportez une bouteille thermos remplie de glaçons. Videz-la au moment d'y mettre le lait. À la maison, conservez le lait maternel dans de petits biberons en plastique (et non en verre) d'une contenance de 120 ml environ. Si vous avez l'intention d'utiliser le lait dans les 48 h, mettez-le dans le réfrigérateur. Si vous devez le garder plus longtemps, congelez-le, il se conservera jusqu'à 3 mois. Au moment de l'utiliser, faites-le décongeler dans le réfrigérateur pendant quelques heures ou pendant quelques minutes dans le micro-ondes, ou passez-le sous l'eau chaude. Secouez bien le biberon avant de le donner au bébé.

Allée verglacée

1. Épandez du gros sel avant que la neige tombe ou que le verglas se forme. Cela empêche la glace de se fixer au sol.

LE SAVIEZ-VOUS ?

Les mythes sur l'allaitement

Depuis toujours, les mamans qui allaitent reçoivent des conseils ; ceux-ci sont très nombreux et bien souvent contradictoires. En voici quelques exemples donnés à diverses époques et dans différents pays.

Si vous mangez des cacahuètes, vous n'aurez plus de lait (à moins d'être en Afrique, où ces oléagineux sont censés en augmenter la quantité). Certains prétendent que manger du chocolat arrête la montée de lait, d'autres que cela la favorise.

On a longtemps cru que boire de la bière ou du lait accroissait la quantité de lait, ainsi que consommer de l'avoine.

Dans certaines contrées, il est conseillé de s'alimenter en prenant exemple sur la vache, première productrice de lait et grande consommatrice de luzerne : parfumer son thé de cette plante et en manger les germes. En revanche, les pommes sont supposées dessécher le lait.

On trouve encore toutes sortes d'exemples : si vous allaitez en voiture, le bébé aura des gaz ; de même si vous mangez de la laitue. De l'oignon dans l'estomac provoquera des coliques chez le bébé. Lorsque vous dansez, le lait est secoué aussi. Si une mère est nerveuse, en colère ou stimulée sexuellement, son lait tournera. En tout cas, elle transmettra ses émotions au bébé à travers son lait.

2. Sablez ou répandez des cendres fines ou de la litière pour chat.
3. Votre allée sera relativement sèche et sans glace si vous creusez de petites tranchées peu profondes de chaque côté. Celles-ci récupéreront l'eau de pluie et la neige fondue.

Allergies

Les piqûres d'abeilles peuvent provoquer des réactions allergiques.

De nombreuses personnes peuvent présenter des réactions allergiques au pollen, à la poussière, à certains aliments, à la plume, aux squames d'animaux, aux piqûres d'insectes, à certains médicaments, etc. L'allergie peut se manifester de plusieurs façons.

LE RHUME DES FOINS

C'est la manifestation allergique la plus répandue. Ses symptômes habituels : éternuements, nez qui coule ou nez bouché. C'est une réaction assez bénigne au pollen et on le traite avec des antihistaminiques vendus avec ou sans ordonnance. Le meilleur remède est évidemment d'éviter l'allergène. Par exemple, à la saison du pollen, restez à l'intérieur, fenêtres fermées.

LE CHOC ANAPHYLACTIQUE

C'est la forme la plus sévère de réaction allergique. Il peut survenir quelques minutes, voire quelques secondes après le contact avec un allergène, ou peut se produire plus de 30 min après ou faire suite à une réaction allergique apparemment bénigne. Le visage, la poitrine et le dos rougissent, démangent et brûlent. Parfois apparaissent de l'urticaire, un œdème du visage, de la langue et des lèvres. La respiration est difficile et sifflante, le pouls mal perçu, le teint pâle. Tout cela peut s'accompagner de vertiges, de nausées, de maux de tête, et évoluer vers le coma.

Le choc anaphylactique nécessite une injection d'adrénaline immédiate. Si la victime possède une trousse de secours avec une seringue d'adrénaline, faites-lui une piqûre intramusculaire en suivant les instructions données sur la trousse. Emmenez le malade aux urgences de l'hôpital ou appelez le SAMU (15).

ALLERGIE AUX BIJOUX

1. Pour éviter l'inflammation lorsque vous vous faites percer les oreilles, assurez-vous que la personne utilise une aiguille en acier inoxydable. Portez des boucles d'oreilles à tiges de ce même acier jusqu'à ce que le trou soit cicatrisé.
2. Si vous avez une réaction à une bague, à des boucles d'oreilles ou à des montures de lunettes métalliques, nettoyez-les avec de l'alcool à 90°, puis passez une couche de vernis à ongles incolore sur la partie touchant la peau.
3. Le nickel, qui entre dans la composition de l'alliage de certains bijoux, déclenche des réactions allergiques chez beaucoup de personnes. Si c'est votre cas, portez du métal pur ou des bijoux non métalliques.
4. Ne portez pas serré un bracelet en métal. Glissez un mouchoir dessous par temps humide et quand vous faites du sport.

Par temps humide, glissez un mouchoir en coton sous votre bracelet en métal.

ALLERGIE AUX ANIMAUX DOMESTIQUES

1. Brossez votre animal domestique à l'extérieur ou demandez à quelqu'un de le faire.
2. Chaque jour, essuyez l'animal avec une serviette humide et nettoyez son panier et son coin favori. Si vous devez le faire vous-même, portez un

LE SAVIEZ-VOUS ?

Parlons d'or

Pour produire une once (30,59 g) d'or, il faut traiter près de 2,5 t de roche.

Tout l'or déjà exploité sur la terre pourrait tenir dans un cube de 16 m de côté.

La valeur de l'or est telle que les toits et les cheminées des raffineries sont nettoyés régulièrement afin de récupérer les poussières d'or qui s'y sont accumulées.

Les Romains fabriquaient de la monnaie serrate, c'est-à-dire avec le bord en dents de scie, pour empêcher les gens d'en gratter des petits bouts.

L'or ne se ternit pas et n'est pas corrosif. Les pièces d'or retrouvées dans des épaves au fond des mers brillent comme si elles étaient neuves, même après des siècles.

L'or est tellement malléable qu'une once peut être martelée en une feuille de 430 m^2 ou étirée en un fil extrêmement fin de 80 km de long.

L'or pur (de 24 carats) est tellement tendre qu'il faut le consolider avec un autre métal pour en fabriquer des bijoux. Allié au cuivre, il devient rougeâtre ; au fer, il prend une teinte bleuâtre, et il forme l'or blanc lorsqu'on lui ajoute du nickel.

L'or joue également un rôle primordial dans le programme spatial.

Ainsi, lors de la promenade historique de l'astronaute Edward White dans l'espace, sa corde de sécurité était en or plaqué. Actuellement, il est indispensable que les fils et les tubages de la navette soient en or.

masque antipoussière ou un masque de chirurgien. Lavez-vous les mains ensuite.
3. Ne mettez pas la litière du chat directement dans une pièce : l'urine contient des allergènes. Mettez-la dans un placard vide, façon niche.
4. Si votre allergie aux chats et aux chiens persiste et que vous ne puissiez pas vous passer d'un animal, prenez un oiseau ou... des poissons.

Allumage du charbon de bois

Essayez ce système d'allumage pour faire démarrer votre barbecue : à l'aide d'un ouvre-boîtes, percez des petits trous tout autour de la partie inférieure d'une boîte de conserve d'une contenance de plusieurs litres. Enlevez ensuite les 2 fonds de la boîte. Percez 2 trous en haut de la boîte et fixez une poignée confectionnée avec le fil de fer d'un cintre.

Placez la cheminée ainsi obtenue dans votre barbecue et mettez 1 ou 2 feuilles de papier journal chiffonnées dans le fond. Remplissez la cheminée de charbon de bois et mettez le feu au papier journal à travers les trous percés dans le bas. Lorsque le charbon est embrasé, enlevez la cheminée du barbecue à l'aide de pinces et laissez le charbon brûlant dans le barbecue. Vous pouvez également remplir une boîte en carton de briquettes et en allumer le fond. Les briquettes auront pris avant que le carton ne soit entièrement brûlé.

Allumettes

Il n'est pas facile d'allumer un feu sans allumettes ; essayez donc d'en avoir en réserve. Mais si vous vous trouvez à court, plusieurs solutions s'offrent à vous.
1. Rassemblez tout ce qui est susceptible de prendre feu facilement, comme l'intérieur d'un nid abandonné, des peluches de vêtements, des bouts de corde ou de bois mort. Formez un petit tas à l'abri du vent et de l'humidité. Tenez une pierre dure et sèche aussi près que possible de vos combustibles. Avec le dos d'une lame de couteau ou un petit morceau d'acier, frappez la pierre vers le bas pour envoyer des étincelles au centre du tas. Soufflez pour faire venir une flamme ; ajoutez du bois petit à petit, en commençant par des brindilles bien sèches.
2. S'il y a du soleil, utilisez une loupe, un objectif d'appareil photo ou des verres de jumelles, ou de lunettes fortes pour concentrer les rayons de soleil sur le bois mort.
3. Pour allumer un feu par temps venteux ou pluvieux, employez une petite bougie pour économiser les allumettes.
4. Séchez rapidement des allumettes mouillées en les passant dans vos cheveux.
5. Lorsque vous craignez de manquer d'allumettes, doublez votre réserve : fendez les allumettes à la base avec un couteau pointu et dédoublez-les tout doucement.

Altitude

Vous envisagez des vacances à la montagne ? Pour éviter les malaises liés à l'altitude, ne forcez pas trop le premier jour. Ne faites pas d'entraînement aérobic. Buvez beaucoup d'eau mais pas de boissons alcoolisées. Si vous commencez à vous sentir mal (nausées, vertiges, mal de tête), allez vous allonger et reposez-vous.

En cas d'affection cardiaque ou pulmonaire, consultez votre médecin avant de partir. Demandez-lui de vous prescrire un médicament à base d'acétazolamide pour prévenir le mal des montagnes.

Soyez encore plus prudent lorsque vous faites de la haute montagne. Si vous grimpez à plus de 3 000 m, passez le premier jour à une altitude intermédiaire. Montez ensuite progressivement à un rythme de 150 à 300 m par jour en vous reposant souvent et en buvant au moins 2 litres d'eau quotidiennement. Si vous habitez déjà dans une région en altitude, vous pouvez monter ou descendre jusqu'à 1 500 m par jour sans aucun problème.

En cas de malaise, les solutions sont l'oxygène pur et la descente à une altitude inférieure. S'il y a maux de tête, nausées, vertiges, saignements de nez, redescendez entre 1 000 et 500 m et consultez immédiatement un médecin.

Ami perdu de vue

Vous aimeriez retrouver un ami que vous avez perdu de vue depuis longtemps. Voici comment faire.
1. Si vous avez sa dernière adresse, interrogez le gardien de l'immeuble ou les voisins. Peut-être a-t-il laissé une adresse ou, tout au moins, parlé de se rendre dans telle ville ou telle région.
2. Consultez les annuaires téléphoniques ou, mieux, recherchez votre ami à l'aide du Minitel dans les villes ou les départements où il serait susceptible de se trouver.
3. Au cas où il serait sur liste rouge, sachez que la mairie peut, sous certaines réserves, vous communiquer les listes électorales. Vous devez, entre autres, être électeur vous-même et certifier ne pas utiliser cette liste à des fins commerciales.
4. Si vous connaissez son ancienne école ou son ancien employeur, adressez-vous à eux. On peut refuser de vous communiquer une adresse, mais pas de faire suivre une lettre.
5. Essayez de consulter les fichiers syndicaux de la profession exercée par votre ami.
6. Enfin , il vous reste la solution de passer une annonce dans différents journaux et magazines nationaux, locaux ou professionnels.

Amitiés enfantines

1. Si vous êtes vous-même d'un naturel très sociable, vous vous inquiétez peut-être de voir que votre enfant n'a pas beaucoup d'amis. N'en faites pas un problème mais, sans pour autant les forcer, incitez ses camarades de classe ou de sport à venir jouer chez

vous. Rendez votre maison accueillante et facilitez leurs jeux.
2. Votre enfant a un ami, ou une amie, qu'il aime par-dessus tout mais qui le délaisse. Ne prenez pas ce chagrin à la légère. Expliquez-lui qu'il n'est pas unique au monde et que son ami, comme lui-même d'ailleurs, a le droit d'aller vers d'autres enfants.
3. Les enfants s'inventent parfois des amis imaginaires, leur font jouer des rôles et leur tiennent des discours. Laissez-les faire. Cette tendance développe leur imagination et disparaîtra d'elle-même avec la croissance.
4. Même si vous n'appréciez pas certains amis de vos enfants, ne les critiquez pas. Au contraire, essayez de mieux les connaître, invitez-les à venir chez vous et tâchez de comprendre pourquoi vos enfants recherchent leur compagnie.

Ampoules électriques

1. Les ampoules à incandescence sont les plus répandues mais les moins performantes quant à leur durée de vie (2 000 h environ) et à la quantité de lumière fournie par rapport à la consommation.
2. Pour une plus longue durée, essayez les ampoules halogènes. Elles coûtent beaucoup plus cher mais donnent 2 fois plus de lumière et durent environ 3 500 h. Beaucoup ne s'adaptent que sur des luminaires spéciaux, mais il existe aussi des ampoules halogènes avec culot à vis (E 27) ou à baïonnette (B 22), qui peuvent remplacer une ampoule ordinaire. Pour éclairer des vitrines ou des statuettes, il existe des petits spots avec réflecteur incorporé. Ceux dits « dichroïques » ont l'avantage de ne pas renvoyer tous les rayons infrarouges sur l'objet à éclairer, donc de le faire chauffer beaucoup moins.
3. Les plus efficaces sont les tubes fluorescents. Ils sont chers à l'installation car ils nécessitent un appareillage spécial (transformateur, ballast et starter) mais ils durent (en moyenne) 9 000 h et donnent 3 fois plus de lumière par watt qu'une ampoule ordinaire. Autre avantage : ces tubes existent en diverses tonalités de lumière, chaudes ou froides. Lorsqu'un tel tube a du mal à s'allumer, retirez-le de son support et remplacez-le par un tube identique. Si le problème persiste, changez le starter (petit cylindre visible sur l'un des côtés et qui se retire et se pose comme une ampoule à baïonnette). Si le nouveau tube s'allume, jetez l'ancien.
4. Les lampes fluorescentes compactes regroupent les avantages des tubes et la facilité d'utilisation des lampes à incandescence : elles se branchent simplement sur une installation existante et, pour une même quantité de lumière, consomment environ 4 fois moins qu'une ampoule ordinaire. Elles durent 5 000 h. Leur prix élevé est largement compensé par les économies d'énergie réalisées. Ces lampes existent sous 2 formes : avec ballast incorporé (à monter à la place d'une ampoule ordinaire) ou sous forme de petits tubes à monter sur un culot spécial.
5. Pour pouvoir retirer facilement une ampoule d'extérieur, vaporisez un lubrifiant aux silicones sur le filetage avant de fixer l'ampoule.
6. Pour économiser l'énergie, évitez de laisser brûler une lampe à incandescence pour rien. À l'inverse, laissez les lampes fluorescentes allumées car elles ne consomment presque rien quand elles fonctionnent mais consomment beaucoup et s'usent quand on les allume.

Analyse du sol

Le type de sol de votre jardin détermine combien d'eau et d'engrais il vous faudra apporter pour réussir la culture de plantes adaptées. En sol sableux ou léger, elles exigent beaucoup d'eau et de fertilisants. Les sols argileux sont asphyxiants et difficiles à remouiller lorsqu'ils sont desséchés. Pour mieux connaître votre sol, procédez à ce simple test :
1. Emplissez d'eau un bocal de 1 litre jusqu'aux deux tiers. Ajoutez 1 cuil. à café d'adoucissant.
2. Versez un échantillon de terre jusqu'à ce que l'eau atteigne le haut du bocal. Bouchez et secouez énergiquement pour mélanger.
3. Reposez le bocal et observez le mouvement des diverses composantes : les plus gros grains de sable tombent les premiers au fond. Suivent ensuite les particules moyennes d'argile, puis, au bout de plusieurs heures, les plus fines.

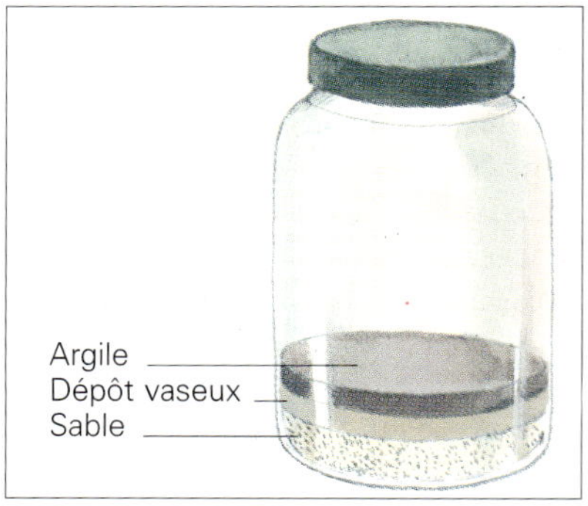

4. Lisez les différentes couches : si l'argile fine, l'argile plus épaisse et le sable se sont déposés en couches d'égale épaisseur, votre sol est gras et lourd. Une couche plus épaisse de sable indique un sol léger : donnez-lui plus de compacité en lui apportant de la matière organique lors de vos bêchages d'automne. En sol lourd, vous ajouterez du sable et de l'humus à la même époque.

Ancre

Vous allez ramer ou faire du canot ? Emportez avec vous un filet à provisions ou un sac de toile solide et de la ficelle.

Lorsque vous parviendrez à l'endroit où vous désirez ancrer votre embarcation, remplissez le filet de pierres et fermez les extrémités avec la ficelle. Attachez-y une corde, reliez-la à l'embarcation et descendez le filet jusqu'à ce qu'il touche le fond.

Andropause

Beaucoup d'hommes font l'expérience d'une crise psychologique entre 40 et 50 ans. La soudaine prise de conscience que des objectifs n'ont pas été atteints, que des plaisirs restent encore inconnus et que le temps va manquer les saisit. Cela peut provoquer angoisse, dépression, doute de soi et aussi dissensions dans le couple.

Si vous connaissez ce genre de sentiments, rappelez-vous qu'ils sont parfaitement normaux et qu'ils passeront. Voici cependant quelques trucs qui vous aideront à franchir ce cap difficile.

1. Ne vous déguisez pas. Des vêtements de teenager ne vous feront pas paraître plus jeune et risqueront de vous donner l'air un peu ridicule.
2. Ne quittez pas votre épouse pour une femme plus jeune, elle n'est en rien la cause de votre insatisfaction.
3. Ne vous inquiétez pas pour votre vie sexuelle. Vous n'avez plus 17 ans, certes, mais votre corps fonctionne toujours. Les problèmes d'alcôve résultent souvent des inquiétudes que l'on nourrit à leur égard. Consultez un médecin si vous avez besoin d'être rassuré.
4. Si vous détestez votre travail, ne vous contentez pas de vous plaindre sans rien faire. Quittez-le, ou acceptez-le et vivez-le bien (voir aussi Changement de profession, p. 50).
5. Investissez-vous dans des activités bénévoles. Enseignez, par exemple, le français à des immigrés.
6. Contactez un psychologue et voyez s'il peut vous aider.
7. Faites du jogging, marchez ou inscrivez-vous dans une salle de sport de façon à effectuer environ 30 min d'endurance cardiaque au moins 3 fois par semaine (avec l'accord de votre médecin, bien sûr). Non seulement vous vous sentirez mieux, mais vous ajouterez quelques années à votre espérance de vie.

Angine

1. Évitez les irritants. Si vous fumez, profitez-en pour arrêter.
2. Pour calmer la douleur, préparez une boisson glacée au miel et au citron : pressez le jus de 1 citron dans 1/2 verre d'eau et mélangez-y 1 cuil. à soupe de miel. Ajoutez quelques glaçons, remuez bien et buvez avec une paille. Autres calmants : faites des gargarismes d'eau salée (1/4 de cuil. à café pour 1 verre d'eau) 3 fois par jour et sucez régulièrement des pastilles à la tétracaïne.
3. Pour garder les muqueuses humides, buvez abondamment des boissons non alcoolisées et vaporisez de l'eau dans votre chambre.
4. Prenez de l'aspirine ou l'un de ses substituts (voir p. 24) pour soulager la douleur.
5. Appelez le médecin si votre température atteint ou dépasse 38,5 °C, si vous avez des points blancs sur les amygdales, des ganglions et du mal à avaler ou à respirer ; si vous avez eu une angine récemment ou si vous avez des antécédents de rhumatisme articulaire aigu. (Voir aussi Douleur, p. 85.)

Animal agressif

1. Un combat de chiens ? Ne criez pas, faites un bruit fort (petit pétard, par exemple), klaxonnez, actionnez une sonnette ou tapez sur une poêle. Sans résultat, arrosez les adversaires avec un tuyau d'arrosage ou des seaux d'eau.
2. Les chiens agressifs sont potentiellement dangereux. Si votre chien ennuie, mais sans menacer franchement, votre dernier-né, le postier ou toute autre personne, vous pouvez modifier son comportement par un dressage sans brutalité. Essayez d'être attentif et de le gâter quand la personne qu'il n'aime pas est présente. Il se peut que le chien se mette à apprécier la présence de la personne en question.

3. Votre oiseau vous donne-t-il des coups de bec quand vous remplissez son récipient à eau ? Utilisez une louche ou un arrosoir à long bec. Gardez vos doigts hors de la cage et essayez de l'apprivoiser pour l'habituer à votre présence.
4. Si votre chat essaie d'attaquer votre oiseau, suspendez la cage au plafond ou placez-la sur une sellette. Assurez-vous que la fermeture de la cage est solide et fiable.
5. Aspergez un chat agressif avec un vaporisateur pour plantes ou tapez le sol près de lui avec un journal roulé. Rappelez-le pour lui faire comprendre que vous êtes plus « sociable » que lui.

Animal domestique empoisonné

Si votre animal bave, halète, vomit, souffre de diarrhées persistantes, a des brûlures sur la bouche, montre un manque de coordination, a des convulsions ou est dans le coma, il présente sans aucun doute des signes d'empoisonnement.

1. Soyez prêt. Achetez un livre sur les soins à prodiguer aux animaux domestiques indiquant les poisons les

plus courants et leurs antidotes. Ayez toujours une réserve de charbon de bois officinal purifié, de l'huile de paraffine et de l'eau oxygénée.
2. Essayez de savoir ce que l'animal a avalé. L'étiquette de l'emballage peut indiquer un antidote.
3. Appelez un vétérinaire immédiatement. S'il est absent, appelez une clinique vétérinaire ou un centre de contrôle antipoison (vous trouverez le numéro de téléphone dans l'annuaire ou par le Minitel).
4. À défaut de pouvoir joindre le vétérinaire et si vous ne connaissez pas l'antidote, donnez 2 cuil. à café de charbon de bois officinal avec de l'huile de paraffine. Voyez un vétérinaire le plus vite possible.
5. Si la substance est corrosive (si elle contient des acides, des alcalis ou des dérivés de pétrole), ne faites pas vomir l'animal. Donnez-lui des blancs d'œufs battus ou de l'eau pour diluer cette substance.
6. Si vous êtes sûr que le poison n'est pas corrosif et qu'il vous faille faire vomir l'animal, donnez-lui de l'eau oxygénée : 30 cl pour 8 kg de poids. Ou faites-lui boire 1 cuil. à soupe d'eau salée.
7. Laissez l'animal boire autant d'eau qu'il veut. Mais ne lui donnez rien par la bouche s'il est inconscient ou s'il a des convulsions.
8. Lorsque vous irez chez le vétérinaire, apportez, si vous la connaissez, la substance toxique et son emballage. S'il a vomi, apportez un échantillon du rejet.
9. Évitez de donner du lait à un animal empoisonné : ce peut être un contrepoison dans certains cas mais il a un effet contraire en cas d'absorption d'insecticide organochloré (lindane...) ou à base de phosphore.

Animal en quarantaine

1. Beaucoup de pays – l'Irlande, la Grande-Bretagne, l'Australie, Israël... – exigent une quarantaine allant de 2 à 6 mois avant de laisser entrer un animal domestique sur leur territoire. Si le vôtre est vieux ou malade, consultez un vétérinaire pour savoir s'il pourra supporter la quarantaine. Mais mieux vaut encore confier votre animal à un ami sur qui vous pouvez compter.
2. Si vous êtes absolument obligé d'emmener votre animal, contactez, longtemps à l'avance, le consulat du pays où vous vous rendez pour réserver un espace dans un établissement de quarantaine. Essayez d'en trouver un qui ne sera pas loin de chez vous et vous permettra des visites. Essayez de savoir qui vous devrez contacter en cas de problème.
3. Lorsque votre animal sort de quarantaine, emmenez-le chez le vétérinaire pour une visite. Tâchez de savoir ce qu'il a mangé : un changement brusque de nourriture pourrait le rendre malade. Le vétérinaire pourra prescrire un régime alimentaire de transition.

Animal familier

1. N'adoptez pas de chiot ou de chaton de moins de 8 semaines. S'ils sont séparés de leur mère avant cet âge, ils pourraient bien avoir par la suite des problèmes de comportement. Informez-vous sur les vaccins faits ou à faire.
2. Lorsque vous allez chercher le jeune animal, emportez avec vous un morceau de tissu doux que vous frotterez sur sa mère. Mettez ce chiffon dans le panier du petit, cela le rassurera pendant le transport et à l'arrivée dans un lieu inconnu.
3. Si votre nouveau petit pensionnaire couine pendant la nuit, installez dans son panier une bouillotte d'eau tiède contre laquelle il pourra se blottir.
4. Un chiot (ou un chaton) ne peut être vendu avec pedigree, mais seulement avec un certificat de naissance où figurent les lignées de ses père et mère. Pour avoir son pedigree, l'animal doit être confirmé à l'âge adulte par un expert de la race, lors d'une exposition canine ou féline ou en prenant rendez-vous.

Animal familier et vacances

Les voyages sont très stressants pour les animaux, mais ils ne peuvent pas toujours être évités.

VOUS VOYAGEZ AVEC VOTRE ANIMAL

1. Les paniers d'osier pour animaux sont pleins de courants d'air. Par temps froid, tapissez le fond et les côtés avec des journaux.
2. Si votre animal n'a pas l'habitude d'être dans la voiture, emmenez-le faire de petites promenades avant le jour du départ.
3. Si l'animal est un voyageur angoissé, demandez au vétérinaire de lui prescrire un tranquillisant.
4. Pour les transports en commun, vérifiez que les compagnies autorisent un animal dans un sac ou un panier (toutes n'acceptent pas). Par temps très chaud, étendez un chiffon froid et humide sur le panier. (Voir aussi Voiture garée, p. 231.)
5. Pour un voyage en voiture, si le chien ou le chat voyage en liberté sur le siège arrière, placez un filet de séparation pour ne pas être importuné en conduisant.

VOUS N'EMMENEZ PAS VOTRE ANIMAL

1. Si vous laissez votre animal chez des amis ou dans un chenil, donnez son couchage habituel, ses jouets, ses plats : il se sentira rassuré.

2. Au cas où il se produirait un accident, donnez à la personne le nom de votre vétérinaire et de votre assureur.

3. Pour un chat, la meilleure solution est de le laisser chez vous avec quelqu'un qui vienne chaque jour le nourrir. **Attention !** Enfermez-le pendant que vous faites les bagages car il peut s'affoler et s'enfuir.
4. Si vous avez l'intention de confier votre animal à un chenil, assurez-vous bien avant de partir qu'il a subi tous ses vaccins, sinon il ne sera pas accepté.

EXPÉDITION D'ANIMAUX FAMILIERS

1. Fermez les portes des caisses de transport avec des ficelles pour vous assurer que les animaux ne se sauveront pas. Mettez des tendeurs tout autour de la caisse ou de la cage et de tous les côtés. N'expédiez pas l'animal dans un panier d'osier ou de carton, ce n'est pas assez solide.
2. Si le temps est froid, placez une couverture imprégnée de votre odeur dans la caisse. Pour de longs voyages, la fourrure de polyester vendue dans les animaleries est un très bon isolant.
3. Si la caisse a un toit amovible, utilisez-la comme lit pour l'animal pendant les quelques jours précédant le voyage : il se sentira plus rassuré le jour de l'expédition.
4. Si vous partez à l'étranger, avant toute démarche auprès des transporteurs, assurez-vous que votre animal a subi tous les vaccins nécessaires.

Animal perdu

1. Faites graver vos nom, adresse et numéro de téléphone sur une plaque

et assurez-vous que votre animal la porte toujours sur lui. Ou fabriquez un collier qui fera office de carte d'identité : notez les renseignements sur une bande élastique blanche à l'encre indélébile. Cousez 2 boutons-pression et attachez la bande élastique autour du cou de l'animal, de façon assez lâche mais solide.
2. Gardez toujours sous la main une photographie en couleurs, nette, de votre animal et une liste de ses signes particuliers. Utilisez-les pour faire des affichettes à placer chez les commerçants ou à coller dans les lieux publics aux endroits autorisés.
3. Si votre animal disparaît, entreprenez des recherches dans le voisinage. Placez des notices avec photo et description chez les commerçants du quartier et regardez les colonnes « Perdu, Trouvé » du journal local. Contactez les vétérinaires de votre ville, la SPA et, s'il s'agit d'un animal de race, le club de sa race.
4. Si vous trouvez un animal sans identification, prévenez le représentant local de la SPA (demandez ses coordonnées à la mairie) et la police au cas où le propriétaire les aurait prévenus. Recherchez les avis de perte dans les journaux. Faites paraître une annonce décrivant l'animal, mais en omettant un détail que seul le véritable maître connaîtra.

Animaux sauvages

Dans les forêts françaises, la faune sauvage fuit l'homme. Le risque d'être agressé par un animal est pratiquement nul. Seul un sanglier blessé ou issu d'une espèce bâtarde, croisée avec le porc domestique, peut devenir agressif ; éloignez-vous alors le plus rapidement possible. Si, d'aventure, vous tombez sur une portée de marcassins (au mois de mars), la laie va d'instinct les protéger en grognant ou, peut-être, en esquissant une charge symbolique. Détournez simplement votre chemin ou criez : elle battra en retraite.

Alors que les autres grands mammifères sont également inoffensifs, les hommes, eux, le sont parfois moins. Le danger dans la forêt est vécu par les animaux, envers lesquels l'homme se comporte souvent en prédateur. Promeneurs, si vous rencontrez un faon de la mi-mai à la mi-juin, ne le touchez surtout pas. Sa mère, qu'elle soit biche ou chevrette (femelle du chevreuil), sentirait votre odeur et abandonnerait fatalement son petit. Ne vous en approchez pas, regardez-le et passez votre chemin.

Antenne radio

1. Votre antenne est cassée ? S'il y a un bout creux apparent, vous pouvez la remplacer par un cintre en métal. Coupez le crochet, faites une tige avec le reste et glissez-la dans le trou de l'antenne.

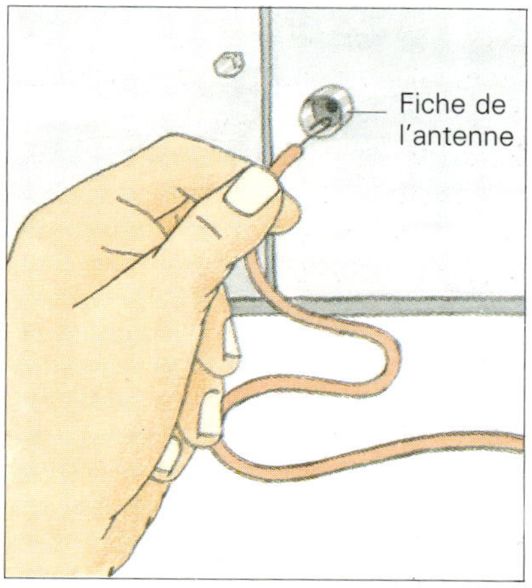

2. Si la réception de votre autoradio faiblit ou s'arrête et que la partie extérieure de l'antenne soit intacte, il s'agit d'une défectuosité de l'antenne ou de la radio. Pour vous en assurer, faites le test suivant : retirez le récepteur et débranchez le câble de l'antenne au dos ; insérez ensuite l'extrémité d'un cintre déplié ou un morceau de fil de fer de 90 cm à 1 m dans le trou de l'antenne et appuyez l'autre extrémité du cintre ou du fil contre le bord extérieur du trou de l'antenne. Si la radio capte les grandes ondes, même mal, le problème provient de l'antenne (elle est mal montée ou mal fixée). S'il n'y a pas d'amélioration, le problème vient de la radio.

Antenne satellite

Une antenne satellite est moins désagréable à l'œil qu'une antenne de télévision ordinaire, mais cela vaut la peine de l'habiller d'une façon ou d'une autre.

1. Peignez une parabole blanche dans un coloris de type « camouflage » pour l'aider à se fondre dans le paysage.
2. Dissimulez-la derrière des plantes ou une haie, mais assurez-vous que le feuillage, en s'étalant devant, ne gêne pas la réception de l'image.
3. Pour empêcher les enfants d'escalader, et peut-être d'endommager votre parabole, plantez tout autour des buissons à feuillage dense ou encore une haie de rosiers bien taillés et... bien piquants !

Antimite

1. Pour chasser l'odeur d'antimite, suspendez vos vêtements à l'extérieur par grand vent. Attachez-les aux cintres avec des pinces à linge pour qu'ils ne s'envolent pas. Laissez-les s'aérer pendant plusieurs heures.
2. Placez des sachets ou des bouteilles de parfum vides dans les tiroirs, les placards ou les penderies.
3. En guise d'antimite, mettez ou suspendez dans vos placards des sachets de lavande ou des morceaux de cèdre du Canada (vendus en droguerie), ou remplissez des pochettes de gaze ou des socquettes en Nylon avec des copeaux de cèdre, de la lavande séchée, des grains de poivre ou un mélange à parts égales de menthe et de romarin séchés. Suspendez à un fil, ou dans un petit filet, une orange piquée de clous de girofle.

Antiseptiques

1. Lavez soigneusement les petites égratignures, brûlures, coupures et ampoules au savon et à l'eau tiède, c'est le premier rempart contre les microbes.
2. Appliquez directement sur la plaie le suc d'une feuille d'aloès : c'est un bon substitut aux antiseptiques habituels. Vous pouvez également utiliser de l'ail cru écrasé ou du jus d'ail en en imbibant une compresse de gaze : l'ail contient de l'allicine, qui est un bactéricide puissant.
3. L'eau oxygénée peut être utilisée à forte concentration. L'alcool à 90° est irritant pour la peau et trop fort pour les plaies ouvertes.
4. Les pommades antibiotiques vendues sans ordonnance peuvent être appliquées sur les coupures et ont l'avantage d'empêcher le pansement de coller à la plaie. Utilisez-les cependant avec parcimonie, ces pommades pouvant provoquer une réaction locale et sensibiliser aux antibiotiques pris par voie orale. Elles peuvent aussi induire une résistance des bactéries aux antibiotiques. Si une blessure ne se cicatrise pas au bout de 2 jours, consultez le médecin.

Antivol de bicyclette

Fabriquez-vous un antivol avec 2 m de câble en acier gainé de vinyle, 2 serre-câble en U et 1 cadenas.

Faites une boucle aux extrémités du câble, fermez chaque boucle avec un des serre-câble et collez les écrous à l'époxy ou écrasez les filetages pour rendre les écrous indesserrables (voir Écrou, boulon, p. 88). Passez le câble dans le cadre, dans les roues, ainsi qu'autour du porte-bagages et d'un poteau solide, et cadenassez les 2 boucles ensemble.

Si vous devez laisser votre vélo sans antivol, retirez le guidon ou la roue avant et prenez-les avec vous.

Aoûtats

Ce sont des larves (pratiquement invisibles) d'acariens très utiles au jardin : les trombidions. Présents, de juin à septembre, sur diverses plantes et herbes sèches, ils se fixent dans la peau au niveau des plis et aux endroits où les vêtements sont en contact étroit avec le corps. Ils provoquent de vives démangeaisons.

1. Pour éviter leur prolifération au jardin, vous pouvez planter de la verveine-citronnelle parmi les légumes (haricots verts, surtout).
2. Traitez régulièrement votre pelouse avec un insecticide acaricide non toxique pour les animaux à sang chaud et les humains, ou arrosez-la chaque jour pour ne pas être importuné quand vous vous y ébattrez.
3. Parfumez-vous avec de l'essence de citronnelle en insistant sur les parties sensibles (aines, aisselles, pieds, pliures des genoux...) avant de vous allonger dans l'herbe ou d'aller récolter les haricots verts.

Aphtes

1. Pour éviter la douleur, supprimez les agrumes, les noix, le chocolat et les plats épicés.
2. Luttez contre les bactéries qui entretiennent le processus en faisant des bains de bouche d'eau oxygénée diluée dans une quantité égale d'eau.
3. Pour neutraliser l'acidité de la bouche, qui contribue au développe-

ment des bactéries, faites des bains de bouche avec de la magnésie ou un mélange de bicarbonate de soude et d'eau.

Attention ! N'avalez aucun des produits précités.

Appareil photo

1. Si vous n'utilisez pas votre appareil photo pendant une longue période, rangez-le à l'abri de la poussière dans son étui ou dans une boîte en carton. Retirez les piles s'il y en a, et mettez-les dans un petit sachet que vous attacherez sur la courroie de l'étui ou que vous collerez à l'extérieur de la boîte.
2. Pour le protéger de l'humidité (et de la poussière), enfermez votre appareil dans un sac en plastique. Glissez-y un sachet de cristaux déshydratants pour automobile (surtout pas des granulés blancs ordinaires) ou quelques bouchons de tubes de comprimés effervescents. Fermez soigneusement le sac.
3. Une ou deux fois par an, dépoussiérez l'intérieur de votre appareil en soufflant les poussières avec un jet d'air sous pression (voir Compresseur à air, p. 301) ou avec une bombe d'air comprimé (en vente chez la plupart des photographes).
4. Si votre appareil a été trempé dans l'eau de mer, ou s'il est tombé dans le sable, portez-le immédiatement en réparation, avant qu'il ne soit attaqué par le sel ou le sable.

PROTECTION CONTRE LES INTEMPÉRIES

Ayez toujours des sacs en plastique dans votre fourre-tout à appareil photo. Un sac, placé ouverture vers le bas, dont vous aurez coupé les coins et où vous aurez passé la sangle de l'appareil, le protégera de la pluie ou de la neige. Laissez le sac pendre par-dessus l'appareil photo. Relevez-le vers le haut pour prendre une photo (voir dessins ci-après). Pour le protéger encore plus efficacement de la pluie, posez du ruban adhésif sur le plastique autour des lanières.

Protégez votre appareil avec un sac en plastique.

Relevez le sac pour prendre une photo.

Appât à poisson

1. Si vous n'avez pas d'appâts vivants, préparez des boulettes de fromage, de pain ou de pâté. Comme cuillère, prenez un morceau d'aluminium ou du papier d'emballage de chewing-gum.
2. Pour attrapez les vers nocturnes – les meilleurs appâts –, enfoncez dans la terre un petit bâton de bois et raclez le haut du bâton : les vibrations attireront les vers à la surface.
3. Assurez-vous une provision régulière d'appâts en créant votre propre élevage de vers de terre. Tapissez une caisse de 60 cm à 1 m de long de feuilles et d'herbes, puis remplissez-la de terre jusqu'à mi-hauteur. Ajoutez une nouvelle couche de feuilles et d'herbes sèches, puis 1 ou 2 verres de déchets ménagers (comme du marc de café et des légumes) : ils pourrissent rapidement. Ajoutez une dernière couche de feuilles et arrosez

LE SAVIEZ-VOUS ?

Histoires de poissons

Une scène typique de pêche comporte-t-elle toujours une canne avec un ver à un bout et un pêcheur à l'air ahuri à l'autre ? Probablement plus depuis que les pêcheurs utilisent un matériel sophistiqué, des appâts spéciaux et toutes sortes d'équipements à la pointe de la technique. Naturellement, les poissons arrivent encore à s'enfuir mais, parmi ceux qui ont été attrapés, certains sont des prises records. Le plus gros poisson jamais capturé à la canne, au moulinet et selon les règles, fut un requin blanc de 1 208,300 kg. Alfred Dean le captura à Ceduna, en Australie-Méridionale, en avril 1959. Le 26 avril 1976, un autre requin blanc fut capturé par Clive Green. La prise ne fut pas homologuée car l'appât utilisé était de la viande de baleine. Mais ce requin, sportivement capturé à la canne, pesait plus de 1 500 kg.

Les pêcheurs français participent régulièrement à de nombreux concours : une manière de découvrir l'étendue de leurs talents en se mesurant aux autres pêcheurs tout en gardant un esprit de compétition très aiguisé. Les règlements de ces concours sont en effet clairs et précis, et les contrôles stricts (le fil ne doit pas dépasser tel diamètre, l'hameçon, telle envergure...). Le vainqueur, celui qui a pris le plus gros poisson, n'est jamais, comme à Marseille, celui qui a les plus grands bras.

Pour les concours de pêche en eau douce, contactez la Fédération française de la pêche (FFPC), tél. : (16) 41 73 33 45.

Pour les concours de pêche en mer, adressez-vous à la Fédération française de pêche en mer (FFPM), tél. : (16) 58 78 22 73.
Fax : (16) 58 78 32 16.

d'eau avant d'y mettre les vers. Nourrissez-les 1 fois par mois avec du chou haché et du lait tourné : ils se multiplieront rapidement.

4. Les vers blancs et les vers de farine font également de bons appâts. Il est possible d'élever des vers de farine dans un bocal de 8 litres que vous aurez rempli aux 3/4 d'un mélange de farine et de sciure. Placez-y les vers et percez des trous minuscules dans le couvercle. Ne soyez pas surpris de voir apparaître des scarabées dans le bocal : ce sont eux qui engendreront les vers de farine.

5. Congelez le fretin qui n'a pas appâté. Ne le décongelez pas complètement au moment de vous en servir, il restera ferme et tiendra mieux sur l'hameçon.

LE SAVIEZ-VOUS ?

Les 4 lettres qui sauvent : SAMU

Ce sigle est devenu un nom commun désignant l'organisme public Service d'aide médicale urgente, capable de déployer dans les meilleurs délais auprès de toute victime d'accident ou de malaise, ou sur un site de catastrophe, les intervenants médicaux les mieux adaptés. Plus encore : de déterminer le service hospitalier à même de traiter sans retard tel ou tel type de problème.

Situé en principe à l'hôpital général de la ville de préfecture, sa permanence téléphonique (qui s'obtient par le 15 dans la plupart des départements) comprend toujours un médecin régulateur qui enverra sur le lieu de l'accident le secours qui convient : soit une unité « premier secours » des sapeurs-pompiers, suivie ou non d'un SMUR (Service mobile d'urgence et de réanimation), soit le médecin généraliste de garde ou un praticien urgentiste ; soit encore, dans les cas bénins, une ambulance privée pour un transport rapide du blessé vers un centre de soins.

Mais, au-delà de cette mission d'analyse et de répartition, nombre de SAMU se sont dotés de moyens d'intervention lourds : médecins et infirmiers spécialisés, véhicules aménagés en salles de réanimation, et jusqu'à des hélicoptères.

C'est la loi du 6 janvier 1986 qui, en instaurant les conditions d'une coordination locale des secours par la création des CDAMU (Comités départementaux de l'aide médicale urgente), a mis un terme à la « guerre des urgences ». En déterminant « qui fait quoi », elle a en même temps donné une base légale aux SAMU. Du même coup en a été fortifiée leur philosophie initiale : « Ce n'est pas le blessé qui va à l'hôpital, c'est l'hôpital qui vient à lui... »

Appels d'urgence

Il n'est pas toujours simple de faire face à une situation d'urgence en conservant son sang-froid. C'est pourquoi il convient de savoir précisément qui appeler.

1. Feu, explosion, fuite de gaz, accident de la circulation, chute dans l'eau, effondrement de bâtiment, etc. : d'emblée, appelez les sapeurs-pompiers (18).

2. Agression, atteinte à l'ordre public : la police ou la gendarmerie (17). S'il y a le feu ou des blessés, signalez-le au téléphone.

3. En cas d'accident ou de malaise, faut-il appeler un médecin, une ambulance, les pompiers ou transporter la victime à l'hôpital ?

• Il faut considérer où l'on se trouve : ville ou zone rurale, proximité ou non d'un praticien — les médecins de campagne sont habitués à intervenir rapidement.

• Si vous êtes en présence d'un malade en phase aiguë, mais conscient, appelez un généraliste ou le médecin de famille en lui donnant des détails : température, niveau de la douleur, etc.

• S'il y a perte de connaissance, hémorragie ou fracture, alertez immédiatement un service d'urgence tout en utilisant les compétences d'un médecin local en attendant l'arrivée des secours.

Mais là encore, vous devez choisir :

• Si la victime se trouve dans un endroit dangereux ou difficile d'accès, composez le 18 (pompiers).

• À domicile, vous pouvez appeler le SAMU (15) — même si vous recherchez seulement un ophtalmologiste ou un dentiste. Vous aurez affaire au téléphone à un praticien qui déterminera le degré d'urgence de votre appel et décidera du dispositif à mettre en œuvre.

4. Conservez en bonne place chez vous la liste des numéros d'urgence de toute nature (sans vous fier à celle donnée sur certaines cartes de dépanneurs). Y figureront les numéros à 8 chiffres de votre médecin, de l'association locale des praticiens pour les urgences, d'Électricité et Gaz secours (qui sont sur les factures EDF-GDF), etc. N'oubliez pas le centre antipoison, les urgences dentaires et, si vous possédez un animal, les urgences vétérinaires.

5. Ces rappels ont pour but de vous permettre de contacter directement l'intervenant spécifique. Mais sachez que police, pompiers et SAMU peuvent communiquer entre eux par ligne directe ou par radio.

VOTRE MESSAGE D'ALERTE

1. Indiquez le numéro d'où vous appelez (en cas de coupure).

2. Annoncez le motif de votre appel. Localisez le lieu de l'événement (commune, rue, numéro, bâtiment, étage ; sur la route, situez l'accident avec des repères : station-service, carrefour, pont, etc.).

3. Énumérez éventuellement le nombre de victimes en décrivant la gravité de leur état (hémorragie, perte de connaissance, douleur, etc.).

Appel téléphonique

1. Vous n'entendez pas la sonnerie du téléphone lorsque vous êtes au sous-sol ou dans le jardin ? Pensez à placer le récepteur le plus près possible de la porte ou de la fenêtre, posez-le sur une surface lisse. Réglez la sonnerie au plus fort et, si cela ne suffit pas, installez un amplificateur.
2. Si quelqu'un vous appelle par erreur, ne donnez pas votre nom (on ne sait jamais à qui on a à faire), demandez quel numéro est appelé et dites simplement qu'il y a erreur.
3. Quand on vous appelle et que vous êtes très occupé, dites courtoisement mais fermement que vous rappellerez... et rappelez.
4. Vous craignez d'être mobilisé par un bavard ? Prévenez d'entrée votre interlocuteur que, malheureusement, vous devez partir très vite.
5. Les jeunes enfants adorent répondre au téléphone. Apprenez-leur cependant à vous demander l'autorisation avant de décrocher.

Appel téléphonique malveillant

Si vous êtes victime des appels téléphoniques d'un détraqué, une seule façon de le décourager : raccrocher. Vous privez ainsi ce personnage malveillant du plaisir d'entendre la colère, l'indignation ou l'inquiétude de ses victimes. Au besoin, donnez un coup de sifflet strident dans le combiné. Passez la consigne à tous les membres de la maison. Éventuellement, débranchez le téléphone pendant quelques heures. Si les appels persistent, notez les dates, les heures et portez plainte. Enfin, vous pouvez demander aux services téléphoniques de changer votre numéro et vous faire inscrire sur la liste rouge.

Aquarium

Même si votre aquarium est parfaitement équipé, il est conseillé de remplacer 1/4 de son volume d'eau tous les 3 mois par de l'eau ayant les mêmes caractéristiques (pH, dureté, température) que celle de l'aquarium.
Pour siphonner l'eau :
1. Remplissez d'eau un morceau de tuyau d'arrosage transparent (de 1,50 m environ) en bouchant les extrémités avec les pouces. Plongez un bout de tuyau dans l'aquarium et laissez pendre l'autre au-dessus d'un seau placé plus bas. Libérez l'ouverture plongée dans l'aquarium, puis celle au-dessus du seau. Pour arrêter le puisage, bouchez ou sortez l'extrémité plongée dans l'aquarium.

2. Placez une extrémité du tube dans l'aquarium et aspirez l'air à la bouche en vous plaçant en contrebas. Dès que l'eau arrive, lâchez très vite cette extrémité du tuyau pour que l'eau s'écoule dans le seau. Entraînez-vous avec de l'eau claire pour ne pas avoir d'eau plein la bouche.
3. Débranchez la sortie du filtre à pompe extérieur et récupérez l'eau qui s'écoule dans un seau.

Araignée

Malgré la répugnance qu'elles peuvent susciter, les araignées sont des animaux très utiles car elles détruisent un grand nombre d'insectes indésirables. Ne supprimez que celles qui pourraient être gênantes. Malgré ce qui se raconte, aucune araignée, en France, ne mord ni ne pique dangereusement.
1. Les araignées sont les meilleures amies du jardinier. Si vous voyez une araignée-loup (ou lycose), ou toute autre espèce sur le mur du sous-sol, ne l'écrasez pas. Capturez-la (courageusement) dans un bocal à large goulot, puis lâchez-la dans le jardin, où elle se régalera de criquets, de chenilles et d'autres « nuisibles ».
2. Badigeonnez le pourtour des portes et fenêtres en bois avec une solution chaude d'alun de potasse (dissous jusqu'à saturation) pour empêcher les araignées d'entrer dans la maison.
3. Inutile d'écraser une araignée pour la tuer, pulvérisez un insecticide acaricide sur sa toile. Certaines araignées reconstruisent leur toile en mangeant l'ancienne : elles ingéreront le poison en même temps.
4. Ne vaporisez pas d'insecticide sur une araignée qui se trouve au-dessus de vous, elle risque de tomber.

Argenterie

En en prenant bien soin, vous pouvez empêcher votre argenterie de se ternir, de se piquer ou de s'érafler. Soyez particulièrement attentif au métal argenté car le plaqué s'en va assez facilement.
1. Lavez l'argent et le métal argenté à la main avec un détergent doux, jamais dans le lave-vaisselle. Séchez avec une peau de chamois ou un torchon doux.
2. Ne laissez pas des restes d'aliments sur de l'argenterie toute la nuit. Rincez les plats si vous ne pouvez pas les laver tout de suite.
3. Si votre ménagère n'est pas spécialement traitée, à défaut de sac de toile, enveloppez l'argenterie dans un sac en plastique étanche à l'air. Placez de l'alun ou du camphre (vendus en pharmacie) à l'intérieur pour empêcher les ternissures. Gardez ces produits loin des enfants et des animaux familiers.
4. Évitez le contact du caoutchouc et de l'argent.
5. Ne laissez pas de jus de fruits, d'olive, de parfum, d'eau de toilette, d'assaisonnement pour salade, de fer,

de sauce pimentée ou de vinaigre sur de l'argenterie. Tout cela la tache et la corrode.

6. Nettoyez les couvercles des salières en argent régulièrement pour éviter la corrosion. Laissez-les tremper dans une solution de vinaigre chaud et de sel, lavez avec soin et séchez.

7. Si vous placez des fleurs coupées dans des coupes en argent, changez l'eau souvent pour éviter les dépôts à la surface de l'eau. Enlevez les fleurs dès qu'elles se fanent.

8. Glissez une protection entre les fruits et le métal quand vous les déposez dans un compotier en argent.

9. Si vous n'avez pas de produit pour nettoyer l'argenterie, utilisez l'un de ces produits maison : une pâte faite d'eau et de farine de maïs, de cendre de cigarettes ou de bicarbonate ; de la pâte dentifrice. Laissez l'argenterie se nettoyer seule pendant une nuit, dans du lait caillé ou du petit-lait ou encore dans l'eau de cuisson des pommes de terre. Vous pouvez également utiliser 1 verre de lait entier mélangé à 1 cuil. à soupe de vinaigre blanc ou de jus de citron.

10. Polissez avec des gestes rapides de haut en bas, mais ni en travers ni en cercle. Pour les endroits difficiles à atteindre, prenez un pinceau doux.

11. Nettoyez entre les dents des fourchettes avec un cure-pipes ou un Coton-Tige et un produit à argenterie, ou imbibez une ficelle de produit et passez-la entre les dents.

12. Pour enlever des éraflures, faites une pâte de mastic et d'huile d'olive. Passez avec un chiffon doux et polissez avec une peau de chamois.

13. Restaurez les objets en métal argenté usés en les frottant avec de l'argenture à froid (produit à base de nitrate d'argent vendu chez les droguistes ou les spécialistes de la restauration d'objets anciens).

Ascenseur

Presque tous les ascenseurs sont pourvus aujourd'hui d'un système électronique qui enregistre les appels au premier contact sur le bouton. Il est donc parfaitement inutile de maintenir enfoncé le bouton d'appel ou celui de l'étage, ainsi que d'appuyer dessus de façon répétée.

Les ascenseurs ont un poids limite de charge et il arrive que l'un d'eux ne s'arrête pas à l'étage où vous l'avez appelé si cette charge est dépassée. Soyez patient, l'appareil a enregistré votre appel et il s'arrêtera au voyage suivant.

Si l'ascenseur s'arrête à tous les étages, c'est probablement qu'un plaisantin a appuyé sur tous les boutons avant de sortir. Certains modèles se programment au fur et à mesure et n'enregistrent qu'un nombre limité d'appels.

Aspirateur

1. Si votre aspirateur n'aspire plus aussi bien, vérifiez que le tuyau et les coudes rigides ne sont pas bouchés. Le sac en tissu est peut-être colmaté : défaites-le et secouez-le ou lavez-le. Nettoyez aussi les grilles par où l'air est éjecté.

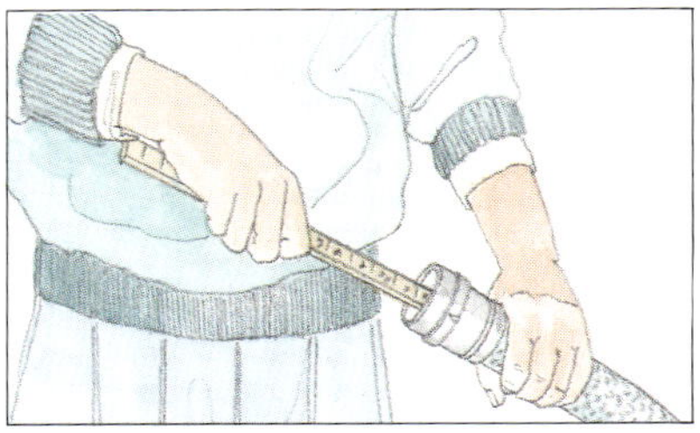

2. N'aspirez jamais de mégots ni de cendres : s'ils sont mal éteints, cela pourrait être très dangereux.

3. Ne jetez pas un sac d'aspirateur en tissu. Passez-le en machine à laver et réparez les accrocs avec des bandes de tissu thermocollant.

4. Si les accessoires de votre aspirateur se grippent lorsque vous voulez les séparer du tuyau, lubrifiez les embouts avec de la paraffine.

5. N'aspirez jamais d'eau ou d'autre liquide avec un aspirateur qui n'est pas conçu pour cela. Vous risquez à coup sûr de provoquer un court-circuit dans l'appareil et (pire !) de vous faire électrocuter.

6. Lorsque vous vous servez d'un aspirateur-bidon équipé d'un système de nettoyage par injection et aspiration de détergent, ajoutez toujours un agent antimousse au produit de nettoyage. Videz et nettoyez la cuve aussitôt le nettoyage fini pour éviter que le contenu poussiéreux ne fermente et n'empeste la maison.

Aspirine

Si l'aspirine était découverte aujourd'hui, il est probable qu'elle ne serait délivrée que sur ordonnance, en raison de la puissance de son action et de ses effets secondaires. Elle a, certes, des propriétés antalgiques, antipyrétiques, anti-inflammatoires et antiagrégantes plaquettaires très appréciées, mais elle peut engendrer des troubles digestifs graves, notamment chez les ulcéreux, ou des réactions allergiques. C'est pour cela que l'on cherche souvent à la remplacer.

1. Le paracétamol est le produit de substitution de l'aspirine utilisé pour ses propriétés antalgiques et antipyrétiques. L'intérêt du paracétamol contre les douleurs et la fièvre est dû à son absence d'effets secondaires sur le tube digestif.

2. Le bain froid peut être utilisé avec efficacité pour faire baisser la fièvre des nourrissons et des jeunes enfants. Sa température doit être contrôlée : 1 °C au-dessous de la température de l'enfant ; puis laissez couler l'eau froide doucement jusqu'à amener le bain à 37 °C. Il faut y laisser l'enfant 10 min au moins.

3. Il existe certaines formes pharmaceutiques de préparation, comme l'aspirine enrobée, qui évitent le contact de l'aspirine avec l'estomac. Cela permet aux personnes fragiles de mieux la supporter.

Assurance habitation

Rien ne vous oblige à assurer votre habitation contre le vol ou l'incendie si vous habitez seul en pleine campagne, alors que les contraintes de résidence (copropriété) ou de voisinage

LE SAVIEZ-VOUS ?

Histoire du premier médicament miracle

Avant l'aspirine, on connaissait les pouvoirs de l'écorce de saule. Vers 400 av. J.-C., Hippocrate, père de la médecine, conseillait d'en mâcher pour calmer les douleurs de l'accouchement. Pendant des siècles, dans le monde entier, on connut, sans en comprendre le fonctionnement, son action sur les maux de tête, la fièvre et l'inflammation.

Vint l'ère de la chimie. En Allemagne, vers 1820, on isola le principe actif de l'écorce de saule. On le nomma salicocide ou salicine. Au cours du XIXe siècle, on produisit le salicylate de sodium, qui fut essayé par Buss, médecin suisse spécialisé dans le traitement de la polyarthrite.

On doit la synthèse de l'acide acétylsalicylique, c'est-à-dire de l'aspirine, au chimiste allemand Félix Hoffmann, dont le père, rhumatisant, ne supportait pas l'acétyle salicylate de sodium. Il fut produit en 1899 sous le nom d'Aspirin, probablement dérivé de *Spiraea*, nom d'une plante qui contient aussi de la salicine.

Les premiers comprimés d'aspirine firent leur apparition dans les pharmacies au début du siècle. À part le tamponnage et l'enrobage pour en améliorer la tolérance, ils ont peu changé depuis.

(recours aux voisins, responsabilité civile) la rendent inévitable.

L'assurance globale de l'appartement ou de la maison, dite « multirisque », est la plus répandue. Elle couvre un certain nombre de risques, mais pas tous. Elle permet d'englober sous une même assurance un maximum de garanties : vos biens immobiliers, qui vont des bâtiments aux objets scellés, en passant par les carrelages, les cheminées, les clôtures ; vos biens mobiliers (meubles, appareils ménagers, linge, vêtements, etc., mais aussi bijoux, perles et objets de collection, tableaux).

La multirisque vous assure contre l'incendie causé par embrasement ou par flamme. Mais, contrairement à ce que l'on pense souvent, une brûlure de cigarette n'est pas couverte par les risques « incendie », pas plus que les dommages corporels subis dans l'incendie. C'est votre assurance invalidité ou responsabilité civile qui s'en charge. Et, si vous perdez des objets dans l'incendie, leur remplacement n'est pas garanti.

L'assurance contre le vol donne lieu à de nombreuses restrictions. Vous devez prouver qu'il y a eu effraction pour prétendre être indemnisé. Mobilier courant et objets ménagers sont garantis. Le cambriolage des caves ne l'est pas si la porte n'est pas équipée d'une fermeture de sûreté. Quant aux objets précieux, bijoux et collections, ils ne sont remboursés qu'à 30 % de leur valeur s'ils ne font pas l'objet d'une déclaration particulière (avec photos ou certificats à l'appui).

Faites jouer la concurrence entre les compagnies d'assurances. Comparez le coût des primes et les risques véritablement couverts, ainsi que la rapidité d'indemnisation.

Assurance vie

1. Fuyez les mélanges de genres, dits « mixtes », associant décès et retraite. Préférez ceux du type « capital différé avec contre-assurance » (CDCA) si vous voulez faire un placement. Ne confondez pas avec l'assurance décès, qui n'est pas une opération d'épargne, mais des versements à fonds perdus récupérés seulement par vos bénéficiaires à votre mort.
2. N'y songez pas trop jeune : attendez 40 ans, choisissez les modes de versements libres (trimestriels) et préférez les contrats en francs à ceux en unités de compte.
3. Étudiez les valeurs de rachat du contrat (remboursement en cas de résiliation) : si elles sont faibles les premières années, ne signez pas.
4. Conservez le choix de votre sortie (rente ou capital).

Assurance voiture

Réduire ses primes d'assurances suppose de choisir la compagnie la moins chère. Encore faut-il pouvoir comparer prix et garanties. Procurez-vous plusieurs propositions de contrat. Observez restrictions et franchises particulières.
1. Réétudiez votre assurance tous risques si les petits dégâts (feux, stop ou clignotants) causés par un tiers font l'objet d'une franchise ou si le vol, l'incendie, le bris de glace en sont exclus.
2. Si le véhicule n'est pas vraiment récent, ne choisissez que les garanties annexes adaptées à votre cas.
3. Soyez un conducteur modèle : cycles de perfectionnement, contrôles techniques du véhicule, prévus au contrat, et bonne conduite peuvent réduire la prime.
4. L'absence d'accident fait baisser chaque année de 5 % la prime de référence. Le bonus maximal est de 50 %.
5. Les « surprimes » jeune conducteur (qui ne doivent jamais dépasser 150 % du tarif de base) sont parfois remboursées si l'assuré n'a pas eu d'accident dans l'année. Les tarifs jeune conducteur appliqués aux femmes sont souvent plus bas que ceux appliqués aux hommes.
6. Il peut être préférable d'assurer la voiture de votre enfant à votre nom pendant quelques années et de le déclarer comme second conducteur.
7. Pendant une absence (service militaire), transformez-la en assurance pour conduite occasionnelle.

Asthme

La crise d'asthme se manifeste par de la toux, une respiration difficile et sifflante. Rassurez le malade et faites-lui garder son calme.

1. Pour lui faciliter la respiration, faites-le asseoir dans la salle de bain et se pencher légèrement en avant, appuyé sur les coudes. Faites couler l'eau chaude afin qu'il respire de l'air humide.
2. Donnez-lui son médicament habituel et une boisson pour éviter la déshydratation.
3. Si le médicament n'apporte pas un soulagement immédiat, appelez le médecin.

TRAITEMENT PAR L'EXERCICE

Bien que l'exercice soit souvent recommandé aux asthmatiques, il risque de déclencher une crise s'il est trop violent, notamment à l'extérieur par temps froid ou à la saison des allergies.

Parmi les activités aérobies, la plus adaptée aux asthmatiques est la natation en piscine couverte. La course à pied, en revanche, entraîne souvent une gêne respiratoire.

Les asthmatiques doivent, plus que quiconque, débuter leur activité sportive par 15 min d'échauffement lent et la terminer par des exercices de retour au calme (voir aussi Échauffement musculaire, p. 86). Pour maintenir leurs voies respiratoires perméables, ils devraient faire des exercices par périodes de 1 à 2 min, en respirant par le nez pour filtrer l'air.

Attelle

Pour immobiliser un membre fracturé (ou supposé tel), vous pouvez utiliser beaucoup d'objets (aussi légers que possible) en guise d'attelle.
1. Un magazine, ou du carton ondulé, convient très bien, surtout pour l'avant-bras chez l'adulte (ensuite maintenu contre la poitrine). Placez-le en gouttière autour du membre blessé et maintenez-le avec des bandes de tissu, du chatterton ou même de la ficelle.
2. Rouleaux de carton, lattes de bois, manches à balai, parapluies, bâtons de ski (rembourrés de tissu, voire d'herbe), et même des objets mous, comme oreillers ou couvertures, feront l'affaire pour un membre inférieur, mais veillez à ce que les articulations de part et d'autre de la fracture soient comprises dans l'immobilisation (genou et hanche pour la cuisse...). Fixez ces « attelles » avec des liens (bandes de tissu...) préalablement glissés sous les creux naturels (plis du genou et de la cheville), et répartis ensuite (aucun sur l'endroit même de la fracture). S'il faut soulever la jambe, le faire prudemment en la soutenant au moins en 2 points. Si vous n'avez qu'une seule attelle, placez-la sur le côté externe du membre blessé attaché au valide. En cas de fracture ouverte, enveloppez la plaie avec un linge parfaitement propre.

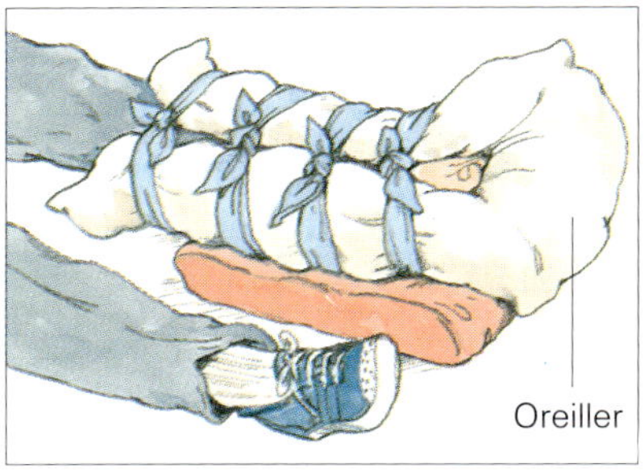

3. Si vous n'avez sous la main que des liens, vous pouvez quand même solidariser un bras fracturé avec le tronc, une jambe cassée avec l'autre (rembourrer entre les deux).
4. Dès que vous le pouvez, appelez (15 ou 18) les secours médicaux. (Voir aussi Fracture, p. 109.)

Augmentation

Vous aimeriez une augmentation, mais ne savez comment la demander ? N'hésitez pas à négocier.
1. Déterminez d'abord la valeur de votre poste et le salaire minimal auquel vous avez droit en fonction de votre emploi. Compétences, autonomie, responsabilités sont des critères de classement dans la convention collective.
2. Consultez-la afin de savoir si la prime d'assiduité, d'ancienneté, le 13e mois et diverses majorations sont inclus ou non dans la base de calcul.
3. Votre salaire doit, de toute façon, augmenter en cours de contrat. Consultez les organisations syndicales pour connaître les prochains rendez-vous de négociations salariales.
4. Notez avec précision le contenu de vos tâches : vous assumez bien plus de responsabilités que celles prévues à votre contrat, vous n'hésitez pas à rester après la fermeture pour revoir un travail ou des comptes, vous emportez des documents à lire après les heures de bureau... Dites-vous que, sans doute, vous méritez plus.
5. Posez des jalons, faites un bilan régulier de votre secteur de travail. À l'occasion, abordez ce sujet de manière anodine au cours d'une conversation. En entendant des faits précis, votre employeur ne pourra que remarquer votre compétence, que sûrement il apprécie déjà !
6. Évitez pourtant d'en faire trop. Votre employeur pourrait dire qu'il ne vous le demandait pas et que vous pouvez continuer ainsi.
7. Soyez diplomate, choisissez le moment le plus favorable à votre requête : soit une période de largesses, suite aux bons résultats de l'entreprise, soit après une phase professionnelle particulièrement brillante. L'employeur, attentif, ne sera sans doute pas surpris de votre demande.
8. Proposez un rendez-vous sans attendre. Soyez clair et précis. Si vous n'obtenez pas ce que vous attendiez, suggérez de revoir la question tous les 6 mois, par exemple.

Autocollant

1. Posez un autocollant en commençant par le centre et en appuyant vers les bords pour chasser les bulles d'air.
2. Retirez un autocollant posé depuis peu (moins de 1 mois) en l'arrachant en partant d'un angle ou d'un bord.
3. Pour retirer un vieil autocollant, arrachez la surface en papier ou en vinyle. Éliminez l'adhésif qui résiste avec de l'alcool à 90° ou de l'essence minérale. Si l'autocollant est posé sur une surface peinte, faites un essai sur

un coin pour vous assurer que la peinture ne se dissout pas.
4. Autre méthode : chauffez-le au sèche-cheveux pour ramollir la colle.

Avalanche

Il est impossible de lutter contre une masse de neige qui dévale une pente et entraîne tout sur son passage. Mais retenez ceci.

PRÉVENTION

1. Ne vous aventurez jamais sur une piste signalée par le drapeau à damier jaune et noir qui signifie « danger d'avalanche ».
2. Ne partez en haute montagne qu'après avoir noté en détail les prévisions météorologiques (dans les mairies, les offices de tourisme, les gendarmeries, les bureaux de guides des stations...).
3. Emportez au moins l'un des dispositifs d'alerte suivants : cordelette d'avalanche, ballon de détresse éjectable, balise radio...

ENSEVELI DANS LA NEIGE

1. Localisez le haut et le bas : il suffit de cracher ou, mieux, d'uriner pour déterminer le sens de l'écoulement.
2. Agrandissez votre espace de survie tant que la neige est encore molle (en tournant sur vous-même, bras et jambes tendus, puis repliés) avant d'essayer de progresser vers l'air libre doucement, pour ne pas vous essouffler. Si vous avez un bâton de ski, pointez-le vers la surface en poussant et en vissant fortement.
3. Luttez contre la panique en vous répétant que les secours sont forcément en route. Gardez vos « cris et gémissements » pour répondre aux appareils d'écoute ou aux chiens d'avalanche, le moment venu.

Avancement de carrière

Vous souhaitez avoir de l'avancement ? Adoptez la bonne tactique.
1. Ne restez pas dans votre coin. Créez des relations qui peuvent vous avantager, au travail ou aux heures de détente : à la cantine, à la cafétéria, n'hésitez pas à engager la conversation avec vos supérieurs, le directeur du personnel, un chef de service. Un climat de sympathie est un atout favorable.
2. Sachez exactement qui est influent, qui transmet les appréciations sur votre travail et qui décide. Ce n'est peut-être pas votre supérieur hiérarchique direct...
3. Faites votre travail consciencieusement et essayez, à l'occasion, de vous associer à ces « décideurs » lors d'un travail supplémentaire, d'une urgence à assurer. Soyez volontaire.
4. Bâtissez votre réputation sur une discipline de fer : sans relâchement, sans faille et régulièrement. Acceptez au besoin un travail de dernière minute. Vous finirez par être connu et reconnu comme un « jeune loup » que le travail n'effraie pas.
5. Soyez compétent dans votre secteur, mais aussi dans des disciplines voisines. Lisez, informez-vous sur le fonctionnement, les structures et les projets de l'entreprise.
6. Ayez de l'initiative. Proposez vos idées, surtout si on vous les demande. Sinon, trouvez les occasions pour les exposer et les faire entendre.

Avertisseur de voiture

Si l'avertisseur se bloque en marche :
1. Arrêtez-vous, soulevez le capot et repérez-le — le bruit vous guidera !
2. Déconnectez ou coupez le fil qui alimente le Klaxon.

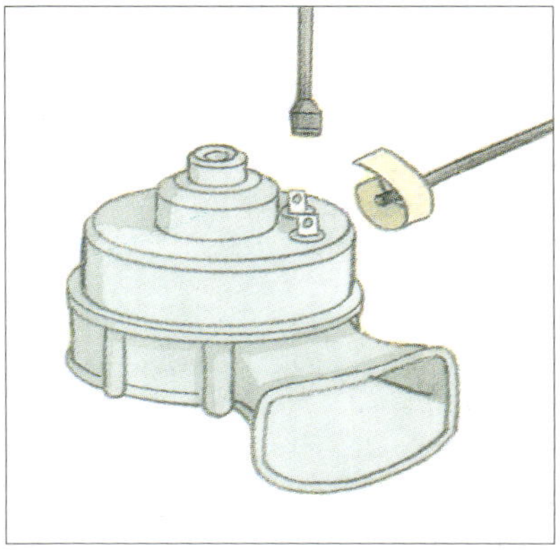

3. Si vous ne pouvez pas atteindre le fil électrique du Klaxon, cherchez la boîte à fusibles et ôtez le fusible correspondant (procédez par essais successifs si vous n'avez pas le plan de répartition).

Avocat

L'assistance d'un homme de loi peut être nécessaire, mais elle est souvent onéreuse.
1. Si vos ressources sont très modestes, vous pouvez obtenir l'aide juridique gratuite. Informez-vous auprès de votre mairie.
2. Des associations d'avocats dispensent des conseils, par téléphone ou sur rendez-vous, et peuvent vous aider à constituer un dossier amiable ou vous assister au tribunal pour une somme modique, tel l'AARC (Avocat assistance recours du consommateur), créée par l'Ordre des avocats du barreau de Paris.
3. Livres ou publications périodiques spécialisés vous informeront sur les démarches à entreprendre ou les écueils à éviter pour acheter ou vendre votre maison, créer une association ou choisir votre forme de testament et le rédiger. Il est prudent cependant d'avoir recours aux conseils d'un juriste ou d'un avocat pour éviter une erreur d'interprétation, utiliser le vocabulaire juridique ou réglementaire approprié...
4. Faites-vous préciser le montant des honoraires et les services rendus. Demandez à échelonner vos règlements, n'hésitez pas à négocier.

Avocat (fruit)

1. Pour éviter qu'une purée d'avocats ne s'oxyde, enfouissez-y le noyau. Couvrez la surface d'un film adhésif en appuyant du plat de la main pour faire le vide et laissez ainsi jusqu'au moment de servir.
2. Les avocats coupés en tranches ou en cubes s'oxydent aussi très rapidement. Arrosez-les abondamment de jus de citron, mélangez délicatement pour bien les enrober de jus, puis

couvrez-les d'un film adhésif. Juste avant de servir, égouttez l'avocat et accommodez-le selon votre goût.
3. Les avocats mûrissent 2 fois plus vite dans une atmosphère tiède et sombre. Laissez-les donc tout simplement à la cuisine dans le sac en papier du marchand.

B

Bac à compost

Un bidon de 200 litres peut servir de bac, ou tonne, à compost. Supprimez le fond et le couvercle pour obtenir un cylindre ouvert et placez celui-ci dans un coin frais et discret du jardin, accessible à la brouette. Avant de le remplir avec les déchets du jardin et de la cuisine, percez-le régulièrement pour favoriser l'aération du compost, indispensable à la vie microbienne. Obturez le fond avec un grillage fin pour permettre l'écoulement des liquides sans perdre les matières sèches, puis posez la tonne sur un socle de briques ou de parpaings. Fabriquez ainsi 2 ou 3 tonnes pour disposer de compost mûr toute l'année tout en continuant à remplir les autres bidons de matières fraîches. Prenez soin de couvrir les tonnes avec une planche : couvertes et exposées au soleil sur tout leur pourtour, elles permettent un compostage rapide (entre 2 et 4 mois) grâce à la température élevée qui y règne. (Voir aussi Compost, p. 63.)

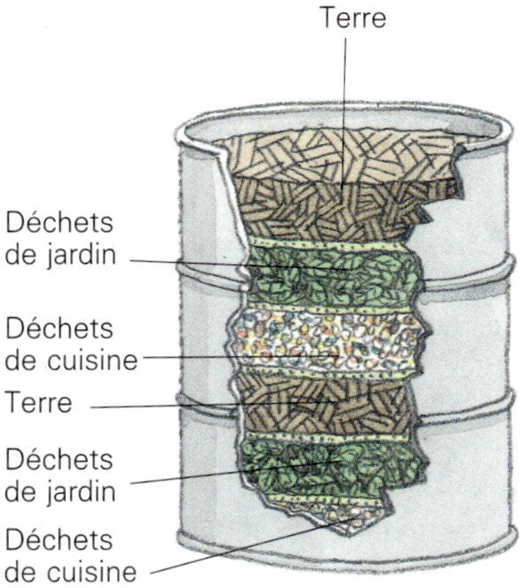

Bac à fleurs en bois

Le bois offre de multiples styles de bacs à fleurs, qui se déclinent du plus simple au plus sophistiqué. Teck, pin et bois exotiques sont généralement vendus traités, plus ou moins sommairement. Il est donc préférable, avant d'installer une plante dans un nouveau bac en bois, de le doubler de zinc ou de l'enduire d'une couche de vernis marine ou de goudron.

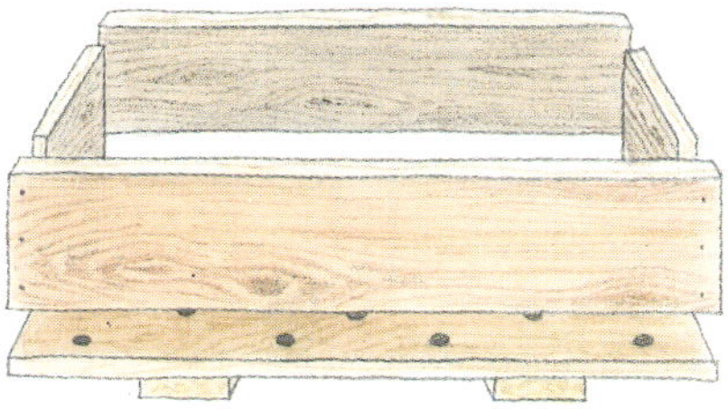

Construisez vous-mêmes vos bacs à fleurs.

Faites-vous spécifier la nature et la longévité du traitement d'origine lors de l'achat du bac pour éviter de déranger les plantes installées à chaque fois qu'un nouveau traitement protecteur s'impose.

Bac à peinture

1. Utilisez une vieille plaque à four non écaillée ni rouillée. Tapissez-la de quelques feuilles d'aluminium. Ou alors, utilisez un moule jetable en aluminium.
2. Habillez une boîte en carton peu profonde avec un sac en plastique solide.
3. Au pire, déposez la peinture sur le rouleau avec un pinceau.

Bagages perdus

Foi de statistiques, il se perd moins de 2 % des 480 millions de bagages manipulés chaque année sur les lignes aériennes. Piètre consolation lorsque vous êtes victime de pareille mésaventure.

Côté compagnies aériennes, si 99 % des bagages égarés sont retrouvés dans les 24 h, il faut cependant savoir que la perte n'est officiellement admise par la réglementation internationale qu'au terme de 21 jours de recherches infructueuses ! Si vous faites partie du premier cas de figure, soyez rassuré sur votre confort immédiat : la plupart des compagnies vous feront cadeau d'une petite trousse de toilette de dépannage. Si vous êtes dans le deuxième cas de figure, ne vous faites pas trop d'illusions : le remboursement ne sera pas très important, 150 F environ par kilo... dans la limite du nombre de kilos autorisés par la compagnie. À noter que la SNCF, elle, est plus généreuse, puisqu'elle peut rembourser jusqu'à 500 F par kilo.

Voici les précautions à prendre pour éviter ce genre de désagrément.
1. N'enregistrez pas vos bagages à la dernière minute, surtout s'il s'agit d'un gros porteur et d'une période chargée.
2. Trouvez un moyen (ruban adhésif de couleur par exemple) de différencier votre valise, ce qui vous permettra de la repérer de loin sur le tapis roulant (un bagage peut être pris par mégarde... ou volé).
3. Écrivez lisiblement votre adresse complète à l'extérieur, mais aussi à l'intérieur de votre bagage.
4. Sur votre billet d'avion est agrafé le ticket comportant les numéros figurant sur les étiquettes accrochées à vos bagages. Avant le départ, ôtez les étiquettes des vols antérieurs.
5. Aucun objet de valeur ne doit être rangé dans une valise, réservez-les pour vos bagages à main. Dernière précaution : dressez une liste des objets et habits transportés. Elle vous sera utile pour un éventuel remboursement, surtout si vous avez souscrit une assurance perte ou vol... vivement recommandée.

Les serrures des valises se fracturent facilement. Utilisez plutôt un cadenas à chiffres.

Baguettes chinoises

Impossible de manger avec des baguettes ? Voici un truc ingénieux : attachez les 2 baguettes, côté le plus large, avec un élastique, puis glissez un morceau de papier froissé entre

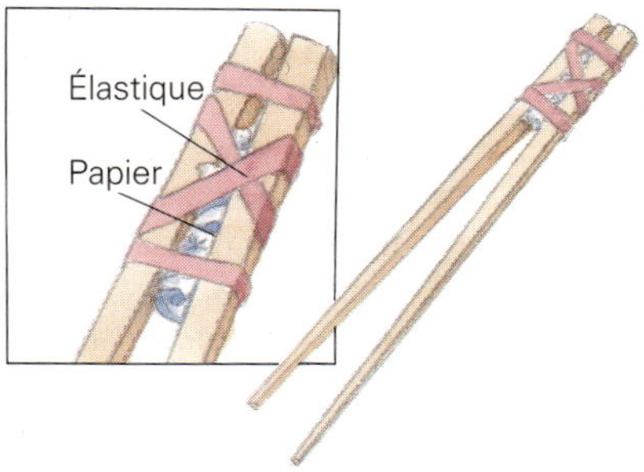

elles. Entourez à nouveau d'un élastique : vous aurez ainsi créé une charnière autour de laquelle vos baguettes pourront pivoter.

Balais

1. Nettoyez toujours un balai à franges avant de le ranger. Lorsqu'il est très sale, lavez-le dans de l'eau savonneuse et rincez-le à l'eau claire. Si vous pouvez enlever la tête, glissez-la dans un filet et lavez-la dans la machine. Faites-la sécher suspendue dans un endroit aéré.
2. Pour empêcher un manche à balai d'abîmer les meubles, enveloppez la partie inférieure du manche avec un ruban de velours.
3. Pour « revitaliser » un vieux balai, trempez les poils dans de l'eau chaude pendant quelques minutes, puis entourez-les de grosses bandes élastiques et laissez-les sécher.

4. Ne rangez pas un balai-éponge ou à franges dans un seau, cela risquerait de le faire moisir ou de lui donner une mauvaise odeur. Si cela arrivait, plongez le balai pendant quelques minutes dans un seau d'eau additionnée de 1/2 verrre d'eau de Javel. Rincez 2 ou 3 fois et faites sécher.
5. « Rafraîchissez » l'extrémité des mèches d'un balai à franges de temps à autre par quelques coups de ciseaux.
6. Lorsque vous rangez un balai, suspendez-le pour que les soies ou les mèches ne s'écrasent pas. Fixez un piton à l'extrémité du manche pour le suspendre à un crochet mural.

Bande magnétique

1. Ne touchez pas les bandes audio ou vidéo avec les doigts, vous y laisseriez des taches de graisse et des particules de poussière.
2. Ne rangez jamais vos bandes sur le téléviseur, sur les amplificateurs, sur les haut-parleurs ou sur le magnétoscope. Tous ces appareils génèrent des champs magnétiques qui risquent d'effacer les enregistrements.
3. Dans votre voiture, ne laissez pas vos cassettes sur le tableau de bord en plein soleil, elles se déformeraient.
4. En hiver, si vous apportez une cassette vidéo de l'extérieur, laissez-la se réchauffer à température ambiante avant de la passer, pour éviter toute condensation dans le magnétoscope ; cet appareil redoute toute humidité excessive !
5. Coller une bande vidéo n'est pas recommandé. Même les professionnels s'y refusent. Aussi, faites une copie des enregistrements auxquels vous tenez et ne passez qu'elle. Donnez de l'« exercice » à la bande mère 3 ou 4 fois par an en la faisant passer à vitesse rapide, puis en la rembobinant.
6. Si la bande d'une cassette audio est emmêlée, tirez toute la partie à remettre en ordre et démêlez-la soigneusement. Passez-la derrière un objet rond dressé (une bouteille, par exemple), bloquez l'un des côtés avec

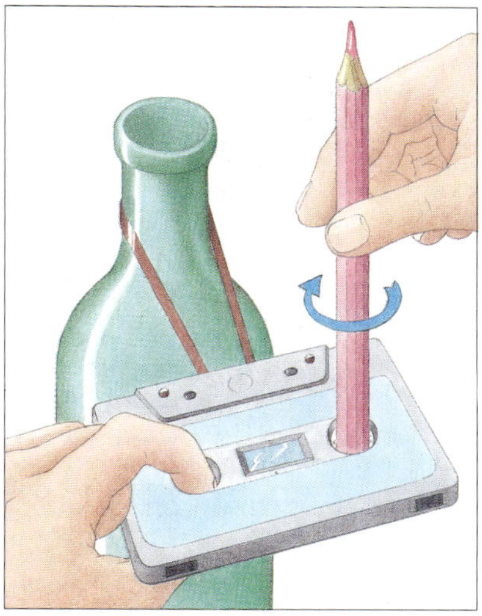

le pouce et l'index et faites tourner l'autre bobine à l'aide d'un crayon à section hexagonale.

Barbecue

1. Transformez une vieille brouette métallique en barbecue mobile. Percez des trous de 1,5 cm de diamètre dans le fond et sur les côtés. Disposez une rangée de pierres sur le fond, puis couvrez de charbon de bois. Vous pouvez utiliser une grille de four mais surtout pas d'anciennes clayettes de réfrigérateur : elles peuvent contenir du cadmium, un poison violent.

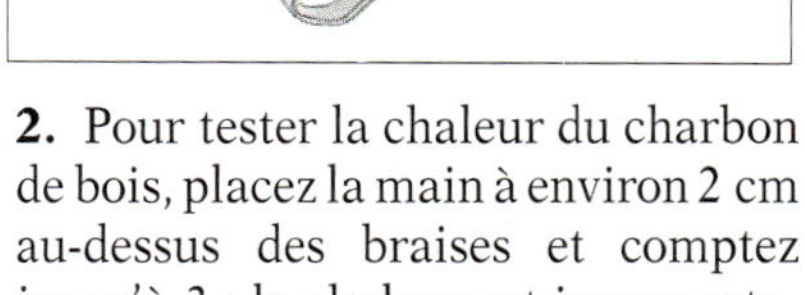

2. Pour tester la chaleur du charbon de bois, placez la main à environ 2 cm au-dessus des braises et comptez jusqu'à 3 : la chaleur est insupportable ? Alors les braises sont parfaites pour les grillades !
3. Utilisez du charbon de bois mais pensez aussi aux bois parfumés : sarments de vigne, brindilles de pin, branches de noyer, de noisetier, de

pommier, de cerisier... Vous pouvez aussi faire griller des fruits de mer ou des poissons sur un lit d'algues, ou utiliser des feuilles de vigne pour les aliments délicats : petits poissons, fromages...

4. Si vous utilisez un hibachi, petit barbecue de table japonais en fonte et en acier, frottez la partie en fonte à l'huile végétale et faites-la chauffer dans un four très doux, à 75 °C, pendant 30 min. Retirez ensuite le gril du four, laissez-le refroidir et épongez-le avec du papier absorbant. Cette opération a pour but d'empêcher la fonte de se fendre à une forte chaleur. Faites la même chose avec un simple gril en fonte avant toute utilisation.

5. Pensez à faire cuire des légumes au barbecue : enfermez-les dans une double épaisseur d'aluminium ménager et enfouissez-les sous les braises avec une pince. Cette forme de cuisson est idéale pour des légumes entiers : pommes de terre, courgettes, aubergines, poivrons, épis de maïs...

6. Pour éviter les flammes en cours de cuisson, préparez de petites barquettes d'aluminium, que vous poserez là où la graisse s'écoule.

Barbe, moustache

1. Pour vous aider à décider du style de barbe ou de moustache qui vous ira le mieux, faites-vous photographier en noir et blanc. Commandez plusieurs tirages en format carte postale, et dessinez différents styles de moustache et de barbe avec un feutre. Mais attention, la nature aura son mot à dire : sachez tirer le meilleur parti de la qualité du poil et de son implantation.

2. Les poils mouillés étant plus longs, taillez toujours votre moustache quand elle est sèche.

3. Pour donner à votre moustache une apparence plate, coupez les poils du haut plus court que ceux du bas.

4. Donnez une forme à votre moustache en y appliquant un peu de gel pour les cheveux.

5. Nettoyez-vous la barbe et la moustache avec une brosse à dents.

Barrière pour enfants

1. Si vous trouvez des inconvénients aux barrières de sécurité à la maison, vous pouvez remplacer la porte pleine de la chambre d'enfant par une porte vitrée ou grillagée (dans sa partie haute). Vous pourrez ainsi voir ce que fait l'enfant lorsqu'il joue seul dans la pièce. Assurez-vous que le verrouillage est à l'extérieur.

2. Vous recevez des visiteurs avec un bébé qui commence à ramper ou à marcher et votre logement n'est pas équipé pour les petits. Improvisez des barrières de sécurité temporaires avec des matelas et des tables posés sur la tranche.

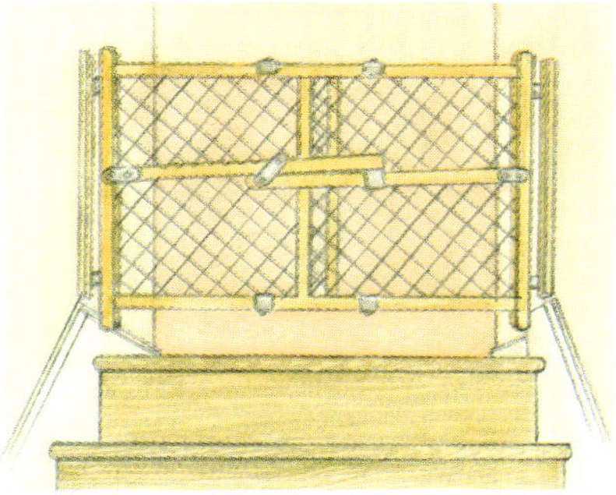

Une bonne barrière de sécurité pour enfants comprend un cadre rigide et rectiligne autour de croisillons.

Basket-ball

Voici un lexique qui vous aidera à mieux comprendre les retransmissions sportives.

Bras roulé : le tir s'effectue alors que le bras passe au-dessus de la tête.

Descendant : sur un tir adverse, un joueur n'a pas le droit de toucher un ballon descendant.

Dribbler : faire rebondir le ballon sur le sol. Un joueur s'arrêtant de dribbler puis recommençant à le faire commet un double dribble.

Durée : le match se dispute en 2 mi-temps de 20 min, séparées par un repos de 10 min. Les fautes, les entre-deux et les temps morts s'ajoutent à ce temps réglementaire.

Faute personnelle : infraction par contact, sanctionnée soit par la remise en jeu depuis la touche soit par 2 lancers francs en cas de contact intentionnel.

Faute technique : infraction à l'esprit du jeu, sanctionnée par 1 ou 2 lancers francs. La 5e faute élimine le joueur.

Hors-jeu : un joueur est hors jeu quand il touche la balle sur ou en dehors des limites du terrain.

Lancer franc : les joueurs se tiennent hors de la raquette tant que le ballon n'a pas touché son but et le tireur, derrière la ligne de lancer franc (à 5,80 m de la ligne de fond), dispose de 5 s pour tirer au panier.

Point : un panier réussi en cours de jeu fait 2 points, 1 point sur lancer franc.

Raquette : partie du terrain située sous les paniers. Elle a la forme d'un trapèze de 3,60 m sur 6 m et elle est couronnée par un dernier cercle : là où les joueurs effectuent des lancers francs.

Secondes :

- 3 : temps maximal pendant lequel un joueur peut stationner dans la raquette adverse.
- 5 : un joueur qui a le ballon n'a pas le droit de le tenir plus de 5 s sans le jouer.
- 20 : temps maximal accordé pour un remplacement.
- 30 : l'équipe qui entre en possession de la balle dispose de 30 s pour tenter le tir au panier.

Temps mort : arrêt de jeu accordé par l'arbitre à la demande du capitaine de l'équipe en possession du ballon (2 temps morts peuvent être accordés par mi-temps).

Terrain : long de 28 m et large de 15 m.

Bateau

1. Les vibrations des moteurs de bateaux très puissants peuvent tasser la poudre des extincteurs secs et ils ne marcheront pas, même si la jauge de pression indique qu'ils sont prêts à fonctionner. Pour que votre extincteur reste utilisable, tapez-le de temps à autre du plat de la main, afin que la poudre reste meuble.

2. Vous pourrez peut-être parvenir à colmater provisoirement une petite fuite avec des chiffons, du coton hydrophile ou des serviettes, mais mieux vaut vous munir d'un kit de réparation.
3. Pour une fuite plus importante, commencez par la boucher de l'intérieur avec des oreillers ou un matelas. Si cela ne suffit pas, posez une bâche comme le montre le croquis cidessous. Attachez une corde à chaque coin de la bâche. Fixez 2 coins sur le côté endommagé du bateau, passez le reste des cordes sous le bateau et attachez-les sur l'autre bordage.

4. Vous pouvez boucher un gros trou en plaquant dessus un matelas (côté extérieur) que vous maintiendrez avec 2 cordes passant autour de la coque.

Batterie de voiture

1. Si votre batterie est déchargée, des câbles à pinces et une voiture munie d'une batterie de même voltage que la vôtre vous dépanneront. Garez les voitures face à face ou côte à côte, sans qu'elles se touchent. Serrez le frein à main et mettez au point mort. Coupez le contact et toute fonction électrique. Branchez une pince d'un câble sur le plot positif de la batterie vide et l'autre sur le plot positif de la bonne batterie. Connectez une pince de l'autre câble sur le plot négatif de la bonne batterie et l'autre pince sur une partie métallique de la voiture en panne (loin du carburateur). Assurez-vous que les câbles ne touchent pas les ventilateurs ou les courroies. Faites démarrer la voiture qui

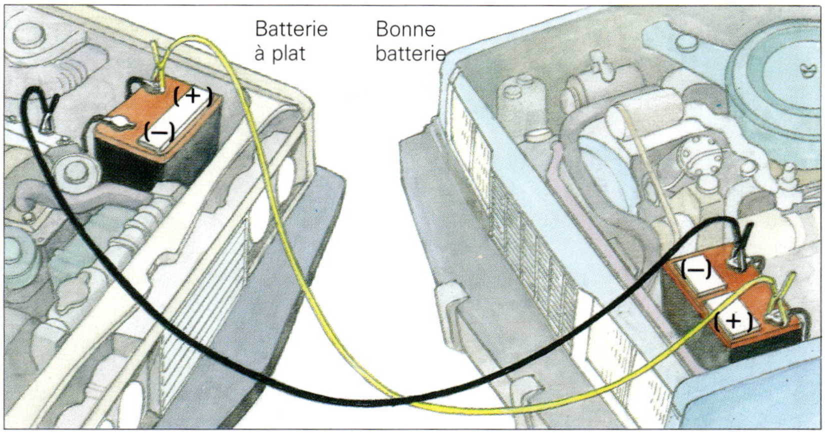

fonctionne (maintenez le moteur en légère accélération), puis la voiture en panne. Retirez les câbles dans l'ordre inverse où vous les avez posés. Roulez avec la voiture dépannée pendant au moins 30 min pour recharger la batterie avant de couper le contact.
Attention ! Évitez de fumer ou de gratter une allumette durant ce genre de dépannage.
2. Si votre voiture n'a pas d'embrayage automatique, essayez de démarrer en vous faisant pousser (voir « Démarrage de voiture, p. 77).
3. Si votre batterie ne tient pas la charge, elle est hors d'usage ou bien vous avez une perte de courant dans le circuit électrique de la voiture. Montrez-la au garagiste.
4. Vérifiez régulièrement, surtout en été, le niveau de l'électrolyte : les plaques doivent être immergées. Ne rajoutez que de l'eau distillée.
5. Si, en roulant, le témoin de charge reste allumé, c'est qu'un élément du circuit électrique est hors d'usage. Ce peut être l'alternateur, la courroie qui entraîne l'alternateur, le redresseur, la batterie, ou simplement les cosses de la batterie qui sont très sulfatées. Dans ce cas, nettoyez-les. Remontez-les après les avoir brossées et grattées. Si le problème persiste, allez chez le garagiste.
6. Quand vous débranchez une batterie, commencez par démonter la borne +, puis la borne −. Remontez dans le sens inverse.
7. Vous pouvez mettre votre batterie en charge à l'aide d'un chargeur sans la démonter. Mais, auparavant, déconnectez la borne +. Préférez une charge lente (de 12 à 24 h), moins « fatigante » pour la batterie. Révisez le niveau d'électrolyte après la charge, jamais avant.

Bébé en forme

Dans les premiers mois, à mesure que se développent la coordination motrice et les réflexes de base du bébé, les parents peuvent fournir des activités apaisantes ou stimulantes. Mais évitez de trop pousser votre bébé. Ses mouvements vous feront comprendre ce qui est bon pour lui.

Dès les premiers jours, les parents peuvent stimuler la coordination œil/tête et œil/main du bébé à l'aide de mobiles, de jouets de couleurs vives à regarder et également par l'interaction des personnes de l'entourage. À la fin du premier mois, vous pouvez l'aider à prendre conscience de son corps et lui donner un sentiment de confiance simplement en le tenant dans différentes positions. Soutenez votre enfant dans le bain de façon qu'il soit à l'aise dans l'eau et commence à se servir de ses muscles.

Vous pouvez le masser par des mouvements circulaires vers l'extérieur, mais avec une pression seulement égale à celle du poids de vos mains à plat. Cela relâche les tensions et apaise les contractures.

Pour étirer et renforcer les muscles des bras et des jambes, placez le bébé sur le dos, soulevez un bras doucement au-dessus de sa tête tandis que vous amenez l'autre le long de son corps, puis faites le contraire. Veillez à ce que la tête du bébé soit toujours bien soutenue.

Maintenez ses jambes allongées, pliez ensuite un genou tout doucement vers l'abdomen, puis étendez à nouveau la jambe. Faites de même avec l'autre jambe et laissez-le participer autant qu'il le veut.

Bénévolat

Vous souhaitez travailler avec un groupe mais vous ne savez pas comment vous y prendre.

1. Voyez à la bibliothèque municipale ou à la maison des jeunes et de la culture : des associations laissent souvent leurs prospectus.

2. Parcourez les pages du journal pour prendre connaissance des annonces publiées par des associations à but non lucratif.

3. Appelez le secrétariat de la mairie, le bureau des écoles, l'hôpital local, une église, un temple, une synagogue... Dites que vous aimeriez faire du bénévolat et demandez si l'on peut vous orienter.

4. Dans tous les cas, renseignez-vous pour savoir si vous devez vous assurer ou si l'organisme ou l'association qui vous emploiera prendra cette assurance à sa charge.

Beurre

1. Le beurre peut être remplacé par de la margarine dans la plupart des cas, y compris la pâtisserie. En revanche, il ne peut être remplacé par le saindoux et les huiles végétales qu'en cuisine, pour faire dorer et sauter les aliments. Sachez que 1 cuil. à soupe de beurre peut être remplacée par 2 cuil. à café de saindoux ou d'huile végétale.

2. Le beurre cuira sans brûler dans une poêle ou dans une sauteuse si vous y avez fait préalablement chauffer 1 cuil. à café d'huile d'arachide ou de maïs. Évitez l'huile d'olive, trop forte en goût.

Bibliothèque

Pour fabriquer rapidement une jolie bibliothèque, posez des planches sur des briques ou des parpaings (que vous pouvez peindre).

Vous pouvez également créer un ensemble d'étagères pour une chambre d'enfant en empilant des casiers de rangement en plastique de couleurs vives sur des planches d'aggloméré mélaminé blanc.

Billet d'avion

1. Même si les caractères sont dissuasifs, prenez la peine de lire, sur votre billet d'avion, les textes concernant la réglementation, les assurances et les bagages.

2. Photocopiez ledit billet dès qu'il est en votre possession. Cela facilitera grandement vos démarches en cas de perte ou de vol.

3. Sachez que, à l'initiative d'Air France, une nouvelle génération de billets, les ATB (Automated Ticket and Boarding Pass) est en train de naître. Ce document, muni d'une piste magnétique, regroupe bien entendu toutes les données nécessaires (nom du passager, numéro de vol, date et heure de départ et même informations sur la ville d'arrivée). Ses avantages par rapport à la formule actuelle : il est à la fois billet et carte d'accès à bord, dans la mesure où il permet de réserver son numéro de siège dès l'achat ; il pourra être pris en libre-service à l'aéroport, grâce à des bornes d'enregistrement spéciales que la compagnie française aura installées dans toutes ses escales pour la fin de l'année 1992.

Billet de banque détérioré

Ne jetez pas les Molière de 500 F trouvés entre les piles de draps de grand-mère, ni votre billet de 100 F pâli après son passage en machine. Déchirés, délavés ou sans cours légal, les billets peuvent être échangés auprès de la Banque de France, sous certaines conditions et après vérification de leur authenticité.

1. Les coupures de 200 F déchirées, mais dont il reste plus de 50 % de la surface, sont immédiatement remboursées, et pour leur valeur. Les petits morceaux n'en ont aucune. Les coupures de 500 F sont échangées s'il reste plus des 3/5 du billet. Entre 2/5 et 3/5 d'un billet intact, l'échange est ajourné jusqu'à présentation des parties manquantes. Si vous ne pouvez pas, vous ne serez remboursé qu'après 3 ans.

2. Très dégradés, les billets passent au laboratoire. Il vous en coûtera de 5 à 10 % de leur valeur et, pour une grosse liasse, le délai d'attente sera long.

3. Les Molière de 1959 valant 500 F, les Andromaque de 1962 à 50 F, les Voltaire de 1963 à 10 F et même les Bonaparte de 1955 à 10 000 F seront échangés contre des coupures actuelles. Ne le sont plus les billets de 50 F émis avant 1945 et les 5 000 F d'avant 1942.

Billetterie

Les transactions bancaires via un guichet automatique plongent parfois dans l'embarras.

1. Lisez attentivement les consignes que vous donne la machine. Agissez sans précipitation. Au besoin, réclamez l'aide d'un employé de la banque la première fois.

2. Mémorisez votre numéro de code confidentiel de carte bancaire. C'est votre seul accès aux diverses fonctions de la machine.

3. Pour une remise de chèques, recueillez le reçu, glissez-le dans l'enveloppe avec vos chèques endossés et mettez le tout dans la boîte.
4. Conservez le second reçu distribué. Reprenez votre carte.
5. Vérifiez sur vos relevés de compte l'exactitude des opérations effectuées par guichet. Avertissez aussitôt votre banque si des erreurs d'écriture apparaissent.
6. Si, par fausse manipulation, la machine avale votre carte, avertissez immédiatement votre agence si le guichet est à la même adresse. Remplissez le formulaire d'identité à une autre agence ou à la poste. Votre carte sera renvoyée à votre banque.

Blancs de volaille

1. Blancs de poulet ou de dinde sont vendus entiers, désossés, ou en escalopes. Les blancs entiers, moins chers, sont faciles à couper en escalopes avec un grand couteau bien affûté.
2. Ayez toujours des blancs de volaille au congélateur. Laissez-les dégeler de 6 à 8 h dans le réfrigérateur ou de 3 à 4 h à température ambiante. N'oubliez pas que les blancs de dinde dégèlent moins vite que les blancs de poulet.
3. Blancs ou escalopes sont toujours bien meilleurs après avoir mariné ; laissez-les de 4 à 6 h dans de l'huile, d'olive si possible, parfumée de lamelles d'ail, de thym ou de romarin ou encore de baies de genièvre et de poivre concassé. Une fois épongés, faites-les dorer à l'huile ou au beurre et déglacez les sucs de cuisson avec quelques cuillerées de vin blanc sec ou de muscat.
4. Les blancs de volaille entiers font d'excellents rôtis très rapides à préparer. Après les avoir fait dorer en cocotte, faites-les cuire à couvert, en les arrosant de temps en temps de vin, de bouillon, de jus de tomate ou simplement d'eau afin qu'ils gardent leur moelleux. Comptez environ 25 min de cuisson totale pour les blancs de poulet et de 45 à 50 min pour les blancs de dinde.

Blattes

Les blattes (ou cafards) s'installent dans les endroits sombres, humides et chauds : sous les éviers, derrière les cuisinières et les réfrigérateurs et même dans les plis des tentures ou à l'intérieur des tringles à rideaux. Leurs œufs sont portés par les femelles dans un petit sac (oothèque) et leurs larves sont dissimulées sous les baguettes et les plinthes ou dans les fentes du bois...

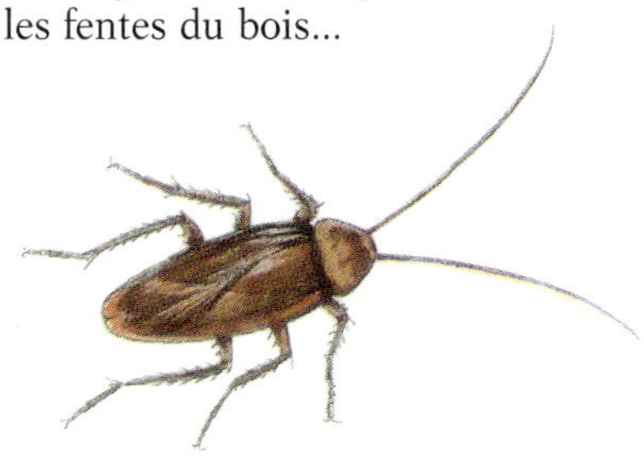

1. Capturez-les avec l'embout suceur de l'aspirateur, puis brûlez le sac.
2. Maintenez une propreté rigoureuse dans vos placards et sous l'évier pour éliminer leurs réserves de nourriture. Utilisez un désinfectant ménager (eau de Javel diluée) dont vous remplirez un petit pulvérisateur pour atteindre tous les recoins.
3. Si vous traitez avec un insecticide du commerce, refaites une application toutes les semaines pour éliminer les larves au fur et à mesure qu'elles apparaissent (les insecticides sont inefficaces sur les œufs).
4. Fabriquez un piège en tendant un papier tue-mouches collant sous l'évier ou le long des murs dans les endroits infestés. Attrapez 1 ou 2 blattes (même mortes) et collez-les sur la bande. Les autres blattes, vu leur instinct carnivore, se précipiteront sur celles-ci pour les dévorer, elles resteront collées... et d'autres suivront.

Bois de chauffage

1. Pour obtenir un feu « propre » et dégageant le plus de chaleur possible, brûlez du bois dur plutôt que du bois tendre. Le chêne, le hêtre, l'érable, le pommier font d'excellents bois de chauffage.
2. Si vous devez fendre du bois, réservez cette activité à un jour de gel car les bûches gelées éclatent plus facilement. En revanche, n'utilisez pas une hache à lame gelée, l'acier pourrait se briser. Éloignez les enfants et les animaux domestiques.
3. Pour maintenir une bûche en place sur le billot, appuyez-la contre une branche fourchue solidement plantée dans le sol.
4. Rangez votre provision de bûches dehors après les avoir coupées à la longueur d'utilisation. Alternez le sens à chaque rangée pour que le tas se tienne bien. Placez l'écorce sur le dessus pour empêcher l'humidité de pénétrer dans le bois. Ne couvrez pas le bûcher d'une bâche — le bois pourrirait — mais plutôt de tôle ondulée lestée par des pierres ou des parpaings pour que l'air circule. Ayez une réserve de bûches au sec à l'intérieur.
5. N'enflammez jamais un grand carton ou une cagette entière dans la cheminée, vous risquez de provoquer un feu de cheminée. Pour allumer un feu, séparez le fond et les côtés de la cagette. Placez le fond sur les chenêts et posez les bûches dessus. Faites de même avec les côtés de la cagette la fois suivante.
6. En été, faites des briquettes avec de vieux journaux déchiquetés ou des copeaux de bois trempés dans de l'eau additionnée d'amidon ou de colle à papier peint. Utilisez une presse spéciale pour faire les briquettes, que vous laisserez sécher au soleil.

Bois gondolé

1. Si une planche se gondole ou se gauchit au point que les clous en ressortent ou se détachent, réinstallez-la avec des crampons et remplacez les clous par des vis.
2. Pour redresser une planche gauchie, placez-la, côté concave vers le haut, sur une pile de serviettes mouillées, près d'un radiateur ou d'une autre source de chaleur. Posez des poids à chaque extrémité de la planche et laissez ainsi pendant plusieurs jours en remouillant régulièrement

les serviettes. Si la planche est peinte ou vernie, poncez-la au préalable, de façon qu'elle absorbe l'humidité.

Boisson en boîte

Si la languette qui sert à ouvrir la boîte se casse et que vous n'ayez pas d'ouvre-boîtes, ne vous désespérez pas. L'ouverture sur le dessus de la boîte étant prétracée, percez-la avec le manche d'une cuillère, un tournevis ou une clé (voir aussi Ouvre-boîtes, p. 159).

Bonsaï d'intérieur

S'il est tentant de placer sur la cheminée les bonsaïs de toutes espèces, autant savoir, pour éviter de perdre pin, érable ou charme, que les bonsaïs d'intérieur proviennent tous de régions tropicales et équatoriales. Parmi eux, les ficus, schefflera, cycas, rhapis, déjà connus en taille réelle comme plantes d'intérieur, se prêtent bien à la miniaturisation. D'autres bonsaïs (carmona, zelkova de Chine, sageretia...) sont des espèces typiques d'intérieur et ressemblent à de petits arbres feuillus. Pas question, pourtant, de les laisser dehors l'hiver.

1. Toutes les essences citées exigent une température constante de 15 à 20 °C. Placez-les près d'une fenêtre abritée du soleil pour leur faire profiter de la lumière vive et d'un peu de fraîcheur nocturne. Gare aux courants d'air froid : les bonsaïs tropicaux y sont sensibles.

2. Surveillez l'arrosage et l'humidité atmosphérique pour donner aux bonsaïs d'intérieur des conditions de vie proches de celles de leur pays d'origine. Laissez décanter l'eau du robinet dans un arrosoir à pomme fine. Portée à température ambiante, l'eau de pluie est excellente. Vérifiez que la motte est totalement mouillée après l'arrosage. Si, par accident, elle a séché et s'est rétractée, faites-la tremper avec le pot pendant 5 à 10 min. Vaporisez le feuillage des bonsaïs au moins 3 fois par semaine durant l'hiver avec de l'eau faiblement minéralisée. Maintenez une bonne humidité atmosphérique autour des petits arbres : vérifiez le niveau d'eau des saturateurs ou installez un humidificateur à proximité (voir p. 123).

3. Rempotez votre bonsaï d'intérieur en février-mars dans un pot ou une coupe légèrement plus grande. Pour vérifier s'il en a besoin, tapotez le pot pour décoller la motte : si les racines font bloc, il est temps de rempoter. Mélangez terreau, terre de jardin, sable et tourbe à parts égales, tamisez. Démêlez les racines sur le pourtour et sous la motte avec une fourchette ou un long clou. Réduisez-les d'un tiers. Placez alors une petite grille fine sur le trou de drainage du pot pour retenir la terre. Disposez une première couche de mélange, placez l'arbre : le haut de sa motte peut dépasser légèrement celui du pot. Répartissez bien les racines, puis comblez de terre en pressant avec les doigts pour ancrer l'arbre sans écraser les racines. Le rempotage terminé, la surface du mélange doit affleurer le bord du pot, haute vers le tronc, descendant en pente douce vers l'extérieur. Arrosez à la pomme fine ou plongez le pot dans une cuvette d'eau à température ambiante.

4. Comme vous avez taillé les racines, il faut ajuster les proportions extérieures du bonsaï aux capacités de sa motte. Elles représentent globalement les 3/4 ou les 2/3 du volume total de la plante, pot inclus. Taillez délicatement les rameaux de mars à septembre, en prenant soin de respecter la silhouette de l'arbre. Supprimez les pousses trop allongées pour conserver un port compact, et les grandes feuilles en laissant le pétiole sur la branche.

5. Donnez de l'engrais granulé à libération lente, de mars à octobre : étudié spécialement pour les bonsaïs, il est vendu en jardinerie.

Bottes

1. Pour sécher des bottes rapidement, faites chauffer des petits cailloux ronds et propres dans le four (à 50 ou 60 °C) ; versez-les ensuite dans les bottes et secouez jusqu'à ce que les pierres refroidissent. Auparavant, voyez si la doublure résiste en y maintenant un caillou chaud pendant quelques secondes.

2. Pour enlever les taches de sel de déneigement, frottez le cuir avec de l'eau additionnée de vinaigre blanc.

3. Frottez les taches d'eau sur des bottes en daim avec une lime à ongles en carton ou une brosse à dents dure.

4. Que faire si vous n'avez pas de bottes par mauvais temps ? Vaporisez un produit imperméabilisant sur une paire de chaussures. Si vous ne parcourez qu'une très courte distance, « chaussez » des sacs en plastique par-dessus vos chaussures en les maintenant avec de gros élastiques.

Bouche-pores pour bois

1. Gardez la sciure quand vous travaillez le bois. Mélangée à de la colle blanche, cela fait un bouche-pores aussi bon que celui que l'on trouve dans le commerce.

2. Si vous devez teinter du bois, achetez un bouche-pores d'une couleur naturelle et ajoutez-y des colorants universels, jusqu'à ce qu'il ait la nuance désirée.

Bouchon

Coupez 3 morceaux de fil de fer et liez-les ensemble à une extrémité. Cintrez-les au niveau de la ligature pour former une sorte de bourse. À l'autre extrémité, glissez un écrou pour maintenir les 3 fils de fer ensemble. Placez la partie ligaturée dans la bouteille et attrapez le morceau de bouchon. Remontez-le doucement en maintenant l'écrou à la sortie du gou-

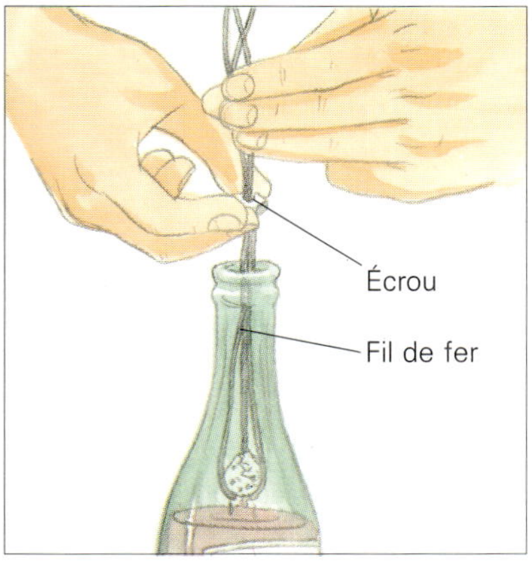

lot : les 3 fils se resserrent en emprisonnant le morceau de bouchon. Tirez au travers du goulot.

Boucles d'oreilles

1. Si vos boucles ont tendance à se balancer sur vos oreilles percées, fabriquez un bloque-boucle d'oreille. Pliez un morceau de bande adhésive transparente, côté collant à l'intérieur, ou découpez un petit cercle de plastique. Pratiquez un petit trou au centre. Placez ce bloque-boucle derrière le lobe, glissez-y la boucle d'oreille en même temps que dans le lobe et vissez.

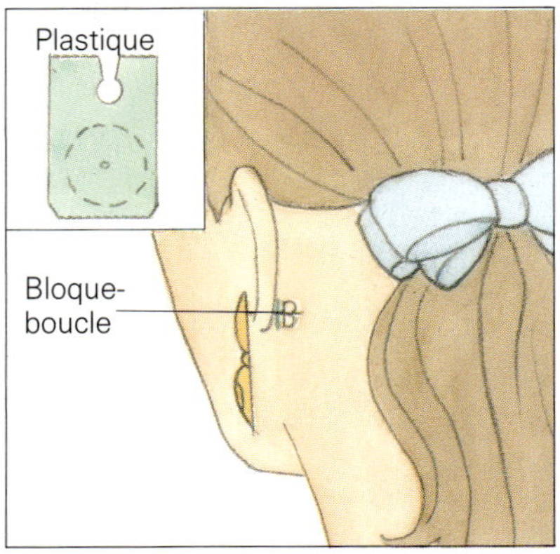

2. Si vous perdez une boucle, portez celle qui vous reste en pendentif... ou à une oreille, c'est aussi la mode.

Bouée

1. Tout ce qui peut flotter — une grande boîte à glace en polystyrène, un récipient de 4 litres vide et fermé, etc. — peut aider quelqu'un à rester à la surface.
2. Si vous n'avez rien et que votre pantalon soit en fibres naturelles (coton ou laine) ou de type K-Way, ôtez-le et nouez chaque bas de jambe. Faites-le tournoyer, en hauteur, en le tenant par un point de la ceinture,

Un pantalon transformé en bouée permet de se reposer.

pour l'emplir d'air, puis rabattez-en la taille contre votre poitrine et coincez les jambes gonflées d'air sous vos aisselles. (Voir aussi Accident de baignade, p. 9.)

Bougie

1. Maintenez une bougie dans le fond d'un bougeoir en enveloppant le bas d'une bande de papier absorbant. Ne la laissez pas dépasser de l'orifice.
2. Pour enlever de la bougie fondue d'un bougeoir, laissez ce dernier de 1 à 2 h dans le congélateur. Faites sauter les blocs de bougie avec la pointe d'un couteau à bout rond.
3. Récupérez les morceaux de bougie fondue et les restes de bougie pour en mouler d'autres (voir aussi Moules à bougies, p. 149).
4. Pour faire tenir une bougie sur une planche, laissez couler quelques gouttes de cire chaude dessus et posez immédiatement la base de la bougie dans cette grosse goutte liquide. Lâchez la bougie quand la cire s'est solidifiée.

Bouillotte

1. Si vous n'avez rien pour faire chauffer votre lit, remplissez à moitié d'eau chaude un sac en plastique étanche et solide. Nouez le haut bien serré, placez cette première « bouillotte » dans un second sac en plastique et entourez le tout d'un torchon ou d'une serviette.
2. Remplissez d'eau chaude un bocal ou une bouteille en verre. Fermez-les hermétiquement et emmaillotez-les dans une serviette-éponge.

Bouquet de fleurs

Pour conserver longtemps vos bouquets de fleurs de jardin, préparez-les dans les règles de l'art.
1. Avant de mettre les fleurs dans l'eau, coupez la base des tiges à l'oblique, avec un couteau bien aiguisé. Évitez les ciseaux, ils écrasent les tissus de la tige et entravent la capillarité. Procédez sous l'eau chaude : elle désinfecte, évite la cicatrice de coupe qui empêche la fleur de boire et chasse l'air stagnant dans les tiges. Trempez la base nettoyée dans une

casserole d'eau bouillante quelques secondes, puis immédiatement dans un seau d'eau froide.
2. Lavez le vase avec de l'eau chaude avant de le réutiliser et remplissez-le d'eau à peine tiède. Ajoutez-y un morceau de charbon de bois et un demi-morceau de sucre. Éloignez les bouquets des rayons directs du soleil.

Bourrelets

La façon de s'habiller est un moyen facile de les dissimuler.

FEMMES

1. Évitez les sous-vêtements serrés. Ils mettent les bourrelets en relief et sont souvent à leur origine. Aplatissez les bourrelets avec un sous-vêtement d'une seule pièce, tel un body.
2. Portez une écharpe vive et de gros bijoux pour détourner l'attention sur eux.
3. Si votre jupe est trop moulante, nouez-vous une large ceinture ou une écharpe autour des hanches.

HOMMES

Portez des vêtements amples plutôt qu'ajustés. Un gilet assorti au costume peut avoir un effet amincissant. Ayez des poches sans rabat, évitez les tissus épais, tels que les gros tweeds, et les couleurs contrastées. En vacances et en week-end, portez des polos et des tee-shirts larges.

Bourses d'études

Dans certaines conditions, les jeunes gens et jeunes filles « ayant obtenu les diplômes requis pour continuer des études supérieures » peuvent obtenir des bourses de l'Éducation nationale. Les dossiers de demande doivent être déposés chaque année, avant le 30 avril, auprès du recteur de l'académie dont dépend l'élève. C'est également le rectorat de l'académie qui peut attribuer des allocations d'études de premier et de troisième cycle ou de recherche.

Les employés du service public peuvent obtenir des bourses à caractère spécial par le Centre de préparation à l'administration générale, l'Institut d'études juridiques, l'Institut d'études politiques, etc. Les demandes sont à déposer avant le 1er octobre au secrétariat des administrations concernées.

Si des jeunes souhaitent étudier à l'étranger, ils doivent déposer leur demande avant le 15 novembre et le 15 mai auprès du ministère des Affaires étrangères. Des bourses d'études peuvent leur être attribuées par le gouvernement français ou par le pays concerné.

Enfin, des bourses de stage en entreprise à l'étranger peuvent être accordées par le rectorat d'académie. Le dossier est transmis par le chef de l'établissement où étudie l'élève. De nombreuses initiatives sont prises pour faciliter la mobilité des jeunes en Europe. Là encore, le chef d'établissement peut donner des pistes. Enfin, des prêts d'honneur peuvent être accordés par différents ministères : les demandes se font également par l'intermédiaire du rectorat d'académie.

Bouteille

1. Pour nettoyer une bouteille à goulot étroit, emplissez-la à mi-hauteur d'eau chaude additionnée de lessive. Ajoutez du riz cru et secouez jusqu'à ce que le verre soit propre.
2. S'il s'agit de dépôt calcaire, versez du vinaigre et du sel ; agitez jusqu'à disparition de la tache.

Bouton

1. Lorsque vous perdez un bouton, remplacez-le provisoirement par une épingle de nourrice fixée à l'intérieur du vêtement. Une broche ou un pin's peuvent aussi faire l'affaire.
2. Pour éviter de remplacer tous les boutons pour un seul perdu, piquez un galon pour cacher la rangée de boutonnières et utilisez des pastilles de Velcro. Mettez-les en place avec des épingles et fixez-les par une piqûre en croix.

3. Coupez des morceaux de Velcro de la taille désirée pour réaliser rapidement la fermeture d'une jupe ou d'un pantalon.

Bouton de manchette

Vous n'avez pas de boutons de manchette pour fermer les poignets mousquetaires de votre chemisier ? Mais vous avez certainement dans votre boîte à couture des boutons fantaisie inutilisés.
1. Attachez-les 2 par 2 avec du fil solide en laissant une longueur de 2 cm entre les boutons.
2. Cousez-les aux extrémités d'un morceau de ruban de 2 cm.

Bouton-pression

1. Pour gagner du temps, utilisez des pressions sans couture qui se posent avec une pince. Veillez à bien marquer l'emplacement de chaque élément car, une fois fixées, ces pressions ne s'enlèvent plus.
2. S'il s'agit de poser 1 ou 2 pressions, prenez le modèle classique. Cousez d'abord A, enduisez-le de craie et marquez l'emplacement de B en appuyant A sur le tissu. Vous serez ainsi parfaitement face à face.

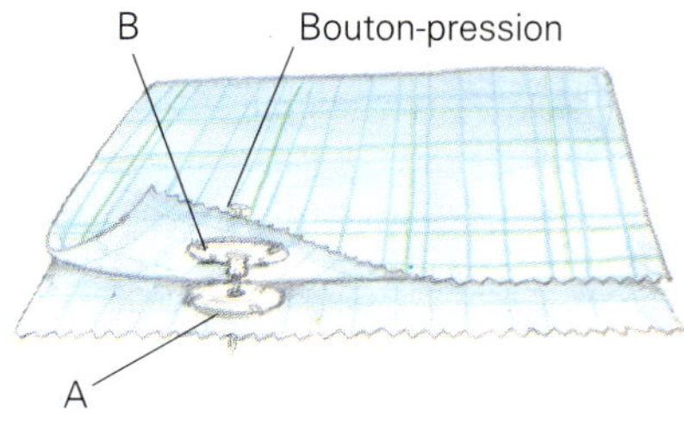

3. Plutôt que de coudre laborieusement une longue série de pressions, achetez des pressions sur bande vendue au mètre. Faites-la tremper au préalable pour la faire rétrécir puis, une fois bien sèche, piquez-la à la machine.

Bouturage des rosiers

Pour multiplier votre variété préférée de rosier, profitez des derniers jours calmes de fin d'été pour la bouturer. Cette technique, plus facile que la greffe en écusson généralement pratiquée, a l'avantage de produire des arbustes qui resteront exempts de rejets par la suite.

Préparez un emplacement abrité et ombragé. Creusez une tranchée de 20 cm de profondeur, couvrez le fond avec du sable. Pour préparer les boutures, prélevez des rameaux non fleuris avec un éclat d'écorce de la branche à laquelle ils étaient attachés. Raccourcissez chaque bouture à 30 cm de longueur en taillant son extrémité, puis trempez la base dans une poudre d'hormones de bouturage que vous trouverez en jardinerie.

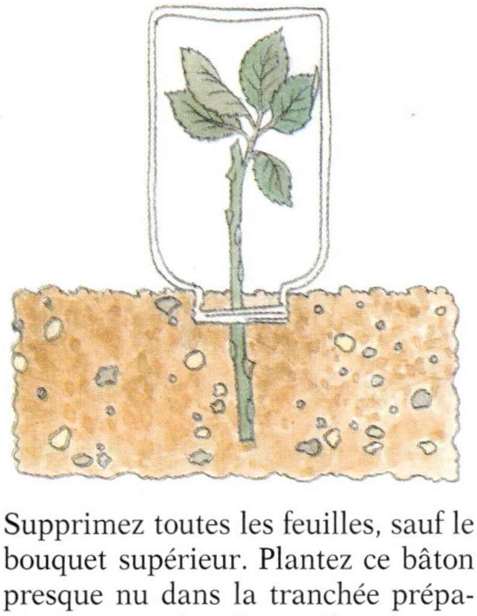

Supprimez toutes les feuilles, sauf le bouquet supérieur. Plantez ce bâton presque nu dans la tranchée préparée, jusqu'au deuxième œil en partant du haut. Tassez le sable autour de la bouture, arrosez et couvrez d'un bocal renversé. Si des gouttes d'eau se forment suite à la condensation, surélevez le bocal pour favoriser la circulation de l'air. L'apparition d'un deuxième bourgeon signifie que la bouture s'enracine. Laissez-la en place pendant 8 à 9 mois avant de la mettre en terre. Par temps chaud, ôtez le bocal durant la journée.

Bouture

Prévoyez vos boutures. Profitez d'un jour de marché pour récupérer l'un des bacs en polystyrène de votre poissonnier. Plus léger et réutilisable, il remplacera avantageusement une jardinière en terre cuite.

Rincez-le à l'eau javellisée, puis remplissez-le avec un mélange de terreau horticole, de tourbe et de sable propre à parts égales. Nivelez la surface du mélange en tassant doucement avec une planchette. Voilà votre dispositif prêt à accueillir les boutures de plantes à fleurs. Mouillez le mélange terreux, puis repiquez-y les petits rameaux. Placez ensuite la culture dans un endroit clair et abrité des courants d'air.

Environ 2 fois par semaine, vous vaporiserez abondamment les boutures et la surface du mélange jusqu'à leur enracinement. Après quoi, chaque petite plante aura droit à un pot individuel.

Brancard

Si vous devez sans attendre déplacer un blessé, vous pouvez utiliser un plateau de table, une porte, une planche de surf ou une simple planche. Pour transporter couché un malade ou un blessé peu atteint, réalisez un brancard de fortune.

1. Étendez à terre une grande couverture. Placez un bâton au milieu

LE SAVIEZ-VOUS ?

La rose de tous les temps

En composant votre bouquet de roses du jardin, vous sacrifiez à un rite vieux de 5 000 ans ! Cet arbuste, né avant l'homme préhistorique, témoigne de son existence ancienne par les fossiles découverts et identifiés au début de notre siècle.

De tout temps, la rose tint la vedette : au VIe siècle av. J.-C., le roi Midas, exilé en Macédoine, avait pris soin d'emporter ses rosiers des quatres saisons (*Rosa damascena* Semperflorens) pour les installer dans son nouveau jardin. Le naturaliste grec Théophraste (372-287 av. J.-C.) vante les charmes de *Rosa canina,* notre églantier (rosier sauvage).

De l'Afrique du Nord à la Belgique, sans oublier l'Égypte ni l'Orient, la rose est présente dans les fresques, les jardins botaniques et les décors exubérants des cérémonies officielles.

Mais c'est au XVIIIe siècle, en France, que naquirent les véritables ancêtres de nos rosiers modernes. Sous l'impulsion de l'impératrice Joséphine, botanistes, peintres (P. J. Redouté) et pépiniéristes entreprennent la classification des centaines de variétés connues, en créant ce qui fut alors la plus grande collection de roses au jardin de Malmaison. Depuis lors, les hybridations d'espèces naturelles se multiplient et comportent plusieurs milliers de variétés.

(dans le sens de la longueur) et pliez la couverture en 2 (dans sa largeur), en prenant le bâton comme axe. Posez un second bâton (dans le sens de la longueur) au milieu de la couverture ainsi pliée et rabattez dessus la moitié de la largeur restante. Le poids du

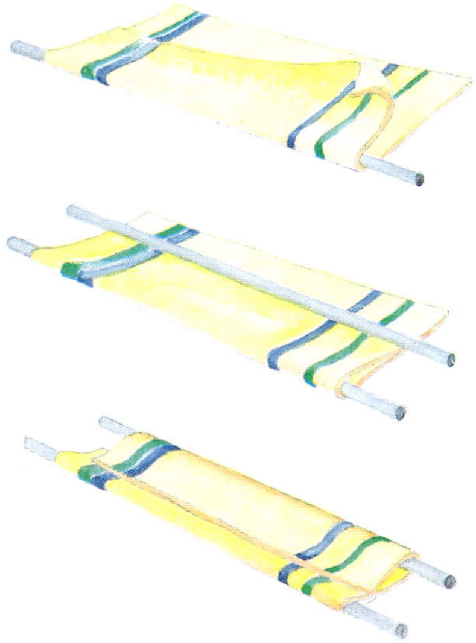

blessé stabilisera le tout (le transport se fait à 4, à 3, ou même à 2). Vous n'avez pas de bâtons ? Roulez simplement les bords de la couverture pour avoir plus de prise (le transport se fera à 4, deux de chaque côté).

2. Vous pouvez aussi mettre à l'envers des blousons ou des vestes et passer 2 piquets dans les manches. La victime reposera sur le dos des habits. Veillez à la solidité du boutonnage (que vous pouvez renforcer avec de la ficelle, ou autre).

Bras en écharpe

1. Passez une serviette ou une grande écharpe autour du membre blessé, puis épinglez, ou nouez, les extrémités derrière le cou de la victime.

2. Mettez à la victime une veste assez serrée en laissant le bras blessé en dehors de sa manche, puis pliez son bras en surélevant la main de 8 cm au-dessus du coude. Fermez le vêtement autour du bras.

3. Faites passer à la victime une chemise ou une veste trop grande, et soutenez le bras blessé en remontant le

bas du vêtement, comme le montre le dessin. Boutonnez en haut.

Bretelles de soutien-gorge

Pour empêcher vos bretelles de tomber, reliez-les dans le dos avec un ruban avant de mettre votre soutien-gorge. Pour une solution définitive, reliez-les avec un élastique mince.

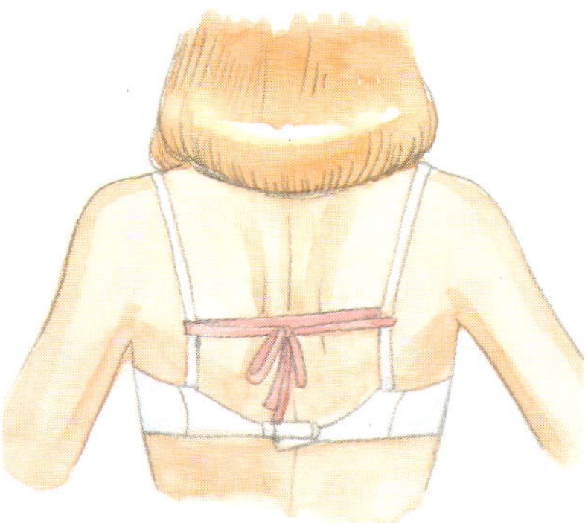

Lorsque vous portez un grand décolleté, cachez vos bretelles en les fixant à l'intérieur de votre robe ou de votre chemisier avec de petites épingles de nourrice.

Brochettes

1. À la place des brochettes métalliques (qu'il faudra laver...), utilisez des brochettes en bambou ou de fines branches vertes débarrassées de leur écorce et taillées en pointe.

2. Lorsque vous faites cuire des brochettes, assurez-vous que les braises soient bien chaudes (voir aussi Barbecue, p. 29) pour que la viande soit bien saisie.

3. Le bœuf et l'agneau peuvent être servis rosés – comptez de 6 à 8 min de cuisson pour des cubes de 3 cm de côté en les retournant souvent –, mais le veau, le poulet et le porc doivent être bien cuits – comptez de 8 à 10 min.

Brosse

1. Une brosse à cheveux pour bébé est idéale pour nettoyer les abat-jour délicats et les rideaux fragiles.

2. Si vous n'avez pas de brosse spéciale pour dépoussiérer vos radiateurs, utilisez un goupillon à bouteilles, une brosse à cheveux ronde et fine ou un pinceau plat (à manche recourbé..., c'est mieux). Placez une serpillière humide sous le radiateur pour récupérer la poussière.

3. Quand vous passez l'aspirateur ou que vous époussetez, utilisez une petite balayette ou un pinceau plat pour nettoyer les endroits difficiles d'accès. (Voir aussi Pinceaux, p. 172.)

4. Rangez vos brosses en les plaçant soies vers le haut pour éviter qu'elles ne s'écrasent ou ne se déforment.

5. Quand vous encaustiquez des meubles, faites-les briller avec une brosse en tampico (sorte de chiendent, mais plus doux) ou en soies de sanglier. Insistez sur les moulures et les parties tarabiscotées pour déloger l'excédent de cire.

Brosse à cheveux

Pour nettoyer les brosses à cheveux et les peignes, trempez-les dans 1 litre d'eau chaude additionnée de quelques cuillerées à soupe d'ammoniaque. Rincez et laissez sécher. Ou bien mélangez 1 cuil. à soupe de borax et 1 cuil. à soupe de poudre à lessive à 1 litre d'eau.

Brosse à dents

Pas de brosse à dents ? Utilisez un morceau de coton propre, un coin de serviette de toilette ou... votre doigt. Faites pénétrer le dentifrice avec la langue.

Broyeur à déchets d'évier

1. Désodorisez votre broyeur de détritus en y jetant de temps à autre des pelures d'orange ou de citron. Pour aiguiser les lames, fabriquez des glaçons avec du vinaigre blanc et passez-les dans le broyeur.

2. Ne glissez jamais la main dans un broyeur pour tenter de le déboucher. Coupez le courant et prenez un bâton ou un manche à balai afin de tourner l'hélice dans les deux sens. Enlevez les débris avec des pinces à cornichons ou une longue pince à glaçons.

Bruit

1. Si vous êtes réveillé tous les matins par le bruit des voitures, le passage des éboueurs ou la concierge qui ouvre ses volets, mettez donc des boules Quies ou... insonorisez votre chambre en posant une fenêtre avec vitrage isolant, en capitonnant la porte et en revêtant les murs, le sol et le plafond de matériaux antibruits divers. (Voir aussi Isolation acoustique, p. 128.)

2. Le bruit est source de fatigue nerveuse et peut être la cause d'une perte de l'audition passagère ou permanente (voir p. 168). N'en ajoutez pas en abusant des baladeurs et autres « sonos » assourdissantes. L'écoute au casque de sons violents ne doit pas excéder 3 h consécutives.

Brûlures

La gravité d'une brûlure dépend de 3 choses : son étendue en surface et en profondeur, l'âge de la victime et son état de santé. Les bébés, les enfants de moins de 5 ans et les adultes de plus de 60 ans sont particulièrement vulnérables.

Les brûlures du 1er degré sont superficielles. La peau est rouge et œdémateuse, la douleur est comparable à celle d'un coup de soleil. Les brûlures du 2e degré traversent la première couche de la peau et atteignent la deuxième. La peau est rouge, marbrée et couverte d'ampoules. La douleur est intense.

Les brûlures du 3e degré touchent les couches de la peau, laissant soit des marques calcinées, soit des placards blanchâtres de peau atrophiée. La douleur est très vive mais elle peut disparaître si les nerfs sont atteints. Ces brûlures sont toujours très graves car elles sont source d'infection et de déshydratation.

1. Recouvrez ou mouillez les vêtements qui continuent à se consumer, puis enlevez-les en les découpant s'il le faut. S'il y a du goudron, de la cire ou du gras, n'y touchez pas, versez de l'eau froide dessus. Si la peau et les vêtements sont encore chauds et que la brûlure semble être du 1er ou du 2e degré, trempez-les dans de l'eau froide ou glacée ou appliquez des compresses imbibées d'eau fraîche pendant 10 min au plus. Si la brûlure est du 3e degré, trempez-la dans l'eau uniquement si elle brûle encore.

2. Des brûlures sur le visage ou de la suie dans le nez et la bouche indiquent que la victime a inhalé de la fumée. Vérifiez qu'elle n'a pas de gêne respiratoire.

3. Appliquez une compresse sèche et de préférence stérile, sans comprimer. Si les brûlures sont très étendues, enveloppez la personne dans un drap propre. N'ajoutez rien sur les brûlures et emmenez la victime aux urgences de l'hôpital. Si la brûlure est moins grave — 2e degré sur moins de 9 % et sur des parties non critiques du corps, ou 1er degré sur moins de 18 % —, appliquez des compresses trempées dans de l'eau fraîche pour calmer la douleur. Ne percez pas les cloques, n'y touchez pas.

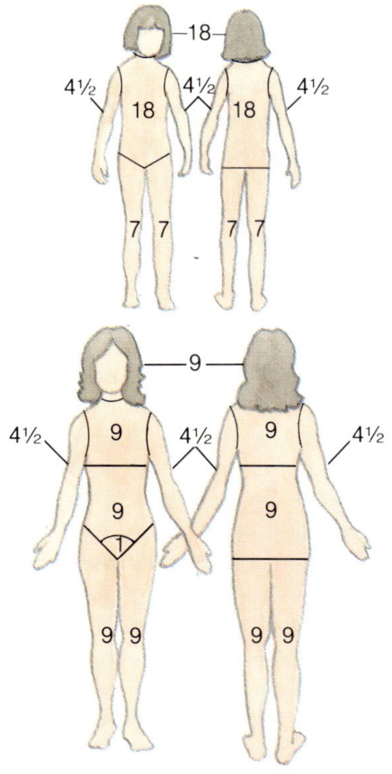

Évaluez le degré des brûlures subies grâce à ces schémas. Les régions du corps sont divisées en fractions ou multiples de 9 %.

BRÛLURE PAR PRODUIT CHIMIQUE

1. Par ingestion. L'ingestion d'un produit chimique (souvent par un jeune enfant) sera évidente — même si l'on n'en a pas été le témoin — devant des brûlures et des taches autour de la bouche, une respiration anormale, de la bave aux commissures des lèvres, une vive douleur dans la cavité buccale ou l'œsophage, des hoquets, voire des convulsions. Ne tentez surtout pas, dans ce cas, de faire vomir : l'œsophage et la bouche seraient brûlés une seconde fois. Alertez le SAMU (en composant le 15), puis le centre antipoison de votre région en indiquant la taille, le poids, l'âge de la victime et, si vous la connaissez, la substance ingérée.
2. Sur la peau. Si un produit caustique (acide, soude...) entre en contact avec la peau, lavez immédiatement et à grande eau jusqu'à disparition du moindre picotement (au moins 10 min). Enlevez tout vêtement éclaboussé et les chaussures, puis nettoyez la peau ainsi découverte. Consultez un médecin si une lésion est apparue.
3. Dans l'œil. Si un produit caustique atteint un œil, inondez-le d'eau froide pendant 15 min (la tête rejetée en arrière). Faites couler l'eau du coin interne vers l'extérieur en tenant les paupières écartées (voir aussi Yeux, p. 236). Attention de ne pas laisser couler l'eau dans l'autre œil. Si les deux yeux sont touchés, inondez-les en versant l'eau droit sur l'arête du nez. Après les avoir lavés, couvrez les yeux avec de la gaze (ou un mouchoir propre), puis rendez-vous dans un hôpital ou chez un ophtalmologiste.

Bulbes

1. Ne pensez pas seulement aux bulbes de printemps, même si vous plantez chaque année les traditionnels narcisses, tulipes et jacinthes. Pour l'été, plantez en mai des glaïeuls, des cannas, des dahlias. Pour l'automne, pensez aux colchiques, aux crocus précoces et, plus tard en saison, aux perce-neige. Ces bulbes se plantent en fin d'été et en tout début d'automne. On les trouve en jardinerie au retour des vacances. À l'intérieur, vous profiterez des amaryllis, des narcisses, des crocus forcés et, bien sûr, des jacinthes, si parfumées.
2. Si vous appartenez à la race des jardiniers qui font des plans à long terme, multipliez en une opération votre collection de lis en récoltant, puis en semant les minuscules bulbilles noirs qui se développent sur les tiges, à l'aisselle des feuilles. Cueillez-les à la fin de la floraison. Repiquez-les dans du terreau, peu enterrés et suffisamment espacés pour éviter un repiquage avant la mise en place en pleine terre. Patience : ces bulbilles ne fleuriront pas avant 3 ou 4 ans.

Propagés de cette façon, les lis hybrides vous décevront. Leurs fleurs n'ont en effet aucune chance de ressembler à la plante mère. Réservez donc cette technique aux espèces sauvages.

C

Cachettes

Cacher son argent dans une boîte de lessive ou dans le sac à poussière de l'aspirateur sont des astuces désormais bien connues des cambrioleurs. À chacun d'imaginer une cachette dont il ne parlera à personne.

Mais la meilleure solution reste encore la location d'un coffre à la banque : vos objets précieux y seront en sécurité. (Voir aussi Coffre-fort, p. 61.)

Cadeaux professionnels

C'est une pratique de certaines entreprises, qui peut surprendre au début. Sachez à quoi vous en tenir.
1. Vous recevez un cadeau d'une société avec laquelle vous travaillez régulièrement (champagne, alcool, parfum ou gadget) : remerciez poliment et n'en tenez pas compte davantage. C'est une forme de remerciement de votre interlocuteur. Les sociétés de publicité et de promotion utilisent cette méthode pour faire connaître leurs produits. Acceptez-le de façon purement professionnelle.
2. Si les cadeaux deviennent trop fréquents, interrogez-vous sur le but de l'expéditeur et flairez peut-être une « invite » dissimulée. Décidez de l'attitude à tenir : cela vous flatte et vous souhaitez que ça continue, ou vous décidez de couper court en l'écrivant nettement à l'auteur.
3. Le comité d'entreprise peut prévoir des cadeaux au personnel en fonction des salaires, de l'âge des enfants... Soyez au courant de ce qui se fait dans votre entreprise.

Cadran solaire

Fabriquez-en un. Choisissez un jour où le soleil brille, de préférence au printemps. Fixez un grand bâton droit dans le sol en l'inclinant à 45° vers le nord (valeur moyenne en France) de

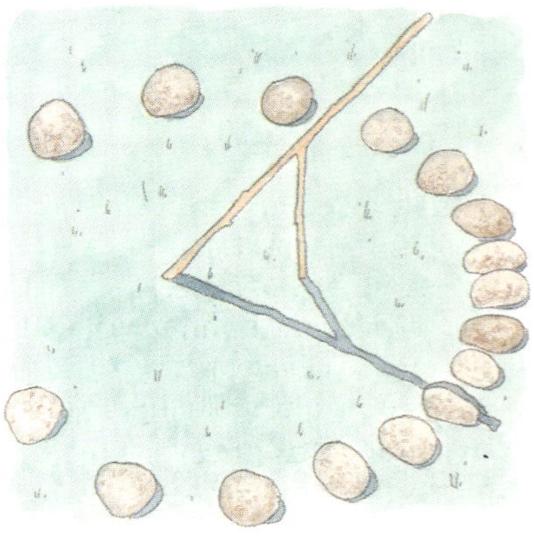

Pour être parfaitement exact, un cadran solaire devrait être installé le jour de l'équinoxe de printemps ou d'automne.

façon à obtenir une ombre. Déposez une petite pierre marquée du chiffre de l'heure où vous opérez à l'extrémité de l'ombre, puis remontez la sonnerie d'un réveil pour qu'il sonne toutes les heures. À chaque sonnerie, placez une autre pierre, marquée à l'heure suivante, au bout de l'ombre. Recommencez jusqu'au coucher du soleil, jusqu'à ce que vous ayez fait le tour complet.

Cadre à photo

1. Faites des cadres style « école communale » pour les portraits des enfants. Montez chaque photo sur un carton blanc bien rigide avec du ruban adhésif double face, en laissant tout autour une marge de 6 mm. Collez des crayons de bois dans les marges en guise de cadre.

2. Renforcez un cadre branlant avec une agrafeuse : piquez 2 agrafes au travers du dos de chaque angle.
3. Pour encadrer la photo de votre animal favori, utilisez un panier d'osier peu profond dont vous aurez ôté le fond.

Café

1. Le café instantané peut être excellent : il suffit, une fois l'eau versée dans la tasse, de couvrir celle-ci d'une soucoupe pendant 1 min pour laisser les arômes se développer.
2. Le café moulu se conserve beaucoup mieux au réfrigérateur, dans une boîte ou dans un sachet hermétiquement fermés.
3. S'il reste du café fort, congelez-le dans un bac à glaçons. Lorsque vous en voudrez, mettez quelques glaçons dans une tasse, ajoutez de l'eau et faites chauffer le tout dans le four à micro-ondes.
4. Vous pouvez ajouter de 100 à 200 g de chicorée moulue à 250 g de café moulu pour en augmenter la quantité. Sachez toutefois que la chicorée apporte une petite pointe d'amertume.
5. Si vous craignez la caféine, vous pouvez acheter un « faux » café : c'est un mélange de graines rôties et moulues, de fruits secs grillés et de chicorée. Vous pouvez y faire infuser vanille, cannelle ou noix muscade et vous aurez une savoureuse boisson.

Cafetière

1. Improvisez une cafetière en mettant un filtre à café dans un entonnoir ou une passoire. Si vous n'avez pas de filtre, utilisez une serviette en papier blanche ou une double épaisseur de papier absorbant blanc. Garnissez le filtre de 6 cuil. à soupe de café et posez l'entonnoir sur un récipient résistant à la chaleur et pouvant l'accueillir. Versez peu à peu 20 cl d'eau bouillante : vous obtiendrez 6 tasses de café.

2. Vous pouvez aussi préparer un café turc sans la traditionnelle petite cafetière : mettez 6 cuil. à café bombées de café très finement et fraîchement moulu dans une petite casserole. Ajoutez 10 cl d'eau froide et de 4 à 6 cuil. à café rases de sucre en poudre, selon votre goût. Portez à ébullition et retirez du feu. Recommencez l'opération 3 fois, puis versez le café bouillant dans 6 tasses. Servez sans attendre ce café très fort et très sucré. Les Turcs boivent aussi le marc.

Calculatrice

Pratique, votre calculatrice ne vous servira pas uniquement à faire quelques additions ou à prévoir votre budget vacances. Ses possibilités sont multiples, servez-vous-en à chaque instant. Vérifiez d'abord son exactitude : tapez plusieurs fois de suite 9, puis divisez par 81, vous devez obtenir : 1, 2, 3, 4, etc.

EN VOITURE

Calculez votre consommation. Mettez l'odomètre (compteur de distance) de la voiture à zéro au départ d'un parcours, puis notez le nombre indiqué au plein suivant (2 fois de suite). En divisant le nombre de litres d'essence par le nombre de kilomètres parcourus, vous connaîtrez votre consommation moyenne.

AU SUPERMARCHÉ

1. Redoutez les achats impulsifs. Additionnez au fur et à mesure les prix des articles qui vous tentent.
2. Comparez avant d'acheter. Les produits proposés en gros flacons ou en lots ne sont pas toujours meilleur marché. Ramenez-en le prix au litre, au kilo ou à l'unité (ce qui n'est pas toujours affiché, malgré la loi).

EN FAISANT DU LÈCHE-VITRINES

1. Calculez le prix exact d'un article soldé. Sans la touche %, faites une règle de trois : pour une réduction annoncée de 30 %, multipliez le prix (500 par exemple) par 70 et divisez le résultat par 100 (500 × 70 : 100).
2. Évaluez le coût de la moquette nécessaire pour refaire le salon en calculant la surface de la pièce (longueur par largeur) et en multipliant celle-ci par le prix au mètre carré. Pour repeindre les murs, vérifiez d'abord la surface des murs pour connaître la quantité de peinture à acheter.

Calcul mental

1. Pour additionner mentalement de façon plus rapide, il faut enlever les zéros qui sont communs au même

rang à la fin des nombres, puis les restituer au résultat final. Par exemple, pour additionner 120 et 90, ajoutez 12 + 9 (= 21) et ajoutez le 0 = 210.
2. De la même façon, pour multiplier rapidement, commencez l'opération par les centaines (ou les milliers). Par exemple, pour multiplier 348 par 6, multipliez d'abord 300 par 6 (ce qui donne 1 800), puis 40 par 6, (ce qui fait 240), additionnez les deux (ce qui donne 2 040). Ajoutez enfin le résultat de 6 × 8, soit 48. Vous obtenez 2 088. Considérez cela comme un sport et entraînez-vous.

Calfeutrage

1. Ne laissez pas un vide dans les murs aux endroits traversés par les gaines et les tuyaux. Bourrez-les de morceaux de polystyrène expansé et couvrez d'une couche de plâtre ou de mortier. En remplacement du polystyrène, vous pouvez injecter de la mousse polyuréthanne en aérosol.
2. Passez de temps à autre un peu d'huile de table sur les bourrelets en caoutchouc. Cela prolonge leur élasticité et les empêche de coller aux portes et aux fenêtres par temps chaud.
3. Calfeutrez les fentes qui peuvent apparaître entre la maçonnerie et les encadrements de porte ou de fenêtre avec des bandes de mousse que vous découperez dans un bloc de mousse d'ameublement. Vous pouvez aussi utiliser de la laine de roche. Déclouez d'abord les baguettes couvre-joints,

bourrez la mousse dans la fente avec un couteau à mastic ou une fine cale en bois, puis reclouez les baguettes.

Utilisez du ruban adhésif armé d'emballage pour calfeutrer momentanément des fenêtres laissant passer l'air. Collez-le sur la fente entre l'encadrement de la vitre et le montant.

4. Pour bien fermer une cartouche de mastic entamée, laissez l'embout en place, faites sortir une goutte de mastic et glissez un clou dans l'orifice de l'embout. Assurez la jonction en entourant l'extrémité avec du chatterton ou du ruban adhésif.
5. Effectuez un joint parfait de robinetterie ou autre : mettez une bande de ruban adhésif le long de la surface à mastiquer. Appliquez le cordon de mastic et lissez avec le doigt trempé dans de l'eau savonneuse. Lorsque c'est presque sec, retirez le ruban.
6. Pour placer du mastic dans les endroits difficiles à atteindre, fixez avec du ruban adhésif un morceau de tube en plastique transparent sur l'embout de la cartouche de mastic. Maintenez ce tube entre le pouce et l'index en appuyant sur la gâchette du pistolet.
7. En hiver, laissez les cartouches de mastic de calfeutrage près d'une source de chaleur, jusqu'à ce qu'elles soient prêtes à l'emploi. Réchauffez la surface à calfeutrer avec un sèche-cheveux ou un décapeur thermique à air chaud.

Calories

La ration alimentaire quotidienne ne doit pas apporter plus de 30 % de Calories provenant des graisses. Consultez les étiquettes des produits emballés et tenez compte des indications données dans certaines recettes. Adoptez la formule 9, 4, 4 pour déterminer les sources de Calories :
- 1 g de matières grasses, ou lipides, vaut 9 kcal ;
- 1 g de glucides vaut 4 kcal ;
- 1 g de protides vaut 4 kcal.

Calculez 30 % du total des Calories pour obtenir le nombre de Calories provenant des lipides qu'il vaut mieux ne pas dépasser.

Cambriolage

1. Si vous rentrez chez vous et découvrez votre porte ouverte ou des objets déplacés, repartez aussitôt sans faire de bruit. Prévenez la police de chez un voisin. Observez votre maison à bonne distance — ne tentez pas d'arrêter le cambrioleur s'il en sort. Observez-le plutôt pour pouvoir ensuite le décrire et notez le numéro de son éventuel véhicule. Ne retournez pas chez vous avant l'arrivée de la police. (Voir aussi Témoin d'un délit, p. 216.)
2. Vous entendez un cambrioleur entrer chez vous ou rôder autour de votre maison. Réunissez alors votre famille dans une pièce munie d'une porte solide et d'une bonne serrure, puis appelez la police si possible ou attendez que l'intrus soit parti avant de demander de l'aide.
3. Au cas où vous vous trouveriez face à face avec un cambrioleur ou que vous le surpreniez, en vous réveillant, dans votre chambre, restez calme et coopérez. Ne criez surtout pas : un cambrioleur aux nerfs fragiles pourrait alors devenir dangereux.

APRÈS UN CAMBRIOLAGE

La police aura besoin d'une description fidèle de tous les objets dérobés, rendue facile si vous avez pris soin de photographier tous vos objets de valeur et d'en faire une liste, mise à l'abri, avec leurs éventuels numéros de série. (Voir aussi Assurance habitation, p. 24 ; Coffre-fort, p. 61 ; Objets de valeur, p. 153.)

POUR SE PROTÉGER DES CAMBRIOLEURS

1. Même si vous n'avez pas de chien, apposez une plaque « chien méchant » sur votre porte. Raccordez l'enregistrement d'un aboiement à votre sonnette.
2. Suspendez une sonnerie d'alarme factice à l'extérieur de la maison.
3. Si vous n'avez pas les moyens de vous offrir une alarme, placez des autocollants indicateurs d'un système de sécurité sur vos fenêtres et enjoignez à vos enfants de ne pas révéler la supercherie.
4. La nuit, glissez une fine planche de contreplaqué entre le haut et le châssis de la porte, empilez-y des boîtes de conserve, des clochettes ou tout autre objet bruyant. Quand la porte s'ouvrira, le vacarme vous alertera et pourra effrayer l'intrus.

Camping

Les terrains de camping sont souvent surpeuplés durant les week-ends d'été. Allez-y plutôt en semaine ; hors saison, vous les trouverez pratiquement déserts et nettement moins chers. Mais certains services risquent d'être interrompus : l'eau peut être coupée et le ramassage des ordures suspendu. Apportez donc une réserve d'eau et une bonne quantité de sacs poubelle.

QUELQUES AMÉNAGEMENTS

La plupart des terrains de camping disposent d'un emplacement réservé au feu. Prévoyez une hachette pour fendre le bois acheté ou ramassé.
1. Ayez un petit réchaud à butane au cas où vous manqueriez de charbon de bois : c'est pratique pour faire chauffer rapidement ou pour faire mijoter. Pensez à la bouilloire, c'est ce qu'il y a de plus commode pour faire chauffer de l'eau.
2. Des chaises pliantes en toile sont plus confortables et plus maniables qu'un banc.
3. Tendez une bâche au-dessus du coin-cuisine pour vous protéger de la pluie et du soleil.
4. Utilisez les taies d'oreiller comme sac à linge au fur et à mesure qu'elles sont sales.
5. Un sac à viande glissé dans le sac de couchage permet de le salir moins vite. Faites-en un en pliant un drap en deux dans le sens de la longueur et cousez un côté et le bas.
6. Recouvrez les sacs et les valises d'un vieux drap pour éviter qu'ils ne se salissent.
7. Gardez de la monnaie dans une boîte de pellicule photo, par exemple, elle vous servira pour le téléphone, la laverie, les distributeurs, etc.

BRUIT

Quelques campeurs semblent croire que les conversations à voix très haute sont admises en plein air et tiennent à ce que leur radio profite à tout le monde.
1. Faites poliment comprendre à ces individus que vous faites une étude sur le chant des alouettes et que vous seriez heureux d'être averti s'ils en entendaient une.
2. Insinuez, lors d'une soirée particulièrement bruyante, que vous projetez de vous lever à l'aube le lendemain mais que vous veillerez à ne faire aucun bruit...

CUISINE

1. Préférez un réchaud de camping au feu : c'est plus rapide, plus propre, plus facile, et cela abîme moins le site. Cependant, si vous faites un feu, vérifiez d'abord que cela est autorisé, cernez le foyer avec des pierres, dégagez le pourtour de toute herbe ou brindille sèche et gardez une réserve d'eau à proximité pour l'éteindre très rapidement.
2. Improvisez des casseroles avec des boîtes de conserve. Tenez-les avec des pinces pour ne pas vous brûler.
3. Rappelez-vous que les prix sont moins élevés dans les supermarchés que dans les boutiques du terrain de camping. Faites une provision de pâtes, de riz, de soupes en sachet à cuisson rapide et d'autres denrées non périssables : céréales, fruits séchés, gâteaux secs, huile, sucre, café, lait en poudre, etc.
4. La viande séchée doit cuire plus longtemps que les autres ingrédients de même type. Mettez-la dans l'eau froide, faite bouillir pendant 5 min en salant, poivrant et épiçant, puis ajoutez le reste des ingrédients.
5. Si vous campez en altitude, n'oubliez pas que la température d'ébullition de l'eau baisse de 1 °C environ à chaque fois que l'on s'élève de 150 m. Prolongez le temps de cuisson en conséquence.
6. Il est dangereux de cuisiner au gaz sous la tente : outre les malaises et les maux de tête, vous risquez une asphyxie due au monoxyde de carbone. En cas de pluie, placez le réchaud à l'extérieur, sous l'auvent, et placez-vous pour cuisiner à l'intérieur de la tente. **Attention !** Changez toujours la recharge de gaz à l'extérieur de la tente, loin de toute flamme, et ne jetez jamais les recharges usagées dans le feu. (Voir aussi Four de camping, p. 108 ; Feu de camp, p. 101, Barbecue, p. 29.)

ÉCLAIRAGE

Si votre torche électrique vous lâche, utilisez ces moyens d'éclairage de secours :
1. Vous pouvez vous éclairer avec les phares de la voiture pendant 10 à 15 min sans faire mourir la batterie.
2. Fabriquez une lanterne de fortune avec une boîte de conserve vide : percez-y quelques petits trous, couchez la boîte et fixez une petite bougie sur la paroi intérieure avec sa cire. Aménagez une poignée en glissant du fil de fer dans les trous.
3. Éclairez-vous avec une torche en écorce : prélevez un morceau d'écorce de 30 cm de large et de 1 m de long sur le sol ou sur un arbre mort. Pliez-le en 3 dans le sens de la longueur. Fendez un bâton de 1 m de long sur une longueur de 20 cm.

Glissez le morceau d'écorce dans la fente et enflammez l'extrémité. À

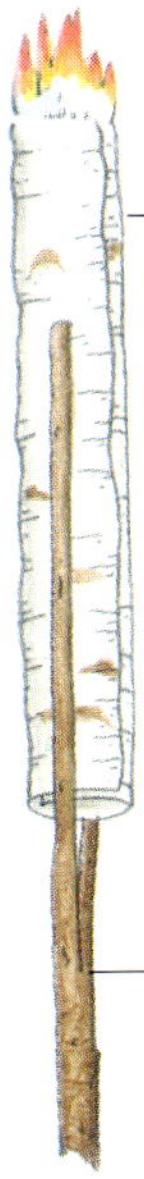

mesure que l'écorce se consume, sortez-la de la fente. Pour obtenir plus de lumière, penchez légèrement la torche. Celle-ci peut durer de 15 à 20 min et éclaire à 5 m environ.

LAVAGE

Par temps froid, mettez des gants de caoutchouc sur des gants de laine lorsque vous lavez du linge ou de la vaisselle.

1. Du temps des caravanes, les voyageurs mettaient de l'eau, du détergent et les vêtements à laver dans un tonneau. Ils accrochaient le tout dans la roulotte et laissaient les mouvements de la route faire le travail. Plus tard, ils procédaient au rinçage dans un torrent : là où, faute de caravane, vous laverez aussi vos vêtements.

2. Pour faire sécher des chaussettes, attachez-les aux fenêtres de la voiture. Si vous êtes à pied, fixez le linge mouillé sur votre sac à dos.

3. Dans la mesure du possible, ne nettoyez pas les fonds noircis des ustensiles de cuisine. Ils chaufferont plus vite et la chaleur sera mieux répartie.

4. Les couches de bébé en coton, légères et absorbantes, font d'excellents torchons.

5. Le sable est une bonne poudre à récurer les casseroles et les poêles.

6. Rincez abondamment la vaisselle afin d'éviter les problèmes digestifs.

PROVISIONS

1. Enlevez les aliments en poudre de leur emballage d'origine et mettez-les dans des petits sacs en plastique double. Entre les deux épaisseurs, glissez une étiquette portant le nom du produit et son mode d'emploi.

2. Emplissez d'épices des petits flacons propres ou des boîtes de pellicules photos et marquez-les.

3. Protégez les œufs en les transportant dans un récipient plein de farine.

4. Une rivière fait un excellent réfrigérateur. Plongez-y les aliments périssables dans des sacs étanches et, naturellement, bien arrimés.

5. Une fois arrivé sur le terrain de camping, retirez les provisions des sacs à dos et des tentes, et rangez-les à l'abri des rongeurs.

REPAS

1. Manger dehors fait partie des joies du camping mais nécessite un minimum de réflexion. Au-delà du poids et de l'encombrement des provisions, pensez aux Calories qu'elles contiennent : en marchant sous un sac à dos toute la journée, vous brûlez environ 3 500 kcal, 2 fois plus qu'en vous balançant sur un hamac...

2. Pensez à la conservation des aliments : certains peuvent être gardés quelques jours sans réfrigérateur, comme les fromages secs, le saucisson sec, les carottes, le céleri, la margarine et une bonne quantité d'aliments emballés sous vide.

3. Planifiez les repas principaux à l'avance et emballez tous les ingrédients dans une double épaisseur de plastique alimentaire. Pour distinguer les ingrédients du petit déjeuner, du déjeuner et du dîner, glissez des carrés de papier de couleurs différentes entre les plastiques ou marquez ceux-ci au feutre indélébile.

4. N'oubliez pas que la pluie est parfois la compagne du campeur. Prévoyez des plats uniques en boîte ou déshydratés, que vous préparerez sur le seuil de la tente.

TOILETTE

1. Emportez un sac solide en vinyle pour faire chauffer de l'eau par l'énergie solaire. Remplissez-le au matin, mettez-le en plein soleil et l'eau sera chaude pour la toilette du soir. La vessie d'un Cubitainer de vin est pratique : vous disposez d'un robinet !

2. Improvisez une brosse à dents en mâchonnant le bout d'une petite branche verte. En guise de dentifrice, utilisez du bicarbonate de soude, du sel ou du savon.

Camping sous la pluie

1. Choisissez des vêtements de pluie plutôt amples qui assurent l'aération du corps : ils n'en seront que plus efficaces et plus confortables. Faites-les réimperméabiliser au pressing si cela est nécessaire.

2. Tout campeur qui a connu des jours de pluie sait qu'un bon livre de poche est une aide efficace contre l'ennui. Pensez à emporter des jeux de voyage (Scrabble, échecs, dames, petits chevaux) ainsi que des jeux de cartes. Ils vous distraieront de la morosité d'un terrain de camping détrempé. Profitez-en pour écrire vos lettres et envoyer vos cartes postales, cela vous obligera à vous remémorer les meilleurs moments de vos vacances et vous fera oublier la pluie.

3. Aménagez en peu de temps une salle de jeu aérée et accueillante pour toute la famille en tendant un double toit au-dessus de la table de pique-nique. Fixez les coins avec des piquets en bois.

Cannes

Une canne est à la bonne taille quand la poignée arrive au niveau de l'os de la hanche.

Pour une efficacité parfaite, tenez la canne du côté opposé à la blessure et posez-la au sol à environ 15 cm à l'extérieur du « bon » pied.

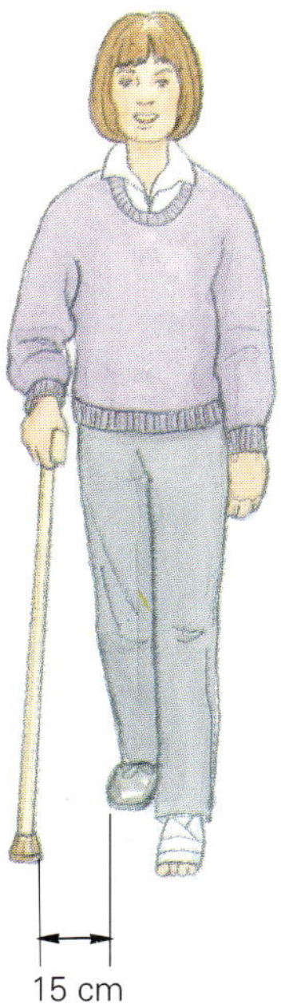

CANNES ANGLAISES

Si la personne est voûtée en marchant, c'est que les cannes sont réglées trop bas. Si les épaules remontent à la marche, c'est qu'elles sont réglées trop haut.

AIDE D'URGENCE

1. Passez le bras valide du blessé au-dessus de votre épaule, tenez-lui fermement le poignet et passez-lui votre second bras autour de la taille.
2. Un balai dont on glisse la brosse sous le bras peut faire office de béquille. Un bâton solide, un parapluie ou un maillet de croquet remplacent une canne.

Capitonnage

1. Ne vous laissez pas abuser par les fermetures à glissière sur les coussins de fauteuils ou de sofas : il est probable que les housses rétrécissent au lavage. Laissez-les en place et utilisez du nettoyant à moquette en aérosol.
2. Réparez une brûlure de cigarette sur un tissu à motifs en découpant la même portion de motif sur une partie cachée. Appliquez-la avec un voile thermocollant. Sur tissu uni, confiez la réparation à un professionnel ou reprisez avec un fil assorti.
3. Réparez un accroc en plaçant un ruban thermocollant à l'envers du tissu, côté collant contre le tissu. Fermez les bords en repassant et coupez les fils qui dépassent.

AU TEMPS JADIS

Les prévisions météorologiques

La plupart des dictons sur le temps ont été fondés au cours des siècles sur les observations des paysans et des marins. Beaucoup sont encore valables aujourd'hui :
« Rouge le matin fait la pluie,
Rouge le soir fait le soleil »,
dit-on au Pays basque. L'air sec contient plus de poussière que l'air humide et, de ce fait, rougit la lumière. Lorsque le ciel est rouge à l'ouest, juste après le coucher du soleil, c'est souvent un signe de beau temps puisque, dans l'hémisphère Nord, le vent souffle plutôt d'ouest en est. Mais lorsque le ciel est rouge à l'est, juste avant l'aube, la pluie menace.
« Hirondelle volant haut,
le temps sera beau.
Hirondelle volant bas,
bientôt il pleuvra. »

La pression atmosphérique basse et le taux d'humidité élevé, tous deux signes de pluie, empêchent les insectes de voler haut. Aussi les hirondelles volent-elles près du sol pour les attraper. Il existe d'autres signes de basse pression et, par conséquent, de pluie, tels qu'un mauvais tirage de la cheminée, les nuages qui se forment à basse altitude et de fortes odeurs qui émanent des caniveaux et des marais.

Quand la lune est entourée d'un halo, on dit qu'elle « boit déjà la pluie qui viendra le lendemain ». Les cristaux de glace des cirrostratus élevés reflètent le clair de lune, formant une sorte de halo autour de cette dernière. Ces nuages amènent un front froid qui annonce la pluie.

4. Confectionnez des housses avec du tissu, du patchwork, une nappe, un dessus-de-lit. Faites un ourlet à la base pour y passer un cordon ou un élastique. (Voir aussi Housse de siège, p. 122.)
5. Couvrez les endroits usés avec des napperons au crochet, des pochettes de dentelle ou des morceaux assortis de daim ou de cuir. Cousez-les avec quelques points de bâti rapides.
6. Pour éviter d'avoir des parties salies et usées, ayez des housses assorties pour le dossier et les accoudoirs, amovibles et lavables.
7. Pour les rendre plus confortables, capitonnez les accoudoirs et le dossier d'un fauteuil en bois avec de la

mousse d'ameublement recouverte de tissu agrafé sur le bois. Cachez les agrafes avec un galon adhésif.

Capot de voiture

Si le capot de votre voiture se soulève brusquement, freinez mais ne pilez pas. Ne paniquez pas ! Ralentissez progressivement et arrêtez-vous dès que possible. Conduisez en sortant la tête par la portière ou en regardant dans l'ouverture entre le capot et le tableau de bord.

Préparez-vous à ce genre d'incident en ouvrant votre capot pour vérifier de quel endroit vous voyez le mieux.

Si la fermeture du capot est cassée, attachez le capot avec une corde et faites réparer aussitôt.

Capsules, bouchons, couvercles

1. Pour ôter une capsule de bouteille sans décapsuleur, utilisez une pince à prise multiple ou la gâche d'une serrure (c'est la partie qui reçoit le pêne). Ou soulevez les dents de la capsule une par une avec une clé.

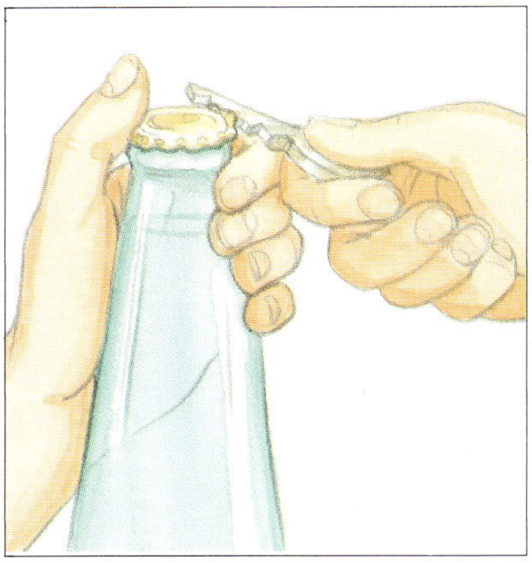

2. Pour desserrer un bouchon de carafe, entourez le goulot d'un chiffon mouillé très chaud. S'il le faut, laissez quelques gouttes d'eau tomber dans le goulot et autour du bouchon pour dissoudre ce qui l'empêche de se décoincer, mais enlevez l'eau rapidement de façon qu'elle n'atteigne pas le contenu de la bouteille.
3. Faites couler de l'eau très chaude pour le dilater lorsqu'un couvercle de bocal résiste. Pour mieux le tenir en main et empêcher celle-ci de glisser, cerclez-le avec un gros élastique.

Carnet de chèques

1. Chaque fois que vous émettez un chèque, notez-en le montant et la date sur le talon. Soustrayez-le aussitôt de ce que vous avez sur votre compte courant.
2. Dès réception du relevé de la banque, comparez les numéros des chèques tirés avec ceux de vos talons de chéquier, en tenant compte des dates de valeur (celles prises en considération par la banque sont différentes de celles de leur présentation ou de leur émission). Si un incident survient (chèque non parvenu à son destinataire), prévenez vite la banque (qui peut bloquer – contre garantie – une provision pendant 3 ans et 8 jours).
3. Vérifiez la présence de toute somme déposée sur votre compte courant et ajoutez-la à votre crédit. Déduisez les règlements par carte de crédit et les prélèvements automatiques. Faites le solde.
4. Si vos calculs diffèrent de ceux de la banque, signalez-le rapidement. (Voir aussi Chèques, p. 56 ; Gestion de compte par Minitel, p. 114.)

Carotte

Mélangez un paquet de graines de carotte à du marc de café. Selon les jardiniers qui pratiquent les méthodes dites naturelles, son odeur tient en respect les parasites de la carotte. Le semis est également facilité car le marc de café donne plus de volume aux graines de carotte qui sont minuscules. Vous pouvez ajouter quelques graines de radis à ce mélange : alors qu'il faut environ de 10 à 20 jours aux graines de carotte pour lever, celles du radis germent en quelques jours, marquant ainsi l'emplacement du rang. En récoltant les radis, vous éclaircirez le semis de carottes et ameublirez le sol en même temps.

Carpette

1. Pour maintenir une carpette, mettez un tapis de bain en caoutchouc dessous ou collez des adhésifs pour baignoire sous les bords.
2. Afin que les carpettes restent bien à plat, passez de la gomme-laque en dessous. Après séchage, appliquez une solution légère d'amidon. Laissez sécher avant de les remettre en place.
3. Évitez que les carpettes en lirette ne gondolent en les rinçant dans de l'eau légèrement amidonnée.
4. Lavez les carpettes dans la baignoire avec de l'eau savonneuse chaude, frottez avec un balai-brosse et rincez avec le pommeau de la douche. Mettez les petits tapis dans un baquet et agitez l'eau avec une ventouse à long manche. Faites sécher à plat.

Carrelage

CARREAUX DE CÉRAMIQUE

1. Pour nettoyer un carrelage encrassé, passez une serpillière trempée dans de l'eau très chaude additionnée de lessive. Laissez agir 5 min, épongez et lavez à l'eau claire.
2. Des taches résistent ? Passez une pâte de poudre à récurer (douce) et d'eau et laissez-la agir 5 min. Frottez avec un tampon gratteur en Nylon pour émail. Rincez et essuyez.
3. Pour que les joints autour de la baignoire restent propres plus longtemps, lavez-les avec de l'eau de Javel diluée à 50 % d'eau. Séchez complètement et, avec le doigt imprégné d'eau savonneuse, passez un « voile » de mastic aux silicones incolore.
4. Enlevez les traces de moisissure et rendez vos carrelages étincelants en passant une éponge imbibée d'une solution d'ammoniaque et d'eau.

CARREAUX EN PLASTIQUE

1. Si les murs de la salle de bain sont ternes, lavez-les avec une solution de vinaigre et d'eau et faites briller avec une serviette. Donnez-leur du brillant en les frottant avec du « polish » pour carrosserie.
2. Pour recoller un carreau, collez un petit morceau de chewing-gum à chaque coin et utilisez un fer tiède pour le remettre en place.

CARREAUX DE CAOUTCHOUC (POUR ATELIER)

Pour les couper facilement, faites chauffer les carreaux pendant 1 à 2 min avec une lampe à infrarouges.

Carte grise

Ayez toujours des photocopies certifiées conformes de vos divers papiers, dont votre carte grise. Laissez-en un exemplaire chez vous, au cas où vous perdriez l'original, et donnez-en une photocopie à toutes les personnes qui conduisent la voiture familiale. En cas de perte ou de vol, faites immédiatement une déclaration auprès du service de police le plus proche (police municipale ou gendarmerie). Appelez la préfecture et renseignez-vous sur la marche à suivre pour obtenir son remplacement.

Cartes de crédit

Elles sont différentes des cartes bancaires et se distinguent en cartes accréditives (American express, Diners'club...) ou privatives. Ces dernières, aux couleurs d'une chaîne de magasins ou d'un distributeur, entraînent, comme les autres, une autorisation de prélèvement sur votre compte bancaire avec débit différé à 45 jours et vous accordent un certain découvert. Quelques cartes accréditives permettent, dans certains cas, de différer le débit à 75 jours.

CHOISISSEZ LA BONNE CARTE

1. Vérifiez l'étendue réelle des services (payants) proposés : retrait de devises aux billetteries à l'étranger, réservations, protection juridique...
2. Évaluez son coût réel : abonnement annuel plus droit d'entrée.

UTILISEZ-LA AVEC MESURE

1. Veillez à ce que votre compte soit toujours approvisionné et le découvert admis limité (crédit revolving) : il coûte cher.
2. Évitez de multiplier les achats sur une période courte, vous suivrez difficilement vos remboursements.
3. Surveillez vos relevés de compte. Conservez les reçus. Le temps de contestation pour relevé inexact est parfois limité.

VEILLEZ-Y JALOUSEMENT

1. Signez-la dès réception.
2. Ne la perdez pas. Dans le cas contraire, téléphonez immédiatement au centre qu'on vous aura indiqué mais sachez que vous en êtes responsable tant qu'une déclaration écrite (avec accusé de réception) n'a pas été faite à l'organisme émetteur.
3. Ne signez jamais de reçu en blanc et détruisez les carbones ou reçus incorrects.
4. Si le numéro de votre code vous échappe, notez-le en le déguisant en numéro de téléphone.

Cartes de vœux

1. Fabriquez des étiquettes pour vos cadeaux en découpant les cartes de vœux de l'année précédente, en les pliant, puis en pratiquant un trou dans le coin pour y passer un ruban.
2. Pour confectionner un jolie carte de vœux, prenez une feuille d'arbre comme pochoir. Posez-la sur une feuille de bristol (maintenez-la en place avec des petits objets lourds) et passez une couche de peinture en aérosol. Après séchage, écrivez votre message sur la partie blanche.

3. Encadrez des cartes de vœux représentant des œuvres d'art pour composer un mur de tableautins.

Casse-noix

1. Enveloppez la noix dans une serviette et tapez dessus avec un marteau, un maillet ou une pierre.
2. Serrez la noix dans des pinces, un étau, une clé à molette...
3. Mettez la noix dans la charnière d'une porte et fermez doucement celle-ci.
4. Tenez la noix contre le bord supérieur d'un tiroir et fermez-le d'un coup sec. Attention aux doigts...

Casserole brûlée

1. Pour détacher des aliments brûlés dans une casserole, humectez-les et poudrez-les de sel. Laissez agir de

10 à 20 min, puis frottez avec un tampon à récurer.

2. Recouvrez les endroits brûlés de bicarbonate de soude imbibé d'eau. Laissez agir toute la nuit, puis nettoyez. Attention, le bicarbonate ou les autres substances alcalines attaquent les surfaces en aluminium si on les laisse plus de 1 h.

3. Pour éliminer les parties brûlées qui résistent, détachez-en le plus possible avec une spatule en bois et remplissez le récipient d'eau jusqu'à moitié. Ajoutez 1 cuil. à soupe de détergent pour lave-vaisselle. Faites bouillir pendant 10 min, laissez reposer toute une nuit, puis frottez. (Voir aussi Eau de Javel, p. 306.)

Cellulite

Si vos genoux, vos cuisses ou vos fesses présentent une « peau d'orange » alors que vous jouissez d'un poids normal, vous avez de la cellulite. Exercice et régime équilibré sont seuls capables d'éliminer la graisse, cause de la cellulite, et de rendre du tonus à la peau.

RÉGIME

Évitez les régimes draconiens ; vous reprendrez vite du poids, votre peau risquera de se détendre et la cellulite empirera. Diminuez votre consommation d'aliments gras et de sel. Consommez davantage d'aliments riches en fibres. Buvez 1,5 litre d'eau par jour, entre les repas.

ACTIVITÉS PHYSIQUES

Les sports aérobies sont les meilleurs, en particulier la marche et la natation. Des exercices spécifiques (voir ci-dessus) vous aideront à muscler et à modeler vos fesses.

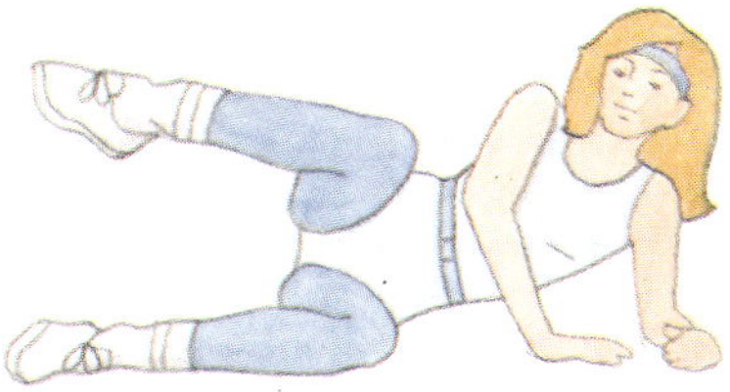

Pied droit à angle droit, élevez et abaissez 10 fois la jambe supérieure. Recommencez, le pied en extension.

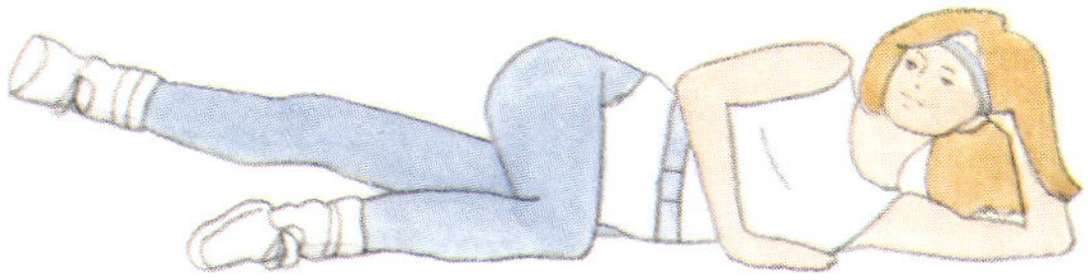

Pied à angle droit, élevez et abaissez 10 fois la jambe gauche. Recommencez, le pied en extension.

LE SAVIEZ-VOUS ?

La cellulite démystifiée

Ceux qui proposent des solutions coûteuses aux problèmes de la cellulite disent en général qu'il s'agit de graisse d'un type différent de celle que l'on trouve ailleurs dans l'organisme. Ils vont jusqu'à affirmer que c'est de la mauvaise graisse, spongieuse, piégée dans un tisssu sous-cutané inflammatoire où la circulation du sang et de la lymphe ne se fait pas normalement.

La cellulite est en réalité faite de tissu adipeux tout à fait normal qui se dépose de façon irrégulière sous une peau fine. La couche de graisse apparaît ainsi d'épaisseur inégale.

Aucun traitement contre la cellulite ne peut être réellement garanti. Il n'existe pas de preuve de l'efficacité des crèmes dites spécifiques ni des massages. La liposuccion, quant à elle, retire de la graisse, mais risque d'accentuer les dépressions sous-cutanées. Le résultat est alors pire que l'état de départ. Seuls des activités physiques et un régime approprié peuvent améliorer la situation.

Cerfs, daims, chevreuils

Pour empêcher les cerfs de pénétrer dans votre jardin, tirez parti des odeurs, des sons, des goûts ou des images qui leur sont désagréables.

1. Tendez une corde aux endroits de passage et suspendez-y un seau métallique. Déposez des poignées de porte dans le seau et, sur les côtés, laissez pendre des objets métalliques : lorsque l'animal heurtera la corde, le vacarme l'éloignera.

2. Suspendez aux branches basses des arbres des sacs en tissu contenant des cheveux, de la graisse de bœuf, du sang séché (acheté en graineterie) ou du savon déodorant.

3. Suspendez des moules à gâteaux qui brilleront au soleil ou des bandes découpées dans la partie brillante des paquets de café : cela peut les éloigner un certain temps.

Chaîne de bicyclette

1. L'essence est le meilleur produit pour nettoyer une chaîne pleine de cambouis. Si elle grince, nettoyez-la et lubrifiez-la tous les 2 mois avec une huile en burette.
2. Votre chaîne est cassée et vous ne pouvez pas la réparer tout de suite. Baissez la selle et poussez avec les pieds. (Voir aussi Crevaison, p. 72 ; Cyclisme, p. 74 ; Antivol de bicyclette, p. 20.)

Chaîne stéréo

1. Si vous remarquez une perte de qualité du son sur vos bandes magnétiques, nettoyez les têtes de lecture de votre magnétophone. Bien que l'alcool à 90° convienne, il est préférable d'acheter un produit spécial avec tampon applicateur en feutre ou, mieux, une cassette de nettoyage. N'utilisez jamais de coton : des fibres risquent toujours de rester accrochées aux têtes de lecture.
2. Pour nettoyer la tête de lecture du tourne-disque, versez de l'alcool à 90° sur un pinceau fin en poils de martre et passez-le doucement sur le diamant, de l'arrière vers l'avant, jamais le contraire, ni sur le côté.

HAUT-PARLEUR

1. Si un haut-parleur ne fonctionne plus, vérifiez que la fiche de branchement est bien en place. Si c'est le cas, débranchez-la de l'amplificateur et branchez à la place le haut-parleur qui marche. S'il fonctionne normalement, c'est que le premier est réellement en panne ou que le fil ou les fiches sont à changer. En revanche, s'il ne marche pas, le problème provient de l'amplificateur. Pour le savoir, rebranchez les haut-parleurs en inversant les fiches au dos de l'amplificateur. Si le haut-parleur auparavant muet se remet en marche, c'est l'amplificateur qui nécessite une réparation.

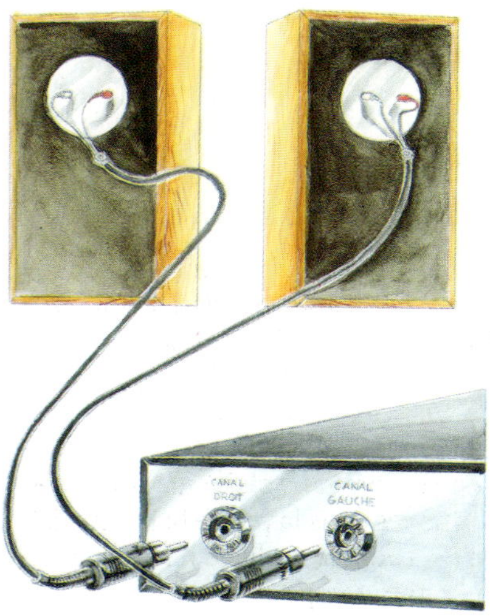

PLATINE

1. Votre platine bourdonne ? Vérifiez si le fil de masse est toujours relié à l'amplificateur et si les fiches de connexion sont en bon état. Un fil peut être dénudé. Inversez le sens de branchement de la fiche d'alimentation électrique.
2. Essayez d'éloigner la platine des haut-parleurs et des autres composants de votre chaîne stéréo, elle perçoit peut-être des vibrations ou des interférences magnétiques. Si vous ne pouvez pas la déplacer, posez-la sur une plaque de caoutchouc-mousse.

Chaise cannée

Comme solution provisoire, vous pouvez renforcer le siège affaissé d'une chaise cannée en clouant une plaque de contreplaqué en dessous. Ou encore, humectez le cannage pour qu'il se retende en rétrécissant.

Chaise d'appoint

Vous recevez des amis et vous n'avez pas assez de chaises. Que faire ?
1. Empilez 2 ou 3 gros coussins durs et recouvrez-les de tissu d'ameublement. L'invité y sera installé comme un prince.
2. Pour un anniversaire ou un goûter d'enfants, clouez une planche sur deux caisses placées à chaque bout. Poncez-la et recouvrez-la d'une couverture ou de plastique adhésif pour éviter tout problème d'échardes. Ou encore, retournez des corbeilles à papier en plastique solide. En guise de coussins, pliez des serviettes de bain ou des taies d'oreiller et enveloppez-les de papier crépon.

3. Pensez aux chaises de jardin : garnies de coussins, elles peuvent être confortables.
4. Si vous dînez sur une table basse, vos invités ne verront sans doute pas d'inconvénient à s'asseoir par terre sur des coussins. Prévenez-les pour qu'ils s'habillent en conséquence.
5. Louez des sièges pliants ou demandez à vos plus proches amis d'apporter les leurs.

Champignons

1. Pour empêcher les champignons de devenir spongieux, ne les lavez pas à l'avance. Enveloppez-les dans du papier absorbant, puis dans un torchon, et mettez-les au réfrigérateur. Utilisez-les dès que possible.
2. Au moment de l'utilisation, ôtez la partie terreuse du pied, puis rincez très rapidement les champignons. Épongez-les aussitôt.
3. Pour faire de jolies tranches de champignon, utilisez un hachoir à œufs : posez le champignon sous le hachoir, chapeau vers le haut, puis coupez.

Change

Vous partez à l'étranger ? Regardez les taux de change à la banque, au consulat ou dans votre quotidien.

1. Emportez autant d'argent que vous voulez en chèques, billets ou chèques de voyage. Mais, à partir de 50 000 F, vous devez déclarer la somme à la douane. Les 5 000 pièces d'or que vous passez en Suisse sont également à déclarer...

2. Évitez trop de liquidités mais prévoyez le nécessaire pour les pourboires, le téléphone, le taxi. Munissez-vous de chèques de voyage. Vous les transformerez en devises n'importe où, dans une banque, un hôtel (commandez-les 1 mois avant le départ). Ils sont mieux cotés au change que les espèces, et vous rendrez l'excédent à votre banque au retour. La carte bancaire internationale (Visa, Eurocard, Mastercard...) vous permet de retirer de l'argent liquide local et de régler bon nombre de dépenses.

3. Les hôtels, aéroports, agences de change indépendantes ou certaines banques à l'étranger offrent souvent des taux de change intéressants. Surveillez cependant de près le taux effectif que l'on vous offre. Une différence de plus de 5 % entre l'achat et la vente est le signe manifeste que l'on est en train de vous voler. Utilisez votre calculette.

4. Vérifiez les heures et les jours d'ouverture des banques afin de ne pas être pris de court. Bureaux de gares et aéroports sont souvent ouverts en permanence. Présentez une pièce d'identité, votre passeport et le visa pour certains pays. Le lieu d'hébergement et la durée de votre séjour vous seront parfois demandés. Avant le retour, dépensez les pièces de monnaie (non échangeables). Vous changerez les billets qui vous restent dans votre banque.

LE SAVIEZ-VOUS ?

L'écu européen

En 1993 s'ouvre le « grand marché européen ». Avant d'en arriver là, les 12 pays de la Communauté ont dû mettre au point une monnaie d'échange garantissant l'équilibre du SME (Système monétaire européen) : l'écu (European Currency Unit).

L'écu est défini comme la somme pondérée des monnaies de chaque pays. Son poids est fonction de la taille économique de chacun, avec une révision prévue tous les 5 ans. Cette unité de compte européenne permet de calculer le cours « pivot » afin d'éviter les trop grandes fluctuations de change. Aucune monnaie ne doit théoriquement s'en écarter de plus de 2,25 %. Les transactions entre filiales d'un même groupe ou les emprunts auprès de l'un ou l'autre pays de la CEE sont libellés en écus. L'écu devrait devenir une monnaie commune en 1999. Et l'Europe prendra alors un visage plus concret pour chacun d'entre nous.

Changement de profession

Vous voulez changer de profession : posez-vous les bonnes questions avant de tout envoyer par-dessus bord.

1. Faites le point sur ce qui ne va pas actuellement : les aspects négatifs ou répétitifs ou ceux qui ne vous conviennent pas, les secteurs dans lesquels vous ne vous sentez pas compétent ou mal à l'aise.

2. Parallèlement, notez avec rigueur la définition aussi précise que possible de vos aspirations, du job nouveau que vous aimeriez faire : travail indépendant, nouvelles responsabilités, création d'une entreprise... et dans quel secteur : mode, publicité, artisanat, enseignement...

3. Définissez de même, sans tricher, vos réelles compétences, voyez si votre tempérament convient réellement à ce travail. Comparez pour savoir si vous possédez le profil correspondant à la profession.

4. Ne rêvez pas. Étudiez la conjoncture économique, les débouchés, les possibilités de réussite dans le secteur qui vous attire.

5. Formez-vous sérieusement avant de vous lancer. (Voir aussi Formation permanente, p. 106.)

Chants d'oiseau

1. Il arrive que des oiseaux tiennent leur nom de leur chant : le coucou, bien sûr, mais aussi le pipit, le courlis, le hibou...

2. Un bon moyen d'attirer les oiseaux est d'appliquer des petits baisers bruyants sur le dos de sa main.

3. La période où les oiseaux chantent le plus est la saison des couvées. Fauvettes et pinsons chantent aussi durant la migration. La plupart des oiseaux se taisent à midi et sont silencieux au milieu de l'été.

Chapelure

1. Préparez vous-même de la chapelure : émiettez finement entre vos doigts des crackers, des gressins, des restes de pain grillé, des flocons d'avoine, des corn flakes... Vous pouvez ainsi varier les goûts ou préparer de subtils mélanges. Écrasez ensuite ces miettes à la moulinette ou au rouleau à pâtisserie. Cette chapelure se conserve 15 jours dans un petit bocal fermé placé dans le réfrigérateur.

2. Vous pouvez aussi préparer de la chapelure avec des biscuits à apéritif ; mais attention, ils sont très salés.

Charançons

1. Si un paquet de farine, de graines, de haricots ou de céréales est infesté, brûlez-le. S'il semble qu'il n'y ait que quelques vers, laissez le paquet dans le congélateur pendant 4 jours ou 30 min dans le four à 50 °C.

2. Triez vos haricots ou autres céréales sèches infestés en les versant dans un récipient rempli d'eau ; toutes les graines qui flottent sont parasitées ;

jetez-les et ne gardez que celles qui tombent dans le fond.

3. Pour éviter une nouvelle invasion, nettoyez les placards à la brosse et à l'aspirateur. Transvasez les paquets de céréales ou de farine dans des bocaux avec couvercle.

Charlatan

Le charlatanisme sévit encore de nos jours, surtout lorsqu'il est question de soulager les malades.

1. Un remède aux effets rapides, une guérison miraculeuse, un traitement sans douleur ne sont probablement que des miroirs aux alouettes destinés à piéger ceux qui souffrent.

2. Les journaux sont remplis d'annonces de gourous, de magnétiseurs et autres guérisseurs qui promettent aussi bien la fortune que les retours d'affection instantanés. Demandez-vous pourquoi ils n'exercent pas leur « art » sur eux-mêmes...

3. Soyez très soupçonneux lorsqu'il est question d'« études scientifiques » non précisées et de témoignages de « patients satisfaits ».

4. Ne croyez pas qu'une annonce publicitaire passant dans une publication respectable soit un gage de sérieux. Malgré leur appartenance au BVP (Bureau de vérification de la publicité), la plupart des journaux ou magazines ne filtrent pas leurs annonces.

5. Si vous vous posez des questions sur des médications douteuses, des gadgets vendus par correspondance, etc., appelez votre médecin ou consultez l'association de consommateurs de votre ville ou de votre département. Sur le plan national, vous pouvez vous adresser à la Commission de la sécurité des consommateurs (185, rue de Bercy, 75572 Paris Cedex 12).

AU TEMPS JADIS

Quelques grands charlatans

« Le charlatanisme est né le jour où le premier escroc a rencontré le premier "gogo". » Depuis lors, d'innombrables gogos ont fait la fortune de charlatans divers et multiples.

À Paris, au XVIIe siècle, les charlatans se retrouvaient sur le Pont-Neuf. De piécettes en piécettes, ils parvenaient à réunir des sommes fabuleuses en exploitant la crédulité populaire, accrue par la maladie.

Parmi les plus célèbres, maître Arnauld avait fait tendre derrière lui une grande toile représentant le pape et les grands personnages de la chrétienté. Ces illustres malades montraient des visages tuméfiés qu'ils soignaient, bien sûr, avec l'emplâtre créé par le sauveur de tous, maître Arnauld. Un certain sieur Cormeline était connu pour les fausses dents qu'il fabriquait tandis que Mondor attirait le public par les farces de son valet Tabarin.

Les maladies graves, et surtout les épidémies, ont toujours fait le bonheur et la fortune des charlatans. Ainsi, un médecin du XIXe siècle, nommé Bosso, avait concocté un médicament capable de mettre ses patients à l'abri de la fièvre jaune, qui faisait alors des ravages. Il s'enrichit avec « la bénédiction de Bosso pour l'humanité » comme il avait baptisé son remède, jusqu'à ce qu'il contracte lui-même la maladie et en meure.

Au début du siècle, les premières publicités (appelées alors réclames) tombaient facilement dans l'excès : « Prolongation de la vie par l'élixir Gobineau » ; « La cire Iseptane efface les rides comme la gomme efface le crayon » ; « Grâce au miel de dentition Weber, l'enfant dort bien et perce ses dents sans souffrance » ; « Impuissance guérie radicalement et à tout âge par l'emploi du Siviril. »

Aujourd'hui encore, les magnétiseurs attirent de nombreux clients qui se pressent dans leur « cabinet de consultation » et repartent en portant avec respect sur la partie malade — ou sur leur cœur malmené par l'amour — un morceau de chiffon « magnétisé » censé les guérir, ou tout au moins les prémunir contre les coups du sort.

Charnière

1. Voici une manière simple de faire taire une charnière qui grince. Coupez une rondelle dans du feutre et imbibez-la d'huile en burette. Retirez l'axe de la charnière, glissez-y la rondelle et réinsérez-le. Ajoutez un peu d'huile sur la rondelle si cela recommence à grincer.

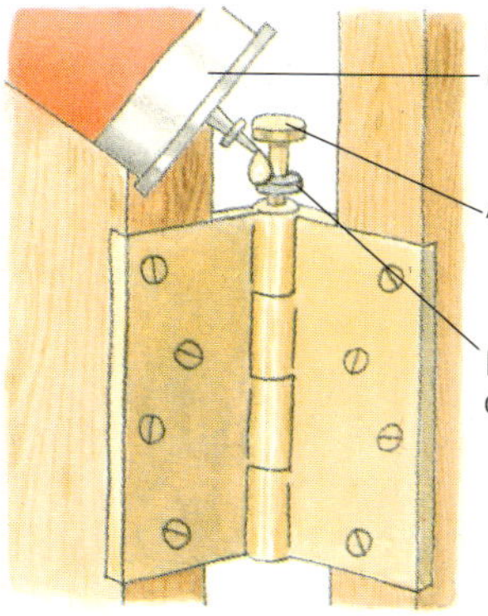

2. Pour une réparation rapide, clouez un morceau de ceinture ou de courroie en cuir à l'emplacement d'une charnière cassée. Le cuir est flexible et solide. Enduisez-le d'huile de paraffine pour l'empêcher de se dessécher.

3. Réparez une charnière dont l'axe manque avec un clou de même taille légèrement lubrifié.

4. Lorsque les vis retenant une charnière tournent dans le vide, démontez la charnière et resserrez les trous laissés par les vis en y glissant quelques pique-olives en bois ou des allumettes. Lorsque la colle est sèche, arasez-les et revissez les charnières.

Chasse-clou

1. Pour fabriquer un chasse-clou, épointez un gros clou en acier à la lime ou au touret à meuler. Le méplat doit être à 90° par rapport au corps du clou et sa surface légèrement inférieure à celle de la tête des clous que vous voulez enfoncer.

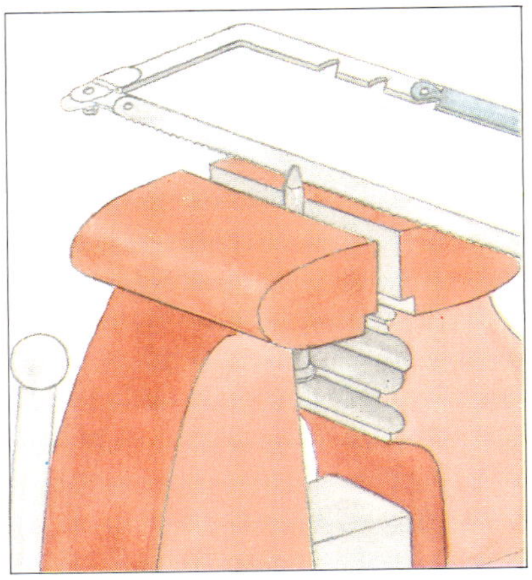

2. Pour les gros clous à tête plate, utilisez un chasse-goupille en guise de chasse-clou.

Chasse d'eau

Si la chasse d'eau fonctionne mal, dévissez la poignée de la tirette et retirez le couvercle du réservoir pour accéder au mécanisme.

LE VOLUME D'EAU EST INSUFFISANT

Le niveau d'eau du réservoir doit être à 2 cm plus bas que l'ouverture du trop-plein.

1. Pour le faire remonter, agissez sur le flotteur qui actionne le robinet :

- s'il coulisse sur la tige, rapprochez-le du robinet ;
- s'il est fixé au bout de la tige métallique, pliez légèrement la tige de façon qu'elle présente un « creux » vue de dessus ;
- si c'est un mécanisme en plastique, agissez sur la vis en Nylon qui règle la hauteur du flotteur. Vérifiez la hauteur d'eau après chaque réglage.

2. Le réservoir ne se remplit pas : vérifiez que le robinet d'arrivée est ouvert. Si oui, c'est le clapet en caoutchouc du robinet d'arrivée ou celui commandé par le flotteur qui reste collé. Réparez ou changez le robinet défaillant. Auparavant, versez du détartrant ou du vinaigre pur sur le mécanisme du flotteur : il est peut-être bloqué par le calcaire.

L'EAU COULE EN PERMANENCE

1. Le flotteur est mal réglé et le niveau dépasse l'orifice du trop-plein. Réglez le flotteur comme indiqué précédemment, mais en inversant les réglages.

2. La « cloche » ne retombe pas : elle est certainement entartrée. Démontez-la et détartrez-la, sinon forcez-la à la main, remplissez le réservoir d'eau et ajoutez 1 verre d'acide chlorhydrique. Laissez agir.

L'EAU FUIT SOUS LE RÉSERVOIR

1. C'est la condensation qui peut être la cause d'une humidité entre le réservoir et la cuvette, ou encore les boulons qui se sont desserrés. Pour vérifier, versez du colorant bleu dans le réservoir. Au bout de 1 h, tamponnez les boulons avec un papier absorbant. S'il se colore, fermez l'arrivée d'eau et videz le réservoir (voir aussi Fuites d'eau, p. 111) en tirant la chasse d'eau. Essuyez et resserrez les boulons. **Attention !** Si vous serrez trop, vous risquez de fendre la chasse. Si la fuite persiste, redémontez les boulons et remontez-les avec des joints neufs.

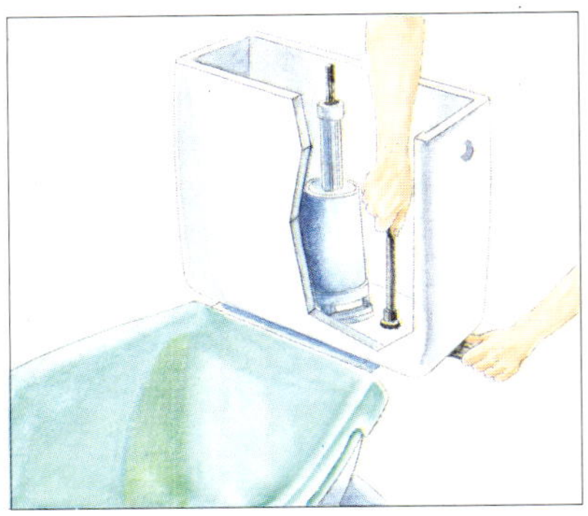

2. De l'humidité à la base de la cuvette peut signifier qu'elle est fendue ou que le joint d'étanchéité qui relie le réservoir à la cuvette est usé. En attendant le plombier, minimisez la fuite en ceinturant le joint entre le réservoir et la cuvette par plusieurs tours de filasse imprégnée de suif ou de saindoux. Maintenez serré avec plusieurs tours de ficelle. Si la fuite est trop importante, coupez l'arrivée d'eau et videz le réservoir en tirant la chasse. Ne le remplissez qu'en cas de nécessité. Si le mécanisme est fatigué, profitez de cette interruption pour le remplacer.

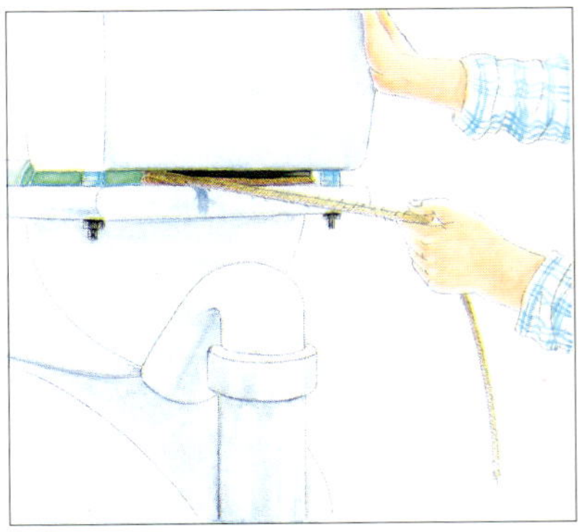

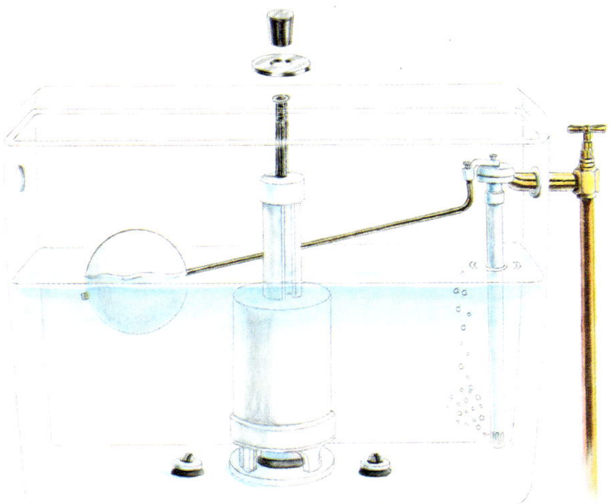

Chasseur de têtes

Spécialiste du recrutement des cadres, le chasseur de têtes n'est pas un employeur. Il « chasse » temporairement pour le compte d'une société qui renouvelle son staff de direction ou de chefs de service, ou pour des candidats indépendants à la recherche de postes à responsabilités ou spécialisés. Ses techniques vont du réseau de relations à l'écrémage systématique de listes « hautement confidentielles ».

VOUS EN CHERCHEZ UN

1. Demandez à un ami du secteur industriel, ou à un collègue ayant déjà utilisé les compétences de l'un d'eux, de vous donner ses coordonnées.
2. Épluchez les petites annonces des journaux de cadres, les offres d'emploi spécialisées. Le contact téléphonique est souvent celui d'un chasseur de têtes.
3. N'hésitez pas à téléphoner pour prendre rendez-vous. Recommandez-vous de X ou parlez de l'annonce. S'il accepte volontiers de vous recevoir, sans doute les détails captés lors de votre conversation correspondent-ils au profil de la personne qu'il cherche. S'il refuse, insistez et défendez votre droit de rechercher directement un travail. Soyez clair sur vos objectifs et vos compétences. Demandez-lui ses tarifs.

DISCUTEZ D'ÉGAL À ÉGAL

1. Précisez quels sont votre bagage intellectuel, vos compétences professionnelles, votre expérience. Et annoncez clairement vos prétentions. Il pourra ainsi évaluer vos chances de rencontrer des entreprises « à votre taille ».
2. Demandez toutes les précisions sur les sociétés vers lesquelles il vous dirige et que vous ne connaîtriez pas.
3. Parallèlement, menez vos propres investigations. (Voir p. 127.)

UN CHASSEUR VOUS CONTACTE

1. Il vous passe un coup de téléphone discret au bureau. Demandez le nom, l'adresse, le numéro de téléphone du cabinet. Vérifiez-en l'existence et la notoriété. S'il refuse de donner son numéro de téléphone, refusez d'autres contacts.
2. Lors du rendez-vous, ne dévoilez rien de votre société. Recueillez toutes les précisions sur le poste proposé. Vous discernerez vite s'il y a supercherie. (Voir aussi Entretien d'embauche, p. 92.)

Chats

1. L'hiver, les chats aiment se pelotonner dans les endroits chauds, tels que les moteurs de voiture. Vous pouvez sauver la vie de votre chat en tapant sur le capot ou en klaxonnant avant de démarrer.
2. Passez un linge humide sur le pelage de votre chat pour récupérer les poils morts.
3. Pour empêcher votre chat de sauter sur le lit, le canapé et d'autres meubles, aspergez-le légèrement avec un vaporisateur à eau chaque fois que vous le surprenez sur le mobilier.
4. Une bûche de pin fait un bon grattoir. Essayez aussi un tapis-brosse roulé et ficelé. Les balles de ping-pong, les vieux bas noués, les sacs en papier, les bobines vides et les boîtes remplies de grains de riz sont d'excellents jeux. Évitez la ficelle, le fil, la laine et autres élastiques, que le chat risque d'avaler.
5. Si votre chat lèche ou mordille ses blessures, isolez-lui la tête en enserrant son cou d'une collerette de carton en forme d'entonnoir.

6. Une boîte en carton propre (décorée) lui fera un bon lit. Découpez une petite ouverture dans un des côtés puis, pour son confort, placez une serviette de toilette, un vieux lainage ou un coussin.
7. Pour l'aider à digérer ses boules de poils, ajoutez à tous ses repas 1 cuil. à café d'huile végétale.
8. Votre chat refuse d'ingurgiter sa pilule ? Enrobez-la de beurre. Si c'est un médicament liquide, faites-le-lui avaler avec un compte-gouttes.

Chaudière à gaz

Faites réviser votre installation avant chaque hiver par un technicien, mais procédez vous-même à quelques vérifications. Arrêtez et débranchez la chaudière avant de l'ouvrir.
1. Nettoyez les ouvertures d'arrivée d'air entre le tuyau à gaz et les brûleurs avec un pinceau plat pour enlever la poussière et les particules de carbone.
2. Le brûleur éteint, ouvrez la porte d'accès et examinez le foyer et l'échangeur de chaleur. Si de la suie s'est déposée, c'est que la combustion est incomplète. Appelez un chauffagiste, qui enlèvera la suie et fera les réglages nécessaires.
3. Le thermostat positionné sur « chauffe » et les brûleurs ouverts, ceux-ci devraient s'allumer. Si ce n'est pas le cas alors que la flamme pilote fonctionne, ne tentez pas une seconde fois. Appelez le réparateur. Agissez de même si la chaudière reste éteinte ou ne s'allume qu'après 3 ou 4 tentatives.
4. Une fois que les brûleurs se sont allumés normalement, examinez les flammes : elles doivent former un « mur » bleu. S'il y a beaucoup de jaune, et particulièrement dans le haut des flammes, cela indique que le mélange air-gaz se fait mal. Appelez le chauffagiste.
5. Examinez le volet du régulateur de tirage s'il y en a un. Allumez la chaudière et vérifiez qu'il s'ouvre normalement. S'il se bloque, éteignez le brûleur et appelez le réparateur.

Chauffe-eau

Voici les mesures à prendre si vous devez vider l'eau d'un ballon d'eau chaude.

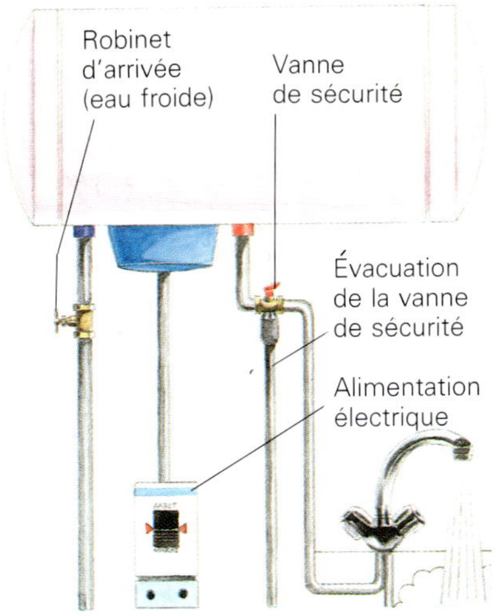

1. Fermez le gaz ou l'électricité.
2. Fermez le robinet d'arrivée d'eau froide.
3. Ouvrez le robinet d'eau chaude le plus proche du chauffe-eau et laissez-le couler jusqu'à ce qu'il se tarisse.
4. Fixez un tuyau souple à la vanne de sécurité – si elle n'est pas reliée au tout-à-l'égout –, mettez-le dans un tuyau d'évacuation ou dans un évier en contrebas et ouvrez la vanne.
5. Pour remettre le ballon en marche, ouvrez le robinet d'arrivée d'eau froide, et remplissez-le jusqu'à ce que l'eau coule d'un robinet ouvert. Ne le remettez jamais à chauffer avant qu'il soit complètement plein.

Chausse-pied

Vous n'avez pas de chausse-pied ? Utilisez une cuillère à soupe ou à dessert ou une spatule en caoutchouc. Ou employez l'extrémité étroite d'une cravate en soie ou en rayonne pour faire glisser votre talon.

Chaussettes

1. Si vos chaussettes se trouent toujours aux mêmes endroits, vérifiez l'état de vos chaussures.
2. Vos chaussettes « tombent » sans cesse ? Peut-être les séchez-vous en machine à une température trop élevée qui dénature les élastiques.
3. Où les chaussettes disparaissent-elles si mystérieusement ? On l'ignore, mais... certaines tombent entre le tambour et la cuve de la machine à laver ou entre la cuve et le carénage. Dans le premier cas, récupérez-les en ouvrant la trappe de fond du tambour ou en pinçant le bord d'une serpillière dans la fermeture du tambour et en en faisant un tour complet. Dans le second cas, démontez la plaque de protection arrière de la machine. Pour ne pas les perdre, enfermez toutes vos chaussettes dans un filet avant de les mettre dans la machine. En achetant plusieurs paires identiques, vous résoudrez votre problème.
4. Si plusieurs personnes de la famille portent des chaussettes similaires, marquez les pointes avec des fils de couleur.

Chaussures

1. Pour l'hiver, confectionnez-vous des semelles intérieures avec des morceaux de feutre ou de moquette fine. Faites un gabarit de découpe en traçant votre pied sur du papier. Coupez-en une droite et une gauche en inversant le gabarit.
2. Vos chaussures de toile garderont fraîcheur et bonne odeur si vous en poudrez l'intérieur de talc parfumé.
3. Désodorisez vos chaussures avec du bicarbonate de soude. Secouez bien et éliminez le surplus.
4. Imperméabilisez vos chaussures en cuir avec une fine couche de cire à parquet, ou de la vaseline pour les chaussures montantes.
5. Si la semelle de vos chaussures bâille, recollez-la avec de la colle contact au Néoprène ou de la colle polyuréthanne (à maintenir en pression pendant une nuit).
6. Pour empêcher les chaussures en cuir de craqueler après avoir été mouillées, passez-y une couche de savon pour cuir ou de savon noir pendant qu'elles sont encore humides. Laissez sécher loin d'une source de chaleur, puis ôtez l'excédent de savon.
7. Redonnez leur souplesse à des chaussures de cuir desséchées en en mouillant l'extérieur avec de l'eau chaude et en frottant avec de l'huile de ricin ou de la glycérine.

Chaussures de marche

1. En cas d'urgence, vous pouvez imperméabiliser vos chaussures de marche en faisant couler de la bougie

AU TEMPS JADIS

Les souliers magiques

Depuis la nuit des temps, les hommes et les femmes de différentes cultures ont considéré leurs chaussures comme des symboles de fertilité et de prospérité.

Dans l'Égypte ancienne, en Palestine et en Assyrie, le vendeur donnait une sandale à l'acheteur d'une maison comme signe de bonne volonté et pour sceller l'achat. En Inde, une vieille chaussure placée à l'envers sur le toit portait chance au couple.

Les Chinoises sans enfants empruntaient les chaussures de la déesse mère pour favoriser une grossesse.

Pour lui porter chance, les Écossais lançaient une chaussure derrière un marin qui partait pour son premier voyage, ou derrière toute personne en route vers une nouvelle aventure.

Dans les anciens mariages anglo-saxons, le père de la mariée transférait son autorité au nouvel époux en lui donnant l'un des souliers de sa fille. Ce rituel est à l'origine de la coutume moderne d'attacher une vieille chaussure à la voiture des nouveaux mariés.

à la jonction de la semelle et du dessus. Cependant, le cirage à chaussures reste le produit le plus efficace : faites chauffer chaussures et cirage au soleil ou avec un sèche-cheveux et faites pénétrer le cirage de façon homogène à mains nues. Terminez par une couche épaisse. Faites chauffer à nouveau les chaussures jusqu'à ce que le cirage ait été complètement absorbé. Répétez l'opération, puis enlevez l'excédent de cirage avec un chiffon sec.

2. Lors de randonnées pédestres par temps pluvieux ou sur terrain humide, emportez du cirage dans une boîte de pellicule photo et appliquez-en fréquemment sur vos chaussures. (Voir aussi Bottes, p. 34.)

Chaussures de sport

1. Vous pouvez parfaitement jouer au tennis avec vos chaussures d'aérobic (elles sont parfaites pour les sauts de côté), mais ne faites surtout pas d'aérobic en chaussures de tennis ou de course à pied : les semelles ne sont pas suffisamment rembourrées.

2. Choisissez des chaussures suffisamment grandes pour que vos orteils aient la place de s'étendre en supportant tout votre poids : laissez un espace de 10 à 15 mm entre le bout de votre gros orteil et celui de la chaussure.

3. Les chaussures doivent être confortables et bien maintenir le talon sans pour autant serrer le pied. Si vous avez le cou-de-pied fin, nouez vos chaussures comme indiqué sur le dessin.

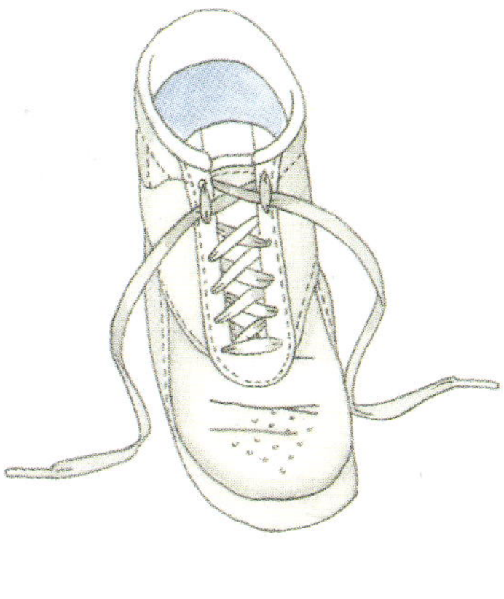

LE SAVIEZ-VOUS ?

L'évolution des chaussures de sport

Même si l'acteur Dudley Moore (dont les pieds ont des pointures différentes) en a acheté un jour 30 paires sur mesure ; même si le chanteur Mick Jagger s'est marié en tennis et si le comédien Woody Allen les a portées avec un smoking, les tennis sont loin d'être des nouveautés. Selon le folklore indien, les premières chaussures de tennis sont nées lorsque des membres d'une tribu brésilienne ont trempé leurs pieds dans du latex liquide, il y a environ 300 ans.

C'est le procédé de vulcanisation, dans les années 1860, qui a rendu possible la fabrication de chaussures à semelles de caoutchouc. Au début de ce siècle, les « tennis », chaussures en toile et en caoutchouc, sont enfin apparues. En 1962, la première chaussure de course à pied moderne est née : elle avait une empeigne large et confortable, une semelle antidérapante et des bords amortisseurs. Des innovations ont suivi : couleurs, nouveaux dessins sur la semelle et semelle en Nylon. De nos jours, la technologie a rattrapé la chaussure de course. Il existe même un modèle équipé d'une puce électronique mesurant la vitesse, la distance et les Calories brûlées... Un autre modèle, relié à un ordinateur, est capable de mémoriser les performances à long terme...

Cheminée

Les cheminées à feu ouvert chauffent peu parce qu'une grande partie de la chaleur s'échappe par le conduit.

1. L'installation de portes vitrées, avec une bouche d'aération réglable au-dessous de l'âtre stimulant la combustion, permet de maîtriser la déperdition de chaleur.

2. Améliorez le rendement de votre cheminée à feu ouvert en plaçant une plaque en fonte contre le mur du fond. Elle renverra la chaleur dans la pièce. Installez également un obturateur de conduit réglable.

3. Pour rendre une cheminée existante très performante, ajoutez-y un insert avec portes vitrées. Cette installation doit être faite par un professionnel et exige souvent le tubage du conduit existant. Ce système équipé de gaines de distribution de l'air chaud peut chauffer plusieurs pièces.

4. Si vous faites construire une cheminée, incorporez-lui d'office un foyer fermé (équivalent de l'insert pour les cheminées existantes).

5. Lorsque la cheminée est inutilisée, fermez complètement l'obturateur du conduit de fumée.

LE CONDUIT

1. Pour éviter les feux de cheminée, faites ramoner le conduit de votre cheminée 1 fois par an ; celui de votre poêle à bois, 2 fois par an. Dans ces 2 types de cheminées, l'accumulation de goudron et de suie est cause de réels dangers. Si vous achetez un kit de ramonage de cheminée, choisissez une brosse adaptée à la section du conduit de fumée, avec une longueur de baguettes suffisante (vous pouvez également appeler un ramoneur professionnel). Ne brûlez que du bois sec pour éviter l'encrassement rapide du conduit. Ne brûlez pas de cartons ou autres matériaux qui produisent d'énormes flammes.

2. À la campagne, empêchez les chauves-souris, les oiseaux et autres animaux de pénétrer par la cheminée. Coiffez-la avec un grillage galvanisé à mailles soudées de 10 ou 12 mm. Avec une pince coupante, échancrez les angles, repliez pour faire une boîte aux dimensions de la souche. Cousez cette boîte avec du fil de fer. Placez-la sur la souche, côté ouvert vers le bas. Protégez le conduit de la pluie par un plateau muni de 4 pieds (en vente chez les marchands de matériaux) à poser sur la souche. Fixez alors le grillage de façon qu'il ceinture les ouvertures latérales.

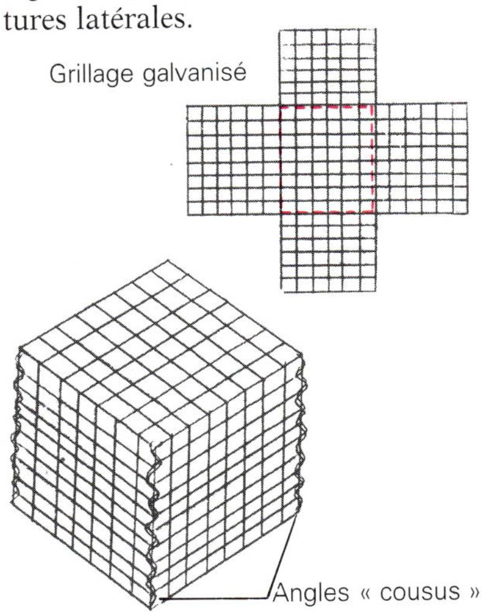

3. Ayez toujours un extincteur (voir p. 98) à portée de main au cas où un feu de cheminée se déclarerait. Dans un tel cas, si vous avez un insert, obturez toutes les arrivées d'air. Un vieux truc : jetez quelques oignons dans le feu. Mais appelez quand même les pompiers (18).

LE NETTOYAGE

1. Le bois brûle mieux sur une légère couche de cendres. Enlevez-en une partie quand elles sont froides avec une pelle de ménage métallique et stockez-les dans un seau ou un bidon en métal.
2. Si vous nettoyez les cendres à l'aspirateur, assurez-vous qu'elles sont toutes éteintes (si elles sont tièdes, elles présentent des risques). Par sécurité, utilisez un bidon « aspire-cendres » à placer dans le circuit d'aspiration. Nettoyez les chenets avec un chiffon humide ou avec un produit pour métaux. Nettoyez les portes vitrées avec du produit à vitres ou une solution d'ammoniaque (1/2 verre dans 1 litre d'eau).

Chèques

Il est possible de libeller un chèque sur une simple feuille de papier, à condition que les termes exigés sur cet instrument de paiement y figurent : date d'émission, nom et numéro de compte du tireur, nom du bénéficiaire ainsi que l'intitulé de votre banque. Et, bien sûr, votre signature. Les formulaires remis par les banques sont plus pratiques.

VOUS ÉMETTEZ UN CHÈQUE

Inscrivez la somme en chiffres et en lettres, vérifiez que les montants coïncident, sinon c'est la somme en lettres qui prime. Écrivez-en le montant le plus près possible de la lettre F. Après avoir inscrit la somme en lettres, tirez un trait continu jusqu'à la fin de la ligne. Datez, notez le lieu d'émission et signez.

Une fausse date vous rend passible d'une amende de 6 % de la somme portée sur le chèque, de même que l'absence de date ou de lieu d'émission. Une fausse signature rend le chèque illégal et la banque ne peut être tenue de payer ce chèque. Ce qui ne veut pas dire que si vous en êtes la victime (chéquier volé et signature imitée) vous récupérerez la totalité des sommes escroquées.

VOUS RECEVEZ UN CHÈQUE

Vérifiez-en le montant et le libellé. Signez-le et notez votre numéro de compte au dos avant de le déposer à votre banque.

CHÈQUE SANS PROVISION

Vous ne devez pas émettre de chèque si votre compte n'est pas approvisionné ou s'il est bloqué. Le bénéficiaire a de toute façon droit au paiement du chèque qui lui est remis si la date d'émission est antérieure au blocage du compte.

Évitez les découverts, qui entraînent des frais d'agios parfois importants. Distinguez les facilités de caisse momentanée du véritable découvert, négocié avec votre banque sous forme d'assurance donnant droit à un crédit permanent convenu, mais payant.

CHÈQUE VOLÉ OU PERDU

Faites opposition immédiatement en déclarant la perte au commissariat de police et en téléphonant à votre banque. Confirmez par écrit (avec A/R) ou déplacez-vous à votre agence. La banque devient responsable de tout chèque émis après votre opposition. (Voir aussi Carnet de chèques, p. 46.)

Cheveux

1. Pour vous débarrasser de l'accumulation de laque sur les cheveux, ajoutez 1 cuil. à café de bicarbonate de soude à votre shampooing.
2. Rincez des cheveux gras avec un mélange composé de 1 cuil. à soupe de vinaigre pour 1 litre d'eau.
3. Si vous n'avez plus d'après-shampooing, ajoutez un peu d'adoucissant pour le linge à votre dernière eau de rinçage.
4. Si vos cheveux sont secs, utilisez de l'huile de maïs tiède comme lotion capillaire. Couvrez d'une serviette éponge mouillée d'eau très chaude et d'un sac en plastique. Vous pouvez aussi fabriquer une lotion avec du rhum et des jaunes d'œufs : fouettez 2 jaunes d'œufs, ajoutez 2 cuil. à soupe de rhum et fouettez à nouveau. Laissez agir 30 min ; faites un shampooing et rincez.
5. Évitez les méfaits du soleil et de l'eau salée en appliquant une petite quantité d'huile de noix de coco ou un peu de vaseline sur la pointe de vos cheveux.
6. Si vos cheveux sont trop souples avec l'après-shampooing, rincez-les avec 1/2 verre de vinaigre dilué dans 2 verres d'eau.
7. Pour les cheveux jaunis par l'eau chlorée des piscines : rincez-les avec de l'eau gazeuse, du jus de tomate ou quelques cachets d'aspirine dissous dans de l'eau chaude. (Voir aussi Cheveux blancs, ci-dessous.)

Cheveux blancs

1. Les cheveux blancs ont tendance à être secs et épais. Il vaut mieux les couper régulièrement pour mieux les coiffer et éviter qu'ils ne fourchent. Pour paraître plus jeune, évitez les coiffures trop apprêtées.

2. Estompez l'effet des cheveux blancs en éclaircissant votre couleur naturelle d'un ton. D'une façon générale, il vaut mieux, en prenant de l'âge, éclaircir ses cheveux que les foncer. C'est moins dur et plus flatteur pour le visage.
3. Une méthode rapide pour masquer des cheveux blancs : versez 1 cuil. à soupe de vinaigre de cidre dans 4 litres d'eau et utilisez ce mélange pour le dernier rinçage.
4. La plupart du temps, les cheveux blancs embellissent. Essayez de les apprécier plutôt que de les teindre.

Chewing-gum

1. Pour retirer du chewing-gum d'un tapis, faites-le durcir avec un glaçon glissé dans un sachet en plastique, puis raclez avec un couteau émoussé.
2. Pour détacher du chewing-gum pris dans les cheveux, massez l'ensemble avec de l'huile, puis enlevez le chewing-gum avec les doigts ou un peigne. Ou encore, faites durcir le chewing-gum avec de la glace et retirez-le de la chevelure en le cassant. Effectuez ensuite un massage léger à l'huile.

Chiendent

Les racines coriaces et aventurières du chiendent s'étirent loin dans le sol et profitent de la tonte en surface pour redoubler de vigueur. Pour venir à bout du chiendent en sol très infesté, seule la chimie est efficace. Au lieu d'empoisonner la terre pour plusieurs mois en utilisant des désherbants totaux, optez pour les produits à base de glyphosate, une molécule qui entre dans la composition de plusieurs produits commercialisés. Son mode d'action particulier permet la mise en culture de la parcelle traitée sitôt les mauvaises herbes détruites : épandu en pulvérisation sur les feuilles, le produit migre dans la plante jusqu'aux racines et détruit toute la souche. Les désherbants à base de glyphosate exigent un doigté précis : un coup de vent malheureux qui transporte le produit pulvérisé sur les plantes voisines et c'en est fini ! Équipez la buse du pulvérisateur d'un cache de carton ou de plastique rigide pour éviter ces incidents.

Il faut s'attaquer aux racines pour détruire définitivement le chiendent.

Chiens

LE BAIN

1. Emmenez votre chien faire ses besoins avant de le baigner afin qu'il n'aille pas dehors mouillé.
2. Placez un tampon à récurer métallique sur l'évacuation de la baignoire, il retiendra les poils.
3. Appliquez une fine couche de vaseline sur les sourcils et autour des yeux de votre chien pour empêcher le savon d'entrer.
4. Du vinaigre ou du jus de citron ajouté à l'eau de rinçage rincera plus efficacement votre chien.
5. Vous empêcherez votre chien de vous éclabousser en lui lavant la tête en dernier. Essuyez-le immédiatement avec une serviette au sortir du bain.
6. Séchez votre chien avec un sèche-cheveux à température moyenne, tenu à 15 ou 20 cm de son pelage.

LES POILS

1. Pour dégager des poils emmêlés, imbibez les nœuds d'huile végétale, puis peignez en maintenant la base des poils avec l'autre main. Retirez de la même façon les graines de bardane qui s'accrochent dans les poils.
2. Pour débarrasser les poils de chien de substances comme le goudron, enduisez-les d'huile végétale. Après 15 min, faites un shampooing.
3. Enlevez de la peinture en utilisant immédiatement le solvant de cette peinture (eau ou white-spirit). Si elle est sèche, dégagez et grattez les poils un par un ou coupez-les. Pour retirer du chewing-gum, durcissez-le avec un glaçon, puis coupez les poils collés.
4. Brossez votre chien avec une brosse à démêler dont chaque barrette métallique se termine par une petite boule, afin de ne pas le griffer.

LA LAISSE

En cas d'urgence, utilisez les éléments suivants :
1. Une ceinture de cuir : glissez l'extrémité sous le collier, puis bouclez la ceinture.
2. Une paire de collants : passez une jambe sous le collier et attachez les pieds ensemble par un nœud plat.

Chiens errants

Si vous êtes importuné par des chiens errants :
1. Surveillez la fermeture de vos poubelles. Mettez les déchets dans des sacs en plastique et sortez-les uniquement au moment du ramassage.
2. Si la législation locale le permet, érigez une clôture électrique, en vente dans des magasins de jardinage ou de fournitures pour animaux, à monter soi-même.
3. Si vous pouvez attraper le chien fautif et qu'il soit tatoué, tâchez de retrouver son propriétaire (voir Animal perdu, p. 19). Évitez de porter plainte, mais persuadez le propriétaire de mieux surveiller son chien.
4. Dressez votre chien à demeurer chez vous ou dans votre jardin avec un appareil d'alarme électronique. Un fil enterré transmet un son d'avertissement inoffensif à un minuscule récepteur attaché au collier du chien. Très vite, les chiens respectent cet avertissement.

VOUS ÊTES AGRESSÉ PAR UN CHIEN

1. Parlez-lui d'un ton ferme et calme en le regardant fixement.
2. Tenez l'animal à distance avec un bâton. Ne le frappez pas ! Maintenez-le seulement éloigné de vous.
3. Ouvrez soudainement un parapluie automatique devant l'animal.

4. Si, cycliste, vous ne parvenez pas à semer un chien, descendez de votre vélo et utilisez celui-ci comme bouclier. Au besoin, projetez l'eau de votre gourde à la gueule du chien.
5. Aspergez-le avec un pistolet à eau que vous aurez rempli d'eau légèrement ammoniaquée.

LE SAVIEZ-VOUS ?

Histoires de chiens

Certains experts pensent qu'on peut dresser un chien à comprendre jusqu'à 400 mots.

Les chiens ont une meilleure vision nocturne que les humains. La disposition de fibres au fond de l'œil et une membrane appelée tapetum agissent comme un réflecteur. Ainsi s'explique la lumière brillant dans leurs yeux lorsqu'ils regardent les phares d'une voiture.

Le vieux dicton disant que 1 année de chien équivaut à 7 années d'un humain est faux. Un chiot de 1 an est à peu près au même degré qu'un être humain de 15 ans ; un chien de 2 ans, qu'un humain de 24 ans. Ensuite, au fur et à mesure que le chien vieillit, une année de chien vaudrait 4 années d'humain ; de sorte que 10 années de chien valent 56 ans humains. Cependant, ces chiffres varient d'une race à l'autre.

Une truffe froide et humide n'indique rien sur la santé d'un chien, mais, à l'inverse, une truffe brûlante et sèche dénonce un état fébrile.

Le chien le plus rapide est le lévrier greyhound, qui peut courir jusqu'à 60 km/h et faire des foulées de 5,40 m.

Les plus petits chiens (pouvant peser de 1 à 2 kg) sont le chihuahua et le yorkshire nain. Et le plus gros est le saint-bernard, qui peut peser jusqu'à 100 kg.

L'ouïe d'un chien est beaucoup plus sensible que l'ouïe humaine, en particulier dans les hautes fréquences (ultrasons). Les chiens communiquent également avec leurs oreilles : différentes positions signalent la peur, la colère, etc.

Les chiots nouveau-nés ne voient ni n'entendent rien, mais ils sentent, et ce sens les conduit au lait maternel. Certaines études révèlent que l'odorat du chien est 100 fois plus développé que celui de l'homme.

Chocolat

100 g de chocolat de couverture noir amer peuvent être remplacés par 3 cuil. à soupe rases de cacao amer mélangées à 15 g de margarine : cela donne un délicieux chocolat fondu ! Si vous désirez un chocolat plus sucré, ajoutez de 1 à 3 cuil. à soupe de sucre ou utilisez du cacao sucré.

Cholestérol

Pour protéger vos artères, faites en sorte d'avoir un taux de cholestérol inférieur à 2 g/litre. Vous diminuerez les risques de problèmes cardiaques.

Votre taux de cholestérol peut facilement varier de 20 % : un résultat d'analyse révélant un taux de 2 g signifie que la quantité de cholestérol peut osciller entre 1,60 g et 2,40 g, selon les circonstances. Par ailleurs, les résultats de laboratoire ont une marge d'erreur d'environ 10 %, ce qui peut faire toute la différence entre un taux limite et un problème sérieux. Dans les cas graves, faites au moins 3 analyses et comparez les résultats.

En général, un régime bien adapté suffit à diminuer un taux de cholestérol. Il sera pauvre en matières grasses (très pauvre en acides gras saturés), pauvre en cholestérol et riche en fibres. (Voir aussi Régime pauvre en matières grasses, p. 193.)

1. Faites en sorte que votre consommation de matières grasses ne dépasse pas 30 % de votre ration quotidienne. Par exemple, si votre alimentation vous apporte en moyenne 2 000 kcal, les graisses ne doivent pas en apporter plus de 600. Comme 1 g de lipides apporte 9 kcal, la ration journalière ne devrait pas dépasser 67 g de lipides.
2. Cuisinez avec des graisses mono-insaturées ou poly-insaturées. Utilisez les huiles d'olive, de tournesol, de maïs, de pépins de raisin. Évitez l'huile d'arachide. Préférez les produits laitiers à 20 %, 10 % ou 0 % de matières grasses.
3. Ne consommez pas plus de 2,5 à 3 g de cholestérol par jour – ce qui correspond à 1 œuf – ou 1 g pour 1 000 kcal ingérées.
4. Mangez davantage de céréales complètes, de pommes et de légumes, chacun contenant des fibres de cellulose de type différent pour réduire le taux de cholestérol.
5. Enfin, une activité physique régulière fait baisser le taux de cholestérol. Mais, si tout cela reste insuffisant, sachez qu'il existe des médicaments efficaces.

Chrome

1. Nettoyez-le avec un de ces produits : de l'eau de Seltz, du produit à vitres, du bicarbonate de soude, du vinaigre de cidre ou blanc ou de l'écorce de citron. Ou encore, avec de l'ammoniaque diluée (1/2 verre pour 1 litre d'eau).
2. Faites-le briller en le frottant avec une pâte composée de blanc d'Espagne (ou de Meudon) et d'alcool à brûler. Essuyez vigoureusement avec un chiffon doux.

Cirage

1. Si vous n'avez rien d'autre sous la main, vous pouvez faire briller des chaussures de cuir avec de la cire à parquet ou de l'encaustique pour les meubles en aérosol. Ou encore, imprégnez le cuir de jus de citron, après l'avoir ciré, puis faites-le briller. Vous pouvez aussi vous servir d'une peau de banane (voir p. 320). Sur des chaussures en caoutchouc, utilisez des matières grasses végétales. Sur du cuir verni, employez de la vaseline ou de l'huile de ricin.
2. Pour obtenir un beau brillant, ajoutez quelques gouttes d'essence à briquet à votre cirage : il s'étalera plus facilement et pénétrera mieux.
3. Obtenez un brillant homogène sur des cuirs blancs en les frottant avec de l'alcool à 90° et cirez-les.
4. Pour éviter que du cuir fraîchement ciré ne tache des vêtements, laissez sécher le cirage, puis frottez-le avec du papier journal.
5. À défaut de chiffon doux pour étaler le cirage, utilisez un disque de coton à démaquiller ou une serviette en papier jetable.
6. Si vous avez du mal à passer du cirage entre le bord de la chaussure et la semelle, employez une brosse à cirage ou une vieille brosse à dents.
7. Pour nettoyer des souliers en cuir retourné, ôtez la poussière avec un vieux collant ou la brosse de l'aspirateur, puis maintenez les chaussures au-dessus de la vapeur pour soulever le poil. Brossez et laissez sécher.
8. Couvrez les taches sur du daim noir en y passant un peu de café noir ou du feutre indélébile. Sur du daim blanc, utilisez de la craie.
9. Enlevez les taches sur des tennis avec un tampon de laine d'acier extra-fine trempé dans du détergent.
10. Nettoyez les brosses à cirage dans de l'essence minérale.
11. Si le cirage est trop dur, faites-le chauffer légèrement dans le four, puis ajoutez-y quelques gouttes d'essence de térébenthine ou de white-spirit.
12. Pour ne pas vous salir les mains en cirant vos chaussures, enfilez de vieux gants ou des gants de toilette usagés.

Ciseaux

1. Ne coupez pas de papier avec des ciseaux de couture ou de coiffeur, cela casse le fil de la lame.
2. Vos ciseaux coupent mal ? Vérifiez que la vis est bien serrée.
3. Affûtez une paire de ciseaux en « coupant » le goulot d'une bouteille en verre. Faites courir les lames sur le verre de la base vers les pointes plusieurs fois de suite.

4. Autre méthode d'affûtage : coupez et recoupez plusieurs fois de la laine d'acier extra-fine.

Citron, citron vert

1. Vous pouvez remplacer le jus de citron, jaune ou vert, par la même quantité de vinaigre.
2. S'il ne vous faut que quelques gouttes de jus de citron, piquez le fruit avec une fourchette et pressez-le doucement.

Clés

1. Ayez toujours sur vous 2 jeux de clés de la voiture et de la maison au cas où vous en perdriez un. Laissez-en un troisième chez vous dans un endroit non fermé.
2. Collez des marques de couleur sur vos clés pour les repérer au premier coup d'œil.
3. Si un double de clé grippe dans la serrure, limez les endroits qui accrochent avec une petite lime à ongles en carton.
4. Pour redresser une clé tordue, mettez-la sur un bloc de bois dur ou sur une pierre plate et martelez-la légèrement.
5. Si la clé de la porte de la maison est difficile à tourner, envoyez une giclée de poudre de graphite dans la serrure et éparpillez-la en actionnant la clé plusieurs fois. Si vous n'avez pas de graphite, frottez la mine d'un crayon à papier sur les dents de la clé. Évitez l'huile, elle encrasserait la serrure.
6. Vous avez perdu la clé d'un tiroir de commode ? Essayez les clés des autres tiroirs : elles sont parfois identiques. Sinon, retirez le tiroir de dessus pour accéder au tiroir fermé. Si ce n'est pas possible, appelez un serrurier pour remplacer la serrure ou faites-lui refaire une clé.
7. Lorsqu'une clé se casse dans une serrure, essayez de l'extraire à l'aide d'une pince à épiler ou d'un fil de métal raide et fin. Une autre méthode consiste à insérer la lame d'une scie sauteuse dans la serrure comme indiqué ci-dessous.

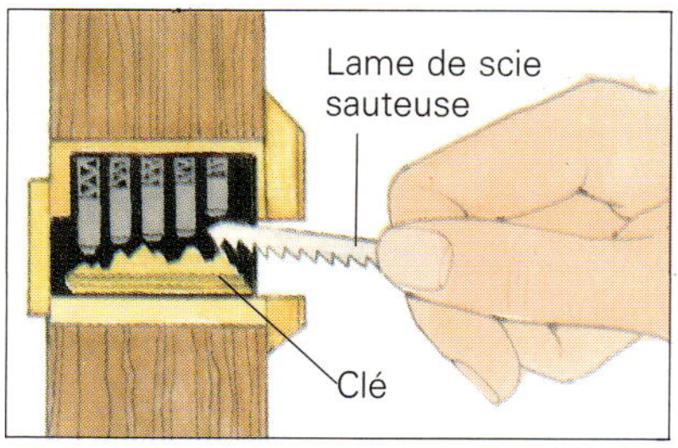

Attrapez la clé avec les dents de la scie, puis tirez en maintenant la lame parallèle à la partie supérieure de la serrure.

8. Notez le code imprimé sur la clé de votre voiture ou sur l'étiquette qui y est attachée et gardez-le dans un endroit sûr. De cette façon, un serrurier pourra en faire un double en cas d'urgence ou votre concessionnaire vous en fournir un en cas de perte.
9. Pour des raisons de sécurité, n'accrochez jamais d'étiquette portant vos nom et adresse sur votre trousseau de clés. Ne mettez pas vos clés et vos papiers d'identité, ou portant votre adresse, dans un même sac : en cas de vol ou de perte, les malfaiteurs auraient votre adresse et les clés pour entrer... d'où vol sans effraction.

Clés (outils)

1. Si possible, tirez sur le manche d'une clé au lieu de pousser : c'est plus facile et plus efficace.
2. Plus le manche d'une clé est long, plus la clé a de puissance. Pour lui en donner encore plus, glissez-la dans un tube en acier, mais, attention, ayez du bon sens : trop de force peut casser les outils.
3. Un série de petits coups brusques vaut mieux qu'une action prolongée pour desserrer un écrou qui résiste. Si un écrou ne veut pas se laisser desserrer, chauffez-le avec un petit chalumeau ou imbibez-le de dégrippant. Laissez agir et refaites une tentative. Si nécessaire, tapez le manche de la clé avec un maillet ou un bloc de bois.
4. Pour protéger les chromes des marques d'une clé à tube, recouvrez-les de plusieurs épaisseurs de chatterton ou de ruban toile adhésif.
5. Si vous n'avez pas de clé sous la main, essayez une pince-étau, une pince multiprise ou universelle.
6. Pour visser ou dévisser un très gros écrou ou une tête de boulon, essayez un serre-joints. (Voir aussi Ceinture, p. 299.)

CLÉ À 6 PANS

1. Même si vous n'avez pas de clé à 6 pans, vous pouvez serrer ou enlever une vis à tête hexagonale. Essayez simplement des tailles différentes de tournevis ordinaires, jusqu'à ce que vous en trouviez un qui entre et se bloque dans l'empreinte.
2. Si la vis à tête hexagonale fait saillie, fendez la tête de la vis avec une

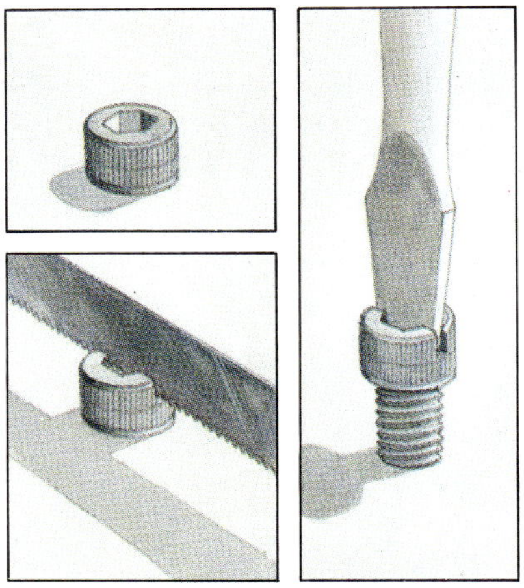

scie à métaux, puis utilisez un tournevis standard pour la resserrer ou l'enlever. Ou encore, bloquez la tête de la vis dans une pince-étau pour la desserrer.

Clôture

1. L'été, une haie naturelle de plantes grimpantes à fleurs, poussant vite, est une solution bon marché pour remplacer les clôtures conventionnelles. Définissez un tracé de 60 cm de large sur la zone à clôturer. Enfoncez des piquets en bois à environ 80 cm les uns des autres sur la ligne centrale. Agrafez-y une bande de grillage ou de filet en plastique de haut en bas. À la base de chaque piquet, semez des plantes grimpantes à fleurs à croissance rapide (pois de senteur, capucines grimpantes). Au fur et à mesure qu'elles poussent, attachez-les au grillage avec du fil de fer.
2. Lorsque vous peignez un piquet au rouleau, posez une vieille pelle à poussière à son pied, ce qui évitera au rouleau de toucher le sol et de se salir. Pour les finitions du bas, utilisez un pinceau.
3. Si vous repeignez une clôture avec de la peinture en bombe, protégez les plantes avec une bâche en plastique ou un morceau de carton, que vous déplacerez au fur et à mesure.
4. Pour traiter le bois de piquets déjà peints, percez des trous en oblique sur les 4 côtés du piquet en haut, au milieu et en bas, avec une mèche de 20 à 25 mm de diamètre. Versez du produit antiparasitaire dans les trous

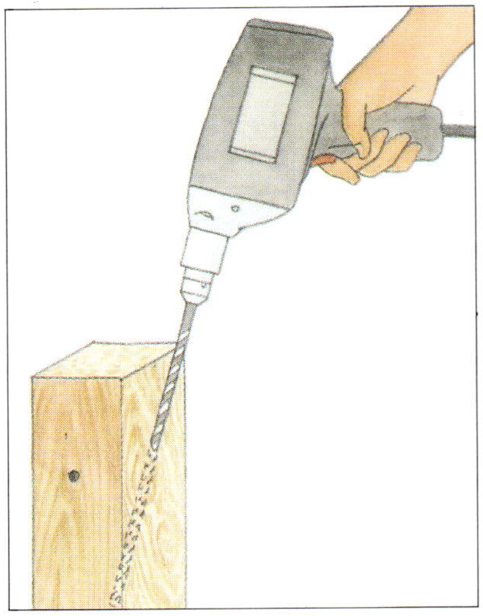

jusqu'au bord et laissez humecter pendant plusieurs heures. Bouchez les trous avec du mastic à bois.

Clôture électrique

Les clôtures électriques empêchent les chiens, les lapins et autres petits animaux de pénétrer sur vos terres. Avant d'en installer une, consultez la législation locale, certaines communes les interdisent ou les contrôlent.
1. Adaptez la clôture à la taille de l'animal que vous voulez éloigner. Pour les lapins, ce peut être un fil placé près du sol ou un filet bas.
2. Taillez les branches proches de la clôture pour éviter qu'elles touchent les fils et causent des courts-circuits. Enlevez les mauvaises herbes et empêchez-les de repousser avec un film en plastique plaqué et bien arrimé, ou un désherbant total à longue durée d'action.
3. Vérifiez de temps à autre s'il n'y a pas d'isolateur cassé ou fendu sur la clôture. Cela peut entraîner un court-circuit, surtout lorsque les piquets sont mouillés.
4. Signalez la présence de la clôture par des panneaux.

Cochenilles

Avant d'utiliser les insecticides anti-cochenilles du commerce, endiguez l'invasion en prodiguant ces simples soins à vos plantes exotiques : une fois localisés les minuscules casques qui cachent l'insecte au revers des feuilles, débarrassez-en les plantes avec un coton imbibé d'alcool à 90°. Placez ensuite les plantes dans un évier et lavez-les délicatement pour éliminer les insectes nouveau-nés qui ont échappé à votre vigilance.

Cocotte en fonte

1. Une cocotte en fonte dure toute une vie si vous en prenez soin. Lavez-la à l'eau très chaude savonneuse et essuyez-la bien avant de la ranger.
2. Si le fond de la cocotte noircit, faites-y bouillir de l'eau javellisée (comptez 1 cuil. à café d'eau de Javel pour 1 litre d'eau).
3. La fonte va au four, mais vérifiez que les poignées ne sont pas fabriquées dans une matière qui fond.

Coffre-fort

La banque peut vous louer un coffre-fort. Elle n'en connaît pas le contenu, mais en est responsable en cas de vol.
1. Chaque accès au coffre donne lieu à une vérification d'identité, consignée dans un registre.
2. Mettez-y les documents difficiles à remplacer : certificat d'adoption, contrat de mariage, certificat de divorce, de décès, vos actes immobiliers (achats et ventes d'immeubles), papiers militaires, titres, actions, obligations ou bons d'épargne. Déposez-y votre testament ou la donation-partage conclue avec votre conjoint.
3. Prémunissez-vous des vols et incendies en y déposant vos bijoux et objets précieux avec l'inventaire et les factures de vos meubles ou tableaux.
4. Tenez à jour la liste du contenu du coffre et conservez-la chez vous.
5. Si vous perdez la clé, signalez-le immédiatement à la banque et faites opposition sur votre coffre. La banque n'ayant pas de double, le remplacement de la serrure sera à la charge du locataire.
6. En cas de décès, le coffre n'est pas bloqué. Il reste accessible au colocataire (votre conjoint, par exemple). Il est donc prudent de louer le coffre au nom de monsieur et madame. S'il n'en est pas ainsi, le notaire ou la personne habilitée par lui y aura accès. La location sera mise à son nom.

Coiffure

1. Vous n'avez pas de rouleaux ? Découpez d'étroites bandes de tissu dans un chiffon propre et faites un nœud au milieu. Roulez une mèche de cheveux autour du nœud et fixez le tout en nouant la bande par-dessus ou avec une pince à cheveux. Pour obtenir des boucles plus grosses, coupez le carton d'un rouleau de papier absorbant en 4 tronçons et enroulez vos cheveux autour de ces rouleaux improvisés.

2. Pour revigorer une permanente, vaporisez les cheveux d'eau et ébouriffez-les avec les doigts. Pour fixer une mise en plis, vaporisez de la bière sur les cheveux encore humides et faites-les sécher.

Colères enfantines

Des colères fréquentes, épuisantes pour l'enfant et son entourage, doivent être prises au sérieux. Elles sont souvent le signe d'insatisfactions rentrées.
1. Restez calme, vous énerver ne ferait qu'envenimer les choses.
2. Mieux vaut parfois ignorer la crise. Dites à votre enfant que vous voyez bien qu'il est en colère, que vous discuterez du problème plus tard. Vaquez à vos occupations en restant attentif. Quand la colère est tombée, allez vers lui et entamez un dialogue.

PRÉVENTION

1. Les frustrations d'un enfant viennent souvent de sa faiblesse. Il se met en colère devant ce qu'il ne peut pas

AU TEMPS JADIS

Le fléau de la calvitie

Les Égyptiens tentaient de stimuler la pousse des cheveux en s'enduisant la tête de graisse de serpent ou de crocodile. En Grèce, Hippocrate appliquait un mélange d'opium, d'huile de rose et d'olive verte pour « reboiser son crâne ». Les Romains trop peu fortunés pour acheter une perruque se peignaient des cheveux sur le crâne... Surprenants exemples des mesures désespérées que les hommes sont prêts à prendre lorsque la calvitie les frappe.

Au cours des siècles, les hommes se sont massé le cuir chevelu avec du rhum, de la vodka, du piment, du gingembre, de la chair de taupe bouillie et du crottin de cheval. Malgré cette ingéniosité, leurs cheveux sont restés tout aussi clairsemés.

Même le minoxidil, dont l'efficacité en application locale a été reconnue à la fin des années 1980, ne peut garantir le résultat tant espéré par les chauves du monde entier.

maîtriser. Certaines choses peuvent être décidées par lui sans dommage : laissez-le choisir les vêtements qu'il va porter le matin, composer son petit déjeuner, acheter lui-même un jouet au magasin, etc.
2. Vous pouvez aussi remarquer que le fait d'avoir à prendre une décision déclenche une crise de colère. Si c'est le cas, simplifiez-lui la vie en lui parlant de façon positive. Dites : « Quand tu auras mis ton manteau bleu, nous irons faire les courses », plutôt que : « Préfères-tu mettre ton manteau bleu ou ta veste rouge ? »
3. Il se peut que certaines crises de colère surviennent quand l'enfant a faim ou quand il est fatigué. Apprenez à les repérer et appliquez le remède qui convient en lui donnant un verre de lait, un biscuit, en lui servant un repas plus tôt, en lui proposant une lecture ou un jeu calme. En évitant qu'apparaissent et s'installent les colères, on préserve l'équilibre de l'enfant.
4. Des colères répétées peuvent cacher un trouble physiologique ou psychique. Consultez votre médecin généraliste, un pédiatre ou un psychologue pour enfants.

Coliques

Les bébés qui souffrent de coliques semblent soulagés s'ils dorment dans un environnement silencieux et sont manipulés avec douceur. Certains sont calmés par le son d'une boîte à musique ou des bercements réguliers.

Vous pouvez donner à bébé une infusion de fenouil ou d'anis : faites bouillir 100 ml d'eau, ajoutez 1 cuil. à café de feuilles de fenouil séchées ou de graines d'anis. Laissez bouillir 1 min. Filtrez, versez dans le biberon et laissez tiédir.

Collants

1. Pour éviter de filer vos collants avec des mains rugueuses, enfilez des gants en coton avant de les enfiler.
2. Nouez ensemble des collants filés : vous les reconnaîtrez facilement si vous voulez les porter sous un pantalon.
3. Quand un collant est trop court, commencez par l'étirer. Pour l'enfiler, mouillez-vous les mains et tirez-le sur vos jambes de bas en haut.
4. Si les pointes de vos collants se déchirent, étirez-les avant de les enfiler ou passez un jet de laque à cheveux. Regardez aussi si les ongles de vos orteils sont parfaitement limés.
5. Vos collants dureront plus longtemps lavés à la main à l'eau savonneuse. Si vous les mettez dans la machine, enfermez-les dans un filet et utilisez le programme pour linge délicat. Laissez-les sécher à l'air libre ou posez-les à plat sur une serviette éponge, puis roulez et torsadez la serviette. Si vous utilisez un sèche-linge, retirez le collant dès que les jambes et le haut sont secs. L'élastique encore humide séchera rapidement à l'air.

Colle

1. Remplacez le bouchon d'un tube de colle par un gros crochet. Vous pourrez ainsi le suspendre pour le ranger.

2. Pour des matériaux aussi légers que du papier ou du carton fin à coller sur toute la surface, vous pouvez remplacer la colle par un mélange d'eau et de farine (consistance de la pâte à crêpes) ou par du blanc d'œuf légèrement battu appliqué au pinceau. Les adhésifs double face adhèrent à toutes les surfaces propres et sèches. Le ruban et la ganse thermocollants font un lien efficace sur les tissus.
3. Lorsque vous démontez des meubles, ramollissez la colle séchée avec du vinaigre blanc chaud : laissez-le tomber directement sur les rainures à l'aide d'un compte-gouttes.
4. La colle blanche à bois existe en version normale et en version à prise rapide. Utilisez la première pour faire des assemblages complexes qui doivent être mis en place en même temps. Utilisez la « prise rapide » dans les autres cas. Maintenez en pression pendant 2 h pour la normale et 15 min pour la rapide.
5. Pour des collages partiels sur du papier ou sur du carton, n'utilisez pas de colle à base d'eau : elle détrempe et déforme le papier.

DOIGTS COLLÉS

1. Les colles cyanoacrylates prennent très vite. Si vos doigts se retrouvent collés ensemble, n'essayez surtout pas de les décoller « à sec ». Dissolvez la colle avec un peu d'acétone ou de dissolvant pour vernis à ongles (on peut aussi dissoudre de cette manière les colles époxy avant qu'elles ne soient sèches). Si cela reste sans effet, plongez vos doigts dans l'eau pendant quelques minutes, en tirant très légèrement. Soyez patient.
2. Si vos doigts sont collés par de la colle de contact au Néoprène, dissolvez celle-ci avec un diluant pour peinture cellulosique, de l'acétone ou du trichloréthylène. Laissez tremper pendant 1 ou 2 min, puis décollez doucement vos doigts. Ajoutez du dissolvant si cela est nécessaire.
3. Portez des gants en latex fin dans tous les cas où vous utilisez des colles « agressives ». C'est impératif pour les colles polyuréthannes ou les colles « marines », qui résistent à tous les solvants quand elles sont sèches.

Collection

1. Cherchez chez vous si vous n'avez pas les bases d'une collection « branchée » qui prendra de la valeur : héros de films à grand succès, peluches, 45-tours de rock originaux, etc.
2. Choisissez un thème pour orienter votre collection : époque, région géographique, objets d'une même couleur, animaux, etc.
3. Une collection d'objets est mal mise en valeur sur fond blanc. Pei-

gnez d'une couleur sombre le fond et les rayonnages d'une étagère ou recouvrez-les de papier foncé. Éclairez-les avec des mini-spots halogènes en très basse tension. Optez pour des lampes avec réflecteur dichroïque : elles rayonnent moins de chaleur.

4. Timbres, pièces de monnaie et antiquités prennent souvent de la valeur mais sont plus faciles à acheter qu'à revendre. Les antiquaires les paient souvent la moitié de leur valeur... Recherchez le plus offrant.
5. Pour acquérir de nouvelles pièces, faites un tour au marché aux puces et visitez les brocantes. Faites l'ouverture, car les « experts » commencent à chiner très tôt. Lisez des journaux spécialisés et épluchez les annonces.

Collier

1. Pour empêcher vos bijoux fantaisie en métal de ternir, déposez un morceau de craie dans la boîte.
2. Vos colliers ne s'emmêleront pas si vous les suspendez à des crochets collés sur le miroir de votre coiffeuse, ou sur un râtelier à cravates.
3. Faites un collier avec des émerillons de canne à pêche. Enfilez-les sur un cordon de satin en faisant un nœud entre chaque émerillon.
4. Pour nettoyer vos bijoux fantaisie en métal, faites-les tremper dans de l'alcool à 90° pendant 5 min. Rincez-les à l'eau chaude et essuyez-les avec un chiffon qui ne peluche pas. Faites tremper les colliers en pierres dures dans du détergent liquide non dilué pendant 15 min. Rincez et essuyez avec un chiffon de flanelle. Procédez de la même manière avec des bijoux de valeur, mais diluez le détergent à 50 % avec de l'eau chaude.

Combinaison

1. Si le haut de votre combinaison est usé, coupez-la en deux, fixez un élastique, et voilà un nouveau jupon.
2. Lorsqu'une combinaison blanche commence à grisailler, c'est souvent dû au calcaire de l'eau. Ajoutez un produit anticalcaire à votre lessive et, en quelques lavages, le blanc initial aura réapparu.
3. Même lorsqu'il s'agit de fibres synthétiques, ne mélangez jamais les couleurs et le blanc au lavage et séparez les couleurs claires des couleurs foncées.
4. Votre combinaison remonte-t-elle sans arrêt ou colle-t-elle à la peau ? Mettez un produit adoucissant dans l'eau de rinçage. (Voir aussi Électricité statique, p. 88.)

Compacteur de déchets ménagers

1. Évitez d'avoir à nettoyer souvent votre compacteur. Enveloppez les détritus mouillés, comme la pulpe de fruits, dans 1 ou 2 épaisseurs de papier journal avant de les jeter.
2. Chargez les objets rigides (boîtes de conserve, bouteilles...) au centre du tiroir sur un coussin de papier pour un meilleur compactage.
3. Pour être sûr que les ordures sont complètement compactées, attendez que le tiroir soit rempli au tiers avant de faire marcher l'appareil.
4. Ne jetez pas dans le compacteur : les vêtements, les boîtes contenant un reste d'essence, de peinture ou de dissolvant, les bombes aérosols ou les récipients ayant contenu de l'insecticide, les produits pour faire démarrer les moteurs et tous produits nocifs ou explosifs.

Compas à calibrer

1. Mesurez le diamètre extérieur d'un objet rond avec une clé à molette : placez les mâchoires de la pince sur la largeur de l'objet et mesurez l'espace entre les mâchoires. Pour des tubes, cherchez la clé plate qui rentre exactement et relevez la valeur inscrite sur la clé. Si vous avez des équerres, glissez les deux pieds sur une règle, face à face, et amenez-les en butée contre l'objet. Lisez le nombre de centimètres sur la règle.

2. Pour mesurer la circonférence d'un tuyau ou d'un cylindre, utilisez un mètre de couturière. Divisez le résultat obtenu par 3,14 pour calculer le diamètre.

Comportement au bureau

1. Une façon d'utiliser efficacement les rumeurs de couloir est de les écouter attentivement, mais de ne jamais les répéter. Vous aurez là une source importante d'informations et sauvegarderez votre discrétion sans entacher votre réputation. Votre crédit augmentera auprès des « parleurs », qui se sentiront écoutés.
2. Évitez de divulguer à tous et à chacun vos idées concernant l'organisation ou l'évolution de votre travail. Discutez-en directement avec vos supérieurs.
3. Si des collègues vous sont plutôt antipathiques, restez discret, ne le faites pas sentir. Montrez-vous plus efficace professionnellement, vous assumerez mieux les contraintes de la vie collective.
4. Ne bâtissez pas votre carrière sur la flatterie. Avec des projets clairs et précis, vous ferez preuve d'une plus grande intelligence.

Compost

Vos épluchures ou autres déchets ménagers peuvent être transformés en compost : fanes de légumes, feuilles mortes, brindilles broyées, cendre de bois et terre franche, à l'exception de la viande, des os entiers et des mauvaises herbes en graines. Disposez tous ces déchets en tas de 1,20 m de large sur 1 m de haut. À chaque apport, mélangez les nouveaux ingrédients hachés finement, puis couvrez de terre de jardin. Arrosez régulièrement le tas avec de l'eau, additionnée ou pas d'un produit activateur de compost, facile à trouver en jardinerie. Sitôt la hauteur totale atteinte, le tas doit être bâché pour se transformer sûrement en compost. Tant pis pour les oiseaux qui aiment venir y piquer quelques vers.

Pour éviter de propager des maladies dans le jardin, le compost doit être utilisé bien mûr. Toutes les 4 à 6 semaines, retournez le tas pour assurer l'homogénéité du mélange. Ramenez les couches périphériques vers l'intérieur, et vice versa, le haut en bas et inversement. Après cette manipulation, arrosez à nouveau et replacez la bâche sur le tas. (Voir aussi Bac à compost, p. 28.)

Comprimés

1. Pour ne pas vous étrangler, avalez toujours un comprimé avec un verre d'eau : vous éviterez qu'il ne se glisse dans la minuscule poche située entre le haut de la gorge et le larynx.
2. Évitez d'écraser les comprimés car beaucoup sont fabriqués de façon que l'absorption du médicament soit étalée sur la journée. Les écraser peut supprimer cette propriété.
3. Si votre enfant a du mal à avaler un comprimé, mettez-le dans 1 cuil. à café de confiture ou dans une bouchée de fromage fondu. (Voir aussi Médicaments, p. 144.)

Compteurs

1. Vous devez pouvoir atteindre sans hésitation, depuis n'importe quel endroit de votre habitation, les compteurs d'électricité et de gaz, même sans éclairage ou à demi ensommeillé : il peut être urgent d'y couper l'alimentation (faites aussi s'exercer vos enfants dans le noir).
2. Sachez repérer sur les boîtiers la manette ou le bouton d'arrêt, de même que, au long de l'installation électrique, les blocs de fusibles.
3. Ne coupez surtout pas le courant si vous détectez une odeur de gaz (étincelle = explosion possible), mais coupez le gaz au compteur au plus vite et aérez la pièce.

Concentré de tomate

1. Préférez le concentré de tomate en tube, plus facile à conserver que les boîtes. Sinon, versez le contenu d'une boîte entamée dans une petite boîte de plastique alimentaire. Vous le conserverez 1 mois dans le réfrigérateur.
2. S'il vous manque du concentré, faites réduire de moitié du coulis nature à feu doux.
3. Vous pouvez aussi remplacer le concentré par autant de ketchup épicé relevé de quelques gouttes de vinaigre de vin vieux.

Concours

Vos chances de gagner à une loterie ou à un concours sont minimes (de 1 sur 50 si c'est une tombola à 1 sur 10 millions, ou moins encore, pour les loteries officielles). Cependant, vous pouvez améliorer ce taux.
1. Si le règlement le permet, envoyez le plus de réponses possible, séparément et à différentes dates.
2. Participez à des concours à délais limités. La meilleure période est l'été car beaucoup de participants potentiels sont en vacances.
3. Suivez le règlement à la lettre et envoyez vos réponses à temps.
4. Choisissez des concours autorisant l'envoi de photocopies ou de copies manuscrites comme bulletins-réponses et rédigez vos réponses sur du papier de couleur, vous augmenterez peut-être vos chances au tirage. Ou bien pliez votre formulaire de façon compliquée afin qu'il ressorte parmi les autres pendant le tirage.
5. Adhérez à un club de concours : à plusieurs, il est plus facile de trouver les bonnes réponses.

REMARQUES :

1. Les gains des concours ou des loteries ne sont pas imposables (au moment de la parution de cette édition).
2. Tout concours qui oblige à acheter des produits ou des services est illégal. Dans le règlement doit figurer la mention « sans obligation d'achat ».
3. Lisez bien ce qui est écrit en petits caractères : certains prix sont distribués à retardement ou avec une date limite de remise.
4. Si le règlement n'est pas publié intégralement, il doit être spécifié que ce que vous lisez n'est qu'un extrait. Demandez le règlement complet du concours auquel vous participez : c'est gratuit et cela peut vous éviter des surprises.

Congés

Vous avez des tas de bonnes raisons de vous absenter en toute légalité.

CONGÉS LÉGAUX ET RÉMUNÉRÉS

Les congés payés annuels pour tous : 1 mois de présence donne droit à 2 jours 1/2 de congés. 30 jours ouvrables annuels sont à prendre en 2 fois : 24 jours suivis ou fractionnés, la 5e semaine quand vous voulez, avec 2 jours de plus si vous fractionnez, 1 jour de plus si un jour férié est inclus (non le dimanche), 2 jours de plus par enfant à charge si vous êtes femme et avez moins de 21 ans.

La convention collective en prévoit d'autres selon l'âge et l'ancienneté. Vous aurez 6 semaines de congés avant l'accouchement, 10 semaines après, plus pour un 3e enfant ou une naissance multiple. Vous avez droit à 10 semaines si vous adoptez un enfant, 12 si vous en adoptez plusieurs. Votre mari a droit à 3 jours.

Vous convolez : justifiez-le, vous aurez 4 jours. Votre fils se marie : 1 jour. Vous perdez votre conjoint, un enfant : 2 jours, un parent : 1 jour.

Ajoutez : congé formation, 3 jours de l'appelé, maladie, accident et, dans certaines conditions, le congé parental jusqu'aux 3 ans de bébé.

CONGÉS AUTORISÉS

Ils suspendent, mais ne rompent pas le contrat de travail.

Congé pour création d'entreprise, congé sabbatique entre 6 et 11 mois, congé d'enseignement, de recherche, de formation économique ou syndicale ; congé pour candidat parlementaire, représentant d'association familiale, administrateur de mutuelle, assesseur du tribunal, administrateur de la SS ou d'un Fonds pour l'insertion, congé pour conseiller municipal, général, régional...

Consignes de sécurité

L'affichage, très apparent, de « consignes de sécurité incendie » n'est obligatoire que dans les établissements où peuvent se trouver occupées ou réunies plus de 50 personnes ; dans ceux, quelle que soit leur importance, où sont manipulées des matières inflammables, et dans les immeubles de grande hauteur. Néanmoins, il est vivement conseillé d'étendre cette pratique à tous les locaux de travail comme aux divers immeubles d'habitation, voire à votre maison individuelle dès qu'elle comprend un étage. Doivent impérativement, et au minimum, y figurer :

1. L'indication du matériel d'extinction et de sauvetage sur lequel on peut compter dans les locaux ou leurs abords (suivie éventuellement de la désignation précise des responsables de sa mise en œuvre).

2. Le plan des locaux avec, clairement représentés, les cheminements à emprunter pour quitter les lieux aussi rapidement que possible.

3. Les numéros de téléphone relatifs au secours d'urgence :

• Pompiers : 18 (inscrivez aussi, en plus petit, le numéro du centre de secours dont vous dépendez).

• SAMU : 15 (faites aussi figurer le numéro de votre hôpital de rattachement et son adresse).

• Police : 17 (ajoutez le numéro de votre commissariat de police ou de votre brigade de gendarmerie).

Constipation

Bien qu'ils soient largement utilisés, les laxatifs résolvent rarement ce problème car ils engendrent une accoutumance et peuvent même constiper davantage.

1. Doublez votre consommation d'aliments riches en fibres de cellulose. Cependant, toutes les fibres n'ont pas les mêmes propriétés : les céréales, les pâtes, le riz complet contiennent des fibres efficaces contre la constipation. Les fibres des fruits et des légumes le sont moins. Pour tirer tout le bénéfice des fibres, il faut qu'elles soient hydratées : buvez 2 litres d'eau par jour, tant entre les repas qu'en mangeant.

2. Marchez au moins 30 min par jour. Si vous le pouvez, faites de la natation ou du jogging.

3. Quelles que soient vos habitudes, allez à la selle dès que le besoin s'en fait sentir. Remettre cette opération à plus tard est à l'origine de bien des constipations. Enfin, certains médicaments peuvent être en cause : les pansements gastriques, les diurétiques, des produits contre l'hypertension et des antidépresseurs.

Contreplaqué

1. Stockez le contreplaqué de préférence à plat afin qu'il ne se déforme pas. Si vous le rangez sur la tranche, posez-le sur des cales en bois de façon que le bord n'absorbe pas l'humidité du sol.

2. Pour préserver les bords de l'humidité, frottez-les avec un morceau de paraffine ou de bougie.

3. Lorsque vous coupez du contreplaqué avec une scie à main, placez la face lisse (c'est-à-dire l'endroit) vers le haut, de façon que tout éclatement de bois se produise sur l'envers. Si vous utilisez une scie circulaire ou une scie sauteuse, placez la face lisse vers le bas.

4. Afin d'éviter les éclats de bois, couvrez la ligne de coupe avec du ruban adhésif, puis marquez le ruban.

5. Vous pouvez aussi tracer la ligne de coupe avec un couteau, juste assez profondément pour pénétrer le placage supérieur : les éclats de bois se casseront proprement sur la ligne gravée.

6. Donnez le fini au bord du contreplaqué avec du ruban de placage en bois ou en plastique thermocollant.

7. Le contreplaqué se gondole parfois lorsque la couche de placage supérieure se détache de la couche centrale. Pour y remédier, tranchez l'endroit gondolé avec un cutter et mettez un peu de colle à l'intérieur. Étalez-la avec un morceau de carton, puis recouvrez la zone avec du papier paraffiné. Lestez toute la nuit avec de gros livres (ou sous presse).

8. Ne jetez pas une feuille de contreplaqué parce qu'elle est gauchie ou gondolée. Mouillez le côté concave, puis posez des poids sur la feuille bien à plat. Si cela est sans résultat, gardez la feuille pour y découper de petites pièces.

Convulsions

Lorsque quelqu'un devient soudainement rigide, puis agité de mouvements saccadés et violents, vous vous trouvez devant le début d'une crise de convulsions.

1. Allongez la personne sur le sol loin de tout objet contre lequel elle pourrait se blesser. Desserrez ses vêtements et enlevez ses chaussures.

2. Demeurez à ses côtés, mais ne tentez pas de la maintenir au sol ou de placer quoi que ce soit dans sa bouche. Peu de gens mordent ou avalent leur langue durant une crise mais ils risquent de se casser les dents ou de s'étouffer s'ils ont quelque chose dans la bouche. Les convulsions durent de 2 à 5 min. La victime bave, son visage et ses lèvres bleuissent.

3. La crise terminée, rincez la bouche du malade s'il a vomi. Installez ensuite la personne confortablement sur le côté, la tête plus bas que le corps, pour lui permettre de respirer plus facilement et l'empêcher de s'étouffer.

Corde à sauter

10 min de corde à sauter rapide sont aussi efficaces que 30 min de jogging. Sautez avec une corde à linge d'environ 3 m ; en guise de poignées, faites un nœud à chaque extrémité et enroulez du chatterton sur une largeur de 7 à 10 cm avant chaque nœud. Si vous n'avez rien qui puisse servir de corde, remémorez-vous vos gestes d'enfant et amusez-vous à sauter avec une corde fantôme.

Entraînez-vous sur un tapis et portez des chaussures de sport ou de jogging avec un bon support de la voûte plantaire. Commencez en laissant la corde traîner derrière vous, les bras à 15 ou 25 cm de vos hanches. Faites passer la corde en avant à partir des coudes, sautez à pieds joints et, après 3 fois, sautez sur un pied après l'autre. Vos pieds ne doivent pas se lever trop haut.

Vous pouvez varier en montant bien les genoux ou en lançant les pieds loin derrière. Sautez 30 s, puis reposez-vous 30 s. Faites cela 10 fois et augmentez peu à peu les temps de repos et de sauts, jusqu'à 1 min pour chaque période pendant une durée totale de 20 min. Diminuez ensuite progressivement les pauses pour sauter 20 min d'affilée à une fréquence cardiaque comprise dans une fourchette aérobie.

Cordon coulissant

1. Pour enfiler un cordon dans une coulisse, piquez une épingle de nourrice sur une extrémité et poussez celle-ci dans la coulisse.

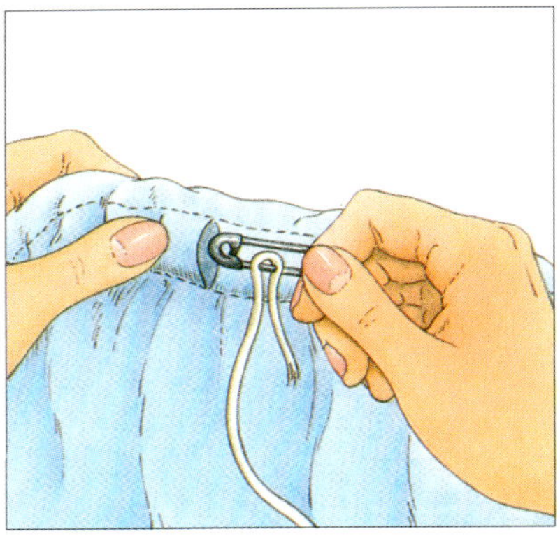

2. Si un cordon s'échappe fréquemment de sa coulisse, c'est que celle-ci est trop large. Resserrez-la en la piquant à la machine à l'aide du pied ganseur au ras du cordon ou, à défaut, faites un double nœud à chaque extrémité du cordon.
3. Trempez les bouts de cordon dans du vernis à ongles incolore, cela évitera qu'ils ne s'effilochent.

Cordons électriques

1. Pour ranger de façon ordonnée des rallonges électriques ou des cordons d'appareils électriques, pliez-les séparément en accordéon et maintenez-les avec des élastiques ou du ruban plastique armé pour palisser les plantes. Étiquetez-les.

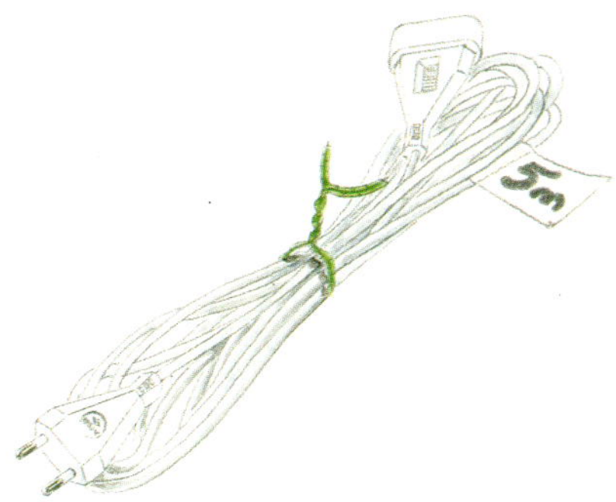

2. Rangez les cordons pliés dans des ronds de serviette ou des rouleaux en carton de papier toilettes.
3. Lorsque vous rangez des appareils qui portent des cordons permanents, évitez qu'ils ne s'entortillent en les pliant en accordéon. Maintenez avec un élastique.

Cornet à glace

Lorsque vous êtes en panne de cornets, improvisez !
1. Les tulipes : elles se préparent en un rien de temps. Fouettez 2 blancs d'œufs à la fourchette en y ajoutant 100 g de sucre, 60 g de farine et 60 g de beurre fondu. Étalez la pâte par cuillerées à soupe sur une plaque antiadhésive et faites cuire les tulipes 10 min, thermostat 5 (170 °C). Dès leur sortie du four, moulez-les dans des bols : elles durcissent très rapidement. Dès qu'elles sont froides, vous pouvez les garnir de crème glacée.
2. Les biscuits : confectionnez un biscuit fin, type biscuit à bûches, sur une plaque antiadhésive. Découpez-le en carrés et posez 1 ou 2 boules de glace sur chaque carré.
3. Les macarons et les meringues : légèrement creusés, ils font de parfaits réceptacles.
4. Les feuilles de bricks : enduisez-les de beurre fondu et poudrez-les de quelques pincées de sucre. Mettez-les par 2 dans des moules à soufflé individuels et faites-les dorer pendant 5 min au four préchauffé, thermostat 6 (200 °C) : croustillantes, elles font d'excellentes coupes à glace.

Coucher des enfants

La plupart des enfants adorent le rituel du coucher, qui assure la transition entre le jeu et le sommeil. Ils y voient une routine rassurante qu'il faut tenter de rompre le moins souvent possible.
1. Quand les parents sont absents, la personne qui garde les enfants doit connaître leurs habitudes. Mettez-les par écrit et confiez cette liste à la baby-sitter.

2. Avant de partir, fixez avec les enfants et la baby-sitter l'heure d'aller au lit et, si vous le pouvez, celle de votre retour. Promettez aux enfants de venir leur dire bonsoir en rentrant.
3. Si vous avez des invités, laissez les enfants leur dire bonsoir, puis couchez-les rapidement en les autorisant à lire ou à jouer dans leur lit un peu plus tard que d'habitude.

Couleurs dans la maison

La répartition des couleurs dans une pièce en donne l'atmosphère et peut créer des illusions. Des couleurs claires sur les murs agrandissent la pièce, des couleurs sombres la font paraître plus intime. Le rouge, l'orange et le jaune suscitent dynamisme et bonne humeur ; le bleu, le vert et le violet incitent au calme et à la sérénité.
1. Choisissez la couleur d'un élément de décoration que vous aimez : tapis, chaise, vase, tableau... Utilisez-la comme base de camaïeu, c'est simple et toujours harmonieux.
2. Vous préférez moins classique ? Ajoutez des couleurs. Des couleurs fondues, telles que bleu, bleu-vert et vert, créent une harmonie naturelle. Des couleurs opposées (rouge et vert, par exemple) font une combinaison complémentaire qui rend mieux lorsqu'une couleur prédomine et que l'autre n'apparaît que par petites touches. Les couleurs complémentaires étant difficiles à manier, faites des essais sur de petites surfaces.
3. Pour être sûr d'acheter la peinture, le papier mural, le tissu et la moquette assortis, rassemblez des échantillons pour chaque pièce et exposez-les dans la pièce en question.
4. Les peintures peuvent être additionnées de colorants universels pour obtenir la teinte exacte que vous désirez. Si vous devez utiliser plusieurs pots, versez-les dans un grand récipient et teintez toute la peinture en même temps pour être sûr d'avoir un coloris uniforme. Reversez ensuite dans les pots. Quelle que soit la couleur que vous utilisez, peignez d'abord une petite surface (un carton blanc) et laissez-la sécher une journée avant de l'utiliser.
5. Amusez-vous à teindre les tissus dans les coloris que vous souhaitez. Vous trouverez dans le commerce des teintures liquides ou en poudre à utiliser en machine à laver. Elles conviennent aux tissus en fibres naturelles tels que le coton, le lin, la rayonne, la soie, la laine, ainsi qu'au Nylon, à l'acétate et aux tissus mélangés. Bien que le polyester et l'acrylique n'acceptent pas ces teintures, les tissus qui en contiennent se teignent à peu près correctement.

Coup de chaleur

À l'occasion d'un exercice physique intense et prolongé, surtout par temps chaud et humide et si l'on est trop couvert, il y a risque d'épuisement par la chaleur. Les symptômes en sont une peau moite, froide et grisâtre, une transpiration abondante, des vertiges, des nausées et des maux de tête ; le pouls devient rapide et faible, et l'évolution peut aller vers la perte de connaissance.

Faites asseoir ou s'allonger la personne dans un endroit aéré et frais et déshabillez-la. Si elle est consciente, faites-lui boire 1 litre d'eau mais n'essayez surtout pas de la faire boire si elle a perdu connaissance.

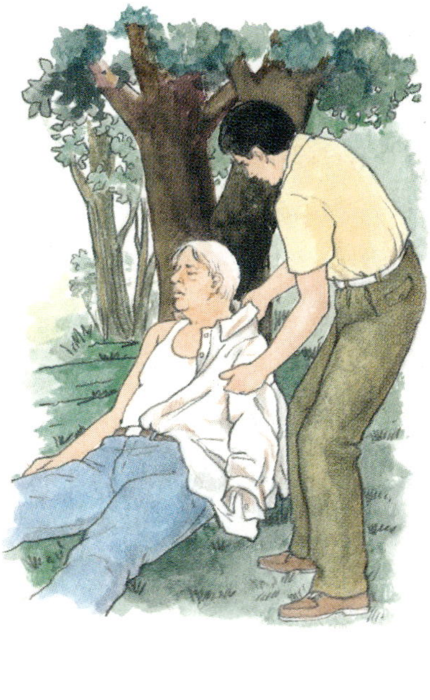

Au bout de 30 min sans amélioration, il y a risque de coup de chaleur et de perte de connaissance, avec pupilles dilatées et convulsions. Il faut tout mettre en œuvre pour refroidir rapidement le sujet : enveloppez-le dans des serviettes et des draps trempés dans de l'eau froide, placez-lui des sacs de glace derrière les genoux, à l'aine, aux poignets et de chaque côté du cou. Faites-le transporter à l'hôpital par un service d'urgence. Si l'hospitalisation ne peut se faire de suite, plongez le sujet dans de l'eau aussi froide que possible en le soutenant.

Coup de soleil

1. Pour un soulagement rapide, prenez un bain froid avec des flocons d'avoine (voir aussi Démangeaisons, p. 77), et passez une crème hydratante et apaisante. Appliquez des compresses froides pendant 10 à 15 min plusieurs fois par jour. Repassez de la crème.
2. Buvez beaucoup d'eau pour empêcher la déshydratation.
3. Pour soulager le malaise général, prenez de l'aspirine ou un substitut (voir p. 24). **Attention !** Si vous souffrez beaucoup et si votre pouls bat anormalement, si vous avez des œdèmes ou de la fièvre, consultez absolument un médecin.

Coupe-fil

1. Vous pouvez couper du fil électrique ou du câble avec un ciseau à froid et un marteau.
2. Pour couper du câble très épais, utilisez une scie à métaux.
3. Si vous coupez du fil à la tronçonneuse à disque, protégez vos yeux.
4. Utilisez une pince universelle (conçue pour couper du fil mince).
5. Si vous n'avez rien d'autre, un sécateur coupera un fil de fer mince, mais vous abîmerez la lame. N'oubliez pas de le réaffûter pour l'utiliser sur les rosiers et les buissons.

6. Pour couper un câble d'acier multibrins, faites fondre de la soudure à l'étain sur la partie à couper. Elle maintiendra les brins pendant et après la coupe.

Couple et travail

Vous travaillez tous les deux et trouvez que vous n'êtes pas assez souvent ensemble. Organisez-vous, conciliez au mieux votre vie professionnelle et votre vie privée.

1. Choisissez le dimanche pour faire le point. Agendas en main, comparez vos contraintes professionnelles. Prenez rendez-vous pour un dîner en tête à tête au restaurant, un spectacle, ou simplement une soirée à deux à la maison, sans souci professionnel au programme. Inscrivez-le sur votre agenda. N'annulez sous aucun prétexte, débranchez le téléphone. De par leur rareté, vous apprécierez d'autant plus ces moments à vous. Ils vous aideront à faire face à un emploi du temps chargé.

2. Répartissez les tâches domestiques : couvert, petits rangements ou services à confier aux enfants, même petits. Décrétez ensemble d'un tour de rôle pour débarrasser la table, vider le lave-vaisselle... (Voir aussi Tâches ménagères, p. 213.)

3. Groupez vos courses au supermarché (une seule fois dans la semaine). Le commerçant du coin vous dépannera. Stockez des denrées non périssables si vous avez la place. Utilisez les services d'achat par téléphone ou Minitel, livrant à domicile les courses encombrantes ou lourdes.

4. N'hésitez pas à faire appel à votre voisine, charmante grand-mère, pour garder les plus petits ou entretenir vos dentelles. Elle le fera avec plaisir et amour.

Coupure d'électricité

Organisez-vous pour atténuer les inconvénients d'une coupure de courant inopinée et prolongée.

1. Gardez en réserve des lampes de poche (dont une lampe torche puissante) et des piles. Ayez toujours un poste de radio à piles sous la main.

2. Assurez-vous régulièrement que vous détenez une bonne quantité de bougies (avec des supports), une lampe à pétrole et un réchaud de camping à butane en état de marche.

3. À défaut de blocs réfrigérants (à l'ammoniaque), ayez toujours 2 cartons à lait (« briques ») pleins d'eau dans le congélateur. Si la panne doit se prolonger, transférez rapidement l'un de ces cartons et la nourriture pour le lendemain du congélateur au réfrigérateur ; profitez-en pour prendre dans celui-ci des aliments frais destinés à la consommation du jour. Refermez bien et n'ouvrez plus que lorsque ce sera absolument nécessaire. Ainsi, vous maintiendrez plus longtemps le froid. Au retour du courant, n'hésitez pas à jeter les aliments décongelés en surplus.

4. Veillez à ce que les appareils électroménagers, le téléviseur, l'ordinateur, etc., ne restent pas allumés (risque de surtension au rétablissement du courant).

Coupures

La gravité d'une coupure dépend de sa taille, de sa profondeur et de l'importance de l'hémorragie. Pour douloureuses qu'elles soient, les petites coupures et les écorchures sont rarement dangereuses. Nettoyez-les doucement avec de l'eau et du savon de Marseille, puis appliquez une crème antibiotique et couvrez avec un pansement (voir p. 160).

HÉMORRAGIE IMPORTANTE

Avant de soigner une coupure profonde, il faut commencer par stopper l'hémorragie.

1. Appuyez fortement et directement sur la blessure.

2. S'il s'agit d'un membre, surélevez-le, sauf en cas de fracture ou de corps étranger. Si l'on suspecte un traumatisme de la colonne vertébrale, ne pas bouger le blessé du tout.

3. Au cas où la pression directe et l'élévation n'arrêtent pas l'hémorragie, trouvez un point de compression sur une grosse artère entre le cœur et la blessure. Là où vous palpez le pouls, comprimez fermement l'artère avec le pouce.

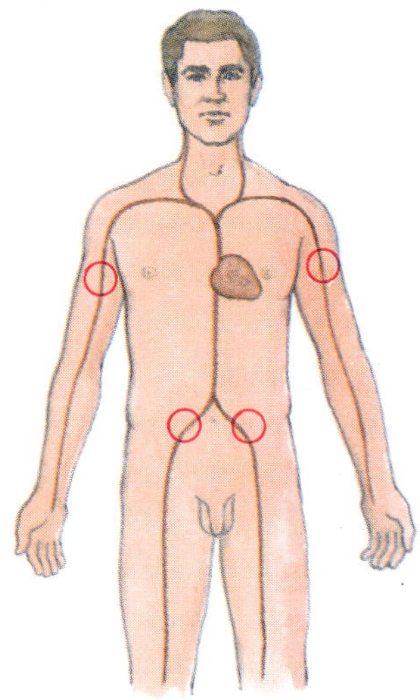

Les cercles rouges indiquent les points de compression permettant de stopper une hémorragie.

4. Lorsque l'hémorragie a cessé ou fortement diminué, recouvrez totalement la blessure d'un linge propre, puis appliquez un gros pansement stérile. Entourez le pansement de larges bandes de tissu et appelez le médecin.

Courant d'air

Le courant de convection froid, issu de fenêtres, de murs non isolés ou de portes vitrées, circule sur le sol. En isolant murs et plafonds au maximum et en ajoutant un double vitrage aux fenêtres, vous empêcherez sa formation. Un double vitrage en matière plastique est également efficace, ainsi que le voile thermorétractable collé en périphérie et tendu avec un sèche-cheveux.

Les fuites d'air sont les autres responsables de courants d'air dans une maison. Il existe au moins 6 points vulnérables :

BAS DE PLINTHE

Supprimez le jour entre mur et plancher avec du mastic aux silicones.

CHEMINÉE

Fermez l'obturateur de conduit et les bouches d'aération lorsque le feu est complètement éteint.

FENÊTRES ET PORTES

Calfeutrez les fenêtres et les portes donnant sur l'extérieur avec des cordons de mastic aux silicones ou des joints de calfeutrage adhésifs.

GRENIER

Calfeutrez la porte d'accès. Isolez le plancher ou la sous-toiture. Calfeutrez les fenêtres et les vasistas.

SORTIES D'INTERRUPTEUR OU DE PRISE ÉLECTRIQUE

Retirez l'interrupteur ou la plaque protectrice et emplissez les interstices encadrant la boîte avec un bourrelet de mousse.

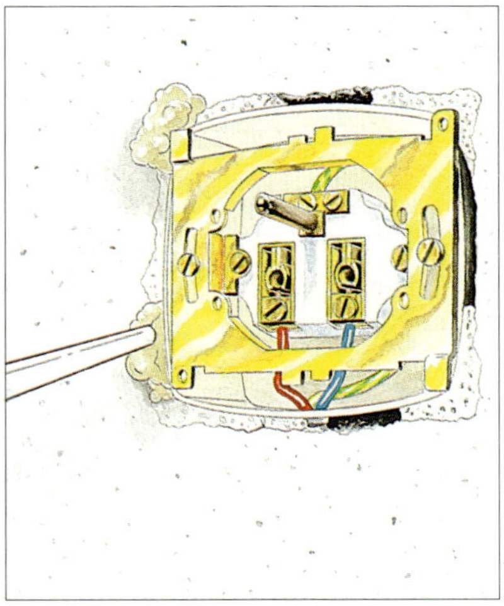

PIÈCE INUTILISÉE

Condamnez-la. Pour l'isoler du reste de la maison, calez une vieille bande de tapis sous la porte ou fixez un bas de porte.

Courgette

1. Pour empêcher les vers des courgettes d'endommager votre récolte, trempez les graines dans du kérosène pendant la nuit qui précède le semis. Une précaution valable aussi pour les graines de citrouille, de melon et de potiron. L'odeur persistante du kérosène tient en respect les mouches qui viennent habituellement pondre dans les graines.
2. En cas de surproduction de courgettes, goûtez les fleurs de courgette. Faites-les revenir à la poêle dans du beurre ou servez-les crues dans une salade verte.

Courrier

1. Avant d'expédier un pli par Chronopost, vérifiez auprès de la poste les horaires de départ du courrier et d'arrivée prévue au lieu de destination. La différence de prix est énorme mais ne fait gagner parfois qu'une demi-journée.
2. Pour une lettre très urgente, utilisez les télécopieurs mis à la disposition du public dans la plupart des bureaux de poste. Elle arrivera en quelques secondes au bureau récepteur et pourra être récupérée par son destinataire ou lui être acheminée pour une somme modique. Une télécopie revient souvent moins cher qu'un appel téléphonique prolongé en province ou à l'étranger.
3. Les bureaux de poste vendent des boîtes pour expédition, mais vous pouvez utiliser des boîtes de cigares, par exemple, pour envoyer de petits objets. Renseignez-vous toutefois sur le format minimal accepté.

Cours par correspondance

Achevez des études secondaires, préparez un diplôme ou apprenez la gestion avec des cours par correspondance. Mais attention, tout existe, de la pompe à finances au véritable service.
1. Ouverture et fonctionnement sont soumis à la loi, mais le contenu de l'enseignement par correspondance, le sérieux des corrigés ou la garantie de préparation à l'examen ne sont pas contrôlés.
2. Définissez avec soin votre objectif et méfiez-vous des trop fabuleux débouchés annoncés. Décelez vous-même les caractéristiques des établissements et faites un choix réfléchi. Le démarchage à domicile ou sur le lieu de travail est interdit.
3. Sélectionnez les matières et le temps à y consacrer. Vous passerez l'examen en candidat libre et travaillerez aussi en solitaire. Associez votre entourage à votre tâche.
4. Investissez à la hauteur de vos ambitions, tout en pensant aux financements : formation continue, formation prise en charge par l'ASSEDIC, prêts bancaires ou spéciaux.
5. Avant de signer, étudiez le projet de contrat détaillé, le prix et les modalités de paiement, ainsi que la liste des livres et du matériel à votre charge, que vous recevrez en recommandé avec A/R.

Courtilière

Débarrassez-vous des courtilières qui grignotent les parties souterraines de vos légumes en sol humide.

1. Piégez-les en enterrant jusqu'au ras du sol des boîtes de conserve, de mars à septembre. Versez-y quelques gouttes d'essence de térébentine pour les attirer. Les courtilières y tomberont durant la nuit sans pouvoir remonter. N'oubliez pas de vider les boîtes régulièrement.
2. Versez un insecticide végétal à base de pyréthrines ou de roténone dans les orifices verticaux qui abritent les insectes dans le sol.
3. Détruisez les nids avec une bêche : on les reconnaît à de petits monticules de terre cernés de débris végétaux. Creusez jusqu'au centre du nid, où se trouvent les œufs de courtilière, ramassez-les et brûlez-les.

Coussin

1. Récupérez chez votre tapissier-décorateur les liasses-échantillons démodées, dont il n'a plus l'usage, et faites-en des coussins. La variété de ces superbes rectangles de soie, de coton ou de velours vous permettra de trouver une multitude de couleurs en harmonie avec chaque pièce de votre appartement.

2. Pour remplir des coussins rapidement sans que les plumes ou le kapok ne volent de tous côtés, utilisez un sac en plastique ouvert à chaque extrémité, dans lequel vous glisserez la main.

3. Redonnez du gonflant à un coussin aplati en le mettant dans un sèche-linge avec des balles de tennis. Laissez tourner pendant 5 min sur « doux » ou « synthétique ».

4. Maintenez en place les coussins de chaise en cousant des rubans aux coins arrière, ou utilisez du Velcro.

5. Confectionnez des coussins de chaise en coupant un morceau de mousse d'ameublement de 4 cm d'épaisseur à la taille du siège. Recouvrez de tissu.

Couverts

En voyage ou dans des circonstances inattendues, vous pouvez être amené à faire un repas improvisé sans assiette ni couverts. Un certain nombre d'objets peuvent vous dépanner après, bien sûr, avoir été soigneusement nettoyés.

1. Comme couteau, vous pouvez utiliser une lime à ongles en métal, un coquillage à bord plat ou le côté tranchant d'une boîte en aluminium.

2. Comme assiette, un couvercle de boîte, de larges feuilles d'arbre recouvertes d'une serviette en papier, un filtre à café aplati.

3. Comme fourchette, une petite branche ou une épingle.

4. Comme cuillère, un coquillage, une pierre creuse, une « cuillère » moulée dans de l'aluminium ménager et même un croûton de pain dont vous aurez enlevé la mie.

5. Comme tasse ou comme verre, une demi-orange ou un demi-pamplemousse débarrassés de leur pulpe, un jeu des enfants (un de leurs cubes creux empilables, par exemple), de l'aluminium ménager, qui se prête très bien à toutes sortes de formes. Ou encore, prenez une feuille carrée de papier fort. Rabattez le coin A sur le coin B et formez la pliure. Rabattez le coin D sur le bord BC, puis rabattez le coin C comme il est indiqué sur le schéma. Terminez en pliant vers l'extérieur les pointes restantes. Vous obtenez un gobelet très valable.

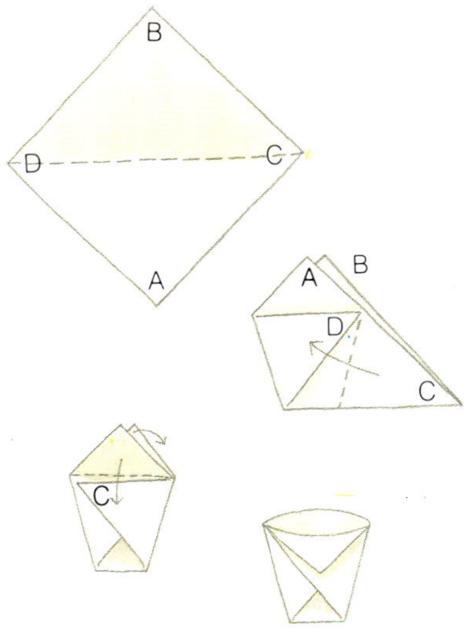

Couverture chauffante

1. Pour votre confort, branchez votre couverture chauffante 1 h avant d'aller vous coucher. Débranchez-la au moment où vous vous glissez dans les draps.

2. Pour augmenter l'efficacité de la couverture, placez une doublure métallisée (isolant souple vendu en rouleau) dessus et masquez-la par un couvre-lit.

AU TEMPS JADIS

L'évolution des couverts

Vraisemblablement, la première cuillère fut le creux de la main. Mais la découverte du feu, donc de la cuisine, obligea nos ancêtres à tailler des récipients dans du bois ou de la pierre ou à les mouler dans de l'argile.

Les couteaux les plus anciens — ils remontent à 35 000 ans — étaient taillés dans la pierre. Étant donné leur caractère rudimentaire, ils servaient plutôt à dépecer qu'à couper.

Les premières fourchettes ne possédaient qu'une dent. Bien que la fourchette à 2 dents date des Romains de l'Antiquité, manger avec une fourchette était encore considéré comme un geste affecté au XVIe siècle. Et, jusqu'au milieu du XIXe siècle, les paysans d'Europe préférèrent ignorer son usage en faveur de celui du couteau.

Crampes

CRAMPES NOCTURNES

Si vous êtes réveillé par une crampe douloureuse à la jambe, essayez d'abord de plier les orteils, puis le pied. Ou pliez le genou, attrapez vos orteils et pliez-les vers vous tout en poussant votre talon en avant. Si cela vous soulage partiellement, massez la voûte plantaire en appuyant assez fortement. Si c'est une crampe au mollet, allongez la jambe et relevez le pied le plus possible ; ou posez les orteils sur le sol et abaissez doucement le talon.

PRÉVENTION

1. Buvez beaucoup d'eau. Ayez une alimentation riche en calcium, en potassium et en complexes vitaminiques (voir p. 254).

2. Le soir, faites des étirements contre le mur : tenez-vous debout à 1 m

du mur et penchez-vous en avant sans lever les talons du sol. Tenez 1 min.
3. Si vous dormez sur le dos, relevez les couvertures avec un grand carton, débarrassé du fond et du couvercle, pour qu'elles n'appuient pas sur les pieds. Si vous dormez sur le ventre, laissez vos pieds pendre librement sur le bord ou sur l'extrémité du lit.

CRAMPES À L'EFFORT

Pour soulager une crampe au mollet ou à la cuisse, faites des étirements : appuyez-vous contre un mur, les pieds à 1 m environ de distance, et pliez le genou en gardant le talon au sol. Maintenez la position jusqu'à ce que la crampe disparaisse. (Voir aussi Point de côté, p. 179.)
1. Si vous nagez en piscine, dirigez-vous vers le petit bain ou sortez et faites des étirements contre un mur.
2. En mer, faites la planche et étirez la jambe atteinte en ramenant le plus possible les orteils vers vous. Tenez la position en comptant lentement jusqu'à 30, puis relâchez. Recommencez jusqu'à disparition de la crampe.

Cravate

1. Ne jetez pas vos cravates sous prétexte que leur largeur ou leur style ne sont plus au goût du jour, elles ont toutes les chances de revenir à la mode. En attendant, sachez qu'on porte une cravate large avec un col de chemise large et une cravate étroite avec un col étroit.
2. Si vous avez du mal à faire votre nœud de cravate devant la glace, nouez d'abord celle-ci autour de votre cuisse, puis faites-la glisser le long de la jambe et passez-la par la tête autour du cou.
3. Pour ranger des cravates dans une valise, enroulez-les autour d'un morceau de carton fort et maintenez-les avec un élastique.

Crayon

Vous devez noter quelque chose mais vous n'avez pas de crayon. Faites preuve d'ingéniosité :
1. Avec votre ongle, une pince à cheveux, un trombone, écrivez en grattant un papier un peu épais : par exemple, l'intérieur d'un carnet, la couverture d'un chéquier, etc.
2. Écrivez avec du rouge à lèvres, un crayon pour les yeux, du vernis à ongles, une allumette brûlée sur ce que vous avez sous la main : serviette en papier, coin de journal, papier d'emballage...
3. Imitez le braille : percez de minuscules trous dans un papier pour former des chiffres et des lettres.

Crédit

Montant, taux et durée sont les trois règles d'or du crédit. À éviter si votre achat est peu onéreux, incontournable pour l'acquisition d'une maison.
1. L'apport personnel est indispensable. S'il est supérieur à 50% du montant de l'achat, vous aurez droit à des prêts à taux bonifié. 20% sont généralement exigés pour bénéficier d'un prêt.
2. Étudiez bien la durée du prêt proposé : plus elle est longue, moins la somme totale remboursée est élevée.
3. Faites-vous remettre un échéancier des amortissements ventilant le montant global des échéances annuelles, votre dette à la fin de chaque année, le montant total des intérêts, frais accessoires compris.
4. Faites-vous préciser le TEG (taux effectif global), les frais de dossier, les commissions, les rémunérations, ainsi que la cotisation d'assurance décès-invalidité.
5. Étudiez les possibilités de remboursement anticipé ainsi que les pénalités encourues en cas de non-paiement des échéances : contrat résilié, indemnité supplémentaire de 8% sur les impayés...
6. Faites vos comptes. Annulez votre demande de prêt si vous jugez que vous ne pourrez faire face : vous avez 10 jours de réflexion au minimum avant d'accepter l'offre de prêt. (Voir aussi Cartes de crédit, p. 47 ; Dettes, p. 80 ; Acompte, p. 10 ; Taux de crédit, p. 215.)

Crème aigre

1. Remplacez la crème aigre par du yaourt à 0% additionné de quelques gouttes de jus de citron. Pour l'épaissir légèrement, versez ce yaourt dans une passoire tapissée d'une mousseline et laissez-le s'égoutter pendant 2 à 4 h, selon l'épaisseur désirée. En le laissant 12 h, vous obtiendrez un véritable fromage.
2. Utilisez ce yaourt comme base de dips : ajoutez-y des fines herbes, des épices, des cubes de tomate, du concombre râpé... Ou encore, nappez-en des légumes, du poisson cuit à la vapeur, du poulet...

Crème fouettée

1. En guise de crème fouettée, battez 50 g de lait écrémé en poudre dans 25 cl d'eau glacée pendant 5 min. Utilisez cette fausse crème très rapidement, avant qu'elle ne retombe.
2. Une crème trop battue peut être sauvée en la fouettant rapidement avec 1 à 2 cuil. à soupe de lait écrémé. Si cela reste sans résultat, continuez de battre : vous obtiendrez rapidement un excellent beurre doux que vous devrez égoutter.

Crème fraîche

Pour remplacer la crème épaisse dans les préparations salées cuites, mélangez 2/3 de lait entier à 1/3 de beurre fondu.

Si vous êtes au régime, choisissez des crèmes épaisses allégées ou remplacez-les par la même quantité de lait concentré écrémé. Les crèmes fraîches liquides peuvent être remplacées par du lait concentré écrémé allongé de lait écrémé.

Crème glacée

1. Retirez les crèmes glacées du congélateur de 20 à 30 min avant de les déguster et mettez-les dans le réfrigérateur afin qu'elles s'amolissent légèrement. Si vous oubliez, passez-les au four à micro-ondes, sur la

position décongélation, pendant 30 s pour 1 litre de crème glacée.
2. Les crèmes glacées sont très perméables aux odeurs. Faites attention de bien refermer les bacs.

LE SAVIEZ-VOUS ?

Fondre pour les glaces

Glaces, crèmes glacées, sorbets... on se perd entre toutes ces appellations et nul ne sait vraiment qui les inventa.

Partis de Chine, dit-on, arrivés en Italie via la Perse, grâce à Marco Polo, les sorbets furent introduits en France par Catherine de Médicis, à qui l'on doit nombre d'apports à notre savoir culinaire.

C'est au café Procope, à Paris, que l'on servit, au XVIIe siècle, la première crème glacée. Mais il fallut attendre le XIXe siècle pour que ce dessert se démocratise, et le XXe pour qu'il soit à la portée de tous, grâce aux sorbetières domestiques.

Simples mélanges de jus de fruits et de sucre ou de sirop, très faciles à réaliser, les sorbets sont légers, désaltérants, parfaits à savourer en été. Autre curiosité, à mi-chemin entre le sorbet et la boisson : les granités. Ces paillettes glacées, que l'on déguste à la cuillère, sont un mélange de jus de fruits, de café ou de chocolat fondu et de sucre pris en glace, puis simplement remués à la fourchette au moment d'être servis.

Les glaces, tout comme les crèmes glacées, contiennent des œufs, de la crème ou du lait et du sucre ; ce sont de véritables desserts élaborés, qui peuvent être moulés en formes diverses, et pas seulement en boules à poser sur des cornets.

Aujourd'hui, les grands chefs ont créé les sorbets salés : en entrée, ils ouvrent l'appétit ; entre 2 plats — trou normand remis à l'honneur —, ils permettent une transition facile entre des goûts très différents.

Crème solaire

Les crèmes solaires devraient être utilisées de façon habituelle dès l'enfance pour empêcher les maladies de peau, les rides, la décoloration, la couperose et les lésions cancéreuses causées par une exposition prolongée au soleil.
1. Jugez de l'efficacité des produits solaires : déterminez au bout de combien de temps d'exposition au soleil sans crème protectrice votre peau commence à brûler. Multipliez le temps obtenu (en minutes) par l'indice de protection indiqué sur l'emballage. Divisez le résultat par 60 pour trouver combien d'heures de protection vous pouvez espérer d'une crème. Si vous prenez un coup de soleil en 30 min, par exemple, une crème solaire d'indice 8 devrait vous protéger pendant environ 4 h.
2. Les écrans les plus protecteurs sont aussi les plus chers. Une crème solaire d'indice 12 peut coûter 4 fois plus cher qu'une crème d'indice 6. Pour faire des économies, achetez une crème d'indice 6 et passez-la plus souvent. Si vous êtes sujet aux coups de soleil et si vous devez vous exposer à un soleil violent, consultez un dermatologue.
3. Tenez également compte de l'intensité du soleil. Plus il est haut dans le ciel, plus ses rayons sont forts. Il vous faut un indice de protection plus élevé à midi ou sous les tropiques que le matin et le soir, ou plus au nord.
4. Même garantie résistante à l'eau, une crème solaire s'élimine peu à peu au bain. Renouvelez régulièrement son application.
5. N'utilisez jamais une crème solaire de plus de 3 ans. Certaines ont des dates limites d'utilisation.
6. Ne vous fiez pas aux lotions dites « naturelles », du genre huile de sésame, beurre de cacao ou huile d'olive et citron : elles ne filtrent pas les rayons nocifs.

Crevaison

BICYCLETTE

Vous pouvez réparer rapidement un pneu avec 2 cuillères, du papier de verre fin, de la dissolution, du talc et un mince morceau de caoutchouc. En guise de Rustine, découpez des petits carrés de caoutchouc dans une vieille chambre à air ou dans un bonnet de bain : étendez de la dissolution sur les 2 faces et laissez sécher.
1. Enlevez la roue et passez les manches des cuillères, à 12 ou 15 cm de distance l'une de l'autre, entre le pneu et la jante métallique. Faites avancer les cuillères autour de la roue en amenant le bord du pneu vers l'extérieur, par-dessus la jante.
2. Sortez la chambre à air. Regardez à l'intérieur du pneu s'il ne reste pas de petits cailloux pointus. Si la fuite n'est pas visible sur la chambre à air, gonflez celle-ci et immergez-la dans l'eau : des bulles indiqueront l'emplacement du trou.
3. Séchez la chambre à air et frottez le tour du trou avec du papier de verre. Étalez-y la dissolution et posez la face collée de la Rustine sur la chambre à air. Poudrez la Rustine de talc de façon qu'elle ne colle pas au pneu.
4. Pour remonter la roue, gonflez légèrement la chambre à air. Insérez la valve dans la jante, puis glissez la chambre dans le pneu. Remettez le pneu en place avec les pouces ou avec les cuillères en faisant attention de ne pas crever la chambre à air tout juste réparée. Lorsque le pneu est en place, terminez le gonflage et remontez la roue. (Voir aussi Chaîne de bicyclette, p. 49 ; Cyclisme, p. 74 ; Antivol de bicyclette, p. 20.)

VOITURE

1. Pour démonter une roue, serrez d'abord le frein à main et placez des cales sur les roues avant (si vous changez une roue arrière). Placez le cric sous la voiture et commencez à la soulever. Desserrez les boulons de la roue. Soulevez entièrement la voiture et finissez le démontage. À l'inverse, resserrez les boulons et bloquez-les quand la roue sera posée au sol. Puis retirez le cric (voir Cric de voiture, ci-dessous).

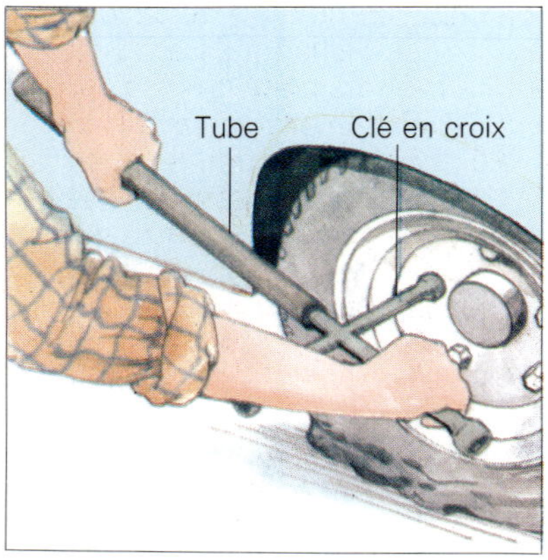

2. Vous n'arrivez pas à desserrer les boulons car ils sont grippés. À défaut de dégrippant, passez de l'huile de machine, du vinaigre ou du jus de citron. La prochaine fois que vous changerez les roues, passez les filetages des boulons au produit antirouille ou antigel.
3. Si une roue a perdu ses boulons, empruntez un boulon à chacune des autres roues. Remplacez-les au plus vite (valable uniquement pour une roue fixée par 4 boulons ou plus).
4. Faites bien attention de tourner la clé (ou la manivelle) dans la bonne direction. Desserrez dans le sens contraire des aiguilles d'une montre et resserrez dans le sens inverse.
5. Pour avoir plus de force, poussez la clé vers le bas, en appuyant dessus avec le pied.
6. Une clé en croix ou à manche extensible demande moins d'efforts qu'une manivelle ordinaire. Pour plus de force, enfilez un morceau de tube sur l'un des bras de la clé.

Cric de voiture

Il vaut mieux utiliser un cric sur un terrain plan et ferme. Si vous devez changer de roue sur une pente, placez de grosses pierres ou des cales sur le côté aval des pneus. En cas d'urgence, utilisez un enjoliveur pour soutenir le cric sur sol mou. Cela vaut la peine de sacrifier un enjoliveur pour poursuivre votre route.

Une bonne solution est de garder dans votre coffre une planchette carrée de 25 cm de côté et de 20 à 25 mm d'épaisseur (à utiliser comme base sous le cric) et un petit bloc de bois de 15 × 20 cm de section (environ). Celui-ci servira à caler la roue diagonalement opposée à celle qui est à changer afin d'empêcher la voiture de

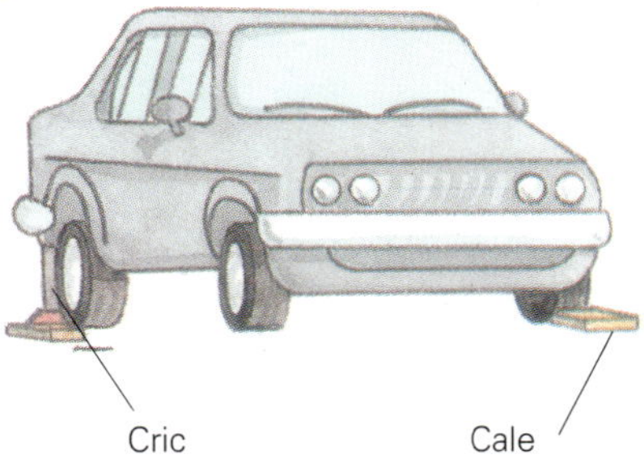

tomber du cric. Si vous n'avez pas de cale, prenez une brique ou une grosse pierre.

Crise de foie

Le saviez-vous... la « crise de foie » n'existe qu'en France. Non pas que l'organisme des Français présente des maladies différentes des autres, mais il s'agit d'un abus de langage pour désigner des troubles du fonctionnement de l'appareil digestif dus à un repas trop riche, à un excès de boisson ou à une contrariété. Ce n'est donc pas une maladie du foie.

Ses symptômes associent nausées, vomissements alimentaires ou bilieux, sueurs profuses, maux de tête, parfois même diarrhées. Pour en guérir :
- gardez le lit pendant 24 h ;
- buvez une infusion de camomille ou de verveine, un citron pressé dans un bol d'eau chaude ;
- quand les vomissements ont cessé, buvez de l'eau de Vichy et reprenez une alimentation légère à base de bouillon de légumes et de purée.

Crochet adhésif

1. Pour fixer un crochet adhésif, nettoyez l'endroit où il sera collé avec de l'alcool à 90°. Retirez la feuille de protection au dos du crochet (ne touchez pas l'adhésif avec les doigts), et appliquez en appuyant.
2. Pour enlever un crochet adhésif, laissez couler quelques gouttes d'essence minérale sur le collage. Ramollissez la colle qui reste avec un sèche-cheveux. Sur surfaces non peintes, utilisez de l'alcool, du white-spirit ou (si elles ne sont pas en plastique) du diluant cellulosique, du trichloréthylène, de l'acétone ou du dissolvant à vernis à ongles. Essayez sur une partie cachée.

Cuir

CONFECTION

1. Pour faire des jupes, des pantalons, des vestes ou des gilets, achetez du cuir ou du daim en qualité « peau sciée ». Il est facile de la coudre à la machine (avec des points espacés) avec du fil de coton solide. Pour faire des vêtements d'extérieur, achetez du cuir plus épais, louez une machine à coudre de professionnel, assemblez les pièces, percez des trous le long des bords avec une alène et passez des lacets en cuir dans les trous.

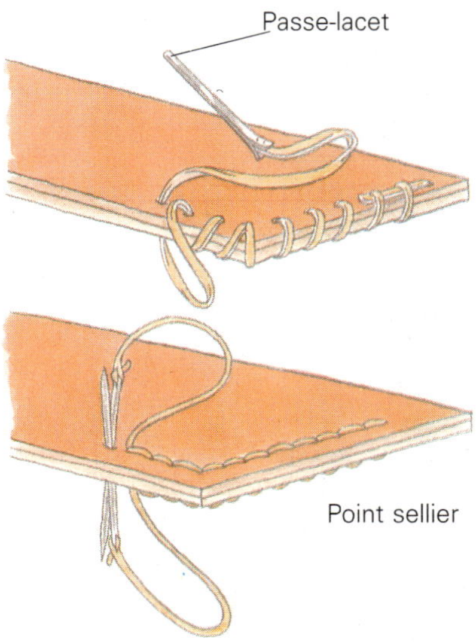

2. Avant de couper du cuir ou de la peau, vérifiez l'emplacement d'éventuelles marques (cicatrices) afin de ne pas les retrouver dans les parties visibles. Si vous remarquez des endroits plus minces, renforcez-les au dos avec une pièce de tissu thermocollant.
3. Passez la main sur le daim pour déterminer la direction du poil. Marquez-la au dos par une flèche faite à la craie. Coupez ensuite le patron de façon que tous les morceaux soient dans le sens du poil, sinon vos morceaux côte à côte n'iront pas ensemble. Ou, au contraire, alternez les sens pour obtenir des effets.

ENTRETIEN

1. Suspendez un manteau de cuir mouillé sur un cintre capitonné et laissez-le sécher loin de toute source de chaleur directe. Les plis partiront en une nuit. Si tel n'est pas le cas, repassez à sec sur l'envers avec un fer réglé sur « laine » en interposant une feuille de papier kraft épais.
2. Nettoyez les taches légères sur du cuir lisse et verni avec une éponge humide et une goutte de savon noir. Rincez l'éponge et éliminez la mousse. Après séchage, appliquez une crème d'entretien.
3. Effacez les éraflures avec un crayon feutre de même couleur que le cuir. Passez ensuite une crème d'entretien. Sur le daim, utilisez une gomme ou une petite brosse métallique douce et très fine.
4. Recousez des gants ou des chaussures en cuir avec du fil dentaire : il dure très longtemps.
5. Pour nettoyer un sac ou un vêtement moitié tissu, moitié cuir, commencez par les parties en tissu. Faites une eau savonneuse avec du détergent liquide pour lave-vaisselle et frottez la partie à nettoyer avec une éponge ou un chiffon doux en ne prenant que la mousse. Nettoyez les endroits très sales avec une brosse douce. Rincez, en humectant l'éponge d'eau chaude, jusqu'à disparition de la mousse. Nettoyez les parties en cuir avec du savon noir, puis appliquez une crème d'entretien.

Cuisinière

1. Nettoyez les protège-plaques des cuisinières électriques en les trempant dans de l'eau chaude savonneuse. Si elles sont émaillées, faites-les tremper dans une solution de bicarbonate de soude et d'eau, puis frottez avec un abrasif très doux.
2. Nettoyez le dessus de la cuisinière chaque fois qu'une casserole déborde. Utilisez des couvercles contre les éclaboussures si vous préparez des aliments frits ou sautés et couvrez les plaques que vous n'utilisez pas avec des moules à tartes jetables.

3. Les plaques électriques exigent des récipients à fond parfaitement plat. Placez une règle sur le fond d'une casserole retournée. S'il n'est pas en contact partout avec la règle, il est déformé : la cuisson sera lente et irrégulière.
4. Pour que les plaques chauffantes ne rouillent pas, nettoyez-les après chaque usage. Faites-les chauffer à feu moyen pendant 2 min et appliquez de l'huile alimentaire.
5. Si la flamme d'un brûleur à gaz est inégale, c'est que des trous sont bouchés. Nettoyez-les avec un trombone déplié, une épingle ou un cure-pipes. N'utilisez rien qui puisse se casser et rester bloqué dans les trous, tel un pique-olive en bois.

Cuivre

1. Faites briller des objets en cuivre non verni en les laissant tremper toute une nuit dans une solution à parts égales d'eau et d'ammoniaque, puis frottez-les avec un tampon de laine d'acier extra-fine.
2. Décrassez et désoxydez les vieux cuivres avec du vinaigre additionné de sel fin ou des écorces de citron saupoudrées de sel.
3. Nettoyez le cuivre verni avec une lessive douce, puis rincez et séchez. N'utilisez pas d'abrasifs.
4. Dans tous les cas, rincez à l'eau claire, séchez et astiquez avec un chiffon doux ou une peau de chamois.
5. Si vous voulez utiliser le chaudron à confiture ou les casseroles en cuivre que vous venez d'acheter, éliminez-en d'abord la couche de vernis de protection avec de l'alcool à brûler.

Cyclisme

1. Portez un sifflet en pendentif et utilisez-le en guise de sonnette : l'avertissement n'en sera que plus strident.
2. Vous peinez dans les côtes ? Veillez à ne pas trop vous pencher sur le guidon : cela gêne la respiration. Tenez-vous bien droit.
3. Sur route mouillée, freinez de temps en temps pour faire sortir l'eau de vos freins ; spécialement après une flaque ou en haut d'une pente.
4. Si vous dérapez, ne tentez pas de tourner votre roue. Même sur surface glissante, maintenez-la sur sa trajectoire, quelle que soit la direction prise par la bicyclette.
5. À la campagne, les virages serrés sont souvent truffés de gravillons et de trous. Freinez avant la courbe et surtout pas sur les gravillons. Roulez également le plus à droite possible afin d'éviter les voitures venant en sens inverse et qui risquent d'être déportées dans le virage.
6. Par temps froid, mettez une doublure de casque de chantier dans votre casque de cycliste. Pour avoir plus chaud encore, glissez une ou plusieurs feuilles de journal pliées en deux sous votre maillot : c'est un excellent coupe-vent. (Voir aussi Crevaison, p. 72 ; Chaîne de bicyclette, p. 49 ; Antivol de bicyclette, p. 20.)

D

Décalage horaire

Atténuer les effets, difficiles à supporter, du décalage horaire est tout à fait possible.
1. Commencez par choisir votre heure de départ en fonction de votre destination. Si vous allez vers l'est, prenez de préférence un vol du matin. Vous arriverez ainsi l'après-midi à l'heure de votre organisme, mais en début de soirée pour votre lieu d'atterrissage. Dînez et couchez-vous le plus tard possible (dans le temps local), vous passerez une bonne nuit. À l'inverse, si vous allez vers l'ouest, prenez un avion tard le soir et ne cherchez pas à dormir pendant le vol puisque vous allez arriver en fin de journée. Couchez-vous relativement tôt (pour l'heure locale), le lendemain vous serez frais et dispos.
2. Préparez votre organisme durant la semaine qui précède votre départ : préajustez votre heure de coucher en vous mettant au lit progressivement un peu plus tôt si vous allez vers l'est, un peu plus tard si vous allez vers l'ouest. Faites alterner un jour de repas normaux, comportant de la viande notamment, et un jour « maigre » avec soupe et salade. Le jour du vol, mangez légèrement, évitez le café le matin si vous allez vers l'ouest, entre 18 et 21 h si vous allez vers l'est.
3. 48 h avant le départ, il est tout à fait conseillé de prendre un léger sédatif, homéopathique ou phytothérapique de préférence. (Voir aussi Mal de l'air, p. 142.)

Déchets toxiques

Un simple reste de peinture, de nettoyant ménager, d'insecticide ou d'herbicide constitue un déchet toxique. Le vider dans les toilettes peut endommager les tuyauteries (voire l'égout). Le jeter à la poubelle, c'est prendre le risque qu'il atteigne la nappe phréatique.

Si vous ne parvenez pas à les utiliser, pensez à ceux qui pourraient être intéressés par votre trop-plein de peinture, votre insecticide ou votre nettoyant. Si vous désirez vous débarrasser de grosses quantités, adressez-vous au service d'hygiène de votre mairie (ou Direction de la protection civile, en préfecture). En attendant, assurez-vous que les récipients contenant des matières dangereuses sont étanches. En cas de rouille ou de fuite, déposez-les dans d'autres, plus grands et plus sûrs.

Décoration de fête

1. Pour un anniversaire, décorez la pièce avec des agrandissements de photos de l'invité d'honneur.
2. Si vous servez de la cuisine étrangère, procurez-vous des affiches et des dépliants touristiques et décorez-en les murs. Ajoutez quelques drapeaux aux arrangements floraux.
3. À défaut de « vraies » décorations, un plat de fruits ou de légumes colorés donnera un air de fête à votre table.

4. Pour une réception d'enfants, pourquoi ne pas faire une composition d'animaux en peluche ou de jouets au milieu de la table, même si elle ne résiste pas longtemps.

Décoration murale

Tout ce qui se suspend à plat peut prendre la place d'un tableau.
1. Les canevas, les patchworks et les petits tapis font une décoration murale très agréable à l'œil.
2. Aimez-vous les puzzles ? Lorsque vous en avez fini un, glissez-le entre 2 plaques de contreplaqué de 5 à 6 mm d'épaisseur aux dimensions du puzzle (placez une feuille de papier sulfurisé entre la plaque et le côté illustration). Maintenez l'ensemble avec des grosses pinces à dessin ou à sous-verre et retournez-le de façon que l'envers du puzzle soit au-dessus. Retirez la plaque de contreplaqué du dessus. Vérifiez que toutes les pièces (vues de dos) sont bien en place et que l'ensemble est bien d'équerre. Encollez une face du contreplaqué retiré avec de la colle spéciale pour puzzle ou de la colle à bois à prise rapide blanche. Étalez-la au pinceau pour obtenir une couche fine et très régulière. Posez aussitôt la face encollée contre le dos du puzzle. Vérifiez bien le positionnement et placez des poids, des livres ou des objets lourds, sur le contreplaqué. Au bout de 15 à 20 min, retournez le tout et retirez la plaque qui recouvre l'image. Nettoyez délicatement avec une éponge bien essorée les éventuelles bavures de colle qui auraient pu filtrer entre les pièces. Après séchage, pulvérisez un vernis de protection (mat ou satiné) sur l'image, puis encadrez le puzzle.
3. Laissez la fonction de la pièce vous suggérer les décorations appropriées. Dans le hall d'entrée, par exemple, vous pourriez utiliser des chapeaux et des cannes. Dans le salon, des instruments de musique, des journaux historiques, d'anciens ouvrages de brodeuse. Dans la salle à manger, des napperons, des corbeilles ou des paniers et des ronds de serviette. Dans la cuisine, suspendez des pots en grès décoratifs, un râtelier à épices ou une étagère pour exposer les bocaux de confiture...

Découdre

1. Dans une couture réalisée au point de chaînette, coupez la première boucle et déroulez toute la chaîne.
2. Utilisez un découd-vit pour découdre rapidement une couture au point droit machine. À défaut, une lame

de rasoir fera l'affaire. Attention cependant, ces deux accessoires sont « virulents » pour le tissu. La façon la plus sûre, mais un peu plus lente, de défaire une couture est de couper chaque point avec des petits ciseaux pointus.
3. Certaines coutures à 4 ou 5 fils semblent parfois impossibles à défaire. Passez le découd-vit dans les boucles du bord du tissu et tout ira pour le mieux.

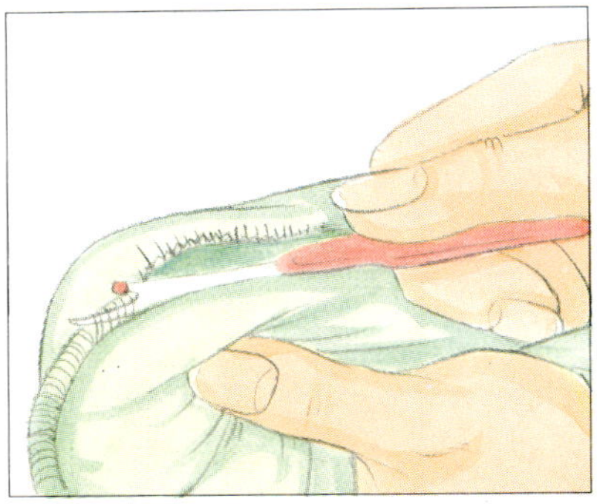

Dégâts des eaux

1. Avant de vous préoccuper de ce qui a pu provoquer l'afflux d'eau, coupez le courant. (Voir aussi Compteurs, p. 64.)
2. Ne demandez l'intervention des sapeurs-pompiers que si la hauteur d'eau dans un local atteint 10 cm. Audessous, écopez vous-même avec pelles à poussière, seaux, cuvettes, serpillières, balais...
3. Pour sécher une pièce rapidement (une fois l'eau évacuée), placez des ventilateurs dans des embrasures de fenêtre, à des endroits opposés de la pièce ; ou utilisez des radiateurs portatifs au butane.
4. Si de l'eau stagnante a provoqué l'enfoncement d'un plafond, percez des trous d'écoulement aux endroits les plus creux avec une aiguille, un pic à glace ou un tournevis.

Dégâts d'incendie

1. Photographiez ou filmez en vidéo, immédiatement après l'incendie, tous les dégâts. Vous aurez ainsi un document sur l'étendue du sinistre.
2. Si des portes ou des fenêtres ont été cassées, barrez les entrées avec des planches.
3. Réunissez les factures des objets endommagés ou détruits.
4. S'il fait froid, louez des radiateurs à gaz type butane. À défaut, videz les tuyaux et versez un antigel dans les toilettes et les tuyaux d'évacuation d'eaux usées.
5. Avant d'utiliser l'électricité, faites vérifier l'installation par un professionnel.
6. Mettez les objets de valeur dégradés dans un endroit sûr et accessible afin que l'expert de l'assurance puisse les inspecter.
7. Faites fonctionner des ventilateurs, des sèche-cheveux ou des déshumidificateurs pour assécher la maison.
8. Suspendez tapis et moquettes (y compris les thibaudes) à l'extérieur pour les sécher et supprimer les odeurs.
9. Essuyez le mobilier en bois, aspirez la suie déposée sur les coussins, canapés et autres surfaces.
10. Ne laissez pas les tissus humides sécher là où ils se trouvent. Mettez-les à la température ambiante d'une pièce épargnée par l'incendie.
11. Enfermez tableaux, beaux livres et autres objets de valeur dans votre congélateur (s'il est trop petit, tentez de les confier à un industriel spécialiste de la « chaîne du froid »), jusqu'à ce que vous ayez la possibilité de les faire restaurer.
12. Jetez tous les aliments, boissons et médicaments qui ont été exposés à des températures élevées ou atteints par l'eau des lances d'incendie.
13. Portez les vêtements chez un teinturier en lui signalant qu'ils sont imprégnés d'odeur de fumée.

Déguisement

Créez des déguisements peu coûteux avec des objets inutilisés et des vêtements usagés.
1. Transformez des passoires, des cuvettes et d'autres vieux récipients en plastique en casques et en chapeaux. Découpez un ballon de volley en deux et vaporisez de la peinture argentée dessus, il se changera en casque de robot, d'astronaute ou de chevalier. Transformez de gros gants de jardin en gantelets en les peignant avec de la peinture argentée.
2. Les morceaux de cellophane déchiquetés des emballages feront des perruques colorées.
3. Un casque de skate-board est une bonne base pour beaucoup de déguisements. Attachez-y de fausses oreilles d'animaux, du fil ou des bijoux fantaisie. Pour un jeune enfant, maquillez une grenouillère de la même façon.

4. Pour faire des décorations faciales, découpez des étoiles, des fleurs ou des cœurs dans du papier crépon de couleur vive. Collez-les sur la peau avec de la colle pour postiches (faux cils, moustaches...).
5. Si vous avez besoin d'un rembourrage supplémentaire pour un costume, portez un grand collant et bourrez-le de coussins ou de chiffons.

Déjeuner d'affaires

Vous invitez quelqu'un à déjeuner dans le cadre de votre travail. Précisez clairement l'objet de votre invitation (première prise de contact, demande de renseignements, échanges de points de vue sur un thème précis, remerciements pour un service rendu, ou simple courtoisie). Vous permettrez ainsi à chacun de préparer un rendez-vous plus efficace.

Réservez à l'avance et demandez une table à un endroit calme. Précisez l'heure et le nombre de convives au restaurant et à votre invité, en indiquant l'adresse à ce dernier. Ce sera à vous de payer l'addition, elle entrera dans vos frais professionnels.

Arrivez bien à l'heure fixée. C'est vous qui devez attendre votre invité. En l'attendant, prévenez le maître d'hôtel afin qu'il vous remette l'addition. Si vous arrivez ensemble au restaurant, trouvez un prétexte (téléphone) pour avertir le personnel de ce détail. Payez discrètement. Allez à la caisse pour faire votre chèque ou régler avec une carte de crédit. Rangez la note avant de rejoindre la table et laissez discrètement un pourboire en quittant la table.

Enfin, vous êtes invité par un confrère et savez que ses frais professionnels ne lui sont pas remboursés. Proposez de partager l'addition.

Démangeaisons

1. Soulagez rapidement des démangeaisons en plaçant un sachet de thé humide ou une compresse froide d'hamamélis directement sur la zone piquée.
2. Si la peau n'est pas excoriée, appliquez une lotion rafraîchissante faite de 1/2 verre d'eau, 1/2 verre d'alcool à 60° et 3 ou 4 gouttes d'alcool de menthe. Conservez-la dans une bouteille fermée et secouez bien avant usage.
3. Pour soulager des démangeaisons, versez 2 verres de flocons d'avoine écrasés dans un bain tiède (attention en entrant dans la baignoire et en en sortant, elle sera extrêmement glissante). Restez dans le bain pendant 15 à 20 min et séchez-vous en tapotant doucement afin qu'une pellicule d'avoine reste sur la peau.
4. Lorsque la peau est sèche, se crevasse et démange, préparez un bain d'eau salée en ajoutant 1 verre de gros sel dans la baignoire (le sel rend également la baignoire glissante). Après le bain, passez-vous du suc de feuilles d'aloès fraîches sur la peau.

Démarchage par téléphone

De nombreuses sociétés ont adopté le démarchage par téléphone : pour relancer des abonnés, placer un article, des actions ou installer une cuisine avec des rabais fabuleux...
1. Ne vous engagez jamais par téléphone à acheter quoi que ce soit, surtout pas d'actions en Bourse ni une assurance vie. Les trop belles offres camouflent souvent une escroquerie.
2. Faites-vous envoyer, sans engagement d'achat, toute la documentation nécessaire pour choisir tranquillement chez vous. Vérifiez les offres et comparez avec celles des magasins ou de votre banque, par exemple.
3. Prenez toutes les mesures pour vous protéger de l'escroquerie toujours possible (contrat en double, conditions de vente clairement définies, remboursement possible et identité précise du démarcheur).
4. Vous avez 7 jours pleins pour dénoncer l'engagement pris avant de verser quelque argent (15 jours pour les opérations financières).
5. Les relances se situent surtout à l'heure des repas, et surtout quand on sait que vous êtes seul à la maison. Sachez recevoir l'appel poliment, mais sans recours. N'engagez pas la conversation, ne posez aucune question, vous serez pris au piège sans vous en apercevoir.
6. Si vous êtes importuné trop souvent, informez que vous prévenez le Syndicat de vente à domicile et la CNIL (Commission nationale informatique et liberté) et que vous porterez plainte au prochain appel.

Démarrage de la voiture

Si votre voiture ne démarre pas :
1. Vérifiez le niveau de la jauge à essence.
2. Essayez les phares. S'ils sont faibles ou ne fonctionnent pas du tout, la batterie est déchargée ou hors d'usage. Ce problème arrive généralement en hiver mais peut se produire à d'autres moments. Si la batterie est faible mais pas totalement morte, essayez de faire démarrer la voiture manuellement en vous faisant pousser par une autre voiture. Celle-ci doit avoir des pare-chocs de même taille que ceux de votre voiture. Mettez le contact, passez au point mort et, dès que vous aurez pris un peu de vitesse, embrayez doucement en seconde. Si la voiture ne démarre pas, même après plusieurs tentatives, vous avez certainement un défaut d'allumage.
3. Avec une voiture à transmission automatique, assurez-vous que le levier est sur parking (P) ou au point mort (N). Si le démarreur ne tourne pas, faites faire une révision.
4. Si vous noyez le moteur en essayant de démarrer la voiture (vous sentirez une odeur d'essence), attendez 5 min, puis faites fonctionner le démarreur pendant 10 s sans mettre le starter. Sans résultat la première fois, attendez au moins 5 min et recommencez. N'appuyez pas sur l'accélérateur, vous noieriez encore plus le moteur.
5. Vérifiez les cosses de la batterie. Si elles sont enrobées d'une croûte de sulfate, le courant ne peut parfois plus passer. Nettoyez-les. (Voir aussi Batterie de voiture, p. 31.)

Démarrage par temps froid

1. Si votre voiture démarre mal par temps froid, il s'agit probablement d'un problème d'allumage. Faites vérifier votre batterie. Assurez-vous que les cosses ne sont pas sulfatées (voir Batterie de voiture, p. 31).

Nettoyez les bougies ainsi que leurs câbles et les capuchons isolants, qui doivent être en parfait état. Traitez toutes les parties électriques avec un produit hydrofuge en aérosol.
2. Quand, par temps froid, le démarrage d'un moteur Diesel devient une corvée quotidienne, songez à faire l'acquisition d'un réchauffeur de gazole, à placer sur le filtre.

Démission

Vous pouvez démissionner librement. Toutefois, votre volonté d'arrêter votre contrat de travail doit être libre, sérieuse et non équivoque. Un mouvement d'humeur d'une heure n'est pas suffisant pour prouver que vous démissionnez.
1. Informez votre employeur par lettre recommandée avec A/R. C'est le point de départ de votre préavis : 8 jours pour les ouvriers, 1 mois pour les employés, 3 mois pour les cadres.
2. Prévoyez votre départ : achevez une étude, menez à bien un projet. Proposez de former votre remplaçant pendant le préavis.
3. Si vous décidez de rompre parce que les engagements prévus au contrat ne sont pas tenus, une négociation de départ peut s'envisager. Elle évite souvent un litige (procès pour faire valoir vos droits).
4. Faites-vous remettre votre solde de tout compte.

Dentiste

Aujourd'hui, aller chez le dentiste ne devrait plus soulever la moindre appréhension car les techniques permettent des soins beaucoup plus rapides et moins douloureux. Si, malgré tout, vous êtes victime de peur incontrôlée, parlez-en à votre dentiste : un bon praticien saura vous écouter et vous amener à vous détendre en vous expliquant ce qu'il envisage de faire.

Une fois allongé dans le fauteuil, relaxez-vous complètement ; la crispation à elle seule peut engendrer la douleur. Provoquez consciemment cette détente en partant des jambes jusqu'à la tête. Respirez lentement et profondément. Appliquez-vous à penser à autre chose, fredonnez mentalement une chanson, récitez un poème, comptez, c'est très efficace.

Lorsque c'est le tour de vos enfants, essayez de ne pas leur transmettre votre angoisse.

Dents

RAGE DE DENTS

1. Imbibez un petit morceau de coton stérile d'huile de clou de girofle, ou faites une pâte avec des clous de girofle en poudre et de l'eau. Placez le coton ou la pâte dans la carie ou sur la dent. **Attention !** Un clou de girofle entier risque de vous piquer les joues et la langue.
2. Si la douleur vient de commencer, buvez un liquide très chaud ; si elle est plus ancienne, un liquide glacé.
3. Faites un bain de bouche d'eau chaude salée toutes les heures et prenez une aspirine ou l'un de ses substituts toutes les 4 h (voir p. 24).
4. Essayez la pression des zones gâchettes : de l'index, pressez doucement sur toute la surface du visage, du cou et de la tête et, lorsque vous trouvez un point sensible, appuyez plus fort pendant 10 s et relâchez.
5. Massez le repli cutané situé entre le pouce et l'index avec un glaçon. En frottant la main droite, vous atteindrez le côté droit de votre bouche et en frottant la main gauche, le côté gauche. C'est très efficace.

OBTURATIONS

1. Pour remplacer temporairement une obturation qui a sauté, bouchez la cavité avec une pâte faite d'eugénol et d'oxyde de zinc en poudre (ces 2 produits sont disponibles en pharmacie). Mordez fort pour faire entrer la pâte et lui donner la bonne forme. Allez chez le dentiste au plus vite.

DENTS COLORÉES

1. Pour blanchir les dents, frottez-les avec du bicarbonate de soude et rincez abondamment.
2. Si vos dents se tachent facilement, évitez le café, le thé, le vin rouge, le jus de raisin, les mûres, le curry et le tabac.

Déodorant

1. Après le bain ou la douche, tamponnez-vous les aisselles de bicarbonate de soude. Il adhérera à la peau encore humide. Si vous ne trouvez pas cela assez doux, mélangez le bicarbonate avec de la Maïzena.
2. Écrasez une feuille de romaine afin d'en extraire des gouttes de suc, passez ce liquide sous vos aisselles et laissez sécher.
3. Si votre odeur corporelle persiste, changez de marque de savon. En effet, certains savons contiennent des produits chimiques qui réagissent aux sécrétions chimiques du corps.

Dépannage à domicile

Des clés perdues, une inondation naissante ou un court-circuit... et vous cherchez un dépanneur. Choisissez-le bien.
1. Si vous êtes bloqué devant votre porte, ayez le bon réflexe : allez au commissariat de police, qui vous indiquera un artisan connu.
2. Lorsque vous appelez un dépanneur, vérifiez son identité et sa qualification (numéro d'inscription au répertoire professionnel). S'il refuse, refusez le service.
3. Même en urgence, avant d'intervenir, il doit vous présenter un ordre de réparation décrivant état des lieux et réparations à faire. Au-dessus de 1 000 F, un devis détaillé et chiffré est obligatoire. Les travaux ne se feront que lorsque vous l'aurez signé. Faites-en établir plusieurs pour comparer.
4. Dans tous les cas, les pièces remplacées vous sont remises à des fins éventuelles d'expertise.
5. Vérifiez le travail et refusez les travaux complémentaires que vous n'avez pas commandés.
6. Exigez une facture claire et précise sur papier à en-tête avant de payer.

AU TEMPS JADIS

L'éternelle obsession des odeurs corporelles

C'est l'action des bactéries développées par la transpiration qui est la cause des mauvaises odeurs corporelles.

Autrefois, les gens s'aspergeaient de parfums pour masquer ces odeurs. Les Égyptiens se parfumaient régulièrement ou s'enduisaient d'huile d'agrumes, d'épices ou de résine et s'épilaient (les poils accueillent les bactéries). Plus tard, d'autres sociétés copièrent les formules égyptiennes en y ajoutant des poudres et du bicarbonate de soude.

À quelques exceptions près, la propreté fut longtemps négligée par la majorité du genre humain. Au début de ce siècle, il était même de bon ton dans certains milieux que les femmes répandent leur odeur corporelle, appelée « bouquet de corsage ». Elles pensaient ainsi attirer les hommes. Pourquoi pas, mais cette mode passa très vite...

Dépoussiérage

Le but est de ramasser la poussière et non de la déplacer.

1. Vaporisez un produit dépoussiérant sur de vieux sous-vêtements en coton ou de vieilles serviettes de toilette en guise de chiffon. De la mousseline humide trempée dans du citron dilué dépoussière aussi très bien. Évitez les chiffons duveteux. Faites des gestes lents, amples et réguliers du haut vers le bas.

2. Portez un tablier à poches ou munissez-vous d'un plateau, d'un panier ou d'une boîte dans lesquels seront disposés tous les objets nécessaires au nettoyage. Ayez aussi un sac à portée de la main pour récupérer divers objets.

3. Enfilez comme un gant une vieille chaussette imprégnée de produit dépoussiérant pour nettoyer les pieds de tables et les chaises.

4. Plutôt que de dépoussiérer les bibelots un par un, trempez-les tous dans une cuvette avec de la lessive, puis séchez-les à l'aide d'un sèche-cheveux.

5. Utilisez un petit pinceau plat en soies de porc pour épousseter les moulures des cadres.

6. Pour les objets compliqués à dépoussiérer tels que les abat-jour plissés, les meubles sculptés, les niches..., délogez la poussière avec un pinceau et aspirez-la en maintenant l'embout du tuyau de l'aspirateur à proximité du pinceau.

7. Pour les endroits difficiles d'accès, comme derrière les radiateurs, les persiennes ou sous le réfrigérateur, glissez une vieille chaussette humide sur un manche à balai en bois. Attachez-la avec un élastique.

8. Utilisez l'aspirateur muni de sa brosse ronde pour dépoussiérer les fentes de ventilation des appareils hi-fi et vidéo, de l'ordinateur ou du poste de télévision.

Dérapage

Ne freinez pas brutalement, cela ne fait qu'accentuer le dérapage. Levez le pied de la pédale d'accélération et tournez le volant dans la direction du dérapage. Quand les roues avant commencent à accrocher, redressez le volant mais préparez-vous à contrer un nouveau dérapage dans le sens opposé : n'appuyez que très légèrement sur l'accélérateur.

Cette gymnastique demande un bon entraînement. Vous pouvez l'acquérir en vous inscrivant à des cours de conduite sur verglas proposés par certaines auto-écoles.

Désherbage

1. Évitez l'emploi d'herbicide en retournant profondément la parcelle à l'automne. Ne cassez pas les grosses mottes : elles permettront à l'air et surtout au gel de s'enfoncer profondément dans le sol, détruisant ainsi quantité de racines indésirables. En fin d'hiver, retournez à nouveau, plus superficiellement cette fois, cassez les mottes avec le croc. Tendez alors un film de plastique noir sur le sol et maintenez-le en place sur les côtés par des monticules de terre ou des cales de bois. La chaleur accumulée sous la bâche activera la levée des graines restées dans le sol qui, ne pouvant se développer, s'étoufferont toutes seules. Courant mai, découvrez, nettoyez les débris végétaux et plantez en sol propre.

2. Pour ne pas propager les mauvaises herbes, ne jetez pas des résidus de fauche ou de désherbage sur le compost. Gare au foin frais que vous utiliserez en paillage : il contient souvent des plantes sauvages qui dispersent leurs graines robustes. Préférez la paille finement hachée, les écorces de pin broyées ou la tourbe.

3. Désherbez en plusieurs étapes. Retournez une première fois le sol en éliminant le plus de racines possible. Laissez reposer la terre 10 jours. D'autres mauvaises herbes auront alors apparu, qu'il est aisé d'extraire avec leurs racines. Donnez ensuite un coup de croc, suivi d'une remise à niveau au râteau et plantez. Par la suite, éliminez les quelques herbes indésirables qui pointent avec la binette.

Déshydratation

La chaleur, l'effort physique, les diarrhées et les vomissements qui se prolongent provoquent toujours une déshydratation avec perte de sel. Les nourrissons, les jeunes enfants et les personnes âgées y sont particulièrement vulnérables.

Si vous éprouvez une sensation de déshydratation, buvez de grandes quantités d'eau ou de jus de fruits. En été, après un effort intense et prolongé, ajoutez un peu de sel dans l'eau.

Dessous de pieds de meubles

Fabriquez des dessous de pieds de meubles insonorisants avec des morceaux de moquette aiguilletée ou des échantillons de liège récupérés chez un marchand de fournitures pour sols. Dessinez les formes à découper en suivant le contour des pieds.

Détecteur de fumée

Encore fort peu répandue en France, l'installation de détecteurs de fumée dans les maisons individuelles procure une sécurité accrue contre l'incendie par l'alarme déclenchée tout au début de la combustion.

1. Les meilleurs emplacements pour un détecteur sont : sur ou près d'un plafond ; à proximité des chambres ; loin des fenêtres et des portes ; en haut de l'escalier.

2. Ne peignez jamais un détecteur. Deux fois par an (aux passages à l'heure d'été et d'hiver), époussetez-le ou soumettez-le à l'aspirateur, et changez la pile.

Dettes

Vous vivez à crédit avec des dettes ici ou là. Attention au dérapage !

1. Vos dettes courantes de consommation dépassent 40 % de vos revenus. Alerte !

2. Établissez un budget précis, avec dépenses réelles, crédits en cours et rentrées effectives.

3. Prenez les mesures pour faire face aux dépenses incontournables : dettes immédiates diverses, crédits en cours, vie quotidienne.

4. Supprimez pour un temps vos cartes de crédit.

5. Remettez à plus tard l'achat d'une voiture ou d'un salon tout cuir.

6. Réduisez ou supprimez les paiements par chèque, surveillez vos relevés de compte. Comparez rigoureusement dates d'émission et de valeur. (Voir aussi Chèques, p. 56.)

7. Constituez une cagnotte sur des rentrées aussi diverses qu'insolites : pièces de 5 ou 10 F pour les petites dépenses au jour le jour. Cela évitera autant de retraits à la banque.

8. Payez vos achats comptant. Les « ardoises » créent les plus mauvaises surprises.

9. Après quelques mois d'efforts, tentez de négocier un prêt de dépannage auprès de votre banque. L'apport d'argent frais avec un échelonnement bien calculé peut vous sauver.

Diabète

L'hypoglycémie (pas assez de sucre et trop d'insuline dans le sang) est brutale. Les symptômes peuvent associer sueurs, pâleur, vertiges, maux de tête, sensation de faim, agressivité, convulsions, perte de connaissance, puis coma. Donnez immédiatement à la victime du sucre, du miel, une boisson sucrée (assurez-vous qu'elle contient bien du sucre et non un édulcorant). Si elle est inconsciente, n'essayez pas de lui faire avaler quoi que ce soit. Emmenez-la à l'hôpital ou appelez un service d'urgence.

Le coma diabétique (pas assez d'insuline dans le sang) apparaît moins vite que l'hypoglycémie. Il se développe en plusieurs heures ou même plusieurs jours. Les symptômes en sont : la soif, des douleurs abdominales, des nausées, des vomissements, une attitude agitée. La peau rougit, se dessèche et devient chaude. Le malade tombe peu à peu dans le coma et dégage souvent une odeur d'acétone. Qu'il soit ou non conscient, emmenez-le à l'hôpital ou appelez un service d'urgence.

Lorsque vous ignorez si un diabétique entre dans un coma diabétique ou souffre d'hypoglycémie et qu'il est encore conscient, demandez-lui son avis. La plupart des diabétiques savent faire la différence. En cas de doute, donnez-lui du sucre et appelez de l'aide.

Diapositives

1. Vous pouvez classer des diapositives à plat dans des planches spéciales en polyéthylène transparent. Il existe des feuilles pour 20 diapositives de 24 × 36 mm ou pour 12 diapositives de 6 × 6 cm. Toutes sont perforées de façon à pouvoir être rangées dans des classeurs ou comportent une glissière pour y passer une barrette plate afin de les suspendre dans des meubles classeurs.

2. Pour conserver des diapositives en bon état, mettez-les dans un endroit frais, sec et à l'abri de la lumière (surtout pas le grenier ou le sous-sol) : la chaleur et l'humidité sont les ennemis de la couleur des diapositives et des tirages.

3. Sont-elles poussiéreuses ? Pour éviter de les rayer, utilisez une brosse douce avec soufflette, comme celles qui sont utilisées pour les objectifs, ou un compresseur à air (voir p. 301).

Diarrhée

Une diarrhée peut être causée par une infection virale ou bactérienne, une intoxication alimentaire ou une maladie inflammatoire de l'intestin. Elle peut encore être due à un état d'anxiété et à des excès alimentaires ou de boisson.

Un nourrisson se déshydrate rapidement en cas de diarrhée. Appelez immédiatement le médecin. S'il s'agit d'un bébé nourri au sein, il doit rester au même régime. Pour un bébé élevé au biberon, il faut arrêter son lait pendant 48 h et le remplacer par un lait artificiel d'origine végétale. Donnez-lui aussi du bouillon de légumes. À mesure que la diarrhée diminue, offrez-lui des aliments plus solides : carottes, riz, banane, compote de pommes.

Un adulte peut suivre le même régime. Si la diarrhée persiste plusieurs jours et que le malade n'aie ni bu ni mangé, il risque également la déshydratation. Au bout de 2 jours de symptômes et s'ils sont accompagnés de fièvre et de vomissements, appelez le médecin.

Difficultés scolaires

Certains enfants, bien qu'étant d'intelligence moyenne ou supérieure à la moyenne, peuvent avoir des difficultés à suivre l'enseignement scolaire traditionnel. On s'en aperçoit dès l'école maternelle : l'enfant fait souvent preuve d'hyperactivité, il est incapable de se concentrer longtemps ou de rester tranquille, d'où des problèmes de discipline. Il a du mal à parler, n'a pas beaucoup de mémoire et éprouve des difficultés à lire et à écrire.

Si votre enfant présente certains de ces symptômes, consultez votre médecin de famille ou son pédiatre : la raison est peut-être médicale.

Le plus souvent, ces problèmes sont d'ordre psychologique. Dans ce cas, un bon psychologue pour enfants vous aidera à faire le point et à trouver une solution. Contactez également le psychologue scolaire de l'établissement.

Enfin, si votre enfant semble dyslexique, emmenez-le chez un orthophoniste, la dyslexie (l'inversion des lettres, des syllabes ou des chiffres) étant la cause la plus fréquente de difficultés scolaires.

Dinde

1. Lorsque vous achetez une dinde, comptez, à cru, environ 500 g par personne. Si vous devez la farcir, comptez 400 g.

2. Choisissez une volaille à la peau lisse, sans taches ni blessures.

3. Les dindes, tout comme les oies ou les chapons, peuvent être cuites à la broche ; elles n'en seront que plus légères et plus savoureuses car le gras s'écoule à la cuisson. Salez et poivrez la volaille à l'intérieur et à l'extérieur et huilez légèrement la peau.

4. Pour dégeler rapidement une dinde ou toute autre grosse volaille, plongez-la entièrement dans de l'eau froide et portez à ébullition sur feu doux. Laissez frémir 1 h environ pour une volaille jusqu'à 3 kg et 2 h pour une volaille jusqu'à 10 kg. Ensuite, égouttez la volaille et épongez-la. Faites-la ensuite cuire normalement à four chaud.

5. Pour une cuisson rôtie parfaite, faites saisir la volaille dans un four préchauffé à 230 °C (th. 7), puis, au bout de 30 à 45 min, baissez la température du four à 140 °C (th. 4) et laissez la cuisson se poursuivre de 1 h à 3 h selon la taille de la volaille.

6. Les dindes et autres grosses volailles sont excellentes cuites pochées : préparez un bouillon parfumé avec carottes, céleri, poireaux, aromates, ail et épices. Plongez-y la volaille et laissez cuire 4 h pour une volaille de 8 kg ou plus.

LE SAVIEZ-VOUS ?

Des célébrités ont eu des difficultés scolaires...

Léonard de Vinci. Il écrivait à l'envers de façon à être lu dans un miroir. Certains disent que ce n'était pas de façon délibérée, mais parce qu'il était dyslexique.

Hans Christian Andersen. Dans les manuscrits de cet écrivain danois, les mêmes mots sont orthographiés de 5 ou 6 façons différentes.

Thomas Edison. Ce brillant inventeur n'eut que sa mère pour précepteur car les enseignants des écoles où il fut inscrit renoncèrent à lui enseigner quoi que ce soit.

Albert Einstein. À 4 ans, celui qui fut le génie des mathématiques ne savait toujours pas parler. Il ne sut lire qu'à 9 ans !

Woodrow Wilson. La famille de celui qui fut président des États-Unis le considérait comme « retardé »... il ne sut lire qu'à 11 ans.

Auguste Rodin. Le père du sculpteur s'inquiétait des mauvais résultats scolaires de son fils, dont l'œuvre la plus célèbre est pourtant *le Penseur*.

Winston Churchill. Sa demande d'inscription fut envoyée de façon anonyme à son ancienne école, alors qu'il était adulte et célèbre. Il fut refusé : son niveau de connaissances était trop inférieur à celui exigé par l'école !

Dîner original

Vous organisez un dîner et vous le voulez teinté d'originalité.

1. Lancez un thème dont dépendront plats, boissons, décor ou musique. Organisez un buffet « international ». Élaborez des menus composés de l'entrée au dessert uniquement de poisson et de fruits de mer, de légumes, de champignons (si vous êtes expert en cette matière), etc.

2. Demandez à chaque invité de cuisiner un plat en secret et de l'apporter. Votre participation consistera à « orchestrer » la composition du menu tout en gardant le secret.

3. Au moment de l'apéritif, servez des amuse-gueule élaborés et substantiels, comme cela se fait sur les rivages de la Méditerranée, par exemple : olives marinées et farcies, petits piments, crevettes et sardines grillées, coquillages, oursins...

4. Pour un grand barbecue, fournissez entrées et boissons et priez chaque invité d'apporter une viande.

Discours en public

Vous redoutez de parler en public ?

1. N'essayez pas d'apprendre tout votre discours, votre mémoire n'y

suffirait pas. Rédigez un texte précis aussi simple que possible, adapté à l'auditoire. Dégagez un plan clair, il aidera à alimenter vos défaillances.
2. Adaptez la longueur du texte au temps qui vous est imparti : 10 pages dactylographiées avec double interlignage correspondent à un discours de 20 min environ. Frappez le texte de manière aérée en mettant en évidence les têtes de chapitres. Cela vous guidera. Conservez le plan à portée de la main.
3. Entraînez-vous en privé. Répétez votre conférence 1 ou 2 fois à haute voix. Notez et corrigez les points faibles : intonations, défauts de prononciation, rapidité excessive.
4. Avant la séance, assurez-vous que le dispositif de sonorisation est au point. Gardez votre calme en prenant quelques profondes respirations, puis entrez en scène, installez-vous et calez-vous bien droit dans votre siège, dans une attitude confortable. Prenez votre temps avant de commencer votre conférence. Observez le public discrètement et dites-vous qu'il attend votre message. Cela vous donnera du courage.
5. Les premiers mots donnent le ton. Ou vous commencez d'emblée par une boutade, à condition qu'elle soit particulièrement bien choisie, ou vous avouez modestement que le public distingué qui vous fait face vous impressionne. Il y a de fortes chances pour que cela vous détende. Ou, simplement, présentez-vous.
6. Vous pouvez alors rentrer dans le vif de votre sujet. Concentrez-vous sur ce que vous avez à dire et à faire passer. Soyez convaincant et sûr de votre propos. Ne jouez pas avec votre stylo, ne vous laissez pas distraire par les regards inquisiteurs. Dites-vous que cela n'a pas d'importance.

Disputes d'enfants

Les enfants aiment parfois se disputer, surtout entre frères et sœurs. Ces chamailleries sont l'apprentissage de la vie en société. Ceux qui ont dû y faire face sont peut-être mieux armés pour affronter les défis du monde extérieur. Des considérations qui ne vous empêchent pas, néanmoins, de souhaiter des moments de paix ! Mieux vaut, cependant, résister à l'envie d'intervenir dans les disputes, vous saurez difficilement qui a commencé et comment. Mais si la querelle paraît sérieuse, si l'un des enfants se fait agresser physiquement, séparez les adversaires. La bagarre a lieu dans la voiture ? Arrêtez-vous, expliquez que vous ne pouvez pas conduire dans ces conditions et ne repartez que lorsque les enfants seront calmés.

Quand ces disputes sont trop fréquentes, essayez de comprendre pourquoi elles éclatent. Un des enfants peut avoir un sentiment d'insécurité. Peut-être cherche-t-il à attirer votre attention ? Si les bagarres commencent toujours à des moments creux, est-ce parce que les enfants s'ennuient ?

Pour les bagarreurs chroniques, essayez les trucs suivants :
1. Faites-leur laver une vitre ensemble, chacun d'un côté, en se faisant des grimaces.
2. Demandez-leur d'écrire le récit de la bagarre. Répondez à chacun d'entre eux.
3. Amenez-les à définir la meilleure façon d'arrêter les disputes. Affichez leurs suggestions et prenez-les comme références lorsque la bagarre éclate.

Disque compact

1. Si un disque compact est gondolé, faites-le chauffer à l'aide d'un sèche-cheveux jusqu'à ce qu'il devienne souple, puis mettez-le entre 2 plaques de contreplaqué épais doublées de papier sulfurisé. Placez par-dessus 1 ou 2 gros livres et laissez pendant plusieurs heures. Recommencez si cela est nécessaire.
2. Repolissez un CD rayé avec de la pâte à polir les métaux. Frottez du centre vers les bords et inversement, jamais dans le sens des sillons.
3. Identifiez vos CD avec une marque au crayon-feutre indélébile faite au dos et non avec des étiquettes adhésives : elles risquent de s'arracher et déséquilibrent le disque, qui tourne à grande vitesse.

Donation

En donnant vos biens, vous protégez votre conjoint, évitez les discordes familiales ou les injustices et limitez les frais. C'est une formule facile, peu coûteuse et sûre.

LA DONATION AU DERNIER VIVANT

Le notaire conserve l'original et vous donne le double de l'acte, qui ne peut se perdre, contrairement au testament olographe (rédigé et gardé à la maison). Plus discrète que le testament authentique, la donation se fait sans témoins.

Simple. Muni du livret de famille, vous remplissez le formulaire selon la formule choisie : soit chacun des époux fait une donation à l'autre, soit un seul donne ce qu'il a, sans réciprocité (la totalité ou seulement une partie). Une seule condition : ne pas dépasser le montant dont chacun peut disposer librement, appelé « quotité disponible ».

Souple. Elle prend effet au décès du donateur, mais peut être révoquée à tout moment si l'un de vous a acquis d'autres biens et veut les joindre, ou au contraire, change de décision en les donnant à un autre. Vous divorcez ? L'acte de donation ne tient plus et la révocation se fait aussi devant le notaire.

LA DONATION-PARTAGE

Pour la paix des familles, partagez vous-même tout ou partie de vos biens entre vos enfants.

Juste. Elle oblige à faire une répartition des parts de même valeur, ce qui ne vous empêche pas de tenir compte des sensibilités de chacun.

Intéressant. En partageant, vous réduisez les droits de succession (jusqu'à 25 % avant 65 ans), et vos héritiers directs bénéficieront d'abattements fiscaux. Cependant, ne vous laissez pas dépouiller par surprise, au risque de vous retrouver à la rue. La donation-partage est irrévocable (sauf cas particuliers).

Réservez l'usufruit. Vous pourrez librement habiter votre maison jusqu'à votre mort. Votre fils ou fille, propriétaire, sous la forme dite « nue-propriété », ne peut vous en priver tant que vous vivez.

Prévoyez une réserve d'usufruit pour que votre conjoint puisse habiter la maison sa vie durant, ainsi qu'une clause interdisant de vendre, d'hypothéquer ou de nantir sans votre consentement ou celui de votre conjoint usufruitier.

Dos

Mal de dos, mal du siècle ? La sédentarité et le stress sont peut-être responsables de la fréquence de ce mal dans notre civilisation.

PRÉVENTION

1. Évitez tout effort brutal. Faites des exercices régulièrement pour assouplir le dos et renforcer les muscles abdominaux qui le soutiennent.
2. Si vous restez assis longtemps, assurez-vous que votre dos est maintenu correctement. Placez un petit boudin dans le bas de la colonne vertébrale, à hauteur de la ceinture, pour maintenir sa courbe en S.
3. Lorsque vous soulevez un objet, ne penchez jamais le tronc à partir de la taille. Baissez-vous en pliant les genoux. Gardez le dos droit et tenez l'objet près du corps.
4. En voyage, répartissez vos affaires dans 2 valises ou prenez un sac à dos.
5. Si possible, dormez sur le dos, les genoux soulevés par un coussin. Si vous dormez sur le côté, un oreiller entre les genoux soulage le dos.
6. Pour avoir un lit ferme, placez une planche de 20 mm d'épaisseur entre le matelas et le sommier.

DOULEURS AIGUËS

1. Réduisez votre activité ou restez 48 h au lit.
2. Selon ce qui vous convient le mieux, appliquez soit une bouillotte bien chaude, soit un linge trempé dans de l'eau glacée, pendant 15 min toutes les 2 h durant 2 jours (gardez au congélateur un sac de type *cold pack* utilisé par les sportifs ou un sac de petits pois congelés : les 2 prennent facilement la forme du corps).
3. L'aspirine, un anti-inflammatoire vous aideront à combattre à la fois la douleur et l'inflammation. Le paracétamol n'agit que sur la douleur. (Voir aussi Aspirine, p. 24.)
4. Pour calmer une douleur lombaire qui dure depuis longtemps, basculez le bassin en arrière, puis en avant, jusqu'à ce que vous trouviez la position où vous souffrez le moins. Gardez cette position.

EXERCICES POUR LE DOS

Renforcer et assouplir les muscles du bas du dos vous aidera à prévenir les douleurs. Les exercices qui suivent vont du plus simple au plus difficile. Si un exercice fait naître une douleur, arrêtez-vous et ne recommencez pas.

Si vous souffrez du dos, consultez votre médecin avant de commencer.

Bascule du bassin. Allongez-vous sur le dos, genoux repliés sur l'abdomen. Tout en gardant la colonne vertébrale au sol, contractez les muscles fessiers autant que possible, rentrez le ventre, plaquez le bas du dos contre le sol et tenez la position pendant 5 s. Votre pubis remontera tout seul, ne le soulevez pas de vous-même. Recommencez 10 fois.

Gros dos. Mettez-vous à 4 pattes, puis arquez le haut du dos, contractez les muscles abdominaux et laissez tomber la tête. Tenez la position 5 s. Relevez ensuite la tête et refaites la même chose en sens inverse pour retrouver la position de marche à 4 pattes du départ. Évitez de pousser votre bassin en avant pour créer une lordose lombaire. Recommencez de 5 à 10 fois.

Bascule latérale des genoux. Étendu sur le dos, les bras écartés pour un bon appui au sol, soulevez les genoux vers la poitrine, puis basculez-les doucement vers la droite puis vers la gauche en gardant si possible les épaules au sol. Roulez de 10 à 20 fois.

Le gros dos : mettez-vous à 4 pattes, puis arquez le haut du dos, contractez les muscles abdominaux et laissez tomber la tête. Tenez la position 5 s.

Ensuite, relevez la tête et refaites la même chose en sens inverse pour retrouver la position de marche à 4 pattes du départ. Évitez de pousser votre bassin en avant.

Extension des jambes. Allongé à plat ventre, la tête sur vos bras pliés, le bassin au sol, soulevez doucement une jambe à partir de la hanche, jusqu'à ce que votre pied soit à 15 cm du sol. Recommencez de 5 à 10 fois avec chaque jambe.

Élévation alternative des jambes. Genoux repliés sur l'abdomen, bras croisés sous la tête, coudes au sol, allongez une jambe au ras du sol et soulevez-la lentement le plus haut possible. Tenez la position 5 s, puis reposez la jambe au sol. Repliez-la sur l'abdomen. Recommencez de 5 à 10 fois avec chaque jambe.

Étirements croisés. À 4 pattes, étendez lentement le bras droit devant vous ; en même temps, allongez la jambe gauche derrière, étirez et tenez la position 5 s ; revenez à votre position initiale et allongez le bras gauche et la jambe droite. Répétez 10 fois.

AU TEMPS JADIS

Les corsets diaboliques

Songez aux corsets du siècle dernier. Faits de toile épaisse, avec des baleines verticales en fanon de baleine ou en acier, ils emprisonnaient les femmes dans une cage rigide, des hanches au buste. Beaucoup de petites filles mettaient un corset dès l'âge de 3 ou 4 ans ; à l'adolescence, elles portaient le modèle adulte, lacé très serré dans le dos ; le but était de garder une taille de guêpe.

On croyait les femmes si faibles que leurs muscles ne pouvaient suffire à les maintenir droites. Le corset fit de ce mythe une réalité. Au moment où les jeunes filles étaient prêtes pour les corsets d'adultes, leurs muscles étaient tellement atrophiés que beaucoup ne pouvaient effectivement ni s'asseoir ni se tenir debout sans leur soutien.

Dosseret de lit

Si votre lit est du style « sommier-matelas », fabriquez un dosseret et fixez-le au mur à la tête du lit.

1. Découpez la forme en fonction de la largeur du sommier dans une plaque de contreplaqué de 15 à 20 mm d'épaisseur.

2. Pour fabriquer un dosseret capitonné, agrafez une plaque de mousse d'ameublement sur le contreplaqué et recouvrez de tissu en l'agrafant également.

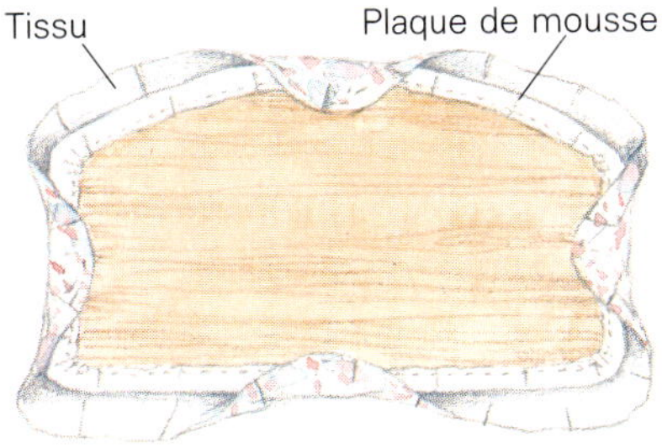

3. Pour un effet plus moelleux, montez derrière le lit une tringle ronde à anneaux de laiton en haut, et une autre en bas. Tendez du tissu entre les 2 tringles. Pour avoir de grands plis, cousez ensemble des lés de tissu pour obtenir un panneau 3 fois plus large que la longueur des tringles.

4. Si vous avez des talents artistiques, peignez un dosseret en trompe-l'œil sur le mur.

Douane

D'une manière générale, les douanes de tous les pays admettent sans formalités les objets à usage personnel, y compris les bicyclettes et engins ou articles de sport « qui ne traduisent pas par leur nature et leur nombre une préoccupation d'ordre commercial ». Attention cependant si vous transportez certaines marchandises soumises à une réglementation particulière, telles que des produits animaux et végétaux, des médicaments autres que personnels, des armes, des munitions et des objets de collection. Quant aux animaux, chaque pays a ses règles. Renseignez-vous auprès de l'office du tourisme concerné.

Le passage d'une douane avec un véhicule motorisé (vélomoteur, moto, voiture) est parfaitement autorisé à condition que vous la repassiez dans un délai qui peut varier selon les pays. N'oubliez pas, avant de partir, de vous procurer un permis international et de vérifier si vous possédez la carte verte d'assurance.

Lors de votre retour, vous devrez déclarer en douane les marchandises achetées à l'étranger si celles-ci dépassent une certaine valeur, fixée, au 1er juillet 1991, à 4 200 F pour les personnes âgées de 15 ans et plus en provenance d'un pays de la CEE, 1 100 F pour les moins de 15 ans. Cette valeur tombe à 300 et 150 F en provenance d'autres pays. Toutefois, des franchises sont admises pour des denrées et articles divers tels que les tabacs (300 cigarettes en provenance d'un pays de la CEE, 200 en provenance d'un autre pays ; 150 ou 100 cigarillos ; 75 ou 50 cigares), les alcools (3 ou 2 litres si moins de 22°, 1,5 ou 1 litre au-delà), les parfums (75 ou 50 g), le café (500 g ou 1 kg), le thé (200 ou 100 g).

Double vitrage

1. Réparez temporairement un double vitrage dont une vitre est cassée en posant une feuille de plastique transparent thermorétractable. Collez-la sur les bords et tendez-la avec un sèche-cheveux.

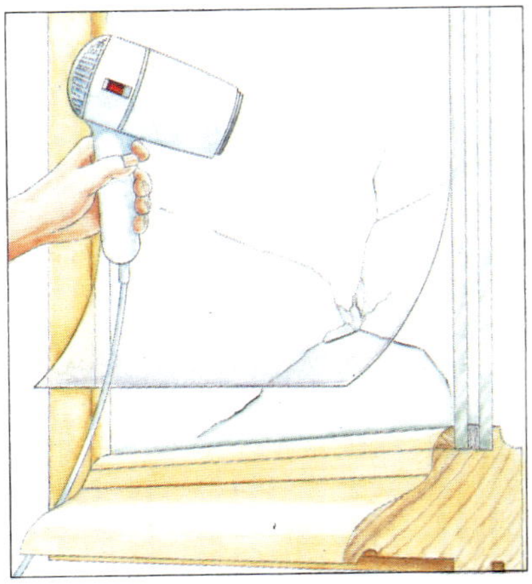

2. Si vous collez des films transparents thermoréflecteurs sur des dou-

bles vitrages, collez-les toujours du côté extérieur, sinon les vitres risquent de sauter.
3. Pour les vérandas, il existe des doubles vitrages dont l'une des vitres est blindée. Posez les doubles vitrages verticaux avec le blindage vers l'extérieur et les doubles vitrages de toiture blindage vers l'intérieur.
4. Pour une meilleure isolation phonique (phénomène de résonance), posez des doubles vitrages ayant des verres d'épaisseurs différentes.
5. Si vous remplacez des vitres simples par des doubles vitrages, ou si vous montez des survitrages, renforcez les paumelles ou les charnières des portes et des fenêtres.

Douleur

1. Riez. Mais oui ! une bonne crise de rire fait sécréter des endorphines qui sont les antalgiques naturels du corps. S'il n'y a pas assez d'humour dans votre vie, lisez des livres drôles ou allez voir des films comiques.
2. L'anxiété et le stress ont tendance à intensifier la douleur. Mettez-vous au yoga. Faites-vous masser ou effectuez des exercices de relaxation. Dans tous les cas, veillez à ne pas forcer la partie douloureuse de votre corps. (Voir aussi Stress, p. 208.)
3. Essayez l'hypnose. Elle vous apprend à éliminer la douleur en la masquant par des images agréables. (Voir aussi Aspirine, p. 24.)

Drainage du jardin

Pour vérifier le bon drainage de votre jardin, testez la terre : creusez des trous de 50 à 90 cm de profondeur avec le plantoir, en différents endroits reculés de la pelouse. Remplissez-les d'eau et observez son écoulement. Si elle s'infiltre très rapidement, votre sol est sablonneux. À moins d'aimer les plantes de sol sec, apportez-lui du compost, de la tourbe ou autres matières organiques lors du prochain bêchage. Si l'eau stagne entre 30 min et 1 h, le drainage est parfait pour les légumes et les fleurs.

Si elle persiste plusieurs heures, votre sol est mal drainé, trop riche en argile et en limons fins. Ajoutez-y du sable, quelques gravillons propres, ou surélevez les plates-bandes avec de la terre de jardin rapportée.

Servez-vous des plantes sauvages de votre jardin pour identifier la terre : en sol lourd, la carotte sauvage, le rumex et la renouée prospèrent. Plus léger, il accueille l'anthémis, la pensée sauvage et la renouée-liseron. La petite oseille, la digitale pourpre, la fougère-aigle et la bruyère trahissent les terres acides. Calcaires, elles accueillent le coucou, la viorne, l'hellébore fétide et la yèble.

Durit de radiateur

Si du liquide de refroidissement s'écoule de votre voiture par une Durit percée, vous pouvez parfois effectuer une réparation temporaire qui tiendra au moins jusqu'à la première station-service.
1. Laissez refroidir le moteur (ouvrir le bouchon de radiateur prématurément libérerait un jet de vapeur et d'eau bouillante). Lorsque le bouchon est froid au toucher (soit au bout de 20 à 30 min), dévissez-le doucement avec un chiffon épais placé dessus. Cela relâchera la pression restante, le chiffon absorbera la vapeur et protègera votre main.
2. Si la fuite est au point de jonction d'une Durit, resserrer le collier peut régler le problème : vous pourrez rentrer chez vous tranquillement. Sinon, recherchez la Durit qui est percée. Si c'est une Durit située au-dessus du moteur, mettez-y une pièce en utilisant du chatterton ou du ruban adhésif, ou nouez des chiffons autour. Mettez le moteur en marche. Remplissez le radiateur d'eau et replacez le bouchon. Allumez le chauffage sur « fort » pour évacuer la chaleur du moteur (voir Moteur surchauffé, p. 148) et conduisez à allure modérée jusqu'au prochain garage. Si c'est une Durit située en partie basse, la réparation de fortune est plus hasardeuse (toute l'eau risque de se vider). Faites-vous remorquer.

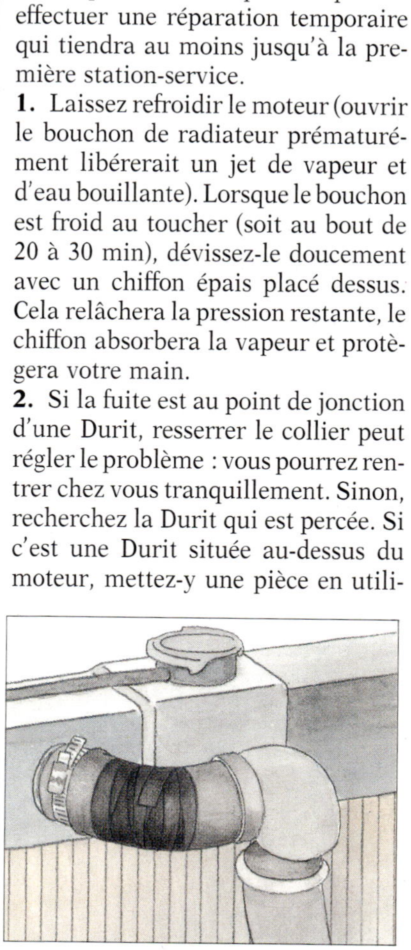

3. Lorsque vous remplacez une Durit, trouvez-en une neuve identique. Il arrive souvent que le collier soit encastré dans la vieille Durit et celle-ci collée sur son embout. Commencez par huiler le collier et, si c'est un modèle serti, enlevez-le avec des pinces. Pour un collier à vis, desserrez la vis et insérez le bout du tournevis sous le collier pour le décoller. Le cas échéant, décollez la Durit en la tournant de gauche à droite, jusqu'à ce qu'elle se détache. Sinon, tranchez-la au ras du « goulot » et coupez ce qui reste à l'aide d'un couteau. Nettoyez les embouts avant de fixer la Durit neuve.

E

Éblouissement de nuit

1. Prenez soin d'avoir un pare-brise bien propre pour éviter qu'il ne forme un écran luminescent au travers duquel vous ne verriez plus rien.
2. Ne fixez pas les phares, regardez légèrement sur le côté.
3. Avertissez par un très bref appel pleins phares, mais surtout ne vous vengez pas en éblouissant à votre tour celui qui arrive en face.
4. Lorsque vous êtes suivi par une voiture qui persiste à rouler pleins phares, placez votre rétroviseur en position de nuit et déréglez momentanément votre rétroviseur extérieur pour qu'il ne vous renvoie pas le faisceau dans les yeux. Si vous êtes par trop incommodé, ralentissez et laissez-vous doubler.

Écharde

1. Vous n'arrivez pas à extraire une écharde ? Utilisez une loupe pour la localiser, placez une goutte d'alcool iodé pour la teinter, puis enlevez-la avec une pince à épiler. Nettoyez avec un antiseptique, ou avec de l'eau et du savon de Marseille.
2. L'écharde résiste ? Il en reste un petit éclat ? Trempez la peau dans de l'eau et séchez. Puis passez dessus de la colle blanche et appuyez-y doucement un petit morceau de gaze. Lorsque la colle est sèche, ôtez la gaze : elle devrait entraîner l'écharde.

Échauffement musculaire

Si vous commencez votre séance de sport brutalement, sans échauffement, vous risquez des accidents musculaires. Si vous finissez votre entraînement sur des exercices violents sans période de retour au calme, vous risquez une brusque chute de tension avec vertiges et nausées, voire perte de connaissance. Cela peut être fatal sur quelqu'un qui souffre d'une fragilité cardiaque. Faites un bilan médical avant de reprendre une activité sportive.
1. La première phase de l'échauffement consiste à augmenter la température corporelle et la souplesse musculaire. Vous pouvez donc trottiner sur place et faire des mouvements de gymnastique assez lents. Une marche rapide, à pas cadencés, peut aussi faire l'affaire. Balancez les bras et faites des mouvements tout en marchant pour stimuler la circulation. Allongez le pas et accélérez vos mouvements à mesure que vous vous échauffez (voir dessin ci-après).
2. Une fois que vos muscles sont chauds, faites au moins 5 min d'étirement. Avant de courir, faites des étirements des adducteurs, des ischio-jambiers, des quadriceps, des mollets. Avant de faire de la musculation, étirez les muscles du tronc, des bras, et particulièrement des épaules. Un bon livre sur le sport que vous pratiquez

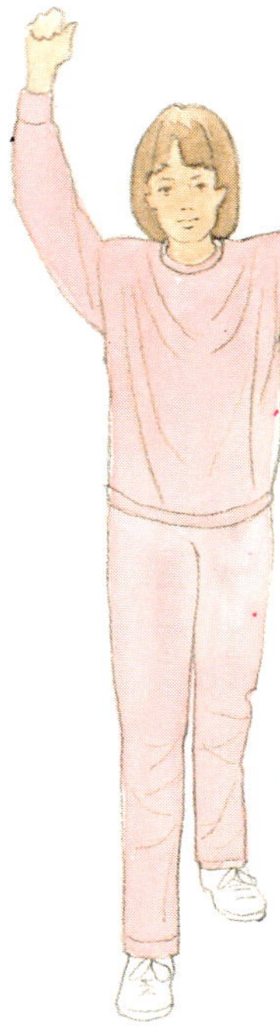
Échauffement

doit proposer des exercices d'assouplissement spécifiques.

RETOUR AU CALME

Après un effort physique, le meilleur retour au calme est de rester en mouvement en diminuant progressivement l'intensité de l'effort. Marchez rapidement ou courez lentement pendant 5 à 10 min pour stabiliser votre

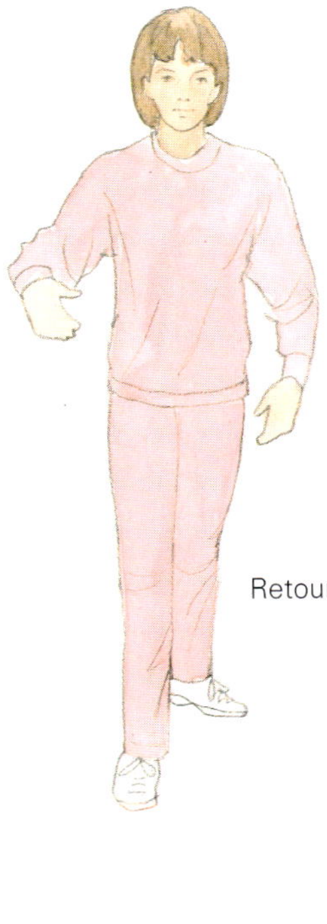
Retour au calme

tension et normaliser progressivement votre fréquence cardiaque.

Échelle

1. Peignez de couleur vive le bas d'une échelle afin de ne pas buter dedans.
2. Par mesure de sécurité, ne montez jamais juqu'au dernier barreau ; arrêtez-vous quand il est au niveau de vos hanches.
3. Avant de grimper sur une échelle, sautez légèrement sur le barreau du bas plusieurs fois pour vous assurer que les pieds sont bien plantés dans le sol. Sur un terrain meuble, boueux ou gelé, glissez des pierres plates sous les pieds ou enfoncez un solide piquet dans le sol, derrière l'échelle. Liez le 2e barreau au piquet par une corde.

4. Si vous êtes perché haut pour travailler sur la maison, attachez l'échelle à l'intérieur par une fenêtre ouverte en nouant une corde à un radiateur ou à tout objet solide et bien fixé. Ou placez un chevron de bois en travers de la fenêtre (côté intérieur) et attachez-y l'échelle.
5. Enfoncez de grosses chevilles en bois dans les barreaux creux et vissez des crochets pour suspendre des outils ou des pots de peinture.

Éclairage

Donnez de la vie à une pièce en la « peignant » avec de la lumière.
1. Variez les sources de lumière de la pièce, cela créera de la surprise.

ATTENTION !

Les risques du sport

Si l'on fait trop de sport ou dans de mauvaises conditions, on risque de se blesser. En course de fond, les blessures sont particulièrement fréquentes quand l'entraînement dépasse 50 km par semaine. Les spécialistes de médecine sportive considèrent que 30 à 40 km par semaine suffisent à apporter les bienfaits du sport pour la santé.

Pas de progrès sans douleur ? C'est faux. Les efforts intenses entraînent une sensation pénible qui est normale, mais une douleur à proprement parler ne doit jamais être considérée comme normale. Il faut cesser l'activité dès qu'elle apparaît.

Une bonne souplesse articulaire et musculaire est un élément important de prévention des blessures chroniques que sont les tendinites. Si l'on n'est pas capable de toucher ses pieds avec les mains sans plier les genoux, il faut améliorer sa souplesse en faisant davantage d'étirements.

La déshydratation favorise, entre autres, les claquages musculaires. Il faut boire avant l'entraînement et, pendant ce dernier, avaler environ 1 verre d'eau toutes les 20 min sans attendre la sensation de soif.

Par temps chaud et humide, la régulation de la température du corps est plus difficile et l'on s'expose à un coup de chaleur. Il faut donc diminuer la fréquence et l'intensité de l'entraînement.

Si vous êtes resté plusieurs mois ou plusieurs années sans faire de sport, reprenez très progressivement.

Le sport peut aussi avoir l'effet d'une drogue et créer un certain degré de dépendance. C'est peut-être le cas si vous vous sentez obligé de vous entraîner malgré une blessure, si l'entraînement entrave votre travail et votre vie sociale et si vous culpabilisez lorsque vous manquez une séance. En pareille situation, il vaut mieux consulter un médecin.

Montez de petites lampes sous une étagère de vitrine murale... Dirigez les lumières vers le haut et vers le bas.

2. Variez également les intensités : une ampoule de 25 W ici ou là ajoute une touche nuancée. Pour une véritable variation, remplacez les interrupteurs de vos lampes à incandescence par des variateurs d'intensité.

3. Des lampes éclairant seulement des tableaux, des statuettes, des niches fleuries valorisent ces objets et donnent une douce luminosité.

4. Tirez partie d'un mur nu en y projetant l'ombre des feuilles d'une grande plante avec un spot blanc ou coloré. Un effet garanti : sur un mur blanc, projetez plusieurs ombres du même objet avec des spots de couleurs différentes légèrement décalés les uns par rapport aux autres. Vous verrez apparaître des couleurs que vous n'avez pas projetées (le vert et le rouge donnent du jaune en se superposant, le rouge et le bleu donnent du rose, le bleu foncé et le vert donnent des tons bleu ciel...).

Économies

Si elles ne sont pas toujours très aisées à faire, elles sont pourtant tout aussi nécessaires que de se nourrir ou de s'habiller.

1. Commencez par réfléchir aux petites économies que vous pouvez réaliser chaque jour sans dépenser un sou : le bon réglage du chauffage, le lave-vaisselle à ne faire tourner qu'à plein, le remplacement du joint de robinet ou les courants d'air de la maison sérieusement évités.

2. Prévoyez toujours un volant de liquidités sur votre compte courant pour des imprévus ou des urgences.

3. Différez un achat non indispensable (chaîne hifi, ordinateur) plutôt que de le payer à crédit.

4. Ne laissez pas pour autant votre argent se faire grignoter par l'inflation : épargnez. Souscrivez un ou plusieurs comptes d'épargne après comparaison des taux d'intérêt et en fonction de votre situation familiale. Un seul point de taux d'intérêt en plus fait fructifier d'autant vos économies.

5. Apprenez à vos enfants à gérer leur budget, même s'il est modeste.

Économies d'eau

1. Économisez sur la chasse d'eau des W.-C. en réglant le flotteur pour limiter le remplissage (voir Chasse d'eau, p. 52). Des briques ou d'autres objets placés dans le réservoir risquent de bloquer le mécanisme.

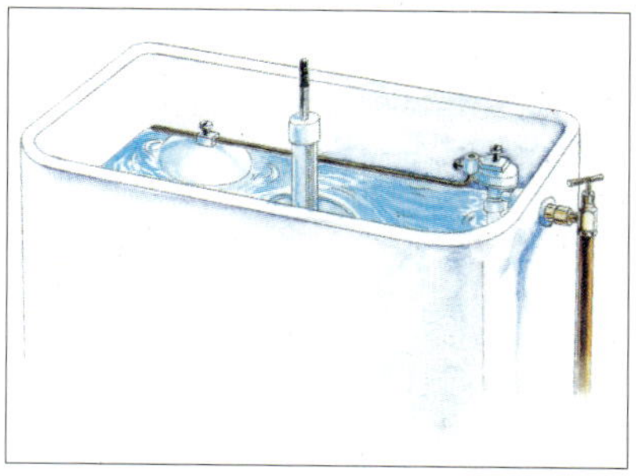

2. N'emplissez pas trop la baignoire quand vous prenez un bain et douchez-vous rapidement. Utilisez un pommeau de douche équipé d'un réducteur de débit.

3. Rincez la vaisselle dans une cuvette plutôt que sous l'eau courante.
4. Recueillez l'eau de pluie pour assurer l'irrigation du jardin.
5. Si l'eau d'un puits est impropre à la consommation parce que trop riche en nitrates, elle est excellente pour arroser les plantes et les légumes (les nitrates sont des engrais).

Écrou, boulon

1. Pour empêcher un écrou de se desserrer, placez une rondelle fendue, ou « éventail », en dessous ou bien vissez un deuxième écrou de blocage par-dessus le premier.
2. Autres méthodes : donnez un coup de pointeau sur le filetage au ras de l'écrou ou enduisez-le d'un produit du commerce pour bloquer les écrous, mais qui permet le démontage.
3. Pour desserrer un écrou rouillé, utilisez de l'huile dégrippante. Laissez-la s'infiltrer puis, avec une clé assez longue pour donner plus de force, enlevez l'écrou en imprimant une série de coups brefs et secs plutôt qu'une pression continue. (Voir aussi Huiles lubrifiantes, p. 122.)
4. Vous pouvez aussi chauffer l'écrou (surtout s'il est gelé) avec un chalumeau à propane ou avec un briquet. Cela peut le dilater suffisamment pour vous permettre de le dévisser.
5. Pour éviter que les écrous ne rouillent ou ne se collent aux boulons, trempez-les dans du dégrippant hydrofuge avant de les poser. Ils seront ainsi toujours facilement démontables.
6. S'il n'y a aucun moyen d'enlever l'écrou, détruisez-le. Coupez-le à la scie à métaux, louez ou achetez un casse-écrou (sorte de ciseau à froid tenu dans un anneau) ou utilisez un ciseau à froid. Tenez ce dernier contre l'écrou et frappez à coups de marteau puissants. Bien que fendu, l'écrou peut encore avoir besoin d'être arraché avec un pied-de-biche.
7. Voici comment raccourcir un boulon avec une scie à métaux sans abîmer le filetage : vissez un écrou jusqu'à la tête du boulon ; posez une pince à linge sur le filetage pour le protéger et bloquez le boulon dans un étau ; sciez le boulon, adoucissez la coupe à la lime et dévissez l'écrou pour retrouver le filetage.

Écureuil

1. Pour protéger une mangeoire à oiseaux contre ces acrobates, installez-la sur un piquet de 2 m de haut environ, après l'avoir glissé dans un tube à gouttière en PVC de 30 cm de long. Fixez ce tube sous la mangeoire : les écureuils ne pourront pas l'escalader ni le franchir en sautant. Ne placez pas les mangeoires près des arbres : ils trouveraient un moyen de s'y laisser tomber.

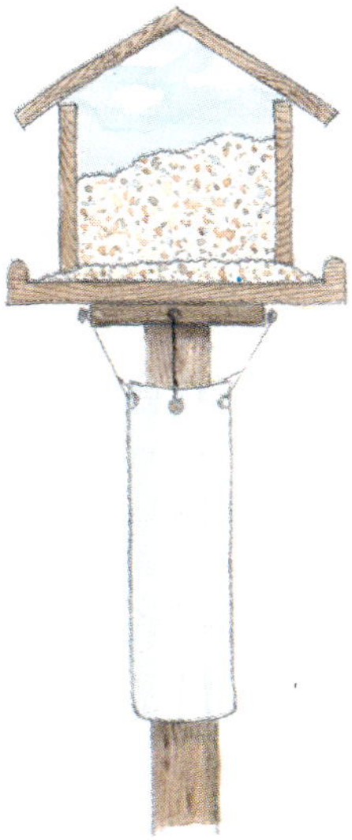

2. Suspendez la mangeoire à oiseaux à un fil de fer tendu entre 2 piquets. Coupez le fond de 8 bouteilles en plastique et passez le fil à travers les bouteilles (4 de chaque côté de la mangeoire). Elles tourneront sur elles-mêmes quand les écureuils passeront dessus et feront tomber ces incorrigibles petits chapardeurs.

Éducation sexuelle

1. Donnez des réponses simples et courtes aux questions que votre enfant vous pose et observez-le pour savoir s'il désire des explications complémentaires. Ne le surchargez pas d'informations qu'il n'a pas demandées.
2. Écoutez attentivement les questions. S'il demande d'où il vient, tâchez de savoir, avant de vous lancer dans une conférence sur la manière de fabriquer les bébés, s'il ne désire pas simplement connaître le nom de la clinique où il est né...
3. Au fur et à mesure que l'enfant grandit, étayez vos réponses. Au besoin, procurez-lui un livre sur l'éducation sexuelle et discutez-en avec lui.
4. Pour les enfants de plus de 8 ans, utilisez les intrigues des feuilletons télévisés ou des paroles de chanson comme tremplin à une conversation.
5. Si un adolescent éprouve des difficultés à aborder le sujet, faites le premier pas et décrivez les risques et les responsabilités liés au comportement sexuel. N'hésitez pas à lui exposer votre opinion.

Élastique

1. Pour remplacer un élastique, décousez 2 cm d'ourlet et retirez l'ancien élastique. Fixez une extrémité du nouvel élastique sur une épingle de nourrice et glissez celle-ci dans la même ouverture. Prenez soin de bloquer l'extrémité opposée avec une épingle. Pour joindre les extrémités, faites-les se chevaucher de 1 cm et cousez-les solidement ensemble.
2. Mesurez sur la personne la circonférence de l'emplacement (taille, hanches, cuisse, bras, poignet) où l'élastique doit être changé et déduisez 6 cm. Vous obtiendrez la longueur d'élastique qui vous permettra de froncer sans trop serrer.

Électricité statique

1. « Désactivez » votre moquette ou vos tapis en vaporisant un mélange fait de 1 part d'adoucisseur pour linge et de 5 parts d'eau. Laissez sécher.
2. Pour lutter contre l'électricité statique sur les vêtements en tissu synthétique, ajoutez de l'adoucissant à l'eau du dernier rinçage.

3. Si vous êtes déjà habillé, frottez vos sous-vêtements, votre combinaison ou vos bas avec un cintre métallique, ou bien vaporisez-les d'un peu de laque à cheveux.
4. Réduisez l'électricité statique d'une habitation en maintenant un taux d'humidité de l'air de 60 à 65% au minimum (voir Humidificateur, p. 123). En hiver, pensez à remplir les saturateurs et les humidificateurs des systèmes de chauffage.

Emballage

1. Si vous voulez qu'un paquet soit ficelé bien serré, mouillez la ficelle avant de la poser : elle se tendra en séchant.
2. Lorsque vous envoyez un paquet par la poste, utilisez une ficelle solide et serrez-la bien ; ou employez du gros ruban adhésif d'emballage et non pas du simple ruban adhésif de bureau.
3. Vous voulez expédier des documents étroits mais longs sans les plier ? Enroulez-les autour du tube en carton d'une boîte d'aluminium ménager. Recouvrez-les de papier, placez-les dans une boîte, emballez et postez.

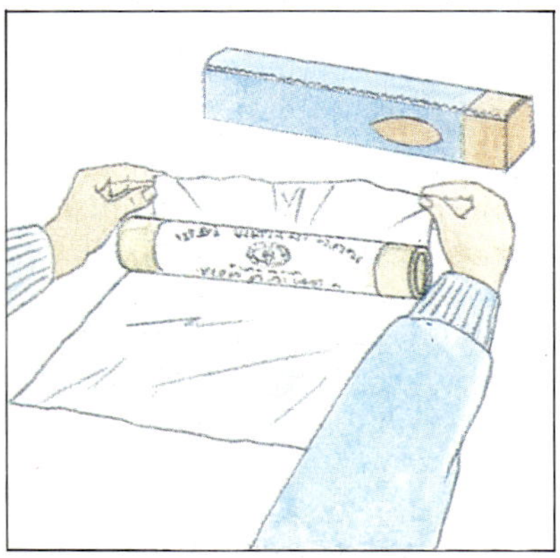

4. Si vous manquez de papier d'emballage pour faire un paquet, vous pouvez découper un grand sac en papier kraft.
5. En guise de rembourrage pour un paquet d'objets fragiles, utilisez des feuilles de papier journal froissées, de vieux vêtements en laine ou... du pop-corn.

Emballage cadeau

1. Lorsque vous recouvrez de grands paquets, collez différents morceaux de papier restants, cela donnera à votre emballage un côté patchwork.

2. Pour savoir quelle longueur de papier cadeau vous est nécessaire, passez une ficelle autour du paquet et servez-vous-en comme mesure pour découper le morceau sur le rouleau (en ajoutant de 5 à 10 cm).

Encaustique

1. N'accumulez pas les couches d'encaustique sur les meubles. Nettoyez un meuble encrassé de cire avec un tampon de laine d'acier extra-fine et du décirant. Laissez sécher avant de réencaustiquer.
2. Pour éviter les dépôts dans les rainures ou les reliefs des décors, déposez la cire avec un pinceau plat et « tirez-la » bien. Égalisez au chiffon. S'il se produit un dépôt, frottez-le avec un chiffon doux imbibé d'essence minérale ou de térébenthine, puis remettez un peu d'encaustique.
3. Ne cirez pas les bois gras comme le teck ou le palissandre. Nettoyez-les et nourrissez-les avec une huile minérale très fluide.

ENCAUSTIQUE MAISON

1. Utilisez de l'huile minérale. Si vous désirez parfumer de l'encaustique, ajoutez-y 1 cuil. à café d'huile de citronelle pour 2 verres d'huile ou quelques gouttes d'huile parfumée pour brûle-parfum.
2. Mélangez 1 litre d'huile de lin avec 2 verres de térébenthine et mettez dans un récipient fermé.
3. Mêlez 1 part d'huile de citronnelle avec autant d'huile d'olive.

Endurance

Vous vous sentez fatigué après une maladie ? Récupérez peu à peu votre forme en commençant par marcher, 2 min le premier jour, puis un peu plus longtemps 5 jours de suite, jusqu'à ce que vous puissiez marcher 15 min sans vous arrêter. Augmentez progressivement votre vitesse jusqu'à pouvoir faire 1 km en 10 min.

Commencez votre séance en marchant lentement pour vous échauffer. Terminez en ralentissant pour le retour au calme. Complétez par des étirements pour améliorer la souplesse. (Voir aussi Échauffement musculaire, p. 86.)

Augmentez progressivement la vitesse et la distance pour parcourir 5 km en moins de 45 min (à partir du jour où vous faites 1 km en 10 min, cela devrait prendre 12 semaines).

Pour évaluer la distance parcourue à pied, portez un podomètre à la ceinture.

Maintenant, vous êtes prêt à faire du jogging, de la gymnastique aérobic ou de la bicyclette de 3 à 5 fois par semaine pendant 30 min. Si vous préférez continuer la marche, prenez comme but de faire 6 km en 1 h. Quand vous atteindrez les 30 km par semaine, vous serez en bonne forme. Ultérieurement, il faudra que votre fréquence cardiaque pendant l'entraînement atteigne de 70 à 90 % de votre fréquence cardiaque maximale (220 − votre âge). Si vous êtes sédentaire, ne faites monter votre fréquence cardiaque qu'à 60% de votre fréquence maximale.

Attention ! Si vous avez plus de 35 ans, ou si vous avez une surcharge pondérale et s'il y a dans votre famille des cas d'hypertension ou de maladie cardiaque, consultez un médecin avant de commencer un programme d'activité physique. Dans tous les cas, si votre pouls est irrégulier, si vous ressentez des douleurs ou une oppression dans la poitrine, si vous avez des vertiges ou des vomissements pendant ou après l'exercice ou si vous êtes encore très essoufflé 1 min après l'effort, arrêtez tout et consultez le médecin.

Enfant adulte à la maison

Soit parce qu'ils suivent de longues études, soit parce que leur salaire ne leur permet pas de payer un loyer, les enfants adultes habitent parfois chez leurs parents, ce qui peut être une source de conflit.

1. Délimitez des règles. Tous ceux qui vivent sous le même toit doivent prendre part aux travaux domestiques et ceux qui gagnent leur vie doivent participer aux dépenses (loyer, nourriture, etc.).

2. Établissez à l'avance un planning de réceptions et de sorties. Par exemple, les enfants recevront leurs amis lorsque les parents sortiront pour la soirée.

3. Les enfants adultes devraient avoir, si possible, leur propre ligne de téléphone et en payer la facture.

4. Enfin, fixez des limites : il faudra bien que l'enfant adulte se décide un jour ou l'autre à quitter la maison familiale...

APRÈS LE DÉPART DES ENFANTS

1. Transformez une chambre en bureau, en atelier de bricolage ou de couture, bref, en l'endroit bien à vous auquel vous avez toujours rêvé.

2. Si vous redoutez le silence d'une grande maison vide, louez une chambre à un étudiant ou à un jeune travailleur. Définissez bien, ensemble, les impératifs que votre locataire devra respecter : horaires, visites, usage des parties communes, etc.

3. Consacrez quelques heures de bénévolat à des associations humanitaires ou culturelles de votre ville.

4. Ne faites pas une fixation sur les visites de vos enfants. Trouvez-vous d'autres occupations, des activités manuelles ou culturelles. Élargissez votre cercle d'amis et profitez de votre nouvelle liberté.

Enfant fugueur

1. Les petits fugueurs, généralement des enfants de 8 ou 9 ans qui ont acquis un peu d'indépendance en allant à la « grande » école, se cachent souvent dans les bois à proximité de chez eux ou chez un ami et rentrent à l'heure du dîner. Cette « fugue » risque de vous échapper complètement si vous pensez qu'il était resté jouer chez un copain. Habituez votre enfant à vous faire part de ses sorties et à rentrer à une heure fixée d'avance entre lui et vous.

2. Un enfant plus âgé qui fait une fugue pose un problème plus sérieux. Si la communication entre vous et votre enfant s'est interrompue depuis ses années de préadolescence, vous n'aurez peut-être aucun indice pour savoir ce qui a pu le pousser à s'enfuir. Soyez donc vigilant quand vous vous apercevez de certains troubles : perte d'intérêt pour le travail scolaire, crises de solitude, de dépression, explosions de colère... Faites particulièrement attention aux adolescents quand il se produit un changement important dans la famille : un décès, une séparation, un divorce, un remariage ou même un simple déménagement peuvent sérieusement perturber un adolescent.

3. Quand faut-il prévenir la police et doit-on le faire systématiquement en cas de disparition ? Après avoir fait le tour des parents et des amis chez lesquels votre enfant a pu se rendre, il est indispensable de signaler une disparition au poste de police dont vous dépendez. Les policiers ont l'habitude de ce genre de problème et pourront vous aider utilement. Cela ne veut pas dire qu'ils lanceront automatiquement des recherches, mais ils pourront faire certaines vérifications et vous conseiller sur la meilleure conduite à adopter.

Enfant perdu

N'importe quel enfant risque de se perdre. Apprenez au vôtre à ne pas paniquer si cela lui arrive.

1. Donnez-lui un sifflet ou un petit harmonica et apprenez-lui un air facile. S'il est perdu dans la foule, ou même dans un bois, cela vous aidera à le retrouver.

2. Montrez-lui comment se servir d'un téléphone public et faites-lui composer votre numéro devant vous. Procurez-lui une carte téléphonique qu'il gardera sur lui.

3. Si vous venez de déménager, emmenez-le faire le tour du quartier. Aidez-le à repérer les rues, les principales places et faites-lui connaître les commerçants : il pourra, le cas échéant, leur demander de l'aide.

4. Les tout-petits sont capables de retenir correctement leur nom et leur adresse. Faites-les leur répéter jusqu'à ce qu'ils les sachent par cœur.

Enfant seul à la maison

Nombreux sont les enfants contraints de rester seuls à la maison après l'école. Si c'est le cas du vôtre, prenez quelques précautions élémentaires qui le rassureront et vous tranquilliseront l'esprit.

1. Lorsque vous sortez ensemble de la maison, exercez l'enfant à fermer lui-même la porte à clé, puis à l'ouvrir quand vous rentrez. Laissez-le seul pour de courtes périodes, veillez à ce qu'il mette bien le verrou derrière vous et qu'il n'ouvre à personne. Les premières fois, revenez plus tôt que prévu.

2. Quelques jours avant la rentrée des classes, jouez au petit jeu de « que ferais-tu si... » (par exemple, si on sonne à la porte, si un inconnu télé-

phone...). À travers ses réponses, vous serez à même de mieux comprendre ce qui peut l'inquiéter.
3. Tâchez de connaître ses préférences envers les voisins. Ses sympathies et ses antipathies sont importantes pour choisir à qui confier la clé de la maison et demander éventuellement de lui rendre une petite visite avant votre retour.
4. Téléphonez-lui tous les jours à la même heure. La régularité de vos appels lui permet d'avoir des repères qui le rassurent. Si cela vous est impossible, arrangez-vous pour qu'un parent, un ami ou un voisin le fasse à votre place et bavarde un peu.
5. Notez près du téléphone (ou entrez en mémoire) les numéros où votre enfant peut vous appeler ou joindre rapidement quelqu'un de sûr.
6. Enfin, veillez à ce qu'il ne reste pas inoccupé. Confiez-lui une ou plusieurs petites tâches ménagères à accomplir après son travail de classe : vider le lave-vaisselle, laver la salade, mettre la table... et ne manquez pas de l'en remercier chaque jour.

Enfant surdoué

Surdoué ou seulement très doué, il se peut qu'un enfant s'ennuie dans une classe dont le niveau est un peu faible pour lui. Bien que la base de l'enseignement soit la même dans toutes les écoles du cycle primaire, des différences importantes de niveau existent entre les établissements, qu'ils soient publics ou privés.
1. Dans l'enseignement public, les enfants sont inscrits à l'école qui dépend de leur lieu d'habitation. Il est toutefois possible de demander l'inscription dans une école dont le niveau serait reconnu plus élevé. Il faut alors en discuter avec les enseignants et demander l'autorisation à la mairie.
2. Bien des parents d'enfants doués ou « en avance » souhaitent que les leurs sautent une classe ou entrent en primaire avant l'âge requis. Cette décision ne peut être prise de façon unilatérale. Les enseignants de maternelle, par exemple, ont suffisamment d'expérience pour juger si l'enfant a la maturité nécessaire pour s'adapter au cycle primaire avec 1 an d'avance. En effet, si cela est possible sur le plan de l'intelligence, ce n'est pas forcément souhaitable au niveau du développement : un petit enfant se construit également par le jeu.
3. Ne retournez jamais l'intelligence d'un enfant surdoué contre lui avec des réflexions telles que : « Comment un enfant aussi intelligent que toi peut-il agir de façon aussi stupide ? »
4. Un enfant très doué est parfois trop exigeant vis-à-vis de lui-même. N'abondez pas dans son sens. Faites en sorte qu'il sache que vous l'aimez pour lui-même et non pour ses performances.
5. Même si les attitudes et les propos de votre enfant ressemblent parfois à ceux d'un adulte, n'oubliez pas que c'est un enfant et ne le laissez pas défier votre autorité.
6. Si l'enfant surdoué a des frères et sœurs, veillez à ne jamais faire de comparaisons fâcheuses pour les uns ou pour les autres.

Enfant unique

1. Veillez à ce que l'enfant ait le plus d'occasions possible de jouer avec d'autres enfants. Invitez souvent vos amis avec leur progéniture et faites en sorte que cousins et copains aient l'impression de faire partie de la maison. De temps en temps, laissez votre enfant dormir chez l'un ou l'autre de ses amis et invitez-les en retour à dormir chez vous.
2. Les parents d'un enfant unique doivent éviter de lui faire tous les deux des reproches. Si, éventuellement, les grands-parents s'en mêlent, l'enfant aura l'impression que le monde entier est contre lui et il enviera ceux qui ont des frères et sœurs pour les soutenir !
3. Trouvez le temps de vous lancer dans des jeux un peu fous. De temps à autre, une bataille de polochons ou un combat au pistolet à eau peuvent être très drôles, même pour les parents...

Engelure

1. Une engelure superficielle peut s'étendre très vite lorsque le vent est froid. La peau devient blanchâtre, tachetée et ferme au toucher. Réchauffez la partie touchée directement contre le corps. Ne restez pas dehors.
2. Si la chair est froide, se durcit et que la peau devient jaunâtre ou grisâtre, appelez immédiatement un médecin. Ne frottez pas la peau gelée, n'essayez pas de la réchauffer, ne la comprimez pas.
3. Si vous êtes en montagne, cherchez un refuge et appelez de l'aide. En attendant, plongez la zone gelée dans de l'eau à 40 °C au maximum, en prenant garde de ne pas toucher le récipient. Lorsque la peau commence à rougir ou à bleuir, séchez-la en la tapotant doucement et couvrez-la d'un linge propre. Fabriquez de petits tampons à insérer entre les doigts et les orteils s'ils sont gelés.

Engrais

1. Pour fabriquer votre engrais composé, mélangez 1 cuil. à café de magnésie, 1 cuil. de bicarbonate de soude et 1 cuil. de poudre d'os torréfié dans 4 litres d'eau chaude. Épandez ce mélange dilué sur sol mouillé pour fertiliser vos rosiers.
2. Récupérez les déchets de tonte de la pelouse : compostés entre 2 couches de terre régulièrement brassées, ils produisent un terreau très apprécié par les plantes d'intérieur.
3. Pour fertiliser naturellement votre jardin, semez un engrais vert. Cette technique ancienne, encore pratiquée par les agriculteurs, est à la portée de tous les jardiniers amateurs : sur une parcelle inoccupée du potager, griffez superficiellement le sol pour l'ameublir. Semez à la volée seigle, phacélie, trèfle incarnat ou épinards. Donnez un léger coup de griffe pour enfouir les graines et

maintenez le sol humide. Lorsque les plantes ont atteint leur hauteur, et avant leur floraison, fauchez-les et broyez-les sur place à la tondeuse. Laissez sécher 15 jours, puis enfouissez à 15 cm de profondeur à la bêche ou au motoculteur. Le sol sera enrichi grâce à l'énergie de ces plantes riches en éléments nutritifs. Leurs racines auront ameubli le sol et votre travail de préparation s'en trouvera facilité.

LE SAVIEZ-VOUS ?

L'évolution des engrais

Avant la naissance des engrais de synthèse, les jardiniers devaient se débrouiller avec ce qu'ils avaient sous la main. Par exemple, les cendres de bois et de végétaux stockées au sec étaient incorporées à la terre avant les semis. Cette recette est toujours valable car ces cendres contiennent de 25 à 40% de potasse, un élément indispensable aux fruits et aux légumes-racines.

Sur les côtes, les jardiniers ramassaient des algues et en nourrissaient leurs terres. Aujourd'hui broyées, elles constituent un précieux engrais qui, riche en oligo-éléments, permet aussi de corriger un sol pauvre.

Le guano, issu des déchets des oiseaux de mer, est un engrais azoté riche en phosphore. Mais l'engrais de base de nos campagnes était tiré de la ferme : le fumier, composé des litières des animaux herbivores et de leurs déjections, subissait une fermentation avant d'être incorporé au sol sans risque de brûlure pour les plantes. Selon sa provenance, il est plus ou moins riche en éléments fertilisants. En tête vient le fumier de mouton, puis celui de cheval et enfin le fumier mélangé.

On trouve aujourd'hui du fumier déshydraté en sac, plus pratique à utiliser que celui de ferme en vrac. Précieux pour fertiliser le sol le temps d'une saison, le fumier ne peut servir à corriger durablement les carences d'une terre car son action dans le sol est fugace.

Entonnoir

1. Prenez une boîte de conserve, faites une ouverture sur le côté près du fond. Inclinez légèrement la boîte quand vous versez le liquide dedans.

2. Coupez le fond d'une bouteille en plastique. En la retournant, le goulot (sans bouchon) fera entonnoir.

Entorse

Immobilisez et surélevez le membre atteint. Appliquez de la glace aussi

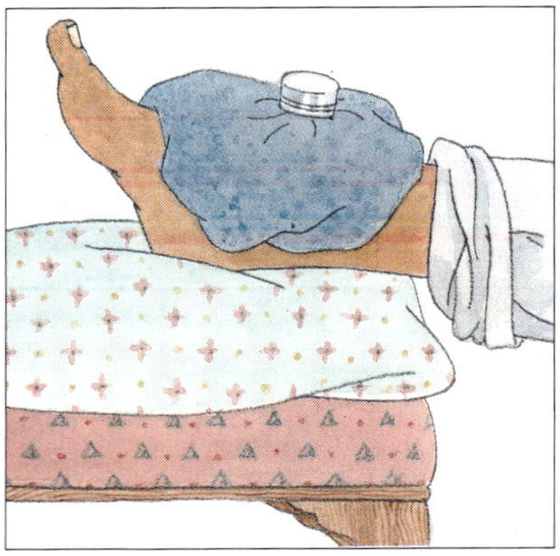

souvent que la victime le supporte pendant les 24 premières heures. Utilisez de préférence de la glace sortant du freezer, elle est moins froide que celle du congélateur.

Consultez un médecin s'il y a eu craquement au moment de l'accident ou si l'œdème et la douleur persistent au bout de 24 h. (Voir aussi Fracture, p. 109 ; Douleur, p. 85.)

Entraide

Qu'il s'agisse de faire face aux problèmes des handicapés, d'aider des personnes âgées ou tout simplement de rencontrer des gens qui veulent entreprendre une cure d'amaigrissement, sachez qu'il existe de nombreux groupes d'entraide regroupés souvent en associations bien organisées. Vous y trouverez non seulement la compréhension de personnes ayant les mêmes problèmes que vous, mais également une aide efficace sur le plan pratique.

1. Les grandes associations, celles des parents d'enfants handicapés, par exemple, ont une adresse qui regroupe les adhérents sur le plan national. On les trouve dans l'annuaire et par le Minitel.

2. D'autres associations sont très efficaces sur le plan local. C'est votre mairie qui pourra le plus efficacement vous aiguiller vers elles. Si elles sont d'ordre humanitaire ou social, adressez-vous à votre caisse d'allocations familiales ou à l'assistante sociale. Enfin, la MJC (Maison des jeunes et de la culture) ou tout autre service culturel pourront vous aider.

3. N'oubliez pas que vous pouvez créer votre propre association sans but lucratif d'après la loi de 1901.

Entretien d'embauche

Prévoyez deux formules de CV : l'un par ordre chronologique des emplois que vous avez occupés, qui sera destiné aux agences et aux chasseurs de têtes ; l'autre promotionnel, mettant en évidence vos talents, vos expériences professionnelles et vos capacités d'adaptation : animation de groupe, conduite de réunions... Destinez-le à un employeur.

AVANT L'ENTRETIEN

1. Notez l'heure, le lieu, le nom de la personne que vous rencontrez. Soyez exact.
2. Informez-vous sur la « classe » de l'entreprise et adoptez la tenue et le langage adéquats : ni trop élégant, ni négligé, ni contraint. Soyez à l'aise dans vos vêtements et vos mots.
3. Rappelez-vous quelques faits précis de réussite ou d'organisation dans votre travail. Vous éviterez les questions-pièges. Sur le plan psychologique, montrez-vous détendu et sûr de vous, vous impressionnerez favorablement. Si l'anxiété vous gagne quelques minutes avant l'entretien, inspirez profondément en fermant les yeux et expirez longuement. Le calme reviendra.

PENDANT L'ENTRETIEN

1. Ne soyez ni familier ni distant. Informez-vous précisément du travail proposé.
2. Sachez vendre votre savoir-faire, exposez brièvement votre intérêt pour le poste, ou pour la société, vos ambitions et projets. Coupez court, mais poliment, si la définition du poste ne vous convient pas.

Entretien des tissus

1. Lisez et suivez les instructions de nettoyage du fabricant. Si vous achetez du tissu, notez sa composition et servez-vous uniquement des nettoyants recommandés.
2. Lavez ou faites nettoyer toutes les pièces d'un ensemble en même temps. Par exemple, pantalon et veston, jupe et veste, toutes les housses des fauteuils du salon, toutes les tentures de la chambre, etc. Seule exception, les ensembles en tissus aux couleurs résistantes.
3. En général, les produits décolorants blanchissent et redonnent de l'éclat aux tissus lavables, mais vérifiez tout d'abord sur l'étiquette s'il vaut mieux prendre de l'eau de Javel ou un mélange à base d'eau oxygénée, plus doux. Attention, les tissus blancs ayant subi un traitement contre le froissement jaunissent fréquemment lorsqu'on les plonge dans un décolorant chloré.
4. Enlevez toujours les taches avant de laver en machine. Le parfum peut ne pas laisser de traces sur les vêtements mais, sous l'effet de la chaleur, il risque de faire des auréoles foncées ou de ne plus partir au lavage. Essuyez immédiatement les taches d'aliments. Lorsque vous portez un vêtement taché chez le teinturier, informez-le de l'origine de la tache.

Épluche-légumes

Un épluche-légumes peut avoir de multiples usages :
1. Coupez de fines lamelles de légumes (carottes ou courgettes) qui, une fois ébouillantées, feront de jolies décorations.
2. Faites glisser l'épluche-légumes sur un morceau de chocolat tenu verticalement : des copeaux se détacheront. Pour que le chocolat ne soit pas trop dur et que les copeaux ne se brisent pas, procédez près d'une casserole d'eau frémissante pour y plonger l'épluche-légumes entre chaque copeau.

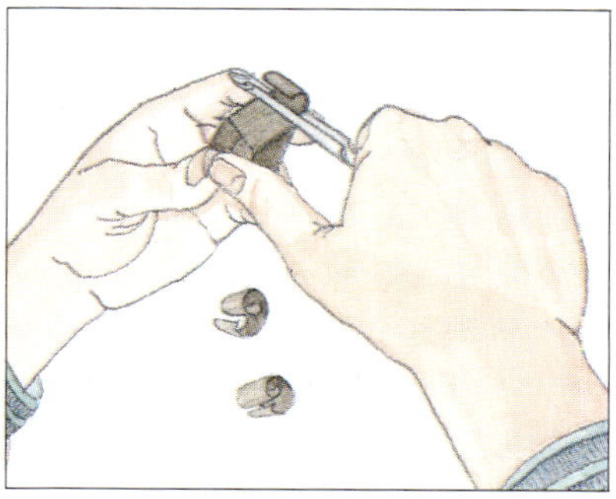

Équerre

Vous n'avez pas d'équerre ? Utilisez l'une des méthodes suivantes pour obtenir un angle droit.
1. Pour vérifier si des étagères sont d'équerre, mesurez la diagonale du coin gauche supérieur au coin droit inférieur, puis du coin droit supérieur au coin gauche inférieur. Si ces étagères sont droites, les 2 mesures seront identiques.
2. Placez un grand livre dans un angle. Si le travail est d'équerre, les deux bords du livre seront parallèles aux bords qu'ils touchent.
3. Sur un mur, tracez une ligne horizontale à l'aide d'un niveau à bulle ou à fioles. Du haut du mur, laissez pendre un fil à plomb : les deux lignes forment un angle droit.

Éraflures dans le bois

1. Pour que les lampes ou d'autres objets un peu lourds ne rayent pas les meubles, collez un morceau de liège ou de feutre en dessous. Fixez-le avec du ruban adhésif double-face pour moquette.
2. Une rayure sur du bois naturel peut être adoucie avec du papier de verre grain fin. Poncez dans le sens du bois et non pas en travers.
3. Pour cacher des éraflures sur un meuble, prenez un crayon-feutre ou un bâton de gomme-laque de la même couleur que la peinture ou le vernis.
4. Pour des éraflures légères sur un plancher, poncez très légèrement la zone à la laine d'acier extra-fine en la passant dans le sens du bois. Appliquez ensuite 2 couches de cire en pâte et frottez chaque couche avec un chiffon doux. Repassez de la cire 3 ou 4 fois par an pour empêcher de nouvelles éraflures.

Escalier

1. Pour rendre la surface des marches antidérapante sur un escalier en béton, mélangez du sable fin et tamisé à de la peinture à la pliolite et passez-en une couche. Remuez souvent le mélange quand vous peignez.
2. Sur des escaliers sans tapis, mettez une bande antidérapante autocollante à environ 2,5 cm du bord extérieur de chaque marche.
3. Lorsque vous portez un gros objet, comme un panier de linge, descendez les marches en reculant. Tenez la charge devant vous d'une main et la rampe de l'autre.

4. Pour empêcher des marches de grincer, clouez le bord supérieur de la contremarche avec des clous à tige en spirale, mais percez d'abord des avant-trous. Si l'escalier est accessible par le dessous, injectez un lubrifiant à base de silicones ou de Téflon dans les lignes d'assemblage des marches et contre les marches.

Escarres

1. Un matelas pneumatique ou une épaisse peau de mouton sur un matelas traditionnel allègent la pression et empêchent les escarres de se former sur les talons, les fesses, les coudes et les épaules. On peut s'aider de coussins ou d'oreillers à ces endroits particulièrement fragiles.
2. Changez la position des grabataires toutes les 2 h.
3. Le massage des points d'appui avec une crème hydratante et la prise quotidienne de 100 mg de vitamine C entretiennent l'élasticité de la peau. Un régime hyperprotidique apportant 250 g environ de protéines par jour, réparties en 3 repas, éloigne le risque d'escarres. Quoi qu'il en soit, dès l'apparition de traces rouges sur la peau, évitez tout appui sur ces zones et appelez le médecin.

Espace de rangement

1. Installez 2 tringles l'une au-dessus de l'autre dans une partie de votre garde-robe avec un écartement de 90 cm environ. Utilisez-les pour des vêtements courts comme des chemises ou des jupes.
2. Glissez des crochets de rideaux de douche sur les tringles pour accrocher les sacs, les ceintures, les foulards et les cravates.
3. Placez des boîtes de rangement dans l'espace perdu en bas du placard. Confectionnez-les vous-même en ajoutant des couvercles fixés avec des charnières sur des tiroirs en bois.
4. Des boîtes peuvent être placées sous le lit. Posez-les sur des plateaux à roulettes (à faire soi-même) pour qu'elles soient faciles à déplacer.
5. Rangez les objets dont vous vous servez constamment dans des boîtes en plastique transparent ou des paniers ajourés en plastique ; posez-les sur les étagères de la penderie.
6. Attachez des crochets, des porte-serviettes ou des sacs à chaussures dans la penderie ou à l'intérieur de la porte pour y ranger des objets.
7. Dans les placards des enfants, placez des tringles à leur hauteur et utilisez l'espace supérieur pour ranger les vêtements qui ne sont pas de saison. Pour encourager les enfants à être ordonnés, employez des boîtes de rangement en plastique ou des boîtes étiquetées avec des images de ce qu'elles contiennent.
8. Utilisez la première marche du bas d'un escalier en bois : avec des charnières, transformez-la en coffre de rangement pour bottes, chaussures et parapluies.
9. S'il y a de l'espace au-dessus ou au-dessous de vos placards de cuisine, fermez-le par des portes à glissières. Rangez les articles peu employés dans le mini-placard du haut, et les choses usuelles en bas.
10. Dans votre maison de campagne, utilisez des compartiments de rangement en métal pour protéger vos objets des souris et autres nuisibles.
11. Au sous-sol, faites des casiers qui se logeront sous les marches et utilisez-les pour ranger les accessoires et les jeux de jardin.

12. Au grenier, construisez des rangements triangulaires qui s'adapteront mieux aux pentes mansardées.
13. Dans la salle à manger, transformez un rebord de fenêtre en bar et construisez un coffre de rangement en dessous.

Essence

1. Votre jauge à essence est au plus bas et vous savez qu'il y a une station à quelques kilomètres. Allumez vos feux de détresse, rabattez-vous sur la voie de droite de l'autoroute ou sur le bord de la route et roulez « à l'économie », c'est-à-dire sans coup d'accélérateur brutal et à la vitesse la plus basse (en troisième, quatrième ou cinquième, selon la configuration de la route) pour que le moteur tourne à son plus bas régime possible sans caler. Normalement, quand le voyant indiquant que vous puisez dans la réserve s'allume, vous pouvez encore parcourir de 15 à 20 km.
2. Si votre moteur tousse, garez-vous au bord de la route et allumez vos feux de détresse. Utilisez un signal de détresse supplémentaire, tel que le capot soulevé. En cas d'arrêt prolongé, mettez votre triangle de présignalisation. Faites du stop pour vous faire dépanner ou aller à la prochaine station-service. Sur autoroute, allez jusqu'à la borne d'appel la plus proche pour être dépanné par le service d'ordre ou la gendarmerie.
3. Ayez toujours un jerricane vide dans le coffre de votre voiture. En cas de panne d'essence, vous pourrez ainsi vous rendre jusqu'à une station-service en stop ou à pied. Ne transportez jamais d'essence dans votre auto, le risque d'incendie ou d'explosion est trop grand. Si vous avez une barre de remorquage, vous pourrez vous faire tracter jusqu'au prochain poste à essence.
4. Emportez une pompe à siphon, afin de vous faire dépanner en essence ou en gazole par un autre automobiliste (si toutefois son réservoir n'est pas protégé contre ce type de puisage). S'il vous propose de l'essence sans plomb et que votre moteur n'y est pas adapté, acceptez : une si petite quantité ne peut être néfaste.

5. Après la panne, le plein fait, il se peut que vous ayez du mal à redémarrer. Appuyez plusieurs fois sur l'accélérateur, mettez le starter et actionnez le démarreur sans accélérer.

Essuie-glace

Vos essuie-glaces fonctionnent mal ? Avant d'en acheter des neufs, nettoyez le pare-brise et les lames des balais.
1. Si vous avez fait laver votre voiture au garage, de la cire aux silicones a pu être appliquée sur le pare-brise. Nettoyez-le avec de l'eau additionnée d'ammoniaque.
2. Décollez les essuie-glaces du pare-brise gelé avec un anti-givre ou de l'eau tiède avant de les mettre en marche. Si une épaisse couche de neige recouvre le pare-brise, dégagez-la et décollez les essuie-glaces de la même façon. Si vous les actionnez avant de décoller les balais, vous ferez sauter le fusible.
3. Si, à grande vitesse, les essuie-glaces se décollent du pare-brise, équipez-les de déflecteurs.
4. Nettoyez régulièrement les orifices de gicleurs du lave-glace avec une grosse épingle. Réglez la direction des jets avec cette épingle après en avoir enfoncé l'extrémité dans le trou des gicleurs. (Certains gicleurs ne sont pas ajustables, ne les forcez pas.)
5. Lorsque l'essuie-glace du côté du conducteur est endommagé, changez-le avec celui du passager.

Établi

Fabriquez un établi en collant une plaque d'Isorel de 6 mm d'épaisseur

sur une plaque d'aggloméré de 3 cm d'épaisseur sur 90 × 240 cm. Clouez-les sur 2 tréteaux solides. Pour empêcher cette surface de bouger pendant que vous rabotez dans le sens de la longueur, attachez le dessous du plan de travail à des consoles murales (2 ou 4 équerres en acier).

Étagère

1. Les planches d'étagères ont une longueur limitée en fonction du matériau, de l'épaisseur et de la charge à supporter. Du pin clair de 25 mm d'épaisseur (en 30 cm de large) peut faire 1,20 m entre 2 points d'appui si vous y posez des vêtements, des jouets ou des casseroles, mais seulement 70 cm si vous la chargez de livres ou de disques. Les marchands de bois à la coupe peuvent vous renseigner sur les qualités « mécaniques » des différentes planches utilisées pour les étagères.
2. Pour fabriquer une étagère mobile, montez des consoles pliantes sur le mur. Relevez-les et placez une planche dessus quand vous en avez besoin.
3. Construisez une série d'étagères à partir de planches et de boîtes de conserve vides. Peignez les boîtes ou recouvrez-les de papier assorti à la tapisserie ou au bois.
4. Les pots de fleurs en argile sont très bien comme supports pour des charges moyennes. Ils seront très jolis si vous couronnez chaque colonne de pots avec une plante verte.
5. Pour de la couleur, utilisez de grands bocaux comme montants. Remplissez-les de billes ou d'autres objets brillants.
6. Vous pouvez aussi suspendre des planches avec des cordes accrochées à une poutre ou à des crochets fixés au plafond. Percez 2 trous aux extrémités des planches à 2,5 cm des bords. Faites un nœud au bout d'une longueur de corde pour chaque trou et glissez une rondelle sur la corde. Passez les cordes dans les trous de l'étagère du bas, et faites des nœuds par-dessus. Assurez-vous, quand vous

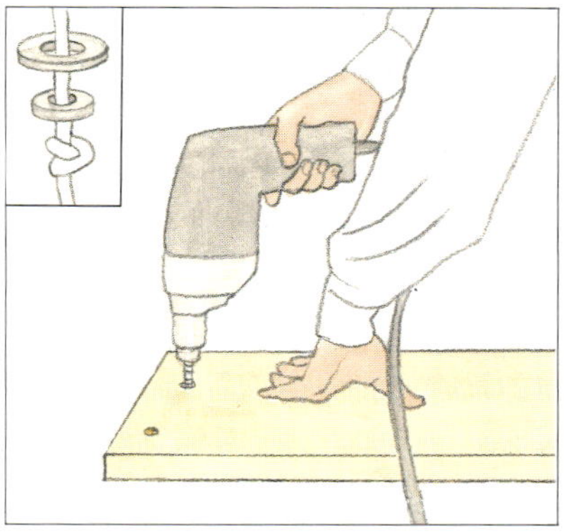

suspendrez l'étagère, que les cordes sont bien attachées, surtout si elles ont de lourdes charges à supporter.
7. Plutôt qu'avec des cordes, suspendez les étagères avec des chaînes à gros maillons en plastique coloré. Fixez des pitons plastifiés au bout des planches et accrochez celles-ci dans les maillons.

Étain

1. À défaut de nettoyant pour étain, utilisez des cendres de bois imbibées d'eau ; ou frottez avec des feuilles de chou cru et faites briller avec un chiffon doux.
2. Ôtez les traces de corrosion sur un vieil étain avec de la laine d'acier extra-fine trempée dans de l'huile de lin, de l'huile d'olive ou une autre huile végétale.
3. Si, après un nettoyage à l'eau chaude savonneuse, un plat en étain n'est pas très propre, essayez une pâte faite d'alcool à brûler et de blanc d'Espagne (ou de Meudon).

Étendage du linge

1. Il vous manque quelques pinces à linge ? Utilisez des gros trombones ou des capuchons de stylo pour suspendre des pièces légères.
2. Stockez les épingles à linge dans un pot de fleurs accroché à proximité du séchoir. Le trou de vidange du pot empêchera la pluie de noyer les pinces.
3. Pour ne pas avoir froid aux mains lorsque vous étendez du linge un jour

d'hiver, placez une bouillotte dans le panier à linge et pressez-la de temps à autre. Ou alors, portez des gants de coton sous des gants de caoutchouc.

Étiquetage des plantes

Au lieu de marquer les rangs potagers avec les traditionnels paquets de graines fichés sur des tuteurs, récupérez les couteaux en plastique du dernier pique-nique pour confectionner des étiquettes beaucoup plus durables.

Choisissez-les blancs et lisses : la forme de leur lame offre une surface plate commode pour les inscriptions. Reportez le nom de la plante et la date de semis avec un marqueur indélébile, puis plantez le couteau par le manche au début de chaque rang.

Étiquette autocollante

Vous ne parvenez pas à ôter une étiquette autocollante ? Chauffez-la avec un sèche-cheveux et soulevez-la avec l'ongle. Sinon, arrachez le papier de surface et nettoyez l'adhésif avec du lait démaquillant ou de l'essence minérale.

Si l'objet n'est pas en plastique, essayez du diluant pour vernis à ongles, de l'acétone, du diluant cellulosique ou du trichloréthylène.

Études

Même si un jeune semble parfaitement déterminé à embrasser telle ou telle carrière, il est indispensable qu'il fasse le point avant de se décider à poursuivre des études et qu'il ait le maximum de renseignements sur les diverses branches qui lui sont offertes. Un conseiller d'orientation est attaché à chaque grand établissement d'enseignement secondaire (si ce n'est pas le cas, le directeur de l'établissement vous indiquera où le rencontrer). Son expérience peut aider l'élève à trouver une orientation correspondant à son tempérament, à ses goûts et à ses capacités.

Avant d'entreprendre des études supérieures, il faut avoir une approche concrète de la carrière envisagée et non une vue idéalisée. Comprendre, par exemple, que les pilotes de ligne ne voient pas souvent grand-chose des pays où ils font escale, que beaucoup d'éducateurs vivent en internat, qu'infirmier, ou infirmière, est un métier difficile mais qu'on peut y gagner des horaires aménagés, etc. Il est bon de présenter un dossier dans différentes écoles. N'oubliez pas que le Centre d'information et de documentation jeunesse peut vous aider.

Études supérieures

Bac en poche, ou presque, le moment est venu de choisir les études qui décideront de votre avenir.

En principe, toutes les portes vous sont ouvertes à l'université avec un bac. Vous pourrez y préparer un DEUG (diplôme d'enseignement universitaire général) en 2 ou 3 ans, une licence en 3 ou 4 ans, une maîtrise en 4 ou 5 ans. Au-delà, le DEA (diplôme d'études approfondies), ou le DESS (diplôme d'études supérieures spécialisées). Encore faut-il avoir la chance d'y trouver une place. L'inscription à la faculté peut débuter par une préinscription par Minitel (3615 RAVEL, ou OCAPI pour la province) dès la fin du mois de janvier. N'oubliez surtout pas de confirmer votre inscription une fois le bac obtenu.

LES FACULTÉS

Les différents bacs vous dirigent logiquement vers la faculté adaptée : bac A, en fac de lettres ; B, en sciences humaines, économie, droit et C, en sciences et structure de la matière ; D, en sciences physiques, chimie, biologie, etc. ; E, en IUT ou STS (sections de techniciens supérieurs) ; F, dans l'industrie électronique par les STS ou les IUT ; G, dans l'enseignement supérieur court par le canal des IUT ou des STS (secrétariat, gestion, comptabilité).

Les circuits empruntés sont différents : la fac est la voie lente, STS et IUT mènent souvent plus rapidement au monde du travail.

LES GRANDES ÉCOLES

Les préparations aux grandes écoles (entrée sur dossier, sortie sur concours) exigent le bac adéquat :

- Bac A : mène à khâgne ou hypokhâgne, qui prépare à normale sup, bien que beaucoup se dirigent ensuite vers le privé. Ce bac convient également aux juristes et aux économistes qui présentent Sciences po après une licence. Les DUT ou BTS de commerce international et de loisirs constituent aussi un bon débouché pour les bacs A.
- Bac B : Sciences po, écoles de commerce pour les plus matheux, ou encore les filières professionnalisées à l'université, conduisant à la gestion et aux finances.
- Bac C : les écoles supérieures d'ingénieurs et de cadres les attendent.
- Bac D : préparation pour ceux qui visent le médical et le paramédical.
- Bac E : écoles d'ingénieurs, arts et métiers, ou Normale sup.
- Bac F : peut aussi mener aux prépas, qui sont souvent un tremplin vers les écoles d'ingénieurs, ou vers la chimie et la biologie.
- Bac G : BTS ou DUT sont les voies à suivre.

Évanouissement

Un évanouissement peut être causé par la peur, l'angoisse, la douleur, la vue du sang ou encore une atmosphère surchauffée. En faisant asseoir une personne qui a un malaise, vous pourrez lui éviter l'évanouissement. Faites-lui placer la tête entre les genoux, à moins qu'elle n'ait des problèmes cardiaques, du mal à respirer ou une blessure grave. Dans ce cas, allongez-la, pieds surélevés.

Si une personne évanouie ne revient pas à elle au bout de 3 min, appelez un médecin.

Une personne âgée qui se trouve mal doit être immédiatement examinée par un médecin. Cela peut être le signe de problèmes de santé assez graves.

Examens

1. La veille, décontractez-vous : fermez vos livres, faites du sport ou allez au cinéma voir un film drôle. Couchez-vous à une heure raisonnable.
2. Le jour même, prenez un petit déjeuner copieux et emportez du chocolat ou des bonbons, excellents en cas de « coup de pompe ».
3. Lisez et relisez l'énoncé du devoir avant de commencer, surtout si vous êtes de ceux qui partent facilement sur une fausse piste. Soulignez les mots clés, faites attention aux « non » et aux « excepté ».
4. Si vous êtes en face d'un QCM (questionnaire à choix multiples), commencez par répondre aux questions dont vous êtes sûr, puis traitez les autres. De même, lorsque vous devez régler différents problèmes de mathématiques, débarrassez-vous de ceux que vous savez résoudre ; il serait dommage de ne pas pouvoir les terminer parce que vous aurez perdu du temps sur les plus difficiles.
5. Enfin, si vous n'avez pas le temps de terminer une dissertation, donnez le plan de la conclusion en précisant que le temps vous manque pour la développer.

Exercices d'assouplissement

Pour diminuer la tension musculaire et vous décontracter, essayez ces exercices d'étirement. Exécutez-les lentement. Arrêtez-vous quand vous sentez une tension dans le muscle et avant qu'une douleur ne se fasse sentir. Maintenez la position sans forcer, vous pourriez vous faire mal.

Bras, épaules et dos. Assis sur les talons, penchez-vous en avant et posez le front sur un avant-bras, sur le sol. Avec l'autre bras en avant, attrapez un pied de lit ou tout autre objet solide, en tirant. Il faut que vous ressentiez une tension dans les bras, les épaules et le haut du dos. Tenez la position pendant 15 s et relâchez. Recommencez avec l'autre bras.

Bras et épaules. Levez les bras tendus au-dessus de la tête, les mains croisées à l'envers (la paume de la main droite tournée vers la droite et celle de la main gauche vers la gauche). Inspirez tout en étirant les bras vers le haut et vers l'arrière. Tenez la position pendant 5 s, puis baissez les bras et détendez-vous. Recommencez 10 fois.

Taille. Mettez-vous debout, pieds écartés à l'aplomb des épaules. Tendez un bras au-dessus de la tête, paume de la main vers l'intérieur. Tenez l'autre main paume contre la cuisse. Penchez-vous sur le côté à partir de la taille en glissant la main le long de la cuisse et en maintenant votre bras levé au-dessus de la tête, jusqu'à ce que vous sentiez un tiraillement de la hanche à l'épaule. Comptez jusqu'à 5 et reprenez la position. Recommencez 5 fois en changeant de côté.

Cuisses. Debout, les pieds écartés à l'aplomb des épaules et les genoux légèrement fléchis, penchez-vous tout doucement vers l'avant en laissant les bras et la tête souples. Rentrez le ventre. Arrêtez lorsque vous sentez une tension dans le dos et derrière les cuisses et les genoux. Tenez la position pendant 30 s en vous relaxant et en imaginant que vos cuisses deviennent très molles.

Mollets. Placez-vous debout, bras tendus, les mains à plat contre le mur. Pliez les bras et approchez-vous du mur en gardant le corps bien droit, jusqu'à ce que vous sentiez la tension dans les muscles des mollets. Tenez la position pendant 20 s, puis reprenez la position initiale. Recommencez 3 fois. Le but est de tenir 1 min la tête contre le mur.

Adducteurs. Allongez-vous sur le dos, jambes levées, les fesses à 10 cm du mur et les talons reposant dessus. Écartez lentement les jambes en laissant les talons glisser doucement contre le mur, jusqu'à ce que vous sentiez un étirement dans l'aine et à l'intérieur des cuisses. Tenez la position pendant 30 s, puis relâchez, resserrez les jambes et recommencez 3 fois.

Exercices respiratoires

En mobilisant complètement la cage thoracique et toutes les alvéoles pulmonaires, la respiration lente et profonde a un effet bénéfique sur les états

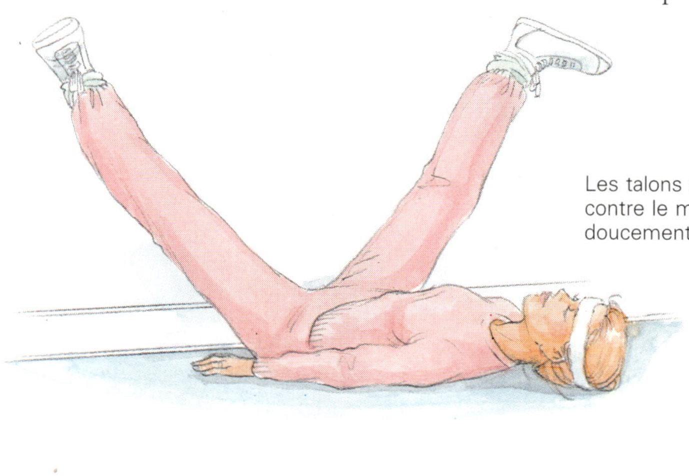

Les talons appuyés contre le mur, écartez doucement les jambes.

de stress et de tension. Pratiquez régulièrement les exercices suivants :

Respiration profonde. Debout bien droit ou allongé sur le dos, posez les mains à plat sur le diaphragme, le petit doigt le long de la taille. Inspirez lentement par le nez en faisant descendre l'air profondément dans les poumons. Quand ceux-ci sont remplis, soufflez par la bouche. Recommencez 5 fois.

Mouvement en Y. Debout ou allongé sur le dos, les bras croisés devant vous et chaque paume de main appuyée sur la cuisse opposée, inspirez par le nez en levant lentement les bras au-dessus de la tête tout en les décroisant et en mettant les paumes face à face.

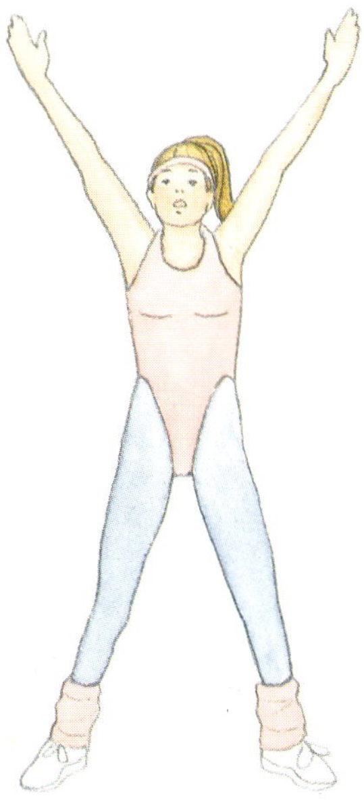

Tandis que vos épaules s'ouvrent et que vos poumons se dilatent, écartez les bras à angle droit. Soufflez en faisant le mouvement en sens inverse.

Extincteur

Compte tenu des 3 classes courantes de feu, 2 extincteurs appropriés (pour le domicile et pour la voiture) sont indispensables pour lutter contre un début d'incendie.

- **Feux secs (classe A) :** sur matériaux solides à base de cellulose (bois, papier, paille, tissus non synthétiques, etc.). L'eau les éteint, utilisez un extincteur à eau pulvérisée.
- **Feux gras (classe B) :** sur liquides inflammables de type hydrocarbures (ou solides liquéfiables) : essence, huile, alcool, mazout, vernis, cire, etc. N'utilisez pas d'eau, elle amplifierait l'incendie. Utilisez un extincteur CO_2 (« neige carbonique ») ou un extincteur à poudre.
- **Feux de gaz (classe C) :** utilisez exclusivement un extincteur à poudre. Ne cherchez pas à éteindre l'incendie si vous ne pouvez pas aussitôt couper l'arrivée de gaz (il y a risque d'explosion).

Si vous vous trouvez face à un feu sur un appareil sous tension électrique, débranchez d'abord l'appareil (ou coupez le courant au compteur), puis combattez le feu comme un feu ordinaire (plutôt avec un extincteur à neige carbonique).

En cas d'incendie, mieux vaut perdre 20 s à lire ou à relire sur l'appareil le mode d'utilisation, simple, que de vous énerver en pure perte. Ensuite, attaquez toujours le feu à la base des flammes.

Avec un extincteur à eau pulvérisée dans la maison et un appareil à poudre (1 ou 2 kg) dans la voiture, vous disposerez d'une protection correcte.

PAS D'EXTINCTEUR ?

1. Dans une maison individuelle, pensez tout de suite au tuyau à eau du jardin ou de la cour : de longueur suffisante (jusqu'à atteindre le grenier par l'escalier), enroulé sur un dévidoir, équipé d'un embout diffuseur, branché en permanence, il constitue un excellent moyen de lutte contre un début d'incendie.
2. À l'extérieur, au garage ou au sous-sol, face à un feu dit « gras » (classe B), projetez du sable ou de la terre en nappes épaisses, à la pelle ou, à défaut, avec une plaque solide, large et légère.
3. Dans votre logement, étouffez le feu (s'il n'est pas encore disséminé) avec des couvertures ou des doubles-rideaux (non synthétiques). S'il est déjà trop tard, emplissez d'eau à moitié un seau (ou tout autre récipient). Saisissez-le du même côté par ses bords supérieur et inférieur, puis projetez son contenu sur les flammes d'un mouvement vif, ample et ascendant afin que l'eau tombe en large nappe. Recommencez en agissant vite.
4. Dans la cuisine, en cas de feu dans le four, coupez la source d'alimentation (gaz ou électricité) et refermez la porte de l'appareil. Si c'est l'huile qui s'enflamme dans une poêle, mettez un large couvercle dessus. Si le feu prend sur la cuisinière, éteignez les brûleurs, laissez les casseroles en place et étouffez les flammes avec un ou plusieurs couvercles. Autre moyen : lancez sans violence, par poignées, du gros sel de cuisine ou du bicarbonate de soude. Si après 1 min de lutte effective contre le feu avec un agent extincteur, vous n'êtes pas sur le point d'en venir à bout, appelez les sapeurs-pompiers en composant le 18 ou le numéro de téléphone de la caserne dont vous dépendez.

Extrait de naissance

Il est inutile de conserver un extrait de naissance dans son tiroir puisque cette pièce d'état civil n'est valable que 3 mois (sauf pour les résidents étrangers, pour lesquels il est valable 1 an).

Sachez cependant que cette pièce, que vous délivrera la mairie de la commune dans laquelle vous êtes né, est demandée dans de nombreuses circonstances : pour une première demande de carte d'identité ou de passeport si vous n'êtes pas en possession d'un livret de famille, pour n'importe quel acte d'état civil (mariage, divorce, inscription nouvelle, etc.), et également pour la plupart des dossiers administratifs (achat de biens immobiliers, succession).

Vous pouvez vous procurer gratuitement votre extrait de naissance en écrivant à la mairie de votre lieu de naissance. Veillez toutefois à joindre une enveloppe timbrée comportant vos nom et adresse.

F

Farine

Il vaut toujours mieux tamiser la farine, cela apporte de la légèreté à toutes les pâtisseries.
1. Les farines déjà tamisées sont en général très fines et il suffit de les remuer pour les alléger.
2. Les farines de blé, blanches ou complètes, comme les farines d'autres céréales (sarrasin, riz...), doivent être passées dans un tamis ou, plus simplement, dans une passoire fine.
3. Si vous n'avez ni tamis ni passoire fine, passez-les 2 fois 5 s au robot muni du couteau métallique.

Fatigue

1. Demandez à votre médecin de vous prescrire un bilan sanguin.
2. Faites de la gymnastique. Les exercices soulagent la fatigue causée par l'insomnie, l'anxiété, le stress, les changements hormonaux mensuels et, croyez-le ou non, la fatigue qui naît de l'inactivité. Ils tonifient l'organisme, envoient de l'oxygène au cerveau et stimulent la production des substances chimiques qui donnent la sensation d'être en forme.
3. Buvez moins de café et d'alcool, surtout le soir. La caféine semble redonner de l'énergie alors qu'elle énerve et empêche de dormir. L'alcool endort mais modifie le rythme normal du sommeil.
4. Revoyez vos habitudes alimentaires. Une mauvaise alimentation peut engendrer de la fatigue par des carences nutritionnelles. Optez pour un régime équilibré.
5. Passez vos médicaments en revue : les antihistaminiques, les diurétiques, les tranquillisants, les antalgiques, les antihypertenseurs peuvent parfois provoquer une sensation de fatigue. Il en est de même avec les interactions médicamenteuses (voir aussi Médicaments, p. 144). Discutez-en avec votre médecin.
6. Si vous faites partie des personnes qui ont un « coup de barre » au milieu de l'après-midi, programmez vos activités importantes le matin et les travaux de routine l'après-midi. Prenez un déjeuner léger, sans alcool et riche en protéines, pour mieux combattre cette somnolence.

Faufiler

1. Pour éviter de faufiler, coupez le tissu régulièrement et épinglez les coutures en plaçant les épingles horizontalement. Vous pourrez piquer en passant sur celles-ci sans endommager votre machine.
2. Si vous le cousez ensuite à la main, faufilez un ourlet avec un bâton de colle, de la bande adhésive ou un ruban thermocollant.

Fenêtre

1. Lorsque des vitres ont tendance à s'embuer, essuyez-les avec un chiffon humide frotté sur un morceau de savon. Rincez, laissez sécher et repassez un chiffon imbibé de glycérine.
2. Vos fenêtres se coincent ? Repérez les parties qui frottent, lubrifiez-les avec une bombe aux silicones, un morceau de savon ou une bougie. Si elles se sont affaissées, vérifiez les serrages des charnières ou des gonds ou placez des rondelles d'usure neuves sur les axes des gonds.
3. Peignez ou vernissez une fenêtre en la maintenant ouverte tant que la peinture n'est pas parfaitement sèche (surtout sur les parties qui sont en contact : feuillures, rainures...). Si vous peignez les ferrures sans démonter les parties ouvrantes, ouvrez et fermez la fenêtre de temps à autre pour éviter que la peinture ne bloque les articulations en séchant.
4. Si vous avez peint, puis refermé une fenêtre avant que la peinture ne soit sèche, elle est coincée. Tentez de glisser une lame de couteau chauffée à la flamme dans les fentes visibles pour cisailler la peinture. Cela peut fonctionner si les feuillures internes ne sont pas collées.

Fermeture à glissière

1. Votre fermeture s'est-elle séparée dans le bas ? Décousez-la soigneusement, retirez le curseur et séparez complètement la fermeture. Glissez ensuite chaque côté dans le rail du curseur et remontez celui-ci. Pour éviter que cela ne se reproduise, faites un solide point d'arrêt dans le bas de la fermeture.

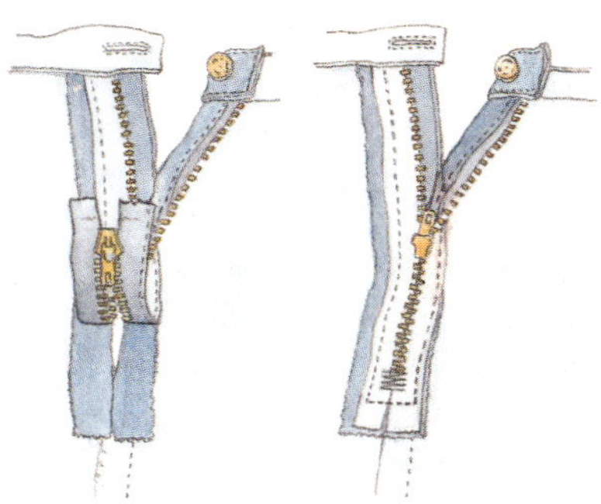

2. Avant de coudre une nouvelle fermeture à glissière sur un vêtement, retirez soigneusement les petits morceaux de fil laissés par l'ancienne et repassez en conservant la pliure de l'ouverture.
3. Avant de poser une fermeture à glissière en coton, faites-la tremper pendant 2 ou 3 min dans de l'eau chaude, puis laissez-la sécher et repassez-la. Ainsi traitée, elle ne rétrécira plus au lavage.
4. Lorsqu'une fermeture à glissière a des dents en Nylon, elle est montée sur des rubans polyester. Faites attention au repassage : une chaleur excessive du fer pourrait la faire fondre.

Feu dans un appareil électroménager

Pour prévenir tout accident, ne laissez jamais un appareil fonctionner en votre absence.
1. Si des flammes, ou de la fumée, s'échappent d'un appareil électrique – ou seulement s'il s'en dégage une odeur de brûlé –, débranchez-le immédiatement ou coupez le courant au compteur (voir p. 64). Si l'appareil continue à brûler, attaquez le feu avec

un extincteur (voir p. 98), mais surtout n'utilisez pas d'eau. Si vous ne l'avez pas éteint au bout de 1 min, appelez les sapeurs-pompiers (en composant le 18) et sortez immédiatement de chez vous.
2. De la fumée sort de votre four ? Vérifiez d'abord que ce ne sont pas des aliments qui s'y consument. Sinon, procédez à son nettoyage.
3. Vous passez des aliments sous le gril et ils se mettent à fumer ? Ils sont peut-être trop proches de la source de chaleur, ou la graisse ne s'écoule pas correctement. Si vous utilisez de l'aluminium ménager, pratiquez-y des fentes pour permettre à la graisse de s'égoutter dans la lèchefrite.
4. Si de la fumée sort du micro-ondes, arrêtez-en le fonctionnement (sans ouvrir immédiatement la porte), ôtez l'aliment en cause et remettez le programmateur à zéro.

Feu dans une habitation

Si vous tentez d'éteindre un début d'incendie, placez-vous entre le feu et une porte de sortie. Si vous n'êtes pas parvenu à réduire le feu au bout de 1 min, inutile de perdre un temps précieux : fermez les fenêtres afin de diminuer l'apport d'oxygène, appelez les sapeurs-pompiers (18) et sortez de la maison.

EN ATTENDANT LES SECOURS

1. Les pompiers ont été alertés, mais vous êtes « coincé » par le feu (ou la fumée) en étage : enfermez-vous dans une pièce donnant sur la voie publique, puis colmatez les interstices autour de la porte, des tuyaux et des conduits d'aération avec des draps ou des rideaux, humides de préférence (surtout pas de papier). S'il y a un robinet, remplissez un récipient et arrosez les portes et murs situés entre vous et le feu.
2. Mettez-vous près d'une fenêtre et signalez votre présence en agitant un tissu de couleur vive ou une torche électrique, ou en faisant clignoter une ampoule. Laissez les fenêtres fermées pour éviter les appels d'air, qui attiseraient les flammes.

À DÉFAUT DE SECOURS

1. Appliquez le dos d'une main sur toutes les portes pour sentir si elles sont chaudes. Porte chaude ou fumée dessous : n'ouvrez pas. Si la porte n'est pas chaude et que vous ne puissiez faire autrement que d'emprunter cette issue, allez-y franchement, mais avec précaution, en progressant près du sol sous la nappe de fumée.

2. Si vous êtes au lit et que vous sentiez de la fumée, roulez sur le sol (ne vous redressez pas) et rampez jusqu'à la porte. Procédez comme en **1.** Couvrez-vous la bouche et le nez avec un linge humidifié.
3. Si vous ne pouvez faire autrement que de fuir par une fenêtre du premier étage — à la limite, du deuxième — et que vous ne disposiez ni de corde ni même de draps (noués), enjambez la barre d'appui et suspendez-vous par les mains avant de vous laisser tomber sur le sol. Un témoin pourra coucher sous votre fenêtre des poubelles en plastique, qui amortiront le choc. Pour casser des vitres, utilisez une chaise, un tiroir ou tout autre objet, mais jamais vos mains.

Feu dans un lieu public

1. En entrant dans un grand magasin, un théâtre, un restaurant ou tout autre lieu public, repérez les issues de secours, même si vous ne devez pas y rester longtemps.
2. N'empruntez pas l'ascenseur si un incendie se déclare : la chaleur ou une interruption de courant peuvent l'arrêter entre deux étages ou à un niveau déjà enfumé.

DANS UN GRAND HÔTEL

1. Après avoir vu votre chambre, repérez dans le couloir les issues de secours et le boîtier « alarme incendie » le plus proche. Comptez le nombre de portes qui séparent votre chambre de la première issue de secours.
2. Si la sonnerie d'évacuation retentit, roulez du lit au sol, puis progressez sur les genoux et les mains jusqu'à la porte. Assurez-vous qu'elle n'est pas chaude, puis ouvrez-la avec précaution (refermez-la derrière vous) et dirigez-vous vers l'issue de secours. Si le couloir est déjà empli de fumée, retournez dans votre chambre et alertez les pompiers (en composant le 18 si vous êtes en France) : trop d'appels valent mieux que pas du tout !

Feu d'artifice de jardin

Tirer un feu d'artifice de jardin, c'est manipuler des explosifs : respectez ces conseils à la lettre.
1. N'achetez que des feux d'artifice de marque et de première qualité. Stockez-les dans un endroit frais et sec, loin de toute flamme.
2. Avant de tirer un feu d'artifice, prévenez la mairie et les voisins.

LE SAVIEZ-VOUS ?

Les sapeurs-pompiers : en majorité des volontaires

On compte en France quelque 225 000 pompiers, qui répondent en une année à plus de 2 millions d'appels au secours. Quand « il y a le feu », bien sûr. Mais la lutte contre l'incendie ne représente plus que 10 % de leurs interventions. En effet, l'essentiel de leur activité est consacré aux « secours aux victimes » ; surtout dans les accidents de la route. Avec les noyades, les traumatismes en tout genre, les malaises, les dangers auxquels sont exposés des individus (de l'inondation à la panne d'ascenseur), voire des animaux, on peut assurément dire que les pompiers sont devenus les « généralistes du risque ». À ce titre, d'ailleurs, ils sont inclus dans la logistique des SAMU.

Mais qui sont ces hommes — et maintenant ces femmes — dont les deux devises claquent comme des défis : « Sauver ou périr », « Courage et dévouement » ? Des militaires ? Oui, mais exclusivement dans la capitale et sa proche périphérie (7 000 engagés et appelés de la prestigieuse brigade des sapeurs-pompiers de Paris), et à Marseille (un bataillon de 1 500 marins-pompiers). Alors, partout ailleurs, des fonctionnaires locaux professionnels ? Certes aussi, mais seulement dans les grandes villes (au total, 20 000 hommes).

Ce qui ne fait que 28 500 pompiers... sur 225 000 ! Autant dire 1 sur 10 ! Et les autres ? Soit aux côtés de « pros », soit seuls, jusque dans le dernier des chefs-lieux de canton, des citoyens ordinaires, qui, en marge de leur profession, ont choisi, après une formation spécifique, de rester disponibles pour « la protection des personnes et des biens » sur leur bout de terroir. Rétribués — mal — à l'heure d'intervention ou d'entraînement, ils sont appelés par la sirène municipale (ou par bip) à rejoindre au plus vite leur unité de secours quand le malheur vient de frapper — sur l'autoroute, par exemple, au cœur de la France profonde. Là, rien ne les distinguera à vos yeux des pompiers de métier.

Une inquiétude : et si, demain, les vocations se raréfiaient, alors que dès aujourd'hui il en faudrait bien davantage ?

3. Allumez les pièces d'artifice à l'extérieur, une par une, dans un endroit découvert. N'allumez jamais de pétards à l'intérieur, ou dans une boîte de conserve.

4. Mettez les pièces en place de jour, en respectant le plan de tir fourni avec le feu. Repérez chaque poste de tir par un numéro inscrit sur une feuille de papier blanc : vous les repérerez mieux dans le noir. Si la pluie menace, recouvrez chaque pièce d'un sac en plastique (à retirer pour le tir).

5. Éloignez les spectateurs lorsque vous allumez les feux. Orientez les fusées et fixez les chandelles, les roues et les serpentins de telle sorte qu'ils ne puissent atteindre ni les gens ni les habitations. Prévoyez seaux d'eau et extincteurs (voir p. 98).

6. Ne ramassez jamais un pétard ou une pièce qui n'a pas explosé : il risque de le faire à tout moment.

7. Utilisez le goulot d'une bouteille pour maintenir les fusées (pièces aériennes avec baguette de bois qui retombe) et tirez les bombes dans des mortiers (tubes en carton fort) enterrés aux 3/4 dans du sable. Accroupissez-vous et allumez-les avec le bras tendu. Ne vous placez jamais au-dessus, ou debout sur le côté ! Respectez les consignes et conseils de sécurité donnés avec chaque feu.

8. Pour vous simplifier la vie, tirez un feu d'artifice compact livré en carton prêt à tirer : une seule mèche à allumer et toutes les pièces s'allument d'elles-mêmes et dans l'ordre de tir.

Feu de camp

Aussi romantiques soient-ils, les feux de camp sont interdits dans la plupart des régions et, même autorisés, restent source de dangers et de désagréments. Si vous devez absolument allumer un feu, utilisez l'éventuel emplacement réservé à cet effet. À défaut, aménagez soigneusement un creux de 1,50 m de diamètre. Disposez-y des pierres en un cercle légèrement plus grand que les ustensiles de cuisine que vous comptez utiliser.

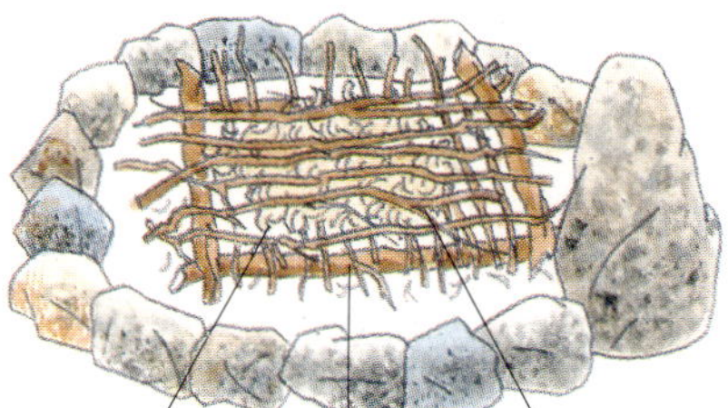

Ramassez quelques douzaines de petites branches mortes bien sèches et cassez-les en morceaux de 30 cm de long environ. Ramassez aussi 2 grosses poignées de brindilles très fines. Mettez le tout dans le foyer et disposez les branches comme il est indiqué sur le dessin. Allumez quelques brindilles du côté du vent et ajoutez-en peu à peu, jusqu'à ce que le feu prenne bien. Par vent violent, posez une pierre plate et haute devant le foyer. Dressez ensuite quelques

branches plus grosses en cône sur le foyer. Avant de partir, remettez les pierres où vous les avez prises, côté noirci dessous. Arrosez d'eau les cendres jusqu'à ce qu'elles soient complètement froides, puis recouvrez-les de terre.

Feu de voiture

Si vous soupçonnez un début d'incendie dans votre voiture, garez-vous correctement, puis coupez le contact (et éteignez éventuellement les phares). Vous empêcherez ainsi l'arrivée d'essence et cela peut suffire à arrêter le feu. Faites sortir tout le monde de la voiture.

Pour un début de feu (souvent dans le moteur), n'ouvrez pas grand le capot (apport brutal d'oxygène). Entrebâillez-le, puis actionnez votre extincteur de bord dans l'ouverture et/ou sous le moteur.

Toutes les voitures devraient être équipées d'un extincteur à poudre (voir p. 98) d'au moins 1 kg, fixé dans l'habitacle ou, à défaut, placé sous le siège avant, voire dans le coffre. Il permet d'empêcher un incendie dû à une cigarette ou au circuit électrique.

Le feu prend de grandes proportions ? Contentez-vous de dégager les alentours et d'écarter les badauds. Appelez les sapeurs-pompiers en composant le 18, ou demandez à un témoin de le faire.

Feuilles mortes

Épargnez-vous la corvée de vous débarrasser des feuilles mortes. Faites-en de l'humus. Empilez-les dans un coin discret du jardin, accessible à la brouette, mouillez le tas et piétinez-le. Avant chaque nouvel apport, jetez quelques pelletées de bonne terre. Durant l'hiver, cet empilement se tassera pour former une masse compacte. Au printemps, divisez le tas en petits morceaux avec une bêche bien affûtée. Transportez-les au pied des arbustes à fleurs, sur le sol du potager et des massifs. Là, enfouissez-les par un bêchage superficiel.

En se décomposant, cet humus fertilisera le sol et l'allégera.

Ficelle

1. Pour défaire un nœud, tournez la ficelle sur elle-même pour la rendre plus rigide, puis poussez-la dans le nœud. Demandez à quelqu'un d'ouvrir le nœud en glissant un clou dedans pendant que vous poussez... ou utilisez vos dents.
2. Pour ne pas emmêler une pelote de ficelle, mettez-la dans un distributeur. Faites-en un avec une boîte métallique ou un bocal en perçant un trou dans le couvercle pour y faire passer la ficelle, ou utilisez un petit arrosoir ou une théière et tirez la ficelle par le bec. Si vous prenez une boîte en plastique, percez-la avec un clou chauffé à la flamme.
3. Pour que l'extrémité d'une ficelle en matière synthétique ne s'effiloche pas, chauffez-la à la flamme d'un briquet et soudez les brins en les roulant entre les doigts... vite et sans serrer pour ne pas vous brûler.

Vous avez quelque chose à attacher et vous n'avez pas de ficelle.
1. Nouez vos lacets de chaussures ou de tennis ensemble et vous aurez de 1,20 à 1,80 m de cordon.
2. Utilisez des lacets ou une ceinture de cuir pour attacher le pot d'échappement de votre voiture jusqu'à ce que vous arriviez au garage.

Fièvre

Une température de 38 °C est généralement sans gravité, sauf chez les bébés et les personnes âgées. De l'aspirine ou un substitut (voir p. 24) suffisent le plus souvent à retrouver une température normale (37 °C). Si la température monte au-dessus de 39 °C, faites venir le médecin.

Bien qu'un nourrisson ou un enfant malade subissent fréquemment des poussées de fièvre à plus de 40 °C, appelez chaque fois le médecin.

Fil à plomb

1. Utilisez une toupie d'enfant suspendue pointe en bas à une ficelle. Lestez-la en enfilant des rondelles de métal sur la ficelle.
2. Fabriquez un fil à plomb avec une petite boîte de conserve vide. Trouez le fond au centre et insérez-y un clou qui vous servira de repère. Percez

2 trous diamétralement opposés en haut de la boîte, juste sous le bord, et formez une anse avec un cordon solide. Lestez la boîte avec du sable et suspendez-la à une ficelle.

Fil électrique

1. Avant de percer un mur ou d'y planter des clous, localisez les fils électriques encastrés avec un petit détecteur de métaux. Il s'allumera simplement s'il passe au-dessus d'un clou, d'une vis, d'un tube de cuivre ou d'un fer d'armature de béton et il clignotera s'il s'agit d'un fil électrique dans lequel passe le courant.
2. Pour faire passer du fil électrique dans une gaine, talquez-le.
3. Respectez le code des couleurs. Dans une installation, le fil bleu clair

est toujours neutre et le fil de terre est toujours jaune et vert. Toutes les autres couleurs sont destinées à porter la phase (repérable avec un tournevis testeur de phase).
4. Redressez du fil électrique mince en le tirant plusieurs fois entre le pouce et le manche d'un outil, comme si vous peigniez de longs cheveux.

5. Prenez des fils de même section (même le fil de terre) pour alimenter une prise ou un appareil électrique.

Fil et aiguille

1. Pour enfiler facilement une aiguille, coupez toujours le fil avec des ciseaux.
2. Achetez des aiguilles de bonne qualité en acier inoxydable. Piquez-les dans une pelote à épingles bourrée de son, de sciure ou de bouts de laine.
3. Difficile d'avoir chez soi tous les coloris de fil. Procurez-vous une bobine de fil invisible, il convient à tous les tissus.
4. Si vous ne trouvez pas de fil de la couleur exacte du tissu, prenez-le plus clair plutôt que plus foncé.
5. Une petite reprise peut être tout à fait invisible si vous l'exécutez avec un fil prélevé sur le bord du tissu.
6. Fil et aiguille sont inutiles avec le ruban thermocollant. Utilisez un ruban de 0,5 cm de large pour faufiler (voir p. 99) et de 2 cm pour un ourlet définitif (voir p. 158).

Filtres d'appareil photo

1. Un filtre antiultraviolets évite les dominantes bleutées. Il donne du contraste aux photos de paysage. Il est indispensable en montagne ou au bord de la mer.
2. Le filtre polarisant assombrit des ciels bleus ; il atténue les effets de brume et les reflets sur les parois vitrées. Avec un appareil reflex, tournez le filtre jusqu'à ce que vous obteniez le meilleur effet. Avec un viseur sportif, tournez le filtre devant vos yeux et placez-le sur l'objectif en gardant la même orientation quand vous jugez l'effet bon.
3. Un filtre de diffusion auréole les portraits et les paysages. Vous n'en avez pas ? Passez un léger voile de vaseline sur un filtre ultraviolet ou polarisant en laissant le centre intact. Nettoyez le filtre aussitôt les photos prises.
4. Ne superposez pas plus de 2 ou 3 filtres sur l'objectif pour ne pas nuire au piqué des photos.
5. Rangez et entretenez les filtres avec autant de soin que les objectifs : s'ils sont sales ou rayés, vos photos seront mauvaises.

Fissure

Toutes les fissures dans un mur sont suspectes. Elles sont parfois normales dans une maison neuve (c'est la construction qui se met en place) mais, dans tous les cas, il faut les surveiller en plaçant des témoins.
1. Posez une bande de plâtre à cheval sur les fissures à plusieurs endroits et gravez la date de la pose dans le plâtre avec un clou. Si, dans les mois qui suivent, les témoins ne se fissurent pas, la maison est stabilisée. Si un seul témoin se brise, vous avez affaire à une fissure « vivante » : la maison bouge ! Cherchez-en les causes avec le constructeur ou un architecte et remédiez au plus vite à ces mouvements de maçonnerie.
2. Masquez les fissures qui peuvent apparaître entre le haut des murs et les bords du plafond en les remplissant de mastic aux silicones après les avoir élargies et dépoussiérées. Masquez la réparation en posant des corniches ou des moulures d'angles.
3. Pour reboucher une petite fissure, commencez par l'élargir avec la pointe d'un couteau. Dépoussiérez, mouillez le sillon à l'éponge, puis remplissez-le avec de l'enduit à séchage rapide. Lissez avec un couteau à enduire et poncez quand l'enduit est sec.
4. Réparez les larges fissures en les creusant au burin, puis en déposant un cordon de mastic polyuréthanne dans le fond. Recouvrez d'un enduit de rebouchage en incluant une bande d'armature formant un pont entre les bords au niveau de la surface. Laissez sécher et refaites le parement.
5. Ne laissez aucune fissure ouverte du côté extérieur d'un mur d'habitation, les eaux de pluie s'infiltreraient dans les murs.
6. Recouvrez les murs très endommagés de panneaux de bois, de lambris, de plaques de plâtre cartonnées ou de papier à reliefs : les défauts seront moins visibles qu'avec du papier uni. (Voir aussi Revêtement mural, p. 198.)

Fixation dans du béton

Pour placer des chevilles dans du béton, il vous faut d'abord faire des trous. Vous pouvez utiliser un tamponnoir à main, une perceuse à percussion avec mèches à pointe renforcée au carbure de tungstène ou, mieux, un perforateur électro-pneumatique avec ses mèches renforcées spéciales. Dans du béton vibré haute densité, seul un perforateur pourra faire des trous.
1. Pour fixer un objet à un mur en parpaings, utilisez des chevilles à expansion métalliques, plastiques ou élastomères : elles s'accrochent en s'épanouissant dans la partie creuse. Autre méthode : prenez une cheville en bois et ceinturez-la en son milieu avec du fil de fer ; percez la paroi à un diamètre légèrement supérieur à

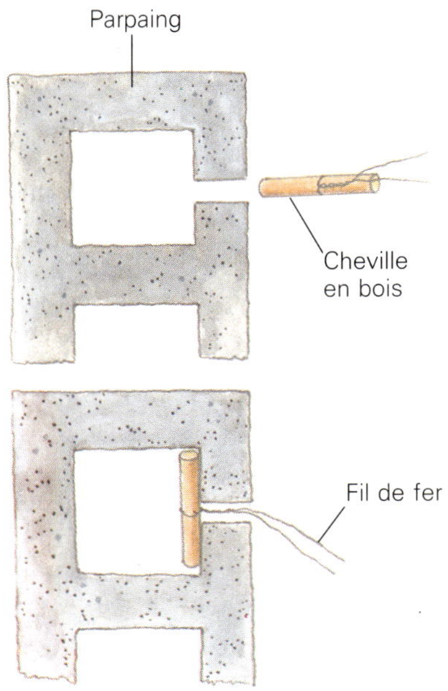

celui de la cheville ; glissez la cheville entièrement dans le trou, puis tirez le fil de fer et faites une boucle pour y attacher un objet.

2. Dans du béton plein, vous pouvez utiliser des chevilles en bois, des tubulaires en plastique, en plomb ou en fibres pour toutes les fixations courantes soumises à des contraintes moyennes. Pour des fixations très fortes, utilisez des chevilles à ancrage ou double ancrage. Toutes s'accrochent par friction sur les parois du trou où elles sont enfoncées.

3. Pour limiter la transmission des bruits dans les parois, fixez les colliers des tuyauteries et les accessoires ou appareillages bruyants avec des chevilles élastomères : leur corps en caoutchouc semi-dur s'écrase et se bloque dans les trous.

4. Sur du béton nu et propre, fixez les plinthes, les moulures ou les tasseaux de bois servant de support avec une colle-mastic au Néoprène.

5. Dans du béton moyen ou granuleux comme les parpaings, utilisez des clous en acier pour béton, droits ou torsadés. Enfoncez-les à coups de marteau francs, rapides et secs.

6. Pour le béton cellulaire, utilisez des chevilles spéciales avec ailettes (à enfoncer au maillet) ou avec un large filetage (à visser).

Fixation dans du bois

1. Frottez le filetage des vis à bois sur du savon ou une bougie pour faciliter leur pénétration dans le bois.

2. Avant de poser des vis dans le bois, faites des avant-trous d'un diamètre inférieur à celui des vis. Utilisez une vrille à main, une mèche très fine ou un clou sans tête fixé dans le mandrin d'une perceuse.

3. Pour une fixation solide en bord de panneau, renforcez le vissage avec une grosse cheville en bois dur enfoncée comme indiqué sur le croquis.

4. Si une vis à bois ne tient plus, remplacez-la par une vis plus grosse ou insérez des allumettes ou des pique-olives en bois dans le trou et remettez la vis. Mieux, agrandissez le trou et insérez-y de force une cheville en bois collée. Arasez la cheville, faites un avant-trou et revissez.

5. Si vous plantez un clou dans du bois pour y suspendre un objet, clouez-le légèrement en biais, pointe vers le bas, pour augmenter sa puissance de soutien. Enfoncez au moins un tiers de la longueur du clou.

Fixation dans du métal

1. Si une vis à tôle ne tient plus bien, remplacez-la avec une vis de diamètre légèrement plus grand, ou écrasez les bords des trous avec un marteau et replacez la vis d'origine.

2. Les écrous soumis à des vibrations se desserrent souvent. Évitez cet ennui en déposant du vernis à ongles sur le filetage des boulons quand vous vissez les écrous.

3. Pour fixer un écrou de façon permanente, arasez la partie filetée qui dépasse, puis écrasez-la au marteau.

4. Suspendez des objets légers à une poutre métallique avec des taquets de placard aimantés et du cordonnet.

5. Une vis à métaux possède un filetage régulier. Pour la mettre en place, percez le métal et faites un filetage dans ce trou avec un taraud (à chaque diamètre de vis correspond un diamètre de perçage et un pas de filetage). Une vis à tôle, elle, ressemble à une vis à bois. Elle se met en place sans préparation préalable : pour assembler 2 tôles, il suffit de percer la première tôle à un diamètre suffisant pour y introduire la vis sans qu'elle frotte, et la seconde tôle à un diamètre légèrement inférieur à celui de la vis.

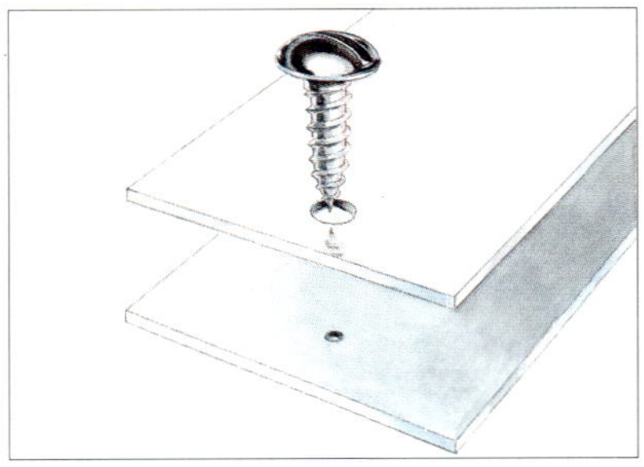

6. Assemblez 2 tôles avec des rivets ordinaires (écrasés au marteau) si les 2 côtés sont accessibles. Si vous n'avez accès qu'à un seul côté, utilisez des rivets aveugles à poser avec une pince à riveter.

Fixation sur plaque de plâtre

1. Pour fixer un objet sur une plaque de plâtre non doublée de bois, prenez des chevilles pour murs creux ou spéciales pour ce matériau.

2. Sur une plaque de plâtre peinte (sur le carton nu, il y a risque d'arrachage), fixez des crochets, des petits objets, des moulures électriques ou décoratives avec un pistolet à colle.

3. Pour suspendre un objet léger, comme un cadre ou un calendrier, fabriquez un crochet avec du fil de fer fort ou un morceau de cintre métallique de 20 cm. Effilez l'une des extrémités et, avec des pinces, pliez l'autre bout comme indiqué sur le dessin. Entrez l'extrémité pointue dans la paroi en oblique vers le bas.

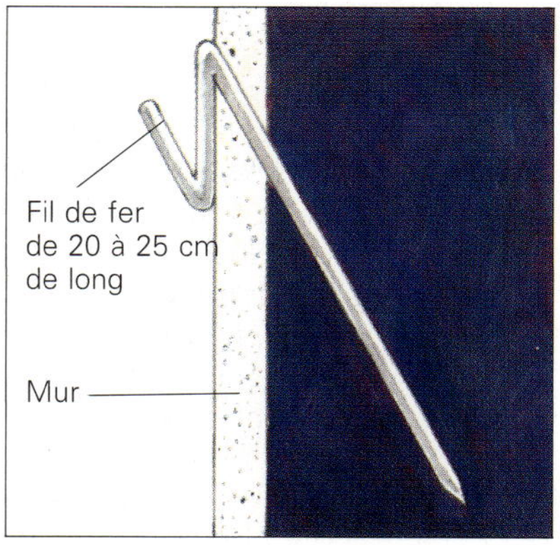

4. Prenez vos précautions pour accrocher un lustre dans un plafond en plaque de plâtre. Fixez-le dans une traverse (avec un piton si c'est du bois ou une cheville à bascule si c'est un profilé métallique), ou fixez un crochet à la charpente avec une chaînette ou une tige métallique.

Flash

1. Pour un éclairage plus doux (qui convient aux portraits), confectionnez un diffuseur avec du papier calque. Fixez-le sur le flash avec un ruban adhésif ou un élastique.
2. Éclairez en indirect en orientant la tête du flash vers un grand carton blanc placé sur le côté, devant ou au-dessus du sujet.
3. Pour photographier vos invités sans que certains soient « grillés » au premier plan et d'autres noyés dans l'ombre, dirigez le flash vers le plafond blanc.
4. Si vous ne voulez pas obtenir des photos partiellement exposées avec un appareil à obturateur à rideau, ne dépassez pas le temps de pose limite pour les photos au flash avec votre appareil (généralement le 1/60).

Fleurs en tissu

1. Pour un meilleur rapport qualité/prix et une plus grande souplesse dans vos arrangements floraux, achetez des tiges comportant plusieurs fleurs. Coupez les fleurs et confectionnez une tige pour chacune en tortillant du fil de fer sur la partie coupée et en la recouvrant avec du ruban toilé fin vert.
2. Dissimulez dans le vase un morceau de buvard imprégné de parfum ou parfumez chaque fleur avec l'essence de parfum qui lui est propre.

3. Pour nettoyer les fleurs, défaites le bouquet et passez rapidement chaque fleur dans de l'eau chaude additionnée d'un détergent léger. Rincez-les bien et faites-les sécher debout dans de grands vases ou dans des bocaux.

Fleurs séchées

Pour profiter tout l'hiver des fleurs du jardin, mettez votre four à micro-ondes à contribution. Roses, géraniums, soucis, zinnias et bien d'autres fleurs colorées y sèchent facilement. Leurs teintes s'assombrissent au cours de l'opération : les roses rouges deviennent presque noires, les roses corail virent au rouge. Cueillez les fleurs en fin de matinée, lorsque la rosée a disparu.
1. Tapissez le fond d'un plat allant au micro-ondes de cristaux de gel de silicate (en vente dans les quincailleries) et faites chauffer à pleine puissance pendant 3 min afin que les cristaux soient bien secs.
2. Versez 2,5 cm de cristaux chauds dans un bocal suffisamment grand pour recevoir la fleur à sécher.
3. Coupez la tige à 2,5 cm de la fleur et plantez-la dans les cristaux de façon à maintenir la fleur droite.
4. Versez peu à peu le reste des cristaux chauds le long du verre, jusqu'à ce que la fleur soit complètement recouverte.
5. Passez au micro-ondes à pleine puissance pendant 1 min 45 pour les boutons de rose et jusqu'à 4 à 5 min pour les grandes fleurs épanouies. Faites d'abord un essai avec des fleurs abîmées pour apprécier le temps nécessaire.
6. Laissez refroidir 20 min, puis videz doucement les cristaux. Nettoyez délicatement les pétales des fleurs avec un pinceau fin et fabriquez une nouvelle tige avec du fil de fer de fleuriste.

Football

Voici un lexique qui vous aidera à mieux comprendre les retransmissions sportives.
Cages : les buts, formés de 2 poteaux distants de 7,32 m et reliés par une barre transversale à 2,44 m du sol.
Corner : coup de pied exécuté à chaque angle du terrain par l'équipe qui attaque, lorsqu'un joueur a mis le ballon derrière la ligne de but de son propre camp.
Coup franc : sanctionne une faute. Le ballon posé à terre à l'endroit de la faute est laissé à l'équipe adverse ; tous les joueurs de l'équipe qui a commis la faute doivent se tenir au moins à 9,15 m du ballon.
Gardien de but : chargé de défendre les buts, il ne peut se servir de ses mains que dans la surface de réparation. Lorsqu'il a pris le ballon dans ses mains, il peut faire encore 3 pas pour le dégager du pied ou le passer à la main à l'un de ses partenaires en dehors de la surface de réparation.
Hors-jeu : un joueur est hors jeu s'il est plus près de la ligne des buts

adverse que le ballon, au moment où l'un de ses partenaires le lui envoie, sauf :
- s'il est dans sa moitié de terrain ;
- s'il y a au moins 2 adversaires plus rapprochés que lui de leur propre ligne de but.

Un joueur est hors jeu s'il influence le jeu ou l'adversaire ou s'il tente de tirer un avantage de cette position. Un joueur n'est pas hors jeu s'il reçoit directement le ballon lors d'un coup de pied de but, d'un corner, d'une entrée en touche ou d'une balle à terre. Si le joueur est déclaré hors jeu, l'arbitre accorde un coup franc indirect à l'équipe adverse à l'endroit où la faute a été commise.

Joueurs : chaque équipe se compose de 11 joueurs : 3 avants (1 ailier droit, 1 avant-centre et 1 ailier gauche), 3 demis (1 demi-centre et 2 demi-ailes), 4 arrières (2 latéraux et 2 centraux) et 1 gardien.

Mi-temps : un match dure 2 mi-temps de 45 min ; les arrêts de jeu sont décomptés du temps réglementaire à l'appréciation de l'arbitre.

Penalty : tiré au point de penalty, à 11 m face à la ligne de but, il sanctionne une faute grave commise dans la surface de réparation. Le tireur ne doit pas marquer de temps d'arrêt avant de tirer et le gardien ne peut bouger de sa ligne avant le tir.

Prolongations : pour certains matches (coupes de France, d'Europe ou du monde), une des 2 équipes doit obligatoirement s'imposer. S'il y a match nul à l'issue du temps réglementaire, des prolongations (2 mi-temps de 15 min) ont lieu ; si le score est encore nul, les équipes procèdent chacune à 5 tirs au but.

Réparation (surface de) : elle est située devant les buts de chaque équipe et fait 40,32 m de long sur 16,50 m de large.

Sortie de but : à l'inverse du corner, c'est l'attaquant qui a mis le ballon hors des limites de la ligne de but : la défense bénéficie d'un coup de pied de dégagement.

Terrain : sa longueur est de 90 à 120 m (de 100 à 110 m pour les matches internationaux), sa largeur de 45 à 90 m (de 64 à 75 m pour les matches internationaux).

Forçage des arbustes à fleurs

Pour obtenir en plein cœur de l'hiver quelques rameaux fleuris de forsythia ou de saule, voici une méthode à la portée de tous les jardiniers.

1. Une fois les rameaux prélevés, grattez l'écorce avec un couteau, à la base de chaque branche, sur 10 à 15 cm. Fendez le bois sur 5 à 8 cm dans le sens de la longueur.

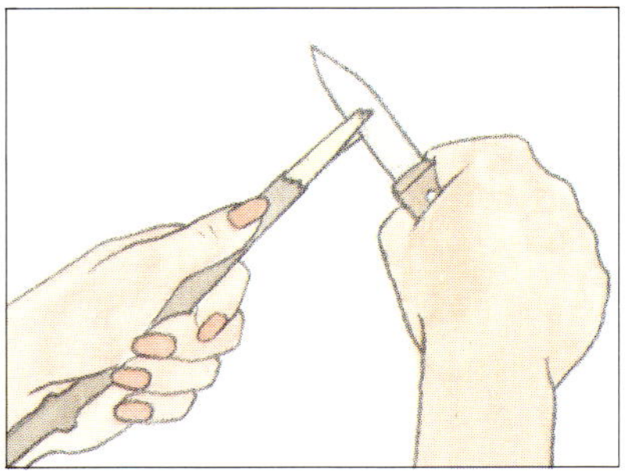

2. Plongez la branche entière dans un bain d'eau portée à température ambiante pendant quelques heures.

3. Arrangez ensuite les branches dans un vase d'eau froide et placez celui-ci dans une pièce ensoleillée : la température idéale de la pièce se situe autour de 15 à 20 °C pour favoriser l'éclosion des boutons déjà formés. Retaillez la base des rameaux 2 ou 3 fois par semaine pour empêcher les boutons de se dessécher. Ils écloront 2 semaines plus tard.

Vous pouvez aussi forcer les rameaux de pommier, de poirier et de lilas : ils mettront de 3 à 4 semaines pour fleurir. Ne les prélevez pas plus de 6 semaines avant leur période normale de floraison car leurs boutons n'ont pas achevé de se former.

Formation permanente

Votre entreprise verse obligatoirement une contribution-formation à un organisme chargé d'en gérer les fonds.

Le plan de formation établi entre l'employeur et les représentants du personnel ouvre une formation à tous les salariés.

1. Renseignez-vous pour connaître les stages existants, les dates de ceux qui vous intéressent. Assistez aux réunions d'information.

2. Le budget consacré à la formation est rarement utilisé en totalité. Inscrivez-vous dès l'ouverture des listes pour l'année à venir. Des priorités sont parfois établies selon la nature des formations, la catégorie professionnelle ou la taille de l'entreprise. Elles sont définies annuellement et peuvent être modifiées ou reconduites chaque année. À défaut, les demandes sont satisfaites dans l'ordre de réception. Si la vôtre ne peut être honorée, placez-vous en liste d'attente. Les désistements sont assez fréquents.

CONGÉ INDIVIDUEL DE FORMATION (CIF)

Vous désirez prendre un congé individuel pour une formation de votre choix, qu'elle ait ou non un caractère professionnel. Vous le pouvez.

Le CIF vous permet de vous perfectionner, d'accéder à une qualification supérieure, de changer d'activité ou de vous cultiver.

1. Formulez la demande par écrit : 30 jours à l'avance pour un stage à temps partiel ou un examen, 60 jours pour un stage de 6 mois ou plus. La réponse vous parviendra dans les 10 jours.

2. Les frais de stage peuvent être pris en charge totalement ou partiellement et, dans certains cas, vous pouvez être rémunéré.

3. Vous conservez vos droits de salarié et retrouverez votre emploi à la fin de votre formation.

Forme des personnes âgées

1. Si vous ne pratiquez pas d'exercice et que vous ayez envie d'en faire, demandez son avis à votre médecin. Dans l'affirmative, choisissez une

activité qui ne fatiguera pas vos articulations et vos tendons (marche à pied, bicyclette ou natation) et commencez progressivement (voir aussi Endurance, p. 89). Renseignez-vous auprès du club du 3e âge ou de gymnastique de votre commune. Quelle que soit l'activité choisie, prenez soin de bien vous échauffer avant l'exercice et d'arrêter progressivement pour réduire les risques d'accident (voir aussi Échauffement musculaire, p. 86).
2. Si vous avez des problèmes articulaires ou vertébraux, il vaut mieux vous adresser à un kinésithérapeute. Certains organisent des séances collectives de gymnastique.
3. Pour garder l'esprit en forme, ne vous isolez pas du monde : famille, bénévolat, activités paroissiales, travaux manuels, jeux et cercle d'amis contribueront à entretenir votre bonne santé mentale.

Forme en voyage

EN VOITURE

1. Arrêtez-vous toutes les 2 h, faites des étirements et des exercices d'assouplissement. Marchez pendant quelques minutes.

2. Faites 15 min de footing avant de vous mettre à table.

À L'HÔTEL

1. S'il n'y a ni piscine ni salle de gymnastique, demandez à la réception la liste des activités sportives locales et un plan de la ville pour pouvoir marcher et courir.
2. Il fait mauvais ? Marchez à vive allure dans les couloirs de l'hôtel ; ou courez sur place dans votre chambre en écoutant la radio.
3. Pratiquez des exercices d'assouplissement et d'étirement matin et soir pendant 10 min. Ou encore, jetez au sol une poignée de trombones ou de pinces à cheveux et ramassez-les un par un, sans plier les jambes.

EN ALTITUDE

Le premier jour, contentez-vous de faire une promenade à pied. Pratiquez ensuite vos exercices habituels mais réduisez-en la durée de 15 % à chaque palier de 1 500 m : 15 % à 1 500 m, 30 % à 3 000 m.

S'il fait très chaud, ne faites pas d'exercice dehors entre 10 h et 16 h.

Fosse septique

1. Quand l'herbe est plus verte au-dessus de la fosse septique ou que celle-ci dégage des odeurs ou que, en tirant la chasse, l'eau est soudainement aspirée, la fosse fonctionne mal et commence à se colmater. Faites un traitement choc avec un produit à base d'enzymes et de bactéries et tirez la chasse à chaque occasion pour bien oxygéner la fosse. Si rien n'y fait, faites vider la fosse.
2. Si le système est complètement bouché, n'y versez pas d'eau, elle sera refoulée dans les tuyaux les plus bas de la maison. Si le service de nettoyage ne peut pas venir tout de suite, un plombier pourra peut-être casser ou creuser la couche de saletés semi-solides qui bloque le tuyau d'arrivée, ce qui vous autorisera un usage temporaire de l'évacuation.

PRÉVENTION

1. Dans la mesure du possible, mesurez le niveau des déchets solides dans la fosse septique en ôtant le couvercle et en sondant avec un piquet recouvert d'un chiffon. Les matières semi-solides laisseront une tache sombre à l'extrémité. Une épaisseur de plus de 30 à 40 cm exige un pompage. En général, une fosse doit être vidée tous les 2 à 5 ans, mais cela dépend de sa taille et de son utilisation.
2. N'utilisez aucun produit chimique, y compris les nettoyants pour toilettes, si la mention « sans danger pour les fosses septiques » ne figure pas sur l'emballage.
3. Pour que le processus de décomposition reste actif, jetez régulièrement de l'activateur à base de bactéries ou versez 1 fois par mois 500 g de levure sèche dans la cuvette et tirez la chasse d'eau. Ajoutez 1 ou 2 morceaux de sucre chaque jour.
4. Ne videz pas de matière grasse liquide dans l'évier (sauf si l'installation comporte un bac dégraisseur) ni de graisse chaude fondue : en se refroidissant, elle se solidifierait et boucherait les canalisations.
5. Ne jetez jamais de papier absorbant, de journal, de tampon, de coton ou tout autre produit de ce genre dans les toilettes.
6. N'hésitez pas à tirer la chasse d'eau à fond à chaque usage des W.-C. : c'est l'air entraîné par l'eau qui active les bactéries de la fosse.
7. Si une personne de la maison est soignée aux antibiotiques, appliquez un traitement de choc à base de bactéries pour maintenir puis reconstituer la flore de la fosse. Agissez de même pour faire « redémarrer » une fosse septique de résidence secondaire non utilisée depuis quelques semaines ou, pire, quelques mois.

Foudre

1. Si vous êtes surpris à pied par un orage en rase campagne, choisissez un abri dans cet ordre :
- bâtiment surmonté d'un paratonnerre (rare) ;
- vaste bâtiment à armature métallique (tenez-vous au milieu) ;
- vaste bâtiment sans protection particulière (de préférence, pas sur une hauteur).

Si l'orage est au-dessus de vous et qu'aucun abri ne soit en vue (une

LE SAVIEZ-VOUS ?

La foudre : ennemie et alliée !

Contrairement à la croyance populaire, la foudre peut très bien frapper plusieurs fois au même endroit. Statistiquement, une maison de taille moyenne, sur un terrain modérément plat, dans une région sujette à des orages moyennement actifs, risque le foudroiement une fois par siècle. La tour Eiffel, elle, est frappée plusieurs fois par an !

Il n'y a aucun danger à toucher une personne venant d'être frappée par la foudre, elle ne contient plus de charge électrique.

Pour savoir à quelle distance se trouve un orage, comptez les secondes entre un éclair et le coup de tonnerre qui suit, puis multipliez par 300 : vous obtiendrez la distance (en mètres) à laquelle le danger est maximal.

Dans un avion de ligne, vous ne risquez rien.

La foudre fertilise la terre : elle transforme l'azote en un oxyde qui, mélangé à l'eau de pluie, forme un acide nitrique faible (composé d'hydrogène, d'azote et d'oxygène). Ajouté aux sels minéraux du sol, il induit des nitrates qui nourrissent les plantes.

étroite cabane n'en est pas un !), la foudre peut vous frapper. Couchez-vous carrément à terre, mais pas sous un arbre isolé, et loin de clôtures ou d'étendues d'eau. Ne demeurez pas à l'entrée d'une grotte. N'ayez ni parapluie ni outil en main.

2. En voiture, vous ne risquez rien, mais garez-vous (contact coupé, phares éteints) loin des bâtiments et des câbles électriques (principe de la cage de Faraday, comme le bâtiment métallique).

3. Chez vous, ne manipulez pas d'appareils électriques et évitez les violents courants d'air. Ne téléphonez pas (sauf appel au secours). Coupez le courant au compteur.

Four

1. Si votre four électrique ne marche pas, vérifiez que le programmateur n'est pas en position « automatique » dans une zone horaire où il coupe l'alimentation électrique. Voyez si le fusible ou le coupe-circuit sont bons.

2. N'utilisez jamais de produit décapant dans un four autonettoyant (catalyse). Si vous le faites accidentellement, passez du vinaigre sur toutes les parois et rincez-les à l'éponge avant de réutiliser le four. Si de la graisse reste sur les parois, faites fonctionner le four à vide à pleine puissance pendant 1 h.

3. Limitez les projections de graisse et l'encrassement : placez la lèchefrite ou une feuille d'aluminium ménager sous le plat avant la cuisson.

4. Ne grattez jamais les parois d'un four à catalyse. Si les plaques d'habillage intérieures sont détériorées, remplacez-les.

Four à micro-ondes

1. Pour voir si votre four à micro-ondes cuit régulièrement, faites-y cuire des tranches de pain de mie à pleine puissance pendant 1 min : vous verrez, d'après la façon dont le pain brunit, les endroits qui chauffent le mieux.

2. Vérifiez qu'un plat supporte les micro-ondes en le glissant au four à côté d'un bol rempli d'eau. Mettez 1 min à pleine puissance. Si l'eau est chaude (donc le four fonctionne) et que le plat soit froid, vous pouvez l'utiliser au micro-ondes. S'il est brûlant, il ne vaut mieux pas.

3. Nettoyez l'intérieur du four avec une éponge douce et un produit détergent léger. S'il y a des éclaboussures séchées, faites bouillir un bol d'eau dans le four afin que la vapeur les ramollisse, puis essuyez à l'éponge.

4. Le four à micro-ondes étant hermétique, certaines odeurs peuvent persister. Pour les éliminer, posez une épaisse tranche de citron sur du papier absorbant et faites chauffer le four de 1 à 2 min à pleine puissance. Éteignez le four et laissez agir le citron toute la nuit.

5. Si un aliment prend feu dans le four, éteignez celui-ci immédiatement sans ouvrir la porte. Débranchez-le ou, si la prise est inaccessible, coupez le compteur. Attendez que la flamme ait disparu pour ouvrir la porte.

6. Faites des économies en utilisant le four à micro-ondes : chauffage et cuisson sont tellement rapides qu'ils n'utiliseront que peu d'énergie. (Voir aussi p. 257.)

Four de camping

Un moule en couronne bon marché d'une contenance de 50 cl et un réchaud de camping suffisent pour improviser un four qui vous permettra de faire cuire un gâteau de temps en temps. Procurez-vous une préparation pour gâteau de votre choix et procédez selon les indications portées sur l'emballage. Beurrez le moule avant utilisation.

Posez le moule sur le réchaud en centrant le trou sur le brûleur et réglez la flamme aussi bas que possible. Couvrez avec une poêle retournée ou un moule en aluminium.

Si la flamme ne peut être réglée assez bas, utilisez 2 moules identiques glissés l'un dans l'autre pour mieux répartir la chaleur. Si le vent pousse toujours la flamme dans la même direction, tournez régulièrement le « four » sur lui-même.

Le temps de cuisson varie selon les réchauds, mais comptez environ 80 % du temps indiqué sur l'emballage, un peu plus si vous enlevez souvent le couvercle pour surveiller la cuisson.

Vous pouvez également utiliser ce « four » pour décongeler ou faire réchauffer.

Fourmis

Les fourmis entrent dans les maisons à la recherche de nourriture, de chaleur et d'un abri. Lorsqu'elles trouvent de la nourriture, elles établissent une piste qui conduit à leur fourmilière, enterrée à l'extérieur ou sous la maison. Pour les combattre, supprimez leurs sources d'alimentation en maintenant une bonne hygiène dans la cuisine.

Aux endroits fréquentés par les fourmis, placez des boîtes de produit antifourmilière (et non antifourmis).

Les ouvrières emporteront cette nourriture empoisonnée au cœur de la fourmilière, qui sera rapidement détruite. Vous pouvez également planter quelques pieds de menthe autour de la maison.

Fracture

Une contrainte modérée peut parfois provoquer une fracture. La victime sent l'os se briser et entend un bruit sec. La douleur est intense et diffuse, plus nette si l'on appuie au niveau de la fracture. La peau est gonflée et décolorée. Le membre apparaît déformé et peut présenter une angulation anormale. Il se peut aussi que le gonflement et la douleur n'apparaissent pas avant plusieurs heures.

Beaucoup de fractures sont impossibles à déceler sans radio. Si vous présentez l'un de ces symptômes, consultez un médecin.

EN ATTENDANT LES PREMIERS SOINS

1. Soulagez la douleur en plaçant une poche de glace près de la fracture et non directement dessus.
2. Immobilisez la partie blessée et bougez le moins possible.
3. S'il s'agit d'une cheville ou d'un pied, retirez chaussure et chaussette et surélevez la jambe.
4. Si l'os a transpercé la jambe, couvrez la blessure d'un pansement sec et propre en comprimant pour stopper l'hémorragie. (Voir aussi Bras en écharpe, p. 38 ; Attelle, p. 26.)

Fraîcheur dans la maison

1. Par temps de canicule, l'air du grenier devient brûlant et une partie de cette chaleur irradie les étages inférieurs. En installant un ventilateur dans le grenier, vous abaisserez la température générale de la maison.

AU TEMPS JADIS

L'art de maintenir la fraîcheur

Sous tous les climats où la chaleur est difficilement supportable, les hommes ont construit des habitations qui les mettaient à l'abri des rayons du soleil.

Les peintures découvertes dans les tombeaux égyptiens montrent que, à cette époque, on édifiait sur le toit des maisons des sortes de capteurs de vent qui rafraîchissaient l'intérieur. Cette méthode est encore utilisée au Pakistan. Il y a quelques centaines d'années, les Indiens accrochaient, la nuit, des tapis mouillés dans les ouvertures des huttes : le vent passant à travers rafraîchissait la maison.

En Afrique et dans divers pays méditerranéens, les maisons étaient construites en adobe, en pierre et en stuc et assuraient ce que l'on nomme maintenant un pont thermique. Murs et toiles étaient en outre suffisamment épais pour absorber et retenir la chaleur de la journée. La nuit, lorsque l'air se rafraîchissait, les pierres restituaient leur chaleur à l'intérieur de la maison.

En Occident, les plus nantis ont eu recours à d'autres procédés : les empereurs romains faisaient venir de la glace directement des Alpes, idée reprise plus tard par Louis XIV à l'occasion des fêtes de Versailles.

La fin du XIXe siècle vit toutes sortes d'inventions astucieuses et raffinées, telle la statue ci-contre coulée dans le métal et couronnée d'une urne. Celle-ci était remplie de glace, qui s'écoulait à l'intérieur de la statue jusqu'à un bassin qu'elle rafraîchissait.

2. Des ventilateurs portables ou des aérateurs de fenêtre chasseront l'air chaud. L'air circulera davantage si vous ouvrez les fenêtres du rez-de-chaussée et des côtés de la maison, sauf en période de canicule.
3. Les ventilateurs à pales redeviennent à la mode. Outre leur charme rétro, ils sont très efficaces pour rafraîchir l'atmosphère.
4. N'oubliez pas la réserve d'air frais que représente le sous-sol. En laissant la porte entrouverte, vous profiterez d'un apport non négligeable de fraîcheur.

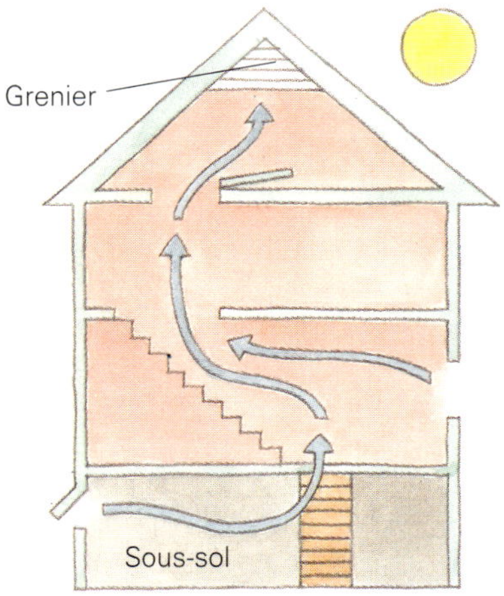

5. Protégez les fenêtres, côté extérieur, par des stores ou des volets. Les stores intérieurs, les vitres teintées et les doubles-rideaux ne donnent pas le même résultat.
6. Isolez au maximum les bouches d'aération (sans supprimer celles qui sont nécessaires à l'évacuation des vapeurs nocives).
7. Les arbres à feuilles caduques placés autour de la maison aident à entretenir la fraîcheur. Veillez cependant à ne pas vous couper des vents les plus favorables.

Freins de voiture

1. Vous desserrez votre frein à main et le voyant reste allumé. Si le levier est complètement abaissé, c'est que le contacteur électrique situé à sa base est défectueux. Injectez du dégrippant pour le débloquer. Si l'anomalie persiste, faites réparer.
2. Si un voyant rouge s'allume quand vous actionnez la pédale de frein, c'est que vos plaquettes sont usées. Vous pouvez encore freiner normalement, mais faites-les remplacer au plus vite. À défaut de voyant, c'est le bruit qui vous avertira.
3. Vérifiez régulièrement la réserve de liquide de freinage. Ajustez le niveau avec du liquide identique. Si le liquide disparaît trop rapidement, faites vérifier le circuit.
4. Vous devez appuyer 2 ou 3 fois sur la pédale pour freiner ? Faites rapidement purger le circuit de freinage et contrôler le maître-cylindre.
5. Vous n'avez plus de frein et la pédale s'enfonce jusqu'au plancher : ce n'est pas catastrophique si vous êtes seul sur la route. Lâchez l'accélérateur, serrez le frein à main, allumez vos feux de détresse et serrez à droite. Utilisez le frein moteur en rétrogradant jusqu'en première, coupez le contact et garez-vous.
6. Au cas où vous n'avez plus de frein du tout, tâchez de repérer une petite côte, un talus, une haie ou, au pire, une voiture garée pour vous arrêter. Klaxonnez et allumez vos phares pour avertir les autres.

Frelons

Ces « énormes guêpes » sont aussi redoutables qu'impressionnantes. Ne les combattez pas à main nue : 2 ou 3 piqûres, voire une seule, peuvent être très dangereuses.

Pour les détruire, attirez-les avec des pièges à eau sucrée ou électriques (la lumière les attire et une grille sous haute tension les foudroie ou les endommage). Repérez l'emplacement de leur nid et faites appel aux pompiers, qui sont équipés et entraînés pour éliminer ces insectes.

Fromage blanc maison

En panne de fromage blanc ? Voici une recette express : portez 1 litre de lait à ébullition. Ajoutez 1 cuil. à soupe de jus de citron ou de vinaigre : le lait se caille en formant de petits blocs. Filtrez le caillé dans une passoire tapissée d'une mousseline : vous avez un fromage souple que vous pouvez utiliser tout de suite. Vous pouvez également le laisser s'égoutter plusieurs heures. Pour cela, nouez la mousseline et suspendez-la : le petit lait va continuer de s'écouler et le fromage va durcir au fil des heures. Selon l'utilisation que vous désirez en faire, arrêtez l'égouttage au moment où vous le jugerez bon.

Ce fromage est excellent tel quel, avec du sucre et des fruits, ou salé avec des fines herbes. Égoutté, il est parfait pour toutes sortes de farces.

Fruits

1. Vous en avez acheté beaucoup et vous craignez qu'ils ne mûrissent tous en même temps ? Enfermez une partie des fruits dans les sacs en papier kraft du commerçant et percez ceux-ci de quelques petits trous : le dégagement d'éthylène fera mûrir ces fruits 2 fois plus vite.
2. La plupart des fruits se conservent au réfrigérateur, sauf les fruits verts, que vous garderez dans une corbeille à température ambiante.
3. Si vous avez des fruits un peu trop mûrs pour être consommés crus (mais non abîmés), faites-en des coulis en les passant au mixer, sucrez-les légèrement et nappez-en des glaces. Ou bien faites-les cuire avec du sucre, vous aurez de délicieuses compotes pour le petit déjeuner.

Fruits oléagineux

Noix, noisettes, cacahuètes, amandes... sont des oléagineux, c'est-à-dire qu'ils produisent de l'huile. Ce sont surtout de savoureux fruits secs que l'on mange tels quels ou que l'on uti-

lise aussi bien dans les plats salés que sucrés. Pour bien les conserver, enfermez-les dans des sachets de toile sombre et entreposez-les dans un endroit frais et sec, au grenier par exemple.

Étalez les fruits oléagineux fraîchement cueillis dans un endroit sec et aéré pour les faire sécher, avant de les enfermer dans des sacs.

Fuites d'eau

SUR LE RÉSEAU D'ALIMENTATION

Ces fuites se situent toujours au niveau des jonctions (entre 2 tuyaux ou entre un tuyau et l'appareil qu'il alimente). Fermez le robinet d'arrêt général pour stopper l'inondation pendant que vous cherchez la fuite. Sitôt la fuite localisée, vidangez le circuit en ouvrant les robinets du lavabo, de l'évier, etc., puis le purgeur du robinet d'arrêt.

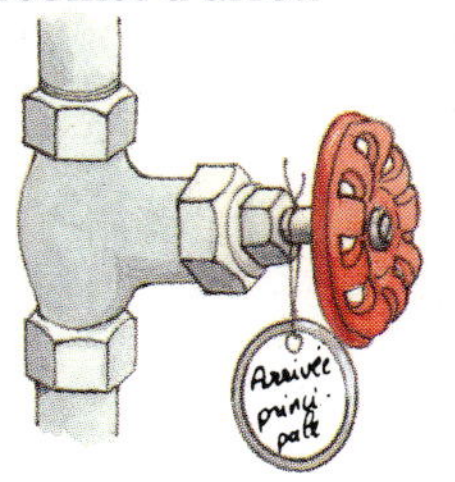

Étiquetez les robinets d'arrivée d'eau de telle sorte qu'on puisse les fermer rapidement en cas d'urgence.

1. S'il s'agit d'un raccord vissé, démontez-le et remontez-le avec un joint neuf.

2. Pour un raccord soudé, refaites la soudure en chauffant d'abord le tuyau au chalumeau pour l'assécher. Nettoyez les parties proches de la soudure existante avec de la toile abrasive et soudez en utilisant de l'étain en fil et un flux décapant. Laissez refroidir et ouvrez l'eau.

3. Autre solution : enrobez la jonction qui fuit avec de la soudure à froid (mastic époxy à 2 composants). **Attention !** Attendez 24 h avant de remettre l'eau sous pression.

SUR L'ÉCOULEMENT

Il n'y a pas de pression : colmatez la fuite en faisant un « pansement » avec du chatterton (large de préférence) ou de la bande bituminée pour réparation de fuites de toiture.

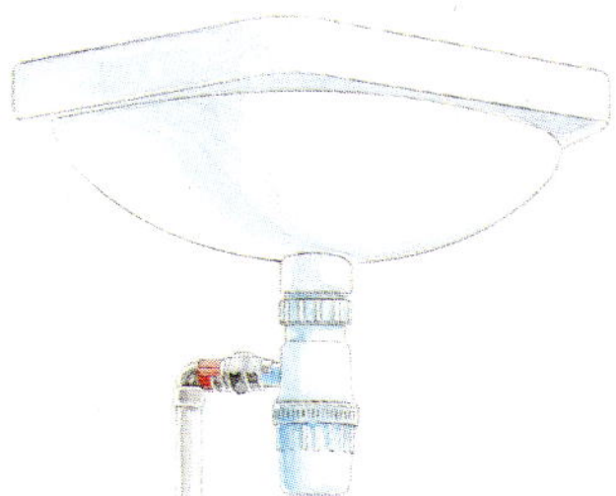

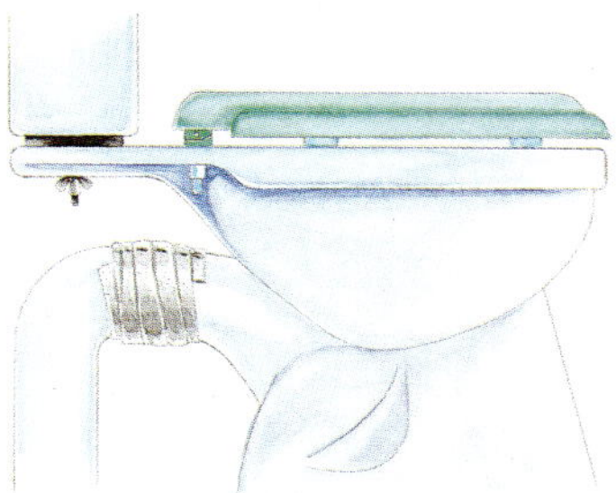

Fumée de cigarette

Vous êtes allergique à la fumée de cigarette ? Ne mettez pas de cendriers chez vous et expliquez poliment votre problème.

VOUS FUMEZ OU VOUS VIVEZ AVEC UN FUMEUR

Investissez dans des purificateurs d'air. Mieux encore, installez un ionisateur d'air permanent ou un filtre à fumée et nettoyez les filtres régulièrement. Disposez des pots-pourris et beaucoup de plantes d'intérieur à feuillage touffu. Videz les cendriers et aérez le plus possible.

POUR LES ODEURS DE TABAC TEMPORAIRES

Avant une réception, disposez des bougies parfumées allumées sur le haut des meubles, au centre de la table, etc. Elles dissiperont l'air enfumé. Mettez des blocs désodorisants près des bouches d'aération. Après la réception, ouvrez portes et fenêtres ; chassez l'odeur de fumée persistante en étalant des serviettes imbibées de vinaigre. Mettez en marche les ventilateurs et, bien sûr, videz et lavez tous les cendriers.

DANS LA VOITURE

Videz régulièrement le cendrier et mettez-y une couche de bicarbonate de soude qui étouffera l'odeur des mégots et des cendres.

Fusible

1. Lorsqu'un fusible (ou un coupe-circuit) saute quand vous mettez un appareil en marche, plusieurs causes sont possibles.

- Si cela n'arrive qu'avec ce seul appareil, il est trop puissant pour le « calibre » du fusible (appareil tirant 16 A, sur un fusible de 10 A, par exemple) ou il y a un court-circuit dans l'appareil.
- Si cela arrive quand d'autres appareils sont déjà en fonction, c'est la ligne ou votre installation qui n'est pas assez forte pour les alimenter tous en même temps. Souscrivez un abonnement pour une puissance supérieure ou installez un délesteur (simple ou horaire) que vous programmerez pour alimenter les appareils prioritaires au détriment des autres.

2. Quand vous remplacez un fusible par un autre de puissance plus élevée, vérifiez que les fils électriques ne chauffent pas en cours d'utilisation. Ne placez surtout pas des fusibles plus forts que l'ampérage du compteur (fusible de 32 A avec un compteur limité à 20 A par exemple).

Fusible à cartouche

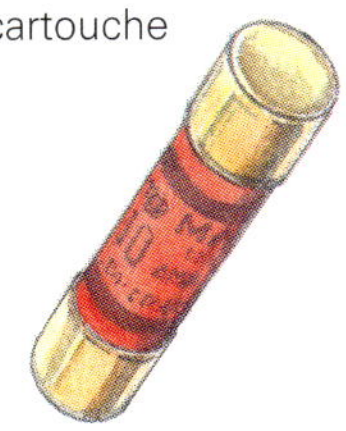

3. Ne prenez jamais de clou, de feuille d'aluminium ou tout autre objet métallique pour remplacer un fusible. Vous risquez de provoquer un incendie et de faire sauter les installations électriques placées en amont du compteur.
4. Si vos fusibles sautent souvent sans raison, votre installation électrique est peut-être vétuste (fils de trop faible calibre, fils dénudés par endroits...). Appelez un électricien.

G

Gant

1. Vous avez un besoin urgent de gants chauds : enfilez une chaussette ou une socquette sur chaque main. Écartez le pouce de l'index, coupez le tissu à cet endroit, ôtez la chaussette et cousez le long des bords coupés pour former le pouce et la main.
2. Enlevez des taches récentes sur des gants de cuir ou de daim en les frottant avec du pain rassis.
3. Nettoyez des gants de chevreau blanc avec de l'amidon en poudre ou du blanc d'Espagne. Appliquez-les à l'aide d'un tissu en soie et secouez.
4. Pour une tache sur du chevreau noir, passez dessus un marqueur noir indélébile, puis frottez avec quelques gouttes d'huile d'olive.
5. Lorsque vous faites des travaux salissants mais précis, remplacez les gants en plastique ou en caoutchouc par une mousse vendue en aérosol, à vaporiser et à étaler sur la peau. Elle résiste aux divers produits et s'élimine seule après 4 ou 5 h.
6. Pour nettoyer des gants en caoutchouc ou en latex fin, enfilez-les, lavez-vous et essuyez-vous les mains, retirez les gants et talquez-les.

AU TEMPS JADIS

Pour l'amour d'un gant

Le pouvoir, la richesse, la noblesse, l'amour et bien des choses encore furent autrefois symbolisés par les gants. Ils semblaient détenir l'aura des mains qui les portaient.

Ce n'est qu'au début du XVIIe siècle que les femmes de classe moyenne se mirent à porter des gants, alors que les dames de haut rang en mettaient depuis le Moyen Âge. On donnait son gant, encore imprégné de la chaleur d'une douce main, à un chevalier comme gage d'amour. Et le chevalier de partir guerroyer, le gant de sa belle dans son haubert.

Avec sa délicatesse, le gant féminin devenait pour lui un symbole de force, une amulette pour détourner le mal, un encouragement à ses actes de bravoure et un rappel de la douce récompense qui l'attendait s'il survivait.

Quant à son gantelet, un gant de métal, c'était une tout autre affaire. Il personnifiait la force, le pouvoir et l'honneur et tenait lieu de serment dans un tribunal. Jeter le gant à un autre homme revenait à le défier lors d'un combat souvent mortel.

La signification de cet acte s'est perpétuée pendant des siècles. Bien après que le gantelet du chevalier eut disparu, des dandys parfumés se provoquaient en duel en se lançant un gant de chevreau souple, aussi délicat que celui des dames de l'époque.

Garantie

Tout achat d'appareil ménager, de matériel, de véhicule ou de tout autre article entraîne des garanties pour l'acheteur.
1. Une garantie légale. Elle est gratuite, obligatoire et illimitée. C'est l'assurance qu'un appareil vendu remplit ses fonctions : une machine à laver doit laver, un four chauffer, un véhicule avancer. Elle s'applique à un défaut caché, antérieur à la vente et responsable de la panne. Elle ne joue pas si vous utilisez mal l'article. Conservez votre preuve d'achat (facture) ainsi que toute pièce précisant l'identité complète de l'appareil (livret technique).
2. Une garantie contractuelle, ou garantie commerciale, sorte de contrat librement passé entre le vendeur et l'acheteur. Le premier s'engage à réparer gratuitement l'article pendant un temps donné ou à remplacer des pièces défectueuses. Faites-vous préciser les prestations gratuites et la durée de la garantie. L'établissement d'une norme (NF 50 002) a permis de clarifier les garanties dans l'électroménager.

Gâteaux

1. Pour étaler facilement du beurre dans un moule, glissez la main dans un sachet en plastique. Si vous devez fariner le moule, versez-y 2 cuil. à soupe de farine et faites-le tourner entre vos mains afin que la farine soit uniformément répartie sur le beurre ; retournez alors le moule pour faire tomber l'excédent de farine.
2. Si vous n'avez pas de tamis, utilisez une simple passoire fine et tamisez toujours la levure avec la dernière cuillerée de farine. Sucre glace et cacao doivent toujours être tamisés.
3. Vérifiez la cuisson d'un gâteau en piquant en son centre une fine brochette en métal ou en bois : elle doit ressortir sèche. Si ce n'est pas le cas, laissez la cuisson se poursuivre quelques minutes. Vous pouvez aussi presser légèrement le centre du gâteau avec un doigt : il doit être ferme et ne pas garder d'empreinte.
4. Pour que les gâteaux contenant des blancs en neige ne s'affaissent pas à la sortie du four, laissez-les reposer 10 min dans le four éteint, porte entrouverte. Retirez du four, laissez refroidir et démoulez.

5. Les gâteaux cuits au four à micro-ondes en ressortent souvent plats ; ils sont parfaits pour être glacés (glaçage au chocolat ou au sucre) ou décorés (chantilly, fruits secs ou confits, gelée de fruit...).
6. Pour décorer au sucre glace, posez un napperon en papier sur le biscuit, puis parsemez de sucre glace tamisé. Retirez délicatement le napperon : vous obtenez un joli motif.

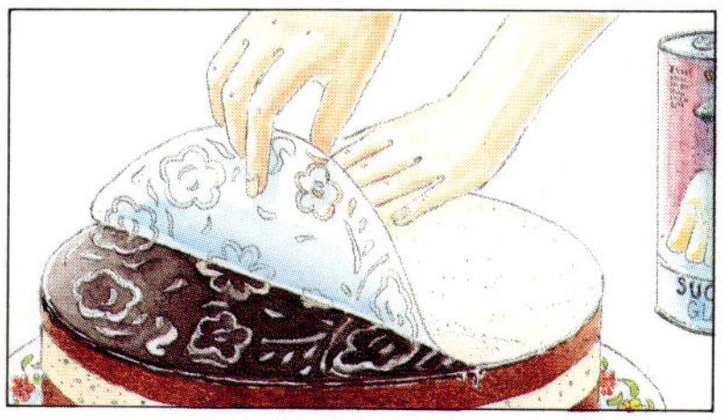

7. Les gros gâteaux, les biscuits et les cakes se conservent 2 semaines au frais, emballés dans plusieurs épaisseurs d'aluminium ménager. Ils resteront moelleux. S'ils contiennent des fruits secs, consommez-les plus rapidement car ils risquent de rancir.

Gel au jardin

1. Pour protéger vos plantes de pleine terre contre les gelées nocturnes, réglez votre programmateur d'arrosage automatique sur 1 ou 2 aspersions durant la nuit. La vapeur se cristallisera en surface, isolant le feuillage de la plante. Si, au matin, vous constatez des dégâts du gel inattendus, vaporisez de l'eau sur les feuillages avant la venue du soleil. Sachez enfin que, en cas de forte gelée, les plantes à feuillage persistant souffrent de la soif avant de mourir de froid. Le gel bloque l'eau du sol dont elles ont besoin et vous les retrouverez définitivement déshydratées au dégel. Isolez donc d'abord le sol avant de protéger la ramure.
2. Protégez les jeunes pousses des plantes vivaces et bulbeuses contre les gelées tardives de printemps. Couvrez l'ensemble du massif avec un voile en non-tissé nommé « voile de forçage » ou chaque pousse avec une bouteille vide en plastique dont vous aurez coupé le fond au quart de la hauteur. Découvrez les pousses par journée ensoleillée et remettez les protections en place pour la nuit jusqu'au début du mois de mai.

Genoux

Le genou est l'articulation la plus grosse du corps humain. Sous une apparente simplicité, sa mécanique est assez compliquée, ce qui explique sa fragilité et les conséquences graves de ses blessures. Pour éviter celles-ci, voici quelques conseils.
1. Si vous avez un excès pondéral, tâchez de maigrir afin de réduire les pressions sur le cartilage articulaire. C'est très important avant d'entamer un entraînement de tennis ou de course à pied.
2. Lorsque vous restez assis longtemps, bougez fréquemment vos jambes. Levez-vous le plus souvent possible et marchez un peu.
3. Évitez de monter les escaliers ou de plier les genoux plus souvent que nécessaire. Si vous travaillez sur une table basse, asseyez-vous sur un tabouret bas ou sur le sol.
4. Évitez les chaussures à talons hauts et à semelles fines.
5. Pour jardiner, agenouillez-vous sur un vieux coussin ou sur un carré de mousse et faites passer régulièrement le poids de votre corps d'un genou sur l'autre.
6. Ménagez vos genoux quand vous faites du sport : préférez la terre battue pour jouer au tennis et un terrain souple pour la marche et le jogging. En natation, le port de palmes fait travailler davantage les chevilles et moins les genoux. À bicyclette, réglez la selle un peu plus haut que la normale et « moulinez » avec un braquet facile.
7. Renforcez les muscles de la cuisse qui agissent sur le genou en pratiquant chaque matin l'exercice suivant : allongez-vous, sur le ventre, sur un banc ou un lit étroit de façon que les jambes dépassent des bords. Tournez un pied vers l'intérieur à environ 45° et pliez lentement la jambe à 90°. Soulevez-la ensuite le plus haut possible. Maintenez la position pendant 10 s, puis baissez lentement la jambe et dépliez-la. Faites ceci 10 fois avec chaque jambe.
8. Ne négligez jamais une blessure du genou, aussi bénigne puisse-t-elle paraître. Appliquez de la glace sur le genou blessé et laissez-le au repos jusqu'à l'arrivée du médecin.

Germination des graines

Pour accélérer la levée des graines, pratiquez ces deux techniques très simples.
1. Videz chaque paquet dans une soucoupe en plastique et laissez tremper toute une nuit dans de l'eau tiède. La levée sera encore plus rapide si vous ajoutez à l'eau de trempage 1 ou 2 gouttes d'essence de térébenthine. Rincez avant de semer.
2. La deuxième solution consiste à utiliser un germoir pour faire lever les graines hors de terre. Cet ustensile est composé de plusieurs soucoupes de terre cuite. Percées, elles s'empilent au-dessus d'une soucoupe pleine d'eau et sont surmontées d'un couvercle. L'humidité constante qui y règne ainsi que l'obscurité représentent les conditions idéales à la germination. Elle s'effectue vite, et l'on peut alors repiquer les plantules. (Voir aussi Graines en ruban, p. 115.)

Gestion de compte par Minitel

Télématique et Minitel mettent la banque à portée de votre fauteuil.

1. Un Minitel « ordinaire » (délivré par votre agence France Télécom) et un abonnement auprès de votre banque (de 25 à 30 F par mois) suffisent. Un code confidentiel vous donnera l'accès direct à vos comptes 24 h sur 24 par le 36 14 ou le 36 16. Utilisez les heures à tarif réduit.

2. Vous pourrez suivre solde, remises de chèques, achats par carte de crédit ; avoir des informations pour gérer votre portefeuille d'actions et connaître la marche à suivre pour votre chéquier perdu.

Gingivite

1. Pour éviter cette affection, qui peut entraîner la chute des dents, brossez-vous-les après chaque repas. Le soir, brossez-vous également les gencives avec une brosse à poils souples et à bouts arrondis, en décrivant des cercles. Vous pouvez remplacer le dentifrice par un mélange de bicarbonate de soude et d'eau de la consistance d'une pâte.

2. Si vous ne pouvez pas vous brosser les dents après chaque repas, rincez-vous la bouche avec une solution pour bain de bouche ou avec un verre d'eau additionné ou non de 1 cuil. à café de bicarbonate de soude.

3. Passez un fil dentaire (en vente en pharmacie) entre vos dents au moins une fois par jour, de préférence au moment du coucher, pour enlever les particules alimentaires et limiter la formation de la plaque dentaire.

4. Massez-vous les gencives régulièrement avec votre brosse à dents ou votre doigt recouvert d'un doigtier propre pour stimuler la circulation.

5. Ayez une alimentation pauvre en sucre mais riche en vitamines A et B.

6. Si vos gencives sont gonflées et douloureuses, si elles saignent ou ont tendance à suppurer, consultez rapidement un dentiste. (Voir aussi Dentiste, p. 78 ; Dents, p. 78.)

Glaçons

1. Vous avez besoin d'une grande quantité de glaçons ? Préparez-en à l'avance dans n'importe quel petit contenant et stockez-les dans de grands sachets de congélation.

2. Les glaçons seront brillants et transparents si vous utilisez de l'eau de source ou de l'eau du robinet bouillie et refroidie.

3. Un congélateur fonctionne beaucoup mieux s'il est bien plein ; emplissez donc les espaces vides par des glaçons ! Vous les éliminerez au fur et à mesure de votre besoin de place.

Golf

Voici un lexique qui vous aidera à mieux comprendre les retransmissions sportives.

Approche : coup de golf destiné à atteindre le green — lorsqu'on en est proche — avec un mouvement d'amplitude réduite.

Birdie : réussite d'un trou en 1 coup en dessous du par.

Bois : club dont la tête est en bois massif ou en métal. Numérotés de 1 à 7, les bois sont utilisés pour faire parcourir de longues distances à la balle.

Bunker : obstacle en dépression recouvert de sable. Il en existe à proximité du green, mais aussi sur le parcours pour le rendre plus difficile et pour pénaliser les mauvais coups.

Club : canne utilisée pour envoyer la balle en la frappant.

Driver : nom donné au bois n° 1.

Fairway : partie du cours tondue entre le départ et le green.

Fer : club dont la tête, étroite, est en métal. Ils sont numérotés de 1 à 10.

Green : partie du terrain entourant le trou où le gazon est finement tondu et roulé. Pousser la balle vers le trou sur cette surface est un putting.

Par : nombre idéal de coups pour atteindre un trou. Il n'existe que des pars 3, 4 ou 5.

Pitching-wedge : club assez lourd à la face très ouverte. Il est très utilisé dans les approches pour faire des pitches (la balle reste où elle est tombée).

Putter : club à face verticale servant à faire rouler la balle sur le green en direction du trou.

Rough : partie du parcours située près du green et qui borde le fairway de chaque côté. C'est une partie de terrain non tondue d'où il est parfois très difficile de sortir la balle.

Sand-wedge : c'est le club le plus lourd du sac mais aussi celui dont la face est la plus ouverte. Il est très utilisé dans les bunkers à proximité du green en utilisant la technique de l'explosion. On peut également s'en servir sur le gazon pour lever la balle sur une approche.

Stance : position des pieds sur le sol. Il en existe trois sortes :

- le stance square : la ligne qui joint le bout des pieds est parallèle à la ligne de jeu ;
- le stance fermé : la pointe du pied gauche est légèrement en avant de la ligne de jeu ;
- le stance ouvert : la pointe du pied droit est légèrement en avant de la ligne de jeu.

Gomme

1. Lorsque vous travaillez avec du papier de couleur (invitations ou affichettes pour l'école, par exemple), recouvrez les fautes avec de la peinture acrylique mate en tube de même couleur que le papier.

2. Effacez les traces de crayon ou de fusain avec une boule de mie de pain (rassise, mais souple) pétrie.

3. Gommez une trace d'encre sur du papier avec une pierre ponce.

4. Si vous dessinez sur du papier, n'utilisez que des gommes blanches : les gommes colorées laissent des marques indélébiles.

5. Nettoyez une gomme en la frottant sur un tissu en coton ou un jean.

Gourde

Une bouteille en plastique ayant contenu de l'eau ou un aliment liquide fait une gourde légère et bon marché. Choisissez-la de forme distincte afin d'éviter de la confondre, par exemple, avec une bouteille de détergent.

Si le bouchon laisse passer un peu d'eau, faites fondre légèrement le goulot au-dessus d'une flamme et fixez le bouchon en lui donnant un mouvement de vis.

Attachez une corde à la gourde et gardez-la autour du cou lorsque vous la remplissez dans un torrent, car elle risque de vous échapper des mains.

Gouttière

1. Nettoyez une gouttière et un tuyau de descente bouchés par des débris avec un tuyau d'arrosage. Introduisez celui-ci par le bas du tuyau de descente et ouvrez l'eau à pleine pression. Enfoncez le tuyau au fur et à mesure que les débris se désagrègent. Montez ensuite sur une échelle et poussez les autres débris vers le tuyau de descente avec le jet. Ce travail est beaucoup plus facile avec un nettoyeur à haute pression.
2. Évitez que vos gouttières ne se bouchent en les recouvrant d'une bande de grillage plastifié à mailles soudées de 15 à 20 mm : l'eau passera, mais pas les débris ni les feuilles. Glissez-la sous les tuiles et rabattez-la sur le bord de la gouttière.
3. Afin de détourner l'eau de pluie d'une partie de toit dépourvue de gouttière et située au-dessus d'une porte d'entrée (de remise, par exemple), placez une bande d'aluminium ou de zinc pliée en L sous la deuxième

rangée de tuiles et légèrement de biais afin que l'eau s'écarte de la porte. Maintenez-la avec 2 clous et recouvrez-les de mastic polyuréthanne. Assurez-vous que la bande est bien posée : elle doit dépasser de l'embrasure de la porte d'au moins 50 cm de chaque côté.

Graines en ruban

Pour éviter d'avoir à éclaircir vos semis de pleine terre, fixez les graines sur un ruban que vous installerez directement en place.

Étalez une bande de papier absorbant humidifié sur un large ruban adhésif. Déposez-y les graines à intervalles conseillés sur le paquet : ils diffèrent selon chaque plante. Recouvrez d'une autre bande de papier humide. Roulez ensemble ruban adhésif et papier absorbant, glissez le tout dans un sac en plastique et placez au chaud, sur le réfrigérateur, par exemple.

Dès que la germination se produit, emportez la bande ensemencée jusqu'au jardin et déroulez-la sur une ligne préparée. Couvrez avec une mince couche de terre émiettée, ou de sable, puis arrosez copieusement à la pomme fine. Le papier absorbant retient l'eau et la restitue aux plantules selon leurs besoins. Il se dissoudra bientôt pour révéler une ligne de jeunes plants parfaitement espacés. (Voir aussi Germination des graines, p. 113.)

Graines potagères

Prenez l'habitude de lire attentivement ce qui est inscrit sur les sachets de graines potagères avant de choisir les légumes que vous allez cultiver. Votre succès en dépend.
1. Préférez d'abord les marques qui stipulent la date de péremption sur chaque sachet de graines. Effectuez vos achats tôt en saison pour obtenir des semences fraîches et profiter d'un choix plus large. Entreposez-les au frais et au sec en attendant le semis.
2. Boudez les variétés destinées au maraîchage intensif : leurs caractéristiques — peau épaisse, adaptation aux aléas de la distribution... — ne conviennent pas au particulier et prennent souvent le pas sur le goût. Optez pour les variétés destinées au potager familial : hybrides pour la majorité, elles sont parfaitement adaptées à vos conditions de culture, aux divers climats, résistantes aux insectes et aux maladies des potagers amateurs. Nommées F1, elles sont particulièrement performantes : leur prix élevé est justifié par une plus grande productivité et une vigueur supérieure à celle des variétés classiques. Issues de la recherche, elles empruntent les qualités des variétés parentes, qu'il ne faut pas dédaigner pour autant. Saveur oblige et tant pis pour la vigueur du plant si sa production est régulière !
3. On trouve aujourd'hui les graines sous différentes formes. Enrobées, elles ressemblent à des petites billes qu'il est facile de semer une à une.

L'éclaircissage devient alors inutile. Les graines sont quelquefois colorées, enrobées d'un produit fongicide qui facilite leur conservation. Il se désagrège dans le sol et ne laisse aucun résidu dans la plante.
4. Conservez les sachets de graines entamés dans des boîtes en fer, à l'abri de l'humidité et de la chaleur. Évitez les tiroirs en bois aggloméré : ils dégagent des vapeurs de colle qui nuisent au pouvoir germinatif des graines.

Grands-parents

C'est un peu à vous qu'il appartient de maintenir l'union dans la famille et de faire le lien entre le passé et l'avenir.
1. Chez vous, consacrez un meuble aux souvenirs familiaux : les jeunes enfants adoreront voir le livre de prix d'une grand-mère qu'ils n'ont pas connue ou le cahier de musique du grand-père Alexandre. Lettres, photos, jouets d'autrefois peuvent s'y trouver pêle-mêle avec bonheur.
2. Si vous habitez loin de vos petits-enfants, téléphonez-leur, écrivez-leur ou, mieux, enregistrez une histoire sur une cassette et envoyez-la-leur. C'est à vous de combler la distance qui vous sépare pour ensuite les habituer à penser et à venir à vous. Trop d'adultes âgés pensent que les petits-enfants « doivent » aimer leurs grands-parents : on ne reçoit que ce que l'on a donné.
3. Attention aux cadeaux. Il est naturel que des grands-parents soient généreux envers leurs petits-enfants, mais il faut que les parents soient consultés (mettez-vous donc d'accord avec eux avant de faire un cadeau important) et qu'il n'y ait pas de favoritisme ou de rivalité entre frères et sœurs.

Grenier

1. Qu'y a-t-il dans votre grenier ? Si vous ne vous en souvenez pas, il est temps d'en faire l'inventaire. Faites une liste et affichez-la près de l'entrée. Ainsi, chaque fois que vous rangerez des objets dans le grenier ou que vous en enlèverez, vous y inscrirez les changements.
2. Si vos combles ne sont pas habitables, ils peuvent quand même vous être utiles. Clouez un parquet léger et bon marché sur les solives : vous pourrez y marcher et y déposer des charges légères bien réparties (mais pas de meubles lourds). **Attention !** Ne détériorez pas l'isolant placé entre les solives.
3. Vous manquez de placards ? Installez une tringle entre des chevrons et suspendez-y vos vêtements « hors saison ».

4. Il n'y a pas d'éclairage dans le grenier ? Laissez à l'entrée, accrochée à un clou à portée de main, une torche ou une lampe de camping.

VENTILATION

Un grenier mal ou non ventilé peut causer de graves problèmes d'humidité dans les murs et les plafonds.
1. Si de l'eau se condense au-dessous du plastique placé sous les tuiles, incisez-le par endroits pour que l'humidité puisse s'échapper.
2. Si le grenier est aménagé, veillez à la ventilation entre l'isolant et le dessous de la couverture du toit. S'il n'y en a pas, installez des chatières grillagées (pour barrer la route aux moineaux) en remplacement de quelques tuiles ou ardoises. Placez-en une rangée haute et une rangée basse sur chaque pan de toiture. Comptez une paire de chatières (haute et basse) pour 30 m² de toiture.

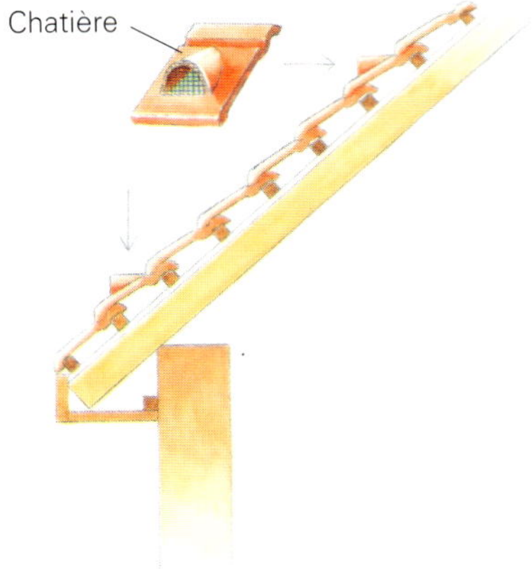

3. Dans un grenier non aménagé avec isolation au sol, assurez la ventilation en ne colmatant pas les ouvertures en bas des pans de toiture, mais recouvrez-les de grillage pour empêcher que les oiseaux n'y entrent faire leurs nids. Il existe des grilles arrondies en plastique pour masquer les ouvertures sous les tuiles rondes (tuiles canal, ou romaines).

Gril

1. Une grille à gâteau remplacera un gril de camping. Des grilles de cuisinière ou de réfrigérateur peuvent supporter des casseroles sur un feu. Mais n'y mettez pas directement les aliments, certaines de ces grilles contiennent du cadmium, un poison.
2. Comme les scouts, fabriquez un gril en forme de raquette de tennis. Trouvez une petite branche verte fourchue et attachez les extrémités avec du fil de fer. Maintenez la viande dans cette raquette avec des bouts de bois vert. Si la viande doit cuire longtemps, disposez des pierres qui maintiendront le gril au-dessus du feu.

3. Frottez le gril avec des morceaux de gras de viande ou de lard pour empêcher la viande d'y coller.

Gril en fonte

1. Le gril en fonte permet de faire griller les aliments sans ajouter de matière grasse. Faites chauffer le gril 10 min à feu vif, puis parsemez-le de gros sel de mer. Faites griller les aliments sur le sel, en les retournant à mi-cuisson.
2. Laissez refroidir le gril avant de le brosser sous l'eau chaude.

Grille-pain

1. Votre grille-pain est cassé ? Utilisez le gril de la cuisinière ou tenez le pain avec des pinces au-dessus d'une plaque électrique ou d'un brûleur selon le type de cuisinière.
2. Mettez le pain contre un radiateur électrique, thermostat « fort », aussi près des résistances que possible, mais sans les toucher.
3. Enveloppez des tranches de pain dans de l'aluminium ménager et repassez-les des 2 côtés : il ne brunira pas, mais sera chaud et craquant.

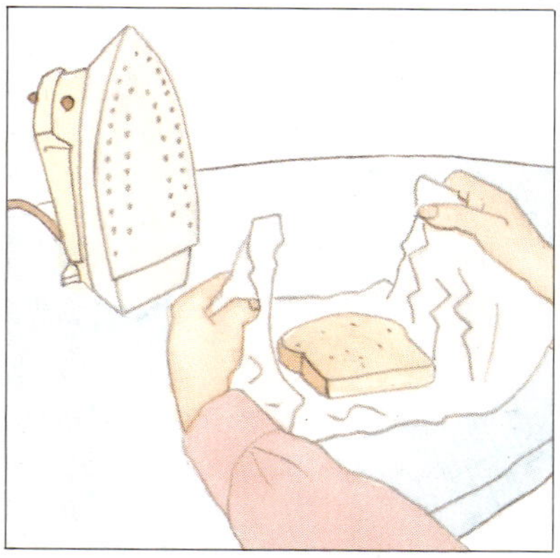

Grippe

1. Contre la fièvre et les maux de tête, prenez de l'aspirine ou du paracétamol (voir p. 24).
2. Buvez 25 cl d'eau toutes les 2 h pour empêcher la déshydratation due à la fièvre.
3. Même si vous manquez d'appétit pendant 3 ou 4 jours, ne jeûnez surtout pas : absorbez en petites quantités des pommes de terre vapeur ou au four, du pain, du fromage blanc, du yaourt, de la compote de pommes et des bananes. Il vous faut un régime riche en protéines et en vitamines B et C. (Voir aussi Équilibre alimentaire, p. 254.)
4. Si vous avez mal à la gorge (voir aussi Angine, p. 17), buvez des boissons chaudes, gargarisez-vous à l'eau salée et mâchez des clous de girofle.
5. Pour décongestionner le nez, buvez du thé chaud sucré au miel.
6. En cas de toux sèche, mettez un humidificateur (voir p. 123) dans votre chambre et sucez des pastilles pour la toux et des bonbons acidulés. (Voir aussi Toux, p. 223.)
7. Gardez le lit ou restez chez vous jusqu'à ce que la fièvre soit tombée. Si vous reprenez vos activités trop tôt, vous risquez une rechute.
8. Ne conduisez pas. La fièvre diminue les réflexes au même titre que l'absorption d'alcool.
9. Si la fièvre dure plus de 4 jours et qu'elle s'accompagne de torticolis et de maux de tête sévères, appelez le médecin. Si vous avez plus de 65 ans ou si vous souffrez d'une maladie chronique, appelez-le dès les premiers symptômes. (Voir aussi Rhume, p. 198.)

Grumeaux

Pour éliminer les grumeaux d'une sauce (sauce liée à la farine ou crème anglaise), filtrez-la dans une passoire fine ou passez-la longuement au mixeur à grande vitesse.

Pour sauver une sauce hollandaise, ajoutez-y 2 cuil. à soupe d'eau bouillante et fouettez vivement au fouet à main ou au batteur à œufs.

Guêpes

Les guêpes sont attirées par les boissons sucrées, les fruits et les viandes. Elles ne sont pas agressives, mais elles peuvent piquer si on les bouscule par mégarde.
1. Prévenez les enfants quand vous leur servez un soda ou un jus de fruits : une guêpe peut venir se poser sur le bord de leur verre ou dedans, et une piqûre dans la bouche est toujours très grave. Faites attention aux gâteaux et aux grappes de raisin : ne mordez pas à pleine bouche dans une grappe car des guêpes peuvent s'y cacher. Méfiez-vous aussi des fruits très mûrs accrochés sur l'arbre ou tombés au sol : ils sont souvent habités par des guêpes. (Voir aussi Piqûres d'insectes, p. 174.)
2. Quand vous déjeunez ou dînez sur la terrasse, placez des pièges à eau sucrée aux alentours pour attirer les guêpes loin de la table.
3. Si des guêpes survolent des brochettes en attente de cuisson, laissez-les faire : elles ne les souilleront pas et elles empêcheront les mouches de s'en approcher.
4. En cas d'invasion, repérez le nid (dans le grenier, dans une souche d'arbre, dans des trous faits dans la terre de la terrasse...) et prévenez les pompiers : ils sont équipés pour les détruire sans risquer les piqûres.

Gueule de bois

PRÉVENTION

1. Les jours précédant une soirée de festivité, prenez quotidiennement 1 g de vitamine C. Celle-ci aide à éliminer l'alcool du corps.
2. Juste avant de sortir et pendant la soirée, protégez votre estomac en consommant des produits laitiers.
3. Mangez des aliments solides, tels que du pain ou des pâtes, pour ralentir le passage de l'alcool dans le sang.
4. Évitez les alcools colorés comme le whisky, le cognac et le rhum brun. Ils contiennent des substances qui favorisent la gueule de bois.
5. Ajoutez du jus de fruits ou de l'eau plate à vos boissons alcoolisées ou avalez un verre d'eau plate après chaque verre d'alcool. Les boissons gazeuses accélèrent l'assimilation de l'alcool.

TRAITEMENT

1. Avant de vous coucher, buvez au moins 50 cl d'eau ou de jus de fruits.
2. En vous levant, buvez encore de l'eau, du jus de fruits ou... du jus de

choucroute : il neutralise les tanins. Évitez la caféine, elle déshydrate. Au petit déjeuner, consommez des aliments faciles à digérer : lait écrémé, pain, confiture, céréales.
3. Outre l'aspirine et le paracétamol, le miel est un remède efficace contre le mal de tête dû à l'alcool. Prenez-en 2 cuil. à café. Si vous avez un embarras gastrique, absorbez du thé à la menthe ou un pansement gastrique.

Gymnastique dans la vie quotidienne

À LA MAISON

1. En regardant la télévision, pédalez sur un vélo d'appartement, faites des bonds sur un mini-trampoline, sautez à la corde ou courez sur place.
2. En lisant, glissez un pied dans l'anse de votre sac à main et soulevez la jambe à l'horizontale. Recommencez 10 fois avec chaque jambe.

3. Mettez des poids à vos chevilles et à vos poignets pour faire de la musculation pendant que vous parlez au téléphone.
4. Faites un ménage « sportif » : échauffez-vous en rangeant et en époussetant, puis passez vigoureusement l'aspirateur ou le balai. Cirez les parquets en musique.
5. Quand vous ramassez des objets légers, mettez-vous debout, jambes écartées, penchez-vous lentement à partir de la taille et touchez le sol en pliant les genoux si nécessaire. Comptez jusqu'à 10 avant de vous relever.
6. Pour épousseter en hauteur, écartez les jambes, tenez le chiffon à 2 mains et oscillez le buste d'un côté à l'autre en essuyant.
7. Lorsque vous êtes assis devant une table, penchez-vous légèrement en avant en tenant les bords de la chaise. Levez alternativement le genou droit et le genou gauche jusqu'à hauteur de la poitrine.

AU BUREAU

Faire des exercices devant votre ordinateur fera baisser votre tension nerveuse. Pratiquez l'un des exercices suivants chaque fois que vous en avez le temps.
1. 6 fois, inspirez profondément par le nez, et expirez par la bouche.
2. Levez les bras le plus haut possible au-dessus de la tête et étirez une main, puis l'autre, puis les 2 ensemble vers le plafond. Relâchez et recommencez 3 fois.
3. Joignez les mains derrière la tête pour la maintenir immobile, puis appuyez le cou vers l'arrière pour en détendre les muscles et les étirer. Tenez la position 10 s, puis relâchez. Recommencez 5 fois.
4. Bras le long du corps, repoussez les épaules vers l'arrière comme si vous tentiez de faire se toucher vos omoplates. Tenez 5 s et relâchez. Ensuite, poussez les épaules vers l'avant pendant 5 s et relâchez. Recommencez 3 fois.
5. Bras tendus vers l'avant, paumes des mains vers le haut, faites des petits cercles devant vous, puis sur les côtés, 20 fois de suite.
6. Pour les mains, les poignets et les doigts, allongez les bras devant vous, paumes des mains tournées vers le sol. En gardant les doigts tendus, amenez doucement les mains vers l'arrière le plus loin possible, puis ramenez-les vers l'avant. Tendez les doigts le plus possible pendant 10 s, puis serrez les poings.

Gymnastique douce

EN FAUTEUIL ROULANT

1. Levez d'abord un bras, puis l'autre, au-dessus de la tête et, en maintenant les bras en l'air, étirez la main droite, puis la main gauche. Faites ce mouvement plusieurs fois de chaque côté et détendez-vous.
2. Laissez votre tête tomber en avant, amenez-la lentement vers la droite, puis faites-la revenir doucement. Effectuez ce mouvement vers la gauche, puis en avant en veillant à ne pas forcer. Recommencez en sens contraire.
3. Haussez les épaules le plus haut possible, puis laissez-les tomber. Faites cela 4 fois. Tirez-les vers l'arrière et poussez-les en avant, 4 fois également.
4. Les pieds posés, tendez les bras bien droits devant vous. Penchez-vous en avant aussi loin que possible et revenez à la position de départ. Faites la même chose vers la droite et vers la gauche.
5. En vous tenant au fauteuil, soulevez la jambe droite à partir du genou, bougez les orteils et remuez le pied en faisant des circumductions, d'abord dans un sens, puis dans l'autre. Reposez doucement la jambe et faites les mêmes mouvements avec l'autre.
6. Soulevez un genou aussi haut que vous le pouvez, puis laissez-le tomber et soulevez l'autre. Recommencez et « marchez » ainsi sur place pendant 10 min.

POUR LES GRABATAIRES

1. Allongé sur le dos, approchez le menton le plus possible de la poitrine et tournez lentement la tête de droite à gauche, puis de gauche à droite.
2. Sur le dos, les bras posés le long du corps, levez un bras au-dessus de votre visage, puis laissez-le retomber. Faites cela 4 ou 5 fois avec chaque bras.
3. Allongez-vous sur le côté gauche, les jambes droites, la tête posée sur le bras gauche et la main droite à plat sur le matelas au niveau de la poitrine. Pliez le genou droit et ramenez-le vers la poitrine. Tenez la position pendant 2 ou 3 min, puis reposez-vous. Recommencez le même exercice de l'autre côté.

Gymnastique pendant la grossesse

1. Durant cette période, vos articulations sont laxes et votre centre de gravité est déplacé. Évitez les activités fatigantes comme l'aérobic, le squash et la corde à sauter.
2. Pratiquées avec modération, la natation, la marche et la bicyclette sont de bons exercices. Vérifiez le rythme de votre pouls.
3. Vous pouvez continuer le jogging si vous en faisiez avant d'être enceinte, mais attention au mal de dos. Buvez beaucoup d'eau. Arrêtez-vous avant d'avoir trop chaud ou d'être épuisée. N'allez pas au-delà de la fréquence cardiaque conseillée par votre médecin.
4. Voici un exercice pour effacer la lordose lombaire, renforcer les abdominaux et étirer les muscles paravertébraux. Allongez-vous sur le dos, les jambes pliées et les pieds relâchés. Posez les mains sur le bas du ventre. Inspirez, vous sentirez le sol avec le bas du dos. Tout en expirant, contractez doucement les muscles abdominaux, serrez les fesses et soulevez le pubis en gardant le haut du dos bien au sol. Remettez-vous à plat, inspirez et recommencez 10 fois. Vous pouvez aussi effectuer des circumductions avec les jambes pliées (voir aussi Abdominaux, p. 8).
5. Après 4 mois de grossesse, ajoutez l'exercice d'étirement félin. Mettez-vous à genoux et asseyez-vous sur les talons. Inclinez-vous vers l'avant, la poitrine reposant sur les cuisses, les bras allongés vers l'avant. Inspirez, puis expirez en glissant en avant et en laissant tomber le torse vers le bas tout en gardant appui sur les genoux. Revenez lentement à la position initiale et recommencez cet exercice d'étirement 5 fois.
6. Cet exercice est destiné à redonner du tonus à vos muscles pelviens. Faites-le tant que vous ne sentez pas d'inconfort. Asseyez-vous sur le sol, jambes croisées, dos bien droit (contre un mur si vous le désirez), mains mollement posées sur les genoux. Fermez les yeux, détendez votre mâchoire et contractez les muscles à l'intérieur du pelvis. Tenez 5 s, relâchez et recommencez de 5 à 10 fois. Pratiquez cet exercice de 30 à 40 fois par jour.
7. Ne faites que des exercices qui sont prévus pour les femmes enceintes. Avec l'accord de votre médecin, vous pouvez effectuer de la gymnastique d'étirement et de préparation à l'accouchement pendant toute la durée de votre grossesse.
8. Si vos jambes et vos chevilles gonflent, portez des chaussures à talons plats et surélevez légèrement le pied de votre lit.

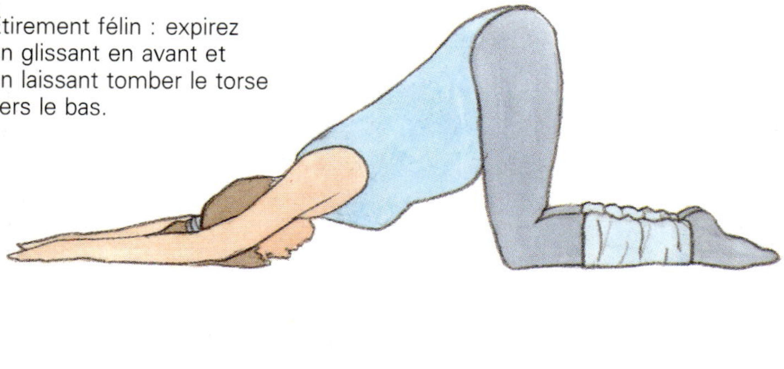
Étirement félin : expirez en glissant en avant et en laissant tomber le torse vers le bas.

H

Hache, hachette

Une hache, ou une hachette, bien aiguisée est moins dangereuse que si elle est émoussée : une hache non affûtée peut riper sur une bûche et frapper votre jambe. Aiguisez le tranchant avec une lime plate, une meule ou une ponceuse à disque (ne faites pas bleuir le métal !). Avant chaque usage, passez un coup de pierre à aiguiser sur le tranchant. Rangez votre outil après avoir nettoyé et huilé la lame et protégez-la d'une des façons suivantes.
1. Fabriquez un étui en bois ou en cuir épais et attachez-le à la lame avec un gros élastique ou un morceau de chambre à air.
2. Plantez la lame dans un solide bloc de bois tendre.
3. Incisez en long un morceau de tuyau d'arrosage pour couvrir le tranchant de la lame.

Haie

Pour rendre de justes proportions à votre haie, procédez en plusieurs temps : vous éviterez ainsi de la défigurer pour plusieurs années.
1. Si la haie est devenue très épaisse, taillez-la à la cisaille ou au taille-haie jusqu'aux ramifications principales sur une seule face. Laissez-la se regarnir durant l'année suivante avant de rabattre l'autre face.
2. Pour raccourcir une haie trop haute, procédez en plusieurs étapes. En début de printemps, rabattez le tronc principal au sécateur ou à la scie sur environ 1/3 de sa hauteur totale. Égalisez les autres branches au sécateur ou à la cisaille. L'année suivante, rabattez à nouveau le tronc dans les mêmes proportions et à la même époque. Arrosez généreusement du printemps à l'automne.
3. Pour éviter que votre haie ne se dégarnisse au pied, ne la taillez pas plus sévèrement à la base qu'en haut : une fois dans l'ombre, la partie inférieure dépérit au profit des branches supérieures. La base de la haie doit au contraire être plus large que son sommet.

Le buis, l'if, le houx, le forsythia, le rosier, la spirée, le troène supportent les élagages sévères à condition d'être entretenus durant l'année qui suit la taille. Bêchez au pied, maintenez le sol propre et arrosez par temps sec pour aider les arbustes à supporter le choc. En revanche, évitez de rabattre très court les conifères d'une haie : non seulement ils offrent un spectacle lamentable durant plusieurs années après la coupe, mais vous ne parviendrez pas à leur offrir une seconde jeunesse. Suivez donc particulièrement l'entretien pour leur éviter cette amputation.

Hameçon

Pour pêcher de gros poissons, un petit canif peut faire office d'hameçon : maintenez la lame à demi ouverte avec une petite cale de bois et ficelez le tout. Fixez de la même façon l'autre petite lame du canif pour former un ardillon.

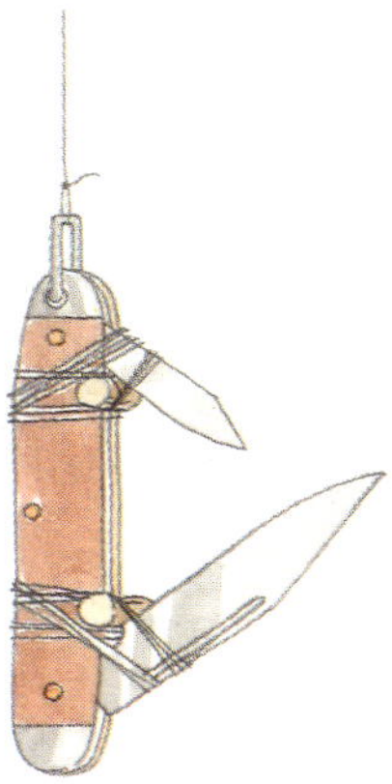

Pour de petits poissons, prenez une épingle de nourrice, du fil de fer, un clou plié, un trombone ; ou découpez un hameçon dans de l'os ou du bois dur et fixez-y une épine ou une grosse écharde en guise d'ardillon.

Harcèlement sexuel

Depuis juillet 1992, le harcèlement sexuel relève du Code pénal. Quoi qu'il en soit, ne vous laissez pas intimider par votre entourage, vos collègues ou vos supérieurs.

DANS LA RUE

Les gestes déplacés et les obscénités en passant sont désagréables... Être suivi n'est pas plus rassurant. Ignorez ces provocations. Si l'obsédé continue sa filature, entraînez-le vers un commissariat ou appelez la police.

Si vous êtes sans cesse interpellé au même endroit (près d'un chantier, par exemple), avertissez le responsable ou changez de chemin si vous le pouvez.

SUR LE LIEU DE TRAVAIL

Un membre du personnel vous fait des avances répétées. Faites face ouvertement, ne laissez pas s'installer une attitude équivoque. Faites-lui comprendre que ni ses compétences professionnelles ni son sexe ne lui donnent un droit quelconque sur votre personne ou sur votre liberté.

Si votre employeur, ou un supérieur, évoque soit l'avancement ou d'autres avantages, soit des sanctions en cas de refus, dites-lui qu'il risque une amende, la prison ou une sanction disciplinaire.

Si le harcèlement devient plus insistant, constituez un dossier. Notez avec précision lieux, heures et circonstances de chaque agression ou incitation. Informez les délégués du personnel, recueillez le témoignage de collègues susceptible de lui faire changer d'attitude. Au besoin, consultez l'inspection du travail, ou même un avocat, afin d'éviter toute dénonciation calomnieuse.

Surtout, ne donnez pas votre démission sans en faire connaître la véritable raison. Vous aiderez d'autres victimes.

En désespoir de cause, portez plainte auprès du procureur de la République.

Hématome

Une petite ecchymose ne demande aucun soin particulier. En revanche, pour un hématome ou une contusion importants, il faut glacer et comprimer la blessure, puis surélever et immobiliser le membre blessé.

1. Placez de la glace ou des compresses froides sur la contusion pour stopper l'hémorragie et l'œdème, et soulager la douleur.

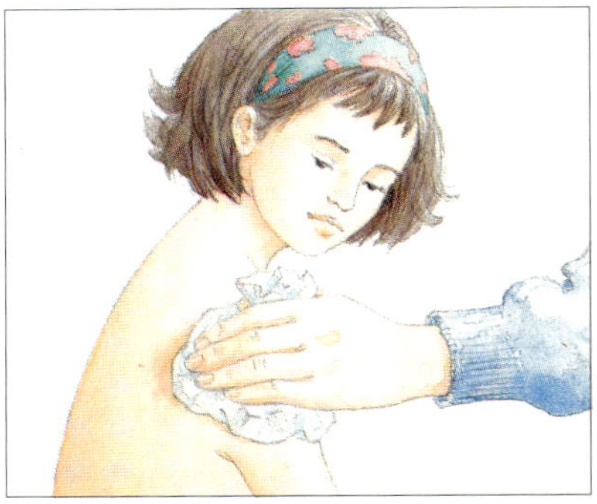

2. Comprimez fermement la zone blessée à la main.
3. Surélevez la partie blessée à un niveau légèrement supérieur à celui du cœur.
4. Si la contusion est très grave, immobilisez le membre avec une attelle (voir p. 26).

Hémorroïdes

1. Évitez la constipation (voir p. 65). Une alimentation riche en fibres comprenant des fruits, des légumes frais, des céréales complètes, du pain complet ou au son et beaucoup de boissons devrait ramollir les selles et faire disparaître la nécessité de forcer.
2. Lavez-vous et séchez-vous avec du linge de toilette doux.
3. Appliquez un linge trempé dans de l'eau froide ou de l'hamamélis sur la zone douloureuse pendant 5 à 10 min. Pour soulager une crise violente, apposez une poche de glace.
4. Achetez des suppositoires veinotoniques. Ils calment les hémorroïdes et aident à les résorber.

Herbes aromatiques

1. Pour réaliser rapidement un bouquet garni, enfermez quelques tiges de persil, du thym et du laurier dans un carré de mousseline. Vous pouvez ajouter une lanière de zeste d'orange, des graines de fenouil, un éclat d'anis étoilé... À vous de varier les goûts et de créer des alliances savoureuses.
2. Les herbes séchées sont plus fortes en parfum que les fraîches : 1 cuil. à café d'herbes séchées vaut 1 cuil. à soupe d'herbes fraîches.

3. Émiettez les herbes séchées entre vos doigts au-dessus d'un plat, elles dégageront plus de goût.
4. S'il vous manque une herbe, remplacez-la par une autre : estragon et cerfeuil sont proches ; la menthe et la coriandre ont toutes deux un violent parfum ; la ciboulette peut être remplacée par des tiges d'oignon frais hachées...
5. Si vous avez trop de fines herbes fraîches, ciselez-les et congelez-les par petits sachets. Vous pouvez aussi préparer une base de pistou en passant basilic et huile d'olive au mixeur : cette pâte parfumée relèvera soupes ou pâtes.

Couronne de fleurs et d'herbes séchées

6. Les herbes comme le thym et le romarin sont meilleures si vous les faites sécher au soleil, en petits bouquets, la tête en bas. Conservez-les dans des bocaux à l'abri de la lumière.

Heure de rentrée des enfants

Dès qu'ils commencent à avoir de l'autonomie, les jeunes ont tendance à rentrer à la maison bien après l'heure limite. Il est compréhensible que cela vous agace : essayez de discuter calmement avec vos enfants en leur démontrant que les horaires à respecter sont une sécurité pour eux et pour vous. N'usez pas d'arbitraire mais, une fois l'heure fixée, faites-la respecter.

Si vos grands enfants trouvent que vous leur demandez de rentrer trop tôt le soir, parlez-en avec les parents de leurs amis pour savoir quelle est la règle généralement adoptée. En tout cas, exigez que vos enfants vous téléphonent en cas de retard : 10 min, ce n'est rien, 1 h serait inadmissible sans explication. Mais, dans tous les cas, la chose principale est la confiance. Si vous ne voulez pas attendre toute la soirée, placez près de votre chambre une feuille de papier blanc. Votre enfant la glissera sous la porte à son retour.

Histoires du soir

Si vous avez l'habitude de faire la lecture chaque soir à vos enfants, ranimez leur intérêt en inventant des histoires dont les membres de la famille sont les héros : animaux, fées et esprits malins ressemblent étrangement à papa, à maman, au petit frère, à tante Agathe ou à grand-mère. Les intrigues sont inépuisables et le succès est garanti.

Hockey sur glace

Voici un lexique qui vous aidera à mieux comprendre les retransmissions sportives.
Cage : but large de 1,83 m et haut de 1,22 m. Les joueurs peuvent se déplacer derrière.
Crosse : instrument d'une longueur maximale de 1,35 m avec lequel les joueurs frappent le palet. La crosse, en cours de jeu, ne doit jamais dépasser la hauteur de l'épaule.
Engagement : pour engager, l'arbitre jette le palet entre 2 adversaires. Ceux-ci doivent avoir les pieds joints derrière la ligne d'engagement et la lame de leur crosse posée sur la glace de chaque côté du point d'engagement. Aucun autre joueur n'approche du cercle à moins de 5 m.
Hors-jeu : un joueur est hors jeu quand il se trouve entre le palet et le but adverse, sauf s'il est dans la même zone que le dernier joueur qui a passé le palet.
Joueurs : ils sont 6 dans chaque équipe, 3 avants, 2 arrières et 1 gardien.
Masque : porté par le gardien au-dessus de son casque.
Palet : disque de caoutchouc dur, pesant 170 g et que le joueur doit lancer avec sa crosse dans les buts.
Patinoire : surface de jeu du hockey, mesurant 61 m sur 30.
Pénalités : elles vont de l'avertissement à l'exclusion (voir prison).
Penalty : lorsqu'une faute a privé une équipe d'un but, le palet est placé au centre du terrain, sur le point d'engagement ; le joueur chargé de tirer le penalty avance avec ce palet vers le gardien, qui peut venir à sa rencontre. Le joueur essaie ensuite, en dribblant ou en tirant, de mettre le palet au fond de la cage.
Période (ou **ronde**) : un match de hockey se divise en 3 périodes de 20 min, c'est-à-dire de 3 tiers temps, coupées d'un repos de 10 min.
Prison : banc de touche où le joueur exclu peut rester entre 2 min 30 et 10 min (sans être remplacé, sauf s'il est exclu définitivement). En revanche, il a le droit de revenir dès que l'équipe adverse marque un but.
Remplacements : autorisés à tout moment, ils sont fréquents et permettent aux joueurs de se reposer.
Vitesse : le palet, frappé par certains joueurs, peut atteindre la vitesse de 180 km/h : on comprend que le gardien de but porte à la fois casque et masque !

Hoquet

Il est parfois très difficile de se débarrasser d'un hoquet. Si tous vos trucs habituels ont échoué, essayez donc ceux-ci.
1. Tenez-vous debout devant un miroir et faites des inspirations brèves et superficielles. Glissez un manche de cuillère froid dans votre bouche et restez en contact avec la luette, au fond de la gorge, jusqu'à ce que le hoquet cesse.
2. Allongez-vous sur le dos, bouche ouverte, en tirant le plus possible la tête en arrière.
3. Demandez à quelqu'un d'appuyer doucement sur les saillies situées en avant du conduit auditif pendant que vous buvez un verre d'eau. Le hoquet devrait céder dans la minute.

4. Si le hoquet est dû à l'absorption d'alcool, avalez un quartier de citron trempé dans du bitter.

Hôtels, locations

L'hébergement constitue bien évidemment un chapitre essentiel de vos voyages d'agrément, en France comme à l'étranger.
1. Même si vous êtes farouchement individualiste, sachez que des agences de voyages peuvent vous proposer des « auto-tours », formules qui vous permettent de partir en voiture avec des hôtels réservés chaque soir.
2. Si vous préférez la location meublée d'une maison ou d'un appartement, ces mêmes agences disposent de brochures très complètes qui ont, entre autres, l'avantage de montrer le logement en photo et de l'assortir d'une description détaillée. Louer à partir d'un ou de plusieurs catalogues (on en trouve aussi en kiosque ou en librairie) en s'adressant à un organisme qui a pignon sur rue est en tout cas une méthode plus sûre que de le faire par correspondance à partir d'une liste de syndicat d'initiative ou d'une petite annonce.
3. De nouvelles formes de location se sont développées depuis quelques années. La France possède une gamme très étendue de gîtes ruraux qui se louent au week-end ou à la semaine, ainsi que des formules très sympathiques de chambres et de tables d'hôtes ou de séjours à la ferme. On retrouve d'ailleurs ces types d'hébergement dans la plupart des pays d'Europe (voyez les offices du tourisme concernés).

Housse de siège

1. Lorsque vous confectionnez des housses de canapé ou de fauteuil, choisissez des tissus lavables et optez pour une couleur neutre qui s'assortira avec votre intérieur.
2. Vous pouvez également utiliser de grands châles ou, avec tous vos restes de laine, tricoter des carrés que vous assemblerez en patchwork.

LE SAVIEZ-VOUS ?

Le hoquet, faut-il en rire ou en pleurer ?

Il n'est jamais agréable d'avoir le hoquet. Il prête souvent à rire, mais une crise qui se prolonge peut être douloureuse et épuisante.

Les médecins pensent que c'est à l'occasion d'une anesthésie générale qu'il est le plus gênant ! Impossible de faire peur au patient endormi, de le faire respirer dans un sac en papier, de lui faire boire un verre d'eau sans respirer...

On rapporte l'histoire d'un individu qui eut de longues et fréquentes crises de hoquet pendant 22 ans ! Lors d'une de ses crises, il ne put ni manger ni dormir pendant 4 semaines et perdit 12 kilos. Il entra alors à l'hôpital, où l'on découvrit que ses spasmes étaient un effet secondaire de médicaments absorbés pour soigner une autre maladie.

3. Jetez un grand tissu sur un fauteuil ou un canapé. Faites-lui épouser la forme du siège en le glissant entre l'assise et le dossier. Maintenez-le avec 3 ou 4 épingles de sûreté. Froncez les retombées extérieures et maintenez-les par un ruban. Recoupez le tissu excédentaire au ras du sol.

Huiles alimentaires

Indispensables à notre alimentation, les huiles sont extraites de végétaux : tournesol, colza, olive, arachide, pépin de raisin, maïs...

Toutes les huiles ont la même valeur calorique, mais pas les mêmes qualités diététiques. Consommez de préférence celles qui sont riches en acides gras insaturés, telles que l'huile de maïs et l'huile de tournesol.

Chaque huile a un goût particulier. La plus forte est l'huile d'olive, les plus neutres sont l'huile d'arachide et l'huile de maïs.

Toutes les huiles peuvent être consommées crues et toutes supportent la cuisson. Mais pour les fritures, où la température monte à 200 °C, utilisez de préférence de l'huile d'arachide ou de l'huile d'olive (mais attention à son goût très prononcé), qui résistent le mieux aux hautes températures.

Toutes les huiles figent au froid, excepté l'huile de pépin de raisin. Utilisez-la si vous devez faire mariner des aliments dans le réfrigérateur.

Huiles lubrifiantes

1. Pour lubrifier des mécanismes non délicats (charnières, par exemple), de l'huile alimentaire peut convenir.
2. Pour lubrifier des parties fonctionnant sous l'eau (robinet, par exemple), utilisez de la vaseline ou de la graisse aux silicones.
3. Dans votre moteur, n'utilisez que de l'huile faite pour cet usage mais jamais d'huile quelconque. Utilisez une huile épaisse (20-50) en été et plus fluide (10-40) en hiver... ou une multigrade « toutes saisons ».

Huîtres

1. Vous pouvez manger des huîtres toute l'année, et pas seulement les mois dits « en *r* ». Vérifiez simple-

ment leur provenance et leur état de fraîcheur.
2. Une huître est fraîche lorsque sa coquille est bien fermée. Dans le cas contraire, frappez-la légèrement et, si elle ne se referme pas, éliminez-la.
3. Pour ouvrir facilement une huître, faites-la tremper 5 min dans de l'eau additionnée de quelques pincées de bicarbonate de soude : ses muscles se détendent et l'huître s'ouvre.
4. Si vous êtes au bord de la mer, sans couteau et si vous pouvez allumer un feu, faites chauffer de gros cailloux ou des galets et posez les huîtres dessus : elles s'ouvrent très rapidement sous l'action de la chaleur.
5. Faites pocher les huîtres dans leur eau : ouvrez-les au-dessus d'un bol, filtrez l'eau récupérée dans une petite casserole et posez sur feu doux. Laissez frémir et plongez les huîtres 10 s dans l'eau frémissante. Égouttez-les et faites réduire le jus de cuisson à feu vif, jusqu'à ce qu'il soit de consistance sirupeuse : ajoutez ensuite de la crème, des fines herbes...
6. Faites rôtir les huîtres : ouvertes sur un lit de gros sel afin de bien les stabiliser, glissez-les dans un four très chaud et faites-les cuire pendant 3 à 4 min. Dégustez aussitôt avec un soupçon de poivre.

Humidificateur

Un manque d'humidité provoque des déformations des meubles en bois, détériore les tableaux et occasionne des rhino-pharyngites et des maux de tête... Maintenez un taux d'humidité « confortable » de 60 à 65 % et contrôlez ce taux avec un hygromètre.
1. Placez des récipients d'eau sur vos radiateurs ou à proximité des sources de chaleur.
2. Pour humidifier l'air de la maison, baignez-vous en laissant la porte de la salle de bain entrouverte ou faites bouillir de l'eau dans la cuisine en gardant la porte ouverte.
3. Si l'air est vraiment trop sec, vaporisez un brouillard d'eau dans la pièce avec un petit pulvérisateur. Dirigez-le vers le plafond.
4. En été, placez un récipient plat rempli d'eau devant un ventilateur.

Humidité

L'excès d'humidité entraîne des moisissures, décolle les papiers peints et favorise les rhumatismes...
1. Installez une hotte aspirante avec refoulement extérieur ou un évacuateur d'air à poser sur une vitre de fenêtre dans la cuisine ou dans d'autres pièces produisant beaucoup de buée.
2. Dès que le temps le permet, aérez au maximum toutes les pièces humides en ouvrant portes et fenêtres.
3. Dans les petits espaces tels que les placards ou les cagibis, suspendez un bloc déshumidificateur à base de cristaux de silicate pouvant être régénérés au four.
4. Dans les pièces humides, placez des absorbeurs d'humidité à base de chlorure de calcium. Ce produit absorbe l'eau et fond au fur et à mesure. Récupérez et jetez l'eau saumâtre qui s'écoule dans le bac.
5. Installez un déshumidificateur électrique. Récupérez l'eau de condensation, filtrez-la et utilisez-la pour votre fer à repasser.
6. Si vos murs extérieurs sont humides, coupez les branches proches qui leur font de l'ombre. Le soleil pourra les atteindre et les assécher.
7. Si l'eau du sol remonte dans les murs, drainez le pourtour de la maison et injectez un produit imperméabilisant à la base des murs.
8. Vérifiez l'état de votre toiture et de vos gouttières. Inspectez les murs : s'ils sont fissurés, si les joints s'effritent, s'ils sont en matériaux poreux, l'eau de pluie les traversera et fera monter le taux d'humidité intérieure. Selon les cas, colmatez les fissures et appliquez un enduit imperméabilisant au latex (rénovateur de crépi) ou aux silicones (imperméabilisant invisible).

Hypertension

1. Prenez votre tension vous-même avec un tensiomètre, en vente dans toutes les pharmacies.
2. Notez vos chiffres tensionnels sur un petit carnet destiné à votre médecin. Pour chaque prise, précisez la date, l'heure, la position du corps — debout, assis —, les circonstances, les médicaments en cours et autres facteurs particuliers.
3. Ayez une alimentation équilibrée et faites de l'exercice régulièrement pour conserver un poids correct.
4. Limitez votre consommation de sel à 1 000 mg/j (un plat cuisiné en contient à peu près 1 000).
5. Limitez vos boissons alcoolisées à 2 bières de 33 cl ou 2 verres de vin ou 8 cl d'un alcool à 40° par jour.
6. Supprimez le café et le thé pendant 15 jours pour voir si cela fait baisser votre tension.
7. Ayez un animal de compagnie : s'en occuper, jouer avec lui, le regarder diminuent le stress et, par là même, la tension.

Hypothèque

Selon les termes de l'article 2114 du Code civil, l'hypothèque est un droit réel sur les immeubles affecté à l'acquittement d'une obligation. En clair, vous mettez dans la balance votre maison contre une dette à rembourser. Astucieux, mais dangereux. Si vous ne pouvez assumer vos remboursements, vous risquez de perdre votre maison.
1. Quand vous contractez un prêt, la banque se réserve la possibilité d'hypothéquer votre maison. Il s'agit alors d'une hypothèque légale.

2. Par jugement, un créancier peut faire valoir son droit sur des immeubles appartenant à son débiteur. Il s'agit d'hypothèques judiciaires.
3. Les hypothèques conventionnelles ne peuvent être consenties que par ceux qui ont la capacité d'aliéner les immeubles qu'ils y soumettent. Vous ne pouvez hypothéquer les biens des mineurs (vos enfants, par exemple) ou des biens dont vous n'êtes pas encore propriétaire.
4. Vos créanciers peuvent exiger la mise en vente de votre maison pour se rembourser d'un prêt bancaire ou privé. Vous devrez alors délaisser le logement sans aucune réserve.

I

Imperméable

1. En cas d'urgence, transformez un grand sac poubelle en poncho. Coupez une ouverture dans le fond pour la tête et une ouverture de chaque côté pour les bras.
2. Ôtez les taches des cirés avec de la lessive, du bicarbonate de soude ou de la poudre à récurer. Passez un chiffon humide et rincez bien.
3. Pour qu'une imperméabilisation dure plus longtemps, lavez les imperméables à la main plutôt que de les faire nettoyer à sec. Réimperméabilisez-les dès qu'une pluie, même légère, transperce le tissu. Le teinturier peut s'en charger.

Impôts locaux

Ne confondez pas la taxe d'habitation, qui concerne l'occupant, et les impôts fonciers, qui ne concernent que les propriétaires. Comment la ou les calculer ?
1. Téléphonez au centre des impôts fonciers (CDIF) dont vous dépendez ou, mieux, allez-y. Vous pourrez consulter les documents qui ont servi à l'évaluation de vos impôts et en obtenir une photocopie.
2. Deux types d'abattements vous intéressent. Premièrement, l'abattement pour charge de famille (déterminé par la commune, la région, le département) : — 10 % pour les 2 premières personnes à charge, — 15 % après ; deuxièmement, l'abattement général à la base (de 5 à 15 % de la valeur locative moyenne des logements). Un abattement spécial existe aussi dans certaines communes. Ils sont cumulables. Sachez si vous y avez droit.
3. Vous pouvez être exonéré de la taxe foncière si votre maison à moins de 2 ans, si vous êtes âgé, si vous occupez le logement dans les conditions exigées ou pour un local à louer, mais vacant.
4. Faites votre réclamation au CDIF avant le 31 décembre, en fournissant les preuves.

Impôts sur le revenu

Remplissez bien votre déclaration de revenus avant de l'envoyer. Cela évite bien des malentendus ultérieurs.
1. Vérifiez attentivement toutes les mentions : celles déjà portées par l'administration concernant votre état civil et votre situation de famille et corrigez-les le cas échéant. N'omettez aucune réponse.
2. Faites le relevé de vos « rentrées » : salaires (comparez avec les justificatifs fournis par votre employeur), activités diverses, bénéfices non commerciaux, indemnités (dont licenciement, chômage), sans oublier les valeurs et capitaux mobiliers et, le cas échéant, pensions, retraites, rentes diverses...
3. Calculez avec précision toutes les déductions auxquelles vous pouvez prétendre : cotisations de retraite et de prévoyance, intérêts sur emprunts, charges, frais professionnels, frais d'études, dons à des œuvres caritatives, etc. Fournissez tous les justificatifs (certificats de scolarité, frais professionnels, etc.).
4. Choisissez votre mode de paiement mais ne joignez aucun chèque à votre déclaration.
5. Conservez-en un double. Signez et faites signer la déclaration à votre conjoint avant de l'envoyer, affranchie et dans les délais, au centre des impôts dont l'adresse est indiquée sur la première page. Le cachet de la poste fait foi.

Incontinence

Ce sujet, autrefois tabou, met aujourd'hui beaucoup moins mal à l'aise. Dans la plupart des cas, on arrive à limiter les problèmes d'incontinence ou même à la guérir.
1. La première chose à faire est de diagnostiquer médicalement l'origine de l'incontinence par un examen urodynamique spécialisé. Si la cause vient d'une faiblesse des muscles pelviens, il est possible de les renforcer par une rééducation qui fait intervenir des méthodes de biofeedback. Si c'est la prostate qui est trop grosse, une intervention chirurgicale restituera la fonction normale de la vessie. Il existe également des médicaments efficaces contre certaines formes d'incontinence et des appareils de type pacemaker pour contrôler l'activité du sphincter vésical.
2. Pour ceux dont l'incontinence ne peut être guérie, il existe des couches spéciales disponibles en pharmacie et dans la plupart des grandes surfaces. On les utilise avec des sous-vêtements imperméables. Les poches pour collecter l'urine sont recommandées après une ablation de la vessie. Des associations informent leurs membres des nouveautés dans ce domaine et les aident à vivre le plus confortablement possible.

Influences sur l'enfant

1. Encouragez vos enfants à fréquenter des amis qui ont les mêmes valeurs que vous. Une fois qu'il s'est intégré à un groupe, un enfant le quitte difficilement pour en rejoindre un autre.
2. Ne faites pas un drame des petites choses. Une coupe de cheveux plus ou moins bizarre ne doit pas mobiliser votre énergie. Gardez-la pour des choses plus importantes.

3. Il est difficile de se souvenir de l'état d'esprit que l'on avait au même âge. Essayez pourtant, racontez à vos enfants vos propres expériences, même si vous n'avez pas le beau rôle.
4. Faites connaissance avec les parents de leurs amis. Si un groupe semble « mal tourner », discutez-en entre parents et proposez des sorties et des activités.
5. Sachez interdire. Dites à votre enfant de répondre : « Mes parents ne veulent pas » quand on cherche à l'entraîner sur une mauvaise pente.
6. Un divorce, la mort d'un proche sont des circonstances qui peuvent gravement traumatiser un enfant et le rendre plus perméable à de mauvaises influences. Faites le maximum pour l'entourer, soyez à l'écoute, aidez-le à exprimer ce qu'il ressent et à dédramatiser les événements.

Inondation

LORS DE LA MONTÉE DES EAUX

1. Obturez portes et fenêtres (avec serpillières, chiffons, éponges...).
2. Montez à l'étage supérieur vivres, objets utiles et de valeur.

3. Mettez à l'abri tous les produits toxiques.
4. Coupez gaz et électricité, puis emplissez d'eau potable lavabos, cruches, cuvettes, etc.
5. Conduisez les animaux d'élevage sur des hauteurs.
6. Constituez un nécessaire de survie (provision d'eau, vêtements chauds, couvertures, lampes de poche, médicaments importants).

PENDANT L'INONDATION

1. Demeurez chez vous (à l'étage) tant que les autorités publiques ne donnent pas l'ordre d'évacuation.
2. Quand cet ordre est donné, quittez les lieux au plus vite, en emportant votre nécessaire de survie. Assurez-vous que vos voisins ont bien compris l'avertissement.
3. Si vous prenez place à bord d'une embarcation, faites attention à ne pas perdre l'équilibre. Veillez plus particulièrement aux enfants.
4. Ne traversez pas à pied un courant d'eau qui arrive aux genoux.

SI VOUS AVEZ ÉTÉ SURPRIS

1. N'emportez que l'essentiel : au moins de quoi signaler votre présence (lampe, étoffe claire).
2. Prévenez les pompiers si vous en avez le temps (en composant le 18).
3. Rejoignez immédiatement un lieu élevé (toit, butte...).
4. Si vous êtes en voiture, quittez-la sans tarder. Ne circulez pas sur une route recouverte d'eau !

APRÈS L'INONDATION

1. Ne rétablissez gaz et électricité et n'utilisez l'eau du robinet qu'après contrôle officiel des installations (ni flamme, ni même étincelle dans des locaux qui ont été inondés : une nappe de gaz peut y subsister).
2. Ne consommez aucun aliment qui a été en contact avec les eaux.
3. Faites vérifier l'état de la construction (services de l'urbanisme).

Insectes nuisibles

1. Les insectes xylophages (mangeurs de bois) peuvent très bien entrer chez vous en se dissimulant dans les bûches destinées à la cheminée. Rangez vos bûches à l'extérieur, loin de la maison, et inspectez-les avant de les rentrer : retirez les morceaux d'écorce qui se soulèvent et passez un coup de brosse en chiendent.
2. De nombreux insectes volent la nuit et sont attirés par la lumière. Remplacez les ampoules blanches extérieures par des ampoules jaunes. Équipez les fenêtres de moustiquaires. Si vous dînez sur la terrasse, allumez des bougies de jardin : les insectes se précipiteront sur elles et se brûleront les ailes.
3. Les mites peuvent endommager de nombreuses sortes de tissus. Aspirez à fond les tapis, les recoins, les moulures et le dessous des meubles, puis retirez le sac de l'aspirateur et brûlez-le. Nettoyez souvent les paniers des animaux domestiques et colmatez toutes les fissures du sol.
4. Après les avoir donnés à nettoyer, rangez les vêtements avec de l'antimite ou enfermez-les dans des sachets en plastique soudés ou dans des boîtes hermétiques.

Insectes nuisibles du jardin

Vous avez chez vous ce qu'il faut pour lutter contre les insectes nuisibles.
1. Les pucerons, les aleurodes, les cochenilles de serre et autres insectes à corps mou succomberont instantanément à une aspersion d'alcool camphré. N'aspergez pas les jeunes plants, ils seraient endommagés.
2. Le ver du poireau est redoutable. Détruisez-le en arrosant vos poireaux d'eau de Javel diluée (1 verre par arrosoir de 10 litres), après avoir coupé le feuillage à 10 cm du sol.
3. Pour venir à bout des vers des oignons, des petites limaces et des noctuelles (chenilles qui sortent la nuit), éparpillez des cendres de bois sur la terre autour des plants.
4. La carotte sauvage, le fenouil, la sauge et le sarrasin (ou blé noir) attirent les insectes prédateurs des insectes parasites des légumes, qui sont de vrais insecticides naturels.
5. En hiver, délogez les insectes nuisibles de leurs cachettes en grattant et en brossant les écorces des arbres.

Vaporisez ensuite de l'eau additionnée d'un peu de savon noir, ou de l'eau dans laquelle vous aurez laissé infuser des mégots de cigarettes, ou encore différentes décoctions d'oignons, de piments rouges et d'herbes aromatiques, infusées et filtrées. Ces décoctions peuvent être utilisées sur les plantes en cours de culture.

6. Au milieu des légumes, placez des plantes comme la menthe ou l'herbe-aux-chats (cataire) : elles repoussent beaucoup d'insectes.

7. Protégez les melons et les courges sur le point de mûrir en les enveloppant dans des morceaux de collant ou de bas noués aux extrémités.

Insomnie

1. Supprimez ou réduisez votre consommation de tabac, de boissons caféinées et d'alcool, surtout en fin d'après-midi et dans la soirée.

2. Évitez les repas copieux juste avant d'aller dormir. Préférez un bol de lait chaud et quelques biscuits. Ne vous relevez pas la nuit pour manger.

3. Méfiez-vous du sport, particulièrement de la séance d'entraînement pratiquée le soir. Elle a, certes, chez certains un effet sédatif qui favorisera un bon sommeil mais elle peut avoir chez d'autres un effet excitant qui troublera leur sommeil. Étudiez donc vos réactions et tenez-en compte.

4. Passez moins de temps au lit. Si vous avez du mal à vous endormir, retardez votre coucher de 30 min pendant quelques jours, puis continuez à le repousser, jusqu'à ce que vous trouviez l'heure à laquelle le sommeil vient naturellement. Levez-vous toujours à la même heure et ne faites pas la sieste l'après-midi.

5. Tournez votre réveil vers le mur afin de ne pas regarder l'heure quand vous vous réveillez la nuit.

Instruments de musique

Les instruments faits à la maison peuvent être beaucoup plus amusants et beaucoup plus faciles à construire que vous ne le pensez. Construisez-les avec vos amis et formez un petit orchestre : ce sera peut-être votre passeport pour la gloire !

1. Fabriquez une basse rythmique (comme dans les orchestres de country music) avec une bassine en métal, un manche à balai et une ficelle solide. Retournez la bassine, percez un trou au centre du fond. Placez-y un boulon et des rondelles après avoir attaché la ficelle sous la tête du boulon. Faites une encoche en bas du manche à balai et une rainure à 2,5 cm du haut. Coincez l'encoche sur le bord de la bassine et attachez l'extrémité libre de la ficelle bien tendue autour de la rainure du manche tenu bien droit.

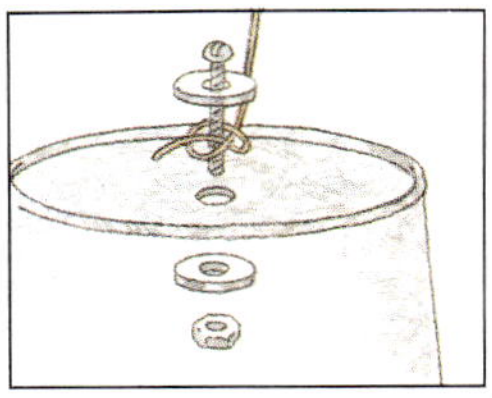

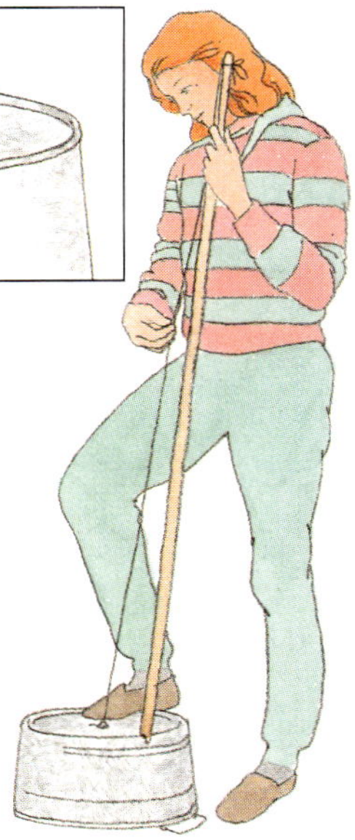

Posez un pied sur le bord de la bassine et pincez la corde en tirant plus ou moins sur le manche pour changer la tension et faire varier le son. Lorsque vous serez un virtuose, vous pourrez changer de ton en pinçant la ficelle à des endroits différents le long du manche.

2. Construisez une cithare toute simple avec une plaque de contreplaqué de 15 cm × 20 cm en 20 mm d'épaisseur. Au centre, découpez une ouverture circulaire de 5 cm de diamètre. Au milieu d'un des petits côtés, plantez un gros clou à tête plate, à 2 cm du bord. De l'autre côté, vissez partiellement 3 vis à bois 5 × 40 mm à tête ronde à 5 cm d'écartement et à 2 cm du bord. Tendez des élastiques de grosseurs différentes entre le clou et les vis ou, mieux, des gros fils à pêche en Nylon. Attachez-les sur les têtes de vis et accordez-les en serrant ou en desserrant les vis afin de varier la tension des fils. Pour jouer, posez l'instrument sur un moule à tarte ou sur un grand bol qui fera chambre de résonance. Vous pouvez, bien sûr, construire une telle cithare en y mettant plus de cordes.

3. Quelques stylos à bille peuvent se transformer en flûte de Pan. Ôtez les cartouches d'encre et utilisez les tubes vides. Bouchez les petits trous du côté de la pointe avec du mastic. Mettez-en plus pour une note haute et moins pour une note basse. Alignez les tubes vers le haut, et attachez-les à 2 bâtonnets d'Esquimau avec du ruban adhésif double face épais ou des élastiques, puis jouez un air en soufflant du bout des lèvres dans les tubes. Avec un peu de pratique, vous y arriverez.

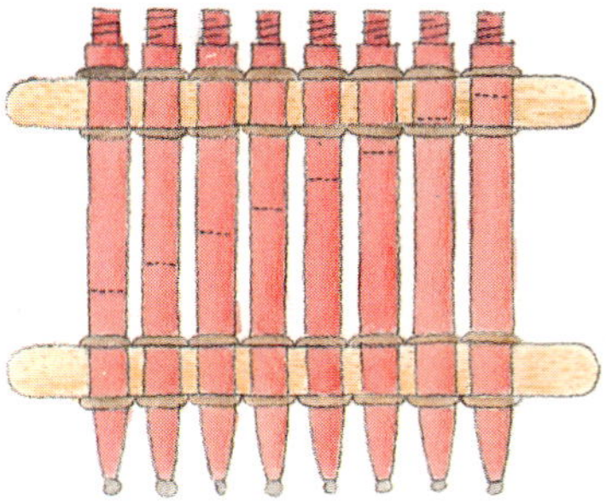

4. Savez-vous jouer de la cruche ? Bien qu'une cruche en terre offre plus de résonance, une bouteille en verre pourra également faire l'affaire. Tenez la bouteille bien droite et placez la bouche contre le goulot. Passez la lèvre supérieure légèrement au-dessus de l'ouverture, puis soufflez doucement en ajustant les lèvres, jusqu'à ce que vous obteniez un son, celui d'une seule note. Pour obtenir d'autres notes, préparez d'autres bouteilles plus ou moins remplies d'eau. (Voir aussi Xylophone, p. 235.)

Intérim

Les agences spécialisées dans le travail temporaire fleurissent un peu partout. Les offres sont larges, et quelques-unes assurent un certain nombre de formations.

Pensez-y si vous voulez gagner un peu d'argent tout en vous réservant du temps disponible ou si vous avez une grande faculté d'adaptation. Changer d'entreprise souvent n'est pas si facile.

Pour du travail saisonnier, visez les lieux touristiques demandeurs : hôtels, restaurants, magasins, ou à la campagne : cueillette des fraises, des haricots, moisson, vendanges...

Les grands magasins cherchent plutôt vers la fin de l'année. Le secrétariat, la restauration rapide sont aussi très demandeurs. (Voir aussi Travail d'appoint, p. 223.)

Interrupteur-variateur

Pour modifier à volonté l'ambiance lumineuse de vos pièces, installez des interrupteurs-variateurs de lumière. Il en existe de plusieurs modèles : montés sur rallonge pour alimenter des lampes de chevet, à actionner du pied, à fixer au mur comme interrupteurs ordinaires, pour les lampes à incandescence classiques ou halogènes, pour les tubes fluorescents (plus rares), fonctionnant par rotation d'un bouton ou par simple contact avec le bout des doigts, à télécommande, à monter dans un tableau modulaire, etc.

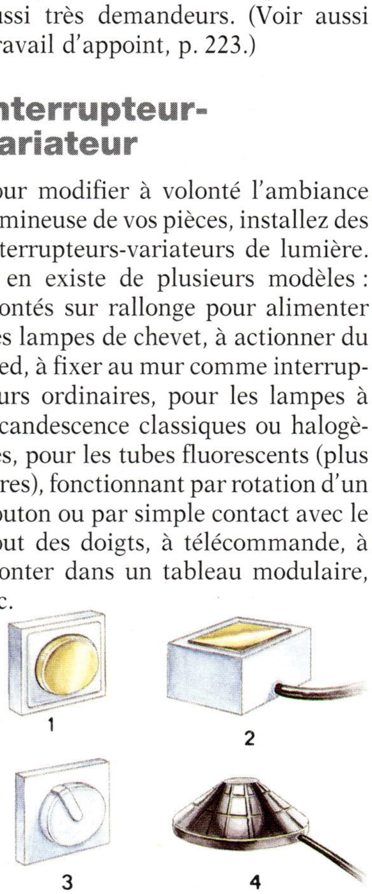

Quelques types de variateurs
1. Variateur sensitif mural. **2.** Variateur sensitif de table. **3.** Variateur rotatif mural. **4.** Variateur poussoir à pied.

1. Remplacez un simple interrupteur mural par un variateur : il suffit de démonter l'appareil existant et de rebrancher les fils sur les bornes repérées au dos du variateur.
2. Choisissez un variateur mural pouvant être actionné à distance par des boutons-poussoirs. Vous pourrez ainsi allumer, éteindre et faire varier l'éclairage à partir de plusieurs endroits de la pièce.
3. Si la lumière clignote ou si le variateur grésille en cours de fonctionnement, vérifiez la puissance de l'ampoule qu'il commande. Elle doit être comprise entre les valeurs extrêmes que le variateur peut assumer (entre 75 et 500 W par exemple). Si l'ampoule ne fait que 60 W, elle clignotera ; si elle fait 1 000 W, le variateur grésillera et sera détérioré. Autre cause de mauvais fonctionnement : un variateur pour lampes fluorescentes qui commande une lampe à incandescence... et vice versa.
4. Quand un variateur ne fonctionne plus, pensez à regarder l'état du fusible qui est logé dans le carter ou sous la plaque de parement : changez-le s'il est grillé et faites un essai de fonctionnement.
5. En cas d'orage, une surtension momentanée dans le circuit électrique peut déclencher l'allumage ou perturber un variateur à touche sensitive. Dans ce cas, coupez, puis remettez le courant au compteur ou sur la ligne qui alimente le variateur et tout rentrera dans l'ordre.
6. Ne posez rien sur un variateur de table ou posé au sol (celui d'un luminaire halogène, par exemple) ; il dégage de la chaleur en cours de fonctionnement : s'il n'est pas ventilé, il peut griller. D'autre part, vous risquez de l'écraser par mégarde.

Intoxication alimentaire

S'il ne s'agit pas d'une banale indigestion due à des excès de table, des vomissements répétés, de la diarrhée, de vives douleurs abdominales, voire de la fièvre, des vertiges et des troubles nerveux sont les signes d'une intoxication alimentaire (produit avarié, microbe). Ces symptômes apparaissent entre 2 et 18 h après l'absorption de l'aliment contaminé.
1. Faites boire abondamment au malade, pour éviter qu'il ne se déshydrate, de l'eau, de la tisane, du Coca-Cola non glacé (après l'avoir battu pour éliminer les bulles) et donnez-lui un charbon pharmaceutique.
2. Douleur intense et température élevée (plus de 38,5 °C) doivent vous conduire à appeler le médecin (ou le SAMU, au 15).

CHAMPIGNONS

1. Ne consommez pas de champignons ramassés si vous n'êtes pas un connaisseur averti (ou alors montrez-les à votre pharmacien).
2. Forme mineure de l'empoisonnement : symptômes de l'indigestion, avec sensation d'ivresse (entre 1 et 4 h après le repas). En cause : la muscarine. Appelez un médecin.
3. Forme majeure de l'empoisonnement : déshydratation, perte de connaissance (survenant 12 h et plus après le repas). En cause : la phalloïdine. Alertez le SAMU (composez le 15) ou les pompiers (18).

CONSERVES

N'ouvrez jamais une boîte de conserve bombée car elle peut être source de botulisme ou d'autres intoxications alimentaires.

Investigations professionnelles

Vous cherchez à changer de travail sans très bien savoir ce que vous voulez faire. Prenez un rendez-vous avec un orienteur, conseiller auprès des centres de formation professionnelle ou du service de placement de votre ANPE.

Dirigez les appels vers un répondeur téléphonique pour capter le maximum d'offres.

Informez de votre recherche vos amis, relations, associés et, éventuellement, votre ancien employeur.

Préparez un curriculum vitæ en mettant en évidence vos capacités professionnelles et les responsabilités assumées, votre faculté d'adaptation et le type de travail ou le poste que vous recherchez.

N'hésitez pas à contacter des entreprises qui semblent correspondre à votre attente, même si elles ne recherchent pas de collaborateurs. Votre candidature spontanée peut déclencher un besoin dans l'entreprise.

Visitez des entreprises après avoir obtenu l'autorisation du directeur du marketing ou de la direction du personnel, à seule fin de mieux connaître le monde du travail. Si l'une d'entre elles retient votre attention, proposez votre candidature. Argumentez votre demande en vous appuyant sur les expériences que vous avez dans ce secteur d'activités.

Si l'on doit vous contacter à votre travail actuel, demandez de faire preuve de discrétion lors d'un appel téléphonique. Faites envoyer le courrier à votre domicile.

Fixez vos rendez-vous pendant vos heures de détente ou après le travail, ou un jour de congé.

Invitations

Vous aimez réunir des amis. Pour que vos réceptions soient réussies, appliquez ces quelques recettes.

1. Classez en 3 catégories les gens que vous voulez inviter : les personnalités qui se démarquent, les gens qui savent écouter et les relations moins proches que vous devez recevoir pour des raisons personnelles ou sociales. Choisissez des invités sur les 3 listes pour équilibrer les échanges et les centres d'intérêt.

2. Si vous avez un invité d'honneur, établissez la liste des autres invités en fonction de lui afin qu'il n'y ait pas de fausse note.

3. Quand vous voulez présenter une nouvelle relation à des amis plus anciens, donnez de part et d'autre des renseignements sur le travail, les goûts, les enfants, cela facilite le départ des conversations.

4. À moins que vous ne souhaitiez une soirée ou l'on parle uniquement « boutique », n'invitez pas en même temps tous vos collègues de travail ou tous les membres de votre club sportif !

5. Si, en revanche, vous réunissez effectivement vos collègues ou les membres de votre club, faites-le savoir aux amis non invités pour qu'ils ne s'en vexent pas.

6. Pour un dîner à 6 ou 8, faites votre plan de table de façon que puissent dialoguer les gens ayant les mêmes centres d'intérêt. Ne placez côte à côte des gens d'opinions divergentes que si vous êtes sûr qu'ils sauront se montrer tolérants.

7. Ne vous sentez pas obligé d'inviter systématiquement les enfants de vos amis. Soyez précis tout en restant courtois lorsque vous formulez votre invitation.

Invités du week-end

1. Quand vous invitez des amis pour le week-end, précisez : « Du samedi telle heure au dimanche telle heure. » Ne croyez pas que cela soit impoli : mieux vaut être clair dès le départ. Si l'un de vos invités a la réputation de s'incruster, précisez que vous avez tel jour à telle heure un rendez-vous important, un travail urgent ou de la famille à voir.

2. N'oubliez pas de préciser, lors de l'invitation, les vêtements particuliers à prévoir pour le jogging, la baignade, le tennis, etc.

3. Demandez également à vos invités s'ils sont soumis à un régime alimentaire particulier.

LES DEVOIRS DE L'INVITÉ

1. Apportez un petit cadeau : des fleurs, un gâteau, du vin ou bien des jouets pour les enfants.

2. Conformez-vous aux horaires de la maison. Même si vous êtes un lève-tôt, restez dans votre chambre jusqu'à ce que vos hôtes soient debout. En revanche, évitez d'émerger à midi quand les autres s'apprêtent à boire l'apéritif.

3. Ne demandez pas : « Puis-je vous aider ? » Regardez ce qui se passe et vous serez à même de donner un coup de main efficace toujours apprécié. Aidez à débarrasser la table et participez éventuellement à l'achat des provisions.

4. Si vous êtes là pour plus de 2 jours, emmenez vos amis au restaurant ou annoncez que vous allez préparer le repas (prévenez à l'avance).

5. Même si la porte reste fermée, rangez votre chambre. Le dernier jour, enlevez les draps, pliez-les, remettez en place couverture et dessus-de-lit.

6. Il est toujours délicat de téléphoner en province ou à l'étranger. Si vous le pouvez, choisissez plutôt une cabine publique ; sinon, arrangez-vous pour rembourser votre hôte.

Isolation

1. Fabriquez des bourrelets pour bas de porte en bourrant des chaussettes aux trois quarts avec du gros sable ou de la litière pour chat. Nouez-en les extrémités et déguisez-les, si vous le désirez, en souris, en chien, etc.

2. En prévision d'une nuit froide, doublez vos vitrages de fenêtres avec du plastique transparent. (Voir aussi Courant d'air, p. 68.)

Isolation acoustique

Ce type d'isolation est très complexe, car il faut distinguer les bruits qui se réverbèrent sur les parois et produisent un effet d'écho des bruits transmis au travers des murs et des cloisons. Comme il est toujours plus

facile d'empêcher les sons de sortir d'une pièce que de faire barrage à leur entrée, l'isolation doit être faite à l'intérieur des pièces bruyantes. On dit souvent : « Si votre voisin fait du bruit, ne posez pas l'isolation phonique chez vous, mais chez lui ! »
1. Dans une salle de jeu, mettez de la moquette ou un revêtement plastique avec sous-couche en mousse épaisse sur le sol. Couvrez les murs de liège et installez un plafond en dalles acoustiques ou recouvrez les parois sensibles avec des plaques d'emballage à œufs, collées et peintes.

2. Isolez les tuyaux de chauffage et de climatisation. Ne les scellez pas dans les murs : faites-les passer au travers de fourreaux. Fixez-les avec des chevilles élastomères. (Voir aussi Fixation dans du béton, p. 103.)
3. Placez les appareils produisant des vibrations (sèche-linge, lave-linge, lave-vaisselle...) sur des patins en caoutchouc ou en moquette.
4. Calfeutrez le pourtour des portes et fenêtres et le bas des portes.
5. Posez des doubles vitrages ou des survitrages dont les vitres ont des épaisseurs différentes : ils éviteront la transmission et l'amplification des sons par résonance.
6. Posez les haut-parleurs sur des patins épais de feutre ou de mousse de caoutchouc.
7. Installez des doubles-rideaux.
8. Posez de la moquette sur les escaliers pour amortir les bruits de pas.

Ivresse au volant

1. Lors d'une soirée, si vous avez l'intention de boire de l'alcool, choisissez un autre conducteur. Si vous vous y rendez seul, prévoyez de vous faire reconduire chez vous.
2. Quand une personne ivre a l'intention de conduire, raisonnez-la. Si vous ne parvenez pas à la faire changer d'avis, prenez-lui les clés du véhicule et appelez un taxi, ou trouvez quelqu'un qui la reconduira chez elle. Si vous vous apercevez trop tard que votre chauffeur a trop bu, faites arrêter la voiture et dites-lui d'accepter un autre conducteur ; s'il refuse, sortez de la voiture à la première occasion et appelez la police. Donnez-lui l'emplacement de la voiture, une description du véhicule et du chauffeur ainsi que le numéro d'immatriculation. Vous risquez de perdre un ami mais vous lui aurez probablement sauvé la vie.
3. Si une voiture arrive en face de vous en zigzaguant, c'est que le chauffeur est ivre... ou malade. Arrangez-vous pour l'éviter et prévenez les gendarmes au plus vite.

J

Jardinage pour enfant

Faites participer vos enfants au jardinage d'intérieur sans dépenser des fortunes en plantes exotiques. Certains légumes-racines peuvent être remis en végétation : vos enfants adoreront les entretenir.
1. Tranchez 2 à 4 cm de la partie supérieure d'une betterave, d'un navet ou d'un rutabaga. Retirez toutes les feuilles. Remplissez une soucoupe étanche avec des gravillons et de l'eau. Posez la tranche de légume à plat sur les gravillons. Changez l'eau dès qu'elle se trouble. Vous obtiendrez rapidement une petite forêt de feuilles qui restera bien verte un mois et plus s'il ne fait pas trop chaud.
2. Coupez la tête feuillue d'un ananas avec 3 cm de chair. Posez-la à plat sur un lit de sable humide, dans une soucoupe. Une fois les racines formées, transplantez dans un pot individuel garni de terreau additionné de tourbe. Vous obtiendrez une plante robuste pour plusieurs années.
3. Faites germer les pépins d'orange, de citron et de pamplemousse : plantez-les dans du terreau, maintenez au chaud et arrosez régulièrement. Lorsque les jeunes plants auront atteint quelques centimètres, transplantez-les dans des pots plus grands, garnis de terre de jardin et de terreau horticole. Placez-les à la lumière, dehors, de mai à octobre. Ne comptez pas sur les fruits : les agrumes productifs sont toujours greffés.
4. Transformez une carotte en une étonnante suspension : coupez de 6 à 8 cm au-dessous de la base feuillue d'une carotte fourragère. Évidez cette portion sans abîmer la paroi externe, puis passez un fil solide avec une aiguille à laine dans les bords de ce récipient improvisé et suspendez-le,

feuilles en bas, devant une fenêtre exposée au soleil. Remplissez d'eau et maintenez le niveau pour éviter le dessèchement irréversible du feuillage. Il se développera sous la carotte, puis se redressera à la verticale.
5. Faites raciner un noyau d'avocat en laissant tremper sa base dans un verre d'eau. Patience... cela peut prendre plusieurs mois ! Une fois les racines formées, plantez le noyau sans les briser dans un pot de terre cuite. Dès que le jeune avocatier atteint 20 cm de hauteur, taillez le bas de la tige sur 10 à 20 cm pour le

forcer à se ramifier. Faute de quoi, votre plante se réduira à une tige effilée, surmontée de quelques feuilles sans vigueur. Taillée régulièrement, la plante offre un port équilibré et buissonnant.

Jardin à l'ombre

Si votre jardin manque de soleil, ce n'est pas une raison pour renoncer à la couleur. Optez pour les plantes à feuillage décoratif. Le coleus, plante d'appartement assez courante, offre une belle masse dans les recoins ombragés : il assure un remarquable décor en pleine terre durant tout l'été. Les hostas, plantes vivaces de la famille des lis, ont de belles teintes d'un vert bleuté, quelquefois auréolé d'or ou d'argent selon la variété. Ils se plaisent aussi dans les endroits humides, frais et ombragés. Les caladiums, plantes bulbeuses spectaculaires, apprécient aussi les expositions fraîches. Leurs feuilles transparentes en forme de cœur sont lavées de rouge, rose, vert et blanc. Pas question, hélas, de leur laisser passer l'hiver en pleine terre : ils gèlent. Cultivez-les plutôt en pot. Pour couvrir le sol, pensez aux lamiums, sorte d'ortie inoffensive aux feuilles vertes ou panachées d'or et d'argent.

Les lierres de toute sorte forment de remarquables tapis persistant toute l'année. Pour les égayer, glissez quelques bulbes de narcisses à l'automne : ils resteront en place et s'y multiplieront tout seuls.

Jardin en pente

Pour retenir la terre et meubler vos talus, utilisez des plantes couvre-sol, résistantes au sec et dotées d'un puissant système racinaire.

1. Choisissez parmi les végétaux qui ont une réputation d'envahisseurs : les armoises au feuillage argenté et fin, les asters, les campanules de toute espèce, les véroniques, le lierre, les iris nains, le thym et quantité d'autres plantes à feuillage décoratif peuvent allier l'utile à l'agréable sans exiger beaucoup d'entretien. Bannissez le gazon : sa tonte sur talus est acrobatique et nécessite un matériel adapté.

2. Préparez minutieusement le sol : inutile de rajouter des graviers en vue du drainage. Les talus sont naturellement plus secs que le reste du jardin et vous transformeriez cette qualité en défaut en croyant bien faire. En ameublissant la terre, veillez à relever le niveau vers le sommet du talus. Lors de vos plantations d'automne et des pluies qui les précèdent, la terre a tendance à redescendre toute seule. Placez çà et là quelques roches à moitié enfouies pour donner au talus des allures de rocaille. Les plantes se chargeront de leur habillage.

3. En novembre, plantez les végétaux achetés en godet : comptez-en 8 à 10 pour 1 m^2 : leur intervalle sera vite comblé. Tassez soigneusement, arrosez au goulot en évitant le ruissellement. Terminez par la couverture du sol nu : une couche d'écorce de pin de fine granulométrie empêchera le ravinement du sol causé par les pluies d'automne, tout en apportant sa touche de couleur. Au printemps suivant, arrosez régulièrement en privilégiant les systèmes de balancier : ils diffusent l'eau en pluie fine et éviteront ainsi à la terre de couler vers le bas du talus. Les plantes grandissant, vos arrosages seront de moins en moins nécessaires.

Jardinière mobile

En complément des bacs et des massifs fleuris, pourquoi ne pas prévoir un décor mobile ? Pour décorer la terrasse le temps d'une soirée passée sous les étoiles ou orner le perron au matin, posez quelques bacs vides sur des plateaux de bois montés sur roulettes. Optez pour des matériaux légers : le bois, la résine de synthèse valent mieux que le ciment ou la pierre reconstituée lorsqu'il faut pousser le décor. Inutile de les remplir complètement de terre : la plupart des fleurs de saison se contentent d'une épaisseur de 30 cm de terreau.

Remplissez le fond avec des billes d'argile expansée ou de polystyrène couvertes de vermiculite. Comblez avec un mélange de terreau horticole, de terre de jardin et de tourbe en parts égales. Il ne vous reste plus qu'à planter. Aménagez de la même façon une vieille brouette de bois ou une charrette inutilisée.

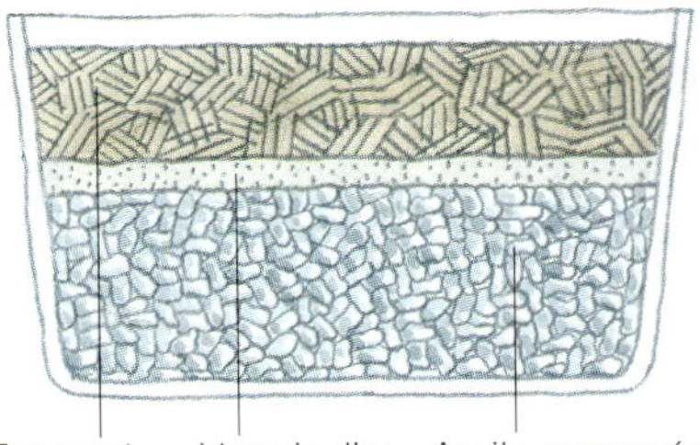

Jardin sec

En zone aride, mieux vaut choisir des plantes adaptées plutôt que de voir chaque année son jardin souffrir de la soif et passer l'été à l'arroser.

Hormis les plantes de la côte méditerranéenne — lavande, ciste, romarin, glycine et yucca —, plantez des lamiums, qui s'adaptent aussi bien à l'ombre qu'au soleil, même sans eau. Parmi les sauges, choisissez la sauge sclarée, une géante à fleurs bleues au parfum puissant. Le millepertuis colonise les talus arides et pauvres. Les abutilons, les œillets vivaces, les digitales, les chardons de toute sorte assurent la couleur tout l'été. Pour couvrir rapidement le sol sans gêner la vue, plantez des acaenas, insensibles au sec, envahissants et persistants. Toutes ces plantes exigent un sol humide durant l'année qui suit leur plantation. Après quoi, elles tiennent tête au soleil ardent si vous leur évitez la concurrence des mauvaises herbes.

Jardin suspendu

Avant de vous lancer dans l'installation d'un jardin sur le toit de votre immeuble, consultez la copropriété et faites expertiser la terrasse pour éviter les conséquences catastrophiques d'une surcharge ou d'infiltrations.

1. Posez sur le sol une épaisse bâche de plastique pour bassin artificiel. Construisez un cadre de bois de 20 cm de hauteur, placez-le sur la bâche dont vous relèverez, puis fixerez les bords. Renforcez aux angles et prévoyez un écoulement des eaux relié aux gouttières.

2. Emplissez le cadre avec de la terre enrichie d'argile expansée pour faciliter le drainage. Nivelez, tassez légèrement et semez gazon et fleurs annuelles. Réservez un emplacement aux herbes aromatiques et aux légumes achetés en plants. Ils s'y plairont autant qu'au jardin. Évitez les plantes qui exigent un tuteurage : en plantant leur support, vous risquez fort de percer la bâche et de causer des fuites. Préférez les plantes vivaces aux arbustes pour assurer un décor toute l'année : leurs racines sont moins profondes et se débrouillent dans peu de terre.

3. Pensez à vérifier les orifices d'écoulement des eaux au moins trois fois par an pour éviter que votre jardin suspendu ne se transforme peu à peu en piscine.

ATTENTION !

Les plantes toxiques

Gardez-vous de goûter ou de laisser à proximité des enfants et des animaux domestiques les plantes à baies décoratives. Certaines d'entre elles sont toxiques, des graines jusqu'aux racines, et peuvent causer de très graves accidents.

Parmi les plus connues, le strelitzia, le laurier-rose, le datura, le lis grimpant, le pommier d'amour et le dieffenbachia ornent nos intérieurs. Placez-les en hauteur, hors de portée des touche-à-tout. Au jardin, l'if, le gui, l'aristoloche, le muguet, le colchique, l'arum, le coquelicot, le laurier palme, le ricin ornemental, la digitale et bien d'autres plantes familières renferment dans leurs bulbes, feuilles ou fruits des principes hautement toxiques. En cas d'ingestion et de premiers troubles, contactez d'urgence un centre antipoison ou l'hôpital le plus proche. Nettoyez les outils de coupe et vos mains après le jardinage et placez ces végétaux hors de portée des gourmands.

Jeux de grands

1. Badmington volley-ball. Jouez au badmington en équipes avec un filet et en suivant les règles du volley-ball.

2. Golf avec un Frisbee. Servez-vous d'arbres, de piquets, de pierres comme « trous » et désignez des lieux hors jeu. Lancez un Frisbee, allez le ramasser, relancez-le et continuez jusqu'à ce que vous atteigniez le « trou ». Celui, ou celle, qui touche tous les « trous » avec le moins de lancers est le gagnant.

3. Épeler des mots. Une personne annonce une lettre et la personne suivante en ajoute une en pensant à un mot existant, mais sans l'achever (il doit être en mesure de le dire si on le lui demande). Le jeu se poursuit de joueur en joueur, le but du jeu étant de ne pas terminer un mot. Le premier qui a formé un mot a 1 point de pénalité. Au bout de 5 points, le joueur est éliminé.

4. Dictionnaire. Un des joueurs choisit un mot au hasard dans un dictionnaire. Il l'annonce et écrit la définition sur une fiche. Les autres joueurs doivent écrire leur propre définition (ce qu'ils croient être la définition du mot), puis on mélange les notes. Le joueur « dictionnaire » lit à voix haute toutes les définitions et chaque joueur doit deviner la définition exacte parmi celles qui sont alors données. On donne 1 point à celui qui choisit la définition correcte et 1 point à celui qui réussit à convaincre un ou plusieurs joueurs de la véracité de sa définition (ce même joueur reçoit 5 points si personne ne trouve la bonne définition). Et le jeu continue, chaque joueur devenant « dictionnaire » à son tour.

Jeux de société

1. Les capsules de bouteilles et les pièces de monnaie font d'excellents jetons. Marquez-les avec des pastilles adhésives de différentes couleurs.

2. Vous pouvez remplacer les dés par des disques en carton. Tracez des cercles sur un morceau de carton, divisez chacun en 6 sections égales et numérotez les sections. Assurez-vous que la somme des nombres des faces opposées fait bien 7 : 1 opposé à 6, 2 à 5 et 3 à 4. Découpez des flèches et piquez-les au centre de chaque cercle avec une épingle ou une punaise à

tableau. Faites tourner les flèches et relevez les nombres qu'elles indiquent en fin de course.
3. Fabriquez un jeu de société simple appelé « Indien et lapins ». Dessinez 5 rangs de 5 petits cercles sur un carré de carton. Placez 10 pièces (les lapins) sur les 2 rangées du bas et 1 à chaque bout de la rangée centrale. Mettez une pièce différente (l'Indien) au milieu de la rangée centrale. Un joueur a l'Indien, l'autre les lapins. À chaque tour,

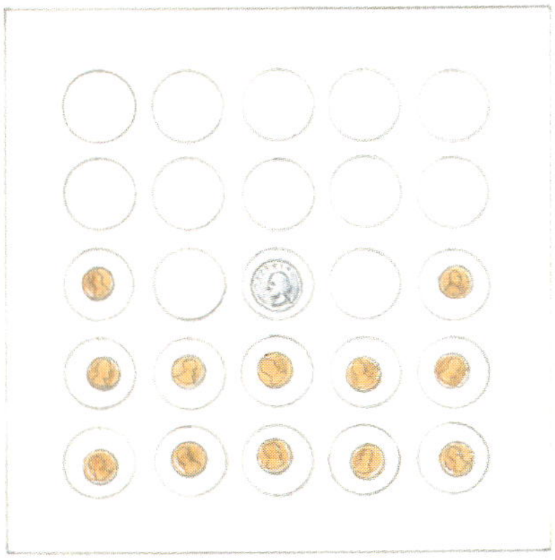

un lapin ou l'Indien passe d'un cercle à l'autre dans n'importe quelle direction. Pour gagner, les lapins doivent encercler l'Indien ou l'Indien doit capturer tous les lapins, sauf un (les lapins ne peuvent pas capturer l'Indien). L'Indien capture les lapins en sautant par-dessus, comme aux dames, et peut faire plus d'un saut par tour si tous les sauts sont en ligne droite.

Jeux télévisés

Avant de devenir la vedette d'un jour ou d'une semaine d'un jeu télévisé, vous devez d'abord faire acte de candidature et avoir la chance d'être sélectionné (les demandes sont nombreuses). Ensuite, vous devrez affronter les caméras.
1. Remplissez les bulletins d'inscription paraissant dans les journaux spécialisés ou, si le règlement l'a prévu, faites acte de candidature par courrier adressé aux organisateurs de l'émission. Vous pouvez parfois le faire par Minitel. Envoyez le plus possible de demandes d'inscription sans omettre d'indiquer très clairement vos nom, prénom, adresse et tous les autres renseignements qui sont demandés. Soignez la présentation et écrivez très lisiblement : étant donné le nombre de demandes, les organisateurs ne s'attardent pas sur les bulletins mal rédigés ou difficiles à déchiffrer. Répondez sans tarder dans le cas où vous auriez une réponse favorable.
2. Si vous travaillez, assurez-vous que vous pourrez vous libérer pour participer aux émissions.
3. Aux épreuves de sélection, faites preuve de décontraction, voire d'humour, car le choix tient surtout compte de la tenue « télévisuelle » des candidats.
4. Les émissions qui se déroulent sur plusieurs jours sont généralement enregistrées en une seule journée. Emportez plusieurs tenues pour vous changer entre chaque prise et préparez-vous à jouer le jeu quand on vous demandera : « Comment ça va depuis hier ? Vous avez eu le temps de visiter Paris ? » alors que 1 h seulement vient de se passer.
5. Même si toute la France vous regarde, n'y pensez pas. Portez votre attention sur le jeu et soyez aussi détendu que si vous jouiez chez vous. Vous y gagnerez en naturel.

Jogging

1. Avant d'acheter une nouvelle paire de chaussures de jogging, vérifiez les semelles de votre paire usagée. Selon l'usure du talon, vous verrez si vous courez les pieds tournés vers l'intérieur ou vers l'extérieur. Emportez votre ancienne paire au magasin et demandez à un vendeur compétent le modèle le mieux adapté à votre façon de courir.
2. Si vos socquettes en coton sont doublées de gaze, portez-les à l'envers pour limiter la friction et empêcher la formation d'ampoules. Vous pouvez également enduire vos pieds de vaseline avant de courir. Passez-en également sur l'intérieur de vos cuisses, elles ne s'irriteront pas en frottant l'une contre l'autre.
3. Si vous trouvez que le jogging est trop éprouvant, essayez de marcher

ATTENTION !

Les dangers du jogging

Tous les sports présentent des risques, mais le jogging est sans doute le seul où les buses sont une menace. Selon une lettre écrite à un journal médical, 12 coureurs suisses furent attaqués par des buses en 2 ans. Ces oiseaux ne semblent être une menace que durant la période de couvaison. Anecdote mise à part, bien d'autres dangers menacent les adeptes du jogging. Consultez un médecin avant de pratiquer ce sport et prenez les précautions suivantes pour éviter les blessures.

Portez des chaussures de course à semelles épaisses et souples. Si vous avez les pieds plats ou une voûte plantaire très arquée, questionnez votre médecin sur l'utilité des semelles orthopédiques. Remplacez les chaussures tous les 1 000 km.

Courez sur un terrain souple comme l'herbe ou la terre pour éviter la périostite tibiale.

Renforcez les muscles des mollets et des cuisses pour éviter les douleurs aux genoux.

Pour ne pas avoir de tendinite achilléenne — inflammation très douloureuse — faites des exercices d'assouplissement des muscles postérieurs des membres inférieurs.

Augmentez très progressivement les distances de course pour éviter les « fractures de fatigue » qui surviennent, sans accident, au niveau des os du pied ou de la jambe quand la sollicitation est trop importante.

rapidement à un rythme régulier, les résultats sont les mêmes. Démarrez doucement : parcourez, par exemple, 1 500 m en 15 à 20 min 5 fois par semaine. Puis augmentez petit à petit la distance et la durée au cours des semaines suivantes. (Voir aussi Endurance, p. 89.)

Joint de mortier

1. Enlevez de vieux joints avec un ouvre-boîtes à jus de fruits en prenant soin de ne pas endommager le carrelage. Nettoyez à la brosse métallique, puis à l'aspirateur, et refaites les joints avec du mortier à jointoyer. Étalez-le avec une raclette en caoutchouc et enlevez l'excédent avec une grosse éponge quand il commence à prendre.

2. Au diable la morosité ! Mettez les joints de carrelage en valeur en utilisant des mortiers colorés ou en ajoutant à du mortier blanc des colorants universels en poudre. Si vous posez un carrelage en plusieurs fois, préparez tout de suite la quantité de mortier à joint nécessaire pour l'ensemble afin de garder la même couleur. À chaque étape, gâchez juste ce qu'il faut.

Jouets

Ne croyez pas que seuls les jouets coûteux font le bonheur des enfants. La plupart d'entre eux adorent les jouets improvisés.

1. Les tout-petits aiment les boîtes. Gardez les plus colorées et faites-leur une « boîte de boîtes » pour les ranger. À partir de 4 ans, ils seront ravis de découvrir et d'utiliser aimants, clochettes, lampes de poche, loupes...

2. Offrez à votre enfant une poupée à son image. Prenez le patron de sa silhouette en le faisant se coucher, bras écartés, sur une grande feuille de papier. Coupez ensuite 2 épaisseurs d'un tissu de toile blanc ou couleur chair : ce sera le corps. Cousez

en laissant une ouverture pour le rembourrage. Dessinez ou brodez les traits du visage, les cheveux, etc. Vous n'avez plus qu'à habiller la poupée jumelle avec d'anciens vêtements de votre enfant.

3. Une tente ? Un drap jeté par-dessus la table. Un tunnel ? Des chaises alignées. Une caverne ? Un morceau de toile de tente ou autre que vous aurez cousu à demi.

4. Si un jouet en plastique s'est déformé, plongez-le dans de l'eau très chaude pendant quelques minutes, puis remodelez-le pour lui redonner sa forme initiale.

5. N'hésitez pas à passer les jouets en peluche ou en chiffon à l'aspirateur muni de la brosse ronde. S'ils ne sont pas lavables en machine, nettoyez-les régulièrement à sec : mettez-les dans un sac rempli de sciure, secouez vigoureusement, puis brossez.

6. Prolongez la vie des jeux en carton avec 1 ou 2 couches de vernis.

7. Mettez de côté certains jouets pour les ressortir plus tard : vos enfants les redécouvriront sûrement avec plaisir.

Judas optique

Ne vous fiez pas à un entrebâilleur pour regarder qui est à votre porte. Ce n'est pas assez solide pour empêcher une intrusion en force. Le meilleur système : un judas optique.

1. Vous pouvez simplement installer un petit couvercle susceptible de basculer sur un petit trou pratiqué dans la porte. Mais mieux vaut un « œil » à grand angle, qui vous donne une vision à près de 180°. Placez-le à une hauteur commode pour l'adulte le plus petit de la famille.

2. Dans une maison individuelle, vous pouvez installer un miroir au-dessus ou à côté de la porte, selon un angle qui permette de renvoyer l'image du visiteur vers une fenêtre.

Jumeaux

Certains jumeaux souffrent d'être trop souvent traités « par deux » et non pas individuellement. Aidez-les à se distinguer.

1. Donnez-leur des prénoms bien différents : par exemple Anne et Julie plutôt que Karine et Corinne (cela s'est vu !). Parlez toujours d'eux en les nommant par leur prénom plutôt que de dire « les jumeaux » (ou « les triplés »).

2. Dès l'âge de 1 an, ne les habillez plus de la même façon. Chacun des enfants a sûrement un style qui lui est propre, respectez-le. Cependant, s'ils veulent être semblables, laissez-

les faire, mais constituez à chacun une garde-robe variée dans des armoires séparées.
3. Chaque enfant aime avoir ses propres jouets, veillez-y.
4. Passez chaque jour un peu de temps en tête à tête avec chacun.
5. Faites un gâteau d'anniversaire par jumeau : chacun aura vraiment le sien.

Jumelles

1. Pour voir clairement sans jumelles un objet ou un site éloigné, fermez un œil et, avec l'autre, regardez l'objet au travers d'un tube en carton ou en formant un tube avec la main. Votre regard, guidé et concentré sur l'objet, sera beaucoup plus perçant.
2. Soignez vos jumelles comme votre appareil photo. Si les lentilles sont sales ou se décollent à cause de l'humidité ou de la chaleur, vous ne verrez que des images pâles et noyées dans le brouillard.

Juron

1. Vous avez tendance à dire des gros mots et estimez que « zut » et « la barbe » ne sont pas assez expressifs... Au lieu d'avoir recours à des mots plus violents, pourquoi ne pas créer de toutes pièces un juron qui vous appartienne en propre ? Dans Tintin, le capitaine Haddock s'exclame toujours : « Mille sabords ! » Inventez « votre » juron !
2. Si, de temps à autre, vous vous autorisez un gros mot, gardez présent à l'esprit qu'une (mauvaise) habitude est vite prise et qu'une trop fréquente répétition retire aux mots une grande partie de leur pouvoir.
3. En revanche, si c'est vous qui n'aimez pas les gros mots, essayez d'échapper aux propos qui vous offensent en prenant un air choqué, avec malgré tout une pointe d'humour. Vous pouvez dire en riant : « Je ne sais pas si mes oreilles vont supporter un tel langage. » Si cela ne suffit pas, demandez gentiment à votre interlocuteur de châtier ses propos.
4. Votre enfant a-t-il pris la fâcheuse habitude de dire des gros mots ? Essayez d'en discuter avec lui, démontrez-lui que les gros mots sont une béquille pour les gens incapables de trouver le mot juste pour exprimer leur point de vue ou leurs émotions. S'il continue, sévissez. Mais ne vous amusez pas à lui faire payer une amende à chaque gros mot, il risque de prendre goût rapidement à ce petit jeu.

L

Lait

1. Vous voulez préparer un gâteau et vous n'avez plus de lait ? Remplacez-le par du jus de fruits. Cette technique fonctionne aussi pour faire du pain.
2. Le lait est très perméable aux odeurs ; si vous utilisez des bouteilles de plastique munies de bouchons, n'oubliez pas de les remettre. Si vous choisissez du lait en brique, refermez celle-ci avec un trombone.
3. Lorsque le lait est sur le point de tourner, utilisez-le pour préparer de la pâte à pain ou toute autre pâte levée. Vous pouvez aussi le faire bouillir avec quelques gouttes de jus de citron afin d'obtenir un lait caillé très agréable à déguster sucré ou salé et poivré.

Lait fermenté

Remplacez le lait fermenté par du yaourt à 0 % de matière grasse mélangé à du lait entier ou demi-écrémé (2 cuil. à soupe pour 150 g de yaourt) ; par de la crème diluée dans autant de lait et additionnée de quelques gouttes de jus de citron ou de vinaigre ; par de la crème liquide allégée, acidifiée au jus de citron ou au vinaigre.

Lampe

1. Habillez une lampe de plafond avec un cerf-volant cellulaire décoré. Une fois le cerf-volant assemblé, réduisez la longueur des baguettes des angles et insérez des pitons à leur extrémité pour passer une ficelle et l'accrocher au plafond. Les parois du cerf-volant doivent être au moins à 6 ou 8 cm de l'ampoule.

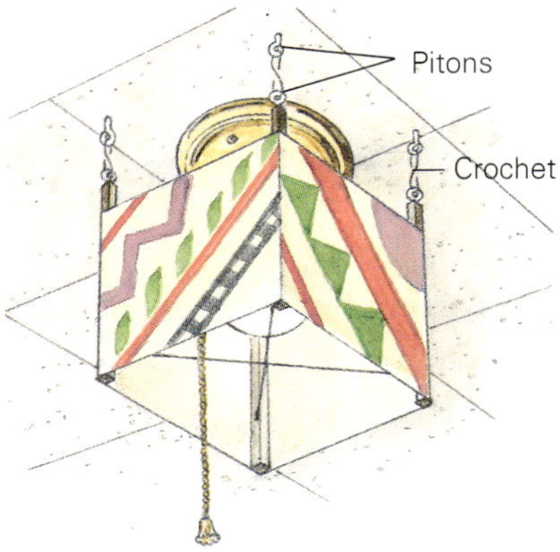

2. Si une ampoule éclate, coupez l'interrupteur ou débranchez. Cassez la tige centrale, puis appuyez une balle de mousse ou une pomme de terre tranchée sur les bords coupants et tournez pour enlever les débris de l'ampoule (pour un culot à baïonnette, appuyez et tournez).
3. Ne touchez pas une ampoule halogène avec les doigts : elle pourrait éclater en cours de fonctionnement. Mettez-la en place avec son papier de protection, puis enlevez-le. Si vous avez touché l'ampoule, nettoyez-la à l'alcool à 90° avant de l'allumer.

Lapin

1. Concoctez un répulsif antilapin en réduisant au mixeur 2 têtes d'ail épluchées, 3 piments forts et le contenu de 1 verre d'eau. Laissez reposer pendant 24 h, puis filtrez et ajoutez 1 cuil. à soupe de produit à lessive liquide. Diluez dans 7 verres d'eau et vaporisez cette décoction sur les plantes à la périphérie de votre jardin.
2. Placez un grillage en fils d'acier soudés plastifiés de 60 cm de hauteur à petites mailles carrées en l'enterrant de 20 cm au moins dans le sol.
3. Entourez votre jardin de 2 ou 3 rangées d'oignons : les lapins détestent leur odeur, ils ne traverseront pas cette barrière naturelle.

4. Plus sûr et efficace en toutes saisons, entourez votre jardin d'une clôture électrique spéciale pour les lapins. Elle se présente sous la forme d'un filet bas à tendre sur des piquets, aux mailles doublées d'un fil métallique. Le tout est relié à un générateur de courant haute tension : cela « pique » mais est sans danger. (Voir aussi Clôture électrique, p. 60.)

Laryngite

1. Reposez votre voix : ne répondez pas au téléphone et écrivez ce que vous avez à dire plutôt que de parler. Ne fumez pas.
2. Mangez des aliments doux et faciles à avaler. Buvez abondamment.
3. Restez dans une atmosphère humide. Installez un humidificateur ou inhalez de la vapeur : emplissez un bol d'eau bouillante, penchez-vous dessus, enfermez votre tête et le bol dans une serviette et inspirez la vapeur.
4. Si la maladie dure plus de 48 h ou s'accompagne de fièvre, appelez le médecin. (Voir aussi Angine, p. 17.)

LARYNGITE STRIDULEUSE

1. Un enfant atteint de laryngite striduleuse respire mieux assis.
2. Mettez-le dans une atmosphère humide : installez-vous avec lui dans la salle de bain en laissant couler le robinet d'eau chaude.
3. Appelez le médecin.

Lassitude professionnelle

Votre travail vous pèse, il ne vous plaît plus. Cherchez pourquoi.
1. Vous avez trop de travail et n'arrivez plus à faire face. Entre le bureau, le conjoint, les enfants, vous stressez.
2. Au contraire, vous avez si peu d'occupations au bureau que vous vous ennuyez.

FAIRE UN POINT

1. Redéfinissez le contenu de votre travail et vos responsabilités. Discutez-en avec un supérieur ou votre employeur. Présentez quelques projets et initiatives intéressantes.
2. À la maison, analysez la situation : êtes-vous vraiment disponible ou votre esprit est-il encore occupé par le dernier dossier traité au bureau ? Seuls les devoirs des enfants vous mobilisent ? Et leurs loisirs, leurs amis, leurs problèmes ? La vie familiale est pourtant bien organisée de manière à ce que rien ne cloche.
3. Pensez à vous-même. Allez à la piscine, au cinéma. Faites-vous du sport, de la musique ? Alors, il est temps de réagir ! (Voir aussi Changement de profession, p. 50.)

Lavabo bouché

Débouchez-le avec une ventouse. Si cela reste sans résultat, placez un seau sous le siphon et dévissez le dessous ou le bouchon du siphon. Nettoyez à fond et refermez. Si le siphon est d'une seule pièce, utilisez un déboucheur chimique ou biologique (à base d'enzymes).

Lave-linge

Votre lave-linge ne fonctionne pas ? Vérifiez l'interrupteur, l'état de la prise et le coupe-circuit (ou le fusible). Regardez ensuite si le robinet d'eau est ouvert. Si l'eau n'arrive pas, démontez le tuyau : son mini-filtre est peut-être colmaté par des dépôts calcaires (à éliminer). Mais... le bouton est-il bien sur « Marche » ?

PROBLÈME D'ÉVACUATION DE L'EAU

1. La pompe fonctionne : vous l'entendez ronronner.
• Elle est peut-être colmatée. Videz la machine, écopez l'eau avec une boîte de conserve ou un bol et ouvrez le couvercle de la pompe pour la nettoyer (voir le manuel d'entretien) ;
• le tuyau d'évacuation est peut-être écrasé, tordu ou bouché ;
• une petite pièce de linge tombée entre le tambour et la cuve peut colmater l'orifice d'évacuation. Vérifiez-le... si le tambour est équipé d'une trappe de visite au fond.
2. La pompe bourdonne : elle est certainement bloquée. Videz la machine (voir ci-dessus) et ouvrez le couvercle de la pompe. Cherchez ce qui peut bloquer les pales : une allumette, un cure-dents, des pièces de monnaie... Nettoyez et remontez.
3. Si la pompe est muette, appelez un réparateur. **Attention !** Procédez à toutes ces interventions après avoir débranché l'alimentation électrique de la machine.

VIBRATIONS SONORES

1. De bruyantes vibrations à l'essorage indiquent une charge mal équilibrée. Arrêtez le cycle, répartissez la charge et remettez-le en marche.
2. Votre machine est-elle bien horizontale ? Sinon, réglez ou calez les pieds pour assurer sa stabilité.

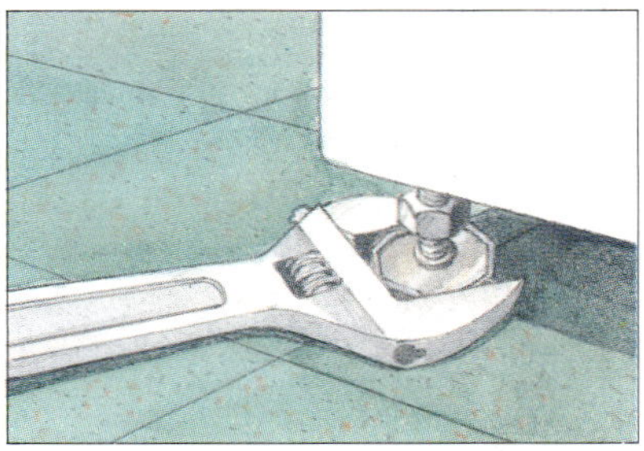

3. Si votre machine est neuve, vérifiez qu'il ne reste pas d'emballage à l'intérieur, ou que les brides de maintien (s'il y a) ont bien été enlevées par l'installateur.
4. Resserrez éventuellement les vis de la plaque de fermeture au dos.

5. Si les vibrations persistent, un élément intérieur est peut-être desserré. Appelez le réparateur.

AUTRES PROBLÈMES

1. La machine se remplit continuellement : la crosse du tuyau de vidange est placée trop bas (elle doit être de 55 à 60 cm du sol) ou il n'y a pas de prise d'air dans le circuit d'évacuation, d'où effet de siphon.
2. L'essorage ne démarre pas : la vidange est insuffisante ; vérifiez le fonctionnement de la pompe.

Lave-vaisselle

Votre lave-vaisselle ne fonctionne plus ? Vérifiez que la porte est bien verrouillée et que la position du programmateur est correcte. Inspectez les fusibles et l'interrupteur du tableau d'alimentation. Regardez si l'eau n'a pas été coupée.

FUITES PAR LA PORTE

1. Le joint de porte est encrassé par des déchets : nettoyez-le et remettez en marche. Ou bien il est défectueux ou déformé : faites-le remplacer.
2. Votre détergent produit trop de mousse ; il n'est pas adapté ou vous en avez trop mis. Arrêtez la machine et ajoutez un verre de vinaigre, il neutralisera la mousse. Si cela ne donne aucun résultat, ôtez le contenu du lave-vaisselle et écopez.

PROBLÈMES D'ÉVACUATION DE L'EAU

Il reste un peu d'eau au fond de la machine, c'est normal ; cela permet aux joints de ne pas se dessécher. En revanche, s'il y en a beaucoup, assurez-vous que le filtre n'est pas bouché, que le tuyau d'évacuation n'est pas tordu ou écrasé. La pompe est peut-être bloquée par des déchets qui ont traversé le filtre. Si elle est accessible, nettoyez-la après avoir écopé l'eau dans la machine.

VERRES SALES

1. Faites tremper les verres marqués dans du vinaigre blanc pendant 5 min ; si les taches disparaissent, il s'agit de dépôts calcaires. Pour empêcher leur formation, augmentez la quantité de détergent et remplissez régulièrement les réserves de sel adoucisseur et de liquide de rinçage. Faites périodiquement un cycle à vide avec un produit spécial de nettoyage.
2. L'aspect laiteux peut être dû à la projection d'eau chargée de déchets (nettoyez le filtre) ou à un détergent trop agressif (changez-en). Ou encore, les verres ne sont pas de qualité « spécial lave-vaisselle ».

VAISSELLE MAL LAVÉE

1. Nettoyez régulièrement le filtre à déchets.
2. Ne confondez pas lave-vaisselle et vide-ordures. Passez rapidement vos pièces de vaisselle sous le robinet avant de les placer dans les paniers.
3. Les paniers sont peut-être trop remplis ou la vaisselle mal rangée (assiettes ou cuillères collées ensemble, bols emboîtés...). Si vous placez des casseroles ou des grands plats, vérifiez, après avoir chargé, que les tourniquets peuvent fonctionner sans rencontrer d'obstacle.

Lecture

1. Vous avez peu de temps pour lire ? Parcourez le dernier paragraphe d'un article, la première et les pages intermédiaires d'un livre et voyez si cela vaut la peine de lire le reste.
2. Fixez des limites au temps que vous allez consacrer à ce que vous avez à lire et faites un tri. Une « première priorité » pour les journaux et les magazines dont les informations tournent très vite. Une pile de « priorité d'urgence moyenne » pour les ouvrages et les communiqués que vous devez lire pour votre travail ou vos investissements, et une dernière pile « non prioritaire » pour des ouvrages qui ne sont pas d'actualité comme les romans, les livres de cuisine ou de voyages.
3. N'essayez pas de tout lire. Il est parfois suffisant de savoir que l'on possède un article dans un dossier au cas où l'on aurait besoin d'un renseignement spécifique plus tard.
4. Prenez rendez-vous avec vous-même pour vos séances de lecture. Levez-vous 1/2 h plus tôt ou couchez-vous 1/2 h plus tard, ou lisez lors de vos moments de tranquillité.
5. Ne jetez pas les livres de poche ; créez une bibliothèque tournante, sur votre lieu de travail, par exemple.
6. Si votre enfant est réfractaire aux livres, consultez un libraire sympathique et bien informé, il pourra peut-être éveiller l'intérêt de votre enfant pour la lecture avec des livres bien choisis.

LECTURE RAPIDE

Lire rapidement est une question d'éveil d'esprit et d'entraînement.
1. Exercez-vous à vous concentrer sur une ligne entière et non sur un mot à la fois. Déplacez de plus en plus vite votre doigt ou marque-page sous chaque ligne pour empêcher votre esprit de vagabonder.
2. En lisant, marquez les passages à retenir avec un crayon ou un feutre fluorescent, ou notez les numéros des pages sur un signet ou une feuille glissée dans le livre.
3. Parcourez le texte des yeux rapidement et mémorisez seulement les mots essentiels à sa compréhension.

Lentilles de contact

Beaucoup de savons laissent une pellicule un peu grasse sur les mains, laquelle se dépose ensuite sur vos lentilles lorsque vous les touchez. Passez un doigt sur le miroir après vous être lavé les mains : s'il y a une trace, changez de savon.

Pour désinfecter vos lentilles, utilisez de l'eau oxygénée à 5 volumes. Elle a les mêmes propriétés que les produits spéciaux tout en étant beaucoup moins chère. Laissez tremper pendant 6 h et rincez ensuite avec votre produit de rinçage habituel.

EN CAS DE PERTE

Si une lentille tombe dans un évier, démontez le siphon en mettant une cuvette dessous : la lentille y tombera. (Voir aussi Lavabo bouché, p. 135.)

Si la lentille est tombée par terre, éteignez toutes les lumières et passez une lampe ou une lampe de poche lentement et méthodiquement sur le sol :

la lentille apparaîtra dans le rayon lumineux, même si elle se trouve sur un tapis ou une moquette épaisse.

Lettre

À l'époque du téléphone et du télex, l'art d'écrire une lettre ne se pratique plus comme autrefois. Il reste cependant des circonstances où la lettre est de rigueur. Il convient alors d'observer certaines règles.

LETTRE PERSONNELLE

1. Si vous envoyez un mot de pure forme à quelqu'un avec qui vous souhaitez entretenir de bonnes relations, veillez à ne pas trop parler de vous ou de choses qui vous sont personnelles. Même si vous n'attendez pas de réponse, posez des questions montrant de l'intérêt pour la santé ou les activités de votre correspondant.
2. Lorsque vous avez été reçu par quelqu'un qui n'est pas un de vos intimes, remerciez par un mot bref disant le plaisir que vous avez éprouvé.
3. Pour une lettre de condoléances, choisissez une carte unie de couleur blanche. Évitez les grands épanchements, mais soulignez que vos pensées sont avec votre correspondant affecté par ce deuil. Rappelez un souvenir heureux que vous avez partagé avec le défunt. Éventuellement, offrez votre aide.
4. Attendez 24 h avant de poster une lettre que vous avez écrite sous le coup de l'émotion, de la colère... ou de l'amour. Relisez-la « à froid » avant de l'envoyer.

LETTRE COMMERCIALE

1. Quand vous adressez une lettre à une société, à une administration ou à toute autre organisation, téléphonez auparavant au siège pour obtenir le nom de la personne responsable du service que vous désirez contacter.
2. Les lettres de demandes de renseignements ou de propositions de service doivent être claires et brèves, les lettres de réclamation précises, fermes mais polies. Une touche d'humour sert souvent à faire avancer sa cause.

Lèvres gercées

Les lèvres sont beaucoup plus sensibles que la peau du visage. Elles se crevassent facilement au contact du froid, du soleil ou du vent. Lorsque vos lèvres sont gercées, n'arrachez pas les peaux mortes.

PRÉVENTION

1. Même si passer la langue sur les lèvres soulage, résistez à cette tentation. Cela accroît les gerçures lorsque les lèvres sèchent.
2. Pour la nuit, appliquez du beurre de cacao en bâton ; pendant la journée, utilisez un écran solaire.
3. Lorsque vous remettez du rouge à lèvres, n'essuyez pas la couche précédente pour ne pas irriter vos lèvres. Le soir, enlevez-le soigneusement avec du lait démaquillant.

Limaces, escargots

Pour lutter contre les limaces et les escargots, voici comment remplacer les granulés chimiques, dangereux pour les animaux domestiques.
1. Établissez des remparts autour de la ligne ou de la plante à protéger avec de la poussière de marbre, de la sciure ou de la cendre de bois : le corps mou des mollusques ne s'y frotte que rarement.
2. Enterrez des soucoupes jusqu'au ras du sol et remplissez-les de bière. Les mollusques s'y noieront.
3. Disposez çà et là des tuiles ou des planchettes surélevées par un caillou : durant la journée, les mollusques s'y réfugient pour échapper à la chaleur. Vous n'aurez plus qu'à les cueillir avant leur sortie nocturne.
4. Aspergez les limaces de sel pour les tuer. Procédez le soir en saupoudrant chaque limace, puis renouvelez 5 min après. Si vous n'avez pas de sel, vaporisez un mélange de vinaigre et d'eau à parts égales. (Voir aussi Cendres, p. 299.)

Limes, râpes

1. Fabriquez une lime (à métaux) ou une râpe (à bois) en collant une bande de papier ou de toile abrasifs sur un morceau de tasseau plat avec de l'adhésif double face. Selon le grain de l'abrasif, vous aurez un outil plus ou moins « agressif ».

2. Nettoyez les limes et les râpes avec une brosse métallique fine.

Linge de table

1. Le linge jaunira s'il n'a pas été parfaitement lavé avant d'être rangé. S'il n'a pas servi depuis longtemps, relavez-le avant de l'utiliser.
2. Évitez de faire sécher du linge de couleur en plein soleil : celui-ci « mange » les couleurs.

3. Si du linge se décolore, ravivez les couleurs par rinçage dans de l'eau avec très peu d'eau de Javel.
4. Ajoutez du vinaigre blanc à l'eau du premier rinçage pour éviter que les couleurs ne déteignent (dans ce cas, n'utilisez pas d'eau de Javel).
5. Pour enlever de la bougie sur une nappe, détachez-en le maximum avec l'ongle, puis placez des mouchoirs en papier blanc pliés en 4 sur et sous la tache et repassez à fer très chaud. Recommencez plusieurs fois avec des mouchoirs propres. Enlevez les marques avec du trichloréthylène, puis lavez la nappe normalement.

Lit

Vous attendez de la visite et vous n'avez pas assez de lits ?
1. Si le canapé ne suffit pas à résoudre le problème, pensez aux sacs de couchage, aux matelas pneumatiques ou aux plaques de mousse épaisses. Tous sont faciles à ranger lorsque vous ne vous en servez pas. Ou posez le matelas d'un lit par terre et utilisez également le sommier tapissier.
2. Alignez des coussins (du canapé, par exemple), enveloppez-les dans un drap et calez le tout dans un coin.
3. Pour les enfants, placez 2 fauteuils face à face.
4. Pour les bébés, pensez au parc. Ou enlevez un tiroir de commode et rembourrez-le (en veillant bien à ce qu'il n'y ait rien qui puisse blesser l'enfant). Ou encore, rembourrez une corbeille à linge en matière plastique.

Litière pour chat

1. En guise de litière, vous pouvez utiliser du sable sec, des copeaux de bois ou de la tourbe (sauf si vous avez un chat à poils longs, la tourbe se colle aux poils).
2. Désodorisez toute litière en mélangeant 1 mesure de bicarbonate de soude à 3 mesures de litière et poudrez le fond du bac de bicarbonate de soude pur.
3. Pour faciliter le nettoyage du bac à litière, tapissez le fond du bac avec des sacs en plastique épais.
4. Glissez le bac vide dans un grand sac en plastique solide et épais, puis versez la litière dessus. Pour vider le plat, retournez le sac sur la litière et jetez le tout.

AU TEMPS JADIS

L'évolution du lit à travers les âges

Un lit n'est pas seulement le lieu où notre vie commence et se termine, c'est surtout un endroit où nous passons environ un tiers de notre existence.

Les premiers lits n'étaient probablement que des trous tapissés de feuilles, de roseaux ou d'autres coussins naturels. Plus tard, pour se mettre à l'abri des insectes et des animaux rampants, l'homme attacha des lanières de cuir entrecroisées à un cadre de bois surélevé sur lequel il étala des peaux de bête.

Les Égyptiens firent beaucoup mieux : leurs lits avaient un matelas, des draps et des couvertures tissées. La tête de ces lits, assez courts, était relevée et, au pied, un panneau empêchait les dormeurs de glisser. Un repose-tête dur et séparé protégeait la coiffure.

Ce n'est qu'aux environs de 2000 av. J.-C., dans les palais royaux de Babylone, que le lit eut sa propre pièce. Un tel luxe était cependant réservé au maître de maison. Il occupait la chambre à coucher ; sa femme, ses enfants, ses serviteurs et les invités dormaient ailleurs, sur des divans ou sur le sol.

Les Grecs créèrent le lit plat à extrémités relevées formant des accoudoirs qui faisaient office de pied de lit et de dosseret. Réalisés en bois ou en marbre, ce n'est que par des empilements de coussins que ces lits offraient un peu de confort.

Les Romains, qui étaient de bons agriculteurs, inventèrent le premier vrai matelas : un sac de toile rempli de paille, de laine ou de plumes.

En France, c'est à l'époque de la Renaissance, au XVIe siècle, que les lits devinrent des meubles décoratifs créés par des artistes.

Litige

La nouvelle moquette gondole au bout de 8 jours, le plombier ne veut rien entendre pour remédier à des robinets mal posés, votre chemisier neuf a rétréci de moitié au premier lavage...

Tentez d'abord un arrangement à l'amiable, avec l'appui et les conseils de la Direction de la concurrence et de la consommation (BP 5000 du département), d'un conciliateur de la cour d'appel ou d'une association de consommateurs. Sinon...

Rendez-vous au greffe du tribunal d'instance de votre ville ou de votre arrondissement pour déclarer sur un formulaire l'objet du litige s'il ne dépasse pas 13 000 F (« saisine simplifiée »). Votre adversaire sera convoqué à l'audience par lettre recommandée doublée d'une lettre simple. Préparez bien votre dossier : copie de contrat, courrier, factures, preuves. Une association de consommateurs peut vous y aider. Vous pourrez défendre vous-même votre dossier ou vous faire représenter par un avocat, un parent, un conjoint. (Voir aussi Plainte, p. 175.)

Livre

1. Les pages de vos livres sont cornées ? Posez une feuille de papier sur la page, placez un carton en dessous et repassez avec un fer chaud.
2. Réparez les pages déchirées avec du ruban adhésif mat, ou collez du papier de riz ou du papier pelure sur les endroits déchirés ; séparez les pages réparées avec des feuilles de

papier sulfurisé afin de les empêcher de coller aux autres pages.
3. De l'eau a détrempé les pages d'un livre ? Placez-le debout et entrouvert dans un congélateur sans givre. Le froid sec absorbera l'humidité et décollera les pages.
4. Nettoyez les reliures en cuir avec du savon pour cuir, de l'huile de pied de bœuf ou de la vaseline. Mettez-en peu et frottez doucement avec un morceau de feutre, d'étamine ou de peau de chamois. Attendez plusieurs heures, puis recommencez. Teintez les craquelures avec des feutres de même couleur que le cuir, puis appliquez une crème de protection.
5. Nettoyez les livres avec la brosse ronde de l'aspirateur, un blaireau ou un pinceau doux.
6. Maintenez de 65 à 70 % d'humidité dans la pièce où sont vos livres. Combattez l'excès avec des papiers absorbeurs d'humidité et les carences avec des humidificateurs d'atmosphère (voir p. 123).
7. Pour vous rappeler de rendre des livres de bibliothèque avant la date limite, ayez une liste des dates de retour sur votre réfrigérateur. N'enlevez pas la fiche de circulation du livre pour l'utiliser comme pense-bête, car si vous la perdiez, vous pourriez être obligé de payer le livre.
8. Si vous prêtez un livre à un ami, écrivez : « Prière de retourner à ... » sur la page de garde.
9. Si le feu a endommagé l'extérieur d'un livre, enlevez la suie avec une éponge synthétique sèche.
10. Pour identifier vos livres, mettez vos initiales (ou autre signe personnel) dans l'angle bas près du pli des 3 pages correspondant à votre date de naissance : si, par exemple, vous êtes né le 22 octobre 1952, marquez les pages 22, 10 et 52.

Loupe

1. Versez un peu d'eau dans un verre ballon, penchez-le sur le côté et tenez-le au-dessus de la pièce que vous voulez examiner. Approchez-le plus ou moins pour la mise au point.
2. Percez un petit trou dans une feuille de papier noir et tenez-le très près de l'œil (fermez l'autre) : les choses vous paraîtront plus grandes. (Voir aussi Jumelles, p. 134.)

Luge

1. Improvisez une luge en utilisant des cartons d'emballage. Pour glisser à plusieurs, trouvez un carton de réfrigérateur, par exemple.
2. Vous pouvez aussi dévaler une pente enneigée sur un plateau en plastique, un couvercle de poubelle ou une grosse chambre à air.
3. Même si votre bateau gonflable est crevé un peu partout, ne le jetez pas : dégonflé, il fera une très bonne luge.
4. Des feuilles de plastique épais, comme des rideaux de douche, peuvent également servir à glisser sur la neige.
5. Par temps très froid, vous pouvez plonger une vieille couverture dans l'eau et la faire geler pour qu'elle raidisse. Avant de commencer à mollir, elle sera parfaite pour effectuer quelques descentes.
6. Pour une luge à la fois amusante et rapide, attachez-vous un grand sac poubelle autour des hanches, comme un lange.

Lunettes

1. Lorsque vous faites faire des lunettes à verres correcteurs, n'oubliez pas que ceux-ci se raient moins quand ils sont en verre mais qu'ils sont cassables et plus lourds que les verres en plastique.
2. Si l'un de vos verres se casse de façon nette, il est possible de le maintenir en place temporairement en fixant en haut et en bas de la cassure du ruban adhésif transparent.
3. Nettoyez vos verres à l'eau savonneuse, au vinaigre, à la vodka ou à l'alcool à 60°. Pour éviter de les rayer, ne les essuyez pas sans les avoir préalablement lavés et rincés.
4. Vos verres se couvrent-ils de buée lorsque vous passez d'un endroit froid à un endroit chaud ? Avant de sortir, enduisez-les d'une fine couche de savon, puis frottez-les jusqu'à ce qu'ils redeviennent clairs. L'effet antibuée est infaillible.
5. Vos verres ont tendance à tomber de la monture. En dépannage, utilisez de la colle blanche pour les maintenir en place.
6. Pour que vos lunettes ne vous tombent pas sur le nez, resserrez les vis des charnières avec un tournevis de bijoutier, ou celui de la machine à coudre, ou encore la pointe d'un coupe-papier ou d'un couteau.

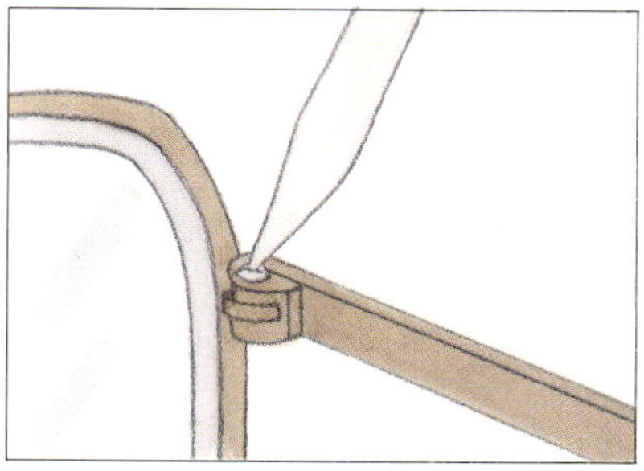

7. Si vous perdez la vis de la charnière qui maintient la branche à la monture, remplacez-la par une petite épingle de nourrice ou un trombone.

Lunettes de ski

Pour empêcher les verres de s'embuer, essayez l'un des trucs suivants (à pratiquer à l'intérieur des verres).
1. Vaporisez de la crème à raser ou de la cire à meubles, puis essuyez.
2. Nettoyez avec un mélange à parts égales de détergent liquide et d'eau.
3. Frottez les verres avec une pomme de terre crue coupée et essuyez.
4. Mettez une fine couche de dentifrice, puis essuyez.

Lunettes de soleil

1. Assurez-vous que les verres absorbent bien les rayons ultraviolets, ces derniers étant les plus néfastes.
2. En cas de forte luminosité, à défaut de vraies lunettes, fabriquez-vous des lunettes de secours, style Esquimau : pliez une bande de carton dans sa longueur, découpez 2 fentes le long du pli pour les yeux et une

encoche pour le nez. Attachez avec un ruban ou une ficelle et laissez le carton plié pour faire de l'ombre à vos yeux.

Lustre en cristal

Il est inutile de décrocher un lustre pour le nettoyer. Coupez l'électricité au compteur et enlevez les ampoules. Enveloppez les douilles dans de petits sacs en plastique fixés avec des élastiques. Recouvrez la moitié du lustre

d'une feuille de plastique et posez-en une autre sur le sol. Vaporisez du produit à vitres sur la partie découverte et essuyez chaque pendeloque. Recommencez pour l'autre moitié.

M

Magnétoscope

Le mieux que vous puissiez faire pour votre magnétoscope est un entretien préventif. Quand un problème surgit, il n'y a pas de remède de bricolage : apportez l'appareil dans un centre de services agréé.

1. Enregistrez uniquement sur des bandes vidéo de bonne qualité. Les bandes bon marché abîment les têtes, de même que n'importe quelle bande après 100 h d'utilisation.

2. L'humidité abîme les magnétoscopes. Ne laissez pas de vase, de récipient ou de verres pleins dessus. Ne le nettoyez pas en pulvérisant un produit, utilisez un chiffon non pelucheux juste imprégné de nettoyant. Si vous habitez une région humide, placez un absorbeur d'humidité dans la pièce où est le magnétoscope.

3. L'image est neigeuse, le son manque de netteté : nettoyez les têtes de lecture avec une cassette de nettoyage non abrasive. Si vous utilisez beaucoup de bandes de location, vous risquez d'avoir à nettoyer les têtes souvent. (Voir aussi Télévision, p. 216.)

4. Rangez les cassettes dans leur boîtier à l'abri de la poussière. Avant d'en placer une dans le magnétoscope, essuyez-la avec un chiffon à nettoyer les disques si elle est couverte de poussière.

Maillot de bain

Confectionnez rapidement un Bikini avec 3 foulards de couleur, du fil, une aiguille et... un peu d'ingéniosité. Si

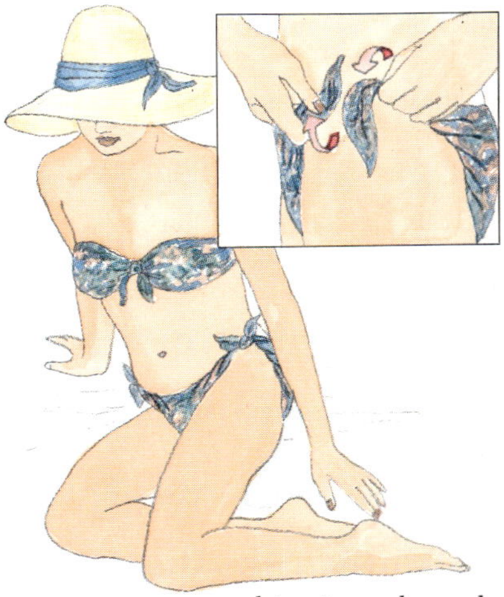

vous avez une machine à coudre, cela ira encore plus vite.

LE HAUT

Pliez une première fois en triangle un foulard, puis, toujours par pliage, faites une bande plus ou moins large. Placez cette bande dans le dos et

LE SAVIEZ-VOUS ?

Le plus petit maillot de bain du monde

En 1946, le célèbre couturier Jacques Heim inventa le plus petit maillot de bain du monde : 2 minuscules triangles de tissu reliés sur les hanches et un soutien-gorge très étroit. La même année, les États-Unis annonçaient le début des essais nucléaires en faisant exploser une bombe atomique sur une minuscule île du Pacifique. Cette île avait pour nom Bikini.

Bien qu'ils n'aient aucun rapport, ces deux événements inspirèrent le fabricant français Louis Réard, qui avait commercialisé le modèle de Jacques Heim. En appelant son maillot Bikini, il espérait que l'impact de celui-ci serait aussi explosif que celui de la bombe atomique.

Les G.I. stationnés en Europe rapportèrent des Bikini aux États-Unis. Porté par leurs épouses ou leurs petites amies, ce maillot fit scandale et ses adeptes furent chassées des plages.

Il fallut attendre les années 1960 pour que ces mini-maillots soient enfin acceptés sur les plages américaines.

nouez-la devant. Si le foulard est suffisamment long, placez-le autour du cou. Croisez sur la poitrine et nouez dans le dos.

LE SLIP

Pliez 2 foulards en deux pour former des triangles. Repliez les pointes du bas à environ 5 cm et cousez-les ensemble pour fermer l'entrejambe. Les autres extrémités seront nouées sur les hanches.

Pour que les bords du slip épousent bien le haut des cuisses, faites une torsion à chaque extrémité — vers le haut devant, vers le bas dans le dos — avant de nouer.

Mains

1. Si vous avez les mains sèches, enduisez-les d'huile d'amande douce avant de vous coucher et dormez avec des gants de coton.
2. Pour vous nettoyer les mains après une séance de jardinage ou de gros ménage, poudrez vos mains de sucre en poudre avant de les savonner.
3. Lorsque vous mettez de l'ordre dans votre congélateur, protégez-vous les mains du froid en enfilant des gants de cuisine.
4. Atténuez les effets de l'alcalinité du savon en vous rinçant les mains à l'eau vinaigrée.
5. Si vos mains sont très sensibles, remplacez le savon par un mélange de Maïzena et de jus de citron.
6. Nettoyez-les à fond avec un morceau d'écorce de pamplemousse ou de citron ou frottez-les avec de la poudre de pierre ponce et du jus de citron.
7. Si vous avez tendance à avoir le bout des doigts gercé, protégez-les avec des doigtiers (disponibles en pharmacie) pour accomplir les tâches quotidiennes. Passez de la crème pour les mains sur chaque doigt avant de les enfiler.

Maison de retraite

Placer une personne chère dans une maison de retraite ou une clinique long séjour est un choix difficile et douloureux. Cependant, garder chez vous une personne âgée non indépendante peut causer de graves perturbations dans votre vie familiale.

Le plus délicat est probablement d'aborder le sujet. Mieux vaut le faire calmement, d'une façon ferme et directe, en essayant de placer la discussion sur un plan objectif et non passionnel. Écoutez bien ce que dit votre parent. Il sera rassuré si vous tenez compte de ses craintes. Son inquiétude majeure est certainement d'être abandonné. Bien sûr, vous serez tout à fait rassurant à ce sujet : ce n'est pas parce qu'il va habiter dans un établissement spécialisé que vous cesserez de le voir.

Les réticences peuvent autant venir de vous. On éprouve souvent un fort sentiment de culpabilité à l'idée de placer ses parents dans une maison de retraite. Visitez plusieurs maisons dans votre région. Examinez la façon dont le personnel s'occupe des pensionnaires, tant sur le plan des soins et du confort quotidien que sur le plan affectif. Emmenez-y ensuite votre parent et soyez bien à l'écoute de ses réflexions favorables et de ses objections. Il sera peut-être plus agréablement surpris que vous ne le supposez.

Enfin, dans la mesure du possible, choisissez une maison de retraite proche de votre propre lieu d'habitation. La certitude d'avoir des visites est une condition indispensable pour qu'une personne âgée accepte de quitter son environnement habituel. (Voir aussi Personnes âgées, p. 167.)

AU TEMPS JADIS

Les personnes âgées

Le sort réservé aux personnes âgées à travers le monde et les civilisations est très variable. En Afrique, les vieillards ont toujours été appréciés pour les sages conseils qu'ils donnent aux membres actifs de la communauté.

À Bali, les personnes âgées occupaient le rang le plus élevé. Dépositaires vivants de la tradition, les vieux transmettaient oralement les us et coutumes, les pratiques religieuses et les devoirs sociaux, ce qui leur conférait une autorité incontestée.

Certains nomades de Sibérie ne traitaient pas aussi bien leurs vieillards. Vivant à la limite de la famine, les parents avaient tendance à négliger les jeunes enfants. Lorsque ceux-ci grandissaient, ils devenaient à leur tour sourds aux besoins de leurs parents vieillissants.

Dans son très beau film *la ballade de Narayama,* le réalisateur Shohei Imamura montre une vieille femme japonaise partant se laisser mourir dans la montagne pour ne pas être à la charge de sa famille. Cette coutume était encore généralement pratiquée au début du siècle dernier.

Dans notre monde occidental, les personnes âgées récoltent le bénéfice de leurs années de travail grâce aux cotisations obligatoires versées à un organisme d'État, complétées le plus souvent par des versements à un organisme privé, ce qui constitue une retraite complémentaire.

C'est l'Allemagne qui fut le premier pays à créer, en 1889, ces « pensions de vieillesse ». La France mit sur pied son régime d'assurance vieillesse en 1928.

Malade à l'étranger

1. Si vous projetez de partir à l'étranger, commencez par vous renseigner auprès de votre agence de voyages, de la compagnie aérienne qui vous transporte ou de l'office du tourisme étranger concerné quant aux vaccinations nécessaires. Procédez à ces éventuels vaccins le plus longtemps possible avant le départ.
2. Munissez-vous de votre livret médical si vous en possédez un, à tout

le moins d'une carte de groupe sanguin sur laquelle vous aurez pris la précaution de noter une particularité ou l'existence d'une allergie.
3. Demandez à votre médecin de vous écrire les noms génériques de vos médicaments habituels si vous devez en prendre régulièrement afin qu'un pharmacien étranger puisse les identifier le cas échéant. Si vous portez des lunettes, emportez un double de votre ordonnance.
4. Vous pouvez, bien entendu, vous abonner le temps de vos vacances à un organisme spécialisé d'assistance médicale proposant une logistique technique et sanitaire performante susceptible, notamment, de vous rapatrier rapidement en cas de problème. Mais attention : bien que le coût n'en soit pas très élevé, vérifiez que vous ne bénéficiez pas déjà d'un tel service dans le cadre de votre assurance automobile.
5. Enfin, sachez que tout assuré social français qui tombe malade dans un pays de la CEE doit en principe être pris en charge par ce dernier s'il est muni du formulaire E 111, que l'on obtient aisément auprès de sa caisse primaire d'assurance maladie. En principe : cela « grince » parfois un peu sur place, mais insistez toujours pour échanger le E 111 contre le formulaire ou le carnet médical national.

Maladies de la pomme de terre

Il arrive que des symptômes de maladie se déclarent sur le feuillage des pommes de terre. Il faut les prendre au sérieux car ces maladies mettent la récolte en péril et peuvent infester le sol pour plusieurs années. Toutes sont la cause de champignons microscopiques : des taches jaunes auréolées de vert pâle et d'un duvet blanchâtre sont les caractéristiques du mildiou. Plus grises et sur le bord des feuilles, c'est la rouille. Le rhizoctone noir fait s'enrouler les feuilles supérieures, qui noircissent par taches jusqu'à la tige. Sans tarder, pulvérisez un produit fongicide. Détruisez par le feu tous les plants infestés et désinfectez le sol.

Maladies des arbres

S'ils semblent invincibles et résistants aux caprices du temps, les arbres n'en sont pas moins la proie d'insectes et de champignons microscopiques qui déciment des forêts entières en quelques années.
1. Ainsi en va-t-il des ormes, atteints depuis le début du siècle par la graphiose, une maladie causée par un champignon microscopique venu d'Asie. Il achève aujourd'hui de tuer les derniers spécimens résistants. L'extrémité de leurs rameaux se recourbe avant le dessèchement complet de la branche, qui s'étend à l'arbre entier. Le champignon se développe dans les tissus conducteurs de la sève et provoque la mort par asphyxie, en toute impunité. Il se propage rapidement et demeure à l'état latent sur le bois mort et dans le sol, dangereusement véhiculé à dos de scolyte, un coléoptère. Arrachez et brûlez sans tarder les ormes morts. S'ils ne sont encore que partiellement touchés, tentez d'enrayer la propagation du champignon en supprimant toutes les parties malades. Arrosez copieusement les arbres touchés durant les mois secs. Aucun traitement chimique efficace n'a été découvert à ce jour pour vaincre la graphiose de l'orme. Seule l'apparition récente d'une variété résistant au champignon, *Ulmus resista*, permet d'espérer la renaissance des forêts d'ormes européennes.
2. Les platanes du midi de la France sont également atteints depuis 1945 par le chancre coloré, maladie jugée incurable jusqu'à ce jour et causée elle aussi par un champignon. Celui-ci est souvent véhiculé d'arbre en arbre lors des opérations d'élagage traditionnelles sur les platanes du Midi. Là encore, il n'existe aucun remède préventif ni curatif. Débarrassez votre platane des parties infestées, luttez contre les insectes qui s'y promènent et dispersent les spores du champignon. Brûlez l'arbre mort, puis désinfectez les outils et le sol à son ancien emplacement.

Mal de l'air

1. Si vous êtes sujet au mal de l'air, réservez de préférence un siège au niveau de l'aile. Partez bien reposé, portez des vêtements amples, mangez légèrement avant et pendant le vol et, bien entendu, évitez de fumer et de consommer des boissons alcoolisées.
2. Si c'est votre enfant qui souffre de ce genre de malaise, évitez de lui en parler avant le départ, ne lui montrez pas les médicaments que vous emportez éventuellement. Prenez des jouets.
3. Évitez les médicaments qui font dormir et qui diminuent les réactions si vous conduisez à la descente d'avion. Choisissez de préférence des préparations phytothérapiques en gélules à base de plantes sédatives comme l'aubépine, la passiflore, la valériane, etc.

Mal de la route

Vous avez tendance à être malade en voiture. Reposez-vous bien avant de partir. Prenez un repas léger et facile à digérer. Portez des vêtements confortables. Prévoyez des sacs en papier ou en plastique, un gant de toilette humide et des serviettes. Emportez avec vous des boissons (eau minérale, jus de fruits) et de la nourriture facile à digérer (gâteaux secs, crackers).

Asseyez-vous à côté du chauffeur. Si vous sentez venir la nausée, ouvrez une fenêtre et respirez profondément. (Voir aussi Mal de l'air, ci-dessus.)

Mal de tête

1. Dès que le mal commence (céphalée), allongez-vous dans une pièce sombre et calme pendant 30 à 45 min avec une poche de glace ou une compresse froide sur le front.
2. Détendez-vous. Demandez à quelqu'un de vous masser le cou, les

épaules et le haut du dos. Prenez un bain chaud. Faites des exercices de relaxation. (Voir aussi Stress, p. 208.)
3. Prenez de l'aspirine ou un substitut (voir p. 24). Évitez de prendre d'autres médicaments pendant que vous avez mal à la tête, attendez la disparition de la douleur.
4. Faites des repas légers et abstenez-vous de boissons alcoolisées.
5. Pour trouver la cause de maux de tête à répétition, notez la date et l'heure du début de chaque crise, les circonstances, ce que vous aviez bu et mangé et tout changement récent dans vos habitudes. La plupart du temps, les maux de tête ne sont pas graves. Mais s'ils ne sont pas calmés par ces méthodes simples, s'ils s'accompagnent de fièvre, de douleurs faciales, d'écoulement nasal, s'ils font suite à un accident ou si le mal est aigu ou localisé, consultez le médecin. (Voir aussi Migraine, p. 147.)

Manche d'outil

1. Pour qu'une pelle ou une bêche tienne bien en main, glissez 2 morceaux de chambre à air de vélo sur le manche aux endroits où vous posez vos mains quand vous vous en servez.

2. Réparez provisoirement un manche d'outil cassé en biseau en clouant et collant les 2 parties. Renforcez avec 2 ou 3 colliers à vis.
3. Huilez légèrement les manches en bois neufs des outils de jardin et ne laissez pas les outils sous la pluie.

Mangeoire à oiseaux

1. Pour remplir une mangeoire, faites un entonnoir en découpant le goulot d'un bidon en plastique.

2. Attachez une ficelle à la pointe d'une pomme de pin bien ouverte. Roulez la pomme de pin (à température ambiante) dans du saindoux, puis dans des graines pour oiseaux ou des miettes de pain. Suspendez à une branche.

Mariage

Voici quelques idées pour organiser un mariage et laisser de merveilleux souvenirs aux mariés et aux invités.
1. Essayez d'arrêter une date en été : il sera plus facile de réunir tout le monde un jour de beau temps pour une réception à l'extérieur. Si vous avez la chance d'habiter la campagne, organisez un grand pique-nique tout en soignant les détails de votre fête. Des tenues élégantes, par exemple, s'accommodent très bien d'une ambiance champêtre.
2. La robe de la mariée sera d'autant plus remarquée qu'elle sera originale. Soit cette tenue est en harmonie avec la personnalité de la mariée, son style de vie, sa profession (des skieurs se sont mariés en fuseau et en anorak blancs), soit elle est franchement audacieuse et crée un effet de surprise. N'oubliez pas aussi que des magasins « rétro » vendent des robes de mariée dans le style d'autrefois.
3. Vous pouvez peut-être, à peu de frais, louer une salle appartenant à votre commune (salle des fêtes, par exemple). Renseignez-vous.
4. Pour le buffet, vous pouvez vous-même préparer des paniers de crudités et leur sauce, de petits canapés de formes diverses en pain de mie, etc. Pensez que le punch revient moins cher que le champagne et qu'un petit tonneau de vin est pratique et très convivial.
5. Chargez de la décoration florale quelqu'un qui pourra se rendre au marché le matin même et en rapporter des fleurs fraîches.
6. Dans vos relations, vous trouverez certainement un jeune qui joue de la musique et qui peut recruter des amis musiciens. Un petit orchestre crée une ambiance sympathique. Faites alterner morceaux joués et morceaux enregistrés dont vous aurez consigné l'ordre de passage.

Marmite à vapeur

1. Improvisez une marmite à vapeur : versez 2,5 cm d'eau dans une marmite et posez au centre un petit moule d'au moins 3 cm de haut, qui servira d'assise à un plat supportant la cuisson. Portez à ébullition et mettez les aliments à cuire dans le plat. Couvrez en laissant s'échapper la chaleur afin d'éviter que la vapeur ne retombe sur les aliments.
2. Autre possibilité : emplissez à demi une grande casserole d'eau. Posez dessus une double épaisseur d'aluminium ménager et fixez-le tout autour de la casserole. Faites de petits trous avec une fourchette, puis portez l'eau à ébullition. Posez les aliments dans ce berceau improvisé et couvrez.

Marteau

1. Vous pouvez enfoncer un clou avec l'extrémité d'une hachette ou un petit pied-de-biche. Mettez un morceau de métal plat sur la tête du clou si vous ne voulez pas marquer l'outil.
2. Pour ne pas vous écraser les doigts, tenez le clou avec une pince à cheveux ou à épiler, une pince à cornichons, une pince à linge ou piquez-

le dans une languette de carton jusqu'à ce qu'il tienne dans le mur.
3. Des générations de femmes d'intérieur ont utilisé cette solution rapide pour enfoncer des crochets X dans du plâtre : frappez-les avec le talon à bout d'acier d'une chaussure.
4. Ne prenez ni clé, ni rabot, ni aucun autre outil de l'atelier en guise de marteau, vous risqueriez de les rendre inutilisables. Un clou peut rayer une surface métallique lisse et ébrécher la fonte.

Masque de plongée

1. Pour empêcher votre masque de plongée de s'embuer, crachez dessus, frottez le verre et rincez.
2. Pour expulser l'eau du tuba lorsque vous remontez d'une plongée en apnée, penchez la tête en arrière et expirez au moment où votre masque parvient à la surface de l'eau. Continuez à souffler tout en remettant la tête en avant pour nager.

3. Si votre tuba se remplit d'eau, n'aspirez pas. Attendez que le haut du tuba soit en surface, puis soufflez pour expulser l'eau.

Matelas

1. Pour maintenir un matelas en place, mettez des « antiglisse » pour tapis entre le matelas et le sommier.
2. Pour répartir l'usure, retournez un matelas en le plaçant tête au pied toutes les 2 ou 3 semaines.
3. Exposez un matelas à l'air et au soleil tous les mois pour l'assainir.
4. Tous les 3 mois, passez l'aspirateur sur votre matelas ; insistez au niveau des plis, des creux ou des boutons pour déloger les peluches.

Matériel de sport

1. Pour les chevilles, emplissez des chaussettes de sable, de riz ou de légumes secs. Commencez par 1 kg. Placez la charge au milieu de la chaussette et enserrez-la par un nœud de chaque côté. Attachez les chaussettes autour de vos chevilles. Allongez-vous sur le dos, une jambe repliée et l'autre allongée. Levez la jambe tendue aussi haut que possible. Changez de jambe et recommencez.

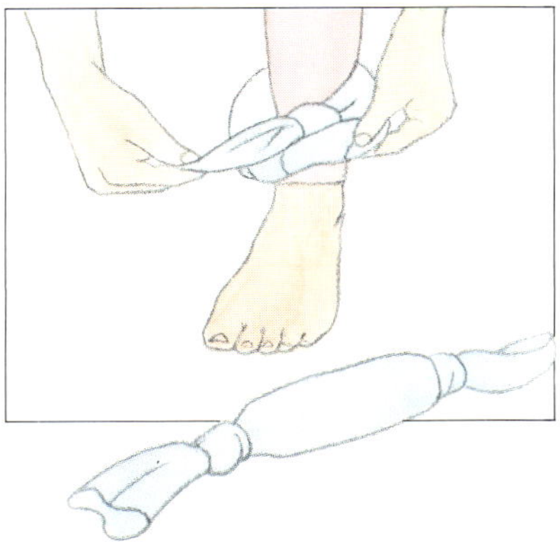

2. Des boîtes de conserve de 400 g font de bonnes petites haltères, les bouteilles d'eau en plastique également. Tenez-en une dans chaque main et levez alternativement les bras à hauteur de l'épaule.
3. Malaxez une balle de tennis dans chaque main pour développer votre poigne.
4. Pour étirer vos mollets, asseyez-vous sur le sol, jambes tendues. Passez une serviette de bain sous un pied et tirez la serviette à 2 mains en résistant du pied. Faites de même avec l'autre jambe.
5. Debout, tenez une serviette de toilette roulée au-dessus de votre tête et tirez sur les extrémités.
6. Mettez un pied devant vous sur le dossier d'une chaise en gardant la jambe tendue. Penchez-vous en avant en tenant votre cheville à 2 mains et en essayant de toucher le genou avec le front. Maintenez la position 5 s, puis recommencez avec l'autre jambe.

Mauvaise haleine

1. Brossez-vous les dents avec une pâte composée de bicarbonate de soude et d'eau pour garder l'haleine fraîche. Le bicarbonate neutralise les acides qui contiennent les bactéries à l'origine de la mauvaise haleine et des caries dentaires. Un bain de bouche d'eau additionnée d'eau oxygénée est également bactéricide.
2. Mâchez du persil frais après les repas, il contient un antiseptique qui tue les bactéries dans la bouche. Il est également efficace pour lutter contre les odeurs d'ail ou d'oignon. Ou encore, mâchez des feuilles de menthe.
3. Passez-vous quotidiennement un fil dentaire entre les dents pour déloger les particules de nourriture.

Médicaments

Pour faire le meilleur usage des prescriptions de votre médecin, évitez les interactions médicamenteuses néfastes et respectez l'horaire de prise de vos remèdes.

INTERACTIONS MÉDICAMENTEUSES

Une personne qui prend plus d'un médicament (prescription ou automédication) ou qui boit de l'alcool pendant le traitement risque de présenter des effets secondaires dus à son interaction avec les médicaments. Les personnes âgées y sont particulièrement vulnérables. Voici comment éviter ce risque.
1. Tenez la liste de tous vos médicaments à jour et demandez à votre médecin de vérifier l'absence d'interactions médicamenteuses sur l'opuscule spécial du dictionnaire Vidal des médicaments, ou par un service Minitel adéquat.

2. Si vous ressentez des effets secondaires avec un nouveau médicament, allez voir votre médecin avec tous vos médicaments afin qu'il examine l'origine de ces symptômes.
3. Chaque fois que vous consultez un nouveau médecin, apportez-lui la liste de vos médicaments.
4. Choisissez de préférence une pharmacie dont l'informatisation permet de garder trace de tous les médicaments qu'on vous a prescrits et de vos allergies éventuelles. En cas de prescription d'un nouveau médicament, le pharmacien saura tout de suite s'il y a une incompatibilité.

PLANNING HEBDOMADAIRE

1. Confectionnez un planning pour chaque semaine. Inscrivez verticalement les jours de la semaine et horizontalement les heures de la journée. Notez les prises aux heures correspondantes. À chaque fois que vous prenez un médicament, cochez la case.
2. Si vous n'êtes pas à la maison, emportez une montre-réveil que vous ferez sonner aux heures des prises. Transportez le tableau et les médicaments dans votre poche ou dans votre sac à main. Quand la montre sonne, consultez le tableau et prenez le remède.

Mémoire

1. Pour mémoriser le nom d'une personne que l'on vient de vous présenter, utilisez une petite astuce. Répétez tout haut le nom, en vous exclamant par exemple : « Oh, M. Delahaye, je suis ravi de vous rencontrer. » Une méthode efficace si, comme beaucoup de gens, vous avez du mal à retenir immédiatement un nom de famille.
2. Pour vous souvenir du prénom des enfants de vos amis, inscrivez-les dans votre carnet d'adresses à côté du nom de leurs parents.
3. Beaucoup de gens croient avoir une mauvaise mémoire, alors qu'ils n'ont en réalité qu'une mauvaise organisation ! Mieux vaut prendre l'habitude de toujours ranger au même endroit clés, gants et autres accessoires qui semblent prendre un malin plaisir à disparaître.
4. Ayez toujours un carnet et un crayon sur vous, dans la voiture, dans un tiroir de la maison et près du téléphone. Notez tout ce qui est important et prenez l'habitude de consulter vos listes tous les matins.
5. N'ayez pas peur de parler tout seul. Si le téléphone sonne au moment où vous alliez sortir, posez vos clés de voiture et dites à haute voix : « Clés, je vous mets sur la table de la cuisine. » Bien sûr, cela a peut-être l'air un peu idiot, mais cela vous évitera de chercher fébrilement lesdites clés une fois le combiné raccroché.
6. Utilisez la même technique pour les médicaments. Dites à haute voix : « Il est 8 h, je prends mon comprimé. » Ou alors passez votre montre du poignet gauche au poignet droit.
7. Exercez régulièrement votre mémoire en suivant les émissions de radio ou de télévision qui la sollicitent ou en jouant à certains jeux de cartes qui la font travailler, comme le bridge.
8. Notez vos sorties dans votre agenda, les films que vous avez vus, les achats que vous avez faits, les gens que vous avez rencontrés.

Mémoire défaillante

Bien que les personnes âgées aient tendance à perdre la mémoire, la vieillesse elle-même n'est pas la seule cause de cette défaillance. Elle peut aussi être causée par des médicaments, la maladie, l'alcool, la dépression, le stress ou l'isolement. Si quelqu'un de votre entourage présente une mémoire défaillante, suggérez-lui de consulter un médecin pour savoir si cette perte de mémoire a des causes physiques et s'il existe un remède.

Vous pouvez rendre la vie plus facile à quelqu'un de votre entourage qui perd la mémoire.
1. Placez des étiquettes sur la porte des placards et sur les tiroirs en indiquant ce qu'ils contiennent.
2. Accrochez une étiquette bien visible aux clés et suspendez-les toujours à la même place.
3. Affichez un grand calendrier mural et inscrivez-y les dates importantes.
4. Ne répétez pas : « Je te l'ai déjà dit », même si c'est vrai. En revanche, annoncez les dates des fêtes, des anniversaires, des rendez-vous, etc., suffisamment à l'avance et rappelez-les si besoin est.

LE SAVIEZ-VOUS ?

La mémoire peut se développer

« Mais où est donc Ornicar ? » Cette phrase a fait la joie de nombreux écoliers qui, ainsi, se souvenaient sans peine de toutes les conjonctions de coordination : mais, ou, et, donc, or, ni, car. C'est ce que l'on appelle un moyen mnémotechnique. Il en existe bien d'autres, très utiles pour ceux qui retiennent difficilement les noms et certaines règles élémentaires.

Ainsi, pour se souvenir que l'adret est le versant ensoleillé de la montagne et l'ubac le versant sombre et humide, pensez ubac : humide. Pour amont et aval, pensez amont et montagne, aval et vallée. Pour babord et tribord, retenez droite : tribord.

Toutes sortes d'exercices sont excellents pour le développement de la mémoire : apprendre des poèmes, des membres de phrase que l'on trouve intéressants, faire l'effort de répéter à haute voix ce que l'on vient de lire dans le journal ou d'entendre à la radio. On peut également participer de façon active aux jeux radiophoniques ou télévisés, s'amuser à réciter à l'envers des phrases de plus en plus longues, etc.

Ménopause

Pour la plupart des femmes, ce « changement de vie » s'effectue rapidement et relativement sans douleur. D'autres subissent plusieurs années de bouffées de chaleur, de malaises divers accompagnés parfois de légers troubles psychologiques. Si vous rencontrez ce genre de difficultés, n'en ayez pas honte et parlez-en aux personnes de votre entourage afin qu'elles comprennent votre problème. Discutez-en avec une femme plus âgée, son expérience pourra certainement vous aider.

1. Restez calme pendant vos bouffées de chaleur. Réduisez le chauffage et, plutôt qu'un gros lainage, portez plusieurs vêtements en coton amples et faciles à enlever. Dormez dans des draps et des vêtements de nuit en coton et prévoyez un thermos d'eau fraîche sur la table de nuit.

2. Conservez dans le congélateur 2 poches de froid du type de celles qu'utilisent les sportifs. Appliquez-les sur vos joues quand survient une bouffée de chaleur.

3. Après avis médical, entreprenez des séances régulières de gymnastique et de relaxation.

4. Demandez au médecin ce qu'il pense de l'hormonothérapie de substitution. (Voir aussi Ostéoporose p. 158.)

Mesurer

1. Si vous n'avez personne pour vous aider à mesurer une longueur importante avec un double ou un triple mètre, maintenez l'extrémité avec de l'adhésif ou un objet lourd.

2. À défaut de mètre à ruban pour mesurer la circonférence d'un objet, ceinturez-le avec une ficelle ou une bande de papier que vous mesurerez ensuite à plat avec une règle.

3. Voici comment diviser une planche en parties égales dans le sens de la longueur. Placez une règle en diagonale sur la planche de façon que le 0 de la graduation coïncide avec le bord gauche, puis ajustez l'autre bout de la règle, jusqu'à ce que le bord

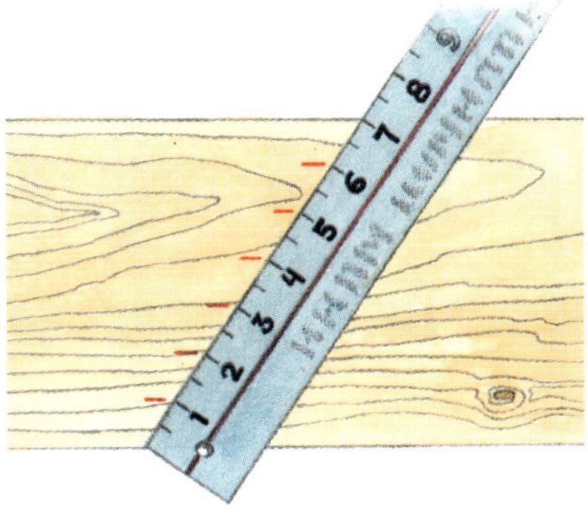

droit de la planche s'aligne sur une graduation égale au nombre de divisions voulues (ou à un multiple). Marquez chaque centimètre.

4. Pour tracer un angle à 90°, construisez un triangle dont les côtés sont dans les rapports 3, 4 et 5 (30, 40 et 50 cm, ou 60, 80 et 100 cm, ou encore 3, 4 et 5 m, par exemple). Utilisez des ficelles ou des baguettes. L'angle formé entre les côtés de rapports 3 et 4 est toujours à 90°.

5. Mesurez rapidement en utilisant votre propre corps. Si vous êtes de taille moyenne, la première articulation de votre index fait environ 2,5 cm et la largeur de votre poing est d'environ 10 cm. Relevez ainsi plusieurs longueurs : votre empan (entre les extrémités du pouce et de l'auriculaire lorsque vos doigts sont écartés), votre longueur de bras, votre « envergure », votre hauteur à la taille, vos pas normaux et longs...

Mesures culinaires

1. Un petit verre à moutarde contient 15 cl d'eau.

2. 1 cuil. à soupe rase de farine vaut 10 g ; 1 cuil. à soupe rase de sucre vaut 15 g.

3. 1 cuil. à café rase de farine équivaut à 3 g ; 1 cuil. à café rase de sucre vaut 5 g ; 1 cuil. à café rase d'eau équivaut à 0,5 cl.

Meuble branlant

1. Vérifiez que toutes les vis et tous les écrous sont bien serrés.

2. Pour réparer une chaise disjointe, il est souvent plus facile de la démonter entièrement pour refaire les collages. Grattez toutes les parties de colle friable et remontez avec de la colle à bois polyuréthanne (portez des gants), qui gonfle en séchant. Dès que toutes les pièces sont réassemblées, maintenez l'ensemble serré avec des sangles à cliquet ou en faisant 4 ou 5 tours bien serrés de ficelle, que vous tendrez ensuite en la torsadant : glissez une baguette de bois entre les ficelles et tournez-la plusieurs fois pour torsader le faisceau, puis bloquez-la en la glissant sous un barreau ou le rebord du siège.

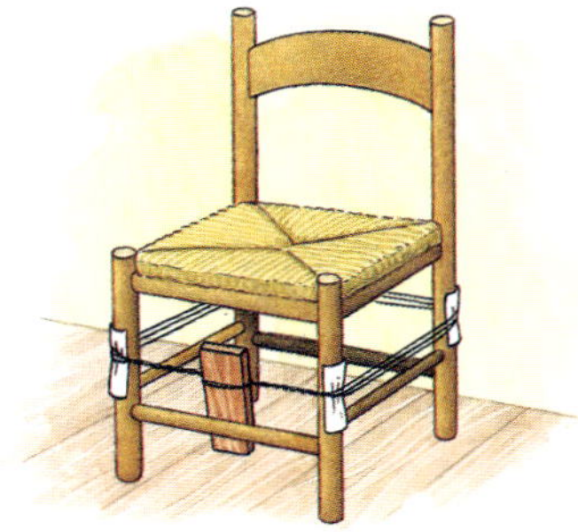

3. Si un pied de table ou de chaise est plus court que les autres, posez le meuble sur une surface plane et placez une boule de mastic à bois époxy à 2 composants sous le pied trop court (placez une feuille de papier sulfurisé entre le sol et le mastic). Quand le mastic commence à prendre, découpez au cutter les parties qui dépassent. Pour une bonne adhérence sur le bois, dépoussiérez et striez le dessous du pied.

Meuble en rotin

1. Dépoussiérez les recoins du mobilier en rotin avec un pinceau et la brosse ronde de l'aspirateur.

2. Nettoyez le rotin avec une éponge trempée dans une solution d'eau chaude et de détergent doux ou d'ammoniaque ; rincez, et essuyez avec un chiffon. Appliquez de temps à autre de la cire liquide.

3. Pour éviter aux meubles en rotin de se fendre, passez-les sous la douche 1 fois par an ou aspergez-les au tuyau d'arrosage. Laissez-les sécher lente-

ment à l'ombre. Si des liens se détachent, remettez-les en place et fixez-les avec des punaises.
4. Personnalisez vos meubles en rotin en les peignant à la bombe, après avoir décapé le vernis ou la cire.

Migraine

Les signaux d'alerte en sont : éclairs lumineux, vertiges et nausées. Cette affection consiste en une douleur pulsative intense sur un seul côté de la tête.
1. Dès que les signes précurseurs se manifestent, prenez votre remède et buvez une tasse de café bien chaud.
2. Quand la douleur s'est installée, versez-vous un verre d'eau froide sur la tête, prenez une douche froide ou posez une poche de glaçons sur votre tête.
3. Allongez-vous dans une pièce sombre et calme et imaginez quelque chose de beau ; écoutez de la musique douce. (Pour développer vos facultés de relaxation, faites cet exercice 3 fois par semaine pendant 30 min, que vous soyez en crise ou pas.)
4. Faites-vous, ou demandez que l'on vous fasse, un massage léger du cuir chevelu, du cou et des épaules.

PRÉVENTION

1. Recherchez la cause de vos migraines en tenant un journal (voir Mal de tête, p. 142). Les grands coupables sont souvent le vin blanc, la charcuterie, le chocolat, les fromages fermentés et le tabac.
2. Ayez un mode de vie régulier : levez-vous tous les jours à la même heure, mangez à heures fixes et faites de l'exercice quotidiennement.
3. Portez des verres teintés quand vous êtes au soleil et évitez de regarder directement les lumières vives. (Voir aussi Douleur, p. 85.)

Miroir

1. Ne vaporisez jamais un produit pour les vitres directement sur un miroir, les coulées pourraient s'infiltrer au dos et endommager le tain. Versez le produit sur un chiffon doux et propre et essuyez.
2. Masquez une éraflure dans le tain d'un miroir avec du produit pour réparer les circuits électroniques.
3. Agrandissez une petite pièce en recouvrant l'un des murs de miroirs.
4. Fixez un miroir au mur avec des attaches comportant un coussinet souple (mousse ou liège). Laissez un jeu de 1 ou 2 mm entre les bords du miroir et les attaches latérales.
5. Pour décoller un miroir fixé par des pastilles en mousse adhésives double face, glissez un fil en Nylon ou un fil dentaire entre le miroir et son support. Tirez le fil des 2 mains en lui imprimant un mouvement de va-et-vient. Faites-vous aider pour retenir le miroir pendant l'opération.

LE SAVIEZ-VOUS ?

La mystique des miroirs

L'image reflétée par une fontaine a fait tomber Narcisse en extase et, depuis, l'image de soi-même n'a rien perdu de sa fascination. Mais les miroirs ne sont pas uniquement au service de la vanité. Ils ont inspiré bien des superstitions et stimulé les imaginations au cours de l'histoire.

Les Chinois suspendaient des miroirs au-dessus de leur porte d'entrée pour que les mauvais esprits soient si effrayés à la vue de leur horrible image qu'ils passent leur chemin.

Le savant grec Archimède, pour sauver Syracuse, sa ville natale, inventa d'énormes miroirs qui reflétèrent et concentrèrent la lumière du soleil sur la flotte romaine qui attaquait la ville... et les bateaux brûlèrent sous l'intense chaleur produite.

Les propriétaires des palais vénitiens du XVIe siècle stimulaient la vigilance de leurs domestiques en leur disant que casser un miroir leur vaudrait 7 ans de malheur... et ils faisaient en sorte de rendre vraie leur malédiction.

Que se passe-t-il de l'autre côté d'un miroir ? Qui est cette personne qui nous regarde ? Les miroirs réfléchissent, mais parlent-ils ? Toutes ces interrogations ont été (et seront encore) les thèmes de romans, de nouvelles et d'histoires fantastiques.

Jean Cocteau nous a laissé cette pensée : « Les miroirs feraient bien de réfléchir un peu avant de renvoyer les images. »

Mixeur

1. Si du liquide fuit autour du couvercle, placez sur les bords du récipient des bandes d'aluminium ménager, puis remettez le couvercle ; ou cernez l'ouverture avec un élastique large.
2. Prolongez la vie de votre mixeur en ôtant toutes les particules alimentaires prises sous les lames (si elles sont solidaires du bol). Versez quelques gouttes de détergent doux et une tasse d'eau chaude dans le bol et faites tourner pendant quelques secondes ; recommencez avec de l'eau claire pour le rinçage. S'il reste des résidus, débranchez l'appareil, puis pliez le bout d'un petit goupillon et passez-le sous les lames.
3. Quand un mixeur ne coupe plus mais fonctionne encore, utilisez-le à l'atelier pour mélanger de la peinture ou de l'engrais pour les plantes.

Mode

1. Faites des essais avec les couleurs. Mettez des échantillons près de votre visage pour voir quelles couleurs vous flattent le plus. Ne soyez pas esclave de la mode ; si les couleurs de l'année ne vous vont pas, ne les portez pas.
2. Pour être sûr de ne pas faire de bêtises, choisissez un style classique pour les vêtements coûteux comme les manteaux. Suivez la mode pour

les habits moins chers, comme les chemisiers ou les vêtements de sport.
3. Une autre façon de suivre la mode est d'en acheter uniquement les accessoires : chaussures, ceintures, sacs et bijoux fantaisie. Les foulards ou les écharpes redonnent facilement un second souffle à un vêtement. Fabriquez-les vous-même avec du tissu léger, ancien ou neuf, et attachez-les autour du cou, de la taille ou encore en turban ou en châle.

Morsure de chien et de chat

Même si une morsure de chien semble souvent grave, une morsure de chat est plus dangereuse car la gueule du chat contient davantage de bactéries et ses dents acérées font des blessures difficiles à désinfecter.

Lavez la morsure du chien ou du chat avec de l'eau et du savon, rincez-la sous l'eau courante pendant au moins 5 min et recouvrez-la d'un pansement. N'essayez pas de refermer la zone infectée avant qu'elle ne soit examinée par un médecin.

LA RAGE

Elle existe en France dans certaines régions et peut être transmise par des animaux sauvages et des chiens errants par simple léchage de l'animal malade sur une plaie.

À moins d'un traitement immédiat, la maladie est mortelle. Il est donc indispensable d'identifier l'animal responsable d'une morsure, même si son comportement paraît normal. Recherchez son propriétaire et demandez-lui si son chien a bien subi la vaccination antirabique, y compris les injections de rappel. Si l'animal est inconnu, tâchez de l'attraper et faites-le examiner par un vétérinaire.

Morsure de serpent

En France, le seul serpent dangereux est la vipère, qu'il faut apprendre à reconnaître. En cas de morsure (marques des crochets sur la peau, qui va enfler et se marbrer), voici la conduite à adopter.
1. Obligez la victime au repos complet (ne la laissez surtout pas courir) et allongez-la à l'ombre, le membre atteint plus bas que le cœur.
2. Si la morsure se situe sur un membre, entourez-le d'un lien large (bande de toile, etc.) modérément serré, juste au-dessus de la plaie (entre celle-ci et le cœur). Disposez ensuite autour de la plaie des glaçons enveloppés dans du plastique ou un morceau de tissu.
3. Si possible, lavez la plaie à grande eau et au savon.
4. Faites alerter les secours (15 ou 18). Ne laissez pas seule la victime (malaise et angoisse vont apparaître). Loin d'une zone habitée ou passante, il faudra la ramener en la portant, si possible ; au moins en la soutenant pour marcher, de manière à réduire au minimum ses efforts. À plusieurs, confectionnez un brancard de fortune (voir p. 37).
5. Vous pouvez donner à boire à la victime de l'eau, du café, du thé, une boisson sucrée, mais jamais d'alcool !
6. Ne pratiquez jamais d'incision de la peau ni de succion. Quant au sérum antivenimeux, son injection en urgence est maintenant déconseillée par les autorités médicales. Emportez plutôt en promenade un Aspivenin. Cet appareil, vendu en pharmacie, est d'un emploi facile et rapide.

Mortier

1. Pour empêcher que le mortier ne s'effrite, enduisez-le d'imperméabilisant invisible de maçonnerie avec un pinceau. Cela écartera l'eau, qui l'endommage en gelant.
2. Du mortier frais ne colle pas sur du mortier ancien (il accroche seulement sur les aspérités). Pour que du mortier accroche solidement, nettoyez l'ancien avec un jet d'eau puissant (nettoyeur haute pression, par exemple) pour ôter les parties friables. Sur un ancien mortier lisse, appliquez une couche primaire d'accrochage liquide à étaler au pinceau.
3. Si vous utilisez du ciment prompt, ne préparez que des petites quantités à la fois car il devient inutilisable dès qu'il commence à durcir.

Moteur surchauffé

Une surchauffe peut très rapidement abîmer définitivement un moteur. Si la jauge de température commence à monter, agissez immédiatement (quand le signal d'alarme s'allume, le problème est déjà sérieux !).
1. Stoppez le climatiseur (si besoin est) et allumez le chauffage pour enlever de la chaleur au moteur. Si vous vous arrêtez 1 min ou plus dans un embouteillage, passez au point mort et accélérez légèrement le moteur pour activer le passage du liquide de refroidissement. Arrêtez si le voyant de température continue de monter.
2. Si la température monte toujours, garez-vous sur le côté. Soulevez le capot (attention, le capot et le moteur sont très chauds). N'ôtez surtout pas le bouchon du radiateur, la vapeur sous pression pourrait vous occasionner de graves brûlures. Cherchez l'anomalie : courroie ou ventilateur cassés, Durit ou radiateur percés, insectes obturant le condenseur de l'air conditionné, radiateur colmaté par des saletés, niveau du liquide de refroidissement trop bas... (Voir aussi Durit de radiateur, p. 85.)
3. Si vous ne trouvez aucune cause évidente, laissez refroidir le moteur pendant 1 h, puis vérifiez le niveau du liquide dans le radiateur. Si celui-ci n'a pas de bouchon, ajoutez de l'eau dans le vase d'expansion. Consultez votre garagiste au plus vite.

Mouches

Remplissez d'alcool camphré un vaporisateur pour plantes et aspergez-en les mouches, qui seront tuées aussitôt... Mais attention aux taches sur les murs et les meubles. Ou pulvérisez de la laque à cheveux sur les mouches pour leur coller les ailes. Plus simplement, utilisez du papier collant tue-mouches, peu décoratif, mais non polluant : placez-le dans un endroit peu visible.

Mouches des fruits

Ces mouches minuscules sont attirées par les fruits et les légumes fermentant ou trop mûrs, par le vinaigre, les jus de fruits ou le pain au levain. Pour les piéger, posez un entonnoir dans l'ouverture d'un bocal dans lequel vous aurez mis des morceaux de fruits blets. Les mouches, appâtées, entreront dans le bocal par l'entonnoir mais ne pourront plus en ressortir. Dehors, ramassez chaque jour tomates, melons et autres fruits et légumes tombés sur le sol. Maintenez le couvercle de la poubelle bien fermé.

Moules

1. Si une moule est ouverte, vérifiez qu'elle est bien vivante : tenez-la dans une main et insérez la pointe d'un couteau ; elle doit se rétracter immédiatement. Si ce n'est pas le cas, jetez-la. Si une moule reste fermée après la cuisson, éliminez-la.

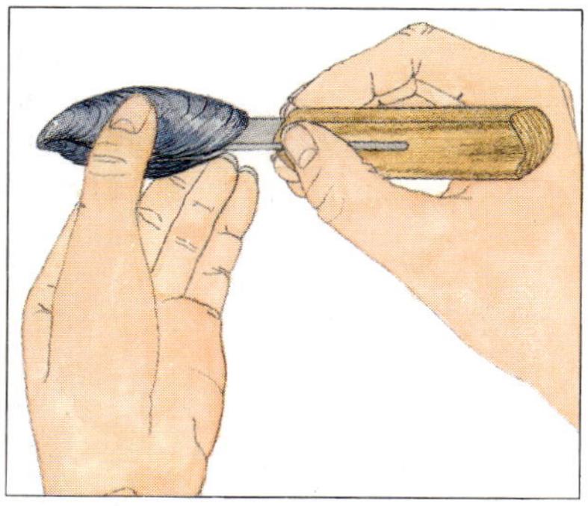

2. Pour nettoyer les moules, brossez-les sous l'eau courante, puis retirez le byssus en tirant dessus avec un petit couteau ou en le coupant avec des ciseaux. Frottez-les une dernière fois dans de l'eau très froide.

Moules à bougies

Des boîtes de conserve ou de lait en carton, des gobelets en carton peuvent servir de moules à bougies. Renforcez les moules en carton en fixant une bande adhésive tout autour. Pour la mèche, collez au milieu du fond un morceau de tresse en coton, tendez-la et nouez-la autour d'un crayon posé en travers sur le rebord du moule. Remplissez celui-ci avec de la paraffine ou de la cire à bougie chauffée dans une casserole pour qu'elle soit juste liquide. Démoulez la bougie quand elle est totalement solidifiée. Pour obtenir des effets décoratifs, coulez plusieurs couches de paraffine de couleurs différentes.

Moulin à café

1. Si vous faites partie de ceux qui aiment moudre leur café, sachez qu'il vaut mieux moudre quotidiennement seulement la quantité nécessaire.
2. Selon le type de cafetière utilisée, la mouture sera différente : très fine pour les cafés filtres, un peu plus grosse pour les percolateurs ou les express.
3. Le moulin électrique doit être réservé au seul café. Ayez soin de le brosser après chaque usage.
4. Vous pouvez moudre le café dans les vieux moulins manuels de nos grand-mères, ils donnent d'excellents résultats.
5. N'essayez jamais de moudre du café dans un robot : les grains seraient broyés et vous risqueriez d'abîmer la lame.
6. Si vous n'avez ni moulin, ni mortier, essayez le rouleau à pâtisserie sur les grains enfermés dans un linge.

Moustiquaire

1. Construisez des cadres-moustiquaires aux dimensions de vos fenêtres avec des tasseaux de 24 × 24 mm de section pour former le cadre. Agrafez dessus un voile moustiquaire en plastique ou de la toile à garde-manger. Recouvrez les bords agrafés avec des baguettes plates clouées. Sur l'autre face (qui sera en appui contre le bâti de la fenêtre), posez un joint d'étanchéité autocollant. Maintenez votre cadre sur la fenêtre avec des vis ou des taquets.

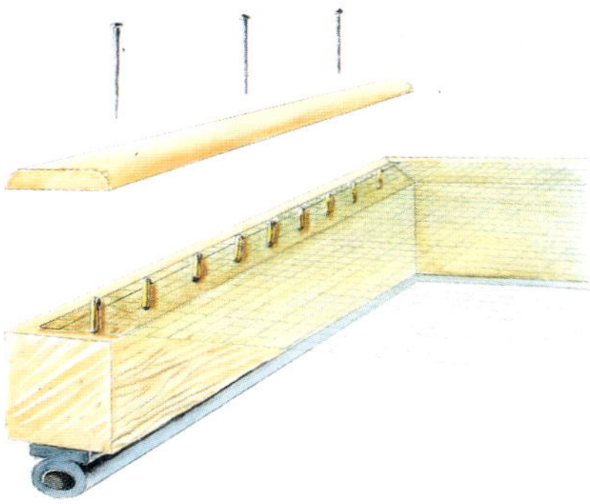

2. Pour préserver votre intimité, utilisez un voile moustiquaire blanc plutôt que de couleur foncée.
3. Réparez provisoirement un accroc avec des rubans adhésifs posés le long et en travers de la déchirure. Posez-les du côté intérieur pour qu'ils soient moins visibles du dehors.

Moustiques

1. Méfiez-vous de ce bouillon de culture qu'est l'eau des vases de fleurs. Changez-la tous les jours en y ajoutant quelques gouttes d'eau de Javel. En été, videz les humidificateurs des radiateurs ou remplissez-les d'eau additionnée de désinfectant parfumé. Méfiez-vous aussi des citernes où l'eau stagne. Pour en éliminer les larves de moustiques, placez-y 1 ou 2 petits poissons rouges ou des poissons exotiques, comme les guppys ou les faux-néons.
2. Si vous campez dans une région infestée de moustiques, appliquez-vous une crème ou un produit répulsif à base de citronnelle sur la peau (y compris le visage). Selon votre nature de peau, les produits n'ont pas la même efficacité : essayez-en

plusieurs. La nuit, laissez une lampe allumée devant la porte de la tente : les moustiques, retenus à l'extérieur, ne vous importuneront pas.

3. Protégez-vous des moustiques en plantant des géraniums ou des pélargoniums dans des jardinières sur le bord de vos fenêtres.

Musculation

Pour les bras et les épaules. Allongez-vous sur le côté, soulevez le haut du corps en vous appuyant sur un bras. Levez le bassin de façon à aligner votre corps, puis pliez le bras pour vous rapprocher du sol. Exécutez cela 10 fois de chaque côté.

Faites des pompes modifiées : mettez-vous debout à 1 m d'un meuble solide au bord arrondi. Penchez-vous en avant, mains posées sur le meuble, et appuyez-vous de tout votre poids en gardant les bras tendus. Pliez ensuite les bras en gardant le corps bien droit, jusqu'à ce que votre poitrine touche le bord du meuble. Revenez doucement à la position de départ et recommencez de 15 à 20 fois.

Pour les cuisses. Essayez la position demi-accroupie : posez une chaise derrière vous, mettez-vous debout, mains aux hanches. Pliez lentement les genoux, bras tendus, jusqu'à ce que vos cuisses effleurent le siège de la chaise. Remontez à la position initiale et recommencez 5 fois ou, mieux, jusqu'à 30 fois. Repoussez la chaise au fur et à mesure que vous progressez.

Pour les mollets. Faites des sauts, d'abord à pieds joints, ensuite à cloche-pied sur une jambe, puis sur l'autre. Sautez alors d'une jambe sur l'autre comme si vous courriez sur place. Exécutez une série qui enchaîne 5 sauts de chaque type, en augmentant progressivement le nombre de sauts jusqu'à 25.

Pour développer l'endurance. Marchez avec un sac à dos assez lourd et augmentez-en le poids à mesure que vous progressez. Ne dépassez pas 15 kg.

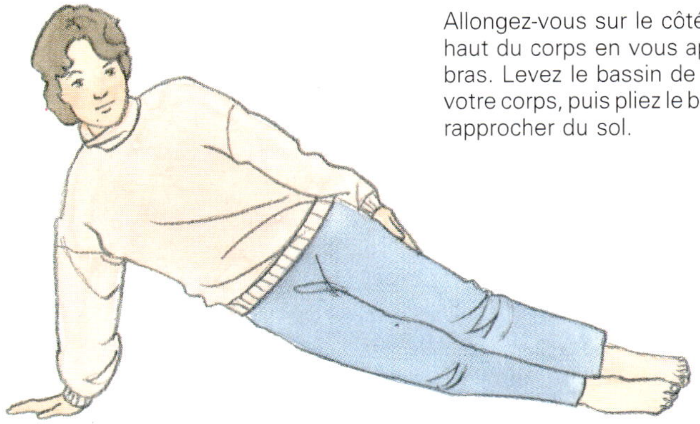

Allongez-vous sur le côté, soulevez le haut du corps en vous appuyant sur un bras. Levez le bassin de façon à aligner votre corps, puis pliez le bras pour vous rapprocher du sol.

N

Nature propre

1. N'enterrez pas de restes de nourriture à l'endroit où vous avez campé. Les animaux les ressortiront et les laisseront traîner n'importe où. Emportez tout avec vous, y compris les boîtes de conserve et les bouteilles vides ainsi que les déchets alimentaires, aussi minimes soient-ils.

2. Enterrez les matières fécales à 30 cm de profondeur et recouvrez-les bien de terre.

3. Pour plusieurs personnes, élargissez le trou des latrines plutôt que de l'approfondir. Ne placez pas celles-ci à moins de 30 m des cours d'eau, des sentiers et des sites de camping.

4. Utilisez du papier de toilette biodégradable (en vente en grande surface), ou brûlez le papier après usage.

Neige

AUTOUR DE CHEZ VOUS

1. Juste avant une chute de neige, répandez du sable, du sel gemme ou de la litière pour chat sur vos trottoir, allées, marches, perron et descente de garage pour empêcher la neige de tenir. (Voir aussi Allée verglacée, p. 13.)

2. Dans la mesure du possible, ne soulevez pas la neige, poussez-la. Si vous devez la soulever, pliez les genoux et gardez le bas du dos bien droit. Transportez la pelle chargée près du corps.

3. Commencez à pelleter dès que la couche atteint 4 à 5 cm et ne laissez jamais plus de 10 cm s'accumuler.

4. Pour éviter toute élongation des muscles du dos ou de l'épaule, faites des échauffements à l'intérieur, accompagnés de quelques minutes d'exercices légers. (Voir aussi Exercices d'assouplissement, p. 97.)

5. Utilisez une petite pelle (voir p. 165) ou n'emplissez qu'à moitié une grande. Pour de la neige tassée, employez une pelle de jardin.

6. Pour empêcher la neige de coller sur la pelle, appliquez-y un corps gras ou bien une couche épaisse de polish pour voiture.

VOITURE BLOQUÉE

Si vous êtes bloqué dans la neige, restez dans votre voiture et attendez de l'aide.

1. Avant que la neige ne devienne trop haute, dégagez un espace autour du pot d'échappement, de façon que le monoxyde de carbone puisse s'échapper pendant les périodes de chauffage.

2. Prenez tout ce dont vous avez besoin dans le coffre et transportez-le dans l'habitacle. Cherchez un outil (manche de cric, parapluie, etc.) pour creuser un passage à l'air si la neige venait à recouvrir entièrement votre voiture.

3. Maintenez votre chaleur : mettez tous les vêtements dont vous disposez et couvrez-vous avec plaids et tapis. Pour une meilleure isolation, glissez des journaux à l'intérieur de vos vêtements. Faites fonctionner le chauffage 10 min/h en laissant une vitre légèrement baissée, du côté opposé à celui où la neige s'entasse, pour éviter la saturation de l'habitacle en gaz carbonique.

4. Restez éveillé. Ne buvez pas d'alcool, cela fait somnoler, et activez-vous, étirez-vous, fléchissez vos muscles, remuez les doigts.

5. Limitez l'usage de la radio et des lumières pour ménager la batterie de la voiture.

6. Si d'autres voitures sont également bloquées, groupez-vous : plus il y a de personnes dans une voiture, plus il y fait chaud et... meilleur est le moral.

Neige au jardin

La neige, qui est un bon isolant thermique, peut vous servir à protéger les plantes contre les gels répétés, qui sont la plus grande menace de l'hiver. Empilez-la sur les parterres de plantes vivaces, la rocaille et les planches de fraisiers, framboisiers, cassissiers, pour les maintenir à une température constante, même basse. En fondant, la neige fournit non seulement de l'humidité, mais aussi un peu d'engrais sous forme de minéraux et de composés azotés dont elle s'est chargée en traversant l'atmosphère. Pensez à secouer les branches des conifères et des arbustes à feuillage persistant : un poids excessif de neige peut les briser.

Nettoyage

1. Le produit à vaisselle est un nettoyant universel. Utilisez-le sur les surfaces salies par des dépôts gras. Versez-en quelques gouttes sur une éponge mouillée, frottez, puis rincez à l'eau claire avec une éponge propre. Pour les sols, utilisez-le dilué dans l'eau de lavage.

2. Du dentifrice ou un chiffon imbibé d'ammoniaque effacent les marques de crayon de couleur sur les murs.

3. L'alcool à brûler nettoie les joints autour des baignoires et fait briller le chrome et le verre.

4. L'eau de Javel nettoie et désinfecte les carrelages et toutes les surfaces lisses qui ne craignent pas l'eau. Un quart de verre d'eau de Javel désinfectera et nettoiera la cuvette de vos toilettes. Versez et laissez agir une nuit. N'utilisez pas en même temps un détartrant ou tout autre produit acide (voir aussi Eau de Javel, p. 306.)

Nettoyage à sec

Ce type de nettoyage est réservé aux teinturiers équipés de machines spéciales. À moindre échelle, vous pouvez faire des petits nettoyages à sec, c'est-à-dire sans eau... mais non sans liquide.

1. Pour éliminer une tache grasse sur un tissu, glissez plusieurs épaisseurs de mouchoirs en papier sous la partie tachée ; tamponnez la tache avec un chiffon imprégné de trichloréthylène. Recommencez 2 ou 3 fois pour éliminer la tache et l'auréole.

2. Au bureau, vous avez fait une tache grasse sur votre cravate ou sur votre chemisier. Glissez une serviette en papier pliée dessous et tamponnez avec des « ampoules-pinceaux » faits pour nettoyer les caractères de machine à écrire (c'est du « trichlo »). Recommencez l'opération 2 ou 3 fois.

3. Si vous faites une tache d'encre pour photocopieuse sur vos vêtements, ne la frottez pas. Enlevez le maximum de poudre en appliquant dessus du ruban adhésif (changez de ruban plusieurs fois). Éliminez les traces avec un peu d'eau additionnée de savon liquide pour les mains, rincez localement et tamponnez avec des serviettes en papier.

4. Lorsque vous portez des vêtements tachés chez le teinturier, indiquez-lui la nature des taches.

Nettoyage de la baignoire

Pour ne pas avoir de marque dans la baignoire, rincez-la immédiatement après le bain.

1. Si des traces se forment, frottez-les avec de l'ammoniaque pur (portez des gants en caoutchouc et aérez la pièce) ou une éponge saupoudrée de bicarbonate de soude. Rincez.

2. Frottez les taches avec du détergent pour lave-vaisselle ou avec un chiffon trempé dans du vinaigre.

Nettoyage des briques et des pierres

1. Frottez les taches de peinture et les souillures de mortier sur les murs en briques avec un morceau de brique cassée, de couleur identique à celles que vous désirez nettoyer. Ne vous servez pas des bords de la brique, ils sont plus durs que le centre et peuvent

faire des éraflures. Cette technique marche aussi pour d'autres surfaces de maçonnerie : un morceau de pierre pour la pierre et un morceau de bloc de béton pour le béton.

2. Pour un nettoyage efficace, utilisez un hydronettoyeur à haute pression avec projection de détergent. Rincez par projection d'eau claire.

3. Pour éliminer les mousses vertes, n'utilisez pas de sulfate de fer : il est parfait pour les pelouses mais produit des traces de rouille indélébiles sur les pierres. Utilisez un antimousse du commerce et appliquez-le avec un pulvérisateur après avoir enlevé le plus gros de la mousse avec une brosse métallique ou un nettoyeur haute pression.

Nettoyage d'une baignoire en résine

N'utilisez jamais de nettoyant abrasif ni de tampon à récurer métallique sur ce type de baignoire. Ils rayent la surface et la rendent plus difficile à entretenir.

1. Frottez la baignoire avec une éponge humide poudrée de bicarbonate de soude.

2. Pour enlever des taches tenaces, frottez-les avec du diluant pour peinture, puis essuyez avec un chiffon sec et rincez abondamment.

3. Pour « gommer » une rayure, utilisez une pâte à polir les métaux.

4. Faites briller la baignoire et les autres appareils sanitaires avec du polish pour carrosserie automobile en plastique.

Niveau

1. Pour marquer des points de repère qui soient tous au même niveau, prenez un long tube en plastique transparent fixé au goulot d'une bouteille sans fond, et versez de l'eau dans la bouteille jusqu'à atteindre le niveau désiré des 2 côtés. Faites une marque sur le tube au niveau de l'eau. Peu importent les écarts de distance ou les irrégularités du terrain : quand la surface de l'eau coïncide avec la marque faite sur le tube, elle est partout au même niveau.

2. Pour vous assurer qu'un tableau n'aura pas un air penché, placez-le de façon que sa bordure basse soit parallèle au dessus de la commode qu'il surmonte.

Nounours

Les tout-petits sont toujours très attachés à un jouet particulier, souvent un nounours usé et très laid, dont ils ne veulent pas se séparer. N'essayez pas de le lui enlever pour lui en proposer un nouveau, plus beau et plus propre. Au contraire, veillez à ce qu'il ait toujours son « fétiche » avec lui quand il va quelque part sans vous. Votre enfant aime l'odeur et le toucher de son nounours (ou de son mouchoir, ou de sa vieille couverture), cela le rassure. Pour plus de sûreté, essayez d'en avoir un double au cas où l'objet chéri se perdrait.

Si, par malheur, le nounours adoré était oublié lors d'un déplacement, ne vous moquez pas du chagrin de votre enfant. Expliquez-lui qu'il retrouvera, au retour, sa peluche favorite et, au moment du coucher, fabriquez un substitut avec une chaussette rembourrée ou un gant. Câlinez l'enfant plus longtemps que d'habitude.

Nouvel enfant

À l'annonce d'un nouveau bébé, les frères et sœurs risquent de montrer un peu de jalousie.

1. Discutez avec eux de cette future naissance. Montrez-leur votre joie et dites-leur combien vous avez été heureux à leur naissance.

2. Expliquez les changements qui interviendront dans les habitudes quotidiennes en soulignant que vous aurez besoin de leur aide et que les nécessaires contraintes des premiers temps diminueront à mesure que bébé grandira : ils auront alors vite un nouveau compagnon de jeu.

3. Ressortez les albums de photos et montrez à vos aînés combien eux-mêmes étaient de si jolis bébés, qui riaient et pleuraient.

4. Expliquez que le bébé, bien que sans défense au début, est une personne à part entière : ni une réplique de quelqu'un d'autre, ni un beau jouet.

5. Demandez à vos enfants d'imaginer comment sera le bébé. Faites-les participer au choix du prénom (voir Prénom de bébé, p. 184) et aux faire-part.

6. Lorsque vous rentrerez de la maternité, câlinez bien les grands, leur maman leur a sûrement manqué.

Nuages

Des nuages blancs, joufflus et se déplaçant dans le ciel indiquent un beau temps persistant. S'ils font de grosses masses qui prennent la forme d'enclumes, préparez-vous à un orage, même si le soleil brille de tous ses feux.

Des bandes de nuages hauts dans le ciel indiquent la venue probable de petites pluies. D'épaisses couches de nuages sombres sont signe de pluies durables ou de neige.

Si vous vous perdez en mer, cherchez les traces de nuages blancs et cotonneux : ils stationnent généralement aux approches d'une île.

O

Objets de valeur

1. Faites faire une expertise par un professionnel pour fixer la valeur de vos bijoux, de vos antiquités, de vos objets rares, puis vérifiez que votre assurance couvre la valeur totale de tous ces objets.
2. Pour vous permettre d'identifier ce qui vous appartient si vous êtes victime d'un vol, inscrivez une marque indélébile avec un code comme votre numéro de sécurité sociale ou de permis de conduire. Utilisez une peinture à l'huile ou acrylique en tube sur les fonds des céramiques et des objets en bois ; et une pointe sèche ou un stylo à pointe de carbure (en vente dans les boutiques de fournitures pour artistes) sur le métal et le verre. Précisez la présence de ces marques dans votre contrat d'assurance.

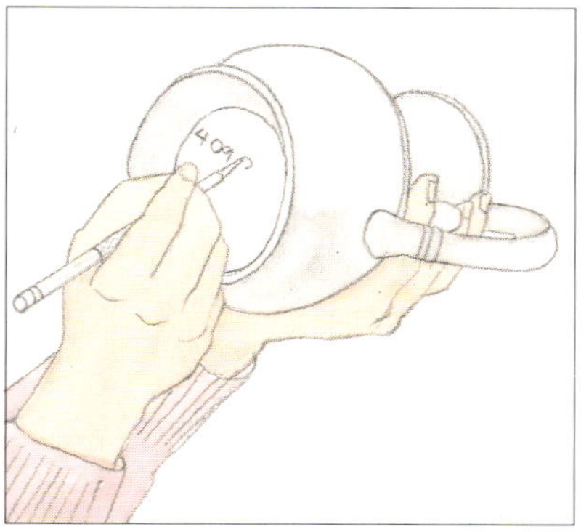

DRESSER L'INVENTAIRE DE SES BIENS

1. Établissez un inventaire écrit et complet de tout ce que vous possédez de plus cher chez vous. Gardez un exemplaire à la maison, un autre dans votre coffre et un troisième chez votre assureur. Cet inventaire sera très précieux si jamais vous êtes victime d'un cambriolage, d'un incendie, d'une inondation ou autre désastre.
2. Dressez un relevé pour chaque pièce d'habitation. Ouvrez tous les tiroirs et tous les placards et faites une liste de tout ce qui a de la valeur. Décrivez chaque objet, y compris son numéro de série et sa marque, la date à laquelle vous l'avez acheté et son prix. Gardez les factures et les reçus d'expertise pour les objets particulièrement précieux.
3. Photographiez (ou filmez en vidéo) chaque pièce pour compléter votre inventaire écrit et apporter la preuve que tout cela est bien chez vous. Soignez les prises de vues et photographiez aussi les détails comme les sculptures ou les bas-reliefs, afin que leur identification soit sans équivoque. (Voir aussi Assurance habitation, p. 24 ; Coffre-fort, p. 61.)

Objets inaccessibles

1. Un objet est rangé trop haut ? Saisissez-le avec des pinces à feu ou une pince à cornichons.
2. Pour attraper des objets tombés derrière un radiateur ou un meuble, dépliez un cintre métallique et recourbez-le en crochet.
3. Si vous avez du mal à allumer le four avec une allumette ordinaire, enflammez un spaghetti !

Objets lourds

Bouger des objets lourds tout seul réclame plus de cerveau que de muscles. Assurez-vous d'abord que l'objet (y compris les parties proéminentes) passera les ouvertures et les angles. Essayez de résoudre le problème avec le moins de fatigue possible. Une fois que vous avez choisi une stratégie, faites preuve de patience. Aller tout doucement prend du temps, mais peut aussi éviter les blessures. Voici quelques trucs.
1. Il est souvent plus facile et plus efficace de pousser que de tirer.
2. Poussez un gros objet sur le plancher en plaçant dessous des journaux, des chutes de moquette (poils vers le bas), des couvertures ou des cartons.
3. Pour déplacer un gros objet comme un réfrigérateur, placez-vous derrière, penchez-le vers vous et faites-le « marcher » lentement en le balançant d'un pied sur l'autre.
4. Allégez une grosse caisse en retirant tout ou partie de son contenu.
5. Pour transporter une lourde caisse sur votre dos, utilisez une courroie, une sangle ou une corde. Faites une boucle solide. Passez-la autour de la caisse et sous la face inférieure. Glissez vos bras dans les boucles formées de chaque côté.

6. Si un objet à transporter ou à jeter est démontable, déplacez-le morceau par morceau.
7. Investissez dans un petit cric hydraulique, il fait merveille.
8. Pour faire descendre un escalier à un gros objet, utilisez 2 planches comme rampes. Ceinturez l'objet avec une longue corde et laissez-le glisser lentement sur ces rampes, tandis que vous le retenez d'en haut avec la corde. Pour que l'objet glisse mieux sur les planches, recouvrez-les d'une grande couverture, de carton épais ou de bandes de moquette. Si c'est possible, faites glisser l'objet le long de la rampe d'escalier.

SUR ROULETTES

1. Pour placer un plateau à roulettes sous un objet lourd, placez le plateau contre un mur, puis faites « marcher » ou glisser l'objet jusqu'à lui. Le mur l'empêchera de se déplacer.
2. En guise de plateau à roulettes, utilisez un sac de marché monté sur roulettes, des patins ou une planche à roulettes, un jouet d'enfant...

3. Roulez l'objet sur des rouleaux (tuyaux, piquets ronds, boîtes de conserves pleines). Dès que le rouleau de l'arrière se libère, remettez-le à l'avant, et ainsi de suite.

MEUBLES LOURDS

1. Pour déplacer un canapé ou tout autre objet sur pieds, couchez-le ou retournez-le et faites-le glisser sur une couverture.
2. Enlevez les tiroirs d'un bureau, d'une coiffeuse ou d'une commode avant de déplacer ces meubles.
3. Pour transporter un gros fauteuil, retournez le siège sur votre tête, puis mettez-vous debout : le dossier du fauteuil reposera sur votre dos.

Odeurs d'animal domestique

1. Dans la plupart des cas, un bain, une douche ou un soin spécifique résoudront le problème.
2. Les infections de l'oreille, de la glande anale et les dermatites peuvent occasionner de mauvaises odeurs. Consultez le vétérinaire.
3. Le problème peut venir d'une odeur hormonale (c'est-à-dire voulue par la nature et liée à l'attirance sexuelle). Supporter le désagrément ou se séparer de l'animal sont les seules solutions.
4. Si la moquette, les coussins ou le canapé sentent mauvais après un petit accident, aspergez avec du bicarbonate ou de la farine de maïs et laissez agir pendant plusieurs heures. Brossez l'excédent, puis passez l'aspirateur. Si l'odeur persiste, expérimentez les désodorisants spécifiques disponibles chez les vétérinaires et dans les pharmacies.
5. Si votre chat a tendance à mouiller les fauteuils, imperméabilisez le capitonnage avec un produit en aérosol de façon qu'il n'absorbe pas d'odeur ni ne se tache. Si le chat a une préférence pour un endroit particulier, attachez un morceau de tissu assorti au fauteuil : vous pourrez le retirer et le laver.
6. Votre chat fait pipi à répétition, c'est peut-être le signe d'un problème d'ordre médical. Montrez-le au vétérinaire, qui pourra également vous suggérer un dressage efficace pour modifier son comportement.
7. Pour que les chats ne fassent pas leurs besoins dans les bacs à plantes, déposez des écorces d'oranges fraîches sur la terre.

Odeurs dans le congélateur

Enveloppez tous les aliments dans des emballages en plastique étanche adaptés à la congélation. Fermez-les par un lien, après avoir chassé l'air à l'intérieur. N'utilisez pas de papier sulfurisé, de boîtes en plastique récupérées ni de sacs de supermarché.

REMÉDIER AUX ODEURS

1. Mettez du bicarbonate de soude ou du charbon de bois purifié (en vente dans les quincailleries) sur des soucoupes et posez-les sur les clayettes du congélateur.
2. Quand vous dégivrez, nettoyez le congélateur avec une solution faite de 2 cuil. à soupe de bicarbonate de soude diluées dans 1 litre d'eau chaude. S'il est non givrant, lavez l'intérieur avec cette solution au moins 1 fois par mois (appareil à l'arrêt et à température ambiante).
3. Pour vous débarrasser de l'odeur des aliments avariés après une panne, lavez le congélateur avec du détergent à vaisselle et rincez-le à l'eau fortement vinaigrée. Éliminez les germes par un nettoyage à l'eau oxygénée à 10 volumes. Rincez soigneusement et séchez.

Odeurs de cuisine

Certaines odeurs sont tenaces et il est bon de connaître quelques trucs pour les faire disparaître.
1. Pour enlever l'odeur de nourriture d'une boîte en plastique alimentaire, rincez-la à l'eau vinaigrée ou citronnée et laissez-la plusieurs heures en plein soleil.
2. Le poisson frit laisse une odeur tenace. Après la cuisson, lavez la poêle et versez-y un peu d'eau vinaigrée. Ajoutez une herbe aromatique (menthe, thym, romarin) ou un zeste d'orange ou de citron et laissez bouillir 5 min. Ensuite, jetez cette eau et essuyez la poêle. Pour débarrasser le four des odeurs de poisson, faites-y sécher des zestes d'orange ou de citron pendant 5 min, thermostat 9.
3. Parfumez la cuisine en y mettant un petit bocal ouvert empli de gousses de vanille.

Odeurs de gaz

1. Une odeur de gaz vous réveille ou vous accueille à votre retour chez vous : ouvrez une fenêtre, fermez le robinet d'arrivée du gaz et sortez immédiatement. Ne vous servez pas du téléphone, n'appuyez sur aucun interrupteur et ne mettez pas en marche le moindre appareil électrique : une simple étincelle peut provoquer une explosion. Appelez les pompiers (18) d'une cabine ou de chez un voisin et ne rentrez pas chez vous sans l'autorisation de Gaz de France. Si

LE SAVIEZ-VOUS ?

Les dangers du monoxyde de carbone

Ce gaz (inodore, incolore et sans saveur), d'abord dangereux du fait de son pouvoir explosif, est produit chaque fois qu'une combustion a lieu sans assez d'oxygène (poêle qui tire mal, fumées d'incendie, etc.). Sa toxicité se révèle maximale même à des doses infimes. Maux de tête, vertiges, somnolence et jambes lourdes sont les premiers signes de l'oxycarbonisme. La perte de connaissance, puis l'asphyxie menacent.

Retenez que, en France, le gaz ne contient plus de monoxyde de carbone : le risque d'asphyxie à court terme, en cas de fuite, est donc minimisé ; mais le risque d'une explosion, toujours catastrophique, est le même.

1. En cas d'accident, ne provoquez ni flamme ni étincelle. Amenez la victime à l'air libre, ou bien ouvrez portes et fenêtres, puis cherchez à neutraliser la source des émanations.
2. Alertez les sapeurs-pompiers (composez le 18).
3. Si vous prenez conscience, sans pouvoir fuir, de votre propre intoxication, lancez violemment un objet (bibelot lourd, annuaire, etc.) dans une vitre (l'appel d'air pourra vous sauver la vie).

l'odeur émane de chez un voisin, ne sonnez surtout pas à sa porte !

2. Si vous sentez une légère odeur de gaz près de votre gazinière, ouvrez les fenêtres, pour aérer, ainsi que la porte du four. Assurez-vous qu'aucun brûleur n'est resté ouvert. Vérifiez la fermeture du robinet en amont du tuyau souple et l'état de celui-ci.

3. Le soir, fermez toujours le robinet en amont du tuyau souple d'alimentation, lequel exige d'être changé tous les deux ans. En pavillon, sachez où se trouve, dans la rue, le « barrage » (avant compteur) et possédez-en une clé.

Œdème

1. Lorsque vos mains gonflent, maintenez-les en l'air pendant 2 min. Recommencez 3 ou 4 fois par jour. Surélevez des pieds gonflés pendant au moins 15 min.

2. Si le soleil fait gonfler vos lèvres, utilisez un écran solaire spécial, indice 12.

YEUX BOUFFIS

1. Utilisez exclusivement une crème spécifique pour le contour des yeux.

2. La cause peut en être la rétention d'eau (voir p. 197). Haussez la tête de votre lit ou dormez sur 2 oreillers pour garder la tête surélevée.

3. Appliquez un astringent léger ou des compresses calmantes de lait froid ou d'infusion de bourrache.

Œufs

1. Plus ils flottent, moins ils sont frais. Plongez-les dans un saladier rempli d'eau : ceux qui remontent à la surface sont à jeter, ceux qui flottent entre deux eaux peuvent être utilisés en pâtisserie, ceux qui restent au fond sont bons.

2. Un œuf très frais peut avoir le blanc légèrement trouble mais le jaune doit être très bombé.

3. Ne mettez jamais d'œufs dans leur coquille au four à micro-ondes, ils éclateraient. Faites-les cuire dans des petits plats à œufs beurrés et piquez légèrement les jaunes.

4. Pour réussir les œufs pochés, ajoutez 1 cuil. à café de vinaigre dans l'eau de cuisson et faites-les cuire à feu très doux : l'eau doit juste frémir.

Oiseaux indésirables

Des oiseaux peuvent dévaster une récolte de fruits ou de baies en un clin d'œil. Couvrez vos arbres ou vos arbustes avec des filets ou essayez l'une de ces tactiques.

1. Laissez votre chat errer parmi les arbres ou les buissons à petits fruits. Attachez une clochette à son collier, elle effraiera les oiseaux.

2. Déposez un animal en peluche (un ours, par exemple) dans les branches mais changez-le de place tous les 4 ou 5 jours, les oiseaux s'habituent très rapidement aux objets immobiles.

3. Plantez un buisson de mûres en guise d'attractif : les oiseaux commencent par attaquer ces baies avant de manger les autres fruits.

4. Placez des sacs en papier sulfurisé avec un trou d'aération à chaque coin sur les fruits presque mûrs.

5. Protégez les semis de l'appétit des oiseaux en tendant des ficelles entre des piquets, à 20 cm au-dessus des plates-bandes, en faisant de grands croisillons. Autre méthode : tendez une ficelle où vous accrocherez, tous les 20 cm, des bandes brillantes découpées dans des sachets de café moulu sous vide.

6. Vous aimez les cerises ? Les merles aussi. Protégez vos récoltes avec des filets ou cultivez des variétés de bigarreaux jaunes, qui attirent beaucoup moins les oiseaux.

Ongles

1. Si vos cuticules sont épaisses, frottez-les avec un stick pour les lèvres ou faites tremper vos ongles dans de l'huile d'amande douce.

2. Vous n'avez pas de lime à ongles ? Limez-les avec le grattoir d'une boîte d'allumettes.
3. Lorsque vous vous mettez du vernis à ongles, posez les mains sur un bol retourné.
4. Faites sécher rapidement le vernis en plongeant la main dans un bol d'eau glacée sans toucher la paroi ; ou laissez la main quelques instants dans le congélateur.
5. Lorsque votre vernis déborde de l'ongle, retirez l'excédent avec un Coton-Tige.
6. Pour ôter les marques jaunes laissées par le vernis, plongez les ongles dans du jus de citron.

ONGLES RONGÉS

1. Lorsque vous êtes tenté de vous ronger les ongles ou d'arracher les petites peaux, occupez-vous les mains : pétrissez une gomme, manipulez un élastique, une bille, etc.
2. Faites-vous une manucure une fois par semaine. L'aspect soigné de vos mains vous incitera à épargner vos ongles.

Opération chirurgicale

1. Assurez-vous qu'il n'y a pas d'autre solution que l'opération. Parlez-en avec votre médecin traitant et prenez un second avis auprès d'un spécialiste qui ne soit pas chirurgien.
2. Choisissez votre chirurgien avec soin. Un spécialiste réalise une opération courante de 100 à 200 fois par an et des opérations plus délicates de façon régulière. Renseignez-vous sur l'importance de l'opération, ses risques et ses chances de réussite.
3. Lors de l'entretien avec l'anesthésiste précédant l'opération, signalez-lui bien tous les médicaments que vous prenez et vos allergies éventuelles. Si vous fumez, n'omettez pas de le lui dire, car cela peut affecter votre respiration au cours de l'opération.
4. Si vous savez à l'avance que l'on vous transfusera pendant l'opération, faites-vous prélever votre propre sang à cette intention.
5. Demandez que les perfusions soient placées dans le bras non dominant et loin du coude de façon à rester libre de vos gestes.

Ophtalmie des neiges

Si, au bout de quelques heures de ski, vos yeux commencent à vous faire souffrir, ou si vous avez du mal à distinguer les reliefs, vous souffrez peut-être d'ophtalmie des neiges ou d'un coup de soleil sur la cornée. Évitez le soleil pendant quelques jours.

Si la douleur est telle que vous avez du mal à ouvrir les yeux, couvrez-les d'une compresse froide et reposez-vous dans une pièce sombre pendant 12 à 24 h jusqu'à ce que la douleur ait presque disparu. Ne vous frottez surtout pas les yeux, vous risqueriez de les infecter.

PRÉVENTION

À la neige, par temps nuageux ou brumeux, portez des verres solaires spécialement adaptés, comportant de préférence des écrans sur le côté pour stopper les rayons ultraviolets. À défaut, confectionnez des lunettes en carton avec des petites fentes pour les yeux (voir Lunettes de soleil, p. 139) ou noircissez-vous les joues, le nez et le tour des yeux avec de la suie.

Orage

1. Si votre jeune enfant d'âge préscolaire a peur de l'orage, achetez un tambour. Incitez-le à taper dessus chaque fois que le tonnerre gronde tout en criant : « Boum ! » pour « faire peur au tonnerre ». Cela donnera à l'enfant un sentiment de puissance qui le rassurera.
2. Par temps calme, faites-le parfois « jouer à l'orage ». Imitez les grondements du tonnerre, baissez ou éteignez les lumières de la maison, faites-lui simuler les éclairs avec une lampe de poche.
3. Un enfant plus âgé peut dominer sa peur de l'orage en en comprenant le phénomène. Expliquez-lui le rapport qui existe entre l'éclair et le tonnerre. Apprenez-lui à évaluer le temps qui les sépare et, de cette façon, à calculer à quelle distance de la maison se situe l'orage. (Voir aussi Foudre, p. 107.)
4. Si c'est votre chien qui est terrorisé par l'orage, enfermez-vous avec lui dans la pièce où l'on entend le moins les coups de tonnerre. Faites-le s'asseoir ou se coucher, caressez-le, parlez-lui, donnez-lui une gâterie. Faites de même la fois suivante, mais en lui laissant la porte ouverte, par exemple, puis éloignez-vous un peu. Amenez-le ainsi progressivement à s'habituer au bruit et aux éclairs, mais sans jamais le brusquer. Quand l'orage est fini, félicitez-le pour sa bravoure. Par la suite, ignorez ses signes d'anxiété, car tout serait à recommencer.

Ordinateur

Vous n'arrivez pas à faire marcher votre ordinateur ? Pas de panique. Le problème n'est pas insoluble.
1. Vérifiez que tous les fils sont bien branchés et que vous avez tout allumé : moniteur, imprimante...
2. La disquette est-elle mise dans le bon sens ? N'avez-vous pas oublié une manipulation importante entre 2 étapes ? Un des connecteurs est peut-être mal positionné.
3. Tout semble en place et ça ne marche toujours pas... Consultez le guide d'utilisation de l'appareil.

DISQUETTES

Traitez-les avec le plus grand soin. Chaleur, sources magnétiques (téléphone, télévision, moteurs) sont néfastes. N'écrivez pas directement dessus, utilisez les étiquettes autocollantes adéquates. N'y épinglez pas de trombone.

FATIGUE

Vérifiez si la console est bien placée, face à votre regard. Trop haute ou trop basse, vous aurez mal au dos et aux épaules. Votre siège est-il à la bonne hauteur ? Vos bras doivent dessiner un angle droit avec la table,

et votre dos rester bien droit aussi. Avez-vous un bon dossier ?

L'éclairage est-il correct ? Le reflet de la lumière, du soleil réduisent la visibilité et fatiguent la vue. Placez un écran protecteur sur l'écran, descendez le store pare-soleil.

Oreilles

1. N'essayez pas d'enlever vous-même un corps étranger dans votre oreille, vous risquez de l'enfoncer davantage et de vous blesser le tympan. Demandez à un tiers d'examiner votre conduit auditif avec une lampe de poche : si l'objet est petit et n'a pas provoqué de saignement, irriguez l'oreille avec une seringue d'eau tiède. S'il est important et très enfoncé, allez chez le médecin.
2. Pour faire sortir un insecte de votre oreille, attirez-le en mettant une lampe électrique à l'entrée du conduit. Ou encore, versez lentement de l'eau minérale tiédie ou de l'huile d'amande douce dans l'oreille.
3. Si vous avez les oreilles qui bourdonnent, vérifiez qu'il n'y a pas formation d'un bouchon de cérumen. Supprimez le café et l'aspirine, évitez les ambiances sonores et bruyantes. Si les bourdonnements persistent pendant 2 jours, consultez un médecin.

CÉRUMEN

N'introduisez jamais dans le conduit auditif d'objet de taille inférieure à l'extrémité de votre petit doigt. En cas de bouchon de cérumen, allongez-vous sur le côté et versez quelques gouttes d'eau tiède dans l'oreille. Évacuez-la au bout de 10 min et renouvelez l'opération avec de l'eau oxygénée. Rincez à l'eau avec une petite poire. Mettez ensuite quelques gouttes d'huile d'amande douce tiédie. Évacuez le contenu de l'oreille au bout de 15 min, le cérumen ramolli devrait sortir. Dans le cas contraire, consultez un médecin.

DOULEURS D'OREILLE

1. Prenez de l'aspirine ou du paracétamol (voir p. 24) et allongez-vous, la tête légèrement surélevée et l'oreille reposant sur une bouillotte ou une compresse chaude. Consultez rapidement un médecin.
2. Si vous êtes sensible aux douleurs d'oreille en avion, évitez de voyager en cas de rhume, de grippe ou de rhinite allergique. Si vous y êtes obligé, prenez un décongestionnant oral 1 h avant le décollage et l'atterrissage ou un aérosol nasal avant et pendant la descente. Dès que vos oreilles commencent à bourdonner ou à vous faire souffrir, déglutissez, mâchez du chewing-gum, sucez un bonbon, buvez avec une paille ou bâillez. Restez éveillé pendant le décollage et l'atterrissage pour déglutir fréquemment.
3. Donnez un biberon ou une tétine aux bébés au moment du décollage et de l'atterrissage.

OREILLES PERCÉES

Pour éviter l'infection, appliquez de l'alcool 2 fois par jour sur les lobes qui viennent d'être percés. Le soir, utilisez une pommade à l'oxyde de zinc. Tant que la cicatrisation n'est pas parfaite et pour prévenir toute allergie, choisissez des boucles en or ou en acier inoxydable.

Organisation familiale

1. Coordonner les activités de toute une famille n'est pas une entreprise facile. À chaque rentrée, pourquoi ne pas faire une « réunion au sommet » un dimanche après-midi autour d'un gâteau ou un soir autour d'un apéritif dînatoire ? Les réunions, utiles dans les entreprises, le sont aussi à la maison. Demandez à chacun de s'exprimer sur l'année écoulée, d'exposer ses projets de sports ou de loisirs, et de formuler ses souhaits pour l'année qui commence. Vous serez peut-être surpris tant par les initiatives que par les blocages. Essayez de mettre tout le monde d'accord sur les rencontres familiales indispensables.
2. Affichez bien en vue dans la cuisine (c'est l'endroit où tout le monde passe le matin) l'emploi du temps de chacun des enfants, et un planning qui indique clairement les horaires de toute la famille. N'oubliez ni le jour où vous devez conduire les enfants des voisins à l'école ni celui du ramassage des ordures.
3. Dans l'entrée, prévoyez un meuble muni de nombreux tiroirs. Chaque membre de la famille aura le sien : il y rangera aussi bien ses gants que ses tickets de cantine, ses clés, etc.
4. Punaisez sur un tableau de liège les billets de théâtre, les invitations, les faire-part et les rendez-vous. Sur un tableau ou sur une ardoise, écrivez les messages journaliers destinés à chacun en votre absence.

Orientation

Faute de boussole, vous trouverez votre chemin en dirigeant la petite aiguille des heures de votre montre

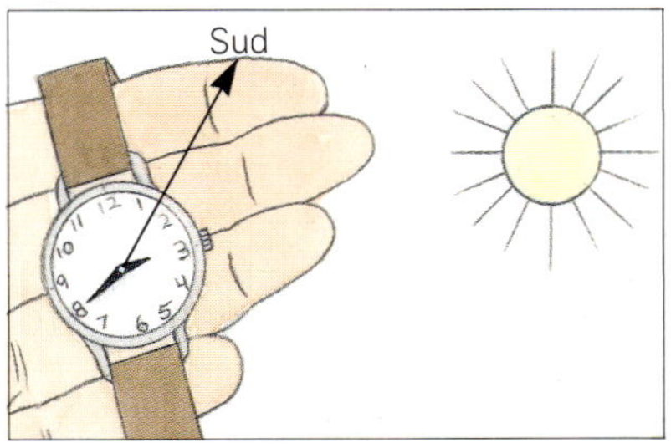

vers le Soleil. Le sud est une ligne divisant de façon égale l'angle le plus petit entre la petite aiguille et 1 h (ou 2 h pendant l'heure d'été).

Ceci est valable compte tenu de l'horaire d'hiver (1 h d'avance sur le Soleil) et de l'heure d'été (2 h d'avance sur le Soleil).

Orthographe

1. Autrefois, à l'école, vous avez appris par cœur un grand nombre de règles d'orthographe et toutes sortes de listes de mots difficiles. Il n'est pas mauvais de vous les remémorer et de savoir ainsi que tous les mots de la famille de char prennent deux *r*, sauf chariot, et que chou, hibou, caillou, genou, joujou, bijou et pou forment leur pluriel en *x*. Si vous avez toujours des hésitations, essayez de retrouver vos anciens manuels dans une librairie d'occasion ou plongez-vous dans les livres de classe de vos enfants.

2. N'ayez pas honte de demander à une personne de votre entourage dont l'orthographe est sûre de vous corriger. Repérez quel type de faute vous faites régulièrement et concentrez-y votre attention.

3. Utilisez les moyens mnémotechniques pour vous souvenir de l'orthographe de certains mots. Par exemple : « Un seul *n* suffit à faire venir le printemps » pour printanier, ou : « Il n'est pas permis de mettre un *s* à parmi », ou encore : « Le chapeau de la cime est tombé dans l'abîme. »

4. Faites des mots croisés, suivez les championnats d'orthographe dans les magazines ou à la télévision. Notez les mots difficiles dans un petit carnet.

5. Certaines recherches tendent à démontrer que le sens de l'orthographe n'est ni une question d'intelligence ni un problème d'application, mais plutôt le résultat de différents paramètres où entrent en jeu la mémoire et des réflexes innés qui donnent le goût des mots de façon instinctive.

6. Vous n'avez pas de dictionnaire ? Cherchez les mots qui vous embarrassent dans les écrits que vous avez autour de vous, par exemple dans les pages jaunes de l'annuaire.

LE SAVIEZ-VOUS ?

Championnat d'orthographe

Si vous pensez que vous auriez buté sur les mots suivants, sachez que vous n'êtes pas le seul et que des champions les ont écorchés !

Accommoder	Dieffenbachia	Échalote	Logarithme
Acolyte	Dilemme	Échauffourée	Munificence
Agrafe	Douceâtre	Échoppe	Mygale
Bacchanale	Dysenterie	Éthylisme	Panégyrique
Châtaignier	Dysfonctionnement	Fabricant	Papillote
Codicille	Dyspepsie	Groseillier	Pentathlon
Dichotomie	Ecchymose	Lacrymogène	Sarcophage

Osier, rotin

1. Dépoussiérez ces meubles et ces objets avec la brosse ronde de l'aspirateur. Lavez-les avec une solution faite de 2 cuil. à soupe d'ammoniaque pour 4 litres d'eau. Utilisez un pinceau plat ou une brosse à dents pour les recoins. Rincez et faites sécher à l'ombre.

2. N'enlevez jamais de la peinture sur de l'osier ou du rotin, car le décapant les rendrait cassants : repeignez-les en utilisant une bombe.

3. Pour que le rotin soit bien doux, ôtez toutes les fibres qui dépassent : mouillez-le abondamment, laissez-le sécher et passez-y rapidement la flamme d'un chalumeau pour brûler les petites fibres. Nettoyez au chiffon et à l'aspirateur si vous le peignez. (Voir aussi Meuble en rotin, p. 146.)

Ostéoporose

L'ingestion de calcium n'est pas suffisante pour éloigner les risques de décalcification après la ménopause. La prise de calcium – 1 000 mg par jour – est efficace si elle est associée à une activité physique régulière. Même si les hommes sont moins touchés par l'ostéoporose, ils devront eux aussi suivre les recommandations suivantes.

1. Les produits laitiers, les sardines, le saumon et les choux sont d'excellentes sources de calcium. Si votre régime alimentaire ne couvre pas vos besoins, demandez à votre médecin de vous prescrire un complément de calcium. (Voir aussi Équilibre alimentaire, p. 254.)

2. Pour que le calcium soit absorbé par l'organisme, il lui faut 400 unités de vitamine D par jour : de 15 à 20 min d'exposition au soleil à midi font l'affaire. En revanche, ne prenez pas de vitamine D de votre propre initiative car les doses toxiques sont facilement atteintes.

3. Évitez de fumer, de boire de l'alcool ou du café et réduisez le sel : tout cela interfère dans l'absorption du calcium. C'est également le cas de certains médicaments. Les femmes devraient se renseigner sur l'hormonothérapie de substitution.

4. Une activité physique – musculation, danse, jogging, marche, tennis – pratiquée pendant 1 h, 3 fois par semaine, limite la perte de densité de la masse osseuse et peut même augmenter celle-ci. Avant de commencer un programme d'entraînement, demandez conseil à votre médecin. Démarrez doucement et intensifiez peu à peu l'effort. (Voir aussi Endurance, p. 89.)

5. Prévenez le risque de chute et de fracture en aménageant la maison de façon à éliminer tout ce qui peut vous faire trébucher. Clouez les petits tapis, soignez l'éclairage et fixez des barres ou des poignées à proximité de la baignoire.

Ourlet

1. Pour maintenir un ourlet au cours d'un essayage, utilisez des trombones plutôt que des épingles, vous ne vous piquerez pas.

2. Vous obtiendrez un ourlet parfaitement droit si vous utilisez un gabarit : découpez un rectangle de carton d'environ 8 cm × 3 cm et taillez une encoche à 5 cm. Appliquez l'encoche au bord de l'ourlet et tirez à mesure que vous le fixez.
3. Plutôt que de coudre un ourlet, utilisez un ruban thermocollant. Rabattez l'ourlet, repassez-le, égalisez le bord avec des ciseaux, puis insérez le ruban à environ 0,5 cm du bord supérieur. « Cousez-le » par touches légères avec un fer à sec moyennement chaud. Ensuite, pour bien le fixer, repassez-le avec un fer à vapeur sur position « laine ».

4. Lorsque vous rallongez un vêtement, faites disparaître l'ancienne marque avec une éponge imbibée à parts égales de vinaigre blanc et d'eau. Si le pli de l'ourlet laisse une trace noire, essayez de l'enlever avec du détachant. En revanche, si la trace est décolorée, il s'agit d'une usure du tissu. Cachez-la en posant une petite tresse ou en réalisant une série de surpiqûres avec du fil de même couleur que le tissu ou, au contraire, d'un coloris contrastant.

Outils de jardin

1. Rien de plus efficace pour gratter la terre collée sur les bêches, pelles et plantoirs qu'un large couteau à mastic ou une spatule à enduit. Ils servent également à transplanter les semis, à extirper les mauvaises herbes qui se faufilent entre les plants serrés ou à ameublir la terre dans les fissures de la rocaille.

2. Après avoir débarrassé les lames de la terre collée, donnez un coup de chiffon sec pour bien les dépoussiérer. Une fois propres, frottez-les avec un chiffon enduit de paraffine : elle entrave l'oxydation et facilite la pénétration de l'outil dans la terre.
3. Pensez aussi à faire sécher les manches d'outils en stockant votre matériel debout dans un local aéré. Frottez-les également avec un chiffon et enduisez-les d'huile de lin avant leur remisage hivernal.

Ouvre-boîtes

1. Percez le dessus des boîtes contenant du liquide avec un ouvre-boîtes à jus de fruits : percez 2 trous diamétralement opposés pour que le liquide s'écoule par l'un des trous pendant que l'air rentre par l'autre. Vous pouvez ouvrir toute une boîte de conserve avec cet ustensile, mais le métal sera déchiqueté et blessant.

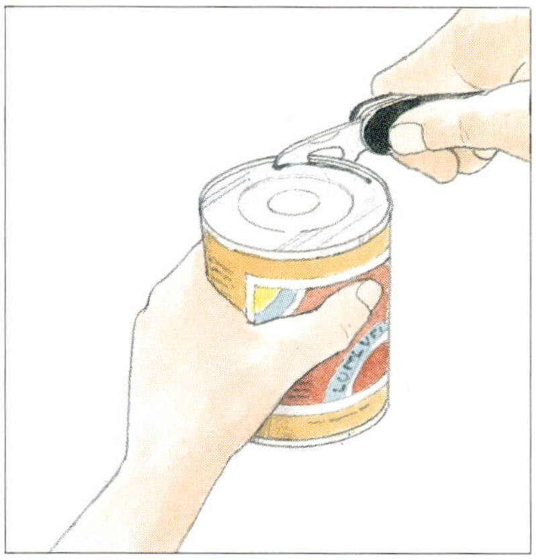

2. À défaut de canif équipé d'une lame ouvre-boîtes, percez le pourtour du dessus avec la lame la plus courte. Faites-la pénétrer en frappant le manche du canif avec un bloc de bois.

P

Paiements à l'étranger

1. La carte bancaire internationale.
• Achats divers, notes d'hôtel, transports, location de voiture... avec un plafond de 10 000 F par semaine.
• Retraits en devises du pays aux distributeurs automatiques de billets (certaines banques, aéroports, lieux touristiques), avec un plafond de 2 000 F par semaine.
2. Le carnet de chèques français vous permet de régler certaines dépenses, à condition de libeller en monnaie locale.
3. Les eurochèques sont acceptés dans 41 pays. Ils sont garantis jusqu'à 1 000 F.
4. Les chèques de voyage sont établis à l'avance par la banque pour un montant fixe : 100, 200, 500 F... (Le dollar américain est accepté partout.) Numérotés et doublement signés, ils limitent les fraudes et, en cas de perte ou de vol, sont vite remboursés.
5. Les chèques vacances (de 50 ou 100 F si votre revenu vous y donne droit) vous permettront de régler l'hébergement.
6. Les postchèques, émis par la poste aux titulaires d'un compte CCP, sont échangeables sans frais dans les bureaux de poste de 34 pays contre la monnaie locale. Vous pouvez en obtenir 10 par voyage, d'un montant nominal de 1 400 F.

Paillage

Pour éviter le dessèchement du sol, contrôler la pousse des mauvaises herbes annuelles et récolter des fruits et des légumes propres, couvrez la terre avec l'un des matériaux suivants.

1. Au pied des tomates et des cucurbitacées, épandez sur le sol propre humidifié une couche de 2 cm de compost, puis de 5 cm de paille sèche. Procédez à partir de fin mai.

2. Dans les massifs de fleurs, épandez une très fine couche de tonte de gazon sur le sol fraîchement biné et arrosé.

3. Au pied des arbustes, optez pour l'écorce de pin broyée sur 5 cm d'épaisseur, la pouzzolane ou les billes d'argile expansée.

4. Dans la haie et au potager, utilisez des feuilles de plastique noir appelé « film de paillage ». On le trouve en différentes épaisseurs, largeurs et longueurs, dans les jardineries.

Pain

1. L'eau de cuisson des pommes de terre pelées est un excellent bouillon de culture pour la préparation du levain. Faites chauffer cette eau à 50 °C, puis dissolvez-y la levure ; le pain que vous confectionnerez ensuite n'en sera que plus parfumé.

2. Pour qu'une pâte à pain monte parfaitement, mettez la boule de pâte dans une jatte, farinez-la légèrement et couvrez-la d'un linge. Posez la jatte dans un endroit tiède – le dessus d'un réfrigérateur, par exemple – et laissez reposer de 1 h à 1 h 30. Au bout de ce temps, la pâte a doublé de volume et peut être travaillée.

3. Si vous avez fait brûler des toasts, passez-les doucement sur une râpe fine : la partie brûlée sera réduite en miettes...

Palourde

1. Les palourdes contiennent souvent beaucoup de sable ; pour les en débarrasser, laissez-les tremper 1 h dans de l'eau froide additionnée de 3 cuil. à soupe de gros sel et de 2 pincées de fécule de maïs.

2. Pour ouvrir les palourdes, glissez un couteau à lame lisse entre les deux valves, puis détachez la chair et séparez les valves. Vous pouvez aussi les ouvrir à la chaleur : laissez-les quelques minutes dans un four chaud (environ 250 °C), jusqu'à ce qu'elles commencent à s'ouvrir, ou faites-les chauffer à la vapeur, dans un couscoussier. Procédez de la même façon pour les vernis et les praires.

Pansement

1. Improvisez un pansement avec un coton à démaquiller imprégné d'un antiseptique maintenu par un ruban adhésif.

2. Pour faire un pansement en urgence sur une blessure grave, prenez le linge le plus propre que vous ayez à votre disposition : mouchoir, chaussette en coton, chemise, tee-shirt, serviette hygiénique, serviette ou encore gant de toilette : pliez-le pour faire un tampon qui recouvre entièrement la blessure. Maintenez le pansement en place avec une écharpe pliée, une cravate ou de larges bandes découpées dans une chemise.

3. Pour une coupure profonde, coupez des morceaux de bande adhésive en forme de papillon. Passez rapidement la partie repliée sous la flamme d'une allumette pour la stériliser. (Voir aussi Coupures, p. 68.)

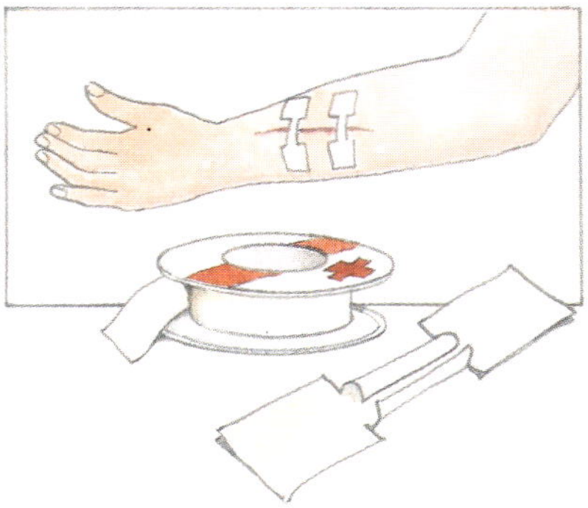

Mettez soigneusement bord à bord les lèvres de la plaie avant de mettre en place les bandelettes.

Pantalon

1. Pour que votre pantalon garde bien son pli lorsque vous êtes en voyage, glissez-le entre le matelas et le sommier : il se repassera pendant votre sommeil. Ou encore, suspendez-le dans la salle de bain emplie de vapeur. Pensez à mettre des pinces à linge dans vos bagages pour transformer des cintres ordinaires en porte-pantalons.

2. Pour empêcher les genoux de marquer, placez des pièces thermocollantes à l'intérieur d'un nouveau pantalon de velours.

3. Consolidez la couture d'entrejambe d'un pantalon en faisant une seconde piqûre au ras de la première.

4. Pour raccourcir un pantalon, épinglez la bonne longueur sur une jambe lors de l'essayage, puis utilisez celle-ci pour marquer la longueur de la seconde jambe en superposant les coutures intérieures et extérieures. Si vous devez recouper, vérifiez bien le travail auparavant.

L'ourlet d'un pantalon classique doit couvrir le cou-de-pied et descendre de 1 cm environ sur la chaussure à l'arrière.

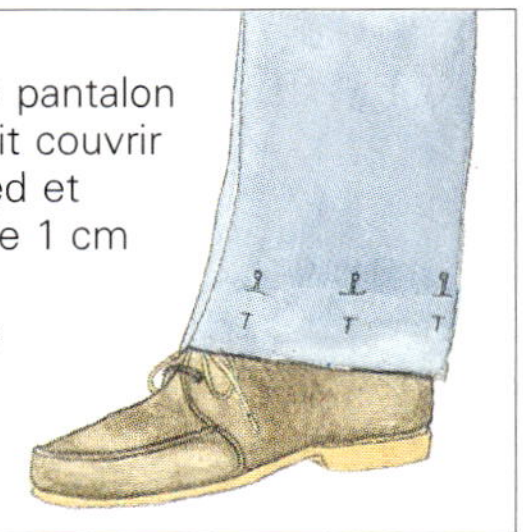

Papier abrasif

1. À défaut de papier de verre, utilisez des tampons à récurer (avec ou sans éponge) ou de la laine d'acier.

2. La pierre ponce, utilisée pour éliminer les cals, ponce très bien le bois et les matières plastiques.

3. Une lime à ongles en carton est commode pour les endroits difficiles d'accès et les petites surfaces.

4. Ne jetez pas les vieilles bandes et les vieux disques à poncer, coupez-les pour faire du ponçage manuel.

5. Pour un ponçage très grossier, utilisez une brique ou un parpaing en béton : ils sont incroyablement efficaces. Mais ils laisseront de nombreuses éraflures qui auront besoin d'un ponçage supplémentaire.

6. Fabriquez une cale à poncer avec un morceau de bois bien plat tenant bien en main et enroulez-le dans une bande de papier abrasif. Interposez une fine couche de mousse entre le bois et le papier, du côté qui est utilisé pour poncer.

7. Pour bien poncer sans faire de stries, évacuez les sciures en cours de travail et nettoyez le papier abrasif avec une brosse dure.

Papier peint

1. Tapissez les chambres d'enfants avec du papier vinyle, facile à entretenir. Ou traitez un papier ordinaire avec un imperméabilisant à base de silicones pour qu'il soit insensible aux marques.

2. Vous pouvez laver sans crainte un papier peint lessivable. Utilisez une grosse éponge et une lessive pour peintures en diminuant les doses de moitié. Lessivez toujours du bas vers le haut. En sens inverse, les coulures feraient des marques indélébiles. Pour un simple dépoussiérage du papier, utilisez votre aspirateur avec la brosse large.

3. Pour enlever des marques de crayon et autres traces non grasses sur du papier peint non lavable, utilisez une gomme (blanche) de dessinateur ou une boulette de mie de pain à moitié rassis.

4. Pour ôter des taches de graisse et des marques de crayon gras, passez un mélange de liquide nettoyant (ou de trichloréthylène) et de terre de Sommières (ou de farine de maïs). Laissez sécher et brossez. Recommencez jusqu'à ce que la tache ait disparu. Faites un essai sur un endroit caché pour voir si les colorants du papier résistent.

5. Sur les traces de doigts, passez un chiffon humide, poudrez de terre de Sommières, laissez sécher et brossez.

6. Pour prévenir les traces d'éclaboussures quand vous lavez les plinthes ou autres boiseries, cachez le papier peint avec une règle large ou un morceau de plastique rigide.

7. Lorsque vous gardez des chutes de papier peint pour mettre des pièces en cas d'accrocs, punaisez-les sur un mur du grenier ou dans un placard : au moment de l'utilisation, elles ne paraîtront pas aussi neuves.

8. Les pièces qui ont des bords coupés bien droit ont tendance à se voir, aussi ne coupez pas le papier peint, déchirez-le. Les bords, un peu flous, ne se verront pas autant.

9. Vous pouvez économiser du papier peint en faisant 4 lés de 2,50 m dans un rouleau au lieu de 3 lés de 2,60 m, plus une grande chute. Si vos murs font plus de 2,50 m, faites une retombée de plafond (bande peinte et bordée par une baguette) ou collez une frise assortie au papier.

10. Si votre pinceau à colle n'a pas d'ergot pour l'accrocher sur le bord du seau à colle, tendez un fil de fer au travers de l'ouverture du seau. Vous poserez votre pinceau à plat, poils sur le fil de fer et manche sur le bord du seau.

11. Pour chasser les bulles d'air sous le papier peint, passez un rouleau à peinture en partant du centre vers les bords.

12. Utilisez les chutes de papier peint comme papier d'emballage, pour couvrir des livres ou pour tapisser l'intérieur des tiroirs.

DÉCOLLER DU PAPIER PEINT

1. Pour que le papier peint soit plus facile à décoller, commencez par arracher la couche décorative (s'il est en vinyle) ou incisez-le en diagonales croisées avec un cutter tous les 5 cm. Préparez un mélange moitié vinaigre et moitié eau chaude et vaporisez-le sur le papier ou appliquez-le à l'éponge. Laissez la colle se ramollir pendant quelques minutes, puis ôtez le papier avec un couteau à enduire. Fixez l'instrument à un manche à balai avec du ruban adhésif pour gratter en hauteur. Si des petits morceaux résistent, couvrez-les avec un chiffon propre et repassez avec un fer à vapeur pour ramollir la colle. Si votre fer ne fait pas de vapeur quand vous le tenez à la verticale, mouillez le chiffon avant de repasser.

2. Vous pouvez aussi décoller le papier peint à la vapeur : louez une décolleuse ou confectionnez-en une avec un autocuiseur et un second couvercle. Reliez les embouts recevant normalement les bouchons-tourniquets avec un long tuyau en caoutchouc. Remplissez l'autocuiseur d'eau et posez-le sur un réchaud de camping. Quand l'eau bout, la vapeur ressort sous le second couvercle... que vous appliquerez et promènerez sur le papier à décoller.

Parapluie

1. Lorsque vous achetez un parapluie, vérifiez sa solidité en appuyant sur les baleines : elles doivent résister à la pression.

2. Pour réparer une baleine cassée, remettez les brins face à face et glissez un trombone déplié dans la partie creuse pour les relier ensemble. Ligaturez avec du ruban adhésif.

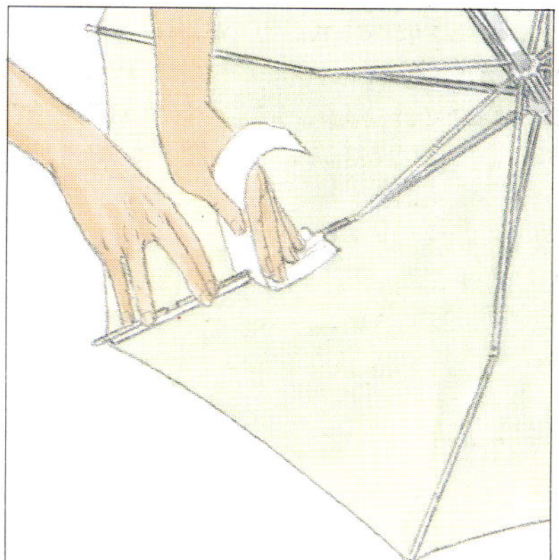

3. Si le tissu se détache de l'extrémité d'une baleine, réparez provisoirement en insérant un trombone ou une épingle de sûreté à travers la toile, puis dans l'orifice de l'extrémité.

AU TEMPS JADIS

Les « vrais » hommes ne portaient pas de parapluie

Les pharaons égyptiens s'asseyaient sous des parasols de cérémonie dont on disait qu'ils leur apportaient un pouvoir extraordinaire venu du ciel.

Dans la Grèce ancienne et en Chine, les parasols étaient employés dans les cérémonies religieuses. Au Japon, l'empereur était suivi par un serviteur portant un parasol rouge, symbole du pouvoir absolu.

En Europe, cependant, parasols et parapluies ne furent utilisés que par les femmes, jusqu'à il y a environ 300 ans. Les hommes portaient des chapeaux... et se laissaient tremper.

Porter un parapluie trahissait aussi votre statut social : cela suggérait que vous ne possédiez pas de carrosse. Une autre bonne raison de ne pas porter de parapluie était que les premiers modèles pesaient environ 4 kg. De plus, le coton huilé n'était pas parfaitement imperméable.

Ce ne fut qu'au XVIe siècle, lorsque le pape décida que le parapluie était un signe d'honneur, que les « pépins » gagnèrent la faveur de la société européenne. Même alors, le premier Anglais à se servir d'un parapluie, un certain Jonas Hanway, fut la risée du public. Les chauffeurs et les cochers passaient exprès dans les flaques de boue pour l'éclabousser.

Lorsqu'en 1778 le dandy à la mode, le « beau Mac Donald », commença à porter un parapluie de soie, sa sœur refusa d'être vue en sa compagnie. Il persista cependant et d'autres élégants le suivirent bientôt.

Les hommes avaient fini par calculer que porter un parapluie coûtait beaucoup moins cher que prendre une voiture chaque fois qu'il pleuvait !

4. Ne rangez pas un parapluie mouillé replié : la toile moisirait.
5. Récupérez un vieux parapluie de couleur claire et peignez la face intérieure avec de la peinture argent en aérosol pour en faire un réflecteur de flash pour vos photos d'intérieur. (Voir aussi Flash, p. 105.)

Pare-brise

1. En hiver, gardez du sel dans votre voiture pour dégivrer le pare-brise.
2. Pour empêcher la buée de se former, nettoyez l'intérieur du pare-brise par temps sec. Passez-le à l'alcool, laissez-le sécher et pulvérisez dessus un antibuée en aérosol.

Parents et enfants séparés

Si, à cause d'un divorce ou pour quelque autre raison, vous ne vivez pas sous le même toit que vos enfants, il vous appartient de maintenir les liens qui vous unissent.
1. Des coups de fil réguliers sont absolument nécessaires. Téléphonez au moins 2 fois par semaine afin que le dialogue ne soit pas rompu, plus souvent en période difficile (examens, par exemple). En parlant régulièrement avec vos enfants, vous pourrez partager les événements qui jalonnent leur vie. Discutez des films que vous avez vus et des livres que vous avez lus. Préparez vos appels, notez ce qui s'est dit pour pouvoir faire le point et aborder d'autres sujets. Appelez à des heures précises qui seront pour vos enfants autant de repères affectifs.
2. Postez-leur des photos, des articles découpés dans des journaux sur les sujets qui les intéressent. Accompagnés d'un petit mot, ils leur montreront que vous pensez à eux.
3. Arrangez-vous pour qu'ils viennent vous voir aussi souvent que possible et faites-leur partager votre vie quotidienne. En revanche, ne les gâtez pas exagérément lorsqu'ils sont avec vous. Réservez-leur plutôt des moments en tête à tête.
4. N'ayez pas peur de maintenir les rituels que vous aimez. Une certaine routine est rassurante : lire un livre ensemble au moment du coucher, déjeuner ou dîner dans le même petit restaurant, faire un footing le dimanche matin, etc.
5. S'il ne vous est pas possible de leur accorder une chambre particulière, aménagez-leur au moins un coin avec une petite armoire, un coffre et des étagères où ils retrouveront leurs jouets et leurs livres.

Parfum

1. Attention à la fatigue de l'odorat : si vous portez le même parfum depuis longtemps, il vous semblera de moins en moins fort. Veillez à ne pas avoir la main lourde. Si vous le sentez encore 30 min après l'avoir mis, tamponnez la zone parfumée avec de l'alcool à 70° et rincez.
2. Pour une touche légère, vaporisez un nuage de parfum devant vous et traversez-le.
3. Pour qu'un parfum tienne plus longtemps, mettez-le juste après une douche ou un bain, lorsque la peau est encore légèrement humide.
4. Coordonnez les odeurs en vaporisant vos sels de bain d'un peu de parfum. Fermez hermétiquement.
5. Vous avez perdu le bouchon de votre flacon de parfum ? Utilisez une petite gomme.
6. Ne laissez jamais de parfum au soleil, il s'altérerait rapidement.

Partage d'un appartement

Partager un appartement avec un ou une amie peut être une bonne solution pour se loger à moindres frais.
1. Exposez votre point de vue sur les questions qui deviennent facilement des points épineux : propreté, cigarettes, musique, télévision, etc.

2. Bonne éducation et courtoisie sont indispensables à une bonne entente. Dès le départ, établissez des règles précises pour l'usage de la salle de bain et de la cuisine, les amis que l'un et l'autre pourront inviter, les heures de sommeil à respecter, le partage des factures communes, la répartition des corvées domestiques.
3. Deux lignes téléphoniques éviteraient bien des malentendus. Si ce n'est pas possible, demandez à France Télécom des relevés détaillés.
4. Réglez les petites frictions inévitables en en discutant avec calme... et humour.

Passeport

Le passeport n'est pas forcément obligatoire pour voyager à l'étranger, en particulier à l'intérieur des pays de la communauté européenne, où une simple carte d'identité suffit. Vérifiez cependant que celle-ci n a pas plus de 10 ans d'existence.
1. Si vous avez besoin d'un passeport, rappelez-vous qu'il est délivré par la préfecture mais que les demandes doivent transiter par votre commissariat ou par la mairie. Pièces à fournir : votre carte d'identité, ou votre ancien passeport, 2 photos d'identité identiques, 2 quittances (loyer ou électricité) et, bien sûr, le timbre fiscal, que vous achetez au bureau de tabac. Le délai d'obtention est de 2 à 3 semaines.
2. En cas d'extrême urgence, rendez-vous directement à la préfecture. Mais attention : vous devrez justifier votre départ précipité (certificat médical, lettre d'employeur, etc.). Si vous êtes collectionneur de visas et de tampons, vous pouvez garder votre ancien passeport à condition d'en faire la demande quand vous déposez le nouveau dossier.
3. Votre passeport obtenu, veillez bien sur lui : il a pour les trafiquants une bonne valeur marchande. Prenez la précaution de le photocopier en 2 exemplaires. Emportez-en un seul en voyage ainsi que 2 autres photos semblables à celles figurant sur le passeport. Cela facilitera grandement les démarches que vous devrez entreprendre auprès de votre ambassade ou de votre consulat en cas de perte ou de vol à l'étranger.

Pâte à tarte

1. Sablée ou brisée, une pâte à tarte doit reposer 1 h au moins avant d'être étalée. Mais vous pouvez très bien la préparer la veille et la garder au réfrigérateur. Sortez-la du froid 30 min avant de l'utiliser.
2. La pâte brisée est composée de beurre, de farine, de sel et d'eau. La pâte sablée contient de l'œuf en plus. Elle est plus croustillante et convient bien aux tartes aux fruits et aux... sablés !
3. Avant de mettre une pâte dans le réfrigérateur, enveloppez-la dans du film adhésif ou dans un sachet de plastique alimentaire. Elle pourra s'y conserver 3 jours.
4. Pour faire cuire une pâte à blanc, étalez-la et garnissez-en un moule beurré. Couvrez d'une feuille d'aluminium, piquez de quelques coups de fourchette et parsemez de haricots secs. Faites cuire 10 min au four préchauffé, thermostat 7 (230 °C). Ensuite, retirez aluminium et haricots et prolongez la cuisson de 10 à 15 min jusqu'à ce que le fond de tarte soit blond.
5. Pour que le bord d'une tarte (ou d'un feuilleté) soit joliment doré, badigeonnez-le de 1 jaune d'œuf battu avec 1 cuil. à soupe de lait ou de crème liquide. S'il fonce trop pendant la cuisson, couvrez-le d'une feuille d'aluminium ménager.
6. Si vous préparez vous-même de la pâte feuilletée, faites-en toujours une grande quantité (500 g de farine et 500 g de beurre). Conservez le reste 4 jours au réfrigérateur ou congelez-le par paquets de 200 g : la durée de conservation dans le congélateur est de 3 mois.
7. Pour qu'un feuilleté gonfle bien et régulièrement à la cuisson, coupez la pâte en veillant à tenir le couteau à la verticale.

Pâtisserie

1. Margarine et matières grasses végétales donnent d'excellents résultats dans la fabrication des petits gâteaux, des biscuits, des cakes et des pains enrichis. Elles permettent aussi une meilleure conservation car elles ne rancissent pas aussi rapidement que le beurre.
2. Si vous êtes en panne de farine à gâteaux, utilisez de la farine ordinaire (type 45, idéale pour le pain ou les gros gâteaux, ou 55, très pure et blanche, parfaite pour la pâtisserie fine) que vous additionnerez de levure chimique et de sel : pour 250 g de farine, comptez 1 1/2 cuil. à café de levure et 1/2 cuil. à café de sel de mer fin.
3. De même, si vous voulez confectionner du pain, faites tiédir 10 cl de lait ou d'eau en y ajoutant 1 cuil. à café de sucre en poudre et 1 cuil. à café de sel. Versez-y 1 sachet de levure de boulanger lyophilisée et laissez gonfler. Mélangez le tout à 250 g de farine ordinaire.
4. Pour obtenir 30 g de chocolat à cuire, mélangez 3 cuil. à soupe de cacao non sucré et 1 cuil. à soupe de beurre ou de margarine mous.
5. Pour obtenir 10 cl de lait entier, mélangez 5 cl de lait concentré non sucré et 5 cl d'eau ; si vous utilisez du lait concentré sucré, tenez-en compte et sucrez moins votre préparation.
6. Fouettez 2 jaunes d'œufs avec 1 cuil. à soupe d'eau pour remplacer 1 œuf entier.
7. 20 cl de miel liquide peuvent remplacer 250 g de sucre dans la préparation d'un gâteau, à condition de diminuer de 5 cl la quantité de liquide indiquée dans la recette.

Patron de couture

1. Si le patron que vous utilisez est en papier fin, repassez-le avant de le poser sur le tissu.
2. Protégez la table sur laquelle vous travaillez avec un morceau de carton bien lisse ou des journaux. Vous pourrez y épingler le tissu et le patron.

3. Un patron de jupe ou de pantalon classique peut être utilisé plusieurs fois. Roulez ensemble les morceaux d'un même patron et rangez-les dans un tube en carton.
4. Créez votre propre patron : décousez soigneusement un vêtement usagé que vous aimez, après avoir marqué des repères d'assemblage avec du fil à faufiler. Repassez chaque élément et coupez le nouveau tissu en suivant ce patron. Assemblez le tout selon les repères.

Peau grasse

1. Pour normaliser votre peau, évitez les aliments épicés et les matières grasses et buvez 1 litre d'eau par jour entre les repas.
2. En guise de lotion astringente, mélangez du vinaigre de cidre et du jus de citron avec un peu d'eau fraîche et aspergez-en votre visage. Épongez avec du coton hydrophile. En été, faites congeler la solution dans un bac à glaçons et passez-vous un glaçon sur le visage lorsque vous avez chaud.

3. Remplissez un vaporisateur d'eau tiède additionnée de 1 cuil. à café de sel, puis vaporisez-vous le visage et tamponnez-le avec une serviette. Pour un bain de vapeur rapide du visage, faites chauffer une serviette mouillée au micro-ondes et formez une petite tente autour du visage.
4. Mélangez 3 cuil. à soupe d'argile à 3 cuil. à soupe d'eau. Étalez ce masque sur le visage, laissez agir pendant 20 min, puis rincez à l'eau tiède. Vous pouvez aussi faire une pâte avec de la farine d'avoine et de l'eau. Laissez 10 min sur le visage.

Peau sèche

1. Baignez-vous dans de l'eau salée (1/2 verre de sel par baignoire) pour réhydrater votre peau, puis appliquez-vous une crème, un lait ou une lotion hydratante.
2. Pour fabriquer un masque hydratant, écrasez une banane et ajoutez-y 1 cuil. à soupe de miel. Laissez 15 min sur le visage et rincez à l'eau tiède.

Peau sensible

Si votre peau est facilement irritée par les intempéries, l'alcool, les cosmétiques, le rasage ou les tissus synthétiques, suivez les recommandations suivantes.
1. Évitez les savons alcalins, les masques faciaux, les crèmes de gommage exfoliantes, les astringents à base d'alcool et tous les produits à base d'acétone.
2. Prenez des bains tièdes ou froids et utilisez des savons surgras. Séchez-vous en tamponnant.
3. Les tissus naturels, qui respirent, sont préférables mais, si vous choisissez du synthétique, lavez le vêtement plusieurs fois avant de le porter pour en éliminer les irritants potentiels.
4. Ne croyez pas que tous les produits marqués « peaux sensibles » soient bons pour vous. Pratiquez un essai à l'intérieur du bras tous les jours pendant 1 semaine.
5. Choisissez de préférence des produits contenant de la vaseline, de l'allantoïne ou de l'oxyde de zinc.

Peigne

1. Les peignes en bois n'engendrent pas d'électricité statique.
2. À défaut de peigne, utilisez une fourchette en plastique jetable.
3. Pour les cheveux naturellement frisés ou permanentés, utilisez un peigne à dents écartées. Pour donner du volume aux cheveux frisés, soulevez-les avec le manche du peigne, un crayon ou un stylo.

Peinture

1. Pour cacher les surfaces contiguës aux encadrements de fenêtres ou aux moulures que vous peignez, utilisez une lame de store vénitien, une règle plate en plastique, en bois ou en métal ou un carton mince.

2. Étalez une bâche en plastique sur le sol d'une pièce que vous repeignez. Recouvrez-la de feuilles de papier journal, qui absorberont les gouttes de peinture.
3. Plus une peinture est brillante et plus elle fait ressortir les défauts du support sur laquelle elle est appliquée. Si vous laquez un mur, soignez sa préparation : avant de le peindre, repérez-en les défauts en l'éclairant en lumière rasante.
4. Protégez les vitres en collant du ruban adhésif sur le pourtour au ras des éléments en bois. Retirez-les avant que la peinture ne soit sèche... Mais attendez qu'elle le soit avant de nettoyer les carreaux.
5. Avant de repeindre une surface laquée, lessivez-la et poncez-la avec un abrasif très fin pour que la peinture puisse s'y accrocher.
6. Pour empêcher une peau de se former en surface de la peinture, fermez le couvercle hermétiquement et, si le couvercle n'est pas déformé, rangez

le pot en le retournant : la peinture empêchera l'air d'entrer. Ou posez un film alimentaire à la surface de la peinture avant de fermer le pot. (Voir aussi Rouleau à peinture, p. 201 ; Solvant pour peinture, p. 206.)

PEINTURE ÉCAILLÉE

1. Ôtez la peinture qui s'écaille avec un couteau à mastic large, une spatule de cuisine ou même une vieille carte de téléphone.
2. Pour atteindre de la peinture qui s'écaille au plafond, fixez un couteau à mastic ou une spatule à un manche à balai avec du ruban adhésif. Remplacez ensuite par un pinceau ou un rouleau pour peindre.

3. Enlevez de la peinture qui s'écaille sur du métal avec de la laine d'acier ou une brosse métallique. Passez une couche d'apprêt pour métal et une peinture antirouille.

Pelle

1. Si vous charriez du mortier ou du béton à la pelle (ou si vous bêchez dans une terre collante), nettoyez le fer de l'outil en cours de travail pour qu'il reste efficace. Fabriquez une curette de maçon avec une cuillère à soupe : écrasez-la au marteau et coupez-la au milieu en travers de la partie ovale. Repliez le manche pour l'accrocher à votre ceinture ou à un râtelier (voir dessin).

2. Faites une pelle chasse-neige en fixant une plaque de contreplaqué (qualité CTB-X) de 20 cm × 50 cm sur un râteau large et solide. Renforcez la base en contact avec le sol par une cornière métallique en U insérée sur le chant de la plaque.
3. Faites une pelle à neige pour les petits déblaiements rapides. Coupez le fond d'un bidon en plastique de 5 litres, puis découpez-le en biais sous la poignée. Vous aurez une pelle solide et facile à saisir.

Pellicule photo

1. Stockez les pellicules au réfrigérateur dans une boîte en plastique fermant hermétiquement. Sortez-les de 2 à 3 h avant de les utiliser pour les remettre à température ambiante.
2. Emportez des enveloppes de développement toutes préparées quand vous partez en vacances. Expédiez une pellicule terminée pour la faire développer, mais ne la mettez pas dans une boîte aux lettres extérieure en été : elle subirait un coup de chaleur qui risquerait de la détériorer.
3. Ne laissez pas votre appareil en plein soleil (en plein air ou dans une voiture). Votre pellicule serait endommagée (votre appareil aussi).
4. Le système de rembobinage de l'appareil se bloque ? Sauvez la pellicule. Installez-vous dans une pièce sombre, mettez l'appareil sur une table et faites une chambre noire avec une veste ou un manteau épais et foncé : enfilez le vêtement par-devant, puis, tout en laissant les bras dans les manches, posez-le sur l'appareil photo. Recouvrez-le bien. Ouvrez l'appareil en prenant soin de ne pas soulever le vêtement, ôtez le film et rembobinez-le à la main.

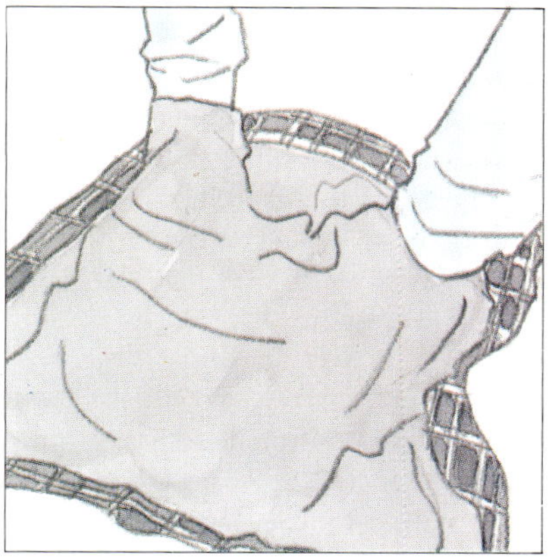

5. Pour bien enclencher la pellicule lorsque vous chargez votre appareil, maintenez avec le pouce la languette accrochée sur les dents du rouleau entraîneur ; de l'autre main, rembobinez le film avec la manivelle, jusqu'à ce qu'il soit tendu. Fermez l'appareil et faites avancer le film normalement 2 fois de suite : le bouton de rembobinage doit tourner. Sinon, rembobinez doucement, le bouton doit finir par opposer une légère résistance qui prouve que la pellicule est bien accrochée. Si vous l'entendez se décrocher, arrêtez aussitôt, faites 2 tours de manivelle en arrière pour la détendre, ouvrez l'appareil et recommencez le processus de chargement.

Pelouse

1. Aérez souvent votre pelouse pour permettre à l'eau et aux engrais de parvenir jusqu'aux racines. Pour les petits gazons, tondre avec des chaussures de golf suffit. Procurez-vous un rouleau équipé de pointes pour aérer les plus vastes surfaces. Procédez une première fois au printemps, une autre fois en fin d'automne. En sol lourd, épandez quelques pelletées de sable, puis faites-le pénétrer avec un râteau-balai. Après quelques pluies, il comblera les trous laissés par l'aérateur,

les empêchant de se reboucher tout en permettant le drainage des eaux de pluie.
2. Évitez l'asphyxie des racines de votre gazon en supprimant l'enchevêtrement superficiel qu'elles forment sur les pelouses âgées. Louez un scarificateur : cet outil, mécanique pour les petites surfaces, motorisé pour les grandes pelouses, est équipé de couteaux qui tranchent le gazon sur 3 ou 4 cm d'épaisseur. Votre pelouse retrouvera rapidement une nouvelle vigueur.

PLACAGE

1. Pour réaliser une pelouse en quelques heures, utilisez du gazon en placage, vendu en rouleau prêt à poser dans toute bonne jardinerie. Avant de dérouler le gazon comme une moquette, préparez soigneusement le sol : bêchez, supprimez cailloux et mauvaises herbes, puis nivelez minutieusement sans tasser. Humidifiez le sol préparé et déroulez le placage en joignant les lés bord à bord. Roulez pour supprimer les poches d'air entre les racines du gazon et la terre du jardin et arrosez abondamment. Évitez de marcher sur le gazon plaqué avant sa reprise complète sous peine de déplacer les lés. Si, toutefois, vous avez à le traverser, circulez sur des planches que vous retirerez après votre passage.
2. La technique du placage convient aussi au rapiéçage local de votre pelouse. Récupérez quelques carrés d'herbe lorsque vous mettez en culture un nouveau coin du jardin. Coupez-les en carrés de 30 cm de côté avec une bêche bien aiguisée. Grattez la terre qui adhère aux racines pour obtenir une épaisseur de 5 cm, puis rangez ces carrés à plat dans un endroit ombragé du jardin. Ils peuvent ainsi patienter de 3 à 4 semaines avant la mise en place si vous les arrosez bien. Préparez les endroits à rapiécer en creusant le sol sur 10 cm de profondeur. Découpez les morceaux de gazon à la taille des trous, placez-les à plat, tassez. Sur les côtés du gazon plaqué, glissez quelques poignées de terreau frais : il empêchera les racines de sécher. Arrosez bien jusqu'à la reprise.

RESTAURATION

Voici différentes méthodes pour restaurer une pelouse.
1. Pour détruire les mousses qui envahissent peu à peu les zones de terre acide ou mal drainée, épandez du sulfate de fer. Laissez noircir, puis grattez l'emplacement à l'aide d'un râteau-balai. Décompactez légèrement la surface du sol avec le râteau ou le croc, nivelez. Semez des graines adaptées à l'exposition de l'emplacement : les mélanges riches en fétuque élevée exigent moins d'entretien. Épandez les graines, puis tassez au pied ou au rouleau à gazon. Maintenez humide pour favoriser une levée homogène.
2. Rectifiez la planéité de votre pelouse en bouchant les trous qui se forment avec le temps. Tondez ras, puis mélangez sable, terre de jardin et terreau dans la brouette. Remplissez le trou, tassez fermement et recommencez l'opération, jusqu'à ce que le niveau du mélange ait atteint la surface du gazon. Semez dense et enfouissez superficiellement les graines au râteau-balai. Maintenez humide jusqu'au regarnissage de la zone.
3. Pour restaurer les zones pelées ou dégarnies, décompactez légèrement le sol avec le râteau sur toute la zone tondue court auparavant. Semez, en croisant, les volées de graines. Roulez ou tassez l'emplacement avec les pieds, puis arrosez et maintenez humide jusqu'à la levée.

Pelouse à l'ombre

1. Pour obtenir et conserver une belle pelouse à l'ombre, choisissez bien le mélange de graines à semer. En sol sec, optez pour les mélanges riches en fétuque rouge demi-traçante ou élevée. En région froide et humide, les fétuques rouges gazonnantes, traçantes ou demi-traçantes donnent de bons résultats.
2. Pour accroître la luminosité, taillez un peu les arbres qui font de l'ombre : supprimez jusqu'à 40 % des rameaux situés à l'aplomb de l'emplacement.
3. Réglez la hauteur de coupe de la tondeuse à 5 cm de hauteur pour une pelouse ombragée. Vous laisserez plus de surface aux feuilles pour piéger la lumière. Si vous préférez tondre plus ras, arrosez la pelouse après votre passage.
4. Arrosez sans faute, de mai à octobre. Au printemps, la rosée du matin suffit à abreuver les graminées. Durant l'été, arrosez le soir, copieusement plutôt que par petites quantités : la terre doit être mouillée sur environ 10 cm d'épaisseur. (Voir aussi Pelouse, p. 165.)

Peluches sur les vêtements

1. Ne lavez pas et ne rangez pas des vêtements ou des tissus pelucheux avec d'autres pièces de linge.
2. À défaut de brosse, enroulez une large bande adhésive d'emballage sur la main, côté adhésif à l'extérieur, et passez-la sur le vêtement.

3. Les peluches sur les vêtements s'enlèvent plus facilement avec une brosse à habit légèrement humide.
4. Ôtez les peluches sur du velours avec une éponge un peu humide. Sur de la laine, prenez une éponge sèche.
5. Si vous avez un sèche-linge, passez-y, à sec et sur position « tiède » ou « synthétique », vos vêtements

pelucheux ou souillés par des peluches. Nettoyez le filtre plusieurs fois en cours d'opération.

Perceuse

1. Pour limiter la profondeur d'un trou à percer, faites un repère sur la mèche avec une bague de ruban adhésif ou marquez-la avec du vernis à ongles. Autre possibilité : percez une cale en bois et enfilez-la sur la mèche en ne laissant dépasser que la longueur de mèche égale à la profondeur du trou à percer.

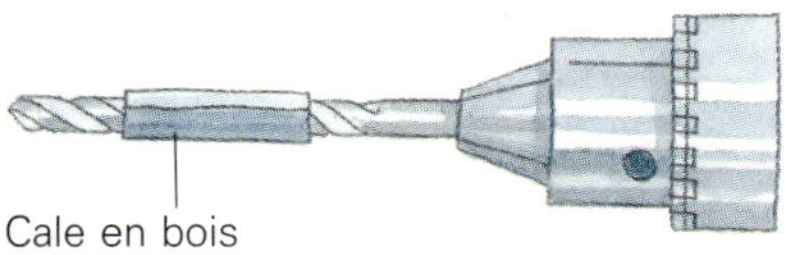

2. Si vous n'avez pas de perceuse à main ou électrique ni de vilebrequin, vous pouvez quand même faire des trous dans du bois ou du plastique. Prenez une vrille pour faire un avant-trou, puis tentez l'une de ces solutions.

• Prenez une mèche à bois hélicoïdale avec une queue à extrémité carrée, maintenez-la d'une main puis faites-la tourner avec une clé plate placée sur le collet carré.

• Faites tourner la mèche à la main avec une poignée de porte enfoncée sur l'extrémité carrée.

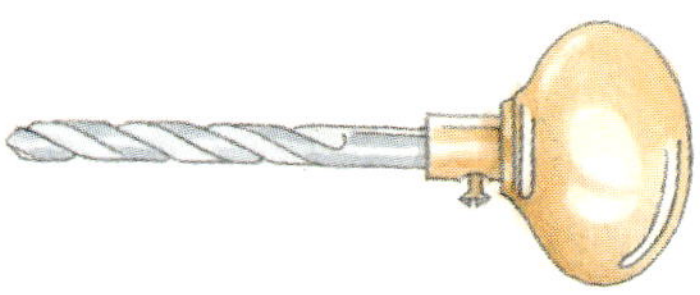

• Utilisez des mèches à queue hexagonale pour visseuse-dévisseuse et faites-les tourner avec une clé à pipe. Elles existent en plusieurs diamètres (de 3 à 10 mm).

Perdu dans la forêt

Si vous êtes perdu dans les bois, ne continuez surtout pas à marcher : restez tranquille et essayez de faire des signaux pour que l'on vienne à votre secours. Trouvez une façon d'envoyer un S.O.S. à l'aide de 3 signaux consécutifs : des cris, des coups de sifflet ou des colonnes de fumée, par exemple. S'il fait beau, utilisez un miroir pour envoyer des signaux lumineux. À défaut de miroir, prenez une lame de couteau, un morceau de verre (vos lunettes, par exemple) ou n'importe quelle surface réfléchissante.

Si vous devez absolument vous en sortir seul, commencez par vous asseoir. Orientez-vous en essayant de vous rappeler le dernier endroit où vous connaissiez encore votre position. Tâchez de vous souvenir des points de repère, un rocher ou un arbre, par exemple, entre cet endroit-là et le lieu où vous êtes maintenant.

Choisissez une direction, et n'en changez pas, en utilisant une boussole (voir aussi Orientation, p. 157) ou en marchant d'un point de repère à un autre. Dans ce dernier cas, trouvez-en 2 dans la direction où vous souhaitez aller, à bonne distance l'un de l'autre. Avant d'atteindre le premier, cherchez-en un troisième au-delà du deuxième, et ainsi de suite.

À mesure que vous marchez, regardez derrière vous pour vous souvenir de la géographie des lieux, au cas où vous devriez rebrousser chemin. Si vous vous arrêtez pour vous reposer, installez-vous face à la direction choisie. Si vous faites un petit somme, tracez une flèche dans la poussière pour ne pas perdre le cap.

Perles

1. Enfilez des grosses perles sur un cordon formé par 2 ou 3 fils de pêche.

2. Si vous utilisez du cordonnet, passez du vernis à ongles incolore à l'un des bouts et laissez sécher avant d'enfiler les perles.

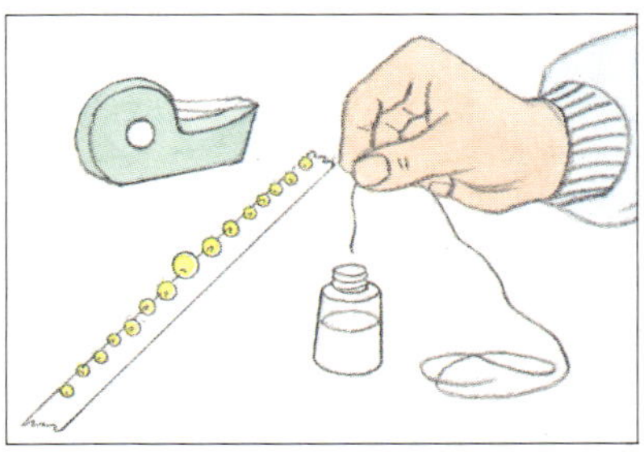

3. Gardez dans l'ordre des perles de tailles différentes pour les enfiler plus tard, en les collant sur un morceau de ruban adhésif, ou déposez-les dans la pliure d'un magazine ouvert.

Perruque, postiche

1. Récupérez vos cheveux longs après les avoir coupés et faites-en faire un postiche parfaitement assorti : natte, chignon, bandeau, etc.

2. Lorsque vous achetez une perruque, choisissez-la avec des cheveux longs et faites-la coiffer ou couper selon votre goût dans un salon de coiffure renommé.

3. Si la chute des cheveux est la conséquence d'une maladie ou d'un traitement médical, l'achat d'un postiche peut être pris en charge, dans certaines circonstances, par la Sécurité sociale. Renseignez-vous auprès de votre caisse.

Personnes âgées

Beaucoup de personnes âgées souhaitent vivre chez elles le plus longtemps possible. Si vous souffrez d'un léger handicap de mobilité ou de santé, il existe différentes solutions d'aide à domicile.

1. Dans la plupart des communes, la mairie met à votre disposition une aide ménagère : elle peut faire un peu de ménage, préparer les repas et faire

les courses. L'aide sociale prend partiellement en charge ces services, en fonction des ressources dont vous disposez.
2. Si vous n'avez pas de famille à proximité de chez vous, vous pouvez vous faire livrer des repas tous les jours à heures fixes par un traiteur.
3. N'oubliez pas qu'il existe des systèmes d'alarme téléphonique qui permettent d'alerter un correspondant, simplement en appuyant sur un bouton, sans avoir à faire un numéro.
4. Si vous supportez très mal la solitude, essayez de contacter d'autres personnes seules et d'organiser des réunions, des visites ou des sorties au cinéma.
5. Ne négligez pas les clubs du 3e âge, qui sont un excellent moyen de rompre la solitude ; il en existe dans toutes les villes de moyenne importance.
6. Enfin, si la vie de famille vous manque trop, sachez qu'il existe des familles qui accueillent des personnes âgées, moyennant rémunération. Votre mairie est toujours le meilleur interlocuteur à ce sujet. (Voir aussi Maison de retraite, p. 141.)

Perte d'appétit

CHEZ L'ENFANT

Si un jeune enfant a perdu l'appétit, c'est peut-être parce qu'il grandit temporairement moins vite. Ne le forcez donc pas à manger. Donnez-lui la quantité qu'il désire aux repas, mais interdisez-lui les grignotages pendant la journée. Si son manque d'appétit se prolonge, emmenez-le chez le médecin.

CHEZ L'ADOLESCENT ET CHEZ L'ADULTE

1. Vérifiez que votre alimentation contient bien les quantités nécessaires de vitamine B et de zinc, qui stimulent l'appétit.
2. Essayez de manger plus vite pour « doubler » le cerveau : celui-ci vous signale que vous avez suffisamment mangé 20 min après le début du repas.
3. Consultez un médecin. Une perte d'appétit peut être causée par une maladie.
4. Chez une adolescente en particulier, la perte d'appétit peut être le symptôme d'une anorexie mentale. C'est une maladie grave qui nécessite les soins d'un spécialiste.

CHEZ LES PERSONNES ÂGÉES

1. Vers l'âge de 65 ans, certaines personnes perdent peu à peu le sens du goût et de l'odorat. Leur appétit s'en ressent. Stimulez cet appétit en variant les aliments et en les accommodant d'épices que l'on apprécie d'autant plus en vieillissant.
2. Dégustez chaque bouchée et mâchez lentement. Conserver un certain temps les aliments dans la bouche augmente leur contact avec les papilles gustatives et, par le pharynx, avec les récepteurs olfactifs du nez.

Perte de l'audition

1. Ménagez vos oreilles : baissez le son de la radio et de la télévision, évitez les endroits bruyants. Pour vous protéger d'un bruit excessif, mettez des tampons d'oreille en mousse vendus en pharmacie ou improvisez-en avec un morceau de coton. Lorsque vous utilisez du matériel bruyant, portez toujours des tampons ou un casque antibruit.
2. Un régime alimentaire pauvre en graisses permet de limiter la perte de l'ouïe due au vieillissement en luttant contre l'artériosclérose : celle-ci est un dépôt de graisse sur les parois artérielles, y compris celles qui alimentent l'oreille.
3. Passez vos médicaments en revue. Trop d'aspirine peut entraîner des bourdonnements d'oreille. Certains antibiotiques sont toxiques pour l'oreille et peuvent être responsables de surdité.

Perte de la vision

1. Vous trouverez des livres pour malvoyants, écrits en gros caractères, dans les bibliothèques municipales et dans les clubs du 3e âge. Il existe des cassettes audio de livres, et même de magazines, enregistrées par des professionnels ou par des bénévoles. Les textes lus par des comédiens sont toutefois beaucoup plus agréables à écouter.
2. On trouve maintenant de nombreux objets conçus avec de gros caractères : montres, combinés téléphoniques, thermomètres, machines à écrire et même logiciels d'ordinateur personnel. Des appareils pour agrandir sont également à la disposition des malvoyants. (Voir aussi Jumelles, p. 134.)

Perte d'emploi

La perte de son emploi est toujours difficile à vivre. Ne vous découragez pas. Trouvez-y un aspect positif : moment favorable pour réévaluer votre formation, point de départ vers une nouvelle carrière.
1. Connaissez vos droits. Votre employeur doit vous convoquer par lettre recommandée avec accusé de réception à un entretien préalable. Faites-vous assister par une personne de l'entreprise (délégué syndical, représentant du personnel) ou, à défaut, par quelqu'un choisi sur une liste consultable à l'inspection du travail ou à la mairie. Le licenciement doit aussi être notifié par lettre recommandée avec A/R au moins un jour franc après l'entretien.
2. Ne paniquez pas. Prenez quelques jours de vacances pour faire le point et vous reposer. Analysez vos possibilités et vos envies de retrouver vite du travail. Expliquez à votre famille et à vos proches votre nouvelle situation. Acceptez qu'ils vous aident à repartir du bon pied, mais refusez les mines attristées.
3. Inscrivez-vous sans tarder à l'ANPE. Entamez des recherches systématiques. Parcourez les petites annonces, contactez des entreprises et suivez la formation rêvée depuis longtemps : informatique, langues... (Voir aussi Investigations professionnelles, p. 127.)

Pesticides

1. Fruits et légumes contiennent le plus souvent des résidus de pesticides. Un lavage à l'eau en élimine déjà une partie, mais seul l'épluchage peut en venir à bout. Un inconvénient : la réduction de la quantité de vitamines et de nutriments.
2. Les fruits qui imposent l'épluchage pour leur consommation, tels que banane, orange, pamplemousse, bien qu'alors moins imprégnés, ne sont pas exempts d'une petite quantité de pesticide. Si vous ne voulez même pas ingérer ces minima, considérés comme inoffensifs, trouvez des producteurs qui partagent vos vues.
3. Attention ! Les produits biologiques risquent de présenter des résidus organiques aussi toxiques que les résidus chimiques. Procédez de toute façon au lavage.

Pétanque

Voici un petit lexique qui vous permettra de mieux comprendre ce jeu typiquement méridional.
Boules : elles sont en métal, mesurent de 7,05 à 8 cm de diamètre et pèsent de 620 à 800 g. 3 boules par joueur en tête à tête, 2 en doublette et en triplette.
Cochonnet : boule en bois de 25 à 35 mm de diamètre faisant office de but.
Doublette : équipe de 2 joueurs.
Partie : elle oppose 2 joueurs ou 2 équipes. L'un des joueurs trace le cercle de lancement et lance le cochonnet (ou but) à une distance de 6 à 10 m. La partie se joue en 13 points en triplette et en 15 points en doublette et en tête à tête.
Point : quand les boules ont été jouées, on marque 1 point pour chaque boule plus près du but que la boule la mieux placée de l'équipe adverse.
Pointer : le premier joueur cherche à placer sa boule le plus près du cochonnet : il pointe.
Tête-à-tête : 2 joueurs sont opposés.
Tirer : dès qu'une boule est en place, le joueur suivant tire.
Triplette : équipe de 3 joueurs.

Petits biscuits

1. Les pâtes à biscuits riches en beurre seront plus faciles à travailler si vous les laissez reposer 1 h à température ambiante avant de les mettre sur la plaque.
2. Choisissez une plaque à pâtisserie antiadhésive et ne la beurrez pas. À défaut, utilisez la plaque du four : beurrez-la aux 4 coins et couvrez-la d'une feuille de papier sulfurisé. Beurrez légèrement celle-ci avant d'y déposer la pâte. Une fois cuits, les biscuits se détacheront facilement.
3. Pour éviter que les petits biscuits ne brûlent en dessous, posez la plaque antiadhésive sur la plaque du four afin qu'ils soient préservés par la double épaisseur métallique.
4. Les petits gâteaux doivent cuire à 175-200 °C, dans un four préchauffé. Au-dessus, ils risquent de brûler sur leur pourtour et de rester mous au centre.
5. Pour que les petits biscuits restent croustillants, laissez-les refroidir sur une grille à pâtisserie, puis rangez-les dans une boîte métallique.
6. S'il vous reste des petits biscuits un peu mous, émiettez-les et faites-les griller au four. Ces miettes parfumées feront merveille sur des glaces, des salades de fruits ou des compotes.
7. Prévoyez la décoration de votre arbre de Noël : à l'aide d'emporte-pièces ou en vous servant d'un petit couteau pointu, créez des étoiles, des cœurs, des sapins ou des bonshommes. Percez un trou dans les biscuits

avant la cuisson et, lorsque ceux-ci sont froids, glissez-y un fil pour les suspendre.

Phobies

1. Toutes les phobies résultent d'une peur de perdre son contrôle. Pour venir à bout de la vôtre, n'essayez pas de la fuir ou d'échapper à la situation qui déclenche la crise d'anxiété. Acceptez votre phobie et tentez de la maîtriser. Regardez-la se produire et estimez son intensité sur une échelle de 1 à 10.
2. Si vous sentez une crise arriver dans un lieu public, essayez d'agir comme si vous n'étiez pas angoissé du tout. Respirez normalement, mais plus lentement. Concentrez-vous sur quelque chose, une vitrine ou un mode d'emploi imprimé sur un paquet.
3. Créez un rituel qui vous donne l'impression de maîtriser la situation. Si vous avez peur de prendre l'avion, par exemple, emportez à chaque fois un fétiche et asseyez-vous toujours à la même place.
4. Trouvez une personne compréhensive (de préférence quelqu'un qui s'est débarrassé de sa phobie) pour vous aider à venir à bout de la vôtre.
5. Faites des exercices de relaxation. (Voir aussi Stress, p. 208.)

Photo

1. Si vos photos se décolorent, c'est peut-être la faute de votre album. Les papiers et cartons des albums bon marché contiennent des traces de produits acides qui finissent par dégrader les colorants. L'effet est aggravé s'il y a des caches en plastique de mauvaise qualité sur la page. De plus, l'adhésif qui maintient les photos en place peut aussi être la cause de leur décoloration.
2. Conservez les photos auxquelles vous tenez dans des sacs en polyéthylène hermétiques (n'utilisez pas d'autres sortes de plastique) contenant chacun un sachet de cristaux qui absorbent l'humidité (comme celui

que vous avez trouvé avec votre nouvel appareil photo) ou utilisez les bouchons des tubes de comprimés effervescents : ils contiennent aussi des cristaux déshydratants.

3. Rangez les photos en couleurs à l'abri de la lumière (elle accélère la dégradation des colorants), de la chaleur et de l'humidité. Protégez les diapositives de la même façon. Évitez les greniers (trop chauds) et les sous-sols (trop humides).

GROS PLAN

1. Un fond encombré gâche une photographie. Un tissu de velours noir ou de couleur sombre dissimulera les éléments disgracieux ou un décor indésirable. Des fleurs photographiées sur un tel fond ressortiront mieux. Vous pouvez aussi placer derrière le sujet un grand miroir incliné qui reflétera le ciel et donnera un superbe fond bleu à votre photo.

2. Si vous ne possédez pas l'équipement nécessaire, vous pouvez placer sur l'objectif d'une caméra ou d'un appareil à visée reflex des lentilles additionnelles de 1, 2 ou 3 dioptries (ou plus) pour faire des gros plans. Elles ne coûtent pas cher mais elles donnent moins de « piqué » que des tubes rallonges ou un soufflet pour macrophotographie. L'effet des lentilles s'additionne (1 dioptrie + 2 dioptries = 3 dioptries), mais ne mettez jamais plus de 2 lentilles à la fois si vous voulez garder une bonne netteté d'image.

3. Faites vos photos en gros plan par un jour sans vent et gardez une position stable (voir Pied photographique, ci-après). Utilisez un film très sensible (200 ou 400 ISO), de façon à photographier à vitesse rapide (1/125 de seconde) tout en gardant une ouverture de diaphragme réduite pour avoir de la profondeur de champ.

TEMPS DE POSE

La plupart des appareils photo modernes ajustent automatiquement le temps de pose. Les plus sophistiqués le font correctement car ils sont pourvus de systèmes de correction. Un appareil « normal » peut faire des erreurs dans les cas où vous photographiez un sujet sombre sur un fond très lumineux ou, à l'inverse, un petit sujet bien éclairé sur un fond sombre. Dans ces cas difficiles, passez en réglage manuel, relevez les temps de pose (diaphragme et vitesse) indiqués par l'appareil quand vous visez les parties claires, puis les parties sombres. Faites une moyenne qui favorisera la partie qui vous intéresse et réglez l'appareil en vous référant à vos « savants » calculs.

Photo de famille

Si vos photos de famille présentent une galerie de visages figés aux sourires forcés, essayez d'améliorer vos prises de vue avec ces quelques trucs.

1. Évitez de faire poser les gens, personne n'est vraiment à l'aise devant un objectif. Photographiez vos sujets en action (arrosant des fleurs, levant un verre, à table, absorbés par un jeu, etc.). Si quelqu'un prend la pose, distrayez-le de l'objectif en le faisant parler.

2. Utilisez un téléobjectif si votre appareil vous le permet. Un portrait en gros plan intimide : un téléobjectif permet de le réaliser de loin. De plus, les proportions du visage seront mieux respectées.

3. Attention au décor. Des accessoires laids ou mal placés, des vêtements qui traînent, une table encombrée peuvent gâcher la plus séduisante des photos.

4. Les photographes professionnels se méfient du grand soleil. Faites comme eux, prenez plutôt vos portraits à mi-ombre, les contrastes seront adoucis et votre modèle ne fera pas de grimaces.

5. Lorsque vous photographiez quelqu'un en action, une fois la mise au point faite, prenez 2 ou 3 clichés rapides à la suite. En procédant ainsi, vous multipliez vos chances de saisir l'action au meilleur moment, l'expression ou le sourire idéaux. Prévoyez un nombre suffisant de pellicules pour un événement familial important.

6. Collez un carton léger au dos de vos photos et postez-les à vos amis. Ils seront ravis de se voir en carte postale.

Pied photographique

Pour remplacer un pied, prenez appui sur un sac rempli de graines ou de petits cailloux. Très malléable, il se moule parfaitement aux rochers, aux branches d'arbres et au rebord d'une portière de voiture. Utilisez-le pour les poses, pour les instantanés en faible lumière et les gros plans de fleurs au niveau du sol.

Fabriquez ou achetez un sac en toile fine d'environ 25 × 30 cm, cousez une fermeture à glissière ou une bande Velcro à l'une des extrémités en guise de fermeture. Emportez-le vide et remplissez-le de haricots secs, de maïs, de riz ou de petits cailloux ronds au moment de vous en servir.

Pieds

Trempez les pieds douloureux dans une cuvette d'eau chaude additionnée de 2 cuil. à soupe de sulfate de magnésie ou de 1 poignée de gros sel ; ou encore, frictionnez-les avec des glaçons, séchez-les, puis aspergez-les d'eau de Cologne. Massez-les en les faisant rouler sur une balle de tennis ou passez le poing fermé sous la voûte plantaire en appuyant.

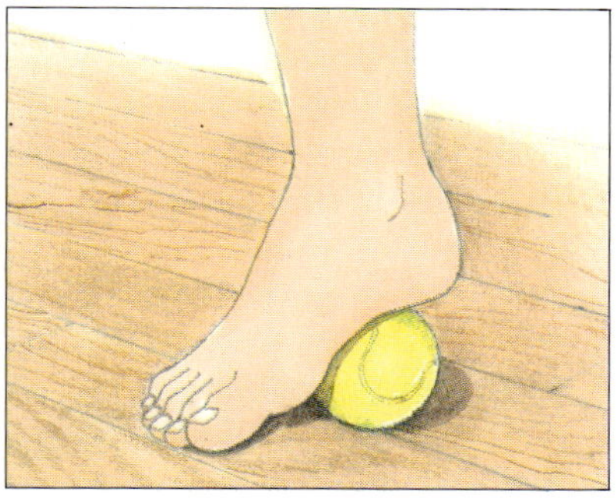

AMPOULES

Ne les percez pas, laissez-les se résorber. Appliquez 2 fois par jour une compresse imbibée de solution de Dakin et couvrez d'une compresse sèche.

CORS ET ŒILS-DE-PERDRIX

Poncez les cals avec une pierre ponce en sortant du bain. Ne coupez pas les cors, frottez-les avec une lime en carton. Couvrez un cor récalcitrant d'un pansement imbibé de quelques gouttes de solution d'acide salicylique à 10 %, ou d'un emplâtre à l'acide salicylique à 40 % ; au bout de 4 ou 5 jours, trempez le pied dans l'eau et voyez si le cor est suffisamment ramolli pour être enlevé. Dans le cas contraire, recommencez tout le traitement. **Attention !** Si vous êtes diabétique, adressez-vous à un professionnel.

OIGNON

Surélevez le pied et appliquez une poche de glace pendant 10 min. Recommencez 10 min plus tard et ainsi de suite, jusqu'à dissipation de la douleur ; ou encore, laissez le pied sous l'eau froide pendant 2 min.

ONGLE INCARNÉ

Trempez le pied 2 fois par jour dans une cuvette d'eau tiède additionnée de 1 cuil. à soupe de sulfate de magnésie. Imbibez un petit morceau de coton d'huile d'amande douce, glissez-le sous l'ongle incarné et fixez-le avec un pansement. Recommencez tous les jours, jusqu'à ce que l'ongle soit guéri.

PIED D'ATHLÈTE

1. Prenez un bain de pieds composé de 1 cuil. à soupe de solution de Dakin par litre d'eau. Appliquez entre les orteils, sur les zones rouges et aux endroits où la peau se décolle, un fongicide liquide 2 fois par jour pendant 1 mois.
2. Poudrez quotidiennement vos chaussettes et vos chaussures de fongicide.
3. Pour empêcher les mycoses de revenir, ayez toujours les pieds parfaitement propres et secs. Si vous transpirez beaucoup, poudrez l'intérieur de vos chaussettes de fongicide et changez-en 2 fois par jour. Chaussez-vous de sandales de douche dans le vestiaire de votre club sportif.

ODEUR

1. Prenez un bain de pieds froid, additionné de 2 cuil. à soupe de solution de Dakin par litre d'eau, tous les soirs pendant 10 min, en écartant les orteils. Si l'odeur persiste, augmentez la dose de produit (vous pouvez le remplacer par 30 cl de vinaigre dilués dans 4 litres d'eau). Si l'odeur régresse, espacez les bains de pieds.
2. Poudrez tous les jours vos pieds de bicarbonate de soude.
3. Portez des chaussures à semelle de cuir et des chaussettes en coton ou en laine fine : les fibres synthétiques favorisent la macération.
4. Changez de chaussettes tous les jours et ajoutez quelques cuillerées à soupe de vinaigre dans leur eau de rinçage.
5. Aérez vos pieds en portant des sandales ouvertes ou en restant pieds nus aussi souvent que possible.

Piéride du chou

1. Pour éloigner ces chenilles nuisibles, glissez un morceau de bas sur la tête des jeunes choux. Nouez le haut et tirez le bas vers le sol : il s'étirera en même temps que la plante grandira. Auparavant, vérifiez que les feuilles sont exemptes d'œufs ou de chenilles.
2. Quand les légumes sont encore humides de rosée, poudrez-les légèrement d'un mélange à parts égales de sel fin et de farine.

Pigeons

Pas de pitié pour les pigeons. Oubliez les gadgets qui font du bruit, les chats, les chouettes et les serpents gonflables, ils n'ont aucun effet sur ces nuisibles urbains.
1. Étalez, à la spatule, une mince bande de mastic aux silicones transparent sur le rebord extérieur de la fenêtre ou sur les endroits où vous ne voulez pas qu'ils se perchent. Quand ils voudront se poser, leurs pattes déraperont et ils reprendront leur envol.
2. Empêchez les pigeons de nicher dans les creux des murs et sur les rebords des fenêtres en recouvrant ceux-ci avec du treillage en plastique ou en métal plastifié.
3. Tendez un fil à pêche à 4 ou 5 cm au-dessus du rebord des fenêtres. Quand les pigeons voudront se poser, ils seront déséquilibrés et chercheront un autre perchoir ailleurs.

AU TEMPS JADIS

Pigeons messagers

Grâce aux pigeons, la poste aérienne vit le jour longtemps avant l'utilisation de l'avion : il y a quelque 2 500 ans, Cyrus, roi de Perse, se servait régulièrement de pigeons voyageurs pour envoyer des messages.

Un merveilleux instinct permet à ces oiseaux de retrouver le chemin de leur pigeonnier même lorsqu'on les lâche à des centaines de kilomètres (ce qu'un ornithologue moderne a défini comme « un des mystères classiques de la biologie »). On a pu établir qu'ils retrouvent leur chemin en s'orientant dans le champ magnétique terrestre, mais aussi en se repérant par rapport à la position du Soleil ou des étoiles dans le ciel. Les champions peuvent parcourir de 800 à 1 000 km dans une journée.

Ce minuscule messager à plumes a joué un rôle important dans l'histoire depuis l'époque de Cyrus.

Aux premiers jeux Olympiques, en 776 av. J.-C., un athlète put avertir son père de sa victoire en attachant un ruban pourpre à la patte d'un pigeon.

Plus tard, les Romains utilisèrent des pigeons pour relayer de place en place les résultats des combats de gladiateurs... et peut-être même pour faire des paris avant que les résultats n'arrivent par messager à pied. Certains affirment même que César conquit la Gaule avec l'aide de ces oiseaux vigoureux qui peuvent voler pendant près de 600 km sans nourriture ni eau.

En France les pigeons voyageurs participèrent à tous les conflits et certains « héros » reçurent des décorations militaires. Ils furent le principal moyen de transmission lors du siège de Paris en 1870-1871 ; ils s'illustrèrent à Verdun en 1916 et durant la Seconde Guerre mondiale. Depuis 1992, les élevages de pigeons voyageurs ne sont plus réglementés par le Ministère de l'intérieur, mais ils doivent être inscrits à une association colombophile rattachée à l'U.F.R.A.C.F.

Pile électrique

1. Si vous achetez vos piles à l'unité, allez dans un magasin où les stocks se renouvellent vite. Faites-les tester par le vendeur. Si vous les achetez sous plastique, contrôlez la date limite de mise en service inscrite sur l'emballage.

2. Cherchez le meilleur prix, il y a souvent peu de différences réelles entre les marques. Comparez les durées moyennes minimales d'utilisation inscrites au dos des cartons.

3. Choisissez des piles normales pour un emploi intermittent en éclairage ; des piles à grande capacité pour un usage fréquent en éclairage, radio, horlogerie et pour des jouets ; des piles à forte puissance pour les usages précédents et la radio FM, les appareils audio-vidéo, les calculatrices, etc., et des alcalines pour un emploi intensif avec les mêmes appareils et les flashs. En outre, elles ne coulent pas quand elles sont usagées.

4. Stockez les piles loin de toute source de chaleur. Ne les laissez pas au soleil. Rangez-les au réfrigérateur dans un sac en plastique pour les protéger de l'humidité et laissez-les se réchauffer à la température ambiante avant de les utiliser.

5. Enlevez les piles des appareils dont vous vous servez rarement. Mettez-les ensemble, serrées par un élastique, et rangez-les dans un sac en plastique, éloignées de tout objet métallique.

6. Pour alimenter des appareils fonctionnant sur piles par temps très froid, maintenez les piles au chaud dans votre poche jusqu'à ce que vous en ayez besoin.

7. Ne jetez pas les piles-boutons au mercure, rendez-les au vendeur.

Piments

1. Le suc des piments forts est très irritant ; portez des gants en caoutchouc lorsque vous les hachez et évitez tout contact avec les yeux et la bouche.

2. Pour peler facilement des piments, faites comme pour les poivrons : faites-les griller sur une flamme jusqu'à ce que la peau éclate, puis enfermez-les dans un sachet en plastique ou mettez-les dans un saladier couvert, pendant 15 min. Rincez-les ensuite sous l'eau courante : la peau partira très facilement.

Pinceaux

1. Pour éviter les coulures, trempez seulement l'extrémité du pinceau dans le pot. Enlevez l'excédent de peinture en essorant le pinceau sur un fil de fer tendu entre les attaches de l'anse.

2. Vous faites une pause ? Enveloppez vos pinceaux et vos rouleaux dans du plastique.

3. Pour une pause prolongée (1 nuit ou quelques jours) laissez vos pinceaux dans l'eau sans les nettoyer. Au moment de peindre, essorez-les avec un chiffon ou du papier absorbant.

4. Pour nettoyer un pinceau imprégné de peinture latex ou vinylique sèche, laissez-le tremper dans un mélange de vinaigre et d'eau à parts égales.

5. Après avoir peint, nettoyez vos pinceaux à l'eau ou au white-spirit (selon la peinture). Posez-les à plat ou suspendez-les. Ne les mettez pas en appui sur les poils, ils se déformeraient définitivement.

6. Préparez vos pinceaux pour les vernis en les utilisant une première fois sur un morceau de bois quelconque, puis nettoyez-les. Le peu de vernis qui restera à la base des poils les empêchera de se détacher.

7. Pour des objets difficiles à peindre comme les balcons et les grilles en fer forgé, ou des endroits étroits, confectionnez une moufle à peindre : enfilez un gant en latex, puis un gant de toilette ou un morceau de serviette éponge. Fixez-les avec un élastique autour du poignet.

8. Ne jetez pas un vieux pinceau aux poils endommagés, gardez-le pour épousseter les endroits difficiles.

Pipi au lit

1. Ne grondez pas un enfant qui a mouillé son lit, cela ne ferait que renforcer son sentiment de culpabilité. Ne laissez pas non plus ses frères et sœurs se moquer de lui. Au contraire, si une nuit se passe sans accident, complimentez-le.
2. Évitez de donner à boire à l'enfant juste avant qu'il aille au lit. Laissez-le boire modérément au dîner.
3. Avant d'aller vous-même vous coucher, emmenez-le aux toilettes.
4. Si l'énurésie persiste au-delà de 6 ans, consultez un pédiatre. Cela dénote souvent un problème psychologique.

Pique-nique

1. Vous n'avez pas de glacière ? Récupérez des boîtes en polystyrène chez votre poissonnier et lavez-les soigneusement. Rangez-y vos provisions en y plaçant des blocs réfrigérés ou des bouteilles remplies d'eau que vous aurez mis dans votre congélateur. Tenez les boîtes fermées par de grands élastiques en croix.
2. Emportez votre pique-nique dans des boîtes à chaussures de même taille. Retournez-les après en avoir enlevé le contenu, alignez-les et recouvrez d'une toile cirée pour avoir une table basse improvisée.
3. Une vieille table de bridge dont vous aurez coupé les pieds fera une bonne table de pique-nique.
4. Pour empêcher les mouches et les fourmis d'envahir les aliments, posez des cloches à fromage ou des cloches à melon en plastique sur les plats en attente d'être servis, ou recouvrez-les d'aluminium ménager ou de plastique alimentaire.
5. Si vous êtes sensible aux intoxications alimentaires, évitez la salade de pommes de terre, les poissons et les plats de pâtes lorsqu'il fait très chaud. Emportez plutôt de quoi faire des sandwichs sur place avec du pâté, de la viande en boîte ou du fromage. Utilisez de la moutarde, qui est un assez bon conservateur en raison de l'acide qu'elle contient.
6. Pour mieux conserver les sandwichs, congelez-les avant de les emporter. Vous pouvez également congeler les gâteaux et les yaourts aux fruits ; remuez-les bien pour que les fruits soient bien répartis dans le pot. Emplissez la glacière de glace. (Voir aussi Protection des aliments, p. 186).
7. Vous voulez réchauffer un plat, mais vous n'avez pas de feu. Soulevez le capot de la voiture, mettez le moteur en marche et posez le plat dessus : il chauffera assez facilement.

Piquets de tente

1. Transportez les piquets dans un sac à part pour éviter d'endommager la tente.
2. Des pointes d'aluminium de 15 cm font des piquets légers et bon marché.
3. Pour bien ancrer les cordes dans un sol sableux, nouez-les autour de bâtons ou de pierres, et enterrez-les.
4. Pour réduire la pression du vent sur un double toit, nouez des cordes élastiques comme indiqué sur le dessin. (Voir aussi Tente, p. 217.)

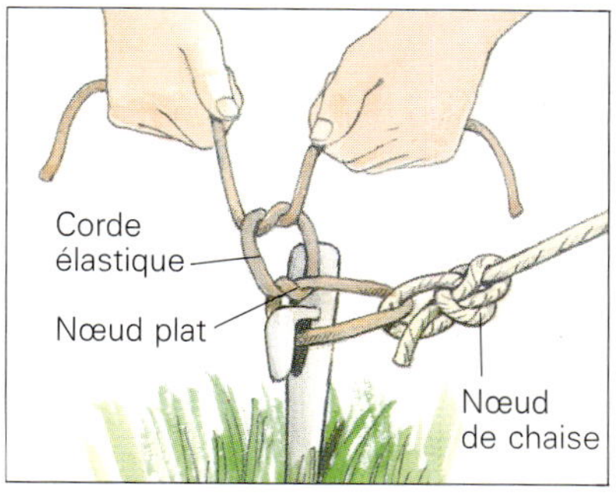

Piqûres d'animaux marins

1. Si vous vous apprêtez à séjourner au bord de la mer, prévoyez les produits suivants dans votre trousse à pharmacie : de l'alcool à 90°, du savon, une pommade antibiotique, une solution de silicate de zinc, de la trypsine, du coton, des compresses stériles, des pansements adhésifs imperméables, des pinces à épiler et à échardes et, si possible, des aiguilles intramusculaires à usage unique. Faites-vous prescrire une pommade à l'hydrocortisone et un antihistaminique.
2. Si vous ne savez pas par quoi vous avez été piqué, demandez au surveillant de la plage ou aux habitants quels sont les animaux que l'on rencontre dans cette zone. Traitez votre piqûre en conséquence.
3. Les piquants d'oursins peuvent transpercer les chaussures et les palmes. Quand l'un d'eux se plante dans la peau, il provoque une sensation de brûlure avec rougeur et œdème. Retirez tous les piquants visibles à la pince ou avec une aiguille stérile. Lavez à l'eau et au savon, puis appliquez une compresse bien chaude et une pommade antibiotique. Si des piquants restent inaccessibles, consultez un médecin.
4. Si vous êtes irrité après avoir frôlé des coraux, appliquez la solution de silicate de zinc. Si la peau est entamée, nettoyez-la au savon et à l'eau, puis laissez agir de l'eau oxygénée pendant quelques minutes. Appliquez la pommade antibiotique et la crème à l'hydrocortisone plusieurs fois par jour.

Piqûres de méduse

1. Rincez rapidement la peau à l'alcool à 90° ou avec un alcool fort (vodka, par exemple), ou encore avec du vinaigre, de l'ammoniaque dilué ou de l'urine. Vous pouvez également appliquer de la trypsine.
2. Retirez tous les morceaux de filament qui ont pu se planter dans la peau à la pince ou à la main, mais en portant des gants.
3. Passez de la crème à raser sur la peau et enlevez toutes les cellules urticantes qui ont pu s'y ficher avec un rasoir ou un couteau aiguisé, puis rincez comme décrit plus haut.
4. Appliquez une pommade à l'hydrocortisone jusqu'à disparition des rougeurs.
5. Pour réduire l'œdème, prenez des antihistaminiques par voie orale. Contre la douleur, préférez le paracétamol à l'aspirine (voir p. 24), cette dernière favorisant les hémorragies.
6. En cas de vertiges, nausées ou autres signes violents, appelez un médecin immédiatement.

Piqûres d'insectes

Les piqûres d'abeille, de guêpe ou de frelon ne sont dangereuses que si elles sont multiples (essaim...), si un insecte a planté son dard dans la gorge, ou encore si la victime est allergique. (Voir aussi Allergies, p. 14.)

FORME GRAVE

1. Appelez vite le SAMU (15) ou les pompiers (18).
2. En attendant, pour limiter l'œdème de la gorge, sucez des glaçons, la tête penchée en avant.

FORME BÉNIGNE

1. Ôtez le dard avec une pince à épiler, puis tamponnez la piqûre avec de l'ammoniaque, du vinaigre ou un antiseptique.
2. Contre la douleur, appliquez des glaçons ou une pommade anti-inflammatoire sur la piqûre.
3. Soulagez les démangeaisons en appliquant de la glace ou du vinaigre

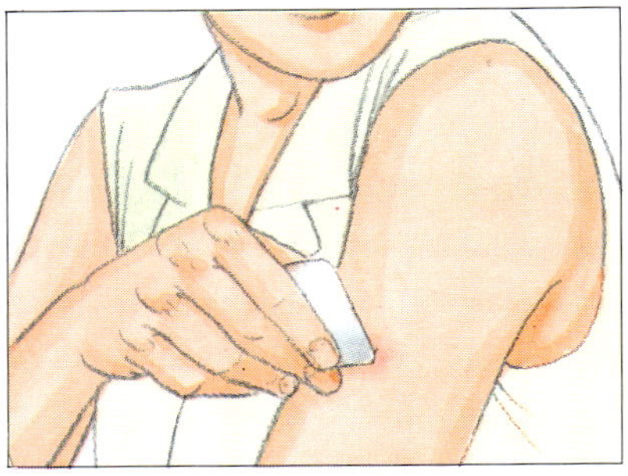

4 fois par jour durant 5 min. Laissez sécher la peau, puis adoucissez avec une pommade à l'hydrocortisone. Si la démangeaison est vive, s'il y a un œdème ou plusieurs piqûres, prenez un antihistaminique.

Piscine

1. Pour éviter l'usure du liner, découpez des morceaux de caoutchouc et placez-les entre le plastique de la piscine et les appuis de l'échelle.
2. Si la piscine en toile plastifiée des enfants a un petit trou ou une éraflure, laissez-la sécher et posez de chaque côté une pièce découpée dans un protège-cahier en plastique. Utilisez de la colle pour PVC souple.
3. Pour éviter l'introduction de boue et de graviers dans l'eau, placez une grande bassine en plastique remplie d'eau près de la piscine et demandez aux enfants de s'y rincer avant de sauter dans la piscine.
4. Voici un moyen facile de gonfler une piscine d'enfant : utilisez une pompe à pied ou électrique pour gonfler les pneumatiques, équipée d'un embout conique en plastique.

JEUX DANS LA PISCINE

1. Faites flotter dans l'eau une chambre à air de bicyclette gonflée et utilisez-la comme cible pour des balles.
2. Vous aimez le basket-ball aquatique ? Fixez de grandes équerres au dos d'un panneau standard. Équipez-le d'un cerceau et d'un filet en Nylon. Attachez le tout à l'extrémité du plongeoir avec des serre-joints.
3. Laissez les petits enfants aller à la pêche : confectionnez des petits poissons avec des boîtes en métal, collez une bande de ruban adhésif sur le pourtour et attachez des queues en plastique de couleurs vives. Faites des cannes à pêche avec de petits aimants en guise d'hameçons. **Attention !** Ne laissez pas les enfants jouer autour d'une piscine sans surveillance. Videz tous les jours une petite piscine quand elle n'est pas utilisée et enlevez les équipements de jeux.

Placard

1. Vos placards doivent accueillir des choses usuelles plutôt que des rangements à long terme. Débarrassez-vous des objets dont vous ne vous servez pas ou stockez-les dans votre grenier ou dans votre cave à l'abri de l'humidité.
2. Suspendez à une patère, près de la porte, les manteaux encombrants.
3. Dissimulez des étagères ouvertes en haut d'un placard, en installant un rideau ou un store décoratif. (Voir aussi Porte de placard, p. 181.)
4. Pour maintenir vos placards propres et parfumés, placez-y des flacons de parfum vides et ouverts, ou des savonnettes dont vous aurez ôté l'emballage. Confectionnez des sachets d'antimites avec de la lavande, des grains de poivre entiers, des copeaux de cèdre ou un mélange moitié romarin, moitié menthe sèche. Vous trouverez ces ingrédients dans des magasins de produits biologiques ou dans les pharmacies vendant des plantes séchées. Utilisez des sachets pour dragées ou fabriquez-les avec des collants, des bas ou des morceaux de mousseline cousus. Vous pouvez aussi suspendre une orange piquée de clous de girofle dans un petit filet.

Placard à linge

1. Pliez et rangez la literie et les serviettes de bain par parure et non par taille. Vous pourrez ainsi saisir un ensemble complet au lieu de chercher dans plusieurs piles.
2. Empêchez le linge de table de se froisser en installant une tringle sous une étagère basse et suspendez-le sur

des cintres capitonnés avec les cylindres en carton de rouleaux de papier absorbant.

Placements

Vous avez des petites économies à faire fructifier ? Vous pouvez investir dans l'immobilier, acheter des actions, ouvrir des comptes épargne... Choisissez la bonne formule.

1. Prenez plusieurs avis. Analysez les avantages et les inconvénients de chaque formule.

2. Méfiez-vous des propositions alléchantes trop insistantes à «saisir» immédiatement.

3. Décidez, après mûre réflexion, en fonction de vos besoins et de vos compétences de gestionnaire.

LES ORGANISMES

Le choix du partenaire à qui vous allez confier vos économies est aussi important que la formule de placement elle-même.

1. Les SGP (sociétés de gestion de portefeuilles), mandatées par leurs clients, gèrent les portefeuilles de valeurs mobilières, de contrats à terme, de produits financiers. Elles doivent avoir l'agrément de la Commission des opérations de Bourse.

2. Les banques et maisons de titres : vous êtes connu à votre banque et l'on peut vous conseiller. Vous pouvez surveiller vous-même votre portefeuille, la banque assurant la garde de vos titres, ou bien mandater votre banquier, qui gérera vos affaires.

3. Les sociétés de Bourse, indépendantes ou associées aux banques, gèrent plutôt les gros portefeuilles. Assurez-vous de leur sérieux. Le remisier, auxiliaire des sociétés de Bourse, s'intéresse à des portefeuilles plus modestes.

4. Enfin, la faune des indépendants, conseillers en investissements, placements et autres affairistes et démarcheurs financiers aux activités non réglementées, est à aborder avec une prudence extrême.

LE SAVIEZ-VOUS ?

À propos d'argent

C'est à la déesse Juno Moneta, dans le temple de laquelle les Romains de l'Antiquité frappaient la monnaie, que nous devons le mot monnaie.

Le troc est pourtant le plus ancien système d'échange : étoffe contre chameau, lait de brebis contre baies fraîches ; puis, sous forme de mesure matérialisée, blocs de thé comprimés au Tibet, grains de cacao chez les Aztèques... Ensuite, les cauris, petits coquillages fétiches, et les joyaux imaginés par les Chinois se répandirent largement.

Les plus anciennes monnaies métalliques, lingots ou talents, vers 1400 av. J.-C., pesaient près de 25 kg. En Asie Mineure, vers 650 av. J.-C., on commença à en estampiller des fragments pesés. Les anciens « statères » ne portaient aucune gravure, puis une seule face fut frappée. Corinthes, Athènes devinrent les maîtres dans l'art de battre la monnaie... qui se répandit alors très rapidement.

Plafond

1. Les dalles acoustiques peuvent habiller un plafond abîmé. Après avoir gratté les parties friables, posez-les avec des plots de colle-mastic adaptée au matériau constituant les plaques. Commencez la pose en partant de l'attache du lustre.

2. Un plafond suspendu ou un faux plafond cachent les fils électriques, les tuyaux ou tout autre objet non décoratif. Les panneaux se retirent très facilement en cas de besoin de réparation. Pour personnaliser votre plafond, remplacez les dalles normales par des panneaux de contreplaqué verni ou d'autres matériaux.

3. Du papier peint au plafond ? Pourquoi pas. Auparavant, bouchez les trous et les fissures, grattez la peinture écaillée, puis poncez. Fixez une planchette au bout d'un manche à balai sur laquelle vous poserez le papier encollé plié en accordéon. Votre aide tiendra ce « porte-papier » en reculant au fur et à mesure que vous collerez le lé de papier.

4. Même repeintes, les taches d'eau réapparaissent après quelques jours. Passez d'abord un durcisseur de fond avant d'appliquer la peinture... et supprimez la cause des taches d'eau.

5. Laquez les plafonds des salles de bain et des cuisines, leur nettoyage sera ensuite plus aisé.

6. Si vous jugez votre salon un peu froid, posez des poutres en bois au charme rustique. Il existe de fausses poutres en polyuréthanne, légères et faciles à installer, qui imitent très bien les vraies.

7. Nettoyez des plafonds qui présentent des aspérités avec la brosse de l'aspirateur pour éviter d'endommager la surface, ou balayez-les avec un balai à soies douces.

Plainte

Vos tentatives d'arrangement amiable sont sans succès, vous décidez de porter plainte. Attention, les voies de la justice sont lentes, souvent impénétrables et coûteuses. Choisissez la bonne juridiction.

1. La procédure civile pour faire annuler un contrat, être remboursé, recevoir des dommages-intérêts... Adressez-vous au tribunal d'instance.

2. La procédure pénale si vous voulez faire payer l'amende contre la loi à un commerçant fraudeur. Portez plainte auprès du procureur de la République au tribunal de grande instance.
3. La procédure administrative si vous avez un litige avec la Sécurité sociale, les Assedic ou les Impôts. Écrivez au tribunal administratif.
4. Pour un litige n'excédant pas 13 000 F, le plus astucieux est le recours à la saisine simplifiée du tribunal d'instance. L'accès est gratuit et sans recours obligé à un avocat.

LA DÉCLARATION

Adressez, ou remplissez sur place, le formulaire que vous trouvez au greffe (secrétariat) du tribunal d'instance proche de chez vous (un par canton, par arrondissement). Précisez aussi clairement que possible :
1. le nom, ou la raison sociale, et l'adresse des deux parties ;
2. l'objet de la demande en quelques lignes.

L'ENREGISTREMENT

1. Le greffier enregistre directement votre demande. Il peut aussi vous orienter et vous guider dans les arcanes des différentes procédures.
2. Il convoquera directement les intéressés par lettre recommandée avec A/R et courrier simple.

LE DOSSIER

Réunissez copie du contrat, courriers successifs et tous éléments de preuve (factures, tickets de caisse, etc.). Faites-vous aider au besoin par une association de consommateurs.

À L'AUDIENCE

1. Soyez présent dès le début de la séance. L'affaire d'un absent sera jugée quand même, « par défaut ». Mettez toutes les chances de votre côté.
2. Vous défendrez vous-même vos droits, oralement et face à votre adversaire, ou à l'aide d'un avocat, d'un conjoint, parent ou allié. Soyez clair et précis.
3. L'une et l'autre partie pouvez faire une demande « incidente », c'est-à-dire reconsidérer les données.
4. La décision peut être rendue sur-le-champ ou en délibéré. La notification du jugement vous sera envoyée par courrier.

Plancher grinçant

1. Répandez du talc dans les interstices des planches qui grincent, ou versez-y de la cire liquide.
2. Déplacez vos meubles de temps en temps de manière à ne pas toujours passer dans la pièce par les mêmes endroits.
3. Si vous avez accès au plancher par en dessous, enfoncez de minces cales de bois dur entre les planches qui grincent et la solive.

Pour empêcher les cales de bois de glisser, appliquez de la colle des deux côtés.

Plancher, parquet

1. Sur des planchers cirés, ôtez les taches de nourriture avec un chiffon humide ; les taches d'eau avec de la laine d'acier extrafine et les marques de talon ou de crayon gras avec de la laine d'acier imbibée d'essence de térébenthine ou d'essence minérale. Pour les taches d'alcool, employez de l'huile de lin bouillie, du produit pour cuivre ou argenterie ou un chiffon imbibé d'ammoniaque. Éliminez du chewing-gum ou de la bougie en posant dessus un glaçon dans un sac en plastique, puis grattez avec l'ongle ou un couteau à lame ronde. Éliminez les taches de gras en versant dessus du détergent liquide. Après séchage, encaustiquez le plancher si c'est nécessaire.
2. Comblez les fissures élargies entre les lames de parquet avec une pâte de vernis et de sciure très fine, teintée de la couleur du plancher.
3. « Gommez » les rayures légères de la couche d'usure d'un parquet flottant ou collé en les frottant avec de la cire en pâte sur un coton à lustrer. Sinon, frottez-les avec de la laine d'acier extrafine imbibée de produit à polir les métaux, puis avec un chiffon imprégné du même produit. Éliminez les traces de produit au chiffon sec puis passez une légère couche de cire incolore.
4. Si vous renversez du vernis à ongles sur un parquet, laissez-le sécher, puis décollez-le. S'il en reste, nettoyez avec du dissolvant.
5. Ne nettoyez pas un parquet à grande eau, cela le déformerait et même le ferait pourrir. Prenez un balai à franges, enveloppé si nécessaire d'un chiffon doux et humide, mais essoré.

Plantes d'intérieur

La clé du succès pour le jardinage d'intérieur, c'est de trouver les plantes adaptées à la luminosité de votre logement, à sa température et à son humidité ambiante durant l'hiver. Car, à l'inverse de nous, qui passons douillettement l'hiver à la température du chauffage central, les plantes exotiques souffrent. Originaires de climats où forte luminosité, tiédeur et humidité atmosphérique vont de pair toute l'année, elles supportent mal l'alternance brutale de nos saisons. À vous de leur aménager un espace aux abords d'une fenêtre bien exposée, loin d'un radiateur, des sources de poussière et des courants d'air. Un humidificateur électrique sera le bienvenu si vous cultivez de nombreuses plantes. Équipez-vous également d'un pulvérisateur, qui vous permettra de brumiser régulièrement les feuillages pour leur procurer un peu de fraîcheur et compenser la sécheresse de l'air. Pour compléter la luminosité naturelle dans une pièce sombre, installez à 1 m des plantes des ampoules dites « physiologiques », vendues en jardinerie. Allumées toute la journée, elles évitent aux plantes de se déformer en s'étirant vers la fenêtre.

ORIENTATION

Tous les végétaux poussent en direction de la lumière. Pour que vos plantes vertes placées non loin d'une fenêtre conservent une silhouette équilibrée, tournez-les régulièrement de 90°, toujours dans le sens contraire des aiguilles d'une montre : une fois par mois durant l'hiver, tous les 4 à 5 jours du printemps à l'automne. Ne bougez pas une plante qui prépare sa floraison, le changement brutal de lumière peut faire chuter les boutons.

ENGRAIS

N'utilisez pas vos engrais potagers sur les plantes d'intérieur. Les doses à diluer diffèrent et, surtout, les éléments chimiques qui les composent. L'azote, symbolisé par la lettre N sur les emballages, est présent en faible dosage dans les engrais potagers et fruitiers. Il est majoritaire dans les fertilisants pour plantes exotiques puisqu'il favorise le développement du feuillage et des tiges. La potasse (K) permet à la plante d'accumuler des réserves ; les engrais potassiques sont plus spécialement destinés aux bulbes potagers et ornementaux (pomme de terre, amaryllis, caladium...). L'acide phosphorique (P) renforce la robustesse et la quantité de racines, ainsi que la fécondité des végétaux. Pour accentuer l'effet des engrais azotés que vous donnez à vos plantes exotiques, additionnez au mélange terreux quelques pincées de sang de bœuf desséché ou de corne torréfiée, vendus en jardinerie en petits sacs.

INSECTICIDES

Fabriquez vous-même l'insecticide qui débarrassera vos plantes exotiques des pucerons et autres insectes piqueurs. Faites bouillir 300 g de mégots de cigarette sans filtre dans 10 litres d'eau pendant 30 min. Laissez refroidir, puis filtrez finement. Ce liquide, qui conserve ses propriétés insecticides durant 10 jours, doit être dilué dans 4 fois son volume d'eau avant sa pulvérisation sur l'envers et l'endroit des feuilles. Ajoutez-y une pincée de savon de Marseille en paillettes pour augmenter son efficacité. Traitez et recommencez l'opération tous les 4 à 5 jours si vous constatez la présence d'insectes rescapés. Opérez plutôt le soir et rincez la plante le lendemain matin avec de l'eau douce à température ambiante. **Attention !** Cet insecticide « maison » est toxique pour l'homme et les animaux domestiques. Installez-vous loin des pièces de passage lorsque vous opérez.

NETTOYAGE

Les bombes de produit lustrant pour les plantes bouchent les pores des feuilles et leur font plus de mal que de bien. Pour les maintenir propres, pulvérisez leur feuillage une fois par semaine avec une eau faiblement minéralisée qui ne laissera pas de taches de calcaire et emportera la poussière. À défaut, utilisez l'eau du fer à repasser.

Pour nettoyer une plante très sale, transportez-la jusqu'à la baignoire et douchez-la à l'eau tiède. Vaporisez ensuite une dilution d'Albolineum, un produit inoffensif pour les plantes que vous trouverez en jardinerie. (Voir aussi Bière, p. 290.)

Plantes fanées

1. Si, durant l'été, le feuillage des plantes se flétrit, ne croyez pas pour autant qu'elles ont soif. Un vent chaud suffit à ramollir le feuillage durant la journée ; une rosée et la fraîcheur nocturne suffiront à leur rendre du tonus le lendemain. Si, le lendemain matin, vous n'observez aucune amélioration, il faut arroser. Inutile d'inonder le jardin. Arrosez là où il faut, en pluie continue, jusqu'à ce que le sol soit mouillé sur au moins 10 cm de profondeur. Au pied des arbustes, formez une cuvette d'arrosage avec la bêche et versez plusieurs arrosoirs en laissant à l'eau le temps de s'infiltrer. Procédez le soir de préférence pour que les plantes profitent de la nuit pour se désaltérer.

2. Pour ranimer une plante verte flétrie, plongez le pot dans un seau d'eau tiède jusqu'à ce que plus aucune bulle ne remonte à la surface, signe que la motte est complètement imbibée. Laissez ainsi 1 ou 2 h, puis retirez le pot et laissez-le s'égoutter. Placez ensuite la plante dans un endroit frais, clair et humide, comme la salle de bain ou la serre. À défaut, encapuchonnez la plante entière dans un sac en plastique transparent fixé au pot.

Le plastique ne doit pas toucher le feuillage de la plante : répartissez-le sur une armature de fil de fer arqué, puis fixez-le autour du pot avec un élastique large. N'exposez pas la plante convalescente au soleil.

Plantes grimpantes

Pour réussir la culture d'une plante grimpante sans installation compliquée de tuteurage, il faut avant tout savoir par quel moyen elle s'accroche naturellement.

1. Les plantes volubiles, la glycine, la clématite, le thunbergia, le gloriosa, le chèvrefeuille, le volubilis s'enroulent à leur support et s'élèvent sans aide. Comme elles peuvent étouffer un arbre ou tordre une clôture

métallique, confinez-les à un treillage, une tonnelle ou une barrière de bois.
2. Les plantes à vrilles, la passiflore et la vigne, par exemple, s'élèvent grâce à leurs attaches délicates. Elles escaladent les arbres et les arbustes sans leur nuire si on les éclaircit par des tailles périodiques. Elles offrent même à la plante hôte une période supplémentaire de floraison ou un feuillage coloré à l'automne.
3. Les plantes à crampons, le lierre, la vigne vierge ou l'hortensia grimpant, se collent littéralement au mur avec leurs crampons. Contrairement à leur mauvaise réputation, elles n'endommagent pas le mortier. Elles l'isolent de la chaleur et du gel mais peuvent entretenir l'humidité d'un vieux mur sensible au mauvais drainage lorsque leur feuillage persiste tout l'hiver. Une seule précaution : empêcher les grimpantes d'atteindre le toit car elles s'insinuent entre les tuiles et occasionnent des fuites.

Plantes vertes et vacances

1. Regroupez vos plantes d'intérieur durant vos absences prolongées en improvisant une serre temporaire dans votre salle de bain claire. Tapissez l'intérieur de votre baignoire avec une bâche plastique, et recouvrez de plusieurs couches de papier journal ou d'un feutre horticole acheté en jardinerie. Déposez-y vos plantes vertes à l'exception de celles à feuillage duveteux comme le gynura, le saintpaulia et le gloxinia, qui redoutent les atmosphères confinées. Douchez copieusement les feuillages, la terre et le feutre ou les journaux. Fixez une autre bâche transparente au mur derrière la baignoire avec un ruban adhésif et passez-la sur la tringle du rideau de douche pour fermer cette serre de fortune. Vos plantes survivront sans peine de 1 à 2 semaines dans cette atmosphère humide.
2. Aux plantes qui pourriraient dans cette serre, installez un système d'arrosage par capillarité, à défaut d'un kit du commerce : à l'aide d'un crayon, enfoncez un bas usagé dans les trous de drainage sous le pot, jusque dans la terre. Remplissez d'eau un récipient muni d'un couvercle. Couvrez et percez le couvercle. Glissez le bas dans le trou, faites-le tremper dans l'eau et posez la plante sur le récipient. Le bas servant de mèche fera monter l'eau jusqu'au terreau, selon les besoins de la plante.

Pliage du linge

1. Évitez les faux plis en essorant votre linge à vitesse modérée et n'attendez pas pour l'étendre. Pliez-le sitôt détendu, qu'il soit rangé directement ou en attente de repassage. Si vous avez un sèche-linge, sortez le linge dès que le cycle est terminé et pliez-le immédiatement. Si les coutures, les poches des jeans ou autres vêtements de sport sont légèrement humides et froissées, aplatissez-les à la main ou repassez-les. Laissez sécher avant de ranger.
2. Pliez les serviettes de toilette d'abord dans le sens de la longueur, ainsi elles seront prêtes à être suspendues dans la salle de bain.
3. Pliez les draps-housses en 2 dans le sens de la largeur, rentrez les angles de chaque coin l'un dans l'autre, repliez en 3 dans la largeur (côtés élastiques à l'intérieur). Étirez pour les défroisser, puis roulez ou pliez la bande ainsi obtenue.

Plis, faux plis

1. Avant de laver en machine des vêtements plissés, retournez-les. Ne les essorez pas (sinon à vitesse très lente). Laissez-les s'égoutter et sécher sur un cintre.
2. Pour essorer un vêtement à la main, roulez-le dans le sens de la longueur dans une serviette de bain et tordez les extrémités à contresens. Suspendez-le pour le faire sécher.

REPASSAGE

1. Maintenez en place les plis pendant le repassage en glissant en dessous du papier abrasif à gros grains.
2. Supprimez les faux plis très accentués en les repassant entre 2 tissus humides.
3. Pour que les plis durent plus longtemps, vaporisez de l'amidon à l'envers du tissu avant de repasser.
4. Pour empêcher les plis du dessous de faire une marque sur le tissu du dessus, glissez des bandes de papier kraft entre les 2 épaisseurs de tissu et maintenez avec du ruban adhésif.

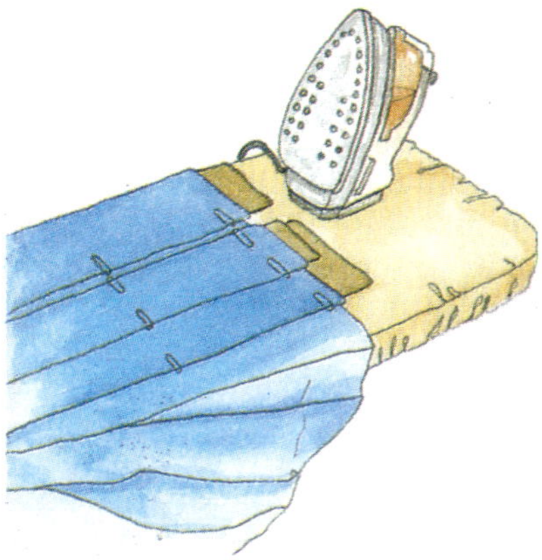

5. En cas d'urgence, vous pouvez « repasser » les plis en mettant le vêtement sous votre matelas pendant la nuit. Mais gare aux faux plis !

Poignée de porte branlante

1. Pour réparer une poignée de porte branlante, enveloppez l'extrémité de la tige carrée avec du ruban adhésif pour réduire le jeu.

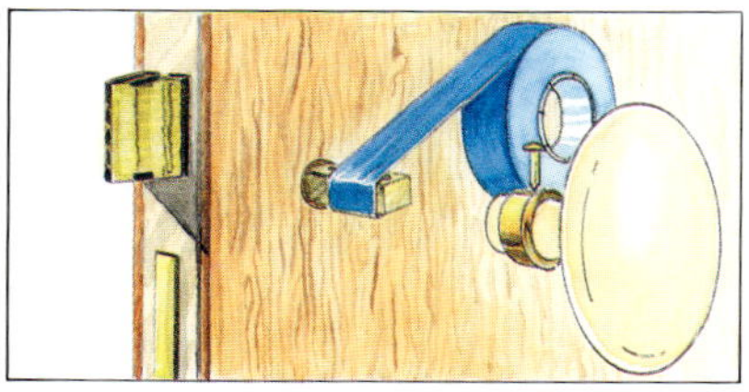

2. La tige carrée est peut-être trop courte et seuls quelques millimètres entrent dans la poignée : changez-la.
3. Votre poignée a peut-être un trou carré de 7 mm et la tige carrée ne fait que 6 mm. Changez la poignée ou glissez un manchon (vendu au rayon « serrurerie ») sur la partie carrée qui rentre dans la poignée.

Poinçon

Un gros clou en acier peut servir de poinçon pour marquer la plupart des perçages sur des plaques de métal.

Point de côté

C'est une contracture du diaphragme dont les causes sont multiples :
- démarrage trop rapide de l'activité sportive ;
- sujet anxieux ou contracté ;
- déshydratation par l'absence de boisson pendant l'effort ;
- manque d'entraînement.

1. Respirez profondément pour relaxer le diaphragme contracturé.
2. Enfoncez les doigts dans le muscle douloureux, à la base de la cage thoracique, puis pressez en tournant.
3. Si le point de côté est causé par la fatigue, le repos est le meilleur remède. S'il ne cède pas, consultez un médecin.

Poisson

1. Avant de vider un poisson sans écailles (du type saumon ou truite) essuyez-le avec du papier absorbant plutôt que de le rincer ; l'eau formant une pellicule gluante sur la peau rend la manipulation plus délicate. Si le poisson vous glisse entre les doigts, frottez ceux-ci de sel.
2. Videz le poisson de la façon suivante : à l'aide d'un couteau pointu bien aiguisé, cassez le cartilage qui retient les ouïes au squelette. Soulevez les ouïes, et tirez les entrailles en une seule fois, l'œsophage et l'intestin étant d'un seul tenant. Ou alors ouvrez le ventre du poisson jusqu'à l'ouverture anale et tirez l'intérieur du poisson d'un coup sec.

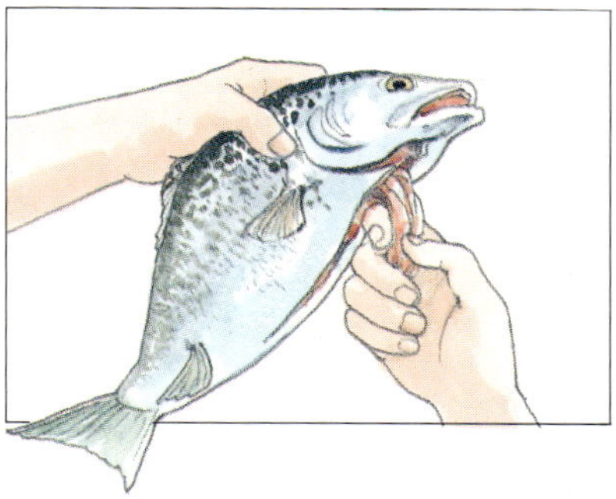

3. Pour les poissons qui doivent être étêtés, coupez d'abord la tête au ras du corps, puis ouvrez le ventre à l'aide d'une paire de ciseaux, de la tête vers la queue, et retirez les viscères. Rincez et épongez les poissons.

Poisson farci

Il existe plusieurs manières de désosser un poisson pour le farcir.
1. Pour désosser un poisson plat (type sole) : retirez la peau foncée du poisson, puis fendez-le le long de l'arête centrale. Glissez le couteau le long des filets, l'un après l'autre, afin de les détacher de l'arête centrale, de la tête à la queue. Cassez l'arête en pliant le poisson en plusieurs endroits, puis retirez-la avec les doigts. Le poisson ainsi ouvert est prêt à être farci.
2. Pour un poisson épais (type merlu ou truite) : posez-le, non vidé, sur le ventre, fendez la peau et la chair tout au long de la nageoire dorsale que vous retirez, puis, plus profondément, le long de l'arête centrale. Coupez-la avec des ciseaux et videz le poisson. Ou encore, commencez par vider le poisson (voir ci-contre), prolongez l'ouverture jusqu'à la queue, puis faites glisser le couteau le long de l'arête centrale afin de la dégager. Coupez-la aux 2 extrémités et retirez-la. Ôtez toutes les grandes arêtes de la partie ventrale à l'aide d'un petit couteau : vous obtenez une poche facile à farcir.

FARCES

Confectionnez des farces à base de champignons hachés mélangés à de la chapelure, ou à base de crevettes, de crabe ou de homard. Une fois le poisson farci, refermez l'ouverture avec du fil de cuisine.

Poisson poché

La technique du pochage convient particulièrement à des poissons de grosse taille (1,5 kg minimum) : saumon, truite, truite des mers ou truite saumonée, loup...
1. Versez de l'eau ou du bouillon dans une sauteuse et faites chauffer à feu doux. Videz, rincez, salez et poivrez le poisson. Enveloppez-le dans une mousseline ou du film adhésif, vous ne risquerez pas de le briser en l'égouttant. Dès les premiers frémissements, plongez le poisson dans la sauteuse.
2. Comptez 10 min de cuisson à petits frémissements pour environ 2 cm d'épaisseur dans la partie la plus charnue du poisson.
3. Retirez le poisson de la sauteuse et ôtez la mousseline ou le film.

Pollution de la maison

Les maisons modernes sont pour la plupart tellement étanches qu'elles conservent les agents polluants : le radon, le formaldéhyde (émanant de certaines mousses d'isolation aujourd'hui interdites), la fumée de tabac, les bactéries, les champignons, le pollen et les sous-produits de la combustion, comme la suie et le gaz carbonique, peuvent entraîner des maladies ou des intoxications, parfois mortelles s'ils stagnent à haute concentration. Toute habitation bien isolée doit être équipée d'une VMC (ventilation mécanique contrôlée) fonctionnant en continu.

1. Installez des aérateurs au-dessus d'un four à gaz, dans la cuisine, la salle de bain, la buanderie. Mais ne mettez pas de gros évacuateurs d'air si vous n'avez pas d'entrée d'air dans la maison et une chaudière à gaz, à fuel ou à bois au sous-sol. L'aérateur aspirerait l'air par la cheminée, rendrait le tirage difficile et amènerait des produits de combustion dangereux dans la maison.

2. Réparez les fuites des conduits de fumée des appareils de chauffage. Entretenez ces conduits pour qu'ils gardent un bon tirage et ne provoquent pas d'émanation de fumée ou de gaz brûlés dans la maison.

3. Ne chauffez pas un endroit clos avec un appareil à combustion non ventilé, comme un radiateur à gaz mobile ou un poêle à kérosène (dont la vente est interdite !).

4. Dans une maison relativement ancienne, si les conduits de ventilation ou de chauffage à air pulsé sont isolés avec de l'amiante, faites-les remplacer au plus vite.

Pommeau de douche

Si le jet de votre douche n'est plus régulier et éclabousse partout, les trous du pommeau sont entartrés. Trempez la tête du pommeau toute une nuit dans un récipient rempli de vinaigre blanc pur ou de détartrant pour cafetière ou fer à repasser.

Pompe à chaleur

En hiver, une pompe à chaleur extrait la chaleur de l'eau, de l'air extérieur ou du sol et la transporte à l'intérieur. Si elle est inversible, elle évacue la chaleur de la maison en été. Elle accomplit ces 2 fonctions grâce à 2 unités de serpentins et de compresseurs reliés entre eux, l'un à l'extérieur, l'autre à l'intérieur.

1. Faites en sorte que l'unité extérieure ne se trouve pas bouchée par des feuilles, des débris ou des branchages...

2. L'hiver, ôtez la neige déposée dessus et autour. Ne pendez rien sur le tuyau de réfrigération.

3. Changez ou nettoyez les filtres une fois par mois pour maintenir un rendement maximal.

4. Un bruit métallique produit par une pompe à chaleur signifie que les pales des hélices frottent sur des parties fixes. Appelez sans tarder le service d'entretien.

5. Le bruit d'arrivée d'air produit par l'unité extérieure est normal. Il est possible de l'assourdir à l'aide d'une clôture en planchettes ajourées disposées sur 2 rangées alternées comme le montre le croquis. Si le bruit vous paraît toujours exagéré, appelez l'installateur.

AU TEMPS JADIS

Les ancêtres de la chaudière

Pour ceux d'entre nous qui se contentent de régler un thermostat pour chauffer leur maison et maintenir une température agréable de 19 ou 20 °C, il est facile de penser qu'une pièce chauffée régulièrement est chose aisée. Cependant, il a fallu beaucoup de temps pour y parvenir.

Les Grecs de l'Antiquité avaient déjà inventé le chauffage par le sol puisqu'ils construisaient leurs maisons sur des canalisations réchauffées par des chaudières extérieures. Les Romains aisés affinèrent ce système en surélevant le sol de leurs pièces afin que la chaleur d'un feu circule sous les sols froids. Ils installèrent également des réseaux de tuyaux en terre cuite distribuant l'air chaud produit par des feux de bois ou de charbon dans le sous-sol.

Avec la chute de l'Empire romain, le chauffage central disparut et on ne le redécouvrit qu'environ 1 500 ans plus tard. Durant le Moyen Âge, les gens faisaient, dans les maisons, des feux de bois qui enfumaient toutes les pièces. L'âtre avec évacuation extérieure, qui se répandit dans les châteaux au XIe siècle, permit à la fumée de s'échapper par le conduit. Malheureusement, une grande partie de la chaleur s'échappait aussi par la cheminée.

Au XVIIIe siècle, les cheminées à feu ouvert cédèrent la place à des poêles individuels qui, à leur tour, furent remplacés au XIXe siècle par des chaudières collectives.

Actuellement, l'amélioration des divers procédés de chauffage concourt à mieux brûler les combustibles et à récupérer toute la chaleur qui partait autrefois en fumée. On s'aperçoit ainsi que le bois est un moyen de chauffage puissant et très économique. Des recherches se poursuivent pour améliorer et rendre performant un système de chauffage naturel et non polluant : l'énergie solaire.

Ponçage

1. Avant d'appliquer une nouvelle couche de peinture (laquée ou non) ou de vernis, dépolissez l'ancienne couche avec du papier abrasif très fin ou de la laine d'acier extrafine, puis dépoussiérez avec une éponge humide. Poncez de la même façon entre chaque couche.
2. Pour poncer des barreaux de chaise et des pieds de table, coupez une bande de papier abrasif et collez au dos une bande de ruban adhésif pour le renforcer. Tirez le papier d'avant en arrière autour du barreau, comme font les cireurs de chaussures. Pour les parties moulurées, utilisez de la toile émerisée très fine.

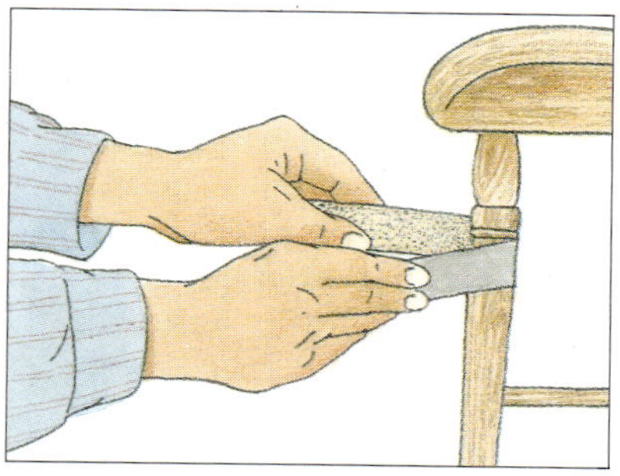

3. Pour les sculptures et pour les moulures, pliez ou roulez le papier abrasif afin qu'il coïncide avec la courbure. Utilisez de la laine d'acier extrafine pour parvenir jusqu'au fond des sculptures profondes.
4. Utilisez de la toile ou du papier abrasifs adaptés au matériau et à la finesse de ponçage souhaitée : abrasif à sec pour le bois, à sec ou à l'eau pour le métal ou la peinture. Plus le numéro de l'abrasif est élevé, plus le grain est fin : pour dégrossir, utilisez un grain 36, 50 ou 80 ; pour poncer fin, passez au grain 120, puis 150 ; poncez à l'eau avec des grains 240, 360, puis 480.

Ponctuation

La ponctuation est, en quelque sorte, la respiration de la phrase. Quand, en rédigeant, vous hésitez sur le choix de la ponctuation, formulez votre phrase à haute voix.

- La virgule est une petite pause qui sépare des prépositions ou des parties de préposition dans une phrase.
- Le point-virgule sert à séparer les parties importantes d'une phrase ou les diverses parties d'une énumération, amenée par le deux-points.
- Le deux-points précède une énumération, une citation ou encore une explication.
- Le point marque la fin d'une phrase.
- Le point d'exclamation ponctue une interjection ou toute une phrase exclamative.
- Le point d'interrogation ponctue une question.
- Les points de suspension sont toujours au nombre de 3. Ils précèdent la virgule ou toute autre ponctuation requise par la phrase. Ils indiquent une suspension dans l'expression d'une pensée qui devrait continuer, remplaçant alors le point final. On peut aussi les utiliser pour ménager un temps de surprise.
- Les guillemets signalent les citations. Si la citation comporte plusieurs paragraphes, il faut mettre un guillemet fermant au début de chacun d'eux. On termine la citation par un guillemet fermant.

Porcelaine ébréchée

1. Retouchez les petits éclats ou les égratignures des motifs peints sur de la porcelaine avec une peinture émail mate ou satinée. Avant tout, retirez toute trace de savon ou de graisse, puis frottez avec du diluant cellulosique et laissez sécher.
2. Pour des ébréchures plus conséquentes, faites une pâte avec de la colle époxy incolore (certaines sont légèrement jaunâtres) et du talc ou

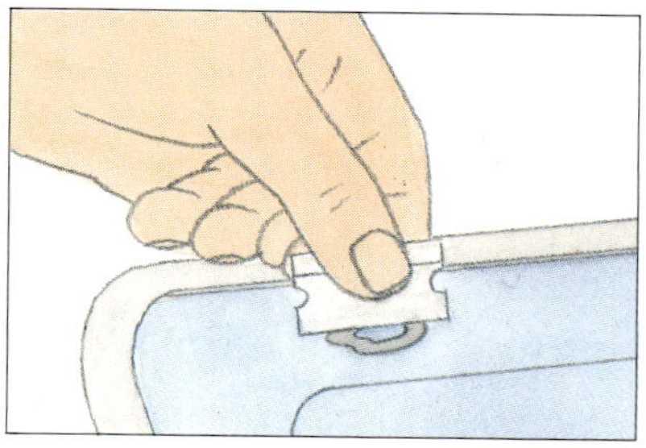

de la poudre d'argile blanche. Faites des essais de mélanges pour ajuster la teinte (en ajoutant un soupçon de colorant universel). Colmatez les parties manquantes en appliquant la pâte avec une lame de rasoir en guise de spatule. Après séchage, poncez avec du papier abrasif à l'eau (grain 360 puis 480).

Porte

1. Lorsqu'une porte refuse de rester ouverte, vérifiez les charnières : elles sont soit desserrées, soit déformées. Dans le premier cas, revissez-les, dans le second cas, redressez-les au marteau ou remplacez-les. (Voir aussi Charnière, p. 51.)
2. Pour assourdir les claquements de porte, posez une bande de mousse ou un bourrelet en caoutchouc dans les feuillures (parties creuses des cadres scellés dans la maçonnerie).
3. Pour empêcher une porte de claquer contre le mur lorsqu'elle s'ouvre, fixez un butoir au sol ou sur le mur, ou placez au sol une planchette légèrement plus large que « l'épaisseur » de la poignée.
4. Voici un butoir de porte pour chambre d'enfants facile à fabriquer : collez une demi-balle de caoutchouc mousse sur le mur, à l'endroit où bute la poignée.
5. Les portes avec charnières à fermeture automatique des placards de cuisine claquent souvent. Étouffez le bruit en posant des patins adhésifs en feutre aux angles des portes, ou en collant une bande de joint d'isolation en mousse ou en profilé de caoutchouc sur la partie de la porte qui frappe le bâti du meuble.

Porte de placard

Dissimulez des débarras inesthétiques en imaginant une solution décorative en guise de porte de placard.
1. Cachez un placard en plaçant un paravent devant. Assemblez 3 panneaux de contreplaqué de 6 mm avec des charnières spéciales pour paravent et décorez les faces avec du

papier peint, du papier adhésif ou du tissu.
2. Suspendez au plafond des stores de bambou ou à lattes de bois pour dissimuler une cuisine américaine. Ou encore, accrochez un store au fond d'un couloir et placez derrière des appareils ménagers d'usage courant.
3. Dissimulez un placard ouvert, inclus dans un mur, avec des rideaux. Fixez la barre au-dessus du placard ; laissez-la apparente ou habillez-la avec une cantonnière.

Porte en verre

1. Pour empêcher les enfants et les invités de se cogner sur des portes fermées, collez 2 rangées de décalcomanies à la hauteur des yeux.
2. Pour empêcher les oiseaux de se heurter contre le verre, fixez des décalcomanies ou bien suspendez un carillon éolien au-dessus de la porte.
3. Pour isoler des portes vitrées, installez des doubles rideaux. Posez des tringles qui dépassent de chaque côté, de façon à pouvoir les tirer convenablement et jouir de la vue.
4. Vous ne pouvez pas remplacer vous-même une porte en verre. Ce type de verre est façonné, puis trempé en usine. Un verre normal, même très épais, ne peut pas convenir.

Porte-serviettes

1. Si la barre en bois d'un porte-serviettes est cassée, remplacez-la par une barre de bois ronde de même diamètre : morceau de barre à rideau ou de store en bois brut...
2. Si la barre cassée est un tube de plastique creux, démontez le porte-serviettes. Enfilez les 2 morceaux sur une barre de bois ronde de même diamètre que l'intérieur du tube. Collez le plastique avec de la colle PVC pour gouttières ou de la colle pour maquettes en plastique. Avant durcissement complet, coupez le bourrelet de colle avec un cutter.

Portière de voiture

Si une portière grince, lubrifiez les charnières et les lames de ressort qui s'y appuient avec un dégrippant lubrifiant en aérosol.

JOINT DE CAOUTCHOUC

N'attendez pas qu'il pleuve dans la voiture pour entretenir les joints des portières. Appliquez-y de l'huile de paraffine après chaque lavage. En hiver, pour éviter qu'ils ne collent, enduisez-les de graisse au silicone pour robinet ou vaporisez un lubrifiant à base de silicones.

PORTIÈRES ARRIÈRE BLOQUÉES

Vous n'arrivez pas à ouvrir les portières arrière de l'intérieur ? Le verrou de sécurité pour enfants est peut-être mis. Ce petit loquet, caché dans l'épaisseur de la porte, a pour but d'empêcher les jeunes enfants d'ouvrir la portière. Débloquez-le en ouvrant la porte de l'extérieur.

Potager mélangé

Pour réduire les dégâts d'insectes au potager et cultiver un jardin à thèmes, mélangez les légumes de même destination culinaire. Cultivés en rangs distincts, ils hébergent leurs parasites, qui passent de rang en rang et causent de graves dégâts. La variété des légumes sur une même ligne de culture déroute leur appétit.
1. Préférez des plantes à semer à la même époque et, pour vous amuser, choisissez un thème : le coin salade pourrait comporter radis, cresson de pleine terre, laitue feuille de chêne, chicorée, persil... Le coin « pâtes » est composé de piments, de basilic, d'ail et, bien sûr, de tomates. Pour la soupe, associez poireaux, carottes, céleri...
2. Préparez tout d'abord un rang de 90 cm de large. Mélangez les graines dans un bocal, percez le couvercle et fermez. En secouant le bocal pour bien mélanger les graines, ensemencez tout le rang. Couvrez légèrement avec le râteau, puis arrosez à la pomme pour ne pas déranger les graines. Par la suite, vous éclaircirez de façon à obtenir l'intervalle nécessaire entre les plants. Moins vous laisserez de sol vierge, moins vous subirez l'invasion des mauvaises herbes. Une couverture serrée de feuilles constitue un bon paillage du sol et une source d'humus.

Potager surélevé

Si la terre de votre jardin est trop pauvre ou trop humide pour y cultiver des plantes potagères, surélevez les surfaces de culture avec de la terre franche rapportée.
1. À l'aide de piquets et de ficelle, divisez le jardin en rectangles de 1,50 m de large, séparés par des allées de 1 m pour permettre le passage de la brouette.
2. Tracez le contour de ces planches de culture avec quelques poignées de plâtre et bennez la terre franche dans les rectangles sans sortir des lignes tracées. Donnez forme aux planches en nivelant la surface de la terre avec

une griffe. Ratissez enfin pour éliminer les grosses mottes, tassez légèrement le dessus et les pourtours de la planche de culture. À la base de chaque longueur de planche, tracez une rigole avec une serfouette pour drainer l'eau en excès et éviter d'inonder les allées. Paillez-les avec une couche d'écorces de pin broyées, du foin haché menu ou de la paillette de lin.

3. Retirez la ficelle qui vous a servi à tracer les planches et laissez un piquet fiché à chaque angle de rectangle : il évitera au tuyau d'arrosage d'aller coucher les plants de légumes en passant au travers.

4. Contrairement aux cultures traditionnelles de pleine terre, vous n'aurez pas besoin de retourner profondément le sol chaque année. Ajoutez simplement quelques pelletées de compost, que vous enfouirez d'un simple coup de griffe. Pour éviter d'effondrer les planches de culture, ne marchez pas directement sur le sol en jardinant : placez des planches de bois entre les rangs de légumes. Vous y circulerez sans crainte d'écraser les rectangles surélevés.

Pot d'échappement

Un petit trou dans un pot d'échappement ne causera certainement aucun dégât, mais le bruit suscité est désagréable et illégal ; pis encore, le monoxyde de carbone (toxique) peut s'infiltrer dans l'habitacle. Voyez un mécanicien dès que possible.

1. Un petit trou (pas plus grand qu'une pièce de 10 centimes) dans le pot d'échappement ou dans le tuyau de sortie peut souvent être réparé avec du mastic réfractaire, que l'on trouve dans les magasins de pièces détachées. Pour un trou plus grand (jusqu'à 2,5 cm), vous pouvez acheter des bandeaux résistant à la chaleur.

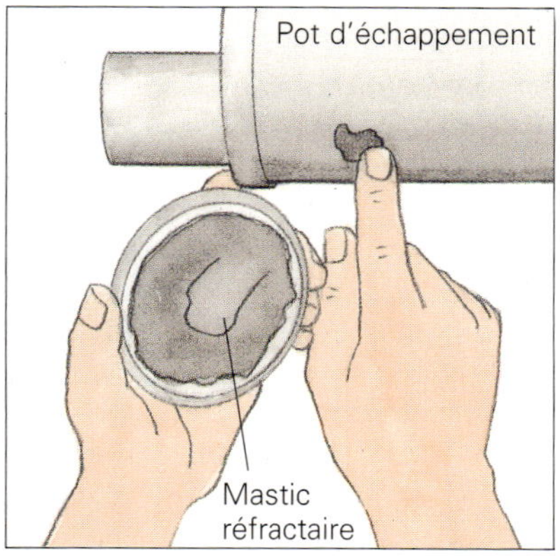

2. Pour une réparation temporaire et rapide, fixez sur le trou un morceau de boîte de conserve avec du fil de fer ou des colliers. Collez-les avec un cordon de mastic réfractaire. **Attention !** Ce genre de « pièce » ne résiste pas plus de 70 à 80 km.

Pot de fleurs

1. Cherchez chez vous des récipients qui feraient de bons pots de fleurs. Les récipients émaillés de nos grands-mères sont parfaits pour les plantes aromatiques et les petites fleurs. Percez un trou de drainage au fond du pot à l'aide d'un foret et placez 2,5 cm de gravier et un peu de charbon de bois avant la terre pour empêcher les racines d'être noyées lors d'un arrosage excessif. Les vinaigriers de grès, les bocaux de fermentation et même les cruches de terre cuite oubliées dans un placard font également d'excellents pots.

2. Pour nettoyer un pot de plastique, brossez-le avec de l'eau savonneuse. Les taches sur les pots d'argile sont plus difficiles à enlever : laissez-les tremper dans une solution de 4 litres d'eau additionnée d'un demi-verre d'eau de Javel pendant 5 min. Recommencez si nécessaire.

3. Avant de réutiliser un pot qui a contenu une plante malade, stérilisez-le en le trempant dans de l'eau bouillante ou en lui faisant subir un cycle complet de lave-vaisselle.

Potiron

1. Il est beaucoup plus facile de peler un potiron après la cuisson. Coupez-le en gros cubes et faites cuire ceux-ci à la vapeur pendant environ 10 min. Pelez les morceaux de potiron et utilisez la pulpe pour préparer de la purée, de la soupe...

2. Une autre méthode : faites cuire un potiron entier dans le four préchauffé, thermostat 5 (170 °C), pendant 1 h à 1 h 30, jusqu'à ce que la peau soit souple sous la pression du doigt. Ensuite, coupez le potiron en deux, retirez les graines et récupérez la pulpe.

3. Régalez vos enfants avec les graines : étalez celles-ci sur la plaque à pâtisserie, parsemez-les de gros sel ou, au contraire, de sucre cristallisé, et faites-les sécher dans un four préchauffé, thermostat 6 (200 °C), pendant 15 min environ. Laissez-les ensuite refroidir.

Poubelle

Sortez la poubelle en la plaçant sur un Caddie ménager ou sur la planche à roulettes des enfants.

NETTOYAGE

1. Lavez la poubelle avec 1/2 verre d'ammoniaque diluée dans 4 litres d'eau et désinfectez-la avec 3/4 de verre d'eau de Javel dans 4 litres d'eau. Laissez 5 min, puis rincez.

2. Luttez contre la moisissure et les bactéries en poudrant la poubelle de 1/2 verre de borax.

ANIMAUX

Pour les empêcher de fouiller dans les poubelles, vous pouvez mettre certains trucs en pratique chez vous mais, à l'heure du ramassage, laissez vos poubelles simplement fermées sur le trottoir : les éboueurs n'ont pas le temps de défaire des nœuds ni de déjouer vos astuces.

1. Arrosez les déchets d'eau de Javel pour masquer l'odeur de nourriture.

2. Passez un tendeur sous l'anse du couvercle et fixez-le aux poignées.

3. Fixez la poubelle à votre barrière ou à un poteau.

4. Passez des bâtons solides dans les poignées et piquez-les dans la terre.

5. Attachez vos poubelles ensemble, elles seront bien plus stables.

6. Suspendez-les à 50 cm au-dessus du sol. Si un animal veut les atteindre, elles ne feront que se balancer.

LE SAVIEZ-VOUS ?

Civilisations et déchets

Se débarrasser des ordures a toujours été un problème. Les habitants de la Troie antique les laissaient sur le sol de leur maison ou les déversaient dans la rue. Dans certaines cités anciennes d'Afrique, les ordures s'entassaient si haut que le niveau des rues montait. Il fallait alors construire de nouvelles maisons sur des terrains plus élevés.

Les Grecs antiques organisèrent les premiers dépôts d'ordures municipaux du monde occidental et Athènes fut la première cité connue à interdire de jeter les ordures dans les rues.

Pourtant, au XVIe siècle, les Parisiens pouvaient encore déverser des fenêtres leurs détritus sur la voie publique. Ce n'est qu'en 1884 que le préfet de la Seine, Eugène Poubelle, obligea les Parisiens à déposer leurs ordures dans des récipients... qui lui valurent de laisser son nom à la postérité.

Aux États-Unis, on raconte que Benjamin Franklin fut le premier à lancer une campagne pour l'enlèvement municipal des ordures et suggéra d'employer des hommes à déverser les ordures dans la rivière Delaware.

Aujourd'hui, les Français jettent 17,8 millions de tonnes de déchets ménagers par an, soit 1 kg par habitant et par jour. En l'an 2000, ce poids atteindra près de 2 kg.

Le manque d'espace pour les dépôts d'ordures est devenu un problème national aigu. Partout dans le monde, le tonnage croissant des déchets abandonnés pose de graves problèmes de pollution. Aussi, il y a de grandes chances pour que le recyclage, qui se développe de plus en plus, devienne obligatoire.

Poussée dentaire

1. Frottez sur les gencives du bébé un peu de gel anesthésique vendu sans ordonnance. Si votre pédiatre le permet, trempez votre doigt dans un peu de cognac et passez-le sur les gencives du bébé ou faites de même avec de l'eau glacée.

2. Faites mâcher à l'enfant quelque chose de froid : un anneau de dentition préalablement réfrigéré, un gant de toilette trempé dans de l'eau froide, essoré et entortillé, une carotte sortant du réfrigérateur.

Poussette à provisions

Afin de transporter un certain nombre d'objets variés, attachez un petit panier d'osier devant votre poussette. Passez un anneau élastique ou une bande d'élastique solide à travers le panier pour tenir les bouteilles debout.

Pour plus de confort et pour empêcher vos mains de glisser, enveloppez la barre supérieure de la poussette avec du ruban adhésif pour guidon de bicyclette.

Poux

Dès l'apparition des poux sur la tête de votre enfant, éliminez-les avec un shampooing spécial ou une lotion, vendus sans ordonnance, à base de pyrèthrines. C'est un insecticide naturel sans danger. Évitez toute autre médication et bannissez les produits contenant du lindane, produit chimique puissant qui peut entraîner des maux de tête sérieux et même endommager le cerveau.

Nettoyez à sec ou vaporisez avec de la poudre à base de pyréthrines tout ce qui a été en contact avec l'enfant. Examinez ses cheveux mèche par mèche tous les soirs, avec un peigne fin trempé dans du vinaigre, jusqu'à ce qu'il n'y ait plus ni poux ni lentes.

Pour éviter les poux, exigez de votre enfant qu'il ne prête ni n'emprunte peigne, brosse, bonnet ou baladeur.

Attention ! Un enfant qui a un terrain allergique peut faire une réaction aux pyréthrines.

Prénom de bébé

Votre enfant portera toute sa vie le prénom que vous lui donnerez : choisissez-le avec soin.

1. Assurez-vous que les initiales ne donnent pas quelque chose d'étrange ou de ridicule.

2. Prononcez le prénom à haute voix, suivi ou précédé du nom de famille, comme à l'appel : le nom prononcé avant le prénom donne parfois un résultat surprenant (ex. : CROCQ Odile).

3. Vous aimeriez que votre enfant porte votre prénom, mais vous ne voulez pas qu'il devienne Petit Pierre ou Petite Anne. Choisissez une variante proche, peut-être inspirée d'un autre pays.

4. Imaginez votre enfant adulte. Ce prénom conviendra-t-il encore ?

5. Si vous vous décidez pour un prénom très original, donnez-en un second plus classique que l'enfant pourra adopter plus tard.

Préretraite

Si vous décidez d'opter pour un départ en retraite anticipée, préparez-vous bien.

Vous pouvez soit décider de partir à 55 ans en cessant complètement votre activité, soit transformer votre emploi en un mi-temps tout en recevant, en complément de votre demi-salaire, une allocation spéciale mi-temps ou de préretraite progressive. C'est à vous, en principe, de choisir la formule qui vous convient. Une fois votre choix fait, vous ne pourrez plus changer d'avis.

CONVENTION D'ALLOCATIONS SPÉCIALES

C'est la formule le plus fréquemment utilisée quand l'entreprise a quelques difficultés économiques.

Adhérez au FNE (Fonds national de l'emploi) souscrit par votre entreprise. Vous vous garantirez un revenu en remplacement de votre salaire. Sinon, sollicitez l'allocation de base versée par le régime d'assurance chômage.

Vous devez remplir certaines conditions :

- Avoir au moins 56 ans et 2 mois à la fin du contrat de travail et moins de 65 ou de 60 ans avec 150 trimestres de cotisations vieillesse.
- Avoir été salarié au moins 10 ans.
- Être dans l'entreprise depuis 1 an.

Vous devrez alors cesser toute activité professionnelle.

L'allocation est proportionnelle à votre dernier salaire. Vous recevrez ainsi 65 % de votre salaire journalier dans la limite du plafond de la Sécurité sociale et 50 % au-delà du plafond.

CONTRAT DE SOLIDARITÉ DE PRÉRETRAITE

Vous pouvez y prétendre si votre employeur a signé avec les pouvoirs publics un contrat de retraite progressive. Vous devez avoir atteint 55 ans et remplir les mêmes conditions que plus haut.

Votre travail peut se transformer en un mi-temps et vous assure un revenu garanti. Vous percevrez votre salaire pour le mi-temps professionnel et une allocation de préretraite progressive en complément jusqu'à 60 ans (ou jusqu'à ce que vous ayez atteint 150 trimestres de cotisations d'assurance vieillesse) et au plus tard jusqu'à 65 ans. L'allocation se monte à 30 % de votre ancien salaire brut dans la limite du plafond de la Sécurité sociale et 25 % au-delà de ce plafond. Il vous faut bien sûr avoir travaillé à temps plein pendant l'année précédant cette transformation de votre vie de travail.

Presse

1. Un étau peut servir de presse pour coller de petits objets solides et plats. Protégez-les des mâchoires avec des morceaux de contreplaqué. Veillez à serrer sans écraser.
2. Des poids, des briques, des livres serviront de presse pour des collages à plat (placage, cartonnage...).
3. Maintenez serrées les pièces d'un tiroir ou d'une chaise en les ceinturant avec de la ficelle. Glissez des morceaux de carton entre les brins de ficelle aux endroits où ils sont en contact avec le bois. Tendez la ficelle en glissant une languette de bois entre les brins et en la tournant plusieurs fois pour torsader et tendre le faisceau de ficelle.

4. Le temps d'un collage, maintenez des pièces de forme quelconque avec des gros élastiques ou des anneaux découpés dans une chambre à air.

Presse-agrumes

1. Improvisez un presse-agrumes avec une tasse à thé ou à café retournée sur sa soucoupe pour récupérer le jus.

2. Coupez les agrumes en 2 et enfermez chaque demi-fruit dans un petit sac en plastique neuf ; pressez-le dans la charnière d'une porte.
3. Faites rouler le fruit en le pressant. Coupez-le en 2 et piquez la pulpe avec les dents d'une fourchette : le jus s'écoulera facilement.

Prodigalité

Si votre compte bancaire refuse l'équilibre et que vos dettes dépassent 20 % de vos revenus, prenez des mesures d'urgence.
1. Lorsque faire du lèche-vitrine devient une activité nécessaire, trouvez-vous des amis qui préfèrent la marche, le tennis et les expos.
2. Dès que vous ressentez le besoin de « faire des folies » téléphonez à un (ou à une) sage ami(e), qui sera chargé(e) de canaliser vos envies.
3. Établissez un régime antidépenses radical. Appliquez-le pendant un mois. Boudez les centres commerciaux. Refusez toute invitation à flâner. Évitez la lecture de magazines avivant vos désirs de consommation. Puis faites le compte de ce que vous avez économisé par omission.
4. Dressez une liste du strict nécessaire quand vous faites des achats. Tenez-vous coûte que coûte à cette liste.
5. Supprimez cartes de crédit et chéquier de vos poches. Réglez vos achats uniquement en liquide. Vous mesurerez vite la limite de vos possibilités financières.
6. L'expérience finie, poursuivez l'effort. Ouvrez un compte épargne, déposez-y 20 % de vos revenus. Ne retirez, le cas échéant, que les intérêts produits et ne touchez en aucune manière au capital.

Professeurs

1. N'oubliez pas que les choses qui indisposent le plus les enseignants sont l'inattention, les bavardages en classe, les devoirs « oubliés » ou bâclés et les retards à répétition. Un élève cumulant plusieurs de ces défauts ne peut ensuite revendiquer indulgence et compréhension de la part de ses professeurs.
2. Si votre enfant dit : « Le professeur me déteste », ne le grondez pas. Peut-être sa remarque recouvre-t-elle un état permanent de conflit. Il vous appartient d'essayer de mieux comprendre ce qu'il en est. Certes, les

enfants exagèrent souvent et certains professeurs sont très exigeants. Mais il peut y avoir des conflits de personnalité. Si c'est le cas, votre enfant a besoin de votre aide.

3. N'interpellez pas un professeur à la sortie de ses cours pour lui parler d'un problème particulier. Demandez-lui d'abord un rendez-vous par lettre ou par un mot confié à votre enfant. Pendant l'entrevue, écoutez bien ses remarques avant de plaider la cause de son élève. Une fois la situation éclaircie, essayez de finir l'entretien en présence de ce dernier.

4. En aucun cas ne donnez tort au professeur en présence de l'enfant. Si les choses ne s'améliorent pas, vous pouvez évoquer le problème de façon confidentielle avec le professeur principal ou le directeur.

Prostate

À l'approche de la cinquantaine, la prostate (glande masculine de la taille d'une noix située autour de l'urètre) peut grossir pour atteindre la taille d'un citron ou d'un pamplemousse, bloquant le canal urinaire. Un besoin fréquent d'uriner et une diminution de la quantité d'urine à chaque miction sont les symptômes de cette évolution. Si votre médecin propose une opération, demandez-lui toutefois ce qu'il pense d'un traitement hormonal, d'une irradiation ou d'une dilatation par ballonnet.

Protection des aliments

Les bactéries se nichent partout et prolifèrent très rapidement. Voici quelques conseils pour en préserver vos aliments.

1. Lavez votre planche à découper au détergent et à l'eau très chaude dès la fin de l'utilisation ; les bactéries s'y logent dans les moindres encoches.

2. Si vous voulez congeler des denrées alimentaires en rentrant du marché, lavez-les si cela est nécessaire, épongez-les et enfermez-les dans un sac congélation propre et en chassant le maximum d'air. Ne les mettez jamais au froid dans l'emballage du commerçant. Quant à la décongélation, laissez-la se faire dans le réfrigérateur plutôt qu'à température ambiante.

3. Avant d'utiliser des zestes d'agrumes, frottez ceux-ci sous l'eau tiède avec une petite brosse à poils durs, afin d'éliminer les éventuels résidus d'insecticides et de pesticides.

4. Les plats faits maison à base de lait ou de crème doivent être consommés dans les 48 h. Ou alors, congelez-les très rapidement.

5. En été, mettez rapidement vos courses au réfrigérateur. Si vous achetez des produits congelés, transportez-les dans un sac isotherme afin qu'ils ne se décongèlent pas. Lorsque vous partez en pique-nique, emportez vos petits plats dans un sac isotherme, ils seront à l'abri des bactéries. (Voir aussi Pique-nique, p. 173.)

Publicité mensongère

Le prix alléchant d'un produit retient votre attention dans une publicité. Arrivé au magasin, vous découvrez que le stock est déjà épuisé, et le vendeur vous propose un article identique, à quelques détails près, mais un peu plus cher.

Sauf si l'annonce précisait clairement que le stock était limité, cette pratique est ce que l'on appelle « publicité mensongère ». Elle est illégale. Donc, avant de vous précipiter au magasin, regardez si l'annonce comporte ou non cette précision. Dans la négative, et en cas de rupture de stock, faites-le remarquer au commerçant, qui doit savoir qu'il est dans l'illégalité. Puis informez votre association locale de consommateurs qui pourra, le cas échéant, dénoncer ce professionnel peu scrupuleux au service de répression des fraudes.

D'autres formes de publicité mensongère peuvent se glisser dans un devis de travaux, par exemple. Si un artisan vous annonce un prix particulièrement bas pour refaire votre plomberie, vérifiez qu'il n'a omis aucun matériel ou étape nécessaires à la réalisation du travail. Ceux-ci viendraient forcément s'ajouter au prix annoncé.

Faites toujours établir plusieurs devis chiffrés et détaillés avant d'engager des travaux. Ils vous permettront de comparer les prix et les services fournis.

Pucerons

1. Vaporisez de l'eau sur vos plantes d'intérieur et brossez-les au pinceau pour les débarrasser des pucerons. Traitez une grosse invasion en vaporisant un peu de savon noir dilué dans de l'eau ou tamponnez les feuilles et les tiges parasitées avec un coton imbibé d'alcool à 90 ° excepté sur les plantes fragiles comme le saintpaulia.

2. À l'extérieur, étalez des feuilles d'aluminium au pied des plantes : la réflexion de la lumière dérangera les pucerons et les fera fuir.

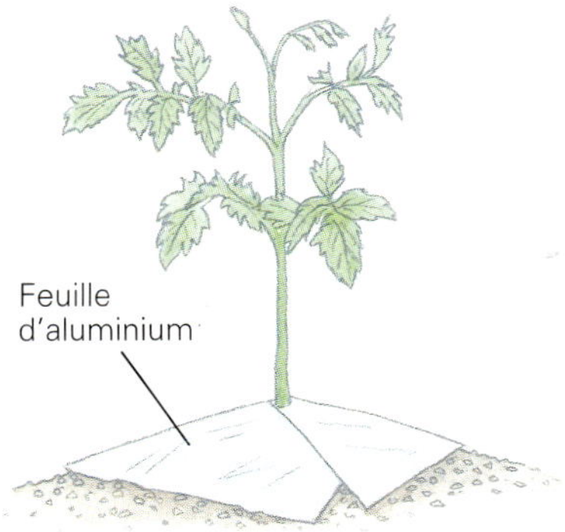

3. Plantez, parmi vos légumes, des plantes qui éloignent les pucerons, comme l'oignon, l'ail ou la ciboulette.

4. Ramassez les coccinelles que vous trouvez dans votre jardin et déposez-les sur les plantes parasitées. Dans le même temps, détruisez les fourmis (voir Fourmis, p. 109), car ces insectes, qui élèvent les pucerons, chasseraient les coccinelles.

Puces

Attaquez-les sur vos animaux de compagnie et chez vous.

1. Passez votre chien ou votre chat au peigne fin. Vaporisez un produit antiparasitaire sur son pelage. S'il craint les applications en aérosol, utilisez une poudre. Choisissez toujours un produit à base exclusivement de pyréthrine ou de roténone non toxique pour les animaux à sang chaud (surtout dans le cas de chattes ou de chiennes qui allaitent). Traitez aussi panier, niche, coussins, tapis. Pensez au collier antiparasitaire.

2. Chez vous, empêchez les puces de se reproduire. Elles pondent au sol, aussi bien sur la terre battue que sur les moquettes, les tapis ou dans les interstices des lames de parquet. Il existe plusieurs produits spécifiques à appliquer sur les sols. Ils détruisent les larves et bloquent le développement des œufs. Appliquez le produit à intervalles de temps réguliers (selon le mode d'emploi de chacun) pour tuer les larves au fur et à mesure qu'elles éclosent. Par ailleurs, maintenez une hygiène stricte. Dépoussiérez à l'aspirateur vos tentures, tapis, moquettes et literie. Lavez votre linge et les coussins du chien ou du chat à 90 °C pour détruire adultes, œufs et larves.

Pull-overs

Les pull-overs en coton et en laine absorbent beaucoup d'eau lorsqu'on les lave. Cela les rend très lourds et peut les détendre, les déformer ou les feutrer si l'on ne prend pas un minimum de précautions.

MATIÈRES FRAGILES

1. Lavez à la main, avec une lessive douce, vos pull-overs en pure laine et sweat-shirts à incrustation fantaisie. Brassez et pressez sans frotter ni tordre. Ajoutez un adoucissant dans la dernière eau de rinçage. Essorez-les en les plaçant sur une serviette de toilette, recouvrez-les d'une autre serviette et roulez le tout en pressant sans tordre. Pour le séchage, choisissez un endroit chauffé ou aéré selon la saison, posez-les bien à plat sur une serviette éponge, retournez-les en cours de séchage. N'hésitez pas à changer la serviette.

2. Vous pouvez agir de même pour un lainage en mohair ou en angora, mais rien ne remplacera le nettoyage à sec.

MATIÈRES MOINS FRAGILES

1. Vous pouvez laver en machine les sweat-shirts ordinaires et les pulls synthétiques en utilisant le programme « Laine » ou à 40 °C. Si vous les essorez, faites-le à vitesse lente (200 tours/min). Terminez en les plaçant dans un sèche-linge réglé sur « Synthétique » ou « Doux » pendant 15 min ou avec arrêt sur « Peu humide ». Sinon, laissez-les sécher à l'air et à plat sur une serviette.

2. Si votre sweat-shirt en synthétique ou en coton est déformé, humidifiez-le et placez-le dans le sèche-linge pendant quelques minutes à température basse. Si seuls le col, le bas ou les poignets sont élargis, trempez-les dans de l'eau bien chaude et séchez-les avec un séchoir à cheveux réglé à température maximale.

3. Pour empêcher vos sweat-shirts de se déformer, tracez leurs contours avec des épingles sur une serviette avant de les laver. Disposez-les dans ces marques pour les faire sécher à plat.

4. Ne faites jamais sécher un pull sur un fil, une tringle ou un cintre. Ne tirez pas le bas pour mettre au même niveau le dos et le devant. Étirez simplement les coutures pour les mettre droites et enlevez soigneusement les faux plis en les lissant.

5. Si votre pull angora perd ses poils, mettez-le dans un sac en plastique, puis laissez-le dans le congélateur pendant 1 h.

6. Donnez une nouvelle vie à un vieux pull : cachez les trous en cousant des motifs brodés. Tricotez des bandes de laine de couleurs contrastées pour renouveler les côtes du bas, le col ou les poignets, et cousez-les.

Punching-ball

1. Pour confectionner un punching-ball léger, mettez un ballon de football dans la culotte d'un collant en Nylon et faites un nœud bien serré au niveau de la ceinture. Suspendez le punching-ball par les jambes du collant.

2. Pour confectionner un punching-ball plus lourd, bourrez un vieux sac à linge ou un sac de marin en grosse toile avec des chiffons et accrochez-le solidement au plafond ou à une poutre. Ou encore, utilisez un matelas de mousse roulé très serré.

Purifier l'eau

1. Pour purifier l'eau, commencez par la filtrer. Coupez le fond d'une bouteille en plastique et utilisez-la comme entonnoir. Placez dedans une « chaussette » en toile fine et remplissez-la de couches successives de 2,5 cm de gravier fin, de charbon de bois actif purifié et de sable (bien lavé). Versez de l'eau dans le filtre et laissez-la s'égoutter dans une tasse. Faites-la ensuite bouillir pendant 5 min. Comptez 1 min de plus chaque fois que l'altitude augmente de 1 000 m.

2. Si vous employez des comprimés de purification, suivez les indications portées sur le flacon : le dosage peut varier de façon significative avec la température.

ALAMBIC SOLAIRE

Lorsque vous faites du camping, vous pouvez fabriquer un alambic solaire qui peut produire jusqu'à 1,5 litre d'eau pure par jour.

1. Creusez un trou en forme de cuvette de 1 m de diamètre et de 50 cm de profondeur.

2. Posez une cuvette ou un seau propre au centre du trou.

3. Mettez un grand morceau de plastique transparent sur le trou en le faisant tenir avec de la terre ou de grosses pierres. Puis placez une pierre plus petite au milieu du plastique, de façon que le point le plus bas de celui-ci soit directement au-dessus du récipient. La chaleur du soleil pénétrera le plastique et fera sortir l'humidité du sol. L'eau se condensera sous le plastique et s'égouttera dans le récipient. La nuit, la condensation est réduite de moitié.

4. Retardez le plus possible le moment où vous récupérerez l'eau car, lorsque l'on soulève le plastique, l'air chargé d'humidité sort, et il faut attendre environ 30 min pour que le cycle se remette en marche.
5. Lorsque le sol est complètement sec, reconstruisez un alambic ailleurs. Les zones de plaine sablonneuses apparemment sèches contiennent souvent plus d'eau que des parties situées sur des hauteurs.
6. Vous pouvez utiliser la même méthode pour purifier de l'eau salée ou polluée, ou pour extraire l'eau des plantes. Placez la source d'eau dans le trou à côté du seau et laissez le soleil agir.

Q

Querelles

Si vous sentez que la dispute est sur le point d'éclater, essayez l'un des trucs suivants.
1. Comptez le nombre d'inspirations profondes que vous êtes capable de faire en 3 min.
2. Si vous pouvez parler à quelqu'un en qui vous avez confiance, expliquez-lui vos ressentiments. Il ne s'agit pas de mêler une tierce personne à votre querelle, mais d'avoir recours à une soupape de sécurité et, peut-être, à un éclairage différent sur la situation.
3. Enfermez-vous dans une pièce pour lire un bon roman ou un recueil de maximes.
4. Mangez une pomme ou buvez un verre d'eau. Ingérer quelque chose fait « avaler sa colère ».
5. Chantez, dessinez ou encore essayez d'écrire les sentiments que vous ressentez.
6. Sortez faire un tour. En marchant rapidement, votre agressivité trouvera un exutoire. (Voir aussi Disputes d'enfants, p. 82.)

Questionnaire

Le Code civil précise que « chacun a droit au respect de sa vie privée ». Vous êtes libre de ne pas répondre à toutes les questions que l'on vous pose.
1. Appareils ménagers ou cartes de garantie s'accompagnent parfois de questionnaires sur votre âge, votre habitat, votre situation de famille, vos revenus ou votre profession. Vous n'êtes pas obligé de répondre pour bénéficier de la garantie, c'est une pure opération de marketing.
2. En répondant à un questionnaire, évitez de mettre votre numéro de téléphone si vous ne voulez pas, ensuite, être démarché par téléphone.
3. Si vous en avez assez des enquêtes téléphoniques, changez de numéro et inscrivez-vous sur la liste rouge.
4. Vous pouvez refuser de répondre à un sondage IFOP, INSEE ou autre, même réalisé par téléphone.
5. Les fichiers se vendent parfois cher. Si vous constatez que vous figurez dans un fichier donné (après démarchage), vous pouvez demander à la CNIL (Commission nationale informatique et libertés) copie des informations vous concernant, les faire rectifier ou effacer.
6. Vous devez répondre aux questionnaires d'ordre public (recensement, par exemple), mais après que l'on vous aura informé de la destination des informations et de votre droit d'accès au fichier.
7. Les dossiers de prêts, de bourse, d'assurances questionnent sur votre santé et vos finances. Répondez seulement aux questions indispensables.
8. Pour une demande d'emploi, évitez de répondre aux questions de race, de religion ou d'origine sociale.
9. Lors d'un entretien d'embauche, votre vie personnelle n'a rien à voir avec le poste envisagé. Refusez de répondre aux questions qui vous paraissent indiscrètes.

R

Rabotage

1. Si votre rabot ne marche pas aussi bien qu'il le devrait, il est possible que de la résine se soit accumulée sous la semelle et sur les lames. Ôtez-la avec de l'essence de térébenthine. Empêchez la résine de s'accumuler sous la semelle du rabot en y passant régulièrement de la cire ou de la paraffine.
2. Rabotez toujours dans le sens des fibres du bois. Pour déterminer quel est le bon sens, regardez le bord du bois. Le dessin des fibres (sur certains bois) forme des flèches : suivez-les.

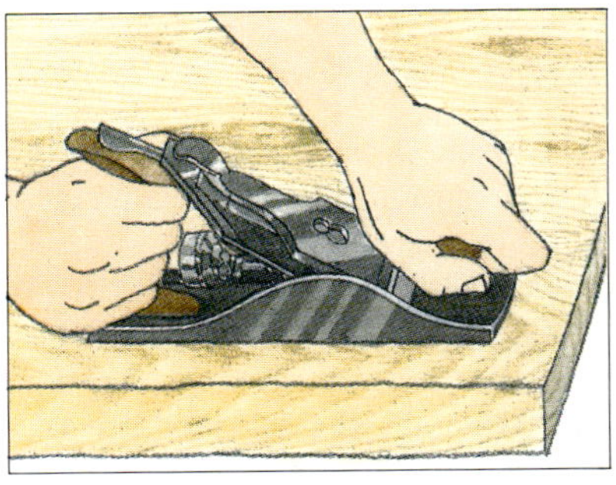

3. Pour ne pas faire d'éclats sur les bords de votre travail ou ne pas bomber la surface rabotée, serrez-le entre 2 planches et rabotez l'ensemble.

4. Pour vous assurer que le bord raboté sera à angle droit avec la surface adjacente, fixez un guide à la semelle du rabot. Choisissez une pièce de bois aussi longue que le rabot, dont les faces sont parfaitement d'équerre, et fixez-la sous le rabot en la vissant à travers 2 trous percés sur les côtés de la semelle du rabot.

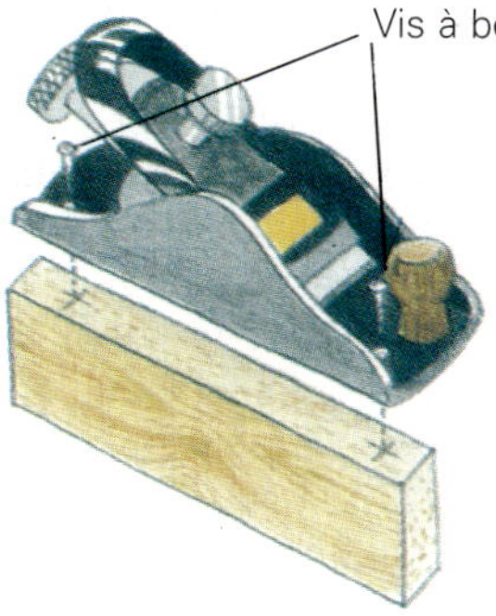

Raclette en caoutchouc

1. Si la lame d'une raclette est coupée ou endommagée, retournez-la. Si vous ne pouvez pas l'ôter, rafraîchissez-la en la coupant sur toute sa longueur avec un cutter en appui contre une règle.
2. Vous n'avez pas de raclette pour nettoyer les vitres de la voiture ? Démontez et utilisez l'essuie-glace côté passager. Replacez-le après avoir nettoyé vos vitres.
3. Vous pouvez faire des raclettes de duretés différentes en coupant des bandes dans des plaques de caoutchouc plus ou moins épaisses, vendues pour réparer les chaussures.

Racloir à bois

Si vous ne possédez pas de racloir à bois à lame d'acier, prenez un bout de vitre cassé ou coupé en forme de carré de 10 à 15 cm de côté. Bordez-en 3 côtés avec du ruban adhésif épais pour éviter de vous couper. Posez le bord coupant sur le meuble en bois et, avec d'amples mouvements, tirez le morceau de vitre vers vous en l'inclinant à 75 °. Maintenez une pression constante afin que les coins ne s'enfoncent pas dans le bois et que le verre

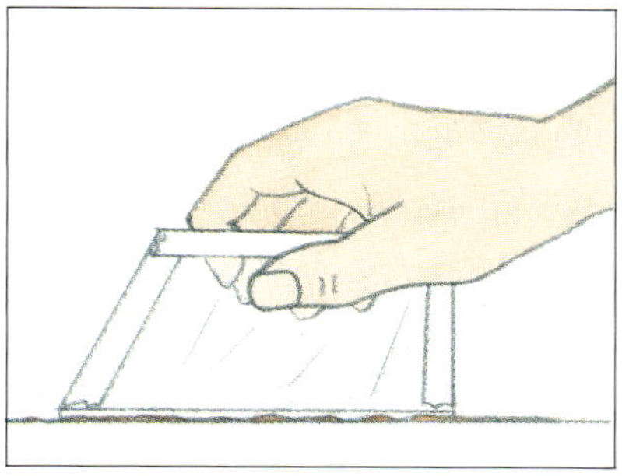

ne se brise pas dans votre main. Quand une des arêtes est émoussée, utilisez une autre face en déplaçant l'adhésif.

Radiateur

1. Un coup de bélier (claquement sourd) dans un radiateur à eau peut avoir 2 causes :
• la tuyauterie comporte des successions de coudes qui provoquent des perturbations dans l'écoulement de l'eau. Placez un raccord blindé souple en remplacement d'un tronçon de tuyau de l'installation ;
• au passage dans les murs, les tuyaux sont scellés. Quand ils chauffent, ils se déplacent par à-coups brusques. Faites sauter les scellements et rebouchez à la mousse polyuréthanne.
2. Un bruit de glou-glou signifie que de l'air est bloqué ; éliminez-le en ouvrant le purgeur. Préparez un récipient pour recueillir l'eau qui giclera une fois que l'air aura été purgé. Refermez la valve et ajoutez de l'eau dans le circuit pour le remettre en pression.

3. Si le bruit persiste ou si le radiateur a constamment besoin d'être purgé, cela signifie que le vase d'expansion fuit ou qu'il y a une fuite dans l'installation. Appelez un réparateur. **Attention !** Avec une installation neuve ou après une vidange totale ou partielle, l'eau se débarrasse de ses gaz dissous et plusieurs purges sont souvent nécessaires.
4. Si un radiateur est chaud dans le bas et froid en haut, purgez-le.
5. Si le robinet refuse de tourner, faites tourner la poignée ronde en l'entourant avec une ceinture (voir Ceinture p. 299) ou retirez-la et faites tourner l'axe avec une clé plate.

Radiographies

Les radiographies sont irremplaçables pour le diagnostic précoce de nombreuses maladies, mais une trop longue exposition aux rayons X est dangereuse.
1. Quand vous subissez des examens radiographiques, demandez à votre médecin de vous en expliquer les résultats.
2. L'interprétation est fondamentale en matière de radiographie. Si vous avez des doutes sur ce que votre médecin vous a dit, montrez votre radio à un autre praticien pour avoir une deuxième opinion.
3. Si vous souffrez d'une affection qui exige des contrôles radiographiques réguliers, respectez-les, mais renseignez-vous sur le protocole médical généralement admis.
4. Vous avez parfaitement le droit de garder vos radios. Demandez à votre médecin de vous les rendre après chaque consultation.

COMMENT RÉDUIRE L'EXPOSITION AUX RADIATIONS

Environ 90 % des radiations artificielles auxquelles vous êtes exposé proviennent des radiographies. Mais, dans bien des cas, l'importance des radios en vue d'un diagnostic demeure primordiale par rapport aux nuisances qu'elles représentent pour l'organisme. C'est donc souvent un

mal nécessaire. Vous pouvez néanmoins tenter de réduire ces risques.
1. Assurez-vous que les radios préconisées sont indispensables. Demandez au praticien si un autre examen ne donnerait pas les mêmes renseignements ou si les radios antérieures ne seraient pas suffisantes.
2. Gardez toutes vos radios et tenez un registre des examens pratiqués avec leur date. Quand vous vous rendez chez le médecin ou chez le dentiste, emportez les radios les plus récentes.

Raifort

La sagesse populaire affirme que planter du raifort à chaque coin d'un carré de pommes de terre éloigne les doryphores... Même sans pommes de terre, plantez du raifort, cette racine savoureuse qui, mélangée à du vinaigre et à de la crème fraîche, donne une sauce exquise qui accompagne fort bien les viandes et les poissons bouillis. **Attention !** Cette plante est très envahissante. Enterrez 30 cm de briques ou une plaque de fer pour délimiter son espace. Ou encore, faites-la pousser dans un bac.

Rallonge électrique

1. Faites attention lorsque vous utilisez une rallonge multiprises : elle ne supportera pas forcément un ampérage très important.
2. Dans le cas où une rallonge est très longue (30 ou 50 m par exemple), il se produit une légère chute de tension (205 V au lieu de 220 V, par exemple). Compensez cette chute en utilisant une rallonge ayant des fils de section plus importante.
3. Si une rallonge chauffe, remplacez-la par une autre plus grosse, ou branchez-y moins d'appareils.
4. Lorsque vous utilisez une rallonge enroulée sur un support, dévidez-la entièrement (surtout si vous l'utilisez longtemps sur une courte distance) pour éviter les phénomènes d'induction et les risques d'échauffement pouvant provoquer un incendie.

Rampe et accès pour chaise roulante

1. Faites une rampe en contreplaqué de 2 cm d'épaisseur. Utilisez-la pour couvrir les escaliers, les terrains accidentés ou le sable quand vous avez besoin de vous ouvrir un accès.
2. Pour faciliter le passage d'un fauteuil roulant par une porte étroite, enlevez la porte. Dégagez de tout meuble et autre objet la zone située derrière les autres portes pour que rien ne s'interpose à une ouverture totale.
3. Mettez du ruban adhésif sur les pênes des serrures de façon que les portes puissent être ouvertes et fermées par simple poussée.
4. Nouez de petites longueurs de corde aux poignées des portes à glissière et aux poignées des portes de réfrigérateur, pour qu'elles puissent être actionnées sans difficulté.

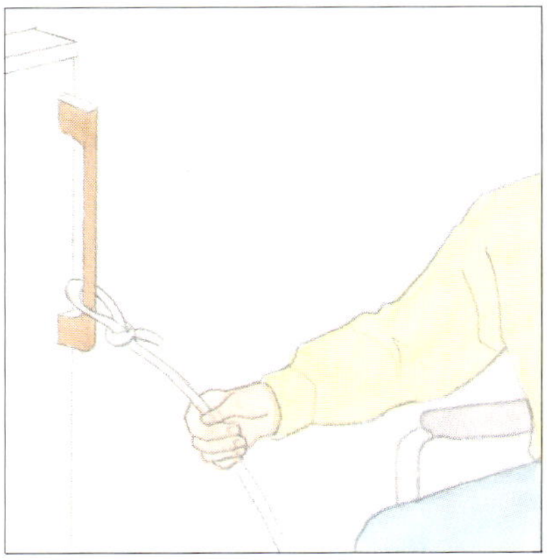

5. Enlevez les tapis des pièces et de l'entrée pour que le sol soit lisse.

Randonnée

1. Pour localiser le sud, cherchez les fourmilières : elles sont construites au pied des arbres et des rochers, côté exposé au sud. (Voir aussi Orientation, p. 157.)
2. Plusieurs pauses courtes de 5 à 7 min vous reposeront plus qu'un seul arrêt prolongé. Épargnez vos forces quand vous êtes dans une montée : faites des zigzags plutôt qu'une ligne droite. Contournez les obstacles et ne traversez jamais de marécages. Portez des vêtements amples et pas trop chauds.

3. Lorsque vous avez froid aux mains et aux pieds, couvrez-vous la tête : votre circulation sanguine en sera activée, ce qui vous réchauffera les membres.

Rangement

1. Gardez vos magazines dans un panier et triez-les régulièrement ; découpez les recettes et les articles que vous désirez garder et insérez-les dans des classeurs étiquetés.
2. Près de votre table de nuit, placez un panier dans lequel vous déposerez vos lectures en cours. Disposez çà et là des soucoupes vide-poches.
3. Ayez des corbeilles ou des rangements spéciaux pour disques, cassettes ou jeux dans les pièces de détente. Apprenez aux utilisateurs à ranger systématiquement.
4. Dans la salle de bain, disposez des corbeilles pour les petits objets et la pharmacie (hors de portée des enfants). Jetez les produits de beauté usagés et remettez à votre pharmacien les médicaments périmés.
5. Rangez les jouets d'extérieur dans une grande poubelle de couleur vive, au garage ou dans la cour. Installez des panneaux perforés, ils serviront à suspendre outils, instruments de jardinage ou équipements sportifs.

6. Désencombrez périodiquement votre maison, pièce par pièce. Jetez, donnez ou vendez les objets inutilisés.

Rangement des outils

1. Laissez vos outils toujours en ordre. Posez un panneau en Isorel perforé sur des tasseaux de 20 mm de section fixés au mur du garage ou de l'atelier, puis positionnez vos outils et mettez des crochets ou des clips de tailles appropriées en place. Peignez la silhouette de chaque outil sur le panneau de façon que chacun puisse le remettre à sa place.
2. Avant de remiser votre motoculteur ou votre tondeuse à gazon pour l'hiver, videz le réservoir et les tuyaux de toute essence et faites tourner le moteur jusqu'à ce qu'il s'arrête. Brossez tous les débris qui souillent les parties métalliques et enduisez ensuite celles-ci d'huile pour moteur. Démontez la bougie et versez la valeur de 1/2 verre d'huile pour moteur dans le cylindre par l'orifice. Actionnez le démarreur pour bien étaler l'huile sur les parois. Couvrez le moteur de façon non hermétique.

Râpe à fromage

1. Pour éviter de vous râper les doigts, préférez la moulinette à la râpe plate. Certains modèles sont équipés de râpes de grosseurs différentes.

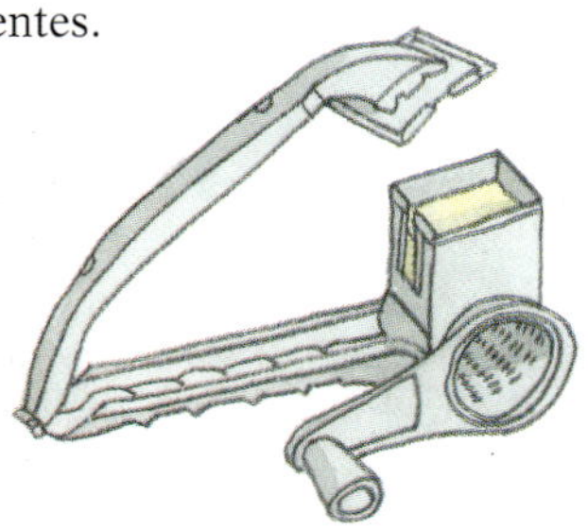

2. Pour laver facilement les râpes, laissez-les tremper, puis brossez-les avec une petite brosse.
3. La râpe du robot est parfaite pour les fromages très secs comme le parmesan ou les fromages de brebis. Vous obtiendrez une semoule et non des filaments.

Raquette de tennis

1. Faites régler la tension des cordes de votre raquette en sachant qu'une tension basse donne plus de puissance et qu'une tension élevée donne plus de contrôle.
2. Vérifiez l'état des œillets de votre raquette. Un œillet fendu ou cassé entamera la corde, qui finira par céder. Remplacez-les lorsque vous faites rencorder votre raquette.
3. À la fin d'un jeu, examinez les cordes de votre raquette et ajustez-les avec les doigts : mal alignées, elles ont plus de risque de casser.
4. Pour débuter, utilisez de préférence une raquette en bois. Elle permet un meilleur contrôle de la balle qu'une raquette en métal.

Rasoir

1. Pour éviter les coupures, lavez-vous avant de vous raser : cela assouplit la barbe. Rasez-vous dans le sens du poil avec des mouvements souples et une pression légère. Évitez de revenir au même endroit.
2. Rincez une coupure à l'eau froide en appuyant fort. Si le saignement persiste, tamponnez avec un coton imbibé d'eau oxygénée. À défaut, utilisez du jus de citron ou une pâte faite de bicarbonate de soude et d'eau. Pour des coupures plus profondes, appliquez une pommade antibiotique.
3. Pour libérer les poils incarnés qui provoquent de petites bosses, nettoyez-vous le visage avec une éponge végétale. Si vous avez 1 ou 2 poils récalcitrants, extirpez-les avec une aiguille stérilisée et une pince à épiler. Si vous en avez plus, utilisez une crème dépilatoire.
4. À court de savon à barbe ? Utilisez de l'huile d'amande douce.

Râteau

1. Si votre râteau en bambou se dessèche et devient cassant, faites-le tremper toute une nuit dans une cuvette d'eau savonneuse. En climat sec ou aride, renouvelez ce bain tous les 2 ou 3 mois.
2. Pour empêcher un râteau en acier de rouiller, peignez-le avec une

AU TEMPS JADIS

Quelle barbe !

Pour avoir un visage bien rasé, les hommes ont été amenés à utiliser toutes sortes de rasoirs.

L'homme préhistorique se rasait avec des coquillages, des dents de requin, des morceaux de silex aiguisés ou des couteaux.

Au IVe siècle av. J.-C., les Égyptiens se faisaient un visage lisse avec des rasoirs en or ou en cuivre dont certains ont été trouvés par les archéologues dans les tombeaux.

Autrefois largement répandu, le rasoir droit coupe-chou (une longue lame de métal qui se replie dans son manche) fut fabriqué à Sheffield en Grande-Bretagne. Bien qu'il offre un rasage incomparable, il est dangereux lorsqu'il est manié par une main maladroite.

Le premier rasoir de sûreté, lame fixée dans un support de bois pour ne pas blesser, fut fabriqué en 1762.

En 1901, l'Américain Gillette s'associa avec l'inventeur William Nicholson pour fabriquer le premier rasoir mécanique, muni de lames jetables. Malgré de nombreuses améliorations, son dessin d'origine a très peu changé depuis.

En 1928, Joseph Schick déposa un brevet pour un rasoir électrique : ce fut le premier rasage à sec. Aujourd'hui, les hommes peuvent choisir dans une gamme très complète de modèles de haute technologie, comprenant des rasoirs à lame tournante et, grâce au baron Bich, des rasoirs entièrement jetables !

bombe de peinture à métal après avoir passé une couche de minium. Un souci retardé si, en jardinier soigneux, vous prenez la peine de nettoyer et huiler chaque soir vos outils : la terre humide qui reste collée sur les parties métalliques finit par les attaquer. Terminez la toilette des outils par un énergique coup de chiffon sur le manche. Remisez-les debout dans un local sec.

Rats

Les rats sont aussi méfiants que futés. Lorsque vous placez des pièges, portez des gants pour ne pas les imprégner de votre odeur.
1. Mettez des appâts sur plusieurs pièges, mais ne les tendez pas. Maintenez les pièges libres plusieurs jours et changez les appâts au fur et à mesure qu'ils sont consommés, jusqu'à ce que les rats s'habituent à cette source de nourriture. À ce moment-là, fixez les pièges.
2. Fermez bien les poubelles de façon qu'elles ne perdent pas leur couvercle quand on les pousse ou quand on les renverse. Posez-les sur un support à pieds métalliques à 50 cm du sol et à 1 m au moins des murs.
3. Remplissez les trous des murs extérieurs avec de la paille de fer, puis bouchez-les avec du mortier.
4. Remplissez à moitié un tonneau ou un bidon d'eau. Fermez-le avec une feuille de papier épais bien tendue. Fixez-la avec des agrafes ou avec du gros ruban adhésif d'emballage. Placez le tonneau près d'une table ou d'un autre objet sur lequel les rats pourront grimper. Étalez de la nourriture sur le papier 4 ou 5 nuits de suite, jusqu'à ce que les rats s'habituent à ce repas quotidien. Puis découpez un X dans le papier avec un cutter : les rats, ne soupçonnant rien, tomberont dans le tonneau et se noieront. Lorsque vous activerez le piège, enfermez vos chats et les autres animaux qui risquent de tomber dans le tonneau.

Récoltes potagères

1. Cueillez vos tomates vertes en fin de saison pour leur éviter de subir une gelée précoce. Disposez-les sur une étagère de la cuisine, elles achèveront de mûrir en douceur. Autre méthode : enveloppez-les individuellement dans du papier journal et placez-les dans un local frais.
2. Empêchez les bruches de détruitre les haricots secs. 2 semaines avant la récolte, pulvérisez un insecticide à base de nicotine pour détruire la mouche pondeuse.
3. Au lieu de tapoter vos pastèques pour juger de leur maturité, cherchez les vrilles brunes sur la tige rampante de la plante. Retournez les fruits : si leur point d'appui sur le sol est jaune, ils sont à point. S'il est blanc, c'est trop tôt.
4. En récoltant les potirons, laissez aux fruits une portion de tige de 10 cm. Elle vous indiquera l'état du fruit jusqu'au moment de la cuisson : tant qu'elle ne moisit pas, la chair du fruit est intacte et conservée dans une atmosphère qui lui est saine.
5. Vérifiez l'état de maturité de vos pommes de terre en frottant la peau : si elle se détache trop facilement, la pomme de terre est trop verte. Dégustez rapidement les pommes de terre blessées lors de l'arrachage. En pourrissant, elles contamineraient le reste de la récolte stockée.
6. Faites congeler les petits pois écossés sur un plateau, puis mettez-les dans le sac congélation. Ils demeureront bien séparés, ce qui vous permettra de puiser ce dont vous avez besoin sans casser la glace !

Références professionnelles

Même si vous quittez votre entreprise en froid avec votre employeur, n'oubliez pas d'emporter avec vous quelques références professionnelles. Elles vous seront utiles pour la suite.
- L'employeur est tenu de vous délivrer un certificat de travail précisant les dates de votre passage dans son entreprise.
- Demandez à un supérieur (chef de service, responsable du personnel) de rédiger quelques notes sur votre travail : responsabilités, conscience professionnelle, etc.
- Obtenez aussi d'anciens employeurs, si vous ne l'avez déjà fait, un rapport sur le contenu de vos activités à leur service. Cela vous aidera à mieux démontrer votre évolution dans la profession.

Réfrigérateur

1. Si votre réfrigérateur (ou votre congélateur) ne fonctionne plus, vérifiez qu'il est bien branché, qu'un coupe-circuit n'a pas lâché ou qu'un fusible n'a pas sauté, que le bouton de contrôle n'est pas sur « Arrêt » ou qu'un dégivrage automatique (sur réfrigérateur) n'est pas en cours. Vérifiez la prise de courant en y branchant une lampe : si elle s'allume, le problème est dans l'appareil ou le fil d'alimentation. Si elle ne s'allume pas, c'est la prise ou l'installation générale qui a un défaut. En attendant l'électricien, branchez les appareils sur une autre prise avec une rallonge qui supporte l'ampérage requis.
2. De l'eau coule sur le sol ? Le plateau placé sous le freezer est peut-être mal placé ou fendu, le réservoir de récupération d'eau de dégivrage, placé au dos du réfrigérateur, est peut-être plein et déborde (dans ce cas, videz-le... et pensez à dégivrer plus souvent) ou le tuyau d'évacuation est bouché : versez de l'eau chaude et désagrégez le bouchon en engageant une gaine de câble de frein dans le tuyau.

PROBLÈMES DE REFROIDISSEMENT

1. Assurez-vous que le bouton de contrôle de température est sur la position « Marche ». Si oui, tournez-le pour augmenter le froid. Attendez 24 h avant de le réajuster.
2. Nettoyez la grille de ventilation placée derrière le réfrigérateur, la poussière qui s'y est déposée empêche le réfrigérateur de fonctionner convenablement. Utilisez l'embout-brosse de votre aspirateur.

AU TEMPS JADIS

Puis vint le glacier

Personnage presque mythique, le marchand de glace était une silhouette familière de nos villes pendant la première partie de ce siècle. En été, sa charrette tirée par des chevaux arrivait dans la rue en dégoulinant. Elle était généralement suivie par des enfants qui connaissaient le glacier par son nom. Il leur donnait souvent des petits morceaux de glace.

Avec son tablier de caoutchouc luisant de cristaux de glace, le glacier s'arrêtait devant toutes les maisons où des ardoises, posées contre les fenêtres, lui indiquaient la quantité de pains de glace à livrer. Cet homme musclé transportait la glace dans chaque foyer avec des pinces. Si quelqu'un commandait un pain un peu lourd (de 40 ou 50 kg), il le basculait sur son dos. Parfois, le bloc était si gros qu'il fallait le couper pour qu'il puisse entrer dans la glacière.

Le réfrigérateur électrique, qui fit son apparition en 1916, fit peu à peu disparaître le marchand de glace. Mais son esprit continue à vivre dans la mémoire de tous ceux qui continuent à parler affectueusement de leur réfrigérateur comme de la glacière.

3. Vérifiez que la porte ferme hermétiquement. Si le joint en caoutchouc est déchiré ou craquelé, remplacez-le.

Régime

1. Évitez les régimes draconiens. Un régime raisonnable doit viser à faire perdre de 500 g à 1 kg par semaine.
2. Mangez des aliments pauvres en graisses, mais riches en hydrates de carbone complexes (fruits, légumes, céréales et légumes secs).
3. Ne sautez pas de repas ; faites 5 ou 6 petits repas par jour plutôt que 3 repas principaux. Vous aurez moins faim et votre organisme brûlera plus d'énergie pendant la digestion.
4. Mangez lentement en dégustant chaque bouchée. Il faut environ 20 min pour que la sensation de satiété se manifeste. Attendez que ce laps de temps soit écoulé avant de recommencer à manger.
5. Quand vous avez faim entre les repas, prenez une tasse de thé sans sucre, la caféine coupe l'appétit.
6. Faites de l'exercice régulièrement. Non seulement cela aide à brûler des Calories, mais cela peut aussi supprimer temporairement la sensation de faim.
7. Après environ 3 semaines de régime, il se peut que vous cessiez de perdre du poids jusqu'à ce que votre corps accepte ses nouvelles normes. La difficulté est de parvenir à dépasser cette limite des 3 semaines sans reprendre ce que l'on a perdu. Lorsque vous atteindrez votre poids idéal, respectez votre régime pendant au moins 3 semaines avant de modifier votre alimentation (Voir aussi Perte d'appétit, p. 168.)

Régime pauvre en matières grasses

1. Préférez le poisson à la viande ; tous les poissons, même les plus gras comme le thon ou le saumon, contiennent moins de graisses que la plus maigre des viandes.
2. Achetez des viandes dégraissées (il existe des steaks hachés à 5 % de matières grasses au lieu de 15 %) et demandez à votre boucher de choisir des morceaux de bœuf maigres : filet, rumsteck, faux-filet... Évitez le porc et le mouton.
3. Poulet, pintade et lapin sont excellents. Toutefois, retirez toutes les parties grasses avant la cuisson et, si vous faites rôtir les volailles, évitez de manger la peau.
4. Consommez des produits laitiers à 0 % ou 20 % de matières grasses (lait, yaourt, fromage blanc) et choisissez des crèmes fraîches allégées.
5. Supprimez les fritures et les cuissons sautées au profit des plats cuits à l'eau ou à la vapeur. Une volaille cuite dans du bouillon est exquise : retirez la peau après la cuisson et dégraissez à fond le bouillon. Vous aurez un plat tout à fait maigre.
6. Supprimez, bien sûr, toutes les conserves à l'huile : même égouttés, les aliments restent gorgés d'huile. (Voir aussi Calories, p. 42 ; Cholestérol, p. 58.)

Régime pauvre en sel

1. La consommation normale de sel est de 1/2 cuil. à café par jour. Elle peut rapidement être dépassée si vous consommez des aliments déjà salés tels que jambon, charcuterie, biscuits apéritifs, conserves de poisson ou de viande...
2. Achetez le moins possible de produits finis, ou alors choisissez-les sans sel dans les rayons de diététique.
3. Salez moins et donnez une grande place aux herbes et aux épices.
4. Mettez le poivrier sur la table et oubliez la salière.
5. Les crudités peuvent très bien être consommées sans sel : poivrez la

salade et ajoutez quelques gouttes de jus de citron ; nappez les tomates d'un filet d'huile d'olive et de quelques gouttes de vinaigre. Croquez les crudités telles quelles, bien fraîches.
6. Ne salez pas les viandes et faites-les cuire avec des épices : enrobez un steak de poivre concassé et d'un mélange d'épices ; parsemez un poulet de curry ; frottez l'agneau et le porc de thym et de romarin séchés ou en poudre.
7. Les poissons sont excellents avec une sauce émulsionnée à base d'huile d'olive, de jus de citron, d'ail pilé, de cumin et de fines herbes... (Voir aussi Sel, p. 204.)

Règle graduée

Si vous vous trouvez dépourvu de règle ou de mètre à ruban et que vous deviez mesurer quelque chose, sachez que :
1. Une pièce de 5 F mesure 2,8 cm de diamètre ; une pièce de 1 F et une pièce de 20 centimes : 2,3 cm ; une pièce de 10 centimes : 1,9 cm ; une pièce de 5 centimes : 1,6 cm.
2. Les billets de banque font également de bonnes unités de mesure : un billet de 50 F fait 15 × 8 cm ; un billet de 100 F : 16 × 8,5 cm ; un billet de 200 F : 17,3 × 9,2 cm.
3. D'autres objets de la vie courante peuvent également vous servir d'unités de mesure : par exemple, une boîte d'allumettes de ménage mesure 7,8 × 5,5 cm.
4. Certains agendas possèdent une règle graduée imprimée le long de l'une des dernières pages. Si aucune ne figure sur le vôtre, vous pouvez toujours en tracer une. (Voir aussi Mesurer, p. 146.)

Règles douloureuses

1. Demandez à votre médecin de vous prescrire un anti-inflammatoire, beaucoup plus efficace qu'un analgésique. Si une seule prise peut suffire à vous soulager, vous devrez parfois en prendre pendant plusieurs jours.
2. Plutôt que de vous coucher lorsque vous souffrez, faites de l'exercice. Allez vous promener, faites du vélo ou quelques minutes de yoga.
3. Préparez une bouillotte et placez-la sur votre abdomen ou sur le bas de votre dos. Ou encore, utilisez votre fer à repasser réglé à basse température. Dans les 2 cas, la chaleur vous soulagera.
4. Certaines femmes ont constaté les bienfaits de complexes vitaminiques et d'oligo-éléments, notamment les vitamines C et E, le zinc, le calcium et le magnésium. Consultez votre médecin.
5. Faites-vous faire un massage du bas du dos ou demandez à une amie de vous faire de l'acupression, en frottant le milieu du dos, 2,5 cm à droite de la colonne vertébrale. Vous pouvez obtenir ainsi de 3 à 6 h de répit. Si vous êtes seule, appuyez sur le point situé à 2 doigts au-dessus de l'articulation du poignet sur la face interne du bras, dans l'alignement du majeur.
6. Ayez une alimentation pauvre en lipides et en sel, riche en glucides et en fibres. (Voir aussi Syndrome prémenstruel, p. 209.)

ATTENTION !

Régimes : mythes et réalités

La seule façon de perdre du poids est de manger moins ? Non, pas forcément. Quelqu'un qui fait un régime peut perdre du poids à court terme mais en reprendre beaucoup ensuite. Ceux qui font de l'exercice ont tendance à ne pas reprendre les kilos qu'ils ont perdus aussi longtemps qu'ils continuent à faire de l'exercice.

Toutes les Calories se valent ? Non, pas du tout. Environ 25 % des Calories provenant de l'amidon comme les pâtes, le pain complet ou les pommes de terre sont brûlées et transformées en énergie. Il n'en est pas de même pour les matières grasses. Si vous passez d'un régime riche en matières grasses à un régime riche en hydrates de carbone complexes, vous devriez perdre du poids.

La margarine fait moins grossir que le beurre ? C'est faux. Margarine et beurre apportent tous deux 9 kcal/g. La différence, c'est que le beurre contient des graisses saturées, néfastes pour les artères, tandis que les margarines (spécialement celles fabriquées à partir d'huiles végétales polyinsaturées comme l'huile de tournesol) peuvent faire baisser le taux de cholestérol sanguin.

Les féculents font grossir ? C'est également faux. Ce qui fait grossir, c'est le beurre, la crème et les sauces riches que l'on y ajoute.

Relations

Dis-moi qui tu connais, je te dirai qui tu es... Le jeu des relations semble d'une grande importance dans bien des domaines de la vie privée et professionnelle : pour se faire des amis, trouver du travail, obtenir une promotion, faire carrière... Si vous démarrez dans la vie, voici comment vous créer des relations.
1. Ne perdez pas de vue vos anciens amis, même ceux que vous ne voyez pas souvent. Un coup de fil de temps en temps entretient des liens toujours utiles.
2. Un voisin occupe un poste important dans une direction générale ? Entretenez de bonnes relations de voisinage, elles peuvent un jour se transformer utilement.
3. Vous savez qu'un ami de vos parents est spécialiste de l'art moderne ou du traitement de l'eau ? Justement, le problème vous intéresse, cherchez à le rencontrer.
4. N'hésitez pas à téléphoner pour solliciter un rendez-vous avec un professeur d'université érudit en chimie nucléaire ou en astronomie. Intéressez-vous à ses recherches, il sera sûre-

ment flatté de faire part de ses connaissances et vous pourrez compter une éminence au nombre de vos relations et références.

5. Quand vous cherchez du travail, reprenez contact avec ceux qui vous ont ainsi reçu. Ils vous aideront ou vous recommanderont sans réserve.

6. Rencontrez aussi des gens de votre âge partout où c'est possible : aux réunions d'information municipale, en faisant du sport, en vacances ou dans toute autre activité.

Remboursement par les assurances

Dans votre intérêt, lisez et remplissez avec précision la proposition d'assurance préalable à la signature du contrat, ainsi que la nature des garanties. Votre contrat est fait sur la base de ces déclarations, les remboursements également. Photographiez votre intérieur en exposant les objets de valeur. Mettez les factures dans un endroit sûr.

1. Après un incendie, informez votre assureur dans les 5 jours par lettre recommandée. Précisez date, causes présumées et étendues des dommages, ainsi que le montant estimé. En attendant la venue de l'expert, réunissez des preuves : restes de meubles, d'objets, factures, photos. À défaut, collectez des témoignages écrits prouvant l'existence de meubles ou d'objets vus chez vous. Ne jetez rien. Assistez à l'expertise.

2. Déclarez un dégât des eaux dans les 5 jours par lettre recommandée. Alertez votre propriétaire, ou le syndic, et votre voisin du dessous. Remplissez avec lui un constat amiable selon le document remis par votre assureur. Il sera directement indemnisé sans attendre l'établissement des responsabilités. Assistez à l'expertise.

3. Pour être bien indemnisé d'un vol, souscrivez un contrat aussi étendu que possible. Faites l'inventaire préalable de vos biens, chiffrés à leur valeur de remplacement. Les pièces de valeur (tableaux, bijoux) font l'objet d'une extension de garantie s'appuyant sur photographies, certificats ou factures. Ne soyez pas cambriolable. Conformez-vous aux conditions de sécurité exigées par les compagnies d'assurances. Si vous êtes victime d'un vol, déposez une plainte au commissariat de police et conservez la photocopie de l'attestation. Alertez votre assureur dans les 24 h, par lettre recommandée, en dressant un état des objets volés et leur valeur estimée. Préparez les justificatifs à soumettre à l'expert.

Rendez-vous

Ne croyez pas que cela « fasse bien » d'arriver en retard à un rendez-vous. Faire attendre les autres est un manque de respect que l'on vous reprochera tôt ou tard.

1. Prévoyez systématiquement de 10 à 15 min de battement pour le cas où vous seriez retardé par la circulation, le mauvais temps, etc.

2. N'ayez qu'un agenda pour la maison et pour le travail. Notez l'heure de vos rendez-vous au quart d'heure précédent.

3. Avancez un peu votre montre.

4. Réglez un réveil ou un minuteur qui fera retentir le signal du départ.

5. Un coup de fil de dernière minute ? Ne répondez pas, vous êtes déjà parti.

RETARD CHEZ LES AUTRES

1. Demandez à la personne qui n'est jamais à l'heure de vous appeler quand elle est sur le point de partir.

2. Vous allez au cinéma ? Proposez de prendre un verre avant et donnez rendez-vous au café d'en face. Cela laisse une marge.

Rénovation du bois

1. Pour teinter du bois naturel, laissez tremper une tablette de tabac à chiquer dans 1 litre d'ammoniaque pendant une semaine. Filtrez le liquide dans un bas ou un collant avant de l'appliquer au pinceau.

2. Vous pouvez colorer du chêne naturel jusqu'au brun foncé en le frottant avec de l'eau ammoniaquée. À l'inverse, vous pouvez l'éclaircir avec de l'acide oxalique, ou en le frottant avec des feuilles d'oseille ou de rhubarbe.

3. Pour cacher une éraflure sur un meuble, comblez-la avec de la cire à reboucher malléable. Frottez vivement avec le doigt pour bien faire pénétrer dans les creux, puis égalisez avec un chiffon. (Voir aussi Éraflures dans le bois, p. 93.)

4. Si un meuble est encrassé par des couches de cire accumulées, mettez le bois à nu avec un produit décireur appliqué avec un tampon de laine d'acier extrafine et un pinceau à poils raides pour les ciselures. Recirez avec de l'encaustique en pâte appliquée au pinceau plat. Laissez sécher 24 h avant de faire briller au chiffon de laine.

Repassage

1. Lorsque vous repassez des vêtements de nature différente, commencez à repasser à fer tiède, puis avancez graduellement jusqu'à la plus haute température. Suivez bien la trame afin de ne pas détendre le tissu. Évitez les marques brillantes en repassant les tissus foncés et les acétates à l'envers ou à la pattemouille.

2. Lorsque vous voyagez, suspendez, sitôt arrivé, vos vêtements dans la salle de bain. Faites couler l'eau très chaude de la douche, porte fermée. Laissez la vapeur agir sur les plis. Cette méthode est particulièrement efficace avec la laine.

3. Si vous disposez d'un fer, mais pas d'une planche à repasser, étalez un plastique sur un meuble, puis des journaux et une serviette de toilette, ou glissez des journaux dans une taie d'oreiller, ou encore placez une serviette sur le coin du lit.

4. Intercalez une feuille d'aluminium ménager, côté brillant au-dessus, entre la planche à repasser et le molleton, elle renverra la chaleur et vous repasserez beaucoup plus vite.

5. Vous devez interrompre votre repassage ? Placez le linge humecté dans un sac en plastique au réfrigérateur ou au congélateur. Le sac maintiendra l'humidité et la température basse empêchera la formation de moisissure. **Attention !** Décongelez les vêtements avant de les repasser.

6. Repassez un ruban en maintenant le fer immobile et en le tirant pardessous.

AU TEMPS JADIS

Petite chronique du repassage

Le repassage est encore une corvée. Cependant, les fers d'aujourd'hui, légers, à vapeur et dotés d'un thermostat, rendent la tâche plus facile qu'autrefois.

Dans la Grèce antique, où des vêtements bien repassés marquaient un statut social (et où les tissus infroissables n'existaient pas), les plis des robes de lin étaient faits avec des rouleaux chauffés, ressemblant à des rouleaux à pâtisserie.

À Rome, les esclaves ôtaient les plis des vêtements en les frappant avec un maillet de métal plat.

Au Xe siècle, le fer se changea en un objet de verre, de la forme d'un champignon, que les Vikings roulaient d'avant en arrière sur les tissus humides.

Aux XVe et XVIe siècles, les Européens se servaient de fonte chauffée sur un feu ou, dans les maisons aisées, d'une boîte en fer chauffée par des charbons incandescents ou encore d'une brique chaude.

Le fer chauffé au gaz fut inventé au XIXe siècle. Il était cependant dangereux car il pouvait fuir, exploser et mettre le feu aux maisons.

Le premier brevet présenté pour un fer électrique fut accepté en 1882. Celui-ci fut bientôt suivi par d'autres équipés d'un système de contrôle de température. Cependant, le véritable progrès de cette guerre contre les plis vint en 1926, lorsque le fer à vapeur arriva sur le marché et, dans les années 1960, quand apparurent les premiers tissus « infroissables ».

Repiquage

Le repiquage endommage toujours un peu les radicelles des plantes, qui véhiculent l'eau et les éléments nutritifs dont elles ont besoin. Donnez une chance de reprise à vos arbres et à vos arbustes en les plantant durant leur repos végétatif : de novembre à mars. Une précaution inutile pour les végétaux vendus en conteneurs.

Si le sol est sec, arrosez l'emplacement plusieurs jours avant la plantation. Après la mise en place, arrosez copieusement, même par temps de pluie, dans une cuvette formée à la bêche au pied de l'arbuste. L'eau tasse la terre en douceur, assurant la stabilité de la plante, et lui permet de trouver sa place plus rapidement.

Pour aider fleurs et légumes à supporter le repiquage, extirpez les plantules de leur godet, tête en bas, sans briser la motte. Il arrive que les racines adhèrent aux parois du pot : tapotez alors légèrement pour les décoller. Inutile de dépoter les plants de légumes ou de fleurs élevés dans un pot de tourbe : ce matériau très pratique se dégrade rapidement dans le sol. Plantez-le avec la motte, vous éviterez les accidents au moment du dépotage.

Réservations

HÔTEL

Rares sont aujourd'hui les hôtels qui ne font pas partie d'une chaîne « volontaires », de type traditionnel (Logis de France, Petits Nids, France-Accueil...), ou « intégrés », neufs et standardisés (Campanile, Ibis, Novotel...). Autrement dit, ces hôtels disposent souvent d'un numéro central de réservation. Utilisez-le pour réserver, bien sûr, mais également pour confirmer votre arrivée si elle est plus tardive que prévue.

Mieux encore, un certain nombre de chaînes ont même mis au point un système qui vous permet d'entrer à n'importe quelle heure avec votre carte de crédit, qui fait alors office de clé, et un numéro de code que l'on vous aura auparavant attribué par téléphone. Ces hôtels ont en outre l'avantage d'être de prix tout à fait raisonnable.

Si vous partez à l'étranger, les bons d'hôtel achetés dans une agence de voyages constituent un excellent système de réservation, sans obligation pour vous d'acheter une autre prestation, un voyage en avion par exemple.

RESTAURANT

Une bonne méthode consiste à se fier aux guides gastronomiques les plus connus, qui présentent l'avantage de vous donner un ordre de prix, de camper le style de l'établissement et, parfois, d'indiquer les meilleures tables. Gardez ce guide à la main en entrant dans le restaurant, qui vous accueillera alors d'autant mieux qu'il lui serait sans doute désagréable d'en être radié.

Responsabilité civile

Chacun est responsable. De soi-même, de ses enfants, de ses animaux ou des tuiles du toit... L'assurance de responsabilité civile (multirisques habitation) répare les dommages causés aux autres (les tiers), dans le cadre de votre vie privée.

Vous êtes propriétaire de votre logement : votre responsabilité est sans limite pour tous les dommages corporels intervenant dans votre propriété. Surveillez clôtures, cours, jardins, parkings, piscine, ascenseurs, antennes de télévision, chutes de neige ou de glace du toit, fleurs au balcon. Balayez la neige ou le verglas devant votre porte, vérifiez que vous êtes bien couvert pour ce risque.

Vous êtes copropriétaire ou locataire : vous devez surveiller tout risque d'incendie, de fuites d'eau ou de gaz, d'explosion...

L'assurance recours — des voisins et tiers, du propriétaire ou du locataire — garantit assez largement votre responsabilité par rapport aux voisins ou aux maisons proches. Vérifiez son étendue dans votre contrat.

Votre responsabilité chef de famille « coiffe » les bêtises de vos enfants, ou de votre chien, les maladresses de vos proches, ou votre inexpérience sportive.

Restaurant

1. Quand vous emmenez vos jeunes enfants dans un restaurant de classe, réservez une table dans un angle de la salle. Emportez quelques jouets silencieux (jeu de construction, cubes...) qui captent leur attention et, dès qu'ils ont fini leur repas, laissez-les jouer dans le coin, sur le sol.
2. Pour attirer l'attention du serveur, levez la main, appelez : « Garçon », mais ne claquez jamais des doigts.
3. Si un serveur tache malencontreusement votre vêtement, vous êtes en droit d'exiger le remboursement de la note de nettoyage.
4. N'hésitez pas à faire venir le directeur du restaurant lorsqu'un serveur refuse de vous donner satisfaction.
5. Lorsqu'un serveur tarde trop à vous apporter l'addition, faites mine de vous en aller. C'est un moyen très efficace.
6. Avant de vous décider pour un restaurant à prix moyen, consultez les menus des restaurants de catégorie supérieure : ceux-ci proposent une cuisine beaucoup plus soignée à un prix souvent plus raisonnable que ne le serait un repas à la carte dans un restaurant moyen.

Restes

1. S'il vous reste du pain, faites-en des croûtons pour garnir une soupe ou une salade. Les restes de croissants peuvent être émiettés et grillés ; parsemez-en une glace, une salade de fruits, une compote...
2. Les restes de poisson poché font d'excellentes croquettes : après les avoir réduits en purée, additionnés d'œufs, de farine et de fines herbes, roulez-les en boules et plongez-les dans la friture. Dégustez avec une salade.
3. Les restes de viande rôtie (bœuf, porc, agneau ou volaille) font de très bons hachis Parmentier, mais aussi des croquettes ou des bases de salades tièdes ; avec des pommes de terre, des légumes verts, de la salade...
4. Les restes de légumes, une fois passés au mixeur, font d'excellents potages et soupes.
5. Transformez les restes de salades de fruits en compotes. Et n'oubliez pas que la plupart des restes peuvent être congelés.

Rétention d'eau

Si vous avez tendance à gonfler de façon cyclique, consultez votre médecin. S'il n'y a rien de grave, prenez les mesures suivantes :
1. Diminuez votre ration quotidienne de sel. Évitez les conserves, les plats cuisinés, la charcuterie, les gâteaux apéritifs et les cacahuètes ; limitez le fromage. Diminuez aussi la prise de sucre et de caféine.
2. Consommez des aliments qui ont des propriétés diurétiques : concombre, persil, betterave, cresson, asperge, poireau, pissenlit, fraise, pomme et raisin.
3. Faites du sport régulièrement pour améliorer votre circulation : natation, jogging, bicyclette sont particulièrement indiqués
4. Portez des bas à varices.
5. Surélevez vos pieds pendant 20 min au cours de la journée et 1 à 2 h avant de vous coucher.
6. Évitez les situations stressantes. L'angoisse peut en effet activer une hormone qui provoque la rétention d'eau.
7. L'absorption de diurétiques peut entraîner une perte de potassium responsable de crampes. Remplacez-les en buvant beaucoup d'eau. Paradoxalement, cela ne vous fera pas gonfler mais activera votre fonction rénale. (Voir aussi Œdème, p. 155.)

Réunion d'enfants

L'importance que les jeunes enfants accordent à leur anniversaire mérite que vous invitiez tous leurs amis pour ce grand jour.
1. Vous pouvez, avec votre enfant, dessiner des cartes d'invitation représentant un lapin, par exemple, sur du carton léger et les découper. Si vous les expédiez par la poste, pensez à les faire correspondre à un format d'enveloppe. Vous pouvez aussi les rédiger sur une feuille de papier, plier celle-ci pour en faire une enveloppe et la cacheter par de la cire. (Voir aussi Ballon de baudruche, p. 288.)

2. Si votre logement est trop exigu, cherchez à louer une pièce dans des bâtiments communaux, une école ou un patronage. Si la fête a lieu chez vous, ôtez tapis et meubles fragiles.
3. Prévoyez un buffet simple : poulet froid, mini-pizzas et gâteau peuvent être préparés à l'avance ou achetés tout faits. Évitez les salades composées et les crèmes, qui ne demandent qu'à se renverser. Coupez le gâteau en petits cubes et adjoignez-lui quelques desserts individuels (yaourts, mousses), sans oublier les petits bonbons à picorer.
4. Changez souvent de jeu. Annoncez-le, ne leur demandez pas leur avis. Encouragez les timides mais ne les faites pas participer de force : ils finiront par s'y mettre. Si vous disposez d'un jardin et que le temps s'y prête, combinez jeux d'intérieur et jeux d'extérieur.

LE SAVIEZ-VOUS ?

Croyances autour de l'anniversaire

Souffler ses bougies serait une tradition des anciens Grecs qui, en l'honneur d'Artémis, déesse protectrice de la jeunesse, demandaient à celle-ci de veiller sur le nouveau-né en lui dédiant, entre autres présents, un gâteau de miel surmonté d'une bougie.

C'est au Moyen Âge que les boulangers de Germanie remirent à l'honneur le gâteau qui célébrait la naissance en l'entourant d'une couronne de bougies. Peu à peu, la coutume évolua avec une bougie par année d'âge. Dans certains pays anglo-saxons, on ajoute une bougie de plus, « à souffler l'année prochaine », gage que l'on verra l'année qui s'annonce...

Saviez-vous que, dans les pays nordiques, il était de coutume de donner aux tout jeunes enfants la « fessée d'anniversaire » ? Sans leur faire grand mal, on leur administrait de petites gifles et des pinçons afin de chasser les esprits malins et d'attirer les bienfaits du ciel sur leur tête pour l'année.

Réunion de travail

Une réunion bien préparée est toujours plus efficace.

1. Ciblez bien votre sujet. Dans la mesure du possible, sélectionnez des petits groupes : 10 personnes réunies autour d'une table sont plus productives que 25.

2. Faites de préférence vos réunions le matin, l'attention y est plus vive que l'après-midi. Évitez pourtant les heures trop matinales, vous iriez au devant d'arrivées échelonnées.

3. Évitez les trop longues et trop sérieuses réunions les veille ou lendemain de congé ainsi que les fins de semaines. Des absences seraient alors à prévoir.

4. Informez les participants, si possible par écrit, en leur faisant parvenir l'ordre du jour quelques jours avant la réunion. Planifiez les temps à consacrer à chaque sujet. Prévoyez cependant une plage pour les questions libres.

5. Animez votre réunion avec rigueur. Suivez l'ordre du jour au plus près. Donnez la parole aux intervenants prévus et ne laissez pas (trop) les bavards se répandre. Sachez couper court à leur verve s'ils dépassent les limites.

6. Faites en sorte que tout le monde participe, interrogez vous-même les plus timides ou faites faire un tour de table complet sur un point précis de l'ordre du jour.

Réveille-matin

1. Un minuteur électronique peut remplacer un réveille-matin. Il en existe désormais qui durent plusieurs heures. Certaines personnes se mettent à ronfler en entrant dans leur phase de sommeil profond, toujours à peu près dans les mêmes délais après leur coucher. Une sonnerie de minuteur, pas trop stridente, peut les faire changer de position en les réveillant à demi et stopper...temporairement les ronflements.

2. Demandez tout simplement à quelqu'un de vos relations de vous réveiller par téléphone à l'heure dite. Vous lui rendrez le même service si besoin est.

3. Si votre ligne téléphonique se trouve sur répartiteur électronique (renseignez-vous auprès de votre agence), vous pouvez programmer le réveil automatique en composant le signe * sur votre combiné, puis 55 *, les 4 chiffres de l'heure choisie (ex. : 0630) pour votre réveil, le signe # (au-dessous du 9 sur votre combiné) ; attendez la tonalité, puis raccrochez. Votre téléphone sonnera à l'heure ainsi programmée.

4. Installez un interrupteur programmable sur une prise de courant de votre chambre. À l'heure dite, la lampe ou la radio branchée sur la prise s'allumera et vous réveillera.

Revêtement mural

1. Pour recoller du papier peint aux endroits où il a cloqué, incisez-le sur quelques millimètres en suivant un motif (s'il y a). Mouillez la cloque avec une éponge juste pour assouplir le papier, injectez de la colle sous la cloque avec une grosse seringue glissée par l'incision. Écrasez la cloque avec une roulette à joint.

2. Il existe diverses qualités de moquette murale : certaines se détachent trop facilement de leur support en papier. Testez celle que vous voulez acheter en passant un peigne (côté moquette) dans un angle que vous tiendrez à la main. Si la moquette est de bonne qualité, elle ne se détachera pas du papier support.

3. Assurez l'accrochage des papiers et autres revêtements en encollant le mur avant de les poser, surtout si ce sont des revêtements lourds.

4. Vous économiserez de la colle et vous ferez un meilleur travail en passant un durcisseur de fond ou une couche de colle diluée sur les murs absorbants (en plâtre ou autres).

Rhume

1. Quand vous sentez venir un rhume, demandez à votre médecin si vous pouvez prendre des comprimés de zinc afin d'en atténuer la violence.

2. Pour soulager la sécheresse des muqueuses qui annonce le rhume, faites dissoudre 2 cuil. à soupe de sel dans 1 litre d'eau chaude ; inhalez la solution ou instillez-vous-la dans le nez avec un compte-gouttes.

GROS RHUME

1. Contre la fièvre et le mal de tête, prenez de l'aspirine ou du paracétamol (voir p. 24).

2. Reposez-vous le plus possible. Le sommeil favorise le bon fonctionne-

ment de votre système immunitaire. En outre, en restant chez vous, vous éviterez de propager vos virus.
3. Évitez de faire du sport, car vos forces et votre endurance sont affaiblies. Vous risquez aussi plus facilement une déchirure musculaire. Il est particulièrement dangereux de faire du sport avec de la fièvre, cela peut entraîner un coup de chaleur.
4. Buvez abondamment de l'eau mais aussi du jus de citron. Son acidité rendra votre gorge inhospitalière aux virus du rhume. Évitez le café, le thé, les colas, ils contiennent de la caféine, aux propriétés diurétiques, qui accentuerait la déshydratation.
5. Pour soulager le mal de gorge et diminuer l'inflammation, faites toutes les 2 heures un gargarisme à l'eau salée (1/4 de cuil. à café de sel dans 1/4 de litre d'eau).

CONGESTION NASALE

1. Quelques gouttes d'eau salée peuvent dégager un nez bouché (1/4 de cuil. à café de sel dans un verre d'eau bouillie).
2. Si vous préférez les gouttes nasales en aérosol contenant des décongestionnants, ne les utilisez pas plus de 3 jours de suite. Un usage prolongé accentuerait la congestion.
3. Un bol de bouillon a un effet décongestionnant certain ; en outre, l'eau et le sel qu'il contient agissent contre la déshydratation.
4. Une infusion de menthe forte produit le même effet. Versez 1/2 litre d'eau bouillante sur 15 g de feuilles de menthe, laissez infuser de 5 à 20 min. Ajoutez éventuellement un peu de miel pour adoucir la gorge.

AU TEMPS JADIS

La guerre du rhume

« Si vous négligez votre rhume, il dure 7 jours ; si vous le soignez, il dure 1 semaine ! » Bien que ce dicton populaire ne soit pas très encourageant, chacun s'emploie à tester ses remèdes contre ce mal.

Autrefois, par exemple, certains suspendaient un chapeau à la colonne de leur lit, buvaient du rhum jusqu'à ce qu'ils en voient deux et se cachaient sous les couvertures en attendant la fin de l'agression ! En Louisiane, on se frictionnait la poitrine avec un mélange de camphre et de whisky. Les Anglais s'emmitouflaient dans des vêtements imbibés de térébenthine. Nos compatriotes préféraient souvent prendre un bon grog.

Aujourd'hui, la vitamine C est très employée. Certes, ces comprimés ne peuvent faire de mal, mais rien ne prouve qu'ils soient plus efficaces qu'une bonne orange.

Rideau, porte de douche

1. Assouplissez votre rideau de douche en plastique en le plongeant dans de l'eau chaude, dans laquelle vous aurez ajouté un peu d'huile de bain.
2. Protégez votre nouveau rideau de douche en utilisant l'ancien comme doublure, de façon que ce soit lui qui soit arrosé. Lavez-les fréquemment pour les empêcher de moisir.
3. Pour faire sécher vos rideaux de douche plus vite, déployez-les.
4. Ôtez les marques d'eau et de savon sur les portes de douche en verre en frottant avec une éponge imbibée de vinaigre. Ou frottez-les doucement avec un tampon à récurer pour émail.
5. Si les portes de la cabine de douche ne glissent pas bien, nettoyez les rails avec une brosse, un couteau émoussé ou un tournevis. Utilisez une brosse à dents pour les rainures difficiles, puis lavez avec de l'ammoniaque ou une solution de détergent. Une fois la glissière sèche, vaporisez un lubrifiant aux silicones ou au Téflon, mais protégez le bac à douche car il deviendrait glissant.

Rides

1. Pour ralentir leur formation, appliquez une crème solaire (voir p. 72) chaque fois que vous sortez. Faites de même pour vos enfants.
2. Ne laissez pas les intempéries vous tanner la peau. Protégez-la du vent, du froid et des embruns marins.
3. Ne faites pas trop de grimaces. Vous pouvez aussi, lorsque vous êtes seul par exemple, imposer un repos aux muscles de votre visage en collant du ruban adhésif transparent sur les zones qui ont tendance à se rider !
4. Pour éviter les rides du sommeil, tâchez de dormir sur le dos.
5. En guise de masque antirides, appliquez-vous 1 blanc d'œuf battu sur le visage pendant 10 min, puis rincez. Votre visage paraîtra plus lisse pendant quelques heures.
6. Appliquez des compresses d'hamamélis sur les rides du front pendant 5 min chaque jour.
7. Passez une crème pour les yeux sur les rides de la patte-d'oie, à l'angle externe de l'œil. Puis ouvrez grand les yeux et pressez 1 min avec le gras du pouce. Recommencez chaque jour.
(Voir aussi Peau sèche, p. 164.)

Rivalité fraternelle

1. Les frères et sœurs s'entendent parfois comme chiens et chats. Pour qu'ils vivent ensemble en bonne intelligence, guettez les occasions de leur faire partager de bons moments qui leur feront des souvenirs communs. Valorisez à leurs yeux un voyage intéressant effectué en famille, une bonne soirée, une activité de vacances. Les moments qui rapprochent contribuent à construire la fraternité.
2. Quand un nouveau bébé arrive, faites en sorte de consacrer du temps séparément à chaque enfant en dehors des loisirs qui rassemblent toute la famille.
3. Donnez de l'importance aux choses que les enfants plus âgés peuvent enseigner aux plus jeunes, sans que cela soit pour eux une corvée. N'oubliez pas de les en féliciter.

4. Il est inévitable que des disputes éclatent. Le plus sage est de ne pas vous en mêler tant que les choses ne sont pas trop graves. Les enfants trouveront d'eux-mêmes la façon de régler leurs conflits. Vouloir arbitrer à tout prix accentue les rivalités.
5. Veillez à donner à chaque enfant un amour et une attention sans partage. Quelques minutes de câlins ou d'écoute attentive font plus pour la bonne entente de tous que n'importe quelle mise en garde ou réprimande.
6. Qui s'installe à l'avant de la voiture ? Quel programme de télévision va-t-on choisir ? Si les discussions de ce genre sont permanentes, instaurez des tours pour permettre à tous les enfants de prendre des décisions.

Riz

1. Pour empêcher le riz de coller, ajoutez une noisette de beurre ou de margarine, ou quelques gouttes d'huile, dans l'eau de cuisson. Lorsqu'il est cuit, égouttez-le et égrenez-le avec une fourchette.
2. Pour qu'un riz soit bien blanc, ajoutez quelques gouttes de jus de citron ou de vinaigre dans l'eau de cuisson.
3. Si le riz est trop collant, utilisez-le dans un potage, dans une soupe ou pour farcir des légumes.

Robinet

Les robinets et mitigeurs à cartouche à ouverture quart ou demi-tour sont équipés d'un système à pastilles en céramique et ils ne fuient pratiquement jamais. En revanche, sur les robinets classiques à clapets en caoutchouc, les fuites reviennent souvent.
1. Si vous ne supportez plus le bruit des gouttes qui tombent, placez une éponge ou un gant de toilette en dessous dans l'évier ou le lavabo.
2. Autre méthode : attachez une ficelle au nez du robinet et laissez-la pendre. Les gouttes suivront la ficelle et ne feront plus de bruit.
3. Pour changer le clapet, fermez l'eau du robinet d'arrêt général, ouvrez le robinet à réparer et le robinet le plus haut placé dans l'installation. Laissez l'eau s'écouler. Démontez le mécanisme du robinet après avoir retiré le bouchon de manœuvre. Remplacez le clapet en caoutchouc par un clapet identique. Remplacez aussi les joints en fibre et remontez le mécanisme en position ouverte, puis le bouchon. Refermez le robinet (et celui du haut), puis ouvrez l'eau.

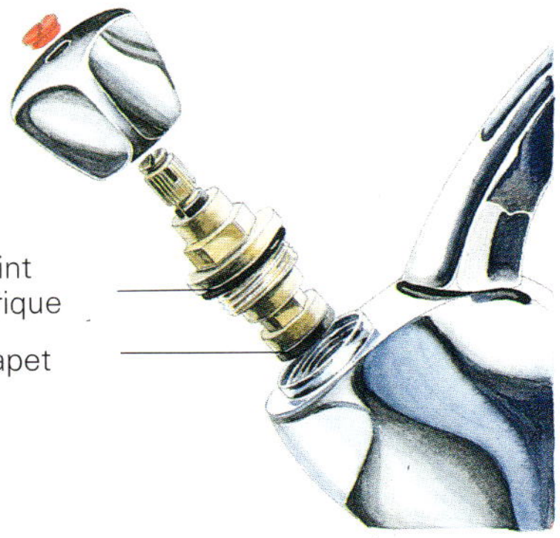

Ouvrez et fermez tous les robinets pour purger l'air qui est dans les tuyaux.

Robot ménager

1. Ne laissez pas de côté votre robot ménager sous prétexte que l'idée de le nettoyer vous rebute. Vérifiez la notice : de nombreux modèles peuvent être lavés dans le lave-vaisselle.
2. Si le bol d'un robot se fend en pleine action, ne videz pas le bol mais entourez-le de plusieurs couches de ruban adhésif, puis remettez en marche. Remplacez quand même le bol dès que possible.
3. Limitez les fuites autour du couvercle en ne remplissant le bol qu'à mi-hauteur, ou ceinturez l'ouverture avec un large bracelet en caoutchouc.

Ronflement

1. Causés par une obstruction du passage de l'air au cours de la respiration, les ronflements sont parfois évités en surélevant la tête du lit. Des oreillers supplémentaires ne servent à rien. Une autre méthode consiste à maintenir les voies respiratoires ouvertes en dormant avec une serviette de toilette roulée et épinglée autour du cou. Évitez de dormir avec un oreiller.
2. Ne prenez rien qui puisse relâcher les muscles des voies aériennes, c'est-à-dire alcool, tranquillisants, somnifères et antihistaminiques.
3. Si vous ne ronflez que lorsque vous dormez sur le dos, cousez ou attachez avec un ruban adhésif une grosse bille ou une balle de tennis au dos de votre veste de pyjama (ou cousez une poche dans laquelle vous pourrez placer ce genre d'objet).
4. Si vous ou votre conjoint suffoquez ou reniflez bruyamment en ronflant, consultez un médecin.

LE SAVIEZ-VOUS ?

Petite musique de nuit

C'est au romancier britannique Anthony Burgess que l'on doit cette phrase : « Riez et le monde entier rit avec vous, ronflez et vous dormez seul. »

Presque la moitié de la population adulte ronfle de temps à autre, mais un quart sont des ronfleurs habituels. Les ronflements qui posent problème sont plus courants chez les hommes, mais les femmes et les enfants ronflent également, de même que les chats, les chiens, les chevaux et de nombreux autres animaux.

L'intensité d'un ronflement peut s'élever jusqu'à 70 dB. Mais le record fut enregistré au Canada, en 1987, chez un ronfleur chronique qui atteignit 90 dB. À titre de comparaison, il faut savoir que la limite de l'acceptable est généralement estimée à 65 dB.

Les gros ronfleurs ont tout essayé, de la chirurgie à l'hypnose en passant par la mentonnière, mais l'on n'a pas encore trouvé de remède efficace à tout coup.

Rot de bébé

Laissez à bébé le temps de faire son rot tout en continuant à vaquer à vos occupations.

1. Maintenez-le sur votre hanche, dos contre vous, et passez un bras autour de sa taille. La légère pression de votre bras aidera l'air à remonter.

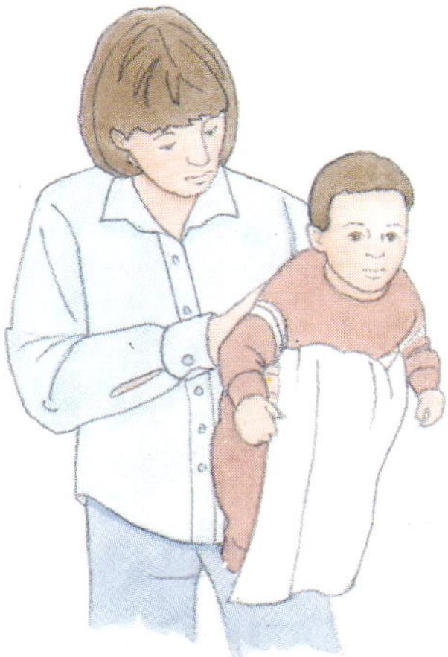

2. Placez l'enfant dans votre porte-bébé ventral. Le mouvement favorisera l'exécution du rot. N'oubliez pas de protéger vos vêtements et les siens au cas où il régurgiterait un peu de lait.

Rougissement

Ceux qui rougissent facilement savent qu'il n'y a hélas rien à faire une fois qu'on a commencé à s'empourprer. Cela ne dure généralement pas plus de quelques minutes.

1. Vous pouvez cacher vos couleurs par une coiffure encadrant bien le visage, en vous maquillant légèrement et en vous habillant dans des tons de la couleur de vos joues de façon à atténuer le contraste avec votre visage.

2. La relaxation peut vous aider. Fermez les yeux et pensez à un endroit très lointain.

3. Au pire, détournez l'attention : prétendez que vous avez perdu quelque chose, prenez l'air angoissé ou étonné pendant que vous cherchez l'objet en question dans votre sac ou dans vos poches.

Rouille

La meilleure défense contre la rouille est la prévention. Effectuez un traitement dès que des taches apparaissent.

1. En rouillant, les vis et les clous tachent le bois. Frottez avec une brosse métallique pour nettoyer les parties rouillées, puis décolorez les taches avec de l'acide oxalique ou de l'antirouille pour tissu appliqué localement. Laissez sécher complètement avant de reteinter le bois. (Voir aussi Tache de rouille, p. 212.)

2. Ne peignez pas directement du fer neuf ; laissez-le d'abord « purger » sa rouille. Quand il sera légèrement rouillé, brossez-le et passez un inhibiteur de rouille avant de le peindre avec une peinture antirouille de la couleur désirée.

3. Pour protéger efficacement l'équipement métallique de votre atelier ou tous métaux exposés à l'air, maintenez une atmosphère peu humide et huilez ou graissez les parties où le métal est à nu.

4. Frottez les petites taches de rouille avec une gomme pour machine à écrire ou une gomme à encre.

5. Pour que les fers de bêche, les fourches et autres outils de jardin ne rouillent pas, laissez-les tremper dans un bac rempli d'eau et de copeaux de chêne quand vous ne les utilisez pas : le fer noircira et sera protégé contre la rouille.

6. Rangez vos outils de jardin pour une longue période après les avoir nettoyés à la brosse métallique. Chauffez-les avec un chalumeau, puis appliquez dessus de l'huile de vidange de moteur.

VOITURE

1. Protégez votre véhicule du sel sur la route. Lavez le dessous au jet pour éliminer la saleté, la boue et les feuilles. Après séchage, pulvérisez 2 ou 3 couches de revêtement bitumineux en aérosol. Effectuez cette opération à la fin de l'hiver.

2. Placez la voiture sur cales ou utilisez un miroir pour vous assurer que les orifices de drainage sous les portières ne sont pas bouchés. Inspectez aussi les orifices des gouttières situées sous les ailes. Passez un gros fil de fer pour enlever les déchets qui peuvent les obstruer.

3. Les éclats et les éraflures sont des « germes » de corrosion. Éliminez la rouille qui a déjà pu se former en la grattant avec la pointe d'un couteau. Appliquez localement un apprêt antirouille et repeignez localement avec un kit de retouche.

Rouleau à peinture

1. Pour récupérer un rouleau incrusté de peinture sèche, recouvrez-le d'un morceau de serviette éponge imbibée de diluant, puis de film plastique transparent (polyéthylène). Serrez fortement et attachez chaque extrémité avec un élastique. Nettoyez au solvant quand la peinture sera ramollie (comptez quelques jours).

2. Si un rouleau est couvert de peinture et que vous vouliez l'employer le jour suivant, ne vous donnez pas la peine de le nettoyer. Enveloppez-le dans un film alimentaire ou un sac en plastique et mettez-le au réfrigérateur. Laissez-le se réchauffer pendant 1 ou 2 h avant de l'utiliser.

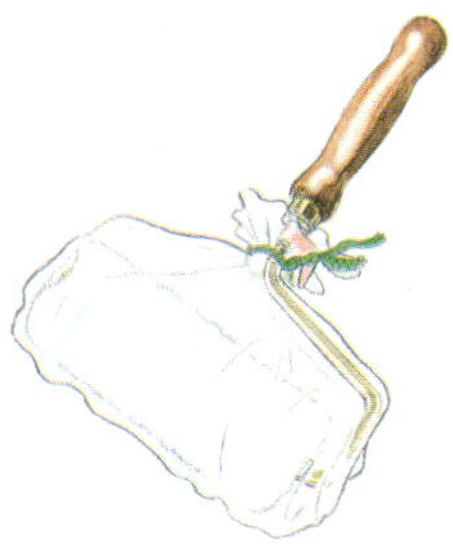

3. Si vous ne possédez pas de rouleau, fabriquez un tampon à peindre en collant un morceau de moquette velours épaisse sur un bloc de bois.

Rugby

Voici un lexique qui vous aidera à mieux comprendre les retransmissions sportives.

Alignement : se dit des joueurs qui sont disposés sur 2 lignes au moment de la touche.

Arrêt de volée : geste défensif d'un joueur debout, les pieds au sol, et qui reprend le ballon botté par un adversaire en criant « marque » : l'arbitre lui accorde un coup franc, qu'il botte lui-même.
But : poteaux distants de 5,65 m, hauts de 4 à 6 m, relayés par une barre transversale haute de 3 m.
Drop-goal : un joueur laisse rebondir le ballon qu'il tenait en mains pour le botter et le faire passer entre les poteaux et au-dessus de la barre transversale du but adverse. Le plus souvent réalisé par l'arrière, un trois-quart centre ou le demi d'ouverture.
En-but : ligne de but et partie du terrain située derrière les poteaux.
En-avant : faute qui consiste à passer le ballon à son partenaire vers l'avant.
Essai : un joueur marque un essai quand il touche, le premier, le ballon à terre dans l'en-but adverse.
Hors-jeu : dans les phases statiques (mêlée ou touche) il est sanctionné d'un coup de pied de pénalité. *En mêlée,* le hors jeu est une zone située au-delà du dernier pied du joueur de chacune des 2 équipes. Seuls sont admis dans cette zone les 16 avants regroupés en mêlée et les 2 demis de mêlée. Les autres joueurs se replient derrière leurs coéquipiers. Sont hors jeu : l'avant qui se détache avant la sortie du ballon, le demi qui devance la progression du ballon et le joueur qui empiète sur la ligne de hors-jeu. *En touche :* la ligne de hors-jeu est la ligne perpendiculaire à la touche qui passe entre les 2 colonnes. Pour les non-participants à la touche, les 2 lignes perpendiculaires sont à 10 m de la ligne d'alignement. Dans les touches longues, tout le monde a le droit de s'élancer en zone interdite dès que la balle a quitté les mains du lanceur. Dans le jeu ouvert, un joueur est hors jeu quand le ballon est joué par un partenaire placé derrière lui (l'équipe adverse choisit un coup de pied de pénalité ou une mêlée ordonnée). Il peut se remettre en jeu :
- en se repliant derrière le partenaire qui a touché le ballon en dernier ;
- si ce partenaire qui a le ballon le dépasse ;
- si l'adversaire a joué le ballon.

Joueurs :
- 8 avants, dont le rôle est de gagner le ballon à la mêlée et à la touche ;
- 2 demis : un demi de mêlée qui introduit la balle au cours de la mêlée, la récupère à la sortie pour la passer au demi d'ouverture qui lance l'attaque des trois-quarts ;
- 4 trois-quarts : 2 centres et 2 ailiers qui attaquent ou empêchent la progression de leurs homologues dans l'équipe adverse. Recevant le ballon du demi d'ouverture, ils déroulent l'attaque et démarquent leur ailier avant de le servir ;
- 1 arrière : placé à l'arrière de son camp pour assurer un rôle défensif ou s'intercaler dans le jeu d'attaque des trois-quarts.

Pénalité : sanction prise par l'arbitre et qui varie selon la gravité de la faute : mêlée, coup de pied de renvoi, coup de pied franc, coup de pied de pénalité, essai de pénalité ou expulsion de l'auteur de la faute.
Pilier : joueur de première ligne d'une mêlée placé à l'extérieur.
Plaquer : arrêter un adversaire en le saisissant à toutes les parties du corps (sauf le cou et la tête). Il est interdit de plaquer un joueur sans ballon.
Points : un essai vaut 4 points ; un coup de pied franc, de pénalité et un drop goal valent 3 points, et la transformation d'un essai 2 points.
Relayeur : lors d'une remise en touche, joueur qui se place en retrait de l'alignement pour récupérer la balle lorsque celle-ci est tapée ou passée : il peut alors relayer l'action vers les lignes arrière.
Talonneur : placé en mêlée au centre de la première ligne.
Terrain : long de 95 à 100 m et large de 66 à 68,57 m ; partagé en 2 camps par la ligne des 50 m.
Sortie en touche : remise en jeu faite quand le ballon a touché et franchi une ligne de touche.
Match : 2 mi-temps de 40 min (avec un repos de 5 min). Des arrêts de jeu de 2 min peuvent être accordés.
Prolongations : 2 fois 15 min en cas de score nul à l'issue d'un match important.
Up and under : coup de pied botté à suivre, souvent en chandelle, par-dessus la défense adverse.

S

Sables mouvants

1. Si, d'aventure, vous étiez pris dans des sables mouvants, ne paniquez pas. Laissez-vous tomber lentement sur le dos, étendez les bras et essayez de flotter.

2. Si vos pieds sont enfoncés, tâchez de les remonter par des mouvements doux à la surface.
3. Saisissez les herbes ou les branches qui sont à votre portée, ou tentez d'effectuer une nage lente sur le dos pour arriver jusqu'à la terre ferme. Ne faites aucun mouvement rapide et saccadé, vous vous enfonceriez plus profondément.
4. Si vous avez besoin de vous reposer, restez allongé, bras et jambes bien écartés.

Sac à dos

Pour fabriquer un sac à dos de fortune où vous mettrez les trouvailles ramassées en chemin ou d'autres objets

légers, fermez la taille d'un sweat-shirt ou d'une veste avec des épingles ou de la ficelle. Nouez le bout des manches ensemble pour former une courroie, mettez vos affaires à l'intérieur, puis passez la courroie autour de vos épaules.

Sac de couchage

Avec 2 couvertures, vous pouvez improviser un sac de couchage. Pliez-en une en portefeuille dans le sens de la longueur et épinglez le bord libre avec de grosses épingles de sûreté. Repliez ensuite le bas sur 10 à 15 cm et épinglez. Posez cette couverture sur la seconde et pliez cette dernière sur la précédente en épinglant les bords ensemble. Rabattez le bas sous l'ensemble.

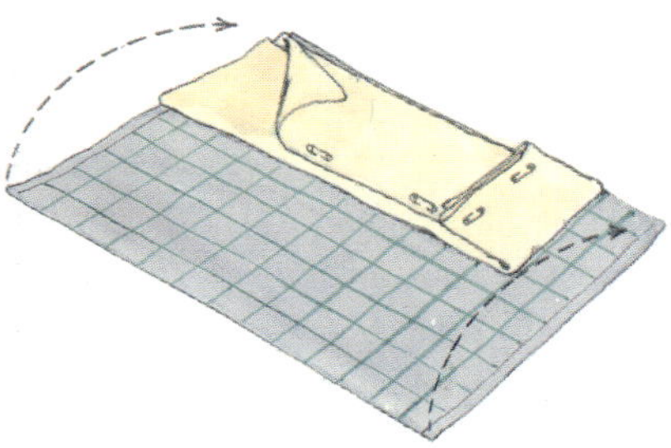

Repliez la seconde couverture sur la première.

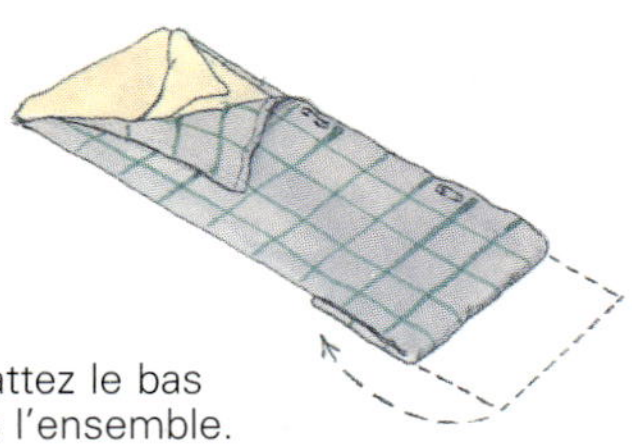

Rabattez le bas sous l'ensemble.

Saignement de nez

1. Asseyez-vous, penchez-vous en avant et pincez-vous fermement les narines pendant au moins 10 min.

2. Si, au bout de 20 min, le saignement n'est pas arrêté, maintenez une vessie de glace sur le front et l'arête du nez, tout en continuant à vous pincer les narines.
3. En dernier ressort, obturez la narine qui saigne avec de la gaze stérile pendant 50 min à 1 h.

Salade

1. Une salade légèrement fanée retrouvera toute sa fraîcheur si vous la rincez sous l'eau tiède, puis sous l'eau froide. Ensuite, essorez-la et laissez-la 1 h au réfrigérateur avant de l'assaisonner.
2. Essorez toujours à fond la salade avant de l'assaisonner. Si vous n'avez ni panier à salade ni essoreuse, enfermez la salade dans un torchon propre et secouez-le afin que l'eau imprègne le torchon.
3. S'il vous reste de la salade non assaisonnée, faites-la sauter dans un peu d'huile d'olive avec des oignons émincés. Les feuilles vertes de salade sont excellentes préparées ainsi mais elles deviennent légèrement amères ; pour compenser cette amertume, ajoutez quelques pincées de sucre pendant la cuisson. La salade cuite est un excellent accompagnement des viandes blanches et des volailles.

Sapin de Noël

Pour prolonger la tenue de votre sapin de Noël coupé, retaillez légèrement le bas du tronc et plongez-le dans un seau stable rempli d'eau chaude. Cela assouplira le bouchon de sève qui se forme après la coupe, permettant à l'arbre de mieux boire. Quelques heures avant de garnir le sapin, vaporisez de l'eau sur l'ensemble des rameaux et laissez bien sécher. Forez verticalement un trou dans le bas du tronc avec une perceuse et remplissez l'orifice avec du coton. Vous aiderez le sapin à boire. Au moment de placer l'arbre, choisissez un endroit éloigné du soleil, des radiateurs et de la cheminée. Maintenez le niveau d'eau dans le seau et ajoutez-y un cachet d'aspirine.

Si vous avez préféré un arbre à replanter, enveloppez la base de l'arbre, motte incluse, dans un chiffon maintenu humide. Placez également l'arbre loin des sources de chaleur et des courants d'air.

Sauce de soja

1. Diluez la sauce de soja dans autant d'eau pour diminuer sa teneur très élevée en sodium.
2. Si vous n'êtes pas au régime pauvre en sodium, choisissez le tamari, une sauce de soja préparée à base de soja fermenté, très fine et parfumée.
3. Remplacez la sauce de soja par du nuoc-mâm additionné de quelques gouttes de vinaigre de xérès.

Sauces

1. Si le jus de cuisson du rôti est trop liquide, filtrez-le au-dessus d'une casserole et faites-le réduire à feu moyen, jusqu'à ce qu'il soit sirupeux ; ou encore, ajoutez-y 3 pincées de fécule de maïs préalablement délayées dans 3 cuil. à soupe d'eau et laissez bouillir à feu doux, jusqu'à ce que la sauce soit onctueuse.
2. Pour que la sauce d'un rôti, d'une volaille ou d'un gigot soit encore plus savoureuse, mettez au fond de la

cocotte, du plat ou de la lèchefrite un hachis de carottes, d'oignons et de côtes de céleri. Ajoutez sel, poivre, une bonne pincée de noix muscade et quelques brins de thym, de romarin et de persil. Vous pouvez, pour un goût encore plus soutenu, y ajouter quelques gouttes de porto, de xérès sec ou de vermouth blanc sec.
3. Pour dégraisser un jus de cuisson, laissez-le reposer quelques minutes, puis retirez le gras remonté à la surface avec une petite cuillère.
4. S'il vous reste des jus de cuisson ou des sauces, mettez-les de côté au congélateur en les enfermant dans des sachets pour glaçons. Vous les utiliserez pour parfumer des bouillons, des soupes ou des légumes.

Scie à métaux

1. Pour couper un morceau de métal assez mince sans scie à métaux, faites une encoche avec le bord d'une lime, puis pliez le métal d'avant en arrière jusqu'à ce qu'il se casse.
2. Si votre scie à métaux ne peut accéder à une tôle, utilisez une scie sauteuse avec lame pour acier (si l'épaisseur à couper n'excède pas 3 mm) ou servez-vous d'une meuleuse ou d'une scie circulaire équipée d'un disque à tronçonner le métal.
3. Pour scier du métal, bloquez la pièce dans un étau en plaçant le tracé à couper au plus près des mâchoires afin d'éviter les vibrations.

Scorpion

Cet animal, tout comme les araignées, n'est pas un insecte, mais un arachnidé. Dans le Midi, des petits scorpions parasitent souvent les maisons, mais leur piqûre, quoique douloureuse, n'est heureusement pas mortelle (sauf en cas d'allergie).
1. Le moyen le plus efficace de leur barrer l'entrée de la maison est de peindre les murs et les pourtours des portes et des fenêtres avec une peinture insecticide : le simple fait de courir sur cette peinture les empoisonnera. Peignez l'intérieur des placards avec une peinture de ce genre, mais de qualité alimentaire.
2. Pour éviter les piqûres, secouez vos chaussures ou vos chaussons avant de les enfiler. Avant de vous coucher, prenez l'habitude d'inspecter vos draps et de retourner oreillers et traversin.

Sécateur

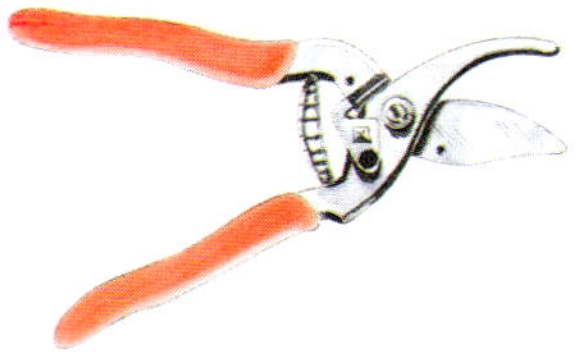

1. Votre sécateur durera plus longtemps si vous le nettoyez après chaque utilisation avec une brosse à dents imbibée de pétrole. Essuyez-le ensuite avec un lubrifiant léger.
2. Pour lui rendre son fil tranchant, il faut aiguiser votre sécateur. Démontez-le en dévissant le boulon de l'axe central et retirez l'écrou. Aiguisez la lame avec une pierre à huile de grain moyen en lissant le long du fil. Procédez de bas en haut de la lame en conservant absolument l'obliquité originale. N'aiguisez jamais la face intérieure, sauf pour ôter le bourrelet de métal laissé par l'aiguisage. Terminez en répétant l'opération avec une pierre à grain plus fin.
3. Pour nettoyer la ramure enchevêtrée d'un arbuste, procurez-vous un sécateur à vigne : sa petite taille et son poids plume permettent à la main de se faufiler facilement entre les rameaux.

Sèche-linge

1. Votre sèche-linge est en panne : vérifiez les prises, le coupe-circuit ou le fusible avant de faire venir le réparateur.
2. Le bouton de sécurité de la porte est peut-être coincé. Celui-ci, généralement placé au bord de l'ouverture, empêche le sèche-linge de fonctionner quand la porte est ouverte. Actionnez-le. Si l'appareil ne marche pas, appelez un dépanneur.
3. Si vous n'avez pas de sèche-linge, accélérer le séchage de votre linge, suspendu sur un fil, à l'aide d'un ventilateur. Un séchoir à cheveux sèche efficacement les tissus minces comme la lingerie fine. (Voir aussi Étendage du linge, p. 95.)

Sel

En panne de sel ? Essayez les mélanges suivants, ils apporteront goûts et saveurs complexes.
1. Pilez 1 cuil. à café d'ail en poudre, 1 de romarin séché, 1 de basilic séché avec un zeste de citron râpé. Mettez ce mélange dans une salière et ajoutez quelques grains de riz pour absorber l'humidité.
2. Pour un mélange encore plus épicé, pilez 1 cuil. à café de poudre de clous de girofle, 1 de graines de coriandre, 1 de poivre noir et 1 de paprika doux avec quelques pincées de paprika fort.

Serre-livres

1. Pour faire des serre-livres, pliez des cintres en fil d'acier plastifié à angle droit. Glissez une extrémité des cintres pliés sous les livres.
2. Tracez une ligne d'un seul côté sur un disque noir hors service, au ras de l'étiquette. Avec un séchoir, faites chauffer le disque des 2 côtés le long de cette ligne, jusqu'à ce que vous puissiez le plier à angle droit.
3. Enveloppez des briques dans du papier cadeau, ou peignez-les en blanc et placez-les de chaque côté de la rangée de livres.

Serrure

1. Sur la porte d'entrée et les portes-fenêtres, installez des serrures à double cylindre de sécurité qui doivent être obligatoirement ouvertes avec une clé des 2 côtés. Ainsi, même si un cambrioleur brise la vitre, il ne pourra pas ouvrir les portes pour emporter de gros objets.
2. Pour empêcher l'ouverture d'une porte vitrée ou d'une fenêtre à glissiè-

re, placez un bout de bois dans la rainure des glissières. Pour empêcher que l'on enlève la porte en la soulevant, placez des vis longues dans la rainure du haut.

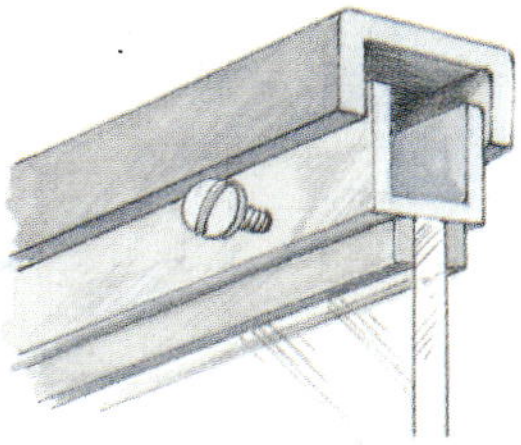

3. Afin que les cambrioleurs ne pénètrent pas chez vous par les fenêtres du sous-sol, scellez des grilles à barreaux solides espacées entre elles de 12 cm au maximum.

SERRURE DE VOITURE GELÉE

1. Ne forcez pas une serrure de porte gelée, la clé risque de se casser. Essayez la serrure côté passager, peut-être n'est-elle pas gelée.
2. Faites chauffer la clé à l'aide d'un briquet ou d'une allumette et insérez-la dans la serrure. Recommencez jusqu'au dégel de la serrure.
3. Introduisez la clé dans la serrure et versez dessus de l'eau bien chaude en la tournant délicatement jusqu'à l'ouverture de la porte.

Services postaux

Outre l'acheminement normal du courrier et des colis, la poste offre des services supplémentaires au public. En voici les principaux.
1. Chronopost fait parvenir un document le jour même dans la même ville, ou entre Paris et certaines grandes villes. Chronopost international fait parvenir un document en 24 à 72 h.
2. Colissimo fait parvenir un colis le lendemain du jour du dépôt à l'intérieur d'un même département et le surlendemain dans un autre.
3. Postéclair, service spécial de télécopie, permet de transmettre en France et à l'étranger la copie de tout document plat. (Voir aussi Courrier, p. 69.)
4. Cidex (Courrier individuel à distribution exceptionnelle) est mis en place en zone rurale, suburbaine et estivale : les boîtes aux lettres, fournies gratuitement, sont regroupées en batteries et installées à des endroits faciles d'accès.

Sirène municipale

Les sirènes de votre ville retentiraient en cas de risque majeur : nuage radioactif (a priori dans les zones avoisinant les centrales nucléaires), nuage toxique (danger chimique) et, en temps de conflit, attaque aérienne.
1. Retenez le code : signal sonore prolongé (montant et descendant) pendant 1 min, répété au moins 3 fois de suite. Fin d'alerte : signal continu de 30 s. (Ne confondez pas avec les signaux, bien plus brefs, définis localement pour l'appel des sapeurs-pompiers volontaires, ou les essais du premier mercredi du mois, à 12 h.)
2. Ne restez pas dans la rue ni dans un véhicule ; gagnez un local clos. Écoutez France Inter. Confinez-vous dans une pièce, ou un escalier sans fenêtre, en calfeutrant les ouvertures (sans oublier cheminées, bouches d'aération, etc.). Ne quittez pas votre lieu de travail et n'allez pas chercher vos enfants à l'école. Ne téléphonez pas. Éteignez flammes ou cigarettes. N'évacuez pas sans consignes des autorités (à la radio ou par haut-parleurs mobiles).

Sirop d'érable

Encore mal connu, le sirop d'érable, originaire du Canada, s'introduit peu à peu chez nous. En voici quelques utilisations.
1. Nappez-en des glaces, en particulier à la vanille, au chocolat, aux noix, aux pacanes...
2. Substituez-le au sucre dans les salades de fruits et les coulis, au miel dans les gâteaux et les entremets.
3. Utilisez-le pour napper toutes les crêpes épaisses nature ou aux fruits, ainsi que les beignets...
4. Vous préparerez d'excellentes compotes de fruits en y ajoutant quelques cuillerées à soupe de sirop d'érable.

AU TEMPS JADIS

Le courrier avant tout

Les pionniers de l'Aéropostale acheminaient le courrier coûte que coûte, dans des conditions parfois extrêmement difficiles. Antoine de Saint-Exupéry a décrit leurs combats dans ses livres *Vol de nuit* et *Courrier Sud.*

Déjà, dans l'Antiquité, les messagers menaient leur mission à bien au péril de leur vie. « Ni la pluie, ni la chaleur, ni les ténèbres de la nuit n'empêchent ces courriers de terminer rapidement la tournée qu'ils ont à faire. » Cette citation de l'historien grec Hérodote, en rendant hommage aux messagers perses qui portaient le courrier sur leurs chevaux rapides, est inscrite sur le fronton de la Poste centrale de New York.

Les chevaux ne sont pas les seuls animaux mis à contribution pour les transports de messages. Au XIXe siècle, dans certaines régions d'Allemagne, les vaches tiraient les chariots de courrier. Aux États-Unis, on a employé des chameaux. En Russie, en Scandinavie, le renne tirait les traîneaux postaux. En Belgique, la ville de Liège a même utilisé des chats, mais ils se révélèrent trop fantasques pour que l'on puisse se fier plus longtemps à eux.

Ski

1. Inutile d'investir dans un porte-ski luxueux pour emporter vos skis à la montagne. Si votre voiture est munie d'une galerie standard, vous pouvez y fixer des skis avec 3 Sandows, un à chaque extrémité et l'autre au milieu. Accrochez les Sandows d'un côté de la galerie, puis passez-les une fois autour des skis ; serrez et fixez avec le crochet de l'autre côté. Pour empêcher les skis de s'endommager et de rayer le toit de la voiture, entourez la tête des spatules de mousse et de ruban adhésif.
2. Si vous n'avez pas d'antivol pour vos skis, laissez un ski et un bâton à un endroit et les deux autres ailleurs.
3. Les souris et les araignées aiment se nicher dans les chaussures de ski : bourrez celles-ci de papier journal lorsque la saison est terminée.

AU TEMPS JADIS

Histoire du ski

Des morceaux de skis vieux de 4 000 ans ont été retrouvés dans les pays nordiques. Au Xe siècle, les collecteurs d'impôts norvégiens se rendaient à skis dans les régions éloignées, à la recherche, peut-être, des contribuables récalcitrants. Au XIIe siècle, la Norvège comptait des troupes à ski armées d'arcs et de flèches. Au XVe siècle, la Suède, la Finlande, la Russie et la Pologne firent de même.

Au XIXe siècle, les Norvégiens commencèrent à utiliser les skis comme divertissement. Les skieurs s'affrontaient en descente, tenant dans une main une chope de bière qu'ils ne devaient pas renverser.

En 1888, un Norvégien traversa le Groenland à skis : ce fut le premier « fait d'hiver » important de l'histoire. Le récit du périple de Fridtjof Nansen fit le tour de l'Europe et popularisa le ski. En 1896, sous l'impulsion d'un précurseur, Henri Duhamel, naquit le premier club français de ski.

L'ancêtre du téléski fut un simple fil à neige mis en service en 1927 dans les Pyrénées. Si 1936 vit l'entrée du ski alpin dans le programme olympique, il fallut attendre les années 1940 pour qu'apparaissent les premières remontées mécaniques. Pour certains, ce fut détestable car elles privaient le skieur du bel effort de la montée.

Aujourd'hui, cette invention, pourtant rentrée dans les mœurs, provoque un autre type d'irritation : les files d'attente y sont parfois interminables !

Soldes de vêtements

Les meilleurs achats ne sont pas toujours les plus onéreux, et il est parfois bon de se diriger vers les soldes. Mais soyez vigilant, les trop bonnes affaires peuvent cacher un piège.
1. Les magasins d'usine sont parfois de simples négociants ou soldeurs professionnels : les articles y sont souvent « déclassés » du circuit normal de vente, pour diverses raisons qui figurent rarement sur l'étiquetage. Il est difficile alors de comparer lucidement.
2. Les soldes périodiques ou saisonniers permettent d'écouler la collection en fin de saison. En achetant en début de soldes, vous serez à la mode au bon moment.
3. Les soldes occasionnels ou les liquidations, vraies ou fausses, sont souvent l'occasion d'écouler de « vieux rossignols » pour se refaire une trésorerie. Méfiance.
4. Dans les boutiques de « dégriffés » ou de soldes permanents, on peut, en cherchant bien, trouver chaussure à son pied à prix abordable. Seuls les soldes permanents ne sont pas soumis au double étiquetage du prix.

Sol en ciment

Voici comment retirer des taches sur un sol en ciment.
1. Mouillez toute la surface, parsemez copieusement de poudre à récurer et attendez de 20 à 30 min. Frottez au balai-brosse, rincez et balayez.
2. Pour les taches grasses, essayez du nettoyant pour moquette en aérosol ou recouvrez-les d'une couche de ciment de Portland en poudre, puis détrempez avec de l'essence minérale. Étendez dessus une bâche en polyéthylène et laissez agir toute la nuit. Le lendemain, balayez.
3. Le nettoyage sera facilité si vous passez préventivement un imperméabilisant invisible pour sol cimenté.

Solvant pour peinture

Les diluants pour peinture peu volatils comme le white-spirit ou l'essence de térébenthine utilisés pour nettoyer les pinceaux peuvent être facilement réutilisés. Versez le solvant souillé dans un grand bocal hermétique. Au bout de 2 jours, lorsque les résines et les charges de la peinture se seront déposés dans le fond, transvasez délicatement le solvant propre dans un autre récipient.

Somnolence

1. Levez-vous, bougez le plus possible et parlez.
2. Aspergez-vous le visage d'eau froide, ouvrez les fenêtres et laissez entrer de l'air frais.
3. Buvez des boissons contenant de la caféine et mangez des aliments riches en protéines. Évitez pâtisseries, barres chocolatées et confiseries, qui, au lieu de vous donner un coup de fouet, vous feraient somnoler davantage.
4. Prenez un bonbon à la menthe forte. Cela réveillera peut-être votre organisme.
5. S'il faut absolument que vous restiez éveillé 2 jours d'affilée, faites un petit somme au cours des premières 24 h. En revanche, le second jour, cela vous rendrait plus somnolent.

6. Si vous sentez que vous somnolez au volant, ouvrez les fenêtres pour faire entrer l'air frais. Chantez avec la radio ou répondez à l'animateur. Mais le mieux est encore de vous arrêter et de dormir.
7. Si vous faites les trois-huit, conservez toujours le même rythme d'alimentation sans tenir compte de l'heure réelle : prenez votre petit déjeuner avant d'aller travailler, déjeunez à l'heure de la pause et dînez en rentrant à la maison.

ATTENTION !

Manque de sommeil peut nuire

L'empereur Napoléon, qui dormait en moyenne 4 h par nuit, pensait que seuls les idiots ou les malades avaient besoin de davantage de sommeil. Mais l'histoire devait lui donner une leçon.

Lorsque la riche colonie d'Haïti proclama son autonomie en 1800, Napoléon envoya 80 vaisseaux de guerre et 22 000 soldats pour la reconquérir. Bien que largement moins nombreux, les rebelles se livrèrent à des attaques nuit après nuit, privant ainsi de sommeil les soldats français déjà frappés par la fièvre jaune. Épuisés, ils finirent par se retirer. C'est ainsi qu'Haïti devint un État souverain.

Pour la plupart des individus, le manque de sommeil engendre des effets nocifs : au bout de 24 h sans sommeil, vous commencez à devenir irritable et avez du mal à vous concentrer. Après 2 ou 3 jours sans dormir, la mémoire et le jugement sont altérés et les tâches ordinaires, mentales et physiques, deviennent de véritables montagnes à soulever.

Si vous restiez éveillé encore plus longtemps, vous pourriez être sujet à des hallucinations et présenter des signes de maladie mentale.

Souris

1. Si vous êtes inquiété par des souris, changez périodiquement les objets de place pour les désorienter. Elles sont plus faciles à attraper pendant qu'elles étudient la nouvelle disposition des lieux.
2. Pour appâter des pièges à trappe ou à ressort, ne vous fiez pas au vieux gag des dessins animés en utilisant du fromage. Appâtez-les avec des morceaux de beurre de cacahuète, de la farine ou du lard cuit : les souris en raffolent.
3. Pour attraper une souris vivante, utilisez un piège grillagé à trappe basculante. Méfiez-vous ensuite de ses morsures.

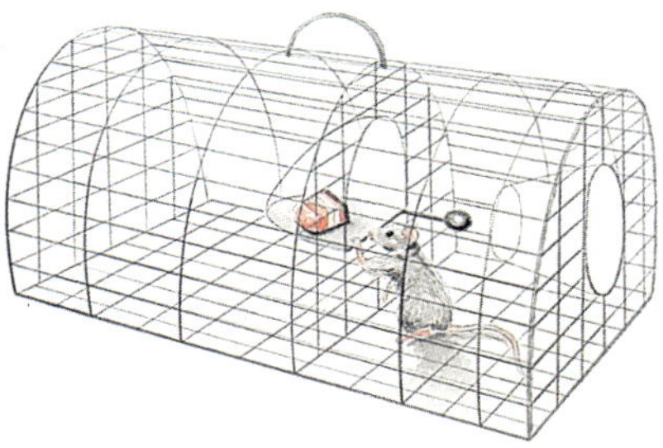

Spasmophilie

1. Si votre médecin vous parle de spasmophilie, demandez-lui si les symptômes que vous présentez sont liés à un état anxieux.
2. Si c'est le cas, analysez les raisons de votre anxiété. S'explique-t-elle par des événements ou une situation exceptionnelle ? Êtes-vous souvent inquiet sans raison particulière ?
3. Initiez-vous au yoga ou aux techniques de relaxation, vous en tirerez grand bénéfice.

EN CAS DE CRISE

Si vous sentez venir la crise ou si vous êtes en présence d'un spasmophile reconnu, respirez ou faites-le respirer dans un sac en plastique (restez à ses côtés, d'autant plus s'il s'agit d'un enfant). Le sang se trouvera temporairement enrichi en gaz carbonique et la crise s'atténuera. Si c'est insuffisant, appelez un médecin.

LE SAVIEZ-VOUS ?

La spasmophilie, un mal moderne

La spasmophilie n'est pas vraiment une maladie. Ce sont des médecins français qui ont décidé de dénommer ainsi un ensemble de symptômes apparaissant de plus en plus fréquemment dans la société actuelle.

Sous le terme de spasmophilie, on range des symptômes aussi variés que palpitations, étourdissements, fourmillements des membres, irritabilité, insomnies, etc. La crise de spasmophilie est en fait une crise de tétanie, c'est-à-dire une contracture involontaire des muscles squelettiques, accompagnée d'une sensation de malaise. Elle est déclenchée par la modification des gaz du sang en rapport avec un rythme respiratoire trop rapide, lui-même dû à une brusque bouffée d'angoisse.

En pratique, cette « étiquette » a l'inconvénient de laisser croire au sujet qu'il présente une maladie, ce qui l'empêche de prendre conscience de l'origine psychologique de ses troubles.

Store

1. Une serviette de toilette peut faire un store temporaire très convenable. Punaisez-la au châssis. Une serviette foncée est plus efficace contre le soleil. Une serviette blanche, légère, donne de la luminosité.
2. Doublez des stores usagés de tissu neuf fixé par de l'adhésif en bombe. Lissez-le bien pour qu'il n'y ait pas de bulles d'air : le store plisserait quand vous l'enrouleriez.
3. Pour nettoyer un store, inutile de le démonter : déroulez-le et aspergez-le, à l'aide d'un pulvérisateur, d'eau additionnée de lessive ou de détergent. Laissez agir pendant quelques minutes et rincez au jet.

4. Si le bas d'un store en toile a tendance à se recourber, fixez de petits aimants décoratifs à sa base.

5. Si un store à enrouleur automatique ne remonte pas entièrement, retendez le ressort de rappel en dégageant l'axe de son support et en donnant quelques tours supplémentaires à l'ergot en bout de l'axe qui vient se coincer dans le support.
6. En remplacement d'un store usagé, attachez une bande de toile à une barre de bois, en haut et en bas. Fixez la partie supérieure au-dessus de votre fenêtre avec des crochets et fixez la barre inférieure au mur.

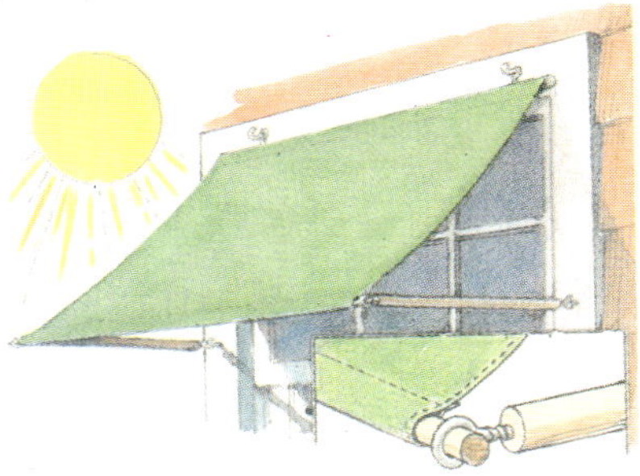

Stress

Vous vous sentez tendu, angoissé ou irritable ?
1. Apaisez votre esprit. Asseyez-vous confortablement dans le calme, loin du bruit et des distractions. Fermez les yeux, concentrez-vous sur une pensée agréable ou un décor tranquille. Tentez de vous souvenir, minute après minute, d'une de vos plus belles heures de vacances ; ou bien contentez-vous de vous écouter respirer. Après 10 min, vous vous sentirez reposé.
2. Prévoyez au moins 30 min quotidiennes de relaxation. Écoutez de la musique douce, pensez, écrivez ou, simplement, rêvez.
3. Respirez profondément pendant quelques minutes plusieurs fois par jour, ou chaque fois que vous vous sentez tendu. Posez les mains sur le ventre et inspirez lentement par le nez en gonflant l'abdomen. Retenez votre respiration pendant plusieurs secondes, puis expirez lentement par la bouche. (Voir aussi Exercices respiratoires, p. 97.)
4. Décontractez vos muscles tendus par des exercices d'étirement.
5. Pratiquez la relaxation progressive : asseyez-vous dans un fauteuil confortable, ou allongez-vous sur le dos, bras le long du corps. Fermez les yeux : contractez et relâchez chaque groupe musculaire, en commençant par la tête et en descendant jusqu'aux orteils. Avec l'entraînement, essayez d'isoler chaque muscle individuellement. (Voir aussi Insomnie, p. 126 ; Bruit, p. 39.)

Stylo à bille

Votre stylo à bille est bouché ?
1. Rendez l'encre fluide en tenant la pointe au-dessus de la flamme d'une allumette. Tournez le stylo de façon que le plastique ne fonde pas.

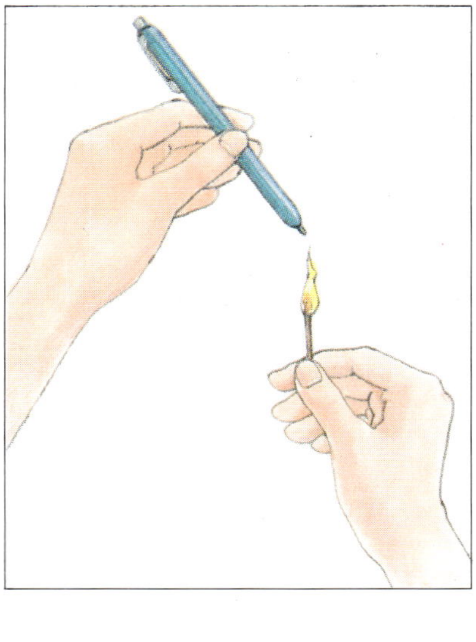

2. Frottez la pointe vivement en faisant des cercles sur une feuille de papier ou sous une semelle de chaussure en caoutchouc... propre !

Sujets de conversation

Si vous devenez muet dès que vous vous trouvez en réunion mondaine, essayez ceci.
1. Commencez par un compliment (sur la cravate, les enfants ou le petit chien), c'est ce qu'il y a de mieux pour faire passer un courant de sympathie.
2. Évoquez votre violon d'Ingres. Votre interlocuteur deviendra intarissable sur le sien et vous vous contenterez de ponctuer son discours de quelques remarques.
3. Si vous connaissez peu d'invités, demandez à vos voisins quels sont leurs liens avec vos hôtes. Expliquez-leur ensuite les vôtres.
4. Abordez un sujet d'actualité (évitez faits divers et politique !). Le cinéma, le sport ou les célébrités peuvent vous aider. Évitez cependant de parler du temps qu'il fait...
5. Si vraiment vous vous sentez mal à l'aise, proposez d'aller chercher un verre ou des glaçons. Le tout, bien sûr, avec un grand sourire.

Surbooking

Cette pratique, née du tourisme moderne, est souvent scandaleuse. Elle consiste, pour une compagnie aérienne, à louer plusieurs fois le même siège ! Scandaleuse ? Les compagnies rétorquent que 5 à 35 % des passagers ne se présentent pas à l'enregistrement et qu'elles doivent donc louer plus de sièges que n'en possède l'avion. Vous pouvez ainsi vous voir refuser la montée à bord, même muni d'un billet sans réduction !

Quoi qu'il en soit, les autorités européennes ont pris récemment des mesures qui pénalisent les compagnies. Celles-ci doivent indemniser forfaitairement le passager refusé selon un barème, modulé en fonction des réseaux et du kilométrage, qui se situe entre 75 et 150 écus (voir p. 50) jusqu'à 3 500 km et 150 à 300 écus au-dessus de 3 500 km. Il va de soi que le passager pourra également se voir intégralement remboursé son billet ou être réacheminé sur un autre vol dans les meilleurs délais ou à une date ultérieure.

Surendettement

Votre dernier emprunt vous fait plonger. Les remboursements deviennent impossibles, vous ne pouvez plus faire face à vos engagements.

1. Adressez une requête écrite et claire à la commission départementale de surendettement (loi du 31 décembre 1989).

2. Un arrangement amiable avec votre prêteur peut intervenir si vos dettes ne sont pas professionnelles et si elles ont été contractées en toute bonne foi.

3. En cas d'impossible conciliation, le secrétariat de la commission (tenu par la Banque de France) confiera votre dossier, avec votre accord, au juge. Un redressement judiciaire s'engagera avec vérification des taux et conditions d'octroi de vos prêts. Le juge appréciera.

POUR ÉVITER CETTE EXTRÉMITÉ

Interrogez le « fichier préventif au surendettement » tenu par la Banque de France. Il recense tous les signes de difficultés vous concernant : mesures prises à votre égard, incidents de paiement signalés par les organismes prêteurs, remboursements et charges supérieurs à 60 % de vos revenus.

Seuls les organismes prêteurs et vous-même pouvez consulter ce fichier (oralement). Ils ne pourront plus prétendre ignorer votre précarité financière et vous vous engagerez en connaissance de votre situation.

Syndrome prémenstruel

Le syndrome prémenstruel est un ensemble de symptômes qui apparaissent quelques jours avant les règles et disparaissent avec elles : prise de poids par rétention d'eau (voir p. 197), tension douloureuse des seins, parfois douleurs abdominales. Il s'accompagne d'une irritabilité, d'une tendance dépressive et, parfois, d'une attirance irrépressible pour les aliments sucrés.

1. Notez pendant 2 à 3 mois la date de vos règles et la date d'apparition de symptômes pour les communiquer à votre médecin.

2. Contre l'instabilité de l'humeur, l'irritabilité, la fatigue, ayez une alimentation pauvre en graisses mais riche en hydrates de carbone et en fibres : pain complet ou céréales complètes 3 ou 4 fois par jour, légumes verts et fruits frais. Autant que possible, remplacez la viande rouge, riche en matières grasses, par du poisson et de la volaille.

3. Supprimez le sucre et la caféine, qui entraînent des variations brutales du taux de sucre sanguin. Plutôt que 2 repas copieux par jour, prenez un petit repas toutes les 3 h pour le stabiliser. Supprimez aussi la charcuterie, le fromage, les cacahuètes (qui font boire) pour diminuer la prise de sel et limiter ainsi la rétention d'eau. Remplacez le sel par l'utilisation d'aromates et de citron.

4. Pratiquez une activité aérobie (marche rapide, danse, saut à la corde) 20 min chaque jour ou 30 min 4 fois par semaine.

T

Tabagisme

Cesser de fumer n'est pas si facile. Si vous avez déjà essayé sans succès, les suggestions qui vont suivre vous inciteront peut-être à tenter à nouveau l'expérience.

1. Étudiez les choix qui se présentent : chewing-gum à la nicotine, cassettes vidéo et programmes de groupe. Essayez plusieurs méthodes ou des combinaisons de méthodes. La prescription de chewing-gum à la nicotine, par exemple, est plus efficace si elle se conjugue avec un programme de groupe.

2. Préparez-vous à ressentir des symptômes de sevrage : anxiété ou angoisse, agitation, irritabilité, léthargie, impatience, manque de concentration sont des phénomènes habituels, de même que toux, maux de tête, insomnie et variations de l'appétit. Lorsqu'ils apparaissent, faites une promenade à pied et de la gymnastique pour brûler de l'énergie.

3. Unissez vos forces à celles d'un autre fumeur qui veut arrêter et soutenez-vous moralement.

4. Assurez-vous l'aide d'un ex-fumeur pour vous aider à passer les mauvais moments.

5. Débarrassez-vous des cendriers, des allumettes et des briquets. Passez du temps dans les endroits où vous ne pouvez pas fumer (cinémas, musées, etc.).

6. Faites-vous détartrer les dents et décidez de les garder éclatantes.

7. Occupez-vous la bouche et les mains. Mâchonnez du chewing-gum sans sucre, grignotez des fruits et des légumes crus, buvez du liquide avec une paille et jouez avec une pièce de monnaie ou un élastique.

8. Mettez chaque jour l'argent économisé dans une tirelire et offrez-vous chaque semaine une récompense.

9. Si vous rechutez, essayez à nouveau. La plupart des fumeurs ont besoin de 3 ou 4 tentatives avant de réussir.

Table

1. Si les rabats de votre table bougent quand ils sont ouverts, placez des pastilles de feutre adhésives sur les bords où ils viennent s'appuyer.

2. Une malle en bois rénovée peut faire une table basse originale.

3. Ombragez votre table de piquenique en bois avec un grand parasol d'extérieur. Percez un trou de 30 ou 40 mm de diamètre au centre de la table avec une scie-cloche. Glissez-y le parasol équipé d'un pied à enfoncer dans le sol ou fixez le bas dans un porte-parapluies lesté.

4. Placez une plaque de verre épais sur un ensemble de supports assortis solides, comme des urnes renversées, des poteries ou des paniers lourds.
5. Utilisez 2 chevalets à bûches peints ou teintés en guise de tréteaux et posez dessus une vieille mais belle porte comme plateau.

Tache d'eau de Javel

1. Si le vêtement est sombre, estompez la tache avec un marqueur indélébile de la même couleur que le tissu.
2. Trempez entièrement les vêtements clairs dans de l'eau de Javel très diluée pour égaliser la couleur.
3. Cousez une pièce sur l'endroit décoloré... en guise de décoration.
4. Teignez le tissu d'une couleur plus sombre ou faites des nœuds pour obtenir des effets marbrés.

Tache de café

Voici 3 moyens d'ôter les taches de café d'un tissu ou d'un tapis.
1. Trempez un linge blanc dans un jaune d'œuf battu et frottez la tache. Rincez ensuite à l'eau claire.
2. Frottez la tache avec de l'alcool à brûler et rincez à l'eau.
3. Épongez avec un chiffon clair. Si la tache persiste, utilisez un mélange à parts égales d'eau et de vinaigre blanc.

Tache de calcaire

1. Si le tissu n'est pas lavable, grattez légèrement la tache avec l'ongle. Si elle résiste, présentez-la au-dessus d'une casserole d'eau bouillante, jusqu'à ce qu'elle soit bien humide. Pendant qu'elle sèche, frottez-la des bords vers le centre.
2. Sur du verre, frottez les auréoles calcaires avec une éponge douce imbibée de vinaigre. Nettoyez l'intérieur des carafes avec du vinaigre tiède ou du détartrant à cafetière.
3. Dans la salle de bain, appliquez une pâte faite de bicarbonate de soude et de vinaigre, placez un torchon dessus et laissez agir 1 h. Essuyez, rincez et séchez.

Tache de chocolat

1. Épongez ou grattez les marques de chocolat, puis frottez le linge avec une solution composée de 1 cuil. à café de détergent doux dans 1 litre d'eau. Si la tache résiste, appliquez une solution composée de 1 cuil. à soupe d'ammoniaque dans un verre d'eau. Rincez et tamponnez.
2. Si, décidément, la tache ne disparaît pas, nettoyez avec un mélange de vinaigre et d'eau à parts égales et tamponnez avec un linge propre.
3. Sur un tapis, appliquez les mêmes méthodes (**Attention !** Pas d'ammoniaque sur la laine). Laissez sécher avant de nettoyer l'ensemble avec un shampooing sec.

Tache de graisse

1. Ôtez rapidement une tache de graisse : nettoyez-la avec du liquide à vaisselle ou du shampooing, rincez, essorez avec une serviette et séchez avec un sèche-cheveux.
2. Absorbez la graisse déposée sur un tissu synthétique avec de la farine de maïs, du blanc d'Espagne ou de la terre de Sommières mouillée avec de l'essence minérale A ou C. Laissez sécher, brossez et lavez le tissu.
3. Sur la laine et le coton, faites comme ci-dessus. Vous pouvez aussi remplacer l'essence minérale par du trichloréthylène.
4. Débarrassez-vous des taches graisseuses sur des chaussures avec de l'essence minérale A ou C. Passez ensuite un shampooing pour cuir, puis une crème ou du cirage.
5. Lavez vos mains tachées de cambouis avec du produit à lessive liquide. Massez et frottez pour dissoudre les taches, puis rincez à l'eau. Ne mouillez pas vos mains avant d'y mettre le produit : la graisse aurait du mal à se dissoudre.
6. Retirez des traces de graisse laissées par des chaussures sur des sols en linoléum ou en vinyle avec de l'essence minérale A ou C.

Tache de moisissure

Pour éviter les taches de moisissures, ne rangez rien qui ne soit parfaitement sec.

SOUS-SOL

1. Ouvrez les fenêtres toutes les fois que le temps le permet et utilisez un déshumidificateur quand vous ne pouvez pas aérer.
2. Vérifiez qu'il n'y a pas d'infiltrations d'eau ni de fuites sur les canalisations d'amenée et d'évacuation d'eau. Si l'eau s'infiltre par les murs, appliquez un produit pour l'étanchéité. Si elle remonte par le sol, creusez un puisard et abaissez le niveau d'eau à l'aide d'une pompe vide-cave équipée de marche-arrêt automatique.

SALLE DE BAIN

1. Éliminez les traces de moisi sur les joints du carrelage mural avec un tampon à récurer doux. Rincez avec de l'eau additionnée d'eau de Javel. Recouvrez les taches résistantes d'une pâte faite de poudre à récurer

et d'eau de Javel, laissez agir plusieurs heures, frottez et rincez.
2. Après avoir utilisé la douche, essuyez les murs et laissez la porte coulissante ou le rideau ouvert pendant qu'ils sèchent. Fermez ensuite la porte ou tirez le rideau pour qu'ils puissent sécher à leur tour.
3. Pour nettoyer une cabine de douche aux parois en polycarbonate ou autre vitrage synthétique, frottez doucement avec du bicarbonate de soude sur une éponge humide, rincez et essuyez.
4. Si le rideau de la douche est moisi, trempez-le dans la baignoire ou le bac à douche rempli d'eau javellisée. Frottez les taches avec une brosse à ongles et du détergent.

LIVRES

1. Dans les placards et les bibliothèques, placez des blocs désodorisants inodores pour réfrigérateur. Le charbon de bois purifié et activé qu'ils contiennent éliminera les spores de moisissure.
2. Saupoudrez les pages humides de farine de maïs. Laissez plusieurs heures et brossez : l'humidité doit avoir été absorbée. Si des pages sont déjà moisies, brossez-les (à l'extérieur) avec de la farine de maïs.

PLACARDS

1. Améliorez la circulation d'air en entrouvrant les portes. Remplacez une porte pleine par une porte à claire-voie ou placez des grilles d'aération en haut et en bas des portes.
2. Rangez les objets susceptibles de moisir, comme les chaussures et les bagages, sur des clayettes métalliques ou sur des étagères perforées, afin que l'air circule. Ne rangez jamais des chaussures, des vêtements, du linge, des objets mouillés ou humides dans des placards fermés.

VÊTEMENTS

1. Enlevez les taches de moisi sur un tissu lavable en le mouillant et en le frottant avec du détergent. Lavez à l'eau chaude additionnée d'eau de Javel, si le tissu le permet, et rincez.

MATELAS

1. Transportez le matelas dehors et brossez les moisissures. Aspirez, puis jetez le sac de l'aspirateur. Exposez le matelas au soleil pendant plusieurs heures de chaque côté, jusqu'à ce qu'il soit complètement sec. Si vous le faites sécher à l'intérieur, utilisez un radiateur soufflant.
2. Le dessous d'un matelas installé sur une estrade peut moisir. Posez-le sur un sommier à lattes ou percez des trous dans l'estrade pour l'aérer. Laissez-le à l'air avant de faire le lit et retournez-le toutes les semaines.

RÉFRIGÉRATEUR

1. Essuyez régulièrement les parois du réfrigérateur avec une éponge imbibée d'une solution de bicarbonate de soude, puis rincez-les avec de l'eau vinaigrée.
2. Si votre réfrigérateur possède un plateau de récupération en dessous, nettoyez-le périodiquement et aspergez-le d'une solution de bicarbonate de soude.
3. Inspectez régulièrement le bac du récupérateur d'eau de dégivrage et nettoyez-le avec de l'eau javellisée : les poussières qui s'y accumulent peuvent former une couche de moisissures malodorantes.

Tache d'encre

1. Nettoyez une tache d'encre sur la peau avec de l'eau oxygénée à 10 volumes ou avec du produit correcteur (en 2 solutions). Appliquez les produits sur la peau mouillée.

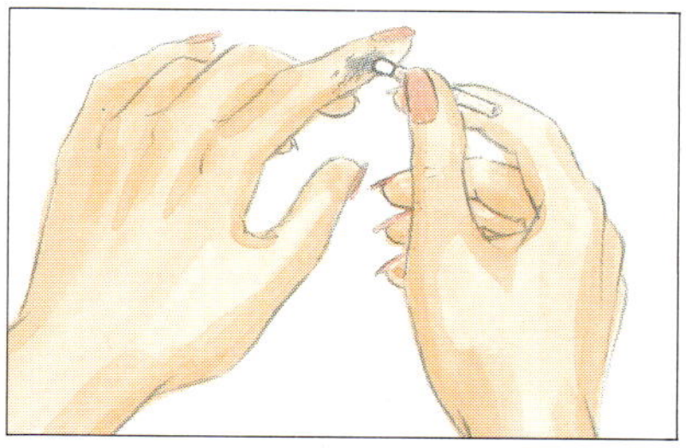

2. Retirez des marques de stylo à bille sur du tissu avec de l'alcool à 90° ou de l'alcool à brûler, ou appliquez de la vaseline et faites tremper dans de l'eau avec du détergent.
3. Retirez les traces de feutre sur du tissu en plaçant la partie tachée sur un bout de tissu propre et absorbant, ou sur des serviettes de papier, et tamponnez avec un chiffon trempé dans du détachant liquide. Placez ensuite le tissu au soleil ou sous une lampe à UV (lumière noire ou lampe à bronzer) pour accélérer la décoloration. Il n'y a pas de solution si le feutre est indélébile.

ENCRE LIQUIDE

Plusieurs trucs existent. Leur efficacité dépend de la nature du tissu et des traitements qu'il peut avoir subi lors de sa fabrication, ainsi que de la composition de l'encre.
1. Si l'encre est encore humide, versez du sel sur la tache et frottez au bout de quelques minutes. Recommencez si nécessaire.
2. Imbibez la tache avec de l'alcool à 90° et tamponnez-la sur une gaze.
3. Faites pénétrer de l'ammoniaque avec des mouvements concentriques, puis faites de même avec du vinaigre et rincez à l'eau.
4. Épongez la tache avec de l'eau, puis avec un mélange de détergent et de quelques gouttes de vinaigre. Laissez reposer 30 min, puis rincez.
5. Frottez du détergent liquide sur la tache et rincez.

Tache de peinture

1. Afin de vous débarrasser aisément des taches de peinture, passez une mince couche de vaseline sur vos mains et votre visage avant de peindre.
2. Pour ôter de la peinture sèche d'un vêtement, ramollissez-la avec un tampon imbibé de white-spirit (peinture glycérophtalique) ou de vinaigre blanc (peinture vinylique ou acrylique), laissez-le ensuite tremper dans un bain d'eau chaude et de détergent pendant quelques heures, puis brossez-le doucement avec une brosse à dents. Recommencez si nécessaire.
3. Si votre tapis a reçu des taches de peinture, ramollissez-les comme

décrit ci-dessus et grattez-les avec un peigne ou une brosse métallique très fine. En dernier recours, coupez les fibres tachées avec des ciseaux pointus. (Voir aussi Nettoyage des briques et des pierres, p. 151.)

Tache de rouge à lèvres

Avant de passer un vêtement taché de rouge à lèvres dans le lave-linge, estompez les marques.

1. Passez un corps gras (beurre, huile alimentaire ou vaseline) puis lavez l'endroit taché avec du liquide à vaisselle. Rincez à l'eau claire.

2. Essuyez avec une tranche de pain de mie, puis brossez les miettes.

3. Si le vêtement est blanc, trempez-le dans du jus de citron. S'il est teinté, diluez le jus de citron à parts égales avec de l'eau.

4. Placez la partie tachée sur une serviette en tissu ou en papier et frottez à l'éponge avec du détergent à vaisselle ou des paillettes de savon.

Tache de rouille

Confiez au teinturier les vêtements qui ne se lavent pas. Les autres peuvent être traités de plusieurs façons avant d'être passés au lave-linge.

1. Appliquez une pâte faite de sel et de vinaigre sur la tache de rouille, et laissez agir pendant 30 min.

2. Imbibez la tache de jus de citron, puis exposez-la au soleil pour la décolorer. Rincez abondamment.

3. Tamponnez la tache avec de l'antirouille pour tissu ou de l'éclaircisseur pour bois (acide oxalique).

4. Faites bouillir des tiges de rhubarbe coupées en petits morceaux, ou des feuilles d'oseille, dans très peu d'eau, jusqu'à ce qu'elles soient ramollies. Versez le liquide très chaud sur la tache et lavez.

Tache de sang

1. Confectionnez une pâte à base d'eau, de farine de maïs ou de talc, et appliquez-la sur les taches récentes. Laissez sécher, puis brossez. Ou recouvrez les taches récentes ou anciennes de bicarbonate de soude et imbibez d'eau. Rincez au bout de 30 min.

2. Du sang sur du cuir ou du tissu blanc ? Tamponnez avec un peu d'eau oxygénée à 10 volumes ; quand elle cesse de bouillonner, essuyez-la.

3. Si vous vous piquez le doigt en cousant et tachez le tissu, lavez celui-ci immédiatement à l'eau froide avant que le sang ne se coagule.

Tache de vin

1. Si vous renversez du vin sur un vêtement ou sur une nappe, tamponnez immédiatement avec du papier absorbant, poudrez de sel fin, puis rincez avec de l'eau froide.

2. Sur un tissu lavable qui supporte les hautes températures, posez la zone tachée sur un récipient, maintenez en place avec un élastique et versez de l'eau bouillante sur la tache.

3. Sur du tissu non lavable, tamponnez la tache avec un mélange de détergent, d'eau et de quelques gouttes de vinaigre, puis rincez. Donnez à nettoyer aussitôt que possible.

4. Si vous avez renversé du vin rouge sur le tapis, épongez, puis poudrez de sel et laissez-le absorber le vin. Nettoyez avec du détergent à vaisselle et rincez à l'eau claire. S'il reste des traces, brossez-les avec de l'eau additionnée de vinaigre blanc.

Tache d'herbe

Frottez la tache avec du savon à la glycérine, du produit à lessive liquide ou avec un tampon imbibé d'alcool à brûler ou à 90°. Rincez abondamment. Si la tache subsiste, essayez un peu de vinaigre blanc, un mélange léger d'eau oxygénée ou de l'eau de Javel si le tissu les supporte.

Taches de pluie sur les jambes

Il pleut ? Si vous vous en apercevez avant de partir, portez des bas ou des collants sombres à motifs et emportez-en une paire de rechange. Glissez quelques feuilles de papier absorbant dans votre sac et essuyez les éclaboussures et les taches de boue avant qu'elles ne sèchent.

Taches de rousseur

1. Si vous ne voulez pas accentuer vos taches de rousseur, évitez le soleil. Ne les aspergez surtout pas de citron, cela accroît la sensibilité de la peau au soleil.

2. Masquez-les derrière un fond de teint liquide... ou choisissez de les mettre en valeur avec un rouge à lèvres, du fard à joues et de l'ombre à paupières de couleur cuivrée.

Tâches ménagères

Chaque jour, toutes sortes de tâches doivent être accomplies. Il est bon d'y faire participer les enfants le plus tôt possible. Soyez patient mais ferme ; complimentez-les lorsqu'ils ont mené à bien un travail.

1. Demandez-leur de vous aider à dresser la liste des corvées journalières sans rien oublier. Si eux-mêmes repèrent les travaux obligatoires, ils mettront davantage de bonne volonté à les faire.

2. De la chasse aux moutons au nettoyage de l'aquarium, tenez compte des préférences et des aptitudes de chacun avant de distribuer les tâches. Pour les choses qui ennuient tout le monde, établissez une rotation et participez-y.

3. Pour les petits travaux qui sortent de la routine journalière, prévoyez une « boîte à corvées rémunérées » réservée aux grands : mettez-y le ou les papiers décrivant le travail à faire et le paiement correspondant. Par exemple : « Réparer prise électrique : 10 F. » Cette façon de faire peut motiver certains talents.

Tache sur une tasse

Pour effacer les taches de café ou de thé sur vos tasses en porcelaine, essayez un des moyens suivants.

1. Frottez, à l'éponge mouillée, avec du bicarbonate de soude ou un mélange moitié sel, moitié vinaigre blanc.
2. Plongez tasses et soucoupes dans un grand saladier rempli d'eau tiède et ajoutez des comprimés détartrants pour appareils dentaires.
3. Laissez tremper toute une nuit dans une solution composée d'un verre d'eau de Javel pour 2 litres d'eau.
4. Nettoyez les tasses avec du détartrant pour cafetière appliqué avec une éponge à récurer douce.

Tache sur un meuble

1. Pour effacer les auréoles laissées par des tasses ou des verres, frottez-les du bout des doigts avec des cendres de cigarette imbibées d'un peu d'huile alimentaire. Si cela ne réussit pas, essayez, successivement, du sel de table et une goutte d'eau ; du produit pour argenterie et, finalement, de la laine d'acier extrafine avec de l'essence de térébenthine.
2. Effacez une tache d'encre superficielle avec de la laine d'acier extrafine légèrement imbibée d'huile.

Tache sur un tapis

Grattez toutes les matières solides. Essuyez très rapidement les liquides avec un chiffon, une éponge, une serviette propre ou du papier absorbant.
1. Pour enlever les taches de graisse, appliquez un produit de nettoyage à sec sur la tache, puis nettoyez tout le tapis avec un shampooing-mousse en aérosol. Faites auparavant un essai sur un coin peu apparent du tapis.
2. Recouvrez les taches de graisse avec de la crème à raser en aérosol. Séchez au sèche-cheveux, puis aspirez. Ou saupoudrez-les de bicarbonate de soude, de farine de maïs, de talc ou de blanc d'Espagne. Laissez agir environ 6 h, puis aspirez.
3. Pour faire partir des taches solubles à l'eau, appliquez une solution de détergent doux (1 cuil. à café par litre d'eau), en frottant du bord vers le centre de la tache. Placez plusieurs épaisseurs de mouchoirs en papier ou de papier absorbant sur la tache et pressez avec des objets lourds pendant 1 h. Remplacez ensuite par des mouchoirs ou des serviettes propres et laissez toute une nuit. Le lendemain, redonnez du volume aux poils du tapis en les peignant avec une brosse-démêloir.
4. Si le chien, ou le chat, fait des « bêtises » sur un tapis ou sur la moquette, essayez ceci : après avoir gratté les éléments solides, appliquez un détergent doux bien dilué (1 cuil. à café par litre d'eau) puis épongez. Ensuite (si le tapis n'est pas en laine), versez une solution d'ammoniaque (1 cuil. à soupe par litre d'eau) et épongez. Poursuivez avec un mélange d'eau et de vinaigre blanc à parts égales (essayez au préalable sur un coin, le vinaigre pouvant décolorer). Épongez, arrosez d'eau, puis épongez à nouveau.

Taille au jardin

1. Les arbustes à floraison printanière – les lilas, le groseillier à fleurs, les spirées précoces, la viorne boule-de-neige, le weigelia et bien d'autres encore – possèdent déjà leur embryon de fleurs au début du printemps. Évitez de les tailler durant l'hiver au risque de réduire la floraison qui se prépare. Attendez leur déclin de début d'été pour procéder à une toilette qui vous permettra de leur rendre une belle forme. Avec la chaleur et les arrosages, les plantes taillées s'étoffent à nouveau très rapidement.
2. Les arbustes qui fleurissent l'été profitent de l'énergie printanière pour préparer le spectacle. C'est également le cas des plantes à feuillage décoratif, dont les pousses de l'année tirent profit d'une vigueur accrue qui renforce les coloris. Taillez en fin d'hiver pour favoriser l'apparition de nouvelles pousses.
3. Les plantes grimpantes sont soumises aux mêmes principes de taille. La glycine s'apparente, question taille, aux arbres fruitiers : certains de ses rameaux assurent l'extension de l'arbuste, tandis que d'autres garantissent la floraison. En fin d'hiver, supprimez les pousses très longues et réduisez les autres à 3 ou 4 yeux bien formés.
4. Parmi les rosiers, il faut distinguer ceux qui fleurissent en juin des variétés remontantes. Celles-ci reprennent leur floraison en fin d'été et ne doivent pas être taillées de la même manière. Chaque année, en mars-avril, débarrassez les rosiers remontants des quelques pousses de l'année précédente pour entretenir la vigueur de la charpente. Supprimez le vieux bois et les pousses qui naissent sous la greffe en les taillant près du pied. Taillez à 10 cm les rameaux conservés, au-dessus d'un œil tourné vers l'extérieur de l'arbuste. Au cours de l'été, supprimez les roses fanées avant la formation des graines, sauf pour les variétés à fruits décoratifs. En fin d'hiver, taillez, puis repalissez les rosiers grimpants remontants. Les variétés non remontantes doivent être taillées après leur floraison, en juillet : supprimez les pousses qui ont fleuri et palissez les rameaux qui fleuriront l'année suivante.
5. Taillez les clématites à grandes fleurs après leur floraison, à l'exception de celles qui fleurissent l'été sur le bois de l'année : vous les rabattrez sévèrement en fin d'hiver.

Taille-crayon

Vous n'avez pas de taille-crayon ?
1. Appointez votre crayon sur la lame d'un épluche-légumes ou sur celle d'un rabot.

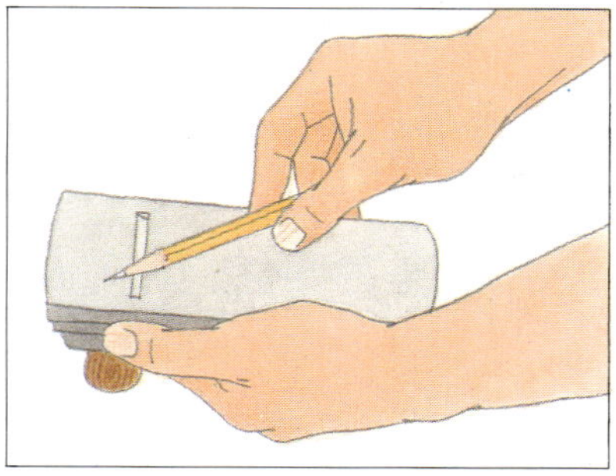

2. Pour appointer la mine, frottez-la sur une lime en carton ou sur le grattoir d'une boîte d'allumettes.
3. Collez un taille-crayon sous votre table de travail ou sous la tablette du téléphone : vous n'aurez plus à chercher au fond d'un tiroir ce petit accessoire indispensable.
4. Si vous n'avez pour écrire qu'un crayon à la mine cassée et rien pour le tailler, brisez-le en deux : la mine dépassera de l'un des bouts.

Talc

La Maïzena et l'argile en poudre sont de bons produits de substitution du talc. De même, la poudre de riz remplace les poudres pour le visage.

Talon de chaussure

1. Masquez les éraflures avec un stylo feutre ou passez un Coton-Tige imbibé d'encre ou de peinture acrylique en tube. Pour des talons blancs, employez de la peinture ou du correcteur pour machine à écrire.
2. Protégez et faites briller des talons en bois ou en liège avec du vernis à ongles incolore, du vitrificateur incolore pour parquet, à un seul composant, du vernis marine ou de l'essence de citron. S'ils sont très éraflés, poncez-les et reteintez-les avec de la teinture pour meuble.
3. Refaites les talons plats avant qu'ils ne soient trop usés. Achetez des talons en caoutchouc neufs de taille légèrement supérieure aux talons de vos chaussures, arrachez le caoutchouc usé avec des tenailles. Poncez la surface, enduisez-la (ainsi que les talons neufs) de colle contact au Néoprène. Laissez sécher la colle, puis appliquez les caoutchoucs sur les talons. Écrasez-les par quelques coups de marteau et coupez l'excédent sur les bords avec un tranchet ou un couteau à moquette.
4. Pour réparer les pointes des talons aiguilles, arrachez les embouts et remplacez-les par des embouts neufs identiques. Ils sont maintenus par une pointe qui rentre dans le talon. Si la pointe est trop fine pour le trou, fixez-les avec de la colle époxy. Au besoin, affleurez les embouts avec une ponceuse à disque.

Tamis, passoires

1. Improvisez une passoire pour des légumes ou des pâtes en piquant de coups de fourchette un moule à tarte en aluminium jetable.
2. Pas de tamis ? Tapissez un entonnoir d'une double épaisseur d'étamine ; vous y passerez toutes sortes de liquides.
3. Une petite passoire fine est l'outil idéal pour tamiser la farine, le sucre glace et le cacao. Vous pouvez aussi y filtrer une préparation contenant des grumeaux, comme une crème anglaise ou une crème pâtissière.

Taons

Ces grosses mouches très sombres sont de véritables vampires, dont les morsures sont très douloureuses : leurs pièces buccales ont assez de puissance pour percer le cuir des vaches et des chevaux afin de sucer leur sang. Attirez-les avec des pièges à guêpes (voir Guêpes, p. 117), mais en remplaçant l'eau sucrée par de l'eau où vous laisserez tremper un peu de viande (changez l'appât tous les jours), ou avec un piège électrique : comme la plupart des insectes, les taons sont attirés par la lumière.

Tapis

1. Pour que votre tapis s'use de façon homogène, changez les meubles de place de temps à autre, afin de modifier les zones de passage. Mettez des petits tapis de protection devant les fauteuils. Secouez-les régulièrement.
2. Pour redresser les poils écrasés par les pieds des meubles, maintenez un fer à vapeur à quelques centimètres au-dessus de la marque jusqu'à ce que les fibres soient humidifiées, puis redressez les poils à l'aide d'une pièce de monnaie ou d'un peigne. Empêchez ces marques de survenir en déplaçant les meubles de quelques centimètres régulièrement.
3. Pour éviter la formation d'électricité statique, aspergez les tapis bien dépoussiérés et nettoyés d'une solution composée de 1 mesure d'adoucissant diluée dans 5 mesures d'eau. Ce mélange peut être appliqué avec une éponge ou un chiffon.
4. Pour raviver la couleur d'un tapis, passez l'aspirateur, puis, avec une éponge ou un linge propre, étendez une solution de 1 mesure de vinaigre diluée dans 3 mesures d'eau bouillante. Humidifiez seulement les poils en faisant attention à ne pas mouiller la trame. Quand le tapis est sec, frottez-le légèrement avec de la sciure bien sèche, puis aspirez.
5. Fabriquez votre propre shampooing pour les moquettes en Nylon ou autres fibres synthétiques : ajoutez 1 cuil. à soupe d'ammoniaque à une quantité généreuse de détergent doux dans une grande cuvette d'eau chaude. Mélangez fortement avec un batteur pour faire de la mousse. Passez la mousse sur le tapis, puis laissez sécher et aspirez.
6. Pour nettoyer efficacement un tapis de dimensions moyennes, suspendez-le à un fil à linge. Dépoussiérez-le sommairement en le battant. Avec un nettoyeur haute pression, arrosez-le de détergent doux, laissez agir de 15 à 30 min, puis rincez-le avec le jet en éventail, jusqu'à ce qu'il ne sorte plus de mousse. À défaut de nettoyeur, utilisez le tuyau d'arrosage, en réglant la buse pour obtenir un jet étalé. Laissez le tapis s'égoutter et sécher à l'ombre.
7. Désodorisez un tapis en appliquant du bicarbonate de soude (à raison de 200 g/m^2). Laissez agir une nuit, puis passez l'aspirateur.

Tapis de gymnastique

1. Si vous ne pratiquez pas d'exercices qui comportent des chutes, une serviette de bain ou un drap de bain sur la moquette ou une couverture de coton ou de laine pliée feront un excellent tapis de gymnastique.

2. Vous pouvez aussi faire vos exercices sur un matelas ferme, posé sur une planche, un sommier à lattes ou encore sur le sol.

Taupes

1. Découragez ces bâtisseurs de galeries en éliminant ce qui les attire le plus, c'est-à-dire les vers blancs (larves de hannetons) et les vers gris ou noctuelles (larves de papillons nocturnes) et en enfouissant dans le sol des granulés anti-insectes. Les vers de terre les attirent aussi, mais vous ne devez pas les détruire, car ils sont très utiles.
2. Éloignez-les en enfonçant çà et là des piquets sur lesquels vous poserez des boîtes de conserve vides retournées qui, sous l'effet du vent, heurteront les piquets ; ou enterrez à mi-hauteur des bouteilles vides à goulot ouvert. Au passage du vent, ces bouteilles résonneront comme des flûtes de Pan. Dans les deux cas, les bruits émis dérangeront les taupes.
3. Les taupes ne détruisent pas les plantes mais, en creusant leurs galeries dans le jardin, elles peuvent endommager les racines et ouvrir la voie aux campagnols terrestres, qui iront dévorer les bulbes et les plantes à racines. Protégez vos plantes en tapissant les tranchées des semis, sur les côtés et au bout, avec un grillage métallique à mailles fines.

4. Ne placez pas de pièges à la sortie des taupinières (ils rouilleraient pour rien). Posez-les dans les galeries que vous trouverez en périphérie de votre jardin, au pied des murs : les taupes empruntent régulièrement ce « boulevard périphérique ».
5. Ne déversez pas d'huile de vidange dans les taupinières, c'est inefficace et c'est une pollution grave.
6. Éloignez les taupes avec des plantes répulsives telles que des bulbes de fritillaires impériales.

Taux de crédit

Vous désirez faire un nouvel emprunt pour aménager votre maison. Le prêt que vous propose la banque vous semble d'un taux particulièrement élevé.
1. Faites jouer la concurrence entre banques et organismes prêteurs afin d'en obtenir le meilleur taux : ce sont des établissements à vocation commerciale, vous pouvez discuter.
2. Pour savoir si le taux d'un prêt devient illégal, c'est-à-dire usuraire, demandez à la Banque de France le rapport trimestriel des taux d'usure. Depuis juillet 1990, ce taux n'est plus unique mais dépend des catégories de prêt.
3. Est usuraire pour chaque catégorie de crédit le taux effectif global (TEG) qui s'écarte de plus de 3,3% de la moyenne du trimestre précédent. Si le taux moyen pratiqué pour des opérations analogues est de 14% et que l'on vous propose un prêt à plus de 18,62%, son taux est usuraire. Refusez-le. (Voir aussi Crédit, p. 71.)

Taxi

1. La somme à payer pour une course est celle inscrite au compteur placé à l'intérieur de la voiture, éventuellement majorée de la prise en charge de bagages, de colis, d'un animal ou d'une 4e personne.
2. Les petits objets et les bagages à main sont gratuits ; les valises, les colis de plus de 5 kg et les objets encombrants (skis, vélo, malle, voiture d'enfant, etc.) sont payants. Entraîne également un supplément la prise en charge dans une gare ou un aéroport.
3. Le pourboire n'est pas obligatoire. Bien qu'il soit d'usage d'arrondir la somme demandée, un chauffeur de taxi n'est autorisé en aucun cas à vous le réclamer.
4. Si son véhicule est libre, il est tenu de vous conduire là où vous le demandez si la course, aussi petite ou aussi longue soit-elle, reste dans le cadre de son périmètre.
5. Un chauffeur de taxi peut vous prier de ne pas fumer, mais ne peut vous l'interdire. En revanche, vous pouvez lui demander d'éteindre son autoradio.
6. Lorsque les taxis se font rares, essayez d'en partager un avec quelqu'un allant dans la même direction que vous.
7. Pour être sûr d'obtenir un taxi à temps, commandez-le à l'avance (par téléphone, de préférence toujours à la même compagnie qui, ainsi, saura que vous êtes un client fiable). Bien entendu, vous attendrez que le taxi commandé arrive, sans céder à la tentation de prendre le premier qui passe.
8. Si vous connaissez bien le chemin, n'hésitez pas à l'indiquer, de façon claire, au chauffeur.

Télémanie

Vous voulez perdre la manie du tube cathodique ? Essayez les méthodes suivantes.
1. Si vous le pouvez, placez votre téléviseur dans une autre pièce que la salle de séjour, vous ne serez plus tenté de vivre avec la télé. Certains télémaniaques ont même employé les grands moyens : débrancher l'appareil, le mettre dans un placard et ne le sortir que pour une émission bien précise !
2. En début de semaine, sélectionnez les émissions qui vous semblent valables, affichez-en la liste... et essayez de vous y tenir.
3. Intéressez-vous à la vie de votre ville. Même les plus petites communes proposent maintenant des activités intéressantes. Vous vous apercevrez que la télévision affadit la vie.
4. Modérez votre passion du sport sur petit écran et cherchez plutôt à

en pratiquer. À défaut, faites de la marche à pied ou cherchez d'autres occasions de sortir de chez vous.
5. Enfin, si vous avez besoin de compagnie, redécouvrez la radio. Elle fatigue et mobilise moins que la télévision et propose des émissions passionnantes.

Téléphone

1. Si votre téléphone ne marche pas, vérifiez que des fils dans la prise murale ou dans la fiche de l'appareil ne sont pas débranchés. Si votre appareil est à prise, contrôlez-la en y branchant un autre combiné (celui d'un voisin, par exemple). Si celui-ci fonctionne, appelez votre agence commerciale pour qu'elle remplace votre récepteur.

2. Si une personne du foyer souffre d'une maladie contagieuse, essuyez le combiné avec de l'alcool à 90° après qu'elle l'ait utilisé.
3. N'utilisez jamais un téléphone (autre que sans fil) quand vous êtes dans le bain ou dans la piscine.
4. Lorsque vous appelez au loin, méfiez-vous du nombre d'unités qui défilent. Renseignez-vous au préalable sur le prix et le nombre des unités. Téléphonez pendant les heures à tarif réduit.
5. Si vous avez du mal à lire les chiffres du cadran, inscrivez-en de plus grands sur des pastilles adhésives et collez-les sur les touches.

LE SAVIEZ-VOUS ?

Services par téléphone

France Télécom nous permet d'appeler dans toute la France aussi bien que dans tous les pays du monde, mais propose aussi toutes sortes de services. Entre autres :

Pour appeler les renseignements, composez le 12 ; les réclamations (par exemple en cas de dérangement), le 13 ; l'agence commerciale dont vous dépendez, le 14 ; les secours médicaux, le 15 ; la gendarmerie, le 17 ; les pompiers, le 18.

Pour envoyer un télégramme téléphoné, composez le 36 55. Pour obtenir l'horloge parlante, 36 99.

Pour avoir la météo, faites le 36 65 01 01 ; et pour l'état des routes sur le plan national, le 48 94 33 33.

Enfin, vous pouvez, 24 h/24, être tenu au courant de l'actualité. En composant sur votre cadran le 36 65 44 55, vous obtiendrez les informations de France Info ; et en appelant le 36 65 43 21, celles de TF1.

Télévision

1. Pour transporter seul un poste de télévision, tenez-le en plaçant l'écran en appui sur votre ventre. En voiture, posez l'écran vers le bas sur un coussin, sur le siège arrière ou sur une couverture pliée.
2. S'il y a de la neige sur l'écran lorsque vous mettez une cassette vidéo, nettoyez d'abord les têtes de lecture du magnétoscope (voir Magnétoscope, p. 140) puis essayez une autre cassette. Si les parasites persistent, vérifiez les connexions. Punaisez ou collez un morceau de feuille d'aluminium sur l'étagère entre le magnétoscope et le poste de télévision pour réduire les interférences magnétiques.
3. Pour une image plus nette et plus brillante, nettoyez l'écran chaque semaine. Éteignez et débranchez le poste. Appliquez le nettoyant à vitres sur le chiffon et non pas sur l'écran pour éviter les coulures.

Témoin d'un délit

1. Si vous voyez se commettre un délit (voire une agression) ou seulement si vous le suspectez, appelez la police immédiatement (en composant le 17). Ne vous dites pas que quelqu'un d'autre l'aura déjà fait. Décrivez succinctement la situation et, si vous ne pouvez donner l'adresse exacte, indiquez un repère (magasin, monument, etc.).
2. Ne stationnez pas près du lieu du délit à moins que le ou les malfaiteurs se soient enfuis et que vous puissiez porter secours à une victime. Attendez l'arrivée de la police à distance raisonnable.
3. Si un délit a lieu dans la rue près de chez vous, appelez la police, puis ouvrez la fenêtre et criez : « La police arrive. » Reculez rapidement. Dans tous les cas, si vous disposez d'un sifflet à roulette, donnez-en 2 coups aussi stridents que possible (chacun de 2 à 3 s, et à ½ s d'intervalle), puis cachez-vous aussitôt.
4. Pour aider la police, notez rapidement la description du ou des suspects : taille, carrure, couleur des cheveux, vêtements ; marque, couleur et numéro du véhicule.
5. Des cris ou des bruits inquiétants viennent de chez un voisin ? Téléphonez aussitôt à la police. N'essayez pas de vous en mêler.

Température du four

- Four tiède : thermostat 1, 50 °C.
- Four très doux : thermostat 1 à 3, de 50 à 110 °C.
- Four doux : thermostat 3 à 5, de 110 à 170 °C.
- Four chaud : thermostat 5 à 7, de 170 à 230 °C.
- Four très chaud : thermostat 7 à 9, de 230 à 280 °C.
- Four brûlant : thermostat 10, 300 °C.

Vérifiez la température de votre four en un clin d'œil : faites-le préchauffer (de 15 à 20 min, selon les fours) puis posez une grande feuille de papier sulfurisé sur la grille, glissée au centre du four. Le papier devient beige pâle : 150 °C ; brun pâle : de 150 à 200 °C ; brun soutenu : de 200 à 250 °C ; brun sombre : de 250 à 300 °C ; noir : plus de 300 °C.

Pour un four à bois, utilisez le même système, en comptant 20 min de préchauffage.

Tempête

Même sous nos climats tempérés, des tempêtes peuvent se révéler d'une rare violence, jusqu'à prendre la forme d'une véritable tornade locale.

1. Ne circulez plus et mettez-vous à l'abri : des branches, des tuiles, des antennes peuvent en effet être emportées par le vent.

2. Si vous devez quand même vous déplacer, passez aussi loin que possible des câbles électriques tombés à terre et gardez un œil vers les toits. Si vous pouvez coiffer un casque, n'hésitez pas !

3. En voiture, garez-vous d'urgence dans une rue étroite bordée de bâtiments solides. Mieux : dans un parking souterrain . À la campagne, contre un haut talus, mais loin des arbres.

4. Si votre véhicule risque d'être emporté, descendez-en, éloignez-vous en marchant courbé dans le sens opposé à celui du vent, et jetez-vous face contre terre en vous protégeant la tête avec les bras. Tenez très solidement vos enfants.

5. Sur un terrain de camping, les caravanes doivent être évacuées et leurs occupants éloignés. (Souvenez-vous qu'une tente canadienne bien montée résiste parfaitement.)

ANNONCE D'UN COUP DE VENT

1. Fermez portes et volets.

2. Rentrez tous les objets qui pourraient devenir des « projectiles » (pots de fleurs, outils, parasol, etc.).

3. Arrimez abris de jardin et autres installations exposées au vent.

4. Le danger passé, ne ressortez qu'avec précaution (attention aux tuiles en équilibre, aux câbles électriques pendants, etc.).

Tennis

Voici un lexique qui vous aidera à mieux comprendre les retransmissions sportives.

Ace : balle de service qui fait le point sans que le relanceur ait pu la remettre dans les limites du cours.

Break (faire le) : se dit du joueur qui creuse l'écart de 2 jeux en prenant le service de l'adversaire, puis en gagnant le sien.

Chopée : balle coupée, frappée de haut en bas de façon à freiner son rebond.

Court : terrain de tennis, long de 23,77 m et large de 10,97 m. Un filet haut de 91 cm le sépare en deux. Pour les parties de simple, la largeur est réduite à 8,23 m, les 2 couloirs latéraux étant réservés aux doubles.

Double faute : lorsque le serveur rate les 2 balles de service auxquelles il a droit en tirant hors du carré de service ou en mettant le pied sur sa ligne.

Jeu : se dispute en 4 points (15, 30, 40 et jeu). Lorsque 2 joueurs sont à égalité, à 40 partout, celui qui marque le point suivant est gratifié d'un avantage. Pour remporter le jeu, il lui faut marquer le point suivant.

Jeu blanc : jeu remporté par 4 points à 0.

Let ou filet : la balle de service a touché le filet, l'engagement est à refaire.

Lift : balle frappée par-dessous de bas en haut et qui aura un rebond plus haut et plus long car elle tourne sur elle-même dans le sens de sa course.

Match : se dispute en 3 sets gagnants pour les hommes et en 2 pour les femmes. Certains tournois masculins se jouent aussi en 2 sets gagnants.

Passing-shot : coup exécuté depuis le fond du court et hors de portée de l'adversaire monté au filet.

Service : après chaque point, balle d'engagement que le joueur doit placer dans le carré de service (6,40 m sur 4,10 m). L'adversaire doit la renvoyer après le rebond.

Set : se dispute en 6 jeux gagnants. Le premier à avoir emporté 6 jeux gagne le set, à condition qu'il ait 2 jeux d'avance sur son adversaire. À 5/5 il faudra aller jusqu'à 7/5, etc. La durée d'un set, en théorie, n'est pas limitée, mais de plus en plus de tournois adoptent le principe du tie-break : les sets s'achèvent à 7/6.

Slice : balle frappée latéralement de haut en bas. Si le slice est fait de la droite vers la gauche, la trajectoire aura tendance à s'écarter vers la droite, et inversement.

Tie-break ou jeu décisif (voir set) : à 6 jeux partout, les joueurs entament un tie-break ; celui-ci est remporté avec 7 points à condition que les joueurs aient 2 points d'écart.

Tente

Par beau temps, improvisez une tente avec une bâche imperméable carrée de 3 m de côté, une corde de 3 m de long, 3 piquets de 1,50 m à 1,80 m,

2 capes imperméables avec capuchon et 2 lacets de chaussures. Attention, cette installation est fragile et ne résistera pas à des vents violents ou à une forte pluie.

1. Enfoncez un piquet dans le sol. Centrez la bâche sur le piquet et attachez-la solidement avec un lacet. Lestez un côté de la bâche avec de grosses pierres.

2. Placez un autre piquet sous le côté de la bâche opposé aux pierres pour former une ouverture. Fixez la bâche avec l'autre lacet de chaussure et accrochez la corde au même piquet. Tendez la corde en l'attachant au troisième piquet solide que vous enfoncerez profondément dans le sol.

3. Déposez d'autres pierres tout autour de la tente et accrochez les capes par leur capuchon au piquet d'ouverture pour faire la porte. (Voir aussi Piquets de tente, p. 173.)

Tenue à table

1. En principe, seules les asperges se mangent avec les doigts. Les fruits doivent être pelés avec un couteau et une fourchette. Mais, dans les réunions amicales, ces règles sont souvent transgressées. Le plus sage est de suivre l'exemple de vos hôtes si les langoustines ou les côtelettes vous posent des problèmes.

2. Lorsque vous vous trouvez devant plusieurs couverts ou plusieurs verres et que vous ne savez lequel choisir, regardez comment s'y prennent les autres convives et imitez-les.

3. Un cheveu dans la soupe ? Un insecte dans la salade ? Chez un particulier, enlevez-les discrètement ou ne touchez pas à votre assiette, mais ne faites aucun commentaire. Au restaurant, appelez discrètement le maître d'hôtel pour lui demander de changer le plat.

4. Au restaurant, aussi bien que chez des amis, la courtoisie veut que l'on s'abstienne de fumer à table. Il vaut mieux attendre la fin du repas et, surtout, ne jamais allumer une cigarette tant que les autres convives n'ont pas terminé.

AU TEMPS JADIS

Les bonnes manières

« Évitez de vous jeter sur le plat comme un porc et ne mangez pas en grognant de façon dégoûtante et en claquant les lèvres » conseillait-on au XIIIe siècle.

Et l'on ajoutait : « Nombre de gens rongent un os et le remettent dans le plat, c'est une offense très grave. » (La bonne façon de se débarrasser d'un os était, comme toutes les personnes raffinées le savaient, de le jeter par terre !)

Se gratter à table était très mal vu, même si puces et poux étaient omniprésents. « Tu ne dois pas mettre les doigts dans les oreilles ou porter les mains dans les cheveux. L'homme qui mange doit réserver ses doigts à la nourriture, » écrivait l'Italien Bonvesin de la Riva en 1290, dans son recueil sur les bonnes manières à table.

En ce qui concerne les codes de bon usage au Moyen Âge, d'autres écrivains jugeaient très sévèrement la pratique courante de se moucher dans la nappe ou sur sa manche. Ils conseillaient aussi aux lecteurs de ne pas se moucher dans leurs doigts pendant qu'ils étaient à table.

De nos jours, les plus graves impairs seraient plutôt de parler la bouche pleine, d'agiter sa fourchette en l'air pour souligner ses propos ou de poser les coudes sur la table. Mais il est également très discourtois de regarder de haut quelqu'un dont les manières laissent à désirer.

Tenue de cocktail

Il peut vous arriver de vous rendre à une invitation un peu habillée directement en sortant du travail.

1. Portez une robe ou un tailleur tout simples pour aller travailler et emportez les accessoires qui rendront votre tenue habillée : boucles d'oreilles, collier et bracelets, chaussures à hauts talons, sac, etc. Prenez aussi un grand châle qui vous servira de manteau. Vous pouvez encore rehausser une robe stricte d'une jolie ceinture en satin, ajouter une fleur en tissu à votre décolleté ou un bandeau brillant dans vos cheveux.

2. Les hommes choisiront ce jour-là un costume plutôt sombre et emporteront une chemise et une cravate pour le soir ainsi que la pochette assortie.

Termites

Les termites sont certainement les insectes les plus redoutables pour les constructions et les biens qu'elles renferment. Souvent confondus avec d'autres insectes xylophages, ils s'attaquent à d'autres matériaux que le bois car ils se nourrissent de tout ce qui contient de la cellulose et de certaines matières plastiques, comme le PVC.

Les termites ressemblent à de minuscules fourmis blanches. On les rencontre un peu partout et surtout dans les grandes villes, où ils trouvent des conditions de vie idéales dans les sous-sols et les caves chaudes et humides.

La présence des termites est difficile à détecter, car ils fuient la lumière et leurs ravages ne sont jamais apparents : ils vident l'intérieur des pièces de bois sans jamais percer la surface. Ils peuvent commettre leurs dégâts dans les étages d'un immeuble en remontant des caves par les coffrages des tuyauteries. Vous pouvez détecter leur pré-

LE SAVIEZ-VOUS ?

L'histoire du smoking

Cela se passait en 1886 à Tuxedo Park, dans l'État de New York. L'histoire raconte que le magnat du tabac Pierre Lorillard était las de porter en toute occasion mondaine le traditionnel habit à queue de pie. Aussi, pour un bal, fit-il exécuter par son tailleur plusieurs vestons sans queue, à la manière des redingotes portées en Grande-Bretagne dans certaines circonstances, notamment pour les chasses à courre au renard. Cette idée lui parut finalement tellement audacieuse... qu'il renonça et porta pour le bal sa tenue habituelle !

Il fallut attendre que son fils ait l'audace qui lui manqua. En compagnie de quelques amis, il parut en veste courte lors d'un dîner, ce qui surprit, choqua, mais finit par faire école. Le désir de changement et le nom célèbre des Lorillard y furent-ils pour quelque chose ? Toujours est-il que beaucoup se mirent à porter les ensembles « Tuxedo », que les Français nommèrent « smoking jacket » (veste pour fumer), puis smoking.

Les accessoires aussi ont leur histoire. Aux Indes, la ceinture turban faisait partie du costume traditionnel. Les Anglais l'adoptèrent car, les pantalons du soir n'ayant pas de poches, ils pouvaient glisser billets de banque et tickets de théâtre dans les plis de la ceinture.

sence par les minuscules tunnels en forme de cordon qu'ils construisent sur les murs.

La lutte contre les termites est une affaire de spécialistes : il faut traiter le sol, les murs et les boiseries par injection de produits et détruire tous les foyers d'infection (50 termites isolés suffisent pour recréer une termitière). Si vous en découvrez chez vous, prévenez immédiatement le syndic de l'immeuble ou les services sanitaires de votre commune et faites intervenir une entreprise de détermitage. Le CTBA (Centre technique du bois et de l'ameublement, 10, avenue de Saint-Mandé, 75012 Paris, tél. : (1) 40 19 49 19) est en mesure de vous orienter vers un applicateur de traitement agréé CTBA (c'est une garantie de travail bien fait avec suivi pendant 10 ans).

Pour éviter une infestation, ne ramenez pas chez vous des meubles, des liasses de papiers, des livres ou des plantes en pot provenant d'une zone termitée, comme le sud-ouest de la France ; ne stockez pas de bois en appui contre les murs de votre habitation et ventilez les caves ou les vides sanitaires.

Terrain de jeu

1. Les enfants peuvent faire des glissades sur une grande bâche épaisse en polyéthylène mouillée au tuyau d'arrosage. Étendez-la sur une pente et laissez l'eau couler au sommet. Déplacez la bâche souvent pour éviter d'endommager la pelouse.
2. Une grosse bûche écorcée fait un bon cheval d'arçons, de même qu'une section de grosse conduite d'eau en grès vernissé.
3. Construisez un bac à sable : faites un coffre sans fond avec des planches de 25 à 30 mm d'épaisseur, de la taille qu'il vous plaira, mais profond de 60 cm. Renforcez les angles avec des piquets de section carrée. Faites un rebord avec des planches d'une section de 3 cm × 20 cm. Creusez une fosse de 50 cm de profondeur aux dimensions extérieures du coffre. Placez-y le coffre en le calant sur des pierres plates pour que la bordure soit horizontale en tous sens. Remplissez avec du sable fin (comptez 0,50 m^3/m^2 de surface). Couvrez avec une bâche en plastique quand le bac n'est pas utilisé afin d'empêcher les animaux et les enfants d'entrer.

Test de grossesse

Il existe 2 types de tests que l'on peut faire soi-même, les deux utilisant des échantillons d'urine. Le premier, qui prétend être actif après 1 jour de retard des règles, devient bleu si une hormone, sécrétée après la conception, est présente dans l'urine. Le second, pratiqué 9 jours après la date normale des règles, laisse apparaître un cercle brun foncé dans l'éprouvette si le résultat est positif. Bien que les 2 types de diagnostic soient fiables, les médecins préfèrent le premier parce que le résultat est plus facile à interpréter.

Ces tests peuvent être faussés par la chaleur, le froid, les vibrations ou la présence de corps étrangers. Quel que soit celui que vous avez choisi, recommencez-le au bout de quelques jours.

Tests de recrutement

Ils sont fréquemment utilisés par les entreprises. Sachez distinguer les limites de la curiosité.

Les tests de dactylo, de sténo, d'informatique ou de comptabilité sont justifiés si vous postulez à un emploi de secrétaire ou de comptable.

Des tests de personnalité sont parfois pratiqués. Ils ne sont pas recommandés et ils peuvent même être punis par la justice. Graphologie, astrologie, morphopsychologie et autres « logies » annoncées dans le but d'apprécier vos compétences et votre aptitude à l'emploi sont parfois contestées sur le plan scientifique. Quant à l'utilisation des réponses par les entreprises, elle donne aussi matière à réflexion.

« Vous n'êtes pas tenu de répondre aux questions et tests qui n'ont aucun lien direct et nécessaire avec l'emploi proposé. Vous pouvez, le cas échéant, saisir les tribunaux si vous estimez qu'il y a atteinte au respect de votre vie privée. » Paroles du ministre du Travail.

Les questionnaires indiscrets sont une autre méthode de sélection.

• Refusez toute question se rapportant à la religion, à une appartenance à une ethnie ou à une race, à tout ce qui peut toucher à des engagements syndicaux ou politiques.
• Ne dites pas quels sont les journaux que vous lisez habituellement ou vos livres préférés.
• Restez muet sur votre vie privée.

Thermomètre

En été, soyez à l'écoute de la nature, elle vous indique la température extérieure.
1. Comptez les stridulations émises par un criquet pendant 14 s. Ajoutez-y 8, multipliez par 5, puis divisez par 9 pour obtenir le nombre de degrés.
2. Les cigales chantent-elles ? Si oui, il fait au moins 28 °C.
3. Écoutez un grillon blanc 15 s : si vous comptez 30 stridulations, il fait 21 °C ; 35, il fait 27 °C ; et 40, 33 °C. Il s'arrête de chanter quand la température descend au-dessous de 10 °C et grimpe au-dessus de 38 °C.

Thermostat

1. Ne placez pas un thermostat commandant le chauffage n'importe où. Fixez-le sur un mur isolé, à 1,50 m du sol et loin de toute source de chaleur et de courant d'air.
2. Pour que le thermostat reste efficace, nettoyez régulièrement avec un pinceau les fentes de ventilation.
3. Les thermostats les plus récents comportent des commandes transistorisées. Il est peu vraisemblable que la poussière affecte leur fonctionnement. Si le thermostat ne fonctionne pas correctement, il a probablement besoin d'être remplacé.

Timbres

1. Si vos timbres se collent les uns aux autres, laissez-les dans un congélateur non givré pendant 1 h : en général, ils se détachent bien ensuite et on peut les utiliser.
2. Pour ôter un timbre d'une enveloppe pour une collection, laissez le tout dans le congélateur pendant une nuit, puis glissez une lame entre le timbre et l'enveloppe. Vous pouvez aussi couper le coin de l'enveloppe portant le timbre et le faire flotter (surtout ne pas l'immerger) dans de l'eau tiède ou le poser sur une éponge gorgée d'eau, jusqu'à ce que le papier se détache. Laissez sécher le timbre sur du buvard blanc, puis aplatissez-le entre les pages d'un livre. Ou bien placez un papier mince sur le timbre et passez un fer modérément chaud.
3. Ne mettez jamais un timbre ancien dans l'eau car l'encre risque de partir. N'utilisez pas non plus de vapeur pour le décoller, il pourrait perdre toute sa valeur.

Tire-bouchon

1. Insérez un morceau de bois ou le manche d'une cuillère dans un piton à anneau. Tournez pour faire pénétrez celui-ci dans le bouchon, puis tirez. Vous pouvez aussi enfoncer une vis ordinaire assez grosse dans le bouchon en laissant légèrement dépasser la tête. Tirez ensuite celle-ci avec une pince.

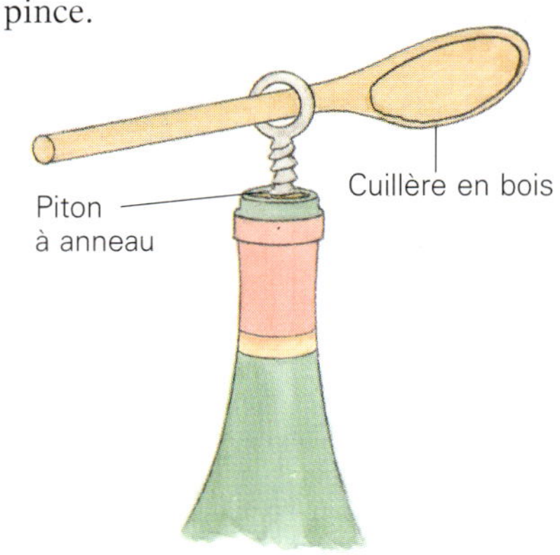

2. Si le bouchon refuse de sortir, entourez le goulot de la bouteille d'un linge trempé dans de l'eau bouillante : le verre se dilatera, facilitant le glissement du bouchon. (Voir aussi Bouchon, p. 34.)

Tiroir

1. Si vous ne parvenez pas à ouvrir un tiroir, il y a de grandes chances pour qu'il soit coincé par des objets qui se sont déplacés. Enlevez le tiroir supérieur, dégagez le tiroir inférieur après l'avoir mis en ordre, puis remettez en place. Si c'est un tiroir unique (ou celui du dessus), essayez de glisser une grande lame de couteau dans la fente supérieure pour essayer de rabattre l'objet qui s'est redressé. Ou secouez le tiroir à petits coups rapides pour que l'objet se déplace. Si le tiroir est partiellement ouvert, faites un crochet avec un cintre en métal et essayez de dégager l'intérieur. Regardez aussi s'il n'y a pas un système de « sécurité enfants ».
2. Un clou qui dépasse peut empêcher le tiroir de s'ouvrir. Enfoncez-le et remettez en place le tiroir.
3. Lorsqu'un tiroir en bois accroche, poncez légèrement ses rainures, puis frottez-les avec de la bougie ou un morceau de savon. Si le bois est gonflé par l'humidité, poncez un peu et paraffinez les parties qui frottent.
4. Si un tiroir en bois s'échappe trop facilement, refixez ou recollez les butées d'arrêt.
5. Si le fond d'un tiroir en bois s'affaisse, retournez le tiroir, enlevez le fond, puis remontez-le à l'envers (partie bombée vers l'intérieur du tiroir).

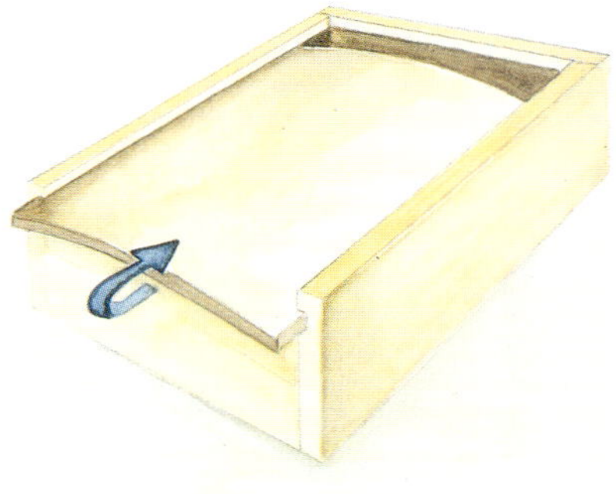

6. Le fond d'un tiroir est fendu ? Remplacez-le avec du contreplaqué de 5 ou 6 mm d'épaisseur ou réparez-le avec des bandes de toile fixées avec de la colle blanche.

Tissu infroissable

Évitez de repasser un tissu traité infroissable, la chaleur annulerait les effets du traitement.

1. Pour empêcher les faux plis, lavez les vêtements en tissu infroissable dans de l'eau tiède et rincez-les à l'eau froide. Ne les essorez pas, sinon à vitesse très lente (de 100 à 120 tr/min). Placez-les avec une serviette sèche dans le sèche-linge à moitié plein et réglé sur la position « Doux » ou « Synthétique ».
2. Si vous ne possédez pas de sèche-linge, laissez-les sécher sur des cintres en plastique.
3. Ne repassez pas les faux plis causés par la position assise. Humidifiez-les avec un vaporisateur et suspendez le vêtement pour le sécher.

Toilettes bouchées

1. Si vous pensez pouvoir atteindre ce qui bouche vos toilettes, essayez de l'attraper avec un portemanteau en acier plastifié, coupé et cintré.
2. Placez une ventouse sur l'ouverture du siphon et actionnez-la plusieurs fois : si l'eau s'écoule, vous avez gagné ! Avant de tirer la chasse, vérifiez le bon écoulement en jetant un seau d'eau dans la cuvette.
3. Si la ventouse n'a aucun effet, utilisez un furet, c'est-à-dire un câble entouré d'un tube en caoutchouc et muni d'une vrille au bout. Mettez le câble dans le trou et tournez la manivelle dans le sens des aiguilles d'une montre. Quand la vrille mord dans le bouchon, continuez à tourner tout en tirant le câble : ce qui bloque devrait être emporté par la vrille. Vous pouvez briser le bouchon en faisant aller la vrille d'avant en arrière. (Voir aussi Fosse septique, p. 107.)

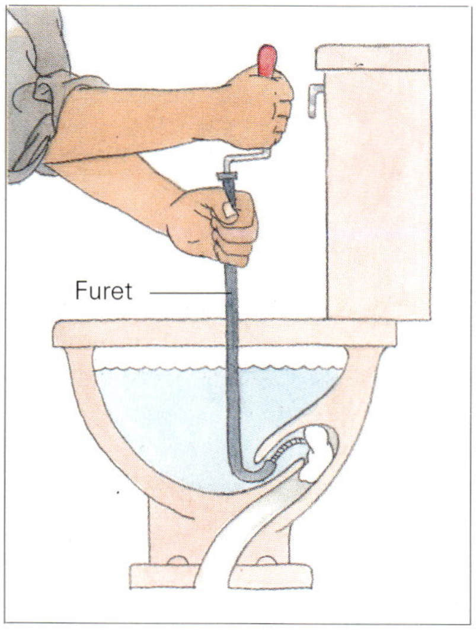

Toit

1. Voici comment vous donner un appui solide quand vous travaillez sur un toit pentu : attachez l'extrémité d'une longue corde à un objet solide et fixe, comme un arbre ou le montant d'une véranda, de l'autre côté de la maison. Vous pouvez vous accrocher à l'attelage d'une voiture, mais pas aux pare-chocs ; assurez-vous que les clés sont bien dans votre poche. Attachez l'autre extrémité à un petit sac lesté avec du sable et lancez-la par-dessus le faîte du toit. Appuyez une échelle sur le pan de toiture, du faîte à la gouttière. Passez la corde entre les deux échelons supérieurs, tendez-la et attachez-la à l'échelon du bas.

2. Lorsque vous travaillez sur un toit pentu, utilisez une « ceinture de sécurité » : fixez une corde comme on vient de le décrire et attachez le bout libre autour de votre taille en laissant assez de mou pour pouvoir travailler en toute liberté, mais pas trop, pour ne pas toucher le sol au cas où vous tomberiez du toit.
3. Pour travailler sur un toit, portez des chaussures à semelles de caoutchouc souples et antidérapantes. Pour aller et venir en toute sécurité, progressez sur les mains et les genoux.
4. En hiver, le meilleur moment pour travailler sur un toit est un après-midi sec et ensoleillé. Le matin, le toit est souvent recouvert de givre. **Attention !** Ne travaillez jamais sur un toit un jour de grand vent, de pluie ou de neige, ou lorsqu'un orage menace. Ne vous approchez jamais des fils électriques aériens.

FUITES

1. En attendant la réparation, recueillez l'eau qui coule à partir d'une fuite dans le toit : clouez un petit bloc de bois sur le chevron le plus proche de la fuite, puis placez un seau sous le morceau de bois. Quand la pluie coulera le long du chevron, le bloc de bois stoppera sa descente et l'orientera vers le seau.

2. En cas d'urgence, protégez un toit endommagé avec une bâche en plastique. Posez-la sur l'endroit abîmé en coinçant son bord supérieur sous une rangée de tuiles ; faites-la tenir avec des cordes passées en croix ou lestez-la avec des briques ou des sacs de sable suspendus à des ficelles attachées aux angles ou aux œillets.
3. Vous pouvez réparer une fuite avec une bande bitumineuse métallisée (alu, gris mat ou cuivre) que vous collerez en la chauffant légèrement.
4. Ayez toujours chez vous un kit de réparation pour toiture et gouttière.

Tôle en métal

Si vous n'avez pas de cisaille pour tôle, essayez l'une de ces méthodes pour couper une feuille de métal.

1. Utilisez une scie à métaux : placez la tôle sur un établi plat ou sur une table, la ligne de coupe dépassant légèrement le bord de la table. Inclinez la lame d'un angle de 45° et gardez ses dents en contact permanent avec le métal. Si la partie à éliminer est assez grande, appuyez-la sur une autre table ou un autre établi, ou faites-la tenir par quelqu'un. Portez des gants de travail.

2. Utilisez un ciseau à froid pour découper un petit morceau de métal : bloquez le métal dans un étau avec la ligne de coupe au même niveau que le haut de la mâchoire. Tenez le ciseau au bord du métal avec un angle de 45°, en appui sur la mâchoire de l'étau et coupez en frappant sur le ciseau avec un marteau.

3. Vous pouvez aussi couper un grand morceau de métal avec le

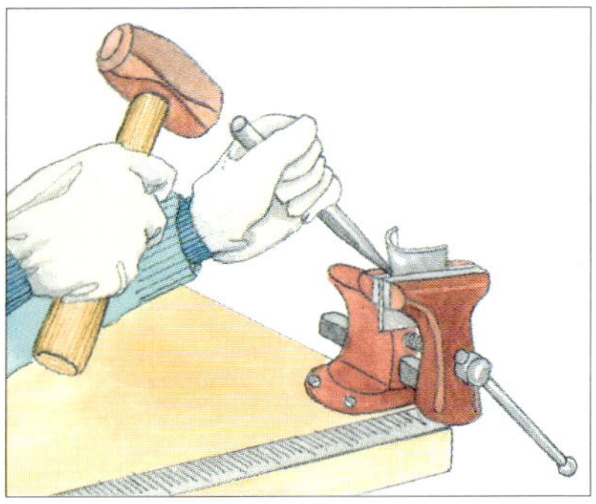

même ciseau à froid. Posez le métal sur une table ou un établi de bois dur avec la ligne de coupe le long du bord. Puis fixez une barre d'acier ou de bois dur, bien droit par-dessus. Tenez le ciseau à un angle de 45° du bord de l'établi ou de la table et tapez le ciseau avec un marteau tout au long de la ligne de coupe.

Tomates

1. Pour tirer le meilleur parti d'une variété de tomates peu goûteuses, faites-les mûrir à température ambiante, pédoncule vers le haut.

2. Pour accélérer le mûrissage des tomates, mettez-les dans un sachet en papier kraft percé de quelques petits trous.

3. Pour peler facilement des tomates, plongez-les 10 s dans de l'eau frémissante, puis retirez-les avec une écumoire. Rafraîchissez-les rapidement sous l'eau froide, puis retirez la peau avec un petit couteau.

4. Si vous faites pousser des tomates, dégustez-les tout au long de l'année : lavez-les, coupez-les en 4 et congelez-les à plat, sur une plaque. Ensuite, enfermez les quartiers de tomate congelés dans des boîtes. Lorsque vous décongèlerez les tomates, leur peau partira toute seule.

5. Vous pouvez congeler des jus de tomates pelées et épépinées passées au mixeur, ainsi que des coulis cuits nature ou parfumés au basilic ou à l'ail. Consommez-les dans l'année.

Tomates en plants

1. Si vous avez laissé passer le temps des semis de tomates, rassurez-vous, tout n'est pas perdu. Dès le mois de mai, vous trouverez en jardinerie des plants prêts à être mis en place au potager. Préparez leur futur emplacement par un bêchage profond. Le coin doit être ensoleillé et proche d'un point d'eau. Pour évaluer l'encombrement de votre culture de tomates, sachez qu'on espace généralement les plants de 50 cm sur la ligne, un peu plus pour les tomates-cerises, dont la plante offre un port buissonnant.

2. En jardinerie, choisissez les plants au feuillage vert foncé et aux tiges épaisses. Boudez les plants en fleur : ils ont vécu trop longtemps en pot et reprendront mal leur croissance en pleine terre.

3. Évitez de planter une seule variété : la production serait groupée, vous contraignant à faire des conserves. Mélangez plusieurs variétés en rangs distincts pour échelonner les récoltes.

4. Pour aider les plants repiqués à prendre un bon départ, installez-les dans une tranchée. Dépotez chaque plant, ôtez toutes les feuilles, sauf le bouquet terminal. Placez la plante dans la tranchée, en la couchant de manière à recouvrir une portion de tige dénudée. Comblez avec la terre extraite en laissant sortir le bouquet terminal de feuilles et le reste de tige, tassez, puis arrosez. Les racines ne tarderont pas à se former, y compris sur la portion de tige enterrée.

5. Pour entretenir de généreuses récoltes, apportez régulièrement de l'engrais, plutôt dans la zone des racines que sur le périmètre autour de la plante. Voici une astuce pour tuteurer les plants de tomates tout en les arrosant efficacement : utilisez des tuyaux en plastique de 4 cm de diamètre pour tuteurer les tiges. 1,50 m suffit. Pour irriguer directement les racines, vous n'aurez plus qu'à remplir les tuyaux d'eau, additionnée ou pas d'engrais, selon votre calendrier de fertilisation.

Torticolis

1. Si vous sentez venir le torticolis, haussez les épaules plusieurs fois.

2. Prenez une douche très chaude et gardez la nuque sous le jet pendant 10 à 15 min.

3. En lisant ou en regardant la télévision, posez-vous un coussinet de laine derrière la nuque.

4. Pétrissez du bout des doigts le bas de votre cou, du lobe de l'oreille à

l'épaule. Massez doucement le long des vertèbres.
5. Faites des mouvements pour le cou : debout ou assis bien droit, bras relâchés, ou bien allongé à plat sur le dos, genoux pliés, tournez lentement la tête vers la droite, aussi loin que vous le pouvez sans ressentir de gêne, et restez ainsi 5 s. Faites de même du côté gauche. Recommencez 5 fois.

Tournevis

Comment visser ou dévisser quand on n'a pas de tournevis sous la main ?
1. Bloquez une rondelle d'acier entre les mors d'un vilebrequin et insérez le bord dans la rainure de la vis.

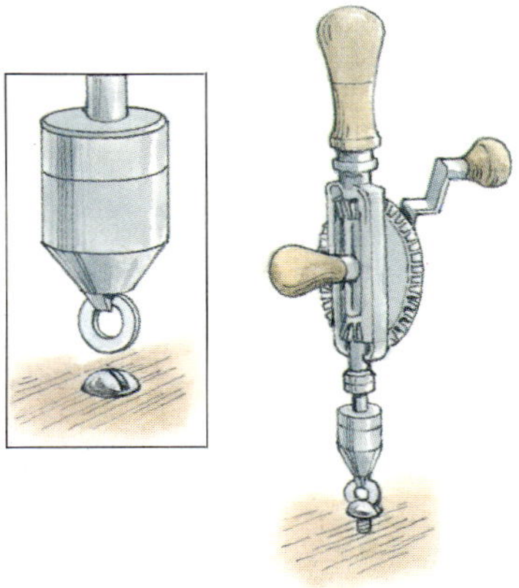

2. Examinez les canifs de la maison : certains comportent peut-être un tournevis. Vous pouvez aussi utiliser une lame de couteau à bout rond.
3. Une lime à ongles en métal peut resserrer des petites vis. Utilisez la pointe pour les vis cruciformes.
4. Des clés de verrou iront parfois dans la rainure d'une grosse vis, mais ne les utilisez que pour des vis un peu lâches, car le métal des clés se tord facilement.
5. Vous pouvez essayer la lame d'une scie à métaux, un grattoir à peinture, un couteau à mastic, la lame d'un ouvre-boîtes ou d'un décapsuleur.

Toux

1. Pour une toux provoquée par un coup de froid, buvez un mélange composé de 1 cuil. à soupe de jus de citron et de miel dilué dans un verre d'eau chaude. Si vous préférez une boisson plus efficace, mélangez jus de citron et miel à parts égales et prenez-en 1 cuil. à café au moment du coucher. Votre toux sera moins pénible.
2. Ébouillantez des quartiers d'orange avec de l'eau. Ajoutez du jus de citron et du miel, vous obtiendrez une boisson adoucissante, à boire avant d'aller au lit.
3. 1 cuil. à soupe de miel avalée lentement avant de dormir calmera également votre gorge.

Travail d'appoint

Vous avez du mal à joindre les deux bouts ? Un travail d'appoint serait le bienvenu et vous êtes tenté par une activité différente de votre travail habituel.
1. Préférez un travail que vous pouvez faire chez vous, le soir ou pendant vos moments de loisirs.
2. Recherchez une occupation qui demande peu d'investissement financier ou matériel, que vous maîtrisez déjà ou que vous avez envie de perfectionner.
3. Choisissez selon la place dont vous disposez chez vous : sondages par téléphone, baby-sitting, leçons de couture ou de cuisine et autres cours particuliers, artisanat (broderie, peinture sur soie, bricolage) mais aussi lecture d'épreuves d'examen, correction de cours par correspondance, frappe de thèses ou de mémoires, traitement de texte, suivi de la comptabilité d'une petite entreprise. Si vous avez assez de place, vous pouvez cultiver des plantes et les vendre à domicile, garder des animaux domestiques ou louer des chambres...

Travaux d'aiguille

1. Pour confectionner rapidement un dessus-de-lit en patchwork, utilisez de la percale thermocollante vendue au mètre dans les magasins de tissus. Posez les morceaux de patchwork sur le côté collant de la percale. Repassez-les pour les maintenir en place. Pour cacher les bords coupés des morceaux composant le patchwork, utilisez le point de zigzag de votre machine à coudre. Vous pouvez simplement doubler ou, pour plus de moelleux, ouatiner avant de doubler.
2. Tricotez des petits tapis pour la chambre des enfants en utilisant vos restes de tissu : découpez-y en biais

LE SAVIEZ-VOUS ?

Le patchwork : un art très ancien

L'origine du patchwork est ancienne. C'est en Égypte et en Inde que l'assemblage d'éléments de tissus disparates, selon un dessin plus ou moins complexe, est devenu un art autonome. Les pionniers de la conquête de l'Ouest américain ont réinventé cet art pour les besoins de leur vie quotidienne, pour réparer et raccommoder leurs vêtements et leurs couvertures. Couleurs et motifs de ces assemblages ont exprimé les traditions culturelles des femmes des diverses communautés d'émigrants pour progressivement se rejoindre dans un patrimoine commun.

De 1770 à 1870, le patchwork a connu ses heures de gloire. D'abord élaborés à partir de motifs géométriques simples ou de motifs naïfs, puis selon un jeu de plus en plus complexe de formes et de couleurs, les ouvrages en patchwork devinrent de véritables œuvres d'art.

En 1972 eut lieu au musée des Arts décoratifs, à Paris, une exposition sur le patchwork américain traditionnel, qui fut ainsi découvert par le public français. De nombreuses femmes ont été conquises par cette technique et s'en sont inspirées pour créer à leur tour des œuvres originales.

des lanières régulières, cousez-les bout à bout, repassez-les et tricotez-les avec des aiguilles gros diamètre n° 10.

Travaux manuels pour enfants

Ne jetez pas emballages ou autres objets usagés, ils peuvent occuper vos enfants à des travaux manuels.

CASQUE DE L'ESPACE

Retirez le fond d'un bidon en plastique bien lavé et assez gros pour pouvoir coiffer la tête d'un enfant. Pratiquez des ouvertures pour les yeux. Fabriquez une visière de carton et fixez-la avec des attaches parisiennes ou des agrafes. Décorez avec des cure-pipes, des bandes de papier, puis entortillez du bolduc sur le goulot du bidon.

ESTAMPE

Ne jetez pas les plaquettes en polystyrène expansé. Dessinez, puis peignez dessus avec de la gouache pas trop épaisse. Appliquez doucement une feuille sur le dessin, pressez-la, puis retirez-la avec précaution.

COFFRE ILLUSTRÉ

Collez des photos de magazine sur une vieille boîte en les faisant se chevaucher, et créez ainsi un décor.

MARIONNETTES

1. Faites des marionnettes avec des boîtes de lait ou de jus de fruit : coupez le carton horizontalement, au milieu, sur 3 côtés. Au dos, percez des trous pour insérer les doigts. Dessinez le visage avec des feutres ou du fil et faites les oreilles, la langue et les cheveux en papier découpé.

2. Peignez des visages sur des chaussettes usées ou coupez les doigts de gants pour créer des petites marionnettes à placer au bout des doigts.

Tremblement de terre

CHEZ VOUS

Abritez-vous sous un meuble solide ou dans l'angle de 2 murs (dont l'un porteur, si possible) ; restez au moins dans l'embrasure d'une porte, aussi loin que possible des fenêtres, miroirs, bibliothèques, installations électriques et cheminées.

À L'EXTÉRIEUR

Rendez-vous immédiatement dans un endroit dégagé, en passant loin des bâtiments, des câbles électriques et des arbres, ou abritez-vous sous un porche. En voiture, arrêtez-vous à distance des bâtiments et ne sortez qu'à la cessation des secousses. À éviter absolument : les ponts et les lignes à haute tension.

APRÈS UNE FORTE SECOUSSE

1. Attention aux secousses « résiduelles » (elles risquent de causer encore des dommages) et, en zone côtière, aux raz de marée.
2. Écoutez France Inter.
3. Si votre maison est endommagée, n'y pénétrez plus. Si elle ne l'est pas, ouvrez toutes les portes et les fenêtres avec précaution.
4. Si vous sentez une odeur de gaz, ouvrez toutes les issues, fermez l'arrivée de gaz, sortez et restez à distance (ni flamme ni cigarette).
5. Coupez l'électricité. (Voir aussi Compteurs, p. 64.)
6. Dans un immeuble, ne prenez surtout pas l'ascenseur.
7. Ne consommez votre eau du robinet que bouillie, jusqu'à ce que la compagnie des eaux déclare l'eau potable. Si les tuyaux sont endommagés, fermez l'arrivée d'eau. Si vous avez besoin en urgence d'eau potable, prenez-en dans les bacs à glace ou le réservoir de la chasse d'eau. (Voir aussi Fuites d'eau, p. 111.)

Treuil

1. Vous pouvez tirer une très lourde charge sur le sol avec un treuil à levier si vous avez un point d'ancrage à proximité (un arbre ou un poteau solide, par exemple). Assurez-vous d'abord que le poids de l'objet (plus la friction sur le sol) ne dépasse pas les capacités du treuil. Passez une chaîne autour du point d'ancrage et attachez ses extrémités sur l'un des crochets du treuil. Dévidez le câble du treuil et fixez une autre chaîne bien tendue entre l'objet à tirer et le crochet au bout du câble. Actionnez le levier pour tirer l'objet vers vous, puis relâchez le câble, retendez la chaîne en accrochant un autre maillon au crochet du treuil et recommencez autant de fois qu'il le faudra.

2. Pour tirer une voiture hors d'un fossé, appliquez la méthode décrite ci-dessus. Attachez la chaîne sur l'anneau de remorquage avant ou arrière (jamais sur le pare-chocs).

Tricot

1. Transformez des baguettes chinoises ou des brochettes de bois en aiguilles à tricoter : affûtez les bouts au taille-crayon et polissez-les à la toile émeri.
2. Les aiguilles à tricoter en bois glisseront mieux si vous les frottez avec un tampon à récurer imprégné de savon.
3. S'il vous manque une aiguille pour mettre une série de mailles en attente, utilisez une paille en plastique ou une brochette.
4. Pour empêcher une pelote de laine de se dérouler pendant que vous tricotez, mettez-la dans une boîte, percez un trou dans le couvercle et faites-y passer le fil de laine.
5. En guise de compte-rangs, établissez des repères avec des petites étiquettes autocollantes.
6. Au lieu de vous lancer dans le jacquard, tricotez un pull en jersey simple et décorez-le avec des broderies. Dessinez les motifs sur un morceau de non-tissé, puis épinglez celui-ci sur le pull à l'emplacement désiré. Brodez et arrachez ensuite délicatement le non-tissé.
7. Habillez un pull en composant une guirlande de petites fleurs artificielles que vous poserez soit autour du décolleté, soit en diagonale asymétrique.

Troubles digestifs

1. Pour lutter contre les gaz gastriques ou intestinaux, buvez une infusion à la menthe : laissez infuser 15 g de feuilles fraîches dans 1 litre d'eau bouillante pendant 20 min.
2. Remplacez les pansements gastriques par 1 cuil. à café de bicarbonate de soude dissoute dans un verre d'eau. Ce remède est cependant déconseillé en cas de régime sans sel.
Attention ! Un infarctus du myocarde peut prendre le masque trompeur d'une indigestion. N'hésitez pas à consulter le médecin en cas de doute.

PRÉVENTION

1. Arrêtez de fumer et de mâcher du chewing-gum. Supprimez l'aspirine, l'alcool, la caféine et les boissons gazeuses ainsi que les aliments que vous supportez mal.
2. Prenez le temps de manger tranquillement. Les repas doivent être des moments de détente. Préférez 4 ou 5 petits repas avalés lentement à 2 ou 3 grands repas rapidement engloutis.
3. Tâchez de vous reposer pendant 15 à 30 min après chaque repas.
4. Dormez avec la tête du lit légèrement surélevée.

Trou dans une poche

1. Pour réparer provisoirement une poche, posez une bande de tissu thermocollant. Au bureau, placez un morceau de papier à l'endroit du trou, faites un pli et agrafez.
2. Si une poche plaquée se déchire à l'angle en trouant le vêtement, placez un morceau de tissu thermocollant au dos du trou en rapprochant bien les bords. Replacez la poche et fixez-la par une surpiqûre. Évitez que cela se reproduise en piquant les angles de part et d'autre du haut de la poche au point de bourdon.

Trou dans un tricot

1. Reprisez un vêtement en tricot en plaçant la partie trouée sur les poils d'une brosse. Ils retiendront le tricot et l'empêcheront de se déformer pendant que vous opérerez.
2. Pour réparer plus facilement un trou dans un pull, placez un morceau de mousseline sur l'envers, puis reprisez dans la mousseline.
3. Si le bord de votre veste en maille s'effrange, prolongez son usage en posant à cheval une tresse de laine ou une bande de Skaï ou de cuir.

Trusquin

Fabriquez votre propre trusquin à partir d'une règle en bois et d'une pince-étau. Insérez une petite vis à bois au niveau du premier centimètre de la règle. Pour tracer une ligne parallèle à 5 cm du bord de votre travail, par exemple, placez les pinces sur la graduation de 6 cm. D'une main, tenez les mors de la pince contre le bord du travail et, de l'autre, tenez l'extrémité du mètre. Mainte-

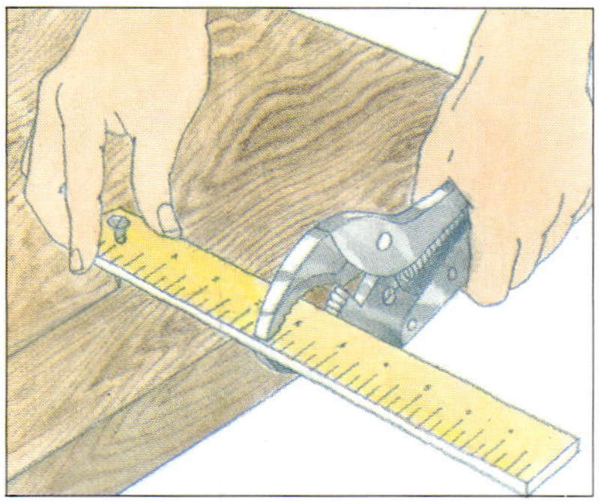

nez la règle à angle droit par rapport au bord et tirez-la d'un mouvement régulier vers vous pour que la vis trace une légère ligne.

Tulipe

1. Pour conserver plus longtemps vos tulipes en bouquet, ajoutez quelques gouttes de vodka à l'eau du vase.
2. Lorsque vous divisez les bulbes de tulipes, réservez aux plus petits un coin de pépinière reculé du jardin ou une partie inutilisée de châssis. Il leur

faudra en effet au moins 2 ans de culture pour fleurir à leur tour.
3. Pétales et feuillages anormalement tachetés sont signes d'une maladie causée par un champignon : *Botrytis tulipae.* Détruisez feuilles et

fleurs malades, extirpez les bulbes et saupoudrez-les de fongicide. Désinfectez le sol avant de replanter à l'automne suivant.

Tuyau d'arrosage

1. Réparez temporairement une fuite de votre tuyau d'arrosage en fichant un pique-olive en bois dans le trou. Brisez-le pour qu'il affleure la surface du tuyau une fois placé. Enveloppez cette portion du tuyau avec du ruban adhésif étanche, en débordant de part et d'autre de la fuite. Tendez bien le ruban à l'endroit du trou, un peu moins en vous en éloignant pour conserver la flexibilité du tuyau. Le bois, en absorbant l'eau, gonflera et obturera le trou.

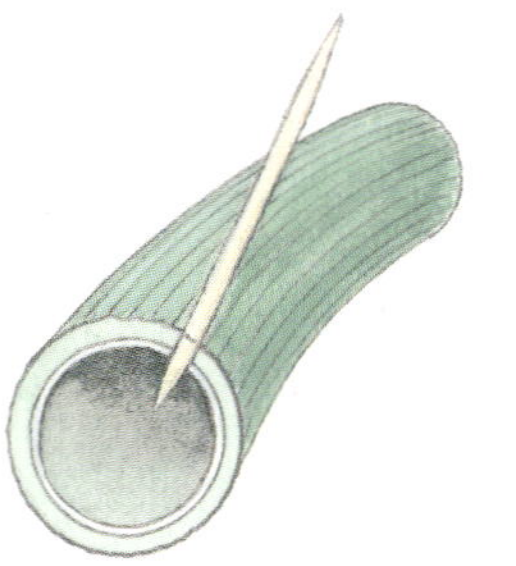

2. Ne suspendez jamais votre tuyau d'arrosage à un clou : il se déforme et, peu à peu, se craquelle et se fend. À défaut d'enrouleur automatique, accrochez une vieille jante de roue de voiture au mur de votre garage ou à celui de la cabane à outils. Elle servira d'enrouleur. (Voir p. 362.)

Tuyau gelé

Vos tuyaux ont éclaté sous l'effet du gel ? Ne les dégelez pas avant d'avoir colmaté les parties endommagées.
1. Réparez une petite fuite dans un tuyau d'évacuation en l'enveloppant de plusieurs couches de chatterton ou de ruban plastique adhésif souple.
2. Pour un tuyau d'évacuation, faites un « pansement » avec une bande de caoutchouc coupée dans une vieille chambre à air. Couvrez-le avec un manchon de métal fabriqué avec une boîte de conserve ouverte des 2 côtés et coupée dans le sens de la longueur. Fixez et serrez l'ensemble avec des colliers à vis.

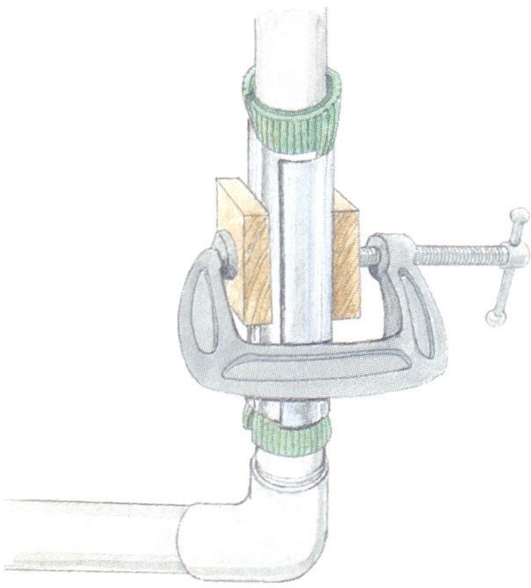

3. Sur un tuyau d'arrivée, les fuites apparaissent au niveau des soudures. Faites fondre la glace localement avec un sèche-cheveux. Séchez avec de l'alcool, puis enrobez la partie qui a éclaté avec du mastic époxy (à 2 composants) ou en faisant un bandage avec du tissu en fibres de verre imprégné de résine polyester (avec durcisseur). Appliquez plusieurs couches successivement.

DÉGEL

Après avoir réparé les endroits abîmés, ouvrez le robinet le plus près de la zone qui a gelé, puis laissez fondre la glace.
1. Si le tuyau est en métal, dégelez-le lentement en utilisant une lampe à souder, un sèche-cheveux, un décapeur thermique ou un radiateur électrique. Commencez toujours près du robinet ouvert et allez peu à peu vers la partie gelée. Ne laissez jamais le tuyau devenir trop chaud au toucher : il risque d'exploser si l'eau se met à bouillir. Repérez les fuites et réparez-les au fur et à mesure.
2. Si le tuyau se trouve à l'intérieur d'un mur, faites chauffer le mur avec une lampe à rayons infrarouges placée de 15 à 20 cm du mur.
3. Pour un tuyau en plastique, n'utilisez pas de flamme ni de chaleur trop forte. Prenez votre temps et contentez-vous de votre sèche-cheveux ; ou entourez-le de serviettes ou de chiffons et versez-y de l'eau bouillante.

Tuyauterie bruyante

1. Si un tuyau vibre le long d'une poutre ou contre un pan de mur, placez des tampons de feutre ou de caoutchouc entre les deux et fixez le tuyau au support avec des pattes métalliques en forme de U.
2. Si vous entendez un bruit métallique dans le lave-linge ou dans le lave-vaisselle, inspectez le tambour et le fond de la cuve : il y a certainement des pièces de monnaie ou une petite cuillère qui s'y promènent.
3. Si des siphons émettent des gargouillements au moment du vidage d'un lavabo ou d'une baignoire, les canalisations d'évacuation sont partiellement colmatées : traitez-les toutes avec un déboucheur. Si le bruit est le même depuis l'origine, il est dû à une mauvaise disposition des tuyaux : installez une prise d'air avec clapet antiretour au point le plus haut de l'installation.
4. À l'ouverture et à la fermeture d'un robinet, toute la tuyauterie vibre et produit des sons martelés ? Ce sont des « coups de bélier » dus à une mauvaise configuration de l'installation. Remplacez une portion de tuyau rigide par un tuyau souple armé. (Voir aussi Radiateur, p. 189.)

U

Ulcère à l'estomac

Si vous êtes atteint d'un ulcère, vous devez éviter certains aliments. Voici quelques astuces pour agrémenter votre régime.

1. Pour absorber sans déplaisir le jus de chou frais qui vous est souvent conseillé, ajoutez-y du jus de carotte ou de céleri.

2. Préparez votre purée de légumes avec une sauce blanche.

3. Plutôt que de vous priver de viande, remplacez la viande sautée par un peu de viande hachée maigre cuite au gril ou au four.

4. Le café, le thé et les agrumes vous sont interdits, mais pas les jus de fruits très dilués. Vous pouvez également confectionner des boissons à base de lait additionné de fruits en boîte passés au mixeur.

5. Le menu le plus insipide est toujours plus attrayant lorsque sa présentation est soignée. Servez de petites portions sur de jolies assiettes où vous aurez disposé artistiquement petits morceaux de poivron, brins de persil et condiments divers.

Ustensiles de cuisson

1. Les ustensiles de cuisson peuvent avoir plusieurs utilisations : un wok (poêle chinoise à anses) se transforme aisément en cocotte en laissant mijoter son contenu à feu très doux ; en poêle si vous y saisissez des aliments à feu vif ; ou en marmite à vapeur en l'utilisant avec un panier métallique.

2. Certains objets peuvent être détournés : toutes sortes de boîtes métalliques (boîtes à gâteau, à thé, à café...) peuvent devenir des moules à gâteaux une fois beurrés et farinés. Les boîtes en plastique alimentaire peuvent faire office de moules pour des mousses, des charlottes et des bavarois.

3. L'aluminium ménager peut être façonné en barquettes pour la cuisson du poisson, de la viande ou des légumes : formez une barquette avec plusieurs épaisseurs d'aluminium en veillant à ce qu'elle soit bien hermétique. Déposez dans ce plat improvisé les aliments à cuire, puis glissez-le sur la plaque du four. Ainsi, vous n'aurez pas de plat à laver.

4. Les barquettes d'aluminium préformées remplacent parfaitement les plats à four ou les moules ; vous pouvez y faire cuire des gratins, des pains, des cakes...

Ustensiles de cuisson antiadhésifs

Pour éliminer les petits dépôts de graisse et les taches sur un ustensile antiadhésif, vous avez plusieurs solutions : 10 cl de détartrant pour cafetière dilués dans 25 cl d'eau ; 3 cuil. à soupe d'eau de Javel mélangées à 1 cuil. à café de détergent à vaisselle ; ou 3 cuil. à soupe de détergent à vaisselle additionnées de 50 cl d'eau. Dans tous les cas, faites bouillir 5 min le mélange, puis lavez l'ustensile, rincez-le abondamment et essuyez-le.

V

Valise

1. Pour empêcher les faux plis, enveloppez les vêtements dans du papier absorbant. Ne les tassez pas à l'excès.

2. Arrondissez les plis : disposez un long vêtement à plat en aplatissant le bord contre une paroi de la valise. Laissez pendre une partie du vêtement à l'extérieur, placez des habits plus petits au-dessus, puis repliez la partie qui pendait.

3. Glissez les petits objets comme les mouchoirs, les slips et les chaussettes dans les cols et le long des lignes des plis des vêtements. Utilisez-les pour remplir les creux.

4. Dans un sac marin, ne pliez pas les vêtements : roulez-les.

5. Dans une valise comprenant plusieurs compartiments, placez les objets lourds dans le fond.

6. Veillez à ce que les objets lourds se trouvent en bas de la valise quand elle sera debout.

7. Dans un sac portemanteau, installez d'abord les vêtements délicats. Placez les habits sur des cintres et ramenez les manches vers l'avant.

8. Avez-vous besoin d'un sac supplémentaire ? Utilisez un sac de grand magasin ou une housse de teinturier à suspendre. Prenez un cartable d'enfant pour les objets personnels. Pour de petits voyages, un panier à pique-nique s'avérera commode pour avoir sous la main des objets dont on a fréquemment besoin.

Vaporisateur

1. Si votre vaporisateur à parfum se bouche, dévissez le bouchon du flacon, sortez-le et laissez couler le parfum le long de la tige. Plongez le vaporisateur dans de l'alcool à 90°, pompez plusieurs fois et laissez-le tremper durant quelques heures. Sortez-le et pompez jusqu'à ce que plus aucune goutte ne s'échappe.

2. Récupérez et nettoyez les flacons de produits d'entretien équipés d'un pulvérisateur à gâchette ou à poussoir. Bien nettoyés, ils vous serviront pour vos plantes ou pour humecter votre linge avant de le repasser.

Varicelle

1. Appliquez une pâte à l'oxyde de zinc sur les lésions pour soulager les démangeaisons.

2. Donnez à l'enfant un bain tiède additionné de bicarbonate de soude.

3. Appliquez du gel d'aloès (en vente en pharmacie) ou fendez une feuille d'aloès fraîche dans le sens de la longueur et appliquez-en le suc.
4. Faites porter des moufles à l'enfant pour l'empêcher de se gratter. Si les démangeaisons sont insupportables, demandez au médecin de prescrire des antihistaminiques.

Varices

1. Faites de l'exercice régulièrement : marche, jogging, natation, bicyclette. À dose modérée, ces activités aident la circulation veineuse mais, pratiquées avec excès, elles peuvent aggraver les varices. Cela est surtout vrai pour le jogging.
2. Ne restez pas assis pendant de longues périodes et, lorsque vous vous asseyez, ne croisez pas les jambes.
3. Évitez de porter gaines, collants, chaussettes, chaussures et jeans trop serrés. Préférez les collants ou les bas à varices et les chaussures à semelles fermes avec des talons de 2 cm environ. Chaussures plates et hauts talons sont également à proscrire.
4. Si vous avez les jambes lourdes, douchez-les à l'eau froide, puis massez-les doucement en partant des pieds.
5. Efforcez-vous de rester à votre poids idéal. Ayez une alimentation riche en fibres et pauvre en sel (voir Régime pauvre en sel, p. 193).
6. Si vous préférez éviter l'intervention chirurgicale, informez-vous auprès de votre médecin sur la méthode du laser ou les injections chimiques.

Vase

1. Si un film blanchâtre s'est formé à l'intérieur d'un vase, remplissez-le de vinaigre blanc ou d'eau additionnée de détartrant à cafetière. Laissez agir de 15 à 30 min et rincez.
2. Pour enlever les auréoles, frottez-les avec du sel et du vinaigre. Si le vase est étroit et que vous ne parvenez pas à le nettoyer, versez la valeur d'un verre de riz sec et autant d'eau, bouchez bien l'ouverture et secouez jusqu'à ce qu'il soit propre.
3. Tapissez l'intérieur d'un vase qui fuit avec de la paraffine chaude, et laissez-la durcir. Ou, s'il est opaque, utilisez-le comme cache : placez à l'intérieur un vase plus petit où vous mettrez l'eau et les fleurs.
4. Beaucoup d'objets font de jolis vases : les théières, les carafes, les bouilloires en cuivre et les pichets sont particulièrement séduisants. Vous pouvez aussi utiliser un verre comme soliflore.
5. Vous pouvez disposer des fleurs sauvages ou des marguerites dans un panier, mais placez-les d'abord dans un récipient étanche ou piquez-les dans un bloc de mousse imbibé d'eau. Utilisez une jolie assiette ou un plat creux empli d'eau pour des fleurs sans tige ; disposez-les sur leurs feuilles.
6. Pour égayer vos dîners, utilisez de petits flacons pour composer des petits bouquets de violettes, de muguet ou de lis miniatures. Disposez-les devant chaque couvert.
7. Si votre vase a un large goulot, posez dessus un grillage. Découpez-le et rabattez-le pour qu'il tienne en place. Disposez les tiges des fleurs dans les trous du grillage : elles seront mieux maintenues.
8. Pour ralentir la fermentation de l'eau, effeuillez la partie des tiges immergée. Ajoutez un morceau de charbon de bois, un comprimé d'aspirine ou quelques gouttes d'eau de Javel dans l'eau.

Ventouse

Vous n'avez pas de ventouse pour déboucher l'évier ou le lavabo ?
1. Écopez l'eau, puis versez des litres d'eau bouillante dans l'évacuation.
2. Passez un tuyau dans l'orifice du tuyau d'évacuation, aussi loin qu'il voudra bien aller. Fixez-le au robinet et ouvrez l'eau à plein pendant 1 ou 2 s. Écopez pour vider l'évier si nécessaire et recommencez. (Voir aussi Lavabo bouché, p. 135.)
3. Remplissez partiellement l'évier ou le lavabo et faites ventouse avec la

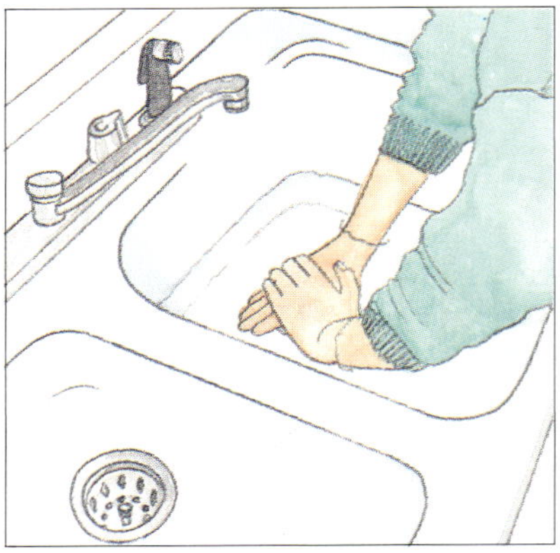

paume de la main sur l'orifice de vidange après avoir obstrué l'orifice de trop-plein.

Verre brisé

1. Ne ramassez jamais du verre brisé à mains nues, ne marchez pas pieds nus autour des débris. Balayez soigneusement toute la pièce car des éclats sont souvent projetés loin du point d'impact de l'objet cassé.
2. Ramassez les gros morceaux et placez-les avec ceux que vous aurez balayés dans une boîte en carton avant de les mettre à la poubelle.
3. Récupérez les petits éclats avec un aspirateur ou enfilez des gants épais et appliquez dessus un ruban adhésif large que vous jetterez au fur et à mesure ; ou utilisez un boudin de mastic que vous jetterez.

Verrerie

1. Suivez la méthode des barmen pour laver rapidement des verres : agitez-les vigoureusement dans de l'eau savonneuse très chaude, puis rincez-les dans de l'eau chaude également (de l'eau plus fraîche pourrait les briser). Faites-les sécher retournés sur un torchon plié en deux, un égouttoir en tissu-éponge ou des serviettes en papier.
2. Pour obtenir des verres brillants sans la moindre trace, ajoutez un peu de vinaigre dans l'eau de rinçage.
3. Enlevez les traces de calcaire avec une éponge imbibée de détartrant à cafetière ou de vinaigre blanc.

4. N'utilisez jamais d'eau très chaude, de savon dur, d'ammoniaque ou de cristaux de soude pour laver des verres à bord argenté ou doré.
5. Un blaireau bien savonneux ou une brosse à dents nettoie particulièrement bien les verres ciselés ou les verres à motifs dépolis.
6. Frottez les taches noires qui s'accumulent sur les fonds ou les pourtours des ustensiles en Pyrex avec du décapant pour four ou du décapant à peinture à base de potasse (portez des gants). Laissez agir quelques heures, puis rincez abondamment. Recommencez si nécessaire pour éliminer les très vieilles taches.
7. Ne mettez jamais d'article en verre avec décor doré ou argenté dans un four à micro-ondes.

AU TEMPS JADIS

Verrues et superstitions

Ces vilaines excroissances, que la tradition populaire attribuait au contact avec des grenouilles, des crapauds ou de l'eau utilisée pour faire bouillir les œufs, résultent en réalité d'un virus transmissible.

Leur origine inconnue et leur disparition imprévisible ont auréolé les verrues d'un certain mystère et ont donné lieu à de nombreux traitements dénués de tout fondement rationnel. Pour s'en débarrasser, on les recouvrait de toiles d'araignées, de pomme de terre crue, de sel ou de jus de pissenlit. Certains préconisaient de verser du vinaigre sur une charnière de porte après avoir vu une étoile filante, de frotter les verrues avec une pomme, puis d'enterrer le fruit ; lorsqu'il était pourri, la verrue avait disparu. On conseillait même, pour les transmettre à un ennemi, de les frotter avec un caillou, d'envelopper ce dernier dans un papier portant le nom de la personne visée puis de le jeter le plus loin possible.

Verrues, grains de beauté

Même s'ils ont tendance à se ressembler, verrues et grains de beauté n'ont rien en commun. Consultez votre médecin avant de les traiter vous-même.

Les verrues, de taille, de forme et de couleur variables, apparaissent principalement sur le visage, le cou, les mains, les avant-bras, les jambes et les pieds. Elles sont presque inoffensives et peuvent disparaître spontanément en 6 mois. Pour traiter une verrue, ramollissez-la pendant la nuit avec un pansement humide de solution d'acide salicylique à 30 %. Au matin, trempez-la pendant 30 min dans une solution de sulfate de magnésie chaude. Limez-la ensuite tout doucement avec une lime en carton ou une pierre ponce douce. Vous pouvez aussi mettre sur la verrue le contenu d'une gélule de vitamine A et celui d'une gélule d'huile de foie de morue 2 fois par jour pendant 2 à 5 mois.

Les grains de beauté peuvent apparaître n'importe où sur le corps. Si vous en avez, examinez-les tous les mois avec un miroir. Consultez un dermatologue dans les cas suivants : diamètre supérieur à 1 cm, surface irrégulière, contour asymétrique, aspect tacheté ou squameux. Des changements de couleur, des démangeaisons, des suintements ou des saignements et la présence d'un nodule sont aussi à surveiller. Consultez également si, après l'âge de 35 ans, apparaissent des taches lisses et foncées.

Vêtements lustrés

1. Si certains endroits d'un vêtement sont rendus luisants par l'usure, traitez-les à la vapeur : suspendez le vêtement et brossez-le sous le jet à vapeur de votre fer à repasser.
2. Pour empêcher un tissu de briller ou de blanchir (surtout s'il est sombre), utilisez une pattemouille ou repassez-le toujours sur l'envers.
3. Donnez du brillant au coton glacé en ajoutant un peu de gélatine incolore non parfumée au dernier rinçage.
4. Ôtez le lustre d'un tissu en le repassant à la vapeur ou avec une pattemouille, puis brossez les parties brillantes pendant qu'elles sont encore imprégnées de vapeur.

Veuvage

Il faut parfois très longtemps pour s'adapter à la perte d'un conjoint. Même si vous réagissez très bien dans un premier temps, même si vous êtes très entouré, il est difficile de faire face à son chagrin et de s'habituer à la solitude.
1. Certains se lancent à corps perdu dans de nombreuses activités dès les premières semaines du deuil. Ce n'est peut-être pas le bon moyen : nous avons tous besoin de « faire le deuil ».
2. Vous avez peut-être l'impression de perdre la tête ou la mémoire. Sachez qu'un choc émotionnel tel que celui-là amène des troubles du comportement qui s'estomperont avec le temps. N'ayez pas honte de laisser libre cours à votre chagrin.
3. Résistez à la tentation de vous abrutir de tranquillisants ou, pire, d'avoir recours à l'alcool pour atténuer votre souffrance, cela ne ferait qu'aggraver les choses.
4. Durant la première année, évitez les changements irréversibles. Si vous voulez déménager, ne vendez pas tout de suite votre maison ou votre appartement. Vous pourriez regretter des décisions prises sous l'effet du choc émotionnel.
5. La fatigue et l'insomnie peuvent affaiblir vos défenses immunitaires. Demandez à votre médecin de vous prescrire vitamines ou fortifiant. Veillez à faire des repas équilibrés à heures régulières. Si vous aviez l'habitude de pratiquer un exercice physique, continuez.

6. Parler à des personnes qui ont vécu la même situation peut vous aider. Il y a peut-être, dans votre ville, une association sympathique regroupant des personnes isolées comme vous ; renseignez-vous auprès de votre mairie.
7. Vous trouvez peut-être que vos enfants ne sont pas assez présents ? Peut-être sont-ils eux-mêmes désemparés. C'est à vous de faire les premiers pas en laissant tout simplement parler votre cœur.

Vin

1. Si vous servez plusieurs vins dans une réception, appliquez ces quelques règles très simples : servez les vins blancs ou rosés avant le vin rouge ; un vin jeune avant un vin plus vieux ; et un vin doux en fin de repas, avec certains fromages (roquefort par exemple) et les desserts. Comptez 1 bouteille pour 3 personnes.
2. De manière générale, débouchez les vins rouges 2 h avant de les servir. Pour les grands vins, ce temps peut aller jusqu'à 3 ou 4 h. Si ce n'est pas possible, versez-les en carafe afin de les faire décanter.
3. Ne jetez pas un reste de vin : même si vous ne le buvez pas le lendemain, vous pourrez en faire un excellent vinaigre ou l'utiliser en cuisine. Conservez les restes de blanc ou de rosé au réfrigérateur et ceux de rouge dans un endroit frais.
4. Si vous n'avez pas de cave, rangez vos bouteilles dans un endroit frais, à l'abri des vibrations : placard, cheminée bouchée, coin de garage isolé... Couchez-les de façon que le vin soit en contact avec le bouchon.
5. Pas de casiers à bouteilles ? Utilisez les cartons à vins dont se débarrassent la plupart des cavistes.

AU TEMPS JADIS

In vino veritas

L'art de la viticulture remonte à plusieurs millénaires. Avant que Noé ne plante le premier cep, l'homme des cavernes connaissait déjà la vigne, même s'il ne savait pas extraire le jus des raisins.

Les premières grandes civilisations inventèrent la fermentation du jus de raisin : on a retrouvé des amphores de vin dans les tombes des pharaons d'Égypte et de nombreux écrits grecs et romains montrent que la culture de la vigne s'étendait dans tout le bassin méditerranéen.

En France, les Phocéens fondèrent Marseille et y plantèrent leurs cépages. Plus tard, les Romains nous apprirent la vinification et la conservation des vins (à l'époque, ils devaient vieillir de 15 à 20 ans en amphores) et l'utilisation des bouchons de liège... Avec la chute de l'Empire romain, les notions de vieillissement se perdirent et l'on oublia les bouchons de liège. Il fallut attendre 1690 et dom Pérignon qui, afin d'emprisonner les bulles produites par la fermentation du vin sous des climats froids, expérimenta la bouteille de verre et réinventa le bouchon de liège : le champagne venait de naître. À la même époque, on découvrit en Hongrie que le vin issu de raisins accidentellement pourris sur pied donnait un vin extraordinaire... Plus tard, on créa le sauternes, en tirant profit de cette « pourriture noble ».

Aujourd'hui, le vin est l'une des gloires de notre pays, qui l'exporte à travers le monde en fûts, en bouteilles ou... en pieds de vigne.

Viol

Évitez les endroits déserts, en particulier les parkings souterrains.
1. Vous êtes menacée de viol et il y a des gens alentour ? Criez et courez, un violeur est vite déstabilisé. Si vous ne pouvez compter sur personne, essayez l'humour... Mais, surtout, pensez que la sauvegarde de votre vie passe avant tout !
2. Si jamais vous êtes victime d'un viol, vous devez :
- laisser les lieux dans l'état ;
- ne pas changer de vêtements ;
- ne pas vous laver ;
- appeler un parent ou une amie de confiance, votre médecin de famille (sinon le SAMU, en composant le 15).

N'alertez la police (17) que si l'agresseur peut encore se trouver dans les parages (vous déposerez une plainte ultérieurement au commissariat). Le passage par un hôpital est inévitable : c'est là que sont relevées les preuves nécessaires à la justice.

Vipère

Les vipères ne sont dangereuses que lorsqu'on leur marche sur la queue. En temps normal, elles fuient quand elles se sentent menacées.
1. Si vous partez en randonnée, méfiez-vous des endroits secs et broussailleux. Ne vous y promenez pas pieds nus ou en espadrilles ni en sandalettes. Munissez-vous d'une canne ou d'un long bâton et tapotez le sol devant vous au fur et à mesure que vous avancez. Sinon, regardez où vous marchez et avancez en frappant le sol du pied pour les faire fuir.
2. Soyez prévoyant : ayez toujours sur vous, ou à portée de main, un appareil spécial pour aspirer le venin (Aspivenin) en cas de morsure, vendu en pharmacie. (Voir aussi Morsure de serpent, p. 148.)

Vis

Comment enlever une vis dont la fente est détériorée ?
1. Si la tête de la vis dépasse du dessus de l'ouvrage, formez une nouvelle rainure, à angle droit par rapport à l'ancienne, avec une scie à métaux. Utilisez ensuite un tournevis. Vous pouvez aussi ôter la vis en serrant la tête avec une pince-étau.
2. Si la vis ne déborde pas, faites une nouvelle rainure avec une petite scie

circulaire montée sur une miniperceuse. Ou bien reformez la rainure avec la pointe d'un petit burin.
3. Pour retirer une vis à bois rouillée, chauffez-la en appuyant la panne d'un fer à souder sur la partie apparente, suffisamment longtemps pour que la vis se dilate, puis essayez de la dévisser. Si elle reste bloquée, dégagez sa tête en creusant le bois tout autour et utilisez une pince-étau ou des pinces universelles.

Voisins

Les relations de bon voisinage agrémentent l'existence mais sont parfois longues à s'établir.
1. Quand vous vous installez dans un nouvel endroit, rendez une courte visite à vos plus proches voisins pour vous présenter et présenter votre famille. De la même manière, si quelqu'un s'installe près de chez vous, faites un premier pas discret pour souhaiter la bienvenue.
2. Voisinage agréable ne veut pas dire trop grande familiarité. Si vous ne souhaitez pas entretenir de relations suivies avec vos voisins, peut-être faut-il leur préciser que vous êtes trop occupé par votre travail, votre famille, etc., mais que vous serez heureux, à l'occasion, de rendre service. Échangez alors vos numéros de téléphone personnels et professionnels.
3. De temps en temps, invitez-les à un apéritif.
4. Une autre façon d'agir est de créer une entraide de quartier. Essayez de mettre sur pied des séances de baby-sitting qui rendraient service à tout le monde, des rencontres de personnes âgées ou des tours de conduites à l'école. Et si vous ne voulez pas être envahi en dehors de ces occasions, usez d'une souriante fermeté.

Voiture enlisée

1. Si vous êtes bloqué dans la neige, n'emballez pas le moteur, vous vous enfonceriez encore plus profondément. Mettez des morceaux de vieux tapis, du gravier, du sable, de la litière pour chats, des branches, ou saupoudrez du sel fin dans les ornières sous les roues motrices. Puis, en gardant les roues avant droites, démarrez la voiture en passant rapidement de première en seconde.

2. Si vous n'êtes pas sorti de l'ornière après avoir essayé ces manœuvres une dizaine de fois, arrêtez vos efforts, vous ne feriez que rendre les ornières encore plus profondes ou endommager les transmissions.
3. Si vous êtes ensablé, dégonflez un peu les pneus, mais regonflez-les dès que vous êtes dégagé, sur place ou dans une station-service. **Attention !** Une pression en dessous de 1 kg/cm^2 risque de faire déjanter le pneu : roulez lentement.

Voiture garée

1. Pour retrouver votre voiture sur un parking, mettez un fanion ou un petit chiffon au bout de votre antenne. Notez l'endroit si vous êtes dans un parking où les places sont repérées (niveau, allée, numéro de place). Mais n'écrivez pas : « À côté de la grosse camionnette », elle pourrait être partie lorsque vous reviendrez.
2. Ne vous garez pas dans les zones à risque : dégagements de virage, sur le côté d'une route verglacée, etc.

SÉCURITÉ DES ENFANTS

Ne laissez jamais un enfant seul dans une voiture garée, même pour un petit moment : il pourrait relâcher le frein à main, mettre le véhicule en prise et même le faire démarrer.

DANGERS DE L'ÉTÉ

Quand il fait 30 °C à l'ombre, la température dans une voiture fermée en plein soleil peut s'élever jusqu'à 65 °C en 10 min.
1. Les appareils photo, les caméras, les cassettes audio et les films peuvent être endommagés.
2. Les aliments périssables se détériorent en moins de 1 h, voire plus rapidement. (Voir aussi Protection des aliments, p. 186.)
3. Pour éviter que les tissus ne se décolorent au soleil, couvrez le pare-brise d'un pare-soleil en carton. Protégez la lunette arrière et les vitres latérales avec des stores.

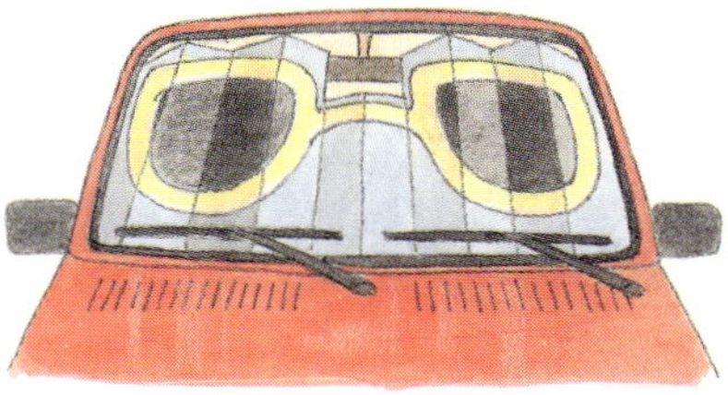

4. Ne laissez jamais un enfant (et surtout pas un bébé !) ni un animal domestique dans une voiture garée, fenêtres fermées, même à l'ombre. L'enfant (ou l'animal) peut succomber à un coup de chaleur et au stress.
5. Fermez les vitres en laissant un jour de 1 cm pour assurer la ventilation d'une voiture garée au soleil.
6. Ne laissez pas d'aérosols dans une voiture garée au soleil.

Voiture protégée

1. Essayez la dissuasion en laissant croire que votre voiture est équipée d'un système d'alarme... qui ne sera qu'un boîtier comportant un voyant lumineux. Mettez-le en évidence près du tableau de bord, c'est vite posé et peu onéreux.
2. Cachez les objets de valeur si vous les laissez dans votre voiture.
3. Tournez les roues avant pour bloquer la direction. Sur une voiture à transmission automatique, positionnez le levier de vitesse sur « Parking » et sur une voiture à changement de vitesse, serrez le frein à main.

4. Fermez bien toutes les vitres et le toit ouvrant. Fermez la voiture à clé, empochez la clé, même si vous ne vous éloignez que pour quelques minutes ou si votre voiture est garée chez vous.
5. Évitez les habitudes. Ne vous garez pas toujours à la même place. Si possible, garez-vous entre d'autres véhicules. Il sera plus difficile aux voleurs de remorquer votre voiture.
6. Évitez de vous garer dans un secteur mal éclairé ou à faible circulation, telle une place éloignée dans un parking de centre commercial où un voleur peut ne pas être inquiété.
7. Lorsque vous voyagez, emportez vos objets de valeur à l'hôtel. Vos plaques minéralogiques peuvent renseigner le voleur potentiel sur la présence de bagages dans votre coffre.
8. Il existe aujourd'hui des serrures, des alarmes et autres accessoires qui mettent les voitures en panne. Équipez-en votre voiture et utilisez-les, surtout si vous possédez une voiture neuve, donc tentante.
9. Si vous installez un système d'alarme sensible au bris de glace ou à l'ouverture des portes, pensez à fermer les orifices de ventilation avant d'activer l'alarme : un coup de vent brusque pourrait la déclencher.

Voiture volée

1. Les voleurs repeignent souvent les voitures et changent le numéro d'immatriculation du véhicule, de façon que les propriétaires ne puissent plus les reconnaître. Déjouez leurs stratagèmes en faisant graver votre numéro sur toutes les vitres : il y a beaucoup moins de chances qu'un voleur s'empare d'une voiture dont toutes les vitres et le pare-brise devraient être remplacés.
2. Pour faciliter l'identification de votre voiture si elle est volée, glissez des cartes de visite sous les sièges.
3. Pour pouvoir déclarer le vol à la police, gardez sur vous la carte grise ou un papier comportant les caractéristiques du véhicule : l'année de fabrication, le modèle, la marque, ainsi que son numéro d'immatriculation. Faites des photocopies de votre permis de conduire et de votre carte grise.

Voleur à la tire

1. Transportez votre argent liquide et vos cartes de crédit dans des portefeuilles et des poches séparés. Si possible, divisez l'argent entre votre portefeuille et vos poches. Mieux : utilisez une ceinture à poches.
2. Mettez votre portefeuille dans une poche intérieure de votre veste ou dans une poche avant de votre pantalon.
3. Au milieu d'une foule, gardez les mains dans les poches : celles d'un voleur ne s'y glisseront pas...
4. Plus petit est votre sac, moins il offrira de prise à un pickpocket. Tenez-le fermement et serré devant vous. S'il comporte un rabat ou une poche extérieurs, tournez ce côté-là vers vous. Un sac ouvert en haut est une invitation pour un malfaiteur.
5. Conservez précieusement les photocopies de vos carte d'identité, permis de conduire, cartes de crédit, etc., ainsi que les numéros à appeler en cas de vol.
6. Ne brandissez jamais d'argent ou de bijoux en public ; devant un kiosque à journaux ou à un arrêt d'autobus, par exemple.
7. Lorsque vous faites vos courses, attention aux entrées des grandes surfaces, sur les tapis roulants et dans les ascenseurs, dans les rayons de soldes, les lieux de démonstration, et partout où se rassemblent beaucoup de gens. Redoublez de vigilance au moment où vous payez : vous risquez de poser votre sac et vos paquets sur le comptoir.
8. Avant d'utiliser une billetterie, regardez bien autour de vous. Si vous vous sentez observé, allez ailleurs. Placez-vous tout près du distributeur de façon que personne ne puisse identifier votre code ni repérer la somme retirée. Dans le doute, après le retrait, si vous êtes près de votre domicile, marchez 50 m en sens opposé et vérifiez que vous n'êtes pas suivi.

LES RUSES DES PICKPOCKETS

Le pickpocket opère souvent avec des complices qui créent une diversion.
1. « Attention aux pickpockets ! » Méfiez-vous quand vous entendez crier cette phrase : votre réaction naturelle est d'esquisser un geste vers votre argent, et cela indique où il se trouve.
2. Un « accident » : un voyageur trébuche devant vous en descendant de l'autobus, ou une personne laisse tomber des paquets dans un lieu de

ATTENTION !

Les différentes formes d'escroquerie

Pour vous protéger des as de l'escroquerie, rappelez-vous le vieil adage « Trop beau pour être honnête ».

Heureux gagnant ? Un coup de téléphone vous a informé que vous aviez gagné un gros lot, mais on avait besoin du numéro de votre carte de crédit pour vérifier votre identité. Sur votre dernier relevé bancaire, votre compte a été débité de plusieurs milliers de francs. C'est votre seul lot ! On peut aussi vous demander simplement le montant des frais d'envoi, par lettre à en-tête rassurante. Vous ne verrez jamais rien venir, mais les escrocs, eux, auront reçu des milliers de petits chèques.

Gagner 1 million ? Un « conseiller financier » propose un investissement infaillible, souvent dans l'immobilier mais, une fois l'argent envoyé, celui-ci disparaît avec le « financier ».

Un cadeau gratuit ? Quand vous vous présentez pour le retirer, vous vous apercevez que sa valeur n'a rien à voir avec ce qui a été annoncé. De plus, on fait pression sur vous pour vous vendre des objets coûteux.

passage... Dans ces deux cas, entre autres, la confusion momentanée qui s'ensuit permet à un voleur d'agir.
3. Une « bagarre » : une dispute éclate et les gens se bousculent pour s'écarter. Lorsque tout est terminé, c'est vous qui avez perdu.
4. « Oh ! désolé. » Une personne traverse en courant un hall de gare, vous bouscule, ou renverse de la nourriture sur vous. Elle s'arrête pour vous aider, puis repart en courant de plus belle... avec votre portefeuille.

Vomissements

1. Pour éviter la déshydratation à la suite de vomissements, il faut boire abondamment, autant que l'estomac le tolère. N'abusez pas du café, qui risque de vous irriter l'estomac. Une fois que les liquides sont tolérés, passez à des aliments solides comme des biscottes, un potage léger, de la purée ou de la compote de pommes.
2. Soutenez le corps et le front d'un enfant qui vomit, puis essuyez-lui le visage avec une serviette imbibée d'eau fraîche. Aidez-le à se rincer la bouche et à se laver les dents.
3. Appelez le médecin si les vomissements sont associés à une constipation, s'ils persistent plus d'une journée (12 h chez un nourrisson) ou si le teint du malade devient marbré. (Voir aussi Gueule de bois, p. 117 ; Crise de foie, p. 73.)

Voyage à l'étranger

1. Avant toute chose, vérifiez la validité de votre passeport ou de votre carte d'identité.
2. Rendez visite à l'office du tourisme concerné : il vous fournira non seulement les renseignements utiles (vaccination, monnaie, etc.), mais aussi toute la documentation nécessaire pour préparer votre voyage (hôtels, locations, visites...). Achetez ou louez une cassette vidéo touristique qui vous donnera une idée de l'ambiance générale du pays.
3. Même si vous partez à l'aventure, prenez la précaution de réserver l'hébergement de votre première étape (voir Réservations, p. 196). Procurez-vous un bon guide acheté en librairie et un manuel de phrases et d'expressions, vous serez mieux armé pour aviser sur place.
4. Si vous envisagez de voyager en voiture, renseignez-vous avant de partir : certains pays attribuent des bons d'essence touristiques à tarifs réduits. De même, beaucoup proposent des forfaits intéressants pour les déplacements en train ou en avion.
5. Faites plutôt votre provision de pellicules photo au départ (surtout si vous partez en avion, auquel cas vous pourrez les acheter en *duty free*) : sur place, vous n'en trouverez pas forcément et elles seront souvent plus chères. À ce propos, n'oubliez jamais qu'il convient de faire preuve de discrétion en matière de prise de vues à l'étranger, surtout quand il s'agit de personnes.
6. Pensez à emporter la facture de votre appareil photo ou de votre caméra afin que la douane ne soit pas tentée de vous taxer au retour. De la même manière, conservez bien les reçus des achats que vous aurez pu effectuer sur place. Si vous emportez des appareils électriques (radio, sèche-cheveux, rasoir), procurez-vous, pour certains pays, des adaptateurs de prises de courant.
7. Il est inutile de changer beaucoup d'argent avant de partir. Munissez-vous d'une somme modique qui vous permettra de faire face aux petites dépenses de l'arrivée (téléphone, taxi, pourboires...). En revanche, même si vous pouvez payer avec une carte de crédit à l'étranger (certaines permettent même de retirer des espèces), vous serez bien avisé d'avoir des traveller's cheques, acceptés partout dans le monde et sur lesquels vous ferez facilement opposition en cas de perte. Pour cette raison, prenez la précaution de conserver les numéros de bordereaux. (Voir aussi Change, p. 50 ; Paiements à l'étranger, p. 159.)
8. Enfin, si vous voyagez par avion, n'oubliez pas de reconfirmer votre retour 72 h avant le décollage.

PARLER LA LANGUE

Avant de partir visiter un pays étranger, l'idéal est, bien entendu, de pouvoir en apprendre la langue. Vous pouvez vous inscrire à des cours, acheter ou emprunter des cassettes, mais, dans la majorité des cas, vous disposerez rarement du temps nécessaire pour être suffisamment performant.

Emportez donc dans votre valise un petit dictionnaire ainsi qu'un de ces livres qui proposent des phrases toutes faites dans des chapitres en situation (à l'arrêt du bus, à l'hôtel, au restaurant, dans les magasins, chez le docteur, etc.). Pendant vos déplacements, n'hésitez pas à les ouvrir à la page correspondant à la situation présente (par exemple, « Au musée ») si vous devez vous adresser à quelqu'un. Cela amusera votre interlocuteur et facilitera le contact.

Vous pouvez également vous munir d'une traductrice électronique de poche en ayant cependant conscience qu'elle ne vous proposera pas des phrases complètes. Sur les lieux touristiques, voyez s'il n'existe pas de visites guidées en français ou enregistrées sur baladeur. À défaut, louez les services d'un guide francophone.

Enfin, ne sortez jamais sans la carte de votre hôtel (c'est particulièrement utile dans un pays ayant un alphabet différent) et demandez au réceptionniste la liste des médecins francophones de la région et le numéro de téléphone du consulat ou de l'ambassade de France.

Voyage avec les enfants

1. Prévoyez toujours un sac contenant des mouchoirs en papier, une serviette humide, une petite trousse d'urgence et les médicaments éventuels en cours.
2. Donnez un sac à dos aux plus âgés et faites-leur transporter leurs jeux favoris (les moins encombrants), 1 ou 2 livres, du papier, des crayons de couleur, etc.

3. Prévoyez quelques gourmandises, mais évitez les aliments trop salés ou trop sucrés, qui leur donneraient soif et les feraient aller trop souvent aux toilettes.
4. Pour les repas, choisissez de préférence les établissements qui proposent des menus enfants (chaînes du style Campanile, Climat, Courte-paille, Primevère, Balladins, etc.), souvent assortis de jeux et de cadeaux.
5. Si vous prenez l'avion avec un ou plusieurs enfants, prévenez la compagnie. Celle-ci vous fera embarquer en priorité et vous permettra de choisir les sièges les mieux adaptés. Réservez sur un vol de nuit, il y a plus de chances que vos enfants dorment. À l'atterrissage et au décollage, donnez un biberon ou une tétine aux plus petits, des chewing-gums ou des bonbons durs aux plus grands, la succion diminuant le mal d'oreilles. (Voir aussi Oreilles p. 157.)
6. En voiture, emportez un magnétophone avec des écouteurs individuels (pour ne pas trop gêner le conducteur) et des cassettes de chansons enfantines, de contes et de jeux. Vous pouvez aussi les faire jouer vous-même en organisant des petits concours. Chacun choisit, par exemple, une couleur ou une marque de voiture, le premier qui en comptabilise 10 a gagné. Vous pouvez sophistiquer le principe en faisant annuler les points obtenus par chacun au profit de celui qui a vu le premier un cimetière ou une éolienne... Ou encore, vous donnez un premier « top » et chacun devra évaluer au mieux la distance parcourue au deuxième « top ».

7. Emportez aussi des livres, mais n'oubliez pas un petit dictionnaire, qui peut être très utile pour jouer (deviner un mot par la définition). Sacrifiez une carte en autorisant vos jeunes passagers à tracer dessus l'itinéraire parcouru. Suggérez-leur de rechercher, selon la région que vous traversez, les villes qui commencent par « Château » ou se terminent par « bourg »... Faites-leur repérer les passages à niveau, les cours d'eau, les points en altitude, les monuments et les sites à visiter, etc.
8. Enfin, distribuez blocs de papier et crayons et jouez au mot-gigogne : proposez un mot clé assez long (par exemple, *matrone*) contenant au moins 2 ou 3 voyelles. Chacun doit trouver le maximum de mots formés avec les lettres du mot clé. Ainsi avec *matrone*, on peut écrire *mat, mot, âne, trame, morne,* etc. Le gagnant est celui qui en trouve le plus dans un laps de temps donné.

Voyage des personnes âgées

Le public dit du « troisième âge » représente aujourd'hui un extraordinaire marché pour les spécialistes du tourisme. Si vous appartenez à cette catégorie, n'hésitez pas à profiter des importantes réductions qui vous sont proposées, à commencer par celles de la SNCF, qui propose sa carte Vermeil aux 60 ans et plus (50 % de rabais) et de Air Inter, dont beaucoup de vols bleus et blancs sont ouverts aux personnes du même âge. En contrepartie, vous devrez choisir les plages horaires et les jours les moins chargés pour voyager.

Il faut savoir que les mêmes avantages tarifaires peuvent être offerts hors des frontières françaises. Les titulaires de la carte Vermeil, par exemple, ont droit à la carte « Rail Europ S » qui accorde de 30 à 50 % de réduction dans 18 pays européens. La plupart des compagnies aériennes internationales proposent des prix intéressants aux personnes qui ont dépassé la soixantaine, à plus forte raison si elles voyagent en couple.

Si vous appartenez à cette catégorie, n'hésitez pas à pousser la porte d'une agence de voyages et à consulter les brochures des grands organismes de vacances : tous consentent des tarifs très compétitifs à celles et à ceux qui peuvent partir hors saison. Pourquoi alors ne pas en profiter pour vous évader vers des pays ensoleillés quand la grisaille de l'automne ou de l'hiver s'est installée ? Vous êtes seul ? Un voyage organisé vous donnera l'occasion d'entrer dans un groupe de personnes de votre âge. S'il s'agit d'un circuit, vérifiez que le kilométrage quotidien ne soit pas trop élevé.

Autres pistes à explorer : les villages et maisons familiales de vacances, très habitués à recevoir une clientèle de tous les âges, qui offrent des prix compétitifs, animation comprise, et qui savent réagir quand se pose un problème de santé parmi leurs pensionnaires.

Dernier conseil : n'oubliez pas d'emporter vos médicaments, vos dernières ordonnances et une paire de lunettes supplémentaire. (Voir aussi Malade à l'étranger, p. 141.)

Voyage en avion

Ne soyez pas l'unique passager d'un avion muni d'un billet à tarif plein ! Toutes les compagnies proposent des vols à tarifs réduits sans qu'une règle précise vienne cependant les codifier.

Dites-vous bien qu'il y a toujours moyen d'entrer dans une catégorie ou dans un cas de figure qui vous donne droit à des réductions : votre âge (plus de 60 ans, moins de 27 ans), le nombre de personnes voyageant avec vous (billet couple ou famille), la date et l'heure de départ (vols bleus, blancs, etc.), le type de vol (charter, vol-vacances) et autres motifs. Sans compter les « stand by », qui permettent de payer moins cher en partant à la dernière minute.

Voyage en train

En France comme à l'étranger, voyager par le train permet de découvrir un pays de façon différente et souvent très agréable. Mais, malheureusement, il est difficile (y compris pour les employés de la SNCF !) de s'y retrouver dans la jungle des tarifs et des réductions.

1. Inscrivez à l'avance votre itinéraire, le nombre de personnes qui vous accompagnent, les dates de départ et de retour, les questions que vous souhaitez poser, et rendez-vous de préférence au bureau « Informations » d'une grande gare.

2. N'oubliez pas que le train est aussi associé à d'autres formules telles que l'hôtel, la voiture de location et même le vélo. Profitez-en.

3. La France est encore le pays des petits trains touristiques (souvent des lignes désaffectées et reconverties) qui peuvent, en Cerdagne, dans le Vivarais ou en Sologne, constituer une manière originale de visiter une région.

4. Si vous envisagez de voyager par le train à l'étranger, sachez que la plupart des pays proposent des « pass », c'est-à-dire des abonnements, qui permettent de sillonner tout le territoire à tarifs réduits. Renseignez-vous, avant de partir, auprès des offices de tourisme concernés.

Voyager seul

La perspective de voyager et, surtout, de prendre des vacances seul n'a rien de particulièrement réjouissant. Dans la grande majorité des cas, le but recherché par l'intéressé est d'éviter l'ennui en rencontrant du monde.

1. Ne choisissez pas l'hôtel et encore moins la location meublée comme types d'hébergement. Le cloisonnement qu'ils impliquent vous donnera peu de chances de sortir de votre isolement.

2. Inscrivez-vous plutôt pour une croisière. La première fois, choisissez-la courte (par exemple, 1 semaine dans l'est de la Méditerranée). Le bateau, qui constitue un mini-univers à la fois fermé et animé, est un lieu de rencontre obligée où les personnes seules s'ennuient rarement.

3. Vous pouvez également opter pour une formule du style club de vacances ou village de vacances (le deuxième est souvent plus familial que le premier). Là aussi, les tables de 6 ou 8, qu'il faut bien remplir, les buffets collectifs, les jeux apéritifs autour de la piscine, les sorties et randonnées, les excursions et les soirées animées vous donneront l'occasion de vous intégrer sans trop de problèmes dans des groupes sympathiques. N'hésitez pas, pour cela, à entrer dans une agence de voyages et à consulter les multiples brochures présentées. De nombreuses entreprises organisatrices de vacances, qui proposent ce genre de formules, décrivent très précisément par le texte, par la photo et aussi par des logos très personnalisés le type et l'ambiance des installations qui peuvent vous intéresser : hôtel-club, village, club, résidence hôtelière animée, etc.

4. Vous pouvez enfin vous décider pour la formule du circuit touristique, et souvent culturel, en autocar où s'inscrivent généralement beaucoup de personnes seules. Si vous êtes relativement jeune, évitez cependant les périodes d'avant et d'arrière-saison, qui comptent la plus grosse proportion de personnes âgées.

ENFANT SEUL

Si vous devez faire voyager seul un enfant par avion, prévenez la compagnie aérienne concernée, qui le prendra en charge. Par le train, la SNCF a mis en place un service JVS (jeune voyageur service), destiné aux enfants de 4 à 14 ans et qui permet, sur certains trajets, de les faire voyager en groupe, accompagnés d'une ou de plusieurs hôtesses.

Voyants lumineux

En règle générale, dans une voiture, tout voyant lumineux rouge qui s'allume en cours de marche signale un défaut ou une avarie grave. Ces voyants s'allument lorsque vous mettez le contact (ils s'éteignent ensuite) ; ils vous permettent ainsi de vérifier leur bon fonctionnement.

VOYANT DE PRESSION D'HUILE

Si votre voyant de pression d'huile reste allumé après le démarrage ou s'allume pendant que vous conduisez, arrêtez immédiatement le moteur : il manque d'huile, ce qui peut provoquer des dommages importants très rapidement. Vérifiez le niveau de l'huile et ajoutez-en si besoin est. Si, ensuite, le voyant reste allumé, il peut s'agir d'un problème de circuit électrique ou de pompe à huile. Appelez un dépanneur.

VOYANT DE CHARGE DE BATTERIE

Si ce voyant reste allumé, la batterie dépense plus d'énergie qu'elle n'en reçoit ; ne coupez pas le moteur, vous risquez de ne plus pouvoir repartir. Éteignez tout équipement électrique non indispensable et rendez-vous à la station-service la plus proche. Ce faisant, gardez un œil sur l'aiguille de température : si le moteur surchauffe, la courroie d'entraînement commune à l'alternateur et à la pompe à eau a probablement sauté. Garez-vous sur le bas-côté et faites-vous remorquer. Ou bien essayez de refaire une courroie avec un bas de Nylon étiré et noué autour des poulies. (Voir aussi Freins de voiture, p. 110.)

X

Xylophone

Faites un « xylophone » avec 8 verres (ou des petites bouteilles de bière ou de soda vides) et de l'eau.

1. Alignez les verres ou les bouteilles et remplissez le premier presque jusqu'en haut. Tapez doucement le bord avec un crayon ou un manche de cuillère en bois et ajoutez ou retirez de l'eau jusqu'à obtenir un *do* : plus d'eau abaisse la note et moins d'eau la rend plus aiguë.

2. Emplissez un peu moins le deuxième et ajustez le niveau jusqu'à ce qu'en tapant vous obteniez un *ré*.
3. Continuez de la même façon en mettant un peu moins d'eau dans chaque verre, jusqu'à ce qu'à l'oreille vous ayez la gamme complète : *do, ré, mi, fa, sol, la, si, do*. Si vous voulez accorder votre instrument (à défaut de diapason), écoutez la note émise par le téléphone quand vous le décrochez : c'est un *la*.

Y

Yeux

ORGELET

Appliquez des compresses humides et chaudes plusieurs fois par jour afin de faire mûrir l'orgelet, puis pressez très doucement pour en extraire le contenu. S'il persiste plusieurs semaines, consultez un médecin.

TACHE ROUGE

Une tache rouge vif sur le blanc de l'œil n'est généralement qu'une hémorragie inoffensive due au claquement d'un petit vaisseau. Elle disparaît normalement d'elle-même au bout de 1 semaine environ. Si elle réapparaît peu après, ou si vous êtes sujet aux ecchymoses ou aux maux de tête, consultez un médecin.

CONJONCTIVITE

Elle se manifeste par des yeux rouges (accentuation de la vascularisation sur le blanc de l'œil) et larmoyants, et des paupières qui se collent.
1. Lavez-vous l'œil 2 fois par jour à l'eau chaude et instillez un collyre à base d'acide borique ou de bacitracine. Appliquez-vous des compresses chaudes sur l'œil plusieurs fois par jour.
2. La conjonctivite est contagieuse. Lavez-vous les mains avant et après le contact avec l'œil. Mettez vos serviettes et vos gants de toilette à l'écart des autres. Lorsque l'infection est terminée, jetez vos produits de maquillage pour les yeux et achetez-en de nouveaux.
3. Si vous avez une impression de sable sous les paupières, la conjonctivite est plutôt allergique qu'infectieuse. Appliquez alors des compresses froides pour soulager les démangeaisons et, dans la mesure du possible, évitez l'allergène que vous suspectez.
4. Si elle est due à une irritation d'origine chimique, procurez-vous des larmes artificielles chez le pharmacien.
5. Portez des lunettes de natation quand vous allez à la piscine.

BRÛLURE OCULAIRE

Fermez les yeux immédiatement et demandez qu'on vous applique sur l'œil une compresse humide et de préférence stérile (à défaut, utilisez un mouchoir propre). Fixez la compresse avec du sparadrap et consultez tout de suite un médecin.

ALTÉRATION DE LA VISION

Si tout ou partie de ce que vous voyez vous apparaît brumeux, flou ou déformé ; si vous voyez des petits nuages, des éclairs ou des points noirs, vous subissez soudain une perte partielle ou complète de la vision. Même si elle est très brève, consultez un ophtalmologiste sans attendre, ou rendez-vous rapidement aux urgences de l'hôpital le plus proche. Si le médecin ne détecte rien d'anormal, prenez un second avis médical par précaution. (Voir aussi Perte de la vision, p. 168.)

CORPS ÉTRANGER DANS L'ŒIL

1. Aussi petit soit-il – grain de sable ou de poussière – il est irritant pour l'œil. Ne frottez pas celui-ci, les larmes se chargeront de faire partir le corps étranger.
2. S'il est déposé sur le blanc de l'œil ou sous la paupière inférieure, irriguez doucement avec de l'eau, si possible stérile, ou sous le robinet : penchez la tête et faites couler l'eau à partir du coin interne de l'œil pour qu'elle s'écoule vers le coin externe. Il persiste ensuite une irritation minime. En revanche, si le corps étranger reste en place, ne tentez plus rien et consultez un médecin le plus rapidement possible.

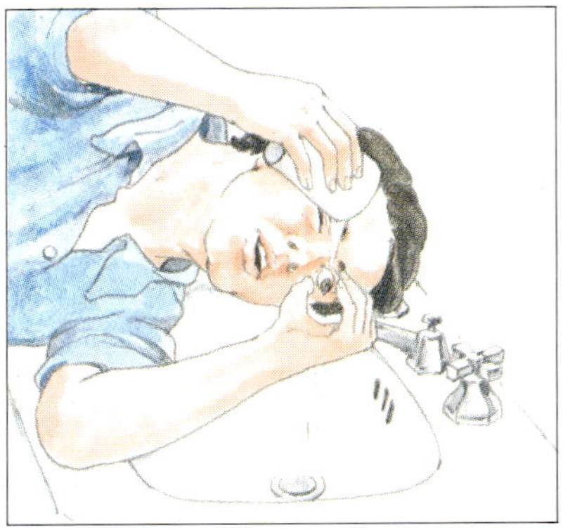

3. Si le corps étranger est sous la paupière supérieure, soulevez celle-ci du bout des doigts et prélevez-le délicatement avec un petit morceau de coton stérile et humide.

Yeux fatigués

1. Si vous ressentez une fatigue visuelle après un travail prolongé, reposez-vous les yeux en fixant un objet éloigné pendant quelques secondes.
2. Tenez un crayon dans la main à hauteur de vos yeux et approchez-le lentement de votre nez en le fixant, 2 fois de suite.

PRÉVENTION

1. Pour lire ou écrire, placez-vous de façon que la lumière vienne de la gauche si vous êtes droitier, de la droite si vous êtes gaucher, en passant au-dessus de votre épaule.
2. Quand vous regardez la télévision, la lumière ambiante doit être peu intense. Asseyez-vous bien en face, à environ 2 m de l'écran.
3. Ne placez pas votre ordinateur sous une lumière vive ou face à une fenêtre. Installez un écran antireflet et nettoyez-le souvent.
4. Au soleil, portez des lunettes teintées filtrant les UV notamment quand vous vous faites bronzer, quand vous faites du bateau ou du ski (même s'il n'y a pas de soleil...) et quand vous conduisez.

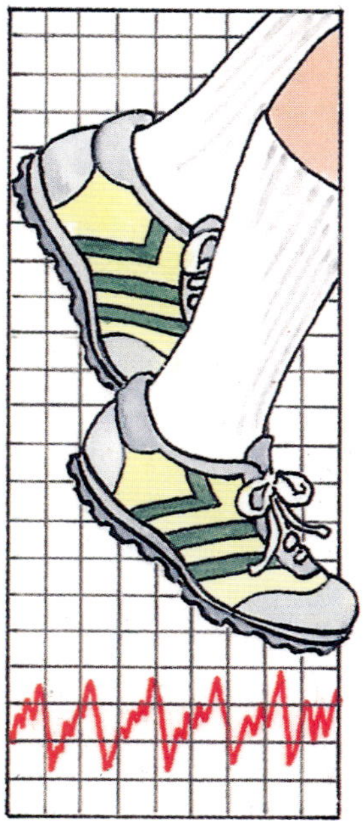

2. LISTES ET TABLEAUX

Souhaitez-vous mieux vous organiser ? Rester en bonne santé ? Préparer au mieux votre retraite ? Vous trouverez dans les pages qui suivent des tableaux, des listes et des questionnaires qui vous conseilleront sur ces sujets et bien d'autres encore : l'achat ou la vente d'une maison, la gestion du budget familial, l'entretien de votre voiture, les voyages à peu de frais, les soins à donner aux plantes vertes...

Un classement impeccable

□ Pour vos propres dossiers, un ordre alphabétique est suffisant. Pour un classement familial, utilisez un code couleurs. Ou combinez les deux.
□ Rassemblez tous les papiers à classer et dressez une liste de rubriques générales – factures, contrats, assurances, etc.
□ Étiquetez une chemise par rubrique. Classez chaque document dans la chemise appropriée.
□ Si un document concerne plusieurs rubriques, faites-en des photocopies. Ou notez son emplacement dans un répertoire.
□ Si certaines pièces ne méritent pas un dossier particulier, ouvrez une chemise « Divers ».
□ Dans chaque chemise, classez les documents par ordre chronologique, les plus récents sur le dessus.
□ Revoyez périodiquement le contenu d'un dossier : faites un rangement par le vide de temps à autre.
□ Attachez les documents à l'aide de trombones ou en les agrafant.
□ Si vous n'avez pas le temps de classer des documents, conservez-les dans un dossier intitulé « À classer ».
□ Si vous retirez des pièces d'une chemise pour une longue période, collez une note indiquant où elles se trouvent.
□ Rangez les documents professionnels dans un classeur prévu à cet usage.
□ Établissez un dossier « Pense-bête » hebdomadaire et mensuel rappelant les dates limites importantes.

Le classement

Ranger les papiers importants

 *Vie personnelle*  *Classeur à serrure*  *Classeur à l'épreuve du feu*

Documents financiers	Portefeuille boursier 	Emprunts 	Avis d'imposition 	Relevés bancaires 	Talons de chèques 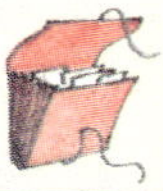
Polices d'assurance	Vie 	Santé 	Habitation 	Voiture 	Objets de valeur 
Certificats	Naissance et adoption 	Mariage 	Divorce 	Décès 	Livret de famille 
Numéros ou photocopies	Sécurité sociale 	Carte grise 	Permis de conduire 	Carte d'identité 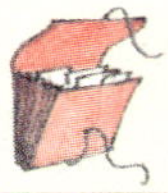	Passeport 
Documents légaux	Testament (double)* 	Procurations 	Contrats 	Actes notariés 	Hypothèques 
Documents personnels	Papiers militaires 	Régime de retraite 	Diplômes universitaires 	Bulletins de salaire 	Inventaire des biens 

* Confiez l'original à votre notaire.

Ne remettez pas au lendemain...

☐ Perdez l'habitude de continuellement différer. Lorsque vous vous surprenez à penser : « Je ferai cela plus tard », prenez la décision d'agir le jour même.
☐ Confiez aux autres vos projets ; ainsi, vous serez davantage poussé à les mener à bien.
☐ Fuyez les distractions, même si cela signifie condamner votre porte ou décrocher votre téléphone.
☐ Dressez des plans vous obligeant à vous débarrasser des corvées à une date précise.
☐ Si votre projet est important et complexe, divisez-le en plusieurs parties.
☐ Prenez le temps de vous demander : « Existe-t-il un moyen plus facile d'accomplir cette tâche ? »
☐ N'attendez pas d'avoir le temps d'achever entièrement une besogne. Faites ce que vous pouvez chaque fois que vous en aurez l'opportunité.
☐ Soyez réaliste dans l'établissement du planning.
☐ Commencez par la partie la plus simple ou la plus agréable même si ce n'est pas la première étape logique. La suite vous paraîtra plus facile.
☐ Ou bien adoptez la stratégie inverse : exécutez d'abord le plus difficile, de manière à vous relâcher un peu si enthousiasme et énergie viennent à manquer.
☐ Réglez les petits projets ou problèmes dès que possible, mais par ordre de priorité.
☐ Dressez une liste de tout ce que vous avez à faire et ne vous arrêtez pas avant d'avoir noté chaque problème.
☐ Ne soyez pas trop perfectionniste. Vous fignolerez lorsque vous aurez effectué la part la plus ingrate.
☐ Ne vous lancez pas dans une nouvelle entreprise avant d'en avoir terminé avec la première.
☐ N'oubliez pas que s'atteler à un travail, même si cela semble pénible au départ, rend par la suite la vie plus aisée.
☐ Offrez-vous une petite récompense pour chaque délai respecté.

Préservez votre temps

☐ Demandez à vos amis ou parents de téléphoner avant de passer chez vous.
☐ Affichez une liste des divers rangements et apprenez à votre famille à se débrouiller seule.
☐ Enseignez à vos enfants qu'une porte fermée signifie « Ne pas déranger ». Si nécessaire, affichez une pancarte.
☐ Faites l'investissement d'un répondeur téléphonique.
☐ Les interruptions fournissent une bonne excuse à ceux qui ne veulent pas travailler : résistez à la tentation de provoquer certaines discussions.
☐ Si vous ne souhaitez pas couper court à une conversation téléphonique, ayez à portée de la main des documents faciles à régler tout en parlant.
☐ Si vous ne pouvez pas vous concentrer chez vous, allez travailler dans une bibliothèque, et ne dites à personne où vous êtes.
☐ Si votre entreprise n'a pas de standardiste, demandez à un collègue de prendre vos appels, quitte à lui rendre la pareille.

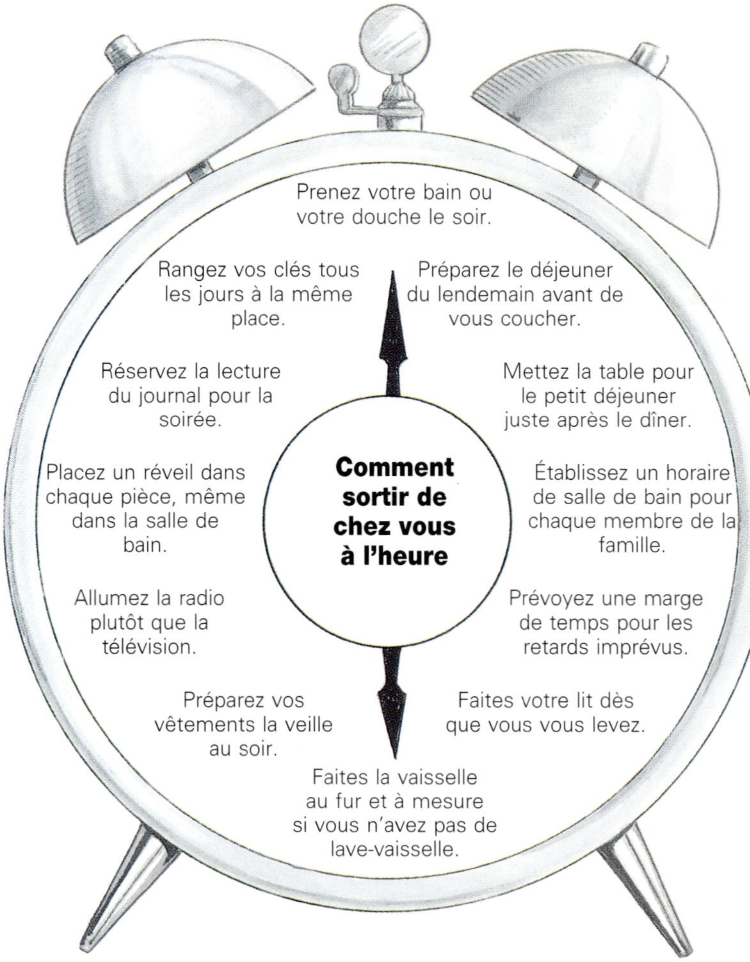

Type	Explication	Sources	Avantages	Inconvénients
Actions ordinaires	Actions relevant d'une société anonyme	Sociétés de courtage, sociétés financières de service	Profits potentiels importants, pertes déductibles des impôts	Risques élevés, non assurés ; fluctuation de la valeur ; frais de commission
Bons de capitalisation	Versement d'un capital déterminé à échéance fixée en échange d'un dépôt	Banques, sociétés financières, Trésor public, compagnies d'assurances	Avantages fiscaux durables après 8 années d'immobilisation ; évitez les bons à prime périodique	Pas de liquidité disponible ; longue échéance ; risque de mauvaise gestion ou de dévalorisation
Compte à terme	Somme déposée pour une période déterminée à un taux d'intérêt librement fixé	Banques, caisses d'épargne, sociétés de crédits, courtiers	Rémunération plus élevée en longue immobilisation ; taux garanti	Immobilisation d'une grosse somme ; évitez les courtes durées, inintéressantes
Fonds communs de placement	Copropriété de valeurs mobilières	Banques, courtiers en Bourse, sociétés financières	Diversification des investissements ; peut stagner ou fructifier (× 3 ou 4)	Nécessité d'acquérir un nombre minimal de parts, d'où investissement lourd
Immobilier	Investissement foncier ou immobilier d'habitation ou de rapport	Agents immobiliers, courtiers spécialisés	Plus-value fluctuante, fiscalité favorable aux propriétaires occupants	Fiscalité lourde ; revenus fluctuants pour gros investissements, liquidité nulle
Obligations	Prêts à l'État ou aux collectivités locales pour dettes (constructions, services...)	Sociétés de recouvrement, banques, courtiers, compagnies d'assurances	Abattement fiscal, plus-value exonérée jusqu'à un plafond	Écartez toute formule de remboursement par tirage au sort ; fluctuation des intérêts
PEP bancaire	Rémunération d'un dépôt à long terme, auquel s'ajoutent les intérêts	Banques, sociétés bancaires	Intérêts et capital non imposables ; parfois primes d'État supplémentaires	Pénalités de transfert ou de résiliation ; préférez taux fixe/variable ou avec garantie minimale
Rente de placement	Apporte chaque mois (ou trimestre) un complément de revenus	Compagnies d'assurances vie, courtiers, banques	Intérêts nets d'impôts, revenus sur toute une vie, faibles risques	Capital bloqué ; ne peut être léguée ; option choisie non modifiable
Sicav	Fonds confiés à des professionnels qui investissent en Bourse	Banques, courtiers, sociétés de crédit	Minimum 30 % de liquidité. Non imposable jusqu'à un seuil révisé chaque année	Arbitrages et diversifications de titres échappent souvent aux épargnants ; à suivre plusieurs années

En dépit des fluctuations de l'économie nationale et des modalités du marché, les experts financiers s'accordent sur deux règles fondamentales : ne jamais acheter de valeurs à haut risque, voire moyen, avant d'avoir mis de côté en actif liquide sûr l'équivalent d'un revenu d'au moins 6 mois. Optez pour la diversité lorsque vous investissez.

Votre budget annuel

REVENUS

Salaire du mari ....
Salaire de la femme ....
Primes ....
Travail à temps partiel ....

Intérêts ....
Revenus immobiliers ....
Allocations ....
Autres

TOTAL DES REVENUS ______

DÉPENSES

Habitation ....
☐ Loyer ....
☐ Hypothèques ....
☐ Entretien ....
☐ Réparations ....
☐ Aménagements ....

Services
☐ Téléphone ....
☐ Gaz/électricité ....
☐ Eau ....
☐ Mazout ....

Impôts directs
☐ Sur le revenu ....
☐ Locaux ....
☐ Fonciers ....
☐ Redevance audiovisuelle ....

Voiture
☐ Entretien, réparations ....
☐ Essence ....
☐ Vignette ....

Assurances
☐ Vie ....
☐ Habitation ....
☐ Automobile ....
☐ Complémentaires maladie ....
☐ Autres ....

Soins médicaux
☐ Médecin ....
☐ Dentiste ....
☐ Médicaments ....
☐ Lunettes ....

Habillement
☐ Nouveaux vêtements ....
☐ Nettoyage ....

Transports ....
☐ Transports en commun ....
☐ Garage/Parcmètres ....
☐ Taxi ....

Loisirs
☐ Restaurant ....
☐ Livres ....
☐ Journaux ....
☐ Cinéma, théâtre ....
☐ Vacances ....
☐ Sport ....

Cadeaux
☐ Naissances ....
☐ Anniversaires ....
☐ Mariages ....
☐ Noël ....

Alimentation ....
Enseignement ....
Mobilier, appareils ....
Remboursements emprunts ....
Cotisations diverses ....
Plans d'épargne ....
Dons ....
Autres ....

TOTAL DES DÉPENSES ______

En soustrayant le total des dépenses au total des revenus, vous obtiendrez la somme à économiser ou à investir.

TEST

Êtes-vous dépensier ?

Dépensez-vous votre argent en fonction d'une éventuelle augmentation de vos revenus ou d'une rentrée exceptionnelle ?

Êtes-vous incapable de tenir vos comptes ?

Cachez-vous certaines dépenses à votre famille ?

Vous arrive-t-il souvent de payer vos factures avec du retard ?

Possédez-vous plus de 3 cartes de crédit ?

Les cartes de crédit vous donnent-elles le sentiment d'être plus riche ?

Dépensez-vous plus de 20 % de vos revenus sur vos cartes de crédit ?

Jonglez-vous systématiquement avec les délais de paiement autorisés par les cartes de crédit ?

Réglez-vous souvent vos notes d'épicerie avec une carte de crédit ?

Lorsque vous dînez au restaurant, réglez-vous la note avec votre carte de crédit après avoir encaissé la part de vos amis en liquide ?

Vous est-il difficile d'imaginer vivre sans crédit ?

Si vous répondez oui à 3 questions ou moins, vous n'êtes probablement pas dépensier.

Si vous répondez oui à 4 à 7 de ces questions, il est temps de payer vos dettes et de vous plier à un budget très strict.

Si vous répondez oui à 8 questions, voire plus, consultez un conseiller financier pour qu'il vous aide à mieux gérer vos dépenses.

Compte à rebours de l'impôt sur le revenu

Quoi de plus satisfaisant qu'une déclaration de revenus dûment remplie, signée et postée avant la date fatidique du 28 février (parfois reportée à début mars...)
Quoi de pire que de passer des heures, au dernier moment, à la recherche des relevés, justificatifs et preuves de toute sorte... pour découvrir que vous aurez plus d'impôts à payer que prévu ! Pour vous faciliter les choses, y voir clair et, peut-être, réduire la somme due au fisc, il suffit sans doute de vous astreindre à une petite discipline.

OCTOBRE

☐ Rassemblez vos revenus et faites-en une première estimation. Évaluez rapidement les déductions auxquelles vous pouvez prétendre et calculez sommairement vos impôts à ce jour.
☐ Clarifiez la situation en cours : le règlement de certaines factures, le solde d'emprunts, des travaux d'isolation effectués avant la fin de l'année peuvent contribuer à faire baisser vos impôts.
☐ Attendez, si vous le pouvez, après le 1er janvier pour toucher certains revenus et paiements. Leur imposition sera reportée sur l'année suivante.

NOVEMBRE

☐ Continuez à tenir un registre précis des dépenses de l'année en cours.
☐ Si vos comptes semblent trop compliqués, prenez rendez-vous avec un conseiller fiscal ou votre percepteur.
☐ Lisez les revues spécialisées pratiques (fiscales, financières), qui vous éclaireront sur la manière la plus astucieuse de gérer et d'aborder votre problème d'impôts.

DÉCEMBRE

☐ Si vous avez des enfants à charge de moins de 18 ans, célibataires et sans revenus, le premier vous donnera droit à 1 demi-part si vous êtes marié et à 1 part si vous êtes célibataire ; le deuxième à 1 demi-part et chacun des suivants à 1 part entière. Si l'un de vos enfants atteint 18 ans avant la fin de l'année, vous pourrez choisir de déduire sa pension alimentaire, moyennant justificatif (plafond : 22 100 F en 1991), s'il décide de faire sa propre déclaration de revenus.
☐ Veillez à collecter les bordereaux récapitulatifs des sommes imposables remis par votre ou vos employeurs.
☐ Réunissez en lieu sûr les talons, bordereaux, relevés, reçus, etc., utiles au moment de rédiger votre déclaration.

JANVIER

☐ Faites le point avec votre conseiller fiscal ou votre banque sur toutes les déductions possibles et comparez avec vos comptes.

FÉVRIER

☐ Remplissez soigneusement la feuille d'imposition (arrivée par courrier en double exemplaire).
☐ Relisez chaque chapitre, chaque question pour éviter erreur ou omission. (Voir aussi Impôts sur le revenu, p. 124.)
☐ Complétez les renseignements vous concernant. Signez et faites signer votre conjoint.
☐ Notez sur le double, que vous conserverez, la somme due que vous avez calculée. Postez ou déposez l'original à l'adresse mentionnée en première page, avant la date indiquée.
☐ Si vous décidez d'interrompre un règlement par prélèvement mensuel, adressez avant le 1er mars un courrier à votre percepteur le précisant (pour effet 1er avril).
☐ Le fisc dispose de 3 ans pour réexaminer vos déclarations et opérer au besoin des redressements. Conservez tout ce temps les éléments utilisés pour chacune de vos déclarations.

Le consommateur averti

En fonction de la nature des litiges ou de leur importance, sachez vous adresser à la personne ou à l'organisme compétents.

S'il s'agit d'un article non conforme acheté dans un magasin ou un supermarché, commencez par vous adresser au vendeur ou au gérant. Faute d'obtenir satisfaction, écrivez au service consommateurs du fabricant ou à la direction générale ou commerciale. Rédigez votre lettre selon le plan proposé ci-après.

INFORMATION

L'emballage d'un produit comporte obligatoirement l'adresse en clair de la société ou du service consommateurs, ou le numéro permettant d'en trouver les coordonnées auprès de la chambre de commerce ou de la Répression des fraudes. Prenez conseil par Minitel auprès d'une association de consommateurs : 3615 INC ou 3615 QUE CHOISIR.

Vos nom et adresse	Date Nom du destinataire Nom et adresse de la société

Cher Monsieur,

☐ achat/date/marque/modèle
☐ problèmes rencontrés
☐ actions entreprises
☐ solutions souhaitées
☐ réponse attendue pour telle date

Sincèrement vôtre
Signature

INFORMATION

À lire : *130 Lettres pour régler vos litiges (50 Millions de consommateurs,* numéro pratique 16).

Si votre affaire n'est toujours pas résolue ou s'il s'agit d'un litige plus grave (devis non respecté, travaux mal exécutés ou inachevés, garantie non respectée, etc.), frappez aux portes officielles.

Conseils au consommateur

☐ Privilégiez les entreprises locales connues. Les fournisseurs de passage disparaissent aussi vite qu'ils sont apparus.
☐ Vérifiez la réputation d'une société auprès des syndicats professionnels ou des chambres des métiers. Toute entreprise reconnue et compétente est inscrite sous un numéro au répertoire du syndicat professionnel.
☐ Exigez un devis en double exemplaire pour tous travaux.
☐ Faites établir un devis par plusieurs entreprises et comparez les prix, les services et les garanties.
☐ Lisez les petites lignes en bas de page ou au dos d'un devis ou d'un contrat. Exigez une explication si un point paraît obscur.
☐ Réfléchissez avant de signer un devis. Tant que vous n'avez pas apposé votre signature, vous n'êtes pas engagé. Cela fait, vous avez 7 jours pleins pour dénoncer le contrat qui vous lie. Faites-le dans les temps, par courrier recommandé avec A/R.
☐ N'acceptez aucune promesse orale de travaux ou de devis. Faites tout consigner clairement.
☐ Ne signez jamais un contrat comportant des blancs ou des lignes non remplies (rayez-les).
☐ Ne payez jamais un travail avant qu'il ne soit terminé, ni avant de l'avoir vérifié attentivement. Exigez une facture numérotée avec en-tête. Réglez par chèque (jamais en liquide) à l'ordre de la société et non du réparateur.

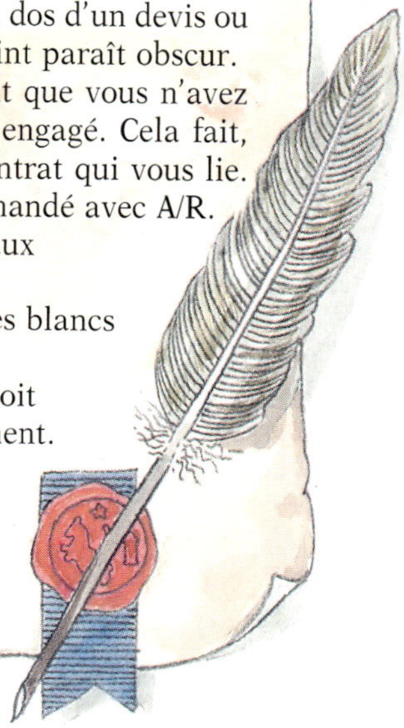

1. Direction départementale de la concurrence, de la consommation et de la répression des fraudes. Exposez votre litige, renseignez-vous sur les possibilités de conciliation, les procédures, les organismes pouvant vous conseiller.

2. Avocats de consommateurs. Ils vous donneront des informations et des conseils pour un règlement amiable avant de saisir la justice.

INFORMATION

AARC : Avocat assistance et recours du consommateur — 9, place Dauphine, 75001 Paris. Assistance et recours, consultations, argumentaires, procédures.

3. Organisations professionnelles ou chambres syndicales de la réparation automobile, du déménagement, du service après-vente, etc.

INFORMATION

Les syndicats professionnels sérieux examinent les plaintes justifiées des consommateurs et tentent un arrangement avec le professionnel mis en cause. Consultez le Minitel pour obtenir les coordonnées ou adressez-vous à la chambre des métiers.

Si vous décidez finalement de porter plainte, optez pour une procédure simplifiée.

Pour une conciliation, écrivez et envoyez le double de votre dossier au tribunal d'instance, qui convoquera les deux parties en vue d'une solution amiable. Pour des litiges de moins de 13 000 F, faites une simple déclaration au greffe du tribunal d'instance. C'est gratuit, rapide, et aidera votre cause, même si votre adversaire ne se déplace pas à l'audience.

Êtes-vous un drogué du travail ?

Votre vie professionnelle vous absorbe-t-elle au point d'en négliger la famille, les amis et les distractions ? Si oui, vous êtes peut-être un drogué du travail. Pour le savoir, répondez aux questions suivantes.

1. Votre famille se plaint-elle de ce que vous n'êtes jamais à la maison ?
2. Vos soucis professionnels vous empêchent-ils de dormir ?
3. Commencer tôt et finir tard est-il devenu une habitude ?
4. Engloutissez-vous votre déjeuner tout en travaillant à votre bureau ?
5. Les interruptions dans une journée de travail vous agacent-elles ?
6. Pensez-vous que bavarder ou prendre un verre ensemble au bureau est une perte de temps ?
7. Vous sentez-vous coupable lorsque vous faites une pause ?
8. Vous est-il difficile de reporter une partie du travail au lendemain ?
9. Êtes-vous angoissé à l'idée de confier du travail à un collègue ?
10. Êtes-vous furieux lorsque vos collègues travaillent moins que vous ?
11. Lorsque vous avez trop de travail pour en venir jamais à bout, vous sentez-vous déprimé ?
12. Travaillez-vous souvent pendant les week-ends ?
13. Répondez-vous toujours oui à tout travail supplémentaire ?
14. Votre travail est-il la seule activité satisfaisante à vos yeux ?
15. Allez-vous travailler lorsque vous êtes souffrant ?
16. Êtes-vous capable de prendre du plaisir à ne rien faire ?
17. Les loisirs vous intéressent-ils ?
18. Oubliez-vous totalement votre travail quand vous êtes en vacances ?
19. Si votre médecin vous conseille de vous reposer, le faites-vous ?

Si vous répondez oui à au moins 8 des 15 premières questions et non à 3 des questions 16 à 19, vous êtes un drogué du travail. Cela n'est pas forcément négatif si celui-ci vous procure une satisfaction réelle. En revanche, cet état peut devenir dangereux si vous vous laissez entraîner malgré vous et si le travail devient la seule activité qui vous rende heureux. Essayez de ralentir votre rythme.

Votre travail vous convient-il ?

☐ Vos collègues sont-ils, d'une façon générale, chaleureux, amicaux et courtois ?
☐ Votre travail mérite-t-il qu'on y passe des heures supplémentaires ?
☐ Votre emploi stimule-t-il votre imagination ?
☐ Si vous héritiez d'une somme importante, conserveriez-vous votre emploi ?
☐ Vos efforts sont-ils appréciés ?
☐ Êtes-vous correctement payé ?
☐ Les journées passent-elles rapidement ?
☐ Votre entreprise est-elle située à une distance raisonnable de chez vous ?
☐ Êtes-vous autorisé à vous absenter en cas de problèmes personnels ou de rendez-vous médicaux ?
☐ Les promotions sont-elles fréquentes ?
☐ Votre lieu de travail est-il agréable ?
☐ Votre potentiel et vos talents sont-ils utilisés à leur juste valeur ?
☐ Avez-vous le sentiment de progresser régulièrement ?
☐ Votre patron se montre-t-il compétent, disponible et encourageant ?
☐ Accepteriez-vous un transfert dans une autre région si votre entreprise l'exigeait ?
☐ Votre société se soucie-t-elle de la santé et des conditions de travail de ses employés ?
☐ Votre travail quotidien est-il suffisamment varié pour ne pas être routinier ?
☐ Vos horaires professionnels vous conviennent-ils ainsi qu'à votre famille ?

Si vous répondez oui à 15 de ces questions, voire davantage, il est probable que votre profession est parfaitement adaptée à votre personnalité. Si ce n'est pas le cas, vous pourriez envisager de chercher un autre emploi, de reprendre vos études ou de demander une retraite anticipée. Vous inscrire à un cours sur les plans de carrière pourra également vous aider à prendre un nouveau départ vers un métier plus satisfaisant.

Comment rédiger un curriculum vitæ

Un CV doit être convaincant et précis. Vos expériences professionnelles doivent y être bien définies, vos objectifs nettement annoncés. Suivez ces quelques conseils pour sa rédaction.

☐ Évitez les artifices (papier coloré, présentation fantaisiste) et tapez-le à la machine ou, mieux, sur traitement de textes.

☐ Indiquez vos nom, adresse, nº de téléphone personnel et date de naissance en haut et à gauche de la page (si vous avez un répondeur téléphonique, enregistrez un message sobre, sans musique ni bruit de fond). Agrafez une photo à droite.

☐ Utilisez un langage simple et clair de façon que votre CV tienne sur 1 ou 2 pages. Surveillez votre style et votre orthographe.

☐ Présentez vos expériences professionnelles des 15 dernières années par ordre chronologique, en commençant par le dernier poste occupé et en remontant vers le plus ancien. Donnez le nom et l'adresse des entreprises qui vous ont employé, ainsi que leur type d'activité.

☐ Notez vos modifications d'emploi et l'élargissement de vos responsabilités. Mettez en valeur vos réalisations et vos réussites personnelles. Citez les éventuels stages de formation que vous avez suivis.

☐ Définissez brièvement, mais clairement, vos objectifs professionnels et le poste que vous recherchez.

☐ Terminez par vos études : cycle secondaire, université, écoles spécialisées, date des diplômes obtenus, concours remportés, stages en entreprise. (Si vous êtes à la recherche d'un premier emploi, commencez par cela en donnant le maximum de détails et continuez par vos objectifs.) Enfin, si vous le souhaitez, vous pouvez exposer vos passe-temps favoris, vos voyages et vos occupations extraprofessionnelles. Mais aucun employeur n'est en droit de l'exiger.

☐ Envoyez votre CV accompagné d'une lettre de motivation manuscrite dans laquelle vous présenterez votre intérêt pour l'emploi envisagé et annoncerez éventuellement vos prétentions salariales. Proposez un rendez-vous d'approfondissement à la convenance de vos correspondants.

Planifiez votre retraite

À l'image d'une seconde carrière, la retraite exige une planification préalable et certains choix décisifs. La liste qui suit ne comporte pas de bonne ou de mauvaise réponse. Elle a été conçue pour vous aider à définir vos priorités dans divers domaines.

1. Pour mon bien-être je
☐ suivrai un régime alimentaire
☐ ferai chaque jour de l'exercice
☐ développerai mes activités.

2. Mon épargne bénéficiera de
☐ diversification
☐ contributions régulières
☐ conseils professionnels.

3. Si je reste chez moi, je
☐ remplacerai mes vieux appareils
☐ rénoverai ce qui est vétuste
☐ louerai 1 ou 2 pièces.

4. En vacances, j'opterai pour
☐ voyages individuels/organisés
☐ Europe/autres continents
☐ croisières/voiture/camping.

5. Pour ma retraite je souhaite
☐ grande agglomération/petite ville/campagne
☐ soleil toute l'année
☐ mer/montagne.

6. Pendant ma retraite, je me déplacerai
☐ en transports en commun
☐ au volant de ma voiture
☐ avec l'aide de mes enfants et de mes voisins.

7. Les documents légaux les plus importants à garder sont
☐ l'acte de vente/achat de la maison ou de l'appartement
☐ un testament valide ou un acte de donation entre vifs
☐ le contrat de mariage.

8. Si je pars vivre ailleurs, je
☐ voyagerai quelque temps
☐ vendrai la maison ou l'appartement et déménagerai
☐ la ou le louerai 6 mois avant de déménager définitivement.

9. En dehors de mon conjoint, les relations qui compteront le plus pour moi seront
☐ les enfants
☐ les amis et voisins
☐ un cercle social nouveau.

10. Si je m'engage pour une cause, ce sera pour servir
☐ personnes âgées/enfants/milieux défavorisés
☐ mes idéaux politiques
☐ des œuvres caritatives.

11. Je travaillerai jusqu'à l'âge limite
☐ pour toucher la totalité de ma retraite
☐ parce que j'aime travailler
☐ parce que je veux sortir régulièrement de la maison.

12. J'arrêterai de travailler dès que possible parce que
☐ je suis las de mon travail
☐ nous aimerions déménager
☐ j'ai d'autres activités en vue.

Le bas de laine

Avec un gain moyen de 18 000 F/mois à 45 ans, vous désirerez conserver votre train de vie à 65 ans. La retraite de la Sécurité sociale n'y suffira pas. Il vous faut prévoir un complément de ressources pendant les années qu'il vous reste à travailler. En tablant sur un capital retraite de 1 200 000 F actuel, vous pouvez espérer en tirer un revenu de 5 000 F/mois environ si, à long terme, rendement de placements et inflation s'annulent. Vous devez donc, dès aujourd'hui épargner 5 000 F/mois.

Faites le point. Vos cotisations à la Sécurité sociale sont le pivot du calcul de votre retraite, celle dite régime de base. Vous pouvez en espérer 50 % de votre salaire annuel moyen calculé sur les 10 meilleures années, mais limité au plafond de la Sécurité sociale (11 620 F), soit une pension de 5 810 F maximum (sans compter les majorations enfants). Ajoutez à cela la retraite complémentaire obligatoire pour laquelle 1,968 % est prélevé chaque mois sur la part de votre salaire inférieure au plafond SS. Son acquis se compte en points, à multiplier par la valeur du point. Pensez-y lorsque vous vous laissez tenter par le travail au noir : chaque trimestre non déclaré manquera à l'heure des comptes.

Si vous êtes cadre, ajoutez la retraite complémentaire des cadres. Elle est obligatoire jusqu'au sommet de la tranche B (4 fois le plafond SS) et facultative au-delà.

Restent les divers moyens d'épargne choisis par vous qui viendront compléter ces pensions. Additionnez le tout, faites une moyenne mensuelle et retranchez la part d'impôts à laquelle vous n'échapperez pas.

Si le résultat atteint, ou presque, 85 % de vos revenus actuels, vous êtes prêt pour une retraite à la hauteur de vos espérances. Si ce n'est pas le cas, il existe d'autres possibilités.

• Si vous êtes proche de 65 ans, vendez votre logement en viager (sur 2 têtes) et restez-y jusqu'au bout.
• Demandez la pension de reversion des caisses complémentaires de votre conjoint décédé. L'équivalent de 60 % de sa retraite peut vous être versé.
• Revoyez vos placements. Transformez la sortie de quelques-uns en rente (mensuelle ou trimestrielle) à taux revalorisé suivant l'inflation, tout en sachant que le capital est immobilisé jusqu'au terme du placement.

Profitez de votre temps

Une fois que vous aurez arrêté de travailler, vous serez sans doute surpris, au début, de disposer d'autant d'heures de loisir. Comment en profiter au mieux ?

Diverses enquêtes révèlent que la plupart des retraités considèrent la télévision comme la première de leurs activités, mais aussi comme l'un de leur passe-temps le moins agréable. Ceux qui retirent le plus de satisfactions de leur retraite ont su équilibrer et varier les diverses activités de leur vie quotidienne.

Avant de prendre votre retraite, dressez une liste de toutes les occupations — passe-temps, bénévolat, sorties, réunions sociales, activités sportives, etc. — que vous appréciez ou que vous aimeriez exercer pour la première fois. Répondez aux questions ci-dessous pour chaque occupation et comptez un point pour toute réponse positive.

☐ Est-elle saine ?
☐ Est-elle stimulante ?
☐ Est-elle gratifiante ?
☐ Est-elle distrayante, relaxante ?

Non seulement les chiffres obtenus vous indiqueront quelles sont les activités qui vous conviennent le mieux (ou le moins bien), mais ils vous diront si vous avez su tenir compte, dans votre plan, des 4 aspects importants indispensables à une retraite agréable.

Les possibilités de logement

Type	Avantages	Inconvénients	Précautions
Location d'un appartement	Déménager est relativement facile. Le propriétaire se charge de l'entretien de l'immeuble	Augmentation des loyers. Charges supplémentaires pour chauffage, câble TV...	Négociez le contrat par écrit. Vérifiez appareils et installations. Faites un état des lieux détaillé
Achat en copropriété	Peut être légué, comme une maison individuelle. L'entretien extérieur est assuré par le syndic	Augmentation des charges communes. Failles dans les contrats. Construction bâclée, finitions inexistantes	Faites vérifier les actes de vente par un avocat ou un notaire. Assurez-vous de l'achèvement des travaux à la date prévue
Achat d'un terrain, construction d'une maison	Intimité, droit coutumier, espace	Attention aux escrocs, aux entrepreneurs malhonnêtes. Coût de l'entretien. Immobilisation du capital	Vérifiez titres et limites de propriété, droits de passage, viabilité. Assurez-vous de la solvabilité du constructeur. Souscrivez une assurance construction
Maison de retraite	Services et soins médicaux assurés sur place	Coût souvent élevé ; parfois situé trop loin de la famille	Informez-vous de la réputation de l'établissement, de sa direction, des conditions de séjour. Étudiez les aides financières
Caravane	Prix faible ; mobilité	Espace réduit, dévalorisation, bruit	Vérifiez la qualité de la construction et les normes d'habitabilité

Vous voulez déménager ?

Les raisons de rester...

☐ Vous habitez la ville où vous êtes né.
☐ Vous appréciez amis et voisins qui vous entourent.
☐ Le coût de la vie ne dépasse pas vos possibilités.
☐ Vous avez des commerces à proximité.
☐ Vous appréciez votre médecin traitant.
☐ Vos enfants et petits-enfants peuvent vous rendre visite.
☐ Un voyage de temps à autre suffira à vos envies d'exotisme.

Les raisons de partir...

☐ Le quartier est cher, les impôts locaux trop élevés.
☐ Votre médecin vous recommande un autre climat.
☐ Vous craignez que le voisinage ne se dégrade.
☐ Vous souhaitez vous rapprocher de vos enfants.
☐ Vous aimeriez faire de nouvelles connaissances.
☐ Votre appartement est devenu trop grand.
☐ Vous avez une petite maison dans le Sud et désirez en profiter le plus vite possible.

TEST

Votre espérance de vie

L'espérance de vie pour les hommes et les femmes dépend de différents critères. Elle peut varier pour des raisons génétiques, mais est aussi la conséquence de phénomènes que nous pouvons contrôler.

Pour vous faire une idée plus précise de votre longévité potentielle, repérez l'espérance de vie moyenne d'un individu de votre âge dans le tableau ci-contre, puis ajoutez ou soustrayez les résultats obtenus aux questions ci-dessous.

Espérance de vie moyenne

Âge	Hommes	Femmes
25	73	80
35	74	81
45	75	82
55	77	83
65	80	84

1. Ajoutez 1 année par demi-décennie vécue par votre père après 70 ans ; 1 année par demi-décennie vécue par votre mère après 78 ans. ____

2. Si vous êtes célibataire, déduisez 1 année pour chaque décennie après 25 ans. ____

3. Si vous êtes marié, ajoutez 5 ans. En cas de dissensions familiales importantes, retranchez 2 ans. ____

4. Si vous vivez dans une grande ville, retranchez 2 ans. Dans une petite ville ou à la campagne, ajoutez 2 ans. ____

5. Si vous avez toujours vécu dans une situation financière très aisée ou très pauvre, retranchez 3 ans. ____

6. Si vous avez plus de 40 ans, retirez 1 an par tranche de 3 kg dépassant votre poids idéal (voir p. 252). Pour les hommes : déduisez 1 an par centimètre excédentaire de tour de taille par rapport au tour de poitrine. ____

7. Si vous faites régulièrement un peu de sport, ajoutez 3 ans. Si vous vous entraînez quotidiennement, 5 ans. ____

8. Si vous êtes souvent tendu et aimez la compétition, déduisez 5 ans. En revanche, ajoutez 5 ans si vous êtes doté d'une personnalité gaie, enjouée. ____

9. Si vous buvez beaucoup, retranchez 5 ans ; excessivement, 10 ans. S'il vous arrive de vous droguer, 5 ans. ____

10. Si vous fumez 10 cigarettes par jour, retranchez 3 ans ; de 20 à 30 cigarettes, 5 ans ; 40 cigarettes, 10 ans. ____

11. Si vous faites des examens systématiques chez le médecin ou le dentiste, ajoutez 3 ans. Si vous êtes souvent malade, retranchez 2 ans. ____

12. Si votre alimentation est riche en graisses, sel et sucre, retranchez 4 ans. Si elle est composée de fruits, de légumes et d'aliments protidiques pauvres en graisses, ajoutez 4 ans. ____

Votre espérance de vie ____

Le stress dans votre vie

Les causes du stress sont classées en fonction des unités de changement de vie (UCV). Bien qu'une dose modérée de stress (jusqu'à 150 unités) soit une chose normale, un stress excessif risque d'affecter l'organisme.

Voici, par ordre croissant, les principales circonstances de la vie qui peuvent provoquer l'apparition de stress chez un individu. (Voir aussi Stress, p. 208.)

Noël	12
Vacances	13
Problèmes familiaux	29
Départ d'un enfant	29
Dettes de plus de 50 000 F	31
Changement de profession	35
Mort d'un ami proche	36
Modifications financières	37
Problèmes sexuels	39
Naissance d'un enfant	39
Grossesse	40
Retraite	45
Perte d'un emploi	47
Mariage	50
Blessure, maladie	53
Mort d'un des membres de la famille	63
Séparation	65
Divorce	73
Mort du conjoint	100

Une armoire à pharmacie bien équipée

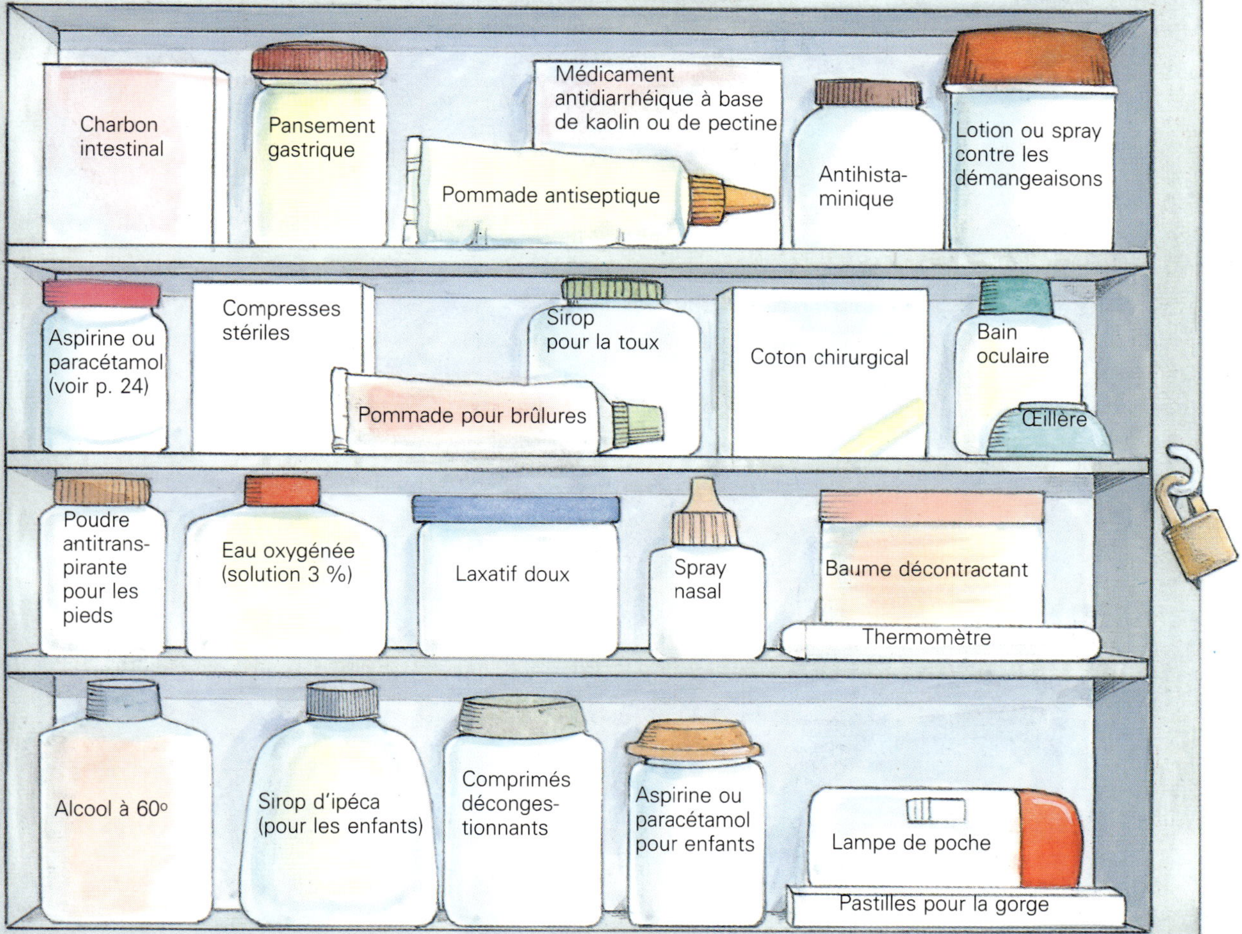

Stockez les médicaments en hauteur, dans une armoire hermétique, à l'abri de la chaleur et de l'humidité. Pour éviter toute confusion, n'y rangez pas vos produits de toilette usuels. Inspectez-la régulièrement et éliminez les produits suivants.

☐ L'aspirine qui sent le vinaigre.
☐ Les médicaments prescrits pour une maladie antérieure.
☐ Ceux ayant dépassé la date de péremption.
☐ Ceux vendus sans ordonnance dont vous n'avez plus besoin.
☐ Ceux dénués d'étiquette ou ayant perdu leur emballage d'origine.

Ne les laissez pas dans la poubelle de la salle de bain, à la portée des enfants. Portez-les plutôt chez votre pharmacien qui les détruira ou les transmettra à une œuvre humanitaire.

Dossiers médicaux à tenir

Pour vous ou votre conjoint

☐ Toute réaction d'intolérance ou d'allergie à un médicament.
☐ Allergies. Groupe sanguin.
☐ Médicaments habituels.
☐ Dates et diagnostics de toutes les maladies qui ont nécessité le recours au médecin.
☐ Maladies chroniques ou fréquentes.
☐ Date du dernier examen ophtalmologique.
☐ Dates et raisons de toute hospitalisation ou de toute intervention chirurgicale.
☐ Dernier frottis, mammographie.
☐ Dates de toutes les vaccinations.
☐ Dates, nature et type de radiographies des 3 dernières années.
☐ Dates des prochains examens systématiques chez le médecin et chez le dentiste.

Pour chaque enfant

☐ Date de naissance, poids et affections à la naissance.
☐ Groupe sanguin.
☐ Réactions à des médicaments.
☐ Vaccinations effectuées et dates.
☐ Dates des maladies infantiles.
☐ Types d'infections (oculaires, auriculaires...) ; effet des médicaments.
☐ Toute blessure ou accident grave.
☐ Dates des prochains rendez-vous médicaux.

Comment traiter les petits maux courants

Affection	Premiers soins	Appelez le médecin en cas de
Blessure	Stoppez le saignement par compression (10 min) Lavez à l'eau et au savon ; rincez abondamment ; désinfectez avec une compresse de gaze stérile et un antiseptique Appliquez un pansement (voir p. 160) ; changez le pansement tous les jours	Hémorragie incontrôlable, blessure ne cicatrisant pas Blessure très profonde, de plus de 3 cm de longueur Engourdissement des doigts ; rappel antitétanique de 5 ans ou plus Infection (pus, rougeur, gonflement, fièvre) Plaie non cicatrisée en 3 semaines ; engourdissement persistant
Céphalée	Aspirine, massages, compresses froides en cas de céphalée due à la tension musculaire Décongestionnant, serviettes chaudes en cas de sinusite	Température au-dessus de 39 °C ou raideur de la nuque Traumatisme crânien récent, élocution difficile, troubles visuels, torpeur, faiblesse des membres ; vomissements Douleur récurrente, très intense ou persistante (3 jours)
Douleur dorsale	Pour la prévention et les soins, voir p. 83	Douleur due à un accident, en particulier au travail Douleur abdominale ; sang dans les urines ; mictions douloureuses Douleur le long de la jambe ; engourdissement des jambes Pas d'amélioration en 3 à 7 jours ; forte fièvre Toute douleur intense pendant la grossesse
Douleur thoracique, dyspepsie	Surélevez la tête du lit Évitez aspirine, café, tabac et aliments acides Absorbez un pansement gastrique	Douleur thoracique intense, gêne respiratoire, sueurs abondantes, douleur aiguë dans le dos, les bras ou les épaules Vomissements et selles noires ou sanglantes Douleur abdominale aiguë Douleur abdominale qui s'aggrave après les repas Symptômes résistant plus de 3 jours aux pansements gastriques
Entorse	Surélevez le membre blessé ; pendant 24 h, appliquez de la glace 15 min toutes les heures Aspirine en cas de douleur Pendant la période de récupération, prévoyez une contention élastique	Membre instable, engourdi, froid, bleu Entorse consécutive à un accident grave ou à une chute Sensibilité de l'os à un endroit particulier (fracture possible) Douleur évoluant depuis 4 jours ou nécessitant de fortes doses d'antalgiques
Fièvre	Secouez le thermomètre avant l'utilisation et laissez-le 1 min dans le rectum Pas de couverture supplémentaire, même si le malade a froid Utilisez des serviettes de toilette humides et fraîches pour faire baisser la fièvre 1 verre de liquide toutes les 2 heures	Déshydratation : peau sèche et plissée, soif intense, envies fréquentes d'uriner, urines foncées Éruption cutanée, mal de tête, nuque raide, irritabilité Douleur dorsale ou abdominale aiguë, apathie Forte fièvre depuis 3 jours ; vomissements ou crise convulsive Fièvre consécutive à un traitement ; difficultés respiratoires Expectoration purulente ; douleur ou écoulement d'oreille
Mal de gorge	Boissons abondantes ; ne fumez pas, évitez de parler Faites des gargarismes ou utilisez une solution anesthésique en vente libre Pastilles ou bonbons	Contact avec une personne atteinte d'une angine streptococcique Température dépassant 38,5 °C sans symptôme grippal Respiration difficile ; difficulté à avaler Douleur auriculaire, douleur thoracique ; éruption cutanée Céphalées violentes ; difficultés à baisser la tête Points blancs sur les amygdales ; amygdales augmentées de volume ou ulcérées Enrouement ; ganglions palpables au niveau du cou depuis plus de 3 semaines
Toux, nez bouché	Boissons abondantes, inhalations Pastilles pour la gorge, spray nasal Les autres membres de la famille devront se laver les mains fréquemment	Température dépassant 39,5 °C pendant plus de 2 jours Douleur thoracique, respiration sifflante ; gêne respiratoire, expectoration purulente ou sanglante Toux depuis 10 jours ; congestion nasale depuis 2 semaines
Vomissements, diarrhée	Eau plate citronnée ; bonbons à la menthe Évitez les produits contenant de l'aspirine Pas de produits antidiarrhéiques les 5 ou 6 premières heures pour permettre aux bactéries de s'évacuer À l'arrêt des nausées, alimentez-vous légèrement	Vomissements après un traumatisme crânien ou avec maux de tête Blanc de l'œil ou peau de couleur jaune Abdomen douloureux ou distendu ; fièvre Déshydratation : incapacité de garder des boissons plus de 12 h Selles noires ou sanglantes Symptômes qui durent 3 jours ou qui réapparaissent

Rester longtemps en bonne santé

Pas de tabac. Quels que soient leurs efforts pour respecter une bonne hygiène de vie, les fumeurs doivent savoir que le tabagisme reste l'un des fléaux les plus dramatiques pour la santé. Si fumer 1 cigarette par jour est, bien sûr, moins néfaste qu'en fumer 20, il n'existe pas de quantité de tabac qui ne soit toxique pour l'organisme. Cesser de fumer étant particulièrement difficile, la meilleure — et probablement la seule — solution est de ne jamais commencer. Il faut pour cela, et ce n'est pas une tâche aisée, convaincre les adolescents, puisque c'est généralement à cet âge que le tabagisme commence.

Peu d'alcool. Une consommation faible de boissons alcoolisées fait partie des principes fondamentaux d'une bonne hygiène de vie. Contrairement à ce qui se passe pour le tabac, un organisme adulte sain a la capacité de détoxiquer de petites quantités d'alcool.

Peu de matières grasses. Consommez le minimum d'aliments gras ; remplacez les matières grasses animales par des matières grasses d'origine végétale.

Peu de sucre. Diminuez ou supprimez si vous le pouvez la consommation de sucre raffiné.

Des fibres. Apportées par les légumes crus et cuits, par les fruits, le pain complet et les céréales complètes, les fibres doivent figurer en bonne quantité dans votre alimentation.

Un poids idéal. Perdez les kilos en trop et stabilisez votre poids.

Une activité physique régulière. Conservez toute votre vie une pratique sportive adaptée à votre âge. L'idéal est de suivre chaque semaine 3 séances d'endurance cardio-vasculaire, complétées d'une séance d'étirements et de renforcement musculaires. Les sports d'endurance peuvent être la course à pied, le cyclisme, la natation, le ski de fond, l'aviron et la marche à pied.

Questions à se poser avant une opération

Voici 10 interventions chirurgicales couramment pratiquées, avec leurs alternatives éventuelles : si vous devez subir une intervention, autant connaître les autres solutions possibles — une intervention moins importante ou une autre forme de traitement. Si vous souhaitez un autre avis, vérifiez dans la deuxième colonne le type de spécialiste que vous pourrez consulter à cet effet.

Les informations données ici n'ont d'autre ambition que de vous servir de guide et ont été établies avec l'aide d'autorités médicales. Elles ne peuvent en aucun cas se substituer aux conseils de votre médecin.

Intervention chirurgicale	Spécialistes	Alternatives	Autres types de traitement
Articulations	Orthopédiste Médecin rééducateur	Arthroscopie	Image à résonance magnétique pour un diagnostic plus précis
Carotides	Neurologue Neurochirurgien		Anticoagulants Antiagrégants
Cataracte	Ophtalmologiste	Implant cristallin	Verres correcteurs Repoussez au maximum l'intervention tant que la vue n'est pas très touchée
Coronaire (pontage)	Cardiologue	Angioplastie	Médicaments Régime alimentaire Activité physique programmée
Hémorroïdes	Chirurgien	Chirurgie au laser Contention élastique Cautérisation	Pommade, suppositoires Sièges rembourrés Laxatifs
Prostate	Urologue Cancérologue	Orchidectomie Biopsie à l'aiguille Prostatectomie ouverte ou transurétrale	Traitement hormonal Irradiation Chimiothérapie
Utérus (ablation)	Gynécologue Cancérologue	Curetage Myomectomie	Traitement hormonal Attendez l'amélioration spontanée avec l'âge
Varices	Phlébologue	Injections sclérosantes	Bas spéciaux Régime alimentaire Exercice physique
Vertèbres	Neurologue Neurochirurgien Médecin rééducateur	Infiltrations de corticoïdes	Anti-inflammatoires Rééducation fonctionnelle Chaleur, repos
Vésicule biliaire	Gastroentérologue	Lithotritie	Dissolution des calculs par des médicaments

Votre poids théorique idéal

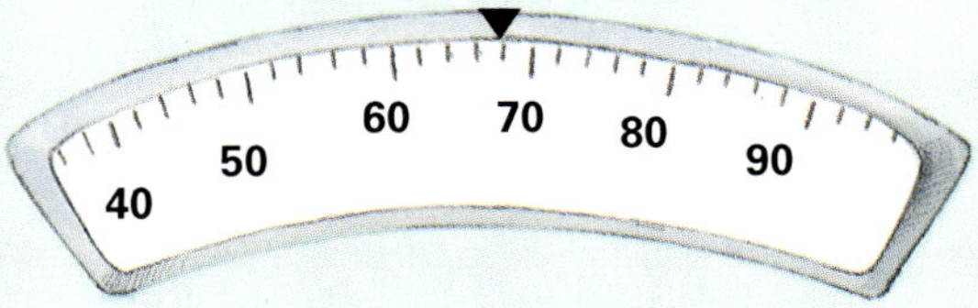

FEMMES

Taille	Ossature fine	Ossature moyenne	Ossature large
1,50	47-50	50-53	54-58
1,52	48-51	51-54	55-59
1,55	49-52	52-55	56-60
1,57	50-53	53-56	57-61
1,60	51-55	54-58	58-62
1,62	52-57	56-60	59-64
1,65	54-58	57-61	60-65
1,67	55-60	59-64	63-68
1,70	57-61	60-65	64-69
1,72	58-63	62-66	65-71
1,75	60-65	64-68	67-73
1,77	61-66	65-70	68-75
1,80	62-68	67-71	70-76
1,82	63-69	68-73	72-77
1,85	65-71	70-76	75-80

HOMMES

Taille	Ossature fine	Ossature moyenne	Ossature large
1,57	52-56	55-60	59-64
1,60	54-58	57-61	60-65
1,62	55-60	59-63	62-67
1,65	57-61	60-65	64-69
1,67	58-63	62-66	65-71
1,70	60-65	64-68	67-73
1,72	61-66	65-70	69-75
1,75	63-68	67-72	71-77
1,77	65-70	69-74	73-79
1,80	67-72	71-76	75-81
1,82	69-74	73-78	77-84
1,85	71-76	75-80	79-85
1,87	73-78	77-82	81-86
1,90	75-80	79-84	83-88
1,92	77-82	81-86	85-91

Soustrayez 1,5 kg des poids indiqués ci-dessus pour les vêtements
Pour déterminer le type de votre ossature (fine, moyenne ou large), repliez le coude de manière à former un angle de 90 °, puis demandez à un tiers de mesurer la distance qui va de l'intérieur à l'extérieur de l'articulation. Pour les femmes : 7 cm ou davantage indiquent une ossature large ; de 6 à 7 cm, une ossature moyenne ; moins de 6 cm, une ossature fine. Pour les hommes : 9 cm, une ossature large ; de 7 à 9 cm, une ossature moyenne ; moins de 7 cm, une ossature fine.

Les bienfaits du sport

Le tableau ci-contre vous indique l'évaluation faite par des médecins du sport pour 14 activités sportives très populaires, en fonction de leurs bienfaits dans 4 catégories. Le nombre de points le plus élevé dans une catégorie est de 21.

Il ne faut cependant pas oublier que la pratique d'un sport exigeant un effort violent, comme le squash, peut être dangereux pour un individu sédentaire ou en mauvaise condition physique. Faites vérifier votre état de santé par votre médecin traitant avant de vous lancer dans un entraînement sportif. (Voir aussi Endurance, p. 89.)

Sport	Contrôle du poids	Tonicité musculaire	Digestion	Sommeil	Total
Jogging	21	14	13	16	64
Cyclisme	20	15	12	15	62
Aviron	15	18	13	16	62
Natation	15	14	13	16	58
Patin à glace, patin à roulettes	17	14	11	15	57
Ski de fond	17	12	12	15	56
Squash	19	11	13	12	55
Basket-ball	19	13	10	12	54
Gymnastique suédoise	12	18	11	12	53
Tennis	16	13	12	11	52
Ski alpin	15	14	9	12	50
Marche	13	11	11	14	49
Golf	6	6	7	6	25
Bowling	5	5	7	6	23

TEST

Vérifiez vos connaissances

Vrai ou faux ?

1. La gymnastique est déconseillée aux femmes enceintes.

2. La plupart des gens perdent plus de poids grâce au sport qu'à l'aide d'un régime.

3. On peut prendre du poids en faisant du sport.

4. Si vous transpirez abondamment, c'est que vous vous donnez à fond.

5. Manger une barre chocolatée avant de s'entraîner donne davantage d'énergie.

6. Il est normal d'être essouflé après l'effort.

---

1. *Faux.* Elles ne doivent pas s'épuiser, mais un peu de gymnastique est souvent bénéfique. Consultez votre médecin.

2. *Vrai.* L'effet est plus lent mais plus durable. L'activité physique régularise l'appétit, accroît la force musculaire, la solidité osseuse et l'aptitude cardio-vasculaire. Ce que ne font pas les régimes hypocaloriques.

3. *Souvent vrai,* car les muscles pèsent plus lourd que la graisse. Mais, paradoxalement, vous serez plus mince.

4. *Faux.* Transpirer signifie simplement que vous avez trop chaud et que votre corps cherche à se refroidir.

5. *Faux.* Elle incitera votre pancréas à produire de l'insuline, vous sentirez immédiatement la fatigue et la soif. Absorbez plutôt des glucides lents, du type pain complet ou pâtes, environ 2 h avant de commencer l'entraînement.

6. *Faux.* C'est un signe d'épuisement. Vous devriez être capable de discuter tout en vous entraînant.

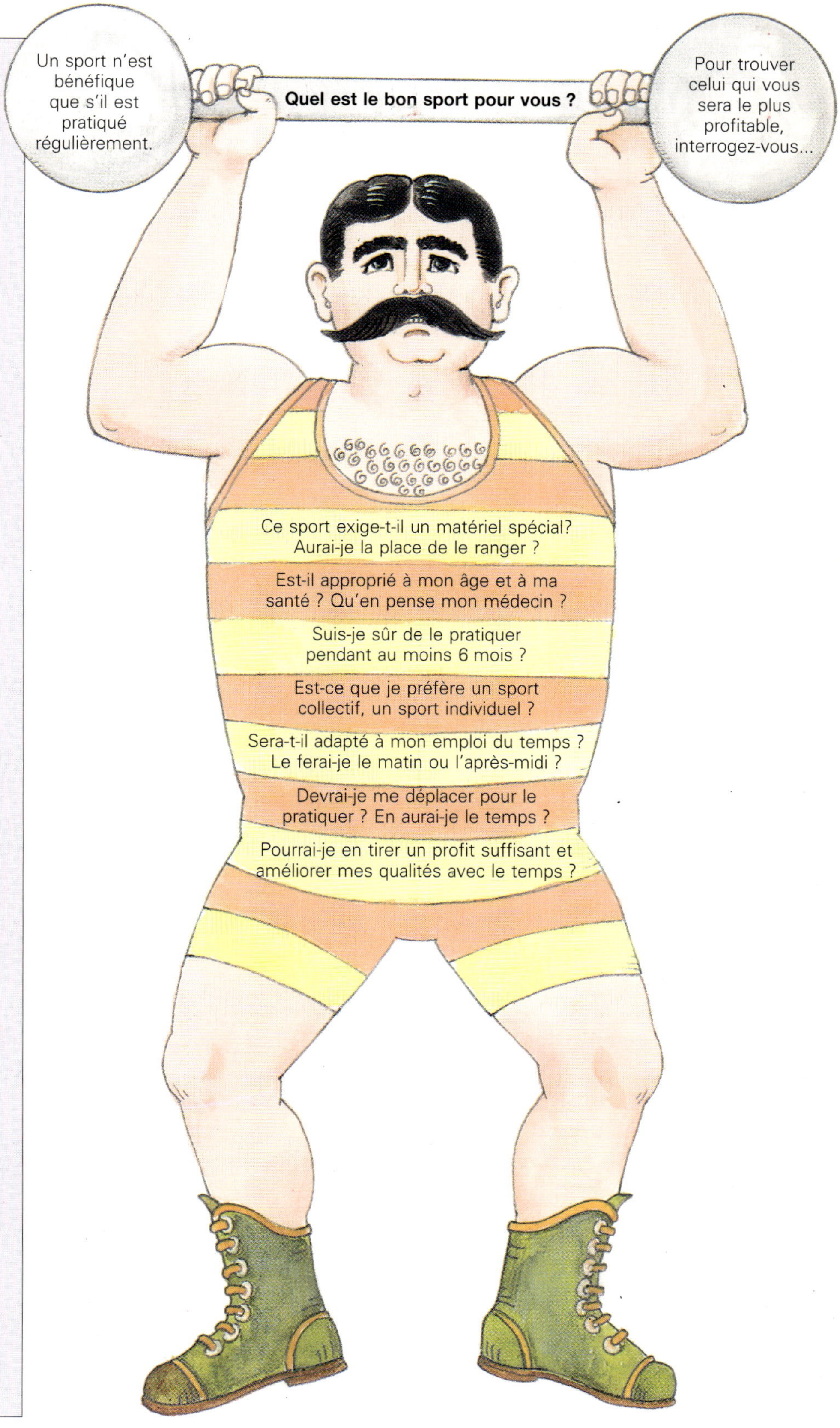

La valeur nutritive des aliments

Pour bien se porter, le corps humain a besoin d'une quarantaine d'éléments nutritifs. Il est bon de connaître les principaux éléments contenus dans les aliments les plus courants pour établir un équilibre alimentaire convenable.

Les chiffres donnés ici sont des valeurs moyennes. Ils peuvent varier selon les méthodes d'élevage, les conditions de culture, les régions de production et les saisons.

TABLE DE COMPOSITION DES ALIMENTS

(Pour 100 g d'aliments crus ou 10 cl)
Calories, lipides, glucides, protides en grammes ; sodium, calcium, magnésium, fer et vitamines en milligrammes

Aliment	Calories	Lipides	Glucides	Protides	Sodium	Calcium	Magnésium	Fer	Vitamine A	Vitamine B1	Vitamine B2	Vitamine C
FRUITS FRAIS												
Abricot	54	0,2	12,5	1	0,8	16	14	1	0,84	0,04	0,09	8
Ananas	57	0,2	13	0,5	1	14	14	0,5	0,04	0,08	0,03	26
Banane	100	0,4	23	1	2	10	33	0,6	0,13	0,1	0,07	8
Cerise	68	0,4	15	1	2	19	13	0,5	0,19	0,05	0,06	12
Fraise	37	0,5	7,5	1	2	29	12	0,8	—	0,03	0,06	60
Framboise	44	0,5	8,6	1,1	3	45	22	0,9	—	0,03	0,07	0,09
Groseille	48	0,4	9,8	1,1	2	36	15	0,8	0,03	0,06	0,02	28
Orange	54	0,2	12	1	1	31	10	0,43	0,05	0,09	0,03	60
Pamplemousse	44	0,2	10	0,5	2	19	11	0,3	—	0,06	0,06	40
Pêche	51	0,1	12	0,5	1	8	11	0,5	0,27	0,03	0,05	8
Poire	56	0,4	13	0,5	3	13	8	0,4	0,07	0,02	0,02	5
Pomme	55	0,5	12,5	0,5	1	6	5	0,35	0,02	0,04	0,04	9
Raisin	77	0,7	16,6	0,9	2	19	9	0,45	0,02	0,05	0,02	5
Rhubarbe	29	0,1	3,8	51	2	51	16	0,5	—	0,02	—	15
FRUITS SECS												
Abricot	273	0,5	63	4	18	83	62	3,5	2,23	0,01	0,16	10
Amande	634	54	17	20	3	254	253	4,4	0,02	0,25	0,67	—
Datte	305	0,5	73	2	1	72	65	2,1	0,01	0,09	0,09	—
Noix	677	62,2	14,3	15	4	82	134	2,1	0,10	0,4	0,17	3
Pruneau	293	0,5	69,7	2,3	8	50	36	3,4	0,57	0,15	0,23	3
Raisins secs	324	0,9	69,7	2,6	27	60	39	3,3	0,01	0,15	—	—
LÉGUMES FRAIS												
Artichaut	34	0,15	5,6	2,4	43	45	—	1,5	0,06	0,13	0,02	7
Asperge	25	0,2	3,5	2,3	2	20	20	0,9	0,3	0,02	0,15	27
Aubergine	27	0,2	5,1	1,2	3	13	11	0,45	—	0,04	0,05	5
Betterave cuite	42	0,15	8,5	1,5	48	23	—	0,8	—	0,02	0,05	6
Carotte	41	0,2	8,5	1,1	50	39	18	0,8	0,6	0,06	0,06	8
Chou blanc/vert	27	0,2	4,8	1,4	13	55	25	0,5	0,02	0,05	0,04	50
Concombre	13	0,1	2,2	0,7	8	10	9	3,1	0,09	0,05	0,2	8
Endive	22	0,2	3,2	1,7	18	104	13	1,7	0,9	0,1	0,2	11
Haricot vert	39	0,2	6,7	2,4	2	44	26	1	0,19	0,07	0,1	19
Laitue	18	0,2	2,6	1,3	14	26	12	0,6	0,17	0,07	0,1	9
Oignon	47	0,2	9,8	1,4	9	32	12	0,5	0,01	0,04	0,06	20
Poireau	43	0,3	7,9	2	28	60	18	1	0,01	0,06	0,04	19
Poivron	20	0,2	3,8	1,2	0,5	11	12	0,4	0,19	0,06	0,06	120
Pomme de terre	85	0,1	18,9	2	4	14	28	0,9	—	0,11	0,04	30
Radis	21	0,1	3,9	1,1	15	37	14	1,1	—	—	0,11	100
Tomate	22	0,3	3,7	1	3	11	11	0,6	0,33	0,06	0,04	30
CÉRÉALES et DÉRIVÉS												
Corn flakes	375	0,4	84,6	8,1	660	10	17	1,3	—	0,04	0,1	—
Maïs en grains	101	1,2	18,7	3,7	0,4	9	38	0,5	0,12	0,15	0,12	12
Pain blanc	260	0,7	57	6,9	493	22	27	0,8	—	0,07	0,05	—
Pain complet	230	1,2	50	8,1	520	54	57	1,6	—	0,2	0,1	—
Pâtes cuites	148	0,6	30,5	5,1	—	9	—	0,6	—	0,02	0,01	—
Riz cuit	116	0,3	25,8	2,5	2	4	—	0,3	—	0,02	0,01	—

Aliments	Calories	Lipides	Glucides	Protides	Sodium	Calcium	Magnésium	Fer	Vitamine A	Vitamine B1	Vitamine B2	Vitamine C
LAITAGES												
Beurre	735	81	0,7	0,6	10	16	1	0,19	0,99	—	0,01	0,15
Camembert à 45 % de mat. gr.	284	23	2	21	1100	268	18	0,5	0,31	0,05	0,45	—
Cantal	366	30	—	23	—	780	30	—	0,31	—	0,45	—
Crème fraîche à 30 % de mat. gr.	316	32,7	61,6	2,3	39	77	—	0,1	0,15	0,025	0,14	1
Emmental	379	29	0,2	29	620	1130	50	0,9	0,44	0,05	0,33	0,002
Fromage blanc à 40 % de mat. gr.	120	8	3,5	7,5	—	160	—	—	—	0,02	0,3	1,5
Lait écrémé	32	0,2	4,5	3,5	65	130	14	0,1	—	0,04	0,16	1
Lait entier	62	3,5	4,5	3	77	137	13	0,05	0,03	0,04	0,16	1
Roquefort	370	33	—	18,5	850	700	40	1	0,24	0,05	0,6	—
Yaourt entier	71	3,5	5	4	62	150	—	0,2	0,04	0,045	0,024	2
Yaourt maigre	44	0,5	5	45	—	140	—	0,3	0,01	0,05	0,13	—
Œuf entier	163	11	0,9	13	130	54	11	2,7	0,34	0,06	0,34	—
POISSONS, CRUSTACÉS												
Colin	86	2	—	17	89	220	20	1	—	0,08	0,1	1
Coquille Saint-Jacques	74	0,1	3,4	14,8	150	26	—	1,8	—	0,04	—	—
Crabe	121	5	—	19	150	45	48	0,9	—	0,05	0,1	—
Daurade	77	1	0	17	—	53	—	0,9	—	—	—	—
Homard	85	2	—	16,5	55	61	22	0,6	—	0,15	0,25	—
Maquereau	180	12	—	19	140	5	33	1	0,05	0,15	0,35	—
Raie	89	1	—	20	75	20	25	1	—	—	—	—
Sole	65	0,5	—	14,9	70	30	31	0,8	0,009	0,22	0,21	—
Thon frais	226	15,5	—	21,5	—	5	—	1,5	0,3	0,05	0,11	—
VOLAILLES												
Canard	322	28,6	0	16	85	15	15	1,8	—	0,1	0,24	—
Dinde	223	10	0,4	20,1	66	25	—	3,8	—	0,13	0,14	—
Poule	369	29,5	0	23,5	—	13	—	1,5	—	0,08	0,16	—
Poulet	150	7	—	21	80	12	35	1,8	—	0,1	0,2	2,5
VIANDES												
Agneau												
Côtelette	215	17	—	18	—	10	—	2	—	0,2	0,4	—
Épaule	289	25	—	16	—	10	—	—	—	0,15	0,2	—
Gigot	225	17	—	18	—	10	—	—	—	0,17	0,22	—
Bœuf												
Filet	184	5	—	21	—	10	—	2,9	—	0,1	0,16	—
Viande mi-grasse	252	19,6	0,5	18,2	70	6	19	2,8	0,02	0,1	0,18	—
Lapin	216	10	—	29	18	—	2,4	—	0,009	0,12	0,18	—
Porc												
Côte	332	24	—	28	62	8	—	2,2	—	0,8	0,19	—
Échine	291	25,2	—	16	76	9	20	2,4	—	0,8	0,19	2
Filet	373	30	—	22	—	9	—	2,4	—	0,8	0,8	—
Veau												
Côte	117	3	—	21	35	11	—	2,9	—	0,15	0,26	—
Noix	157	9	—	19	35	11	—	3	—	0,18	0,18	—
Ris	110	3,5	—	19,8	35	11	—	1,5	—	0,08	0,35	55
Rognon	126	6,2	0,5	16,9	35	10	—	6	0,02	0,35	2,3	12
CHARCUTERIES												
Andouillette	319	25	—	23	—	—	—	—	—	—	—	—
Boudin noir	294	37	0,9	14	—	10	—	—	—	—	—	—
Jambon cru	335	30,5	—	15,1	75	9	20	2,3	—	0,82	0,19	—
Jambon cuit	264	20,6	—	19,5	876	9	—	2,7	—	0,54	0,26	—
Rillettes	468	44	—	18	—	—	—	—	—	—	—	—

Le meilleur au meilleur prix

L'addition grimpe très vite au supermarché. Voici quelques petits trucs pour ne pas vous laisser surprendre, sans sacrifier la qualité de vos repas.

□ Préparez une liste pour éviter de vous laisser tenter.

□ Allez au supermarché après le repas, lorsque l'estomac est satisfait.

□ Laissez, si possible, les enfants à la maison ; ils peuvent vous contraindre à acheter beaucoup de produits inutiles.

□ Vérifiez toujours le prix au kilo. Celui d'un paquet de pâtes peut varier du simple au double en raison d'un emballage sophistiqué...

□ Ne cédez pas à la tentation d'acheter des sauces toutes préparées, elles sont rarement bonnes. Préférez une sauce tomate nature dans laquelle vous ajouterez des oignons, de l'ail, de la viande hachée, de l'origan... à une bolognaise hors de prix !

□ De la même façon, achetez du riz nature et agrémentez-le vous-même.

□ Si vous avez de la place pour les stocker, achetez conserves, lessives et produits d'entretien lorsqu'ils sont en promotion.

□ En revanche, achetez les denrées périssables en petites quantités pour ne pas risquer de les gaspiller. Faites parfois une exception avec celles qui peuvent être transformées après la cuisson : un rôti fera un excellent hachis Parmentier ou une délicieuse salade de viande.

□ Achetez de préférence les bas morceaux de bœuf, de porc ou d'agneau pour préparer des boulettes ou des croquettes : ils sont moins chers et tout aussi savoureux. Désignez au boucher le morceau de viande que vous voulez faire hacher. Il correspondra à ce que vous désirez en faire et sera probablement moins cher que le traditionnel steak haché.

□ Ne mangez pas de protéines animales chaque jour. Essayez de temps en temps les légumes secs, variés, riches en protéines végétales.

□ Si vous achetez des conserves ou des surgelés, ne choisissez que des produits de base qui vous serviront à préparer vos plats ; les plats tout prêts sont chers et souvent de médiocre qualité.

L'hygiène à la cuisine

Pour éviter tout risque d'intoxication, respectez ces quelques règles de propreté élémentaires.

□ Avant de préparer la cuisine, lavez-vous toujours soigneusement les mains à l'eau tiède, avec un savon neutre du type savon de Marseille.

□ Lavez les ustensiles à l'eau chaude et au produit à vaisselle dès la fin de l'utilisation. De manière générale, ne laissez jamais traîner de vaisselle sale.

□ Remplacez régulièrement les éponges. Lavez souvent les torchons, à 95 °C. Passez de temps en temps brosse à vaisselle, grattoirs et goupillons au lave-vaisselle.

□ Utilisez toujours des aliments frais (voir ci-contre les temps de stockage des denrées périssables).

□ Évitez de tousser ou d'éternuer au-dessus des aliments que vous préparez, à plus forte raison si vous êtes enrhumé.

□ Lorsque vous vous coupez, nettoyez aussitôt la blessure à l'alcool et mettez un pansement hermétique ou des gants en caoutchouc.

□ Si vous aimez le steak tartare ou le carpaccio, faites-les préparer par votre boucher au dernier moment et ne les conservez pas plus de 2 à 3 h au réfrigérateur.

□ Attention à ne pas consommer « rosées » certaines viandes comme le porc (y compris saucisses et autres dérivés), le lapin, la volaille (sauf le canard) ou le veau.

□ Dès le retour du marché, mettez les aliments périssables au frais.

□ Lorsque vous décongelez un aliment, consommez-le le plus rapidement possible.

□ Congelez les aliments par petites quantités, dans des boîtes ou des sachets spéciaux, en faisant soigneusement le vide.

□ Ne dépassez pas la date de péremption indiquée sur l'emballage.

□ Ne laissez pas les animaux domestiques grimper sur le plan de travail ou sur la table.

Les règles d'or du micro-ondes

☐ Cuisinez dans des plats en verre, en porcelaine, en céramique ou en terre cuite. Pas de métal, sauf avis contraire du fabricant.
☐ Utilisez du papier sulfurisé ou du film adhésif, jamais de feuille d'aluminium.
☐ Pour éviter toute explosion, ne couvrez jamais le plat hermétiquement ; de la même façon, laissez un peu d'air pénétrer dans les papillotes.
☐ Ne faites pas cuire d'aliments en pleine friture.
☐ Placez le plat au centre du four et, le cas échéant, les parties les plus épaisses des aliments au bord du plat.
☐ Ne mettez jamais en marche un four à micro-ondes vide.
☐ Suivez attentivement la recette et respectez les temps de repos. Sorti du four, l'aliment continue de cuire quelques instants.
☐ Ne faites pas cuire d'œufs dans leur coquille, ils éclateraient.

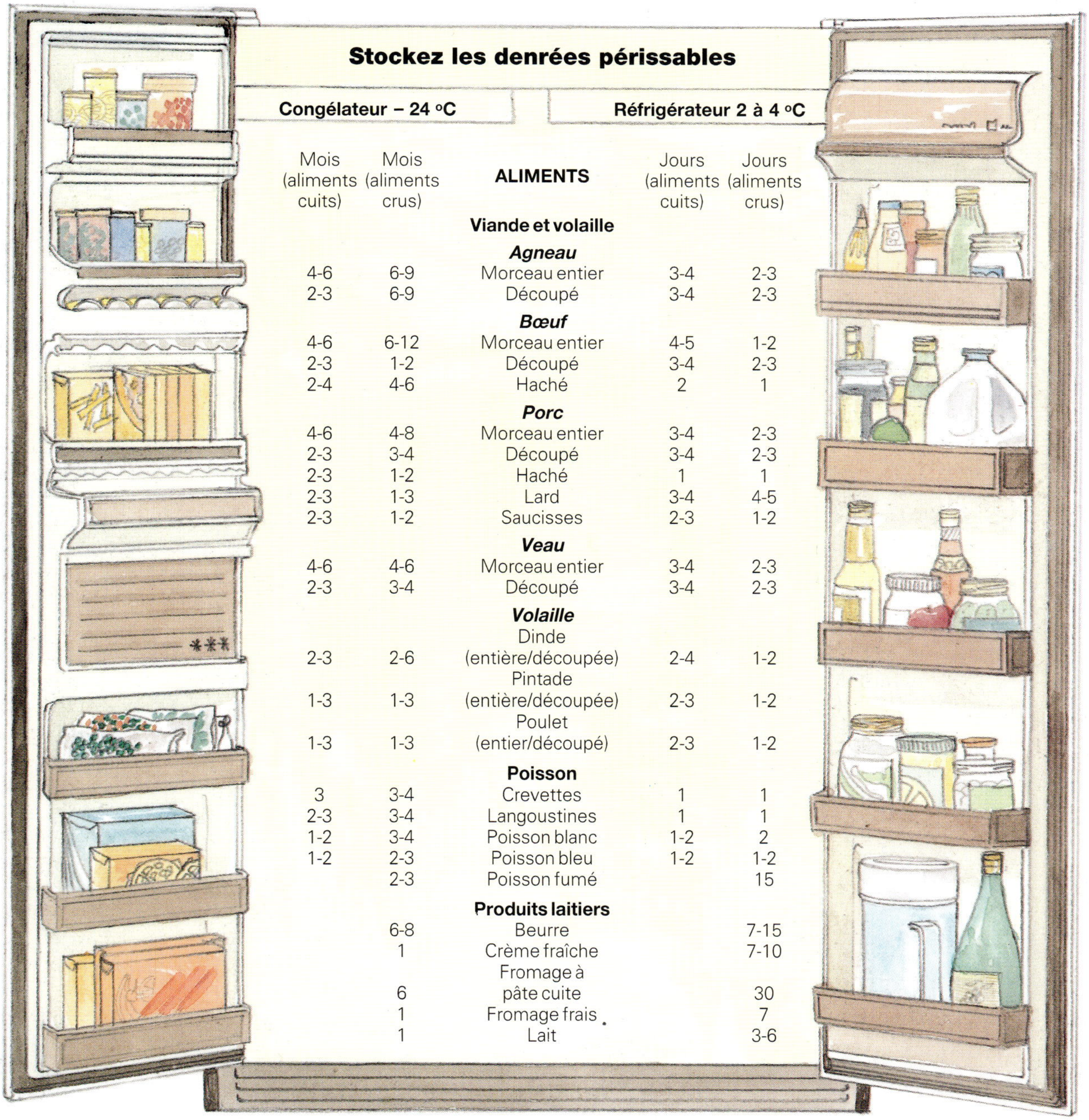

Stockez les denrées périssables

Congélateur – 24 °C			Réfrigérateur 2 à 4 °C	
Mois (aliments cuits)	Mois (aliments crus)	ALIMENTS	Jours (aliments cuits)	Jours (aliments crus)
		Viande et volaille		
		Agneau		
4-6	6-9	Morceau entier	3-4	2-3
2-3	6-9	Découpé	3-4	2-3
		Bœuf		
4-6	6-12	Morceau entier	4-5	1-2
2-3	1-2	Découpé	3-4	2-3
2-4	4-6	Haché	2	1
		Porc		
4-6	4-8	Morceau entier	3-4	2-3
2-3	3-4	Découpé	3-4	2-3
2-3	1-2	Haché	1	1
2-3	1-3	Lard	3-4	4-5
2-3	1-2	Saucisses	2-3	1-2
		Veau		
4-6	4-6	Morceau entier	3-4	2-3
2-3	3-4	Découpé	3-4	2-3
		Volaille		
2-3	2-6	Dinde (entière/découpée)	2-4	1-2
1-3	1-3	Pintade (entière/découpée)	2-3	1-2
1-3	1-3	Poulet (entier/découpé)	2-3	1-2
		Poisson		
3	3-4	Crevettes	1	1
2-3	3-4	Langoustines	1	1
1-2	3-4	Poisson blanc	1-2	2
1-2	2-3	Poisson bleu	1-2	1-2
	2-3	Poisson fumé		15
		Produits laitiers		
	6-8	Beurre		7-15
	1	Crème fraîche		7-10
	6	Fromage à pâte cuite		30
	1	Fromage frais		7
	1	Lait		3-6

Remplacer ou utiliser autrement certains ingrédients

Ingrédients	Ingrédients de remplacement	Autres utilisations
Bœuf haché	Porc, volaille ou veau haché	Farces, sauces, pâtes, riz
Café	Chicorée grillée soluble	Lait, crèmes
Cake	—	Glaces, crème pâtissière, coulis de fruits
Champagne	Mousseux, vin blanc, pétillant de fruits	Kir royal, salade de fruits
Chapelure	Crackers ou céréales émiettés, germe de blé	—
Crabe surgelé	Crabe en boîte	Salades, omelettes
Crème fraîche	Yaourt, lait fermenté	Sauces, farces
Crème glacée	Sorbet, glace au yaourt	Fruits, coulis, sauces
Crème légère (25 cl)	20 cl de lait + 1 cuil. à soupe de beurre fondu	Crème fouettée
Farine à gâteaux	Farine additionnée de 1 cuil. à café de levure chimique	—
Fécule (1 cuil. à soupe) en tant qu'épaississant	2 cuil. à soupe de farine	—
Génoise (pour charlotte)	Biscuits de champagne à la cuillère	Gâteau fourré
Jus de citron	Vinaigre, jus de citron vert	Vinaigrette
Jus d'orange	Jus de mandarine	—
Ketchup (125 g)	120 g de sauce tomate + 2 cuil. à café de sucre	Sauces (dips)
Lait entier (25 cl)	20 cl de lait écrémé + 1 cuil. à soupe de beurre fondu	—
Légumes cuits	Légumes en boîte	Aspics, pâtes, riz, omelettes
Levure chimique (1 cuil. à café)	2 cuil. à café de bicarbonate de soude	—
Miel (25 cl)	20 g de sucre + 20 cl d'eau	—
Moules fraîches	Moules en bocal Moules surgelées	Salades
Œuf	2 jaunes d'œufs	Omelettes aux légumes, fromage
Œufs durs	—	Côtes de céleri, pommes vapeur, fromage à pâte cuite
Pâtes cuites	—	Restes de viande, de légumes, salades
Poissons	—	Lamelles sautées avec légumes
Poivron rouge	Poivron vert ou poivron jaune	À farcir avec du riz
Poulet	Dinde, pintade, veau	Riz, pommes sautées
Ricotta	Brousse, demi-sel, petits-suisses	Farces
Riz cuit	—	Salades, farces, riz sauté
Salade	—	Viande, poisson, légumes, avocat
Sauce tartare	6 cuil. à soupe de mayonnaise + 2 cuil. à soupe de pickles hachés	—
Sauce tomate	200 g de concentré de tomate + 25 cl d'eau	—
Soupe en boîte	—	Sauce pour légumes, pâtes, riz
Spaghettis	—	Restes de viande hachés, poisson, légumes, soupes
Thé glacé	Infusion d'herbes	—
Thon à l'huile	Sardines à l'huile	Salade de riz, pâtes
Thon au naturel	Blanc de poulet	Olives, céleri, pâtes, œufs durs
Yaourt	Fromage blanc, lait fermenté	Fruits frais ou secs, céréales, gâteaux

Épices et assaisonnements

CANNELLE : Salades de fruits, compotes, fruits cuits, riz au lait, cakes, petits gâteaux, vin chaud.

CARVI : Marinades de viande. En petite quantité sur les fromages forts (livarot, munster).

CLOU DE GIROFLE : Potages aux légumes, viandes mijotées, cakes, fruits au vin ou au sirop, vin chaud.

CUMIN : Salades de concombre ou de carottes, couscous, agneau mijoté, marinades de viande et de poisson, fromages.

CURRY : Viandes poêlées ou mijotées, poissons, crustacés, légumes.

GINGEMBRE : Poissons grillés, viandes blanches, volailles, plats à l'aigre-doux, compotes.

LAURIER : Rôtis, plats mijotés, pot-au-feu, marinades de viande, légumes à la grecque.

NOIX MUSCADE : Viandes mijotées, gratins de chou-fleur ou de pommes de terre, marinades, boulettes de viande, vin chaud.

ORIGAN : Pizzas, sauce tomate, légumes farcis, oignons confits, marinades, poissons grillés.

PIMENT : Doux et fort. Viandes poêlées, plats mijotés, poissons poêlés, légumes, marinades pour grillades.

POIVRE : Pour tout, ou presque. Ayez-en du blanc, du noir, mais aussi du vert pour les viandes et les poissons.

ROMARIN : Agneau rôti ou grillé, poulet rôti, sauce tomate, poissons au four, marinades diverses, pommes de terre sautées.

SAFRAN : Paella, courts-bouillons, soupes de poisson, bouillabaisse, riz au lait ou gâteau de riz.

SAUGE : Viandes blanches, pommes de terre rôties ou sautées, poissons poêlés, farces pour volaille, marinades.

THYM : Courts-bouillons, poissons, viandes grillées ou mijotées, marinades, pizzas, sauce tomate.

VANILLE : Crème anglaise, glaces, desserts au chocolat ou au caramel, riz au lait, œufs à la neige, compotes, vin chaud.

Équivalences des ingrédients courants

1 kg	**Abricots**	10-15 abricots
100 g	**Abricots secs**	12 abricots secs
50 g	**Amandes mondées**	40 amandes
500 g	**Bananes**	3 moyennes ou 4 petites
1 kg	**Carottes**	10-12 carottes
1 kg	**Cerises**	600 g de cerises dénoyautées
100 g	**Cerneaux de noix**	40 noix
100 g	**Chocolat**	24 petits carrés
1	**Citron (gros)**	3 cuil. à soupe de jus
1 kg	**Citrons**	5 gros ou 6 petits citrons
15 cl	**Eau**	1 verre à moutarde
10 g	**Farine**	1 cuil. à soupe
1 kg	**Fèves fraîches**	300 g de fèves écossées
100 g	**Figues sèches**	5 figues sèches
1 feuille	**Gélatine**	1 cuil. à café de gélatine en poudre
250 g	**Grosses pâtes crues**	600 g de pâtes cuites
1 c. à café	**Herbes sèches**	1 c. à soupe d'herbes fraîches
500 g	**Légumes secs**	1 kg de légumes cuits
50 g	**Noisettes décortiquées**	25 noisettes
100 g	**Oignon**	1 oignon moyen
1	**Orange (grosse)**	5 cuil. à soupe de jus
1 kg	**Oranges**	4 grosses ou 6 moyennes
1 tranche	**Pain de mie**	50 g de chapelure
1 kg	**Petits pois frais**	250 g de petits pois écossés
1 kg	**Poireaux**	8-10 poireaux
500 g	**Pommes**	2 grosses ou 3 moyennes
1 kg	**Pommes de terre**	6 grosses ou 8 moyennes
100 g	**Pruneaux**	10 pruneaux
150 g	**Riz**	1 verre à moutarde
250 g	**Spaghettis crus**	1,5 kg de spaghettis cuits
15 g	**Sucre**	1 cuil. à soupe
500 g	**Tomates**	3 grosses ou 4 moyennes

Organiser un buffet

3 ou 4 semaines avant

☐ Décidez du style de la réception.
☐ Établissez votre budget.
☐ Dressez la liste des invités et envoyez les invitations.
☐ Prévoyez de l'aide.
☐ Louez éventuellement l'équipement nécessaire.

2 semaines avant

☐ Établissez le menu et choisissez les boissons.
☐ Prévoyez la décoration et la table pour le buffet.
☐ Préparez la vaisselle, les couverts, les nappes, les serviettes, les bougies, les divers accessoires.

1 semaine avant

☐ Achetez les denrées non périssables et les boissons.
☐ Commandez les fleurs.
☐ Procurez-vous éventuellement un ou plusieurs chauffe-plats.
☐ Préparez les plats qui peuvent être congelés.

La veille

☐ Achetez les denrées périssables.
☐ Cuisinez les plats qui peuvent attendre jusqu'au lendemain.
☐ Dressez le buffet.
☐ Disposez des cendriers dans toutes les pièces de réception.
☐ Aménagez un vestiaire.

Le jour même

☐ Cuisinez ce qui doit encore l'être.
☐ Terminez la décoration.
☐ Faites rafraîchir les vins qui doivent l'être et prévoyez des seaux à glace et des glaçons.
☐ Débouchez les bouteilles de vin rouge.
☐ 1 h avant, mettez en place apéritifs et amuse-gueules.
☐ 15 min avant, disposez les plats froids sur le buffet.

Que faut-il pour le buffet ?

Voici quelques éléments de base qui vous donneront une idée des quantités nécessaires pour un buffet de 20 personnes. Il vous suffit de multiplier ou de diviser pour les adapter à votre réception.

Boissons

1 bouteille de : gin, whisky, porto, vin doux, vermouth
6 bouteilles de champagne
6 bouteilles de vin rouge
6 bouteilles de vin blanc
6 bouteilles d'eau plate
4 bouteilles d'eau gazeuse
4 bouteilles de jus de fruits
4 bouteilles de jus de tomate
2 bouteilles de tonic

Apéritifs et hors-d'œuvre

500 g de crackers variés
750 g de sauces (dips) variées
250 g de chips
2 kg de crudités variées ou 150 petits sandwiches et canapés
2 pains surprise
500 g de fromage à pâte cuite coupé en cubes
60 rondelles de saucissons divers
40 mini-pizzas
40 mini-quiches

Plats et desserts

4 rosbifs de 1,5 kg chacun ou 60 tranches de rôtis variés, ou 4 poulets rôtis coupés, ou 1 poisson poché de 2 kg
40 tranches de jambon
2,5 kg de légumes cuits divers (buffet chaud)
1 salade de riz (1 kg) ou 1 taboulé
1,5 kg de fromages variés
3 kg de fruits divers en salade ou 2 kg de fruits
2 gros gâteaux ou 3 grandes tartes
60 petits fours
2 kg de pain en tranches

Dresser le couvert

Bien que, de nos jours, la mode soit à la simplicité, il est bon de ne pas oublier les règles élémentaires pour dresser une jolie table. En voici les bases, mais vous pouvez supprimer certains couverts ou certains verres selon vos menus.

1. Serviette
2. Fourchette à poisson
3. Fourchette à viande
4. Fourchette à salade
5. Grande assiette
6. Assiette pour le potage ou pour l'entrée
7. Couteau à viande
8. Couteau à poisson
9. Cuillère à potage
10. Assiette à pain
11. Couteau à beurre
12. Couverts à dessert
13. Verre à eau
14. Verre à vin rouge
15. Verre à vin blanc
16. Flûte à champagne

Bon fromage, bonne table

Si vous n'avez pas servi en entrée un plat à base de fromage, présentez-en plusieurs sur un plateau ou mettez l'accent sur un seul fromage vedette.

☐ Choisissez toujours des fromages de saison et préférez-les à la coupe. Un bon fromager vous donnera les meilleurs conseils.

☐ Si vous les achetez à l'avance, conservez-les dans l'emballage du fromager. En été, mettez-les dans la partie la moins froide du réfrigérateur. En hiver, placez-les sur le rebord abrité d'une fenêtre... sauf s'il gèle à pierre fendre.

☐ Sortez les fromages du froid au moins 1 h avant de les servir et disposez-les sur le plateau que vous laisserez à température ambiante.

☐ Osez proposer des fruits avec certains fromages : les poires, les pêches et les raisins se marient bien avec les bleus. Les fruits secs, comme les noix, les noisettes et les amandes, sont excellents avec les fromages à pâte cuite.

☐ Pour satisfaire tous les goûts, prévoyez des plateaux très variés où voisineront fromages au lait de vache, de chèvre et de brebis. Entamez les fromages ronds.

☐ Si vous avez opté pour la formule du fromage unique, choisissez-le plein de caractère mais pas trop fort : un roquefort, un vacherin, un camembert, un parmesan frais.

☐ Servez les fromages aromatisés (à l'ail, aux fines herbes, aux épices...) sur un plateau à part, avec un couteau qui leur est réservé.

☐ Proposez plusieurs sortes de pain : baguette croustillante, pain de campagne, pain de seigle, pain aux noix ou aux raisins.

☐ On sert généralement les fromages avec du vin rouge, mais les bleus s'accommodent fort bien d'un vin muscat ou d'un vin moelleux comme le sauternes ou le sainte-croix-du-mont.

Savoir boire

Une soirée trop arrosée risque de devenir déplaisante, voire de se terminer en catastrophe. Voici comment éviter cela.

VOUS RECEVEZ

☐ Ne forcez pas vos invités à boire.

☐ Prévoyez beaucoup de glaçons, de l'eau plate et des jus de fruits.

☐ Proposez des fruits secs, des toasts riches en protéines (viande, saucisson, poisson fumé) qui compensent les effets de l'alcool.

☐ Si l'un des convives semble abuser, évitez de le servir ou coupez d'autorité sa boisson d'eau ou de glaçons.

☐ Proposez à celui qui, de toute évidence, a trop bu, de dormir chez vous ou de se faire raccompagner. Ne le laissez en aucun cas prendre le volant.

VOUS ÊTES INVITÉ

☐ Mangez un petit en-cas avant de vous rendre chez vos amis.

☐ Avalez un aliment protidique juste avant de boire. Ne consommez jamais d'alcool à jeun.

☐ Buvez lentement. Alternez boissons alcoolisées, eau plate et jus de fruits.

☐ Dès que vous vous sentez un peu ivre, délaissez les boissons alcoolisées.

Êtes-vous amoureux ?

☐ Pensez-vous à la personne aimée tous les jours ? L'appelez-vous simplement pour savoir ce qu'elle fait ?
☐ Avez-vous les mêmes goûts, riez-vous des mêmes choses ? Vous amusez-vous lorsque vous êtes ensemble ?
☐ Son apparence ? Ce que les autres considèrent comme un défaut — le petit écart entre ses dents, par exemple — vous paraît-il charmant ?
☐ Faites-vous des achats en pensant qu'elle les aimera ? Lui offririez-vous un bijou de famille auquel vous tenez ?
☐ Êtes-vous passionnément intéressé par son enfance, ses penchants, son travail, et souhaitez-vous lui faire partager votre réussite ?
☐ Désirez-vous discuter avec elle de tout ce qui vous importe ?
☐ Fait-elle partie intégrante de tous vos projets d'avenir ?
☐ Souhaitez-vous vous améliorer pour lui plaire ?
☐ Allez-vous au théâtre pour lui faire plaisir, bien que vous n'aimiez pas ce genre de spectacle ?
☐ Vous sentez-vous jeune et heureux ? Votre entourage vous interroge-t-il sur les raisons de votre bonheur ?
☐ Vous est-il facile de résister à la séduction exercée par d'autres ?

Si vous répondez oui à toutes ou à la plupart des questions, vous pouvez envisager le mariage avec sérénité.

10 trucs pour un mariage heureux

1. Gardez votre calme. Exprimez vos sentiments, mais n'explosez pas. Encouragez votre partenaire à s'expliquer lorsque quelque chose ne va pas. Faites preuve du plus grand tact pour démêler les problèmes et de patience pour les résoudre.

2. Ayez vos propres intérêts. Si votre vie se focalise entièrement sur votre conjoint, il étouffera et vous vous limiterez. Restez en contact avec vos amis, pratiquez les activités que vous aimez, faites partie d'organisations et suivez les cours qui vous intéressent. Votre personnalité s'en trouvera enrichie, ce qui suscitera la curiosité de votre conjoint.

3. Soutenez votre partenaire. Si elle se montre inquiète au sujet d'un discours qu'elle doit prononcer, apportez-lui votre soutien. Montrez-lui combien vous êtes fier de sa réussite ; souvenez-vous qu'elle n'est pas votre rivale — ses succès ne peuvent avoir sur vous qu'un effet positif.

4. Soyez affectueuse. N'hésitez pas à lui montrer votre amour en lui prenant le bras ou la main. Faites-lui sentir qu'il est séduisant. Ne vous laissez pas absorber par vos soucis quotidiens au point d'en oublier les démonstrations de tendresse.

5. Préservez votre temps. Quelles que soient vos occupations, sachez, l'un comme l'autre, vous ménager des moments de solitude, ensemble, pour flâner, aller au restaurant, voire passer un week-end au bord de la mer. S'il le faut, prenez « rendez-vous » l'un avec l'autre.

6. Sachez apprécier votre conjoint. N'oubliez-vous jamais de le remercier ? Traitez-vous votre épouse avec la même considération que certaines de vos amies ? Vous faites-vous suffisamment de compliments ? On oublie parfois les règles les plus élémentaires de la courtoisie lorsque l'on vit avec quelqu'un.

7. Souvenez-vous de tous les bons moments. Lorsque vous traversez une période difficile, ayez en mémoire les moments agréables. Partagez ces souvenirs avec votre partenaire. Peut-être cela vous aidera-t-il à surmonter cette épreuve.

8. Pardonnez et oubliez. Évitez de répéter les mêmes disputes, de ressasser les mêmes griefs. Si votre partenaire s'est excusé, tirez immédiatement un trait sur l'incident. Si, malgré tout, vous avez tendance à ruminer, demandez-vous pourquoi. Si vous sentez en vous des envies destructrices, parlez-en à votre partenaire ou demandez conseil.

9. Communiquez vos sentiments. En lui expliquant pourquoi certains de ses actes vous rendent furieuse ou vous font éprouver un sentiment d'humiliation, vous lui ferez mieux comprendre vos propres réactions au lieu de l'accabler. De même qu'en le félicitant en certaines occasions vous l'encouragerez à adopter un comportement bénéfique pour lui, et aussi pour vous.

10. Faites des concessions. Allez au cinéma simplement pour lui faire plaisir. Allez dîner au restaurant italien parce qu'elle en a envie même si vous êtes fatigué. Compromis et concessions sont indispensables à un mariage heureux, et les deux parties en tireront profit.

L'organisation du mariage

Planifier un mariage dans les règles peut se révéler une épreuve, même pour les esprits très organisés. Voici un emploi du temps qui vous aidera à éviter catastrophes et imprévus de dernière minute.

Le jour du mariage
- ☐ Laissez les témoins régler les dernières formalités.
- ☐ Détendez-vous, prenez un bain.
- ☐ Arrivez à l'heure au mariage.

2 semaines avant
- ☐ Prenez rendez-vous avec votre coiffeur.
- ☐ Appelez ceux qui n'ont pas répondu à vos invitations.
- ☐ Apportez les dernières modifications au menu.
- ☐ Indiquez au traiteur le nombre définitif d'invités.
- ☐ Prévoyez votre moyen de transport pour le jour du mariage.

1 mois avant
- ☐ Préparez l'hébergement des invités qui viennent de loin.
- ☐ Déposez votre dossier de mariage à la mairie pour la publication des bans.

2 mois avant
- ☐ Passez l'examen médical prénuptial.
- ☐ Planifiez le vin d'honneur et le décor.
- ☐ Envoyez les faire-part et les invitations. Établissez le menu.
- ☐ Déposez une liste de mariage dans les magasins de votre choix.

3 mois avant
- ☐ Commandez les fleurs pour la cérémonie et la réception.
- ☐ Organisez le voyage de noces.
- ☐ Commandez l'habit de noces du marié.
- ☐ Annoncez les fiançailles dans la presse.
- ☐ Faites le choix de la musique pour la cérémonie et la réception.

6 mois avant
- ☐ Décidez de la date et du lieu de la cérémonie. Réservez une salle pour la réception.
- ☐ Calculez votre budget.
- ☐ Déterminez le nombre d'invités et dressez la liste des invitations.
- ☐ Choisissez un traiteur.
- ☐ Si vous vous mariez religieusement, contactez le ministre du culte.
- ☐ Commandez la robe de mariée et la tenue des demoiselles d'honneur.
- ☐ Choisissez vaisselle et linge de table si le traiteur ne les fournit pas.
- ☐ Faites imprimer les faire-part et les invitations.
- ☐ Achetez les alliances.
- ☐ Contactez musiciens (ou disc-jockey) et photographes.

Se marier en 15 jours

À condition que les futurs époux habitent dans la même commune.

14 jours avant
- ☐ Passez l'examen médical prénuptial (obligatoire).
- ☐ Déposez votre dossier de mariage à la mairie. (Délai minimal pour la publication des bans : 12 jours, selon les mairies.)

13 jours avant
- ☐ Décidez du lieu de la réception (chez un ami, par exemple).
- ☐ Prenez éventuellement contact avec un ministre du culte.

10 jours avant
- ☐ Choisissez votre tenue.
- ☐ Commandez les fleurs.
- ☐ Achetez les alliances.

3 jours avant
- ☐ Prévoyez le repas, les boissons, les décorations pour la réception.

1 jour avant
- ☐ Vérifiez votre tenue, vos chaussures, lavez la voiture.

Le jour même
- ☐ Mariez-vous !

Pourquoi bébé pleure-t-il ?

Cause	Indications	Que faire ?
Faim	2 h après le dernier repas ou repas insuffisant. Mouvements de succion éventuels.	Donnez-lui un biberon de lait.
Soif	Chaleur ; bébé transpire.	Donnez-lui de l'eau ou du jus de fruits coupé d'eau.
Maladie	Changement de couleur ou d'aspect. Début de rhume. Diarrhée.	Consultez un médecin.
Fatigue	Manque de sommeil ou excitation (compagnie inhabituelle, par exemple). Bébé bâille ou se frotte les yeux.	Mettez-le au lit. S'il ne s'endort pas, bercez-le ou promenez-le.
Inconfort	Couche sale. Pièce trop froide ou trop chaude. Vêtements rêches ou trop serrés.	Cherchez l'origine de son inconfort.
Gaz ou colique	Bébé agite les jambes, crie, a des gaz.	Couchez-le sur le ventre et frottez-lui le dos. Bercez-le ou portez-le.

Consignes pour le baby-sitter

Ce qu'il doit savoir

☐ À quelle heure vous rentrerez.
☐ L'heure du coucher des enfants.
☐ Les émissions télévisées et les aliments autorisés.
☐ Que répondre au téléphone.
☐ Les instructions spécifiques concernant les enfants malades.
☐ Où se trouvent : chambres des enfants, couches, jouets, aliments, livres, lampe de poche, pharmacie pour les petits bobos, sortie de service éventuelle, extincteur.

Numéros de téléphone

☐ Où vous joindre :
☐ Voisin :
☐ Médecin de famille :
☐ Police secours :
☐ SAMU ou ambulance :
☐ Pompiers :
☐ Centre antipoison :

À son intention

☐ Jus de fruits, repas.
☐ Magazines, oreiller.

Inscription à l'école maternelle

Formalités et caractéristiques
☐ On vous remettra à la mairie de votre domicile un formulaire d'inscription à l'école maternelle dont dépend votre quartier (pour les enfants à partir de 2 ans).

☐ Les écoles maternelles n'acceptent pas les enfants malades.
☐ Les médicaments peuvent être donnés par les parents à l'heure du déjeuner. Les maîtres n'y sont pas autorisés.

☐ Quelques trop rares écoles enseignent une seconde langue étrangère. Cette initiative pourrait se généraliser.
☐ L'effectif par classe ne doit pas excéder 30 élèves.

☐ Les enseignants de la maternelle ont les mêmes diplômes que ceux de l'école primaire. Ils sont aidés par des animateurs.
☐ Il existe un service Minitel recensant les écoles par quartier.

Découvrez la future école de votre enfant
☐ Les parents sont invités à venir visiter l'école lors d'une matinée porte ouverte.
☐ Renseignez-vous auprès de l'établissement et amenez votre enfant.

☐ Toutes les maternelles sont soumises à des normes de sécurité et d'entretien. Observez si l'équipement paraît suffisant et en bon état.
☐ Regardez si les élèves semblent détendus et actifs.

Écoles privées
☐ Vous trouverez dans votre mairie la liste des écoles privées ayant reçu une autorisation d'ouverture.
☐ Vérifiez les références fournies par le directeur.

Jeux pour un jour de pluie

☐ Découpez des photos dans des magazines et collez-les de manière à fabriquer des cartes de vœux originales.

☐ Vous pouvez créer tout un livre de contes avec des découpages choisis dans des revues.

☐ Si vous avez des instruments de musique de type maracas ou tambourins, mettez de la musique et laissez vos enfants l'accompagner.

☐ Inventez des instruments : transformez une boîte de café métallique et des baguettes chinoises en tambour ; 2 plats à tarte en aluminium remplis de haricots ou de boutons en tambourin.

☐ Racontez un conte de fées, ou inventez une histoire en faisant intervenir les enfants à tour de rôle.

☐ Fabriquez des colliers en peignant des bobines ou des pâtes à la peinture acrylique ou à la gouache. Enfilez-les sur de la ficelle ou du fil en intercalant des boutons colorés.

☐ Assemblez une boîte à cadeaux pour un ami ou un parent, qui contiendra photos des enfants, poèmes ou histoires.

☐ Fabriquez des déguisements pour le prochain mardi gras (voir Déguisement, p. 76).

☐ Organisez un cours de cuisine : choisissez des plats simples que vous dégusterez ensemble au dîner.

Les adolescents et vous

☐ Ne dramatisez pas les changements d'humeur d'un adolescent. Ils sont naturels à cet âge.

☐ Si votre enfant vous parle moins souvent qu'auparavant, ou désire rester seul, ne vous en formalisez pas. Respectez son intimité.

☐ Écoutez les arguments avancés par vos enfants. Si vous n'êtes pas d'accord, faites preuve du même esprit logique et de la même courtoisie que dans une discussion avec un adulte.

☐ Accordez-leur une totale responsabilité dans certains domaines — leur apparence ou leur chambre, par exemple. Ils doivent s'habituer à assumer les conséquences de leurs décisions.

☐ Évitez de les comparer à vous-même au même âge.

☐ En cas de conflit, ne cherchez pas à les sermonner ou à les attaquer. Tout en restant ferme sur vos principes, acceptez des compromis sur les points de détail.

☐ Faites l'éloge de leurs comportements positifs et admirez leurs succès.

☐ Un adolescent recherche tout naturellement l'admiration de ses pairs. Évitez de critiquer ses amis ou, inversement, de le comparer avec eux à son désavantage.

☐ Vérifiez qu'il dispose d'informations précises sur l'alcool, la drogue et la sexualité. Encouragez-le à en parler avec vous, ou avec un autre adulte en qui il a confiance.

Vérifications périodiques de l'habitation

Au printemps

À L'EXTÉRIEUR
☐ Inspectez l'état des volets : repeignez ou graissez les ferrures, repassez une couche de lasure sur le bois.
☐ Vérifiez les fermetures des portes et des fenêtres.
☐ Lavez les vitres. Réinstallez les stores.
☐ Réparez les fuites de toiture, changez les tuiles cassées.
☐ Nettoyez les gouttières, posez des grilles dessus ou à l'embouchure de la descente (crapaudines). Rectifiez les parties qui s'affaissent (refixez ou remplacez les supports).
☐ Examinez les murs extérieurs. Rebouchez les fissures.
☐ Si des briques sont descellées, refixez-les au mortier.
☐ Contrôlez la charpente et les boiseries. Si elles sont parasitées, traitez-les ou appelez un spécialiste.

À L'INTÉRIEUR
☐ Aérez la cave et le grenier en ouvrant les fenêtres.
☐ Faites contrôler par un spécialiste les taches suspectes, les traces de moisissures sur les murs et aux faux-plafonds. Traitez-les.
☐ Lessivez les murs et les parties peintes. Nettoyez et cirez les boiseries. Passez l'aspirateur sur les moquettes murales.
☐ Sortez et nettoyez le mobilier de jardin et le barbecue.
☐ Vérifiez que les jeux des enfants sont en bon état.
☐ Nettoyez les filtres et les grilles d'aération.
☐ Ramonez ou faites ramoner les cheminées.

En automne

À L'EXTÉRIEUR
☐ Vérifiez les fixations de l'antenne de télévision.
☐ Inspectez les souches de cheminée. Réparez les fissures et rescellez les chaperons détachés.
☐ Nettoyez les gouttières et leurs filtres grillagés.
☐ Coupez les branches d'arbre qui frôlent la maison.
☐ Ratissez la pelouse, ramassez les feuilles mortes.
☐ Rangez la tondeuse à gazon après l'avoir nettoyée.
☐ Nettoyez et rangez les meubles de jardin et le barbecue.
☐ Ouvrez et purgez les robinets, protégez le compteur d'eau.
☐ Nettoyez le bassin d'ornement, rentrez les plantes qui craignent le gel.

À L'INTÉRIEUR
☐ Rangez les ventilateurs et autres accessoires d'été.
☐ Fermez les pièces inutilisées comme le grenier. Réglez-y le chauffage au niveau « hors gel ». Vérifiez l'état des calfeutrages.
☐ Vérifiez les joints des portes et des fenêtres.
☐ Nettoyez les saturateurs des radiateurs, remplissez-les d'eau additionnée de désinfectant et de désodorisant.
☐ Nettoyez le brûleur ou le foyer de la chaudière. Faites régler la combustion par un chauffagiste spécialisé.
☐ Mettez le circuit de chauffage central sous pression.
☐ Dépoussiérez les radiateurs et purgez-les.
☐ Faites ramoner les cheminées. Vérifiez le bon fonctionnement des détecteurs de fumée.
☐ Contrôlez l'état des prises de courant et des fils électriques : remplacez tout ce qui est défectueux.

Comment choisir un entrepreneur

☐ Tout d'abord, établissez une liste détaillée de vos travaux. À défaut de directives et de documents précis, un artisan ou un entrepreneur peu scrupuleux pourra vous soumettre un devis très bas pour emporter le marché... en sachant qu'il pourra ensuite se rattraper sur les ajouts et les modifications non prévus au départ.

☐ Pour des travaux simples, vous pouvez établir vos plans vous-même ou en collaboration avec l'entrepreneur. Si vous avez des projets grandioses, comme une construction, faites appel à un architecte.

☐ Demandez au propriétaire d'une maison rénovée à votre goût les coordonnées de l'entrepreneur qui a fait les travaux. Interrogez également vos amis et vos voisins.

☐ Des agences immobilières, des banques, des bureaux d'études peuvent vous orienter vers des artisans ou des entrepreneurs réputés sérieux.

☐ À condition qu'il soit digne de confiance, profitez des services d'un entrepreneur qui, se trouvant sur un chantier voisin, pourra vous proposer un prix intéressant parce que son matériel et ses ouvriers sont déjà sur place.

☐ Faites établir un devis détaillé écrit par plusieurs entrepreneurs ou artisans (une estimation « à vue de nez » ou « à l'amiable » n'a aucune valeur et ne garantit rien). Assurez-vous que ces divers devis prennent en compte les mêmes travaux (soyez vigilants sur les finitions) et qu'ils font référence à des services et à des matériaux, matériels et équipements de qualités équivalentes.

☐ Le contrat que vous signez devra faire mention de tous les travaux à exécuter, ainsi que des types de matériaux, des marques et références des appareils à installer. Il indiquera également la date de mise en route du chantier, la durée des travaux et les pénalités qui vous seront dues par l'entrepreneur pour chaque jour de retard sur la fin prévue des travaux.

☐ Votre contrat devra aussi spécifier qui sera chargé du nettoyage, les lieux où seront stockés les matériaux et les outils, et ce qui adviendra des appareils, accessoires et éléments de décor que vous ferez remplacer : si vous désirez les garder, faites-le préciser avant les transformations.

☐ Évitez de changer d'idée au cours des travaux. Si cela arrive, adressez votre demande à l'entrepreneur (et non aux ouvriers qui font les travaux). Faites stipuler par écrit et en détail ces modifications et les coûts supplémentaires (ou les déductions) qu'elles amèneront.

☐ N'hésitez pas à demander à votre entrepreneur (et à exiger des documents à l'appui) s'il est assuré contre les dommages matériels, les nuisances et les accidents qui pourraient survenir pendant les travaux.

☐ Les travaux que vous souhaitez exécuter exigent souvent un permis de construire : renseignez-vous auprès de votre mairie ou des services de la DDE (Direction départementale de l'équipement). Déposez votre demande à la mairie. Si vous laissez à votre entrepreneur le soin de faire cette demande, assurez-vous que le permis a bien été délivré avant qu'il ne commence (et finisse !) les travaux. Sinon, vous risquez une pénalité et d'être dans l'obligation de démolir.

☐ Vous réglerez ces travaux en fonction de leur importance : établissez le calendrier des versements en accord avec votre entrepreneur et avant que les travaux ne commencent. Voici quelques exemples.

• Petits travaux : payez 10 % à la signature du contrat et le reste à la réception des travaux.

• Travaux de moyenne importance : versez 10 % à la signature du contrat, 25 % à mi-parcours et le reste à la fin.

• Gros travaux de longue haleine : payez 10 % à la signature du contrat, puis des versements hebdomadaires ou mensuels de 10 % jusqu'à la fin des travaux.

☐ Quelle que soit l'importance des travaux, si vous n'êtes pas satisfait, retenez de 15 à 20 % du solde jusqu'à ce que le litige soit réglé.

☐ Au cas où un permis de construire était nécessaire, attendez d'être en possession du certificat de conformité délivré par les services de la DDE avant d'effectuer le dernier règlement à votre entrepreneur.

Les outils indispensables

Parce qu'il n'est pas possible de faire appel au dépanneur ou à un artisan chaque fois qu'un petit bricolage s'impose dans la maison, vous devez avoir ces quelques outils de base chez vous. Achetez du matériel de qualité (les outils trop bon marché sont souvent inutilisables) et rangez chaque outil à sa place.

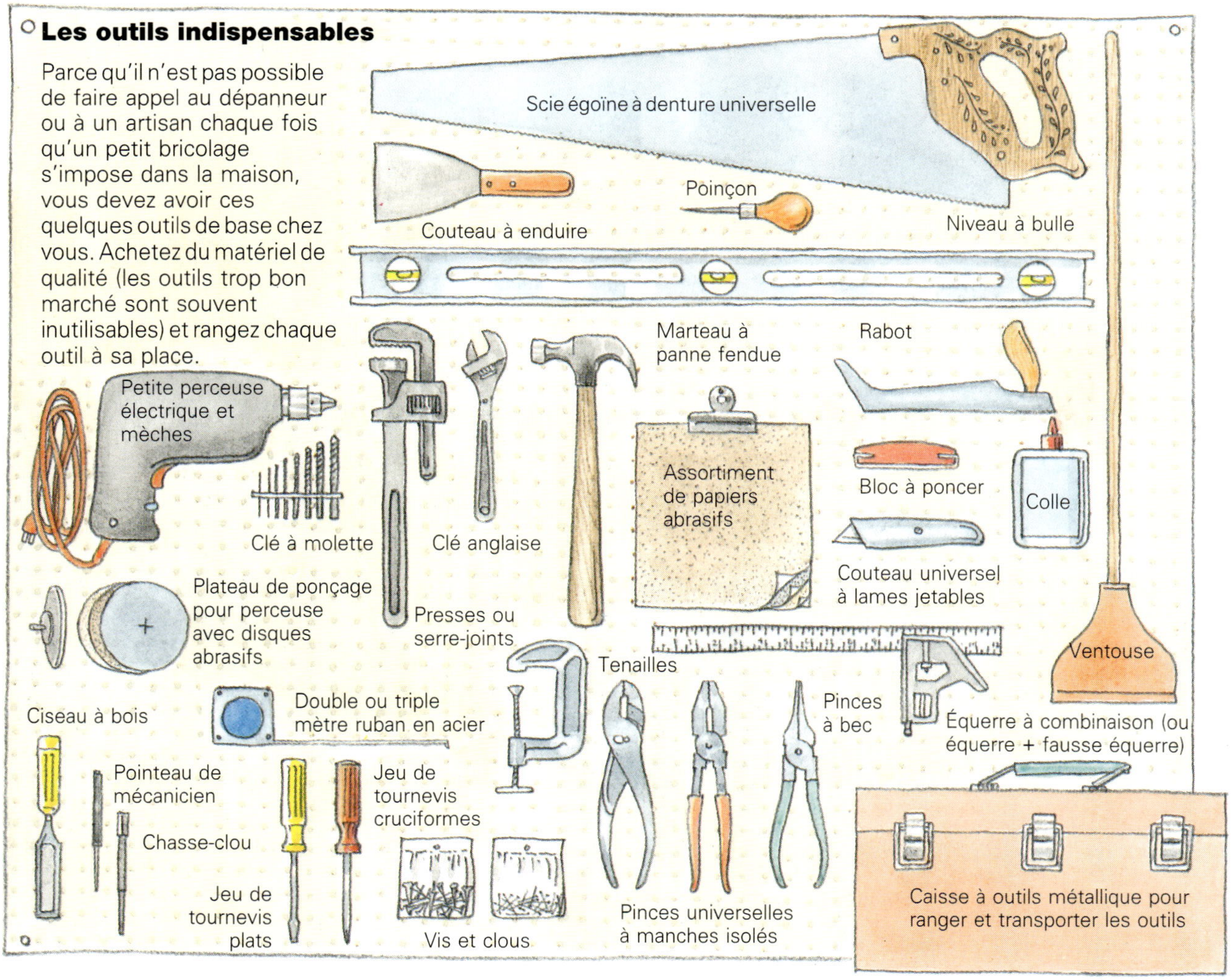

La sécurité dans votre maison

Il est possible d'éviter la plupart des accidents et incidents survenant dans les habitations. Vous trouverez ici les conseils élémentaires pour améliorer votre sécurité. À noter que la plupart des recommandations faites pour une pièce sont également valables pour les autres. (Voir aussi Feu dans une habitation, p. 100.)

Chambre à coucher

Vérifiez la puissance des ampoules des lampes et autres luminaires. Si elle n'est pas indiquée, limitez-vous à 60 W.

Méfiez-vous des radiateurs (bannissez ceux à gaz présentant une flamme accessible). Ne les placez pas à proximité d'objets en papier, de draperies, de tentures ou de meubles. Tenez-en éloignés les enfants et les animaux. Vérifiez leur stabilité, leur label et leur système de sécurité.

Une couverture électrique doit rester lisse et plate. Ne la repliez pas sous le matelas. Ne l'utilisez pas pour le lit d'un bébé ou d'un enfant en bas âge.

Évitez tout désordre à proximité du lit.

Lampe et téléphone doivent être accessibles du lit.

Entrées, escaliers et paliers

L'éclairage doit être suffisant, avec interrupteur au rez-de-chaussée et à chaque palier.

Sur les paliers, retirez tout objet ou meuble à angles droits et bords saillants.

Les marches ne doivent pas être glissantes. Collez des bandes antidérapantes sur les bords.

Ne laissez jamais rien traîner sur les marches.

Installez des barrières de sécurité si vous avez des enfants en bas âge.

Salon/salle à manger

Assurez-vous que les cordons électriques peuvent supporter la puissance des lampes. La surcharge peut provoquer un incendie. Faites réparer immédiatement toute prise ou tout cordon qui serait brûlant.

Installez des caches de sécurité sur toutes les prises de courant.

Placez un pare-feu devant la cheminée. Faites ramoner le conduit de fumée, ne brûlez pas de bois humide.

Laissez de l'espace autour de la télévision et de la chaîne stéréo pour éviter toute surchauffe. Débranchez-les en cas d'orage.

Notez les numéros des pompiers (le 18), du Samu (le 15), de la police et du centre antipoison à proximité du téléphone.

Ne faites pas courir les fils électriques sous les tapis, les meubles ou dans les zones de circulation. Remplacez les cordons pincés ou détériorés.

Vérifiez que la rampe est bien fixée.

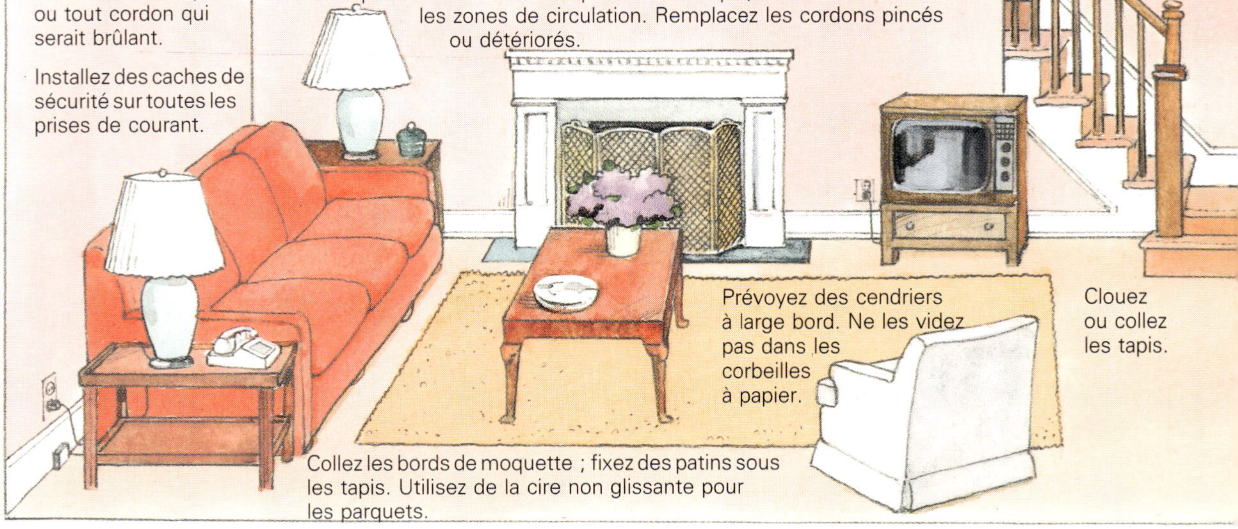

Prévoyez des cendriers à large bord. Ne les videz pas dans les corbeilles à papier.

Clouez ou collez les tapis.

Collez les bords de moquette ; fixez des patins sous les tapis. Utilisez de la cire non glissante pour les parquets.

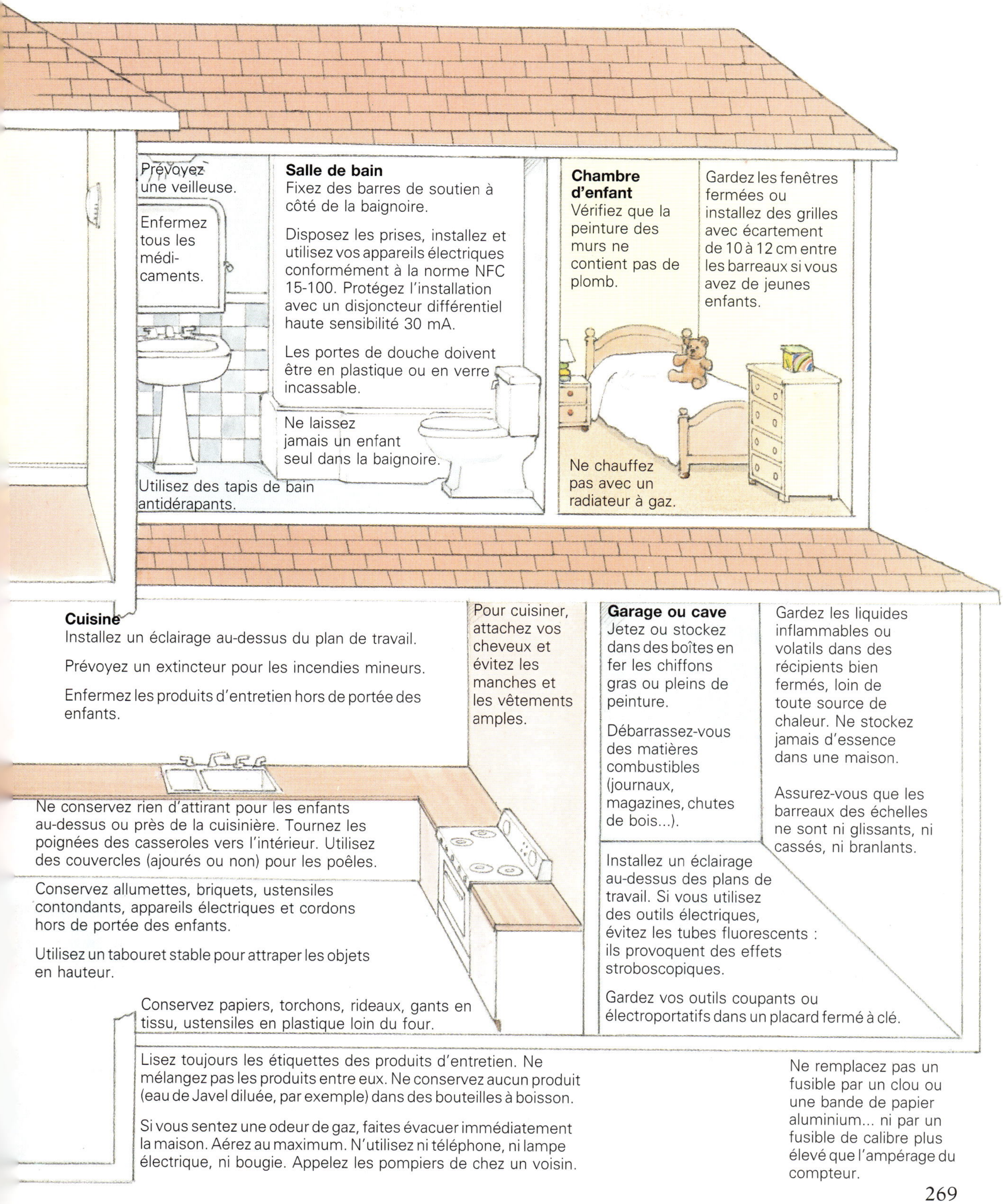

Prévoyez une veilleuse.

Enfermez tous les médicaments.

Salle de bain
Fixez des barres de soutien à côté de la baignoire.

Disposez les prises, installez et utilisez vos appareils électriques conformément à la norme NFC 15-100. Protégez l'installation avec un disjoncteur différentiel haute sensibilité 30 mA.

Les portes de douche doivent être en plastique ou en verre incassable.

Ne laissez jamais un enfant seul dans la baignoire.

Utilisez des tapis de bain antidérapants.

Chambre d'enfant
Vérifiez que la peinture des murs ne contient pas de plomb.

Gardez les fenêtres fermées ou installez des grilles avec écartement de 10 à 12 cm entre les barreaux si vous avez de jeunes enfants.

Ne chauffez pas avec un radiateur à gaz.

Cuisine
Installez un éclairage au-dessus du plan de travail.

Prévoyez un extincteur pour les incendies mineurs.

Enfermez les produits d'entretien hors de portée des enfants.

Pour cuisiner, attachez vos cheveux et évitez les manches et les vêtements amples.

Ne conservez rien d'attirant pour les enfants au-dessus ou près de la cuisinière. Tournez les poignées des casseroles vers l'intérieur. Utilisez des couvercles (ajourés ou non) pour les poêles.

Conservez allumettes, briquets, ustensiles contondants, appareils électriques et cordons hors de portée des enfants.

Utilisez un tabouret stable pour attraper les objets en hauteur.

Conservez papiers, torchons, rideaux, gants en tissu, ustensiles en plastique loin du four.

Lisez toujours les étiquettes des produits d'entretien. Ne mélangez pas les produits entre eux. Ne conservez aucun produit (eau de Javel diluée, par exemple) dans des bouteilles à boisson.

Si vous sentez une odeur de gaz, faites évacuer immédiatement la maison. Aérez au maximum. N'utilisez ni téléphone, ni lampe électrique, ni bougie. Appelez les pompiers de chez un voisin.

Garage ou cave
Jetez ou stockez dans des boîtes en fer les chiffons gras ou pleins de peinture.

Débarrassez-vous des matières combustibles (journaux, magazines, chutes de bois...).

Gardez les liquides inflammables ou volatils dans des récipients bien fermés, loin de toute source de chaleur. Ne stockez jamais d'essence dans une maison.

Assurez-vous que les barreaux des échelles ne sont ni glissants, ni cassés, ni branlants.

Installez un éclairage au-dessus des plans de travail. Si vous utilisez des outils électriques, évitez les tubes fluorescents : ils provoquent des effets stroboscopiques.

Gardez vos outils coupants ou électroportatifs dans un placard fermé à clé.

Ne remplacez pas un fusible par un clou ou une bande de papier aluminium... ni par un fusible de calibre plus élevé que l'ampérage du compteur.

La protection de votre maison

Un système d'alarme est un moyen efficace pour protéger votre maison (à condition qu'elle ne soit pas totalement isolée ou loin de tout secours). Votre alarme sera reliée à une société de surveillance qui se chargera d'avertir les forces de police. Voici, en plus, quelques moyens simples de protéger votre maison.

Les fenêtres

Posez des adhésifs sur les vitres, précisant que la maison est équipée d'un système d'alarme ou un panneau « Chien méchant » (même si vous n'avez pas de système d'alarme ni de chien).

Posez des renforts sur les fermetures des volets : systèmes bloquant les mécanismes d'ouverture ou barres transversales à fixer sur des pattes scellées dans les murs.

Tirez les rideaux et fermez bien les fenêtres lorsque vous sortez (même pour aller travailler au fond du jardin) : un malfaiteur pourrait pénétrer « sans effraction ».

Si vous vous absentez le soir, prévoyez des minuteries allumant et éteignant radio ou électricité par intermittence.

Laissez la radio allumée durant vos absences dans la journée.

Posez des serrures sur le côté intérieur de vos fenêtres.

Fixez solidement le climatiseur ou son orifice de ventilation à la fenêtre pour que l'on ne puisse pas l'arracher.

Portes

Les portes doivent être bien fixées aux cadres et ceux-ci aux murs.

Confiez vos clés à un voisin. Ne les cachez pas à l'extérieur.

Fixez des serrures à 3 ou 5 points d'ancrage sur les portes.

Posez des vitres blindées sur vos portes vitrées ou doublez-les par une grille en fer forgé.
Installez des serrures à double cylindre (intérieur et extérieur).

À défaut de système d'alarme, accrochez des alarmes à piles sur les poignées de porte intérieures.

Installez un éclairage au-dessus de la porte d'entrée pour qu'elle soit bien visible de la rue.

Fenêtres du rez-de-chaussée

Posez des vitrages blindés ou des grilles démontables (en cas d'incendie) avec des barreaux espacés de 12 cm au maximum.

Inspectez le montant de vos portes pour y déceler d'éventuels signes faits par des « éclaireurs » : une croix tracée à la craie ou au crayon signifie « maison bonne à cambrioler ». Effacez-les et soyez sur vos gardes.

Installez un judas optique et un entrebâilleur. Placez un second judas plus bas pour les enfants.

Ne laissez jamais de note punaisée sur la porte indiquant que vous êtes absent.

N'installez pas de porte basculante pour votre chien : un enfant pourrait s'y glisser.

Buissons et arbres

Coupez les branches des arbres qui permettraient d'accéder aux fenêtres ou au toit. Pour les buissons, privilégiez les espèces épineuses : rosiers, cactées, berbéris, houx…

Fenêtres du sous-sol

Scellez 2 ou 3 barres en fer ou une grille en fer forgé en travers des ouvertures pour empêcher toute intrusion.

Boîte aux lettres

Quand vous vous absentez, demandez à un voisin de vider votre boîte tous les jours.

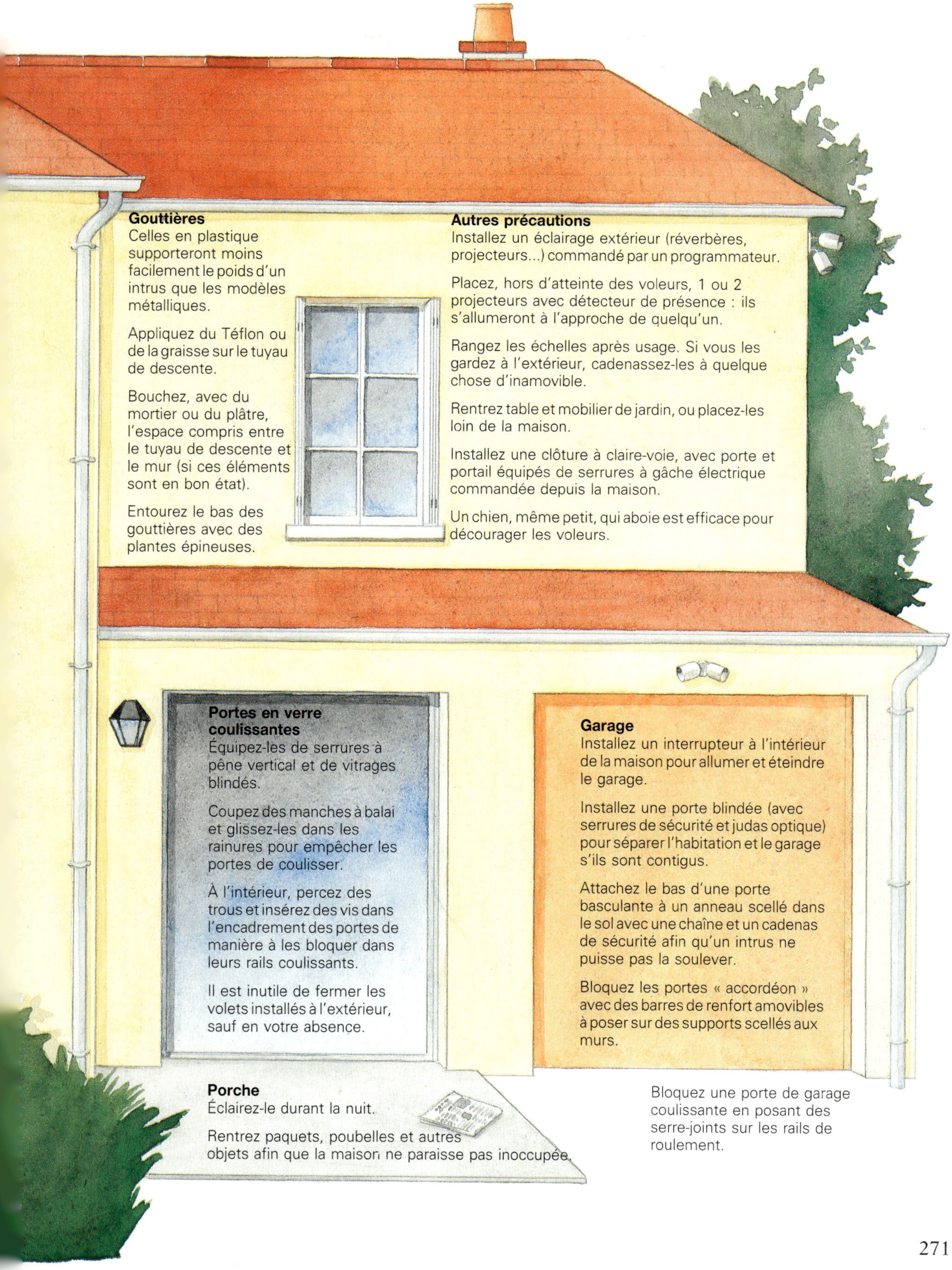

Gouttières

Celles en plastique supporteront moins facilement le poids d'un intrus que les modèles métalliques.

Appliquez du Téflon ou de la graisse sur le tuyau de descente.

Bouchez, avec du mortier ou du plâtre, l'espace compris entre le tuyau de descente et le mur (si ces éléments sont en bon état).

Entourez le bas des gouttières avec des plantes épineuses.

Autres précautions

Installez un éclairage extérieur (réverbères, projecteurs...) commandé par un programmateur.

Placez, hors d'atteinte des voleurs, 1 ou 2 projecteurs avec détecteur de présence : ils s'allumeront à l'approche de quelqu'un.

Rangez les échelles après usage. Si vous les gardez à l'extérieur, cadenassez-les à quelque chose d'inamovible.

Rentrez table et mobilier de jardin, ou placez-les loin de la maison.

Installez une clôture à claire-voie, avec porte et portail équipés de serrures à gâche électrique commandée depuis la maison.

Un chien, même petit, qui aboie est efficace pour décourager les voleurs.

Portes en verre coulissantes

Équipez-les de serrures à pêne vertical et de vitrages blindés.

Coupez des manches à balai et glissez-les dans les rainures pour empêcher les portes de coulisser.

À l'intérieur, percez des trous et insérez des vis dans l'encadrement des portes de manière à les bloquer dans leurs rails coulissants.

Il est inutile de fermer les volets installés à l'extérieur, sauf en votre absence.

Garage

Installez un interrupteur à l'intérieur de la maison pour allumer et éteindre le garage.

Installez une porte blindée (avec serrures de sécurité et judas optique) pour séparer l'habitation et le garage s'ils sont contigus.

Attachez le bas d'une porte basculante à un anneau scellé dans le sol avec une chaîne et un cadenas de sécurité afin qu'un intrus ne puisse pas la soulever.

Bloquez les portes « accordéon » avec des barres de renfort amovibles à poser sur des supports scellés aux murs.

Porche

Éclairez-le durant la nuit.

Rentrez paquets, poubelles et autres objets afin que la maison ne paraisse pas inoccupée.

Bloquez une porte de garage coulissante en posant des serre-joints sur les rails de roulement.

PLANTE	EXPOSITION ET SOINS
Amaryllis Gros bulbe à larges fleurs en trompette. Couleurs selon la variété.	Entre 15 et 20 °C pendant la période végétative. Forte luminosité. Compost humide. Tuteurez la tige florale. Rempotage dans du terreau.
Asparagus Tiges grêles à port souple. Feuilles courtes et très fines, vert frais.	Luminosité sans soleil direct. Température : de 13 à 18 °C. Arrosage abondant de mars à octobre. Rempotage dans un mélange de terreau et sable.
Begonia rex Larges feuilles en triangle allongé, veinées ou colorées d'argent, pourpre, jaune...	Luminosité sans soleil direct Température : de 15 à 20 °C. Bonne humidité atmosphérique. Rempotage dans un mélange tourbeux.
Coleus Annuel, vivace à l'intérieur. Feuilles colorées, larges et découpées.	Forte luminosité, soleil quelques heures par jour. Température : de 15 à 20 °C. Rempotage dans mélange tourbe, sable, terreau.
Dieffenbacchia Larges feuilles veinées ou panachées de blanc crème. Toxique.	Luminosité sans soleil direct. Température : de 18 à 22 °C. Rempotage dans un mélange de tourbe et de terreau.
Dracena Feuilles longues et fines, souvent bordées de crème et de pourpre.	Luminosité sans soleil direct. Température : de 15 à 20 °C. Maintenez humide en permanence. Rempotage en été, dans du terreau.
Fatshedera Feuilles découpées, vert vif, brillantes, insérées sur une tige robuste.	Luminosité sans soleil direct. Sensible aux courants d'air. Température : de 10 à 15 °C. Rempotage dans du terreau.
Ficus (caoutchouc) Larges feuilles ovales, vernissées.	Emplacement lumineux, soleil quelques heures par jour. Température : 15 °C. Rempotage au printemps, dans du terreau.
Kentia Palmier de croissance lente. Port élevé, très souple et gracile.	Température : de 13 à 20 °C. Brumisez régulièrement le feuillage. Quelques heures de soleil par jour.
Maranta Feuilles vert foncé veinées de rouge et tachées de vert clair.	Luminosité faible, pas de soleil direct. Température : de 20 à 23 °C. Atmosphère humide. Rempotage dans un mélange tourbeux.
Peperomia Petite plante aux feuilles coriaces, vertes ou panachées de blanc.	Température : de 15 à 18 °C. Luminosité, sans soleil direct. Rempotage dans un mélange de tourbe et de terreau.
Philodendron Tiges volubiles garnies de racines aériennes. Feuilles vert vif à pourpres.	Luminosité sans soleil direct. Rempotage dans un mélange de tourbe et de terreau. Tuteurage indispensable.
Poinsettia Feuilles vert vif, rouges, blanches ou roses au sommet.	Luminosité sans soleil direct. Sensible aux courants d'air. Rempotage dans du terreau après la décoloration des bractées.
Pommier d'amour Petit buisson à baies rouges. Feuilles allongées, vert foncé.	Placez derrière une fenêtre, au frais. Température : de 10 à 15 °C. Sortez-le en été. Rempotez dans du terreau.
Pothos Feuilles cordiformes, cireuses, tachetées de jaune. Plante grimpante, toxique par ingestion	Forte luminosité, soleil voilé. Arrosage modéré. Rempotage au printemps dans un mélange de tourbe et de terreau.
Saintpaulia Feuillage velu en rosette, vert sombre. Fleurs bleues, blanches, roses, pourpres ou bicolores.	Luminosité sans soleil direct. Nettoyer les feuilles à l'eau minérale tiédie. Température : de 18 à 21 °C. Mélange de rempotage tourbeux.
Schefflera Feuilles luisantes, vert frais. Port arbustif, élevé dans un grand pot.	Luminosité sans soleil direct. Température : de 15 à 20 °C. Rempotage au printemps dans un mélange riche en terreau.
Tilleul d'appartement Arbuste aux larges feuilles velues. Port aéré et large.	Luminosité sans soleil direct. Température : de 15 à 18 °C. Rempotage dans du terreau. Arrosage copieux l'été.

Soignez vos plantes d'intérieur

Le tableau ci-dessus récapitule les exigences des principales plantes exotiques cultivées à l'intérieur. Il vous permettra de les placer à bonne exposition et de les garder en forme toute l'année. La plupart d'entre elles redoutent le soleil direct : voilez les fenêtres voisines. Pour entretenir une bonne humidité atmosphérique, placez les pots sur un plateau rempli de gravillons et d'eau.

Combattre les mauvaises herbes

□ Laissez pousser les mauvaises herbes au début du printemps pour optimiser les traitements herbicides. Dans les massifs, griffez le sol entre les plantes, puis épandez une couche d'écorce de pin ou de tonte de gazon.
□ Prévoyez des apports réguliers d'engrais pour entretenir la vigueur de votre pelouse.
□ Pour étouffer les mauvaises herbes tout en conservant un aspect soigné à la pelouse, attendez qu'elle ait atteint 5 à 7 cm de hauteur avant de tondre.
□ Aspergez les mauvaises herbes qui envahissent les allées avec de l'eau bouillante additionnée de sel.
□ Si la mousse prospère dans votre gazon, celui-ci exige un meilleur drainage. Multipliez les apports d'engrais et épandez de la chaux (au vu des résultats d'une analyse de terre).
□ Les mauvaises herbes ont toutes des cycles différents : les bisannuelles et les annuelles disparaissent si vous les arrachez avant la dispersion de leurs graines. Arrachez les vivaces à racines profondes qui réapparaissent chaque année au même endroit.
□ Arrachez les mauvaises herbes solitaires avec une gouge. Désherbez les petites surfaces avec une griffe à manche court.
□ Pour faciliter vos travaux de désherbage, attendez la pluie ou arrosez l'emplacement la veille.
□ Choisissez un désherbant adapté à l'emplacement à traiter : au potager, au verger et au jardin d'ornement, les produits diffèrent.
□ Épandez un produit chimique par un jour sans vent et suivez scrupuleusement les précautions d'emploi notifiées sur l'emballage.
□ Ajoutez de la chaux au sol pour décourager les mauvaises herbes qui apprécient les terres acides.
□ Pour détruire le lierre, arrachez la majeure partie des rameaux à la main, terminez avec des outils, puis versez une bonne quantité d'eau bouillante sur les racines.
□ Le pissenlit est délicieux en salade : goûtez-le avant de l'arroser de désherbant.
□ Faux chervis, achillée et trèfle sont parfois très décoratifs. N'en débarrassez pas les abords de votre jardin. Fauchez-les 2 fois par an avant qu'ils n'envoient leurs graines à tout vent.
□ Pour supprimer le chiendent qui pousse dans le gazon, appliquez un désherbant systémique (glyphosate) au pinceau sur les touffes.
□ L'eau de cuisson des pommes de terre fait un bon désherbant total.

Utiliser la tondeuse avec précaution

Chaque année, des dizaines de personnes se blessent en utilisant leur tondeuse. Pour éviter un accident, prenez les précautions suivantes.
□ Lisez attentivement et suivez les instructions d'utilisation du constructeur.
□ Vérifiez ou faites contrôler périodiquement votre machine. Assurez-vous que vis, boulons et écrous sont bien serrés. Retirez herbes, débris et graisse superflue du moteur et du carter.
□ Faites le plein de la tondeuse dehors et moteur à l'arrêt. Abstenez-vous de fumer. Essuyez immédiatement l'essence en surplus et vissez bien le bouchon.
□ Avant de tondre, retirez les pierres, fils de fer, bâtons ou autre objet dur qui pourraient se prendre dans les lames et être renvoyés avec violence.
□ Ne passez jamais la tondeuse en marche sur un espace gravillonné.
□ Chaussez des bottes ou des chaussures montantes, même par temps chaud. Évitez les vêtements amples, les bijoux et attachez-vous les cheveux.
□ Assurez-vous que la machine est bien réglée en hauteur avant de lancer le moteur. Éloignez vos pieds.
□ Une fois en marche, n'essayez jamais de soulever ou de faire basculer une tondeuse à lame hélicoïdale.
□ Ne passez la tondeuse que si l'herbe est sèche. Humide, elle forme une bourre qui fait caler le moteur et présente un véritable danger pour qui veut tenter de l'extirper.
□ Ne laissez personne, en particulier les enfants et les animaux, s'aventurer sur le périmètre où vous travaillez. Si quelqu'un s'approche, stoppez la rotation de la lame.
□ Pour tondre un terrain en pente, circulez horizontalement plutôt que verticalement. Vous contrôlerez mieux la machine et, si vous glissez, vous risquez moins d'atterrir sur la tondeuse. Ne tentez pas de virage brusque.
□ Retirez régulièrement les débris coincés sous le carter : arrêtez la machine et attendez l'immobilité de la lame. Débranchez les modèles électriques. Dans le cas d'une tondeuse à essence, débranchez la bougie.
□ Arrêtez le moteur si vous devez vous absenter, même pour quelques minutes.
□ Nettoyez la tondeuse après chaque utilisation. Attendez que le moteur soit froid.

Tondeuse équipée d'un siège

□ Vérifiez que le modèle convoité est bien conforme aux normes de sécurité.
□ Ne transportez jamais de passager. Regardez derrière vous avant de reculer.
□ Passez la tondeuse lentement, en évitant bosses et trous qui pourraient provoquer le renversement de l'engin.
□ Assurez-vous que la lame est au point mort et le contact en position « Arrêt » avant de poser le pied sur le sol.

Avant d'acheter une maison

☐ Évaluez vos ressources et vos capacités de remboursement d'emprunt sans les surestimer.

☐ Vérifiez si la maison bénéficie d'un permis de construire et d'un certificat de conformité.

☐ Pour un achat en collectif, demandez le règlement de copropriété.

☐ Informez-vous des règlements d'urbanisme, des projets d'aménagement ou de changement, de la proximité des services (écoles, transports, supermarché), des taxes et impôts locaux, de la valeur de la maison et des charges.

☐ Si vous achetez à un particulier, prenez votre temps. Soyez prudent face aux « affaires exceptionnelles » des petites annonces.

☐ Si vous passez par une agence immobilière, prenez un certain nombre de précautions afin d'éviter toute surprise, jamais agréable, à l'achat.

• Vérifiez son authenticité (carte professionnelle, montant de garantie financière, banque qui la garantit).

• Ne versez jamais d'argent avant d'avoir signé un engagement écrit d'achat. Refusez de payer des frais d'ouverture de dossier.

• Exigez de voir le mandat écrit du propriétaire : simple, le propriétaire et d'autres agences peuvent traiter la vente ; exclusif, l'agence est seule sur l'affaire. Le montant des honoraires de l'agent et ce qu'ils recouvrent doivent figurer sur le mandat. Ils sont parfois partagés entre le vendeur et l'acheteur.

• Ne réglez rien en argent liquide afin de conserver une trace.

• Vous pouvez vous adresser à des notaires, certains proposent des opérations intéressantes.

Les dépenses annexes

Au prix de vente de votre maison s'ajoutent des frais inévitables.

Les frais liés à l'emprunt : ouverture de dossier, assurance obligatoire (décès), facultative (perte d'emploi), hypothèque (préférez la caution).

Les frais de notaire : ils comprennent les frais et débours engagés pour vous (inscription de l'hypothèque, cadastre), les droits et taxes au Trésor public (timbres des actes notariés, enregistrements départemental, régional, communal, soit 7 % du prix d'achat) et ses honoraires. Au total, environ 10 % du prix d'achat pour un pavillon neuf individuel ou pour de l'ancien et au moins 3 % pour du neuf en collectif.

Les frais d'agence : la commission est réglementée et affichée.

Les travaux éventuels : pensez aux aménagements, aux rénovations, et aux finitions si vous achetez du neuf.

Des prêts pour construire ou acheter

Type de prêt	Caractéristiques	Conditions	Logement
Prêt aidé pour l'accession à la propriété (PAP)	Plafonné ; demande au Crédit foncier ou sté de crédit immobilier ; ouvre droit à l'APL (aide personnalisée au logement)	10 % du coût (en épargne)	Neuf : construction ou achat Ancien avec travaux (54 % du prix)
Prêt conventionné	90 % de l'opération ; intérêts variables Ouvre droit à l'APL	10 % (épargne ou prêts sociaux, prêt d'épargne logement, 1 % patronal)	Neuf : construction ou achat Récent ou ancien
Prêt bancaire	Faire jouer la concurrence et comparer les coûts ; prévoir remboursement anticipé	Le plus important possible ; négociation plus facile	Neuf : construction ou achat Récent ou ancien
Prêt d'épargne logement (PEL)	Épargne préalable sur livret Établissement gérant le livret	Résidence principale ou location ; complément d'un prêt principal	Neuf, récent, ancien
1 % employeur	10 salariés au moins ; intérêt de 2 à 4 %	Complément d'un prêt principal	Neuf ou ancien avec travaux (25 % du prix)
Prêt fonctionnaires	Demande au Crédit foncier ou au Comptoir des entrepreneurs	Complément d'un PAP	Mêmes conditions que le PAP
Prêt du département	De 10 000 à 80 000 F avec intérêts de 2 à 5 %	Complémentaire, dans certains départements	Variable selon les départements
Mutuelles, caisses de retraite	Se renseigner auprès de son organisme	Complémentaire	Tous types de logement

Le financement de votre maison

☐ Recherchez les meilleurs prêts. Calculez vos ressources : salaires nets auxquels s'ajoutent pensions, rentes et autres revenus. À déduire : charges actuelles de remboursement, crédits en cours, pensions, dépenses moyennes mensuelles du ménage. Les nouvelles mensualités de prêt viendront s'y ajouter.
☐ Tenez compte des mensualités du prêt principal, des prêts complémentaires, des prêts sociaux et des prêts familiaux qu'il faut rembourser. Pensez aux frais de déménagement et de réinstallation.
☐ Évaluez la progression de vos salaires, une cessation d'activité, le départ des enfants, pour déterminer le montant des annuités.

Avant de vendre une maison

Si vous décidez de vendre votre maison, rendez-la aussi attrayante que possible aux acheteurs potentiels. Évitez cependant les rénovations coûteuses qui ne feront pas monter son prix et dont vous ne serez pas dédommagé.

À L'EXTÉRIEUR
☐ Retirez tout ce qui traîne dehors.
☐ Tondez la pelouse et taillez les arbustes et les haies. Nettoyez les massifs, désherbez les allées et ramassez les feuilles mortes.
☐ Repeignez portes et fenêtres si cela n'a pas été fait depuis longtemps.
☐ Vérifiez l'étanchéité et l'état des peintures murales extérieures. Si le ravalement n'a pas été fait depuis plus de 10 ans, vous êtes tenu de le faire.
☐ Faites les petites réparations qui s'imposent : système de fermeture des barrières, attaches des volets ou des persiennes.
☐ Observez l'état et l'étanchéité de la toiture.

À L'INTÉRIEUR
☐ Rangées, les pièces paraîtront plus grandes, notamment le grenier, contenant souvent des choses encombrantes, les chambres des enfants et les pièces de service (garage, cellier, cave), qui sont très appréciées. Jetez ou retirez ce qui est inutile.
☐ Éliminez des placards vieux vêtements et objets accumulés. Ils auront l'air plus spacieux.
☐ Vérifiez le bon fonctionnement et la sécurité de l'installation électrique. Remplacez les ampoules défectueuses et les fusibles grillés.
☐ Passez en revue les robinets qui fuient, les portes qui grincent, les portes de placard qui bâillent.
☐ Vérifiez le chauffage, la ventilation contrôlée, les bouches d'aération naturelle et les évacuations d'eaux usées.
☐ Recollez le pan de papier peint arraché, raccrochez le rideau de douche, dégagez un peu les plans de travail de la cuisine.
☐ Enfin, donnez un côté pimpant à votre maison : cirez les meubles, lavez les boiseries, astiquez les vitres ; faites le ménage à fond et disposez quelques pots-pourris qui rafraîchiront l'atmosphère.
☐ N'en faites pas trop cependant : inutile de la repeindre entièrement ni de refaire toutes les tapisseries murales. Même si elle est à vendre, vous devez vivre encore un peu à l'aise dans votre maison.

Les contrôles à l'arrêt

Faites-les en pleine lumière.

☐ Une peinture neuve peut cacher des défauts : vérifiez les détails (garnitures, joints de porte...).

☐ Refusez toute voiture présentant des traces de rouille. Vérifiez les bas de porte, le dessous des ailes... Examinez le dessous de la voiture (rouille, fuites, soudures neuves...).

☐ Une usure inégale des pneus dénonce un défaut de parallélisme ou une suspension fatiguée et à refaire.

☐ Assurez-vous que portes et fenêtres ouvrent et ferment bien.

☐ Vérifiez l'état et le réglage des sièges et des ceintures de sécurité.

☐ Des taches d'eau sur les tapis ou dans le coffre dénoncent des fuites (joints défectueux ou carrosserie déformée).

☐ Soulevez le capot. Détectez les fuites d'huile et vérifiez la batterie... Des fils réparés indiquent un problème électrique antérieur. Examinez attentivement les courroies, les Durit et les câbles. Des taches claires sur les Durit ou autour de la pompe à eau peuvent être dues à des fuites de liquide de refroidissement.

☐ La jauge d'huile doit indiquer « plein ». Une couleur laiteuse ou la présence de paillettes signifient de graves problèmes de moteur.

☐ Dévissez le bouchon du radiateur : si le liquide est rouille ou brun-rouge, le radiateur est corrodé.

☐ Mettez le contact : tous les témoins du tableau de bord doivent s'allumer. Les témoins de pression d'huile, de température et de charge de batterie doivent s'éteindre dès que le moteur se met en marche.

☐ Vérifiez le fonctionnement des phares, feux de détresse, clignotants, essuie-glaces, ventilation.

☐ Mettez le moteur en marche. Si vous entendez un bruit métallique au démarrage, refusez la voiture. Regardez sortir la fumée d'échappement : blanche, elle dénonce une fuite d'eau ; blanc bleuté, une consommation excessive d'huile ; trop noire, une mauvaise carburation.

☐ Sur un modèle « automatique », une fois le moteur chaud, tirez la jauge de la boîte de vitesses : elle doit indiquer « plein » et l'huile doit être rouge. Si elle est noire ou sent le brûlé, la transmission nécessite une réparation coûteuse.

Les essais sur route

Prévoyez un itinéraire comprenant des rues, un parc de stationnement, une route cahoteuse, une montée et une autoroute.

☐ Moteur en marche à l'arrêt, appuyez sur la pédale de frein. Si elle est molle ou s'enfonce complètement, il y a de l'air ou une fuite dans le système hydraulique. Ne conduisez pas la voiture.

☐ Dans une rue à faible circulation, accélérez jusqu'à 50 km/h. Si les vitesses collent, grincent ou passent par saccades, refusez la voiture.

☐ Freinez doucement et ralentissez jusqu'à 15 km/h environ. La voiture ne doit pas pencher d'un côté, les freins ne doivent pas grincer.

☐ Lorsqu'il n'y a pas de voiture derrière vous, montez juqu'à 25 km/h et freinez brusquement. La voiture doit s'arrêter immédiatement sans faire d'embardée ; les freins ne doivent pas crisser.

☐ Dans un parking vide, testez la transmission : passez en marche arrière, puis arrêtez-vous ; enclenchez la première, puis roulez au pas et repassez en marche arrière.

☐ Décrivez des virages à gauche, à droite, en U. Une mauvaise voiture révélera une suspension avant ou une direction défectueuses.

☐ À 30 km/h, retirez les mains du volant, puis freinez lentement. Si la voiture se déporte sur un côté, faites vérifier le train avant.

☐ Sur une mauvaise route, vérifiez si la voiture oscille, fait des bonds ou tangue et sursaute. Si oui, les amortisseurs sont à changer.

☐ Dans une côte, accélérez jusqu'à 60 km/h : si le moteur s'emballe et que la voiture peine, l'embrayage est à refaire.

☐ Sur une autoroute, testez les capacités d'accélération, les bruits de roulement et du moteur, la tenue de route en ligne droite... Des vibrations entre 100 et 130 km/h indiquent un défaut d'équilibrage des roues (ou des pneus déformés).

☐ À la fin du test, laissez le moteur tourner quelques minutes. Écoutez le ralenti, vérifiez que la température du liquide de refroidissement reste à une valeur moyenne. Soulevez le capot pour détecter les fuites.

Les formalités au moment de l'achat

Lorsque vous achetez un véhicule d'occasion, le vendeur, que ce soit un professionnel ou un particulier, doit vous remettre obligatoirement les papiers suivants.

• La carte grise barrée, portant la mention « vendu le... à monsieur... » (ou « cédé... » si on vous la donne) et signée par le vendeur. Vérifiez que les numéros de châssis et de moteur correspondent bien.

• La vignette (partie collée sur le pare-brise accompagnée du volet justificatif).

• Un certificat de vente (formulaire imprimé disponible dans les commissariats de police, les gendarmeries, certaines mairies, sinon à la préfecture ou à la sous-préfecture).

• Un certificat de non-gage si la voiture doit être immatriculée dans un autre département.

• Une fiche de contrôle technique portant la mention « Afnor NFX 50-201 » si le véhicule a plus de 5 ans. Cette fiche est demandée par les assureurs et pour l'obtention d'une nouvelle carte grise. Elle est obligatoire et, pour les véhicules de 10 ans et plus, assortie d'une vignette à coller sur le pare-brise.

• Une facture en bonne et due forme indiquant les caractéristiques de la voiture et son prix de vente (même si vous l'achetez à crédit) *.

• Un récapitulatif des modalités de paiement *.

• Un reçu de la somme versée.

• Le contrat de garantie si ce service est offert par le vendeur *.

• Le carnet d'entretien du véhicule.

Enfin, sachez que vous disposez d'un délai de 1 mois pour effectuer et obtenir le changement de carte grise. Adressez-vous à la préfecture ou à l'une des sous-préfectures de votre département, voire à certains commissariats de police (le vendeur peut parfois s'en charger).

* Sauf si la vente est assurée par un particulier.

Les bruits anormaux dans une voiture et leurs causes

Claquement en roulant (avec traction avant)	Transmission (cardan) usée ou soufflet de transmission percé (le cardan tourne à sec) ; amortisseurs usés
Cliquettement en provenance des roues	Enjoliveur detaché ou pierre coincée dedans ; essieu ou roulement défectueux ; objet coincé dans les freins
Cliquetis quand le moteur accélère	Essence d'indice d'octane trop faible ; culbuteurs ou allumage mal réglés
Cliquetis sous le capot	Pale du ventilateur déformée cognant contre le radiateur ; pompe à eau ou alternateur usés
Couinements stridents venant du moteur	Courroie de transmission (pompe, ventilateur) détendue ou usée
Ferraillement venant du moteur	Niveau d'huile insuffisant ; soupapes ou culbuteurs défectueux
Gémissement de la direction assistée	Manque de liquide de direction ou courroie de direction détendue
Grincement au freinage	Garnitures de freins usées, défectueuses ou mal positionnées, disques ou tambours rayés
Pétarades	Allumage déréglé ; prise d'air au carburateur ; soupapes défectueuses ; culbuteurs déréglés
Sifflement	Fuites d'un pneu, d'une Durit ou des tubulures d'échappement
Vibrations dans l'habitacle	Éléments du tableau de bord ou pièces du chauffage mal fixés
Vrombrissements quand la voiture accélère	Tubulures ou pot d'échappement percés ; collier de fixation des tubulures sur les pipes d'échappement desserré

L'entretien de votre voiture

Suivez les conseils d'entretien donnés pour votre voiture et répertoriés dans le manuel. Par ailleurs, surveillez attentivement vibrations anormales, jeu dans la direction, pédale de frein trop molle, bruits inhabituels, indications anormales des jauges, allumage ou clignotements des voyants d'alarme. Lorsque vous faites le plein de carburant, vérifiez le niveau de l'huile et des liquides (freins, radiateur, lave-glace...). Respectez ces quelques règles générales.

Chaque mois

- ☐ Vérifiez les lumières (feux stops, feux de position...)
- ☐ Vérifiez pression, entailles et usure des pneus
- ☐ Vérifiez le niveau du liquide de la batterie

3 mois ou 5 000 km

- ☐ Changez l'huile de moteur et le filtre à huile
- ☐ Nettoyez, graissez les cosses et les câbles de la batterie
- ☐ Inspectez le système d'échappement (fuites)
- ☐ Nettoyez les lamelles des radiateurs

6 mois ou 10 000 km

- ☐ Vérifiez le niveau des liquides (direction assistée, freins, transmission, pont arrière, suspension hydropneumatique...)
- ☐ Vérifiez l'état et le niveau du liquide de refroidissement
- ☐ Vérifiez les Durit (radiateur, chauffage, climatisation)
- ☐ Vérifiez les courroies de transmission (usure, craquelures, dommages dus à l'huile...)
- ☐ Inspectez le système d'échappement (traces de rouille) ; resserrez les colliers
- ☐ Vérifiez les soufflets de transmission des tractions avant (fuites, fentes)
- ☐ Vérifiez le filtre à air, remplacez-le s'il est sale
- ☐ Vérifiez le réglage des phares ; ajustez si nécessaire
- ☐ Remplacez les bougies

12 mois ou 20 000 km

- ☐ Inspectez les garnitures ou les plaquettes des freins (usure)
- ☐ Testez le frein à main ; retendez-le si nécessaire
- ☐ Lubrifiez les canons des serrures et toutes les charnières
- ☐ Vérifiez les amortisseurs, le parallélisme des roues
- ☐ Vérifiez les joints des portes, du capot, du coffre
- ☐ Faites rincer le radiateur et remplacez l'antigel
- ☐ Vidangez et remplacez l'huile de la boîte de vitesses

4 ans ou 100 000 km

- ☐ Remplacez les courroies de transmission, les Durit, les liquides de frein, de direction assistée, de boîte automatique

En cas d'accident

1. Si ce n'est qu'un accrochage, arrêtez-vous au plus vite de façon à ne pas entraver la circulation. Gardez votre calme et ne vous fâchez sous aucun prétexte. Assurez-vous avant toute chose qu'il n'y a aucun blessé, même léger.
2. S'il n'y a que des dégâts matériels, remplissez un constat amiable. Si l'accident est plus grave, appelez ou faites appeler la police, et le Samu si nécessaire.
3. Inscrivez les noms, adresses et numéros de téléphone de toutes les personnes impliquées. Notez si quelqu'un a été blessé.
4. Notez le numéro d'immatriculation de l'autre véhicule, le numéro de permis de conduire du conducteur, le nom et l'adresse de sa compagnie d'assurances, ainsi que son numéro de police.
5. Notez l'heure, le temps et les conditions de la route.
6. Prenez des photos ou faites un croquis de l'accident, en indiquant le lieu, les directions prises par les véhicules impliqués, les traces de dérapage, les panneaux de signalisation et les feux à proximité.
7. À l'arrivée de la police, montrez-vous le plus coopératif possible, mais limitez vos remarques aux circonstances de l'accident. Demandez une copie du rapport.
8. Ne signez aucune déposition sur le lieu de l'accident.
9. Si vous êtes transporté à l'hôpital, notez le nom de votre accompagnateur et ceux des médecins qui s'occupent de vous. Inscrivez leur diagnostic. Même si vous n'êtes pas blessé, consultez votre médecin traitant pour un examen général.
10. Transcrivez vos impressions concernant cet accident dès votre retour chez vous. Notez tout souvenir ou symptôme médical.
11. Avertissez votre assureur au plus vite (avant 5 jours) : demandez-lui comment procéder pour ne rien oublier dans votre rapport.

Réparer sa voiture

☐ Faites entretenir et réviser régulièrement votre voiture : c'est un bon moyen d'éviter de tomber en panne.

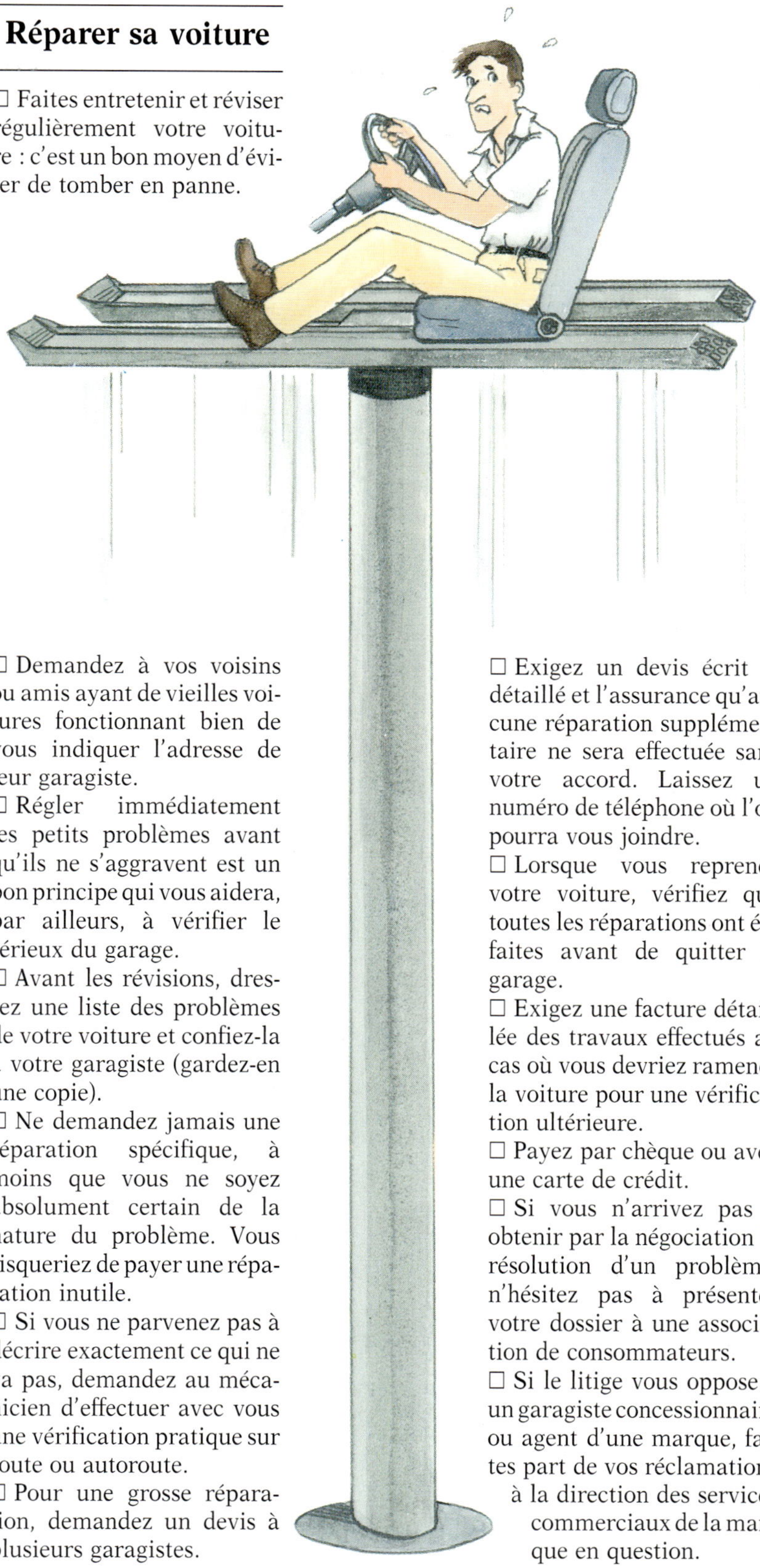

☐ Demandez à vos voisins ou amis ayant de vieilles voitures fonctionnant bien de vous indiquer l'adresse de leur garagiste.

☐ Régler immédiatement les petits problèmes avant qu'ils ne s'aggravent est un bon principe qui vous aidera, par ailleurs, à vérifier le sérieux du garage.

☐ Avant les révisions, dressez une liste des problèmes de votre voiture et confiez-la à votre garagiste (gardez-en une copie).

☐ Ne demandez jamais une réparation spécifique, à moins que vous ne soyez absolument certain de la nature du problème. Vous risqueriez de payer une réparation inutile.

☐ Si vous ne parvenez pas à décrire exactement ce qui ne va pas, demandez au mécanicien d'effectuer avec vous une vérification pratique sur route ou autoroute.

☐ Pour une grosse réparation, demandez un devis à plusieurs garagistes.

☐ Exigez un devis écrit et détaillé et l'assurance qu'aucune réparation supplémentaire ne sera effectuée sans votre accord. Laissez un numéro de téléphone où l'on pourra vous joindre.

☐ Lorsque vous reprenez votre voiture, vérifiez que toutes les réparations ont été faites avant de quitter le garage.

☐ Exigez une facture détaillée des travaux effectués au cas où vous devriez ramener la voiture pour une vérification ultérieure.

☐ Payez par chèque ou avec une carte de crédit.

☐ Si vous n'arrivez pas à obtenir par la négociation la résolution d'un problème, n'hésitez pas à présenter votre dossier à une association de consommateurs.

☐ Si le litige vous oppose à un garagiste concessionnaire ou agent d'une marque, faites part de vos réclamations à la direction des services commerciaux de la marque en question.

Des bagages légers

Vous prenez l'avion et voulez éviter les attentes interminables pour récupérer vos valises ou, pis, vous craignez d'en perdre une ? Essayez de tout faire tenir dans un bagage à main. Mettez sur vous vos vêtements les plus lourds, à moins qu'il ne fasse trop chaud. Voici une liste qui vous aidera à n'emporter que l'indispensable.

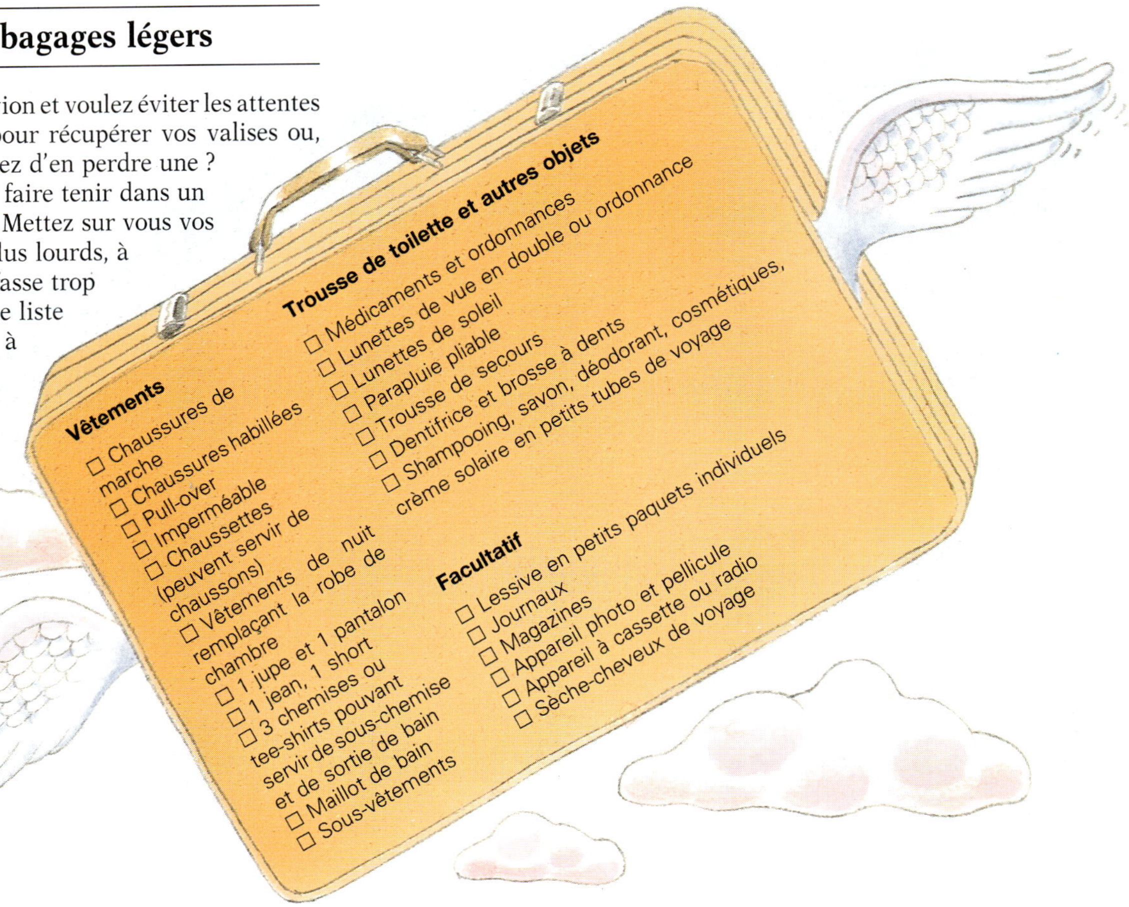

En voiture

Si vous partez, seul ou en famille pour un voyage sur des routes peu fréquentées ou dans des régions éloignées des grands axes, songez qu'il vous sera parfois difficile d'être secouru rapidement. Voici une liste des objets indispensables à mettre dans votre voiture.

Dans la boîte à gants

☐ Manuel de la voiture
☐ Liste des concessionnaires
☐ Carnet d'entretien
☐ Numéro de téléphone du service dépannage de l'assurance
☐ Numéros de téléphone de secours
☐ Pièces et carte pour téléphoner
☐ Papier et stylo
☐ Cartes routières

Pour votre confort

☐ Mouchoirs en papier
☐ Sacs jetables
☐ Ouvre-bouteilles
☐ Lunettes de soleil
☐ Coussin gonflable
☐ Bidon d'eau potable

Pour réparer et entretenir

☐ Câbles de démarrage
☐ Roue de secours
☐ Cric et manivelle
☐ Pompe avec manomètre de pression des pneus
☐ Bombe anticrevaison
☐ Petit extincteur à poudre
☐ Trousse à outils comprenant : tenailles, canif, tournevis magnétiques, clés à douilles
☐ Gaine ou fil électrique
☐ Coffret d'ampoules de rechange
☐ Triangle de signalisation
☐ Lampe de poche étanche
☐ Bidon d'eau
☐ Bidon à essence vide
☐ Papier absorbant, chiffons

EN HIVER

☐ Couvertures
☐ Denrées non périssables (fruits secs, biscuits, chocolat)
☐ Racloir pour la glace
☐ Bidon d'antigel
☐ Lave-glace toutes saisons
☐ Pelle
☐ Sac de sable ou de sel
☐ Chaîne pour la route ou crampons
☐ Couvertures ou tapis de traction

Voyager à bon marché

Transports et frais d'hôtel ne sont pas les seules sources de dépenses pour les voyageurs. Ces quelques suggestions vous aideront à réduire vos frais lors de votre prochain voyage.

☐ Essayez auprès de l'office du tourisme d'obtenir des tarifs dégressifs ou des billets gratuits pour divers spectacles.

☐ Les théâtres, de même que les musées, vendent souvent des places à prix réduit pour certains jours et à certaines heures.

☐ Parcourez les journaux locaux pour dénicher les excursions, les musées, les concerts gratuits ou bon marché. Les manifestations locales sont un excellent moyen de rencontrer des gens du pays.

☐ Évitez les frais de restaurant en préparant des pique-niques. Explorez les marchés et achetez du pain, du fromage, des légumes et autres spécialités régionales. Puis régalez-vous dans votre chambre ou dans un jardin public.

☐ Prévoyez un thermoplongeur pour préparer des soupes et des boissons chaudes.

☐ Lorsque vous optez pour le restaurant, allez-y le midi plutôt que le soir : le déjeuner est généralement moins cher que le dîner.

☐ Choisissez un restaurant dans un quartier populaire. L'ambiance y sera plus agréable qu'à l'hôtel et la note plus facile à digérer...

☐ Les grands magasins ont souvent des cafétérias bon marché.

☐ Évitez de passer des coups de téléphone des hôtels, car les suppléments demandés sont exorbitants. Si vous ne pouvez faire autrement que d'appeler de l'hôtel, donnez votre numéro à votre interlocuteur pour qu'il vous rappelle.

☐ Lorsque vous faites des achats dans certains pays, il est presque de coutume de marchander. Discutez les prix, certes, mais n'oubliez pas que la courtoisie et le respect de l'interlocuteur font partie du jeu.

Guide des pourboires

RESTAURANT	Garçon	De 5 à 10 % de la note si vous êtes satisfait
	Sommelier	10 % du coût des vins
	Barman	10 % de la note de bar
	Vestiaire	Au moins 5 F par vêtement
HÔTEL	Chasseur	5 F par valise
	Portier	5 F pour tout service
	Femme de chambre	5 F par personne et par jour
AÉROPORT	Porteur	Au moins 5 F par bagage
GARE	Porteur	Au moins 5 F par bagage
TAXI	Chauffeur	15 % de la course
NAVIRE DE CROISIÈRE	Steward	Au moins 10 F par jour
PLAGE	Garçon de piscine	5 F par service rendu
SALON DE COIFFURE	Coiffeuse	De 10 à 15 F
	Manucure	De 10 à 15 F
	Shampooineuse	De 5 à 10 F
CINÉMA	Ouvreuse	Au moins 2 F

50 mots difficiles à orthographier

Voici une liste de mots courants très souvent mal orthographiés : une voyelle oubliée par-ci, une consonne doublée par-là, des accents confondus...

acoustique	cassonade	dissymétrie	lubrifier	plain-chant
alizé	cauchemar	embarrasser	marchepied	plinthe
amygdale	charrette	erroné	méditerranéen	poliomyélite
astérisque	châssis	fanfaronnade	misogynie	quinconce
bâiller	chatoiement	graffiti	montgolfière	serpillière
camelote	chrysanthème	hippopotame	occurrence	susurrer
cannelle	confetti	hostellerie	opprobre	toboggan
canule	cravate	houppette	panonceau	triptyque
caparaçonner	dilemme	indemne	parallélépipède	tutoiement
cassolette	dissonance	joaillier	philanthrope	vilebrequin

Le mauvais usage de certains mots

On confond souvent certains mots avec d'autres, en raison de leur orthographe ou de leur prononciation presque similaires. La liste ci-dessous vous aidera à utiliser toujours le mot juste.

Cahot, chaos : le cahot désigne le saut d'un véhicule roulant sur une route inégale ; le chaos, le vide qui précéda la création.

Coasser, croasser : la grenouille coasse, mais le corbeau croasse.

Compréhensif, compréhensible : le premier désigne une personne apte à comprendre autrui (un homme compréhensif pour les erreurs d'autrui) ; le second désigne ce que l'on peut comprendre facilement (un comportement compréhensible).

Esquisser, esquiver : le premier signifie ébaucher un dessin ; le second, éviter habilement.

Fourmilier, fourmiller : le fourmilier est un animal qui se nourrit de fourmis ; fourmiller est synonyme de pulluler, grouiller, abonder.

Imminent, immanent : ce qui va se produire prochainement, très prochainement, est imminent ; ce qui est contenu dans la nature même d'un être ou d'une chose est immanent.

Luxuriant, luxurieux : le premier est synonyme d'abondant (une végétation luxuriante) ; le second, de sensuel.

Perpétrer, perpétuer : perpétrer signifie commettre un acte criminel ; perpétuer veut dire immortaliser (cet ouvrage perpétue sa mémoire).

Prodige, prodigue : le premier est synonyme d'événement surnaturel ou indique des dons extraordinaires (un écrivain prodige) ; le second, synonyme de panier percé et dilapideur (un héritier prodigue).

Sceptique, septique : une personne sceptique est une personne qui doute ; ce qui est septique est ce qui produit putréfaction et infection (fosse septique).

Silice, cilice : la silice est un minéral extrêmement dur ; le cilice, une chemise ou une ceinture portées par esprit de mortification.

Somptuaire, somptueux : on parlera de projet somptuaire, au sens de superflu ; mais d'un repas somptueux, c'est-à-dire magnifique, splendide.

Vénéneux, venimeux : on dira d'un champignon qu'il est vénéneux et d'un serpent qu'il est venimeux.

Volatil, volatile : ce qui s'évapore facilement est volatil, tandis qu'un volatile est un animal capable de voler.

Saveurs étrangères

Toute langue est un creuset où se mêlent des mots et expressions empruntés à d'autres pays. Vous en trouverez ci-dessous un certain nombre, d'origine latine ou étrangère (anglaise, allemande, espagnole et italienne), couramment employés en français. À vous de retrouver leur signification.

1. No man's land
2. Flash-back
3. Leitmotiv
4. Nec varietur
5. Self-made man
6. Nec plus ultra
7. In vitro
8. Desiderata
9. Maelström
10. Ex cathedra
11. Numerus clausus
12. Photo-finish
13. A giorno
14. Up to date
15. Sine qua non
16. Aficionado
17. Intra-muros
18. Pronunciamiento
19. Royalties
20. A capella
21. Prima donna
22. Modus vivendi
23. Standing
24. Ad libitum
25. Persona non grata
26. Remake

A. Au goût du jour

B. Absolument nécessaire

C. Niveau de vie

D. Redevance

E. Nouvelle version d'un film

F. Coup d'État militaire

G. Dans le sport désigne une photo prise à l'arrivée d'une course afin de départager des concurrents

H. Désigne une personne officiellement considérée comme indésirable

I. Expression servant à définir ce qui ne doit être en aucun cas modifié

J. Désigne ce que l'on peut trouver de mieux dans le genre

K. Tourbillon

L. Principale chanteuse d'un opéra

M. Limitation discriminatoire

N. À l'intérieur de la ville

O. En laboratoire

P. Retour en arrière au cours d'un film

Q. Thème ayant une signification non musicale et revenant à plusieurs reprises dans une partition. Par extension, formule, idée revenant régulièrement.

R. Revendications

S. Accommodement entre deux parties

T. Amateur passionné

U. Qui brille avec le même éclat que la lumière du jour

V. Chant non accompagné d'instruments

W. Terrain neutre

X. À volonté

Y. Homme qui ne doit sa réussite qu'à lui-même

Z. D'un ton dogmatique

Solutions
1W, 2P, 3Q, 4I, 5Y, 6J, 7O, 8R, 9K, 10Z, 11M, 12G, 13U, 14A, 15B, 16T, 17N, 18F, 19D, 20V, 21L, 22S, 23C, 24X, 25H, 26E.

Convalescence

La maladie est parfois synonyme de solitude. Un petit mot où vous exprimerez que vous ressentez son absence apportera souvent un certain réconfort au convalescent.

Cher Patrick,
J'ai appris par Claudie que vous alliez mieux mais ne pouviez toujours pas recevoir de visite. Vous nous avez bien manqué lors de notre dernière partie de bridge ! Dès que vous le pourrez, je me ferai un plaisir de venir discuter avec vous. En attendant, reprenez vite des forces. J'ai demandé à Claudie de me prévenir si vous aviez besoin de quoi que ce soit.

Amitiés
Christian

Remerciements

Lorsque vous souhaitez remercier quelqu'un d'un cadeau, mentionnez un détail qui lui montrera combien son attention vous a touché.

Chère Florence, cher Pierre,
Cécilia et moi-même tenons à vous remercier pour votre si charmant cadeau. Nous avions toujours rêvé d'un rocking-chair et il a immédiatement trouvé sa place dans notre salle de séjour, devant la baie vitrée. Nous espérons avoir l'occasion de vous revoir prochainement.

Très sincèrement
Laurent

Condoléances

Toute lettre de sympathie apportera un peu de réconfort à une personne en deuil. Évoquez en quelques mots le souvenir que vous laisse le défunt et proposez votre aide.

Chère Marthe,
C'est avec une profonde tristesse que j'ai appris le décès de votre père. Je me souviens avec quelle chaleur il nous accueillait, mon frère et moi, lorsque nous étions enfants. Quelle joie nous ressentions quand nous entrions dans son atelier ! Je sais que vous connaissez des moments difficiles et, si je puis faire quelque chose pour vous, n'hésitez pas à m'appeler. Je vous prie d'accepter de dîner avec moi dès que vous vous en sentirez capable.

Avec toute mon affection
Danièle

Félicitations

Participez au bonheur de vos amis lors d'un événement important (fiançailles, mariage, naissance d'un enfant) par un petit mot dans lequel vous leur témoignerez votre joie.

Chère Marie, cher Paul,
Nous sommes heureux, Bernard et moi, de vous féliciter pour la naissance de votre petit Hervé qui fera, nous en sommes certains, la fierté de votre foyer. Nous espérons, chère Marie, que tu es d'ores et déjà tout à fait rétablie et que nous aurons bientôt le plaisir de faire la connaissance du nouveau-né.

Amitiés
Marguerite

3. UTILISATION INHABITUELLE D'OBJETS COURANTS

Donnez une nouvelle fonction à la plupart des objets et produits présents dans la maison. En consultant ce chapitre, proposé dans l'ordre alphabétique, vous serez étonné par toutes les utilisations que l'on peut faire des articles les plus courants ou apparemment hors d'usage.

A

Abaisse-langue

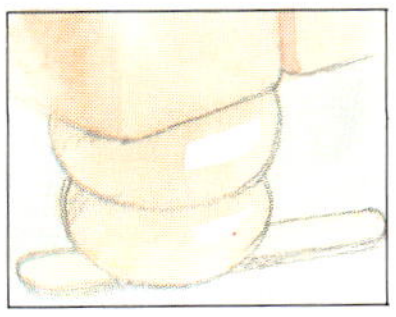

1. Cale. Placez un ou plusieurs abaisse-langue sous un pied de meuble trop court.

2. Agitateur-mélangeur. Utilisez un abaisse-langue pour mélanger de petites quantités de peinture ou de colle à 2 composants.

3. Mini-cale à poncer. Collez du papier de verre sur un côté de l'abaisse-langue et utilisez-le pour poncer des petits objets.

4. Attelle. Maintenez rigide un doigt blessé en utilisant du sparadrap.

Aimant

1. Dans un tiroir. Laissez un aimant dans votre tiroir fourre-tout pour collecter épingles et trombones.

2. Ramasser facilement. Récupérez des agrafes, des clous, des punaises ou des aiguilles éparpillés ou tombés au sol. C'est indispensable si la chute a eu lieu sur un tapis à longues mèches ou sur un parquet à lames non jointives.

Alcool

Attention ! Ce liquide est inflammable et ses vapeurs peuvent se révéler explosives. Ne l'utilisez surtout pas pour allumer ni pour ranimer un feu (barbecue ou cheminée par exemple).

1. Neutraliser les effets du piment. Si vous avez les mains irritées après avoir manipulé des piments forts, arrosez-les d'alcool à brûler, puis lavez-les au savon.

2. Raviver des bois vernis. Rafraîchissez-les en les frottant avec un chiffon légèrement imbibé d'alcool fin à vernir. Faites un essai sur une partie cachée.

3. Salle de bain impeccable. Faites briller les chromes et enlevez la laque à cheveux sur les miroirs avec de l'alcool à brûler.

4. Polisseur de bibelots. Frottez délicatement vos objets en cristal ou en porcelaine avec un chiffon imbibé d'alcool à brûler.

5. Lave-glace antigel. Ajoutez de l'alcool à brûler dans l'eau du réservoir du lave-glace de votre voiture pour l'empêcher de geler lors des premiers froids. Vous pouvez préparer du liquide lave-glace en mélangeant un tiers d'alcool à brûler avec deux tiers d'eau et en ajoutant quelques gouttes de produit à vaisselle par litre de mélange.

Aluminium ménager

1. Serre d'intérieur. Retirez le haut et l'un des grands côtés d'une grande boîte en carton ; recouvrez les 3 faces intérieures avec de l'aluminium ménager. Placez les plantes dans cette serre improvisée et posez-la près d'une fenêtre. L'aluminium réfléchira la lumière et aidera les tiges à pousser bien droit.

2. Leurre pour la pêche. Entourez un hameçon ou une petite épingle de nourrice de papier d'aluminium. Mettez-le de façon qu'il recouvre bien l'hameçon et qu'il bouge lorsqu'on remonte la ligne.

3. Réflecteur de chaleur. Conservez l'énergie en appliquant quelques feuilles d'aluminium ménager sur un panneau d'isolation et en plaçant celui-ci derrière un radiateur ou un convecteur électrique.

4. Écran à bronzer. Collez de l'aluminium ménager à l'intérieur d'une chemise en carton rigide. Utilisez ce réflecteur ouvert pour renvoyer la lumière sur les parties de votre visage ou de votre corps qui restent dans l'ombre quand vous êtes étendu au soleil.

5. Réflecteur pour prises de vue. Collez du papier d'aluminium froissé, puis remis à plat, sur 3 panneaux identiques de bois léger ou de carton fort. Fixez-les ensemble pour qu'ils tiennent bien debout et soient faciles à transporter.

6. Pour protéger de la peinture. Entourez les poignées de portes et les appareillages fixés aux murs avec de l'aluminium ménager avant de peindre. Collez-en les bords avec de l'adhésif double face. Ne le retirez que lorsque les murs sont secs.

7. Moule à pièces en chocolat. Placez des pièces de monnaie bien nettoyées sur un plateau. Prenez leur empreinte en pressant dessus une feuille d'aluminium. Écrasez délicatemet au rouleau à pâtisserie. Retournez l'ensemble, retirez doucement les pièces et coulez du chocolat fondu dans les empreintes.

8. Moule à gâteaux. Pour faire un gâteau d'anniversaire en forme de nounours, d'arbre de Noël ou autre au moment des fêtes, utilisez de l'aluminium ménager en double épaisseur pour former le contour du sujet choisi et déposez ce moule à l'intérieur d'un grand moule à gâteaux.

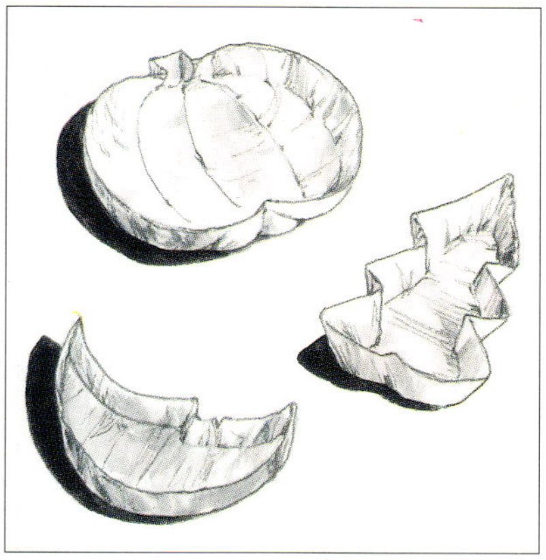

Ammoniaque

L'ammoniaque (ou alcali volatil) doit être manipulée avec précaution et utilisée dans une pièce bien aérée : elle irrite les muqueuses et les voies respiratoires quand elle est pure. Portez des gants. Si le produit atteint la peau, rincez immmédiatement les parties touchées avec du vinaigre ou du jus de citron. **Attention !** Ne mélangez pas l'ammoniaque avec de l'eau de Javel ni avec un acide. Ne l'utilisez pas sur les fibres d'origine animale (soie, laine, crin...).

1. Meuble à rénover. Frottez un vieux meuble très sale avec un chiffon imbibé d'ammoniaque diluée à 10%. Rincez régulièrement le chiffon.

2. Enlever de la cire. Avant de cirer un parquet particulièrement sale, retirez la vieille cire avec une solution composée d'un verre d'ammoniaque dilué dans 4 à 5 litres d'eau.

3. Bijoux étincelants. Faites tremper vos bijoux en or pendant 10 min dans une solution composée à parts égales d'ammoniaque et d'eau tiède. Frottez ensuite avec une brosse douce et laissez sécher sans rincer.

4. Argenterie brillante. Mélangez de l'ammoniaque avec de la pâte à polir et appliquez avec un chiffon doux sur votre argenterie et vos objets en acier inoxydable.

5. Embellir les cuivres. Enlevez les ternissures en les frottant légèrement avec une brosse douce imbibée d'un peu d'ammoniaque.

Animal en peluche

1. Contre les courants d'air. En hiver, alignez les animaux en peluche le long des fenêtres pour une isolation décorative.

2. Coffre. Décousez le dessous d'un animal en peluche, ôtez un peu de rembourrage, posez une fermeture à glissière et cachez-y des petits objets de valeur.

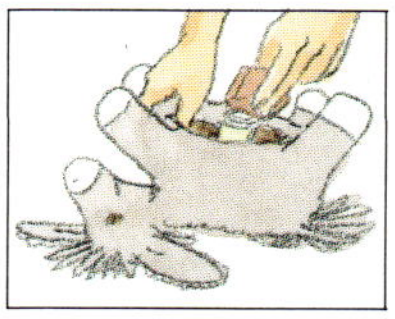

3. Marionnettes. Coupez le bas d'animaux en peluche et retirez le rembourrage afin que vos doigts puissent se glisser dans la tête et les membres.

4. Serre-livres. Incisez le dos et le dessous d'une paire d'animaux en peluche. Enlevez du rembourrage et remplacez-le par des billes. Recousez l'ouverture et collez à la base un morceau de gant de caoutchouc pour éviter qu'ils ne glissent.

Anneau de rideau en bois

1. Dessous de bouteille. Découpez des morceaux de liège de même diamètre que l'intérieur de gros anneaux et insérez-les dans les anneaux en les fixant par un point de colle.

2. Protection. Avant de passer l'aspirateur, placez des anneaux autour des pieds des meubles.

3. Jeu de lancer. Retournez un tabouret à pieds droits et essayez d'y enfiler des anneaux que vous lancerez de plus ou moins loin.

Annuaire téléphonique

1. Origami. Découpez des pages et utilisez-les pour vous entraîner à l'art du papier plié et rechercher de nouveaux pliages.

2. Confettis. Découpez-les dans des liasses de pages avec une perforatrice de bureau.

3. Serviettes jetables. Utilisez des pages froissées pour enlever le plus gros des salissures sur vos mains ou sur des objets.

4. Coussin élévateur. Dissimulez un vieil annuaire dans une housse et posez-le sur une chaise pour qu'un jeune enfant soit à la bonne hauteur quand il se met à table.

Aspirateur

1. Pour le duvet. Si vous devez vider un oreiller ou un polochon de leur duvet pour laver les housses, faites une petite ouverture et aspirez leur contenu dans un sac à aspirateur neuf.

2. Pour le garage. Si vous avez un aspirateur-bidon, branchez le tuyau sur la sortie d'air pour souffler sur les feuilles et les saletés dans le garage ou sur les allées.

B

Balai

1. Gros pinceau. Lorsque vous recouvrez un sol avec un enduit ou une peinture, utilisez un balai plat pour les endroits difficiles où le rouleau ne peut pas accéder.

2. Pinceau à textures. Trempez un balai dans de la peinture et utilisez-le pour créer des effets spéciaux sur une toile ou sur un mur.

3. Guide pour oiseaux. Si des oiseaux entrent par les fenêtres ou les portes ouvertes, utilisez un balai pour les aider à sortir afin qu'ils ne se cognent pas aux vitres fermées.

4. Chariot. Inclinez un objet lourd à transporter de façon qu'un des côtés repose sur les fibres d'un balai en paille de riz. Demandez à une personne de pousser tandis que vous tirez.

5. Effets sur enduit. Utilisez un balai pour créer des effets de matière décoratifs sur de l'enduit mural déposé en couche épaisse : tirez tout droit en zigzag, faites des effets de spirale en faisant tourner le balai, tapotez pour obtenir des effets à gros grains.

Balle de tennis

1. Sécurité. Placez de vieilles balles de tennis sur les pointes des outils de jardin quand vous les rangez.

2. Épargner la batterie. Lorsque vous laissez la portière de votre voiture ouverte pendant longtemps, glissez une balle de tennis dans le montant de la porte pour bloquer l'interrupteur du plafonnier.

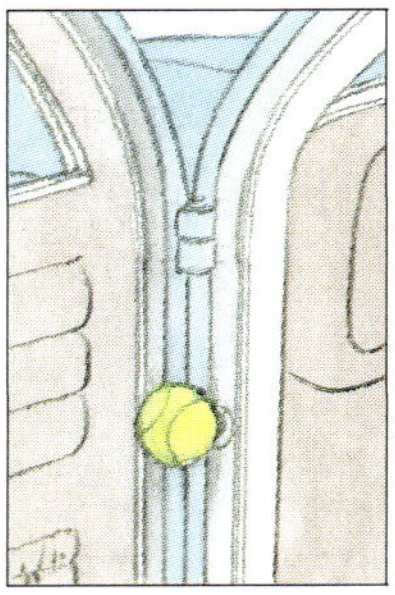

3. Massage. Mettez les balles dans un bas. Fermez avec un élastique et utilisez-le pour vous masser le dos.

4. Bouclier anticoulures. Si vous peignez un plafond, faites une fente dans une demi-balle de tennis et enfilez-la sur le manche de votre pinceau, partie concave dirigée vers le haut, pour empêcher la peinture de couler sur vos mains.

5. Couronne de Noël. Peignez des balles de tennis en vert. Lorsqu'elles sont sèches, percez quelques trous et enfilez les balles sur un cintre auquel vous aurez donné la forme d'un cercle. Décorez de houx, de branches de sapin et attachez un ruban noué.

6. Patins pour pieds de chaise. Fendez des balles de tennis et enfilez-les dans les pieds d'un siège pour qu'ils ne s'introduisent pas dans les jointures des planchers ou entre les dalles d'une terrasse.

7. Arrêt de porte. Coupez une balle en 2 et vissez-la au bas d'un mur derrière une porte.

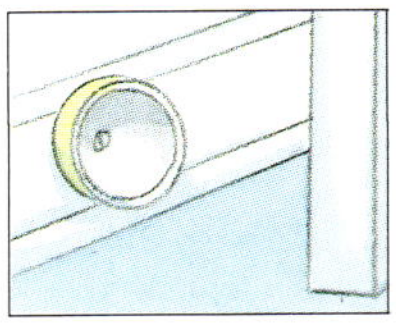

Ballon de baudruche

1. Une invitation originale. Gonflez des ballons de couleur, puis rédigez vos invitations avec un crayon feutre indélébile d'une couleur très contrastée. Dégonflez les ballons, glissez-les dans des enveloppes et expédiez-les à vos invités. Pour pouvoir lire votre message, ils seront obligés de regonfler les ballons.

2. Moule à masque. Utilisez un ballon gonflé à la taille de la tête de la personne ou de l'enfant à déguiser et servez-vous-en comme support pour confectionner un masque en papier mâché-collé.

3. Globe. Gonflez un gros ballon de baudruche et utilisez-le comme support pour confectionner un globe en ficelle : faites tremper la ficelle dans de la colle à bois blanche légèrement diluée et enroulez-la autour du ballon en croisant les passages. Laissez sécher au moins 48 h avant de dégonfler le ballon.

Barquette en plastique

1. Pour la peinture. Versez le peu de peinture nécessaire dans une boîte en plastique pour effectuer de petits travaux de retouche dans la maison.

2. Moule. Confectionnez des terrines et des desserts individuels moulés.

3. Plat pour les animaux. Transportez la nourriture de votre animal de compagnie dans une barquette munie d'un couvercle quand vous voyagez avec lui.

4. Petits semis. Percez des trous au fond d'une boîte avec un clou chauffé, étalez du terreau, puis semez les graines, humidifiez et couvrez avec une feuille de plastique transparent.

5. Pour bébé. Conservez au réfrigérateur un reste de compote ou d'autres aliments dans une barquette bien fermée. Lorsque vous partez en promenade avec votre enfant, réunissez dans une grande barquette ses aliments rangés dans des récipients séparés.

Bas, collant

1. Rembourrage. Coupez des vieux collants propres pour remplir des oreillers, des édredons, des jouets...

2. Filtrer la peinture. Pour éliminer les grumeaux d'une vieille peinture, filtrez celle-ci dans un collant bien tendu sur l'ouverture d'un récipient.

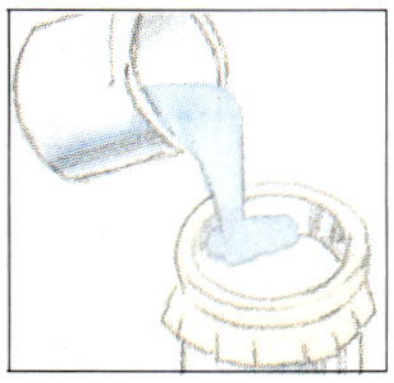

3. Flou artistique. Pour obtenir un effet de flou, tendez un morceau de collant maintenu par un élastique devant l'objectif de l'appareil photo. En photo couleurs, la teinte du collant modifie la couleur.

Bassines en plastique

1. Pour vos semis. Mettez une couche de vermiculite au fond d'une bassine. Humidifiez, semez les graines et recouvrez d'un plastique transparent.

2. Bacs de rangement. Percez 3 trous dans le rebord de 3 ou 4 bassines pour faire une tour suspendue par 3 grosses ficelles. À chaque trou, faites une boucle et un nœud au-dessous du rebord.

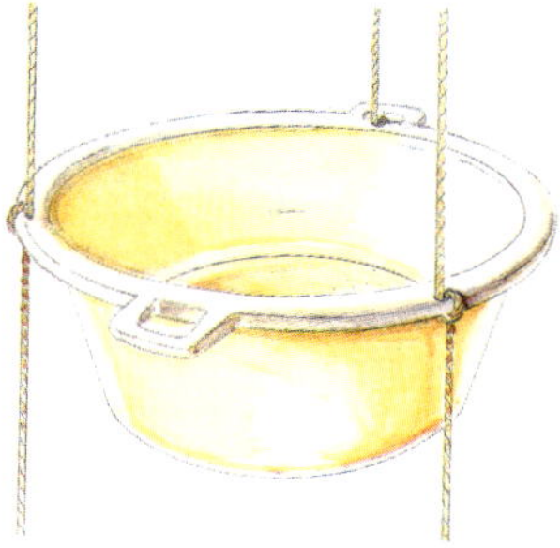

3. Bain pour les oiseaux. Enfoncez une bassine dans le sol et entourez-la de branches et de feuillages.

Bâtonnets d'Esquimau

1. Mini-palette. Utilisez un bâtonnet pour mélanger des petites quantités de peinture ou de colle.

2. Jouets en bois. Récoltez des bâtonnets, que les enfants assembleront par collage pour faire des figurines et autres objets.

3. Index de répertoire. Coupez un bâtonnet à la dimension voulue et collez-le au dos d'une fiche, puis inscrivez la lettre en haut au stylo-feutre.

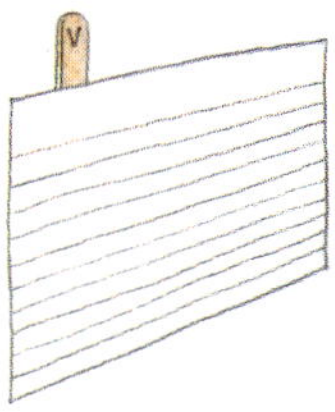

4. Attelle. En cas d'urgence, un bâtonnet attaché avec de la bande adhésive peut maintenir un doigt cassé.

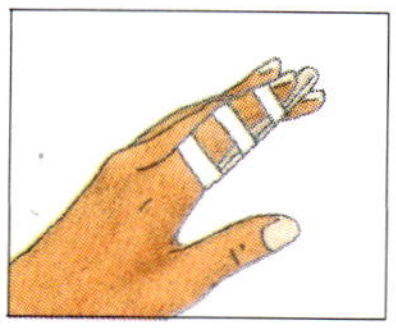

5. Étiquette de jardin. Écrivez le nom de la plante et la date du semis sur le bâtonnet et piquez-le dans le sol.

6. Cale. Glissez 1, 2 ou 3 bâtonnets sous le pied d'un meuble bancal.

7. Isolateur. Si vous devez vérifier le fil d'une prise sous tension, tenez celui-ci en le pinçant entre 2 bâtonnets bien secs.

8. Mini-cale à poncer. Collez du papier abrasif sur l'une des faces.

9. Pour les vitrages. Utilisez un bâtonnet imbibé d'essence de térébenthine pour lisser du mastic frais.

Bicarbonate de soude

1. Désodoriser le lave-vaisselle. Si vous n'utilisez pas votre lave-vaisselle tous les jours, mettez une poignée de bicarbonate de soude dans le fond.

2. Un meuble resplendissant. Pour faire briller un meuble peint en blanc, lavez-le avec une solution préparée avec 1 cuil. à soupe de bicarbonate de soude et 1 litre d'eau chaude.

3. Récurer un gril. Pour enlever la graisse et les restes d'aliments qui se sont incrustés sur un gril, faites-le tremper dans 1 litre d'eau chaude contenant 1/4 de verre de bicarbonate de soude. Pour les taches rebelles, versez du bicarbonate de soude sur une éponge à récurer humide, puis frottez-en le gril.

4. Shampooing pour chien. Pour donner plus de douceur et de brillant à la fourrure de votre chien, ajoutez 2 cuil. à soupe de bicarbonate de soude à l'eau de son bain.

5. Pour l'hygiène dentaire. 1 fois par semaine, pour combattre l'acidité buccale et nettoyer l'émail de vos dents, utilisez comme dentifrice un peu de bicarbonate de soude déposé sur la brosse à dents légèrement humide. Prenez aussi du bicarbonate pour nettoyer les appareils dentaires en les frottant avec une brosse dure, puis rincez-les à l'eau claire.

6. Remède contre les piqûres. Une pâte faite de bicarbonate et de très peu d'eau soulagera la douleur ou l'inconfort provoqués par des piqûres de guêpes ou d'abeilles.

7. Nettoyer les batteries. Pour éliminer le sulfate qui se dépose sur les batteries de voiture, confectionnez une pâte composée de 3 parts de bicarbonate de soude pour 1 part d'eau. Appliquez avec une brosse à dents, puis rincez à l'eau claire. Pour votre sécurité, portez des lunettes de protection et des gants pendant que vous procédez.

8. Désodoriser le réfrigérateur. Déposez une coupelle remplie de bicarbonate de soude dans votre réfrigérateur : elle y absorbera les odeurs pendant plusieurs mois.

9. Récurer les casseroles brûlées. Recouvrez le fond et les parties brûlées de bicarbonate de soude et humectez-le avec très peu d'eau. Laissez agir toute une nuit avant de nettoyer à l'eau claire. Cette méthode est aussi valable pour les plats en porcelaine ou en verre à four.

Bidon en plastique

1. Piège à campagnols. Percez le fond d'un bidon rectangulaire, placez dedans de l'appât empoisonné et enterrez-le à plat sur le chemin d'une galerie repérée au jardin. L'ouverture du bidon et le trou du fond sont en correspondance avec la galerie pour que les campagnols puissent traverser le bidon... et s'y arrêter.

2. Arrosoir. Nettoyez un gros bidon-bouteille avec anse, utilisez-le comme arrosoir pour les potées placées dans des endroits peu accessibles.

3. Bouée. Marquez l'emplacement où vous pêchez avec un bidon bien fermé attaché par une corde à un poids coulé au fond.

4. Boîtes fourre-tout. Pour l'atelier, découpez le côté d'un bidon en plastique rectangulaire pour en faire une boîte où vous mettrez des vis, des clous ou d'autres accessoires.

5. Pour l'aquarium. Utilisez des bidons en plastique alimentaire avec robinet pour faire une réserve d'eau de mer pour votre aquarium marin.

6. Entonnoir. Découpez un bidon-bouteille avec anse pour faire un solide entonnoir facile à tenir.

Bière

1. Appât pour insectes. Lorsque vous recevez en plein air, disposez à divers endroits de votre jardin des soucoupes remplies de bière. Des insectes tels que les guêpes seront attirés par la bière.

2. Appât à limaces. À proximité des endroits à protéger des limaces, enterrez des boîtes de conserve vides totalement ouvertes en les laissant légèrement dépasser du sol. Remplissez-les de bière jusqu'à mi-hauteur : les limaces ne résistent pas à cet appât et viennent s'y noyer. Videz les pièges régulièrement. Pour épargner les escargots, placez au-dessus de chaque boîte une assiette retournée juste surélevée par de petites cales en bois de 1,5 cm d'épaisseur. Ces assiettes protégeront aussi les pièges de la pluie.

3. Des crêpes plus légères. Ajoutez de la bière blonde dans votre pâte à crêpes (1 verre à moutarde pour 1 litre de pâte) et laissez la pâte reposer quelques heures avant de faire vos crêpes, qui seront alors plus fines et plus légères.

4. Des plantes brillantes. Nettoyez les feuilles des plantes d'appartement à larges feuilles avec une éponge douce imbibée de bière blonde.

Blue-jean

1. Coussins. Coupez une jambe de jean, faites des ourlets aux deux bouts. Serrez l'une des extrémités avec un cordon décoratif. Remplissez avec de vieux collants ou des chiffons propres et fermez l'ouverture avec un cordon identique au premier. (Voir aussi Blue-jean, p. 340.)

2. Pièces à recoudre. Conservez les bonnes parties d'un jean usé, elles vous serviront à rapiécer les accrocs sur vos jeans en bon état.

3. Bas de porte contre les courants d'air. Coupez les jambes d'un jean et recoupez-les en deux dans le sens de la longueur en suivant les coutures. Cousez chacun des morceaux pour former des tubes, puis remplissez-les avec des chiffons. Fermez-en les bouts par des coutures et, en hiver, placez-les au bas des portes et des fenêtres.

4. Sac. Coupez une jambe de jean sur 45 cm de longueur. Fermez une extrémité par une couture. Faites un rabat de l'autre côté pour y glisser un cordon coulissant (voir p. 66), ou percez 4 trous (que vous renforcerez avec des œillets pour bâche) pour y passer un cordon.

Bocal en verre

1. Terrarium. Dans un grand bocal, déposez 2,5 cm de graviers et de miettes de charbon de bois, puis 8 cm de terreau stérilisé. Après avoir planté, humidifiez légèrement et laissez en pleine lumière sans couvrir pendant une journée. Couvrez ensuite.

2. Shaker. Utilisez un bocal bien fermé pour mélanger vos cocktails.

3. Tirelire. Pratiquez une fente dans le couvercle avec un ciseau à bois.

4. Séchoir express. Enfilez des moufles humides sur des petits bocaux. Placez-les près d'un radiateur.

5. Pot à colle sans bavures. Percez un trou au centre du couvercle d'un bocal à pas de vis et insérez-y un pinceau plat ou rond à manche long et rond.

6. Quincaillerie. Clouez des couvercles à pas de vis sous un chevron ou sous une étagère dans l'atelier, et vissez les bocaux respectifs contenant clous, pointes, écrous, etc.

7. Vinaigrette facile. Versez les ingrédients de la vinaigrette dans un bocal, fermez avec le couvercle, secouez vigoureusement, c'est prêt !

8. Coffre étanche. Gardez l'argent et les allumettes au sec dans un grand bocal avec couvercle à pas de vis.

Boîte à chaussures

1. Jouet. Les enfants peuvent utiliser des boîtes à chaussures pour construire des maisons de poupées miniatures ou des châteaux forts.

2. Pour les semis. Percez des petits trous dans le fond d'une boîte, versez 5 cm de vermiculite et semez.

3. Coffre. Rangez des photos, les talons de chèques et autres papiers précieux dans une ou plusieurs boîtes à chaussures étiquetées.

4. Boîte à prises. Rangez les fils électriques, les rallonges, les prises, etc., dans une boîte à chaussures avec étiquette rappelant son contenu.

5. Boîte à ampoules. Rangez les ampoules électriques en réserve par catégories dans des boîtes soigneusement étiquetées.

Boîte à œufs

1. Jeu d'adresse. Inscrivez des chiffres différents dans chaque alvéole. Vos enfants joueront à y envoyer des pièces de monnaie ou des jetons.

2. Allume-feu. Glissez plusieurs boîtes à œufs en carton sous le petit bois dans la cheminée.

3. Jouet mille-pattes. Découpez les compartiments en bandes ; attachez-les bout à bout. Faites des pattes et des antennes avec des cure-pipes.

4. Ranger les décorations de Noël. Placez boules et sujets fragiles dans les compartiments des boîtes.

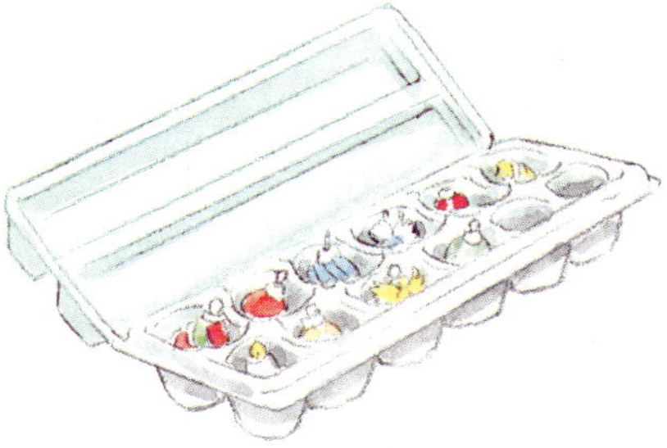

5. Palette à peinture. Les enfants mélangeront leur peinture sans gâchis dans une boîte à œufs en plastique.

6. Boîte pour les jeux. Rangez les éléments de jeux pour enfants dans des boîtes à œufs. Utilisez-en une par jeu avec son nom écrit sur le couvercle. Fermez avec un élastique.

7. Bac à semis. Percez un trou au fond de chaque alvéole, remplissez de terreau et arrosez. Le lendemain, semez 1 ou 2 graines dans chaque compartiment. Recouvrez avec du plastique transparent... à retirer lorsque les plants commenceront à lever.

8. Bacs à glaçons. Vous avez besoin de beaucoup de glaçons ? Faites-en dans des boîtes à œufs en plastique.

Boîte à pellicule

1. Nécessaire à couture. Placez 2 aiguilles, du fil blanc et du fil noir enroulés autour d'un pique-olive, quelques boutons et 2 ou 3 épingles de sûreté dans une boîte à pellicule. Conservez-la dans votre sac.

2. Boîte à outils. Rangez-y vos petits clous, vis, boulons, etc.

3. Salière. Percez des petits trous à la base des boîtes, remplissez-les de sel, de poivre ou d'épices et servez-vous-en pour les pique-niques.

4. Trousse à pharmacie. Enfermez, dans des boîtes séparées, cachets d'aspirine, pilules ou comprimés de vitamines lorsque vous partez en voyage. Identifiez-les avec une petite étiquette.

5. Pour les petits objets. Rangez trombones, élastiques, petites épingles de sûreté dans des boîtes avec étiquette d'identification.

6. Porte-monnaie. Utilisez ces boîtes pour y ranger vos pièces destinées au téléphone, au parking...

7. Mini-coffre à bijoux. Cachez-y vos boucles d'oreilles et vos bagues. Placez vos chaînes dans des boîtes individuelles pour éviter qu'elles ne s'entremêlent.

8. Pour les timbres. Mettez-les dans une boîte à pellicule et laissez-la toujours à la même place.

9. Pour la plage. Emportez vos protège-tympans dans une boîte à pellicule. Puis faites un échange en y mettant à la place vos boucles d'oreilles et autres petits bijoux.

10. Pour les piles. Collectez dans ces boîtes vos piles-boutons usagées.

11. Mini-pots à peinture. Préparez vos coloris de peinture pour maquettes dans ces boîtes bien refermées.

Boîte aux lettres

1. Nichoir à mésanges. Fixez des boîtes aux lettres avec ouverture étroite en façade sur un mur de votre jardin orienté à l'est ou au nord-est.

2. Boîte anti-pétards. Pour éviter que les pétards des farceurs des fêtes nationales ne la fassent exploser, laissez la boîte aux lettres ouverte pendant la période « à risque ».

Boîte de conserve

1. Lanterne piège à moustiques. Percez des trous sur le pourtour d'une boîte de conserve vide après en avoir retiré l'habillage en papier. Placez une bougie dans le fond et allumez-la. Pour plus d'efficacité, choisissez des bougies à la citronnelle.

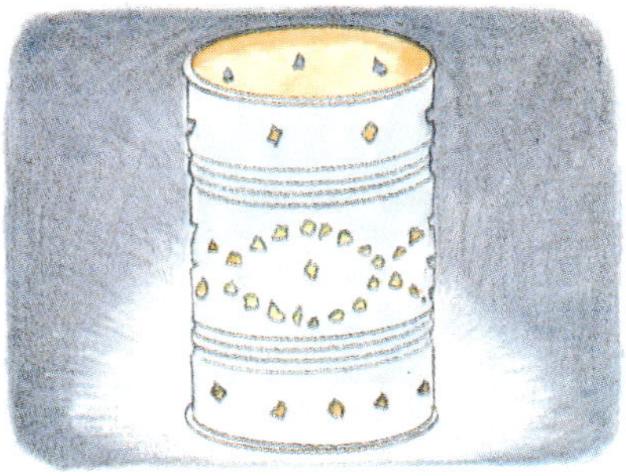

2. Protéger des plants. Enlevez les 2 fonds d'une boîte de conserve vide et enfoncez-la dans le sol autour d'une jeune plante pour protéger celle-ci des courtilières.

3. Patins pour les tables. Évitez l'enlisement des pieds de tables placées sur un terrain meuble en plaçant les pieds dans des boîtes de conserve en métal. Choisissez des boîtes larges et peu hautes (elles sont plus discrètes). Percez le fond de quelques petits trous pour éviter que l'eau de pluie ne s'y accumule.

4. Casseroles. En camping, utilisez des boîtes de conserve de différents formats comme casseroles de secours. Pour les saisir lorsqu'elles sont chaudes, utilisez des pinces ou des gants isolants.

5. Téléphone de campagne. Reliez 2 boîtes de conserve, entièrement ouvertes d'un côté, par une ficelle ou un câble métallique fixé à leur fond. Le système s'utilise à deux : en maintenant tendu la ficelle ou le câble, l'un parle dans la boîte qu'il tient à la main pendant que l'autre porte la sienne à son oreille. Pour répondre, on inverse les gestes.

6. Réflecteurs pour bougies. Ôtez le fond d'une boîte de conserve vide et coupez la boîte en 2 dans le sens de la hauteur. Vous aurez ainsi confectionné 2 réflecteurs, que vous placerez derrière une bougie allumée, pour signaler les allées du jardin lors d'une réception nocturne.

7. Jeu de massacre. Sur une planche, posez une pyramide de boîtes de conserve vides et faites-les tomber avec des balles de tennis.

8. Mini-basket-ball. Vous jouerez au basket avec une balle de tennis après avoir cloué une boîte de conserve vide, ouverte des 2 côtés, au-dessus de la porte du garage.

9. Pluviomètre. Dans une boîte de conserve vide, fixez verticalement sur la paroi intérieure une réglette graduée en plastique. Coupez l'extrémité de la réglette de façon que la graduation « 0 cm » touche le fond de la boîte. Placez cette boîte dans un endroit dégagé et, après chaque pluie, relevez la hauteur d'eau tombée (1 mm correspond à 1 litre/m^2).

10. Éléments de rangement. Collez ensemble horizontalement 6 boîtes de conserve vides (3 boîtes pour la première rangée, 2 boîtes pour la deuxième et 1 boîte pour finir). Peignez-les et rangez-y des couverts, des objets de bureau ou des outils.

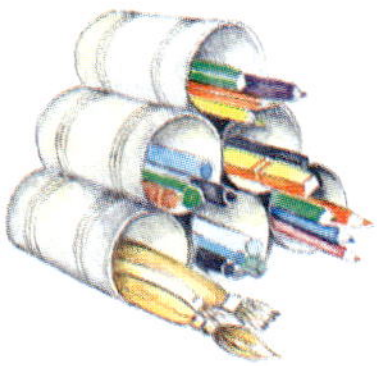

11. Épandeur de cendres. Perforez le fond d'une boîte de conserve métallique, remplissez-la de cendres de bois et secouez-la autour des plantes du jardin à fertiliser ou à protéger contre les limaces.

12. Mangeoire à oiseaux. Percez le côté d'une boîte de conserve de thon (ou similaire) entièrement ouverte d'un côté. Passez une ficelle dans le trou et remplissez la boîte d'un mélange de graines et de saindoux fondu. Laissez figer et conservez au réfrigérateur si nécessaire. En hiver, suspendez cette mangeoire dans les arbres pour nourrir les oiseaux.

13. Guéridon. Procurez-vous une grosse boîte de conserve du type « collectivités ». Au travers du fond, vissez un plateau de bois carré ou circulaire. Remplissez la boîte avec des cailloux ou des galets et coulez du plâtre pour consolider l'ensemble. Peignez l'extérieur de la boîte ou recouvrez-la avec un parement décoré adhésif. Servez-vous de ce guéridon comme support pour une lampe, une statuette ou une plante.

14. Obstacles pour golf miniature. Sur le parcours, disposez des boîtes ouvertes des 2 côtés, posées à plat et que les balles devront traverser pour atteindre le trou. Bloquez-les par des briques posées de chaque côté.

Bonnet de douche

1. Arroser une plante suspendue. Si une plante suspendue ne possède pas de soucoupe en dessous, placez un bonnet de douche sous le pot quand vous l'arrosez.

2. Vessie à glace. Remplissez un bonnet de douche de glace pilée et appliquez-le sur une contusion.

3. Protection. Portez un bonnet de bain lorsque vous peignez un plafond.

4. Traitement antipoux. Appliquez le produit sur les cheveux et posez un bonnet de bain sur la tête de l'enfant.

Borax

1. Fertilisant. Remplissez un shaker avec du borax et aspergez le sol autour des betteraves.

2. Porcelaine brillante. Rincez la porcelaine fine dans un bain d'eau chaude additionnée de ½ verre de borax. Rincez ensuite à l'eau claire.

3. Conserver des fleurs. Mélangez 1 part de borax pour 2 parts de farine de maïs. Formez une couche de 2,5 cm dans un conteneur, déposez 1 ou 2 fleurs à l'intérieur. Fermez hermétiquement et entreposez dans un endroit sec et chaud. Au bout de 8 à 10 jours, retirez le mélange et époussetez les fleurs avec un plumeau.

4. Déodorant pour litière à chats. Mélangez 1 part de borax avec 6 parts de litière pour atténuer les odeurs.

Botte

1. Cale-porte. Remplissez une belle botte en cuir dépareillée avec des balles de golf ou des galets, masquez ce remplissage par un foulard savamment froissé.

2. Bourriche improvisée. Transportez de la rivière à la maison le poisson fraîchement pêché dans une botte en caoutchouc remplie d'eau.

Bouchon de liège

1. Tampon nettoyeur. Après les avoir mouillées, frottez les surfaces fragiles avec un bouchon de liège.

2. Pelote d'épingles. Plantez les épingles dans des bouchons : elles ne piqueront pas et ne se perdront pas.

3. Maquillage. Pour le mardi gras, brûlez le bout d'un bouchon et maquillez vos enfants.

4. Dessous-de-plat. Collez ensemble plusieurs bouchons de même taille en les alternant par deux.

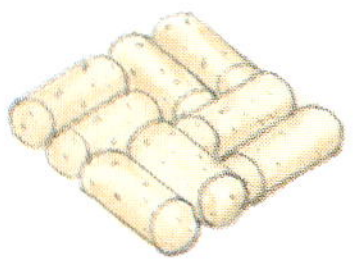

5. Porte-clés insubmersible. Attachez la clé du bateau à un gros bouchon. S'il tombe à l'eau, il ne coulera pas et restera bien visible.

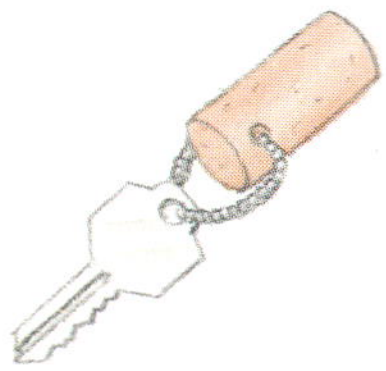

6. Bateau d'enfant. Collez ensemble des bouchons et faites un bateau qui amusera un enfant dans son bain.

7. Stabiliser un rocking-chair. Un fauteuil à bascule ne risquera pas de partir en avant ou en arrière si vous fixez des bouchons sous l'extrémité de chaque pied.

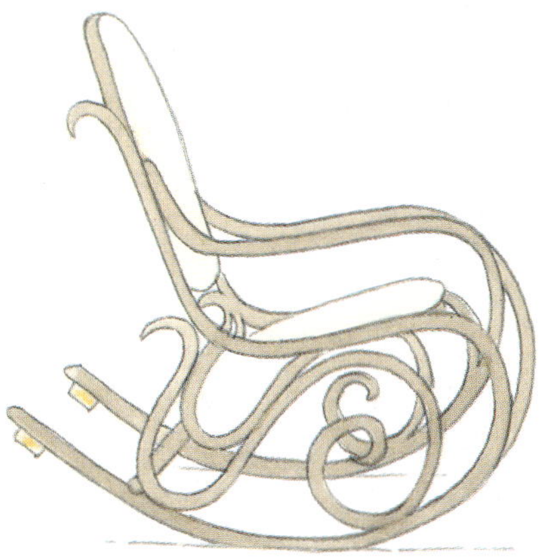

8. Couteaux propres. Trempez un bouchon dans de la poudre à récurer et passez-le des 2 côtés de la lame des couteaux de cuisine.

9. Tampon. Taillez vos initiales ou le dessin de votre choix sur le bout d'un bouchon. Imprimez en utilisant un tampon encreur de bureau.

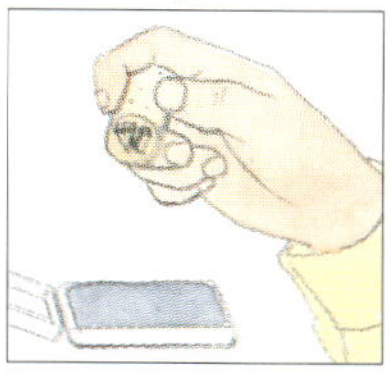

10. Poignée de cocotte isolée. Glissez un bouchon sous la poignée d'un couvercle de cocotte en fonte pour pouvoir le saisir sans vous brûler.

11. Contre les éraflures. Collez des lamelles de bouchon sous les cendriers, les vases, les lampes...

12. Prévenir la rouille. Frottez les ustensiles de cuisine et de jardin avec un bouchon régulièrement imbibé d'huile végétale.

Boucle de ceinturon

1. Anneau de foulard. Glissez un foulard au travers d'une jolie boucle. Portez-le autour du cou pour agrémenter un tailleur ou une robe.

2. Ornement de rideau. Glissez une boucle dans une embrasse de rideau en guise de décoration peu ordinaire.

Bougie

1. Œuf de Pâques. Faites couler au hasard de la bougie fondue sur des œufs durs, puis teignez-les. Ôtez ensuite la cire, vous obtiendrez des dessins intéressants. Si vous répétez l'opération plusieurs fois avec des couleurs différentes, les effets seront très surprenants.

2. Sceau pour enveloppe. Scellez vos enveloppes d'invitation avec quelques gouttes de bougie de couleur (à ne pas faire avec celles qui partent par la poste).

3. Allume-feu. Mélangez des morceaux de bougie et de coulures de cire dans le petit bois d'allumage.

4. Lubrifiant pour chasse-neige. La neige n'adhérera pas à votre pelle si vous la frottez avec de la bougie.

5. Pour les tiroirs. Frottez de la bougie sur les glissières en bois des tiroirs pour qu'ils coulissent mieux.

6. Visser plus facilement. Lubrifiez le filetage des vis à bois et les clous à enfoncer dans du bois dur en les frottant sur une bougie (contrairement au savon, la bougie ne fait pas rouiller le fer ni l'acier).

Boule antimite

1. Traitement d'été. Au printemps, lavez les lainages d'hiver avant de les ranger et faites fondre quelques boules d'antimite dans la dernière eau de rinçage.

2. Antirouille. Placez quelques boules antimite dans votre boîte à outils pour absorber l'humidité.

3. Désodorisant. Déposez quelques boules entre la poubelle et le sac en plastique placé à l'intérieur.

4. Pesticide. Placez des boules d'antimite dans les taupinières, dans les trous et les fentes par où passent les rongeurs et autres nuisibles, et dans les poubelles.

Bouteille, bocal en verre

1. Pour chasser les taupes. Enfoncez des bouteilles dans le sol en laissant dépasser le goulot de 2 cm. Lorsqu'il fera du vent, ces bouteilles siffleront et feront peur aux taupes. Des bouteilles à demi remplies et placées à la périphérie du jardin auront le même effet sur les lapins.

2. Vinaigrier et huilier de table. Choisissez 2 flacons originaux et décoratifs identiques munis de bouchons (méfiez-vous des bouteilles de parfum car le verre s'imprègne de l'odeur, qui est parfois très difficile à éliminer). Lavez-les soigneusement avant de les utiliser.

3. Rouleau à pâtisserie. Enlevez les étiquettes d'une bouteille « bordelaise », nettoyez-la bien. Remplissez-la d'eau, bouchez-la et utilisez-la pour abaisser la pâte.

4. Mini-vase. Récupérez un flacon de parfum vide (ôtez le mécanisme atomiseur le cas échéant), lavez-le et disposez-y quelques petites fleurs.

5. Pot à épices. Récupérez de petits bocaux en verre ayant contenu des denrées alimentaires en conserve. Décollez-en les étiquettes, lavez-les bien et utilisez-les en remplaçant leur bouchon à vis par un gros bouchon en liège. Identifiez-les en y collant des étiquettes décorées.

Bouteille en plastique

1. Pour les sauces. Nettoyez de petites bouteilles d'eau minérale de 25 ou 33 cl et utilisez-les pour transporter de la sauce pour la salade, de la mayonnaise et d'autres condiments maison.

2. Pour arroser sans gaspiller. Coupez le fond des bouteilles, retirez les bouchons et enterrez ces bouteilles ouvertes, goulot vers le bas, au pied des plantes du jardin (fleurs ou légumes). Pour arroser, versez l'eau dans les bouteilles : les racines seront directement alimentées sans que l'eau s'évapore.

3. Pour protéger votre bassin. En hiver, laissez flotter dans votre bassin des bouteilles en plastique vides (lestées par un peu de sable pour qu'elles tiennent debout). En cas de gel, elles absorberont la poussée de la glace et l'empêcheront de briser les parois du bassin.

4. Jeu de quilles. Peignez ou collez des chiffres allant de 1 à 10 sur des bouteilles en plastique et utilisez de grosses balles en caoutchouc pour les tirer. Donnez de la stabilité aux bouteilles en les remplissant au tiers de leur hauteur avec du sable fin.

5. Mini-serre. Pour protéger vos semis, coupez des bouteilles en plastique en deux dans le sens de la longueur après avoir coupé le goulot. Posez ces petits tunnels transparents bout à bout sur la ligne où vous avez enfoui vos graines. Maintenez-les avec des pontets en fil de fer enfoncés dans le sol. Pour protéger une petite plante, coupez le fond d'une bouteille, gardez le bouchon (vous le retirerez si vous constatez un excès de condensation) et coiffez la plante avec cette cloche improvisée que vous enfoncerez légèrement en terre pour la maintenir.

6. Bloc réfrigérant. Remplissez d'eau (aux 9/10e de leur hauteur) des bouteilles en plastique et placez-les au congélateur. Ces blocs de glace vous serviront pour votre glacière de camping, pour rafraîchir des boissons déposées dans un baquet rempli d'eau où flotteront les blocs glacés, pour faire de la glace pilée.

7. Arroseurs automatiques. Remplissez d'eau des bouteilles en plastique et percez un trou dans le bouchon avec un gros clou. Enterrez partiellement ces bouteilles, bouchon vers le bas, au pied des plantes gourmandes d'eau (choux-fleurs, tomates, maïs...) au jardin ou au pied de vos plantes d'appartement quand vous vous absentez (si vous vous absentez pendant longtemps, vous pouvez placer plusieurs bouteilles par plante, mais en faisant des trous plus petits dans les bouchons).

8. Forme à chaussure. Introduisez une grande bouteille dans chaque botte pour qu'elle ne se déforme pas.

9. Piège à insectes volants. Coupez le goulot d'une bouteille en plastique en prélevant 2 cm sur la partie cylindrique formant le corps de la bouteille. Ôtez le bouchon, retournez ce goulot et enfoncez-le dans le reste du corps de la bouteille. Versez de l'eau sucrée additionnée de 2 à 3 gouttes de produit à vaisselle dans le fond du piège, que vous poserez ou suspendrez à l'extérieur.

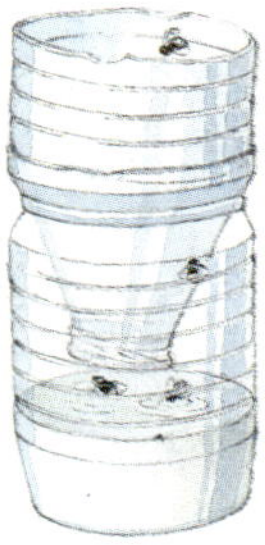

10. Entonnoir. Coupez le goulot d'une bouteille en plastique et utilisez-le comme entonnoir jetable. Très pratique pour transvaser de l'huile de vidange, de l'essence, faire le plein d'huile des moteurs, verser des produits phytosanitaires dans votre pulvérisateur, etc.

Bouteille en plastique souple

1. Pistolet à eau. Mettez de l'eau dans de petites bouteilles en plastique souple. Percez le bouchon et faites des « combats » de jardin.

2. Extincteur. Pour le pique-nique, emplissez d'eau une bouteille de plastique pour éteindre le barbecue.

3. Pour le lavage. Remplissez une bouteille d'eau saturée de lessive et utilisez ce concentré pour mouiller les traces sur les cols et les poignets de chemise et les taches avant le lavage en machine.

Boutons

1. Accessoires pour maison de poupée. Utilisez des boutons en guise de bougeoirs, d'appliques ou d'assiettes.

2. Faux jetons. Pour un jeu impromptu, choisissez des boutons de couleurs différentes indiquant les diverses valeurs.

3. Pièces de jeux. Substituez des boutons aux pièces perdues pour jouer aux dames, au loto, etc. Vous pouvez les utiliser pour le jeu de puce.

4. Colliers. Enfilez de jolis boutons en alternant des petits et des gros sur 2 rangées de fil résistant.

5. Boucles d'oreilles. À coordonner avec les colliers fabriqués ci-dessus. Achetez ou récupérez des attaches pour boucles d'oreilles et collez-y un bouton avec de la colle époxy rapide.

Brique

1. Serre-livres. Utilisez des briques pleines après les avoir recouvertes de tissu ou de papier mural.

2. Bordure de jardin. Alignez des briques pour délimiter les plates-bandes ou disposez-les autour des arbres pour retenir l'eau d'arrosage.

3. Porte-crayon. Prenez une brique de parement perforée et collez un carton d'un côté pour obturer les perforations. Doublez le carton par de la feutrine adhésive, posez l'objet à plat sur la table de travail et insérez vos crayons debout dans les perforations.

4. Barbecue express. Posez une grille ou une plaque à pâtisserie de four sur 4 piles de briques réfractaires de même hauteur.

5. Chauffe-pieds. Faites chauffer une brique dans le four ou dans la cheminée, emmaillotez-la dans une serviette avant de la glisser sous vos pieds... ou entre les draps au fond du lit glacé.

Brique en carton

(Conditionnement en carton étanche pour le lait, le vin, les soupes, les jus de fruits, etc.)

1. Mangeoire pour oiseaux. Mélangez de la margarine ou du saindoux fondu et des graines pour oiseaux. Versez dans une brique vide et insérez une ficelle avec une boucle. Mettez au réfrigérateur et laissez durcir. Démoulez et suspendez l'hiver dans le jardin.

2. En camping. Protégez-vous des piquets de tente, toujours traîtres pour vos orteils dans l'obscurité, en les chapeautant de briques en carton.

3. Moule pour bougies. Au centre d'une brique en carton, placez une longue bougie tenue à sa base par de la cire fondue. Remplissez avec des glaçons. Versez de la cire chaude et laissez refroidir. Retirez le carton et vous verrez apparaître une bougie curieusement décorée.

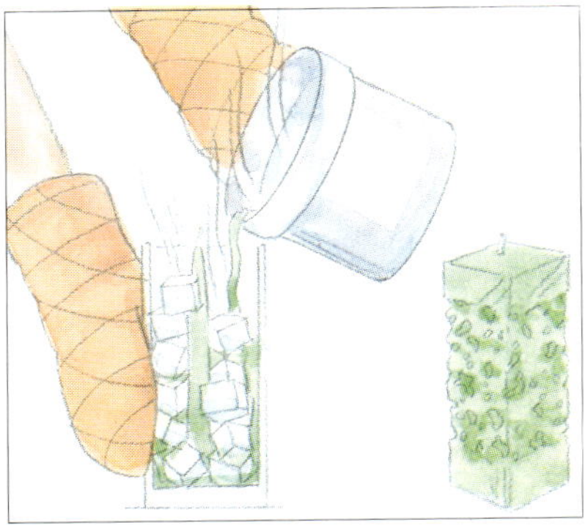

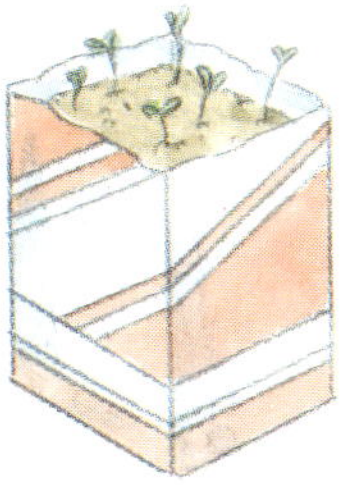

4. Caissette à semis. Coupez le côté d'une brique en carton, remplissez-la à mi-hauteur de terreau et semez les graines selon les instructions du paquet.

5. Seau à glace. Placez une petite bouteille de vodka ouverte dans une brique vide. Emplissez-la d'eau et mettez le tout au freezer. Ensuite, décollez le carton et entourez ce gros bloc de glace d'une serviette propre.

6. Pour le poisson rouge. Emplissez une brique propre avec de l'eau et déposez-y votre poisson rouge pendant que vous nettoyez son aquarium.

7. Pour la peinture. Versez de la peinture dans un demi-carton. Jetez-le quand le travail est terminé.

Brosse à dents

1. Mini-brossage. Brossez les interstices de petits appareils et nettoyez à fond entre les touches d'une machine à écrire.

2. Nettoyage fin. Utilisez une brosse à dents avec un produit pour l'argenterie afin d'éliminer les oxydations sur des objets filigranés ; ou avec de la cire à meuble pour enlever la poussière dans les bois sculptés.

3. Manucure. Brossez-vous les ongles des mains et des pieds avec une brosse à dents souple et de l'eau savonneuse.

4. Pour le moteur. Une brosse à dents trempée dans du pétrole ou du white-spirit est idéale pour nettoyer les recoins que le pinceau ne peut atteindre.

C

Café

1. Engrais. Enfouissez légèrement du marc de café dans la terre du jardin, en le mélangeant soigneusement.

2. Œufs durs bronzés. À Pâques, faites durcir des œufs en ajoutant du marc de café à l'eau de cuisson.

3. Stocker les vers. Vous pêchez ? Vous avez un aquarium ? Conservez les vers de vase vivants dans une boîte remplie de marc de café humide. Placez-la dans le bac à légumes du réfrigérateur.

4. Antipucerons. Épandez du marc de café au pied des rosiers, sur la terre légèrement griffée, et arrosez.

Caissettes, pots en plastique

Ces contenants en plastique à fond ajouré ou percé sont connus de tous ceux qui achètent des plants de fleurs à repiquer. Après avoir fait vos plantations, ne les jetez pas.

1. Distributeur de ficelle. Placez une pelote de ficelle dans 2 petits pots ajourés attachés ensemble et tirez la ficelle par l'un des trous.

2. Pot à orchidée. Tapissez un petit panier en plastique avec de la sphaigne (mousse dont la décomposition sert à la formation de la tourbe), ajoutez un peu de terreau et plantez une orchidée. Maintenez-la avec une brochette en bois en guise de tuteur et des liens de jardinage.

3. Clayette à plantations. Lorsque vous repiquez des poireaux, des salades ou toute autre jeune plante issue de pépinière, rangez chaque série de plants dans une caissette pour les transporter sans les abîmer sur les lieux de plantation.

4. Cage pour bulbes. Pour repousser les rongeurs gourmands, placez un petit pot à fond ajouré dans la terre, posez le bulbe à l'intérieur, puis recouvrez de terre.

5. Protecteur de plante. Retournez des caissettes à fond ajouré sur des semis et de jeunes plantes pour les protéger des lapins et des écureuils. Fixez-les sur le sol à l'aide de crochets fabriqués avec des bouts de gros fil de fer plastifié.

6. Panier de Pâques. Tapissez le fond d'une caissette de petits morceaux de papier vert figurant du gazon. Déposez-y des œufs de Pâques. Attachez avec un ruban en guise d'anse.

7. Pique-fleurs. Retournez un petit pot à fond ajouré dans un joli récipient et piquez-y des fleurs.

8. Passoire. Mettez des petits fruits ou des petits légumes fraîchement cueillis dans une caissette perforée pour les rincer sous l'eau froide.

9. Pots à semis individuels. Faites démarrer vos semis 2 ou 3 semaines à l'avance en remplissant des petits pots avec du terreau. Plantez 3 ou 4 graines de concombre, de courge ou de melon dans chaque pot. Lorsque les plants sont suffisamment grands, éclaircissez-les en ne gardant que les plus beaux dans chaque pot, puis placez les petits pots en pleine terre, en respectant les distances de plantation propres à chacune de ces plantes. De cette façon, si vous avez un stock important de pots, vous pouvez aussi semer d'autres légumes à repiquer (choux, salades...) ou des fleurs.

Calendrier

1. Nappe du nouvel an. Enlevez les pages d'un calendrier de l'année qui vient de s'écouler et collez les mois au hasard sur une feuille de plastique très fin pour réaliser une rétrospective amusante.

2. Pour le bureau. Découpez un vieux calendrier et tapissez-en les tiroirs de votre bureau.

3. Puzzle. Collez une belle illustration sur un grand calendrier de bureau en carton. Découpez-la en morceaux irréguliers avec un cutter. Bien mélanger et reconstituer l'illustration.

4. Souvenirs. Piquez les pages volantes d'un calendrier-agenda qui se réfèrent à des dates mémorables de vos activités de l'année ou à des événements en cours sur une plaque de liège pour faire un panneau de souvenirs. Sur chaque feuille, précisez la nature de l'événement ou notez une anecdote s'y référant.

5. Carte de vœux. Collez les photos d'un vieux calendrier que vous aimez sur du carton fin pour confectionner des cartes bon marché et attrayantes.

6. Sous-verre. Utilisez les images d'un calendrier d'art pour décorer les toilettes, une chambre d'enfant ou une pièce de détente.

Capsules de bouteilles

1. Grattoir à chaussures. Pour confectionner un paillasson qui gratte la boue des chaussures ou des bottes, clouez côte à côte des capsules de bouteilles, cannelures vers le haut, sur une plaque de contreplaqué marine (qualité CTB-X).

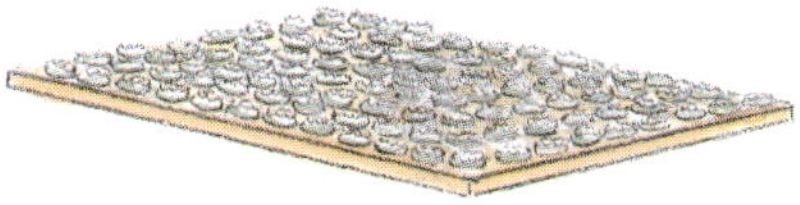

2. Godets à peinture. Utilisez des capsules pour mélanger de petites quantités de peinture pour faire des retouches, peindre des maquettes, des figurines de jeux de rôle...

3. Épouvantail à oiseaux. Enfilez des capsules brillantes sur un cordon et accrochez-les sur un arbre : les oiseaux seront effrayés par l'effet de réflexion.

4. Broches (ou pin's). Arrachez le joint collé à l'intérieur d'une capsule non endommagée. Nettoyez les dernières traces et collez une attache pour broche avec de la colle époxy à prise rapide.

5. Grattoirs. Percez plusieurs capsules en leur centre et clouez-les côte à côte, ouverture vers le dessus, sur une cale en bois coupée à la taille de votre main. Ce grattoir vous servira à écailler les poissons, à réduire un savon ou un pain de cire en paillettes, à nettoyer les semelles de vos bottes, etc. (réservez chacun d'eux à un usage précis).

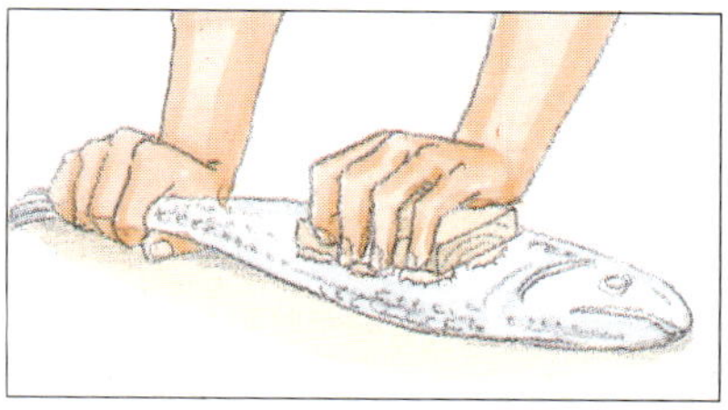

6. Mini-boîtes à appâts. Déposez de l'appât empoisonné contre les fourmis, les blattes ou d'autres insectes dans des capsules. Placez-les aux endroits fréquentés par les nuisibles, mais en veillant à ce qu'ils soient hors de portée des enfants et des animaux domestiques.

7. Décorations de Noël. Percez un trou au centre des capsules, peignez-les à la bombe aérosol de couleur or ou argent et suspendez-les au sapin avec une ficelle ou un petit crochet (voir aussi Pince à cheveux, p. 321). Vous pouvez également les enfiler sur une cordelette pour en faire une guirlande.

Carafe

1. Vase. Même si une carafe est fendillée, elle peut toujours faire un excellent vase pour des fleurs séchées.

2. Porte-crayons. Rangez stylos et crayons dans une carafe près du téléphone pour prendre les messages.

3. Pot à couverts. Ne jetez pas une jolie carafe même si elle fuit ; rangez-y des couverts en bois, des spatules, des grands couteaux et d'autres ustensiles de cuisine.

Carquois

1. Étui. Déposez les parapluies dans un carquois accroché au mur.

2. Pour le camping. Transportez-y les boîtes de boisson ou les piquets de tente sur les lieux du camping.

Carte de crédit, carte de téléphone

1. Grattoir. Si vous n'avez rien d'autre sous la main, utilisez une vieille carte de crédit pour ôter la glace du pare-brise de votre voiture.

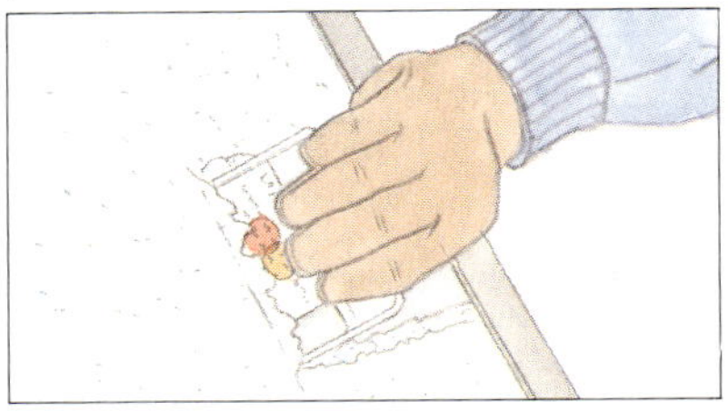

2. Pour la guitare. Vous ne retrouvez plus votre médiator ? Utilisez le coin d'une carte de téléphone périmée.

Carte de vœux

1. Mini-tableaux. Encadrez plusieurs de vos plus belles cartes ou collez-les sur des plaques de bois pour décorer les murs d'une petite pièce.

2. Marque-place. Inscrivez le nom de chacun de vos invités sur une carte pour marquer sa place selon votre plan de table.

3. Menus à la carte. Pour vos fêtes, collez le menu à l'intérieur de cartes posées devant chaque couvert.

Carton à bouteilles

1. Porte-revues. Rangez vos magazines et programmes en cours de lecture dans les compartiments d'un carton décoré avec du papier adhésif.

2. Ranger les décorations de Noël. Enveloppez individuellement les guirlandes et les boules et placez vos paquets dans les casiers du carton.

3. Éviter la casse. Conservez les objets et les verres en cristal ou rangez les ampoules électriques, classées par puissance, dans chacun des compartiments.

4. Jeu d'adresse. Placez un carton à bouteilles incliné contre un mur ou une pile de livres et disposez une rampe devant (prenez une large planche ou un tapis de caoutchouc). Donnez une valeur à chaque compartiment et essayez d'y introduire des balles de tennis.

5. Fourre-tout. Laissez un carton à bouteilles décoré avec du papier adhésif dans la chambre de vos enfants pour qu'ils puissent y ranger leurs raquettes de tennis, leurs cannes à pêche, etc.

6. Pour l'atelier. Utilisez les compartiments pour y ranger debout des objets ou matériaux longs : baguettes en bois, tringles à rideau, tiges en acier filetées...

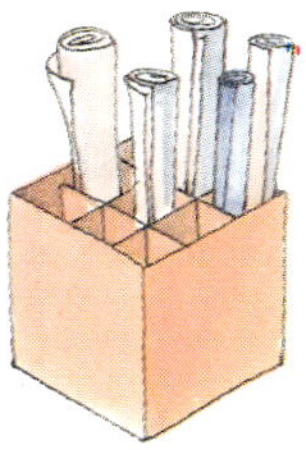

7. Rangement pour artiste. Un carton à bouteilles compartimenté est idéal pour ranger debout les toiles et les grands dessins.

Carton d'emballage

1. Patins glisseurs. Placez des plaques de carton sous les pieds ou aux 4 coins de la base d'un meuble lourd. Vous pourrez le déplacer plus facilement en le tirant sur le sol lisse (parquet, moquette, carrelage ou revêtement plastique).

2. Cadeau surprise. Cachez le cadeau d'un ami dans une petite boîte en carton, placez celle-ci dans une boîte un peu plus grande et ainsi de suite. Enveloppez chaque boîte dans du papier de couleur différente.

3. Protéger une table. Protégez une surface de travail des taches d'encre, de colle, de peinture ou des éraflures en la recouvrant de carton.

4. Cabane pour les enfants. Transformez un carton d'emballage de réfrigérateur ou de congélateur en cabane de jeux, en y découpant une porte et des fenêtres. N'évidez pas ces ouvertures entièrement : gardez les découpes en guise de porte et de volets. Offrez-vous un peu de peinture pour décorer les façades.

5. Plateau pour le lit. Enlevez le rabat supérieur et découpez 2 côtés de la boîte en forme d'arche. Recouvrez le dessus avec du plastique adhésif décoratif.

6. Théâtre de marionnettes. Mettez debout un large carton d'emballage et découpez une grande ouverture au dos pour l'opérateur et une plus petite sur la face opposée pour représenter la scène.

7. Porte-revues. Ôtez le volet supérieur d'une boîte en carton étroite, puis découpez en diagonale en partant du sommet jusqu'à environ un tiers de la hauteur de la boîte.

8. Pour la voiture. Placez une grande plaque de carton d'emballage sur le sol de votre garage, sous le moteur de la voiture. Non seulement elle protégera le sol des coulures, mais elle donnera des indications sur leur couleur et sur l'endroit d'où elles s'échappent. Cela facilitera le diagnostic du mécanicien pour effectuer d'éventuelles réparations.

9. Cache-poussière. Protégez de la poussière vos petits appareils (une machine à écrire par exemple) en les recouvrant avec une housse en carton. Ouvrez les volets de la boîte et recouvrez le tout de plastique adhésif décoratif.

Casserole, marmite

1. Bac à vidange. Placez une vieille marmite d'une contenance d'au moins 5 litres sous l'orifice de vidange de votre moteur.

2. Pelle. Entreposez les grands sacs d'engrais ou de graines de gazon dans la resserre du jardin et utilisez une vieille casserole pour transvaser ou transporter ces produits.

3. Barbecue. Allumez du charbon de bois dans une vieille marmite en fer étamé percée de quelques trous en partie basse. Coiffez-la d'une grille à pâtisserie métallique. Replacez le couvercle pour étouffer le feu.

4. Baignoire pour les oiseaux. Placez une vieille casserole remplie d'eau sur une jarre dans le jardin.

Ceinture

1. Porte-livres. Une vieille ceinture peut servir à tenir des livres ensemble et vous aider à les transporter aisément. Percez de nouveaux trous et placez des œillets si cela s'avère nécessaire.

2. Protecteur de bagage. Entourez votre valise d'une vieille ceinture en la passant sous la poignée. Fermez la boucle.

3. Clé de serrage. Enroulez une ceinture autour d'un tuyau comme il est montré ci-dessous. Serrez bien et fermez la ceinture avec la boucle sur un clou. Exercez un effet de levier avec un morceau de bois.

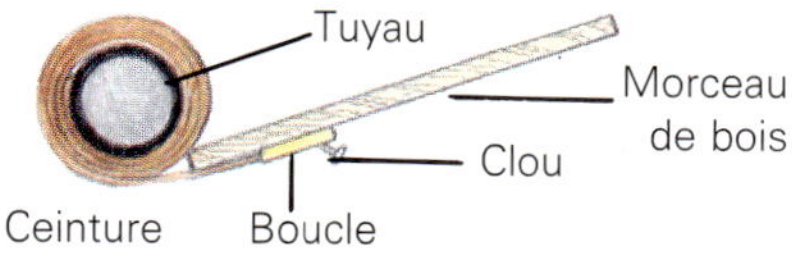

4. Porte-ustensiles. Clouez une ceinture au mur en laissant des espaces assez larges pour y glisser des couverts en bois ou des outils.

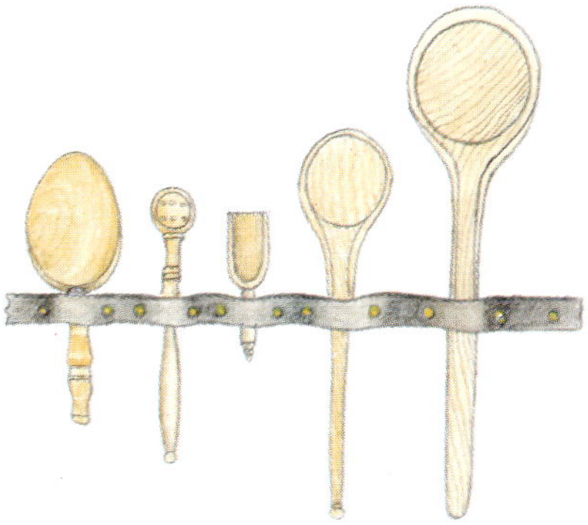

5. Collier pour chien. Coupez une ceinture à la longueur désirée (percez de nouveaux trous si nécessaire) et ajoutez un anneau en métal sur la boucle pour y attacher la plaque d'identification de l'animal.

Cendres

1. Fertiliseur. Incorporez vos cendres de bois au compost que vous répandrez au printemps (mais pas autour des rhododendrons ni des azalées et des hortensias) ou étalez-les sur la terre avant de la bêcher.

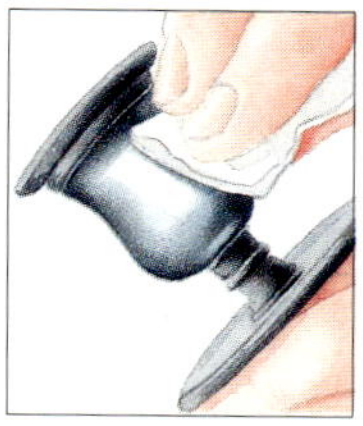

2. Embellir l'étain. Mouillez des cendres finement tamisées avec de l'eau et frottez-en vos objets en étain avec un chiffon doux.

3. Répulsif. Pour décourager les escargots et les limaces, étalez une couche de cendres de bois autour des plantes à protéger (iris, lupins, salades, haricots verts...) ou entre les sillons de vos semis et plantations).

4. Antiverglas. Parsemez les sols verglacés de cendres sèches tamisées. Elles feront fondre partiellement la couche de glace et la rendront plus accrocheuse.

Chaussette

1. Surbandage. Si votre chien ou votre chat s'est blessé à la patte, enfilez une chaussette sur le pansement pour qu'il tienne bien en place.

2. Protéger les chaussures. Enfilez une paire de chaussettes par-dessus vos chaussures lorsque vous peignez.

3. Lustrer. Utilisez une chaussette en laine pour appliquer de la cire, faire briller votre voiture ou lustrer des chaussures.

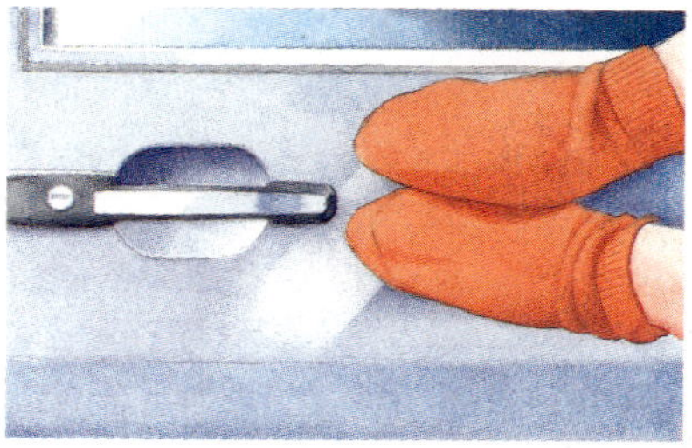

4. Protection. Avant de déplacer un meuble lourd, enfilez des chaussettes sur ses pieds.

5. Pour les boules. Glissez vos boules de pétanque dans des chaussettes pour qu'elles ne s'entrechoquent pas quand vous les transportez.

Cheville en bois

1. Porte-crayons. Sur un petit panneau de bois, percez (au diamètre des chevilles) des trous côte à côte pour former un cercle de 5 à 6 cm de diamètre. Encollez-les et insérez-y des chevilles longues.

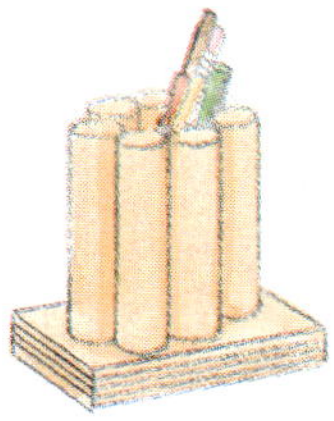

2. Bordure d'étagère. Fixez verticalement une rangée de chevilles courtes régulièrement espacées sur le bord d'une étagère.

Chewing-gum

1. Appât pour crabe. Accrochez un bout de chewing-gum à une ligne à crabe et mettez la ligne à l'eau.

2. Réparation. Colmatez une craquelure dans un mur ou sur une poterie en céramique avec du chewing-gum blanc.

3. Mastic. Maintenez temporairement en place une vitre de fenêtre démastiquée avec du chewing-gum.

4. Réparateur de fuites. Un morceau de chewing-gum mâché peut obturer temporairement un trou sur un tuyau d'écoulement d'eaux usées.

5. Isolant de fortune. Ne laissez pas un fil électrique dénudé. Faites un « bandage » sur la partie défectueuse de la gaine isolante avec un chewing-gum mâché. Effectuez ensuite la réparation au plus vite.

Chutes de bois

1. Puzzle. Collez une photographie sur une pièce de contreplaqué de 5 mm d'épaisseur et découpez le puzzle avec une scie à chantourner.

2. Échiquier. Découpez un carré de 40 cm. Peignez des cases noires et blanches (8 en tout dans chaque sens), puis recouvrez de laque à vernir.

3. Cale. Placez de petits morceaux de bois taillés en biseau sous les tables ou les appareils placés sur un sol qui n'est pas à niveau. Utilisez-en 2 qui se chevauchent pour les déclivités importantes.

4. Tire-bottes. Assemblez avec des clous ou des vis comme indiqué ci-dessous. Appuyez sur la planchette inclinée avec un pied et tirez sur l'autre botte en la plaçant dans l'encoche semi-circulaire.

Chutes de moquette

1. Isolation phonique. Si vous avez un enfant musicien, recouvrez les murs et le plafond de sa chambre avec des morceaux de moquette en les faisant se chevaucher.

2. Amortisseur de bruit. Coupez des morceaux de moquette aux dimensions requises et placez-les sous des machines à écrire ou à coudre.

3. Protège-murs. Collez des tampons de moquette derrière les montants des lits et des meubles pour éviter qu'ils ne marquent les murs.

4. Polissoir. Collez un morceau de moquette sur une cale en bois et utilisez cet accessoire pour nettoyer des vitres ou effacer les taches.

5. Patins glisseurs. Pour déplacer un objet lourd, glissez dessous des morceaux de moquette ou de tapis, poils tournés vers le sol.

6. Tapis de gymnastique. Coupez un morceau de moquette de 1 m de large et d'une longueur correspondant à votre taille.

7. Protège-genoux. Coupez 2 carrés de moquette de 20 cm de côté. Placez un œillet de bâche à chaque angle et passez-y des lacets pour maintenir ces protections sur vos genoux.

8. Chauffe-pieds. Découpez 2 morceaux de moquette aux dimensions de vos pieds et glissez-les à l'intérieur de vos bottes en caoutchouc ou de vos chaussures de travail.

9. Pour couper le verre. Sur une table parfaitement plane, posez une chute de moquette aiguilletée pour couper les vitres, les plaques de glace ou les miroirs.

Cintre à pinces

1. Rangement. Suspendez les sets de table à des cintres à pinces à l'intérieur d'une porte de placard.

2. Support de plans. Lorsque vous faites des relevés sur des plans, tenez-les en place en utilisant un cintre à pinces suspendu à un clou à hauteur de vos yeux.

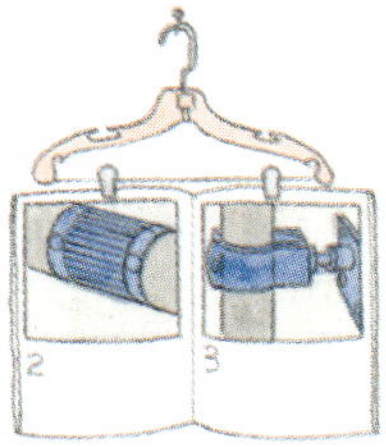

3. Séchoir. Accrochez les œuvres picturales des enfants sur des cintres à pinces pour qu'elles sèchent.

Cintre en fil d'acier

1. Bras extensible. Pour attraper un objet tombé derrière un meuble ou placé en hauteur, redressez un cintre en conservant le crochet.

2. Croquet. Remplacez un guichet perdu par un cintre mis en forme.

3. Séchoir à chaussures. Repliez vers le haut les 2 côtés d'un cintre et enfilez-y les chaussures, les tennis ou les baskets à faire sécher.

4. Pour le jardin. Marquez l'emplacement des semis en plantant un cintre déplié au bout de chaque rangée. Attachez-y une étiquette.

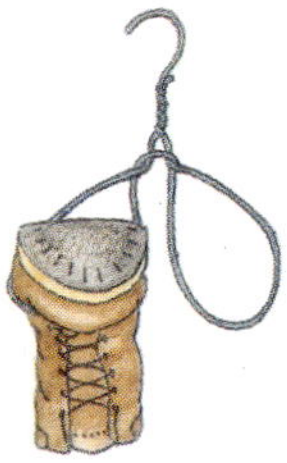

5. Séchoir à bottes. Formez un gros anneau de chaque côté du crochet et glissez-y le pied d'une botte, ouverture vers le bas.

6. Serre pour jardinière. Dépliez des cintres en fil d'acier plastifié et repliez-les pour former des arceaux aux dimensions de votre jardinière. Recouvrez d'un plastique transparent.

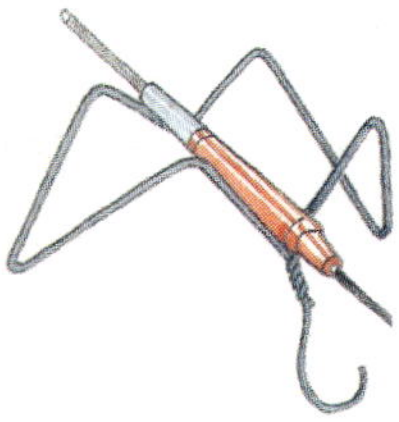

7. Support de fer à souder. Confectionnez un trépied (comme indiqué sur le dessin) avec un cintre en fil d'acier non plastifié.

8. Suspension pour pot de fleurs.

Encerclez un pot avec un cintre déplié, juste au-dessous de sa bordure. Torsadez le cintre par sécurité et suspendez.

9. Maxi-bulles. Avec un cintre, faites un grand anneau avec poignée. Plongez-le dans du liquide à bulles (voir p. 306), agitez-le en l'air : vous obtiendrez des bulles énormes.

Cirage

1. Bois éraflé. Mélangez diverses couleurs pour obtenir la teinte souhaitée. Appliquez avec un chiffon.

2. Retouches. Passez du cirage sur les éraflures ou sur les trous laissés par des attaches sur le bois.

Clé

1. Du lest pour pêcheur. Utilisez de vieilles clés en guise de plomb à lester les lignes.

Cleanettes

1. Pour les chaussures. Faites-les briller avec des cleanettes.

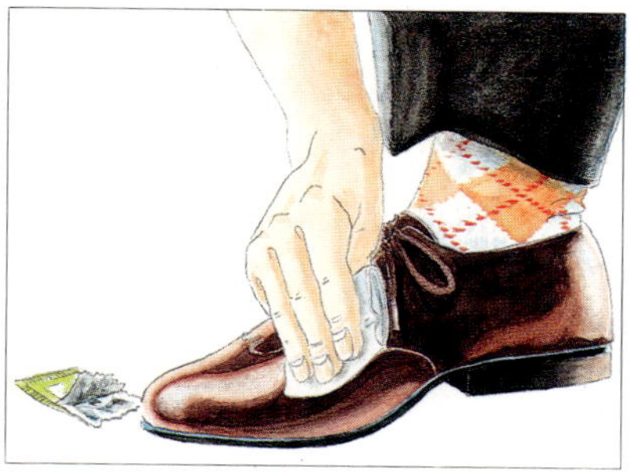

2. Pour les écrans. Conservez des cleanettes usagées pour ôter la poussière électrostatique des écrans de télévision et des ordinateurs.

3. Désodorisant. Mettez ces serviettes parfumées dans les tiroirs et sur les étagères des placards.

4. Pour la voiture. Placez des cleanettes sous le siège avant de la voiture pour rafraîchir l'air confiné.

5. Pour les cheveux. Passez une cleanette antistatique sur les peignes et les brosses à cheveux.

6. Pour les lunettes. Frottez les verres avec une cleanette pour les nettoyer et enlever la buée.

Clou

1. Crochet en S. Tenez un clou fin avec une pince universelle et pliez-le à l'aide d'une autre pince, ou serrez un grand clou dans un étau et mettez-le en forme au marteau.

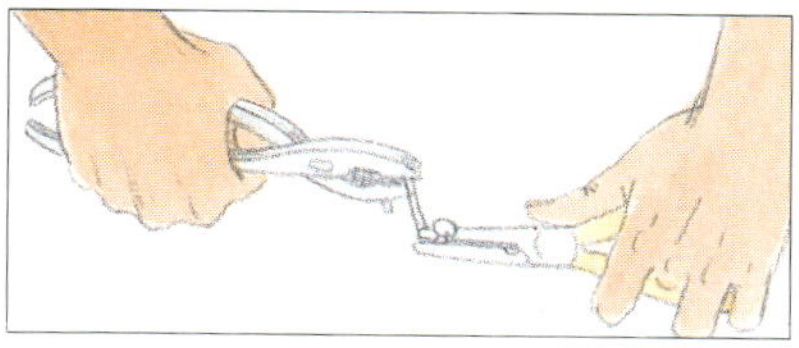

2. Tableau en fil. Matérialisez les contours d'un dessin par des petits clous sans tête et tendez des fils entre ces clous.

3. Petites pesées. Déterminez le poids de clous de différentes tailles (le poids d'un clou est égal au poids du sachet divisé par le nombre de clous) et utilisez-les comme poids dans une balance.

Compresseur à air

1. Coup de balai. Utilisez le jet d'air comprimé pour décoller les saletés, nettoyer les recoins inaccessibles dans votre atelier ou votre garage et pour dégager les feuilles mortes dans les allées.

2. Nettoyage des négatifs et des diapositives. Utilisez le souffle d'air (à puissance réduite) pour supprimer la poussière de leur surface. Nettoyez bien la buse auparavant pour ne pas projeter de poussières qui rayeraient les films.

3. Séchage des bouteilles et des bocaux. Après les avoir lavés, chassez les restes d'eau avec de l'alcool à 90°, puis séchez l'intérieur à l'air comprimé.

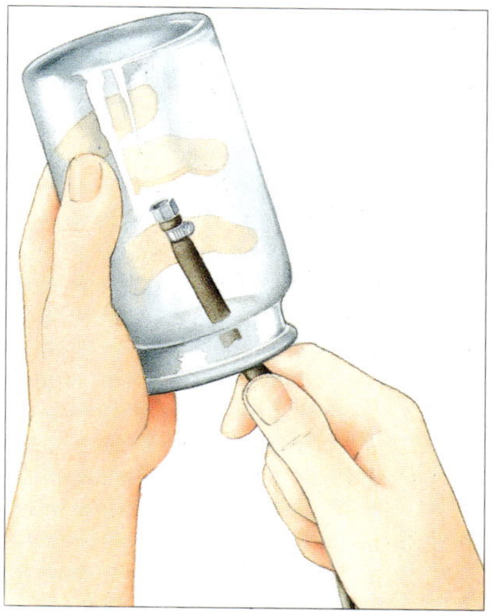

4. Déloger les poussières. Envoyez un jet d'air comprimé dans les recoins pour déloger les poussières et les miettes (placez une serviette de toilette humide derrière pour récupérer les projections).

5. Pulvérisateur de pesticides. Utilisez un pistolet à peinture adaptable pour appliquer, à l'extérieur, des herbicides ou des insecticides sur les plantes. Nettoyez les différentes parties de l'appareil après chaque usage.

6. Nettoyage de tubes. Si vous utilisez des tubes en cuivre ou en PVC qui ont été stockés depuis quelque temps, nettoyez les parois intérieures à l'air comprimé.

7. Pompe à air. Avec un adaptateur, vous pouvez gonfler des ballons, des canots pneumatiques, des piscines gonflables...

8. Nettoyage des bougies. Envoyez un jet d'air au pied des bougies avant de les démonter. Après les avoir décrassées, nettoyez le pourtour des électrodes à l'air comprimé.

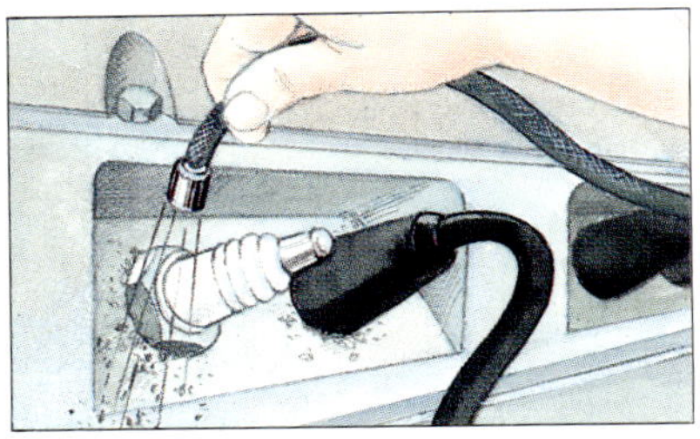

9. Déboucher des gicleurs. Trempez-les dans de l'essence ou du trichloréthylène et débouchez les trous en y insufflant de l'air comprimé.

10. Séchage d'objets. Éliminez les gouttes d'eau retenues dans les détails et dans les coins en les soufflant à l'air comprimé.

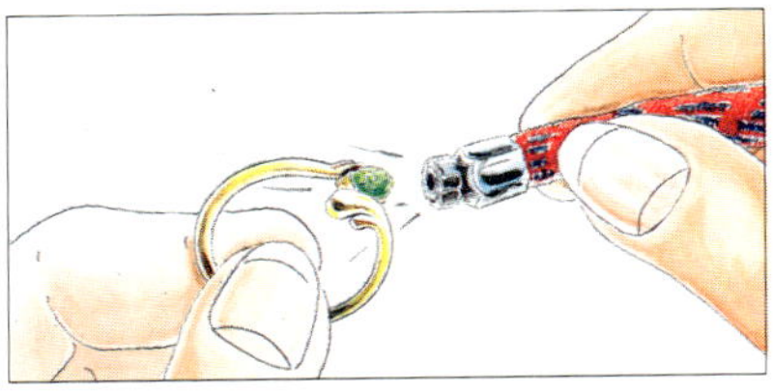

Compte-gouttes

1. Doser du colorant. Lorsque vous peignez avec des colorants liquides, dosez le mélange goutte par goutte.

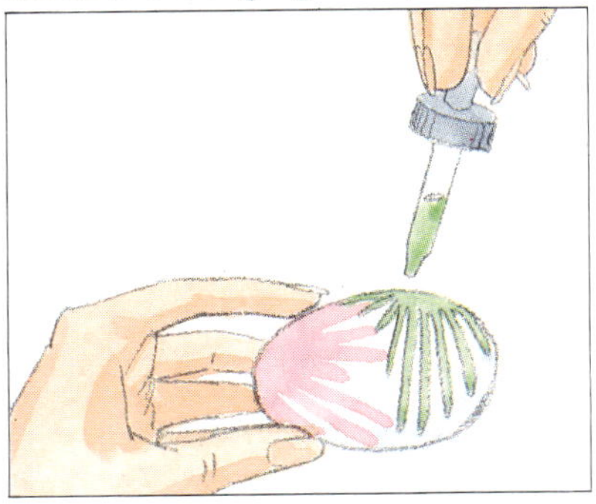

2. Pour les huiles parfumées. Déposez les huiles dans le brûle-parfum avec un compte-gouttes (1 par parfum).

3. Recueillir du mercure. Si vous cassez un thermomètre, ramassez le mercure avec un compte-gouttes.

Coquille d'œuf

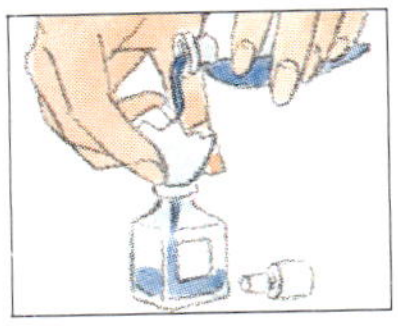

1. Entonnoir. Percez un trou au fond d'une demi-coquille d'œuf et versez le liquide à transvaser.

2. Engrais. Parsemez des coquilles d'œufs écrasées autour des plantations du jardin pour éloigner les limaces. Ajoutez-en aussi au compost.

3. Récurer les casseroles. En camping, des coquilles d'œufs écrasées feront merveille pour remplacer le tampon de laine d'acier.

4. Godet à semis. Percez le fond d'une demi-coquille, mettez-y du terreau et une graine et posez-la dans un coquetier.

5. Pour le jardin. Épandez des coquilles d'œufs écrasées sur les rangées de semis pour empêcher les oiseaux d'y venir et pour marquer les emplacements des sillons.

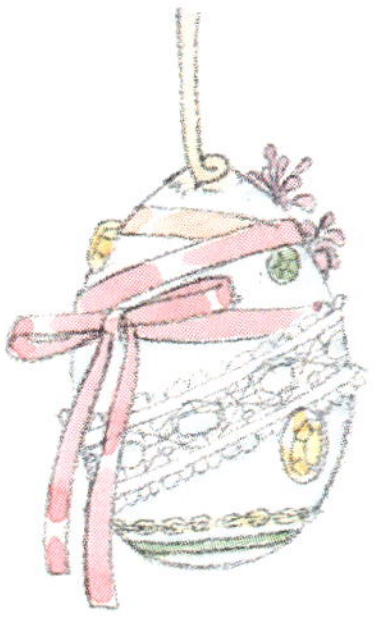

6. Décoration. Percez un petit trou aux deux extrémités d'un œuf cru. Videz-le. Laissez sécher, puis décorez avec des paillettes, de la peinture... Pour l'accrocher, collez un cordon dans le trou du dessus.

Coquilles, coquillages

1. Truelle de jardin. Utilisez une coquille Saint-Jacques ou des coquilles de clams pour les repiquages.

2. Ravier à sauce. Présentez vos sauces froides liquides ou épaisses dans des coquilles de forme creuse.

3. Palette à peinture jetable. Des coquilles de clams ou de praires font de parfaits godets à peinture.

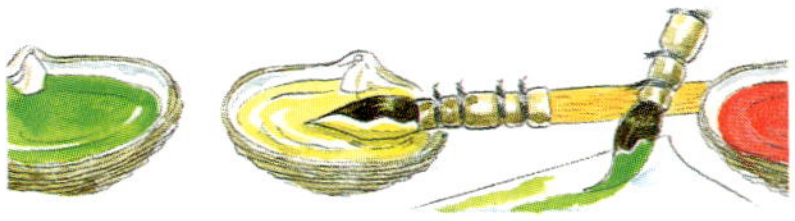

4. Drain. Rincez et écrasez des coquilles et utilisez-les pour drainer vos potées de plantes d'appartement ne redoutant pas le calcaire.

5. Tonifiant pour les poules. Pilez finement les coquilles d'huîtres et donnez-les à vos poules pour renforcer les coquilles de leurs œufs.

Corbeille à papier

1. Porte-parapluie. Doublez une corbeille à papier haute avec un sac en plastique et placez-la près de la porte d'entrée.

2. Basket « maison ». Retirez le fond d'une corbeille et suspendez-la dans le garage. Utilisez des boulettes de papier, des balles de tennis ou des petites balles de mousse pour jouer au basket-ball.

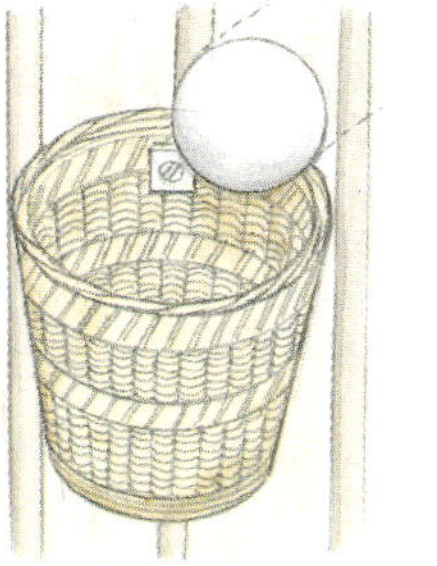

3. Cache-pot. Mettez une grande plante dans une jolie corbeille à papier.

4. Vase. Utilisez une corbeille à papier décorative pour y disposer de grandes fleurs séchées.

Coton hydrophile

1. Disques fraîcheur. Imbibez des disques de coton à démaquiller de votre eau de toilette préférée et mettez-les au freezer dans une boîte ou un sachet en plastique.

2. Désodorisant. Pour éliminer une odeur dans le réfrigérateur, trempez un coton dans de l'extrait de vanille et placez-le sur la grille centrale.

3. Protection pour les gants. Glissez des petits morceaux de coton au bout des doigts de gants en caoutchouc. Ainsi, vos ongles ne risqueront pas de les percer.

4. Rafraîchir l'atmosphère. Imbibez un gros tampon de coton d'eau de Cologne et glissez-le dans le sac de l'aspirateur.

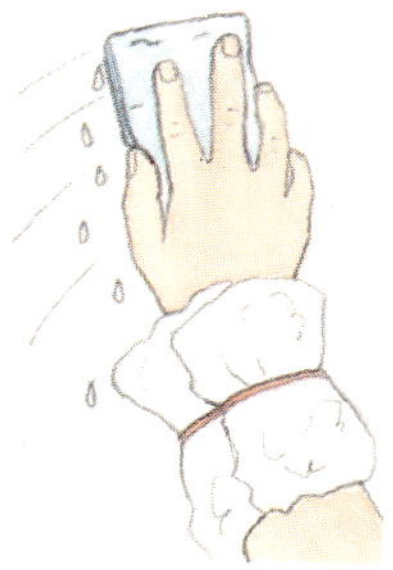

5. Protéger les manches. Pour empêcher l'eau de vous couler le long du bras quand vous lessivez les murs, entourez vos poignets de bandes de coton retenues par un élastique.

Coton-Tige

1. Applicateur de maquillage. Pour appliquer de l'ombre à paupières et retirer les petites « bavures » laissées par le mascara.

2. Tuer les insectes. Éliminez les insectes (dont les cochenilles) sur les plantes d'appartement avec un Coton-Tige imbibé d'alcool à 70°.

3. Pinceaux jetables. Faites des retouches de peinture dans la maison ou des pinceaux pour les enfants.

4. Nettoyer les têtes de lecture. Procédez avec un Coton-Tige enveloppé dans un petit morceau de mousseline (pour éviter l'arrachage des fibres) trempé dans un liquide spécial pour nettoyer les têtes de lecture.

5. Nettoyer les recoins. Utilisez des Cotons-Tiges pour nettoyer le fond des angles des carters des appareils ménagers, par exemple, et autres endroits inaccessibles.

Couche de bébé

1. Isolant. Enveloppez le biberon dans une couche pour le garder chaud.

2. Compresse. Utilisez une couche jetable pour faire des compresses chaudes ou froides lorsque vous souffrez de douleurs musculaires.

3. Voiture brillante. Des couches en tissu peuvent servir à appliquer du produit à polir et à lustrer.

Courgette

1. Exercice. Utilisez de grosses courgettes comme altères pour muscler vos bras.

2. Pour jongler. Essayez de jongler avec 2 ou 3 courgettes moyennes ayant la forme de massues.

3. Rouleau à pâtisserie. En cas de besoin, roulez la pâte à l'aide d'une grosse courgette bien droite et bien ferme.

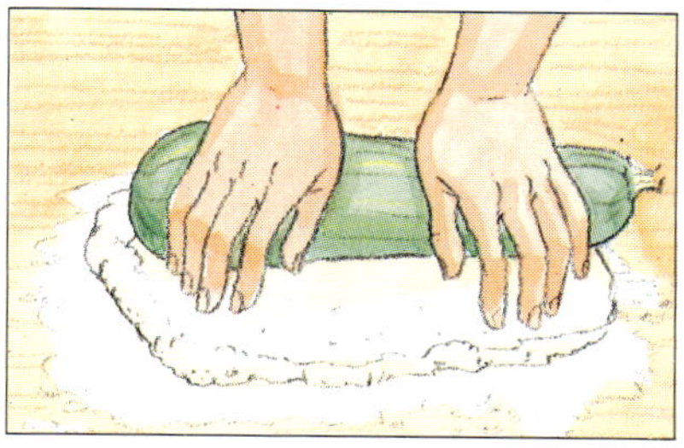

Couvercle de bocal

1. Conservation. Gardez fraîche une moitié de pomme ou d'orange placée au réfrigérateur en la posant partie entamée contre un couvercle.

2. Dessous-de-verre. Collez du liège à l'intérieur des couvercles. À table, placez-les sous vos verres.

3. Palette. Pour faire des retouches, versez de la peinture dans un couvercle et utilisez un pinceau fin.

4. Emporte-pièce. Farinez un couvercle et pressez-le sur la pâte pour y découper des petits gâteaux ronds.

5. Mini-cadre. Peignez un couvercle ou recouvrez-le de tissu. Découpez une photographie au même diamètre et collez-la dans le fond.

6. Bougeoir. En camping, faites-en des supports de bougies.

Couvercle de poubelle

1. Bain pour les oiseaux. Placez un couvercle retourné sur une poubelle plus petite et remplissez-le d'eau.

2. Mardi gras. Confectionnez un costume de gladiateur pour un enfant en utilisant un couvercle de poubelle comme bouclier. Décorez-le.

3. Traîneau. Sur la neige, un couvercle de poubelle avec des poignées fera une superbe luge.

4. Assise de cric. Si vous utilisez un cric sur un sol mou, posez-le sur un couvercle de poubelle renversé.

5. Fixateur de sac poubelle. Coupez le centre d'un couvercle en laissant un rebord de 5 cm. Placez un sac dans la poubelle. Tirez les bords et fixez le couvercle. Fermez avec un autre couvercle adapté à l'ouverture.

Couvercle en plastique

1. Bouchon d'évier. Placez un couvercle en plastique, ouverture vers le bas, sur la grille de l'évier.

2. Cache-objectif. Récupérez les couvercles en plastique qui peuvent être juste aux dimensions des objectifs de votre appareil photo, de votre caméra, de vos jumelles ou de votre télescope.

3. Dessous-de-verre. Protégez vos tables en été en plaçant des couvercles en plastique sous les verres de rafraîchissements.

4. Pochoirs. Découpez des chiffres, des lettres ou d'autres formes dans le fond de couvercles plats.

5. Casiers pour tiroir. Rangez les clous, les vis et autres petits objets dans des couvercles en plastique de bombes aérosols. Collez ces derniers sur un morceau de contreplaqué coupé aux dimensions du tiroir.

6. Plateau. Placez-le sous une plante pour protéger le support.

7. Protège-main. Pour empêcher la peinture de couler, percez le centre d'un couvercle et glissez-y le manche du pinceau.

8. Mini-ramasse-poussière. Quand vous faites des trous dans un plafond, percez au travers d'un couvercle : même s'il ne ramasse pas toute la poussière, il protégera vos yeux et facilitera le nettoyage.

Couverts usagés

1. Outil multi-usages. Utilisez un vieux couteau-scie de table comme tournevis de rechange, scie pour carton ou couteau de vitrier.

2. Course à l'œuf. Sur la ligne de départ, donnez une cuillère à soupe et un œuf dur à chaque concurrent. Placez l'œuf dans la cuillère. La première personne qui franchira la ligne d'arrivée avec un œuf intact dans la cuillère aura gagné.

3. Porte-étiquette. Au jardin, glissez des étiquettes entre les dents de fourchettes que vous piquerez dans le sol pour identifier vos semis.

4. Mini-sarclette. Recourbez les dents d'une vieille fourchette à angle droit et utilisez-la pour aérer la terre des plantes en pots.

Couverture

Une couverture défraîchie peut vous rendre des services insoupçonnés.

1. Poncho pour camping. Pliez une couverture en deux, puis coupez une ouverture au centre pour pouvoir passer la tête, et faites un ourlet.

2. Isolation de compteur à eau. Découpez une vieille couverture en morceaux de 80 cm de côté environ. Utilisez ces morceaux pour emmailloter votre compteur à eau en les superposant. Maintenez-les en les ceinturant avec des ficelles.

3. Rideau isolant. Pour une meilleure isolation, cousez une couverture entre le tissu de vos rideaux et leur doublure. Vu le surplus de poids, assurez-vous que les fixations de la barre à rideaux sont suffisamment solides, sinon renforcez-les.

4. Édredon. Insérez de l'ouate synthétique (ouate de perlon) entre 2 couvertures, et cousez-les ensemble.

5. Brancard pour un animal. Placez l'animal blessé au milieu d'une couverture. Demandez à quelqu'un de tenir 2 coins de la couverture, tandis que vous soulevez les 2 autres.

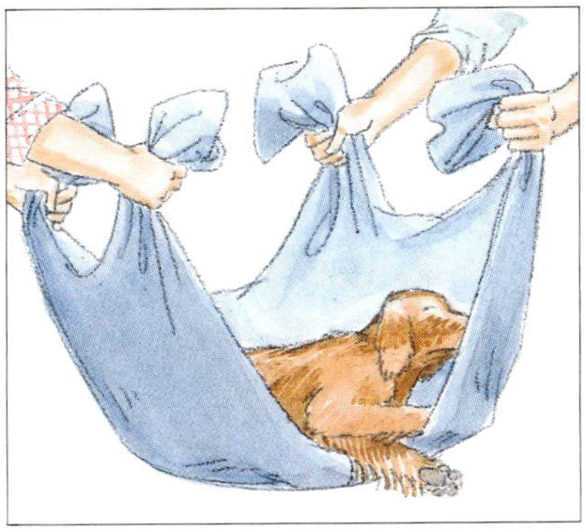

Craie

1. Prévenir la rouille. Placez quelques morceaux de craie très secs dans les endroits où sont rangés des objets en fer ou en acier.

2. Polir le marbre. Dégraissez le marbre avec de l'eau additionnée de produit à vaisselle, puis lustrez-le avec un chiffon doux et humide trempé dans de la craie en poudre.

3. Dégraisseur. Faites une pâte avec de la craie en poudre mélangée à du trichloréthylène. Étalez cette pâte sur les taches de graisse que vous aurez remarquées sur les tissus. Laissez sécher, puis brossez.

4. Polir le métal. Frottez-le avec de la poudre de craie sur un chiffon ou une éponge humides.

5. Antiparasitaire au jardin. Répandez de la poudre de craie autour des plantes du jardin (sauf celles qui redoutent le calcaire) pour repousser les fourmis et les limaces.

Cravate

1. Jupe pour déguisement. Décousez et repassez à plat une douzaine de cravates. Cousez-les bord à bord. Une autre cravate pourra servir de ceinture.

2. Ceinture fantaisie. Nouez une cravate autour de votre taille au lieu de votre ceinture habituelle.

3. Serpent. Remplissez de coton une vieille cravate. Cousez des boutons pour faire des yeux et un bout de feutrine pour la langue fourchue.

Crayons à papier

1. Jouet. Collectez de vieux crayons et taillez-les des 2 côtés. Collez-les ensemble et construisez une cabane miniature. Découpez le toit dans un morceau de carton fort.

2. Tuteur. Plantez un crayon près d'une petite plante et attachez-le avec un brin de raphia.

3. Pour tourner les pages. Utilisez la gomme du bout d'un crayon pour tourner les pages d'un annuaire ou d'un livre.

4. Faire fuir les mites. La plupart des crayons étant faits en bois de cèdre, remplissez des sachets avec les copeaux récupérés dans les taille-crayons et placez-les dans vos tiroirs et vos placards en guise d'antimite.

5. Pour la calculette. Utilisez le côté gomme d'un crayon pour pousser les petits boutons d'une calculette.

Crème à raser

1. Lubrifiant. Mettez de la mousse de crème à raser des 2 côtés d'une charnière qui grince.

2. Nettoyant. Frottez une tache fraîche sur un fauteuil en tapisserie avec de la crème à raser. Essuyez avec un chiffon humide et séchez. Testez au préalable sur un petit coin qui ne se verra pas.

3. Tarte à la crème. Étalez une épaisse couche de mousse à raser en aérosol dans des assiettes en carton pour faire un combat de tartes à la crème.

Cric de voiture

1. Réparation d'urgence. Redressez une aile ou un pare-chocs tordus en plaçant le cric entre le châssis et la partie enfoncée. Actionnez-le jusqu'à ce que plus rien ne frotte.

2. Déplacer des meubles lourds. Pour les soulever, utilisez un cric de type losange. Interposez un morceau de moquette ou des chiffons pour ne pas endommager le sol ni le meuble.

3. Arracher un poteau. Enroulez une chaîne autour du poteau à la hauteur du cric en position basse. Fermez-la avec un cadenas. Placez le cric et actionnez-le : le poteau sortira doucement de terre.

Crochet de rideau de douche

1. Pour les placards. Mettez des crochets de rideau de douche au bout des tringles dans les placards pour suspendre les sacs, les parapluies et les ceintures.

2. Porte-clés. Conservez ensemble toutes les clés rarement utilisées sur un crochet de rideau de douche.

Cuillère à boule

1. Plantoir. Transplantez vos plants en les prélevant avec une cuillère à boule. Faites les trous de plantation avec cette même cuillère.

2. Décorer les plats. Façonnez des portions égales de riz ou de purée de pommes de terre ou d'autres légumes à servir en garniture individuelle.

3. Pour la plage. Les enfants s'en serviront pour mouler le sable et décorer leurs châteaux.

4. Doser les produits. Réservez une vieille cuillère dont vous connaissez la contenance pour doser les produits à diluer dans l'eau du pulvérisateur de jardin.

Cure-pipes

1. Petits nettoyages. Ôtez la saleté qui se trouve dans les rouages d'un ouvre-boîtes électrique ou d'une machine à coudre avec un cure-pipes.

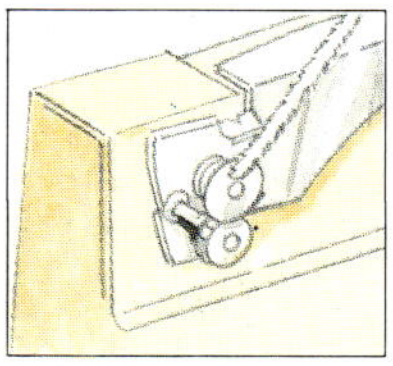

2. Créations personnelles. Pliez, torsadez, mêlez des cure-pipes de diverses couleurs pour créer des petits personnages et des petits animaux.

3. Lien. Utilisez un cure-pipes pour fermer le haut d'un sac en plastique.

4. Déboucher. Nettoyez les orifices d'un brûleur de gazinière ou d'un fer à repasser à vapeur.

5. Lien de jardin. Attachez de petites plantes à des tuteurs ou des plantes grimpantes à des treillis.

D

Détergent à vaisselle

1. Shampooing. Utilisez en cas d'urgence un détergent à vaisselle, sauf si vos cheveux sont très fragiles.

2. Attrape-mouches. Remplissez un bol ou un plat d'eau contenant du détergent à vaisselle. Au-dessus, placez une lampe allumée. Attirés par la chaleur et la lumière, les mouches et les moustiques tomberont dans l'eau et s'y noieront.

3. Pour la voiture. Remplissez d'eau une bouteille de détergent à vaisselle presque vide. Gardez-la dans le coffre pour vous laver les mains après une petite réparation.

4. Détecter une fuite. Ajoutez du détergent à une petite quantité d'eau chaude. Passez-le avec un pinceau sur un tuyau percé ou un pneu crevé : les bulles qui se forment indiquent l'emplacement du trou.

5. Faire des bulles. Mélangez à parts égales de l'eau et du détergent à vaisselle, ajoutez quelques gouttes de glycérine. Plongez un anneau dans ce liquide, ressortez-le et soufflez pour faire naître des bulles irisées.

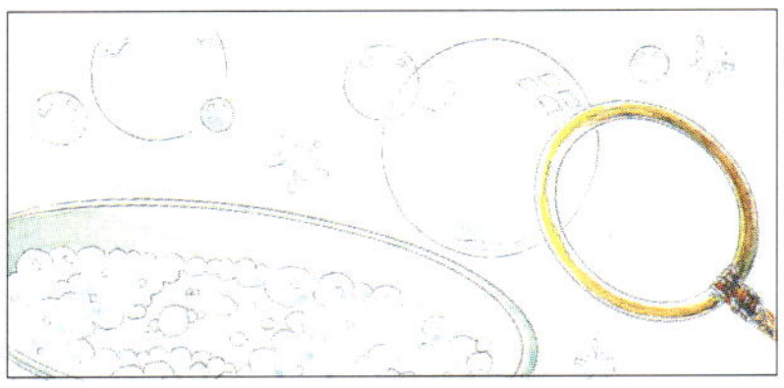

Drap

1. Dans le mille. Tendez un vieux drap blanc sur un mur et dessinez une cible. Proposez à vos enfants de s'amuser à l'atteindre en utilisant de légers projectiles.

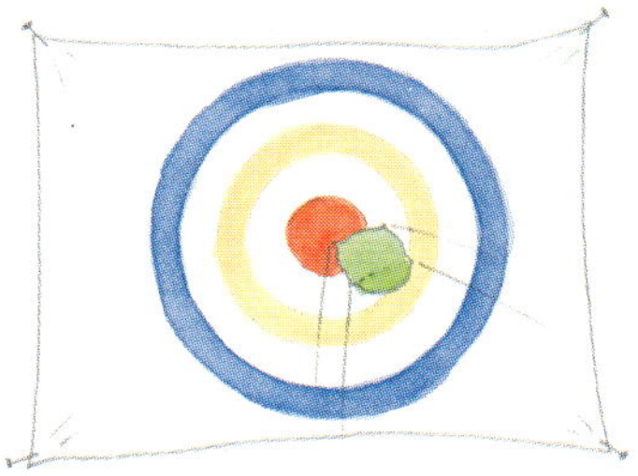

2. Nappe. Transformez un joli drap en une belle nappe.

3. Chiffons. Ne jetez pas vos vieux draps, découpez-les pour faire des chiffons... très utiles à l'atelier.

4. Ramasser les feuilles. Ratissez les feuilles mortes et mettez-les dans un vieux drap. Rassemblez les coins pour les transporter.

5. Après Noël. Enveloppez le sapin dépouillé de ses ornementations dans un vieux drap : vous n'aurez pas une aiguille sur le sol lorsque vous le transporterez hors de la maison.

E

Eau de Javel

Vous devez la manipuler avec beaucoup de précautions pour éviter les incidents ménagers graves.

- Ne laissez pas la bouteille ou les berlingots de produit concentré à portée des enfants... et des animaux domestiques. Refermez la bouteille après chaque usage.
- Ne mélangez pas l'eau de Javel avec d'autres produits acides, tels que les détartrants à W.-C.

1. Tuer les bactéries. Vous emplissez d'eau un humidificateur ? Ajoutez 1 ou 2 gouttes d'eau de Javel.

2. Désodorisant. Pour éliminer les odeurs d'une glacière, utilisez de l'eau de Javel diluée.

3. Antimoisissure. Nettoyez les bois moisis avec de l'eau additionnée de 2 verres d'eau de Javel par litre.

4. Balai de toilettes. Désinfectez-le en le laissant tremper dans le siphon de la cuvette des W.-C. rempli d'eau de Javel diluée.

5. Siphon sain. Chaque semaine, versez un peu d'eau de Javel pure dans le siphon des éviers, des lavabos, des baignoires et des receveurs de douche.

6. Casseroles brûlées. Faites bouillir de l'eau de Javel dans le fond de la casserole en métal ou en verre à four. Laissez les fenêtres ouvertes pendant cette opération.

7. Désherbant. Par temps sec, arrosez les allées à l'eau claire, puis avec de l'eau de Javel diluée à 50 %. Recommencez le lendemain.

8. Prolonger la vie des bouquets. Ajoutez quelques gouttes d'eau de Javel dans l'eau de vos fleurs coupées. Renouvelez l'opération chaque jour.

9. Blanchir l'ivoire. Préparez un mélange composé de 1/3 d'eau de Javel et de 2/3 d'eau. Laissez-y tremper les objets en ivoire pendant quelques minutes, puis rincez-les à l'eau claire.

10. Déparasiter des tuteurs. Avant utilisation, brossez-les avec de l'eau de Javel diluée à 50 %, laissez agir 15 min, puis rincez à l'eau vinaigrée.

Eau gazeuse en siphon

1. Boisson. Ajoutez-en aux jus de fruits pour composer une boisson rafraîchissante et bon marché.

2. Extincteur. Utilisez le jet de votre siphon pour éteindre le barbecue ou les herbes qui s'enflammeraient aux alentours.

Eau oxygénée

1. Crème pour nettoyer l'émail et les chromes. Faites une pâte avec de l'eau oxygénée à 10 volumes et du blanc d'Espagne.

2. Décolorant. Pour déjaunir un tissu blanc, ajoutez de l'eau oxygénée au dernier rinçage et laissez tremper.

3. Stériliser. Laissez tremper dans de l'eau oxygénée à 10 volumes, diluée avec 2 ou 3 fois son volume d'eau, des coquilles d'escargots nettoyées que vous désirez garder. Rincez-les, égouttez-les et faites-les sécher au four.

Échelle, escabeau

1. Chevalet. Couchez un escabeau ouvert sur le sol si vous cherchez une assise pour couper des panneaux.

2. Au jardin. Posez une échelle droite sur le sol, pressez ; recommencez pour marquer une succession de rangs parallèles.

3. Porte-ustensiles. Suspendez une petite échelle au plafond du garage pour y accrocher divers objets.

4. Tonnelle. Placez 2 échelles en bois face à face et une troisième en travers au sommet. Fixez-les bien et plantez rosiers, chèvrefeuille ou autres plantes grimpantes au pied.

5. Rampe de chargement. Placez une échelle en appui sur le bord du coffre de la voiture et mettez des planches par-dessus.

6. Porte-vêtements. Suspendez des vêtements hors saison dans le grenier sur une barre reposant sur 2 escabeaux placés face à face.

Écorce d'agrumes

1. Planche à découper rénovée. Frottez-la avec des lanières d'écorce de citron pour la blanchir et pour la désodoriser.

2. Fumée parfumée. Jetez dans le feu quelques écorces de citron ou d'orange séchées pour parfumer la maison.

3. Mélange odorant. Pour parfumer votre maison, jetez des écorces de citron, de la cannelle et des clous de girofle dans de l'eau frémissante.

4. Répulsif pour les chats. Déposez des peaux d'orange fraîches sur la terre de vos bacs à plantes.

5. Récurer une casserole noircie. Faites-y bouillir de l'eau avec des écorces de citron.

6. Mangeoire. Mélangez du saindoux et des graines pour les oiseaux et remplissez-en l'écorce d'un demi-pamplemousse, que vous suspendrez à une branche d'arbre.

7. Désodorisant. Remplissez des petits filets à mailles fines avec des écorces d'orange et de citron, et suspendez-les dans vos placards.

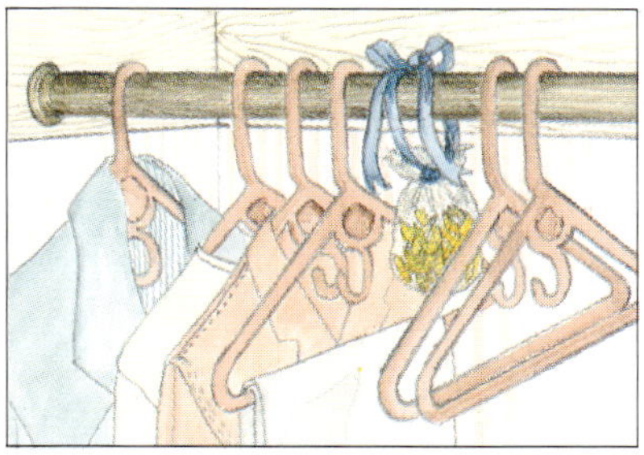

8. Ongles irréprochables. Après avoir fait des travaux ménagers salissants, nettoyez vos ongles avec l'intérieur d'une écorce de citron.

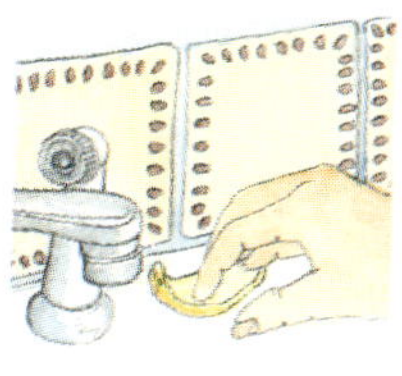

Édredon

1. Pour bébé. Interposez un édredon entre le sol et le tapis de son parc.

2. Isolation. Placez un vieil édredon autour de votre compteur à eau.

3. Amortir les bruits. Posez un carré d'édredon dans le fond de votre tiroir à argenterie.

Élastique

1. Jarretières. Utilisez des grands élastiques larges pour retenir des manches. Assurez-vous qu'ils ne soient pas trop serrés pour ne pas entraver la circulation du sang.

2. Serre-joints. Maintenez les parties encollées et assemblées d'un objet à réparer avec des élastiques, jusqu'à ce que la colle soit sèche.

3. Pour saisir. Pour avoir davantage de prise sur des couvercles ou des outils, enroulez des élastiques autour.

4. Antiroulis. Placez un ou plusieurs élastiques larges, en les torsadant, autour des manches d'outils ronds pour éviter qu'ils ne roulent.

Encaustique

1. Sur carrelage mural. Pour protéger les murs de la douche des marques d'eau et de savon, traitez-les à l'encaustique incolore.

2. Lubrifiant. Utilisez de l'encaustique pour huiler une porte qui grince.

3. Protéger les métaux. Après les avoir nettoyés, passez de l'encaustique incolore en pâte sur les objets métalliques (cuivre, laiton, fer...).

Épingle à boule

1. Mieux que des punaises. Pour fixer les documents sur les panneaux.

2. Pour le repassage. Maintenez sur la planche un vêtement difficile à repasser en l'épinglant.

3. Pour un canapé. Maintenez un jeté de sofa sur les accoudoirs en le fixant avec ces épingles.

Épingle de sûreté

1. Pour le tricot. Placez ces épingles pour retenir ou marquer les mailles.

2. Poche percée. Refermez un trou dans un fond de poche de pantalon en repliant le tissu et en le maintenant avec quelques petites épingles.

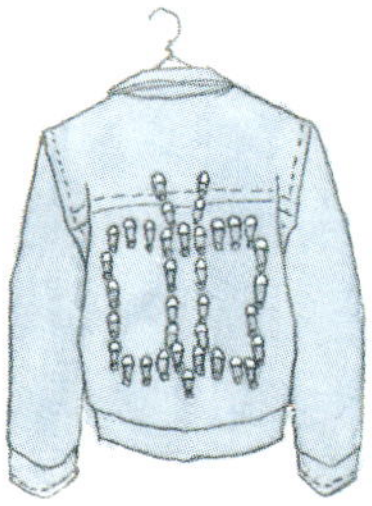

3. Broderie style punk. Utilisez des épingles de sûreté de couleur pour dessiner un motif original au dos d'une veste en jean.

4. Réparation d'urgence. Accrochez ensemble des épingles de sûreté pour remplacer provisoirement une chaîne cassée.

5. Chaînon manquant. Une petite épingle dorée peut remplacer le fermoir ou le chaînon cassé d'un collier.

6. Pour un parapluie. Si le rivet de raccord de baleine de parapluie se casse, enlevez-le avec des tenailles et fixez avec une épingle de sûreté.

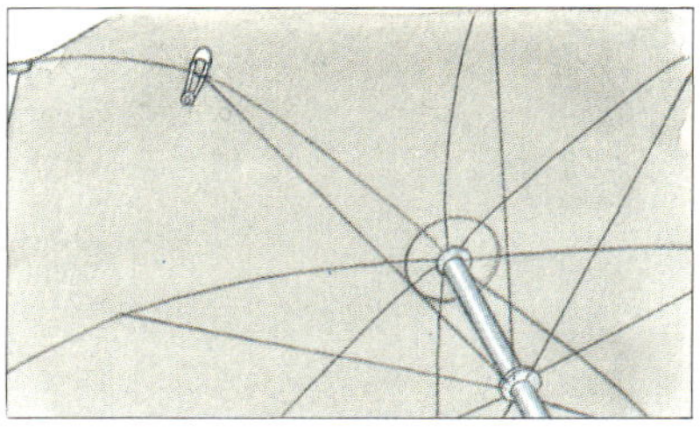

Éponge

1. Insonorisation. Mettez des éponges sèches entre les gros appareils ménagers et les murs d'appui pour atténuer les vibrations.

2. Répulsif. Si des lapins de garenne se servent dans votre potager, trempez de vieilles éponges dans de l'ammoniaque diluée ou dans du répulsif liquide et placez-les autour de leurs zones de prédilection.

3. Protège-genoux. Cousez des poches sur les genoux des pantalons de jardinage et glissez-y de petites éponges souples.

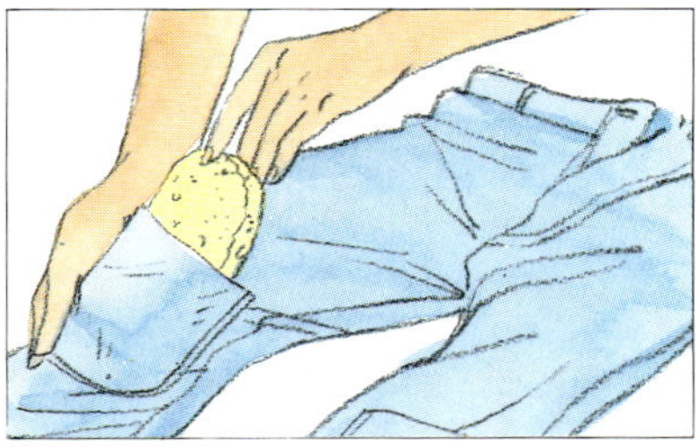

4. Effets spéciaux. Employez une éponge pour obtenir des textures différentes sur des murs ou des meubles que vous peignez. (Voir p. 369.)

5. Pour les légumes. Placez quelques éponges neuves bien mouillées dans le bac à légumes de votre réfrigérateur pour garder les fruits et les légumes frais plus longtemps.

6. Coller. Si vous expédiez un grand nombre de cartes de vœux, collez enveloppes et timbres en les passant sur une éponge humide posée dans un couvercle en plastique.

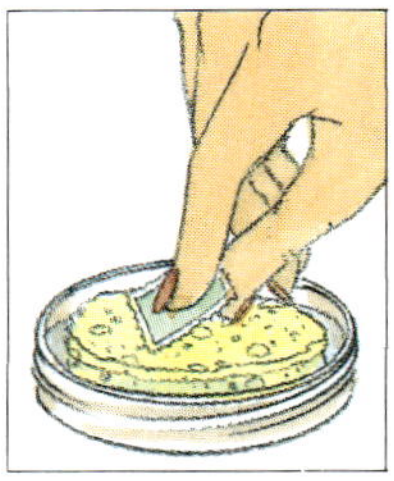

7. Drainage et réserve d'eau. Placez une éponge synthétique dans le fond des pots de fleurs avant de les remplir de terreau.

8. Pelote à épingles. Piquez épingles et aiguilles dans une éponge sèche.

9. Teinter le bois. Étalez la teinture sur le bois neuf avec une éponge imbibée de colorant pur ou dilué. Agissez assez rapidement pour obtenir une belle teinte unie.

10. Décor d'aquarium d'eau de mer. Collez une éponge naturelle, bien rincée, sur une pierre ; ensuite, immergez-la. Certains poissons pourront même s'en nourrir.

Étui à lunettes

1. Pour la pêche. Mettez vos hameçons et vos bouchons dans un vieil étui à lunettes et attachez-le à la gaule.

2. Trousse à stylos. Rangez stylos et crayons à bille dans un étui à lunettes, vous éviterez ainsi de tacher les poches de vos vêtements.

F

Fécule de maïs

1. Nettoyer les vitres. Pour donner du brillant à vos vitres, ajoutez un peu de fécule de maïs à un mélange moitié eau, moitié alcool additionné de quelques gouttes d'ammoniaque.

2. Nœud récalcitrant. Lubrifiez-le à sec avec un peu de farine de maïs.

3. Pour des gants en caoutchouc. Saupoudrez-en l'intérieur, ils seront plus faciles à enfiler et à retirer.

4. Pour la pâtisserie. Enduisez votre rouleau à pâtisserie d'une fine couche de farine de maïs pour qu'il ne colle pas à la pâte.

5. Shampooing sec pour animaux. Pour enlever la saleté et ajouter du gonflant à la fourrure d'un chien ou d'un chat sans le baigner, frottez-le avec de la farine de maïs, puis brossez-le et peignez-le soigneusement.

Fermeture à glissière

1. Pour une poche de sécurité. Cousez une fermeture sur une poche à l'intérieur d'un manteau ou d'une veste pour y ranger votre passeport, des chèques de voyage, de l'argent liquide ou des bijoux : ils y seront en sécurité.

2. Bouche de marionnette. Faites une marionnette avec une chaussette, en cousant des boutons pour le nez et les yeux et une fermeture à glissière pour la bouche.

Feuille de plastique

1. Protège-livres. Recouvrez les livres avec une feuille de plastique.

2. Protection pour peinture. Pour éviter qu'une pellicule se forme à la surface de la peinture, tendez une feuille de plastique au-dessus du pot avant de refermer le couvercle.

3. Bouchon étanche. Revissez le bouchon d'une bouteille en intercalant une feuille de plastique souple.

4. Réparation d'urgence. Collez une feuille de plastique sur l'encadrement d'une vitre brisée pour couper court aux courants d'air.

Feuilles mortes

1. Paillage. Récupérez les feuilles mortes et étalez-les en couche épaisse au pied ou sur les souches des plantes sensibles au froid.

2. Napperons. Servez les fromages, les hors-d'œuvre ou les pâtisseries sur des plats recouverts de feuilles propres et brillantes.

3. Décor de fête. Peignez en or des feuilles mises à sécher à plat entre des buvards sous un poids.

Ficelle

1. Manche confortable. Entourez le manche d'un outil avec une ficelle fine disposée en spires régulières et serrées. Bloquez les extrémités avec des clous à tête bombée.

2. Étendoir de voyage. Lorsque vous voyagez à l'hôtel, emportez une longue ficelle que vous accrocherez au-dessus de la douche pour y faire sécher votre linge.

3. En attendant le plombier. Pour éviter le bruit exaspérant de goutte à goutte d'un robinet qui fuit, attachez une ficelle au nez du robinet et laissez-la pendre dans l'évier : l'eau glissera sans bruit le long de la ficelle.

Fil de pêche

1. Protéger les semis des oiseaux. À 20 cm au-dessus de la plate-bande, tendez un gros fil de pêche entre des piquets en faisant des croisillons.

2. Réparer les colliers. Utilisez un fil de pêche pour enfiler les perles d'un collier qui vient de se casser.

3. Fil à génoise. Coupez horizontalement une génoise avec un fil de pêche pour la fourrer de confiture ou de marmelade d'orange.

4. Suspendre les tableaux. Accrochez les gravures et les tableaux légers à un gros fil de pêche, c'est presque invisible sur un mur blanc.

5. Décoller un objet. Glissez un fil fin entre un objet fixé avec un adhésif double face et son support. Tirez sur les extrémités du fil avec un mouvement de va-et-vient.

Filet en plastique

1. Panier à salade. Placez la salade bien lavée dans un filet, fermez et secouez à l'extérieur.

2. Pique-fleurs. Roulez en boule non serrée un morceau de filet à grosses mailles, placez-le dans un vase et piquez les fleurs au travers.

3. Récurer. Placez une éponge dans un filet ou roulez un filet en pelote et utilisez-le comme tampon à récurer, doux mais efficace.

4. Récolte du potager. Mettez vos légumes dans un filet solide et arrosez-les au jet pour éliminer la terre et les saletés.

5. Bourriche. Glissez les poissons dans un filet à mailles fines et accrochez celui-ci derrière la barque.

6. Porte-savon. En camping, transportez votre savon dans un filet. Employez-le sans le sortir et suspendez-le pour le faire sécher.

7. Épuisette. Formez un cercle aussi grand que l'ouverture du filet avec un cintre métallique. Fixez le filet.

8. Sac de plage. Avant de quitter la plage, rassemblez tous les jouets des enfants dans un filet en plastique et trempez-le dans l'eau : vous n'emporterez pas de sable à la maison.

9. Laver le petit linge. Placez des sous-vêtements délicats dans un filet pour qu'ils ne s'entortillent pas avec le reste du linge dans la machine à laver.

10. Mangeoire d'hiver pour les oiseaux. Mélangez du saindoux avec des graines pour oiseaux. Laissez durcir au réfrigérateur, mettez le bloc dans un petit filet et suspendez-le à une branche d'arbre.

Fleurs

1. Couronne. Faites sécher des fleurs de votre jardin (voir p. 105). Disposez-les sur une couverture de paille et maintenez-les avec du fil de fer fin plastifié vert.

2. Pot-pourri. Déposez des fleurs séchées (voir p. 105) dans un pot en verre. Ajoutez quelques feuilles odorantes écrasées, des épices et 3 ou 4 gouttes d'essence aromatique.

3. Décoration pour des gâteaux. Faites des fleurs cristallisées avec des pétales frais de rose ou de violette en les trempant dans du blanc d'œuf en neige, puis dans du sucre. Laissez sécher, puis disposez sur le gâteau.

Foulard

1. Collier. Pliez un petit foulard carré en trois dans le biais et nouez-le plusieurs fois.

2. Sac de secours. Si le sac de l'épicerie se déchire, placez tous vos achats au centre de votre foulard et transportez-les sans trop de dommages pour les provisions.

3. Ceinture. Donnez un air nouveau à un ensemble ou à une robe en nouant un grand foulard de couleur contrastée ou assortie autour de votre taille.

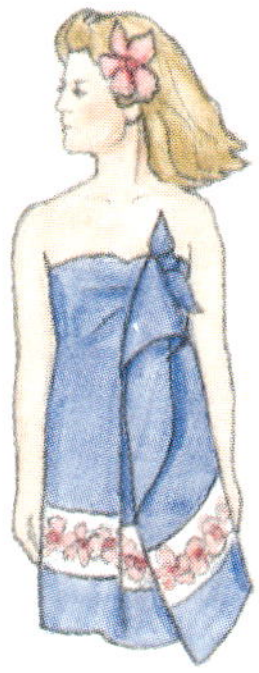

4. Paréo. Passez sous les bras, sous la taille ou sur les hanches un foulard carré de 1,20 ou 1,40 m de côté. Tendez le tissu, puis nouez les pans supérieurs à la hauteur souhaitée.

Four à micro-ondes

1. Aide au repassage. Assurez-vous d'abord que les vêtements ne comportent aucune partie en métal. Humectez-les, placez-les dans un sac en plastique et laissez-les dans le four à micro-ondes à pleine puissance pendant 1 min. Repassez immédiatement.

2. Retrouver le craquant. Passez des chips ou des biscuits pour l'apéritif un peu mous dans le four à micro-ondes réglé sur pleine puissance pendant 30 à 60 s. Laissez reposer pendant 2 min.

3. Compresse chaude. Glissez un gant de toilette mouillé dans un sachet en plastique et mettez au four réglé sur pleine puissance pendant 15 à 30 s.

4. Chambrer du vin. C'est possible... et sans risque ! Confiez votre bouteille trop froide à votre micro-ondes pendant 30 s en position « décongélation ». (Ça marche également pour les fromages.)

Frisbee

1. Écuelle. Si vous n'avez rien d'autre sous la main, un Frisbee fera parfaitement l'affaire pour faire boire votre chien.

2. Porte-assiette. Pour stabiliser une assiette en carton lors d'un pique-nique, posez-la sur un Frisbee.

3. Baignoire pour oiseaux. Percez 3 trous à égale distance sur les bords d'un Frisbee. Passez-y du fil de fer plastifié pour le suspendre entre les branches d'un arbre.

G

Gant de caoutchouc

1. Mains au chaud. Lorsque vous effectuez des travaux dans le froid et l'humidité, enfilez des gants de caoutchouc par-dessus des gants fins de jardin ou des gants de laine.

2. Antiglisse. Enfilez un doigt de gant de caoutchouc au bout d'un manche à balai, pour l'empêcher de glisser sur le mur.

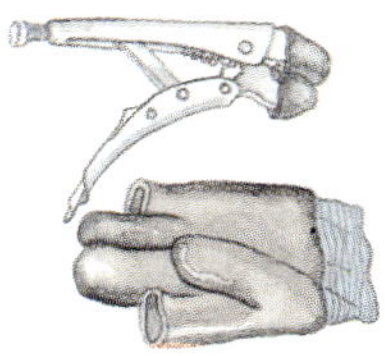

3. Éviter les marques. Couvrez les mâchoires des pinces avec des doigts de gants en caoutchouc épais.

4. Nettoyage. Pour nettoyer vos gants, gardez-les aux mains et faites comme si vous vous laviez les mains, mais utilisez de la lessive forte.

5. Ouvrir un bocal. Mettez des gants de caoutchouc secs, tenez le bocal d'une main et tournez le couvercle récalcitrant de l'autre main.

6. Des ballons originaux. Gonflez des gants de caoutchouc colorés (utilisez de l'hélium si vous voulez qu'ils s'envolent).

Gant, manique

1. Remplacer une ampoule. Pour ne pas vous brûler, enfilez une manique (gant isolant) pour retirer une ampoule grillée encore brûlante.

2. Marionnettes. Créez des personnages avec des gants en laine, en cousant des boutons pour les yeux et en brodant la bouche avec du coton mercerisé. Enfilez les gants pour animer les marionnettes.

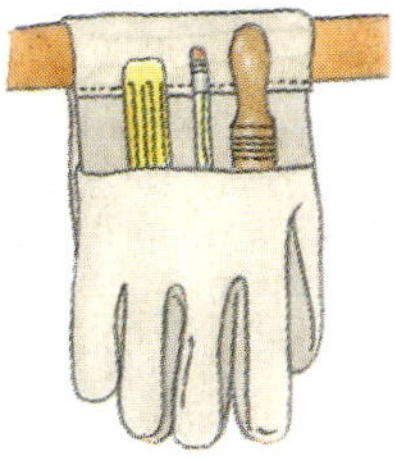

3. Porte-outils. Faites un rabat au niveau du poignet pour y passer une ceinture. Vous aurez vos outils à portée de main.

4. Nettoyer des stores vénitiens. Enfilez un gant en latex fin et un vieux gant en laine par-dessus. Imbibez le gant de produit et passez la main gantée entre les lames.

Glaçons

1. Pour l'aquarium. Laissez flotter un sachet en plastique contenant des glaçons dans l'aquarium du poisson rouge si la température de l'eau dépasse 25 °C.

2. Décoller du chewing-gum. Posez un glaçon sur un morceau de chewing-gum collé au sol ou sur un tissu pour le faire durcir.

3. Pour la moquette. Mettez un cube de glace dans chaque dépression laissée dans la moquette par les pieds d'un meuble.

Gobelet en carton

1. Moule à glace. Mettez au congélateur des gobelets en carton remplis d'eau.

2. Entonnoir. Percez un trou près du bord dans le fond d'un gobelet.

3. Verseur. Pincez le bord du gobelet pour former un bec.

4. Entonnoir à huile. Ôtez le fond d'un gobelet. Pincez-le pour le mettre à la dimension de l'ouverture de remplissage du moteur et versez l'huile dans la partie large.

5. Manche à air. Suspendez au bout d'un bâton un gobelet en carton sans fond : faites une anse avec un cordonnet et attachez-la par un autre à un clou planté au bout du bâton. Quand le vent soufflera, le gobelet se mettra dans le sens du courant d'air.

Gomme à crayon

1. Pour le piano. Éliminez les marques sur les touches de piano avec une gomme assez petite pour qu'elle passe entre les touches noires. Nettoyez les taches rebelles avec un Coton-Tige imbibé de produit.

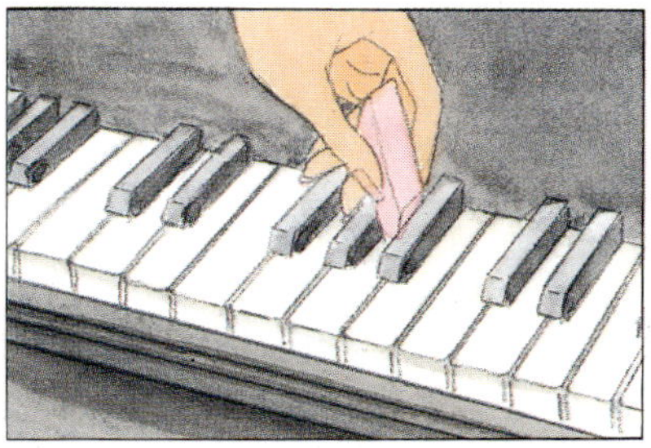

2. Taches sur le bois. Frottez énergiquement avec une gomme souple pour éliminer les traces d'éraflures sur les parquets et les marques de doigts sur les boiseries.

3. Protéger les murs. Collez des morceaux de gomme aux angles des cadres des fenêtres qui touchent les murs en position ouverte et au dos des meubles qui s'appuient contre les murs.

4. Amortisseurs. Collez des morceaux de gomme sous les pieds d'une table.

5. Antidérapant. Collez de fines tranches de gomme à l'envers d'une carpette en laine ou aux angles d'un tapis en sisal.

6. Protège-lame. Préservez votre couteau de cuisine (et vous-même) en introduisant le bout de la lame dans une gomme.

7. Pelote à épingles. « Habillez » une gomme avec un morceau de tissu cousu pour y piquer vos épingles à couture.

8. Nettoyer une tapisserie. Frottez doucement les tapisseries en coton avec une gomme souple.

Graines

1. Œuvre d'art. Tracez votre dessin sur du papier fort avec de la colle à bois blanche, puis répandez des graines et laissez sécher. Utilisez des graines de différentes couleurs pour donner des teintes et des textures intéressantes.

2. Friandise. Recouvrez d'huile des graines fraîches de potiron, de melon, de tournesol ou de courge ; mettez dans un plat, salez, poivrez et passez au four à 110 °C pendant 1 h.

3. Vermifuge. Ajoutez des graines de courge ou de potiron crues et décortiquées dans la pâtée du chien ou du chat pour les vermifuger.

Grattoir à glace

1. Gratter la peinture. Utilisez soit la partie en plastique dur, soit la partie dentelée, soit la lame en caoutchouc pour enlever les traces de peinture sèche sur un matériau fragile (les vitres, par exemple).

Grillage

1. Armature. Pour colmater un trou dans une carrosserie, fixez un morceau de grillage à mailles hexagonales, du côté intérieur. Tapissez cette armature avec de la toile de verre imbibée de résine. Finissez par un enduit à poncer avant de repeindre.

2. Protection des bulbes. Pour que les rongeurs ne les endommagent pas, creusez une fosse que vous tapisserez d'un grillage à petites mailles hexagonales. Rebouchez-la et plantez vos bulbes normalement.

3. Pique-fleurs. Placez un morceau de grillage replié à mi-hauteur dans un vase pour y faire tenir des fleurs.

4. Scellement de poteau. Pour maintenir un poteau de barrière en bois, entourez la base avec du grillage non plastifié que vous fixerez avec des clous cavaliers avant de le mettre dans du béton.

5. Isolation. Après avoir posé des rouleaux de laine minérale entre les solives d'un grenier non aménagé, maintenez l'isolant avec du grillage à mailles hexagonales.

6. Habillage de poteau. Fixez un grillage plastifié vert à grosses mailles autour d'un poteau en bois disgracieux. Au pied, faites pousser une plante grimpante très volubile.

7. Sculptures en papier mâché. Ébauchez la forme générale de l'objet que vous voulez réaliser avec du grillage cintré, froissé ou plié. Recouvrez cette forme avec du papier imbibé de colle ou des morceaux de tissu trempés dans du plâtre.

H

Hamac

1. Filet de protection. Recouvrez la galerie chargée (et bien amarrée) de la voiture avec un hamac.

2. Ramasse-feuilles. Pour rassembler feuilles et broussailles, utilisez un vieux hamac.

3. Rangement. Tendez un hamac dans le grenier ou le sous-sol pour y entreposer des sacs de couchage, des vêtements de sport, des objets légers...

Huile de cuisson en aérosol

1. Pelle à neige. Appliquez-en sur la pelle pour qu'elle glisse mieux.

2. Ustensiles pour barbecue. Pulvérisez de l'huile alimentaire sur les ustensiles, le gril, les piques pour faciliter leur nettoyage ultérieur.

Huile d'olive

1. Éviter les débordements. Avant de faire bouillir de l'eau pour les pâtes, versez-y un peu d'huile d'olive.

2. Enlever de la peinture. Pour nettoyer des cheveux tachés de peinture, frottez-les doucement avec un coton trempé dans de l'huile d'olive.

3. Pour les cheveux secs. Faites tiédir de l'huile d'olive, puis appliquez-la généreusement sur votre chevelure. Couvrez avec un sac en plastique et une serviette de toilette. Laissez agir pendant 45 min, puis faites un shampooing et rincez bien.

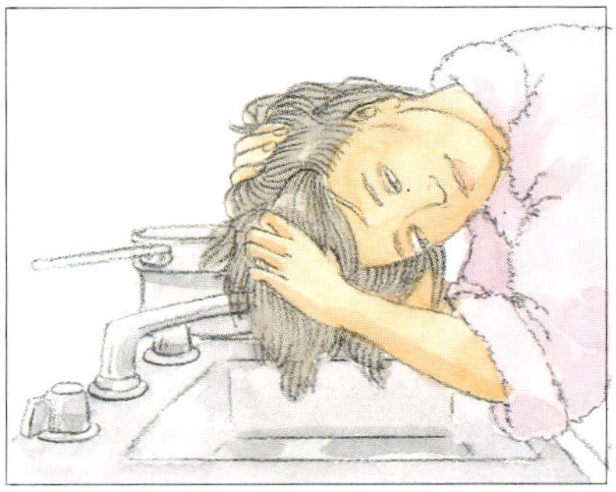

4. Pour rénover. Faites tremper une vieille peau de chamois dans une cuvette d'eau chaude additionnée de 1 cuil. à café d'huile d'olive. Assurez-vous au préalable que le mélange est bien homogène.

5. Démaquillant. Imbibez un coton d'huile d'olive purifiée, tamponnez délicatement le pourtour des yeux, puis essuyez sans frotter.

6. Assouplir le cuir. Faites pénétrer l'huile d'olive dans un cuir sec en frottant avec un chiffon doux et propre, puis retirez l'excédent.

7. Protection contre le froid. Si vous ne voulez pas porter de vêtements encombrants pendant que vous faites de l'exercice à l'extérieur, enduisez d'huile d'olive les parties de votre peau exposées à l'air.

8. Nettoyer le bois. Faites une pâte avec de l'huile d'olive et du sel à parts égales, puis frottez les marques du bout des doigts. Au bout de 2 h, essuyez avec un linge sec et cirez à nouveau si cela est nécessaire.

Huile pour moteur

1. Pour les outils. Versez de l'huile de vidange dans un seau de sable, puis enfoncez les parties métalliques des outils de jardin dans le mélange pour les nettoyer après leur utilisation et les préserver de la rouille.

2. Pour les pinceaux. Après avoir nettoyé les pinceaux avec du white-spirit, passez un peu d'huile à moteur propre sur les poils et enveloppez-les bien serré dans de l'aluminium. Avant de les réutiliser, rincez-les avec du white-spirit.

3. Contre la corrosion. En hiver, pour éviter la corrosion sur les routes salées, graissez le dessous de la voiture avec de l'huile de vidange.

4. Antiadhérent. Pour faciliter le décoffrage, passez de l'huile de vidange sur les éléments de coffrage avant de couler le béton.

5. Noircir le fer. Faites chauffer un objet en fer au rouge cerise et jetez-le dans de l'huile de vidange : il présentera alors un aspect noir franc (fer, fonte) ou bleuté (acier). Entretenez-le ensuite à la cire.

Huile végétale

1. Conserver des œufs. Vous avez utilisé les blancs d'œufs, mettez les jaunes dans un bol au réfrigérateur. Vous pourrez les conserver 2 ou 3 jours si vous les recouvrez d'une couche d'huile végétale sans goût.

2. Contre le givre. Pour éviter que les portières de la voiture ne gèlent pendant les grands froids, fottez les joints d'étanchéité avec de l'huile végétale.

3. Lubrifiant. Par grand froid, passez une épaisse couche d'huile végétale sur votre pelle pour que la neige n'y adhère pas.

4. Adoucir la peau. Faites un massage en appliquant une bonne quantité d'huile végétale et laissez 15 min. Enlevez ensuite l'excédent et prenez un bain chaud. **Attention !** Soyez prudent en sortant de la baignoire car, bien qu'extrêmement agréable, ce bain est aussi très glissant.

5. Pour les siphons. Avant de partir pour plusieurs semaines, versez de l'huile dans tous les siphons de la maison, y compris celui des W.-C., pour que l'eau ne s'évapore pas et que ces siphons restent efficaces.

J

Joint d'isolation

1. Pour les outils. Roulez du bourrelet autour des manches afin d'avoir une meilleure prise.

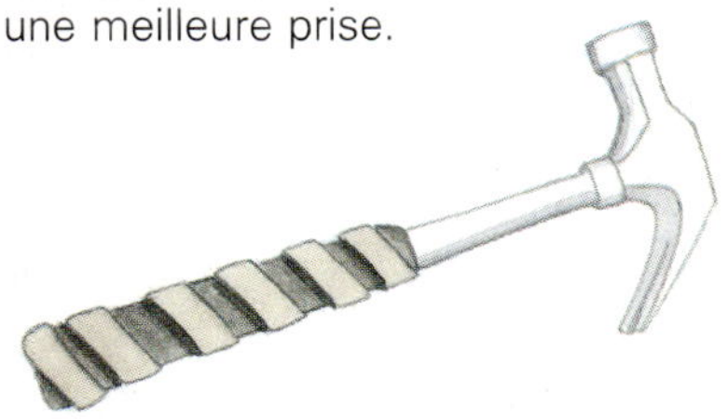

2. Patins de protection. Collez des joints en feutre au-dessous des chaises à bascule, des pieds de chaises ou de canapés pour éviter des marques sur le sol.

3. Accessoires stables. Fixez des morceaux de bourrelet au-dessous des téléphones et autres appareils ménagers pour les empêcher de glisser des tables et des bureaux.

4. Colmater les fuites. Utilisez des joints à section profilée pour renforcer des joints de voiture et empêcher le bruit du vent et les fuites d'eau autour des portières et du coffre.

5. Protection des murs. Collez des joints en mousse sur les parties des meubles appuyées contre les murs.

Jus de citron

1. Traiter les ongles. Trempez-vous les doigts pendant 5 min dans un verre d'eau additionnée du jus d'un citron. Après avoir repoussé les cuticules, frottez-vous les ongles avec un morceau d'écorce de citron.

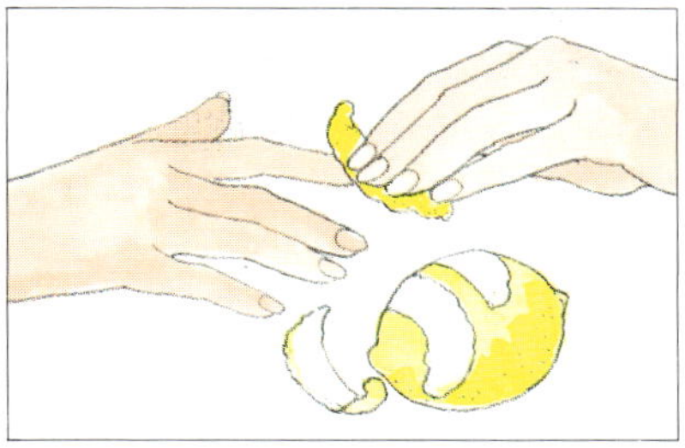

2. Cheveux blonds. Répartissez du jus de citron sur toute la chevelure en la peignant, puis laissez sécher au soleil. Renouvelez l'opération chaque jour pendant au moins 1 semaine.

3. Pour la salle de bain. Détartrez les appareils émaillés en les frottant avec des demi-citrons. Pour les taches rebelles, ajoutez du sel fin.

4. Raviver une salade. Faites tremper une laitue un peu molle dans une coupe d'eau froide additionnée du jus de ½ citron. Laissez au réfrigérateur pendant 1 h.

5. Petits soins. Tamponnez un bouton disgracieux plusieurs fois par jour avec du jus de citron.

6. Visage purifié. À 1 litre d'eau bouillante, ajoutez le jus de ½ citron et 2 cuil. à soupe de thym ou de menthe séchés. Placez votre visage au-dessus de la vapeur à 30 cm du bol pendant 15 min. Rincez ensuite à l'eau très froide.

7. Rénover une éponge. Imbibez-la de jus de citron, puis rincez-la bien.

8. Pour les pommes. Gardez claires les tranches de pomme en les arrosant de jus de citron.

9. Désodorisant d'intérieur. Éliminez les odeurs de cuisine persistantes en plaçant 1 citron percé dans un four à 140 °C pendant 15 min, porte du four entrouverte.

10. Désodorisant pour les mains. Après avoir préparé du poisson, frottez-vous les mains avec une pâte faite de farine de moutarde et de jus de citron. Lavez-les ensuite plusieurs fois à l'eau et au savon.

11. Décrasser les cuivres. Appliquez au pinceau du jus de citron additionné de sel de cuisine.

L

Lame de rasoir

1. Grattoir. Retirez de la peinture, des décalcomanies ou des autocollants sur des vitres avec une lame de rasoir à un seul tranchant, protégée par un étui, ou avec une lame à double tranchant tenue dans un bout de carton plié en deux.

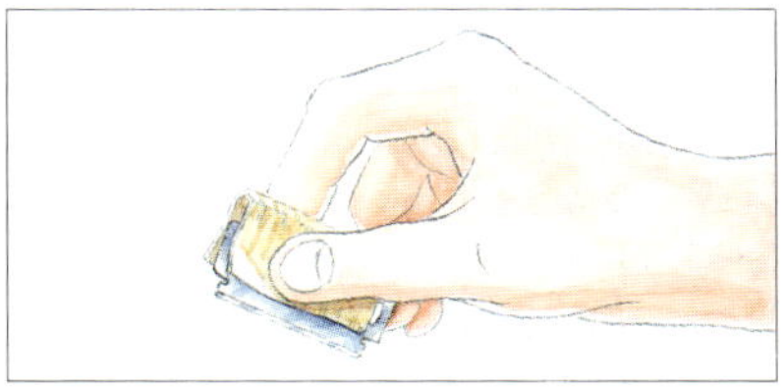

2. Affûtage. Redonnez du fil à des lames à double tranchant en les frottant par un mouvement de va-et-vient à l'intérieur d'un gros verre cylindrique. Affûtez d'un côté, puis de l'autre. L'index posé sur la découpe centrale assure le mouvement.

Laque à cheveux

Attention ! Ne pulvérisez jamais de laque à cheveux près d'une flamme.

1. Insecticide. Stoppez une attaque massive d'insectes volants en vaporisant de la laque dans la nuée.

2. Fixatif pour dessins. Vaporisez un léger film de laque sur les pastels, les fusains, les dessins au crayon...

3. Stoppage. Si un bas ou un collant file, stoppez les dégâts en mettant de la laque sur la maille.

4. Protéger les cuivres. Vaporisez de la laque à cheveux sur les objets que vous venez d'astiquer.

5. Conserver les fleurs. Pour prolonger la vie des fleurs coupées, vaporisez de la laque sous les feuilles et les pétales, en vous tenant à environ 30 cm du bouquet.

Lien plastifié

1. Lacet à chaussure. Si votre enfant a cassé le lacet de sa chaussure, dépannez-le avec un lien.

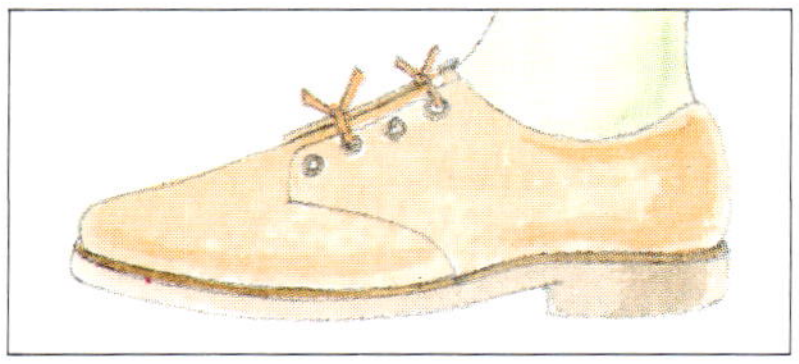

2. Identifier des clés. Utilisez des liens de différentes couleurs pour distinguer les clés de votre trousseau.

3. Attaches pour les plantes. Attachez les tiges qui tombent à un tuteur ou ligaturez les pousses des plantes grimpantes à un treillage. Ne serrez pas pour ne pas endommager la plante ni gêner sa croissance.

4. Monter un tricot. Utilisez des liens pour tenir des ouvrages au crochet ou de tricot lors du montage.

5. Relier des feuilles. Attachez ensemble des feuilles perforées en passant des liens dans les trous.

6. Dans un moteur. Pour empêcher les fils électriques d'entrer en contact avec des éléments chauds du moteur, utilisez des liens pour tracer leur chemin sous le capot.

7. Décoration de Noël. Utilisez des liens verts pour accrocher les boules de couleur et autres petits éléments décoratifs.

Lime à ongles en carton

1. Adoucir le verre. Frottez les bords de la verrerie ébréchée avec le côté grain fin d'une lime humidifiée.

2. Affûter les crayons. Collez une lime sur votre établi ou sur votre bureau pour tailler vos crayons.

Litière pour chats

1. Séchoir à fleurs. Placez les fleurs que vous destinez à vos bouquets secs pendant 8 à 10 jours dans une grande boîte métallique où vous aurez étalé une couche de litière. (Voir aussi Fleurs séchées, page 105.)

2. Désodorisant. Supprimez des odeurs déplaisantes en mettant de la litière dans le fond des poubelles.

3. Absorber l'huile. Étalez de la litière sur les taches d'huile dans le garage. Faites de même si vous renversez de l'huile dans la cuisine.

4. Bourrage de balles. Utilisez de la litière pour remplir des petits sacs en toile ou des chaussettes pour jouer au jeu de massacre (Voir aussi Boîte de conserve, p. 292.)

Livres

1. Table basse. Posez une plaque de verre aux bords dépolis sur quelques piles de livres de même hauteur.

2. Presse-papier. Maintenez sous pression des éléments qui viennent d'être collés ensemble en les chargeant avec quelques livres épais et lourds.

3. Sous-verre. Mettez en valeur des pages ou des illustrations choisies dans des revues ou des livres en les encadrant ou en les plaçant sous verre pour décorer vos murs.

4. Serre-livres. Assemblez 3 ou 4 livres qui ne vous intéressent plus pour faire un serre-livres très efficace (faites-en plusieurs si nécessaire). Collez les pages entre elles pour que l'ensemble soit bien rigide : pulvérisez de la colle en aérosol entre les pages, que vous ferez défiler en les feuilletant rapidement. Collez les livres entre eux avec de la colle universelle. Maintenez bien à plat et sous pression pendant quelques heures avant de mettre en service.

M

Magazine

1. Embauchoirs pour bottes. Roulez des magazines dans les bottes pour leur garder une bonne forme.

2. Coussin pour le stade. Enfermez plusieurs magazines épais dans un sac en toile et placez-le sur le siège froid et dur du stade.

3. Un gros entonnoir. Pour transvaser des produits secs, roulez un grand magazine épais en forme de cône.

Manche à balai

1. Tuteur. Pour soutenir une plante lourde et haute, telle qu'un plant de tomate, utilisez un manche à balai profondément enfoncé dans le sol.

2. Barre à rideau. Sciez un manche à balai à la dimension de l'encadrement d'une fenêtre. Percez un trou à 2 ou 3 cm de chaque extrémité. Accrochez-le sur des pitons en équerre fixés dans l'encadrement.

3. Gaffe. Vissez un crochet au bout d'un manche à balai pour attraper des choses difficiles à atteindre. Ainsi, vous pourrez récupérer une chaussette tombée derrière la machine à laver ou saisir un panier rangé sur une étagère trop haute pour vous.

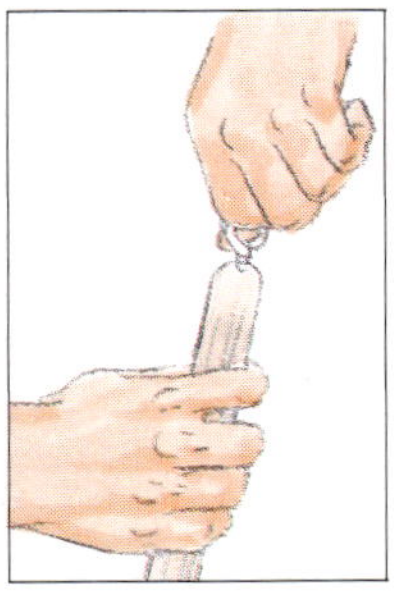

4. Porte-pot de peinture. Passez un manche à balai dans l'un des barreaux creux d'une échelle en aluminium. Faites-le dépasser de chaque côté pour y accrocher votre pot de peinture. Déplacez le manche au fur et à mesure de l'avancement des travaux. Retirez le pot quand vous devez déplacer l'échelle.

5. Extenseur de pinceau. Fixez un pinceau au bout d'un manche à balai avec du ruban plastique adhésif.

6. Rail pour suspension. Fixez, avec des agrafes ou des clous à tapisserie décoratifs, le haut d'une pièce en macramé ou une tapisserie sur un manche à balai pour l'exposer le long d'un mur. Suspendez avec un cordon ligaturé aux extrémités du manche.

7. Tringle de placard. Fixez 2 gros crochets à vis fermés aux traverses hautes de chaque côté intérieur d'un placard et glissez-y un manche à balai coupé à la longueur nécessaire. Suspendez-y des vêtements légers.

8. Laver les vitres. Pour atteindre le sommet des vitres de fenêtres sans utiliser d'escabeau, attachez une large éponge ou un racloir au bout d'un manche à balai.

Mastic

1. Exercice. Pétrissez du mastic pour vous muscler les mains et les avant-bras. Portez des gants en latex.

2. Colmater. Utilisez du mastic pour boucher temporairement les fentes du bois des portes et des fenêtres.

3. Percer du verre. Formez un cratère de mastic autour du trou à percer. Remplissez d'huile qui lubrifiera en continu le foret ou la mèche pendant le perçage.

4. Ramasser du verre. Avec une boule de mastic bien pétrie, tamponnez les endroits où subsistent les petits morceaux d'un objet en verre brisé.

Matelas

1. Trampoline. Laissez dans la salle de jeux un matelas sur lequel les jeunes enfants s'amuseront à sauter.

2. Tapis de sécurité. Placez un vieux matelas recouvert d'une bâche imperméable sous les agrès du portique afin d'amortir les chutes éventuelles des enfants.

3. Pour les enfants. Lors d'une fête, un matelas posé au sol permettra aux enfants de se défouler et leur sera plus agréable que des chaises.

4. Lit d'appoint. Enfermez un matelas de 90 cm de large dans un plastique et glissez-le sous votre lit. Il vous sera utile pour un hôte imprévu.

Matières grasses

1. Anticambouis. Si vous avez les mains très sales après des travaux de mécanique, frottez-les avec de la matière grasse avant de les savonner.

2. Taches d'encre. Frottez-les avec de la graisse végétale.

3. Pour enlever une bague. Enduisez le doigt d'un peu de beurre et faites glisser l'anneau trop serré.

4. Tache sur un meuble. Enduisez une tache d'eau faite sur un bois verni ou ciré avec de l'huile alimentaire, puis avec du sel fin. Frottez le mélange avec un chiffon propre jusqu'à ce que la tache disparaisse. Essuyez, séchez et faites briller au coton à lustrer. Cirez si cela est nécessaire.

Minuteur

1. Organisateur. Lorsque vous organisez des jeux avec des épreuves à réaliser en un temps précis, utilisez votre minuteur ; il vous signalera que le temps imparti s'est écoulé.

2. Aide-mémoire. Mettez en route un minuteur pour vous rappeler de partir chez le dentiste ou d'aller chercher les enfants...

3. Médiateur. Lorsque des enfants se disputent un jouet, donnez à chacun un même temps de jeu. Quand la sonnerie retentira, c'est l'un des autres enfants qui jouera à son tour.

Miroir

1. Baliser un chemin. Disposez de petits miroirs le long des allées et des chemins du jardin.

2. Plateau. Fixez un miroir sur un panneau d'aggloméré (équipé de poignées) avec du mastic souple au Néoprène spécial miroir.

3. SOS, SOS. Utilisez un miroir de poche pour lancer des messages en morse si vous êtes égaré.

4. Poudrier. Insérez un morceau de miroir dans le couvercle d'une petite boîte.

5. Détecter l'humidité. Si votre cave paraît humide, suspendez un miroir sur l'un des murs. Si, le lendemain, le miroir est embué, c'est un problème de condensation. Si, au contraire, il est sec et le mur humide, il s'agit d'un suintement.

6. Fond d'étagères. Collez des miroirs au fond du vaisselier, afin que la verrerie brille de tous ses feux.

7. Miroir investigateur. Vérifiez à l'aide d'un petit miroir sous les rebords de la cuvette des W.-C. si les arrivées d'eau ne sont pas entartrées. Débouchez-les par des applications successives de détartrant (et non par grattage).

Mouchoir

1. Bandeau. Roulez un mouchoir dans le sens de la diagonale et nouez-le autour de votre tête pour empêcher la sueur de couler dans vos yeux.

2. Chapeau de soleil. Faites un nœud aux 4 coins d'un grand mouchoir coloré et posez-le sur votre tête.

3. Masque à gaz. En cas d'incendie, trempez un mouchoir dans de l'eau et tenez-le devant votre nez et votre bouche pour filtrer les fumées.

4. Sachet parfumé. Remplissez un joli mouchoir de fleurs séchées odorantes, fermez-le comme une bourse avec un ruban et placez-le dans votre armoire à linge.

Moules à gâteaux

1. Moule à bougie. Fixez (avec une goutte de colle cyanoacrylate) l'extrémité d'une mèche à bougie bien au centre du fond d'un petit moule à gâteaux (ou une grosse mèche dans un grand moule pour faire une bougie de jardin). Tendez-la en l'enroulant sur un bâtonnet ou un crayon posé en travers sur les rebords et remplissez de cire fondue. Utilisez la bougie sans la sortir de son moule.

2. Chips originales. Utilisez un petit moule à flan (à bord vif cannelé) comme emporte-pièce pour découper des chips à bords ondulés dans de fines tranches de pomme de terre.

3. Écuelle à eau. Si votre chien a l'habitude de renverser son écuelle à eau dans le jardin, plantez un piquet dans le sol au centre d'un moule en couronne ; il maintiendra cette écuelle d'un nouveau genre.

4. Porte-bouquet. Placez un moule à baba retourné au centre d'une table. Recouvrez-le de papier crépon coloré et utilisez-le pour maintenir un centre de table.

Mousseline, étamine, gaze

1. Passoire à peinture. Éliminez les grumeaux et les impuretés en passant la peinture au travers d'une mousseline posée dans un chinois.

2. Repassage. Repassez les tissus délicats en intercalant une étamine humide entre le fer et le tissu.

3. Épuisette. Une étamine cousue sur une boucle en fil de fer plastifié fera une parfaite épuisette pour attraper les poissons dans un aquarium.

4. Filtre à friture. Filtrez régulièrement, à chaud, l'huile de votre friteuse au travers de 2 ou 3 épaisseurs d'étamine posées dans une passoire.

5. Couvre-réveil. Si la lumière de votre réveil à affichage digital vous gêne la nuit, recouvrez-le d'un morceau de mousseline.

6. Semis. Pour protéger vos semis du vent et des oiseaux, couvrez-les d'un voile ou d'une bande d'étamine que vous maintiendrez au sol avec des pierres.

7. Filet à papillons. Collez ou fixez une mousseline sur un cerceau confectionné avec du fil d'acier plastifié pour clôture.

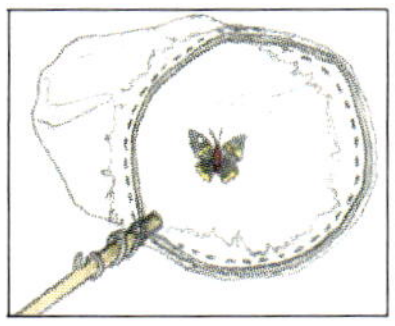

8. Passoire à thé. Passez le thé frais au-dessus d'une tasse à travers une étamine.

9. Passoire à gelée. Lorsque vous faites de la gelée de petits fruits rouges, versez la préparation cuite à travers 3 épaisseurs de mousseline pour éliminer graines et petites peaux. Pour faire de la gelée de pomme ou de coing, enveloppez les pépins dans une poche en mousseline à laisser cuire dans le jus.

10. Filet à ombrager. Tendez de la mousseline entre des piquets pour donner de l'ombre aux jeunes plants repiqués.

11. Filtre d'aspiration. Recouvrez le suceur de l'aspirateur avec une étamine. De cette façon, les petits objets ne seront pas avalés.

12. Absorber le gras. Dégraissez les bouillons et les ragoûts en enveloppant un glaçon dans de la mousseline et en le passant à la surface du plat.

Moustiquaire

1. Pour le jardin. Posez une moustiquaire sur des parties de pelouse ensemencées de façon que les graines ne s'envolent pas et ne soient pas picorées par les oiseaux.

N

Nappe en plastique

1. Ramasser les feuilles. Regroupez les feuilles mortes dans une vieille nappe, puis prenez les coins pour les transporter.

2. Coussins imperméables. Faites des housses de coussins à placer sur les sièges et fauteuils de jardin. Remplissez-les d'ouate synthétique et renforcez les coutures par un filet de colle.

3. Pour la voiture. Étalez une vieille nappe dans le coffre si vous devez transporter des objets salissants.

4. Tapis de sol. Placez une nappe en plastique sous la chaise haute de bébé afin qu'il ne salisse pas le sol.

5. Protection. Étendez une nappe sur le sol lorsque vous repeignez un meuble ou si vous faites des travaux salissants.

O

Oignon

1. Désodorisant. Éliminez l'odeur de peinture dans un meuble fraîchement peint en laissant à l'intérieur un oignon cru coupé pendant 24 h.

2. Éliminer une poussière dans l'œil. Épluchez, coupez un oignon et laissez couler vos larmes, jusqu'à ce que la poussière soit entraînée avec elles. (Voir aussi Yeux, p. 236.)

3. Sels de réanimation. Tenez un morceau d'oignon coupé cru sous le nez d'une personne qui se sent mal.

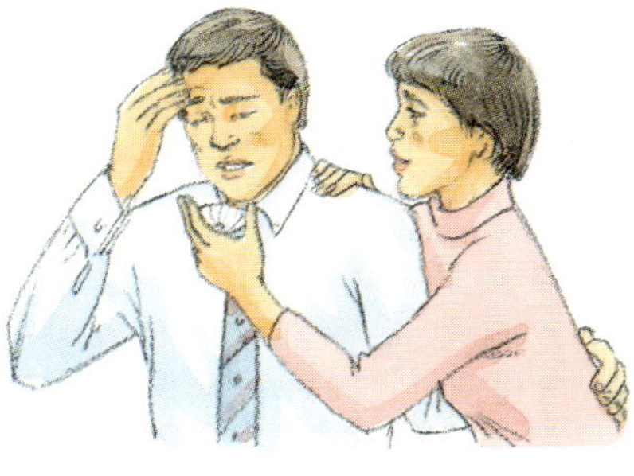

4. Retirer la rouille. Passez plusieurs fois un couteau de cuisine rouillé à travers un oignon cru.

5. Contre les démangeaisons du pied. Frottez un demi-oignon cru sur la partie affectée.

6. Tuer les verrues. Frottez une verrue tenace avec un oignon cru trempé dans du sel et répétez l'opération jusqu'à complète disparition. Le même effet est obtenu en maintenant, par un petit pansement, une tranche d'ail sur une verrue pendant quelques jours. (Voir aussi Verrues, grains de beauté, p. 229.)

Ouvre-boîtes, décapsuleur

1. Nettoyer des joints. Utilisez le bec d'un ouvre-boîtes de camping pour retirer les vieux joints des carreaux de céramique.

2. Fil à plomb de secours. Suspendez un décapsuleur à un morceau de cordonnet et laissez-le pendre.

3. Tournevis. Servez-vous d'un ouvre-boîtes de camping pour visser ou dévisser les vis à tête large munies d'une grande fente.

P

Paille de fer

1. Contre les nuisibles. Avant de les reboucher, insérez des tampons de paille de fer dans les fissures et les trous par où passent des rats ou des souris.

2. Renforcer une vis. Entourez le filetage d'une vis avec des fils de paille de fer avant de la replacer dans un ancien trou.

3. Halte aux poils. Si vous lavez un chien dans la baignoire ou sous la douche, placez un tampon de grosse paille de fer sur la grille d'écoulement : elle retiendra les poils.

Paille en plastique

1. Ketchup. Placez une paille dans une bouteille de ketchup pour qu'il coule plus facilement.

2. Bulles. Trempez l'extrémité d'une paille dans du liquide à bulles (voir p. 306), égouttez légèrement et soufflez par l'autre bout.

3. Pour des fleurs. Si vous voulez disposer des fleurs dont la tige est un peu courte dans un vase haut (de préférence opaque), glissez le bout des tiges dans de grosses pailles en plastique.

4. Bec verseur. Pour lubrifier un endroit difficile à atteindre, mettez une paille au bout du bec de la burette.

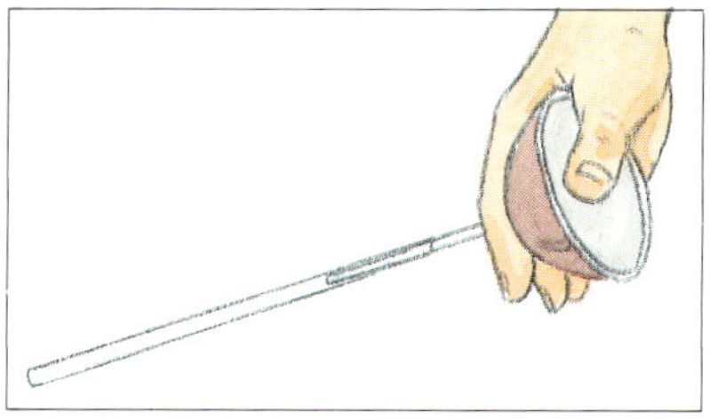

5. Compte-gouttes. Introduisez une paille dans le liquide et bouchez l'autre extrémité avec le doigt : le liquide ne coulera que lorsque vous soulèverez le doigt.

Pain

1. Pour désodoriser l'atmosphère. Faites griller sur un brûleur à gaz ou une plaque de cuisson quelques morceaux de pain rassis pour assainir l'air de la cuisine et masquer les odeurs de cuisson.

2. Pour ramasser des débris de verre. Récupérez les petits morceaux de verre brisé en les tamponnant avec une grosse boule de mie de pain malaxée à la main.

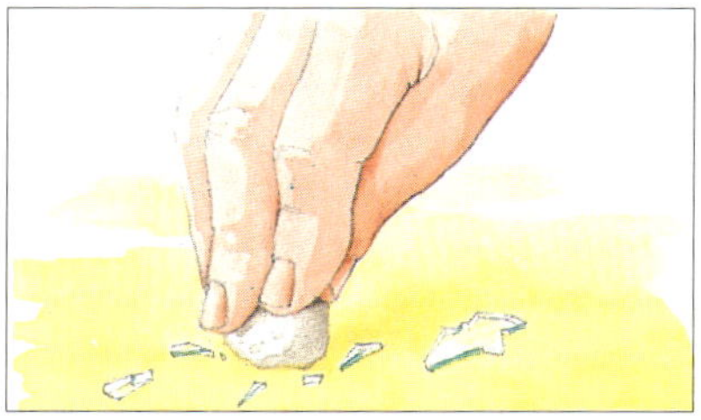

3. Conserver un gâteau. Fixez à l'aide de pique-olives 2 tranches de pain sur les entames d'un gâteau de façon à l'empêcher de sécher.

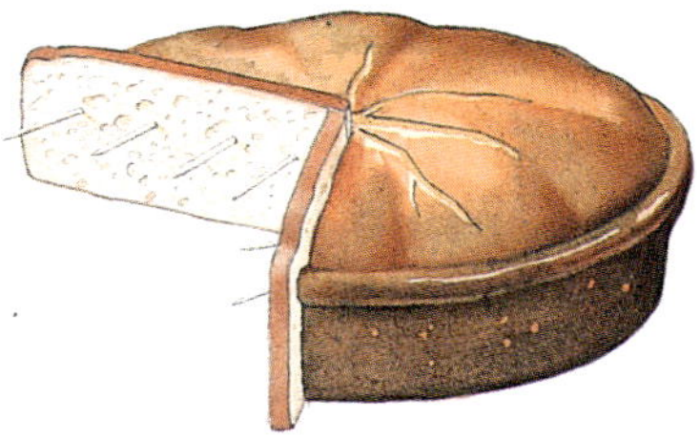

4. Éponger la graisse. Mettez quelques petits morceaux de pain dans une rôtissoire pour absorber le gras que la viande rejette durant la cuisson. Vous éviterez également les émanations de fumée.

5. Fleurs propres. Nettoyez vos fleurs artificielles en les brossant avec un blaireau, puis frottez-les légèrement avec du pain de seigle. Brossez-les de nouveau.

6. Allume-feu. Imbibez des morceaux de pain rassis avec du white-spirit. Placez-les sous les bûches ou sous une couche de charbon de bois, puis allumez-les : ils brûleront doucement et suffisamment longtemps sans faire de grandes flammes dangereuses.

Panier à linge

1. Coffre à jouets. Entreposez les jouets de vos enfants dans des paniers à linge de couleur vive.

2. Traîneau. Transformez un panier à linge résistant en traîneau à neige.

3. Silo à compost. Au jardin, déposez vos déchets de légumes et les feuilles mortes dans un grand panier ajouré pour en faire du compost.

Papier absorbant

1. Enlever de la bougie ou de la cire. Posez du papier absorbant sur une tache de cire ou de bougie, puis repassez au fer chaud : la cire fondra et restera sur le papier. Recommencez plusieurs fois.

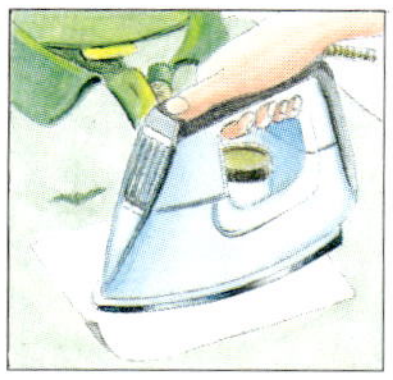

2. Passoire à thé. Le sachet de thé vient de se déchirer dans votre tasse ? Placez 2 épaisseurs de papier absorbant sur une autre tasse et versez doucement le thé à travers.

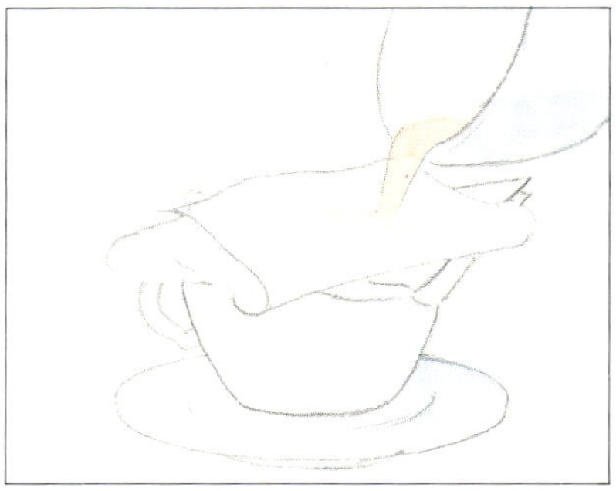

3. Filtrer de l'huile. Nettoyez l'huile de la friteuse en la versant (chaude) dans une passoire fine doublée de 1 ou 2 épaisseurs de papier absorbant.

Papier de soie

1. Des biscuits qui restent frais. Chiffonnez du papier de soie et tapissez-en le fond d'une boîte à biscuits.

2. Protecteur de vitres. Si vous entreposez des vitres, séparez-les avec du papier de soie. Elles seront plus faciles à saisir et le papier réduira les risques de casse.

3. Effets sonores. Voulez-vous sonoriser un enregistrement vidéo ou une pièce de théâtre ? Selon la façon dont vous froisserez le papier de soie devant le micro, le son ressemblera au bruit du vent dans les arbres, à une vague qui se brise sur la plage ou à des pas sur un chemin de campagne couvert de fleurs. Entraînez-vous.

4. Calquer un dessin. Placez du papier de soie sur un dessin et travaillez sous une bonne lumière ou sur une plaque de verre placée au-dessus d'une source lumineuse.

Papier journal

1. Pour le four. Ôtez le plus gros de la graisse avec du papier journal froissé, puis essuyez avec un chiffon ou une éponge humide.

2. Vitres claires. Lavez vos vitres avec de l'eau et du détergent à vaisselle, puis frottez-les avec du papier journal chiffonné.

3. Allume-feu. Roulez bien serré 2 ou 3 feuilles de papier journal et faites un nœud. 5 ou 6 allume-feu de ce genre suffiront pour que les bûches prennent, même si elles sont encore un peu vertes. (Voir aussi Bois de chauffage, p. 33.)

4. Litière pour chats. En cas de besoin, déchiquetez du papier journal et utilisez-le en guise de litière.

5. Contre les vents coulis. Bourrez de papier les dessous de porte et les fentes des fenêtres qui ne ferment pas hermétiquement.

6. Plumeau. Pour dépoussiérer les endroits difficiles d'accès, roulez une feuille de papier journal et effrangez une extrémité.

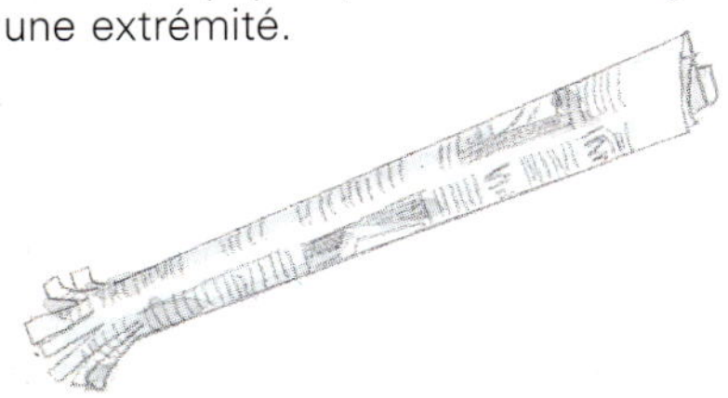

7. Séchoir. Pour sécher des bottes ou des chaussures humides, bourrez-les de papier journal froissé et laissez-les une nuit.

8. Désodorisant. Tous les soirs, bourrez des chaussures ou des bottes de tampons de papier journal pour éliminer les odeurs déplaisantes.

9. Retirer une vitre. Collez du papier des deux côtés d'un carreau cassé. Lorsque la colle est sèche, ôtez le mastic : la vitre se détachera sans partir en morceaux.

10. Tampon à lustrer. Faites une pile serrée de 5 à 6 cm d'épaisseur avec des ronds de 15 à 20 cm de diamètre découpés dans du papier journal. Percez-les au centre et montez-les serrés entre deux flasques en bois de 5 cm de diamètre, le tout tenu par une tige filetée traversante et des écrous. Utilisez ce tampon sur votre perceuse à vitesse moyenne.

11. Réserve pour l'atelier. Coupez des feuilles de papier journal en 4. Percez les morceaux dans un angle et enfilez-les sur du fil de fer pour former une liasse que vous accrocherez dans votre atelier : c'est l'idéal pour toujours avoir sous la main du papier pour essuyer de la graisse ou des solvants.

12. Pour vos bagages. Remplissez les coffres et les valises vides de papier journal froissé pour prévenir l'humidité.

13. Paillis. Disposez des feuilles de papier journal bien à plat, ou déchirez-en en petites lanières, et placez-les au pied des plantes. Arrosez et maintenez avec des pierres.

14. Confort. Placez plusieurs épaisseurs de papier journal sous les tapis.

Papier peint

1. Utiliser les chutes. Utilisez des chutes de papier pour tapisser vos tiroirs et vos étagères.

2. Pièce coordonnée. Utilisez les chutes de papier en les collant sur les corbeilles à papier, les boîtes, les volets intérieurs : vous donnerez une touche originale à votre pièce.

3. Papier cadeau. Pour emballer agréablement un cadeau, employez un papier peint finement décoré.

4. Couvertures de livres. Protégez les livres scolaires en les couvrant avec un joli papier peint mince.

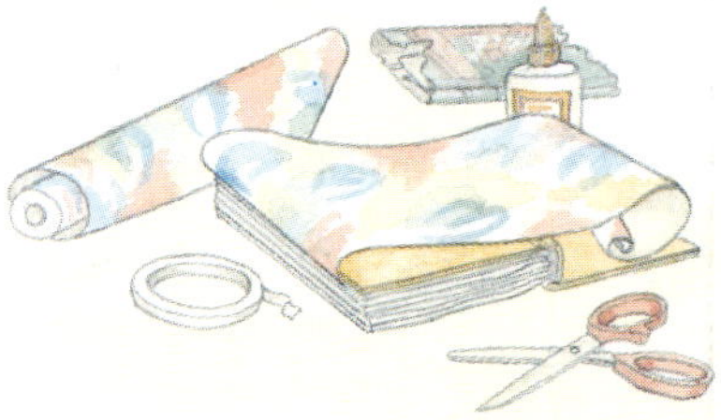

Papier sulfurisé

1. Pour dessiner. Ce papier translucide est idéal pour tracer des patrons et relever des dessins.

2. Atténuer le soleil. Interposez ce papier entre les vitres et les plantes qui sont placées tout contre.

3. Pochoirs à peinture. Découpez des motifs dans des carrés de papier. Utilisez-les avec de la peinture en aérosol pour décorer divers objets.

4. Planchette à découper. Recouvrez un carton épais avec ce papier, côté sulfurisé sur le dessus.

5. Poche à pâtisserie. Formez un cône avec ce papier, maintenez-le avec du ruban adhésif et coupez la pointe. Emplissez-le de crème glacée, de chantilly, de mayonnaise...

6. Pour les timbres. Conservez les timbres entre des feuilles de papier sulfurisé pour éviter qu'ils ne collent lorsque l'air est humide.

7. Sceller des pots. Placez un morceau de papier sulfurisé sur le dessus d'un bocal avant de le fermer.

8. Pour le fromage. Pliez une feuille de papier sulfurisé et mettez-la sur la lame d'un couteau émoussée pour couper sans difficulté et impeccablement du fromage.

Paraffine

1. Pour les barres à rideaux. Passez de la paraffine sur le dessus des barres à rideaux pour que les anneaux glissent facilement.

2. Contre la pluie. Après avoir écrit les références de plantation sur une étiquette en bois de jardin, trempez-la dans de la paraffine fondue.

3. Pour un tiroir. Frottez un pain de paraffine sur les glissières d'un tiroir qui coulisse mal, en insistant sur les parties éraflées.

4. Lubrifiant. Frottez de la paraffine sur un clou ou une vis pour qu'ils entrent plus facilement dans du bois.

Parapluie

1. Réflecteur pour flash. Remplacez la toile d'un parapluie par une toile blanche, ou peignez la face intérieure d'un parapluie de couleur claire avec une peinture argentée en aérosol.

2. Protéger des semis. Un vieux parapluie sans manche protégera les semis d'un coup de gel printanier.

3. Traiter sélectivement. Tenez un vieux parapluie ouvert derrière les plantes lorsque vous les traitez avec un pulvérisateur.

4. Tuteurs. Utilisez les baleines d'un parapluie cassé pour soutenir vos jeunes plantes.

Parpaing

1. Pot de fleurs. Peignez l'extérieur d'un large parpaing et faites-en un bac à fleurs : placez les ouvertures vers le haut, remplissez les trous de terreau et plantez-y des fleurs.

2. Bordure fleurie. Faites comme ci-dessus, mais en alignant plusieurs parpaings en bordure d'une allée.

Pâte à modeler

1. Nettoyer les livres. Nettoyez les tranches en y appuyant (sans frotter) une boulette de pâte à modeler blanche. Pétrissez fréquemment la pâte de façon à toujours travailler avec une « gomme » bien propre. Agissez sur de petites surfaces à la fois.

2. Support de collage. Lorsque vous réparez une porcelaine ou une poterie cassée, maintenez les morceaux ensemble sur un lit de pâte à modeler jusqu'à ce que la colle soit bien sèche. Retirez ensuite.

Pâte dentifrice

1. Rénover une surface plastique. Recouvrez une tache ou une éraflure sur de l'acrylique ou du plastique avec du dentifrice. Laissez sécher et frottez avec un chiffon doux.

2. Nettoyer des bijoux. Frottez les détails avec une brosse à dents souple et du dentifrice. Rincez et séchez avec un chiffon doux.

3. Messages pour Noël. Écrivez des messages et des dessins de fin d'année sur les vitres en utilisant de la pâte dentifrice.

Peau de banane

1. Engrais. Enterrez des peaux de banane découpées en morceaux à environ 4 cm de profondeur au pied des rosiers. Ajoutez-en également à votre compost, elles sont une excellente source de phosphore et de potassium.

2. Nourriture pour les animaux. En hiver, suspendez ou posez des peaux de banane dans les arbustes pour nourrir les oiseaux. Si vous êtes en bordure de forêt, déposez-les sur des souches, elles feront le régal des cerfs et des chevreuils.

3. Chaussures impeccables. Faites briller vos chaussures en cuir en les frottant avec l'intérieur des peaux de banane, puis en les lustrant.

Peau de chamois

1. Pour le photographe. Nettoyez les objectifs dépoussiérés des appareils photo et des caméras (voir aussi Compresseur à air, p. 301) avec une peau de chamois légèrement mouillée, puis essorée.

2. Nettoyer l'écran de la télé et de l'ordinateur. Prenez une peau de chamois propre, rincée et bien essorée.

Peigne

1. Instrument de musique. Pliez un morceau de papier paraffiné ou sulfurisé sur les dents d'un peigne, portez-le à vos lèvres et fredonnez.

2. Tenir les clous. Ne vous tapez plus sur les doigts avec le marteau. Maintenez les petits clous en les glissant entre les dents d'un peigne.

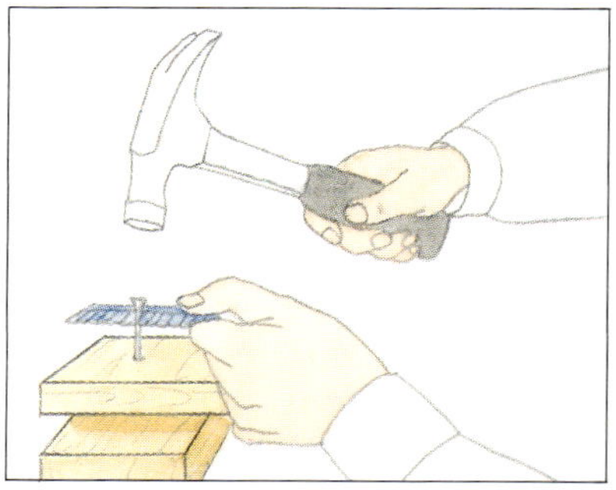

3. Brosses propres. Conservez les vieux peignes pour nettoyer les brosses de l'aspirateur ou des balais.

4. Peinture à effets. Utilisez des peignes plus ou moins larges et aux dents plus ou moins serrées pour dessiner des zébrures droites, courbes ou ondulées sur la peinture fraîche.

5. Métier à tisser les perles. Fixez 2 peignes identiques aux extrémités d'une planchette et passez les fils de lice entre les dents pour les maintenir à espacements réguliers.

Petites boîtes en métal et en plastique

En métal, les petites boîtes peuvent être peintes ou recouvertes d'adhésif décoratif. Laissez l'intérieur en l'état ou recouvrez-le de feutrine adhésive. En plastique, tirez parti de leur transparence, qui vous permettra de savoir « à vue » ce qu'elles renferment.

1. Pour un anniversaire. Décorez de feutre ou de soie l'extérieur d'une petite boîte et introduisez-y une belle pièce ou... un bijou.

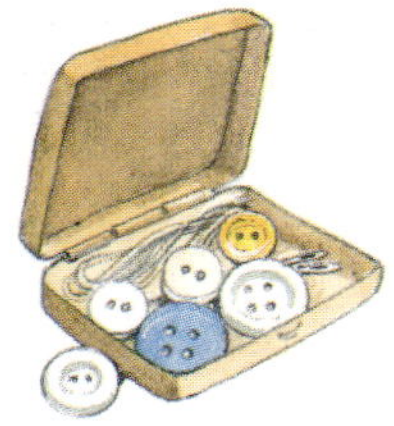

2. Pour la boîte à couture. Les boîtes de pastilles pour la gorge sont parfaites pour y ranger boutons, bouts de fil, épingles, etc.

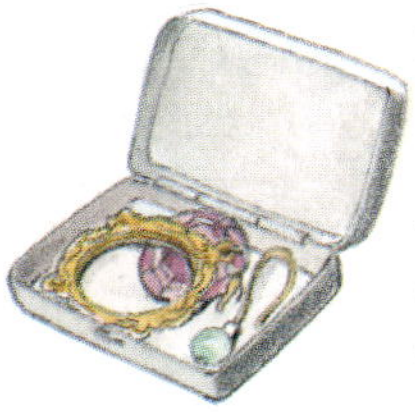

3. Boîte aux trésors. Réunissez tous les morceaux de vos petits bijoux cassés en attente de réparation.

4. Boîtes à bijoux. Rangez chacune de vos chaînes ou gourmettes dans une petite boîte en plastique ou en métal pour empêcher qu'elles ne s'entremêlent.

5. Garder les timbres. Pour que les timbres ne se collent pas ensemble, conservez-les dans des petites boîtes à pastilles.

6. Nécessaire de couture de sac. Gardez fil et aiguilles dans une petite boîte en fer pour une réparation d'urgence.

7. Boucles d'oreilles. Pour éviter que vos petites boucles d'oreilles ne s'égarent, rangez-les par paires dans des petites boîtes en plastique dont vous aurez recouvert le fond d'un morceau de feutrine adhésive.

8. Réserve pour fusibles. Vous retrouverez facilement les fusibles de la voiture si vous les rangez dans une petite boîte à pastilles que vous laisserez dans la boîte à gants.

Photos

1. Presse-papier. Fabriquez un cube en carton épais ou en contreplaqué de 5 mm d'épaisseur. Lestez-le avec du sable. Collez des photos sur toutes ses faces et protégez-les avec un vernis incolore mat en aérosol.

2. Déco-store. Collez un assortiment de photos de formats différents sur un store propre et de couleur claire.

3. Mobile. Collez des photos dos à dos sur des cartons, puis foncez le pourtour avec un crayon feutre. Suspendez avec des fils de Nylon à 3 morceaux de cintre en métal.

4. Tête de lit. Faites agrandir une jolie photo et collez-la sur une plaque de contreplaqué de 2 cm d'épaisseur découpée en demi-cercle (le diamètre est égal à la largeur du lit).

Pince à cheveux

1. Passe-fils. Maintenez les fils des haut-parleurs ou du téléphone sur le dessus des plinthes en les passant dans des boucles formées par des pinces à cheveux : raccourcissez de moitié les branches des pinces, glissez les fils dans la boucle et insérez les branches des pinces entre les plinthes et le mur.

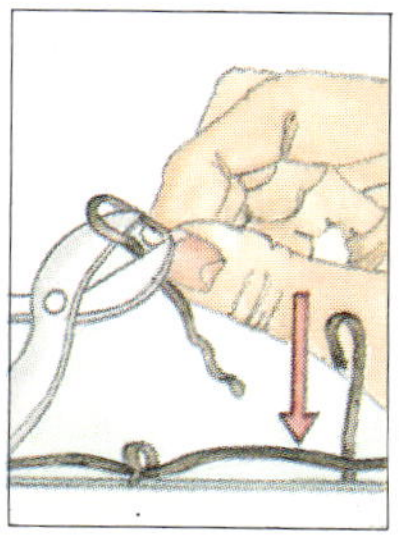

2. Pince à plante. Si vous voulez réduire un courant de sève trop important dans certaines tiges de plantes vertes, placez une pince à cheveux sur les tiges à « ralentir ».

3. Collier. Sur une cordelette, enfilez des pinces à cheveux sur les branches desquelles vous aurez glissé des perles de couleur (repliez les extrémités pour maintenir les perles) ou enfilez des pinces colorées sur une cordelette en intercalant des perles et des petits rubans.

4. Pince à papier. Faites tenir ensemble des feuilles de papier avec des pinces à cheveux si vous n'avez pas de trombones.

5. Pour tenir un clou. Épargnez vos doigts : lorsque vous devez enfoncer un clou avec un marteau dans un endroit difficile à atteindre, maintenez le clou avec une pince à cheveux.

6. Clip invisible. Fixez le petit pan de votre cravate à votre chemise avec une pince à cheveux.

7. Pour le sapin. Utilisez des pinces à cheveux ouvertes, puis tordues pour accrocher les boules et autres décorations de Noël aux branches du sapin.

8. Jeu de pommes. Faites des crochets avec des pinces à cheveux pour suspendre des pommes sur un manche à balai placé entre deux chaises. Pour ce jeu, vos invités devront attraper les fruits comme ils l'entendent mais sans y mettre les mains.

Pince à linge

1. Support à pinceaux. Pour immerger des pinceaux dans le solvant en évitant qu'ils n'y tombent, attachez-les avec une pince à linge posée sur le bord du pot.

2. Repérer les fils de bougies. Marquez des pinces à linge de 1 à 4 ou de 1 à 6, et attachez-les aux fils des bougies du moteur avant de les débrancher. Commencez par l'avant du moteur (du côté du ventilateur) en y plaçant la pince n° 1.

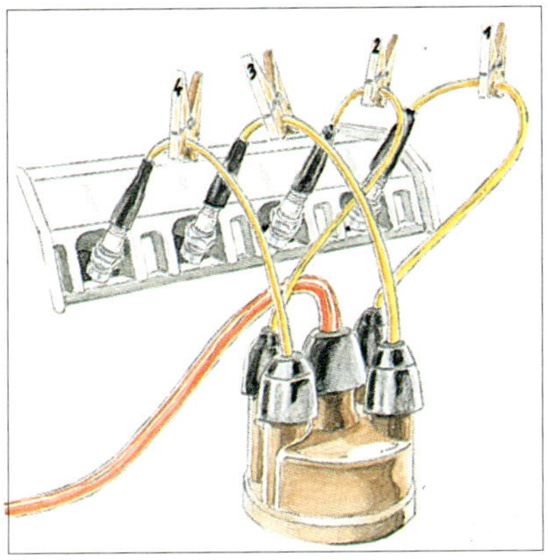

3. Pince à papier. Une pince à linge retiendra ensemble une plus grosse pile de papier qu'une traditionnelle pince à papier.

4. Ranger les bottes. Dans un placard encombré, attachez les paires de bottes ensemble avec une pince à linge.

5. Décor de sapin. Fabriquez des anges ou autres petits sujets en peignant des pinces à linge en bois : les « branches » faisant office de jambes.

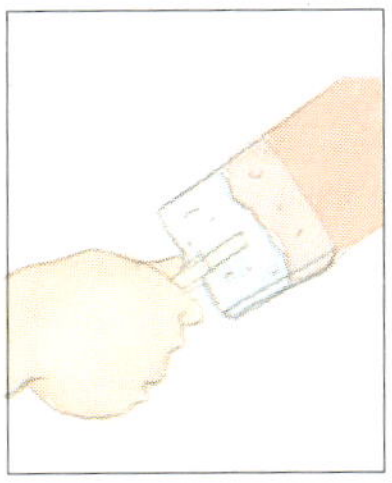

6. Brosse pour peinture. Fixez un petit carré de mousse synthétique au bout d'une pince à linge et utilisez-le pour peindre les finitions.

7. Mini-serre-joints. Si vous collez un objet mince, placez des pinces à linge à ressort tout autour, jusqu'à ce que la colle soit bien sèche.

8. Bloque-fil. Afin que le fil de votre aspirateur ne s'enroule pas pendant que vous l'utilisez, posez une pince à linge à la longueur désirée.

9. Fermeture. Pour refermer les paquets de café, de céréales ou de biscuits entamés, roulez l'ouverture et placez une pince à linge.

10. Pour la couture. Inutile de bâtir lorsque vous marquez l'emplacement d'un ourlet à faire, maintenez-le avec des pinces à linge.

11. Pense-bête. Accrochez une note sur le volant ou le pare-soleil de la voiture pour vous rappeler d'éteindre les phares ou de prendre un objet dans le coffre...

Pince à papier

1. Porte-recettes. Pour lire aisément une fiche de recette de cuisine, glissez-la dans une pince à papier fixée sur le mur de la cuisine.

2. Pour les musiciens. Pour que les pages de vos partitions restent ouvertes, ou pour éviter qu'elles ne s'envolent, maintenez-les sur le pupitre avec une pince à papier.

3. Pour l'atelier. Suspendez les pinceaux, les gants ou les lunettes de protection à des pinces à papier accrochées sur des clous.

4. Pinces à cheveux. Utilisez des pinces à papier pour maintenir vos cheveux quand vous les coupez ou quand vous vous faites une mise en plis.

5. Exercice relaxant. Pressez une grosse pince à plusieurs reprises pour fortifier votre prise et relâcher votre tension.

Pinceau, brosse

1. Plats colorés. Passez de la marinade ou du jus de cuisson sur les viandes avec un pinceau plat.

2. Pour un méchoui. Pendant la cuisson, enduisez le mouton du jus qui s'écoule avec une brosse à lessiver neuve fixée au bout d'un bâton.

3. Marionnette. Peignez la base et le manche d'un pinceau et dessinez un visage. Ajoutez un nœud papillon pour représenter un homme ou un col pour figurer une femme.

4. Dépoussiérer les plantes. Nettoyez les feuilles des plantes vertes avec un pinceau plat en soies de porc.

Pique-olive

1. Marque-page discret. Glissez un pique-olive dans le pli central d'un livre.

2. Applicateur. Pour coller de petits objets, trempez l'extrémité d'un pique-olive dans la colle époxy.

3. Bouche-trou. Trempez un pique-olive en bois dans de la colle, puis enfoncez-le dans les petits trous faits par des punaises ou des agrafes dans le bois. Avec une lame de rasoir, égalisez la surface avant de cirer.

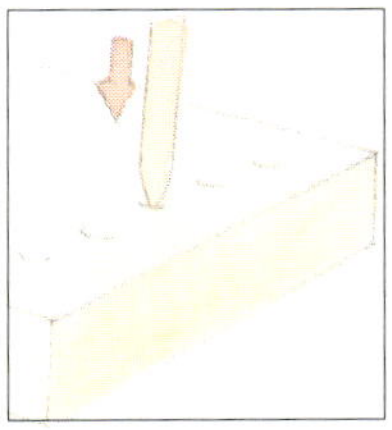

4. Cuire des saucisses. Facilitez la cuisson des saucisses en les regroupant par deux sur des pique-olives les traversant de part en part.

Piscine gonflable

1. Parc pour bébé. Pour dépanner des amis en visite avec un bébé, sortez votre piscine gonflable, placez une couverture dans le fond et laissez-y jouer et dormir le bébé.

2. Rangement pour l'hiver. Mettez les jouets et les vêtements hors saison dans une piscine gonflable rangée au grenier sous un drap.

3. Pour rafraîchir. Mettez-y les bouteilles et les glaçons lors d'une réception.

Pissenlit

N'employez pas des plantes traitées aux herbicides ou récoltées en bordure des routes.

1. Boisson diurétique. Lavez, rincez, séchez des racines de pissenlit. Passez-les dans un four très chaud jusqu'à ce qu'elles brunissent, puis réduisez-les en poudre. Faites-les infuser comme le café : 1 cuil. à café de poudre pour 1 tasse d'eau.

2. Teintures. Faites bouillir des fleurs de pissenlit pour obtenir une couleur jaune et des racines pour une teinture rose.

3. Infusion apéritive. Laissez macérer 2 cuil. à café de feuilles séchées dans 1 tasse d'eau bouillante. Passez et buvez.

Planche

1. Bordure de jardin. Sciez 3 planches de 25, 28 et 30 cm de longueur. Enfoncez-les verticalement à 15 cm de profondeur dans le sol. Répétez le processus pour obtenir une bordure de plate-bande ondulée.

2. Loquet improvisé. Coincez l'extrémité d'une planche sous la poignée d'une porte et calez l'autre extrémité sur le sol avec un coin en bois, un piquet enfoncé dans la terre ou une grosse pierre.

3. Balançoire à bascule. Clouez en son centre une longue planche de 20 cm de large et de 35 à 40 mm d'épaisseur en travers d'un billot. Poncez en arrondissant tous les angles vifs pour éviter les échardes, puis appliquez un vernis.

Planche à roulettes

1. Chariot. Pour transporter facilement un objet lourd (bouteille de gaz, meuble, poubelle...), posez-le sur une planche à roulettes.

2. Peindre assis. Évitez les maux de dos : lorsque vous peignez les plinthes, asseyez-vous sur une planche à roulettes et roulez le long du mur.

Plastique à bulles

1. Matelas de secours. Plusieurs épaisseurs de plastique à bulles peuvent servir de lit de secours à un enfant.

2. Costume de carnaval. Transformez votre enfant en cosmonaute en lui confectionnant un costume à l'aide de plastique à bulles. **Attention !** Veillez à pratiquer de nombreuses ouvertures dans le déguisement et ne mettez en aucun cas ce matériau sur la tête et le visage de l'enfant.

3. Coussin de pique-nique. Pour prendre vos repas confortablement dans le jardin, recouvrez bancs et tabourets de 2 épaisseurs de plastique à bulles.

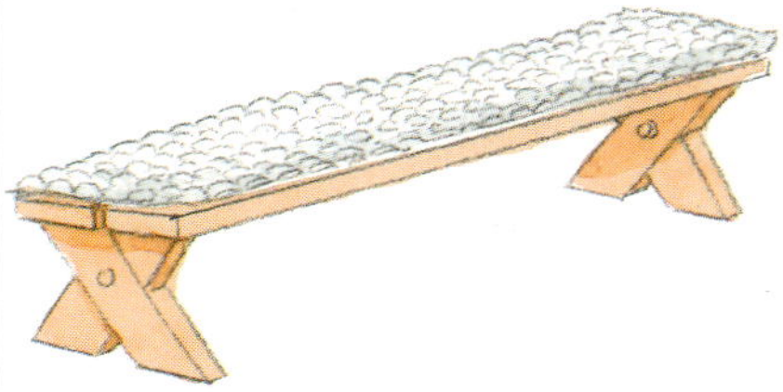

4. Isolation. Agrafez du plastique à bulles sur les parois de la niche du chien pour garder la chaleur pendant l'hiver.

5. Rembourrage. Pour que les bancs du stade soient moins durs, emportez des carrés de plastique à bulles.

6. Table capitonnée. Si vous réparez du verre ou de la porcelaine, prévenez la casse en recouvrant la surface de travail avec du plastique à bulles.

7. Pour protéger les cultures. En hiver, doublez les vitrages de la serre ou recouvrez les châssis de plastique à bulles pour réduire les pertes de chaleur. Tendez un morceau de ce plastique devant les plantes posées sur les bords de fenêtres pour les protéger du vent coulis et leur faire profiter de la chaleur venant de la maison.

Plateau en plastique

1. Assiettes. Conservez les plateaux en plastique des denrées alimentaires que vous achetez pour en faire des assiettes de camping.

2. Dessous-de-pots. Mettez des plateaux sous les pots de fleurs pour recueillir l'eau en excès.

3. Palette jetable. Utilisez ces plateaux pour déposer et mélanger vos couleurs en tube.

4. Tampons amortisseurs. Glissez des plateaux en plastique entre les plats, les assiettes et autres objets fragiles que vous empaquetez.

Plume d'oiseau

1. Plume d'oie. Appointez la hampe creuse et cornée d'une grande plume et trempez-la dans l'encre.

2. Épousseter. Utilisez une large plume bien raide pour nettoyer les objets délicats.

3. Plumeau. Ligaturez avec un cordonnet des plumes douces de même longueur à l'extrémité d'un manche.

Pneu

1. Barbotière. Placez un rideau de douche au centre d'un vieux pneu de camion et remplissez-le d'eau.

2. Protège-plants. Plantez des aubergines, des tomates, des poivrons, ou d'autres plantes aimant la chaleur, au centre de pneus posés à plat sur le sol. Ils seront protégés du vent et la couleur noire du pneu réchauffera la terre.

3. Mini-pépinière. Posez un pneu à plat sur une couche de terreau à l'abri du soleil direct. Semez des graines et couvrez avec du plastique transparent. Veillez à l'aération.

4. Nez de marche. Collez ou clouez des bandes de pneu sur les bordures des marches d'un escalier d'atelier ou de cave.

5. Cylindre roulant. Attachez ensemble plusieurs pneus de même dimension et utilisez-les pour faire des exercices d'équilibre et des courses.

6. Support de bûche. Pour fendre des bûches à la hache sans risque, placez-les debout au centre de 3 ou 4 pneus empilés à plat et liés ensemble.

7. Pare-chocs. Fixez un rang de pneus au fond du garage au niveau des pare-chocs de la voiture.

Pomme de terre

1. Rénover des chaussures. Si vos chaussures éraflées ne prennent plus le cirage, frottez-les avec une pomme de terre crue épluchée, puis cirez.

2. Détachant. Frottez-vous les mains avec une demi-pomme de terre crue pour ôter des taches de légumes.

3. Soulager les démangeaisons. Frottez une tranche de pomme de terre crue salée sur de l'urticaire et les piqûres d'insectes.

4. Soulager une brûlure légère. Appliquez une tranche de pomme de terre ou de la fécule sur la partie brûlée. Tapotez mais ne frottez pas.

5. Foncer les cheveux. Trempez un peigne dans l'eau de cuisson de pommes de terre et passez-le à plusieurs reprises dans des cheveux blonds ou châtains. Pour qu'ils foncent plus vite et que la couleur se fixe mieux, laissez sécher au soleil.

6. Désherbant. Arrosez les mauvaises herbes avec l'eau de cuisson des pommes de terre.

Porte-bloc

1. Suspendre les pantalons. Fixez un porte-bloc à un crochet dans votre placard ou sur la porte de votre chambre. Suspendez-y vos pantalons.

2. Porte-sets de table. Fixez un porte-bloc à l'intérieur de la porte du placard de la cuisine pour y accrocher les sets de table.

3. Pour le voyage. Pliez la carte routière de la région que vous visitez, attachez-la à un porte-bloc et gardez-la près de vous.

Porte-chaussures à poches

1. Fourre-tout pour la voiture. Attachez-le au dos d'un siège avant afin d'y ranger des jouets, des livres et des bouteilles d'eau.

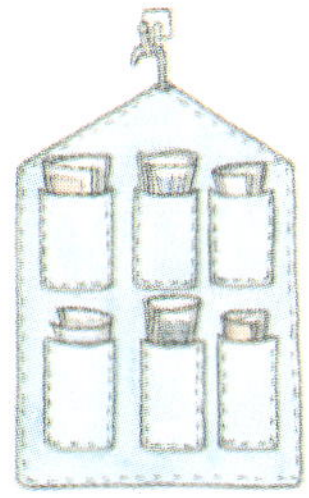

2. Porte-revues. Suspendu derrière la porte de la salle de bain, vous y déposerez les magazines, les notes manuscrites, etc.

3. Pour la cuisine. Suspendez-le à des crochets dans la porte intérieure d'un placard pour y entreposer les produits ménagers.

Porte-couteaux magnétique

1. Porte-outils. Fixé au mur au-dessus de votre établi, il recevra les tournevis, les tenailles et d'autres petits outils.

2. Dans la salle de bain. Utilisez un porte-couteaux magnétique pour réunir ciseaux à ongles, pinces à épiler, limes à ongles, etc.

Porte isoplane

1. Chemin hors d'eau. Posez une porte sur 4 briques ou 4 parpaings pour accéder à une cave inondée.

2. Paravent. Fixez 3 portes ensemble avec des charnières. Décorez ou recouvrez de papier peint.

3. Banc. Posez une porte solide sur 2 rangées de parpaings placés aux extrémités.

4. Bureau ou surface de travail. Cette porte, posée sur des tréteaux ou sur des petits casiers à tiroirs, fera une table solide.

5. Une plus grande table. Agrandissez une petite table en posant une porte isoplane (sans serrure) dessus. Auparavant, placez quelques gants en latex fin sur la table pour éviter que la porte ne glisse. Recouvrez d'une jolie nappe.

6. Rampe. Utilisez une porte comme rampe lorsque vous devez faire franchir une ou plusieurs marches à des meubles ou autres objets lourds ou les monter dans un camion.

Porte-serviettes

1. Pour le garage. Fixez un porte-serviettes double sur un mur pour ranger les chiffons, les sacs poubelle, les vêtements...

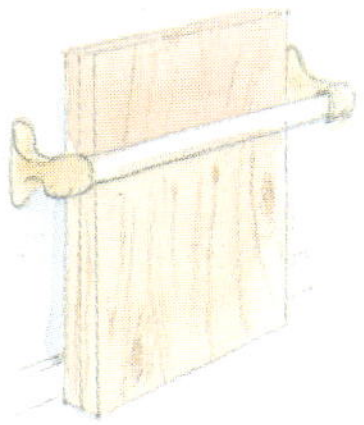

2. Pour ranger les rallonges de table. Glissez-les derrière un porte-serviettes fixé contre le mur d'une remise.

Protège-cahier

1. Décoration. Coordonnez le décor d'une chambre d'écolier en recouvrant des boîtes, des porte-stylos, la corbeille à papier... avec des protège-cahiers choisis dans la gamme de couleurs appropriée.

2. Bloc-notes. Glissez des feuilles ou des demi-feuilles de papier dans les rabats des protège-livres ou des protège-cahiers pour prendre des notes sur le contenu du livre que vous êtes en train de lire ou sur les travaux en cours sur le cahier.

3. Chapeaux de fête. Roulez des protège-cahiers en forme de cône ou de toute autre forme de chapeau et percez 2 trous pour y passer un cordon ou un élastique.

4. Porte-documents. Utilisez un protège-cahier en plastique épais pour ranger vos documents : glissez-les dans les rabats intérieurs.

R

Raphia

1. Pompon. Faites au moins 30 tours autour d'un petit morceau de carton. Glissez un brin de raphia ou du cordonnet entre le carton et les brins enroulés pour les ligaturer ensemble d'un côté. De l'autre côté, coupez-les aux ciseaux. Retirez le morceau de carton et « ébouriffez » les brins pour obtenir une boule.

2. Ruban. Utilisez du raphia et du papier kraft pour emballer vos cadeaux d'une façon plus rustique.

Rétroviseur

1. Surveiller les enfants. Montez un grand rétroviseur à miroir bombé de caravane ou de camion sur le côté de la maison, sur un mur ou un poteau placé à proximité. Vous pourrez ainsi surveiller simultanément vos enfants devant et derrière la maison.

2. En sortie de garage. Si vous n'avez aucune visibilité sur la chaussée quand vous sortez de chez vous, fixez 1 ou 2 grands rétroviseurs à miroir bombé sur un poteau ou sur le mur implanté en face de la sortie.

3. Signal de détresse. Vous partez en excursion ? Emportez un petit rétroviseur ou un miroir pour avertir des amis randonneurs ou pour signaler votre position. (Voir aussi Perdu dans la forêt, p. 167.)

4. Pour voir l'inaccessible. Avec un petit rétroviseur pour vélomoteur, inspectez des recoins impossibles à voir, même en vous contorsionnant.

Rideau de douche

1. Isolation. Étendez un vieux rideau de douche sous le tapis de sol ou le sac de couchage quand vous campez.

2. Bâche. Mettez un rideau de douche sur votre pile de bois pour qu'il reste au sec.

3. Travaux. Un rideau de douche est parfait pour protéger le sol durant des travaux de peinture.

4. Poncho. Pliez un rideau de douche en 2, taillez une ouverture pour la tête. Idéal pour travailler sous la pluie.

5. Pour le jardin. Lorsque vous faites un aménagement paysager avec des galets ou des morceaux d'écorce, étalez un rideau de douche sous ces matériaux, afin d'empêcher les mauvaises herbes de pousser au travers.

6. Tablier d'atelier. Découpez un vieux rideau de douche et attachez des cordons en haut et à la taille. Renforcez les trous avec des œillets de bâche.

7. Protection. Recouvrez le barbecue et les meubles d'extérieur si un orage éclate et que vous n'avez pas le temps de les rentrer à l'abri.

Rondelle en caoutchouc pour bocal

1. Amortisseur acoustique. Posez les enceintes acoustiques sur des plots faits de 3 ou 4 rondelles superposées pour que les sons ne se transmettent pas au sol.

2. Antidérapant. Cousez 1 ou 2 rondelles aux coins des tapis.

3. Jeu à la maison. Lorsqu'il pleut, donnez aux enfants des rondelles qu'ils devront essayer de lancer sur des piquets (les pieds d'un tabouret retourné feront l'affaire).

4. Protection. Placez des rondelles sous les vases et les lampes pour éviter les éraflures sur les meubles.

Rondelles

1. Jetons pour jeux. Remplacez les pièces de monnaie ou les jetons en plastique par des rondelles en laiton de différentes tailles.

2. Bijoux fantaisie. Nouez des rondelles de tailles différentes ensemble, en les plaçant par ordre décroissant de part et d'autre du centre.

3. Protection au perçage. Glissez quelques petites rondelles de caoutchouc sur le corps de la mèche pour éviter de faire des éraflures si elle se casse.

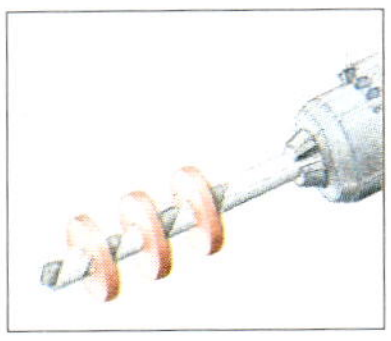

Roue de bicyclette

1. Couronne de Noël. Suspendez au plafond, avec 3 ou 4 fils en Nylon, une jante de bicyclette débarrassée de ses rayons et bien nettoyée. Accrochez des petits sujets de Noël, des boules, des rubans dans les trous des rayons, puis masquez l'intérieur et l'extérieur de la jante en la ceinturant avec des guirlandes pailletées.

2. Cache-poubelle. Avec 2 jantes de même diamètre et des lames de bois, construisez un cache-poubelle pour votre jardin. L'ensemble est conçu comme un tonneau, les jantes faisant office de cerclages. Fixez les lames par des petites vis passant au travers des trous faits dans les jantes pour les écrous des rayons. Traitez ensuite le bois avec une lasure colorée.

3. Treillis à plantes. Montez une roue de bicyclette au sommet d'un grand pieu solidement enfoncé dans le sol. Formez un treillis en faisant passer de la ficelle de jardin à travers les rayons et en les fixant fermement à des fiches plantées dans le sol. Semez des pois de senteur ou des haricots grimpants (d'Espagne) tout autour.

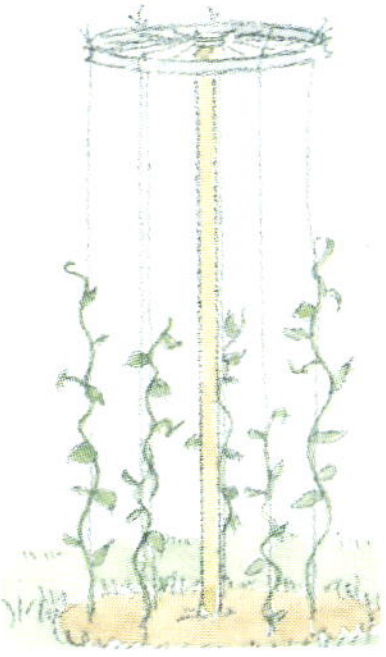

4. Roue de loterie. Fixez une roue avant de bicyclette sur un panneau de bois par son moyeu de façon que la roue tourne librement. Au travers des rayons, fixez une lame très souple ou un morceau de corde à piano dans le panneau support (en tournant, la roue cliquète sur cet ergot souple). Décorez la roue avec des bandes de papier de couleur et des numéros fixés sur les rayons.

Ruban adhésif

1. Pour le vélo. Collez de l'adhésif fluorescent au bord des pédales, sur le dessus du garde-boue arrière et en forme d'anneaux sur le cadre et la fourche avant : vous serez plus facilement repéré par les automobilistes lors de vos balades nocturnes.

2. Serrure étanche. Si les services météorologiques annoncent des pluies abondantes, recouvrez les serrures de votre voiture avec du ruban adhésif. Appliquez cette méthode avant de laver votre voiture en hiver.

3. Limiter les dégâts. Pour retirer une vitre cassée sans vous couper, entrecroisez des bandes adhésives de chaque côté du carreau, puis tapez doucement les bords intérieurs avec un marteau, jusqu'à ce que la vitre se détache entièrement. Ôtez le ruban adhésif, les morceaux viendront avec.

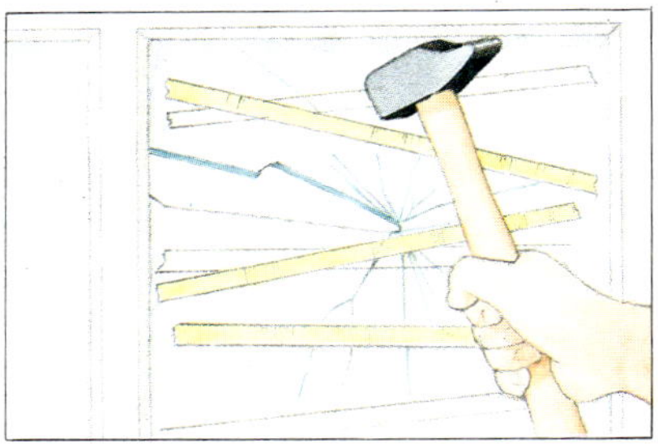

4. Étiquette. Coupez une bande de correction pour machine à écrire à la dimension désirée. Inscrivez-y l'information adéquate avant de la coller.

5. Halte aux fourmis. Immobilisez toute une colonne en marche avec du ruban adhésif d'emballage.

6. Clés fluorescentes. Mettez du ruban adhésif fluorescent sur le haut des clés de la voiture ou de la maison, vous pourrez ainsi les retrouver facilement dans la pénombre.

7. Pour une affiche. Dessinez de grandes lettres ou des chiffres avec des morceaux de ruban adhésif fluorescent.

8. Flécher ou baliser un parcours. Posez du ruban adhésif fluorescent le long d'une allée utilisée la nuit.

9. Peindre une fenêtre. Protégez les vitres par du ruban adhésif posé en bordure des parties en bois que vous allez peindre. Retirez l'adhésif après séchage de la peinture.

10. Renfort de feuilles à perforer. Collez un ruban adhésif sur le côté des feuilles qui sera ensuite perforé. Faites des économies en ne collant que des morceaux de ruban à l'emplacement des trous.

11. Pour un chapeau. Adaptez à votre tour de tête un chapeau légèrement trop grand en collant un ruban de mousse adhésive sur la bordure intérieure touchant la tête.

12. Roulettes propres. Pour les empêcher de marquer le sol, entourez les roulettes de sièges ou de meubles avec du ruban adhésif.

13. Suspendre des tubes. Pour stocker des tubes de colle ou autre produit la tête en bas, collez du ruban adhésif replié à leur extrémité. Percez un trou dans cette languette et suspendez à un crochet ou à un clou.

14. Isoler des outils. Enroulez du ruban adhésif isolant « électrique » sur plusieurs épaisseurs autour des branches métalliques de pinces coupantes ainsi qu'autour des lames de tournevis.

S

Sac à congélation

1. Poche à pâtisserie. Coupez un sac dans un angle pour faire une très petite ouverture, remplissez-le de crème, fermez le dessus et dessinez des motifs sur le gâteau.

2. Poche à mortier. Faites comme pour la poche à pâtisserie, mais avec un trou plus grand. Remplissez-le de mortier à joints pour remplir les interstices entre des briques.

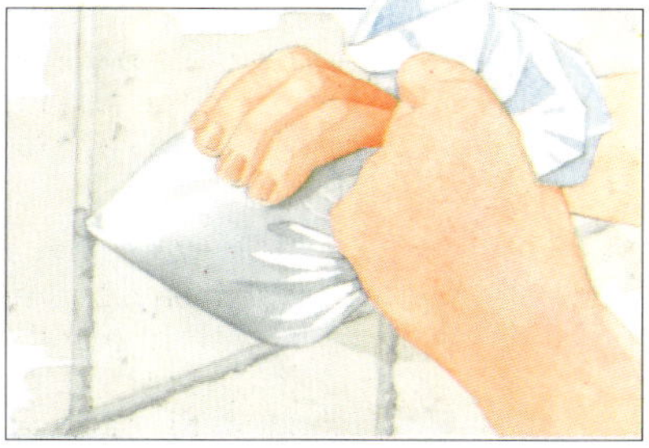

3. Protège-étiquettes. Au jardin, pour identifier vos semis, agrafez les pochettes de graines vides sur des planchettes en bois à piquer dans le sol. Recouvrez-les d'un petit sac à congélation.

Sac à main

1. Fourre-tout à couture. À la maison, conservez votre ouvrage en cours dans un ancien sac bien propre. Rangez fils, ciseaux, etc., dans les divers compartiments intérieurs.

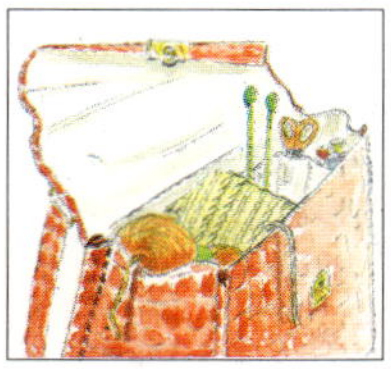

2. Port antivol. Dans les zones à risque, passez la bretelle de votre sac en diagonale sur votre poitrine et placez l'ouverture du sac vers vous, en le maintenant appuyé contre votre ventre ou votre hanche.

3. Un conseil de prudence. Ne laissez jamais ensemble vos clés et vos papiers d'identité dans votre sac : en cas de vol, le malfaiteur aurait votre adresse et vos clés, d'où « vol sans effraction » de votre domicile.

Sac en plastique

1. Protéger les rosiers-tiges. Avant les grands froids, coupez la base d'un grand sac et passez la tête du rosier dans le manchon ainsi obtenu. Fermez le sac par un lien sous la tête du rosier, remplissez avec des copeaux ou de la paille, puis refermez en haut. Percez quelques trous sous cette boule pour assurer la ventilation.

2. Pinceaux en attente. Lorsque vous interrompez vos travaux de peinture, placez vos pinceaux et rouleaux dans des sacs en plastique afin qu'ils ne sèchent pas.

3. Film protecteur. Placez des sacs en plastique à plat au fond des paniers de pique-nique, des plateaux à peinture, des casiers à légumes...

4. Rembourrage. Découpez des sacs en plastique en fines lanières pour remplir des coussins pour l'extérieur, des jouets pour le bain et tout autre objet à rembourrer devant supporter l'humidité.

Sac poubelle

1. Rangement d'été. Déposez quelques boules d'antimite dans un grand sac poubelle et rangez-y vos lainages d'hiver. Évacuez l'air et fermez.

2. Tapis de sol. En camping, placez plusieurs grands sacs poubelle sous votre sac de couchage pour vous isoler de l'humidité du sol.

3. Pour les motards. En hiver, glissez un sac poubelle sous votre combinaison ou votre blouson pour « couper » les effets de l'air glacé.

4. Bâche pour le barbecue. Lorsqu'il n'est pas employé, recouvrez-le avec un grand sac poubelle pour le protéger de la pluie.

5. Tablier jetable. Faites des trous pour passer la tête et les bras et portez ce tablier improvisé pour protéger vos vêtements lorsque vous faites des travaux salissants.

6. Protéger le pare-brise. Par jour de neige ou de grand gel, placez un grand sac poubelle sur votre pare-brise. Coincez-le de chaque côté dans l'ouverture des portières.

Sapin de Noël

1. Tuteur pour haricots. Enfoncez dans le sol des branches dénudées d'arbre de Noël.

2. Abris pour oiseaux. Entassez des arbres de Noël au fond de votre jardin. Placez-y quelques morceaux de lard gras pour l'hiver.

3. Paillage. Coupez des branches de sapin et paillez-en le sol des plates-bandes et le pied des buissons.

4. Allume-feu. Utilisez les aiguilles du sapin pour allumer le feu dans la cheminée. Soyez parcimonieux, elles brûlent très vivement.

Savon

1. Répulsif. Pour éloigner les cervidés (daims, cerfs, chevreuils...), percez un trou dans une savonnette parfumée enveloppée. Passez-y une ficelle et suspendez-la à un arbre, à la hauteur où les bêtes broutent.

2. Pour les tiroirs. Frottez les glissières et les supports des tiroirs qui se coincent avec du savon.

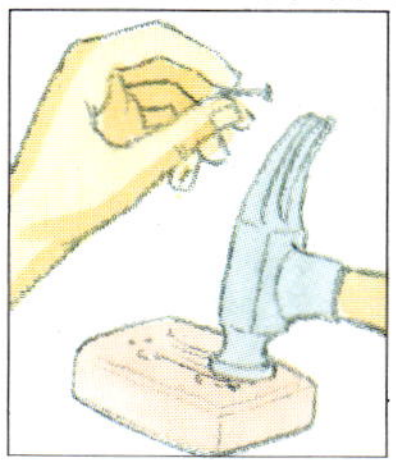

3. Lubrifiant. Incrustez des vis ou des clous dans un morceau de savon avant de les enfoncer dans des bois très résistants.

4. Paillettes pour le bain. Grattez un savon pour faire des copeaux que vous déposerez dans une coupelle près de la baignoire.

5. Gant moussant. Glissez le savon dans un gant de toilette, fermez-le avec un élastique et utilisez-le pour vous savonner dans votre bain ou sous la douche.

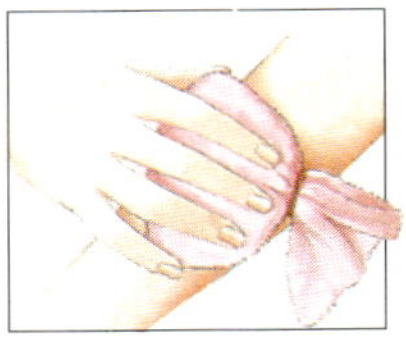

6. Détachant. Enlevez les marques sur les cols et les poignets de chemises en les frottant avec du savon avant de les mettre dans le lave-linge.

Seau

1. Mini-échasses. Un nouveau jeu de jardin pour les petits et pour les grands : fixez des espadrilles ou de vieilles chaussures (avec de la colle polyuréthanne après avoir bien nettoyé les surfaces en contact) sur des seaux retournés dont vous aurez retiré l'anse. Avec ces chaussures surélevées, organisez des courses sur une distance réduite ou toute autre épreuve amusante qui vous viendrait à l'esprit.

2. Pour l'arbre de Noël. Placez le pied du sapin dans un seau et remplissez celui-ci avec du sable mouillé ou du gravier.

3. Ustensile de cuisine. Si vous n'avez pas de marmite suffisamment grande pour faire cuire une langouste, utilisez un seau en acier.

4. Seau à colle. Préparez la colle à papier peint dans un seau en plastique équipé d'un couvercle. En refermant bien le seau, vous pourrez conserver votre colle plusieurs jours sans risque de la voir se dessécher.

Sèche-cheveux

1. Enlever des tache de bougie. Sur une table, grattez-les avec une lame de couteau rond. Soufflez de l'air chaud et ôtez le reste avec du papier absorbant.

2. Message secret. Après avoir écrit un message sur du papier avec du jus de citron ou d'oignon, chauffez-le doucement pour le rendre invisible.

3. Pour révéler le message. Si votre enfant reçoit un message secret écrit à l'encre sympathique ou au jus de citron ou d'oignon, rendez-le lisible avec de l'air très chaud.

4. Défroissage en voyage. Suspendez un vêtement fraîchement lavé sur un porte-serviettes ou un cintre et séchez-le au sèche-cheveux.

5. Un miroir sans buée. Réchauffez le miroir de la salle de bain avant de prendre une douche chaude pour que la buée ne s'y dépose pas.

6. Ôter un pansement. Pour éviter la douleur, soufflez de l'air chaud sur le pansement adhésif en le tirant doucement.

7. Dégivrer le freezer. Accélérez le dégivrage en faisant fondre la glace à l'air chaud.

8. Soufflet pour barbecue. Activez ou réactivez la combustion du charbon de bois avec un sèche-cheveux.

9. Sécher les chaussures. Dirigez le souffle du sèche-cheveux réglé sur « tiède » dans chacune des chaussures mouillées.

Sel de cuisine

1. Pour les bougies. Évitez qu'elles ne coulent sur la table ou dans le bougeoir en les trempant dans de l'eau salée. Utilisez 2 cuil. à soupe de sel et juste assez d'eau pour les recouvrir.

2. Supprimer la mousse. Si de la mousse de détergent envahit l'évier, saupoudrez-la de sel fin pour en venir à bout.

3. Détachant. Mélangez du jus de citron avec du sel pour enlever des taches de fruit sur les nappes.

4. Décrasser les cuivres. Frottez les métaux cuivreux (cuivre, bronze et laiton) avec une solution de sel fin dilué dans un peu de vinaigre.

5. Détachant. Si quelque chose vient juste de se renverser dans le four, recouvrez la tache de sel ; laissez reposer pendant 15 à 20 min, puis essuyez.

6. Pour les fleurs artificielles. Mettez les fleurs dans un grand sac en papier contenant ½ verre de sel, puis secouez pour les nettoyer.

Serviette

1. Coussin pour le cou. Roulez une serviette, placez-la dans un foulard et serrez les bouts avec une cordelette ou un ruban.

2. Tunique de bain. Cousez 2 serviettes de bain sur leur longueur, en laissant la place pour passer les bras. Cousez l'une des largeurs en ménageant une ouverture pour la tête. (Voir aussi p. 374.)

3. Sécurité. Posez une serviette en haut de la porte de la salle de bain pour empêcher les jeunes enfants de s'enfermer à l'intérieur.

Shampooing

1. Crème à raser. En cas de besoin, appliquez un peu de shampooing sur la peau humide et faites mousser avant de vous raser.

2. Détergent. Si vous êtes en panne de savon doux pour le linge à laver à la main, utilisez du shampooing.

Siège de voiture

1. Meubles. Utilisez 1 ou 2 sièges de voiture pour meubler à bon marché un abri de jardin ou une salle de jeu en sous-sol.

2. Balancelle. Suspendez un siège arrière de voiture à un portique avec 4 cordes solides ou avec des chaînes équipées de mousquetons détachables. Soudez des anneaux sur la structure métallique du siège.

Store

1. Protecteur des arts. Utilisez un store à enrouleur pour transporter et protéger une œuvre peinte à l'aquarelle, à l'huile ou dessinée. Roulez ensemble, sur l'axe enrouleur, la toile du store et votre œuvre (lorsqu'elle est sèche).

2. Écran. Projetez vos films ou vos diapositives sur un store blanc uni placé devant une fenêtre ou suspendu au mur.

3. Gain de place. Dans une petite pièce, gagnez de la place en remplaçant les portes de placards par des stores à enrouleur.

Store vénitien

1. Diviser une pièce. Suspendez des stores vénitiens à un support fixé au plafond pour séparer la salle de séjour en deux quand le besoin s'en fait sentir. Vous pouvez installer ainsi une chambre d'enfants.

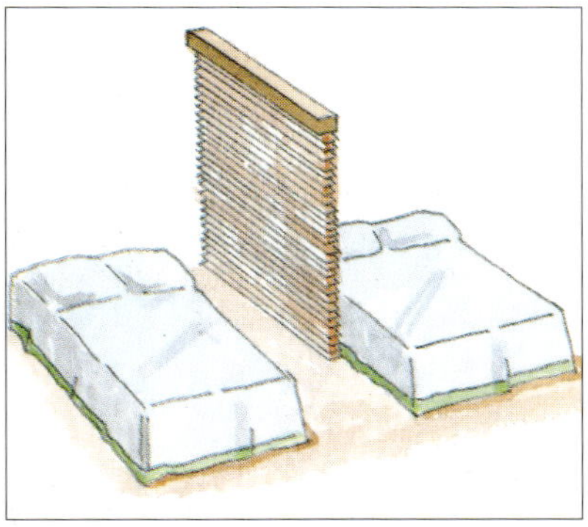

2. Protection de sol. Lorsque vous peignez une pièce moquettée, mettez une protection sur le sol. Maintenez-la en la pinçant avec des lamelles de store vénitien glissées en partie sous les plinthes.

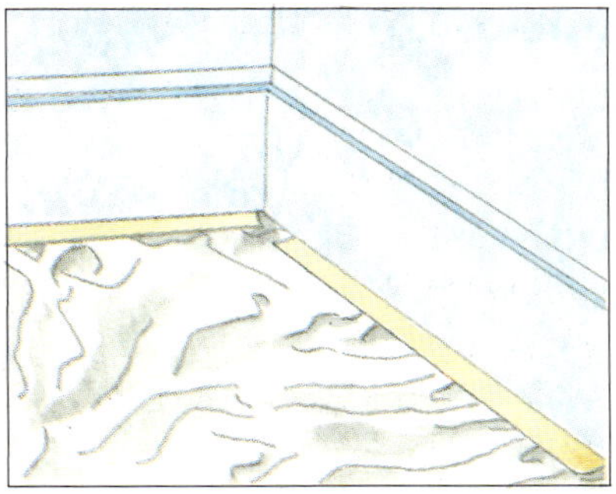

Stylo à bille

1. Coupe-carrelage. Marquez les coupes sur les carreaux de faïence en appuyant très fort avec la pointe d'un stylo à bille vide.

2. Étiquette à semis. Glissez dans le corps d'un stylo à bille transparent une fine bande de papier où vous aurez noté le nom de la plante semée.

T

Tablier

1. Porte-outils. Un moyen efficace de poser les outils lorsque vous travaillez en hauteur est de fixer sur le dernier barreau de l'échelle 2 poches de tablier.

2. Spécial bricolage. Relevez le bas d'un tablier. Faites une double couture sur les bords et 4 ou 5 coutures parallèles à écartement régulier entre les bords pour faire 5 ou 6 poches ; vous y mettrez vos petits outils, vos clous, vos vis.

3. Tablier cueille-fruits. Cousez des bandes Velcro (une avec crochets et son vis-à-vis en bouclettes) sur les bords d'un tablier. Relevez et repliez le bas du tablier afin de constituer une grande poche. Très pratique pour stocker temporairement les petits fruits (cerises, groseilles, fraises...), que vous cueillerez en gardant les mains libres.

Tabouret haut

1. Stèle de travail. Pour faciliter votre ouvrage lorsque vous travaillez de la terre glaise, placez l'objet à modeler sur un tabouret à siège plat tournant.

2. Support de plantes. Peignez un tabouret en bois d'une couleur coordonnée avec votre décor et coiffez-le d'une jolie plante à feuillage retombant (fougère, asparagus...).

3. Fauteuil de coiffeur. Faites asseoir votre enfant sur un tabouret de bar pour lui couper les cheveux.

4. Cage à tomates. Retirez le siège d'un vieux tabouret, enfoncez les pieds dans la terre et entourez-les avec de la ficelle de jardin pour servir de support à vos tomates.

5. Desserte tournante. Lors d'un buffet, placez de petites coupes emplies de biscuits apéritifs et autres amuse-gueules sur un tabouret de bar tournant recouvert d'un napperon en papier.

Taie d'oreiller

1. Petit édredon. Utilisez une jolie taie d'oreiller pour confectionner un édredon de landau pour bébé.

2. Lavage soigné. Pour protéger les pull-overs et la lingerie fine, mettez-les dans des taies d'oreiller nouées avec un cordon avant de les placer dans la machine à laver.

3. Passoire. Lorsque vous faites de la gelée en grosse quantité, passez les fruits dans une taie d'oreiller en coton bien propre.

4. Protection de plants. Recouvrez vos derniers pieds de tomate avec de vieilles taies lorsque le gel menace.

Tee-shirt

1. Chiffon à poussière. C'est le sort qui attend les vieux tee-shirts. Ils sont doux, lavables et accrochent bien la poussière.

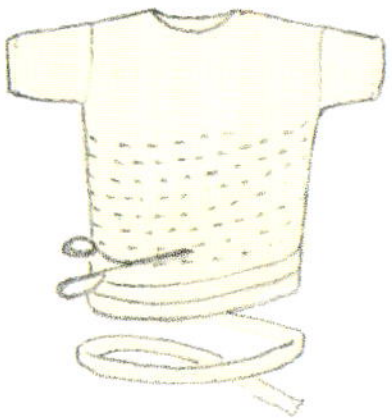

2. Rembourrer. Coupez des tee-shirts usagés en bandelettes et utilisez-les pour bourrer des jouets, des poufs ou des coussins.

3. Œuvres personnalisées. Décorez vos tee-shirts avec une des nombreuses méthodes de peinture sur tissu proposées par les magasins spécialisés dans les travaux manuels.

4. Tampon à lustrer. Faites une pelote avec un morceau de vieux tee-shirt pour étaler de l'encaustique sur les meubles. Faites briller avec une autre pelote propre.

Teinture d'iode

1. Rénover l'acajou. Tamponnez les éraflures d'un meuble en acajou avec un Coton-Tige imbibé de teinture d'iode. Essuyez l'excédent.

Thé, infusion

1. Bain pour paupières. Si vos yeux sont fatigués et gonflés, placez des sachets de thé humides sur vos paupières et reposez-vous pendant 15 à 20 min.

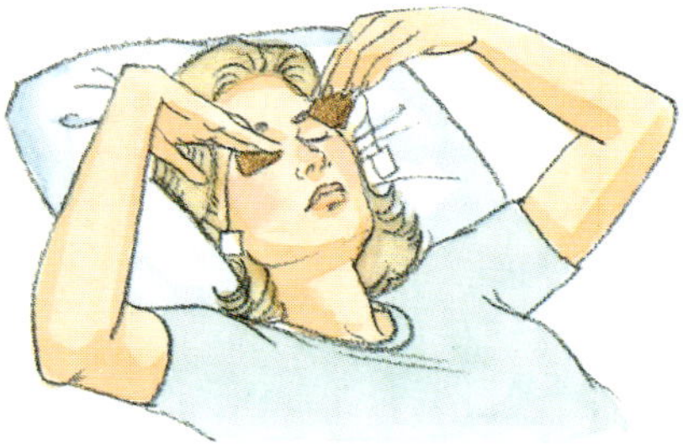

2. Sauna facial. Videz le contenu de sachets de thé déjà infusé dans un bol d'eau bouillante. Penchez le visage au-dessus en vous mettant une serviette de toilette sur la tête.

3. Engrais pour plantes. Aidez la croissance de vos plantes d'appartement en les arrosant une fois par semaine avec du thé tiède très léger.

4. Cheveux brillants. Rincez les cheveux acajou ou châtains avec une infusion à l'orange (les effets varient selon les thés utilisés et la nature des cheveux).

5. Soins aux animaux. Si votre chien a des points d'inflammation (éruptions cutanées rouges et humides), appliquez des sachets de thé froids et humides aux endroits affectés, puis consultez un vétérinaire.

6. Nettoyer la laque. Lavez des objets de laque noire avec du thé fort, puis essuyez avec un chiffon doux.

7. Cendres non poussiéreuses. Pour que la poussière ne s'envole pas partout lorsque vous nettoyez l'âtre, parsemez les cendres avec des feuilles de thé infusé très humides.

8. Cheveux plus clairs. Après chaque shampooing, appliquez sur vos cheveux rincés une infusion de camomille. Laissez agir quelques minutes avant de rincer à l'eau claire.

Tirelire

1. Presse-papier. Remplissez une tirelire avec des pièces et placez-la sur une pile de papiers pour les empêcher de s'envoler.

2. Serre-livres. Utilisez 2 tirelires, identiques ou coordonnées, remplies de pièces pour maintenir de part et d'autre les livres posés sur une étagère ou sur une commode.

Tiroir

1. Une niche en applique. Peignez ou tapissez un tiroir et suspendez-le le long d'un mur pour y disposer des plantes retombantes ou des bibelots.

2. Boîte roulante. Munissez de roulettes un grand tiroir et glissez-le sous votre établi ou sous un lit pour y entreposer diverses choses.

Tissu thermocollant

1. Décalcomanies. Découpez des dessins dans du tissu thermocollant de différentes couleurs. Collez-les sur les tee-shirts des enfants.

2. Identifier les joueurs. Découpez les numéros des joueurs de l'équipe et collez-les sur les maillots.

3. Rapiéçage. Découpez des motifs fleuris ou amusants dans du tissu thermocollant pour masquer les trous dans les jeans des enfants.

Tringle à rideaux

1. Séchoir. Suspendez une tringle en tube plastifié avec des cordelettes au-dessus de la baignoire.

2. Porte-outils. Fixez une tringle sur le mur en plaçant des cales épaisses. Glissez les outils à manche en les disposant, lame vers le bas, entre la tringle et le mur.

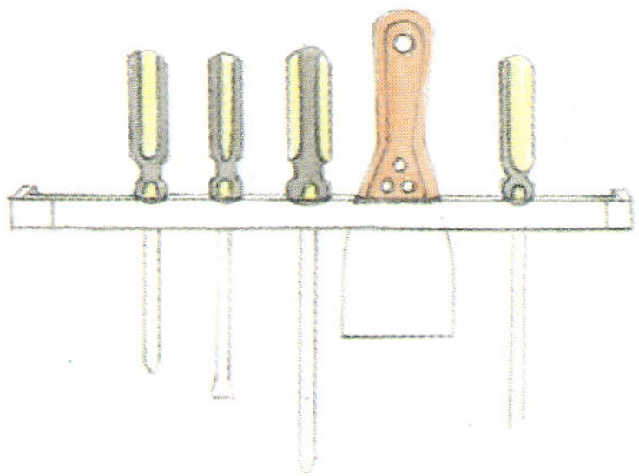

3. Sarbacane. Organisez à peu de frais un concours pour les enfants avec des boulettes ou des fléchettes en papier : ils les tireront dans des tringles en tube plastifié.

4. Tuteur. Fixez des tringles en tube plastifié sur un mur pour palisser les plantes grimpantes.

Trombone

1. Déboucher. Nettoyez les trous du pommeau de la douche ou les trous de la salière avec la pointe d'un trombone déplié.

2. Attrape-pièces. Récupérez des pièces tombées entre le pare-brise et le tableau de bord de la voiture avec un gros trombone façonné en crochet.

3. Cure-pipe. Dépliez un gros trombone, recouvrez-le d'un morceau de papier absorbant et glissez-le dans le tuyau de la pipe. Un trombone à demi déplié fait une excellente curette pour le foyer de la pipe.

4. Anneau à bulles. Dépliez un gros trombone et tordez-le pour faire un anneau avec un petit manche. Trempez-le dans une solution moussante pour faire des bulles (voir p. 306).

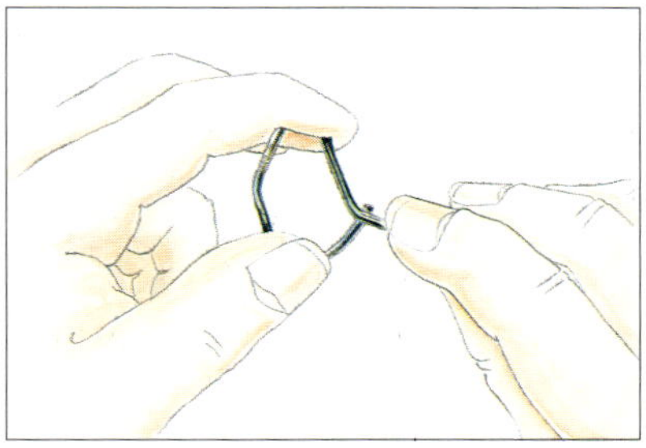

5. Pour Noël. Dépliez des trombones et faites des crochets en S pour suspendre boules, guirlandes et autres décorations.

6. Pince à billets. Pliez vos billets de banque en 2 et attachez-les ensemble avec un trombone.

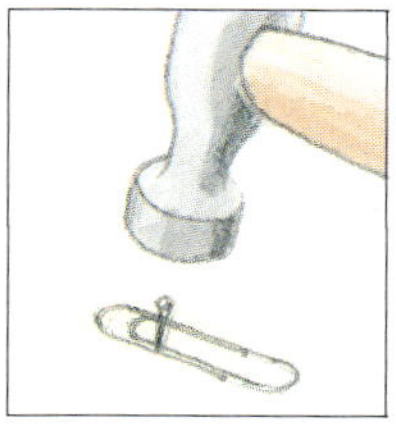

7. Guide-clou de tapissier. Maintenez les clous entre les branches d'un trombone pour épargner vos doigts.

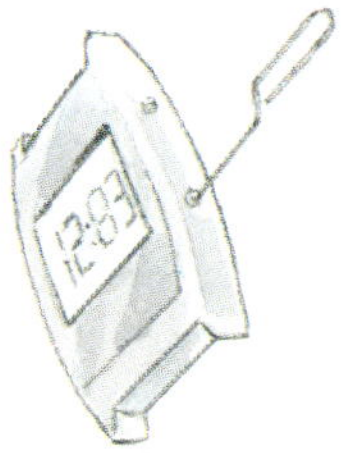

8. Régler sa montre. Manœuvrez les boutons d'une montre digitale avec l'extrémité d'un trombone.

9. Réparation d'urgence. Si la boucle de votre soutien-gorge se casse, remplacez-la par un trombone.

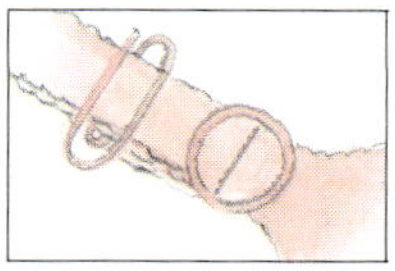

10. Guirlande. Accrochez une centaine de trombones ensemble pour confectionner une guirlande brillante.

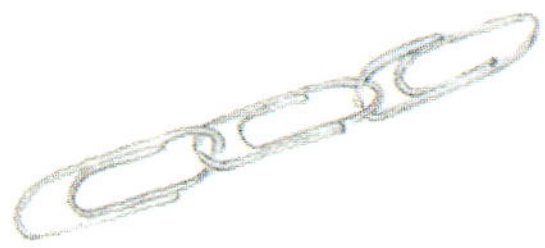

11. Baleine de col. Si vous perdez une baleine, remplacez-la par un trombone. Retirez-le avant de passer la chemise dans le lave-linge.

12. Marque-page. Posez un trombone sur la page où vous avez arrêté votre lecture.

13. Épingle de cravate. Attachez un pan intérieur de cravate rebelle sur votre chemise avec un trombone.

14. Paquet clos. Fermez les paquets entamés de pâtes, de chips ou de petits gâteaux apéritifs avec un trombone.

Tube en carton

1. Mégaphone. Lorsque vous avez besoin d'amplifier votre voix, parlez dans un tube en carton.

2. Boîte à aiguilles à tricoter. Pour les empêcher de se plier et de se déformer, placez-les dans des tubes en carton fermés au 2 extrémités par de gros bouchons en plastique ou en liège.

3. Tubes fluorescents. Pour éviter qu'ils ne se cassent, rangez-les dans des tubes en carton fermés à chaque bout.

4. Presse à linge. Après avoir lavé des nappes ou des serviettes de table, roulez-les autour de tubes en carton. Elles n'auront pas de plis lorsque vous les déroulerez.

5. Enrouleur de tissus. Conservez des chutes de tissu en les roulant dans des tubes en carton. Pour les identifier aisément, accrochez un petit échantillon de chaque tissu à l'extérieur du tube.

6. Rondins pour des jouets. Entaillez le bout de tubes en carton avec un canif et construisez des cabanes en rondins ou des clôtures pour un jouet d'enfant.

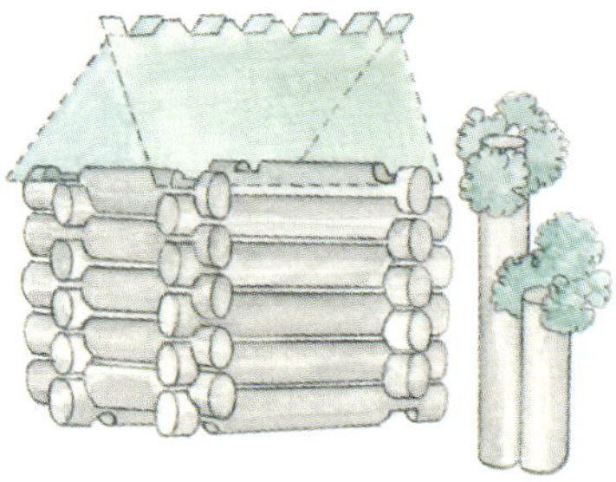

7. Protéger les plantes. Pour éviter d'érafler par inadvertance les rosiers-tiges et les arbrisseaux lorsque vous désherbez, coupez des tubes en carton dans le sens de la longueur et fixez-les autour des troncs. Retirez-les quand le travail est terminé.

8. Range-documents. Pour bien ranger des diplômes ou d'autres documents importants, roulez-les, puis glissez-les dans un tube en carton (un rouleau pour aluminium ménager, par exemple).

9. Mirliton. Percez 3 trous pour les doigts au milieu d'un mince tube de carton et fixez un papier plastifié avec du ruban adhésif à l'une des extrémités. Fredonnez par l'autre bout, en bouchant ou en ouvrant les différents trous pour changer de ton.

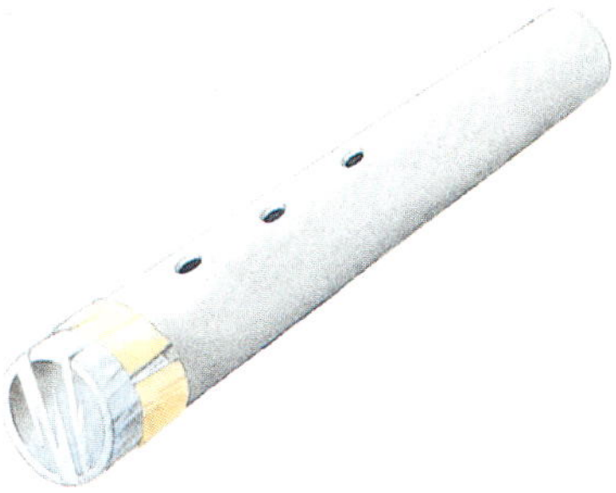

10. Entreposer des guirlandes. Pour décorer sans problème l'arbre de Noël d'une année sur l'autre, entourez les guirlandes d'ampoules autour de tubes en carton. Fixez l'extrémité de la guirlande avec un élastique.

Tuyau d'arrosage

1. Arrêt de porte. Fixez des bouts de tuyau au mur du garage, si la porte le touche quand elle est ouverte.

2. Mélangeur improvisé. Si vous n'avez pas de mélangeur sur le lavabo de l'atelier ou du garage, reliez les 2 robinets avec un morceau de tuyau et faites un trou à l'emporte-pièce au milieu de sa partie inférieure.

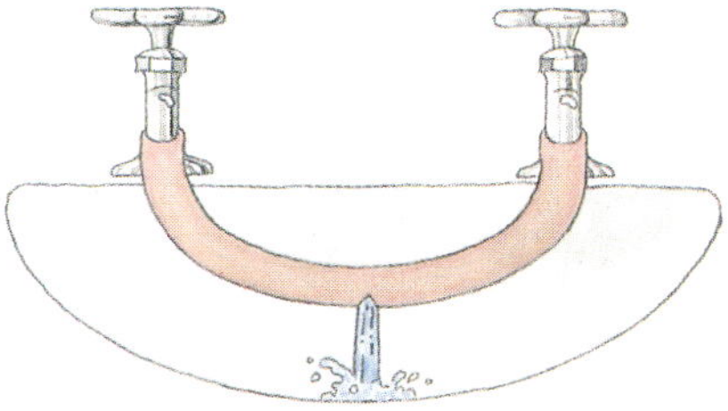

3. Pour le motoculteur. Coupez un vieux tuyau en morceaux et placez-les sur les lames du motoculteur quand vous ne l'utilisez pas pour ne pas vous blesser.

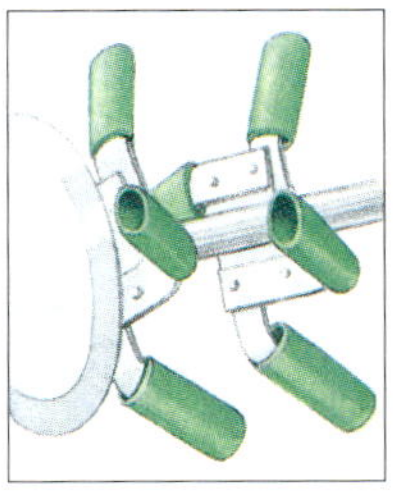

4. Anse confortable. Incisez, dans le sens de la longueur, un morceau de tuyau et passez-le sur l'anse du seau.

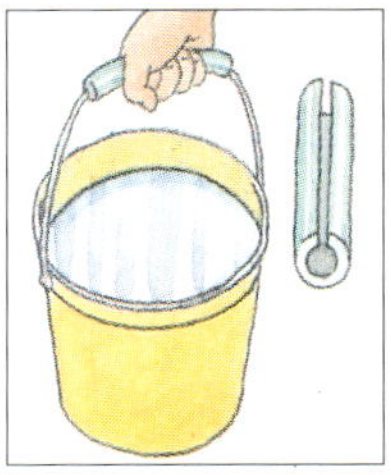

5. Protéger les lames. Incisez un morceau de tuyau d'arrosage et coiffez-en la lame d'une hache ou d'une scie pour en préserver le tranchant et éviter de vous blesser.

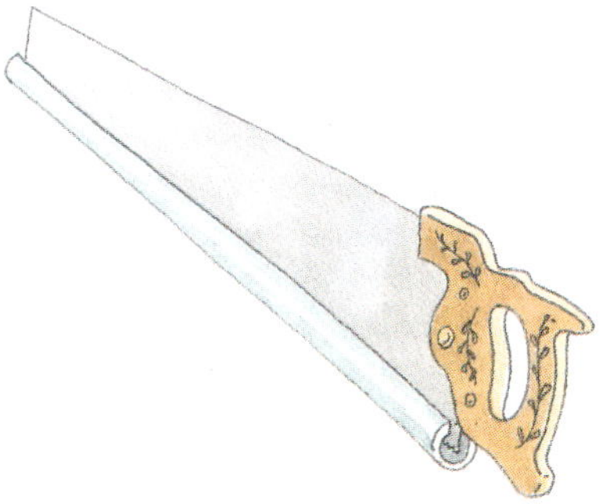

6. Boudins de protection. Passez le câble des tendeurs destinés à haubanner les jeunes arbres dans un morceau de tuyau ; placez-le au niveau de l'écorce pour que celle-ci ne soit pas endommagée par le câble.

V

Vaporisateur

1. Pour les plantes d'appartement. Remplissez un vaporisateur d'eau tiède non calcaire et aspergez les plantes vertes si l'air est sec.

2. Pour les vitres. Versez 2 cuil. à soupe de vinaigre blanc pour un verre d'eau et quelques gouttes de produit à vaisselle dans un vaporisateur et aspergez vitres, miroirs et étagères en verre à nettoyer. Essuyez avec un chiffon propre.

3. Pour les petits athlètes. Pendant les mois d'été, emportez avec vous un vaporisateur d'eau pour rafraîchir vos jeunes sportifs à la mi-temps.

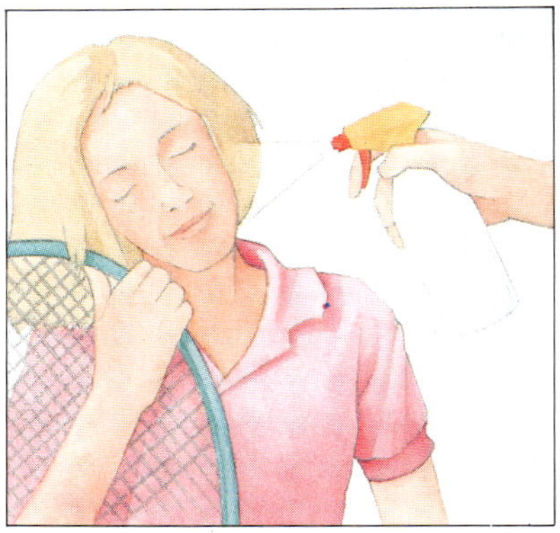

4. Humidificateur. Emplissez un vaporisateur avec de l'eau distillée pour humidifier le linge à repasser.

Vaseline

1. Antiadhésif. Pour empêcher le bouchon d'un tube de colle de rester collé, mettez un peu de vaseline sur le filetage avant de reboucher.

2. Pour les ongles. Massez les cuticules tous les matins et tous les soirs avec de la vaseline.

3. Lubrifiant. Pour éliminer les grincements, lubrifiez les essieux de la table de télévision, des patins à roulettes, etc., avec de la vaseline.

4. Contre les gerçures. En hiver, protégez-vous les mains et le visage avec de la vaseline.

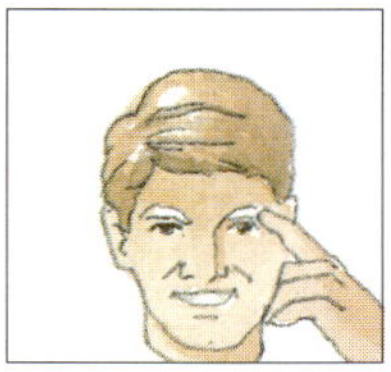

5. Maquillage de Père Noël. Passez-vous de la vaseline sur les sourcils et blanchissez-les à la farine.

6. Pour les animaux. En hiver, enduisez de vaseline le dessous des pattes des animaux pour les protéger du sel répandu sur les routes.

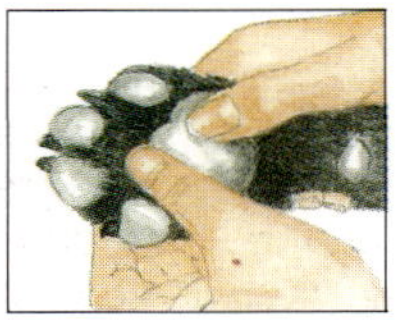

7. Pour les tiroirs métalliques. Appliquez une mince couche de vaseline sur les glissières et les roulettes des tiroirs de votre bureau.

8. Protection. Recouvrez les parties métalliques des fenêtres lorsque vous peignez : si la peinture déborde, vous pourrez l'enlever facilement.

9. Antirouille. Protégez les parties métalliques des outils, des cannes à pêche, des ustensiles de cuisine, etc., avec de la vaseline.

10. Curieux appâts. Attachez à vos hameçons de petits morceaux d'éponge recouverts de vaseline pour simuler un poisson à reflets.

11. Retirer une bague. Frottez le doigt avec de la vaseline et faites glisser la bague.

Ventouse en caoutchouc

1. Antipoussière. Lorsque vous percez au plafond, récupérez les gravats et les poussières dans une ventouse détachée de son manche. Le foret ou le burin passe au travers du trou central de la ventouse.

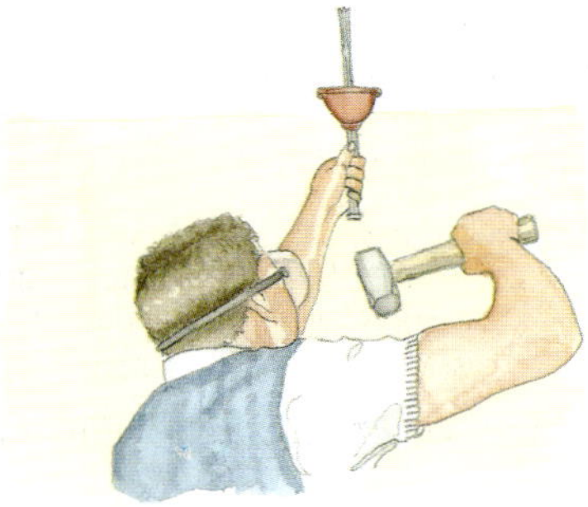

2. Débosseler. Atténuez une large bosse sur la carrosserie de votre voiture en y appliquant une ventouse humide et en la tirant fortement.

3. Tir à la boule. Collez 2 ventouses sur une plaque d'aggloméré mélaminé. Essayez de lancer une boule en bois entre les deux. Déterminez la difficulté en écartant plus ou moins les ventouses et en tirant les boules de plus ou moins loin.

4. Bougeoir de jardin. Plantez le manche dans le sol et posez une bougie à la citronnelle dans la coupe de la ventouse.

Vernis à ongles

1. Personnaliser des objets. Marquez vos initiales sur des objets personnels avec du vernis à ongles d'une couleur éclatante.

2. Marqueur. Tracez un repère bien visible sur une graduation (de biberon, par exemple) avec un vernis à ongles rouge éclatant.

3. Marquer les outils. Peignez vos initiales sur les manches en bois avec du vernis à ongles. Avant qu'il ne sèche, enflammez-le avec une allumette : en brûlant, il laissera votre marque dans le bois.

4. Sceller un pli. Déposez une goutte de vernis au milieu du collage du rabat de l'enveloppe.

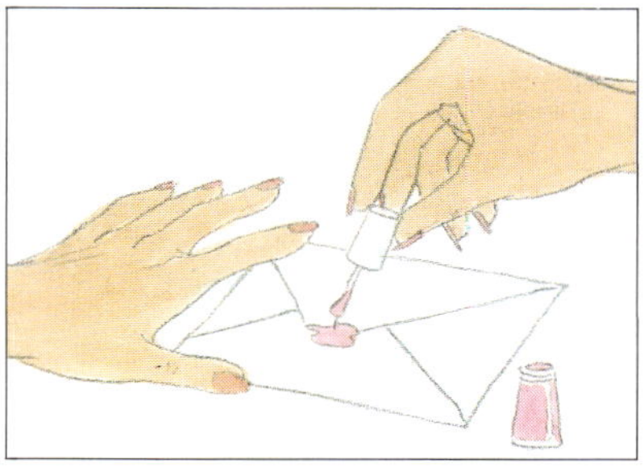

5. Pour Noël. Ornez les décorations avec quelques touches de vernis à ongles de couleur.

6. Stoppe-maille. Tamponnez un peu de vernis incolore sur un bas ou un collant qui file, ce qui empêchera la maille d'aller plus loin.

7. Faire tenir les vis. Pour qu'elles ne se desserrent plus, enduisez le filetage de vernis à ongles.

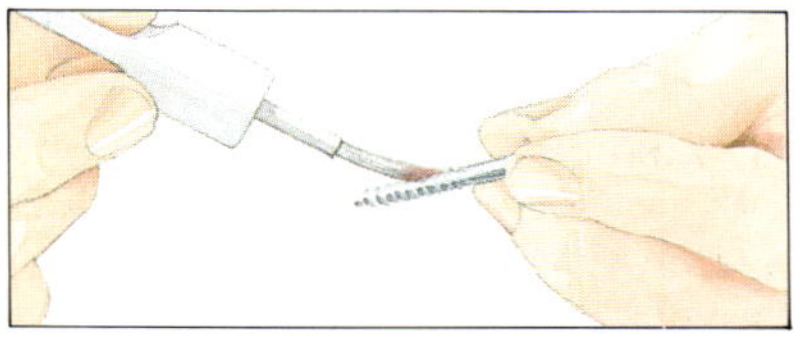

8. Fermeture étanche. Pour empêcher une bouteille ou un bocal de fuir pendant son transport, appliquez une légère couche de vernis à ongles autour de la base de la capsule.

Vinaigre

1. Soulager la douleur. Si, au bout de 24 h, la glace ne semble pas soulager la douleur provoquée par une entorse ou une foulure, appliquez des compresses de vinaigre chaud. (Voir aussi Entorse, p. 92.)

2. Décoller. Pour détacher les décalcomanies, frottez-les avec du vinaigre pur, laissez reposer, puis décollez-les.

3. Détartrer un fer à repasser. Remplissez le réservoir du fer avec un mélange à parts égales de vinaigre blanc et d'eau distillée. Laissez sortir la vapeur jusqu'à ce que le réservoir soit sec. Rincez à l'eau pure en agitant. Recommencez si le fer est très entartré.

4. Désodorisant. Éliminez vite les odeurs de poisson ou d'oignon sur vos mains en les rinçant avec du vinaigre.

5. Détartrage de bouilloire. Si du calcaire s'est déposé, remplissez la bouilloire avec de l'eau et du vinaigre blanc, en quantités égales. Amenez à ébullition et laissez reposer pendant toute la nuit.

6. Rénover les pinceaux. Pour nettoyer des pinceaux ayant servi à étaler de la colle à bois blanche ou de la peinture acrylique (peinture « à l'eau »), laissez-les tremper quelques heures dans un mélange de vinaigre blanc et d'eau. Lavez-les ensuite avec un détergent.

7. Détachant. Frottez une pâte faite de vinaigre et de bicarbonate de soude sur la saleté tenace des cols.

8. Dans le bain. Pour soulager les douleurs musculaires ou les démangeaisons, versez un verre de vinaigre blanc dans l'eau chaude. Restez dans le bain pendant 15 min.

9. Rincer le linge. Pour un blanc plus éclatant et pour ôter les résidus de détergent, trempez-le dans 5 litres d'eau chaude additionnée de 1 verre de vinaigre blanc. Rincez ensuite à l'eau claire. Attention, ne mélangez pas du vinaigre à de l'eau de Javel.

10. Pocher un œuf. Pour éviter que le blanc ne s'étale, ajoutez 1 cuil. à soupe de vinaigre blanc à l'eau de cuisson.

11. Soins capillaires. Donnez plus de brillant à des cheveux bruns en faisant un rinçage avec un mélange composé de 1 verre d'eau et 1 verre de vinaigre blanc ou coloré. Rincez ensuite à l'eau claire.

12. Pour les vitres. Nettoyez avec une solution faite de 1 cuil. à soupe de vinaigre et de 1 litre d'eau chaude. Lavez de haut en bas, puis de gauche à droite, à l'intérieur et à l'extérieur : vous pourrez ainsi vérifier s'il reste des traces.

13. Antirouille. Laissez tremper un boulon très corrodé dans un petit bocal de vinaigre, jusqu'à ce que la rouille commence à se dissoudre.

14. Contre les poux. Mouillez les cheveux avec une solution tiède composée à parts égales de vinaigre blanc et d'eau. Entourez la chevelure infestée avec une serviette imbibée de vinaigre blanc. Laissez agir 1 h, puis lavez la tête de l'enfant. Recommencez dès que les lentes récalcitrantes auront éclos.

15. Effacer les faux plis. Mélangez du vinaigre blanc et de l'eau à parts égales et appliquez sur le tissu avant de repasser. Faites d'abord un test pour vous assurer que la solution ne tache pas le tissu.

Vodka

1. Lave-pipe. Trempez un cure-pipe dans un peu de vodka pour nettoyer et rafraîchir le tuyau. Ne l'utilisez pas sur le fourneau ni sur l'extérieur de la pipe.

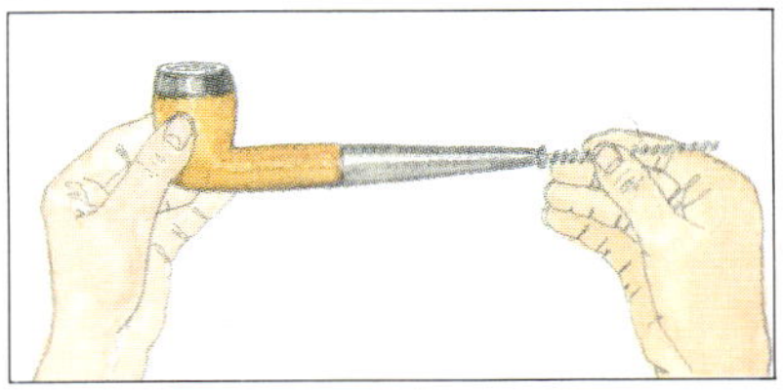

2. Lotion astringente. Appliquez une petite quantité de vodka avec un morceau de coton pour resserrer les pores de la peau.

Y

Yaourt

1. Tonique facial. Étalez une couche épaisse de yaourt nature sur votre visage. Laissez agir pendant 15 min, puis enlevez ce masque avec de l'eau chaude.

2. Démaquillant naturel. Retirez votre maquillage avec du yaourt nature, puis essuyez-vous le visage avec un disque de coton.

Yo-Yo

1. Exercice. Pratiquez le Yo-Yo pour donner de la force à vos bras.

2. Antistress. Essayez le Yo-Yo en alternant la « promenade du chien » et le « fauteuil à bascule ».

Promenade du chien

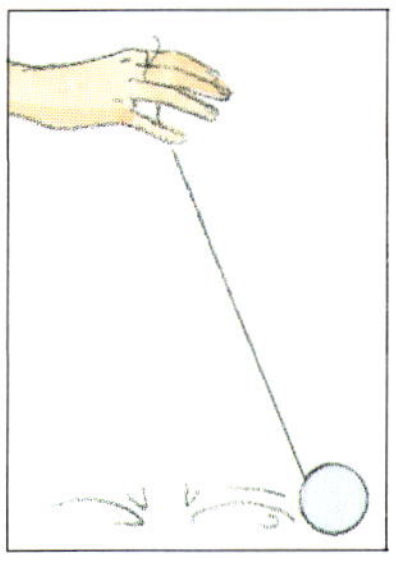

Fauteuil à bascule

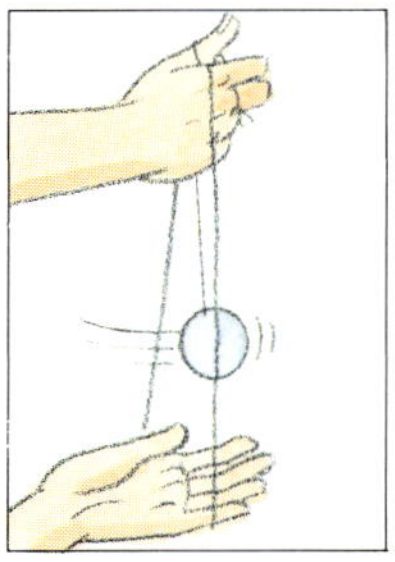

3. Corde à linge. En cas d'urgence, attachez les extrémités de la ficelle du Yo-Yo à un porte-serviettes et suspendez-y des vêtements légers pour les faire sécher.

4. Mobile. Suspendez plusieurs Yo-Yo colorés, à diverses hauteurs, à une baguette de bois ou à un cintre en métal déplié. Accrochez le tout au plafond.

4.

RECYCLER ET RÉNOVER

Plutôt que de contribuer à l'amoncellement des déchets en jetant les objets usés ou inutiles, donnez-leur une autre forme ou offrez-leur une nouvelle jeunesse. Presque tout peut être transformé, du carton d'emballage à un vieux tonneau, des boîtes de conserve aux chutes de bois. Vous pouvez également, grâce à des techniques très simples, rénover un abat-jour, des cintres, un fauteuil en toile, un meuble en osier, du fer forgé, etc.

Aquarium Jardin miniature

Un vieil aquarium, une fois nettoyé, se transforme facilement en jardin miniature d'intérieur. Le terreau noir constitue déjà en lui-même un élément décoratif et les plantes forment un ensemble de verdure plus naturel qu'elles ne le feraient dans des pots.

Les herbes aromatiques offrent une solution pratique, mais rien ne vous empêche de préférer une formule plus décorative. Plantez des crocus, des jacinthes ou des tulipes (qui fleuriront au printemps), des cactées ou, même, des touffes de gazon ornemental ; ou encore, quelques plantes à fleurs (saintpaulia, primevère) ou à feuillage décoratif (fittonia, acore...).

Vérifiez d'abord l'état de l'aquarium en le remplissant d'eau. Si vous constatez une fuite, bouchez-la avec un cordon de colle-mastic aux silicones translucide et fongicide appliqué, à l'intérieur, à la jonction entre les verres. Lavez l'aquarium et effacez les traces de doigts avec un chiffon sec. Si vous avez l'intention de le poser sur une surface vernie, tapissez le fond extérieur de feutre.

Lavez le gravier d'origine de l'aquarium (s'il en reste) pour retirer calcaire et substances chimiques. Sinon, achetez-en et étalez-le dans le fond de l'aquarium sur 2,5 cm d'épaisseur : il favorisera le drainage de la terre. Recouvrez-le d'une même épaisseur de charbon de bois pour filtre d'aquarium, rincé lui aussi, et remplissez l'aquarium de terreau stérilisé jusqu'à environ 10 cm du haut. Disposez les plantes, recouvrez la terre de gravillons ou d'écorce de pin pilée et installez votre jardin miniature à la lumière. Arrosez sans excès.

Balustres Table d'appoint

Vous remplacez votre rampe d'escalier ? Conservez 4 balustres pour fabriquer un socle de table. Pour le soubassement, utilisez du contreplaqué ou du pin contrecollé. Pour le plateau, du marbre, le dessus d'un petit bureau délaissé ou une planche de pin contrecollé feront parfaitement l'affaire.

La hauteur des balustres étant généralement de 60 cm et celle d'une table d'appoint allant de 40 à 55 cm, coupez les balustres à la dimension souhaitée, puis décapez-les, peignez-les ou teintez-les.

Utilisez du contreplaqué de 20 mm d'épaisseur pour le soubassement ; à l'aide d'une scie sauteuse, découpez un cercle de 30 cm de diamètre. Peignez-le ou teintez-le de la couleur des balustres (vous vernirez l'ensemble après assemblage).

Coupez ensuite un carré de 20 cm de côté dans du contreplaqué de 10 mm d'épaisseur pour soutenir le plateau et dessinez au centre un carré

Abat-jour/Rénovation

Rénovez un vieil abat-jour défraîchi en le recouvrant de tissu neuf.

Ne retirez pas l'ancienne garniture, cousez directement la nouvelle dessus. Pour calculer la dimension du tissu, mesurez le diamètre de la base de l'abat-jour et multipliez-le par 3,5 : vous obtiendrez ainsi la longueur. Mesurez la hauteur de l'abat-jour et ajoutez 6 cm pour obtenir la largeur.

Coupez le tissu, cousez les 2 extrémités ensemble, puis plissez et épinglez comme indiqué ci-contre.

Décorez les bords avec un biais, un galon ou un ruban autocollants.

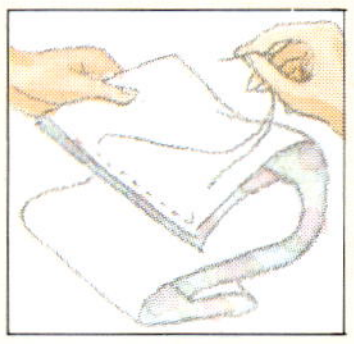

1. Pliez le tissu endroit contre endroit et cousez ensemble les 2 largeurs au point droit, à 1,5 cm du bord. Remettez le tissu à l'endroit.

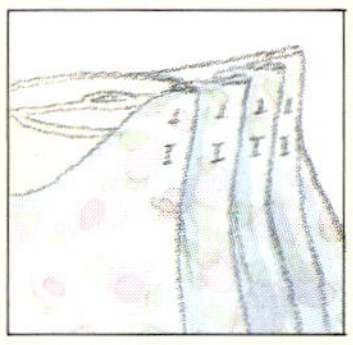

2. Posez le tissu sur l'abat-jour et plissez-le dans le haut. Cachez la couture dans un pli et épinglez chaque pli.

3. Retirez le tissu de l'abat-jour et cousez les plis au point droit très serré à 2,5 cm du bord. Ôtez les épingles et reposez le tissu sur l'abat-jour.

4. Fixez-le avec des pinces à linge en alignant la couture du haut sur l'armature. Plissez le bas du tissu, épinglez et cousez à 2,5 cm du bord.

5. Replacez l'ouvrage sur l'abat-jour, alignez les coutures sur l'armature et cousez-le sur l'armature au point de surjet. Coupez le tissu qui dépasse.

6. Pour décorer l'abat-jour et cacher les coutures, collez un biais, un ruban ou un galon en haut et en bas.

de 15 cm. Tracez un autre carré de 15 cm au centre du soubassement. Percez des avant-trous pour des vis de 5 × 60 mm à tête fraisée à chaque coin des 2 carrés. Fixez le soubassement et le support aux extrémités des balustres avec les vis précitées.

Pour obtenir une stabilité parfaite, choisissez un plateau n'excédant pas 50 cm de diamètre ou de côté. Centrez-le sur le support et fixez-le avec des vis à bois ou de la colle-mastic Néoprène, selon le matériau utilisé. Collez une bande de chant sur les bords de contreplaqué.

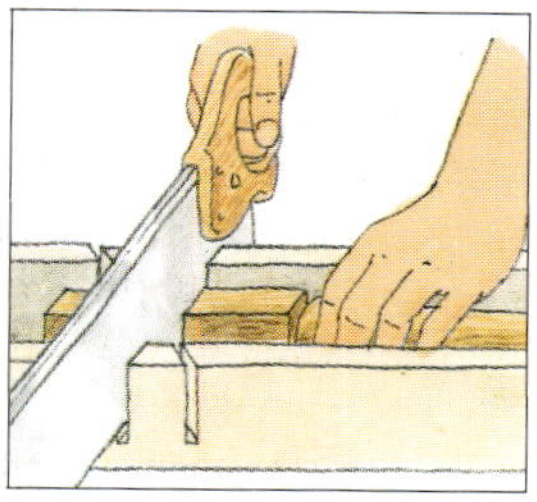

1. Sciez les balustres à une longueur de 35 à 50 cm (5 cm de moins que la hauteur de table désirée).

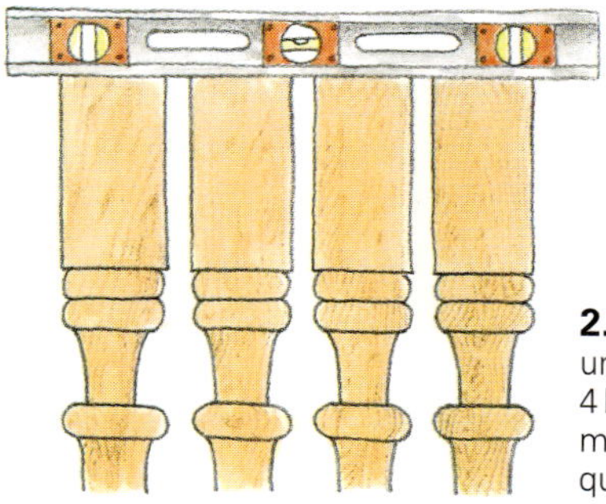

2. Vérifiez avec un niveau que les 4 balustres sont de même hauteur et que les coupes sont bien planes.

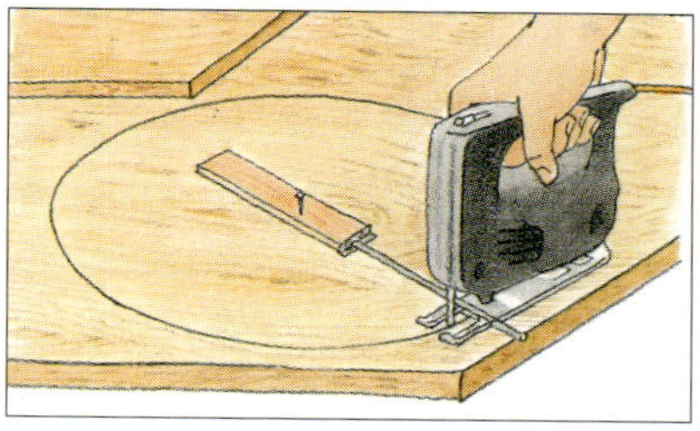

3. Découpez un carré de 20 cm de côté dans du contreplaqué de 10 mm d'épaisseur et un cercle de 30 cm de diamètre dans du contreplaqué de 20 mm.

4. Dessinez un carré de 15 cm au centre du carré et du cercle de bois. Percez des trous de 5 mm de diamètre à chaque coin.

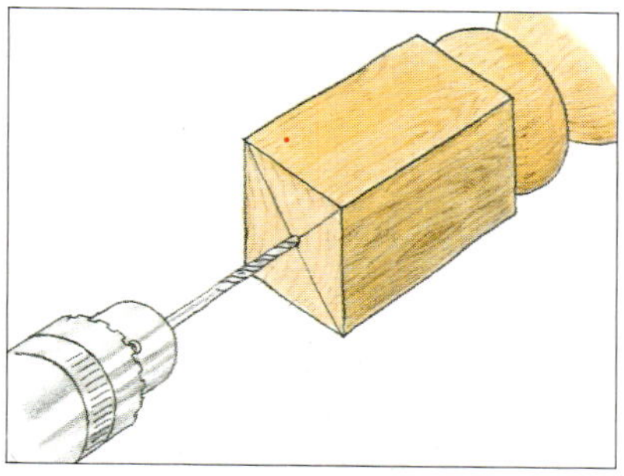

5. Tracez les diagonales aux extrémités des balustres et percez un trou de 3 mm de diamètre au centre de chacune.

6. Assemblez le support et la base aux balustres avec des vis à tête fraisée (5 × 60 mm). Vissez ou collez le plateau.

Bandes de contreplaqué Piédestal

Que faire des chutes de contreplaqué qui attendent dans un coin de l'atelier qu'on leur trouve une utilisation ? Pourquoi pas un piédestal pour poser un buste, mettre en valeur une potée fleurie ou placer une ample fougère ? En plus des chutes de contreplaqué, il vous faudra des baguettes moulurées et des morceaux de corniches en bois de 5 cm × 5 cm. Selon vos goûts et l'ambiance de votre intérieur, vous aurez le choix entre plusieurs finitions : teintée et cirée ou patinée, imitation marbre (voir Marbrure p. 363), peinture normale ou à effets (pailletée, granitée...).

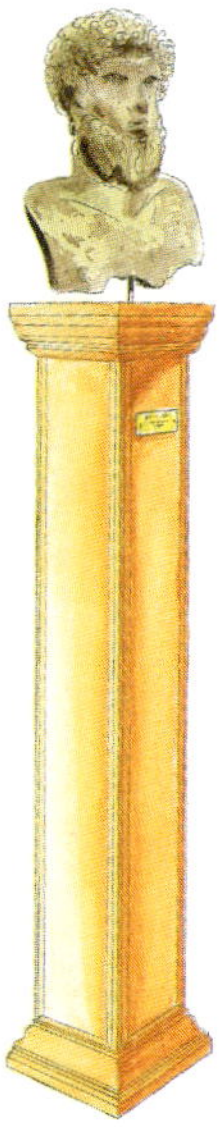

La réalisation présentée ici n'est qu'un exemple que vous devrez moduler selon les matériaux dont vous disposez, l'emplacement et l'utilisation que vous prévoyez. Retenez le principe de construction mais adaptez-le à vos dimensions.

Pour donner plus de stabilité à cette colonne (surtout si elle est haute), versez du sable ou du gravier très sec (gravier pour aquarium, par exemple) dans le fût, jusqu'au quart ou au tiers de sa hauteur, avant de fixer le dessus.

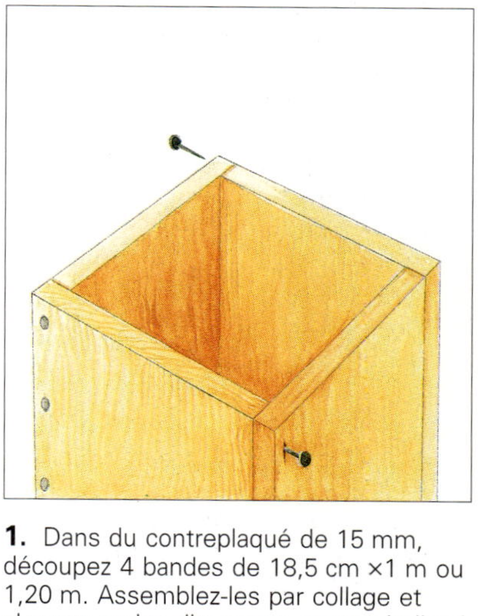

1. Dans du contreplaqué de 15 mm, découpez 4 bandes de 18,5 cm ×1 m ou 1,20 m. Assemblez-les par collage et clouage en les disposant comme indiqué sur le dessin.

2. Collez et clouez le fond (carré de 32 cm × 32 cm en contreplaqué de 15 ou 20 mm), puis l'entourage en corniche de 5 cm de largeur (à couper avec une scie d'encadreur).

3. Versez du sable pour lester la colonne, puis collez et clouez le dessus (carré en contreplaqué de 28 cm de côté) et l'entourage en corniche de 3 cm de largeur.

4. Décorez les 4 faces avec des moulures. Collez des bandes de chant sur les bords des carrés de contreplaqué du socle et de la tablette, puis appliquez la finition.

Barre à rideau Porte-serviettes

Un simple morceau de barre à rideau en bois, 2 patères de fixation et des embouts assortis, cela suffit pour faire un porte-serviettes original et rustique. Vous pouvez utiliser des éléments teintés et vernis en usine ou des éléments en bois blanc que vous pourrez teinter et vernir vous-même. Dans ce cas, poncez les éléments en bois, teintez-les avec une teinture à l'alcool et terminez avec un vernis polyuréthanne.

1. Prenez un morceau de barre de 35 mm de diamètre, glissez dessus les 2 patères en bois et placez les embouts aux extrémités de la barre.

2. Bloquez les patères de chaque côté contre les embouts et mesurez leur écartement de centre à centre. Reportez ces mesures sur le mur.

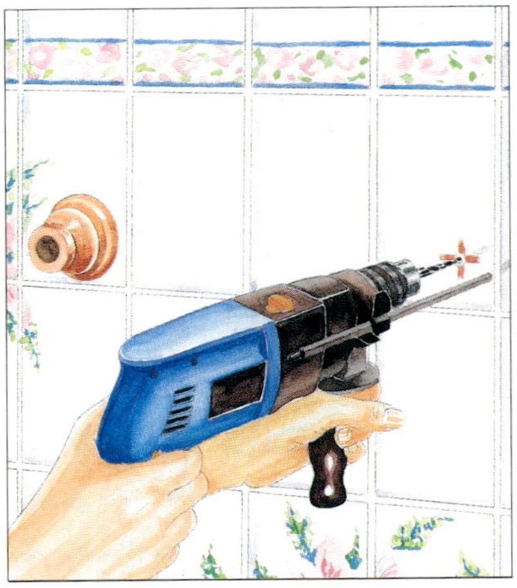

3. Percez le mur et placez des chevilles adaptées à sa nature. Fixez les patères, puis glissez la barre et remettez les embouts en place.

Bicyclette Vélo d'appartement

Transformez une vieille bicyclette en vélo d'appartement.

Fabriquez un support avec un rectangle en bois de 20 mm d'épaisseur et de 14 cm × 50 cm et 2 triangles équilatéraux de 40 cm de côté en contreplaqué. Pour l'assemblage, il vous faut 4 équerres de 8 cm, 2 plaques métalliques de 15 cm (aussi épaisses que possible) et des boulons à tête ronde (8 × 30 mm). Pratiquez un large trou en haut des plaques métalliques pour pouvoir y glisser l'axe du moyeu de la roue arrière.

Assurez la résistance nécessaire au pédalage en fabriquant un « frein » avec 2 ressorts de porte battante, 20 cm de tige filetée de 8 mm de diamètre, 2 écrous et une grosse bobine en bois (dont vous aléserez le trou à 10 mm de diamètre). Vous aurez aussi besoin de 2 pitons à boulonner (diamètre 6 mm) et de 2 crochets en S.

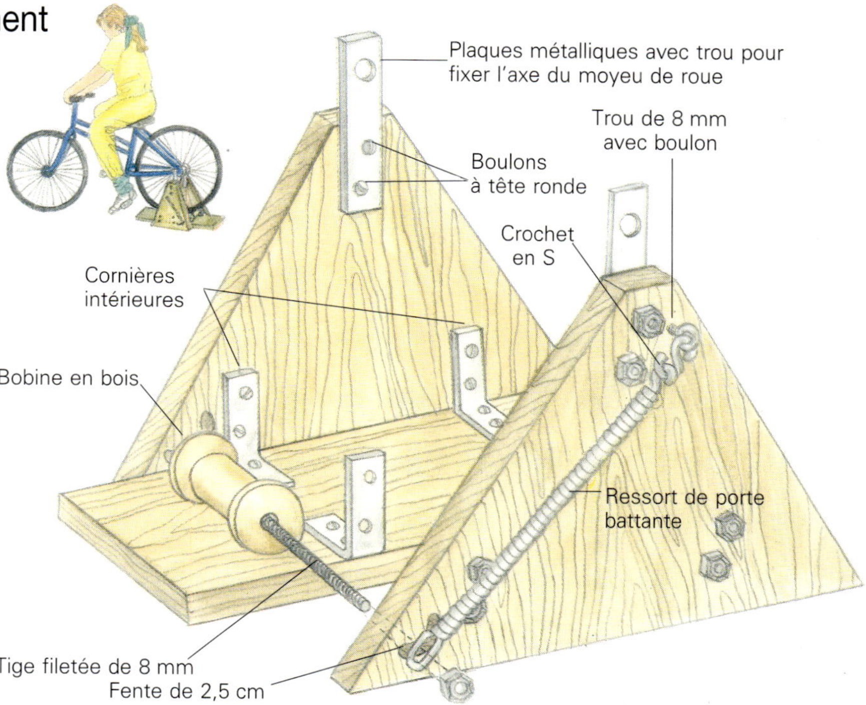

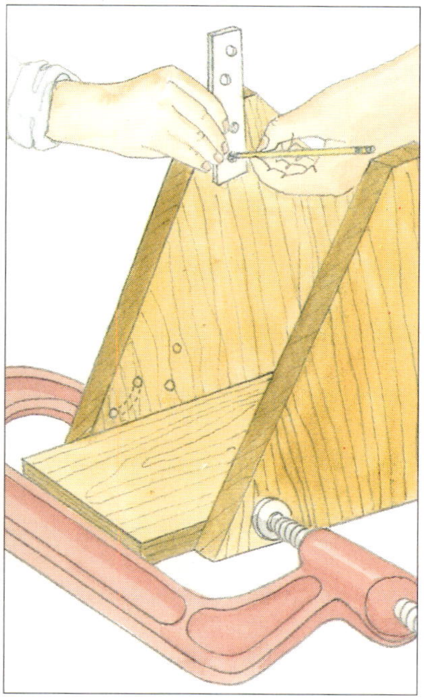

1. Découpez le rectangle, fil du bois dans le sens de la longueur. Rabattez de 25 mm la pointe supérieure de chaque triangle. Assemblez avec des serre-joints et marquez les trous à percer : placez les plaques métalliques de façon que les trous maintiennent la roue arrière 10 mm au-dessus de la base du support.

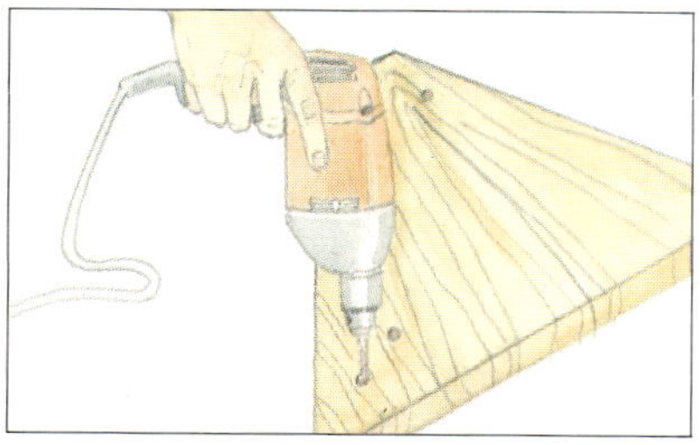

2. Percez des trous de 8 mm aux endroits marqués. Dans le bas des triangles, creusez une fente incurvée destinée à la barre de tension (sa position exacte dépend de la taille du pneu) : percez 2 trous de 12 mm, espacés de 5 à 10 cm, et découpez le bois d'un trou à l'autre à la scie sauteuse.

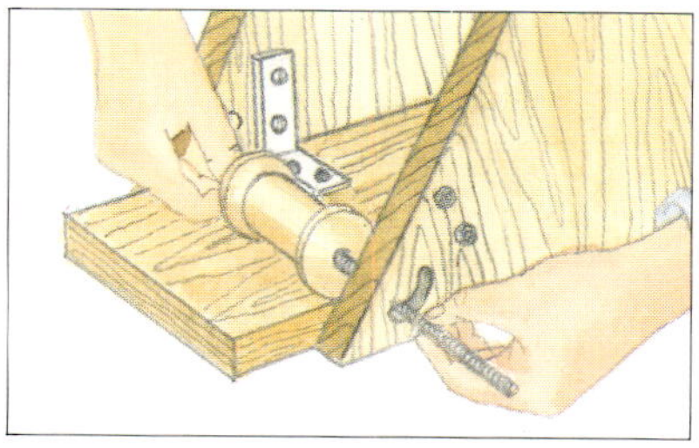

3. Assemblez le support avec les équerres et les boulons. Fixez un piton à boulonner dans des trous de 6 mm. Glissez la tige filetée dans la bobine, puis passez-la dans les fentes du bas (il vous faudra peut-être la fixer sur la tige avec 2 écrous).

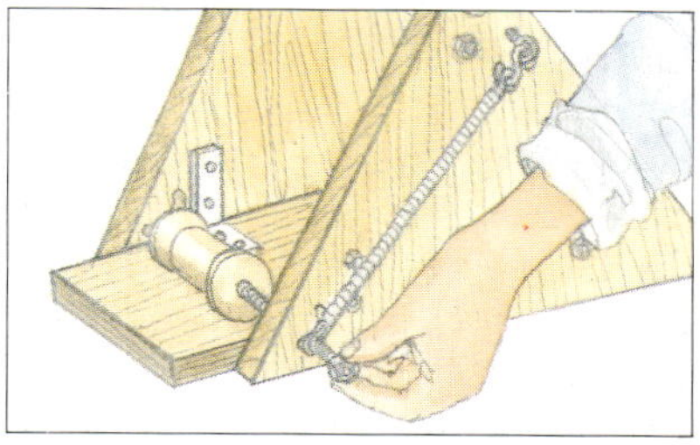

4. Attachez les ressorts aux pitons avec les crochets en S, puis glissez-les par-dessus les 2 extrémités de la tige. Fixez le tout avec des rondelles et des écrous. Pour plus de tension, raccourcissez le ressort avec une cisaille et enroulez les 2 ou 3 dernières spires autour des pitons.

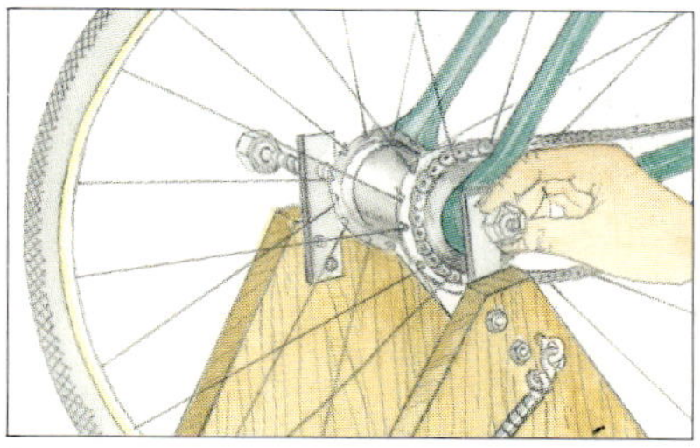

5. Installez le vélo sur le support : retirez les boulons de l'axe du moyeu de la roue arrière. Dévissez l'un des triangles et fixez l'axe dans les trous des plaques. Revissez le triangle. Replacez les boulons sur l'axe de la roue mais, cette fois, à l'extérieur des plaques.

Blue-jean Sac

Lorsque les jambes d'un jean sont usées mais les coutures de la culotte encore en bon état, transformez le pantalon en un sac original. Il vous suffit de couper les jambes et de coudre pour fermer le tout. Ajoutez le type de bandoulière ou de courroie adapté au sac de votre choix. (Voir aussi Blue-jean, p. 290.)

1. Retournez le jean et marquez la coupe (à 5 cm environ sous l'entrejambe). Coupez les jambes.

2. Refermez l'ouverture des jambes par 2 ou 3 rangées de piqûres. Mettez le sac à l'endroit et repassez-le.

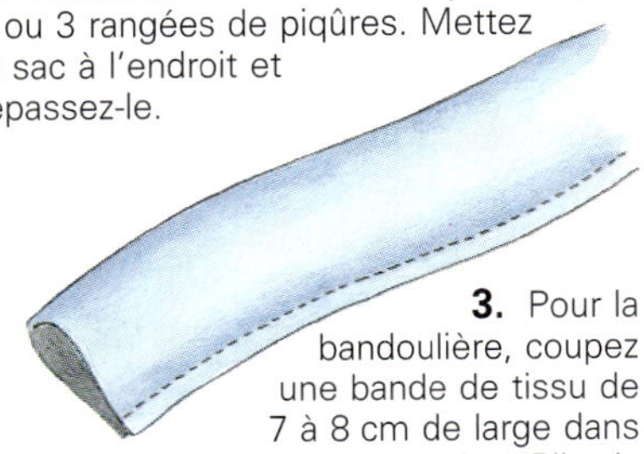

3. Pour la bandoulière, coupez une bande de tissu de 7 à 8 cm de large dans une jambe du pantalon. Pliez-la endroit contre endroit, piquez et retournez.

4. Cousez la bandoulière à 1 ou 2 cm à l'intérieur du sac. Faites une piqûre en croix pour renforcer la couture.

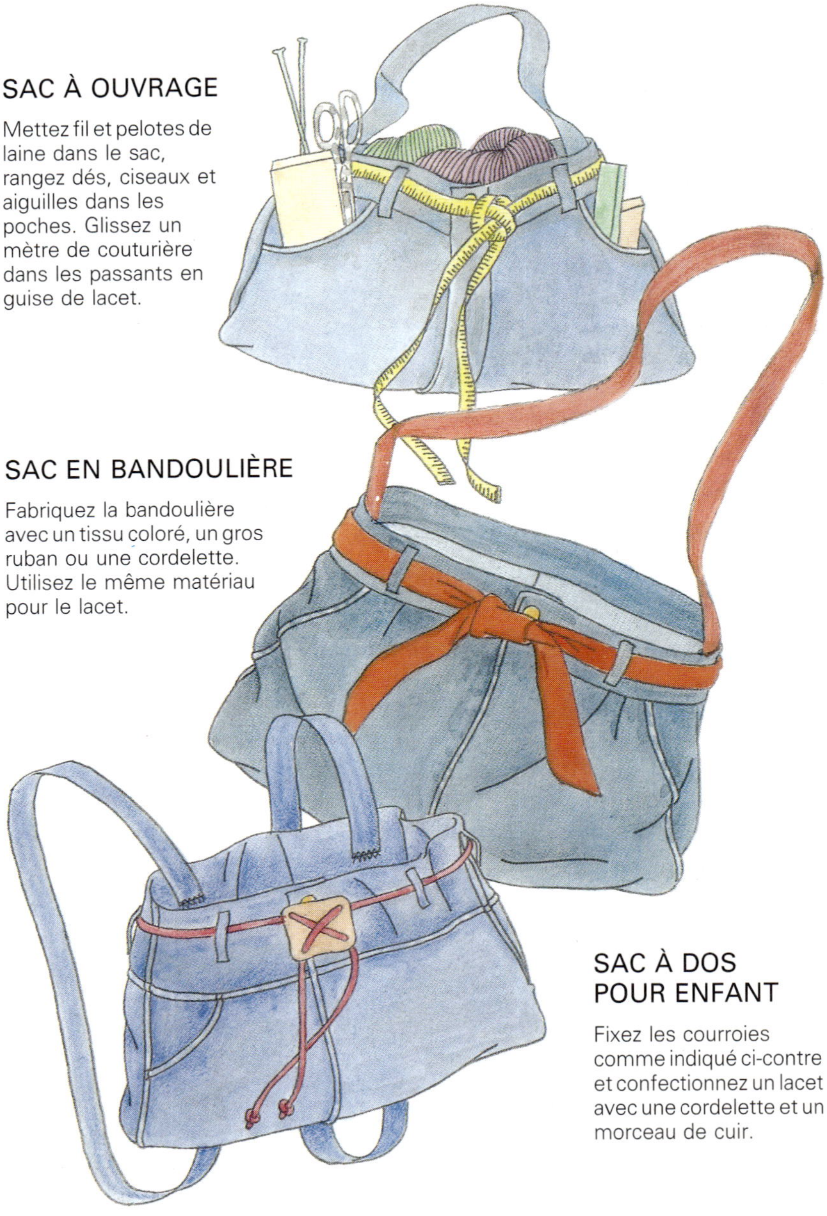

SAC À OUVRAGE

Mettez fil et pelotes de laine dans le sac, rangez dés, ciseaux et aiguilles dans les poches. Glissez un mètre de couturière dans les passants en guise de lacet.

SAC EN BANDOULIÈRE

Fabriquez la bandoulière avec un tissu coloré, un gros ruban ou une cordelette. Utilisez le même matériau pour le lacet.

SAC À DOS POUR ENFANT

Fixez les courroies comme indiqué ci-contre et confectionnez un lacet avec une cordelette et un morceau de cuir.

Pour réaliser un sac à dos pour enfant, prenez d'abord les mesures des courroies. Maintenez le sac sur le dos de l'enfant et formez une boucle avec un mètre de couturière, du sommet jusqu'au bas du sac, en passant par-dessus les épaules. Prévoyez de 7 à 8 cm supplémentaires pour les fixations. Défaites quelques points de la couture des 2 poches arrière, glissez les courroies à l'intérieur, puis recousez le tout au point de croix. Fixez l'autre extrémité des courroies.

Pour le système de fermeture, découpez un carré de cuir de 2,5 cm de côté et percez un trou dans chaque coin. Glissez un long morceau de cordelette dans les passants du sac, puis dans les trous supérieurs du carré de cuir. Croisez la cordelette de manière à former un X, puis repassez-la dans les trous inférieurs. Faites un nœud aux 2 bouts. Pour fermer le sac, tirez sur le X. Pour l'ouvrir, tenez le carré de cuir et tirez sur la cordelette glissée dans les passants.

Boisseau Nichoir à oiseaux

Creusez un trou dans un boisseau de conduit de fumée en béton pour fabriquer un nichoir destiné aux oiseaux rares du jardin. Mais attention, si le trou a plus de 3 cm de diamètre, vous risquez d'y retrouver des étourneaux. Percez le béton avec soin pour que l'ouverture soit bien lisse et ronde.

Utilisez un boisseau carré de 20 cm de côté. Posez le nichoir sur un piquet en bois ou en béton enfoncé dans le sol et dépassant de 1,20 à 1,60 m. Pour un effet plus décoratif, placez-le sur une grosse branche d'arbre fichée en terre. Enfoncez le piquet à 50 cm de profondeur au moins pour que votre installation résiste au vent.

Le diamètre du trou conseillé ici est valable pour les diverses mésanges (mésanges huppées, mésanges bleues, mésanges charbonnières ou à tête noire, mésanges nonnettes). Pour les moineaux, percez un trou de 4 à 5 cm de diamètre.

Installez le nichoir sur son socle, l'ouverture orientée vers l'est. Après le départ de chaque famille d'oiseaux, retirez le nichoir et nettoyez-le.

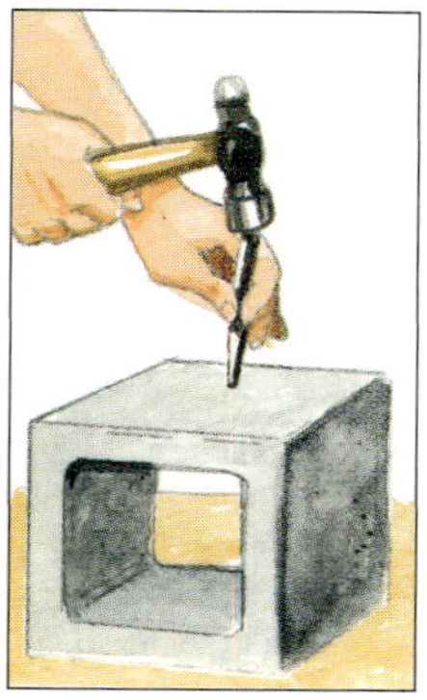

1. Dessinez au feutre un cercle de 3 cm de diamètre à environ 5 cm du haut du boisseau. Entaillez le contour du cercle avec un pointeau ou un gros clou en acier.

2. Percez plusieurs points à l'intérieur du cercle avec une mèche à béton de 10 mm de diamètre. Avec un burin et un marteau, faites sauter la partie intérieure et arrondissez l'ouverture.

3. Découpez 2 carrés de 25 cm de côté dans du contreplaqué marine. Collez le premier en guise de toit et le second sur le piquet avec du mastic Néoprène ou de la colle polyuréthanne.

Boîte en carton/Rénovation

En la recouvrant de plastique adhésif, vous transformerez rapidement une simple boîte en carton sans couvercle en un joli casier de rangement.

Le plastique adhésif est fourni en rouleaux de 45 cm de large. Pour évaluer la quantité nécessaire, calculez successivement les surfaces des 5 côtés de la boîte et additionnez les chiffres obtenus. Doublez le total car l'intérieur sera également tapissé.

Commencez par tapisser le fond intérieur de la boîte en prévoyant 1 cm de plastique de plus de chaque côté pour cacher la jonction des parois du carton.

Utilisez une seule feuille pour recouvrir à la fois le fond extérieur et 2 côtés de la boîte : mesurez-la au ras de la boîte pour la longueur, mais ajoutez 5 cm à la largeur pour recouvrir les arêtes de chaque côté. Coupez la feuille, pliez-la en 2 parties égales, marquez le pli et remettez-la à plat. Retirez les 2/3 du papier-support, puis étalez le plastique, face adhésive sur le dessus. Centrez la boîte sur le pli marqué, lissez le plastique de bas en haut et du centre vers l'extérieur, fendez les coins et rabattez ce qui dépasse sur la boîte. Retirez le dernier tiers de papier-support et appliquez le reste de la bande de papier adhésif. Lissez soigneusement. Recouvrez les 2 autres côtés de la boîte de la même façon (2 épaisseurs de plastique couvriront le fond) mais sans rien ajouter dans la largeur puisque les arêtes sont déjà recouvertes.

Lissez toujours le plastique en allant du centre vers l'extérieur. S'il reste des bulles d'air, piquez-les avec une épingle et aplatissez-les avec les doigts.

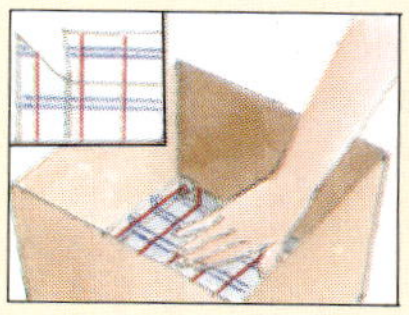

1. Recouvrez le fond en prévoyant une bordure de 1 cm tout autour. Biseautez les coins.

2. Coupez une feuille pour le fond et 2 côtés en comptant 5 cm de plus dans la largeur.

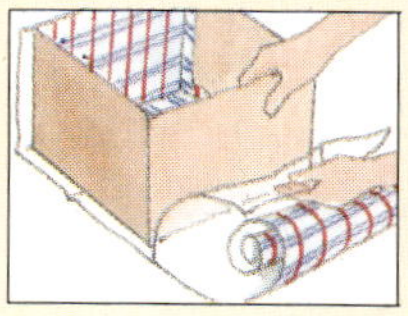

3. Ôtez les 2/3 du papier-support, centrez la boîte sur le pli, collez une partie de la feuille, puis l'autre.

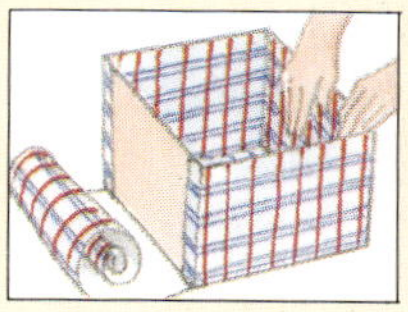

4. Fendez les angles et rabattez les bordures. Recouvrez le reste de la boîte de la même façon.

Boîtes de conserve Casier mural

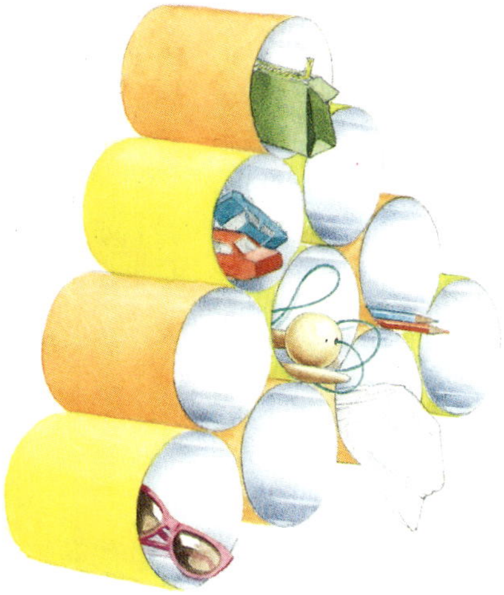

Avec 10 grandes boîtes de conserve métalliques, vous pouvez construire un astucieux élément fourre-tout. Veillez à ce que ces boîtes aient été ouvertes avec un ouvre-boîtes de qualité afin que les rebords des ouvertures soient bien rabattus et non tranchants. Après les avoir peintes (à l'intérieur et à l'extérieur) ou recouvertes de feutrine ou de plastique adhésif décoratif, vous les fixerez par leur fond sur une plaque de contreplaqué triangulaire de 15 mm d'épaisseur. Le tout sera fixé au mur.

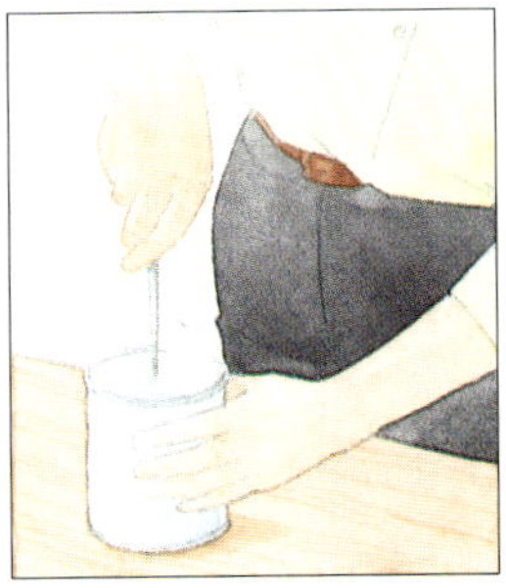

1. Percez le fond des boîtes au centre. Placez les 10 boîtes sur une plaque de contreplaqué.

2. Marquez au travers du trou le centre des 3 boîtes placées aux pointes du triangle. Retirez les boîtes et tracez un triangle en joignant les 3 marques.

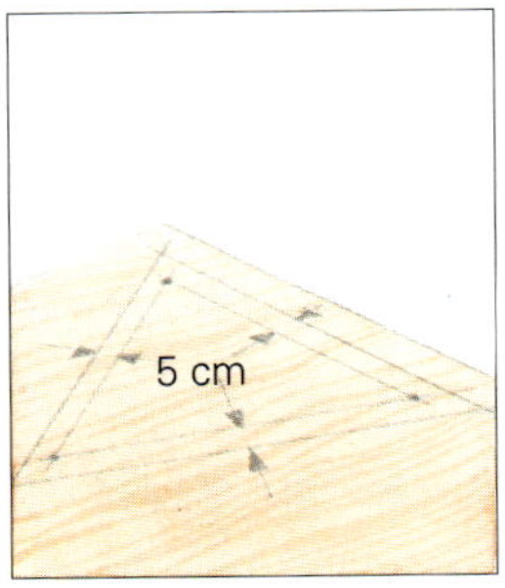

3. Tracez un second triangle extérieur au premier (+ 5 cm). Vérifiez que les 3 côtés ont la même longueur. Découpez le triangle.

4. Peignez les boîtes ou recouvrez-les d'adhésif décoratif. Si elles portent encore des étiquettes, retirez ces papiers avant de les peindre.

5. Placez les boîtes sur le panneau triangulaire et vissez-les par le trou du centre, puis au travers d'autres trous faits dans les fonds.

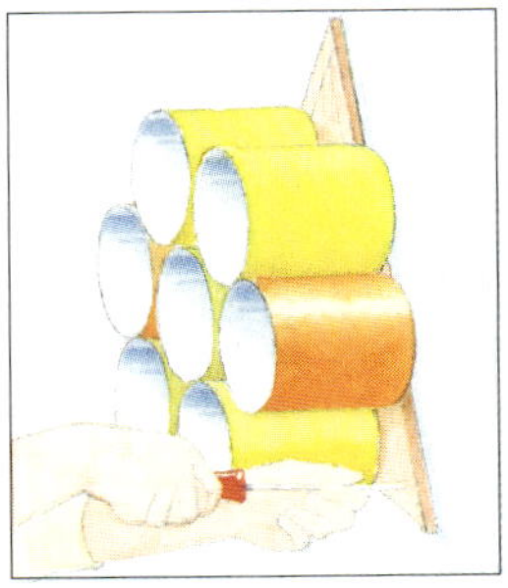

6. Avant de monter les boîtes placées aux angles et au centre, fixez le panneau au mur (vis au centre et aux angles). Puis vissez les boîtes.

Récipients

Voici l'un des recyclages les plus simples : gardez des boîtes de conserve, décorez-les, puis utilisez-les pour stocker des bonbons, des chocolats et d'autres friandises. Transformez les boîtes équipées d'un couvercle en plastique en tirelires (un travail manuel facile et passionnant pour les enfants). Des boîtes collées ensemble feront un rangement pratique pour vos petits accessoires de bureau.

Pour décorer vos boîtes, collez de la feutrine ou du plastique adhésifs ; utilisez des peintures en aérosol qui vous permettent divers effets : moucheté (dit « imitation pierre »), pailleté, dégradé, etc. ; collez des images, puis vernissez-les.

ENSEMBLE DE RANGEMENT

Choisissez des boîtes de diamètres et de hauteurs différents. Peignez les intérieurs ou, pour un résultat plus soigné, tapissez-les de feutrine adhésive. Peignez les parties extérieures ou recouvrez-les de faux cuir ou de faux bois adhésif. Assemblez les boîtes entre elles en les collant avec de la mousse adhésive double-face ou un pistolet à colle.

TIRELIRE

Utilisez une boîte équipée d'un couvercle en plastique. Peignez l'extérieur et collez un disque de feutrine sur le fond intérieur. Au centre du couvercle, découpez une fente de 5 mm de large et de 30 mm de longueur. Laissez à votre enfant le loisir de décorer la boîte peinte avec des autocollants.

BOÎTES À CADEAUX

Utilisez les boîtes munies d'un couvercle en plastique ou fabriquez un couvercle en découpant (avec des ciseaux à denteler) un morceau de tissu que vous attacherez avec une cordelette de couleur. Même un film en plastique fera l'affaire si vous le décorez d'autocollants. Pour rendre votre travail plus net, ne peignez pas les rebords de la boîte (vous pouvez faire de même avec l'ensemble de rangement et la tirelire). Protégez les rebords avec un ruban de papier-cache. Appliquez des couches fines pour éviter les coulures.

1. Gainez ou peignez la boîte. Si vous la peignez, donnez à votre travail un plus bel aspect en protégeant les rebords de la boîte avec un ruban de papier-cache.

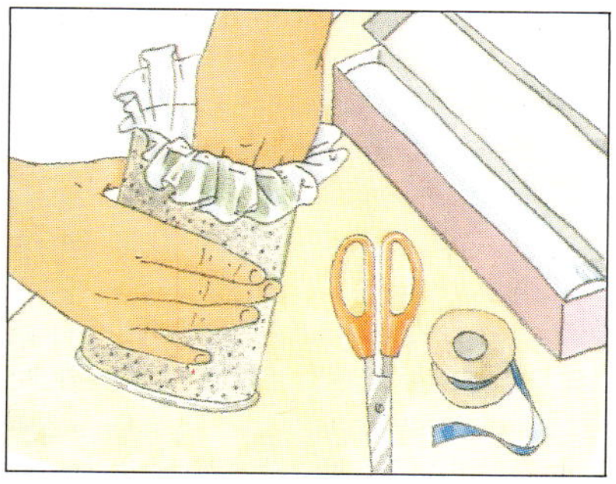

2. Lorsque la peinture est sèche, tapissez l'intérieur avec du film plastique. Une fois la boîte remplie, posez le couvercle ou fixez le tissu avec une cordelette.

Bougies Luminaires

Récupérez les restes de bougie pour fabriquer des lanternes extérieures décoratives.

Faites fondre la bougie au bain-marie en retirant les mèches flottant à la surface avec une pince à épiler. Si vous avez peu de bougie, ajoutez de la paraffine. Utilisez des cartons à lait ou à jus de fruits propres en guise de moules. Pour les lanternes, utilisez de grandes boîtes de conserve vides et, à l'aide d'un pointeau, percez des trous tout autour pour permettre à la lumière de passer. Installez ces luminaires le long des allées et des parterres de fleurs.

1. Faites fondre les restes de bougie au bain-marie, la casserole du bas contenant 5 cm d'eau bouillante. Coupez des cartons à base carrée pour lait ou jus de fruits à une hauteur de 7 à 8 cm.

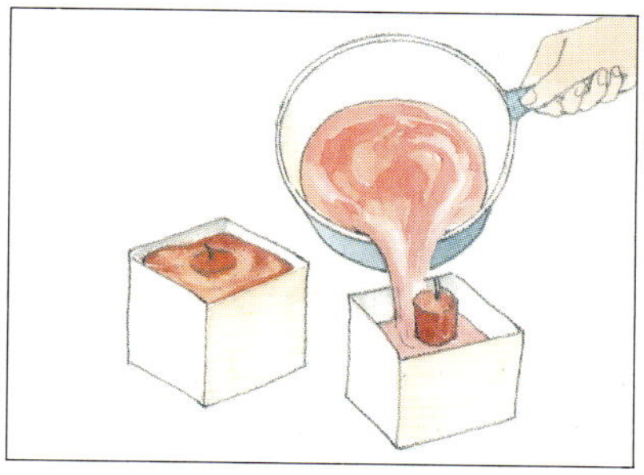

2. Versez 5 mm de cire fondue au fond de chaque carton. Maintenez une bougie de 7 à 8 cm au centre, jusqu'à ce qu'elle tienne. Remplissez de cire jusqu'en haut du carton.

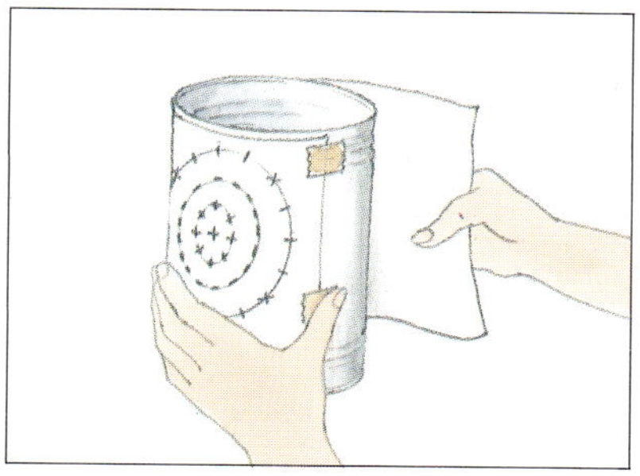

3. Avec un compas, tracez un gabarit sur une feuille de papier (en dessinant des cercles concentriques de diamètres différents et les endroits des trous). Collez-le autour de la boîte en fer.

4. Serrez le bout d'un morceau de fer de 5 cm × 10 cm dans un étau et posez la boîte dessus. Trouez le dessin sur la surface de la boîte au pointeau et au marteau.

5. Démoulez les bougies des cartons en déchirant ceux-ci, disposez-en une à l'intérieur de chaque boîte perforée, puis disposez les luminaires dans votre jardin.

Bouteille de vin Lampe

Avec une simple bouteille de vin ou, mieux, une bouteille de forme insolite, vous pouvez fabriquer un pied de lampe de chevet. Pour ce faire, vous aurez besoin d'un adaptateur de douille (en vente chez tous les électriciens) et d'un abat-jour. Le cordon électrique pourra sortir sur le côté de la douille ou être dissimulé dans la bouteille et ressortir par en dessous (certaines bouteilles comportent à leur base une encoche où vous pourrez faire passer un fil électrique) ou à la base sur le côté. Si vous camouflez le fil, percez la bouteille avec une mèche spéciale pour verre (mèche « langue d'aspic » ou mèche à matériau avec pointe en carbure de tungstène à utiliser en rotation lente et sans percussion). Marquez l'emplacement du trou avec un crayon gras, amorcez le perçage « à sec » avec la mèche, puis entourez la partie à percer avec un cordon de mastic pour faire un cratère dans lequel vous verserez un peu d'huile de vaseline. Percez dans le bain d'huile en maintenant la bouteille pour qu'elle ne bouge pas.

Si la bouteille est haute et fine, lestez-la. Après avoir passé le fil, remplissez-la de petits cailloux ou de sable. Si le verre est très clair, vous pouvez y verser des couches de graviers colorés.

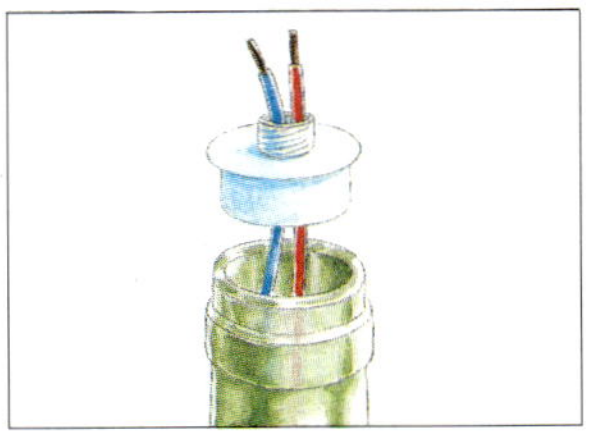

1. Choisissez un adaptateur ayant le même diamètre que le goulot de la bouteille. Placez-le comme un bouchon et bloquez-le en serrant l'écrou posé sur le tube fileté.

2. Si le fil passe dans la bouteille, mettez-le en place avant de poser l'adaptateur. Posez ensuite la douille (avec anneau pour abat-jour) et bloquez-la à sa base.

3. Fixez les 2 fils (phase et neutre) dans les plots de la noix de la douille. Si nécessaire, fixez le fil de terre (vert et jaune) sur la douille métallique.

4. Vissez la partie supérieure de la douille. Posez un interrupteur sur le fil et une fiche au bout. Fixez l'abat-jour sur la douille, puis l'ampoule.

Branches d'arbre Supports rustiques

Il est possible de tirer parti des grosses branches de bois coupées pour en faire des supports d'aspect aussi naturel qu'inattendu. Voici quelques exemples (une jardinière, une boîte aux lettres, une poignée de porte), mais libre à vous de laisser courir votre imagination pour trouver d'autres applications.

Pour faire des supports, vous pouvez utiliser une grosse branche un peu tordue si l'objet à supporter est de petite taille, ou une grosse branche fourchue si l'assise doit être plus importante. N'utilisez que du bois sain et badigeonnez la partie qui sera enterrée et la coupe supérieure avec du goudron de Norvège pour faire barrage aux parasites.

Toutes les essences de bois peuvent être utilisées, sauf les grosses branches de saule fraîchement coupées : elles feraient des racines et se mettraient à pousser.

JARDINIÈRE

Ce support accueillera à l'extérieur des plantes cultivées en bac ou en pot. Fixez une grosse branche dans le sol et clouez à son sommet un carré en contreplaqué marine de 25 cm de côté et de 20 mm d'épaisseur (protégé par 2 ou 3 couches de vernis marine). Auparavant, vérifiez que la coupe supérieure est plane et horizontale. Au besoin, rectifiez-la avec une grosse râpe, un rabot électrique ou une ponceuse équipée d'une bande ou d'un disque à gros grain (24 ou 36).

SUPPORT DE BOÎTE AUX LETTRES

Pour lui assurer une bonne stabilité, choisissez une branche fourchue de 1 m de long (à enterrer de 30 cm). Vous y fixerez une boîte aux lettres conforme aux normes de la Poste. Assurez-vous que les coupes supérieures sont à la même hauteur et horizontales en tous sens. Si nécessaire, rectifiez-les. Clouez un carré de contreplaqué marine (verni) de 15 mm d'épaisseur et de 25 cm de côté sur le dessus des deux branches, puis fixez la boîte aux lettres sur le carré avec quelques vis à bois à tête ronde posées au travers du fond.

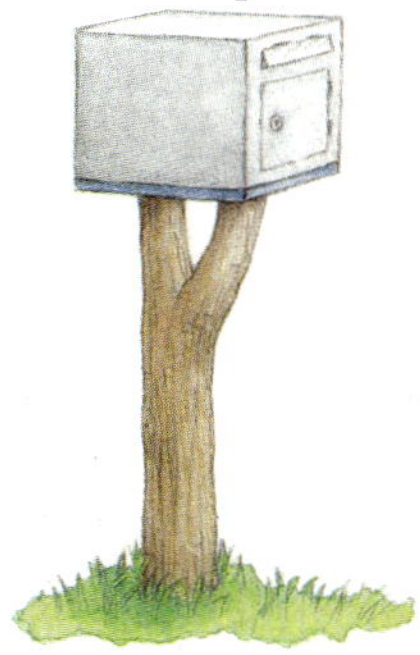

INSTALLER LE POTEAU

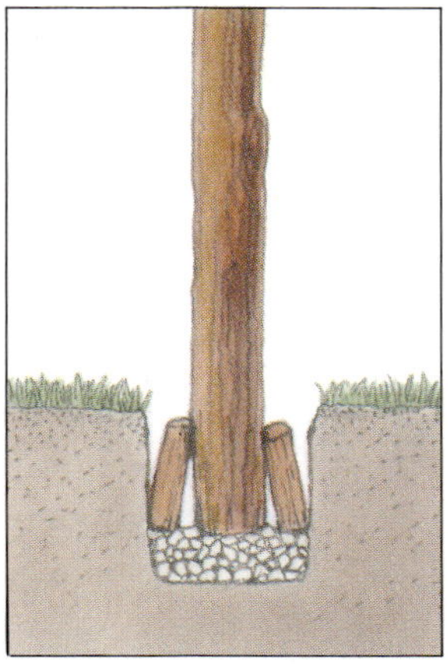

1. Creusez un trou carré de côté égal à au moins 3 fois le diamètre du poteau, et de 30 à 60 cm de profondeur selon la hauteur du poteau et la nature du sol.

2. Déposez un lit de cailloux au fond du trou. Écorcez la base du poteau et enduisez-la de goudron de Norvège ou de bitume. Mettez le poteau en place et calez-le.

3. Préparez un mortier pâteux mais assez fluide (mortier « tout prêt » en sac ou fait sur place à raison de 3 volumes de sable pour 1 volume de ciment). Bourrez-en le trou.

4. Faites pénétrer le mortier jusqu'au fond du trou en le tassant avec un bâton. Vérifiez que le poteau est bien positionné et lissez avec une truelle.

POIGNÉE DE PORTE

Récupérez une branche de 20 à 30 mm de diamètre fortement cintrée. Coupez-la de façon qu'elle ait la forme représentée sur le dessin (les coupes doivent être en parfait alignement) : laissez assez de place pour pouvoir glisser la main entre la poignée et la porte. Pour fixer cette poignée rustique, percez un trou en haut et un en bas, en face de la partie qui sera appliquée sur la porte. Utilisez des vis longues et masquez les têtes avec du mastic à bois.

Hormis les branches, vous pouvez aussi tirer parti d'un tronc d'arbre mort coupé à 60 ou 80 cm au-dessus du sol. Si ce tronc est de gros diamètre, vous pourrez le coiffer d'un plateau en contreplaqué marine constitué de 2 épaisseurs de 15 mm collées, et vous obtiendrez ainsi une table.

Brique perforée Porte-crayons

Parmi les briques fantaisie que l'on trouve couramment, certaines offrent un décor flammé sur les faces destinées à rester apparentes. Pour qu'elles soient plus légères, elles sont percées de nombreux trous carrés bien alignés qui les traversent de part en part. En obturant un côté, une telle brique posée à plat fait un porte-crayons original.

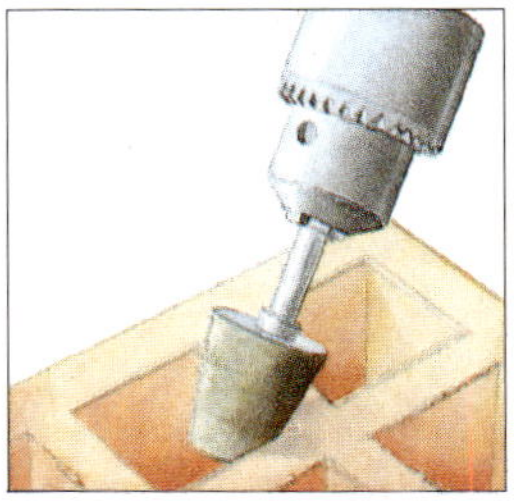

1. Adoucissez les bords des trous mal ébarbés avec une petite meule cylindrique au corindon montée sur votre perceuse. Portez des lunettes de protection.

2. Collez une plaque de contreplaqué de 5 mm d'épaisseur sur l'une des faces perforées. Utilisez une colle-mastic au Néoprène déposée en cordons sur les cloisons.

3. Collez une feutrine adhésive sous le contreplaqué avant de poser cette réalisation sur votre bureau et d'y ranger vos crayons et autres fournitures.

Bureau Établi

Un ancien bureau est la base idéale pour fabriquer un établi à tiroir. Plutôt que de le surélever à une hauteur fonctionnelle, ajoutez-lui un plan de travail en contreplaqué de 20 mm d'épaisseur, doublé d'une plaque d'Isorel que vous encastrerez. Ainsi, vous pourrez la remplacer facilement.

Pour réaliser le renfoncement destiné à recevoir la plaque d'Isorel, bordez le tour du plateau en contreplaqué d'une baguette en pin dépassant de 6 mm. Fabriquez les rebords avant et arrière avec 2 tasseaux de même longueur que le plateau et de 25 mm × 150 mm de section. Pour exécuter la finition des côtés, utilisez 2 tasseaux (section 25 mm × 200 mm) de 4 cm plus longs que la largeur du plateau.

1. Mesurez le plateau du bureau et découpez à la même taille 2 plateaux en contreplaqué de 20 mm d'épaisseur et une planche d'Isorel de 6 mm. Coupez 4 pièces (section 24 mm × 100 mm) de la largeur des plateaux et 2 autres pour les traverses de renfort. Collez et clouez un plateau sur le bureau ; collez et clouez-y les parois verticales, c'est-à-dire 2 bordures, 2 cloisons et 2 traverses de renfort. Ensuite, collez et clouez le second plateau sur le dessus des cloisons.

2. Coupez une baguette de section 24 mm × 50 mm à la même longueur que le plateau pour servir de rebord au nouveau coffrage. Avant de la clouer, vérifiez que la baguette ne gêne pas l'ouverture des tiroirs.

3. Sciez 2 baguettes de section 24 mm × 30 mm pour les rebords avant et arrière. Collez-les et clouez-les aux bords du contreplaqué en les faisant dépasser de 6 mm au-dessus pour l'encastrement de la plaque d'Isorel.

4. Pour les côtés, coupez 2 tasseaux de section 25 mm × 200 mm d'une longueur égale à celle du plateau, plus le rebord. Collez-les et clouez-les en les faisant dépasser de 6 mm. Le bas devrait recouvrir l'ancien bureau de 6 cm environ.

5. Coupez des baguettes de section 20 mm × 24 mm et utilisez-les pour border la partie apparente des cloisons verticales. Encastrez la plaque d'Isorel et fixez votre étau au coin du plateau.

Cadre Plateau

Vous pouvez transformer des encadrements de tableaux en plateaux originaux. Avec un grand cadre, vous confectionnerez un plateau pour service à café ou à thé et, avec des petits cadres, des plateaux individuels pour les hors-d'œuvre et les desserts.

Un morceau de contreplaqué constituera le fond de votre plateau. Recouvrez-le de liège en dalle mince vernie. Si vous souhaitez un plateau plus décoratif, mais facile à nettoyer, recouvrez le fond avec du tissu ou une illustration, puis avec une plaque de verre. Protégez contre les infiltrations en bordant l'ensemble avec un filet de mastic aux silicones transparent déposé dans la rainure du cadre avant de mettre le verre en place.

Utilisez des pointes sans tête pour maintenir le contreplaqué dans le cadre. Collez un morceau de feutrine ou de liège sous le plateau afin qu'il ne raye pas la table.

1. Retirez le tableau, le verre et le carton du fond. Coupez un morceau de contreplaqué de 8 mm d'épaisseur aux dimensions du carton du fond ou selon les mesures prises à l'intérieur des feuillures.

2. Avec de la colle contact au Néoprène, collez une dalle de liège vernie (qualité liège pour sol) sur le contreplaqué, en la laissant déborder légèrement tout autour. Arasez ce qui dépasse.

3. Déposez un cordon de mastic aux silicones dans la feuillure du cadre, puis posez le fond en plaçant le liège vers le côté qui sera apparent. Fixez le tout avec des clous enfoncés dans le cadre.

4. À l'aide d'un petit marteau et d'un chasse-clou, rabattez la partie des pointes qui dépasse dans le contreplaqué. Recouvrez le dessous du plateau d'un morceau de feutrine adhésive ou de liège.

Caisse en bois Table

Une caisse en bois patinée par le temps peut se transformer en table d'appoint qui s'harmonisera avec un décor rustique. Si le bois naturel ne vous convient pas, poncez-le, puis vernissez-le (après l'avoir teinté si vous le trouvez trop clair). Auparavant, enfoncez les clous sortis, retirez ceux qui sont rouillés et remplacez-les.

Coupez un morceau de contreplaqué de 15 mm d'épaisseur pour fabriquer le dessus. Clouez sous ce plateau 4 cales en contreplaqué pour le maintenir en place (disposez-les de façon qu'elles viennent s'adapter parfaitement aux angles intérieurs de la caisse).

Utilisez un morceau de grosse toile écrue pour couvrir cette table d'un jeté en harmonie avec son aspect rustique. Puis, en fonction de sa hauteur et de sa forme, décorez-la d'une lampe et servez-vous en de table de coin, ou placez-la près d'un canapé comme desserte en l'ornant de fleurs séchées.

1. Lavez la caisse au jet. Si nécessaire, brossez ou décapez la peinture écaillée. Enfoncez les clous qui dépassent et poncez le bois légèrement ou à fond.

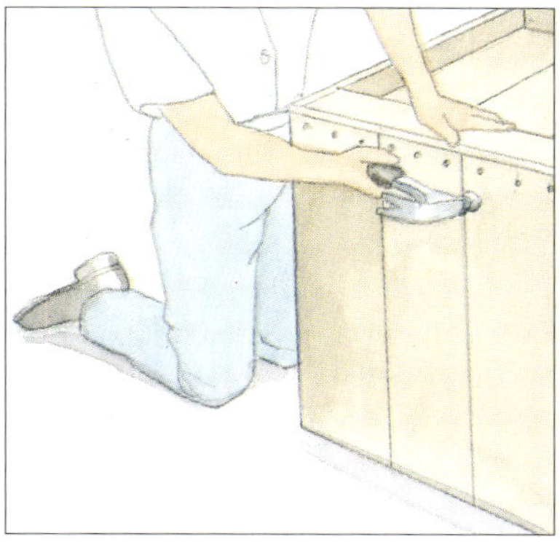

2. Coupez un morceau de contreplaqué de 15 mm d'épaisseur, de dimensions adaptées pour constituer le plateau. Dessous, clouez des cales aux 4 coins.

3. Coupez un morceau de toile écrue ou de gros coton imprimé en harmonie avec le style de la table. Pour lui donner un aspect encore plus rustique, tirez quelques fils pour obtenir des franges. Posez cette nappe en biais sur le plateau en laissant pendre les pointes.

Carreaux Dessous-de-plat

En collant quelques carreaux sur un morceau de contreplaqué de 12 mm d'épaisseur, vous obtiendrez en peu de temps un dessous-de-plat original.

Le modèle présenté ici est composé de 4 grands carreaux, de 4 pièces d'angle et de 8 bordures incurvées. Pour les joints, disposez des tés ou des croix entre les carreaux au moment où vous les collez et retirez-les avant d'appliquer le mortier. Biseautez les bords supérieurs du contreplaqué pour pouvoir coller les bordures incurvées de façon régulière. Fixez 4 petits patins de caoutchouc sur la face qui sera en dessous (à 2 ou 3 cm des angles) pour que le dessous-de-plat ne glisse pas sur la table.

Avant d'étaler le mortier-colle sur le contreplaqué, disposez les carreaux sur la planche afin de bien en repérer l'emplacement. Lorsque les carreaux seront collés et que le jointement sera sec, retournez le dessous-de-plat et remplissez les fentes des côtés avec du mortier à joint.

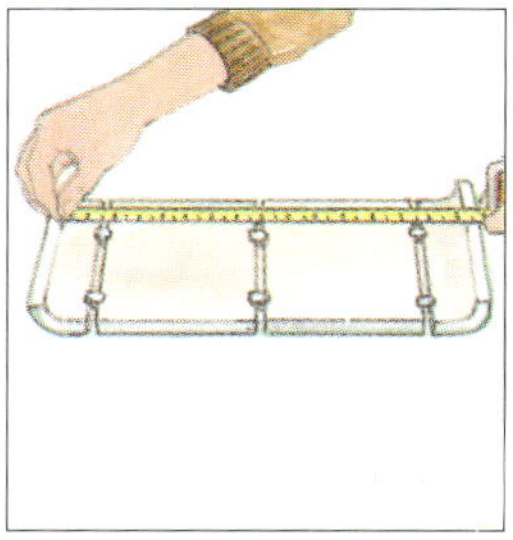

1. Insérez des tés entre 2 grands carreaux et 2 carreaux incurvés. Mesurez l'intérieur.

2. Coupez une planche de contreplaqué de 12 mm à ces mesures, biseautez les bords supérieurs.

3. Fixez les patins aux 4 coins de la face du dessous. Si les pointes dépassent, limez-les.

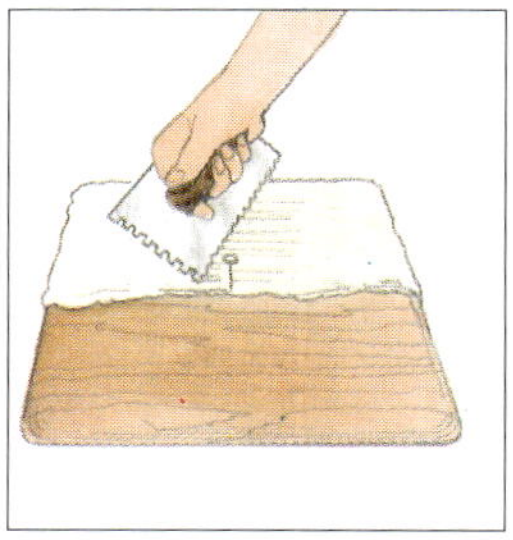

4. Enfoncez un clou au centre de la planche. Étalez le mortier-colle avec une truelle crantée.

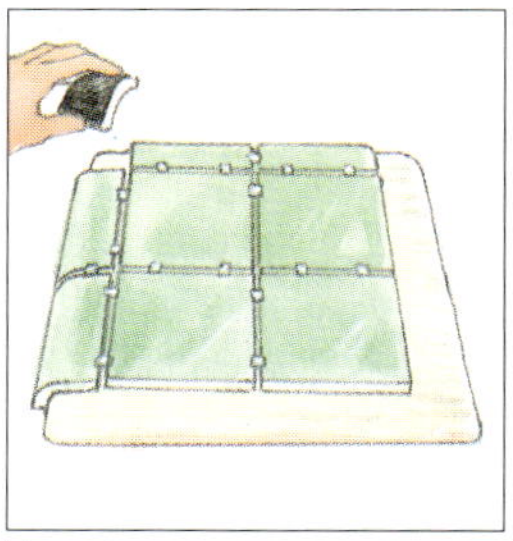

5. Disposez les carreaux autour du clou en insérant des tés ou des croix, puis ôtez ceux-ci.

6. Jointoyez. Retirez l'excédent de mortier avec une éponge mouillée et polissez une fois sec.

Poubelle de table

Si, après avoir carrelé les murs de votre cuisine, il vous reste quelques carreaux de céramique décorés, utilisez-les pour confectionner une poubelle de table, qui sera ainsi coordonnée au décor de cette pièce.

Ce modèle vous est proposé avec des carreaux de 15 cm × 15 cm. Le corps de la poubelle de table est réalisé en contreplaqué de 10 mm d'épaisseur : prévoyez 4 morceaux de 14 cm × 18 cm pour les côtés ; 1 morceau de 19 cm × 19 cm pour le fond et 1 morceau de 12,8 cm × 12,8 cm pour le couvercle. Ajoutez à cela 1,60 m de moulure d'encadrement de section 20 mm × 25 mm, 80 cm de quart-de-rond de 5 mm, 4 petits boutons de porte en bois et un gros bouton de même style.

Vous aurez également besoin de colle à bois et, pour clouer les moulures, de clous en acier autocassants (pointes à placage).

Pour protéger votre poubelle de table des salissures et faciliter son nettoyage, vous passerez à l'intérieur 3 couches de vernis marine.

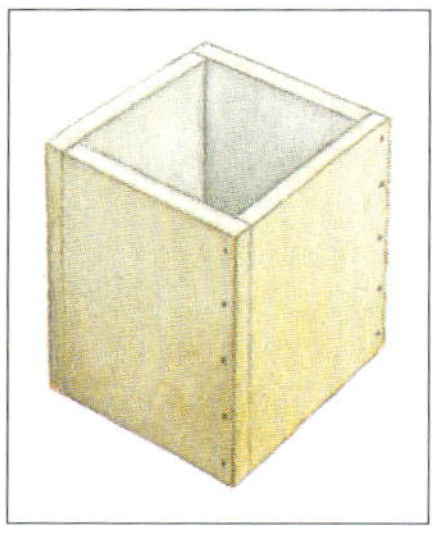

1. Assemblez le corps par collage et clouage des 4 morceaux de 14 cm × 18 cm en les plaçant comme indiqué sur le dessin : chaque côté fait 14 cm + 1 cm, soit 15 cm.

2. Fixez le fond en laissant un débord régulier de 2 cm tout autour du corps. Coupez et posez les moulures d'encadrement du bas en mettant la feuillure vers le haut.

3. Collez les carreaux sur les 4 faces (colle à carrelage ou colle-mastic au Néoprène) en insérant légèrement leur base dans la feuillure des moulures.

4. Posez les moulures du haut en amenant le bord des feuillures au ras des bords du corps en contreplaqué (les moulures doivent dépasser de 5 mm environ).

5. Collez, au Néoprène, un quart-de-rond dans l'arête verticale entre les carreaux. Retournez le montage et fixez les pieds (petits boutons) en dessous.

6. Montez le couvercle : percez le centre du cinquième carreau et du morceau de contreplaqué (à coller sous le carreau). Vissez le gros bouton au travers du trou.

Carte routière Gainage

Lorsqu'une malle, petite ou grande, a beaucoup voyagé, son gainage s'en trouve défraîchi. Vous pouvez lui donner un nouvel aspect tout en la personnalisant et, même, la mettre en valeur comme élément de décor dans votre intérieur.

Vous disposez certainement dans votre grenier de quelques cartes routières périmées. Utilisez-les pour décorer votre vieille malle simplement fatiguée mais encore en bon état. Si la carte est suffisamment grande pour couvrir le dessus et les 4 côtés, soignez les découpages pour faire ressortir la continuité entre deux côtés adjacents. Pour faciliter le collage, démontez (si possible) les poignées et les serrures de la malle.

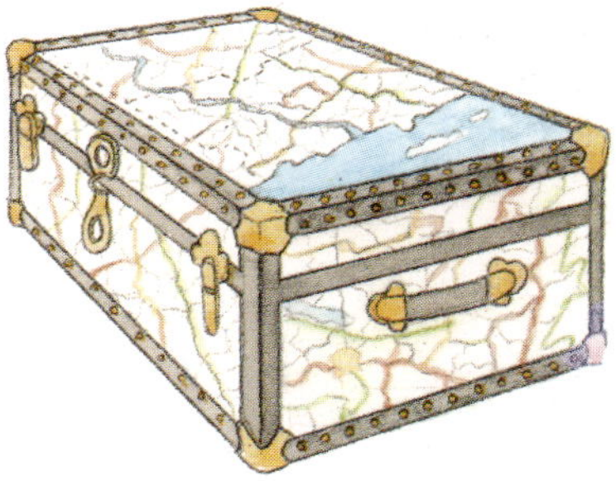

1. Nettoyez entièrement la malle, astiquez les ferrures, les cornières de renfort, les cuirs... avant d'étaler de la colle à papier peint.

2. Encollez le dos de la carte et laissez le papier se détendre avant de le poser sur la partie encollée. Pressez avec un rouleau à maroufler.

3. Si la carte est mal positionnée, soulevez-la délicatement et replacez-la en chassant les bulles d'air avec le plat de la main.

4. Découpez les parties en excès en ne laissant que 5 mm de débord que vous glisserez sous les cornières de renfort quand le papier sera sec.

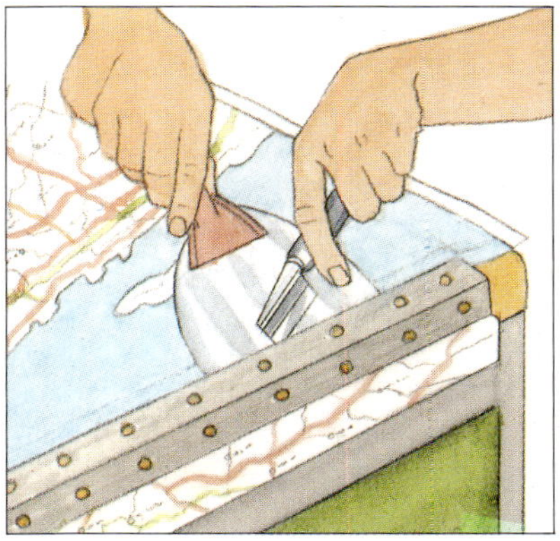

Pour obtenir un effet plus ancien, teintez la carte avec du café dilué ou du thé passé à l'éponge. Ensuite, après séchage, appliquez une couche de vernis à craqueler (en vente dans les magasins spécialisés en fournitures pour artistes). Laissez-le bien sécher, puis passez une cire en pâte de teinte foncée pour remplir et faire ressortir les craquelures.

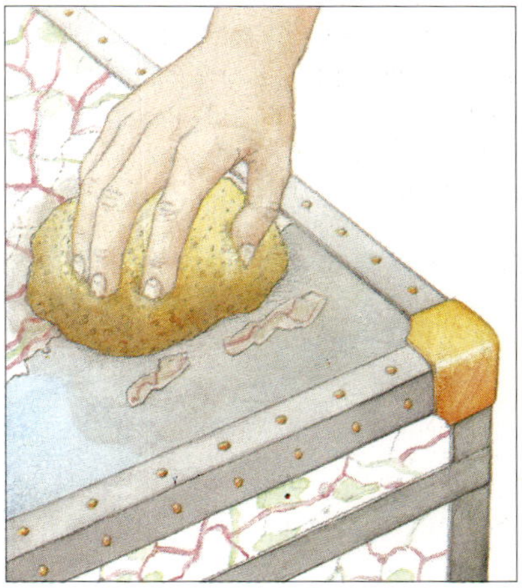

Cartes de Noël Décorations

Recyclez vos cartes de Noël en objets décoratifs. Fabriquez de petits paniers en papier, remplissez-les de feuillage ou d'ornements et suspendez-les au sapin. Ou bien créez des sets de table colorés pour les fêtes.

PANIERS EN PAPIER

Ces paniers colorés seront très originaux sur un arbre de Noël. Avant de coller les bandes de papier ensemble, pliez-les en 2, marquez la pliure et utilisez-la comme repère afin que le panier soit bien régulier. Assurez-vous que l'anse est assez longue pour être accrochée à une branche.

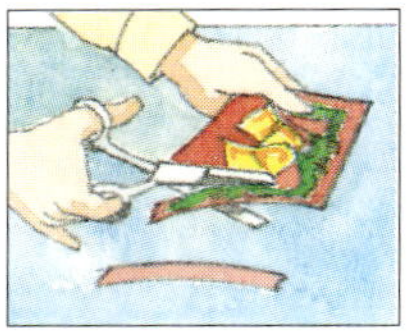

1. Pour chaque panier, coupez 9 bandes de 1 cm × 20 cm et 1 bande de 1 cm × 28 cm : ce sera l'anse.

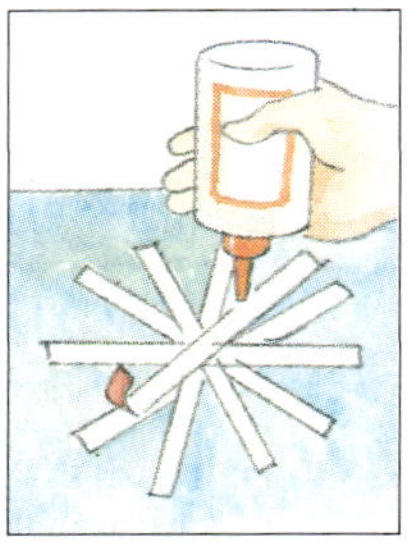

2. Collez au centre 8 bandes de 20 cm en les disposant comme les rayons d'une roue de vélo. Laissez sécher sous presse.

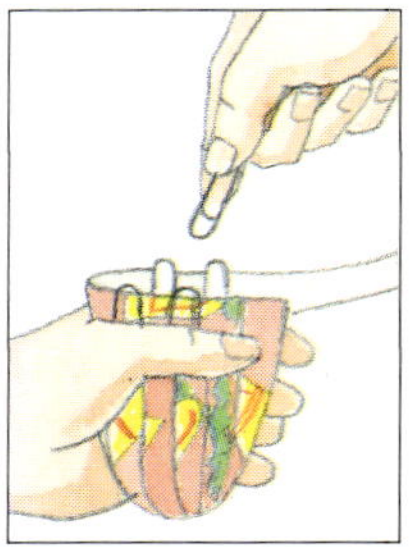

3. Tenez les bandes en formant un panier. Collez la dernière bande de 20 cm autour du haut et maintenez les bandes avec un trombone le temps du séchage.

4. Collez la bande de 28 cm comme une anse et laissez sécher. Emplissez le panier de feuilles de houx ou de fleurs séchées avant de le suspendre au sapin.

SETS DE TABLE

De 20 à 25 cartes suffisent pour fabriquer un set de table de 30 cm × 45 cm, aux bords irréguliers.

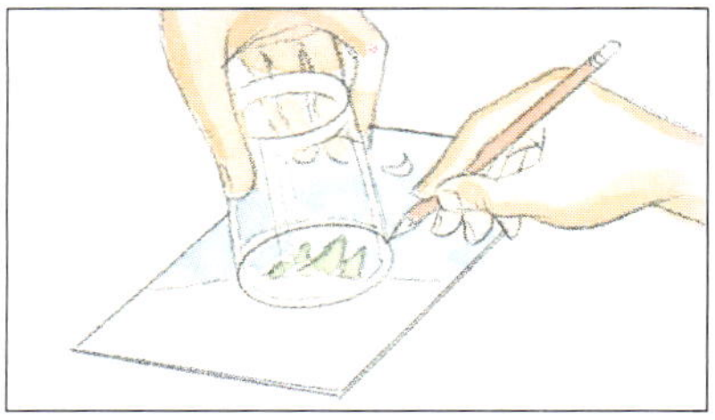

1. Tracez 28 cercles d'environ 8 cm de diamètre sur la face illustrée des cartes avec un verre ou un compas. Découpez-les.

2. Répartissez de 16 à 18 cercles sur la face collante d'une feuille de plastique adhésif de 32 cm × 45 cm en dessinant un ovale. Mettez les cercles restants au milieu.

3. Recouvrez de plastique adhésif transparent, face collante dessous, et aplatissez bien en partant du centre.

4. Découpez les 2 épaisseurs de plastique qui dépassent tout autour pour terminer le set de table.

Carton d'emballage Table

Plusieurs feuilles de carton ondulé collées ensemble résistent suffisamment pour constituer un meuble que les enfants pourront déplacer.

Le carton d'emballage d'un réfrigérateur plus 1 ou 2 petites boîtes fourniront le matériel pour fabriquer la table présentée ci-dessus. Découpez des morceaux de carton de mêmes dimensions avec un cutter et une règle, puis collez-les par 4 avec de la colle blanche en alternant le sens des cannelures d'une feuille sur l'autre.

Vous pouvez donner à la table la forme et la taille que vous désirez. Le modèle proposé ici a 60 cm de haut et 75 cm de large. Les tranches sont recouvertes pour obtenir un effet décoratif.

Quand vous pratiquerez les fentes dans les 2 morceaux constituant le support, veillez à ce qu'elles aient rigoureusement la même longueur (sinon votre table serait bancale) et qu'elles soient de même largeur que l'épaisseur du carton encollé. 4 bandes de carton, pliées dans le sens de la longueur et collées en haut du support, vous permettront de fixer solidement le plateau.

Recouvrez les parois du support et le plateau de plastique adhésif. Choisissez un modèle de couleur vive, à fleurs ou à rayures, plutôt qu'une imitation du bois.

Vous pouvez également tapisser la table d'un papier blanc épais et résistant et laisser les enfants dessiner ou peindre dessus en donnant libre cours à leur imagination.

1. Découpez au cutter 4 carrés de carton de 75 cm de côté et 8 rectangles de 50 cm × 60 cm.

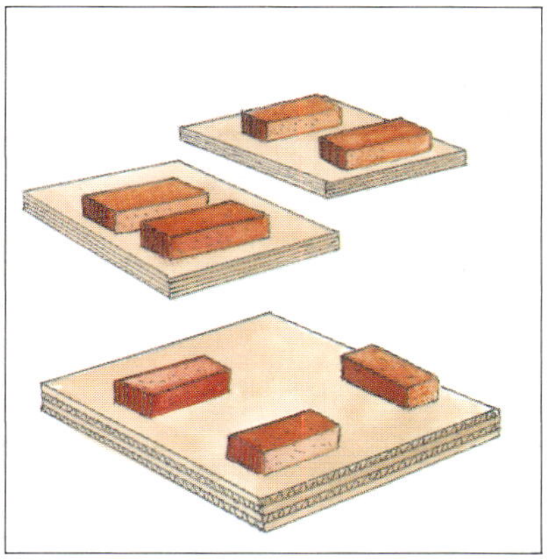

2. Collez les carrés, puis les rectangles en 2 groupes de 4, en alternant le sens des cannelures. Mettez sous presse.

3. Faites une fente de 30 cm dans chaque rectangle, assez large pour permettre aux 2 rectangles de s'emboîter.

4. Coupez 4 bandes de carton de 22 cm × 8 cm, incisez-les sur la longueur, pliez-les en 2. Collez-les sur le support et laissez sécher.

5. Coupez des bandes de plastique pour recouvrir les tranches verticales du support, puis des morceaux pour tapisser les surfaces.

6. Encollez les tranches supérieures du support, centrez le plateau dessus et laissez sécher sous presse.

Céruse du bois/Technique

Le bois cérusé est revenu à la mode après une longue période d'éclipse. Aujourd'hui, on n'emploie plus de véritable céruse (qui est un poison aussi pernicieux que violent), mais la technique est restée la même : on creuse le bois en éliminant les parties les plus tendres, puis on remplit ces creux avec un enduit blanc ou coloré (dit « pâte à céruser ») ; on élimine le surplus, et les veines du bois apparaissent par contraste avec les parties en relief.

Cette technique ne peut s'appliquer que sur des bois présentant des veines. Il est possible de jouer avec les couleurs en teintant le bois et en appliquant une céruse colorée.

1. Éliminez les parties tendres du bois en frottant sa surface dans le sens des fibres avec une brosse ou avec une éponge métallique.

2. Si cela est nécessaire, teintez le bois. Laissez sécher et appliquez la pâte à céruser au pinceau en insistant pour remplir les creux.

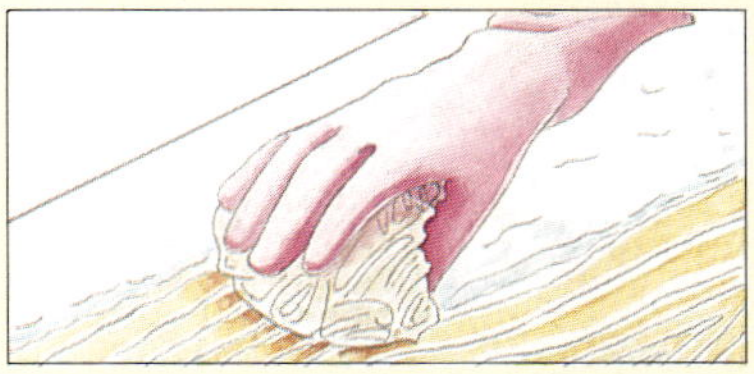

3. Éliminez le surplus en passant un tampon de chiffon serré. Effectuez un essuyage très régulier. Laissez sécher, puis vernissez.

Chaise Chaise à bascule

Fixez 2 lames de bois recourbées aux pieds d'une vieille chaise, vous aurez un nouveau meuble.

Agrandissez le modèle de lame recourbée dessinée ci-dessous en vous aidant de papier millimétré (comptez de 30 à 35 cm entre les pieds avant et arrière).

Avant d'échancrer les pieds pour y insérer les lames, assurez-vous que la chaise basculera selon un angle confortable en raccourcissant les pieds arrière de 15 mm. Vérifiez l'angle en réduisant les pieds petit à petit.

Pour échancrer les pieds de chaise, utilisez une scie circulaire sur table avec un guide de coupe latéral. Agrandissez le guide en le doublant d'une planche rabotée afin que les 2 pieds soient toujours en appui selon le même angle et dans le même alignement. Disposez le guide de manière à centrer les fentes sur les pieds. Passez la scie plusieurs fois en décalant le guide peu à peu pour que le bois soit dégagé sur la largeur voulue. Les fentes doivent être en parfait alignement avec les lames recourbées posées à la verticale. Si les pieds de la chaise sont légèrement obliques, rectifiez l'inclinaison des fentes en surélevant les 2 autres pieds avec une planche. Si vous découpez les fentes à la main, utilisez une scie à dos et un ciseau à bois.

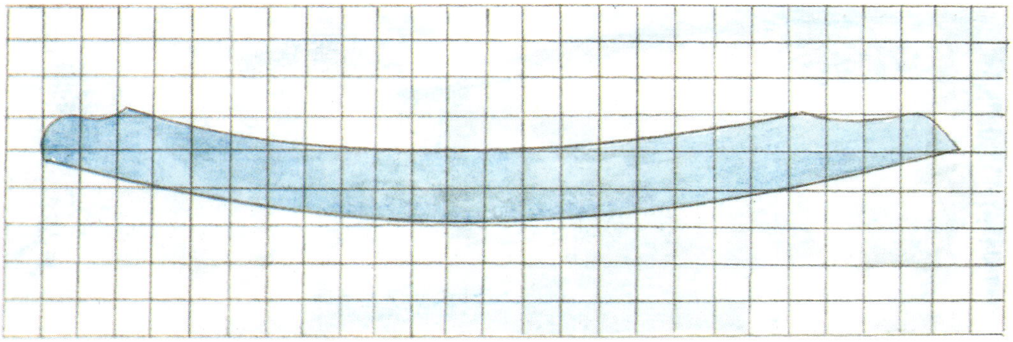

Pour tracer la forme des lames à fixer sous les pieds, reportez le dessin ci-contre sur du papier millimétré ou sur une grande feuille de papier blanc d'au moins 65 cm de longueur, sur lesquels vous tracerez des carreaux de 2,5 cm : chacun des carrés du dessin ci-contre correspond aux carrés tracés sur votre feuille.

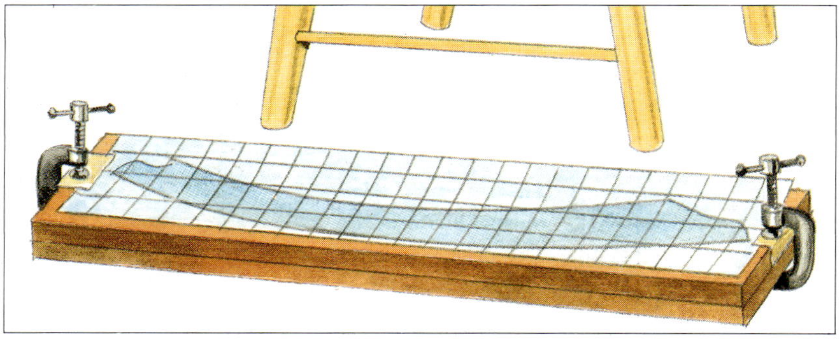

1. Coincez solidement entre 2 étaux 2 planches en bois dur de 20 mm d'épaisseur. Fixez des feuilles de papier carbone sur la planche du dessus, puis le papier millimétré, et tracez le dessin sur le bois. Découpez les 2 planches ensemble.

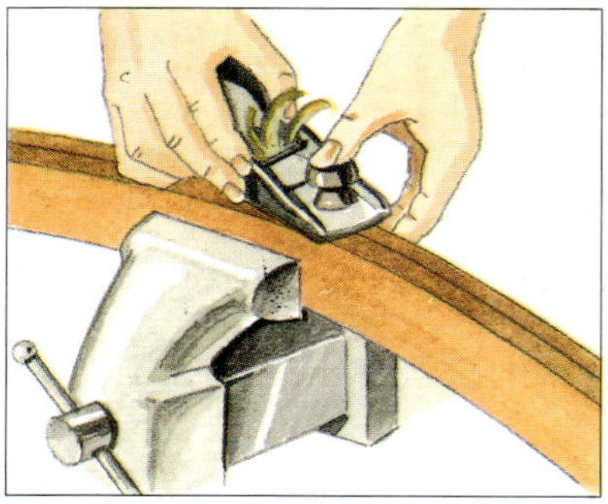

2. En les maintenant dans un étau, affinez la forme des lames de bois avec une plane, un rabot, un bouvet ou une ponceuse.

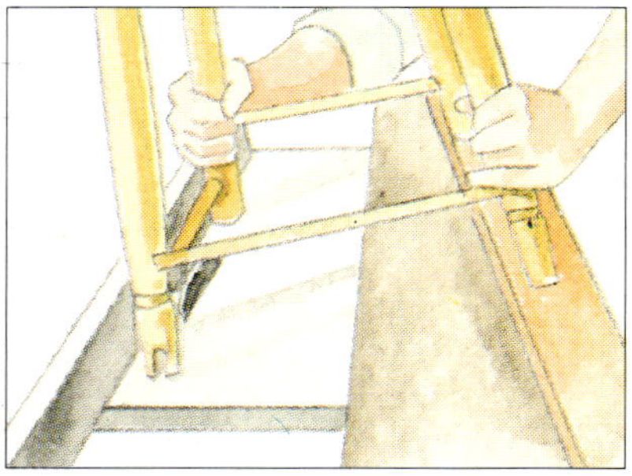

3. Faites des fentes de la même largeur que les lames et de 2 cm de profondeur environ dans les pieds de la chaise.

4. Glissez les lames dans les fentes et percez un trou de 5 mm dans chaque pied pour y enfoncer une cheville.

5. Collez les chevilles, laissez sécher et ôtez l'excédent de colle. Teintez les lames à la couleur de la chaise.

Chiffons Poupée

Ce jouet, qui fait toujours la grande joie des petits, peut être confectionné avec la participation des plus grands. Pour sa réalisation, il vous faut 2 carrés de 30 cm de coton imprimé pour le corps, 2 carrés de 20 cm de toile blanche ou écrue pour la tête et 2 pelotes de laine : l'une de couleur brique ou jaune, l'autre blanche. Prévoyez du kapok pour le rembourrage.

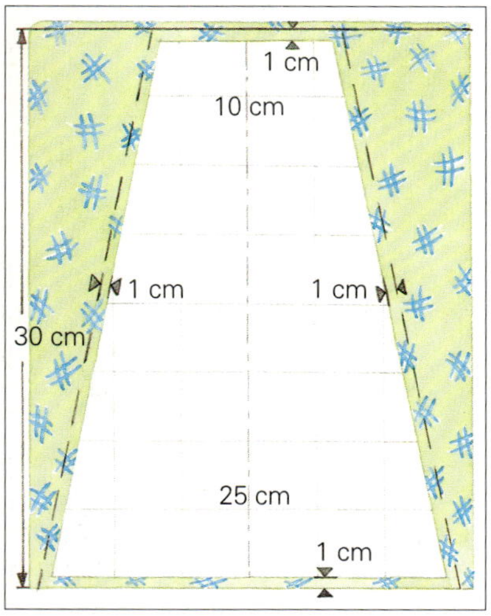

1. Découpez 2 pièces dans le coton imprimé selon les indications ci-dessus pour former le corps.

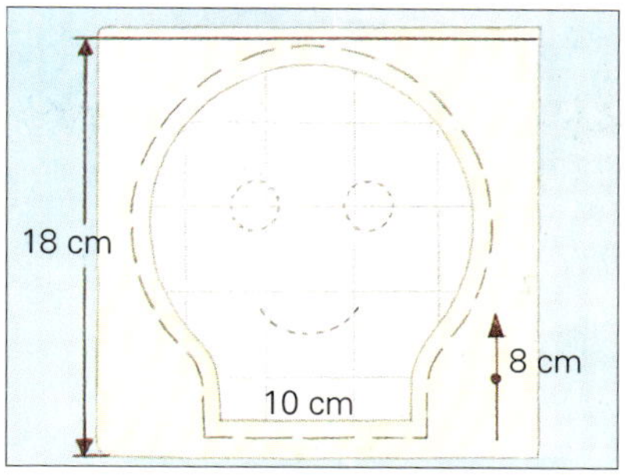

2. Découpez 2 pièces pour la tête de la même façon.

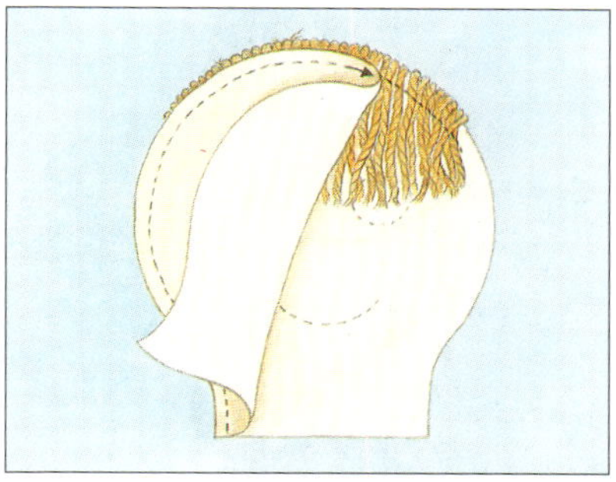

3. Piquez ensemble les 2 pièces du corps sur le contour, sauf le cou. Piquez de la même façon les 2 pièces de la tête, sauf le cou. Auparavant, cousez des brins de laine jaune ou brique au sommet du crâne pour former la frange, en les faisant tomber sur le visage. Ourlez le cou des 2 éléments vers l'extérieur. Retournez le corps et la tête par l'ouverture du cou pour les mettre à l'endroit.

4. Rembourrez le corps et la tête avec du kapok en utilisant le truc suivant : prenez un sac en plastique ouvert à chaque extrémité et servez-vous en comme d'un entonnoir. Fixez la tête au corps par de petits points serrés tout autour du cou.

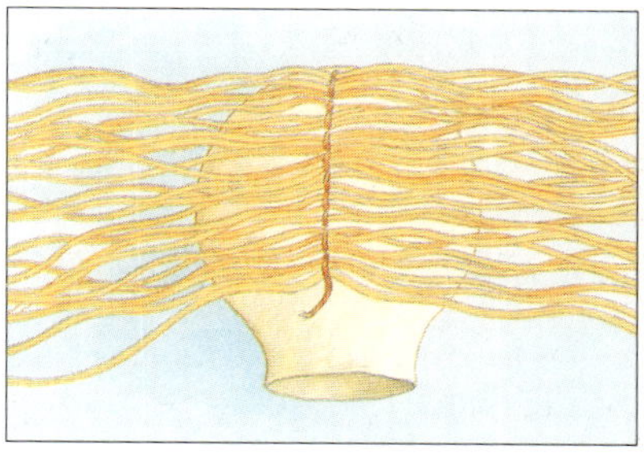

5. Cousez de longs brins de laine jaune ou brique sur l'arrière de la tête. Vous pouvez les tresser si vous aimez les nattes.

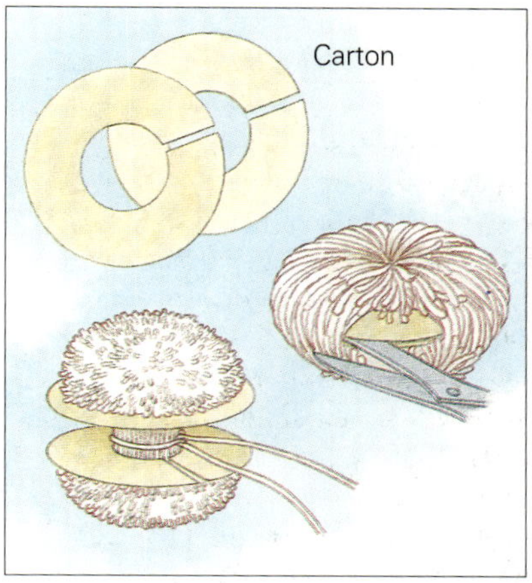

6. Réalisez 4 pompons dans la laine blanche : enroulez la laine autour de 2 cercles de carton superposés, coupez la laine autour des cartons et nouez le centre avec un morceau de la même laine.

7. Fixez les pompons de chaque côté du corps, à 3 cm du cou et à 6 cm de chaque angle du bas. Tracez le contour des yeux au crayon et brodez ceux-ci en bleu ou en vert. Tracez la bouche en forme de cœur et brodez-la en rouge.

Chutes de bois

Bougeoirs

Plutôt que de jeter ou de brûler les chutes de tasseau qui traînent dans votre atelier, transformez-les en bougeoirs en escalier. L'objet ci-dessous est réalisé avec des morceaux de tasseau de 5 cm × 5 cm.

Attention ! Ces bougeoirs sont en bois et ne peuvent être que décoratifs. Si vous allumez les bougies, ils risqueraient de prendre feu.

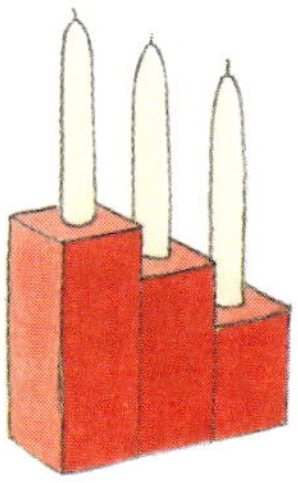

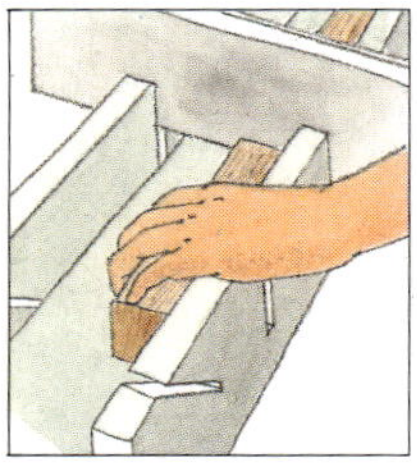

1. Posez des chutes de tasseau de section 5 × 5 cm (ou autre) dans une boîte à onglets. Coupez-les en morceaux de 5, 10 et 15 cm de longueur.

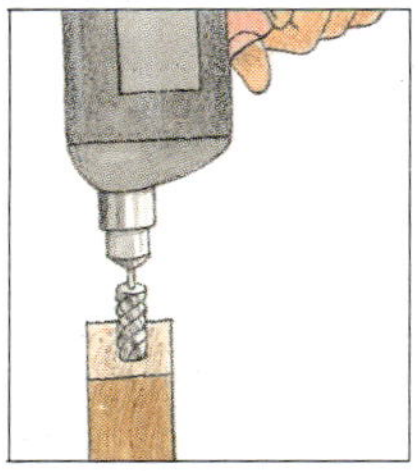

2. Mesurez le diamètre des bougies que vous utiliserez et percez un trou de même taille (bien centré) à l'une des extrémités de chaque morceau de bois.

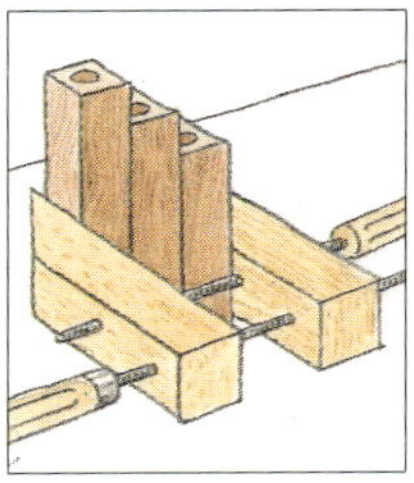

3. Poncez tous les morceaux de bois et fixez-les côte à côte avec de la colle à bois à prise rapide. Serrez-les dans une presse durant le séchage.

4. Après séchage, poncez les bavures de colle, vernissez le bois (après l'avoir teinté ou non) ou peignez-le. Insérez les bougies dans les trous.

Planche à dessin

Avec des morceaux de planche ou de contreplaqué, confectionnez une petite planche à dessin transportable pour votre enfant.

Cette planche est munie d'une poignée et de 4 marqueurs. Fixez le dos en carton d'un bloc à dessin (format 21 cm × 29,7 cm) à la planche avec de grosses agrafes.

Utilisez de larges bandes élastiques pour maintenir les marqueurs. Agrafez-les sur la planche en les tendant bien, puis coupez les morceaux qui dépassent.

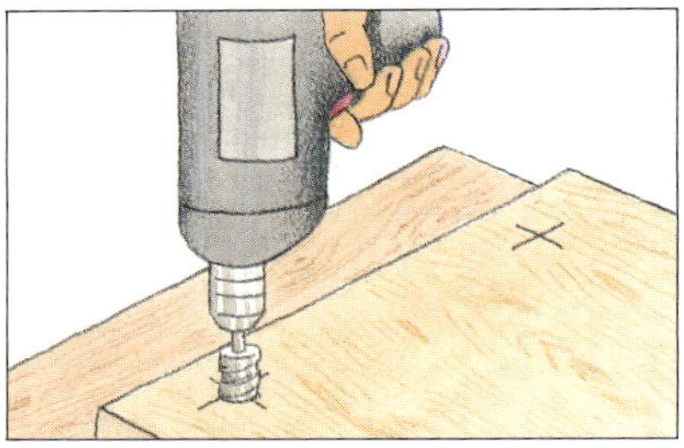

1. Coupez une planchette de 26 cm × 41,5 cm. Percez un trou de 2,5 cm de diamètre à 7,5 cm du bord et à 3 cm du haut de la planchette.

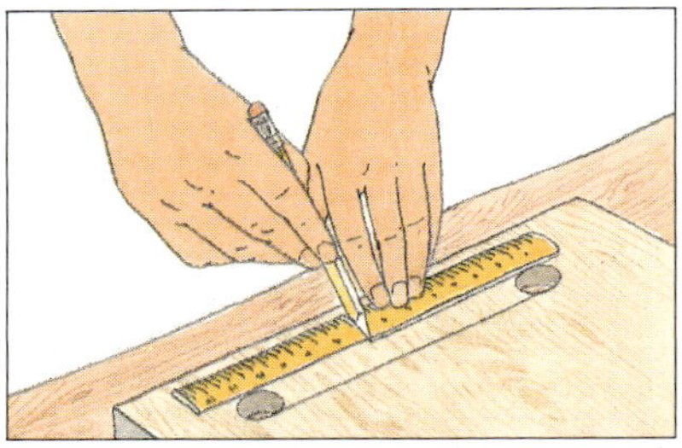

2. Percez un autre trou juste de l'autre côté, selon les mêmes coordonnées. Tracez des lignes droites pour relier les trous.

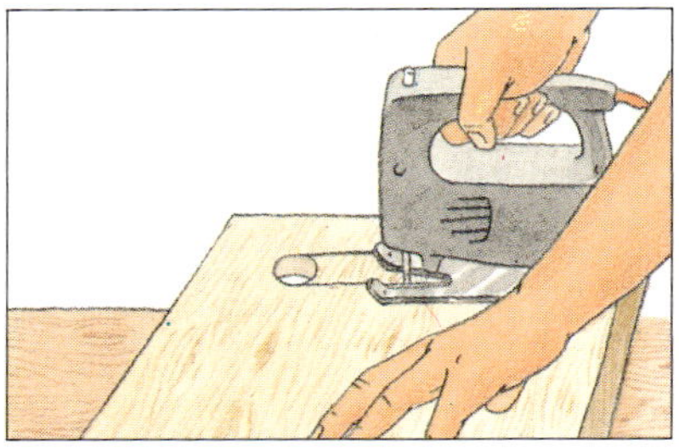

3. Avec une scie sauteuse, découpez le bois entre les trous pour creuser la poignée. Ôtez les échardes, poncez et vernissez.

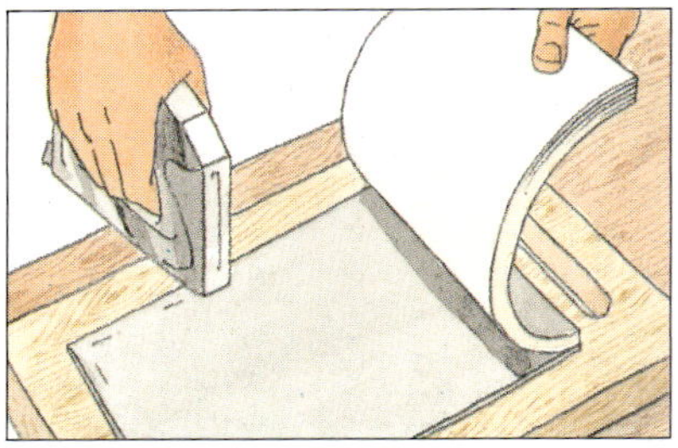

4. Après séchage, centrez un bloc à dessin de 21 cm × 29,7 cm sous la poignée et agrafez le dos en carton à la planche.

5. Agrafez l'extrémité de la bande élastique juste en dessous du bloc. Placez un marqueur en appui contre l'agrafe.

6. Tendez la bande sur le marqueur, puis agrafez-la de l'autre côté. Répétez cette opération avec 3 autres marqueurs.

Chutes de tissu Cadeaux et décorations

Utilisez des chutes de tissu pour décorer pots de confiture maison et autres friandises. Ou encore, transformez-les en jolis sacs pour habiller les bonnes bouteilles que vous souhaitez offrir à Noël. Vous pouvez également couper avec des ciseaux à cranter des morceaux de tissu plus grands et, sans les ourler, en faire des serviettes en tissu pour des réceptions. Faites participer les enfants à ces petits ouvrages.

COUVRE-POTS

Ils donneront un cachet original à vos pots de confiture tout en vous rappelant le temps de vos grand-mères. Réalisez-les avec du tissu imprimé dans du vichy à carreaux pour en accentuer l'aspect rustique.

À défaut, choisissez un tissu de couleur vive et bordez les couvre-pots d'un galon de dentelle. Si vous envisagez d'offrir ces pots de confiture, pourquoi ne pas y joindre quelques mini-serviettes dans un panier ?

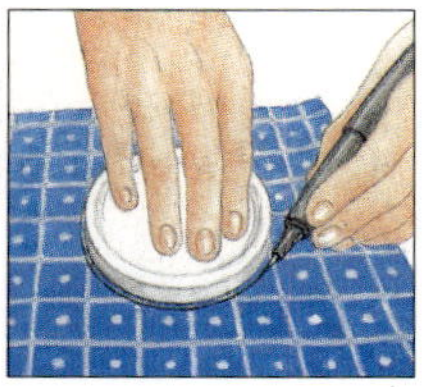

1. Tracez le contour du couvercle sur l'envers du tissu avec un crayon-feutre.

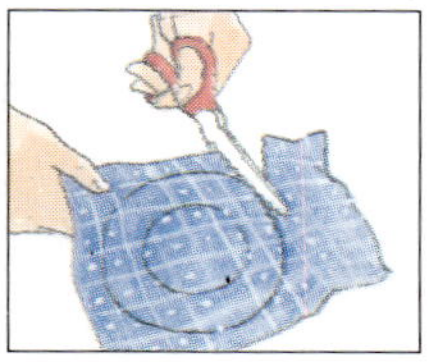

2. Ajoutez 5 cm tout autour et coupez avec des ciseaux à cranter.

3. Collez le galon sur le couvre-pot, posez celui-ci sur le couvercle et fermez avec un ruban.

SACS À BOUTEILLES

Si vous disposez d'une machine à coudre, vous confectionnerez l'un de ces petits sacs en moins de 5 min. Assemblez les bords du tissu sur l'envers au point droit, puis retournez le sac pour que la couture ne se voie pas. Fermez avec un ruban ou un lacet.

Fabriquez des sacs de différentes tailles pour y enfermer d'autres cadeaux : des jouets pour l'anniversaire d'un enfant, des gadgets de cuisine en vue d'un cadeau de mariage, des petits sachets d'herbes aromatiques, des paquets de bonbons, des crayons de couleur, etc.

Vous pouvez, si vous le souhaitez et en fonction de l'occasion, les décorer en y collant quelques motifs découpés dans du feutre ou des lettres composant un nom ou une formule de félicitations.

1. Coupez un rectangle de tissu de 35 cm × 40 cm. Ourlez une largeur sur 1,5 cm.

2. Pliez-le en 2 dans la longueur, sur l'envers. Repassez, puis cousez le haut et le bas au point droit.

3. Mettez à l'endroit et repassez. Glissez la bouteille à l'intérieur et fermez avec un ruban.

MINI-SERVIETTES

Découpez-en toute une série dans différents tissus. Vous pouvez les offrir ou les utiliser lors de réunions familiales, de réunions d'enfants ou pour les invités de passage. Même si vous ne les ourlez pas, ces serviettes résisteront à 4 ou 5 lavages en machine si vous les coupez avec des ciseaux à cranter.

BOULES DE NOËL

Confectionnez des boules de Noël avec des boules en polystyrène de 5 à 10 cm de diamètre, des chutes de tissu, de la dentelle et une lime à ongles.

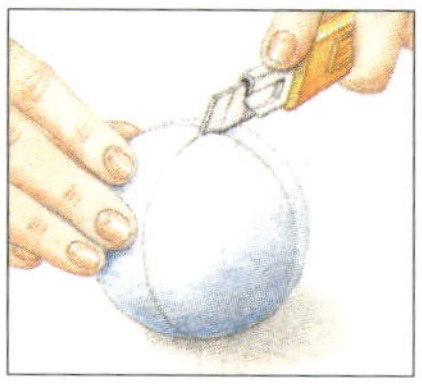

1. Incisez une boule en 4 en faisant une fente de quelques millimètres de profondeur.

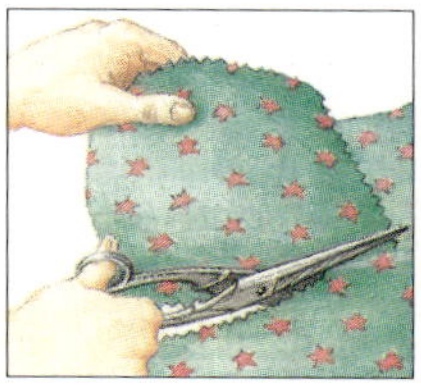

2. Coupez 4 morceaux de tissu un peu plus grands que le quart de la boule.

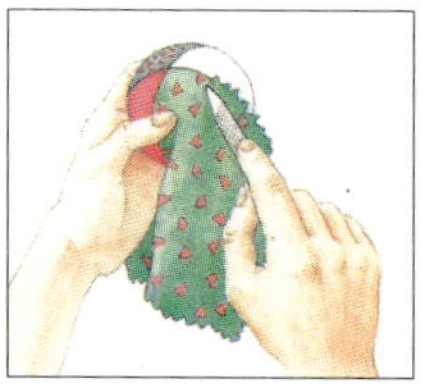

3. Insérez-les dans les fentes avec la lime, recouvrez chaque section et coupez l'excédent de tissu.

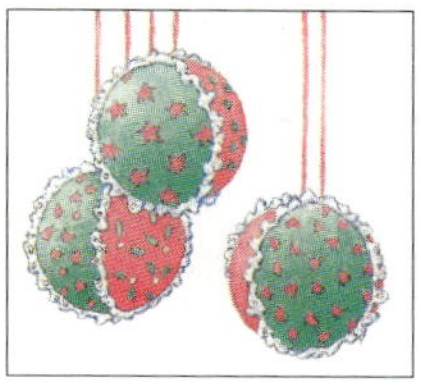

4. Glissez de la dentelle dans les fentes et cousez un fil d'attache. Suspendez à l'arbre.

Cintres/Rénovation

Vous pouvez transformer de vieux portemanteaux en bois en cintres capitonnés et colorés avec de l'ouate et un joli morceau de tissu.

L'enveloppe qui recouvre un cintre est généralement en soie. Cousez ensemble 3 morceaux de soie et assemblez 2 d'entre eux de manière à former des fronces décoratives. Nouez un ruban de couleur contrastée autour du crochet. Vous pouvez aussi y attacher un petit sachet qui parfumera délicatement votre penderie.

Les explications données ici sont valables pour un cintre de 40 cm. Sciez les bouts si votre cintre est plus long.

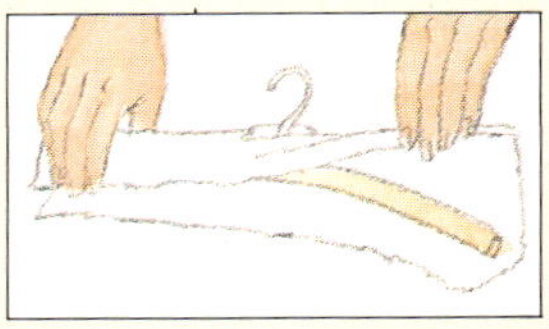

1. Découpez un morceau d'ouate de 25 cm × 45 cm. Incisez le centre, glissez le crochet et enroulez l'ouate autour du cintre.

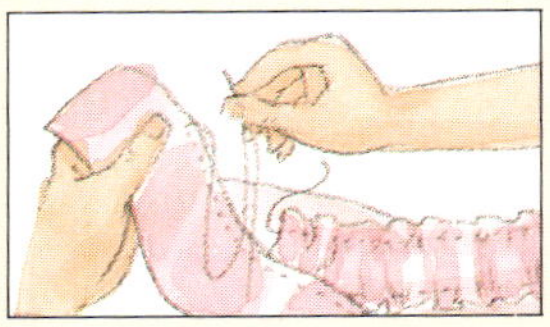

2. Coupez 2 bandes de tissu de 10 cm × 30 cm pour le dessus et 1 de 10 cm × 45 cm. Faites un point de fronce des 2 côtés des bandes du dessus.

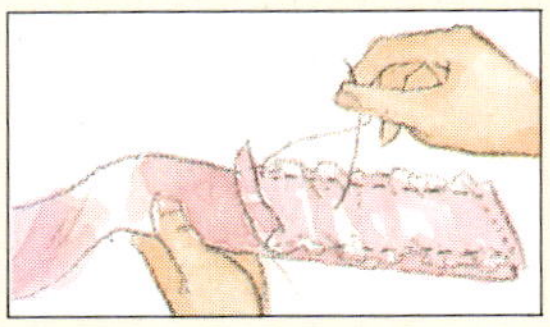

3. Posez les bandes de dessus sur la bande de 45 cm, à l'envers. Froncez les bandes du dessus et cousez-en une sur celle du dessous.

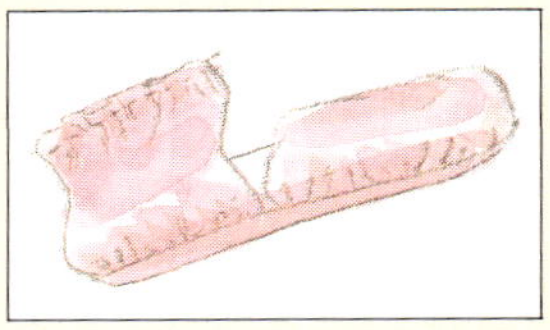

4. Cousez la seconde bande du dessus en laissant un côté largement ouvert. Mettez l'enveloppe à l'endroit.

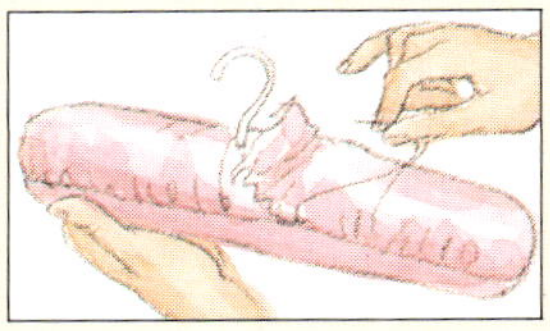

5. Enfilez l'enveloppe sur le cintre. Cousez le côté ouvert et fixez les bandes froncées au crochet.

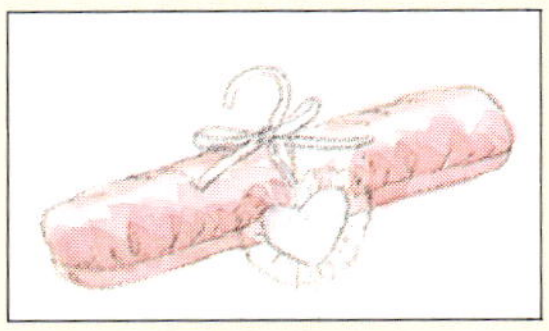

6. Nouez un ruban de couleur contrastée sur le crochet pour décorer le cintre ou accrochez-y un sachet odorant.

Commode Bibliothèque

Vous disposez d'une vieille commode à laquelle il manque des tiroirs ? Retirez le dos, insérez quelques planches de pin, peignez-la et vous obtiendrez une bibliothèque à claire-voie qui vous servira à diviser agréablement une pièce. Si la hauteur des tiroirs est inférieure à 20 cm, retirez certains des supports afin que les étagères soient assez espacées pour contenir des livres. Prévoyez un espace plus réduit pour les magazines et les grands livres que vous rangerez à plat.

Bouchez les trous avec du mastic à bois et peignez le tout. Ou décorez au pochoir (voir p. 369).

1. Ôtez les tiroirs et détachez soigneusement le dos de la commode.

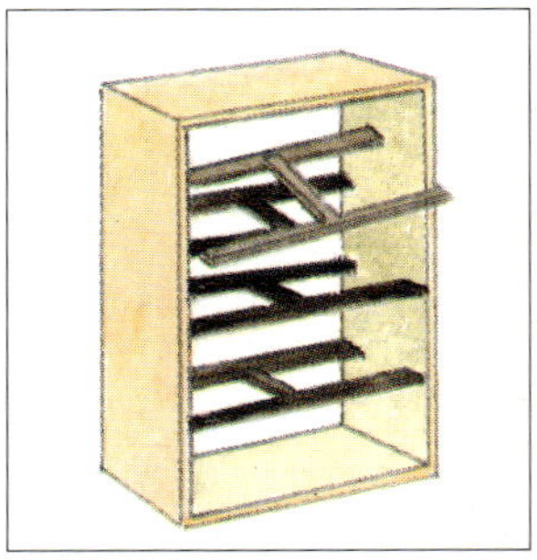

2. Si nécessaire, retirez quelques supports. Décollez l'appui du tiroir central.

3. Mesurez l'intérieur et coupez des étagères en pin de 20 mm à la mesure.

4. Percez des trous et fixez les étagères au montant avec des vis courtes.

Couverts Carillon

Pour fabriquer un carillon à vent qui éloignera les oiseaux de vos massifs fraîchement semés, utilisez les vieilles cuillères et les vieilles fourchettes que vous n'osez plus présenter à table.

À l'aide d'un maillet en caoutchouc ou d'un marteau enveloppé dans un chiffon, aplatissez les ustensiles sur un morceau de bois. Prévoyez quelques fourchettes supplémentaires car tordre les dents est une opération délicate et vous en casserez sûrement quelques-unes avant d'arriver à vos fins.

Outre les cuillères et fourchettes, vous aurez besoin d'un morceau de tuyau en PVC de 10 cm de diamètre et de 8 à 10 cm de long, de fil de cuivre (fil électrique dénudé de 2,5 mm^2 de section), d'un petit cylindre de 15 mm de diamètre, qui vous servira de mandrin pour façonner une boucle, et de fil de pêche résistant à une charge de 5 kg. Encochez le bord inférieur du tuyau ou donnez-lui une forme irrégulière pour qu'il arrête le vent et fasse tinter ce carillon original.

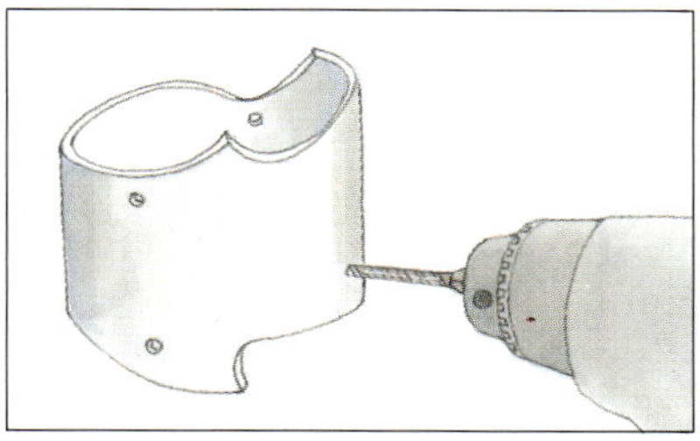

1. Faites des encoches sur les bords d'un morceau de tuyau en PVC de 10 cm. Percez 2 trous de 3 mm face à face à 15 mm du haut. Percez 4 trous équidistants à l'autre extrémité.

2. Coupez 1 m de fil de cuivre et pliez-le en 2 autour d'un cylindre de 15 mm de diamètre. Coincez le tuyau dans un étau et, à l'aide d'une pince, torsadez les 2 brins de fil de cuivre.

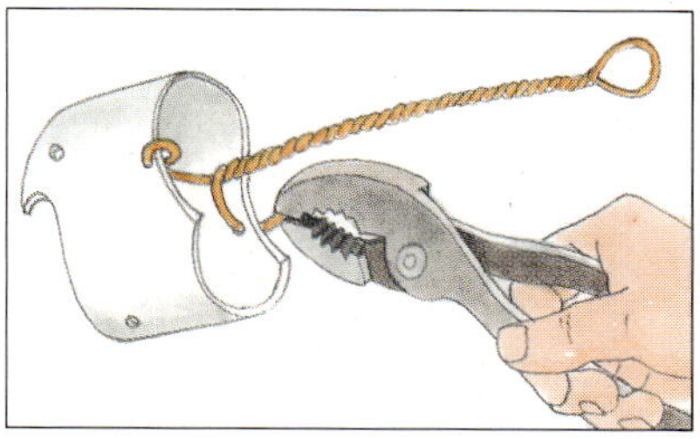

3. Introduisez les extrémités du fil de cuivre dans les 2 trous situés en haut du tuyau en PVC, en partant de l'intérieur, et repliez-les sur les bords avec une pince pour bien les fixer.

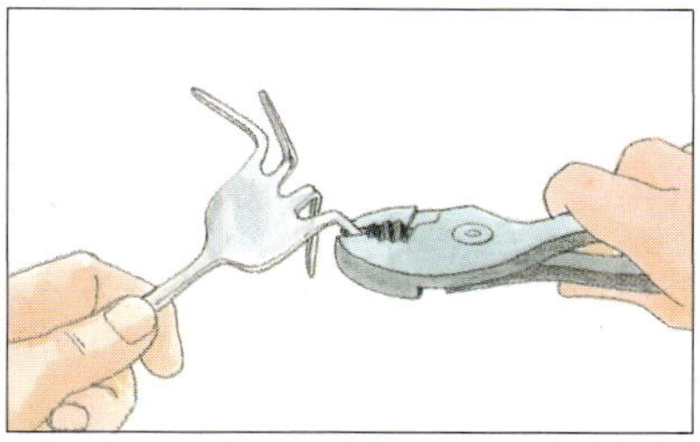

4. Aplatissez 1 fourchette. Pliez une dent du milieu à angle droit et l'autre en sens inverse. Repliez celles des côtés à angle droit vers l'extérieur. Aplatissez 4 cuillères.

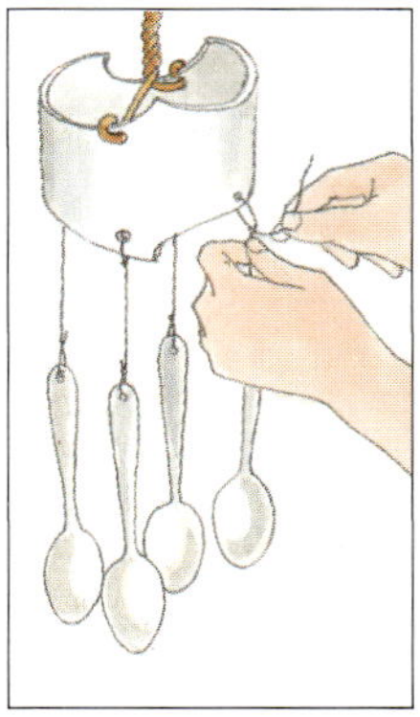

5. Percez un trou et passez un fil de pêche de 30 cm au bout du manche de chaque couvert, puis pendez les cuillères aux trous percés dans le morceau de tuyau.

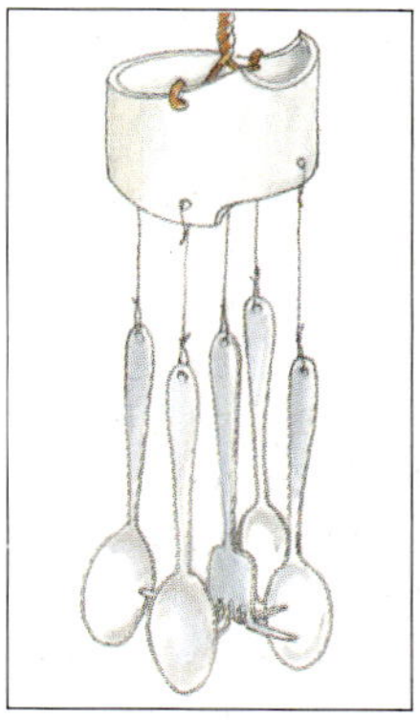

6. Fixez la fourchette au fil de cuivre en veillant à ce que les dents touchent l'ovale des cuillères. Coupez les fils qui dépassent et suspendez le carillon au vent.

Couverture Chaussons de trappeur

Si vous avez tendance à avoir froid aux pieds, voici de quoi les préserver des rigueurs de l'hiver. Vous pouvez réaliser ces confortables chaussons soit dans une vieille couverture, écossaise de préférence, soit dans une veste ou un manteau usagé en imitation fourrure.

À condition que la matière choisie ne s'effiloche pas, vous pourrez découper des franges plus ou moins larges tout autour de la jambe. Autrement, un galon de style norvégien cousu sur le revers sera tout aussi décoratif.

Pour augmenter le confort et la solidité de vos chaussons, doublez la semelle en tissu d'une semelle extérieure en Skaï.

Posez le pied sur une feuille de papier kraft et dessinez-en largement le contour de façon à obtenir une pointure au-dessus. Cela vous permettra de glisser une semelle en peau de mouton à l'intérieur des chaussons si vous le désirez.

Découpez 2 semelles en tissu et 2 semelles en Skaï avec le patron tracé précédemment. Tracez ensuite le patron du chausson selon le schéma ci-dessous, en respectant les mesures suivantes : donnez à la base la longueur de la semelle ; à la hauteur du pied : 12 cm ; à la hauteur de la demi-jambe : 22,5 cm. Épinglez le patron sur le tissu et découpez successivement, ou deux par deux, 4 pièces de tissu de la même forme : vous obtiendrez ainsi 4 demi-chaussons qui vous permettront de confectionner une paire de chaussons.

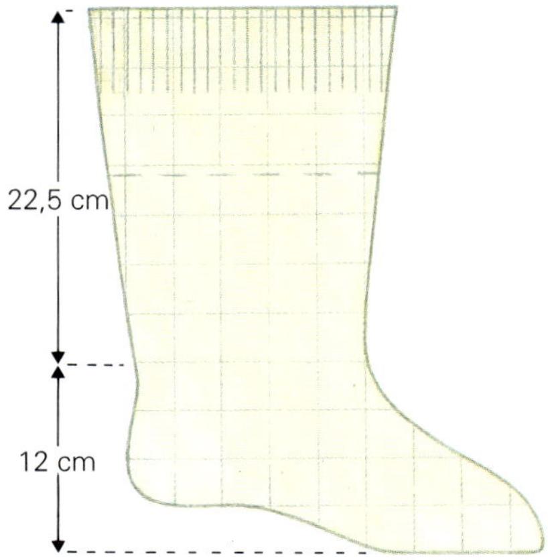

Semelle

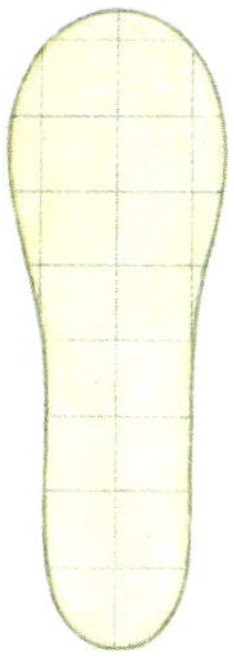

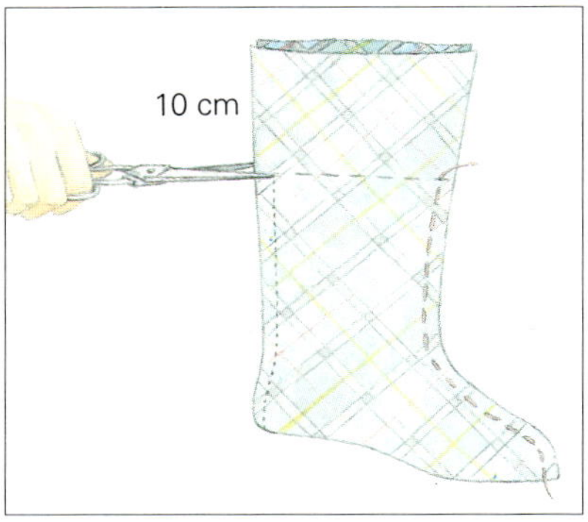

1. Faufilez ensemble, endroit contre endroit, 2 demi-chaussons, de la pointe du pied à 10 cm du haut et de la pointe du talon à 10 cm du haut également. Cousez ensuite avec un point de piqûre. Incisez la largeur de la couture à la hauteur du revers. Rabattez et piquez tout autour à 1 cm du haut. Faufilez un rentré de 1 cm à la base, du talon à la pointe du pied. Piquez à ras bord, puis à 1 cm du bord.

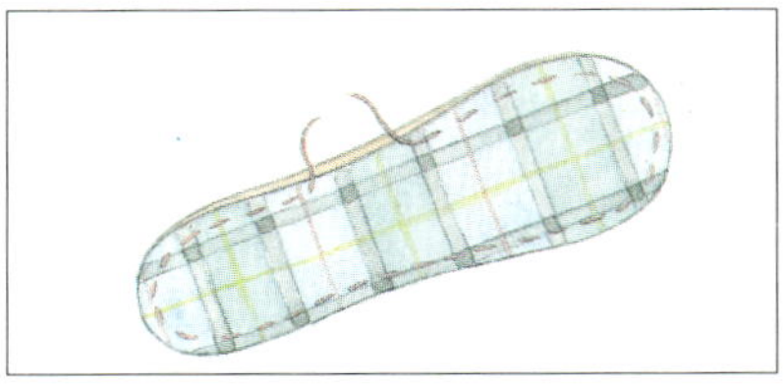

2. Faufilez ensemble, endroit contre endroit, 1 semelle en tissu et 1 semelle en Skaï, en mettant cette dernière en dessous. Piquez tout autour en laissant une ouverture de 3 cm pour pouvoir retourner la semelle. Mettez-la à l'endroit, surpiquez au ras du bord et aplatissez bien au fer, côté tissu.

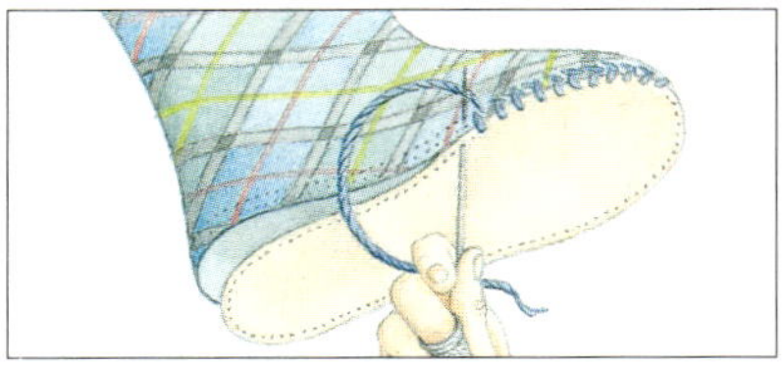

3. Assemblez le chausson et la semelle : enfilez un cordonnet dans une grosse aiguille et cousez la semelle au chausson au point de surjet serré.

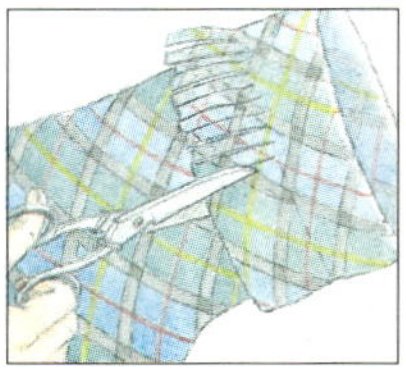

4. Découpez des lanières de 5 cm de long et d'environ 1 cm de large dans le revers. Laissez-les telles quelles ou torsadez-les. Ou alors, cousez un galon sur le revers. Procédez de la même façon pour fabriquer le second chausson.

Dessus-de-lit Tapisserie murale

Ne vous débarrassez pas de votre vieux dessus-de-lit sous prétexte que les bords s'effilochent. Vous pourrez monter sur bois la partie non usée à la manière d'une tapisserie murale (comme indiqué ci-après) ou en faire un coussin. En revanche, s'il est complètement élimé, vous l'utiliserez quand vous ferez de la peinture pour protéger le sol ou, lors d'un déménagement, pour envelopper les meubles.

Une planche de contreplaqué de 15 mm d'épaisseur, quelques punaises, une agrafeuse, des pitons et du fil métallique suffisent pour réaliser cette tapisserie.

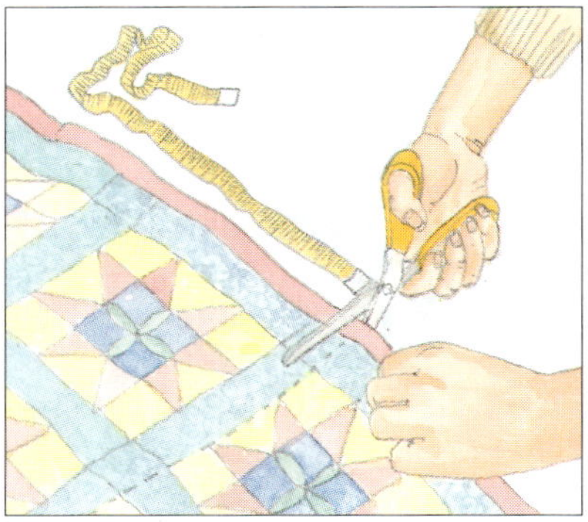

1. Mesurez la partie du dessus-de-lit, comprenant un motif complet, que vous souhaitez transformer ; ajoutez 9 cm de chaque côté et coupez.

2. Coupez le contreplaqué à la scie circulaire aux mesures de la tapisserie terminée. Poncez ensuite les bords pour éliminer les échardes.

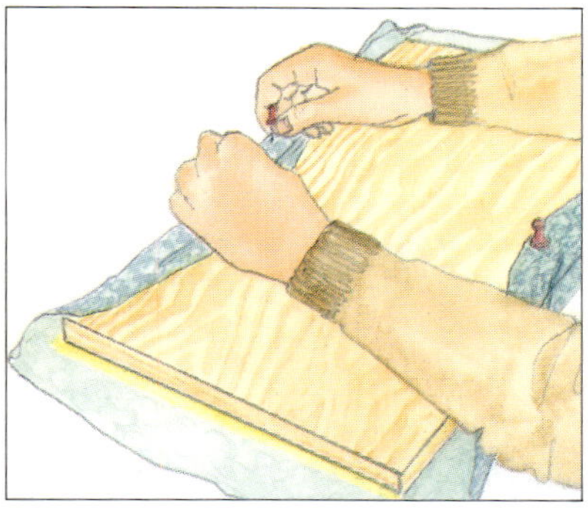

3. Posez le tissu à l'envers, placez le contreplaqué au milieu, rabattez le tissu sur le bois et punaisez.

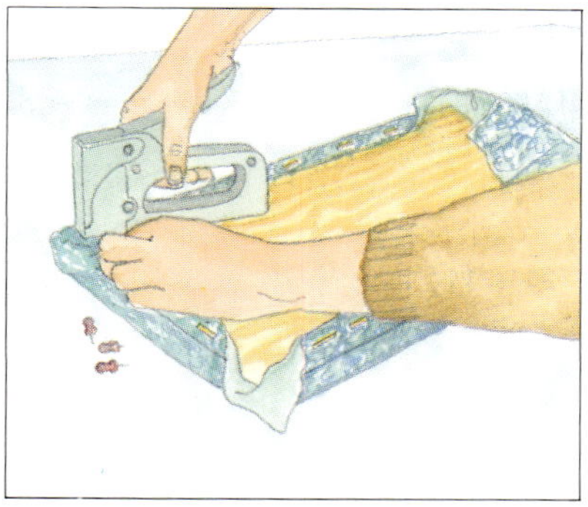

4. Agrafez le tissu sur la planche en commençant par les côtés. Tendez bien les angles, pliez-les et agrafez.

5. Fixez 2 pitons sur le rabat supérieur du tissu, puis accrochez-y du fil métallique pour suspendre la tapisserie.

Échelle en bois Coffre à jouets

Pour ranger jouets et objets encombrants, fixez horizontalement une vieille échelle en bois contre un mur, puis, entre les barreaux, pendez de grands sacs à provisions de couleur vive. Une échelle comportant 5 ou 6 barreaux suffit, mais un modèle plus long peut convenir.

Vous aurez besoin de vis et de chevilles adaptées à la nature de la cloison sur laquelle sera fixée l'échelle, et de 2 ou 3 supports : des tasseaux en pin ou en sapin de section 3 cm × 7 cm, qui constitueront des pieds pour la partie en façade. Fixez l'échelle à une hauteur maximale de 45 cm pour que l'ouverture des sacs reste à la portée des enfants.

Poncez l'échelle, puis fixez-la au mur à chaque extrémité à l'aide de vis 3 fois plus longues que l'épaisseur des montants de l'échelle. Si l'échelle mesure plus de 1,20 m, ajoutez un 3e support au centre. Des sacs de 40 cm sur 55 cm seront assez grands pour remplir l'espace entre les barreaux. Fixez-les à chaque coin avec une vis et une rondelle, puis fixez chaque côté au centre des barreaux. Vous pouvez retirer les poignées des sacs ou les laisser pendre.

Une solution plus élégante : fixez les sacs sur les barreaux avec des semences de tapissier ou des agrafes puis recouvrez les parties clouées ou agrafées avec un galon adhésif ou fixé avec de la colle à tissu.

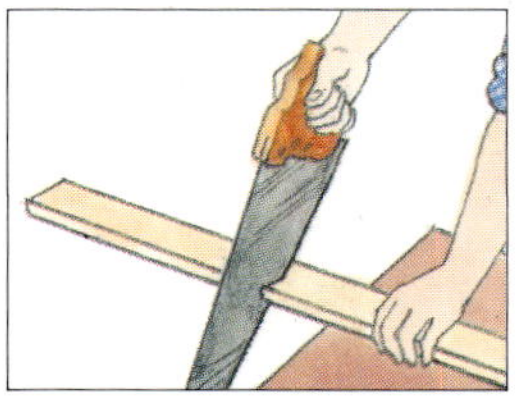

1. Pour fabriquer les pieds de l'échelle, sciez 2 (ou 3) morceaux de bois de section 3 cm × 7 cm et de 40 à 45 cm de long.

2. Fixez les pieds aux extrémités de l'échelle avec des boulons à tête ronde et collet carré, des écrous et des rondelles.

3. Posez l'échelle contre le mur et fixez-la avec des vis à bois ou avec des chevilles adaptées à la nature de la cloison.

4. Placez un sac entre chaque paire de barreaux et percez des trous de 3 mm aux coins et au milieu des 2 barreaux.

5. Fixez chaque sac avec des vis à tête ronde de 20 mm et des rondelles, aux 4 coins et au milieu des barreaux.

6. Sciez des morceaux de contreplaqué de 6 mm d'épaisseur et posez-les au fond des sacs pour les maintenir plats.

Édredon Sets de table

Lorsqu'un édredon lavable vous semble hors d'usage, découpez les morceaux non abîmés et utilisez-les comme sets de table ou comme maniques. Il suffit de coudre sur les bords un biais préplié en guise de galon.

Pour un set de table, il vous faut un rectangle de tissu de 30 cm × 45 cm environ. Pour les maniques, prévoyez des carrés de 20 à 25 cm de côté. Calculez la longueur du biais nécessaire en ajoutant 7,5 cm au périmètre d'un set ; ajoutez 20 cm à celui d'une manique, de façon à pouvoir confectionner une attache suffisamment longue pour la suspendre.

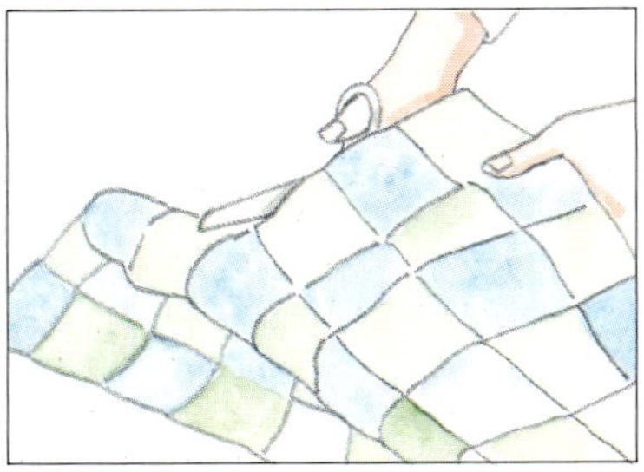

1. Découpez un morceau d'édredon non endommagé et mesurez-en le périmètre. Coupez un large biais préplié à la mesure en ajoutant 7,5 cm pour un set, et 20 cm pour une manique.

2. Dépliez le biais à une extrémité et faites un ourlet de 1,5 cm. Posez le galon déplié bord à bord sur un côté du tissu, en partant du milieu. Épinglez. Cousez ensemble galon et tissu le long du premier pli.

3. Épinglez et cousez le galon sur les autres côtés, l'un après l'autre. Assemblez les coins au fur et à mesure. Repliez la dernière extrémité et faites un ourlet de 1 cm. Ôtez les épingles.

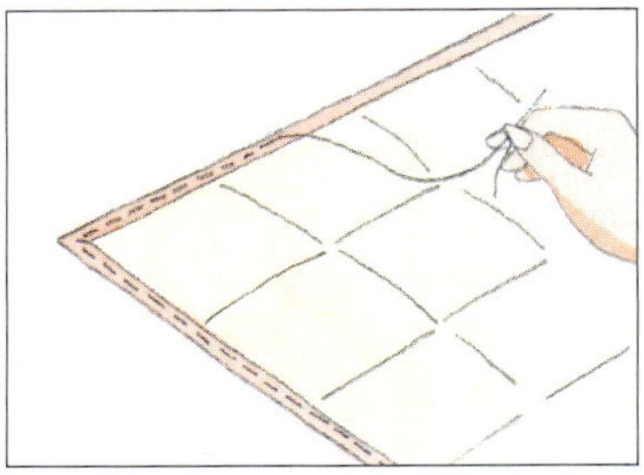

4. Rabattez le galon de l'autre côté du tissu de manière qu'il forme un double pli sur l'envers. Cousez ce rabat avec un point de devant au milieu du pli.

Fauteuil en toile/Rénovation

Remettez à neuf les fauteuils en toile qui ont souffert d'une exposition prolongée au soleil ou à la pluie.

Faites sauter les agrafes ou les clous avec une tenaille et détachez l'ancien tissu en veillant à ne pas le déchirer afin de reprendre les mêmes mesures pour la nouvelle garniture. Poncez le bois avec du papier de verre moyen en insistant particulièrement sur les taches noires ou les taches de rouille laissées par le métal. Peignez le bois ou teintez-le. Si vous utilisez les chaises à l'extérieur, appliquez un vernis (mat ou satiné) au polyuréthanne.

Choisissez une toile de tente ou tout autre tissu épais (évitez les tissus synthétiques, ils se détériorent au soleil).

Plaquez le nouveau tissu sur l'ancien et coupez-le aux mêmes dimensions. Tendez-le autant que possible avant de l'agrafer.

1. Soulevez les agrafes avec un tournevis et détachez-les avec une pince. Arrachez les clous avec une tenaille.

2. Nettoyez le bois à l'alcool. Si nécessaire, passez-le au papier de verre, puis peignez-le.

3. Découpez le nouveau tissu sur l'ancien ou mesurez l'écart entre les montants et ajoutez 10 cm pour l'agrafage.

4. Rabattez les bords du tissu autour du bois et fixez avec une grosse agrafeuse.

Fer forgé/Rénovation

Il ne suffit pas d'une couche de peinture pour rénover des meubles de jardin en fer forgé. Il est indispensable de retirer auparavant les traces de rouille, les écailles de vieille peinture et de boucher les trous. Achetez des produits antirouille et de la peinture de préférence de la même marque pour être sûr qu'ils seront compatibles entre eux.

1. Décapez la peinture, puis frottez le fer au grattoir et à la brosse métallique. Dépoussiérez et appliquez un inhibiteur de rouille.

2. Avec un petit couteau à enduire et du mastic polyester pour carrosserie, bouchez les trous et les brèches. Poncez après séchage.

3. Passez 2 couches de peinture antirouille avec ou sans sous-couche de minium gris (lisez les modes d'emploi des peintures utilisées avant de vous décider).

Fût métallique Barbecue

Un fût métallique d'une trentaine de centimètres de diamètre et de 50 cm de long, coupé en 2, peut se transformer en barbecue de jardin (1 fût permet ainsi de construire 2 barbecues).

Utilisez un fût qui n'a pas contenu de matière toxique et prenez la précaution de le rincer à l'eau avec du détergent et de bien ventiler son contenu avant de le couper dans le sens de la longueur. Pour ce travail, il vous faudra une meuleuse équipée d'un disque à tronçonner : cet outil génère des gerbes d'étincelles qui pourraient provoquer l'inflammation, voire l'explosion, d'un mélange gazeux inflammable qui serait resté enfermé dans le fût. Portez des lunettes de protection et des vêtements non inflammables à chaque fois que vous utiliserez votre meuleuse.

Après avoir fabriqué des piétements (à fixer sous le demi-fût) avec du fer plat de 40 mm de large, et avoir peint l'ensemble avec une peinture spéciale pour hautes températures, vous procéderez au montage de l'ensemble avec des boulons poêliers. Puis vous étalerez une couche de sable et de gravillons dans le fond, sur laquelle vous poserez le charbon de bois ou les sarments à brûler. La grille de cuisson reposera simplement sur les bords du barbecue. Avant d'utiliser votre réalisation, faites plusieurs flambées à vide pour éliminer les restes de solvant et l'odeur résiduelle de la peinture.

Un conseil im-pé-ra-tif : n'allumez jamais et ne réactivez jamais le feu d'un barbecue avec de l'alcool, de l'essence, du white-spirit ou tout autre combustible facilement inflammable (des brûlures très graves, voire fatales, sont à déplorer tous les ans par suite de ces actions insensées).

1. Videz et nettoyez le fût, rincez-le à l'eau, puis coupez-le dans le sens de la longueur. Ensuite, ébarbez les bords avec la meuleuse, puis lissez avec une ponceuse.

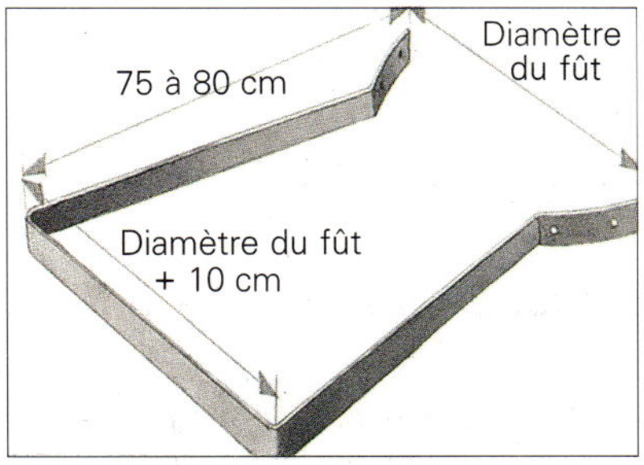

2. Fabriquez les 2 piétements en cintrant et pliant le fer plat selon les cotes indiquées ci-dessus. Percez 2 trous de 6 mm de diamètre dans les parties cintrées pour fixer le demi-fût.

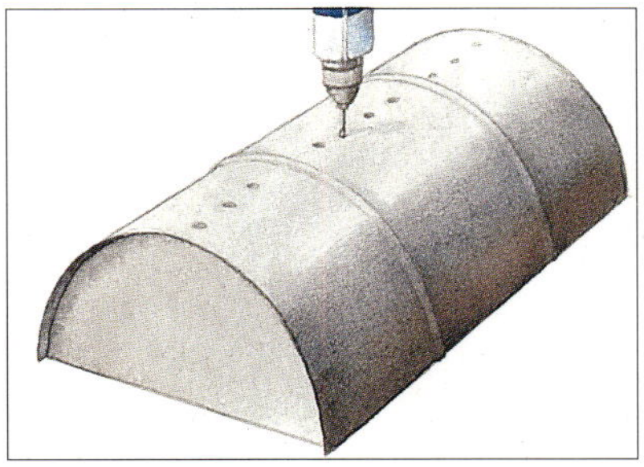

3. Présentez les piétements sur le demi-fût et percez les trous dans le fond pour les fixer. Percez aussi des trous au fond (dans les nervures) pour évacuer les eaux de pluie éventuelles.

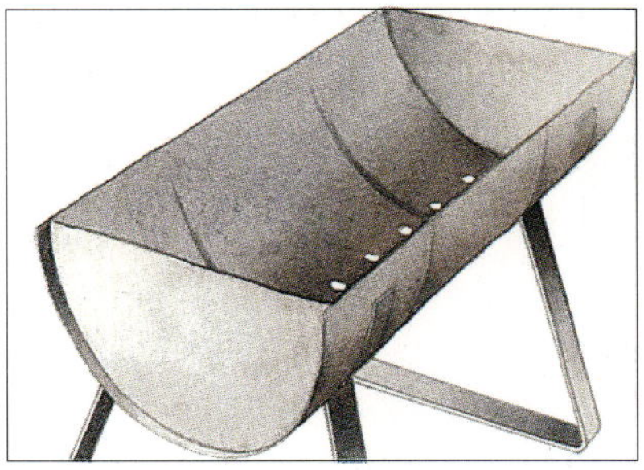

4. Peignez toutes les pièces avec une peinture spéciale pour hautes températures (en aérosol), puis fixez les piétements avec des boulons poêliers (têtes rondes du côté intérieur).

Impression à la pomme de terre/Technique

Découpez un dessin dans une demi-pomme de terre, puis appliquez-la sur un tampon encreur ou une feuille de papier sulfurisé enduite de peinture et servez-vous-en comme d'un tampon à imprimer. L'impression rappellera celle des réalisations artisanales.

Vous pourrez personnaliser le papier pour envelopper vos cadeaux (utilisez du papier blanc et décorez-le à votre goût), ou imprimer vos dessins sur des meubles peints ou d'autres objets. Sur bois ou carton, protégez vos œuvres par du vernis satiné. Si vous imprimez une rangée d'un même dessin, faites un repère dans la pomme de terre pour garder le même sens aux dessins.

1. Coupez une grosse pomme de terre, puis, au pinceau, tracez votre dessin à la surface. Avec un couteau de cuisine pointu ou un cutter, creusez sur une profondeur de 4 à 5 mm les parties blanches du dessin.

2. Appliquez la pomme de terre gravée sur un tampon encreur, puis pressez-la sur la surface à imprimer en réencrant à chaque fois. Variez les couleurs ou « encrez » avec de la peinture acrylique.

Jante de roue Porte-tuyau d'arrosage

Ne laissez pas votre tuyau d'arrosage traîner sur le sol : il risque d'être détérioré. Récupérez une jante de roue de voiture usagée pour faire un support mural où vous rangerez votre tuyau, à l'abri des écrasements et des coups de bêche.

Fixez la jante sur le mur à une hauteur comprise entre 1 m et 1,50 m, de façon à ne pas faire de gymnastique excessive et inutile pour ranger ou dérouler le tuyau. Selon le type de jante utilisé, vous trouverez 3, 4 ou 5 trous de fixation. Pour cet usage, vous utiliserez seulement 3 trous pour fixer la jante au mur.

Dans tous les cas, nettoyez la jante au white-spirit, puis au détergent, avec rinçage au jet, pour éliminer les traces de terre et de cambouis. Ensuite, vous pourrez la peindre avec une peinture antirouille vert jardin ou de toute autre couleur qui la fera se fondre dans le décor.

1. Présentez la jante contre le mur à l'endroit où vous désirez la fixer, face normalement apparente tournée vers le mur. Marquez les emplacements des trous de fixation.

2. Si le mur est en dur (béton, briques...), percez 3 trous de 10 cm de profondeur et de 14 mm de diamètre. S'il est en bois, faites des avant-trous pour placer des tire-fond.

3. Dans une tige filetée de 10 mm de diamètre au minimum, coupez 3 broches suffisamment longues pour être scellées dans le mur et dépasser la joue de la jante de 12 à 15 mm.

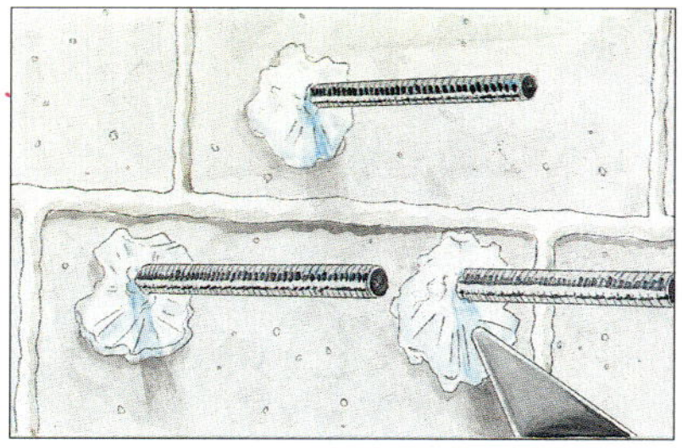

4. Scellez les broches dans le mur avec du plâtre ou du ciment prompt. Vérifiez qu'elles sont en regard des trous de la jante et qu'elles dépassent suffisamment de celle-ci.

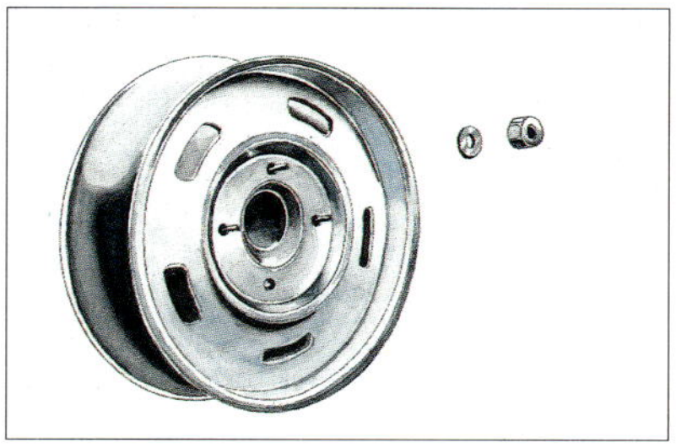

5. Laissez prendre le plâtre ou le ciment pendant au moins 48 h avant d'enficher la jante (peinte) sur les 3 broches. Fixez-la avec des écrous et des rondelles.

6. Sur une cloison en bois, la fixation peut être faite avec de longs tire-fond ou des tiges filetées traversantes et boulonnées (avec rondelles) des 2 côtés.

Livre Coffret à bijoux

Protégez-vous des voleurs en transformant un livre en petit coffret à bijoux que vous rangerez dans la bibliothèque.

Choisissez un ouvrage à couverture cartonnée. Collez toutes les pages ensemble, à l'exception des premières, avec un mélange composé de 3 parts de colle blanche pour 1 part d'eau. Insérez une feuille de papier paraffiné entre la dernière page non collée et la première page collée. Glissez-en une seconde entre la dernière page et la couverture. Fermez le livre et mettez-le sous presse (évitez la surcharge, les pages risqueraient de plisser). Laissez sécher pendant toute la nuit.

Lorsque la colle est sèche, délimitez la partie à découper : prévoyez une marge d'au moins 2,5 cm, percez des trous aux 4 coins et, à l'aide d'une scie à guichet, retirez la section prévue. Collez la couverture du dos et mettez à nouveau sous presse. Tapissez l'intérieur de satin ou de feutrine adhésive.

1. Appliquez généreusement de la colle avec un pinceau large sur les pages à encoller.

2. Insérez du papier paraffiné, fermez le livre et mettez sous presse. Laissez sécher.

3. Tracez la découpe centrale en réservant au moins 2,5 cm tout autour.

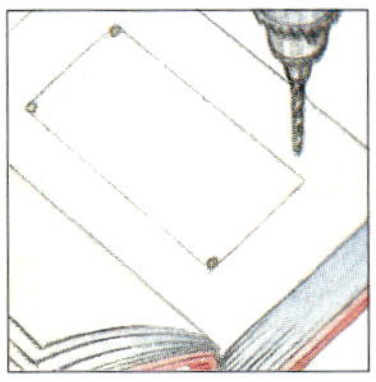

4. Percez des trous aux 4 coins à l'aide d'une perceuse.

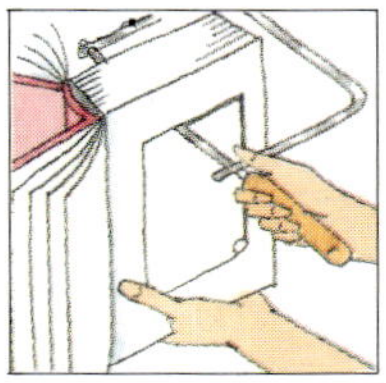

5. Découpez avec une scie à guichet la partie du livre à retirer.

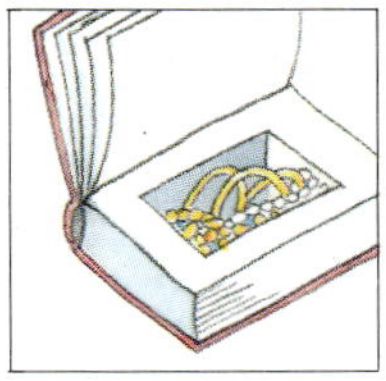

6. Collez la couverture du dos, puis habillez l'intérieur du coffret de satin ou de feutrine adhésive.

Marbrure/Technique

Avec cette technique, vous donnerez l'aspect du marbre à vos murs, à vos lambris, aux meubles des enfants...

Choisissez 6 teintes de peinture acrylique : une pour le fond ; 2 autres, (dites « dérivées »), de même coloris mais plus foncées ; 2 pour les veines, et du noir ou une autre couleur contrastante. Ajoutez du pigment blanc en poudre et du liant (huile de lin clarifiée ou huile d'œillette).

Commencez par poncer la surface à peindre et nettoyez-la avec une peau de chamois. Appliquez 2 couches de couleur de fond, puis une couche de vernis acrylique mat transparent. Utilisez des assiettes en carton en guise de palette.

1. Pressez les tubes de coloris « dérivés » sur une assiette en carton et étalez-les par un mouvement circulaire et régulier avec une brochette en bois. Répétez l'opération avec le pigment blanc et le liant. Remuez l'assiette afin que tous les ingrédients s'étalent sans se mélanger complètement. Imbibez une éponge d'eau, essorez-la et appliquez-la sur la peinture. Peignez en tournant l'éponge pour dessiner des traînées.

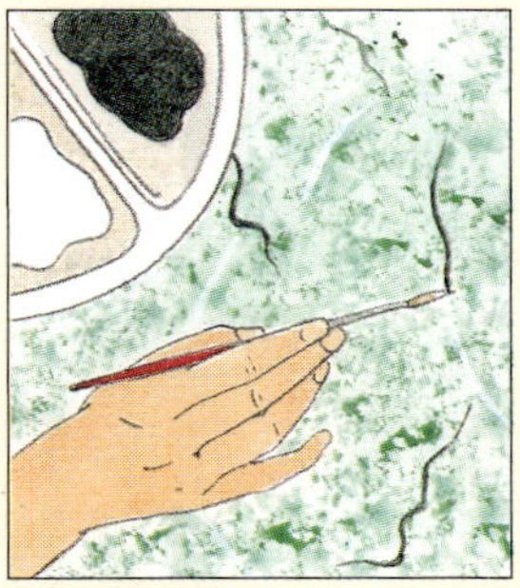

2. Lorsque cette peinture est sèche, versez une petite quantité des teintes destinées aux veines sur une autre assiette et mélangez chaque couleur avec du pigment blanc et du liant. Avec cette peinture et un pinceau fin, soulignez les contrastes du fond par quelques contours, en combinant coups de pinceau réguliers et nervures. Commencez au sommet des traînées du fond et descendez rapidement en les contournant.

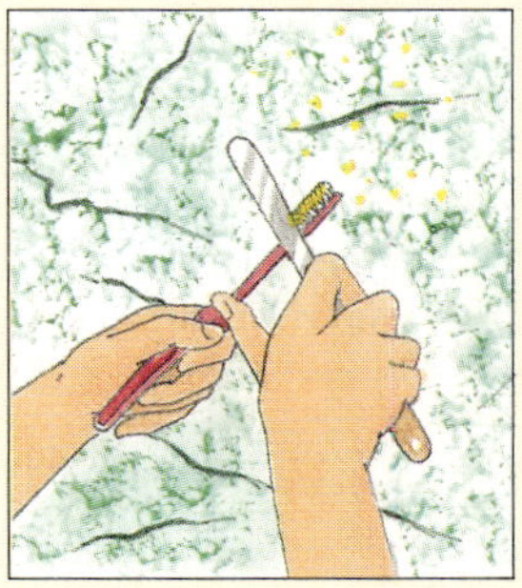

3. Pour créer un mouchetis sur les traînées et les veines de votre surface marbrée, plongez une brosse à dents dans de la peinture de coloris contrastant, puis effleurez les poils de la brosse avec la lame d'un couteau. N'exagérez pas l'effet recherché : quelques éclaboussures bien placées devraient suffire. Lorsque la peinture aura séché, appliquez 2 couches de vernis polyuréthanne satiné. Poncez et dépoussiérez entre les couches.

Meuble en osier/Rénovation

Ne jetez pas un meuble en osier dont quelques morceaux sont cassés ou effilochés : ces dégâts sont faciles à réparer.

Les meubles dits « en osier » sont composés de diverses fibres végétales rigides (bambou) et souples (osier et rotin). Ces matériaux sont en vente dans les boutiques spécialisées dans les activités de loisirs manuels. Rendez-vous à la boutique avec des morceaux des parties à refaire : vous obtiendrez ainsi exactement les mêmes modèles de tiges d'osier ou d'écorces de rotin.

Vous aurez besoin d'un marteau, de pinces, de clous de 10 ou 12 mm à tête plate, de colle à bois à prise rapide (ou d'un pistolet à colle), de ruban adhésif et d'un seau d'eau chaude.

Nettoyez le meuble avec une brosse souple et de l'eau additionnée de détergent. Rincez au jet ou au nettoyeur à haute pression. Laissez sécher à l'abri du soleil. Faites tremper les nouvelles pièces de rotin et d'osier pendant 24 h dans de l'eau.

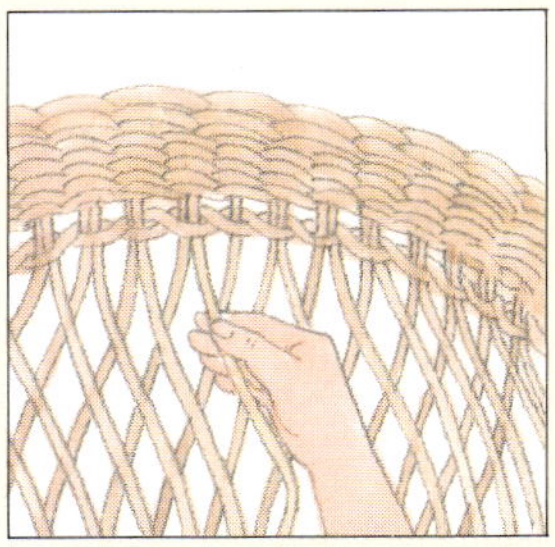

1. Égouttez les tiges trempées dans l'eau. Coupez les bouts en pointe et mettez-les en place en les entrelaçant.

2. Pour recouvrir un pied de chaise, couchez-la et fixez le rotin en haut du pied avec un clou à tête plate de 12 mm.

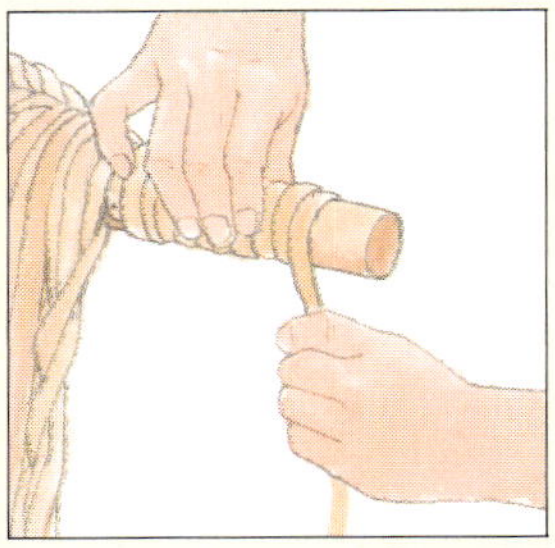

3. Entortillez le rotin autour du pied en serrant bien. Arrivé à l'autre extrémité du pied, coupez la bande avec une pince coupante.

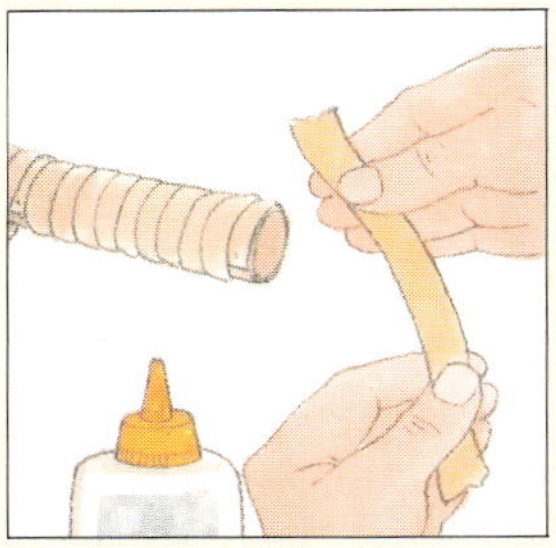

4. Encollez le bout du rotin et fixez-le avec une pointe de 12 mm. Maintenez le tout avec une bande durant le temps de séchage.

Nappe Surnappe et serviettes

Ne vous séparez pas de l'immense nappe héritée de votre grand-mère. Découpez les parties intactes et transformez-les en linge de table dont vous aurez souvent l'utilisation. Découpez une chute en rond ou en ovale, ce sera un centre de table. En carré, vous ferez une jolie surnappe à laquelle vous assortirez de petites serviettes. Vous pourrez ainsi habiller une nappe ordinaire de 4 à 6 couverts.

Pour la surnappe, coupez un carré de 90 cm de côté. Pour les serviettes, coupez des carrés de 40 cm. Si vous n'avez pas assez de tissu pour un carré de 90 cm, coupez 2 rectangles de 90 cm × 45 cm et cachez la couture d'assemblage avec un galon lavable. Utilisez alors le même galon pour border les serviettes.

1. Faites un rentré de 1,5 cm sur les bords et repassez pour bien marquer le pli.

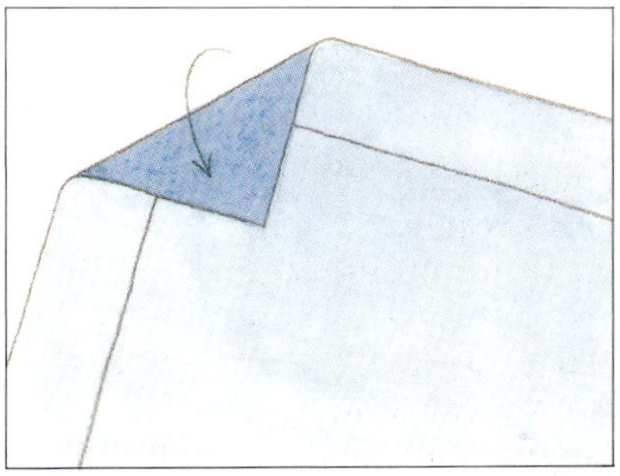

2. Pour former un onglet à l'angle, repliez la pointe sur elle-même et repassez la pliure.

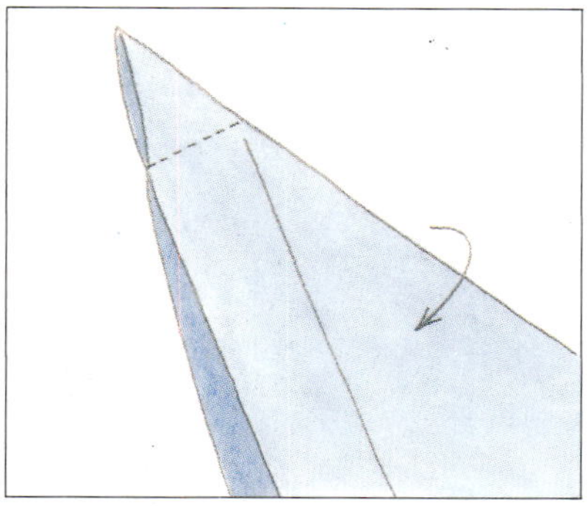

3. Dépliez. Pliez la diagonale de l'angle et faites une piqûre.

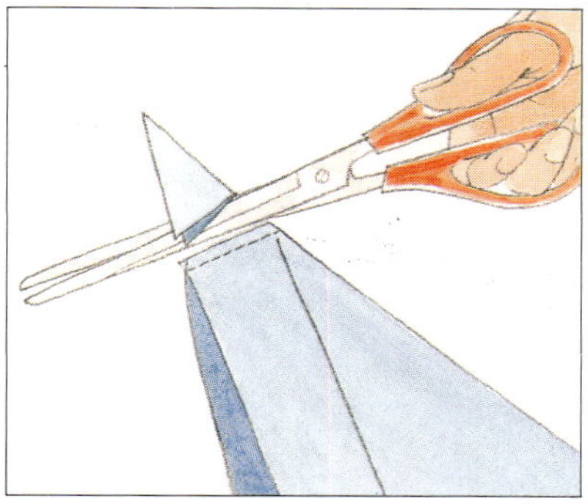

4. Coupez l'excédent de tissu et retournez sur l'endroit. Repassez pour former un angle bien net.

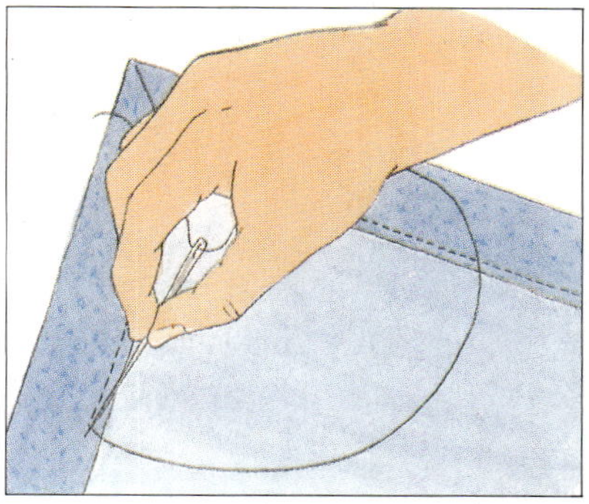

5. Coupez l'ourlet en laissant un petit rentré ou cousez-le tel quel à la machine ou à la main.

Napperons Coupes

Vous pouvez transformer de petits napperons crochetés en coupes délicates et originales en les passant simplement dans un mélange de sucre et d'eau. Utilisez les plus petites pour les bonbons, les plus grandes pour les fruits. Les proportions données ici conviennent à un napperon d'environ 20 cm de côté. Prévoyez une préparation nouvelle pour chaque coupe.

Lorsque vous plongez le napperon dans l'eau sucrée, pressez-le doucement du bout des doigts pour répartir uniformément le mélange. Renouvelez l'opération 2 ou 3 fois jusqu'à ce qu'il soit bien imbibé.

Utilisez un bol retourné sur une serviette en guise de moule.

Si vous souhaitez rendre au napperon son premier usage, laissez-le sous l'eau chaude courante jusqu'à ce qu'il ne colle plus et lavez-le ensuite avec un savon doux.

1. Versez 50 g de sucre dans un saladier, puis ajoutez 10 cl d'eau bouillante. Remuez 3 min, jusqu'à l'obtention d'un mélange presque opaque.

2. Plongez un napperon sec dans le mélange, puis pressez-le pour en ôter l'excédent. Recouvrez-en le moule et épinglez les bords sur la serviette.

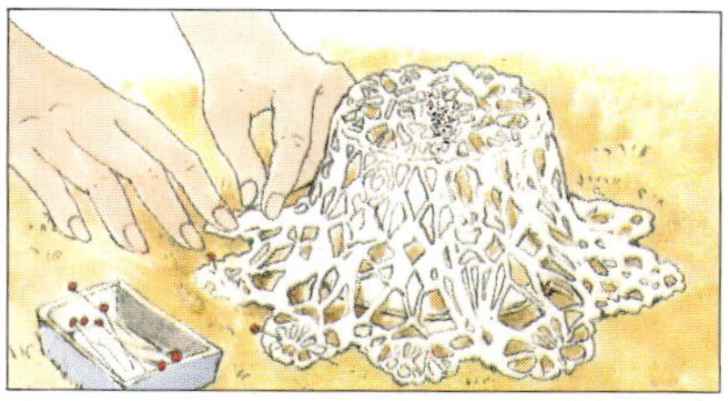

3. Laissez sécher au moins 6 h. Ôtez les épingles et décollez doucement le napperon du moule avec des doigts humides, en commençant par le bord.

4. Séparez délicatement le napperon du moule. Pour empêcher les petits objets de glisser dans les trous, doublez la coupe d'une feuille de plastique transparent.

Nichoir à oiseaux Horloge

Lorsque les mésanges ont abandonné leur nichoir, transformez-le en horloge murale. Évitez de le peindre, son aspect patiné fera partie du charme. Pour le mécanisme, procurez-vous un modèle à quartz fonctionnant avec une pile ronde LR6 de 1,5 volt (alcaline de préférence).

Les nichoirs fabriqués pour être cloués sur un arbre sont les plus faciles à transformer en horloge. Si vous disposez d'un modèle double, vous pourrez faire 2 horloges – il vous suffira de scier le nichoir en 2 et de monter chaque moitié sur une planche coupée à la mesure.

Si le nichoir n'est pas équipé d'un toit amovible, fixez des charnières sur le fond ou le dos afin de pouvoir installer le mécanisme et changer la pile.

Pour indiquer l'emplacement des heures, fabriquez un gabarit en papier : tracez un cercle, marquez l'emplacement de 12, 3, 6 et 9 h, puis marquez les 2 points équidistants entre chaque nombre. Fixez de petits rivets de cuivre sur le cadran pour signaler les heures ou peignez-les. Enfin, pourquoi ne pas coller un oiseau en bois sur un perchoir ?

1. Centrez le gabarit sur le nichoir et, avec un pointeau, indiquez le positionnement du trou central et des heures.

2. Percez au centre un trou suffisamment large pour pouvoir y fixer le mécanisme. Fixez les rivets en cuivre.

3. Montez le mécanisme et positionnez les aiguilles. Insérez la pile et accrochez l'horloge au mur.

Palissade Treillage de jardin

Utilisez les éléments d'une vieille palissade pour fabriquer des treillages de jardin : assemblés 2 à 2 pour former des structures en A, ils vous fourniront un tunnel pour vos haricots, pois, tomates et concombres ; un seul morceau fixé verticalement derrière un bac à fleurs servira de support pour les rosiers et autres plantes grimpantes.

TREILLAGE EN A

2 morceaux de palissade de taille égale suffisent pour construire ce treillage. Fixez-les par des boulons. Leurs tiges feront office d'axes et vous permettront de replier les pans pour les ranger sans rien démonter.

1. Coupez 2 morceaux de palissade de 1 m à 1,20 m, de manière que les traverses dépassent de 5 cm de chaque côté des lames verticales. Formez un A avec les 2 morceaux en les disposant de manière que les traverses affleurent l'une contre l'autre.

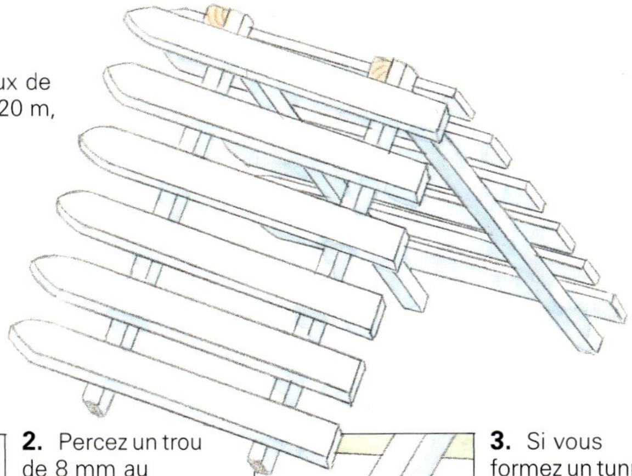

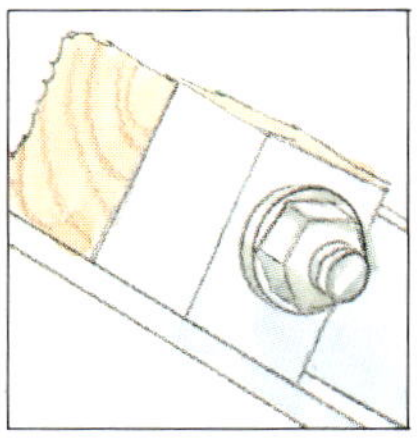

2. Percez un trou de 8 mm au travers des 2 traverses et fixez-les avec des boulons TRCC de 8 mm maintenus par un écrou (avec une rondelle).

3. Si vous formez un tunnel, amarrez les éléments à des piquets en bois enfoncés dans le sol et clouez-y le pied des traverses.

TREILLAGE POUR BAC À FLEURS

Achetez un bac à fleurs ou construisez-le avec des planches de 25 mm d'épaisseur sur 25 à 30 cm de largeur. Cette jardinière doit être légèrement plus large que le morceau de palissade utilisé.

1. Coupez un morceau de palissade et ôtez 2 lames à la partie inférieure. Sciez les pointes des lames. Poncez et appliquez 2 couches de peinture pour l'extérieur.

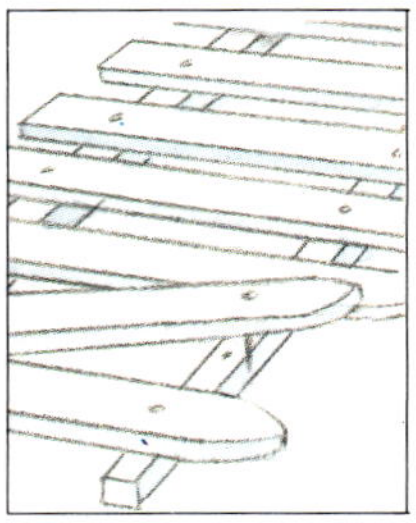

2. Positionnez les traverses au fond du bac, maintenez-les avec des serre-joints et percez des trous de 8 mm. Fixez l'élément de palissade avec des boulons.

Pan de grange Lambris

Des lambris fabriqués dans un pan de grange patiné donneront à votre pièce une atmosphère rustique.

Vous clouerez les lambris sur 3 tasseaux de section 24 mm × 70 mm. Avant de les fixer sur le mur, débarrassez ce dernier de son revêtement sur toute la surface que vous allez couvrir afin que les lambris ne fassent pas saillie aux encadrements des portes et des fenêtres.

Clouez les tasseaux aux montants des murs. Pour la plinthe, découpez quelques planches à bords plats de 7,5 cm de large. Pour la bordure du dessus, découpez les bords en chanfrein débordant de 1,5 cm l'épaisseur du panneau de lambris. Vernissez l'ensemble après la pose.

1. Découpez les plus belles planches à la hauteur souhaitée : de 75 à 80 cm. Poncez-les.

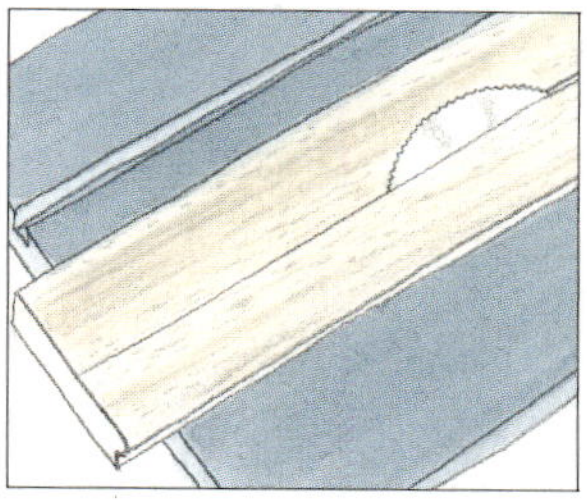

2. Découpez les planches pour la plinthe. Découpez celles pour la bordure du haut avec les bords en chanfrein.

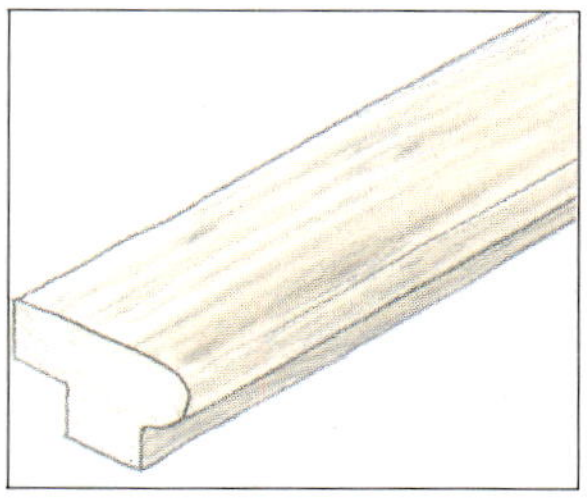

3. Façonnez la bordure du haut avec un rabot à feuillurer et une ponceuse.

4. Retirez le revêtement du mur sur la surface où le lambris sera placé et clouez ou chevillez les tasseaux.

5. Clouez les planches sur les tasseaux avec des clous à tête d'homme de 40 mm, en haut et en bas.

6. Fixez la plinthe et la bordure du haut avec les mêmes clous, enfoncez-les au chasse-clou et bouchez les trous à la cire.

Peinture à l'éponge/Technique

Avec une simple éponge naturelle ou végétale (n'utilisez pas d'éponge en mousse) et de la peinture acrylique, vous pouvez réaliser des effets décoratifs sur des petits objets, des meubles ou, même, sur des murs entiers. Attention, cependant, des objets et ustensiles culinaires peints de cette manière ne pourront servir que d'éléments de décoration.

Choisissez 2 ou 3 couleurs qui s'harmonisent bien entre elles : une (la plus claire) comme couche de base et une ou deux autres pour le « glacis » appliqué à l'éponge qui donnera l'aspect grenu.

Pour obtenir un aspect uniforme et net, allégez la peinture avec du diluant ou de l'eau.

1. Appliquez 2 couches d'une couleur de fond plus claire que le glacis. Laissez-la bien sécher avant de poursuivre.

2. Découpez une éponge en carrés de 5 cm. Imbibez un morceau avec la peinture diluée. Essorez l'excédent de peinture.

3. Tamponnez la surface avec l'éponge, en la réimbibant souvent, puis tamponnez chaque passe à l'éponge sèche.

4. Lorsque la peinture est sèche, passez un vernis au polyuréthanne mat ou satiné pour rendre la surface étanche.

Peinture en bombe/Technique

Peindre à la bombe des petits objets est une tâche très délicate, car les maintenir immobiles sous la pression du jet de peinture vaporisé est souvent un casse-tête. Si vous placez les objets sur une surface plane, vous constatez que, après séchage, l'objet peint est collé à son support par la peinture...

Par ailleurs, le « nuage » de peinture vaporisé ne doit pas se disperser partout pour ne pas souiller les alentours de la zone de travail. Résolvez ces problèmes en utilisant des objets courants.

SUPPORT À CLOUS

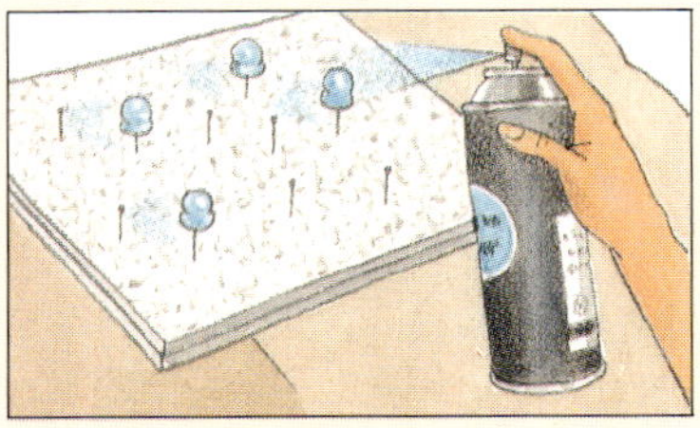

Enfoncez quelques clous à tête d'homme dans une planchette d'aggloméré ou de contreplaqué : ils serviront de support pour de petits objets. Si ces derniers sont dotés d'un creux (comme les poignées de porte), enfichez-les sur les clous. Sinon, plantez les clous au travers de la plaque pour que leurs pointes soient vers le haut, et piquez les objets à peindre sur ces pointes. Pour peindre toutes les faces d'un objet, faites-le reposer sur 3 clous enfoncés au travers d'une petite plaque, puis vaporisez la peinture de tous côtés et pardessous.

PLATE-FORME EN GRILLAGE

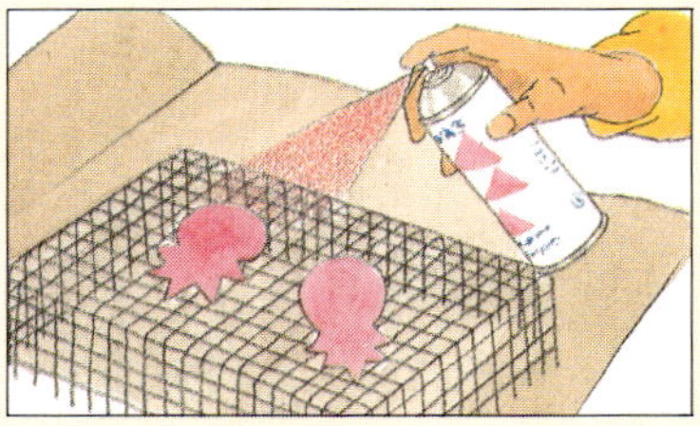

Prenez un morceau de grillage métallique à petites mailles de 50 cm × 60 cm, découpez des carrés de 10 cm à chaque coin, puis repliez les bords pour former les côtés de manière à lui donner la forme d'une boîte. Le dessus fera une plate-forme idéale pour peindre des objets plats en bois ou en carton. Vaporisez la peinture doucement, surtout si les objets sont légers. Quand la peinture est bien sèche, retournez les objets et peignez l'autre face. Auparavant, nettoyez le grillage en frottant la peinture avec un chiffon imprégné de diluant cellulosique.

CABINE DE PULVÉRISATION

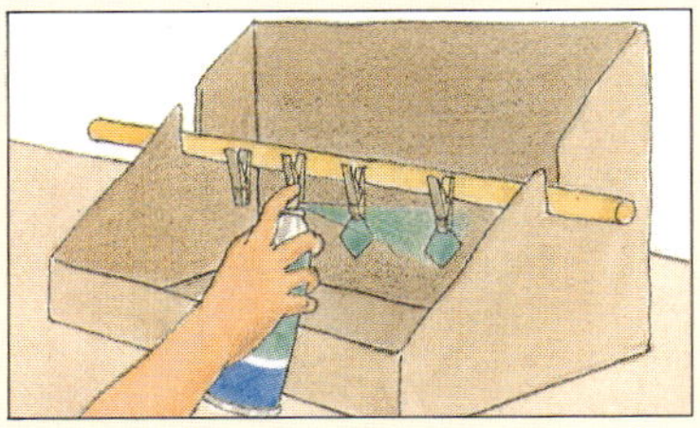

Fabriquez-la avec une grande boîte en carton, une barre en bois et des pinces à linge. Cette cabine vous permettra de peindre de petits objets et d'obtenir un travail propre en préservant les alentours.

Découpez la boîte au cutter comme indiqué ci-dessus. Faites 2 encoches pour la barre en bois, puis fixez des pinces à linge à la barre avec de la colle époxy rapide. Accrochez les objets aux pinces et vaporisez la peinture en passes successives. Pour peindre les autres côtés, tournez la barre. Laissez bien sécher la peinture avant de manipuler les objets.

Peinture sur vêtement/Technique

Les peintures pour tissus, en vente dans les boutiques spécialisées, vous permettront de rajeunir vos maillots, jeans ou tennis défraîchis. Décorez-les de motifs colorés ou ornez-les de votre nom. Vous pouvez utiliser ces peintures pour personnaliser vos nappes et vos serviettes.

Les peintures deviennent indélébiles par fixation à chaud. Pour décorer des tennis, tracez les motifs sur du carton, découpez-les, puis tracez-en les contours sur vos chaussures avec un stylo. Remplissez ces dessins avec de la peinture pour tissu.

1. Glissez un morceau de carton dur sous la surface à peindre. Épinglez-y le tissu dans les coins et sur les bords. Laissez le carton en place jusqu'à la fin de votre ouvrage.

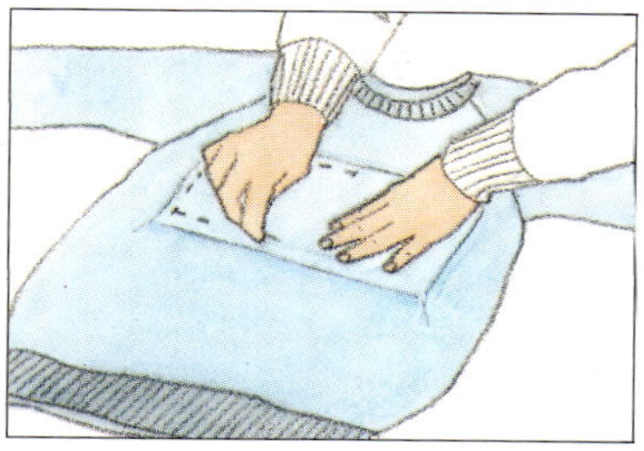

2. Tracez votre dessin à l'aide d'une craie (blanche pour les tissus foncés, de couleur s'ils sont clairs ou blancs). Effacez vos erreurs en frottant avec un chiffon mouillé.

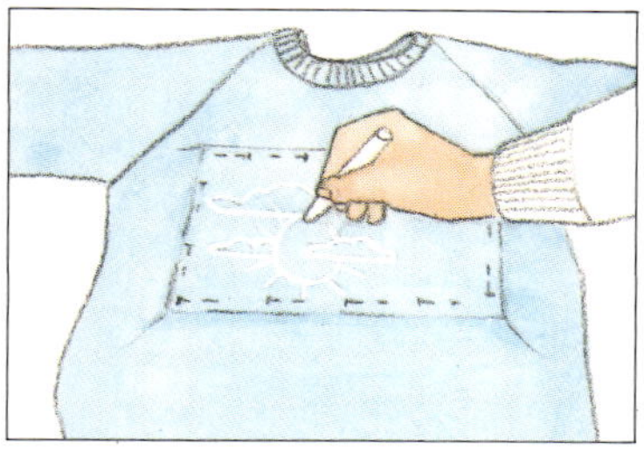

3. Peignez votre dessin en utilisant des pinceaux de différentes tailles pour varier les effets et les formes. Appliquez la peinture avec parcimonie et laissez sécher au moins 12 h.

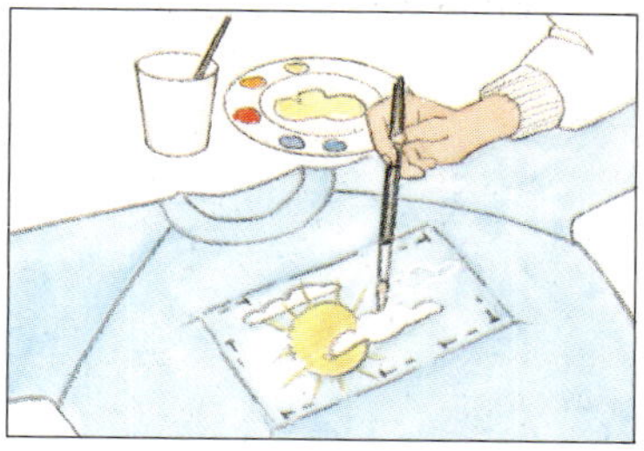

4. Retirez le carton, retournez le vêtement et glissez une serviette sous la surface peinte. Repassez à sec l'envers de votre peinture avec un fer aussi chaud que possible.

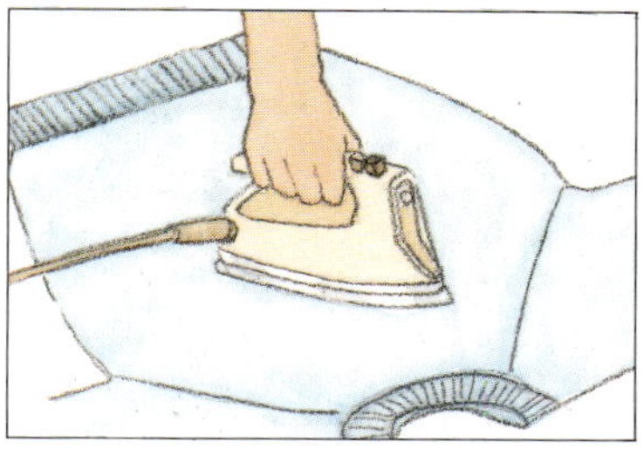

Pochoir/Technique

Tables, chaises et commodes abîmées sont les candidates idéales pour la technique du pochoir. Peints en blanc mat ou ivoire, puis enduits d'une légère couche de teinture pour accentuer les traces du temps, vos meubles prendront l'allure de véritables antiquités sur lesquelles vous pourrez apposer le décor de votre choix : fleurs, petits cœurs, animaux, etc.

Vous trouverez des pochoirs prêts à l'emploi dans les boutiques spécialisées, mais vous pouvez les créer vous-même selon la technique indiquée ci-contre. Prévoyez suffisamment de bandes non coupées, ou liaisons, pour maintenir l'unité de vos pochoirs.

Découpez les pochoirs dans du papier sulfurisé. Utilisez des peintures acryliques ou en aérosol qui sèchent rapidement. Et, si vous souhaitez donner une touche plus professionnelle, utilisez un pinceau à poils durs.

Si vous assemblez plusieurs dessins, tracez la totalité du projet sur une feuille de papier de même surface que celle de votre travail. Servez-vous-en comme guide pour positionner vos pochoirs au moment de peindre.

1. Choisissez un motif simple dans un livre ou un magazine. Reportez-le sur une feuille de papier blanc en intercalant du papier carbone et tracez une grille régulière sur le dessin obtenu.

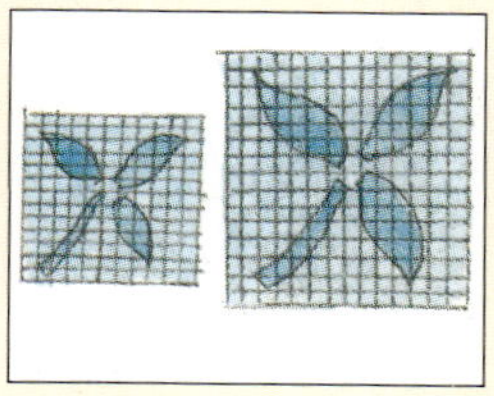

2. Pour modifier la taille du dessin, tracez une grille plus grande (ou plus petite) sur une autre feuille blanche et reproduisez le tracé contenu dans chaque carré de la grille originale.

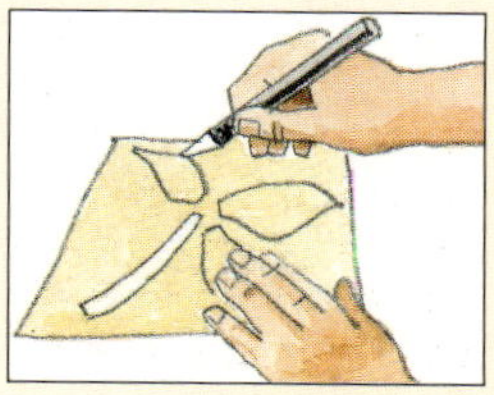

3. Reportez au carbone le dessin sur le papier servant au pochoir. Découpez-le au cutter, en prévoyant des liaisons d'au moins 3 mm. Faites des coupes aussi nettes que possible.

4. Installez le pochoir sur la surface de travail et recouvrez les bords extérieurs de caches, ainsi que les éventuelles parties du dessin qui viendraient dans une autre couleur.

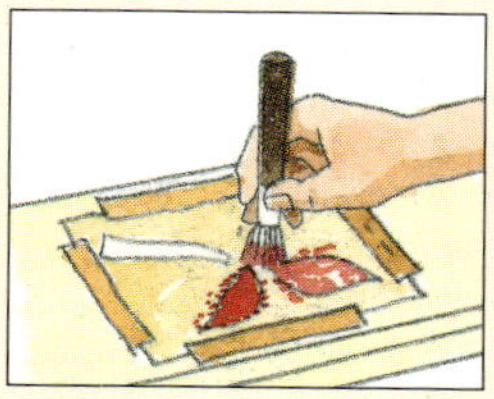

5. Plongez le pinceau dans la peinture et passez-le sur du papier absorbant. Tamponnez le pinceau dans chaque découpure d'un mouvement rapide de haut en bas et des bords au centre. Passez 2 couches légères.

6. Soulevez délicatement le pochoir et essuyez la peinture qui aurait débordé avant de poursuivre votre travail. Laissez sécher toute la nuit avant d'appliquer le vernis de finition (mat, satiné ou brillant).

Portes Paravent

Montez ensemble sur des charnières 2 ou 3 vieilles portes pour fabriquer un paravent qui vous permettra de diviser une pièce ou de cacher un coin. Décorez-le en vous essayant aux techniques de la marbrure (voir p. 363).

Il vous faut des charnières à double action (dites charnières de paravent) d'une largeur appropriée aux portes, et du mastic à bois.

Si les portes ne sont pas de la même hauteur, étalez le paravent ouvert sur 2 ou 3 tréteaux, fixez une planche en haut des portes, en l'alignant sur la plus courte, pour guider votre coupe. Coupez les pans qui dépassent à la scie circulaire.

1. Décapez et poncez les portes. Retirez les vieilles charnières et bouchez les trous au mastic à bois en débordant légèrement. Poncez après séchage.

2. Alignez les portes et posez les charnières à 15 cm du haut et du bas. Si les portes sont très lourdes, installez d'autres charnières au milieu.

Rénovation du bois/Technique

L'accumulation de couches de cire, de vernis ou de peinture finit par encrasser objets et meubles en bois ou par « noyer » leurs fines ciselures et tarabiscots sous une croûte disgracieuse. Vous pouvez leur redonner une nouvelle jeunesse en préservant leur cachet ancien.

Commencez par éliminer les anciennes finitions avec un tampon en laine d'acier imbibé de décireur (si le bois est ciré) ou avec un décapant (s'il est vernis ou peint) ; attention, les décapants à base de soude ou de potasse font noircir les bois riches en tanin (chêne, châtaignier...). Vous appliquerez ensuite un éclaircisseur (ou du jus de citron) pour redonner au bois sa teinte naturelle.

Après séchage (24 h en atmosphère sèche), poncez le bois pour lui redonner une surface satinée en éliminant les fibres qui se seraient redressées sous l'action des précédents traitements. Dépoussiérez avec une éponge humide (ou avec un pinceau et l'embout brosse de votre aspirateur) avant d'appliquer une nouvelle finition : teinture et patine à la cire en pâte étalée au pinceau. Laissez sécher au moins 12 h, puis lustrez au chiffon.

1. Décirez le bois, ou appliquez une couche de décapant et laissez agir. Portez des gants et travaillez dans un local bien aéré.

2. Après une première élimination de la peinture ou du vernis, effacez les traces qui subsistent par des applications locales de décapant.

3. Laissez le bois sécher toute une nuit (ou plus). Poncez-le au papier de verre fin et très fin, et dépoussiérez-le. Nettoyez les creux des moulures.

4. Appliquez une nouvelle finition. Si vous cirez, déposez la cire au pinceau sans faire de surépaisseur. Attendez de 8 à 12 h avant de lustrer.

Rouleau à pâtisserie Porte-clés

Que faire d'un rouleau à pâtisserie qui ne sert plus ? À l'aide d'un support en bois, transformez-le en porte-accessoires pivotant. Fixé au mur et paré de quelques crochets et de pinces diverses, il fera un fourre-tout ingénieux et pratique pour vos clés, cartes de visite, messages divers...

Le support consiste en 1 socle et en 2 appuis perforés pour maintenir le rouleau. Réalisez-le de préférence avec des morceaux de planche en bois blanc massif (hêtre, pin ou sapin). Dessinez le socle et les appuis en fonction de la taille du rouleau à pâtisserie. Ajoutez-y quelques courbures et arrondis, puis découpez-les à la scie sauteuse. Chanfreinez les bords à la ponceuse. Percez ensuite des trous pour les 4 vis destinées à fixer les appuis sur le socle et pour les 4 vis de fixation au mur. Poncez toutes les pièces avant de les assembler.

Sur le rouleau, vous fixerez petits crochets et petits pitons ouverts, mais vous pouvez aussi faire des entailles de scie inclinées à 30° pour y glisser les cartes de visite.

Avant d'assembler les éléments, teintez ou peignez le support ainsi que le rouleau en respectant l'harmonie des teintes. Ensuite, appliquez 2 couches de vernis de finition au polyuréthanne mat ou satiné. Ou encore, adoptez une peinture mouchetée ou à l'éponge (voir page 367) pour rendre cet accessoire plus décoratif.

Fixez l'ensemble au mur avec des vis en laiton et des chevilles adaptées à la nature de la cloison. Placez-le à un endroit où il sera facilement repérable et accessible.

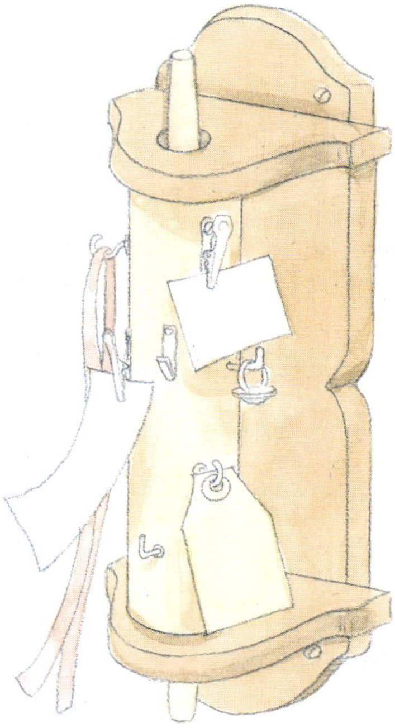

1. Dans du bois de 2 cm d'épaisseur, découpez le socle de 10 cm × 40 cm (ou de 25 mm plus long que votre rouleau) et les 2 appuis de 10 cm × 12,5 cm. Percez chaque appui d'un trou de 25 mm de diamètre à 35 mm du bord.

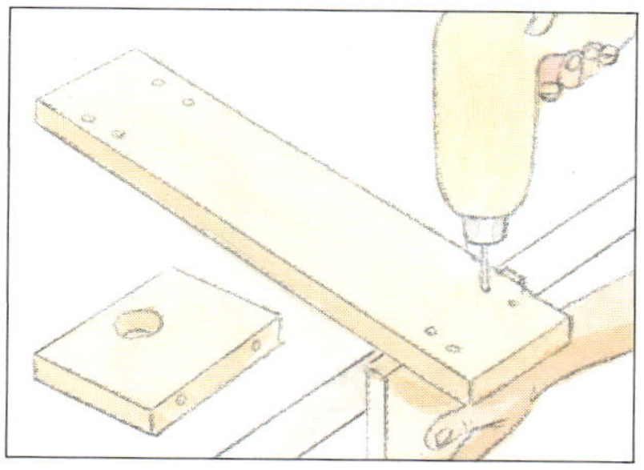

2. À chaque extrémité du socle, percez 2 trous destinés aux vis qui fixeront le porte-clés au mur. Déterminez la position des appuis et percez 2 trous pour vis à tête fraisée de 4 × 40 mm dans le socle, et des avant-trous dans les appuis.

3. Biseautez les bords du bois à la forme que vous souhaitez. Poncez, teintez, puis appliquez 2 couches de vernis satiné au polyuréthanne. Collez une grosse rondelle en fibres sur le trou de l'appui inférieur pour faciliter la rotation du rouleau.

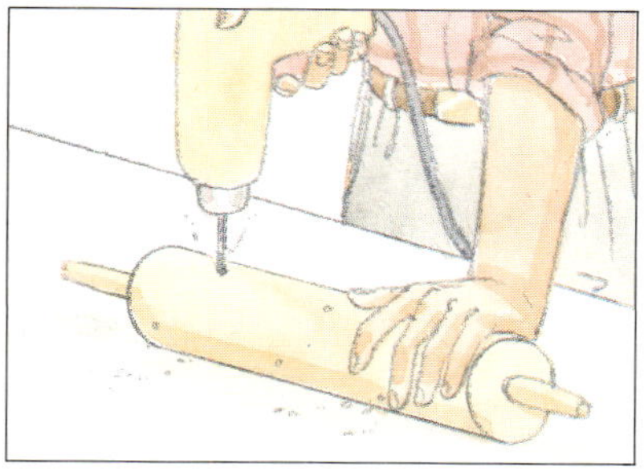

4. Percez plusieurs avant-trous sur le pourtour du rouleau pour y fixer crochets, pitons ouverts, pinces crocodiles. Répartissez ces points d'attache très régulièrement. Percez en maintenant bien le rouleau pour ne pas casser le foret.

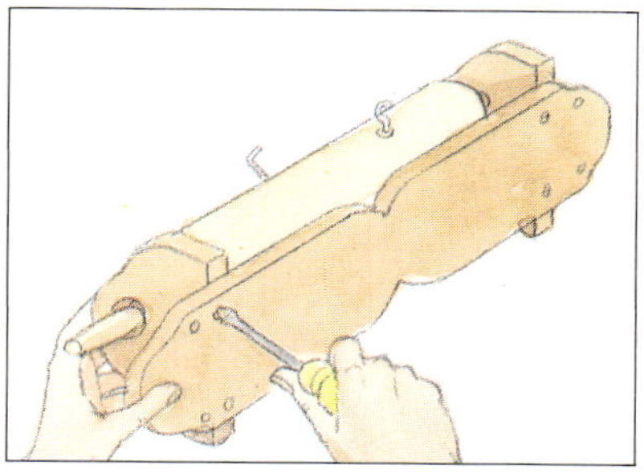

5. Fixez l'appui supérieur sur le socle avec des vis de 4 × 40 mm à tête fraisée. Insérez un des manches du rouleau dans le trou, puis glissez l'appui inférieur sur l'autre manche et vissez-le comme vous l'avez fait pour l'appui supérieur.

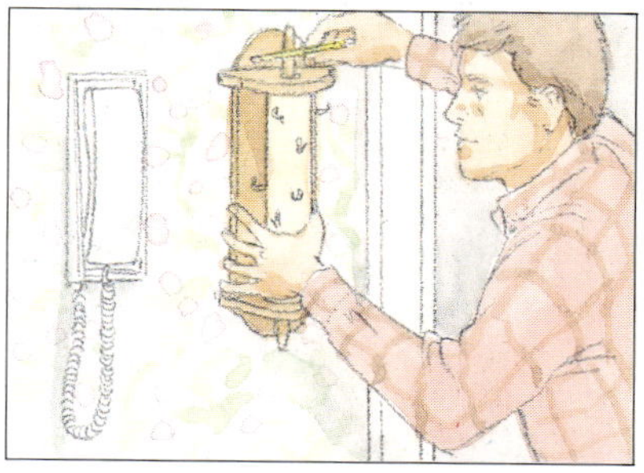

6. Maintenez l'ensemble contre le mur à l'endroit où vous voulez le fixer et marquez l'emplacement des trous. Percez-les pour y poser des chevilles adaptées à la paroi (béton, parpaing creux, plaque de plâtre...). Fixez-y votre réalisation.

Saladier Lustre

Ne jetez pas votre grand saladier en inox ou en plastique parce qu'il est défraîchi ou parce que les couverts de service assortis sont cassés ou perdus : transformez ce saladier en lustre à suspendre au plafond (vous pouvez repolir le plastique avec du produit spécial pour polir les métaux).

Pour cette réalisation toute simple, il vous faudra une douille en plastique blanc (avec anneau de fixation pour abat-jour et pas de vis Édison E 27 pour le culot de la lampe) et un gros câble électrique blanc.

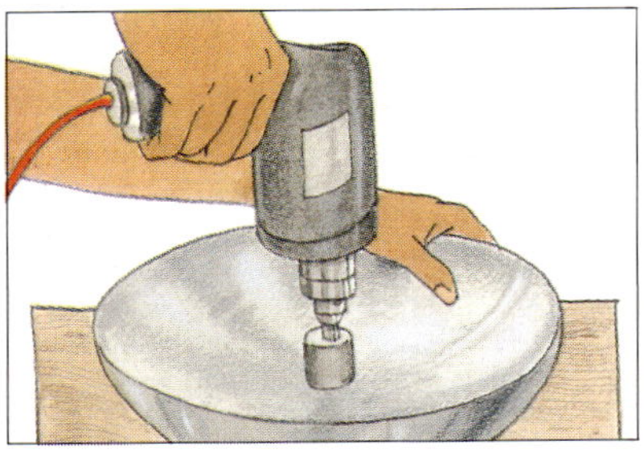

1. Percez le fond du saladier, bien au centre, avec une scie à cloche (diamètre du trou : 40 mm). Percez à vitesse lente pour ne pas « brûler » le plastique.

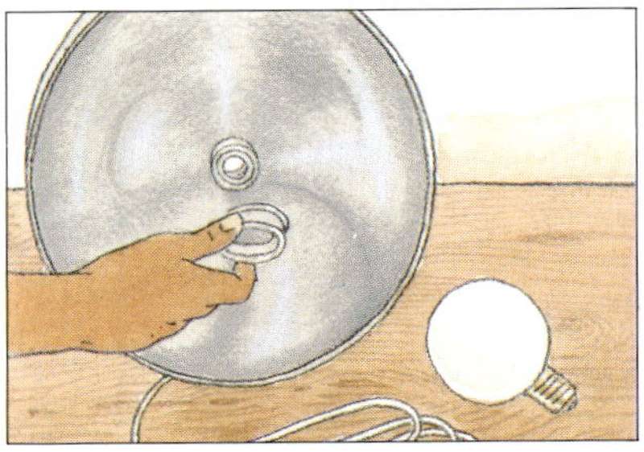

2. Ébarbez les bords du trou et posez une grosse douille en plastique blanc sur laquelle vous aurez branché un gros câble électrique rond et blanc.

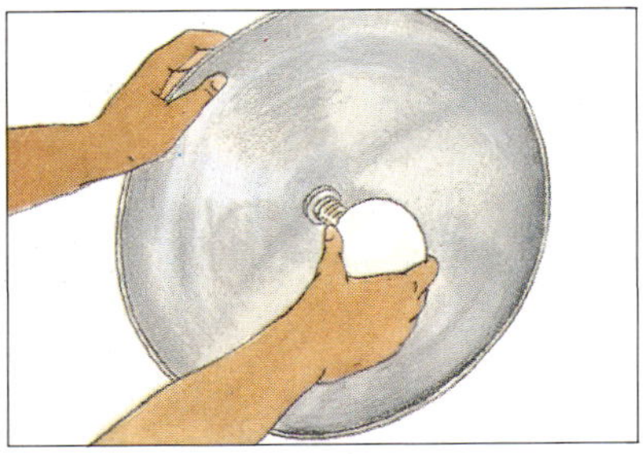

3. Pour des raisons d'esthétique et de confort, choisissez une ampoule sphérique en verre blanc de petit diamètre. Vissez-la dans la douille.

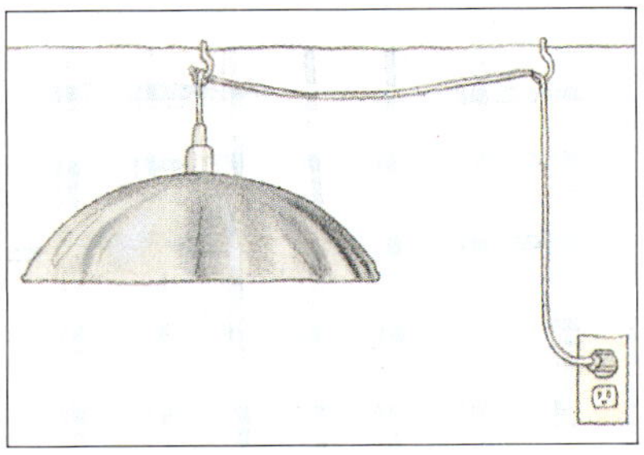

4. Suspendez votre lustre au plafond. Utilisez la sortie déjà installée ou posez des pitons ouverts au plafond, sur lesquels vous accrocherez le fil.

Mangeoire à oiseaux

Deux saladiers de tailles différentes, en plastique rigide transparent ou en bois, vous permettront de fabriquer une mangeoire à oiseaux, qui aura l'avantage de tenir les écureuils à l'écart. Aucune mangeoire n'est totalement à l'abri de la gourmandise de ces derniers mais celle-ci leur rendra la tâche beaucoup plus difficile.

Les saladiers sont maintenus ensemble par une tige filetée et fixés par des écrous et des rondelles. Percez les saladiers en plastique avec une mèche à bois à 3 pointes. Pour suspendre la mangeoire à un arbre, repliez l'extrémité de la tige filetée de manière à former un crochet ou bien fixez une attache de lustre avec un écrou sur le dessus.

Le type d'oiseaux que vous attirerez dépendra de l'écartement entre les saladiers : large pour de gros oiseaux ou réduit pour réserver la mangeoire aux plus petits visiteurs.

1. Choisissez un grand saladier pour le toit et un autre, moitié plus petit, pour les graines. Percez un trou de 5 mm au centre de chaque saladier.

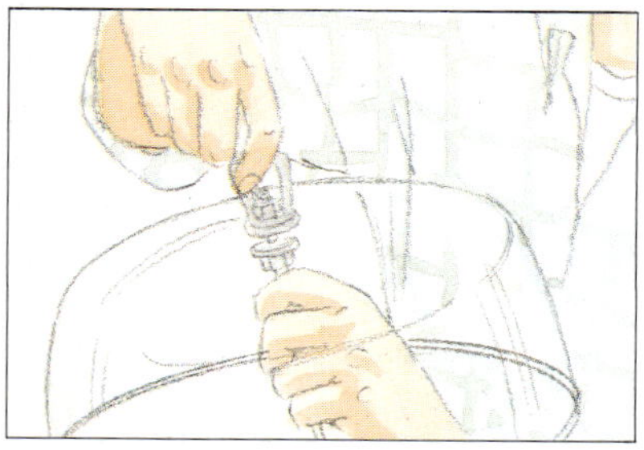

2. Placez un écrou et une rondelle à proximité du bout de la tige filetée, puis insérez-la dans le grand saladier. Serrez-la avec un boulon et une rondelle.

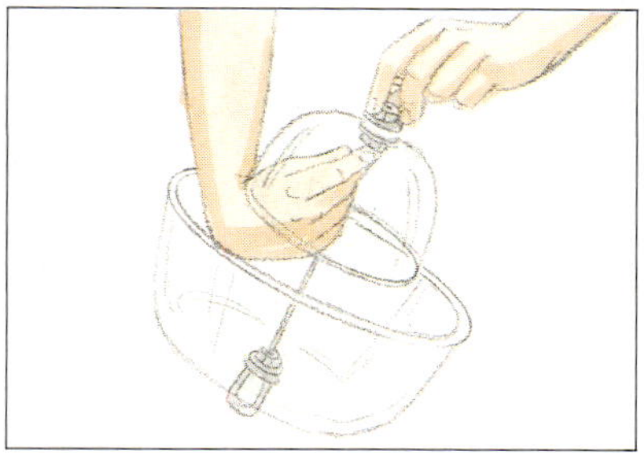

3. Faites passer la tige dans le petit saladier et placez un boulon et une rondelle à l'autre extrémité de la tige. Fixez le petit saladier.

4. Repliez la tige au-dessus pour former un crochet ou fixez une attache de lustre. Remplissez le petit saladier avec des graines et suspendez la mangeoire.

Séchoir à linge Porte-cravates

Le dessus d'un séchoir à linge peut faire un astucieux porte-cravates que vous fixerez à l'intérieur d'une des portes de votre penderie avec des charnières ou des chaînettes. Pour y poser ou choisir une cravate (ou une ceinture), vous placerez le support à l'horizontale. Avant de refermer la porte, il vous suffira de le relever et de l'accrocher avec un petit piton pour qu'il reste en place verticalement.

La principale modification à apporter à la partie comportant les barreaux est l'adjonction d'un tasseau sur l'un des côtés pour pouvoir placer les petites charnières. La section de ce tasseau sera la même que celle des tasseaux maintenant les barreaux, et sa longueur sera à déterminer en fonction de la taille du séchoir (vous pouvez utiliser un morceau des barres formant le pied repliable).

Pour que cet accessoire s'intègre bien à votre mobilier, donnez-lui une bonne allure en le peignant avec une peinture laquée noire ou en le teintant et en le recouvrant d'un vernis brillant ou satiné. Choisissez des petites pièces de quincaillerie en laiton doré ou avec finition bronze ; utilisez aussi des chaînettes dorées.

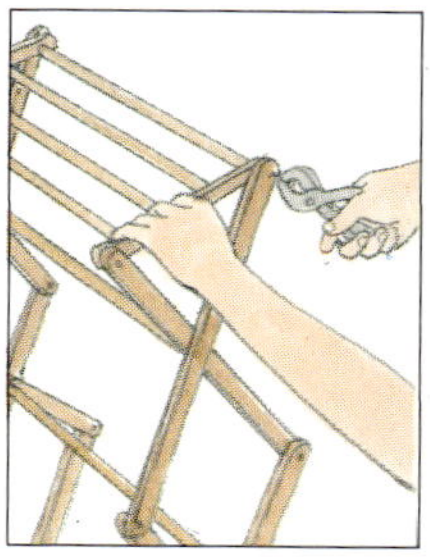

1. Démontez le dessus du séchoir soit en arrachant les axes, soit en retirant les vis qui le tiennent en place. Attention à vos doigts si le pied se replie.

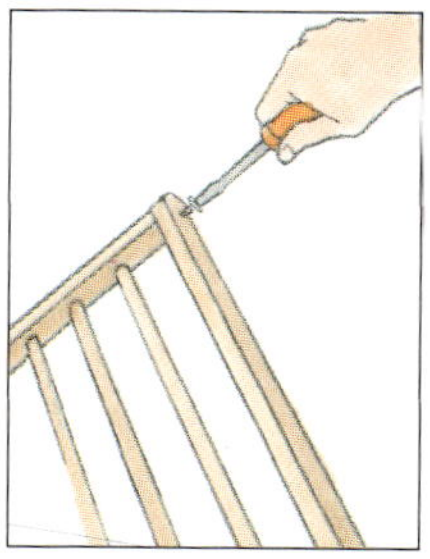

2. Coupez un tasseau à la longueur voulue pour le placer sur un côté long. Fixez-le après avoir scié les extrémités arrondies des barres latérales.

3. Poncez et peignez votre montage. Après séchage, fixez 2 charnières, 1 petit piton (avec chaînette) de chaque côté et 1 anneau au centre du 1er barreau.

4. Présentez le porte-cravates en place. Vérifiez son placement en hauteur (en le repliant contre la porte) et son horizontalité. Faites des avant-trous pour fixer les charnières.

5. Rabattez le support et vissez 2 pitons ouverts dans la porte au niveau de ceux du support. Accrochez les chaînettes de façon que le porte-cravates soit horizontal.

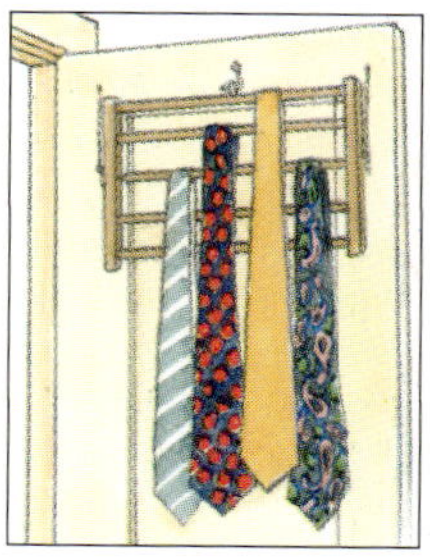

6. Repliez le support et, sur la porte, fixez un crochet en regard de l'anneau mobile vissé au centre du premier barreau. Ouvrez, puis rangez vos cravates.

Serviette de plage Robe de bain

Avec quelques bandes de Velcro, transformez une serviette de plage en une confortable robe de bain.

Toute grande serviette éponge unie, rayée ou à motifs fera l'affaire. Pour obtenir la bonne taille, enroulez la serviette autour de vous en la passant sous vos bras et de manière qu'elle se croise largement sur le devant.

Avec un feutre, marquez l'emplacement des bandes de Velcro sur le bord supérieur de la serviette. Coupez 3 paires de bandes de Velcro de 10 cm × 2,5 cm et cousez-les sur les marques : votre robe de bain est prête. Vous pouvez ajouter une sangle ou une ceinture de couleur vive pour lui donner une apparence plus finie.

1. Faites 3 marques sur une extrémité à l'intérieur et 3 autres sur l'autre extrémité à l'extérieur. Veillez à ce qu'elles soient bien face à face.

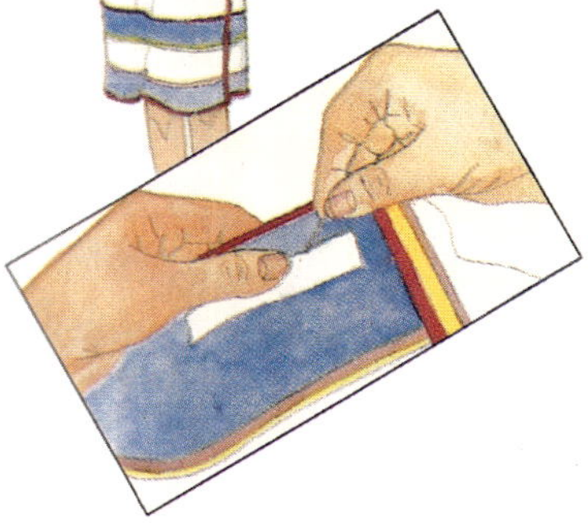

2. Cousez le Velcro sur les marques en faisant bien correspondre les bandes velours et les bandes crochets.

3. Une fois les bandes Velcro parfaitement alignées, enroulez-vous dans votre robe de bain.

Table et chaises pliantes/Rénovation

Redonnez fraîcheur et jeunesse à une table et à des chaises pliantes en peignant les structures métalliques et en recouvrant les sièges et le dessus de la table d'une nouvelle garniture.

Retournez les chaises et la table et retirez les vis ou les pattes en métal qui maintiennent le fond des sièges et le plateau de la table (redressez les pattes avec une pince pour les retirer plus facilement). Préparez l'armature métallique comme indiqué ci-dessous (lessivage ou décapage si la peinture est écaillée) et vaporisez de la peinture en bombe (à l'extérieur ou dans une pièce bien aérée). Évitez les coulures en appliquant 2 couches légères. Laissez sécher toute la nuit.

Si les fonds sont en carton, utilisez une grosse agrafeuse de bureau pour fixer le rembourrage et le tissu ; s'ils sont en bois, servez-vous d'une agrafeuse de professionnel ou d'un pistolet à colle.

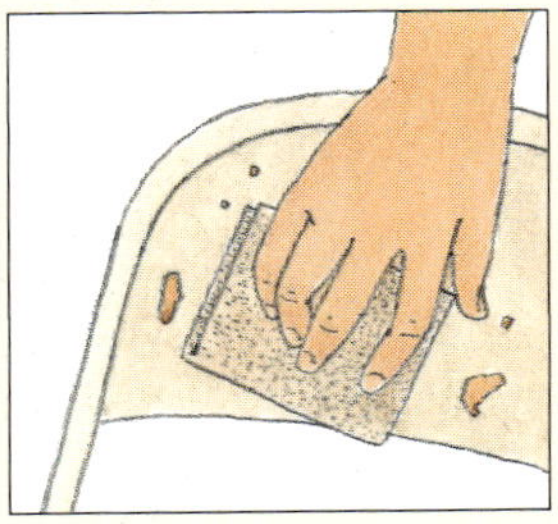

1. Lessivez ou décapez les armatures métalliques, puis poncez les taches de rouille. Vaporisez-y une couche d'antirouille.

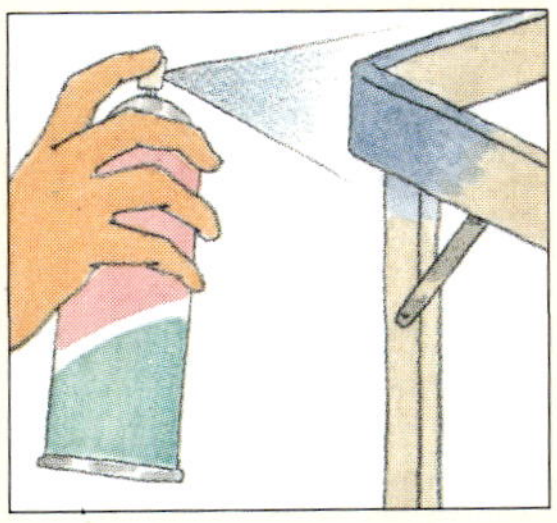

2. Nettoyez-les à l'essence minérale, puis vaporisez à la bombe 2 couches légères de peinture.

3. Coupez le rembourrage en ajoutant 3 mm aux dimensions. Pour le tissu, ajoutez 5 cm tout autour. Étalez-le, envers dessus.

4. Centrez les pièces de rembourrage sur les pièces de tissu, tendez bien le tissu et agrafez. Replacez sur les armatures.

Tambour de frein Mini-forge

Faire des objets en fer forgé est un travail artistique passionnant mais il faut, très souvent, une « chauffe » du métal au rouge vif pour qu'on puisse le façonner facilement à coups de marteau sur une enclume. Cette petite forge pourra vous rendre de grands services.

Vous la construirez avec un tambour de frein de voiture ou de camion (faciles à trouver dans les casses d'automobiles) et quelques accessoires en fer ou en fonte (habituellement destinés aux installations de chauffage central) pour faire le conduit de ventilation placé en dessous, ainsi que les 3 pieds. Ces pièces seront montées sans joint.

Votre forge fonctionnera au charbon de bois. Pour activer le foyer, vous enverrez de l'air frais par le tube fixé en dessous. De temps à autre, vous devrez évacuer les cendres en dévissant le bouchon situé en bas.

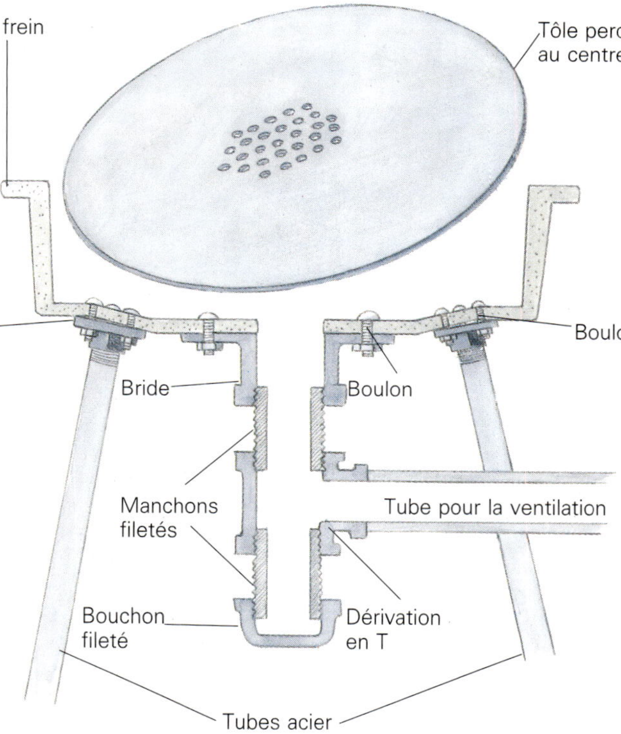

1. À l'extérieur du tambour, posez 3 brides en fonte avec filetage intérieur (diamètre 50 mm) pour fixer les pieds : des tuyaux avec embout fileté.

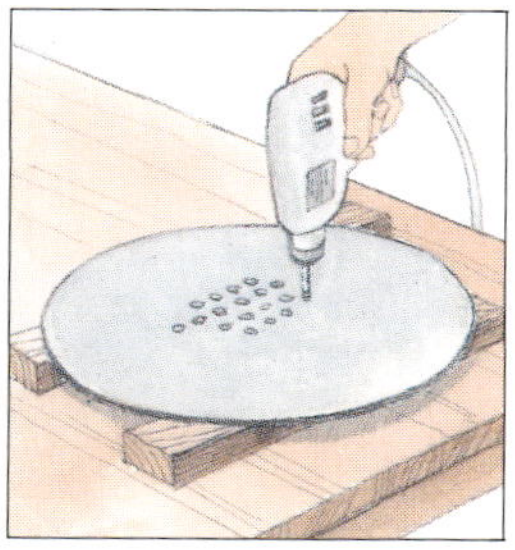

2. Dans une plaque de tôle de 4 mm, découpez un disque de même diamètre que le fond intérieur du tambour. Percez des trous au centre.

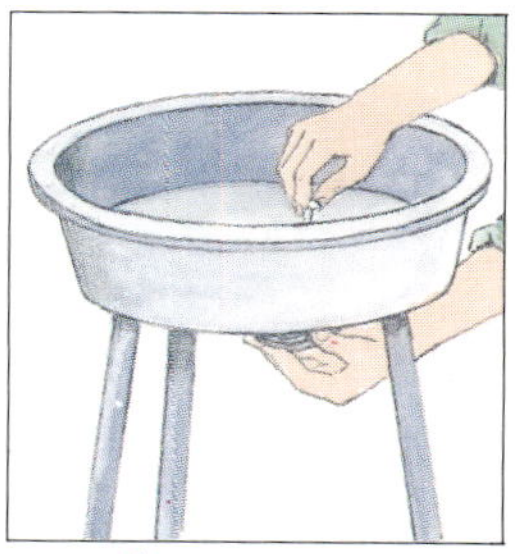

3. Vissez les pieds, puis la bride centrale, et posez le conduit de ventilation, puis la tôle. Peignez avec une peinture pour hautes températures.

Tonneau Citerne de jardin

Faites des économies d'eau en récupérant l'eau de pluie de la gouttière pour arroser votre jardin. Vous ferez en outre plaisir à vos plantes en les arrosant avec de l'eau à température ambiante (l'eau directement tirée du robinet est très froide et « stresse » les plantes).

Pour cette réalisation, il vous faudra un vieux tonneau, qui fera office de citerne et que vous placerez sous une descente de gouttière. Ajoutez-y quelques accessoires :

- un robinet de puisage avec nez fileté. Vous y adapterez un tuyau d'arrosage ou un embout pour raccord rapide en plastique ou en métal ;
- quelques pièces de plomberie en fer, en fonte ou en laiton (1 coude et 1 manchon fileté pour le trop-plein, 2 brides avec filetage intérieur, la première pour le robinet et la seconde pour le trop-plein) ;
- quelques parpaings ou des pierres pour surélever le tonneau et augmenter la pression de l'eau ;
- un joint aux silicones et une bande en Téflon pour étancher les raccords ;
- un déversoir coudé à placer sur la descente de gouttière pour canaliser les eaux de pluie dans le tonneau ou un élément avec déversoir articulé à placer dans la descente, qui déviera l'eau dans le tonneau à la demande.

Il est évident que vous devez utiliser un tonneau en bon état. Si le bois est sec, les cerclages pourront présenter un peu de jeu. Dans ce cas, repoussez-les pour les bloquer en frappant sur leur bord avec un maillet ou un marteau et une cale en bois dur. Tapez sur le pourtour de façon régulière pour que les cerclages ne se mettent pas en biais, puis remplissez le tonneau à ras bord pendant 2 ou 3 jours pour que le bois gonfle.

Pour éviter les invasions de moustiques, laissez vivre 2 ou 3 poissons rouges, quelques guppys ou des faux néons *(Tanychthys albonubes)* dans le tonneau.

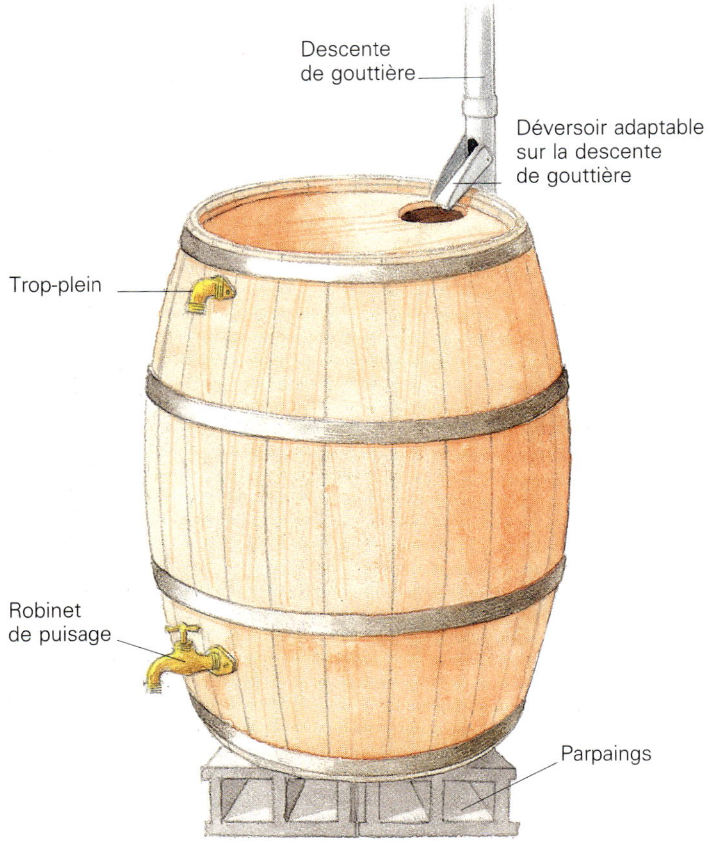

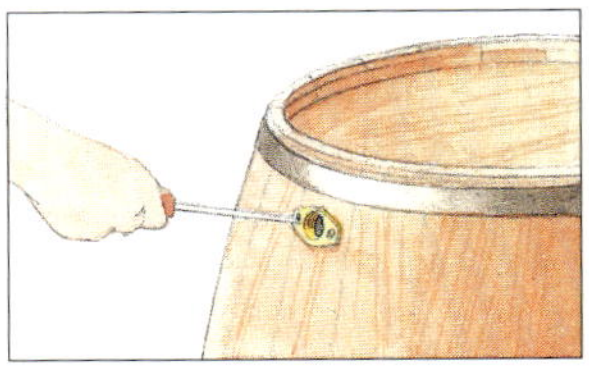

1. Percez un trou de 20 mm de diamètre en haut et un autre en bas à 5 cm des bords du tonneau. Montez-y les brides avec le joint aux silicones.

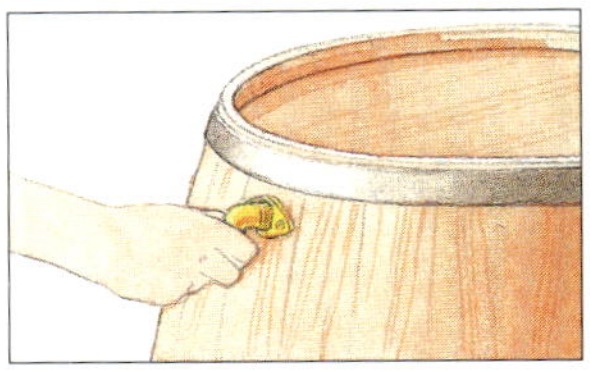

2. Vissez le coude (trop-plein) sur la bride du haut avec un manchon fileté. Étanchez les raccords avec de la bande en Téflon.

3. Vissez le robinet sur la bride basse (avec de la bande en Téflon). Au besoin, vissez un adaptateur pour raccord rapide sur le nez.

4. Couvrez avec un couvercle en bois. Avec une scie sauteuse, découpez une ouverture pour faire passer la descente de gouttière.

Treillage Protège-fenêtre

Pour estomper une vue sans intérêt ou filtrer les rayons du soleil, habillez une fenêtre coulissante avec un treillage en bois bordé d'un cadre et peint d'une couleur s'harmonisant avec la pièce.

Confectionnez le cadre avec des tasseaux de 25 mm × 50 mm et maintenez le treillage à l'intérieur avec des bandes de bois de 8 mm de largeur. Posez 2 crochets en haut de ce cadre et, en regard, 2 pitons aux extrémités de la traverse supérieure de la fenêtre. Ce mode de fixation vous permettra de retirer facilement le cadre lorsque vous souhaiterez nettoyer la fenêtre ou l'ouvrir.

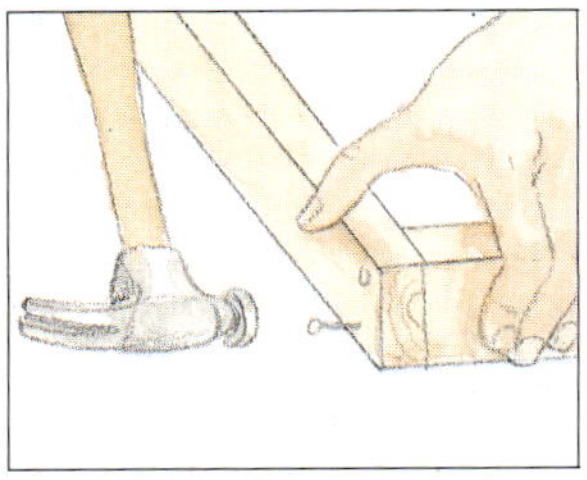

1. Fabriquez le cadre avec des tasseaux aux mesures de la fenêtre. Coupez le treillage aux mesures intérieures du cadre.

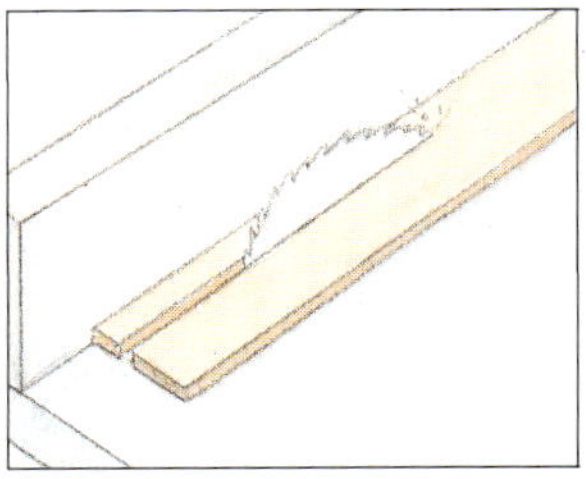

2. Coupez 8 bandes de 8 mm de large pour fabriquer les bordures qui maintiendront le treillage.

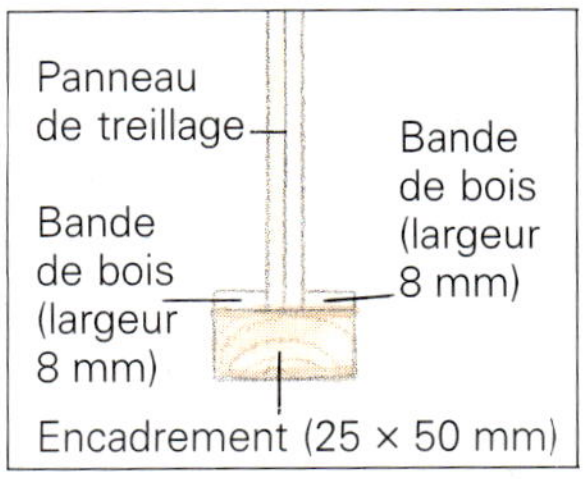

3. Clouez et collez 4 bandes à l'intérieur du cadre. Insérez le panneau du treillage. Calez-le avec les 4 autres bandes.

4. Peignez l'ensemble, fixez 2 crochets sur le bord supérieur du cadre et 2 pitons sur l'encadrement de la fenêtre.

Tube en carton Ronds de serviette

Pour transformer un tube en carton en ronds de serviette originaux, coupez-le en tronçons, puis recouvrez ceux-ci avec du tissu, du ruban, du fil de coton, du bolduc... Vos enfants confectionneront les modèles les plus simples et les décoreront de bijoux de pacotille ou de fleurs séchées.

TISSU

Plissez le tissu lorsque vous cousez de petits manchons. Ne les cousez qu'à une extrémité. Si vous préférez, coupez le tissu en 2 dans le sens de la longueur et cousez-le aux 2 bouts.

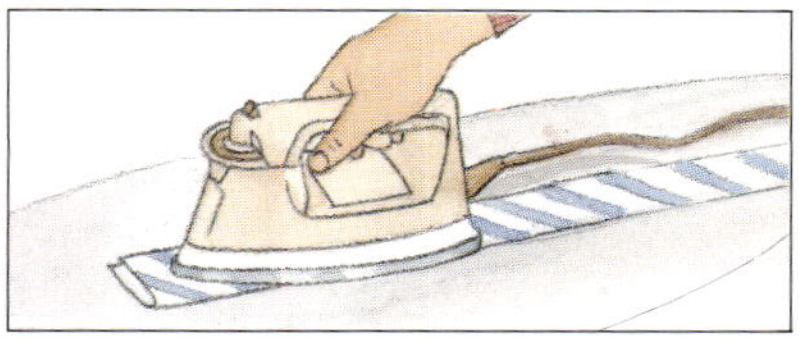

1. Coupez un morceau de tissu de 10 cm × 25 cm, pliez-le en 2 et repassez-le.

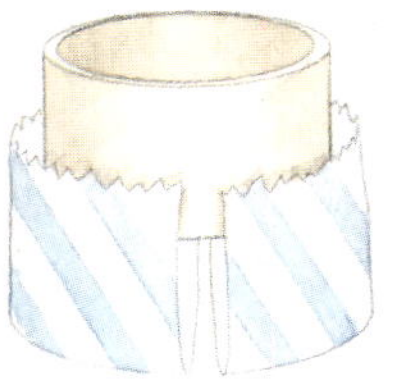

2. Coupez un morceau de tube de 4 cm. Glissez-le dans la bande de tissu plié (l'intérieur et l'extérieur du tube sont recouverts).

3. Cousez les bords du tissu en les fronçant. Passez un ruban, faites un nœud et coupez le tissu en trop.

RUBAN EN BIAIS

Enveloppez chaque morceau de tube en carton d'un ruban de couleur différente. Cette méthode est si simple que vos enfants pourront réaliser rapidement des quantités de ronds.

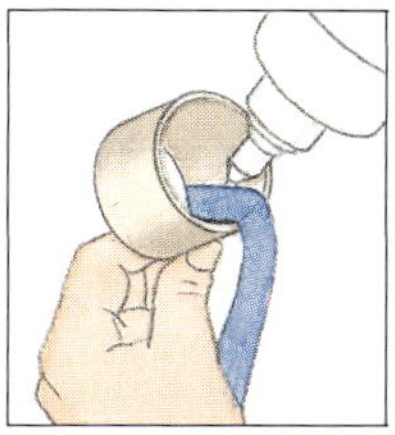

1. Avec une pastille adhésive double face ou de la colle à tissu, fixez le bout d'un ruban de 1,20 m à l'intérieur du tronçon de cylindre.

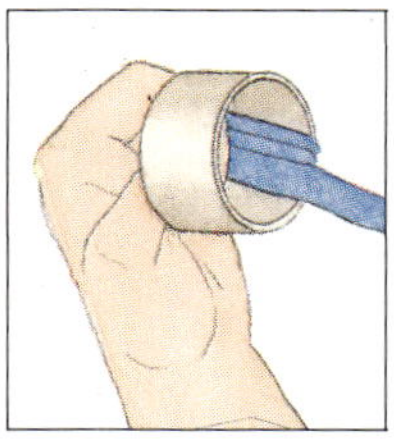

2. Enroulez le ruban autour du cylindre en l'inclinant légèrement et en recouvrant un tiers de la largeur du tour du ruban précédent.

3. Maintenez le dernier tour avec un point de colle ou quelques points de couture. Fixez une fanfreluche pour masquer l'endroit de la finition.

FIL DE COTON OU FICELLE

Égayez votre réalisation en faisant une rangée de nœuds sur l'un des bords (faites un nœud à chaque tour). Comptez 2 m de fil de coton double ou 1,20 m de ficelle.

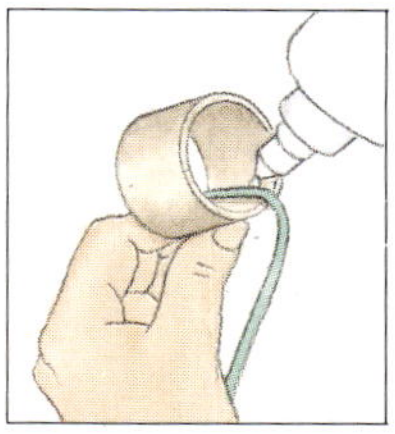

1. Collez le bout du fil à l'intérieur du cylindre. Laissez prendre la colle. Commencez à enrouler le fil par le haut.

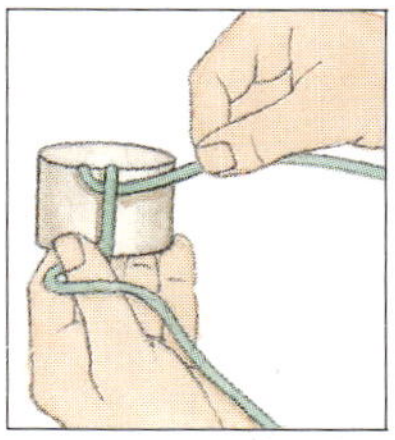

2. À chaque tour, coincez le fil sous la boucle précédente et faites un nœud. Nouez et serrez bien les spires à chaque tour.

3. Lorsque le cylindre est recouvert, maintenez la dernière boucle par un point de colle ou de couture. Décorez avec un bijou fantaisie.

Tube en carton fort Kaléidoscope

Faites découvrir à vos enfants le monde merveilleux des kaléidoscopes, tout simplement avec un tube en carton fort, 3 bandes de miroir et quelques petits accessoires.

Pour réaliser ce jouet optique, prenez une boîte plate et ronde en plastique transparent, de même diamètre que le tube en carton, pour y loger quelques éclats de verre coloré et des petits objets transparents ou opaques. À défaut, découpez (ou faites découper par un opticien) 2 disques, l'un en verre transparent et l'autre en verre dépoli, au diamètre intérieur du tube en carton. Vous placerez les petits objets formant les images abstraites entre ces 2 disques à insérer dans le tube.

Pour réaliser ce montage, vous aurez besoin d'un tube en carton fort de 4 à 5 cm de diamètre (avec son bouchon en plastique) et d'un autre morceau de tube (à modifier) dans lequel vous couperez : un manchon à glisser à l'intérieur du premier cylindre, un anneau de 1 cm de large servant de cale entre les 2 disques de verre et un anneau de 5 mm de large pour maintenir le verre dépoli.

Le point le plus délicat est de déterminer la largeur exacte des miroirs. Vous l'obtiendrez en faisant un croquis sur du papier : ensemble, les 3 miroirs forment un triangle équilatéral qui s'inscrit dans le cercle intérieur du tube.

Quand votre montage sera terminé, vous pourrez admirer les motifs géométriques ou abstraits qui se formeront et changeront au fur et à mesure que la rotation du tube déplacera les objets placés entre les 2 verres (ou dans la boîte en plastique).

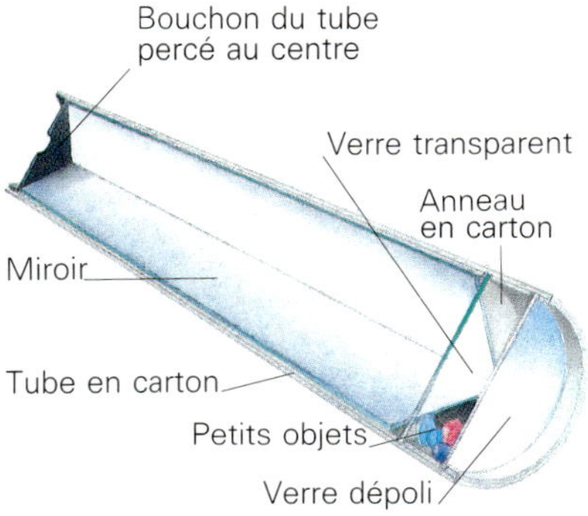

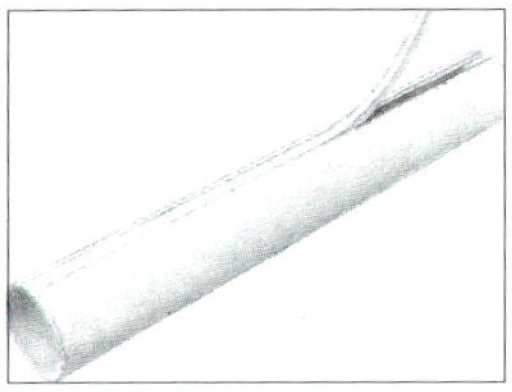

1. Coupez un morceau de tube long de 20 cm et un second de 19 cm. Incisez le tube le plus court dans le sens de la longueur en enlevant une bande de 5 mm de largeur.

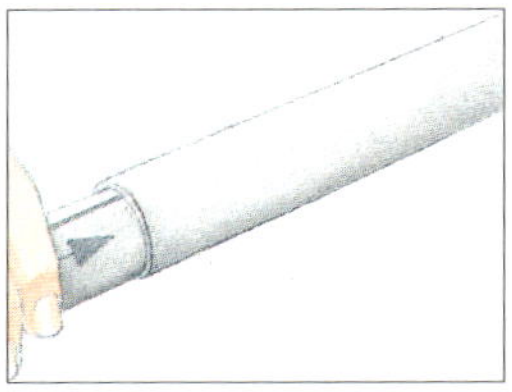

2. Dans ce tube, coupez un anneau de 5 mm de large et un autre de 1 cm. Glissez le morceau restant dans le tube de 20 cm après l'avoir encollé.

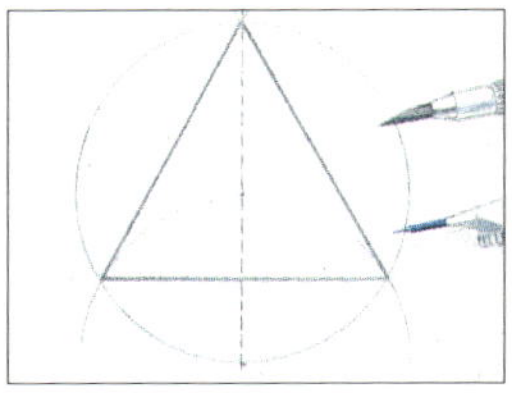

3. Mesurez le diamètre intérieur du tube doublé et déterminez la largeur des miroirs en faisant un croquis : les 3 miroirs forment un triangle équilatéral.

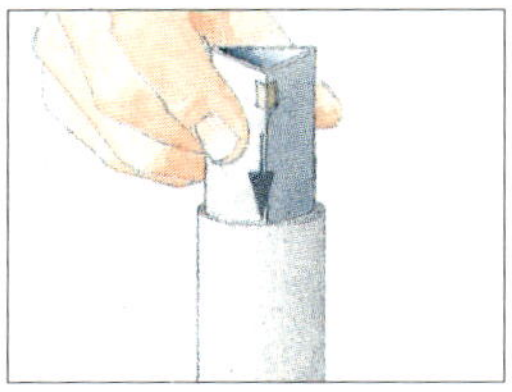

4. Coupez les miroirs avec un coupe-verre. Assemblez-les et glissez-les ensemble dans le tube en carton. Bloquez-les en glissant derrière des tampons de papier.

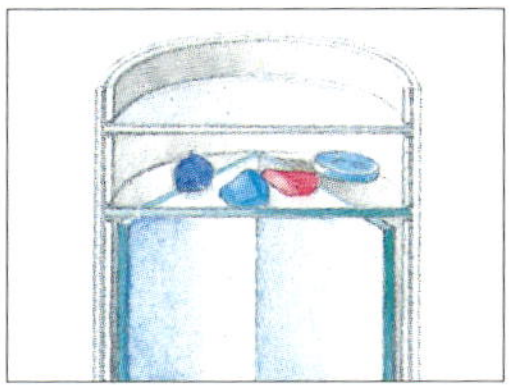

5. Placez le verre transparent, puis collez l'anneau de 1 cm. Introduisez les objets devant former les images. Posez le verre dépoli et collez l'anneau de 5 mm.

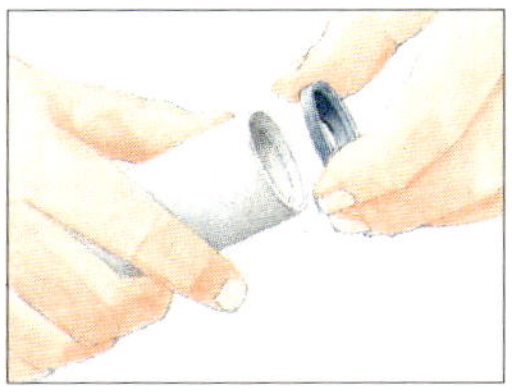

6. Faites un trou de 5 mm de diamètre au centre du bouchon du tube. Peignez ce bouchon percé en noir et placez-le au bout ouvert du tube. Regardez par le trou.

Tube en PVC Lampadaire

Pour réaliser ce lampadaire vertical qui diffusera une lumière d'ambiance et un éclairage indirect par réflexion de la lumière sur le plafond, il vous suffit de récupérer un morceau de tuyau en PVC de 90 ou 110 mm de diamètre et de 1 m à 1,20 m (ou plus) de longueur. Si le tuyau n'est pas élargi à son extrémité, vous y placerez un manchon qui vous permettra de l'emboîter sur le socle.

Pour laisser diffuser la lumière en tous sens, découpez des ouvertures circulaires dans le tube soit de manière aléatoire, soit alignées ou encore disposées de façon à former des motifs. Vous peindrez l'intérieur en blanc et l'extérieur avec une peinture imitation pierre, par exemple.

La lampe est fixée sur le socle et orientée vers le haut : utilisez de préférence une lampe à réflecteur incorporé. Pour remplacer une ampoule grillée, il suffit de déboîter le tube de son socle pour accéder à la « partie technique ».

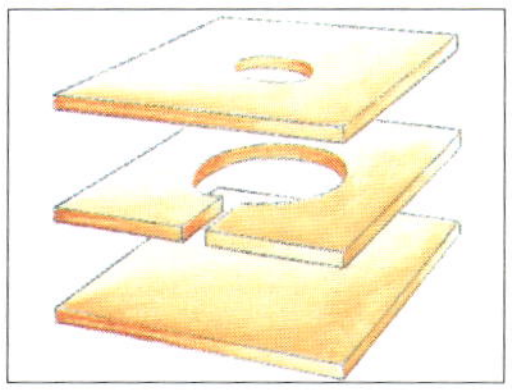

1. Découpez 3 plaques de 20 cm de côté en contreplaqué de 10 mm. Percez-en une au centre, percez et échancrez une autre et collez les 3 ensemble.

2. Passez un fil électrique dans le socle. Percez le tampon et posez-le avec des vis à bois à tête ronde après avoir passé le fil par le trou. Posez et branchez la douille.

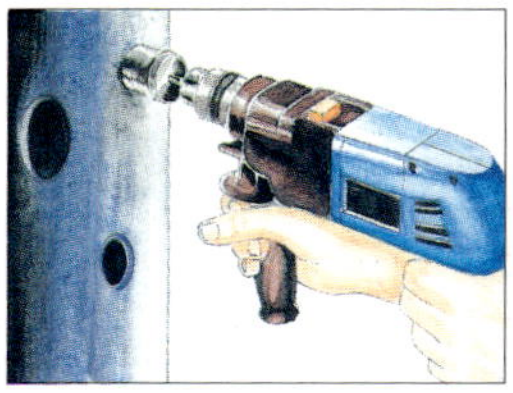

3. Découpez les ouvertures dans le tube en PVC avec une scie à cloche pour les gros trous et des mèches à bois pour les plus petits. Ébarbez les bords des trous à la lime.

4. Peignez l'intérieur du tube en blanc mat ou satiné avec une bombe aérosol par les ouvertures. Appliquez 2 couches fines. Laissez sécher.

5. Bourrez l'intérieur du tube de papier. Peignez l'extérieur de la couleur de votre choix ou appliquez un crépi plastique à grain fin après avoir passé une couche d'apprêt.

6. Peignez le socle et la bordure visible du tampon. Posez une fiche au bout du fil électrique, placez la lampe, videz le tube, emboîtez-le sur le socle et allumez.

Tuyau d'arrosage Tuyau d'irrigation

Un tuyau d'arrosage percé peut devenir un bienfait véritable pour votre jardin. Il vous suffit d'y percer d'autres trous et de l'utiliser comme conduit d'irrigation. Il arrosera vos plantes en douceur et en profondeur, de façon plus efficace et plus économique qu'un vaporisateur ou qu'un tourniquet, car l'évaporation sera réduite.

Installez-le près des plantes ou cachez-le dans une tranchée. Si vous le destinez à l'arrosage des arbustes et des arbres, percez des trous uniquement dans les sections proches du pied des plantes.

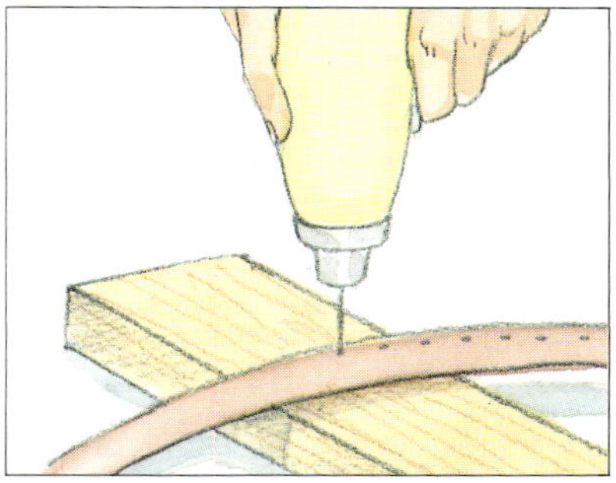

1. Posez le tuyau sur un morceau de bois, puis percez des trous de 2 mm de diamètre en les espaçant de 5 cm environ.

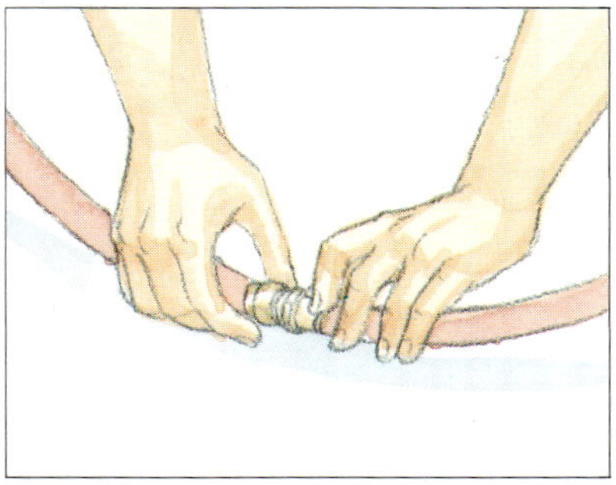

2. Fixez le tuyau percé à un tuyau en bon état avec un raccord en cuivre ou en plastique. Branchez le « bon » tuyau.

3. Bouchez l'extrémité du tuyau d'irrigation avec un embout en plastique. Placez le tuyau près des plantes à arroser ou cachez-le dans une tranchée (n'abîmez pas les racines en creusant). Laissez couler de 30 à 40 min au débit minimum.

Valise Jardin mexicain

Vous pouvez utiliser une valise usagée autrement que comme remise pour les vieux objets et les vieux tissus. Gardez la partie « creuse », supprimez le dessus, les charnières et la poignée et transformez-la en jardin mexicain. Si elle est en plastique moulé, vous n'aurez aucun souci à vous faire quant à l'étanchéité. Si elle est en carton, prenez soin de la doubler avec une feuille de polyéthylène (bâche plastique transparente vendue dans tous les magasins de bricolage). Pour habiller l'extérieur, collez sur le pourtour, avec de la mousse adhésive double face, une bande de cannisses ou de bordure d'allée en plastique.

Plantez votre jardin mexicain de petites cactées de formes et de tailles différentes. Elles demandent peu d'eau et peuvent rester longtemps sans soins (pendant les vacances, par exemple). Un conseil : arrosez toujours avec parcimonie.

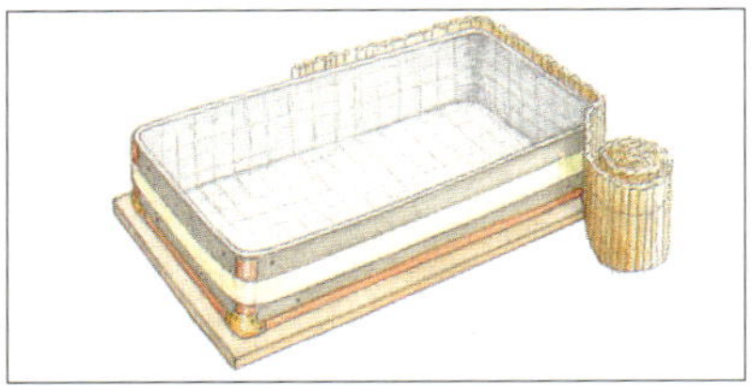

1. Fixez la valise sur une plaque de contreplaqué légèrement plus grande avec de la colle-mastic au Néoprène. Collez la bordure sur le pourtour.

2. Couvrez le fond et les côtés d'un film plastique. Étalez une couche de billes d'argile expansée, puis de terre à cactées. Coupez le plastique qui dépasse.

3. Composez votre jardin avec des cactées hautes et basses et quelques cailloux ou des galets. Finissez en étalant une couche de sable de Loire en surface.

Vêtements usagés Descente de lit

Coupez des bandes de tissu dans de vieux vêtements et créez une descente de lit originale. Tout tissu léger fera l'affaire : chemises, maillots, tee-shirts, cravates... Outre des bandes de tissu, vous aurez besoin d'un canevas épais, d'un crochet à remaillage pour nouer les bandes sur le canevas et d'un galon de 5 cm de large pour la bordure.

Commencez par couper le canevas à la taille désirée, en comptant 2,5 cm supplémentaires pour la bordure. Recouvrez les bords avec une bande de papier adhésif posée à cheval pour éviter qu'ils ne s'effilochent. Coupez le tissu en bandes de 1,5 cm × 12 cm (ne le coupez pas en biais, il pourrait s'effilocher).

À l'aide du crochet, nouez les bandes de tissu sur le canevas comme indiqué ci-contre, en mélangeant les couleurs, les textures et les motifs. Une fois le tapis terminé, retirez la bande adhésive et recouvrez les bords du tapis avec le galon en le cousant aussi près que possible de la première rangée de tissu noué.

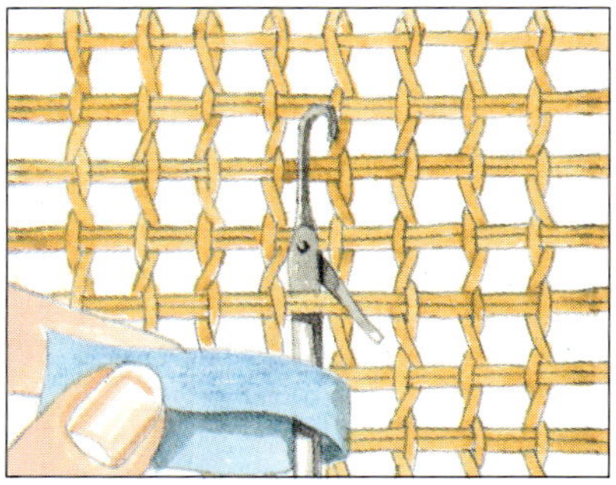

1. Maintenez la bande de tissu autour de la tige du crochet et glissez la tête sous un brin du canevas.

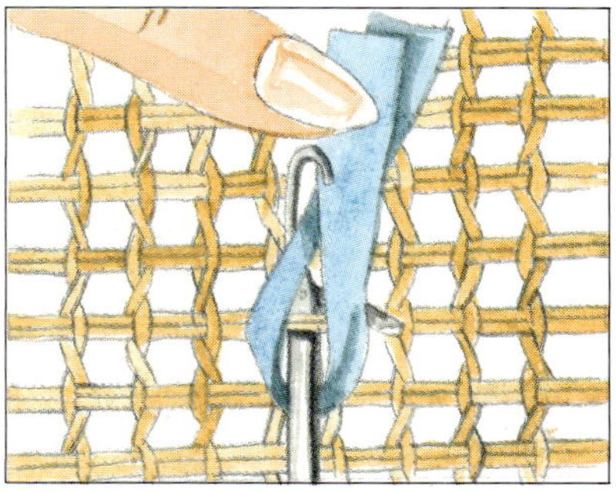

2. Tenez la bande de tissu, laissez le clapet du crochet ouvert et ramenez les extrémités du tissu dans le crochet.

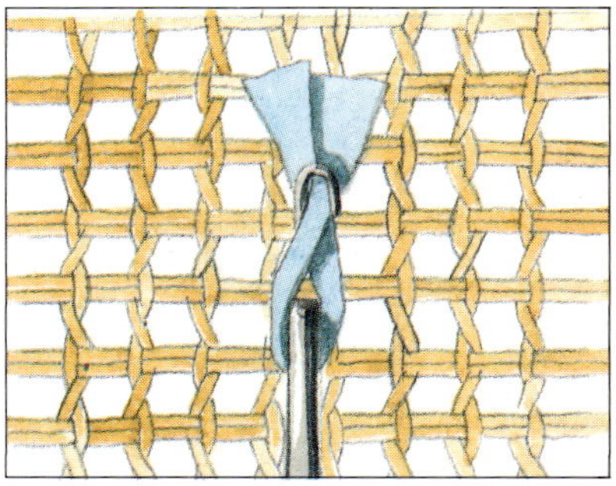

3. Tirez soigneusement le crochet vers le bas. Lorsque le clapet est fermé, relâchez la bande de tissu.

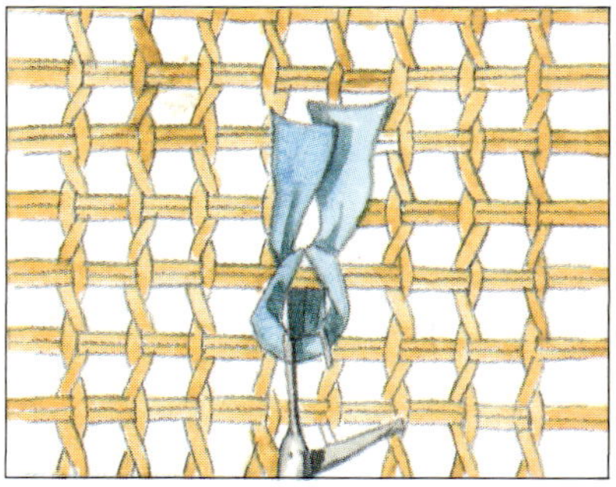

4. Continuez à tirer le crochet vers le bas : les extrémités de la bande de tissu forment un nœud.

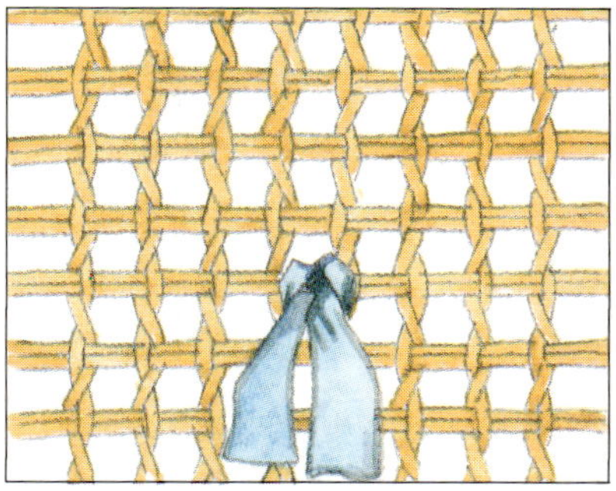

5. Tirez sur les extrémités de la bande pour serrer le nœud en mettant les 2 bouts à la même longueur.

5. FORMULES ET RECETTES

Sous les emballages luxueux du commerce se cachent souvent des produits que vous pourriez fabriquer vous-même. Les formules et recettes fournies ici sont amusantes et faciles à réaliser. Il y a, bien sûr, des recettes de cuisine, mais aussi des produits de nettoyage et des engrais pour les plantes... Lotions et crèmes de soin ne sont pas oubliées, et bien d'autres formules vous sont proposées.

Aliment de régime pour chats

Une cure de santé pour votre chat.

1,2 kg de foie de bœuf ou de volaille, cuit et haché
400 g de riz cuit
1 cuil. à café d'huile végétale

Disposez tous les ingrédients dans un grand bol et mélangez bien. Prévoir 130 g de nourriture quotidienne pour un chat de 2,5 kg, 150 g pour un animal de 3 kg à 3,5 kg, et 250 g pour un chat pesant 4,5 kg et plus. Se conserve 5 jours au réfrigérateur dans un récipient fermé, 3 mois au congélateur. Pour 1,6 kg environ.

Aliment de régime pour chiens

Contient les vitamines et les minéraux nécessaires à votre chien.

250 g de bœuf haché maigre
125 g de fromage blanc de campagne à 0 ou 10 % de matière grasse
400 g de carottes cuites
400 g de haricots verts cuits

Faites bouillir la viande jusqu'à ce qu'elle perde sa couleur rosée. Laissez-la refroidir. Dans un bol de taille moyenne, mélangez-la avec les autres ingrédients. Prévoir 250 g de nourriture quotidienne pour un chien de 2,5 kg, 350 g pour un animal de 4,5 kg, 500 g pour un chien de 9 kg, 800 g pour un chien de 20 kg environ, 1,2 kg pour un chien de 25 kg, et 1,4 kg pour un chien de 35 kg et plus. Se conserve 5 jours au réfrigérateur dans un récipient fermé, 3 mois au congélateur. Pour 1,2 kg environ.

Anchoïade

Une sauce bien relevée et très parfumée pour redonner du punch à une salade hivernale ou rehausser le goût délicat des premiers légumes nouveaux.

200 g d'anchois entiers au sel
1 gousse d'ail
2 cuil. à soupe de moutarde forte
1 cuil. à soupe de vinaigre de vin
20 cl d'huile d'olive
poivre

1. Rincez les anchois en les frottant pour en éliminer le sel, puis séparez-les en filets.
2. Pelez la gousse d'ail et passez-la au presse-ail au-dessus du bol d'un mixeur. Ajoutez les anchois, le vinaigre, la moutarde, l'huile d'olive, du poivre et 2 cuil. à soupe d'eau. Mixez 2 min à grande vitesse, jusqu'à obtention d'une émulsion fine. Servez tel quel avec des crudités ou comme base de vinaigrette d'une salade verte ou composée ; tiède sur des légumes vapeur, des pommes de terre à l'eau... Se conserve 3 mois au réfrigérateur dans un bocal hermétiquement fermé. Pour 300 g environ.

Anticafards

Un insecticide facile à préparer.

2 cuil. à soupe de borax
1 cuil. à soupe de farine
1 1/2 cuil. à café de cacao en poudre

Mélangez tous les ingrédients dans un petit bol. Répartissez le mélange dans des capsules en plastique ou tout autre petit récipient, et disposez-les dans les endroits infestés.
Attention ! Tenir hors de portée des enfants et des animaux familiers.

Antifourmis

Donnez à ces petits envahisseurs une indigestion définitive.

15 cl de mélasse
6 cuil. à soupe de sucre
6 cuil. à soupe de levure de boulanger sèche

Mélangez tous les ingrédients dans un bol jusqu'à obtention d'une pâte lisse. Recouvrez des bandes de carton avec le mélange ou versez-le dans des capsules de bouteilles. Disposez-les aux endroits infestés.

Antimoustiques

D'un parfum agréable, ne graisse pas la peau.

1 litre d'alcool à fruits à 45°
80 g de copeaux de cèdre rouge
30 g de feuilles d'eucalyptus

Mélangez tous les ingrédients dans un grand bol. Couvrez et laissez macérer 5 jours. Filtrez le mélange et ne conservez que le liquide. Appliquez sur la peau pour éloigner les moustiques. Se conserve dans un récipient hermétiquement fermé.

Antineige

Pour faire fondre rapidement la glace et la neige sur les trottoirs.

1 kg de sel gemme fin
1 kg de sulfate de magnésium
4 cuil. à soupe de sulfate d'ammonium

Mélangez tous les ingrédients dans un grand seau. Répandez 250 g du mélange sur le sol tous les 1,50 m. Conservez dans un récipient bien fermé, hors de portée des enfants.

Aquarelle

Un bon substitut aux produits vendus dans le commerce.

1 cuil. à soupe de vinaigre blanc ou de vinaigre de cidre
2 cuil. à soupe de bicarbonate de soude
1 cuil. à soupe de farine de maïs
1/2 cuil. à café de glycérine
2 gouttes de colorant alimentaire
1 cuil. à café d'eau

Dans un petit bol, mélangez le vinaigre et le bicarbonate. Ajoutez la farine et la glycérine lorsque le bicarbonate cesse de mousser. Incorporez le colorant et ajoutez de l'eau si la solution est trop épaisse. Gardez dans un récipient hermétiquement fermé.

Aubergines marinées

Vous aimerez la douceur de l'aubergine et le piquant du gingembre.

2 aubergines oblongues de 300 g chacune
1 cuil. à café de gingembre frais râpé
2 cuil. à soupe de sucre semoule
5 cuil. à soupe de vinaigre d'alcool
1 1/2 cuil. à soupe de sauce de soja
4 cuil. à soupe d'huile d'arachide
1 cuil. à soupe de sel de mer fin

1. Lavez les aubergines, épongez-les et coupez-les en bâtonnets de la taille d'une allumette. Mettez-les dans une passoire inoxydable et salez-les. Laissez-les reposer 15 min, puis pressez-les, rincez-les sous l'eau courante et pressez-les à nouveau.
2. Mettez le sucre, le vinaigre, la sauce de soja et l'huile dans une sauteuse de 26 cm de diamètre. Portez à ébullition, puis plongez-y les aubergines. Dès la reprise de l'ébullition, retirez du feu et laissez refroidir.
3. Lorsque les aubergines sont froides, mettez-les dans une terrine et gardez-les au réfrigérateur. Dégustez-les 12 h plus tard, parsemées de gingembre, avec de la viande ou du poisson grillés, chauds ou froids. Se conserve 3 jours au réfrigérateur. Pour 500 g environ.

Bains calmants

Les plantes ont le pouvoir de rendre vos bains thérapeutiques. Pour mieux dormir, vous calmer et effacer toute trace de nervosité, voici plusieurs recettes simples que vous pouvez utiliser en alternance.

Bain à la mélisse
50 g de fleurs de mélisse

Bain à la racine de valériane
300 g de racine de valériane

Bain à la lavande
100 g de fleurs de lavande

Bain au tilleul
50 g de feuilles de tilleul

Pour chaque recette, faire infuser 15 min dans 1 litre d'eau bouillante. Filtrez. Versez le produit dans le bain.

Bains tonifiants

Pour activer la circulation et vous mettre en grande forme. Ces différentes recettes simples peuvent être utilisées en alternance.

Bain au fenouil, à l'anis vert et à la menthe
1 cuil. à soupe de chaque plante

Bain aux fleurs de bruyère et au serpolet
1 cuil. à soupe de chaque plante

Bain au laurier et au thym
2 cuil. à soupe de laurier
1 cuil. à soupe de thym

Bain à la menthe et à la marjolaine
2 cuil. à soupe de menthe
1 cuil. à soupe de marjolaine

Bain au romarin
3 cuil. à soupe de feuilles de romarin

Pour chaque recette, faire bouillir 10 min dans 1 litre d'eau et laisser infuser 15 min. Filtrez. Versez dans le bain.

Barres au beurre de cacahuètes

Le goûter idéal des enfants, plein de vitamines et de protéines.

350 g de beurre de cacahuètes croustillant *(voir p. 384)*
125 g de sucre semoule
125 g de sirop de sucre de canne
1 kg de riz soufflé
250 g de cacahuètes grillées sans sel, grossièrement râpées
1 noix de beurre

1. Versez le sirop dans une grande casserole. Ajoutez le sucre et le beurre de cacahuètes et portez à ébullition sur feu très doux.
2. Retirez la casserole du feu et ajoutez le reste des ingrédients. Mélangez bien.
3. Versez la préparation dans un moule beurré de 35 cm × 27 cm et laissez refroidir à température ambiante. Coupez en barres de 7 cm × 3 cm. Se conserve 1 semaine à température ambiante, 2 semaines dans le réfrigérateur et 3 mois au congélateur. Pour 45 barres.

Bâtonnets au fromage

Exquis à grignoter à l'heure de l'apéritif ou avec de la charcuterie.

250 g de fromage râpé gros : gruyère, gouda, cheddar...
125 g de beurre
250 g de farine
2 cuil. à café de parmesan râpé

1 cuil. à café de graines de carvi
1 jaune d'œuf
1 cuil. à café de lait
4 pincées de piment de Cayenne en poudre
4 pincées de sel

1. Mettez le beurre et le fromage dans le bol d'un mixeur et faites tourner 1 min. Ajoutez la farine, le sel, le carvi et mixez encore 1 min, jusqu'à obtention d'une pâte homogène. Enveloppez-la dans un film adhésif et laissez 2 h au réfrigérateur. (Cette pâte se conserve pendant 1 semaine dans le réfrigérateur ou 6 mois au congélateur.)
2. Au bout de 2 h, allumez le four, thermostat 6 (200 °C). Farinez le plan de travail et étalez-y la pâte sur 5 mm d'épaisseur. Découpez-y des bâtonnets de 7 à 8 cm de long sur 5 mm de large. Déposez-les sur une plaque à pâtisserie antiadhésive.
3. Fouettez le jaune d'œuf et le lait, badigeonnez-en chaque bâtonnet au pinceau et poudrez de piment. Faites cuire les bâtonnets au four pendant 10 à 12 min, jusqu'à ce qu'ils soient dorés.
4. Laissez reposer les bâtonnets 5 min, puis faites-les refroidir sur une grille. Servez aussitôt. Se conservent 2 jours dans une boîte en métal hermétique. Pour 36 bâtonnets.

Baume pour les lèvres

Pour avoir les lèvres bien douces et éviter les gerçures.

1 cuil. à café de miel
1 cuil. à café d'eau de mauve ou de bleuet
10 gouttes d'huile d'amande douce
10 gouttes de jus de concombre

Mélangez bien les différents ingrédients et appliquez sur les lèvres en massant légèrement. Se conserve 2 ou 3 jours au frais.

Beurre d'amandes

Idéal pour tartiner toasts et bouchées à base de crustacés ou de poissons.

500 g d'amandes mondées
2 cuil. à soupe d'huile d'arachide
1/2 cuil. à café de sel

1. Allumez le four, thermostat 7 (230 °C). Étalez les amandes sur la plaque du four et glissez-les dans le four chaud. Laissez-les dorer 20 min. Retirez du four et laissez refroidir.
2. Mettez les amandes dans le bol d'un robot et ajoutez l'huile et le sel. Mixez jusqu'à obtention d'un beurre bien lisse. Se conserve pendant 1 mois dans une boîte hermétique, au réfrigérateur.

Si vous aimez retrouver des amandes croustillantes dans le beurre, mixez grossièrement 1/3 des amandes et réservez-les avant de mixer finement le reste. Mélangez ensuite amandes et beurre d'amandes. Pour 500 g environ.

Beurre de cacahuètes

Le plein d'énergie pour les plus jeunes ; à déguster sur des tartines, des crackers, entre 2 tranches de cake...

500 g de cacahuètes grillées salées
1 cuil. à soupe d'huile d'arachide

1. Mettez les cacahuètes dans le bol d'un mixeur et ajoutez l'huile. Faites tourner l'appareil jusqu'à obtention d'une purée fine. Se conserve 1 mois au réfrigérateur dans un bocal fermé. Pour 500 g.
2. Pour un beurre croustillant, hachez d'abord grossièrement 100 g de cacahuètes et ajoutez-les dans le beurre de cacahuètes terminé.

Beurre de noix

Pour tartiner des crackers, des sandwiches ou des canapés.

250 g de noix décortiquées
1 cuil. à café d'huile d'arachide
1/2 cuil. à café de sel

1. Allumez le four, thermostat 4 (140 °C). Étalez les noix sur la plaque du four et glissez-la dans le four chaud. Laissez cuire 20 min environ, jusqu'à ce que les noix soient dorées.
2. Laissez refroidir les noix, puis mettez-les dans le bol d'un robot avec l'huile et le sel. Mixez jusqu'à obtention d'une préparation très crémeuse. Si vous désirez une consistance plus croustillante, retirez 50 g de noix du robot lorsqu'elles sont légèrement mixées et incorporez-les au beurre une fois celui-ci terminé. Se conserve 1 mois au réfrigérateur. Pour 250 g.

Beurres parfumés

Proposez-les à table, tartinez-en du pain grillé, des canapés ; faites-les fondre sur des viandes ou des poissons grillés, des légumes, du riz à l'eau ou dans un potage.

125 g de beurre mou
2 gousses d'ail, ou 3 cuil. à soupe d'aneth ou de ciboulette hachés, ou 2 cuil. à soupe de cerfeuil ou d'estragon hachés
sel, poivre

1. Pelez les gousses d'ail et passez-les au presse-ail au-dessus d'une terrine. Ajoutez le beurre, du sel, du poivre et mélangez bien. Si vous utilisez les herbes, mélangez-les au beurre avec du sel et du poivre.
2. Moulez le beurre obtenu dans des petits ramequins ou dans un bac à glaçons. Se conserve 5 jours au réfrigérateur et 4 mois au congélateur. Pour 8 portions.

Biscuits au chocolat

Délicieux et vite préparés, ces petits biscuits seront le goûter préféré des petits et des grands.

750 g de préparation pour biscuits au chocolat (voir p. 416)
2 gros œufs battus
125 g de pépites de chocolat noir ou au lait
1 cuil. à café d'extrait de vanille
1 noix de beurre

1. Allumez le four, thermostat 6 (200 °C). Beurrez un moule carré de 20 cm de côté.
2. Mettez la préparation pour biscuits dans une terrine. Ajoutez les œufs, les pépites et la vanille et mélangez jusqu'à obtention d'une pâte souple.
3. Versez la pâte dans le moule, lissez la surface et faites cuire 30 min au four.

4. Retournez le moule sur une grille, démoulez et laissez refroidir. Découpez en cubes et dégustez à température ambiante. Pour 16 biscuits.

Biscuits chocolatés sans blé

La farine de blé est remplacée par de la farine de riz, qui donne des biscuits plus légers.

60 g de chocolat de couverture noir amer, fondu
80 g de beurre mou + 1 noix
2 œufs battus
250 g de sucre roux
150 g de farine de riz
1 cuil. à café d'extrait naturel de vanille
1/2 cuil. à café de levure chimique
125 g de noix hachées grossièrement
1/4 de cuil. à café de sel

1. Allumez le four, thermostat 6 (200 °C). Mettez 80 g de beurre dans une terrine, ajoutez le sucre et battez au fouet jusqu'à ce que le mélange blanchisse. Ajoutez le chocolat et la vanille en mélangeant sans cesse, puis les œufs, la farine, la levure et le sel en les tamisant. Remuez jusqu'à obtention d'une préparation lisse. Incorporez les noix.
2. Beurrez un moule de 20 cm de côté et versez-y la pâte. Lissez la surface à la spatule et faites cuire au four de 30 à 35 min, jusqu'à ce que la lame d'un couteau enfoncée au centre du biscuit en ressorte sèche.
3. Démoulez le biscuit sur une grille et laissez-le refroidir avant de le découper en carrés de 5 cm. Se conservent 3 jours dans une boîte métallique hermétiquement fermée. Pour 16 biscuits.

Biscuits pour chiens

Pour votre chien, un régal dont vous connaissez la composition.

800 g de nourriture pour chiens (voir p. 408)
100 g de son non traité
100 g de flocons d'avoine
10 cl d'huile végétale

1. Allumez le four, thermostat 3 (110 °C). Écrasez la nourriture pour chiens dans un bol pour obtenir un mélange homogène. Ajoutez le son et les flocons d'avoine et mélangez. Incorporez peu à peu l'huile jusqu'à obtention d'une pâte facile à modeler. Façonnez-la en forme d'os ou en petits pâtés. (Si nécessaire, ajoutez un peu d'huile.)
2. Faites cuire au four pendant 3 h 30. Laissez refroidir et rangez les biscuits dans une boîte munie d'un couvercle. Se conservent 1 mois au réfrigérateur. Pour 16 biscuits de taille moyenne.

Blanc de chaux

Une peinture bon marché qu'il faut réappliquer fréquemment. Idéale à la campagne, car la chaux est germicide. Utilisez seulement à l'intérieur, sur les murs de cave ou de locaux d'élevage.

2,5 kg de chaux hydratée
4,5 litres d'eau à la température de la pièce
750 g de sel
2 litres d'eau chaude

1. Dans un grand bac, mélangez la chaux et l'eau à la température de la pièce. Laissez reposer pendant toute la nuit.
2. Incorporez le sel à l'eau chaude et laissez reposer jusqu'à ce que le sel soit dissous. Ajoutez l'eau salée à la chaux et remuez bien. Pour colorer, ajoutez du pigment en poudre. Gardez dans un récipient hermétiquement fermé.

Bouche-éraflures

À utiliser sur les surfaces métalliques ou vitrées.

5 cl de glycérine
30 g de rouge à polir (potée d'émeri extrafine)
10 cl d'eau

Mélangez tous les ingrédients dans un verre de taille moyenne, jusqu'à obtention d'une pâte lisse. Appliquez sur les surfaces éraflées avec un chiffon propre et frottez. Rincez à l'eau. Pour boucher des éraflures plus profondes, renouvelez l'opération plusieurs fois. Gardez dans un récipient hermétiquement fermé.

Boulettes au rhum

Des petites friandises qui ne demandent aucune cuisson.

300 g de petits biscuits secs
250 g de noix finement hachées
75 g de cacao amer
150 g de sucre glace
3 cuil. à soupe de miel d'acacia
4 cuil. à soupe de rhum ambré

1. Mettez les biscuits, les noix, le cacao, la moitié du sucre glace, le miel et le rhum dans le bol d'un robot. Mixez pour obtenir une pâte épaisse.
2. Prélevez 1 cuil. à café de préparation et roulez-la entre vos doigts afin d'obtenir une boulette bien lisse. Faites de même avec le reste de la pâte.
3. Tamisez le reste du sucre glace dans une assiette et roulez-y les boulettes. Rangez-les dans une boîte hermétique. Se conservent 10 jours au frais. Pour 36 boulettes.

Boulettes aux fruits secs

Prêtes en quelques minutes.

250 g de noix finement hachées
250 g de dattes finement hachées
250 g de noix de coco lyophilisée
200 g de sucre semoule
2 œufs battus
250 g de corn flakes écrasés

1. Mettez les œufs, les dattes et le sucre dans une casserole. Posez-la sur feu doux et laissez cuire 5 min en remuant sans cesse, jusqu'à ce que la préparation épaississe. Retirez du feu, laissez reposer 5 min, puis ajoutez les noix et les corn flakes. Mélangez et laissez refroidir.
2. Versez la noix de coco dans une assiette. Prélevez la préparation par cuillerées à café et faites rouler les boulettes dans la noix de coco. Servez aussitôt. Se conservent 15 jours au réfrigérateur, dans une boîte hermétique. Pour 36 boulettes.

Boulettes de fromage aux noix

À présenter sur un plateau de fromages ou sur un buffet.

20 g de fromage double crème
200 g de roquefort
200 g de noix hachées
poivre

1. Mélangez soigneusement le fromage double crème et le roquefort à la fourchette. Prenez 1 cuil. à café bombée de ce mélange et roulez-la entre les paumes de vos mains afin d'obtenir une boulette.
2. Roulez les boulettes dans les noix hachées et rangez-les sur un plateau. Laissez au réfrigérateur pendant au moins 2 h avant de servir, mais retirez du froid 30 min avant de déguster. Se conservent 1 semaine au réfrigérateur ou 1 mois au congélateur. Pour 30 boulettes environ.

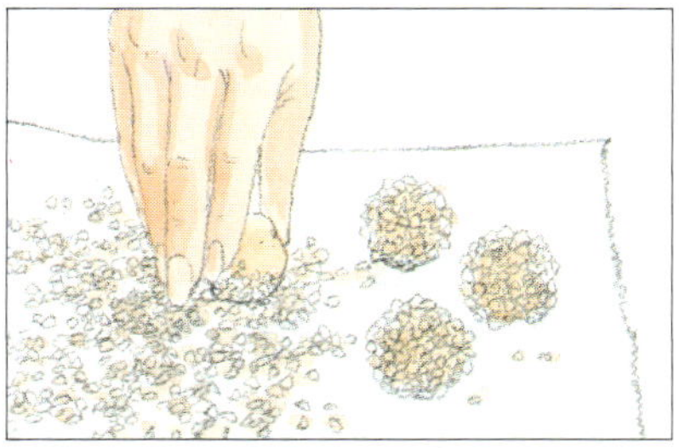

Bretzels

Ces délicieux bretzels se dégustent tièdes, seuls ou avec des fromages ou des charcuteries.

750 g de farine
1 sachet de levure de boulanger lyophilisée
40 cl d'eau tiède
3 cuil. à soupe de sucre semoule
1 sachet de levure chimique
1 cuil. à café de sel fin
1 cuil. à soupe de gros sel de mer

1. Versez 10 cl d'eau dans un verre de 20 cl de contenance. Ajoutez 1 cuil. à café de sucre et mélangez jusqu'à ce que le sucre fonde. Ajoutez la levure de boulanger, mélangez et laissez gonfler la préparation pendant 10 min dans un endroit tiède.
2. Pendant ce temps, mettez la farine sur le plan de travail et creusez un puits au centre. Versez le reste de l'eau dans un bol, ajoutez 1 cuil. à café de sucre et le sel fin et mélangez jusqu'à ce qu'ils soient fondus.
3. Lorsque la levure a gonflé, versez-la dans le puits, avec l'eau saléesucrée. Mélangez ces liquides à la farine, du bout des doigts, par des mouvements circulaires, en partant du centre vers l'extérieur.
4. Lorsque la farine a absorbé tout le liquide, vous obtenez une pâte molle et collante. Roulez-la en boule, puis travaillez-la de cette façon : écrasez la boule, puis pliez-la en 2 vers vous, écrasez-la à nouveau en la poussant loin devant vous. Roulez-la à nouveau en boule et continuez ainsi pendant 10 min. Poudrez-la ensuite de farine, mettez-la dans une terrine et couvrez-la d'un linge. Laissez reposer la pâte de 1 h 30 à 2 h, dans un endroit tiède, jusqu'à ce qu'elle double de volume.
5. Lorsque la pâte a levé, allumez le four, thermostat 7 (230 °C). Travaillez

rapidement la pâte pour lui faire retrouver son volume initial. Coupez-la en 12 morceaux égaux que vous roulerez en les étirant afin qu'ils atteignent 50 cm de longueur. Puis enroulez chaque boudin de pâte en forme de bretzel. Rangez-les au fur et à mesure sur le plan de travail fariné et couvrez-les d'un linge. Laissez-les reposer 20 min.

6. Au bout de ce temps, faites bouillir 1 litre d'eau dans une grande casserole et ajoutez la levure chimique et le reste du sucre. Mélangez et plongez les bretzels par 3 dans l'eau frémissante. Laissez-les cuire 20 s, puis égouttez-les avec une écumoire et épongez-les sur un linge. Faites cuire ainsi tous les bretzels.
7. Rangez les bretzels sur une plaque à pâtisserie antiadhésive et faites-les cuire 15 min environ au four jusqu'à ce qu'ils soient gonflés et bien dorés. Poudrez-les de gros sel dès la sortie du four et dégustez-les tièdes ou à température ambiante. Recette pour 12 bretzels.

Cake salé

Plus original qu'un simple pain pour accompagner charcuteries, salades ou fromages, ce cake est tout aussi excellent à l'heure du brunch ou du goûter. Il fait merveille en pique-nique.

200 g de farine de blé
150 g de lard fumé, coupé en tranches de 0,5 cm d'épaisseur
1 bouquet de ciboulette
3 œufs
10 cl de lait
10 cl d'huile d'olive
1 sachet de levure chimique
4 pincées de noix muscade râpée
1/2 cuil. à café de poivre moulu
1/2 cuil. à café de sel
1 noix de beurre

1. Allumez le four, thermostat 6 (200 °C). Beurrez un moule à cake de 28 cm de long. Coupez le lard en petits dés. Lavez la ciboulette, puis épongez-la et coupez-la en tronçons de 1 cm.
2. Mettez la farine, la levure, le lait, l'huile, le sel, le poivre et la noix muscade dans le bol d'un robot. Ajoutez les œufs. Mixez 1 min à grande vitesse, jusqu'à obtention d'une pâte lisse. Incorporez le lard et la ciboulette à la spatule.
3. Versez la préparation dans le moule et mettez au four. Laissez cuire 50 min, jusqu'à ce que le cake soit gonflé et doré.
4. Retirez le moule du four et laissez reposer le cake 5 min. Démoulez-le et laissez-le refroidir sur une grille. Servez découpé en tranches. Se conserve pendant 3 jours dans plusieurs épaisseurs d'aluminium ménager. Pour 6 personnes.

Cataplasme à la moutarde

Un remède d'autrefois pour décongestionner les poumons.

1 cuil. à soupe de moutarde sèche
25 g de farine (pour les adultes) ou 90 g (pour les enfants)
eau tiède

1. Tamisez la moutarde et la farine dans un bol de taille moyenne. Ajoutez peu à peu suffisamment d'eau pour obtenir une pâte. Étalez-la sur une mousseline assez grande pour couvrir la poitrine. Recouvrez avec un autre morceau de mousseline.
2. Placez le cataplasme sur la poitrine (la peau doit être bien sèche). Vérifiez fréquemment les réactions

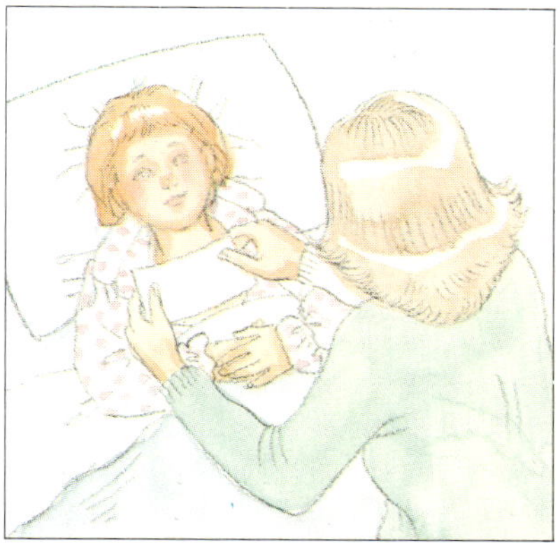

et, dès que la peau commence à rougir, au bout de 10 à 20 min, retirez le cataplasme. (Ne laissez jamais plus de 30 min.) Frottez la poitrine avec de la vaseline pour maintenir la chaleur. Utilisez le cataplasme 2 fois par jour jusqu'à la disparition de la congestion.
Attention ! Arrêtez immédiatement en cas de réaction allergique.

Cataplasme pour jambes lourdes

Pour soulager des jambes enflées ou douloureuses.

la chair de 1 citrouille
5 cuil. à soupe de feuilles fraîches de lierre
1 gros bouquet de cerfeuil

Passez au mixeur feuilles de lierre, cerfeuil et chair de citrouille. Étalez la préparation sur un linge. Appliquez sur les jambes. Gardez 30 min.

Chutney express

Simple et savoureux avec volailles, viandes froides et curries.

500 g d'abricots ou de poires en conserve, au sirop léger
50 g de raisins de Smyrne
50 g de raisins de Corinthe
1 cuil. à soupe de vinaigre de cidre
1 cuil. à café de moutarde forte

1/2 cuil. à café de gingembre en poudre
1/2 cuil. à café de coriandre en poudre
1/2 cuil. à café d'ail semoule (facultatif)
1/2 cuil. à café de sel

Égouttez les fruits et mixez-les grossièrement. Mettez-les dans une terrine et ajoutez le reste des ingrédients. Mélangez et versez le chutney dans une boîte hermétique. Se conserve au réfrigérateur pendant 6 mois. Pour 500 g environ.

Cire de finition

Finition durable qui imperméabilise le bois et estompe les éraflures.

25 cl d'essence de térébenthine
250 g de copeaux de cire carnauba
250 g de copeaux de paraffine

Faites chauffer la térébenthine au bain-marie ; ajoutez la cire et la paraffine et remuez, jusqu'à ce qu'elles soient fondues. Retirez du feu, versez dans un récipient et laissez refroidir. Si la cire devient trop dure, faites la fondre au bain-marie et ajoutez un peu de paraffine.
Attention ! Cette recette utilisant des matériaux inflammables, le mélange ne doit pas chauffer trop ou éclabousser une surface chaude.

Cire pour bois brut

Idéale pour les ouvrages du type poutres et chevrons. Ne pas utiliser sur du bois vernis.

25 cl d'essence de térébenthine
25 cl de cire d'abeille fondue
25 cl d'huile de lin bouillie

Faites chauffer l'essence de térébenthine au bain-marie. Incorporez la cire et remuez jusqu'à ce qu'elle soit dissoute. Ajoutez l'huile. Retirez du feu et passez la cire chaude sur le bois avec un pinceau. Laissez sécher et faites briller avec un chiffon doux.

Citronnade

Pour une boisson plus exotique, remplacez le jus de citron par du jus de citron vert. Dans ce cas, augmentez légèrement la quantité de sucre.

1 litre de jus de citron frais
50 cl de sirop de canne à sucre
250 g de sucre semoule

Mélangez le jus de citron et le sucre, jusqu'à ce que celui-ci fonde, puis ajoutez le sirop et mélangez encore. Versez dans un flacon et fermez. Secouez avant de servir et, pour 10 cl, ajoutez de 20 à 25 cl d'eau plate ou gazeuse. Se conserve 15 jours au réfrigérateur. Pour 24 verres.

Colle

Un mélange à l'épreuve de l'eau, idéal pour tissus et papiers.

6 cuil. à soupe d'eau
2 sachets de gélatine
2 cuil. à soupe de vinaigre blanc
2 cuil. à café de glycérine

1. Dans une petite casserole, portez l'eau à ébullition. Retirez du feu, ajoutez la gélatine et remuez jusqu'à dissolution. Incorporez le vinaigre et la glycérine, remuez bien. Laissez refroidir, puis versez dans un récipient et couvrez soigneusement.
2. Appliquez la colle chaude. Se conserve plusieurs mois dans un récipient hermétiquement fermé mais se coagule au bout de quelques jours : faites chauffer le récipient au bainmarie avant usage.

Colle à la gomme arabique

S'utilise pour réparer les bibelots.

3 cuil. à soupe de gomme arabique
1 cuil. à soupe de glycérine
1/2 cuil. à café d'eau

Dans un petit bol, mélangez énergiquement tous les ingrédients. Appliquez une fine couche sur les morceaux, assemblez-les et maintenez-les

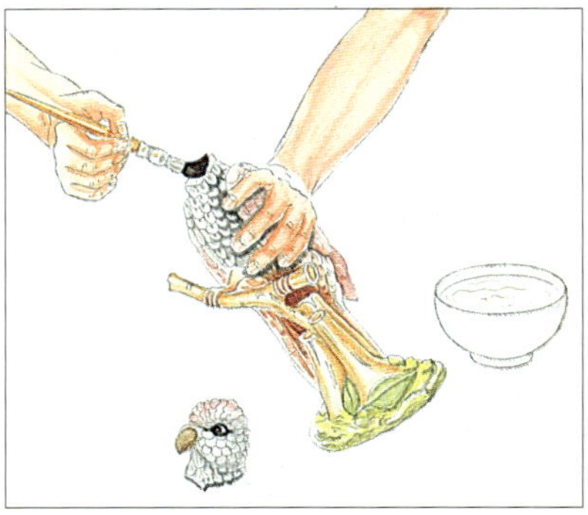

en place jusqu'à ce que la colle sèche : comptez 1 h environ. Laissez sécher au moins 24 h avant d'utiliser l'objet. Se conserve 1 an dans un récipient hermétique.

Compote de fruits secs

Ayez toujours des fruits secs chez vous, vous aurez un dessert rapidement préparé.

300 g de pruneaux dénoyautés
125 g de figues sèches
125 g d'abricots secs
100 g de raisins blonds
100 g de sucre semoule
20 cl de jus d'orange
15 cl d'eau
1 bâton de cannelle
1 gousse de vanille fendue en 2
2 clous de girofle

2 rondelles de gingembre frais ou 1/2 cuil. à café de gingembre en poudre

1 pincée de poivre moulu

1. Mettez le jus d'orange dans une grande casserole et ajoutez l'eau, le sucre, la gousse de vanille et les autres épices. Portez à ébullition et ajoutez les fruits secs. Laissez cuire de 25 à 30 min, jusqu'à ce que les fruits soient tendres. Mélangez plusieurs fois pendant la cuisson.
2. Retirez du feu et éliminez cannelle, vanille, girofle et rondelles de gingembre. Laissez refroidir et servez avec de la crème fraîche, du yaourt, du fromage blanc, de la glace à la vanille ou à la cannelle. Se conserve 3 jours dans un flacon hermétique, au réfrigérateur. Pour 8 personnes.

Compote de pommes

Garniture de tartes, de chaussons, à déguster telle quelle ou avec yaourt, fromage blanc ou crème... C'est le mélange des variétés de pommes et le cidre qui lui donne ce parfum délicieux.

2 kg de pommes mélangées : reines des reinettes, canadas grises, goldens...

1/2 litre de cidre doux

1 gousse de vanille

1 bâton de cannelle

2 clous de girofle

1. Coupez les pommes en quartiers, pelez-les et retirez le cœur ; réservez les pépins dans un petit carré de gaze. Ajoutez la vanille et la cannelle coupées en 2 et les clous de girofle. Nouez le carré de gaze en sachet.
2. Mettez les pommes et le cidre dans une grande cocotte en fonte. Ajoutez le sachet de gaze et posez la cocotte sur feu doux. Dès l'ébullition, couvrez et laissez cuire à feu doux pendant 1 h, en remuant de temps en temps, jusqu'à ce que toutes les variétés de pommes soient en purée.
3. Laissez tiédir, puis retirez le sachet. Passez la purée au mixeur pour la lisser. Mettez la compote dans un bocal au réfrigérateur. Se conserve 2 semaines. Pour 1,5 kg environ.

Compote de tomates

Condiment pour viandes et poissons chauds ou froids, ou pour napper du riz et des pâtes.

1,5 kg de tomates mûres à point

2 échalotes hachées finement

1 gousse d'ail hachée finement

1 cuil. à café de sucre semoule

2 pincées de cannelle en poudre

4 pincées de sel de céleri

4 pincées de piment de Cayenne en poudre

4 pincées de noix muscade râpée

3 cuil. à soupe d'huile d'olive

25 g de beurre

sel, poivre

1. Ébouillantez les tomates 10 s, puis pelez-les, coupez-les en 2 et hachez-les grossièrement au couteau.
2. Faites chauffer l'huile dans une sauteuse antiadhésive de 24 cm de diamètre. Ajoutez le beurre et le hachis d'ail et d'échalotes. Faites cuire 1 min à feu très doux, en remuant à la spatule. Ajoutez piment, cannelle, muscade et mélangez 30 s.
3. Versez les tomates hachées dans la sauteuse. Ajoutez sel de céleri, sucre, sel et poivre. Couvrez et laissez cuire 20 min à feu doux, en tournant souvent, jusqu'à obtention d'une compote crémeuse et parfumée. Se conserve 1 semaine au réfrigérateur ou 6 mois au congélateur. Pour 1 kg environ.

Compresses pour varices

Vous trouverez un réel soulagement en les appliquant le soir.

4 cuil. à soupe de feuilles de noyer

4 cuil. à soupe de feuilles de vigne rouge

1 litre d'eau

Faites bouillir les plantes dans l'eau pendant 20 min. Laissez refroidir, puis filtrez. Trempez 2 serviettes-éponges dans la décoction et entourez-en vos jambes. Laissez-les pendant 30 min.

Concombres aigres-doux

Un condiment à croquer avec des viandes froides.

2 concombres moyens

12 cl de vinaigre d'alcool

2 cuil. à café de sucre semoule

2 cuil. à café de sel

1 cuil. à soupe d'aneth ciselé

1. Lavez les concombres, épongez-les et pelez-les en conservant quelques lanières de peau. Coupez chaque concombre en 4 dans la longueur et retirez les graines. Coupez chaque quart de concombre en lamelles de 2 mm d'épaisseur.
2. Mettez les concombres dans une terrine, ajoutez le sel et couvrez juste d'eau. Mélangez et laissez reposer 30 min.
3. Égouttez les concombres dans une passoire et rincez-les sous l'eau courante. Mélangez le sucre et le vinaigre dans un saladier et remuez jusqu'à ce que le sucre soit fondu. Ajoutez les lamelles de concombre et couvrez juste d'eau. Mélangez et posez une assiette sur les concombres de façon à les presser légèrement. Laissez-les reposer 12 h au réfrigérateur avant de les servir égouttés et parsemés d'aneth. Se conservent 3 jours au réfrigérateur. Pour 700 g environ.

Condiment pimenté

Excellent avec les viandes bouillies froides.

1 gros oignon doux finement haché

150 g de piments en boîte au naturel

2 cuil. à soupe de vinaigre de cidre

2 cuil. à soupe de sucre

1/4 de cuil. à café de sel

Égouttez les piments et hachez-les très finement. Mélangez oignon, piment, sel, sucre et vinaigre. Laissez reposer 30 min avant de servir. Se conserve 1 semaine au réfrigérateur, dans une boîte hermétique. Pour 250 g environ.

Confiture de fraises

Peu sucrée, cette confiture est très parfumée.

500 g de fraises lavées et équeutées
2 grosses pommes : reines des reinettes, goldens, boskoops...
12 cl de jus d'orange frais
125 g de sucre semoule

1. Mélangez le jus d'orange et le sucre dans une casserole inoxydable. Ajoutez les fraises, mélangez et laissez reposer 30 min.
2. Pendant ce temps, coupez les pommes en 4, pelez-les, ôtez-en le cœur et les pépins. Hachez-les.
3. Ajoutez les pommes dans la casserole, mélangez et posez la casserole sur feu doux. Portez à ébullition, en remuant délicatement. Laissez cuire 30 min environ à feu moyen, en remuant souvent, jusqu'à ce qu'une goutte de confiture déposée sur une assiette froide fige immédiatement.
4. Versez la confiture dans des bocaux et laissez refroidir. Se conserve 2 mois au réfrigérateur. Pour 1 kg environ.

Confiture de pêches

Cette confiture est légère et peu sucrée.

1,5 kg de pêches bien mûres
3 longues lanières de zeste d'orange
20 cl de jus d'orange frais
20 cl de jus de raisin frais
200 g de sucre roux
1 cuil. à soupe de jus de citron frais
1/4 de cuil. à café de gingembre en poudre

1. Pelez les pêches et coupez-les en 2. Retirez-en le noyau. Coupez chaque demi-pêche en gros cubes et mettez ceux-ci dans une bassine à confiture ou une grande marmite inoxydable.

2. Versez les jus d'orange et de raisin sur les pêches et ajoutez le sucre, le zeste d'orange, le gingembre et le jus de citron. Laissez reposer 1 h afin que le sucre fonde.
3. Au bout de ce temps, posez la bassine sur feu doux et portez à ébullition en remuant doucement. Laissez cuire à feu moyen 30 min environ en remuant souvent, jusqu'à ce qu'une goutte de confiture déposée sur une assiette froide fige immédiatement.
4. Versez la confiture dans des bocaux et laissez refroidir. Se conserve 2 mois au réfrigérateur. Pour environ 750 g.

Confiture d'oignons

Préparez cette confiture en été, quand les oignons sont parfumés ; vous pouvez la réaliser avec des oignons blonds ou rouges, doux ou goûteux, mais, de toute façon, ils prendront la jolie couleur du cassis.

600 g de gros oignons frais
20 cl de vin rouge
3 cuil. à soupe de jus de citron
2 cuil. à soupe de sirop de cassis
1 cuil. à soupe de sucre semoule
4 pincées de cannelle en poudre
2 pincées de clou de girofle en poudre
2 cuil. à soupe d'huile d'arachide
sel, poivre

1. Pelez les oignons et émincez-les.
2. Faites chauffer l'huile dans une cocotte en fonte de 4 litres et faites-y blondir les oignons 2 min à feu doux. Ajoutez le sucre et laissez caraméliser 2 min en remuant sans cesse.
3. Versez le sirop de cassis et le vin dans la cocotte. Ajoutez la cannelle et le clou de girofle et arrosez de jus de citron. Salez, poivrez et laissez cuire 20 min en remuant de temps en temps.
4. Au bout de ce temps, il n'y a plus de liquide dans la cocotte et les oignons sont confits et parfumés. Cette confiture est excellente chaude, tiède ou froide, avec des viandes grillées ou sautées. Se conserve 1 semaine au réfrigérateur dans un bocal fermé ou 3 mois au congélateur. Pour la consommer, laissez-la dégeler à température ambiante. Pour 6 personnes.

Côtes de porc panées

Une délicieuse manière de préparer les côtes de porc.

4 côtes de porc
6 cuil. à soupe de panure (voir p. 409)
4 cuil. à soupe d'huile

1. Allumez le four, thermostat 7 (230 °C). Huilez légèrement un plat pouvant contenir les côtes à plat.
2. Huilez les côtes de porc sur les 2 faces. Mettez la panure dans un plat creux et passez-y les côtes de porc sur les 2 faces.
3. Posez la viande dans le plat et faites cuire au four de 40 à 45 min, selon l'épaisseur de la viande. Pour 4 personnes.

Crackers

Faciles et savoureux.

500 g de préparation pour crackers (voir p. 416)
15 cl de lait ou d'eau

1. Allumez le four, thermostat 7 (230 °C). Versez la préparation dans une terrine et ajoutez le lait ou l'eau. Mélangez avec une fourchette jusqu'à obtention d'une pâte grossière.
2. Farinez légèrement le plan de travail et posez-y la pâte. Travaillez-la en l'écrasant avec la paume de la main, puis roulez-la et écrasez-la à nouveau, jusqu'à ce qu'elle soit lisse et ne colle plus aux mains.
3. Étalez la pâte sur 3 mm d'épaisseur et découpez-la avec des petits emporte-pièce de formes différentes. Posez les morceaux de pâte sur une plaque antiadhésive et glissez-les dans le four chaud. Laissez cuire de 10 à 12 min, jusqu'à ce que les crackers soient blonds. Laissez refroidir sur une grille. Pour 15 à 20 crackers.

Crackers semi-complets

Les plus exquis des crackers, à savourer avec salades, charcuteries, fromages...

250 g de farine de blé blanche
300 g de farine de blé complète
125 g de margarine
5 cuil. à soupe de sucre semoule
3 cuil. à soupe de miel mille fleurs
4 cuil. à soupe d'eau
1 cuil. à café d'extrait naturel de vanille liquide
1/4 de cuil. à café de cannelle en poudre
1/2 cuil. à café de sel
1 1/2 cuil. à café de levure chimique

1. Mélangez les 2 farines dans une terrine. Ajoutez le sucre, le sel, la levure et la cannelle. Mélangez bien, puis ajoutez la margarine et travaillez le tout du bout des doigts jusqu'à obtention d'une semoule grossière.
2. Mélangez le miel, l'eau et la vanille dans un bol et mouillez petit à petit la préparation précédente de ce mélange. Continuez à travailler la pâte jusqu'à obtention d'une boule légèrement friable. Enfermez-la dans un film adhésif et laissez-la reposer pendant 3 h au moins au réfrigérateur.
3. Au bout de ce temps, allumez le four, thermostat 5 (170 °C). Coupez la pâte en 2 et laissez-la reposer 15 min à température ambiante.
4. Parsemez de farine complète une feuille de papier sulfurisé et posez dessus un morceau de pâte. Parsemez de farine et posez sur la pâte une seconde feuille de papier sulfurisé. Étalez la pâte au rouleau, entre les 2 feuilles de papier, afin de former un rectangle de 18 cm × 36 cm. Si la pâte se brise pendant cette opération, retirez le papier et recollez les brisures en écrasant la pâte entre vos doigts.

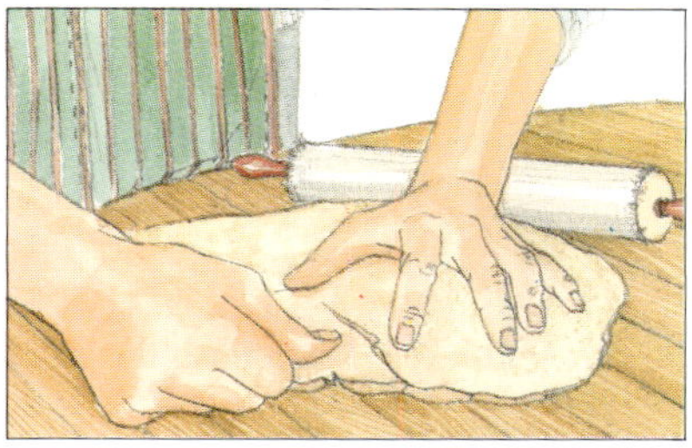

5. Retirez la feuille du dessus et piquez la pâte de coups de fourchette tous les centimètres. Découpez des carrés de 6 cm de côté et déposez-les sur une plaque antiadhésive, en les espaçant à peine. Glissez au four et laissez cuire 15 min, jusqu'à ce que les crackers soient à peine blonds sur les bords. Faites de même avec la seconde moitié de la pâte.
6. Laissez refroidir les crackers sur une grille, et attendez 24 h avant de les déguster. Se conservent 1 mois dans une boîte métallique ou 6 mois au congélateur. Pour 26 crackers.

Crème de menthe

Très simple à préparer.

50 cl de vodka
25 cl de sirop de canne à sucre
1/2 cuil. à café d'extrait de menthe
40 gouttes de colorant vert (facultatif)

Versez la vodka dans un flacon et ajoutez le sirop, l'extrait de menthe et le colorant. Fermez le flacon et secouez avant toute utilisation. Nappez-en des glaces, ajoutez-en quelques gouttes dans une sauce au chocolat ou servez en digestif. Se conserve 1 mois au frais. Pour 75 cl.

Crème fouettée basses calories

Une crème légère, sans les inconvénients de la crème fraîche.

15 cl de lait écrémé
2 cuil. à soupe d'eau froide
1 cuil. à café de gélatine en poudre
2 cuil. à café de sucre semoule
3 cuil. à soupe d'huile de maïs

1. Mettez le lait dans un bac à glaçons et laissez-le au freezer jusqu'à ce qu'il commence à former des paillettes. Comptez 20 min environ.
2. Pendant ce temps, mettez l'eau dans une petite casserole et ajoutez la gélatine en remuant. Posez cette casserole dans un bain-marie bouillant et faites fondre la gélatine pendant 5 min environ. Versez alors la gélatine dans un bol et laissez refroidir. Faites réfrigérer pendant 30 min environ, jusqu'à ce que la préparation devienne huileuse.
3. Sortez le lait du freezer et battez-le au fouet dans un saladier, jusqu'à ce qu'il forme des pics. Incorporez le sucre, l'huile, puis la gélatine, sans cesser de battre. Laissez au congélateur pendant 10 min, puis mettez au réfrigérateur. Vous pouvez remplacer le sucre semoule par autant de sucre vanillé. Se conserve 3 jours au réfrigérateur. Pour 4 personnes.

Crème pour argenterie

Un mélange tous usages servant à la fois à nettoyer et à dissimuler les éraflures.

8 cuil. à soupe de savon en paillettes
50 g de blanc de Meudon (ou d'Espagne)

1 cuil. à soupe d'ammoniaque
50 cl d'eau bouillante

Mélangez le savon, le blanc de Meudon et l'ammoniaque dans une casserole en verre émaillée. Ajoutez l'eau bouillante et mélangez, jusqu'à ce que les particules solides soient dissoutes. Laissez le mélange refroidir, puis transvasez-le dans un récipient en verre propre. Étiquetez, fermez hermétiquement avec un bouchon, et conservez hors de portée des enfants. Au moment de l'utilisation, remuez bien ; lavez l'argenterie au savon et à l'eau chaude, puis appliquez la crème avec un chiffon doux ou une éponge. Frottez doucement, rincez avec de l'eau chaude et séchez bien.

Crème pour les mains

Pour adoucir vos mains et lutter contre le vieillissement de la peau.

20 cl d'eau de rose
10 g de cire blanche
200 g de lait d'amande douce
40 g de glycérine

Faites chauffer tous les ingrédients très lentement au bain-marie dans une casserole en verre pendant 20 min. Massez-vous les mains (et les coudes) chaque soir avec la crème obtenue.

Crème solaire

Cette crème naturelle facilite le bronzage et vous donnera une belle couleur cuivrée.

10 cl d'huile d'avocat
1 cuil. à café de fleurs de lavande fraîche
1 cuil. à café de fleurs de bruyère
8 gouttes d'huile essentielle de cannelle
5 cl d'huile de carotte

Pilez bien les fleurs dans un mortier, puis mélangez-les aux huiles. Laissez macérer pendant 1 semaine. Agitez la bouteille de temps en temps au cours de la macération. Filtrez. Utilisez avant chaque exposition au soleil.

Crêpe géante au four

Un dessert tout simple, spectaculaire et très rapide à préparer.

125 g de farine
12 cl de lait
2 gros œufs
50 g de sucre semoule
1 cuil. à soupe de sucre glace
6 pincées de noix muscade râpée
6 pincées de cannelle en poudre
100 g de beurre
1/2 cuil. à café de sel

1. Allumez le four, thermostat 6 (200 °C). Mettez les œufs, le sucre semoule, le lait, la farine, les épices et le sel dans le bol d'un robot. Mixez jusqu'à ce que la pâte soit lisse.
2. Faites fondre le beurre et versez-le dans un plat de 32 cm × 22 cm. Ajoutez la pâte, en la filtrant : elle se mélange délicatement au beurre. Faites cuire 20 min au four, jusqu'à ce que la crêpe soit bien dorée et gonflée.
3. Retirez le plat du four et poudrez la crêpe de sucre glace. Portez à table dans le plat, coupez et servez aussitôt. Nappez de miel, de sirop de fruits rouges (voir p. 421), de crème fraîche... ou accompagnez de confiture ou de compote. Pour 2 à 4 personnes.

Crêpes

Vous pouvez enrichir la pâte de 250 g de fruits coupés en lamelles : poire, banane, fraises...

500 g de préparation pour crackers (voir p. 416)
25 cl de lait ou d'eau
2 gros œufs battus

Mettez la préparation pour crackers dans une terrine. Ajoutez les œufs et le lait et mélangez rapidement. Faites chauffer une poêle de 20 cm de diamètre ou une crêpière antiadhésive et versez-y une louche de pâte. Laissez cuire 2 min environ, jusqu'à ce que des bulles se forment à la surface de la crêpe. Retournez-la avec une spatule souple et laissez-la cuire 1 min de l'autre côté. Continuez avec le reste de la pâte. Servez ces crêpes chaudes, nappées de miel ou de sirop de fruits rouges (voir p. 421) ou tartinées de confiture de fraises ou de pêches (voir p. 390). Pour 10 à 12 crêpes.

Décoction pour cheveux bruns

Pour donner brillance et beaux reflets aux cheveux bruns.

50 g de feuilles de lierre
3 branches de persil frais
1 litre d'eau

Faites bouillir les plantes pendant 10 min dans l'eau. Filtrez. Rincez vos cheveux après le shampooing avec cette solution et laissez-les sécher naturellement. Si vous recherchez un léger reflet auburn, ajoutez à la préparation 50 g de feuilles de noyer ou les pelures de 5 oignons.

Décolorant pour cheveux

Pour décolorer vos cheveux en douceur et nuancer leur couleur de façon naturelle.

100 g de fleurs de camomille
10 g de feuilles de henné
1 litre d'eau bouillante

Plongez les plantes dans l'eau bouillante et laissez bouillir jusqu'à réduction de moitié. Appliquez la lotion après votre shampooing habituel et laissez sécher. Pour accentuer le blondissement, vous pouvez ajouter un jus de citron à cette préparation.

Désinfectant

Pour les revêtements et les sols.

600 g de détergent à lessive en poudre
2,5 litres d'eau chaude
25 cl d'huile camphrée

1. Dans un seau, mélangez le détergent et l'eau et remuez doucement jusqu'à ce que la lessive soit dissoute. Si de la mousse se forme en surface, cessez de remuer et retirez-la, ou attendez qu'elle disparaisse. Ajoutez peu à peu l'huile camphrée. Remuez bien.
2. Au moment de l'utilisation, diluez le désinfectant avec de l'eau, excepté pour nettoyer les surfaces comme les cuvettes de W.-C. Conservez le produit dans une bouteille à fermeture hermétique et hors de portée des enfants.

Désinfectant pour siphon d'évier

Désodorise et assainit.

100 g de bicarbonate de soude
.100 g de sel
5 cl de crème de tartre

1. Disposez tous les ingrédients dans un récipient muni d'un couvercle et remuez bien.
2. Au moment de l'utilisation, versez directement 50 g du produit dans la canalisation, suivi de 1 litre d'eau bouillante. Attendez 1 min, puis faites couler l'eau froide. Renouvelez

l'opération une fois par semaine. Conservez le produit dans un endroit sec, dans un récipient hermétiquement fermé.

Désodorisant

Un parfum épicé qui aura raison de toutes les odeurs domestiques.

2 cuil. à soupe de sauge séchée
4 cuil. à soupe de feuilles de laurier écrasées
25 cl d'eau d'hamamélis

Mélangez bien tous les ingrédients dans un récipient. Couvrez et laissez reposer pendant 3 jours. Tamisez ensuite le mélange et versez le liquide obtenu dans un atomiseur.

Désodorisant pour réfrigérateur

Plus efficace et plus agréable que le simple bicarbonate de soude.

50 g de charbon de bois pour filtre d'aquarium
50 g de bicarbonate de soude
2 cuil. à soupe de zeste d'orange ou de citron râpé
1 cuil. à soupe de clous de girofle ou de cannelle
2 cuil. à soupe de poudre de vanille
de vieux bas Nylon, coupés en carrés de 10 cm
morceaux de tissu poreux (velours, coton, mousseline ou tissu-éponge), coupés en carrés de 10 cm
ficelles ou rubans d'une longueur de 20 cm

1. Mélangez le bicarbonate, le charbon, le zeste d'orange ou de citron et les clous de girofle dans un bol de taille moyenne en verre ou émaillé. Poudrez avec la vanille, mélangez et laissez reposer 1 h.
2. Disposez 2 cuil. à soupe du mélange au centre d'un carré de bas Nylon, posé sur un carré de tissu. Relevez les bords pour faire un paquet et ligaturez avec de la ficelle ou du ruban.
3. Attachez un paquet dans un coin du réfrigérateur ou du congélateur. Ou bien placez-le sur une étagère à l'intérieur de la porte. Pour qu'il dure plus longtemps, parsemez-le de quelques gouttes d'extrait de vanille et ajoutez 1 cuil. à café de bicarbonate au bout de 10 à 12 semaines. Pour 5 à 7 paquets.

Détachant avant lavage

Élimine les taches tenaces.

5 cl d'ammoniaque
2 cuil. à soupe de bicarbonate de soude
1 cuil. à soupe de détergent liquide
50 cl d'eau

1. Mélangez tous les ingrédients dans un récipient et secouez énergiquement. Versez une partie du mélange dans un vaporisateur. Conservez le reste dans un récipient étiqueté, fermant bien et hors de portée des enfants et des animaux familiers.
2. Vaporisez sur les taches et laissez agir de 5 à 10 min. Puis lavez comme vous le faites habituellement. Si nécessaire, renouvelez l'opération.

Détergent concentré pour voiture

Nettoie et fait briller.

25 cl de détergent à vaisselle liquide
125 g de détergent à lessive en poudre
1,5 litre d'eau

Mélangez les 2 détergents dans une bouteille. Au moment de l'utilisation, mélangez 10 cl de concentré avec l'eau. Si vous désirez obtenir une solution plus concentrée, réduisez la quantité d'eau.

Eau de lavande pour hommes

Très parfumée et vivifiante.

110 g de fleurs de lavande
1 litre d'alcool à 45°
10 gouttes d'huile essentielle de lavande

Faites macérer pendant 1 mois les fleurs dans l'alcool. Filtrez dans une gaze fine. Ajoutez ensuite les gouttes d'huile essentielle.

Eau de toilette à la sauge

L'eau de toilette à la sauge est particulièrement recommandée après l'effort car elle est tonifiante et réduit la transpiration.

3 cuil. à soupe de feuilles de sauge
3 cuil. à soupe de feuilles de basilic
1 litre d'alcool à 45°
10 gouttes d'huile essentielle de sauge
10 gouttes d'huile essentielle de basilic

Faites macérer les plantes pendant 15 jours dans l'alcool, puis filtrez dans une gaze et ajoutez les huiles essentielles. À conserver à l'ombre et en bouteille bien bouchée.

Eau de toilette fruitée

Pour les femmes sportives et dynamiques aimant avant tout fleurer bon le naturel.

10 cl d'alcool à 70°
5 gouttes d'huile essentielle d'orange
50 gouttes d'huile essentielle de citron
10 gouttes d'huile essentielle de rose

Mélangez les ingrédients. Conservez à l'ombre dans une bouteille hermétiquement fermée, un vaporisateur, par exemple.

Eau florale astringente

Cette lotion très naturelle tonifie la peau et en resserre les pores. Appliquée le matin, elle procure une agréable sensation de fraîcheur et de douceur.

1 cuil. à soupe de feuilles d'hamamélis
1 cuil. à soupe de pétales de rose
1 cuil. à soupe de fleurs de tilleul
10 cl d'alcool à 90°
75 cl d'eau minérale

Mélangez bien les ingrédients, sauf l'alcool, et laissez-les macérer 24 h dans l'eau. Faites ensuite bouillir le liquide jusqu'à ce qu'il réduise à 25 cl environ. Laissez refroidir. Ajoutez l'alcool. Se conserve au frais pendant 1 semaine dans une bouteille de verre bien bouchée.

Encaustique autobrillante

Brille sans que l'on ait à frotter, antidérapante. Adaptée aux sols en carrelage.

1 litre d'alcool dénaturé
1 1/2 cuil. à soupe de gomme arabique en paillettes
5 cl d'essence de térébenthine
20 cl de gomme-laque orange

Disposez tous les ingrédients dans un seau et remuez jusqu'à ce que la gomme arabique soit dissoute. Lavez le sol, laissez-le s'assécher, puis appliquez avec un chiffon, une éponge ou un balai-éponge. Laisser sécher 30 min. Après 2 ou 3 applications, retirez avec de l'eau chaude et du détergent. Se conserve dans un récipient fermé.

Encre

Achetez du noir de fumée ou fabriquez-le avec une assiette au-dessus d'une bougie allumée.

1 jaune d'œuf
1 cuil. à café de gomme arabique
10 cl de miel
1/2 cuil. à café de noir de fumée
eau

Mélangez le jaune d'œuf, la gomme arabique et le miel dans un petit bol. Ajoutez le noir de fumée et éclaircissez avec un peu d'eau si nécessaire.

Encre marron

Fabriquez votre encre avec de simples sachets de thé.

10 cl d'eau bouillante
5 sachets de thé
1 cuil. à café de gomme arabique

Dans un bol de taille moyenne, versez l'eau sur les sachets de thé. Ajoutez la gomme arabique, remuez et laissez refroidir. Pressez ensuite les sachets de thé pour en extraire tout le tanin. À utiliser avec un pinceau, une plume d'oie, un porte-plume ou un stylo à plume ordinaire. (Voir aussi Encre, ci-contre.)

Enduit pour bois à dorer

S'utilise comme premier enduit sur du bois non vernis avant d'appliquer une feuille d'or.

5 cl de colle de peau de lapin
30 cl d'eau
de 150 à 200 g de blanc de Meudon tamisé

1. Dans un pot de colle ou dans une casserole (de préférence en Inox, plus facile à nettoyer) mélangez la colle et 20 cl d'eau. Laissez reposer jusqu'à ce que le mélange gonfle et s'amollisse : comptez 5 min environ. Faites chauffer 15 min au bain-marie. La colle doit fondre et s'éclaircir.
2. Pendant ce temps, mélangez le blanc de Meudon avec le reste de l'eau dans un grand récipient. Ajoutez les 2/3 de la colle chaude et remuez énergiquement. Le mélange doit avoir une consistance crémeuse. S'il est trop épais, rajoutez de la colle. Se conserve 2 jours au réfrigérateur dans un récipient fermé.
Variante « bol » : si vous ajoutez davantage de colle, vous obtiendrez un enduit très liquide appelé « bol ». S'utilise comme dernière couche pour obtenir une surface parfaitement lisse sur laquelle appliquer la feuille d'or.

Engrais automnal pour gazon

Accélérez la future pousse printanière de votre gazon.

100 g de sulfate de magnésium hydraté
3 cuil. à soupe de levure chimique
eau

Mélangez le sulfate et la levure dans un récipient. Au moment de l'utilisation, diluez 2 cuil. à soupe de ce mélange avec 1 litre d'eau puis versez dans un arrosoir rempli d'eau : vous aurez de quoi traiter de 10 à 15 m². Si vous utilisez un pulvérisateur, diluez la totalité du mélange dans suffisamment d'eau pour obtenir 1 litre de liquide. Versez dans le pulvérisateur et complétez d'eau.

Engrais pour arbustes

Pour les plantes de sol acide comme les azalées, les rhododendrons, les camélias ou les houx, remplacez le charbon de bois par une poignée de silicate d'alumine.

600 g de grains de café
150 g de poudre d'os
150 g de charbon de bois pilé

Disposez les ingrédients dans un seau et mélangez bien. Épandez ce mélange sur le sol au pied de l'arbuste à raison de 450 g pour un arbuste d'une envergure de 30 cm de diamètre.

Engrais pour fleurs et légumes

Aussi efficace sur les massifs du jardin qu'au potager.

1 part de fiente de volaille ou 5 parts de fumier de cheval
1 part de poudre d'os
1 part de cendres de bois tamisées

Mélangez tous les ingrédients. Épandez sur le sol au pied des plantes à raison de 2,2 kg pour 10 m².

Engrais rapide pour gazon

Un engrais printanier rapide.

100 g de sulfate de magnésium hydraté
25 cl d'ammoniaque
eau

Mélangez le sulfate et l'ammoniaque. Incorporez 2 cuil. à soupe du mélange à 1 litre d'eau dans un arrosoir. Traitez de 10 à 15 m² avec ce mélange. Si vous utilisez un pulvérisateur, diluez la totalité du mélange dans suffisamment d'eau pour obtenir 1 litre de liquide. Versez dans le pulvérisateur et complétez d'eau.

Fertilisant

Convient à la plupart des plantes d'intérieur à feuillage ornemental.

1 cuil. à soupe de sulfate de magnésium hydraté
1 cuil. à café de bicarbonate de soude
1/2 cuil. à café de nitrate de potassium
1/4 de cuil. à café d'ammoniaque
40 cl d'eau chaude

Dans un petit bol, mélangez le sulfate, le bicarbonate, le nitrate et l'ammoniaque. Diluez ce mélange dans un seau avec l'eau chaude, puis versez dans un arrosoir rempli d'eau. Appliquez 1 fois par mois sur le terreau de vos plantes humidifié.

Pour fertiliser les plantes de sol acide, ajoutez 4 gouttes de vinaigre d'alcool ou 5 cuil. à soupe de café noir pour 40 cl de fertilisant.

Fortifiant pour les cils

Pour épaissir et faire pousser vos cils, voici un mélange très simple à fabriquer.

15 cl d'huile de vaseline
10 cl d'huile de ricin
1 cuil. à café de rhum

1. Mélangez bien les ingrédients et enduisez vos cils tous les soirs avec ce mélange.
2. Vous pouvez compléter le traitement avec une infusion de feuilles de noyer.

50 g de feuilles de noyer
50 cl d'eau

Laissez infuser pendant 15 min, filtrez. Lavez vos cils tous les soirs avec cette lotion avant d'appliquer le mélange précédent.

Gâteau au chocolat

À préparer en urgence pour l'heure du goûter ! S'il en reste, ce sera pour le petit déjeuner.

150 g de chocolat de couverture noir amer
50 g de farine
1/2 cuil. à café de levure chimique
120 g de sucre semoule
100 g de beurre + 1 noix
3 œufs
1 pincée de sel

1. Allumez le four, thermostat 5 (170 °C). Enduisez de 1 noix de beurre un moule à cake antiadhésif de 25 cm de long.
2. Cassez le chocolat en morceaux dans une terrine. Ajoutez le sucre et 100 g de beurre. Mettez la terrine dans un bain-marie frémissant et laissez fondre le chocolat sans y toucher. Retirez ensuite la terrine du bain-marie et lissez le tout avec une spatule. Laissez refroidir.
3. Tamisez ensemble la farine et la levure. Cassez les œufs en séparant les blancs des jaunes. Mettez les blancs dans un saladier, poudrez-les de sel et battez-les en neige ferme.
4. Ajoutez les jaunes d'œufs un à un dans la terrine, en tournant à la spatule. Incorporez ensuite la moitié des blancs, en 3 ou 4 fois, en soulevant la masse plutôt qu'en la tournant, en alternance avec la farine. Incorporez enfin le reste des blancs.
5. Versez la préparation dans le moule et faites cuire 55 min au four. À la sortie du four, laissez reposer le gâteau 5 min, puis démoulez-le et laissez-le refroidir. Servez ce biscuit en tranches épaisses. Vous pouvez enrichir ce biscuit de 50 g de cerneaux de noix grossièrement hachés ou autant d'amandes hachées. Ce biscuit se conserve 3 jours dans plusieurs épaisseurs d'aluminium ménager. Pour 6 personnes.

Gâteau au fromage

Moelleux, entouré d'une pâte croustillante, ce gâteau au fromage, ou *cheesecake*, est une merveille.

Pour la pâte :

400 g de petits-beurre
70 g de sucre semoule
90 g de beurre fondu
4 pincées de vanille en poudre

Pour la garniture :

250 g de fromage double crème ou de ricotta
4 cuil. à soupe de crème fraîche épaisse
300 g de sucre semoule
3 cuil. à soupe de farine de blé
5 œufs entiers + 1 jaune d'œuf
le zeste râpé de 1 citron non traité
le zeste râpé de 1 orange non traitée
1/2 cuil. à café d'extrait naturel de vanille liquide

1. Préparez la pâte : mettez les biscuits dans le bol d'un mixeur et faites tourner l'appareil afin d'obtenir une fine semoule. Ajoutez le beurre, le sucre et la vanille et mixez encore, jusqu'à obtention d'une pâte friable.
2. Étalez la pâte dans un moule à manqué à fond détachable de 22 cm de diamètre, en la poussant avec vos mains afin qu'elle recouvre le fond et les parois du moule. Laissez le moule 20 min au réfrigérateur.

3. Préparez la garniture : passez le fromage au mixeur afin de le lisser. Incorporez, sans cesser de mixer, le sucre, la farine, la vanille, les zestes d'agrumes, les œufs entiers et le jaune. Ajoutez la crème et mixez encore.
4. Versez cette garniture dans le moule préparé. Glissez dans le four et allumez celui-ci, thermostat 7 (230 °C). Après 15 min de cuisson, baissez le thermostat à 4 (140 °C). Laissez cuire 1 h 20, puis retirez du four et laissez refroidir le gâteau dans son moule. Mettez ensuite au réfrigérateur au moins 6 h avant de servir.
5. Lorsque le *cheesecake* est bien froid, démoulez-le sur un plat de service. Se conserve 2 jours au réfrigérateur ou 1 mois au congélateur. Pour le congeler, retirez le bord, mais pas le fond du moule, et enveloppez-le dans plusieurs épaisseurs d'aluminium ménager. Pour 12 personnes.

Gâteau moelleux aux noix

Une texture légère et moelleuse agrémentée d'une surface croustillante de noix et d'épices.

500 g de farine
200 g de sucre semoule
50 g de sucre roux
75 g de beurre mou + 1 noisette
3 blancs d'œufs
10 cl de lait
100 g de noix hachées
2 cuil. à café de levure chimique
1 1/2 cuil. à café de vanille en poudre
1/4 de cuil. à café de noix muscade râpée
4 pincées de sel

1. Mélangez les noix, le sucre roux et les épices. Réservez dans un bol.
2. Allumez le four, thermostat 6 (200 °C). Beurrez un moule à manqué de 24 cm de diamètre. Tamisez la farine, la levure et 2 pincées de sel au-dessus d'un saladier.
3. Mettez 75 g de beurre dans une terrine et ajoutez le sucre semoule. Fouettez jusqu'à ce que le mélange blanchisse, puis ajoutez, en battant toujours, le 1/4 de la farine tamisée et le 1/4 du lait. Continuez à battre jusqu'à ce que toute la farine soit incorporée.
4. Fouettez les blancs d'œufs en neige ferme avec le reste du sel. Incorporez ces blancs dans la pâte, en soulevant à la spatule.
5. Versez la pâte dans le moule et lissez la surface à la spatule. Parsemez du mélange de noix et d'épices. Glissez dans le four chaud et laissez cuire 45 min environ, jusqu'à ce que la lame d'un couteau enfoncée au centre du gâteau en ressorte sèche.
6. Démoulez le gâteau sur une grille et laissez-le refroidir. Servez à température ambiante. Se conserve pendant 2 jours enveloppé dans plusieurs épaisseurs d'aluminium ménager ou 2 mois au congélateur. Pour 8 à 10 personnes.

Gaufres

Elles se préparent en quelques minutes !

500 g de préparation pour crackers (voir p. 416)
2 gros œufs
25 cl de lait ou d'eau
3 cuil. à soupe de beurre fondu

1. Cassez les œufs en séparant les blancs des jaunes. Mettez les jaunes dans une terrine et battez-les au fouet. Ajoutez la préparation pour crackers, puis le lait ou l'eau et enfin le beurre. Mélangez bien.
2. Battez les blancs d'œufs en neige ferme et incorporez-les au mélange précédent.
3. Faites chauffer le gaufrier et faites-y cuire les gaufres. Servez tiède avec du beurre, de la confiture, du sucre... Pour 5 grandes gaufres.

Gelée de fruit

Amusant et bourré de vitamines, c'est le dessert idéal des petits.

50 cl de jus de fruits frais : orange, groseille, fraise, pomme...
250 g de fruits frais coupés en petits cubes (facultatif)
de 6 à 8 cuil. à soupe de sucre semoule
8 feuilles de gélatine

Faites ramollir les feuilles de gélatine dans de l'eau froide. Mettez le sucre dans une petite casserole avec 4 cuil. à soupe d'eau et portez à ébullition. Égouttez les feuilles de gélatine et ajoutez-les dans le sirop. Mélangez et retirez du feu. Laissez refroidir et mélangez-y le jus de fruits. Ajoutez éventuellement les petits cubes de fruit. Versez la gelée dans des moules individuels et laissez prendre pendant 3 h environ au réfrigérateur. Se conserve 2 jours dans le réfrigérateur. Pour 4 personnes.

Glace au miel

Préparez cette glace avec un miel très parfumé : mille fleurs, forêt, romarin, lavande...

125 g de miel de lavande
4 jaunes d'œufs
30 cl de lait
75 g de crème fraîche

1. Faites bouillir le miel dans une petite casserole. Faites chauffer le lait dans une grande casserole.
2. Mettez les jaunes d'œufs dans une terrine. Fouettez-les 1 min au batteur électrique ; versez ensuite le miel bouillant en mince filet, en fouettant sans cesse, puis le lait chaud.
3. Versez le contenu de la terrine dans la grande casserole et posez celle-ci sur un feu doux. Faites cuire la préparation, sans laisser bouillir, en la tournant sans cesse avec une spatule, jusqu'à ce qu'elle nappe la spatule : comptez 5 ou 6 min.
4. Retirez la casserole du feu et versez la préparation dans une terrine, en la filtrant dans une passoire fine. Ajoutez la crème fraîche en fouettant. Laissez refroidir en remuant de temps en temps.
5. Versez la préparation dans une sorbetière et faites-la prendre pendant 2 h environ ; ou bien versez-la dans un bac à glaçons et mettez-la au congélateur en la remuant de temps en temps avec une fourchette afin d'obtenir une glace moelleuse. Si vous devez la préparer très à l'avance, retirez-la du congélateur 1 h avant de la servir et mettez-la dans la partie la moins froide du réfrigérateur.

Accompagnez d'un mélange de fruits rouges : fraises des bois, framboises, groseilles... Se conserve 2 mois au congélateur. Pour 6 personnes.

Glace au thé vert

Un dessert d'une saveur toute nouvelle : le thé vert japonais.

25 cl de lait
3 jaunes d'œufs
100 g de sucre semoule
1 cuil. à soupe rase de thé vert
15 cl de crème fraîche liquide

1. Versez le lait dans une casserole et portez à ébullition. Mettez les jaunes d'œufs dans une seconde casserole, ajoutez le sucre et fouettez jusqu'à ce que le mélange blanchisse. Versez le lait chaud dans ce mélange et faites cuire cette crème anglaise à feu doux en remuant avec une spatule, jusqu'à ce que la crème nappe la spatule. Retirez du feu et filtrez la crème au-dessus d'une terrine.
2. Mettez le thé dans un bol et ajoutez la crème liquide en fouettant. Versez ce mélange dans la crème anglaise. Mélangez bien et mettez dans une sorbetière. Laissez prendre 2 h environ. Si vous n'avez pas de sorbetière, versez la préparation dans un bac et laissez-la prendre au congélateur. Passez-la ensuite au mixeur pour éliminer les cristaux, puis laissez au congélateur jusqu'au moment de servir. Se conserve 2 mois au congélateur. Pour 6 personnes.

Gommage au thym et à la sauge

Si votre peau est vraiment très grasse, voici comment la nettoyer réellement en profondeur et la desquamer en douceur. À utiliser une fois par mois au maximum.

2 cuil. à soupe de kaolin
2 cuil. à soupe de sauge broyée
2 cuil. à soupe de thym

1. Mettez le kaolin et 1 cuil. à soupe des autres ingrédients dans un bol. Mélangez bien. Faites une infusion très chaude avec le reste en laissant bouillir 5 min. Versez cette infusion chaude sur le mélange pour obtenir une crème épaisse. Appliquez sur le visage en frottant assez énergiquement en cercles du bout des doigts (prenez soin d'éviter le contour des yeux et de la bouche). Laissez agir la crème comme un masque pendant 20 min, puis rincez abondamment à l'eau tiède.
2. Pour accentuer l'efficacité de ce gommage, vous pouvez le faire précéder d'une fumigation.

1 cuil. à café de fleurs de mauve
1 cuil. à café de fleurs de thym
1 cuil. à café de boutons de rose

Dans un bol d'eau bouillante, faites infuser pendant 10 min les ingrédients. Exposez votre visage à la vapeur quelques minutes. N'essuyez pas et procédez au gommage.

Gomme-laque

À utiliser sur bois teinté avant de passer de l'encaustique.

50 g de gomme-laque en paillettes
20 cl d'alcool éthylique ou d'alcool fin à vernir

Disposez la gomme-laque dans un récipient, mouillez avec l'alcool. Couvrez et laissez reposer 8 h ou toute la nuit. Secouez le flacon de temps à autre, jusqu'à ce que les paillettes soient dissoutes. Remuez bien et appliquez avec un chiffon en couche fine sur le bois poncé (et teinté si nécessaire). Après séchage, égalisez avec un tampon de laine d'acier extrafine. Faites 2 ou 3 applications, puis étalez de la cire au pinceau (pensez à dépoussiérer après chaque ponçage). Se conserve dans un récipient hermétiquement fermé.
Attention ! Rangez hors de portée des enfants.

Huile astringente et régénérante

Particulièrement recommandée aux peaux grasses. À utiliser en cure de 1 semaine au maximum.

10 cl d'huile de noix
1 zeste d'orange
1 cuil. à soupe de cônes de houblon
1 pincée de fleurs d'oranger
1 jus de citron

Mélangez bien les ingrédients et laissez-les macérer pendant 10 jours. Filtrez dans une gaze très fine. Appliquez tous les soirs en massant. Se conserve en flacon bien bouché pendant la semaine de traitement. Pour 15 cl environ.

Huile pour cheveux permanentés

Redonne de la vigueur et de la brillance aux cheveux décolorés ou permanentés.

50 cl d'huile de vaseline
10 gouttes d'huile essentielle de romarin
2 cuil. à soupe d'huile d'amande douce
10 g de cannelle en poudre
3 clous de girofle

Mélangez bien toutes les huiles. Incorporez la cannelle et les clous de girofle et faites tiédir la préparation. Laissez reposer pendant 1 h. Appliquez sur le crâne en massant bien le cuir chevelu. Enroulez la tête dans une serviette chaude et conservez 20 min. Procédez ensuite au lavage des cheveux avec votre shampooing habituel.

Huile rajeunissante

Rend à l'épiderme sa souplesse et son élasticité. Très efficace pour retarder les rides.

1 verre d'huile d'olive
20 baies d'églantier
3 boutons de bigaradier
3 cônes de houblon
4 capsules de vitamines E

Faites macérer pendant 15 jours toutes les plantes dans l'huile, puis filtrez. Ajoutez les capsules de vitamines E. Appliquez cette huile de rajeunissement le soir en massant légèrement le visage. Conservez 20 min et épongez avec un Kleenex.

Infusion à la camomille

Une boisson relaxante qui vous aidera à passer une bonne nuit.

2 cuil. à soupe de fleurs de camomille
2 cuil. à soupe de feuilles de menthe séchées
1 cuil. à café de miel
1 cuil. à café de jus de citron
20 cl d'eau

Versez l'eau dans une petite casserole et portez à ébullition. Ajoutez la camomille et la menthe en l'émiettant et faites bouillir 5 min. Retirez du feu et laissez infuser 5 min. Filtrez dans un bol et ajoutez le miel et le jus de citron avant de consommer. Pour 1 bol.

Infusion à la cannelle

Pour aider la digestion.

1 cuil. à soupe de fleurs de camomille
1 cuil. à café de cannelle en poudre
1 cuil. à café de clous de girofle
1 cuil. à café de noix muscade râpée
25 cl d'eau bouillante

1. Mettez la camomille, les clous de girofle et l'eau bouillante dans un bol. Laissez macérer 15 min.
2. Filtrez la préparation au-dessus d'une casserole et ajoutez la cannelle et la noix muscade.

3. Mélangez et faites chauffer à feu doux. Pour 1 infusion.

Insecticide

Pour arbustes, fleurs et légumes.

3 piments forts verts, frais ou en boîte
2 ou 3 gousses d'ail
3 ou 4 cuil. à café de savon liquide *(voir p. 420)*
eau

Réduisez les piments et l'ail en purée fine avec un mixeur. Versez dans un récipient, puis ajoutez le savon liquide et 70 cl d'eau. Laissez reposer 24 h, filtrez. Diluez à 50 % avec de l'eau et vaporisez les plantes infestées au pulvérisateur en mouillant bien les 2 faces des feuilles. Avant de traiter toute la plante, faites un test sur quelques feuilles pour vérifier qu'elles supportent bien le produit.

Insecticide pour jardin

Pour protéger vos plantes potagères et ornementales contre les insectes, soignez le mal par le mal.

50 g d'insectes morts
50 cl d'eau

Recueillez une poignée des insectes qui infestent les cultures. Broyez-les dans un vieux mixeur qui ne sert plus à la cuisine en ajoutant l'eau. Filtrez ce liquide avec une gaze fine et diluez-le à raison de 5 cl pour 20 cl d'eau. Versez dans un pulvérisateur et vaporisez les plantes atteintes. Ce liquide se conserve 1 an au congélateur dans un récipient hermétique.

Insecticide pour plantes d'intérieur

Contre les pucerons, les thrips et les cochenilles.

1 poignée de tabac à pipe ou à cigarette
45 cl d'eau
4 cuil. à café de savon liquide *(voir p. 420)*

Faites macérer le tabac toute une nuit dans l'eau. Filtrez, puis jetez le tabac. Ajoutez le savon liquide et mélangez bien. Versez le mélange dans un vaporisateur et aspergez soigneusement les plantes infestées sur les 2 faces du feuillage. Ce traitement est plus efficace lorsque la macération est diluée dans de l'eau chaude. Ne l'appliquez pas sur les pétunias, bégonias ou toute autre plante à feuillage duveteux. Avant l'application complète, procédez à un test sur quelques feuilles.

Ketchup

Plus savoureux que les ketchups vendus dans le commerce.

1 kg de purée de tomates réduite à 11 %
25 cl de vinaigre de vin blanc
250 g de sucre semoule
2 feuilles de laurier
1 cuil. à soupe de graines de céleri
1 cuil. à café de piment de la Jamaïque
1 bâton de cannelle
1/2 cuil. à café de poivre en grains
1 1/2 cuil. à café de sel

1. Versez la purée de tomates dans une sauteuse antiadhésive de 26 cm et portez à ébullition sur feu doux. Laissez frémir 1 h 30.
2. Au bout de ce temps, enfermez les graines de céleri, le piment, le poivre, la cannelle et le laurier dans un carré de mousseline. Ajoutez-le dans la purée de tomates, faites cuire encore 30 min.
3. Retirez alors de la sauteuse le sachet d'aromates et ajoutez le sucre, le sel et le vinaigre. Laissez cuire 1 h 30 à feu doux, en remuant souvent, jusqu'à obtention d'une purée épaisse et parfumée.
4. Versez le ketchup dans des bocaux ébouillantés et fermez. Se conserve 1 mois au réfrigérateur. Pour 75 cl environ.

Lait embellissant

Ce lait à base d'ingrédients parfaitement naturels donne un coup d'éclat à votre peau.

2 cuil. à soupe de pulpe de kaki
2 cuil. à soupe de pulpe de fraise
2 cuil. à soupe de lait cru

Mélangez bien les ingrédients au mixeur, appliquez sur la peau et massez légèrement. Essuyez ensuite l'excédent de produit qui n'a pas pénétré dans la peau. La préparation doit être renouvelée pour chaque application afin de profiter au maximum de l'apport en vitamines naturelles.

Lemon curd

Pour garnir des tartes, fourrer des gâteaux... Vous pouvez aussi le préparer avec du jus de citron vert.

10 cl de jus de citron frais
le zeste râpé de 2 citrons non traités
125 g de beurre
4 œufs battus
250 g de sucre
1 pincée de sel

1. Faites fondre le beurre à feu doux dans une casserole. Retirez du feu et ajoutez le sucre, le zeste et le jus de citron, les œufs et le sel. Mélangez vigoureusement, remettez sur feu très doux et laissez cuire 8 min sans atteindre l'ébullition, en remuant sans cesse, jusqu'à ce que le lemon curd épaississe.
2. Filtrez-le dans un chinois et laissez refroidir en remuant de temps en temps. Se conserve en bocal 1 mois au réfrigérateur. Pour 600 g environ.

Liqueur de café

Une délicieuse liqueur maison.

350 g de café instantané
75 cl d'eau
3 kg de sucre semoule
2 gousses de vanille fendues en deux
1 bouteille (75 cl) de vodka

1. Versez l'eau dans une grande casserole et portez à ébullition. Ajoutez le café et mélangez jusqu'à ce qu'il soit dissous. Ajoutez alors les gousses de vanille et le sucre. Laissez frémir pendant 15 min environ, jusqu'à ce que le mélange devienne sirupeux. Retirez du feu et laissez refroidir.
2. Versez alors la vodka dans la casserole et mélangez bien. Répartissez la liqueur dans des bouteilles, fermez et laissez reposer 30 jours avant de consommer. Pour 3 litres.

Liqueur de framboise

Très colorée, très parfumée, cette liqueur se boit avec de la glace ou nappe des glaces ou des sorbets.

500 g de framboises
200 g de sucre semoule
12 cl d'eau
3 longues lanières de zeste de citron non traité
1 gousse de vanille
1 cuil. à café de jus de citron
75 cl de vodka

1. Mettez le sucre et l'eau dans une grande casserole. Ajoutez les framboises, le zeste de citron et la gousse de vanille fendue en 2. Laissez cuire à feu très doux en remuant doucement à la cuillère en bois, jusqu'à ce que le sucre soit fondu.
2. Montez le feu et laissez bouillir 3 min. Retirez alors la casserole du feu, couvrez et laissez reposer 30 min.
3. Filtrez la préparation dans une passoire tapissée de mousseline. Éliminez zeste et vanille. Vous obtenez environ 75 cl de liquide. Ajoutez-y le jus de citron et la vodka, mélangez bien. Versez la liqueur dans des bouteilles et fermez-les. Laissez refroidir. Se conserve 1 mois au réfrigérateur. Vous pouvez préparer cette liqueur avec 250 g de framboises surgelées. Pour 1,5 litre.

Liquide à bulles

Une distraction bon marché et inoffensive pour les enfants.

75 cl de détergent à vaisselle
40 cl d'eau
2 gouttes de colorant alimentaire
quelques gouttes de glycérine

Mélangez tous les ingrédients dans un récipient et couvrez. Utilisez une pipe à bulles ou un tube à bulles achetés dans le commerce ou de fabrication maison. Conservez à température ambiante dans un flacon hermétiquement fermé.

Lotion antiacnéique

Cette lotion désinfectante reste très douce pour la peau tout en luttant efficacement contre l'acné.

3 cuil. à soupe de lait
10 gouttes d'alcool camphré
1 cuil. à soupe de teinture de benjoin
1 verre d'eau de rose

1. Mélangez le lait à l'alcool camphré et tamponnez doucement les parties du visage touchées par l'acné.
2. Rincez ensuite avec le mélange eau de rose et teinture de benjoin, puis laissez sécher.

Lotion antipelliculaire

Facile à mettre en œuvre, cette lotion à base d'ortie est extrêmement efficace.

50 g de feuilles d'ortie piquante
50 cl d'alcool à 40°

Faites macérer les feuilles dans l'alcool pendant 48 h. Frictionnez-vous le cuir chevelu tous les matins avec cette préparation. Pour éviter l'accoutumance qui engendre une perte d'efficacité, alternez cette préparation avec cette autre lotion.

20 g de feuilles de sauge
20 g de feuilles de romarin
1 litre d'eau

Faites bouillir les plantes dans l'eau pendant 15 min. Frictionnez le cuir chevelu un matin sur deux.

Lotion après-bain

Pour adoucir votre peau, frictionnez-vous en sortant du bain.

1 poignée de lavande fleurie
1 poignée de feuilles de sauge
1 poignée d'écorce d'orange (broyée et séchée)
1 poignée de menthe poivrée
1 jus de citron
1 litre de vinaigre de cidre

Laissez macérer pendant 1 mois tous les ingrédients dans le vinaigre. Filtrez. Versez le tout dans une bouteille munie d'un bouchon à vis. Si votre peau rougit facilement, vous pouvez ajouter, après la macération, des pétales de rose séchés et 10 gouttes d'essence d'amande. Le vinaigre peut être légèrement dilué avec de l'eau minérale à ajouter au moment de l'utilisation, soit 1 cuil. à soupe pour 20 cl.

Lotion après-rasage

Pour calmer le feu du rasoir, adoucir et parfumer la peau.

50 cl d'eau minérale
1 poignée de cerfeuil frais
1 cuil. à soupe de glycérine
1 cuil. à soupe de lavande séchée
3 clous de girofle broyés

Faites d'abord bouillir 5 min l'eau et le cerfeuil, filtrez, puis incorporez les autres ingrédients. Laissez macérer pendant 3 ou 4 jours et filtrez à nouveau. Se conserve 1 semaine au frais dans une bouteille bien fermée. Pour 50 cl environ.

Lotion hydratante pour le corps

Cette solution très efficace et bon marché réhydrate et adoucit la peau.

10 g de feuilles d'anis
10 g de feuilles de mauve
10 g de feuilles de tilleul
10 g de fleurs de lavande

Pour préparer 25 cl de lotion, mettez 2 cuil. à café du mélange des 4 plantes dans 25 cl d'eau. Laissez infuser pendant 15 min et filtrez. La lotion préparée se conserve 1 semaine au frais.

Lotion pour cuticules

À utiliser tous les jours pour assouplir les cuticules et rendre les ongles plus forts et plus brillants.

50 cl d'eau de rose
1 jus de citron
10 g de borax
20 g de sel

1. Mélangez les ingrédients et laissez macérer pendant 24 h. Chaque soir, laissez tremper vos doigts quelques minutes dans cette lotion.

2. Vous pouvez compléter les soins en pratiquant de temps en temps un massage lent par mouvements tournants autour de l'ongle avec cette crème adoucissante.

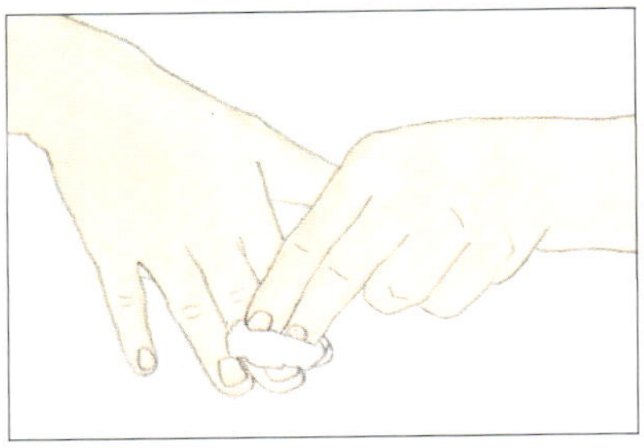

3 cuil. à soupe de glycérine
1 cuil. à soupe de paraffine
2 cuil. à soupe d'huile d'amande douce
2 cuil. à soupe d'infusion de tilleul très concentrée

Mélangez tous les ingrédients et faites chauffer très lentement pour obtenir une crème homogène. Laissez refroidir. Se conserve au réfrigérateur dans un pot hermétique.

Lotion pour les mains

Appliquée sur les mains tous les jours, elle décolore doucement les taches de vieillissement et ralentit leur apparition.

4 cuil. à soupe de feuilles (ou d'écorce) de bouleau blanc
1 litre d'eau

Faites bouillir le mélange pendant 10 min. Laissez infuser pendant 15 min. Filtrez.

Masque à l'argile

Pour assainir votre peau et désincruster les points noirs. Tonifiant pour l'épiderme.

2 cuil. à soupe de lait
2 cuil. à soupe d'argile
20 gouttes d'huile de noisette

Mélangez argile et lait. Ajoutez quelques gouttes d'huile de noisette. Appliquez le masque pendant 20 min. Nettoyez bien à l'eau tiède, puis tamponnez le visage avec de l'eau froide pour le raffermir.

Masque à l'œuf

Pour adoucir et hydrater votre peau.

1 œuf
10 cl d'huile de noix de coco
1 cuil. à soupe de miel

1. Dans un petit bol, battez l'œuf, puis incorporez peu à peu l'huile et le miel, en battant bien jusqu'à ce que le mélange prenne la consistance d'une mayonnaise. Disposez un rouleau de papier toilette vide dans un bol, bien droit, et remplissez-le avec le mélange à l'aide d'une cuillère. Laissez au congélateur toute une nuit.
2. Au moment de l'utilisation, retirez une partie du carton, et appliquez le bâton glacé sur votre visage, en frottant doucement. Au bout de 5 à 10 min, rincez à l'eau chaude. Après utilisation, recouvrez la partie du bâton exposée avec un morceau de plastique et remettez au congélateur.

Masque astringent

Si vos pores sont très dilatés et que votre masque habituel ne fasse plus vraiment d'effet à cause de l'accoutumance de la peau aux produits, vous pouvez, en alternance, utiliser ce masque simple et naturel.

1 œuf
20 gouttes de jus de citron

Battez le blanc d'œuf en neige. Ajoutez 1/3 du jaune, le jus de citron et mélangez doucement pour ne pas faire tomber l'émulsion. Appliquez sur le visage en évitant bien le contour des yeux. Laissez sécher le masque pendant 15 min, puis ôtez-le avec de l'eau tiède.

Masque au concombre

Recommandé pour les peaux couperosées, le masque au concombre n'a plus à faire ses preuves.

quelques tranches de concombre
10 gouttes de jus de citron
1 cuil. à café d'huile d'amande douce ou amère
eau de rose

Pelez, coupez et écrasez les tranches de concombre, ajoutez l'huile d'amande douce ou amère et le jus de citron. Appliquez sur le visage et le cou. Gardez le masque pendant 15 min environ et ôtez avec du coton imprégné d'eau de rose.

Masque aux fruits

Les masques aux fruits ont la propriété de débarrasser la peau de ses impuretés et d'adoucir l'épiderme.

1 ou 2 grosses fraises (1/2 pêche)
1 cuil. à café de jus de citron
eau de rose

Écrasez 1 ou 2 grosses fraises (ou bien 1/2 pêche) au mixeur électrique. Ajoutez ensuite le jus de citron. Appliquez sur le visage à l'aide d'une mousseline après avoir entouré votre visage d'une serviette pour éviter l'écoulement dans les cheveux. Conservez le masque pendant 15 à 20 min. Ôtez avec de l'eau tiède et nettoyez votre visage avec un coton imbibé d'eau de rose.

Masque cicatrisant

Contre les traces de boutons mal cicatrisés sur le visage, préparez-vous ce masque réparateur.

2 cuil. à café de crème de lanoline
1 cuil. à café d'huile d'amande douce ou amère
eau de rose

Mélangez bien la crème de lanoline et l'huile d'amande. Gardez 7 ou 8 min sur le visage en évitant le pourtour des yeux. Ôtez avec du papier absorbant et nettoyez avec de l'eau de rose.

Masque pour les paupières

Un masque spécifique pour la partie la plus sensible du visage.

1 cuil. à café de farine de germe de blé
1/2 verre d'eau de rose
1/2 cuil. à café d'huile d'amande
eau de fleur de bleuet

Mélangez la farine de germe de blé diluée dans l'eau de rose avec l'huile d'amande. Faites pénétrer par légers tapotements. Relaxez-vous totalement pendant 12 à 15 min, jambes et pieds surélevés. Essuyez soigneusement avec du coton à démaquiller, puis posez du coton imbibé d'eau de fleur de bleuet sur les paupières.

Masque pour peaux sèches

Un masque à l'œuf rajeunissant.

1 œuf
crème de lanoline
eau de rose

Battez l'œuf entier et ajoutez-y une noisette de crème de lanoline. Appliquez sur tout le visage et le cou et laissez sécher pendant 15 min. Lavez le visage à l'eau tiède, puis à l'eau fraîche. Passez ensuite un coton imbibé d'eau de rose.

Masque pour points noirs

Particulièrement recommandé pour lutter contre les points noirs.

1 blanc d'œuf
1 cuil. à soupe de farine de maïs
eau florale camphrée

Battez le blanc d'œuf en neige, ajoutez la farine de maïs. Appliquez 15 min sur le visage. Pour enlever le masque, frottez la peau avec un linge fin ou un coton à démaquiller. Rincez à l'eau fraîche et terminez en tamponnant la peau avec un coton imbibé d'eau florale camphrée.

Masque revitalisant

Convient parfaitement aux épidermes fins et secs car il est rééquilibré par des éléments adoucissants.

1 pomme
10 gouttes de jus de citron
20 gouttes d'huile d'amande douce
eau de rose

Pelez la pomme et passez-la au mixeur. Ajoutez le jus de citron et l'huile d'amande douce. Appliquez sur le visage et le cou et gardez pendant 20 min. Rincez à l'eau fraîche, puis tamponnez avec un coton imbibé d'eau de rose.

Mayonnaise basses calories

Avec seulement 18 Calories par cuillerée à soupe, cette mayonnaise reste crémeuse et savoureuse. Vous pouvez y ajouter quelques gouttes de ketchup (voir p. 400) ou de sauce piquante (voir p. 419).

5 cl d'huile d'olive
5 cl de vinaigre de vin blanc
5 cl de yaourt à 0 % de matière grasse
1 cuil. à café bombée de moutarde forte
1 cuil. à café de fécule de maïs
20 cl d'eau

1. Versez l'eau dans une petite casserole et délayez-y la fécule. Portez à ébullition et laissez cuire 2 min environ en remuant sans cesse, jusqu'à ce que la préparation épaississe. Laissez refroidir et versez dans un bol.
2. Ajoutez dans le bol, en battant au fouet à main, l'huile, le vinaigre, le yaourt et la moutarde. Versez dans un bocal. Se conserve 15 jours au réfrigérateur. Pour 350 g environ.

Mélange d'herbes pour riz

Un mélange savamment dosé pour tous les types de riz.

2 1/2 cuil. à soupe d'oignons lyophilisés
2 cuil. à café de sel de céleri
1 feuille de laurier
3/4 de cuil. à café de basilic séché
1/2 cuil. à café de paprika
1/2 cuil. à café d'ail semoule
1 pincée de zeste de citron râpé

Mettez tous les ingrédients dans un sachet en plastique alimentaire, fermez-le et secouez-le pour bien mélanger. Réservez dans une boîte hermétique. Se conserve 6 semaines dans un endroit frais et sombre. Pour 50 g. (Voir Riz aux herbes, p. 417.)

Mélange d'herbes pour vinaigrette

Pour une salade parfumée, même au cœur de l'hiver. Assaisonnez de la batavia, de la scarole...

125 g de persil séché
125 g d'origan séché
125 g de basilic séché
125 g de marjolaine séchée
1 cuil. à soupe de sucre
2 cuil. à soupe de graines de fenouil pilées
2 cuil. à soupe de moutarde en poudre
1 cuil. à café de poivre
1 cuil. à café de sel

Mélangez tous les ingrédients dans une terrine et réservez dans une boîte hermétique. Se conserve 6 semaines dans un endroit frais et sombre. Pour 550 à 600 g. (Voir Vinaigrette aux herbes, p. 424.)

Mélange neutre de rempotage

Un excellent mélange de transition pour rempoter les plantes récemment acquises.

16 litres de tourbe émiettée
16 litres de perlite ou de vermiculite
3 cuil. à soupe de calcaire dolomitique ou 8 cuil. à soupe de coquilles d'œufs pilées
1 cuil. à soupe de superphosphate ou 2 cuil. à soupe de poudre d'os
10 cl d'engrais titrant 5-10-5

Mélangez la tourbe et la perlite dans un grand seau. Ajoutez le calcaire, le superphosphate et l'engrais, et mélangez bien : vous obtiendrez 32 litres de mélange prêt à l'emploi.

Mélange pour Bloody Mary

Ne cherchez plus les proportions au dernier moment... Le jus de tomate est prêt, assaisonné, dans votre réfrigérateur.

1 litre de jus de tomate
2 cuil. à soupe de jus de citron
2 cuil. à soupe de sauce Worcestershire
1/4 de cuil. à café de sauce Tabasco
1 cuil. à café de sel de céleri

1. Mélangez tous les ingrédients et versez dans un flacon. Se conserve 4 jours au réfrigérateur.
2. Servez ce jus de tomate tel quel sur de la glace pilée ou additionnez-le de vodka, selon votre goût. Pour 1 litre ou 6 Bloody Mary.

Moutarde

Légèrement pimentée, délicatement épicée, cette moutarde est parfaite avec les viandes froides rouges ou blanches.

80 g de graines de moutarde
80 g de sucre roux
12,5 cl de vinaigre de cidre
12,5 cl de bière brune
2 gousses d'ail finement hachées
1/2 cuil. à café de gingembre en poudre
1/4 cuil. à café de piment de la Jamaïque moulu
3/4 de cuil. à café de sel

1. Mettez les graines de moutarde et le vinaigre dans une terrine, mélangez, couvrez et laissez reposer 3 h.
2. Au bout de ce temps, versez le contenu de la terrine dans une casserole. Ajoutez le piment, le gingembre, l'ail, la bière, le sucre et le sel. Mélangez, portez à ébullition sur feu doux et faites frémir 5 min en remuant souvent. Retirez du feu, laissez tiédir et versez dans un bocal. Laissez refroidir, puis fermez le bocal. Se conserve 1 mois au réfrigérateur. Pour 400 g environ.

Moutarde sans sel

Cette moutarde pour régime pauvre en sodium est tellement parfumée qu'on en oublie l'absence de sel.

75 g de graines de moutarde
10 cl de vin blanc sec
25 cl de vinaigre de vin blanc
25 cl d'eau
2 cuil. à soupe de miel
1/4 de cuil. à café de piment de la Jamaïque moulu
1 pincée de cannelle en poudre
1 pincée de gingembre en poudre

1. Mélangez les graines de moutarde, le vin et le vinaigre dans une grande terrine et laissez reposer 3 h à température ambiante.
2. Au bout de 3 h, versez le contenu de la terrine dans le bol d'un mixeur et ajoutez le miel, l'eau, le piment, la cannelle et le gingembre. Mixez jusqu'à obtention d'une crème très souple.
3. Versez cette crème dans la partie supérieure d'un bain-marie et laissez mijoter de 10 à 12 min, jusqu'à ce que la crème épaississe. Versez cette moutarde dans un bocal, laissez refroidir et fermez. Se conserve 1 an au réfrigérateur. Pour 500 g environ. (Voir aussi Moutarde, ci-contre.)

Neige de Noël

Peignez les branches de votre sapin de Noël et profitez d'un Noël enneigé, même s'il fait près de 25 °C dans la pièce.

15 cl d'amidon liquide
8 cuil. à soupe de savon en paillettes
de 2 à 4 cuil. à soupe d'eau
colorant alimentaire bleu

Dans un bol de taille moyenne, mélangez l'amidon et les paillettes de savon, puis ajoutez l'eau. Fouettez avec un batteur à œufs jusqu'à obtention d'un mélange très épais. Ajoutez ensuite le colorant avec un compte-gouttes, en battant bien, jusqu'à ce que la « neige » prenne une couleur blanc glacé. Une fois l'arbre de Noël peint, ajoutez un éclairage blanc pour lui donner une apparence cristalline.

Nettoyant pour aluminium

Retire la pellicule terne et graisseuse sur l'aluminium domestique.

10 cl de crème de tartre
50 g de bicarbonate de soude
10 cl de vinaigre blanc
2 cuil. à soupe de savon en paillettes

Mélangez la crème de tartre et le bicarbonate de soude dans un bol de taille moyenne. Ajoutez le vinaigre et remuez jusqu'à obtention d'une pâte lisse. Ajoutez le savon et versez le tout dans un bocal fermant bien. Étiquetez. À l'utilisation, appliquez avec un tampon de laine d'acier fine, puis rincez. À ranger hors de portée des enfants. Se conserve de 1 à 2 ans. Pour 30 cl environ.

Nettoyant pour bijoux

Meilleur marché et tout aussi efficace que les produits vendus dans le commerce.

1 cuil. à soupe de détergent à vaisselle
1 cuil. à soupe de carbonate de sodium
1 cuil. à soupe d'ammoniaque
75 cl d'eau chaude

1. Mélangez tous les ingrédients dans un bol de taille moyenne, puis versez dans un récipient en verre. Étiquetez, couvrez et conservez hors de portée des enfants.
2. Au moment de l'utilisation, trempez les bijoux dans la solution pendant 1 à 10 min selon le degré de ternissure. Si les bijoux sont de forme complexe ou comportent de multiples entailles et interstices, plongez-les dans la solution et agitez-les. Pour les objets de taille importante, utilisez une brosse à dents. Pour les plus petits, une brosse à mascara. Rincez et laissez sécher sur un chiffon doux propre.

3. N'immergez pas les perles : frottez-les doucement à la peau de chamois imbibée d'un peu de solution.
Attention ! Ne mélangez pas ce nettoyant avec des produits contenant du chlore (eau de Javel) : des gaz nocifs se dégageraient.

Nettoyant pour carrelage

Élimine les marques de savon qui se forment sur et entre les carreaux des salles de bain.

25 g de bicarbonate de soude
10 cl d'ammoniaque
5 cl de vinaigre blanc
1,5 litre d'eau chaude

Mélangez les ingrédients dans une bouteille en plastique, bouchez et agitez vigoureusement. Étiquetez et gardez hors de portée des enfants. Pour les petits travaux, remplissez un petit pulvérisateur avec la solution ; vaporisez directement sur la surface, puis essuyez avec une éponge humide.
Attention ! Ne mélangez pas ce nettoyant avec un autre contenant du chlore (eau de Javel).

Nettoyant pour cheminée

Élimine la suie et la poussière de charbon.

50 cl de savon noir
3 litres d'eau chaude
650 g de pierre ponce en poudre (ponce « soie »)
40 cl d'ammoniaque

1. Diluez le savon noir dans l'eau chaude. Laissez refroidir, puis incorporez la pierre ponce et l'ammoniaque et remuez jusqu'à obtention d'un mélange homogène.
2. Au moment de l'utilisation, passez le nettoyant avec un pinceau sur les surfaces couvertes de suie et laissez agir 1 h environ. Retirez ensuite le mélange avec une brosse dure et du savon, ou du détergent liquide. Rincez à l'eau et à l'éponge.

Nettoyant pour cuivre

Enlève les taches de graisse et les particules alimentaires.

50 g de farine
50 g de sel
75 g de détergent en poudre
15 cl de vinaigre blanc
5 cl de jus de citron
10 cl d'eau très chaude

1. Mélangez la farine, le sel et le détergent dans un grand bol en verre.

Ajoutez les autres ingrédients et remuez. Versez le mélange dans un récipient en verre, fermez soigneusement et étiquetez. Gardez hors de portée des enfants.

2. Au moment de l'utilisation, secouez énergiquement, puis versez quelques gouttes du nettoyant sur l'objet et frottez doucement avec un chiffon. Pour les taches résistantes, grattez avec une vieille brosse à dents ou un tampon pour décaper (faites d'abord un essai sur une petite surface). Rincez à l'eau courante, essuyez et faites briller avec un chiffon doux.

Nettoyant pour four

Convient aux barbecues de jardin.

2 cuil. à soupe de savon liquide (voir p. 420) ou de détergent en poudre
2 cuil. à café de borax
30 cl d'eau chaude
5 cl d'ammoniaque
poudre à récurer sans chlore

1. Versez l'eau, le savon et le borax dans un vaporisateur. Secouez et laissez reposer jusqu'à ce que les cristaux soient dissous. Ajoutez l'ammoniaque.

2. Disposez des journaux sur le sol devant le four. Assurez-vous que la cuisine est bien ventilée. Mettez des lunettes de protection, puis vaporisez le liquide à l'intérieur du four.

3. Laissez agir 10 min environ, puis parsemez d'un peu de poudre à récurer et frottez avec un tampon en laine d'acier. Si nécessaire, ajoutez de la poudre. Pour les taches tenaces, grattez avec une pierre ponce ou une lame de rasoir, en faisant d'abord un essai sur une petite surface. Rincez à l'eau, essuyez avec une éponge ou du papier absorbant et séchez.

Attention ! Avant d'utiliser la préparation, vérifiez sur le manuel d'entretien de votre four s'il supporte ce genre de produits. Ne pas utiliser sur un four autonettoyant (catalyse).

Nettoyant pour Inox

Plus puissant que le savon et l'eau. Fait briller les ustensiles ternis.

4 cuil. à soupe de savon en paillettes
15 g de blanc de Meudon (ou d'Espagne)
2 cuil. à soupe d'ammoniaque
2 cuil. à soupe d'eau

Mélangez tous les ingrédients dans un bol de taille moyenne. Transvasez dans un récipient et fermez bien. Étiquetez et gardez hors de portée des

enfants. Étalez le nettoyant sur l'Inox avec un chiffon doux propre et frottez. Rincez à l'eau et faites briller.

Nettoyant pour meubles

Créez votre propre mixture pour retirer la poussière et la saleté à la surface des meubles.

25 cl d'huile de lin bouillie
15 cl d'essence de térébenthine
10 cl de vinaigre blanc

Dans un grand bol, mélangez énergiquement tous les ingrédients. Appliquez sur le bois avec un chiffon doux, en frottant pour retirer la saleté et l'excédent de cire. Pour les taches par-

ticulièrement tenaces, utilisez de la laine d'acier extrafine. Conservez dans un récipient fermé hermétiquement, hors de portée des enfants.

Nettoyant pour pare-brise

Particulièrement efficace pour se débarrasser des insectes collés.

50 g de craie en poudre
15 g de bicarbonate de soude
50 g de blanc de Meudon (ou d'Espagne)

Mélangez tous les ingrédients dans un bol et remuez doucement jusqu'à la formation d'une pâte. Appliquez le mélange directement sur le pare-brise sale avec une éponge. Si la voiture est restée en plein soleil, laissez-

la se refroidir et mouillez le pare-brise avant d'étaler le nettoyant. Laissez sécher, puis faites briller avec un chiffon sec non pelucheux.

Nettoyant pour peignes et brosses

Dégraisse à fond.

10 cl d'ammoniaque
1 litre d'eau
1/2 cuil. à café de shampooing ou de détergent doux

Mélangez tous les ingrédients dans un bol. Laissez tremper peigne et brosse de 5 à 10 min dans le mélange, puis retirez-les et nettoyez la brosse avec le peigne et vice versa. Rincez-les sous l'eau courante et laissez-les sécher.

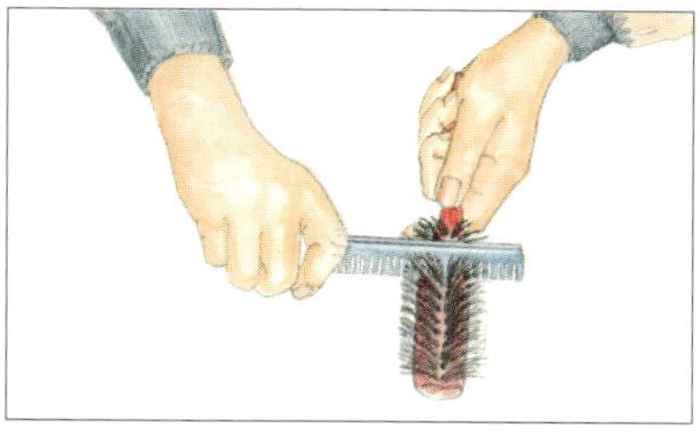

Nettoyant pour porcelaine

Pour retirer les taches sur les assiettes et les figurines.

50 cl de savon noir
1,5 litre d'eau chaude
25 cl d'essence minérale A

Dans un grand bol, mettez l'eau, le savon et l'essence minérale et remuez jusqu'à ce que le savon soit dissous. Étalez le nettoyant sur les taches au pinceau. Rincez.

Nettoyant pour revêtement vinyle

N'appliquez jamais un nettoyant pour cuir sur du vinyle. Utilisez plutôt cette lotion.

40 g de lessive en poudre
25 g de bicarbonate de soude
40 cl d'eau chaude

Mélangez la lessive et le bicarbonate, puis ajoutez l'eau. Mouillez un chiffon épais avec un peu de solution et frottez-en la surface en vinyle. Rincez bien et essuyez.

Nettoyant pour vitres

Bon marché et efficace.

10 cl d'alcool à 90°
10 cl d'ammoniaque
1,5 litre d'eau

Versez l'alcool et l'ammoniaque dans un seau, puis ajoutez l'eau et mélangez bien. Mettez le mélange dans un vaporisateur. Aspergez les vitres avec le produit, laissez agir 30 s, puis essuyez avec du papier journal. À conserver dans un récipient hermétiquement fermé, hors de portée des enfants.

Nettoyant pour W.-C.

Utilisez régulièrement pour nettoyer et désinfecter vos W.-C.

1 cuil. à soupe d'ammoniaque
20 cl d'eau oxygénée
2 litres d'eau

Mélangez les ingrédients dans un seau, puis versez lentement la solution dans les toilettes. Laissez reposer 30 min, puis frottez l'intérieur de la cuvette et tirez la chasse d'eau. Pour les taches tenaces, laissez agir la solution pendant plusieurs heures.

Nettoyant tous usages

Permet de se débarrasser des taches tenaces sur les revêtements, le bois ou le carrelage.

10 cl d'ammoniaque
3 cuil. à soupe de cristaux de soude
1,5 litre d'eau à 40 °C

1. Mélangez l'ammoniaque, les cristaux de soude et 25 cl d'eau dans un bidon en plastique (contenance : 2 litres). Rebouchez, secouez énergiquement, puis ajoutez le reste de l'eau chaude. Étiquetez.
2. Au moment de l'utilisation, mélangez 10 cl du produit avec environ 5 litres d'eau chaude dans un seau. Pour les revêtements délicats, par exemple les papiers peints, testez préalablement sur une petite surface moins exposée.

Noix de coco pimentée

Un condiment à la fois doux et piquant, à servir avec tous les plats au curry.

125 g de noix de coco râpée
1 cuil. à café de piment de Cayenne en poudre

1. Étalez la noix de coco dans une grande poêle antiadhésive. Posez sur feu doux et laissez cuire 2 min environ, en remuant sans cesse à la spatule, jusqu'à ce que la noix de coco soit blonde.
2. Ajoutez le piment de Cayenne et mélangez 1 min, afin que la noix de coco dore. Retirez du feu et laissez refroidir. Se conserve dans un bocal fermé hermétiquement, dans un endroit sombre et frais, pendant 3 mois. Pour 125 g.

Nourriture pour chats

Une nourriture équilibrée répondant aux besoins quotidiens en vitamines et en minéraux de votre chat.

450 g de bœuf haché cuit
100 g de foie de bœuf ou de foie de porc, cuit et coupé en dés
150 g de riz, cuit et non salé
1 cuil. à café d'huile végétale

Mélangez soigneusement tous les ingrédients dans un grand bol. Pour 700 g environ.

Nourriture pour chiens

Une alimentation équilibrée pour votre chien.

500 g de bœuf haché (non dégraissé)
2 œufs durs
6 tranches de pain émiettées
600 g de riz cuit

Faites cuire la viande dans un poêlon couvert jusqu'à ce qu'elle perde sa teinte rosée. Puis mélangez-la soigneusement aux autres ingrédients dans un grand bol. Si le mélange est trop sec, ajoutez de l'eau (et non du lait). Prévoir 250 g de nourriture quotidienne pour un chien de 2,5 kg, 350 g pour un chien de 4,5 kg, 500 g pour un chien de 9 kg, 700 g pour un chien de 18 kg, 1,2 kg pour un chien de 28 kg, et 1,4 kg pour un chien de 35 kg et plus. Pour 1,2 kg.

Nourriture pour oiseaux

Aidez les oiseaux de votre jardin à supporter les rigueurs et la pénurie de l'hiver.

350 g de lard gras
150 g de graines de sésame
150 g de graines de tournesol décortiquées
5 cuil. à soupe de biscuits écrasés
3 cuil. à soupe de raisins secs
2 cuil. à soupe de beurre de cacahuète

Faites fondre le lard à feu doux au bain-marie. Laissez-le refroidir, puis déposez-le dans un bol de grande taille. Ajoutez les graines de sésame et de tournesol, les biscuits et les raisins, et mélangez. Ajoutez le beurre de cacahuète et mélangez bien. Laissez le mélange durcir toute la nuit au réfrigérateur. Disposez-le

ensuite dans une mangeoire ou dans un filet en plastique aux mailles suffisamment larges pour que les oiseaux puissent attraper la nourriture. Vous l'accrocherez à une branche. Pour 700 g environ.

Pain au cumin

Un pain très rapide à préparer.

250 g de farine
1 cuil. à soupe de graines de cumin
2 cuil. à café de levure chimique
1 œuf
20 cl de lait tiède
4 cuil. à soupe d'huile d'arachide
1 cuil. à café de sucre semoule
1 pincée de sel
1 noix de beurre

1. Allumez le four, thermostat 6 (200 °C). Beurrez un moule à cake de 22 cm de long.
2. Mettez la farine, la levure, le sel, le sucre, l'œuf et l'huile dans le bol d'un mixeur. Ajoutez le lait. Faites tourner l'appareil 1 min à grande vitesse, jusqu'à obtention d'une pâte lisse et homogène. Ajoutez le cumin et mixez encore 30 s.
3. Versez la pâte dans le moule et faites cuire 55 min au four, jusqu'à ce que le pain soit doré.
4. Démoulez le pain et laissez-le tiédir avant de le découper en tranches et de le servir. Parfait pour accompagner du jambon, des fromages de toutes sortes, du tarama, de la tapenade (voir p. 422). Se conserve pendant 3 jours enveloppé dans plusieurs épaisseurs d'aluminium ménager. Pour 6 personnes.

Pain au parmesan et au jambon

Idéal pour un buffet ou un pique-nique.

500 g de farine de blé
125 g de farine de maïs
100 g de parmesan finement et fraîchement râpé
120 g de jambon cuit
2 cuil. à café de levure chimique
20 cl de lait
4 cuil. à soupe d'huile d'olive
2 œufs
1/2 cuil. à café de sel
1/4 de cuil. à café de poivre moulu
1 noix de beurre

1. Allumez le four, thermostat 6 (200 °C). Beurrez un moule à pain de 22 cm × 12 cm.
2. Hachez grossièrement le jambon au couteau. Tamisez les 2 farines, le

sel, le poivre et la levure au-dessus d'une terrine. Ajoutez le jambon et le parmesan et mélangez.
3. Fouettez les œufs, le lait et l'huile dans un bol. Ajoutez ce mélange à la préparation au jambon et mélangez bien. Versez dans le moule et glissez au four. Laissez cuire 50 min environ, jusqu'à ce qu'un couteau planté au centre du pain en ressorte sec.
4. Laissez reposer le pain 20 min avant de le démouler. Servez tiède ou à température ambiante. Se conserve pendant 1 semaine enfermé dans plusieurs épaisseurs d'aluminium ménager ou 3 mois au congélateur. Pour 1 gros pain.

Pain de maïs

Un pain délicieux à consommer, encore tiède, avec du beurre, au petit déjeuner.

500 g de préparation pour pain de maïs (voir p. 416)
3 œufs battus
20 cl d'eau
1 noix de beurre

1. Allumez le four, thermostat 7 (230 °C). Beurrez un moule carré de 20 cm de côté.
2. Mettez la préparation dans une terrine et ajoutez les œufs et l'eau. Mélangez à la spatule, jusqu'à obtention d'une pâte souple. Versez-la dans le moule et faites cuire 20 min au four, jusqu'à ce que la lame d'un couteau planté au centre du pain en ressorte sèche.
3. Coupez le pain tout chaud en cubes et servez aussitôt. Ce pain se conserve 3 jours au réfrigérateur, enveloppé dans de l'aluminium ménager, ou 2 mois au congélateur. Pour 8 personnes.

Pain express

Aussi bon avec des confitures qu'avec des fromages ou des charcuteries, il se savoure à toute heure.

400 g de farine
250 g de yaourt au lait entier, à température ambiante
4 cuil. à soupe d'huile d'arachide
4 cuil. à café rases de levure chimique
1 œuf
2 cuil. à café de sucre semoule
1 cuil. à café de sel

1. Allumez le four, thermostat 7 (230 °C). Battez l'œuf dans un bol avec 1 cuil. à soupe d'eau. Battez le yaourt à la fourchette pour le lisser.
2. Tamisez la farine, la levure, le sucre et le sel sur le plan de travail. Creusez un puits au centre, ajoutez le yaourt et l'huile et mélangez-les à la farine du bout des doigts en mouvements circulaires, du centre vers l'extérieur, jusqu'à obtention d'une pâte homogène. Travaillez la pâte en l'étirant loin devant vous, puis en la roulant en boule, pendant 7 à 8 min, jusqu'à ce qu'elle soit très lisse et se détache des doigts.
3. Réalisez un gros pain ou des petits : pour le gros pain, formez une boule. Sinon, divisez la pâte en 6 et formez des petits pains ronds ou ovales, ou encore en 12 et réalisez des ficelles ou des gressins.
4. Posez le ou les pains sur une plaque antiadhésive et badigeonnez la surface d'œuf battu. Glissez au four et laissez cuire de 25 à 35 min selon la taille des pains.
5. Lorsque les pains sont dorés, retirez-les du four et laissez-les refroidir sur une grille. Pour 6 personnes.

Pain perdu

Préparez ce dessert la veille, mais ne le faites cuire que le lendemain.

14 tranches de pain rassis de 2 cm d'épaisseur
40 cl de lait
3 œufs
50 g de beurre fondu
3 cuil. à soupe de sucre semoule
1/2 cuil. à café de zeste de citron râpé
4 pincées de cannelle en poudre
4 pincées de noix muscade râpée
1 cuil. à soupe de sucre cristallisé

1. Fouettez les œufs avec le lait, le beurre, le sucre semoule, le zeste de citron et les épices. Versez la moitié de ce mélange dans un plat à four de 27 cm × 37 cm et disposez les tranches de pain sur une seule couche. Appuyez avec une fourchette.
2. Versez le reste de préparation au lait dans le plat et laissez reposer jusqu'au lendemain.
3. Allumez le four, thermostat 7 (230 °C). Lorsqu'il est chaud, glissez-y le plat. Laissez cuire de 50 min à 1 h, jusqu'à ce que le dessus du plat soit doré. Poudrez de sucre cristallisé et servez chaud tel quel, ou nappé de sirop de fruits rouges ou de miel. S'accompagne fort bien de fruits frais et de yaourt. Pour 4 à 6 personnes.

Panure

Bon marché et facile à préparer, elle se garde longtemps.

500 g de farine
2 cuil. à café de thym émietté
1 cuil. à café de romarin émietté
1 cuil. à soupe de paprika
1 cuil. à soupe d'oignon lyophilisé
1 cuil. à café de sel

Mettez tous les ingrédients dans un sachet, fermez-le et secouez-le afin de bien les mélanger. Se conserve 6 mois, dans une boîte hermétiquement close, dans un endroit frais et sombre. Pour 20 côtes de porc ou 4 poulets en morceaux.
Variante pour le poisson : ajoutez à 250 g de farine : 2 cuil. à café d'estragon séché, 1 cuil. à café d'aneth séché, 2 cuil. à café de persil séché, 2 cuil. à café d'oignon lyophilisé, 2 cuil à café

de sel et 1 cuil. à café de paprika. Procédez comme précédemment. Se conserve de la même façon. Pour 30 filets de poisson environ.

Papier mâché

Un moyen simple de fabriquer des objets en papier mâché.

50 g de farine
15 cl d'eau
bandes de papier journal (d'une largeur de 4 cm environ)

1. Mélangez la farine et l'eau dans un bol. Le mélange doit avoir la consistance d'une colle épaisse. Ajoutez éventuellement de la farine.
2. Plongez chaque bande de papier dans la pâte, et passez-la doucement entre vos doigts pour retirer l'excédent de pâte. Appliquez ensuite sur la surface que vous souhaitez recouvrir (poterie, carton, bouteille ou tout autre récipient). Renouvelez l'opération si nécessaire.

3. Une fois le papier mâché sec, décorez avec de la peinture (gouache, acrylique ou aérosol) et appliquez un vernis dès que la peinture est sèche. (Voir aussi Pâte pour papier mâché, page suivante.)

Papier tue-mouches

Efficace et facile à fabriquer.

5 cl de sirop d'érable
1 cuil. à soupe de sucre blanc ou brun
1 cuil. à café de sucre cristallisé

Mélangez tous les ingrédients dans un petit bol. Faites un trou au bout de petites bandes de papier kraft et pas-

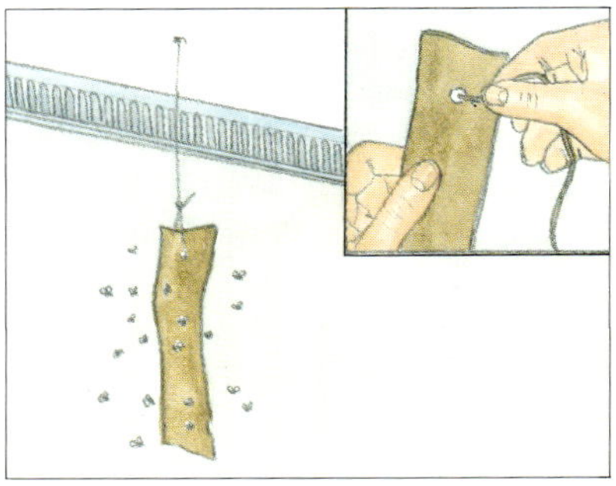

sez-y une ficelle. Versez le mélange sur les bandes et laissez prendre toute une nuit avant de les accrocher.

Pâte à sel

Une pâte artisanale idéale pour les enfants. Peut servir à la confection des décorations de Noël... ou autres.

50 g de sel fin
10 cl d'eau chaude
10 cl d'eau froide
50 g de farine de maïs
colorants alimentaires (facultatif)

1. Mélangez le sel et l'eau chaude dans une grande casserole et portez à ébullition sur feu vif.
2. Versez l'eau froide dans un petit bol et incorporez la farine. Mélangez bien. Ajoutez quelques gouttes de colorant (de couleurs différentes selon les sujets à modeler).
3. Incorporez cette pâte à l'eau salée bouillante et remuez énergiquement pour que le mélange ne devienne pas grumeleux. Faites cuire à feu doux en remuant sans cesse, jusqu'à ce que la pâte épaississe.
4. Retirez du feu et, à l'aide d'une grande cuillère, étalez le mélange sur une planche à pain. Laissez refroidir, puis pétrissez la pâte jusqu'à ce qu'elle devienne lisse. Utilisez-la immédiatement ou enveloppez-la dans du plastique et conservez-la dans un récipient hermétiquement fermé. Si vous le désirez, vous pouvez conserver vos modelages en les faisant sécher à la température de la pièce durant 3 jours, ou en les passant 2 h au four à 90 °C.
5. Pour fabriquer des décorations de Noël, déroulez la pâte sur une épaisseur de 6 mm, puis, à l'aide d'un couteau pointu, découpez les motifs ou les formes. Avec un pique-olive, percez un trou en haut de chaque figurine par lequel vous pourrez passer une ficelle. Faites cuire 2 h au four à 90 °C. Décorez.

Pâte à tartiner aux herbes

Excellente, elle se prépare en un tour de main.

200 g de fromage double crème
1 cuil. à soupe de persil plat ciselé
1 cuil. à soupe de ciboulette ciselée
1 gousse d'ail
quelques gouttes de jus de citron
sel, poivre

Écrasez le fromage à la fourchette. Pelez la gousse d'ail et passez-la au presse-ail au-dessus du fromage. Ajoutez les herbes, le jus de citron, du sel et du poivre. Mélangez bien. Utilisez ce fromage pour toutes sortes de tartines ou dans les sandwiches à base de viande ou de charcuterie. Se conserve 15 jours au réfrigérateur dans un bocal fermé, ou 3 mois au congélateur. Pour 200 g environ.

Pâte dentifrice

Naturelle, tout particulièrement conseillée si vos dents ont tendance à jaunir.

1 cuil. à café de poudre de racine d'iris
1/2 cuil. à café d'huile de cannelle
1 cuil. à café de feuilles de sauge
la pulpe écrasée de 1 citron

Mélangez les ingrédients dans un petit bol et rajoutez 1 cuil. à soupe d'eau minérale pour obtenir une pâte épaisse. Ce dentifrice peut se garder à température ambiante dans un pot fermé. Non seulement le citron blanchit les dents, mais il assainit la bouche et évite les aphtes. Pour compléter l'effet de ce dentifrice naturel, rincez-vous la bouche après un brossage efficace des dents (durant 3 min au moins) avec une infusion de thym et de feuilles d'eucalyptus (pilez 1 pincée de chaque ingrédient pour 1 verre d'eau bouillante ; laissez infuser 15 min puis filtrez).

Pâte pour papier mâché

Une pâte parfumée, idéale pour les objets en papier mâché.

75 g de farine
75 g de sucre
25 cl d'eau froide
50 cl d'eau bouillante
1 cuil. à soupe d'alun
1 cuil. à café d'essence de cannelle

Mélangez la farine et le sucre dans une casserole, puis mouillez peu à peu avec l'eau froide. Ajoutez progressivement l'eau bouillante et portez à ébullition en remuant sans cesse. Lorsque le mélange a pris, retirez du feu et incorporez l'alun et l'huile de cannelle. Si nécessaire, éclaircissez avec de l'eau bouillante. (Voir aussi Papier mâché, page précédente.)

Pâtes fraîches

Simples à préparer, se conservent très bien.

500 g de farine
5 œufs
1 cuil. à café rase de sel
1 cuil. à soupe de lait ou d'eau

1. Tamisez la farine sur le plan de travail. Faites un puits au centre et ajoutez les œufs. Faites dissoudre le sel dans le lait ou l'eau et versez dans le puits.
2. Travaillez la pâte du bout des doigts, du centre vers l'extérieur, en incorporant rapidement la farine aux œufs. Lorsque la pâte est ferme, écrasez-la en l'étendant devant vous, roulez-la en boule, puis étalez-la à nouveau. Continuez ainsi 10 min environ, jusqu'à ce que la pâte soit ferme et élastique. Laissez-la reposer 30 min au frais.
3. Étalez finement la pâte au rouleau à pâtisserie sur le plan de travail fariné, puis roulez-la sur elle-même et découpez-la en tagliatelles plus ou moins larges, selon votre goût.
4. Faites cuire aussitôt pendant 1 à 2 min dans de l'eau bouillante salée et additionnée de 1 cuil. à café d'huile ou laissez sécher de quelques heures à 3 jours dans un endroit frais et sec. Se conservent 2 mois au congélateur. Pour 750 g.

Patine pour cuivre

Donnez à vos cuivres neufs une patine à l'ancienne.

dissolvant pour vernis et laque, white-spirit ou alcool à brûler
15 g de fleur de soufre
60 g de sulfate de cuivre
75 cl d'eau chaude

1. Décapez l'objet en cuivre avec le dissolvant.
2. Mélangez la fleur de soufre et la moitié de l'eau dans un seau de taille moyenne. Mélangez ensuite le sulfate de cuivre et le reste de l'eau dans un autre seau. Agissez avec prudence – le sulfate de cuivre est toxique.
3. À l'aide d'un crochet pour tenir l'objet en cuivre et les mains protégées par des gants, plongez rapidement l'objet dans la première, puis

dans la seconde solution. Ne rincez pas entre les 2 opérations. Renouvelez-les autant de fois que vous le désirez, puis rincez l'objet à l'eau courante. Laissez sécher. Pour améliorer encore la patine, frottez doucement le cuivre avec de la laine d'acier extrafine afin de faire ressortir les parties en relief. Protégez par une couche de cire incolore.

Peinture au lait

À utiliser sur du bois. Se retire avec un décapant à base de potasse. À éviter sur les objets précieux.

500 g de chaux hydratée
40 cl de lait écrémé
25 cl d'huile de lin
1,8 kg de blanc de Meudon

Mélangez la chaux avec un peu de lait jusqu'à obtention d'une crème épaisse. Incorporez peu à peu l'huile de lin, le reste du lait et le blanc de Meudon. Ajoutez un pigment pour colorer la peinture, si vous le désirez. Se conserve de 2 à 3 jours au réfrigérateur. Pour 3 litres environ.

Peinture à utiliser avec les doigts

Un moyen original d'occuper vos enfants. S'élimine facilement à l'eau et au savon.

60 g de farine
25 cl d'eau
3 cuil. à soupe de glycérine
colorants alimentaires assortis

Dans un bol de taille moyenne, mélangez la farine et l'eau. Répartissez le mélange dans 3 petits bols. En remuant constamment, ajoutez 1 cuil. à soupe de glycérine et un peu de colorant. Utilisez aussitôt.

Pétillant de fruits

Une boisson pétillante pleine de vitamines et très rafraîchissante.

70 g de jus de fruits surgelé : orange, citron, pomme, raisin...
20 cl d'eau gazeuse
quelques cubes de glace

Mettez le jus de fruits encore gelé dans un bol et ajoutez le quart de l'eau gazeuse. Mélangez jusqu'à ce que le jus soit dissous. Versez dans un grand verre, ajoutez des cubes de glace et arrosez du reste de l'eau gazeuse. Mélangez rapidement et servez aussitôt. Pour 1 personne.

Petit déjeuner aux céréales

Un mélange riche en protéines et en fibres, pour bien commencer la journée.

500 g de flocons d'avoine
250 g de corn flakes
250 g de son ou de céréales au son
250 g de germes de blé
250 g de fruits oléagineux mélangés : noix, amandes, noisettes, pacanes, noix de cajou...
250 g de fruits secs hachés mélangés : pruneaux, abricots, pommes, poires, bananes, dattes...
250 g de raisins secs mélangés
250 g de lait en poudre écrémé

1. Mélangez dans une terrine les flocons d'avoine, les corn flakes, les germes de blé et le son. Ajoutez les fruits secs et mélangez encore afin qu'ils s'enrobent de céréales.
2. Ajoutez les fruits oléagineux, les raisins et le lait et mélangez encore. Placez dans une ou plusieurs boîtes métalliques hermétiques, au réfrigérateur. Se conserve 2 mois. Pour 2,250 kg environ.

Petits nougats coco

Des petites surprises à offrir au café ou à l'heure du thé.

200 g de noix de coco râpée
200 g de sucre semoule
1 citron vert non traité
1/2 cuil. à café de cannelle en poudre
4 cuil. à soupe d'eau
1 cuil. à café d'huile

1. Lavez le citron, épongez-le et râpez-en le zeste au-dessus d'une soucoupe. Coupez le citron en 2, pressez-le et réservez 1 cuil. à café de jus.
2. Mettez le jus de citron et l'eau dans une casserole inoxydable. Ajoutez le sucre et mélangez. Posez la casserole sur feu doux et portez à ébullition. Laissez cuire jusqu'à obtention d'un caramel doré : comptez environ 10 min.
3. Lorsque le caramel est prêt, retirez la casserole du feu et ajoutez la noix de coco, la cannelle et le zeste de citron. Mélangez bien.
4. Huilez une plaque de marbre et essuyez-la avec du papier absorbant. Étalez la préparation sur la plaque, sur une épaisseur de 1 cm, à l'aide d'une spatule métallique, en formant un carré de 24 cm de côté. Laissez refroidir 15 min.
5. Au bout de ce temps, découpez la préparation en carrés de 3 cm de côté : vous obtenez 64 petits nougats. Détachez-les du marbre avec la spatule et laissez-les sécher sur une grille avant de les déguster. Ces nougats se conservent 1 semaine dans une boîte métallique hermétiquement close. Pour 64 nougats.

Petits pains au beurre

Délicieux petits pains chauds à déguster au petit déjeuner, au goûter, à table avec des mets délicats, ou à préparer en savoureux sandwiches pour un déjeuner rapide.

1 kg de farine
200 g de beurre mou
25 cl de lait à température ambiante
1 sachet de levure de boulanger lyophilisée
2 cuil. à soupe d'eau tiède
2 cuil. à soupe de sucre semoule
2 œufs battus
1 cuil. à café de sel

1. Versez l'eau dans un verre de 20 cl de contenance et ajoutez 1 cuil. à soupe de sucre. Mélangez jusqu'à ce que le sucre soit fondu, puis ajoutez la levure en pluie. Mélangez et laissez reposer dans un endroit tiède, jusqu'à ce que la levure lève jusqu'en haut du verre.
2. Mettez 125 g de beurre et le reste du sucre dans le bol d'un mixeur. Faites tourner 30 s, puis ajoutez le lait, les œufs et la levure levée. Mixez encore 30 s, puis ajoutez la farine et le sel et mixez rapidement, jusqu'à obtention d'une pâte homogène.
3. Mettez cette pâte dans un grand saladier légèrement beurré et couvrez-la d'un film adhésif. Laissez reposer pendant environ 1 h 15, dans un endroit tiède, jusqu'à ce que la pâte ait doublé de volume.
4. Posez la pâte sur le plan de travail beurré et travaillez-la jusqu'à ce qu'elle se détache des mains. Étalez-la au rouleau sur 1 cm d'épaisseur, puis découpez, à l'emporte-pièce, des disques de 6 à 7 cm de diamètre.

5. Posez la moitié des disques sur une plaque à pâtisserie antiadhésive. Faites fondre le reste du beurre et badigeonnez-en ces disques au pinceau. Posez 1 disque non beurré sur chaque disque beurré et badigeonnez à nouveau de beurre. Couvrez d'un film adhésif et laissez lever 25 min environ dans un endroit tiède.

6. Allumez le four, thermostat 7 (230 °C). Lorsque les petits pains sont gonflés, ôtez le film adhésif et faites-les cuire au four pendant 25 min environ, jusqu'à ce qu'ils soient blonds. Servez tiède. Vous pouvez conserver ces petits pains 1 mois au réfrigérateur ou les congeler. Pour 24 petits pains environ.

Pizza plume

Une version rapide et légère de la véritable pizza. Vous pouvez l'alléger davantage en utilisant du fromage écrémé ou demi-écrémé.

Pour la pâte :

125 g de farine
3 ou 4 cuil. à soupe d'eau
2 cuil. à café de levure chimique
1 pincée de sel

Pour la garniture :

20 cl de purée de tomates concentrée à 11 %
12 olives noires dénoyautées
200 g de mozzarella
1/2 poivron vert ou rouge
1 cuil. à soupe de basilic ciselé
2 cuil. à soupe d'huile d'olive
sel, poivre

1. Préparez la pâte : tamisez la farine, le sel et la levure dans une terrine. Ajoutez l'eau et mélangez jusqu'à obtention d'une pâte homogène. Ajoutez 1 ou 2 cuil. à soupe d'eau si la pâte est très épaisse. Laissez-la reposer 10 min à température ambiante, couverte d'un linge.
2. Pendant ce temps, coupez la mozzarella en lamelles fines. Coupez le poivron en rondelles fines et les olives en lamelles.
3. Allumez le four, thermostat 7 (230 °C). Huilez légèrement un plat à pizza ou un moule à tarte de 28 cm de diamètre. Étalez la pâte sur le plan de travail fariné en un disque de

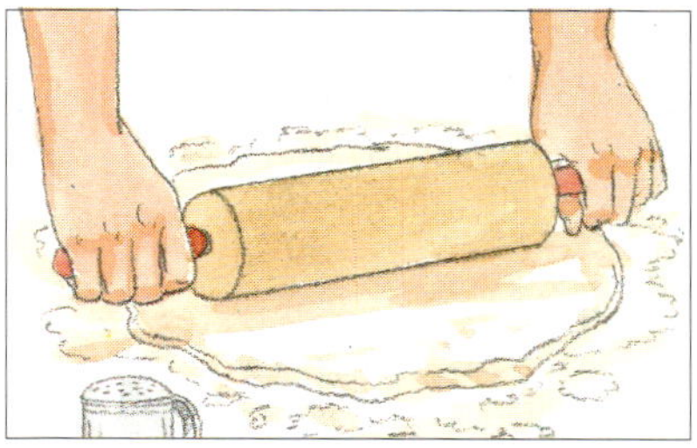

30 cm de diamètre et garnissez-en le plat. Repliez les bords afin d'obtenir une bordure lisse. Piquez le fond de tarte à la fourchette puis couvrez-le d'une feuille d'aluminium ménager et de haricots secs. Glissez au four, faites cuire 15 min, puis retirez les haricots et l'aluminium.
4. Nappez le fond de tarte de sauce tomate ; salez et poivrez légèrement, puis répartissez les olives. Couvrez de fromage, puis de poivron. Versez l'huile en filet, glissez au four et laissez cuire 20 min environ, jusqu'à ce que le fromage soit fondu.
5. Parsemez de basilic et servez chaud ou tiède. Pour 4 à 6 personnes.

Poisson pané au four

Facile à préparer et très tendre.

1 kg de filets de poisson blanc
6 cuil. à soupe de panure (voir p. 409)
4 cuil. à soupe d'huile ou de beurre fondu

1. Allumez le four thermostat 7 (230 °C). Posez les filets de poisson dans un plat à four pouvant les contenir sur une seule couche.
2. Enduisez-les d'huile ou de beurre sur les 2 faces. Versez la panure dans un plat creux et passez-y les filets de poisson sur les 2 faces.
3. Remettez les filets dans le plat et faites cuire au four de 15 à 20 min selon l'épaisseur des filets. Pour 4 personnes.

Polenta

Excellente avec les volailles et les viandes blanches en sauce.

300 g de semoule de maïs très fine
1 litre d'eau
50 g de beurre
sel, poivre

1. Versez l'eau dans une casserole à fond épais, ajoutez le beurre et portez à ébullition. Salez, poivrez et baissez le feu.
2. Versez la semoule en pluie dans l'eau bouillante, en mélangeant avec une spatule. Faites-la cuire sans cesser de remuer, jusqu'à ce que le mélange soit homogène et lisse, et forme une masse compacte qui se détache du bord de la casserole. Le temps de cuisson varie selon le type de semoule utilisé : de 15 à 20 min en moyenne, de 3 à 5 min pour une semoule précuite.
3. Retirez la casserole du feu. Versez la polenta sur un plat et étalez-la à la spatule sur 4 à 5 cm d'épaisseur. Servez-la aussitôt et découpez-la en tranches à table. Vous pouvez varier la consistance et le goût de la polenta en augmentant ou en diminuant la

quantité de semoule ; en remplaçant la moitié ou les trois quarts de l'eau par du lait, en ajoutant des raisins de Corinthe ; en utilisant 2 types de semoule : l'une grosse, l'autre fine, ou l'une de maïs et l'autre de blé. Vous pouvez également laisser refroidir la polenta et la découper en tranches que vous ferez gratiner au four ; ou encore les faire dorer à la poêle pour obtenir de croustillantes galettes. Se conserve 3 jours au réfrigérateur. Pour 6 personnes.

« Polish » pour voiture

Lustrez votre voiture par petites surfaces.

10 cl de cire de carnauba fondue
2 cuil. à soupe de cire d'abeille jaune fondue
50 cl d'essence de térébenthine
1 cuil. à soupe d'huile de camphre

Faites chauffer les 2 cires au bain-marie. Remuez, puis laissez refroidir le mélange jusqu'à ce qu'il commence à durcir. Ajoutez l'essence de térébenthine et l'huile de camphre, puis remuez. Appliquez avec un chiffon doux et faites briller avec un linge très doux.

Pomme d'ambre

Donne un agréable parfum à vos armoires et débarras.

de 150 à 200 g de clous de girofle
1 pomme, 1 citron ou 1 orange
2 cuil. à soupe de racine d'iris
2 cuil. à soupe de cannelle en poudre

Plantez les clous de girofle dans le fruit que vous avez choisi, en les serrant bien de manière à recouvrir entièrement la peau du fruit. Dans un bol de taille moyenne, mélangez la racine d'iris et la cannelle. Roulez le fruit piqué de clous de girofle dans le mélange, jusqu'à ce qu'il soit complètement recouvert. Enveloppez-le dans une gaze ou un filet, puis suspendez-le dans le débarras ou placez-le dans l'armoire, enveloppé dans du papier de soie.

Pop corn caramélisé

Préparez ce pop corn quand il fait beau, car l'humidité risque de faire cristalliser le sucre.

350 g de maïs pour pop corn
200 g de sirop de canne
200 g de sucre roux
125 g de beurre
2 cuil. à café de vinaigre de cidre
1/4 de cuil. à café de sel
1/2 cuil. à café de levure chimique
1 cuil. à café d'extrait naturel de vanille liquide

1. Faites éclater le maïs dans une grande casserole couverte. Étalez-le dans un plat de 22 cm × 32 cm.
2. Mettez le sirop dans une grande casserole. Ajoutez le sucre, le beurre, le vinaigre et le sel. Posez la casserole sur feu doux et laissez cuire en remuant sans cesse, jusqu'à ce que le sucre et le beurre soient fondus.
3. Montez légèrement le feu et laissez cuire jusqu'à ce que le sirop atteigne 130 °C au thermomètre à sucre, ou jusqu'à ce qu'une gouttelette de sirop plongée dans de l'eau froide forme une boule ferme.
4. Retirez la casserole du feu et ajoutez la vanille et la levure. Mélangez et nappez le pop corn de ce sirop. Remuez avec une cuillère en bois. Laissez refroidir sur une feuille de papier sulfurisé après avoir formé des boules de la taille d'une balle de ping pong. Pour 24 boules.

Porc rôti à l'ail nouveau

Demandez à votre boucher la partie du filet comprenant le filet mignon et faites-la désosser et dégraisser.

1 filet de porc de 1,8 kg, désossé et dégraissé
1 tête d'ail nouveau
1 cuil. à soupe de poivre concassé
1 cuil. à soupe de brindilles de romarin
1 cuil. à soupe de sucre semoule
1 cuil. à soupe de gros sel de mer
1 cuil. à café d'huile d'arachide
15 cl d'eau

1. Parsemez la viande sur toutes ses faces de gros sel et de sucre et laissez-la macérer 1 h.
2. Rincez-la abondamment, puis épongez-la.
3. Pelez les gousses d'ail et coupez les plus grosses en 2. Posez la viande à plat sur une planche et poudrez l'intérieur de poivre concassé et de romarin. Tapissez de gousses d'ail. Rabattez les 2 côtés du filet sur le filet mignon, emprisonnant ainsi les aromates et les gousses d'ail qui entoureront celui-ci. Ficelez la viande.
4. Huilez légèrement la viande sur toutes ses faces et mettez-la dans une cocotte en fonte. Glissez la cocotte dans le four froid et allumez le four, thermostat 6 (200 °C). Laissez cuire 3 h. Tournez le rôti 3 fois pendant la cuisson et ajoutez à chaque fois 5 cl d'eau dans la cocotte ; mais, avant d'arroser le rôti pour la première fois, éliminez l'huile contenue dans la cocotte.
5. Lorsque le rôti est cuit, retirez-le du four et posez-le sur une planche. Versez le jus dans une saucière. Retirez les ficelles et coupez le rôti en tranches de 1 cm. Servez aussitôt avec la sauce à part. Ce rôti est également délicieux froid ; servez-le en fines tranches, avec de la confiture d'oignons (voir p. 390), de la tapenade (voir p. 422), des crudités... Pour 6 à 8 personnes.

Pot-pourri

Retrouvez chez vous le parfum des fleurs du jardin.

10 boutons de souci
6 feuilles de géranium
5 boutons de rose
2 cuil. à café de lavande séchée
2 cuil. à café de racine d'iris
2 gouttes d'essence de rose

Mélangez tous les ingrédients dans un bol de taille moyenne. Répartissez le mélange dans de petites soucoupes et disposez-les dans la salle de bain, la salle à manger ou les chambres.

Pot-pourri au pin

Un agréable rappel des senteurs de la forêt.

4 cuil. à soupe de feuilles de laurier
5 cuil. à soupe d'aiguilles de sapin baumier
1 poignée de pommes de pin miniatures
3 cuil. à soupe de cynorhodons (fruits de rosier ou d'églantier)
2 cuil. à café de racine d'iris
2 gouttes de fixatif parfumé au pin

Dans un grand bol, mélangez le laurier, les aiguilles de sapin, les pommes de pin et les cynorhodons. Ajoutez l'iris et le fixatif, et mélangez soigneusement. Transvasez dans un récipient décoratif.

Poudre à récurer

Nettoie éviers, pots et casseroles, mais ne s'utilise pas avec les ustensiles d'un poli brillant.

40 g de savon en poudre
1 cuil. à soupe de borax
1 cuil. à soupe de cendres de bois tamisées
7 cuil. à soupe de pierre ponce fine en poudre (ponce « soie »)

Disposez tous les ingrédients dans un bol de taille moyenne et mélangez bien. Passez au tamis très fin. Mouillez la surface à nettoyer avec de l'eau chaude, poudrez avec le mélange et passez un chiffon humide. Rincez sous l'eau courante.

Poudre de curry

Voici la recette de base. Vous pouvez ajouter d'autres épices.

70 g de coriandre en poudre
2 cuil. à café de curcuma en poudre
2 cuil. à café de cumin en poudre
2 cuil. à café de gingembre en poudre
2 cuil. à café de cannelle en poudre
1 cuil. à café de céleri en poudre
1 cuil. à café de poivre moulu
1/4 de cuil. à café de piment de Cayenne en poudre

Mélangez tous les ingrédients. Se conserve 6 mois dans un bocal fermé dans un endroit frais et sombre. Pour environ 125 g.

Poulet pané au four

Pauvre en matières grasses et riche en goût.

1 poulet de 1,5 kg coupé en 8
125 g de panure (voir p. 409)
6 cuil. à soupe d'huile d'arachide

1. Allumez le four, thermostat 7 (230 °C). Huilez légèrement un plat à four pouvant largement contenir les morceaux de poulet côte à côte.
2. Huilez les morceaux de poulet avec un pinceau. Versez la panure dans un grand sachet en papier et ajoutez 2 morceaux de poulet. Tenez le sac fermé et secouez pour bien enrober les morceaux de poulet de panure. Posez-les dans le plat et procédez de la même manière avec les autres morceaux.
3. Faites cuire 1 h au four en retournant les morceaux à mi-cuisson. Pour 4 personnes.

Poulet pané grillé

Aussi savoureux que le poulet frit, mais sans l'inconvénient de la pleine friture.

1 poulet de 1,2 kg prêt à cuire, coupé en 4, peau enlevée
1 gousse d'ail hachée
1/4 de cuil. à café d'origan séché
1/4 de cuil. à café de gingembre en poudre
1/2 cuil. à café de basilic séché
150 g de corn flakes écrasés
2 cuil. à soupe de farine de blé
2 cuil. à soupe de lait
6 gouttes de sauce piquante (voir p. 419)
1/2 cuil. à café de sel

1. Allumez le four, thermostat 8 (260 °C). Mettez l'ail, l'origan, le gingembre, le basilic, la farine et le sel dans un sac en plastique alimentaire et secouez-le afin que tous les ingrédients se mélangent.
2. Mettez les morceaux de poulet, un à un, dans le sac et secouez pour bien les enrober du mélange d'épices.
3. Mettez le lait et la sauce piquante dans une assiette creuse, et les céréales dans une autre assiette. Passez les morceaux de poulet dans le lait, puis roulez-les dans les céréales.

4. Placez les morceaux de poulet sur la grille du four et posez-la sur la lèchefrite. Laissez cuire 25 min au four, jusqu'à ce que les morceaux de poulet soient bien dorés. Servez chaud, tiède ou à température ambiante. Pour 4 personnes.

Préparation pour biscuits au chocolat

Naturel et facile à préparer.

650 g de farine
750 g de sucre semoule
500 g de margarine
350 g de cacao non sucré
2 cuil. à café de levure chimique
1 1/2 cuil. à café de sel

1. Tamisez la farine et la levure, le cacao, le sucre et le sel au-dessus d'une terrine. Mélangez.
2. Ajoutez la margarine en l'émiettant puis, à l'aide de 2 couteaux, mélangez jusqu'à ce que la préparation ressemble à une grosse semoule. Se

conserve 2 mois au réfrigérateur dans une boîte en métal ou 6 mois au congélateur. Pour 3 plaques de 16 biscuits. (Voir Biscuits au chocolat, p. 385).

Préparation pour crackers

Pour préparer à tout moment des petits crackers frais pour l'apéritif, à croquer tels quels ou à garnir de tarama, de purée d'olive, de lamelles de saumon, de fromage...

1,5 kg de farine
250 g de lait écrémé en poudre
250 g de margarine végétale
4 cuil. à café rases de levure chimique
1 cuil. à café de sel

1. Mettez la farine, le lait, la levure et le sel dans le bol d'un mixeur et faites tourner l'appareil.
2. Ajoutez la margarine en morceaux dans le bol et mixez jusqu'à obtention d'une grosse semoule.
3. Enfermez ce mélange dans une boîte hermétique et gardez-la dans un endroit frais de la cuisine. Vous n'utiliserez que la quantité nécessaire à chaque fois. (Voir Crackers, p. 390.) Se conserve 6 mois au frais. Pour 2 kg environ.

Préparation pour pain de maïs

Pour préparer en un clin d'œil un gros pain ou des petits pains individuels.

750 g de farine de blé
750 g de farine de maïs
375 g de lait en poudre écrémé
200 g de margarine
3 cuil. à soupe de sucre semoule
3 1/2 cuil. à soupe de levure chimique
1 1/2 cuil. à café de sel

Mélangez les farines, en les tamisant, le sucre, la levure, le lait en poudre et le sel dans une terrine. Versez ce mélange dans le bol d'un mixeur. Ajoutez la margarine et faites tourner l'appareil jusqu'à obtention d'une semoule grossière. Ce mélange se conserve dans une boîte hermétiquement close au réfrigérateur pendant 6 semaines. Pour 2 kg environ. (Voir Pain de maïs, p. 409.)

Préparation pour sauce blanche

Une version allégée de la célèbre sauce.

250 g de farine de blé
250 g de lait écrémé en poudre
1 1/2 cuil. à café de sel

Mélangez tous les ingrédients. Se conserve au frais dans une boîte métallique hermétique. Pour 2 litres. (Voir Sauce blanche, p. 419.)

Produit extincteur

Plus efficace que l'eau et particulièrement utile au moment de quitter un terrain de camping.

4 cuil. à soupe de bicarbonate de soude
4 cuil. à café de sel
2 litres d'eau

Versez le bicarbonate et le sel dans un vaporisateur. Ajoutez l'eau et mélangez énergiquement. Pour éteindre un feu, projetez le mélange à la base des flammes.

Remède contre la cellulite

Ne supprime pas la cellulite mais évite au moins l'aggravation du mal.

500 g de fleurs de bouton-d'or séchées
10 gouttes d'huile essentielle de sarriette
10 gouttes d'huile essentielle de sauge
1 litre d'eau bouillante

Faites une décoction avec les boutons-d'or et l'eau bouillante. Filtrez. Versez dans le bain. Ne restez pas plus de 15 min dans l'eau. Douchez ensuite les parties du corps touchées par la cellulite à l'eau froide (très important). Puis frictionnez au gant de crin sur lequel vous aurez versé les huiles essentielles.

Remède contre la transpiration

Si vous transpirez trop, prenez tous les jours un bain additionné de 2 cuil. à soupe du mélange suivant.

25 g de prêle
25 g de sauge
30 g d'ortie
30 g de valériane

1. Faites bouillir toutes les plantes pendant 30 min dans 50 cl d'eau. Filtrez. Versez dans l'eau du bain.
2. Vous pouvez compléter l'effet de ces bains par cette tisane à boire 2 fois par jour, matin et soir.

30 g de prêle
30 g de thym
30 g de sauge
30 g d'ortie
30 g de valériane

Mélangez bien tous les ingrédients. Laissez infuser 10 min, filtrez avant de boire. 2 cuil. à café du mélange suffisent pour une tasse de tisane. Pour 1 semaine de traitement.

Riz aux herbes

Un riz parfumé réalisé en quelques minutes.

4 cuil. à soupe de mélange d'herbes pour riz (voir p. 403)
300 g de riz
65 cl d'eau
50 g de beurre

Versez l'eau dans une casserole et portez à ébullition. Ajoutez le mélange d'herbes et mélangez bien. Ajoutez le riz et laissez cuire pendant 20 min environ, jusqu'à ce que le riz soit tendre. Ajoutez le beurre, mélangez et servez chaud. Pour accompagner les viandes, les volailles et les poissons grillés mais aussi les sautés de viandes et les curries. Pour 6 personnes.

Sablés écossais

Délicieux et faciles à réussir, ces sablés peuvent être parfumés à votre goût de cannelle, de vanille en poudre, de zeste de citron ou d'orange...

360 g de farine
240 g de beurre mou demi-sel
120 g de sucre semoule
1 noix de beurre doux

1. Allumez le four, thermostat 7 (230 °C). Beurrez un moule rectangulaire de 20 cm × 28 cm.
2. Mettez le beurre dans une terrine et battez-le au fouet à main jusqu'à ce qu'il soit réduit en pommade. Ajoutez le sucre, sans cesser de battre, et continuez à fouetter pendant 3 min. Ajoutez enfin la farine en la tamisant : vous obtenez une pâte souple mais friable.

3. Étalez la pâte dans le moule beurré, en appuyant avec la paume de la main, sur 1,5 cm d'épaisseur environ. Divisez la pâte, avec la pointe d'un couteau, sans aller jusqu'au fond du moule, en 7 bandes dans la longueur et 5 bandes dans la largeur. Piquez chaque rectangle ainsi obtenu de 5 coups de fourchette.
4. Glissez le moule au four et laissez cuire 40 min environ, jusqu'à ce que les sablés soient juste blonds. Retirez du four et découpez les sablés en suivant les traces du couteau. Laissez refroidir sur une grille avant de déguster. Ces délicieux *shortbreads* se conservent 8 jours dans une boîte métallique hermétique. Vous pouvez aussi les préparer avec du beurre doux, mais le goût ne sera plus typiquement écossais. Pour 28 sablés.

Sachet odorant

Donne une agréable odeur aux vêtements dans les placards.

10 feuilles de laurier émiettées
10 cuil. à soupe de sauge séchée, d'origan, de basilic, de thym et de fleurs de lavande émiettés
3 cuil. à soupe de romarin séché émietté
1 1/2 cuil. à soupe de poudre de racine d'iris

Mélangez tous les ingrédients dans un bol de taille moyenne. Disposez ensuite 3 cuil. à soupe de mélange sur des carrés de tissu de 10 cm de côté. Refermez les sachets avec un ruban.

Suspendez les sachets dans la penderie ou glissez-les dans les tiroirs.

Sapin ininflammable

Mettez votre arbre de Noël à l'abri du feu.

2 litres d'eau
10 cl de sulfate d'ammoniaque
5 cl d'acide borique
1 cuil. à soupe de borax

Mélangez tous les ingrédients dans un seau de taille moyenne. À l'aide d'un vaporisateur, projetez le mélange sur

le sapin et versez le reste dans le pot contenant l'arbre.

Sauce au café

Pour napper des glaces et des gâteaux.

300 g de café instantané
60 cl d'eau
1,2 kg de sucre semoule
1 gousse de vanille
75 cl de vodka

1. Versez l'eau dans une casserole et portez à ébullition. Ajoutez le café et mélangez jusqu'à ce qu'il soit dissous. Ajoutez le sucre et la vanille et laissez cuire à feu doux, en remuant souvent, jusqu'à obtention d'un sirop.
2. Retirez du feu et laissez refroidir. Mélangez-y la vodka et versez dans des flacons de verre. Fermez et laissez reposer 30 jours avant de servir. Pour 2 litres environ.

Sauce au chocolat

À servir chaude, tiède ou à température ambiante pour napper des glaces ou des gâteaux.

200 g de chocolat de couverture noir amer
15 cl de lait
100 g de crème fraîche épaisse
6 gouttes d'extrait de vanille
3 pincées de cannelle en poudre

1. Versez le lait dans une casserole et portez à ébullition. Retirez du feu.
2. Cassez le chocolat en petits morceaux et mettez-les dans la casserole. Laissez reposer pendant 15 min sans y toucher.
3. Au bout de ce temps, lissez le chocolat à la spatule, puis ajoutez la crème, la cannelle et la vanille. Servez aussitôt. Si vous voulez servir cette sauce chaude, faites-la réchauffer à feu très doux. Se conserve 48 h au réfrigérateur dans une boîte en plastique hermétique. Faites réchauffer la sauce au bain-marie, ou au micro-ondes en position maximale pendant 1 à 2 min. Pour 300 g environ.

Sauce au pistou

Une sauce très simple et parfumée, pour les pâtes bien sûr, mais aussi pour napper des pommes de terre ou des légumes vapeur ; mélangée à de la mayonnaise, elle devient une sauce excellente pour les crudités.

250 g de feuilles de basilic, rincées et épongées
15 cl d'huile d'olive
3 gousses d'ail émincées
75 g de pignons de pin
125 g de parmesan finement et fraîchement râpé
1/2 cuil. à café de sel

Mettez le basilic, l'ail, les pignons, le sel et l'huile dans le bol d'un mixeur. Faites tourner l'appareil jusqu'à obtention d'une fine purée. Versez la sauce dans un saladier et ajoutez le parmesan. Si vous l'utilisez pour assaisonner des pâtes, ajoutez 3 cuil. à soupe d'eau de cuisson des pâtes ; si ce n'est pas le cas, ajoutez 3 cuil. à soupe d'eau tiède car la sauce est très épaisse. Cette sauce se conserve dans un bocal 1 semaine au réfrigérateur et 6 mois au congélateur. Pour 600 g (cette quantité est suffisante pour assaisonner 1 kg de pâtes).
Variante : pour une sauce plus légère, supprimez les pignons de pin et remplacez la moitié du basilic par autant de persil plat.

Sauce aux noix

Un délicieux nappage pour toutes les glaces.

300 g de noix grossièrement hachées
300 g de miel d'acacia
100 g de sucre semoule
3 cuil. à soupe d'eau

Mettez le miel, le sucre et l'eau dans une casserole et portez à ébullition. Ajoutez les noix, mélangez et laissez cuire 30 min à feu doux, sans y toucher, casserole à demi couverte. Lorsque la sauce est cuite, laissez-la refroidir, puis versez-la dans un bocal et fermez. Vous pouvez remplacer le miel d'acacia par tout autre miel ou remplacer la moitié du miel par du sirop de canne. Se conserve 4 mois au réfrigérateur. Pour 300 g environ.

Sauce barbecue

Utilisez-la pour faire mariner les viandes (poulet en morceaux, travers de porc) mais aussi comme sauce d'accompagnement de toutes les grillades.

1 gros oignon haché
6 cuil. à soupe de ketchup épicé
10 cl de vinaigre de cidre
1 cuil. à soupe de moutarde forte
1 cuil. à soupe de sauce Worcestershire
20 cl d'eau
1 cuil. à soupe de sucre
3 cuil. à soupe d'huile d'arachide
1 cuil. à café de sel
poivre

1. Mettez tous les ingrédients dans une grande casserole et portez à ébullition sur feu doux. Laissez frémir 20 min, en remuant souvent, puis laissez refroidir.
2. Mettez la sauce dans une boîte hermétique et gardez-la au réfrigérateur. Se conserve 2 mois. Pour 50 cl environ.

Sauce blanche

Pour une sauce plus riche, ajoutez 30 g de beurre ou de margarine en fin de cuisson.

70 g de préparation pour sauce blanche (voir p. 416)
25 cl de lait, entier ou écrémé

Mélangez la préparation pour sauce blanche dans une casserole et ajoutez le lait en remuant avec une spatule. Posez la casserole sur feu moyen et mélangez jusqu'à ce que la sauce épaississe, pendant 2 min environ. Baissez ensuite le feu et laissez mijoter 2 min. Ne préparez cette sauce qu'au dernier moment. Ajoutez selon votre goût poivre ou noix muscade. Pour 250 g.
Variante au fromage : 2 min avant la fin de la cuisson, ajoutez 125 g de fromage râpé (emmental, comté) et un peu de piment de Cayenne. Pour napper des légumes vapeur ou bouillis.
Variante au curry : en fin de cuisson, ajoutez 1 cuil. à café de curry en poudre et mélangez bien. Pour napper le poulet au bouillon, les poissons vapeur ou les œufs durs.
Variante aux champignons : en fin de cuisson, ajoutez 250 g de champignons émincés et préalablement sautés au beurre. Excellent avec des volailles ou des viandes blanches rôties.
Variante à la moutarde : délayez la moutarde dans le lait, puis faites cuire la sauce comme indiqué. Pour napper des côtes de porc grillées, un rôti de porc ou du jambon chaud.
Variante au paprika : en fin de cuisson, ajoutez 1 cuil. à café de paprika doux en poudre et mélangez bien. Pour napper le poulet ou le veau rôtis.
Variante au persil : ajoutez au lait 2 cuil. à soupe de persil ciselé et faites cuire comme indiqué. Excellent avec des légumes ou des poissons vapeur.

Sauce butterscotch

Un nappage original pour les glaces, les tartes, les gâteaux aux fruits frais ou secs...

200 g de sucre roux
200 g de sirop de canne
12 cl de crème fraîche liquide
50 g de beurre
2 cuil. à café d'extrait naturel de vanille liquide

1. Versez le sirop, le sucre, la crème et la vanille dans une casserole. Portez à ébullition et mélangez jusqu'à ce que le sucre soit fondu.
2. Montez le feu, laissez bouillir 5 min, puis retirez du feu et ajoutez le beurre. Remuez jusqu'à ce qu'il soit fondu.
3. Servez sans attendre. Vous pouvez aussi verser la sauce dans un bocal ébouillanté : fermez le bocal et laissez refroidir. Se conserve 1 mois au réfrigérateur. Pour 500 g environ.

Sauce cocktail

Pour toutes les salades de crustacés, mais aussi de poisson froid, de thon au naturel...

250 g de ketchup (voir p. 400) ou de sauce piquante (voir ci-après)
1 cuil. à soupe de jus de citron
1/2 cuil. à café de sauce Worcestershire
1/4 de cuil. à café de Tabasco

Mélangez tous les ingrédients dans un bol et laissez 1 h au réfrigérateur avant utilisation. Se conserve 1 mois au réfrigérateur dans une boîte hermétique. Pour 250 g.

Sauce piquante

Plus épicée que le ketchup, voici une base de sauce idéale pour viandes, volailles, poissons et crustacés froids.

500 g de purée de tomates concentrée à 11 %
50 cl de jus de tomate
1 gros oignon haché
2 gousses d'ail en lamelles
1 cuil. à café de piment de Cayenne en poudre
1/2 cuil. à café de piment en flocons
1 cuil. à café de sucre
2 cuil. à café de fécule de maïs
2 cuil. à café d'eau
sel, poivre

1. Mettez tous les ingrédients, sauf la fécule et l'eau, dans une sauteuse antiadhésive et portez à ébullition.
2. Délayez la fécule dans l'eau et versez ce mélange dans la sauteuse. Laissez cuire 20 min à petits frémissements, en remuant de temps en temps.
3. Laissez refroidir la sauce, puis versez-la dans une boîte hermétique. Se conserve 8 jours au réfrigérateur. Congelez cette sauce par petites quantités. Conservez-la 3 mois maximum et décongelez la quantité nécessaire en la laissant à température ambiante. Pour 750 g environ.

Sauce pour crudités

Un délicat parfum oriental, dû à l'huile de sésame, se dégage de cette sauce.

250 g de mayonnaise
1 cuil. à café de sauce de soja
quelques gouttes d'huile de sésame
1 gousse d'ail

Pelez la gousse d'ail et passez-la au presse-ail au-dessus d'un bol. Ajoutez l'huile de sésame et la sauce de soja, mélangez, puis ajoutez la mayonnaise. Mélangez encore et servez. Vous trouverez de l'huile de sésame dans les épiceries orientales. Pour 250 g environ.

Saucisses

Sans aucun additif de conservation et beaucoup moins grasses que les saucisses proposées dans le commerce.

500 g d'échine de porc dégraissée, désossée et hachée
1 cuil. à café de sauge en poudre
1/2 cuil. à café de coriandre en poudre
1/2 cuil. à café de piment en poudre
1/2 cuil. à café de thym séché en poudre
1/4 de cuil. à café de poivre moulu
1/2 cuil. à café de sel

1. Mélangez les épices et le sel dans un bol. Ajoutez à la viande et mélangez bien.
2. Moulez la viande en saucisses de 20 cm de long. Enfermez-les dans du film adhésif, puis dans de l'aluminium ménager. Laissez 6 h au moins au réfrigérateur afin que les épices parfument la viande.
3. Faites griller ces saucisses au barbecue ou faites-les cuire dans une poêle avec 2 cuil. à soupe d'huile. Additionnez-les, selon votre goût, de fines herbes (persil, ciboulette, menthe, coriandre) ciselées, d'ail ou d'oignons frais hachés, de paprika, de cumin, de marrons grillés ou cuits à l'eau et brisés, de noix ou de noisettes hachées... Se conservent 48 h au réfrigérateur ou 2 mois au congélateur. Pour 4 personnes.

Savon liquide

Râpez de petits morceaux de savon inutilisés et transformez-les en un nettoyant tous usages. Ou utilisez du savon en paillettes.

8 cuil. à soupe de savon en paillettes ou râpé
4 litres d'eau
2 cuil. à soupe de glycérine

Mélangez tous les ingrédients dans une casserole et faites chauffer à feu doux, en remuant de temps en temps avec une cuillère en bois, jusqu'à ce que le savon soit bien dissous. Versez dans un récipient, couvrez bien et rangez hors de portée des enfants.

S'utilise comme savon pour les mains ou pour tous les nettoyages courants dans la maison.
En gel : pour obtenir un savon plus épais, plus gélatineux, utilisez seulement 2 litres d'eau.

Savon liquide pour linge délicat

Réduisez vos dépenses en nettoyage et gardez vos vêtements fragiles plus longtemps.

4 cuil. à soupe de savon en paillettes ou de savon râpé
50 cl d'eau déminéralisée
10 cl de borax

Mélangez tous les ingrédients dans une casserole. Laissez frémir et remuez, jusqu'à ce que la solution prenne une consistance homogène. Filtrez dans un récipient et couvrez. S'utilise aussi bien avec de l'eau chaude qu'avec de l'eau froide. Convient aux lainages.

Savon pour cuir

Assouplit le cuir tout en le nettoyant.

1,5 litre d'eau
6 cuil. à soupe de savon en paillettes
20 cl de paraffine fondue ou de cire d'abeille
10 cl d'huile de pied de bœuf

1. Portez l'eau à ébullition dans une grande casserole, puis réduisez le feu et incorporez peu à peu le savon.
2. Dans la partie supérieure d'un bain-marie, faites chauffer la cire et l'huile de pied de bœuf en remuant. Retirez du feu et ajoutez l'eau savonneuse. Remuez jusqu'à ce que le mélange soit épais.
3. Transvasez dans de petits récipients (des boîtes de cirage vides, par exemple). Appliquez sur le cuir avec une éponge mouillée, puis faites briller avec un chiffon doux.
Attention ! L'huile de pied de bœuf et la paraffine sont inflammables. Utilisez-les avec prudence. L'huile de pied de bœuf peut aussi foncer certains types de cuir ou les rendre moins réceptifs aux cirages ordinaires. Faites un essai sur une surface réduite.

Sel de remplacement

Beaucoup d'arôme mais aucune trace de sel.

1 cuil. à soupe bombée de crème de tartre
1 cuil. à café d'ail en poudre
1 cuil. à café d'arrow-root
1 cuil. à café de sucre semoule
2 cuil. à café de graines de céleri
2 cuil. à café d'oignon lyophilisé
1 1/2 cuil. à café d'acide citrique en poudre
1 cuil. à café de poivre blanc moulu
2 cuil. à café de poivre noir moulu
1 cuil. à café de thym séché
1 cuil. à café de graines d'aneth
1 cuil. à café de zeste d'orange en poudre
1/2 cuil. à café de zeste de citron en poudre
1/2 cuil. à café de piment de Cayenne en poudre

Mettez tous les ingrédients dans le bol d'un petit mixeur à herbes ou d'un moulin à café électrique. Mixez jusqu'à obtention d'une très fine poudre. Tamisez-la et versez-la par un entonnoir dans un bocal hermétique.

Utilisez ce sel par petites quantités dans une salière. Vous trouverez la crème de tartre et l'acide citrique dans les pharmacies. La poudre de zeste est vendue dans certaines épiceries ; mais vous pouvez aussi faire sécher des lanières de zeste et les hacher finement. Pour 250 g environ.

Sels de bain

Pour rendre votre peau très douce, une recette naturelle.

250 g de sel de mer
100 g de bicarbonate de soude
1 litre de lait
4 cuil. à soupe d'huile d'amande douce

Mélangez intimement ces éléments dans un récipient en plastique que vous placerez sous le robinet de la baignoire. Faites couler l'eau, le mélange se dissoudra parfaitement.

Shampooing doux

Si vous vous lavez les cheveux plus de 2 fois par semaine, utilisez ce shampooing qui vous conservera une chevelure tonique et brillante.

1 cuil. à soupe d'huile d'olive
1 jaune d'œuf
1 jus de citron
2 cuil. à soupe de savon en paillettes
1 cuil. à soupe d'huile d'amande douce

Mélangez bien tous les ingrédients dans un bol. Massez le cuir chevelu avec ce shampooing, laissez reposer 2 ou 3 min. Rincez abondamment, le dernier rinçage étant fait à l'eau froide pour tonifier les cheveux. Si vos cheveux sont colorés ou permanentés, vous pouvez utiliser ce shampooing en alternance avec votre shampooing spécial.

Shampooing pour cheveux ternes

Pour redonner du tonus à vos cheveux, utilisez ce shampooing une fois par semaine.

1 œuf
1 cuil. à soupe de feuilles de romarin
20 cl d'eau

Faites infuser le romarin pendant 15 min, filtrez. Laissez refroidir. Mélangez l'infusion à l'œuf bien battu. Utilisez immédiatement comme votre shampooing habituel. Rincez plusieurs fois. Pour 1 dose.

Shampooing sec pour tapis

Rajeunit vos tapis en les parfumant agréablement.

200 g de bicarbonate de soude
50 g de farine de maïs
5 feuilles de laurier écrasées et 1 cuil. à café de clous de girofle écrasés ou 50 g de pot-pourri (voir p. 415)

1. Dans un récipient muni d'un couvercle, mélangez bien tous les ingrédients. Gardez hors de portée des enfants.
2. Au moment de l'utilisation, remuez bien le produit et saupoudrez-en généreusement le tapis. Laissez agir pendant plusieurs heures (toute une nuit, si possible). Gardez enfants et animaux éloignés du tapis. Passez soigneusement l'aspirateur.

Sirop de fruits rouges

Pour napper les crêpes, les salades de fruits frais, les fromages blancs ou les yaourts.

1 kg de fruits rouges mélangés ou de fruits rouges et noirs mélangés
750 g de sucre semoule
1 cuil. à soupe de jus de citron
75 cl d'eau
2 longues lanières de zeste de citron

1. Rincez les fruits qui doivent l'être et mettez-les dans une grande casserole inoxydable avec 1/3 de l'eau. Posez la casserole sur feu doux et laissez cuire 5 min en mélangeant afin que les fruits éclatent.
2. Laissez tiédir la préparation, puis filtrez-la dans un linge au-dessus d'une autre casserole inoxydable. Pressez le linge afin que tout le jus des fruits s'écoule bien.

3. Versez le reste de l'eau, le zeste et le sucre dans une autre casserole et portez à ébullition. Laissez cuire 5 min, puis ajoutez le jus des fruits et mélangez encore 2 min. Retirez du feu, laissez refroidir, puis ajoutez le jus de citron.
4. Versez le sirop dans une bouteille en verre et mettez-le au réfrigérateur. Se conserve 1 mois. Pour 1,5 litre environ.

Solution imperméabilisante

Pour tentes, bâches, housses de voiture et de bateau.

1 litre d'huile de soja
50 cl d'essence de térébenthine

Mélangez les ingrédients dans un seau métallique de taille moyenne. Rangez dans un endroit frais et hors de portée des enfants et des animaux familiers.

Sorbet au melon

Original et très rafraîchissant, préparez-le en été et savourez-le tout l'hiver.

1 melon de 1 kg pelé et coupé en dés
75 g de sucre semoule
2 feuilles de gélatine
10 cl d'eau
1 lanière de zeste de citron
1 cuil. à soupe de jus de citron
1/2 cuil. à café d'extrait de vanille

1. Mettez le sucre et l'eau dans une grande casserole. Portez à ébullition et ajoutez le zeste.
2. Ajoutez les dés de melon dans la casserole. Laissez cuire 10 min.
3. Faites ramollir les feuilles de gélatine dans de l'eau froide.
4. Lorsque le melon est cuit, égouttez la gélatine et ajoutez-la dans la casserole. Mélangez et retirez du feu. Laissez tiédir, puis retirez le zeste de citron.
5. Versez le contenu de la casserole dans le bol d'un mixeur et ajoutez le jus de citron et la vanille. Faites tourner l'appareil jusqu'à obtention d'une fine purée.
6. Versez la préparation dans un bac et laissez prendre au congélateur.
7. Au moment de servir, moulez le sorbet en boules et mettez-les dans des coupes. Servez tel quel ou nappé de vin muscat, de coulis de framboises ou de fruits rouges... Vous pouvez préparer ce sorbet avec toutes les variétés de melons. Se conserve pendant 6 mois au congélateur. Pour 75 cl environ.

Tapenade

Une purée au goût de soleil à savourer toute l'année.

500 g de grosses olives noires
100 g d'anchois entiers au sel
50 g de câpres au vinaigre
1 gousse d'ail
4 cuil. à soupe d'huile d'olive
poivre

1. Rincez les anchois en les frottant pour en éliminer le sel, puis séparez-les en filets. Égouttez les câpres, rincez-les, puis pressez-les entre vos doigts. Dénoyautez les olives.
2. Pelez la gousse d'ail et passez-la au presse-ail au-dessus du bol d'un mixeur. Ajoutez les anchois, l'huile et le poivre. Mixez jusqu'à obtention d'une fine purée. Ajoutez les câpres et mixez à nouveau. Ajoutez enfin les olives et mixez une dernière fois, rapidement, afin d'obtenir une purée épaisse. Dégustez avec des viandes froides, en tartines, nature ou avec des anchois, du thon, des oignons nouveaux ; ou mettez-en une pointe dans les sauces de salade ou de légumes vapeur. Vous pouvez préparer la même purée avec des olives vertes. Se conserve 3 mois au réfrigérateur dans un bocal hermétiquement fermé. Pour 400 g environ.

Teinture pour bois

Fonce tous les bois contenant du tanin comme l'acajou, le noyer, le cerisier ou le chêne.

1 patin de paille de fer
50 cl de vinaigre de cidre

1. Disposez la paille de fer dans un récipient en verre ou en plastique ; ajoutez le vinaigre et laissez reposer plusieurs jours jusqu'à dissolution de la paille de fer. **Attention !** Ne couvrez pas le récipient, le gaz suscité par la réaction entre le vinaigre et la paille de fer risquerait de le faire exploser.
2. Au moment de l'utilisation, passez le produit avec une éponge sur le bois préalablement poncé. Si une seconde couche est nécessaire, humidifiez largement, mais de manière régulière,

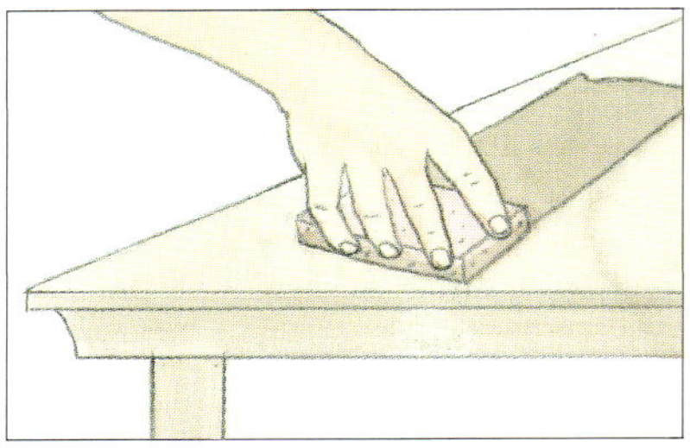

avec de l'eau, et laissez reposer pendant 1 h au moins avant de renouveler l'opération. Laissez sécher toute une nuit avant d'appliquer une couche de finition.

Terreau de rempotage

Pour planter ou rempoter les plantes d'intérieur.

10 litres de terre de jardin stérilisée
10 litres de tourbe
10 litres de perlite ou de vermiculite
3 cuil. à soupe de calcaire dolomitique ou 6 cuil. à soupe de coquilles d'œufs pilées
3 cuil. à soupe de superphosphate
1 cuil. à soupe d'engrais titrant 10-10-10

Tamisez tous les ingrédients pour éliminer cailloux et brindilles. Mélangez soigneusement et conservez dans un récipient hermétique jusqu'au rempotage. (Voir aussi Terreau pour saintpaulia, ci-dessous ; Mélange neutre de rempotage, p. 404.)

Terreau de semis

Un mélange à préparer l'été pour séchage au soleil.

16 litres de terre de jardin
8 litres de tourbe
8 litres de sable
1 cuil. à soupe de calcaire dolomitique ou 3 cuil. à soupe de coquilles d'œufs pilées
3 cuil. à soupe de superphosphate

Mélangez la terre, la tourbe et le sable et passez le tout au tamis fin. Ajoutez le calcaire et le superphosphate. Versez le mélange dans des conteneurs de plastique noir, arrosez jusqu'à saturation, puis enfermez les récipients dans des sacs en plastique transparent. Placez-les au soleil durant plusieurs semaines. Si les sacs restent bien fermés durant leur stockage à l'abri, ces réserves de mélange seront exemptes de tout germe de maladie jusqu'au printemps suivant.

Terreau pour saintpaulia

Ce mélange convient aussi aux bégonias, aux caladiums et à la plupart des fougères exotiques.

3 parts de tourbe
2 parts de vermiculite
1 part de perlite
5 cuil. à soupe de coquilles d'œufs pilées (ou 5 cuil. à café de calcaire dolomitique)

Mélangez tous les ingrédients dans un seau. Tassez fermement la terre au pied du saintpaulia rempoté pour chasser l'air et permettre aux racines d'exploiter tout le nouveau mélange.

Thé au ginseng

Si vous souffrez de stress ou ressentez le besoin d'un coup de fouet revitalisant, cette recette va vous remettre en forme.

2 cuil. à soupe de ginseng en poudre
1 cuil. à café de miel de caféier
20 cl d'eau

Dans l'eau en ébullition, mettez le ginseng et le miel, laissez infuser quelques minutes, filtrez. Cette infusion étant très efficace, il ne faut pas en abuser et ne jamais en prendre pendant plus de 1 semaine.

Tisane-lotion pour peaux grasses

Les peaux particulièrement grasses exigent de temps en temps une vraie cure de désintoxication. Voici une tisane qui a l'avantage de pouvoir être utilisée comme lotion assainissante sur les zones grasses de votre visage.

50 g de racine de bardane
50 g de feuilles d'artichaut
50 g de feuilles de pensée sauvage
50 g d'écorce de citron
50 g de feuilles de vigne rouge
50 g de baies de genièvre

Mélangez tous les ingrédients. Versez 1 litre d'eau froide dans une casserole et ajoutez-y 4 cuil. à soupe du mélange. Faites bouillir 1 min et laissez infuser 15 min. Filtrez. Buvez 3 bols par jour, entre les repas, ou appliquez 3 fois par semaine, de préférence le soir, et laissez sécher.

Tonique pour peaux grasses

Excellent tonique pour peaux grasses à appliquer tous les 2 jours.

1/2 verre d'eau de rose
5 cl d'hamamélis
5 cl de vinaigre blanc
20 gouttes d'huile de noisette
5 gouttes d'alcool à 60 °

Mélangez tous les ingrédients en respectant bien les proportions. Placez dans une petite bouteille en verre. Secouez bien le mélange avant chaque application.

Truffes au chocolat

Ne les préparez pas qu'à Noël, elles sont si faciles à faire !

200 g de chocolat de couverture noir amer
50 g de beurre
25 cl de crème fraîche liquide
3 cuil. à soupe de crème de cassis ou de mûre
cacao non sucré

1. Cassez le chocolat en morceaux dans une casserole. Laissez-le ramollir sans y toucher dans un bain-marie frémissant pendant 6 à 8 min, puis ajoutez le beurre et la crème fraîche et laissez encore 5 min au bain-marie. Retirez ensuite du feu et lissez le mélange à la spatule.
2. Ajoutez la crème de cassis ou de mûre à la préparation. Mélangez et

laissez refroidir. Travaillez ensuite la préparation à la spatule pour l'aérer. Mettez au réfrigérateur et laissez reposer 30 min, jusqu'à ce que la préparation soit juste ferme.
3. Tamisez le cacao dans une assiette creuse. Retirez la préparation du froid et travaillez-la à nouveau à la spatule pour l'assouplir. Prenez une noisette de pâte et roulez-la rapidement entre vos mains, puis dans le cacao. Continuez jusqu'à épuisement de la pâte.
4. Rangez les truffes au fur et à mesure dans des petites caissettes en papier et enfermez-les dans des boîtes hermétiques. Mettez-les au réfrigérateur et attendez environ 12 h avant de les déguster. Vous pouvez remplacer la liqueur de fruit par du rhum ambré. Se conservent 6 jours au réfrigérateur. Pour 80 truffes environ.

Tuiles aux amandes

Pour égayer vos desserts et surprendre vos invités, de très jolies tuiles très faciles à réaliser.

2 blancs d'œufs
120 g d'amandes effilées
80 g de sucre semoule
1 cuil. à soupe de farine
25 g de beurre + 2 noix

1. Faites fondre 25 g de beurre à feu doux dans une petite casserole et laissez-le refroidir.
2. Mettez la farine et le sucre dans une terrine. Ajoutez les amandes et mélangez. Ajoutez les blancs d'œufs et le beurre et mélangez bien. Couvrez et laissez 12 h au réfrigérateur.
3. Au bout de ce temps, allumez le four, thermostat 5 (170 °C). Enduisez des 2 noix de beurre 2 plaques à pâtisserie antiadhésives de 38 × 28 cm. Avec cette pâte, vous pouvez réaliser 12 tuiles moyennes ou 6 grosses. Selon votre choix, dressez avec une cuillère 1 ou 2 tas de pâte sur chaque plaque. Étalez-les de façon égale le plus finement possible avec le dos de la cuillère : à peine plus de 1 mm.
4. Glissez une plaque au four et laissez cuire 10 min. Surveillez la cuisson des tuiles : elles doivent être d'une jolie couleur dorée. Dès la sortie du four, soulevez-les avec une spatule à fentes : elles sont molles et élastiques. Posez-les à cheval sur un rouleau à pâtisserie si elles sont petites, ou sur une bouteille si elles sont grosses. Très vite, elles sécheront en prenant une forme courbe. Laissez-les ensuite refroidir sur une grille. Pendant ce temps, faites cuire les autres tuiles de la même manière. Dégustez-les dès qu'elles sont froides. Servez ces tuiles pour accompagner de la mousse au chocolat ou des glaces. La pâte se conserve 3 jours au réfrigérateur. Pour 6 à 12 tuiles.

Vinaigrette à l'échalote

Pour toutes vos salades vertes.

1 échalote pelée et finement hachée
20 cl d'huile d'olive
4 cuil. à soupe de vinaigre de xérès
sel, poivre

Mélangez le tout dans un bol et versez dans un flacon. Se conserve 1 mois au frais. Pour 20 cl environ.

Vinaigrette aux herbes

Pour une vinaigrette encore plus parfumée, ajoutez 1/2 cuil. à café de mélange d'herbes.

2 cuil. à soupe de mélange d'herbes pour vinaigrette (voir p. 403)
20 cl d'eau tiède
2 cuil. à soupe d'huile d'olive
5 cuil. à soupe de vinaigre de cidre
2 gousses d'ail

Pelez les gousses d'ail et passez-les au presse-ail au-dessus d'un bol. Ajoutez le mélange d'herbes, l'huile, le vinaigre et l'eau. Mélangez et laissez reposer 30 min. Se conserve 1 semaine dans un flacon au réfrigérateur. Pour 30 cl environ.

Vinaigrette au yaourt

Pour les légumes crus ou cuits.

15 cl de yaourt entier
3 cuil. à soupe d'huile d'olive
2 cuil. à soupe de vinaigre de xérès
sel, poivre

Fouettez le yaourt dans un bol en ajoutant huile, vinaigre, sel et poivre. Versez dans un flacon hermétique. Se conserve 15 jours au réfrigérateur. Pour 20 cl.

Yaourt

Pour du yaourt encore plus onctueux, remplacez la moitié du lait par autant de crème fraîche liquide.

1 litre de lait
1 yaourt de 125 g au lait entier

1. Versez le lait dans une casserole et posez-la sur feu doux. Plongez-y un thermomètre à sucre et retirez la casserole du feu dès qu'il atteint 80 °C. Laissez refroidir jusqu'à 38 °C.
2. Mélangez le yaourt au lait, puis versez la préparation dans des pots de verre. Fermez-les avec des carrés d'aluminium ménager entourés d'un élastique, puis posez-les dans une marmite contenant de l'eau à 38-40 °C. Laissez les pots dans cette eau chaude pendant 5 à 6 h, en ajoutant régulièrement de l'eau chaude, ou placez-les dans un endroit tiède (sur un radiateur, par exemple).
3. Laissez refroidir les yaourts. Se conservent 1 semaine au réfrigérateur. Pour 10 à 12 yaourts.

INDEX

Les mots et les chiffres écrits en *italique* réfèrent à des encadrés.

A

B

D

F

G

H

I

N

O

P

Q

U.V

W.X.Y

SOURCES

Bantam Doubleday Dell Publishing Group Inc.
The Doubleday Cookbook, par Jean Anderson et Elaine Hanna. © 1975 Doubleday, une filiale de Bantam Doubleday Dell Publishing Group Inc. Utilisé avec autorisation.

Dover Publications, Inc.
The Standard Book of Quilt Making and Collecting, par Marguerite Ickis. © 1949 Marguerite Ickis. Reproduit avec autorisation.

E.P. Dutton, A Division of Penguin USA Inc.
Fresh 15-Minute Meals, par Emalee Chapman. © 1986 Emalee Chapman. Reproduit avec autorisation.

Harmony Books, A Division of Crown Publishers, Inc.
Natural Child Care, par Maribeth Riggs. © 1989 Maribeth Riggs et Rita Aero. Reproduit avec autorisation.

Harpers & Row Publishers, Inc.
Better Than Store-Bought, par Helen Witty et Elizabeth Schneider Colchie. © 1979 Helen Witty et Elizabeth Schneider Colchie. *Scarne's Encyclopedia of Games*, par John Scarne © 1973 John Scarne games Inc. *Cheaper & Better : Homemade Alternatives to Store-Bought Goods*, par Nancy Birnes. © 1987 Shadow Lawn Press, Inc. Reproduits avec autorisation.

Little, Brown and Company
The Town & Country Cookbook, par James Villas. © 1985 James Villas. Reproduit avec autorisation.

Mark Morris Associates, Topeka, Kansas. *High Quality Maintenance Diet of Dogs and Cats.* Reproduit avec autorisation.

New American Library, A Division of Penguin USA Inc.
Deliciously Simple : Quick and Easy, Low-Sodium, Low-Fat, Low-Cholesterol, Low-Sugar Meals, par Harriet Roth. © 1986 Harriet Roth. *Delicously Low : The Gourmet Guide to Low-Sodium, Low-Fat, Low-Cholesterol, Low-Sugar Cooking* par Harriet Roth. © 1983 Harriet Roth. Reproduits avec autorisation.

The New York Public Library, Picture Collection

Ten Speed Press
The Moosewood Cookbook, par Mollie Katzen. © 1977. Reproduit avec autorisation.

Times Books, A Division of Quadrangle/The New York Times Book Co., Inc.
Check Yourself Out, édité par Craig T. Norback. © 1980 Craig T. Norback. *The Grass Roots Cookbook*, par Jean Anderson. © 1974 Jean Anderson. Reproduits avec autorisation.

Zondervan Corporation
Play it !, par Wayne Rice et Mike Yaconelli. © 1986 Youth Specialties, Inc. Reproduit avec autorisation.

LE LIVRE DE L'ASTUCIEUX
1000 solutions pratiques
aux problèmes quotidiens

Publié par Sélection du Reader's Digest
Photocomposition : Empreintes, Antony
Photogravure : La Station Graphique, Ivry-sur-Seine
Impression : Maury, Malesherbes
Reliure : Brun, Malesherbes

PREMIÈRE ÉDITION
Achevé d'imprimer : octobre 1992
Dépôt légal en France : novembre 1992
Dépôt légal en Belgique : D.1992.0621.66
Imprimé en France
Printed in France